中国质量协会六西格玛黑带注册考试参考用书

SIX SIGMA MANAGEMENT

六西格玛管理统计指南

——MINITAB使用指导（第3版）

马逢时 周暐 刘传冰 编著

中国人民大学出版社
· 北京 ·

序言一

六西格玛管理方法是20世纪80年代中期由美国摩托罗拉公司最先提出来的，当初该方法主要用于改进产品质量。后来，杰克·韦尔奇（Jack Welch）把六西格玛管理引入通用电气（GE），并将其作为促进公司经营绩效提升的四大发展战略之一，六西格玛管理为GE带来了几十亿美元的收益。摩托罗拉、GE、联合信号等公司的成功促进了六西格玛管理在世界各地的普及和推广。目前，世界500强中，25%以上的企业实施了六西格玛管理。

六西格玛管理是一种系统的过程改进方法，它通过对现有过程进行界定、测量、分析、改进和控制（简称DMAIC流程），消除过程缺陷和无价值作业，从而提高质量、降低成本、缩短周期时间，最终达到顾客完全满意。通过20多年的实践，六西格玛管理不断丰富和发展，已经从最初时作为质量改进的工具，发展成为改善企业经营绩效和提升战略执行力的有效方法。

六西格玛管理主要不是统计技术，其本质上是一种全新的管理方式。但六西格玛管理离不开统计技术，在DMAIC流程中，测量、分析、改进和控制各阶段都涉及统计工具的使用。由于历史的原因，我国企业的统计技术基础普遍较差。许多企业管理者感叹，学习统计技术对质量管理工作确实非常重要，但真正能够理解统计思想并在实际工作中使用统计技术实在太难了，这也是目前制约国内很多企业推广六西格玛的主要障碍之一。

本书作者马逢时是国内知名统计学专家，天津大学数学系教授，是最早通过摩托罗拉大学全部核心课程认证的几名中国教师之一。十年来，听过他讲授六西格玛管理统计课的人数以千计。经常有学员反映，听马老师讲课是一种享受，他能够将枯燥、难懂的统计知识，讲得非常生动、有趣。马逢时老师对各种统计软件也非常熟悉，他是最新版MINITAB软件R15和R17中文翻译的主要评审人。由于马逢时老师对全国六西格玛管理推进事业的突出贡献，他被中国质量协会全国六西格玛管理推进工作委员会授予“全国优秀六西格玛培训导师”称号。

应广大六西格玛实施企业的要求，马逢时老师结合近年来讲授六西格玛统计的体会和学员经常提出的问题，将他的讲义整理成书。现在由他主持编著的《六西格玛管理统计指南》已经由中国人民大学出版社正式出版了，这对于广大六西格玛管理实施企业，尤其是六西格玛资深黑带、黑带、绿带来说是一件特别值得庆幸的事，它会帮助更多对六西格玛管理感兴趣的人理解和掌握统计技术。马逢时老师是中国质量协会六西格玛专家委员会的专家及顾问，也是中国质量协会注册六西格玛黑带考试参考教材《六西格玛管理》的主要编著者之一，全国六西格玛管理推进工作委员会已将本书列为《六西格玛管理》的配套参考用书。我非常高兴为此书作序，热诚地向读者推荐这本好书。

马　林

中国质量协会副会长兼秘书长

序言二

马逢时教授等编著的《六西格玛管理统计指南——MINITAB使用指导》将要出版，邀我说几句话。我正好想借此机会谈一些看法。

20世纪三四十年代，数理统计在我国就有一些突出的理论成就，但是整体说来，研究和教学都很少。自从1956年全国第一次科学规划将其列为重点学科以来，科研和教学有了空前的发展，在理论方面做出了很多新贡献，在应用方面则相对薄弱。从学科引进的发展过程来看，这恐怕是一种带有一般性的现象，即总是从某一方面先发展，然后逐步全面、健康地发展。但是数理统计作为一门应用几乎无处不在——特别是在当今数字化社会——的学科，发展它的应用，对于我国的现代化是一项具有深远意义的战略任务。作为数理统计学家能编著出本书，是对数理统计的应用做出贡献。实际上，马逢时教授从1996年起，就开始从事六西格玛黑带咨询培训工作，现在是全国六西格玛管理推进委员会专家组专家、顾问，主持编写了全国六西格玛黑带注册考试指定辅导教材《六西格玛管理》统计部分；是全国六西格玛管理推进工作委员会专家组中首批六西格玛黑带培训导师，多次参加全国六西格玛培训教师的培训和认证工作。2005年11月，在全国第三届六西格玛大会上，被中国质量协会授予“全国优秀六西格玛培训导师”称号。他和一些数理统计学家一样，付出大量精力致力于数理统计与相关学科的交叉和应用，这种行动值得肯定和提倡。

我国已经是世界第二大经济体，已经成为世界制造业大国。但是我国企业在质量管理水平等方面与发达国家相比还存在相当大的差距，缩短这一差距，对进一步发展具有关键的意义。美国的一批企业，通过实行六西格玛管理扭转了在管理方面相对于日本企业的劣势。六西格玛管理可以看作全面质量管理的一种继承性新发展，它逐渐从一种过程改进的方法演变成为一种提升企业竞争力和实现组织变革的战略举措。近年来，我国引进六西格玛管理有不少成功的事例，六西格玛的理念日益被人们所接受，结合我国的实践，六西格玛管理体制也越来越成熟。六西格玛具有两方面的内涵：一是基于管理方面的理念与原则，例如，以顾客为关注中心，聚焦于流程改进，有预见的积极管理等理念与原则；一是基于事实和数据驱动的管理方法。我认为需要特别强调的是：按照我国传统的习惯，企业往往以领导者的主观判断做出决策；或者比较进步一点，在做出决策前，由领导层根据一些事实和数字做过一些表面的或大概的分析和讨论。六西格玛提出的管理方法并不只是简单、直接地运用事实和数据，而是对这些事实和数据运用数理统计的方法进行客观、科学的分析，提取有效的信息，然后做出决策。这就要求六西格玛管理者理解统计思想、方法的含义以及运用统计方法所得出结论的含义，虽然不必理解数理统计公式和结论的数学推导过程。本书为读者着想做了很好的安排和介绍。考虑到目前我们开始（至少在城市!）进入数字化社会，作者采用了当前在六西格玛管理中常用的软件——MINITAB的最新版本，结合统计方法的运用做了细致、恰当的安排。因此本书是六西格玛培训教材的很有效的辅助参考书，同时是六西格玛管理者的有效的统计学参考书。此书的出版对于六西格玛管理在我国健康推广定会起到积极显著的作用。

六西格玛管理的推广或者将现代管理理念和统计方法结合而创新的企业管理模式的建立和普及可能是我国经济健康发展壮大的关键。但是我认为这在我国还有很多工作要做，任重道远。现代管理理念的贯彻和实现需要时日，而我国统计观念和统计方法应用的薄弱更需引起我们的重视。特别是数理统计方法不仅是六西格玛管理的一个基本方面；在当今数字化社会，数理统计方法应用之广、之深且应用领域拓展之快都令人目不暇接。因此，企业的领导者能够关注统计方法的应用（最好不仅限于六西格玛）是很重要的，自己能了解和学习一些更好，如果有困难，也要吸收一些专门统计人才参加共同工作；更希望有一批统计学家能够积极参加具体应用部门的工作，合作开展统计应用，并在此基础上实现创新。果能如此，则不仅对提高企业的竞争力，而且对经济、科技的健康深入发展都会起很大的推动作用。这是一些技术先进国家实现过或者正在实行的经验，值得吸取和借鉴。

最后预祝本书在推广六西格玛管理和培养人才方面起更大的推动作用。

北京师范大学数学科学学院

严士健

附：严士健是北京师范大学数学科学学院教授，国务院学位委员会批准的首批博士生指导教师。曾任中国数学会副理事长，中国概率统计学会理事长，国务院学位委员会第一、二、三届数学评议组成员，国家教委普通高校数学及力学教学指导委员会副主任委员。

序言三

众所周知，六西格玛管理的本质是基于顾客需求和组织经营战略的持续改进的管理模式，从过程管理的角度来看，组织的业务本身是由一系列相互关联的过程组成的，顾客关注的是过程的输出，而影响过程的变量往往很多，对影响输出的根本性原因的查找需要严谨的数据分析，因此，基于事实和数据的六西格玛管理保证了过程持续改进的有效性。作为分析数据工具的统计学，是学习和实施六西格玛管理过程中最重要也往往是最困难的内容。

国内出版的统计类的著作可谓汗牛充栋，然而真正能够让管理者和工程师容易理解和掌握并应用于实际工作的并不多，不少著作理论上固然严谨，水平也很高，但是通篇的理论推导让实际应用者望而生畏，而且没有软件的支持很难在实际工作中应用。相反，有的书只是介绍统计软件，没有理论上的指引，使得实际工作者一头雾水，知其然，不知其所以然。很多实施六西格玛的企业迫切需要一本既有系统的理论又能够深入浅出、理论与实践相结合的六西格玛管理统计类的著作，因此，当马逢时教授主持撰写了这本书并请我作为本书的主审人时，我欣然答应，认真审阅了全书并与马教授进行了多次沟通。我认为这是一本非常值得向希望系统学习统计技术（不仅仅是实施六西格玛的黑带或绿带）的广大管理和工程技术人员以及大学本科生甚至研究生推荐的好书。

本书有三个显著的特点：一是系统性强，涵盖了六西格玛管理常用的大部分统计学知识，尤其是常用的统计分析和统计质量改进方法；二是浅显易懂，将统计知识和工程问题甚至实际生活问题密切结合，略去了不必要的统计证明，可读性很强；三是结合 MINITAB 软件，在给出详细的软件操作步骤的同时，对输出结果给出了明确的统计解释，再配以一批专门的数据文件，这将特别适合没有系统学习过统计理论的人自学。

本书的三位作者（马逢时、周暐、刘传冰）都有丰富的六西格玛管理培训经验和坚实的统计学基础，尤其是天津大学的马逢时教授长期致力于统计学的研究和教学工作，在概率统计学界是知名的统计学家，作为全国六西格玛管理推进工作委员会专家委员会的专家和顾问，为我国六西格玛管理推进工作做了大量艰苦细致的工作，曾为包括摩托罗拉在内的许多企业和全国六西格玛培训教师做过大量的六西格玛统计培训，深受大家的欢迎，曾获中国质量协会颁发的“全国优秀六西格玛培训导师”荣誉称号。

近年来，在中国质量协会领导的大力支持下，我国六西格玛推进工作取得了显著的成效，如中航一集团、中航二集团、宝钢、太钢、济钢等企业，通过实施六西格玛管理，极大地提升了企业的产品质量和核心竞争力，取得了显著的经济效益。为了正确引导六西格玛在我国的实施，全国六西格玛管理推进工作委员会组织出版了六西格玛黑带注册考试指定辅导教材《六西格玛管理（第二版）》等著作，制定了《六西格玛管理评价准则》，得到了企业的高度评价。可以说，本书的出版是对我国六西格玛管理推进的又一个重要贡献。

在此书即将出版之际，我很高兴为此书作序，向广大读者推荐这本书。本书可以作为全国六西格玛黑带注册考试的参考书，也可作为企业的管理和技术人员（尤其是质量工程师）学习统计分析、过程控制和试验设计技术的自学教程，对于高等学校管理类或应用统计类专业的老师和学生来说也是难得的教学参考书。

何　桢
天津大学管理学院副院长，教授、博士生导师
全国六西格玛管理推进工作委员会专家委员会主任

第3版前言

自2013年第2版出版以来，已经过去了5年时间。承蒙各位读者的厚爱，第2版已经印刷了7次。之所以受到广泛欢迎，首先在于内容安排较为合理，既有对统计学基本原理、基本思想的阐述，又有较为详尽的操作步骤，同时对分析结果给出准确、严谨的解释，无论是初学者还是具有一定基础的读者，阅读本书都会有一定收获。

近几年，统计学仍然在快速发展，新理论新方法不断涌现，软件也在不断更新，新功能不断增加，能处理的问题范围更广、类型更多、结论更准确，使用更方便快捷。2014年2月18日，MINITAB软件发布了R17版，增加了许多功能，使得许多较复杂的问题变得更容易处理了。例如，在假设检验方面增加了等价检验的内容，大大扩充了假设检验的应用范围；对于回归分析，则全面修改扩充了原有的回归分析功能，在建立模型方面提供了更加强有力的表达方式；在控制图方面增加了稀有事件控制图，并对计数控制图增加了诊断功能，包括P控制图诊断和U控制图诊断，同时针对过度离散和欠离散的离散型数据增加了Laney控制图；对于统计分析前提条件的检验，除进行独立性检验、正态性检验之外，增加了异常值（也称离群值）检验等。此外，R17还大大增补了“协助”功能，使一般的统计软件使用者都能得到非常有力的指导。为了使得统计工具更加普及，R17还配套出版了有关统计内容详细介绍与深入分析有关功能的理论叙述“白皮书”(Minitab Assistant White Paper)（网址为http://support.minitab.com/en-us/minitab/17/technical-papers/，带有中译本），包含19个专题，分别介绍了统计人员为开发在MINITAB R17统计软件的“协助”中使用的方法和数据检查所开展的研究，这些研究成果不乏新观点、新方法。例如在均值-极差（Xbar-R）控制图与均值-标准差（Xbar-S）控制图的选择上，一般认为子组样本量超过6时就应该选择均值-标准差控制图，中国国家标准和国际标准也都是这样规定的，但白皮书《变量控制图》建议在子组大小大于8时才选用均值-标准差控制图。2017年6月7日，MINITAB软件全球同步在网络上发布了R18版本，相对于R17而言变化不大，本书5.8节中将介绍R18的新功能。

近年来，我国经济持续高速增长的同时也暴露出一些问题，高投入低产出、高能耗低效益的发展模式难以为继，企业面临转型升级的巨大压力，要求不断提高产品和服务质量，必然对质量管理模式和质量技术提出更高要求。同时，随着六西格玛管理在我国的持续深入推进，质量管理从业者对统计技术的需求也越来越迫切。为了提高工程技术人员学习使用统计技术和统计工具分析解决问题的能力，我们再次对指南进行了增补，希望改版后能更好地服务不同需求、不同层次、不同岗位的读者。

为了能够达到上述目的，我们广泛征求了读者和编写者的意见和建议，最后选择出最必要、最合适的内容。我们觉得，能够顺利使用软件当然很重要，但更重要的是学会更多更有力的统计方法，理解其基本思想，掌握其操作步骤，弄懂其分析结果。三位编著者和几位质量管理工作者分工合作，共同努力，历时半年多时间，完成了修订工作。第3版主要有以下变化：

- 第5章假设检验增加5.7节（第3版序号，下同）"等价检验"。在理论及具体计算方法上都与原来的假设检验不同，等价检验大大扩充了原有的假设检验概念和功能。在医学、生物学及工程技术界经常需要检验两种方法（技术、原材料、使用方法、测量方法、有关性能等）在一定范围内是否等价。例如，国内某制药企业生产的某种仿制药的疗效与国外知名企业生产同种药物的疗效是否等价的问题。这种问题需要用等价检验才能得出恰当的结论。
- 第5章假设检验还增加了异常值检验的内容，介绍有关异常值的检验原理及计算方法和处理异常值的方法。作为使用统计工具需要检验的前提条件，增加异常值检验可以使假设检验的使用更加规范，结论更加可靠。
- 第5章假设检验扩充了5.8节"样本量的计算"。原来的样本量计算主要考虑在假设检验中的应用，讨论的是各种假设检验中样本量与功效的关系。第3版扩充到一般的参数估计需要的样本量计算上；增加了统计容忍区间的概念、计算及样本量计算；增加了等价检验的样本量计算。这将有助于读者对常用统计方法所需样本量的理解。
- 第9章相关分析和回归分析增加了9.6节"回归分析的扩充"，主要介绍了MINITAB软件在R17版中新增加的一些回归分析的功能及有关使用方法。
- 第12章统计过程控制在12.3节"计数控制图"中，增加了Laney控制图的内容，主要针对欠离散或过度离散不适合P图和U图的数据进行判断，并绘制Laney控制图。
- 第12章统计过程控制还新增加了稀有事件控制图。在计数控制图内，当不良品出现的概率非常小的时候，原来常用的P图及U图都需要极大的样本量才能实现对于过程的控制，为此需要使用新的检测统计量以实现对于稀有事件的出现进行有效监控，这就是稀有事件控制图G图及T图。

本书作为不同层次读者的统计应用方法指南和软件操作的使用指导，在语言方面力求通俗易懂、例题生动具体、紧密结合实际。第3版除了仍然坚持这些特点之外，还特别注意在叙述中的详略适度。对于容易掌握的内容和方法，本书只介绍基本内容和基本操作，不对统计原理作过多解释；对于概念生疏、不易理解的内容，本书不惜篇幅，通过理论阐述、举例分析等方式，力求讲解透彻清晰。例如，在控制图方面，对于常规控制图，本书介绍较为简单，对于控制图中控制限的计算和8条判异准则对应情况的概率不做过多介绍，对于一般读者不会影响其对于内容的理解和工具的使用；对于大家比较陌生的稀有事件控制图，以及对于解决欠离散或过度离散的离散型数据使用的检验方法以及Laney控制图的绘制原理及计算步骤，本书都给予尽可能详细的介绍。当然，对于过分复杂的数学公式使用，本书仍然只列出相应结果，并不作细致推导，例如在等价检验内容方面，我们只介绍有关公式，着重介绍的是等价检验的统计意义和使用方法。

参加本书第3版编写工作的有徐凌博士，她负责5.7节“等价检验”和5.8节中的“用于等价检验的样本量”；李涛林先生，他负责12.4节中的“稀有事件控制图”及9.6节“回归分析的扩充”；刘晓秀女士，她负责5.3节中的“异常值检验”、5.8节中的“用于估计参数的样本量”和“用于统计容忍区间的样本量”，还编写了12.3节中的“Laney控制图”。金海木先生自始至终参加了全部内容的勘误核对工作，并编辑整理数据文件将其转化为Excel格式。马逢时仔细修改和审阅了全书内容。对所有参加编写工作的人士表示衷心感谢。

为了方便所有读者学习和掌握有关内容，本书的全部数据文件都用MINITAB软件及Excel文件格式同时给出，这些数据文件可以登录中国人民大学出版社网站（www.crup.com.cn）下载。

本书所有内容都由马逢时编写了讲稿，包括打印版及阅读版，打印版讲稿每页两张PPT，阅读版讲稿每页一张PPT。讲稿连同全部讲课的音频资料已经上传互联网，大家可以免费下载。培训录音有关于黑带统计的63个音频文件，另加黑带教师培训的10个音频文件，是在2010年10月至2011年6月为中国质量俱乐部的学员们讲课时录制的，其中黑带统计培训的授课时间总计11天，这是到目前为止六西格玛管理统计课程时间最长、内容最详细的讲解。培训录音可以从百度云盘（http://pan.baidu.com/s/1boaYosJ）免费下载。另外，马逢时为中国质量协会2012年在上海举办的注册黑带教师培训的讲课录音也可以下载，其网盘地址为https://pan.baidu.com/s/1363L3PJVWHsdyk7a5TkQ_A。其他资料的下载方法可以在公众号中获得，也可以登录下列邮箱免费下载，邮箱用户名是fengshima@163.com，密码是statistics（全部小写英文字母）。

为充分利用新的信息传播工具，方便大家随时随地学习，我们创建了“统计应用指南”微信公众号，同时还建立了“六西格玛统计”微信群。

“统计应用指南”微信公众号主要通过课件及培训录音免费下载、录制网课、撰写专栏文章、分享统计应用实践及专业案例、经验交流等方式推广普及与六西格玛管理有关的统计应用知识，前期提供马逢时的几十段黑带培训录音，放在微信公众号“学习园地”的“培训录音”中，识别链接文章中的二维码就可以收听，今后我们会根据读者的需求及时补充内容，并计划开设系列网课供大家学习使用。微信公众号二维码见本书封底，大家可以扫码关注“统计应用指南”微信公众号。公众号首先给出了现有的所有统计资料（包括本书的姊妹篇《基于MINITAB的现代实用统计》一书）的音频和资料之下载方法及详细目录。公众号的所有资料均可免费下载。

“统计应用指南”微信公众号设主编一名，由李涛林担任，微信号是“taolin_li”；设副主编一名，由刘晓秀担任，微信号是“liu13683510628”。为把公众号真正变成大家的知心朋友和得力助手，让更多的读者有贡献自己力量的机会，欢迎大家搜索两位主编的微信号并加为好友，对微信公众号运营提出意见和建议，并把与统计应用有关的素材包括视频、图像、录音等发给两位主编，优秀的内容经编辑后将在“统计应用指南”微信公众号中分享。

“六西格玛统计”微信群主要用于大家讨论问题，凡是与六西格玛管理统计和MINITAB使用有关的问题都可以在微信群中提出，也欢迎大家积极回答微信群中的问题，提出观点和建议等。微信群人数达到上限后，我们会创建新的系列微信群。对于微信群中提出的关注程度高且需要较长篇幅才能回答清楚的重要问题，编辑们将通过“有问有答”系列文章在微信公众号推送。

虽然编著者尽了最大努力，但限于各方面的条件和水平，难免会有错误或疏漏，恳请读者批评指正。

编著者

第2版前言

自2007年本书第1版出版以来，共7次印刷，受到广大读者的普遍欢迎，也有读者提出了一些宝贵意见和增补内容的建议。2010年6月，MINITAB R16软件面世，虽然与R15相比变化并不大，但修补了R15软件中的错误及不足之处，增补了一些功能，如广义回归等。编著者用了近一年的时间终于完成了第2版的修订工作。为了使广大读者对第2版有个了解，现将一些重大的增补和修改说明如下。

(1) 修改了第1版中叙述不严谨之处，并将MINITAB操作界面全部换成R16的形式，但这些更改并不影响只有MINITAB的R15中文版或其他版本软件读者的使用。

(2) 有些章节增补了部分内容、例题及综合练习。例如，第6章列联表分析部分增加了高维列联表的处理分析方法；第9章回归分析部分增加了对残差诊断中出现问题时的处理方法，增加了对于共线性程度度量的方差膨胀因子的概念介绍，增补了对于Logistic回归的介绍；第11章测量系统分析部分增加了编著者对于ndc（可区分组数）的解释及它与*Gage R&R*关系的介绍；第12章控制图部分增加了综合练习的例题，过程能力指数部分增补叙述了偏离指数的概念；第13章试验设计部分增加了常用的多种设计类型的介绍，例如无中心点的设计、含离散因子的设计、响应变量残差非齐性或有失拟情况需要进行Box-Cox变换的设计，含区组的试验设计，响应变量为离散型值需要进行Logistic变换的设计，增补了由因子设计过渡到响应曲面设计所需要的最速上升法的细致解释，增补了多响应曲面设计的分析方法，增加一个用响应曲面设计方法解决望目问题的实例；等等。

(3) 由于六西格玛设计在实际工作中越来越显示出其威力，编著者对第14章进行了较大的修改增补。在容差设计中标准差计算这个关键环节，增补了有广泛应用价值的宏指令，并给出较为完整的两个例题来说明其使用方法。这些内容是其他参考资料上未曾有的新方法，它将对于推广六西格玛设计起到一定的作用。

在本书第1版出版后不久，金海木先生就承担起编写各印次的编辑勘误表的工作，他在本次修订第2版的工作中又承担了细致的修改计算机界面、校验勘误表等大量的琐碎任务，没有他的这些工作，修订第2版任务不可能这样顺利地完成。徐凌博士细心地指出了第1版中的缺点和错误，而且她的研究论文（参见书末参考文献［29］）则是第14章六西格玛设计宏指令编制成功的关键环节。另外，在第2版的修改初稿完成征求意见过程中，很多朋友提出了意见和建议，这对完成第2版修改稿起了重要的补充和审核的作用。编著者对上述帮助和支持深表谢意。我们的目标是将本书打造为精品，在修订过程中，编著者虽然尽了最大努力，但由于各方面的原因，仍然难免会有缺点或疏漏及需要改进之处，恳请读者和专家学者不吝批评指正。编著者的联系电子信箱如第1版前言中所述，也欢迎各有关网站刊登评论，对本书的进一步改进发表意见。编著者对于所有的读者和帮助者衷心致谢！

编著者

第1版前言

目前我国正处于经济蓬勃发展的时期，中国已经成为世界制造业大国，现代服务业也颇具规模，但我国企业也面临着严峻的挑战。我们只有不断加强自主创新，不断改进和采取新的管理方法与技术，才能从根本上提高我国企业质量管理水平。经过近年来在我国的实践，六西格玛的成功故事一个接着一个，六西格玛的理念日益被人们所接受，六西格玛的管理体制也越来越成熟。这一切都使六西格玛管理显示出了巨大的魅力，六西格玛管理已经被充分证明是一种行之有效的系统管理方法。在国内，不仅推广六西格玛的各类企业在逐年增加，而且涌现出一批实施六西格玛成效显著的企业。随着六西格玛在国内更多企业的普及、推广，六西格玛专业人才的匮乏已成为广大企业在推广六西格玛过程中的最大困扰。推进六西格玛管理的骨干力量——绿带（Green Belt）、黑带（Black Belt）和资深黑带（Master Black Belt）等的成长提高成了当前最迫切需要解决的问题。

什么是六西格玛管理中的精髓与真谛？自20世纪90年代中期开始，六西格玛慢慢地从一种过程改进的方法演变成提升企业竞争力和实现组织变革的战略举措。从更广泛的意义上讲，六西格玛已经形成了一种企业文化，一种管理哲学。这个哲学中蕴含着六大主要原则，包括：真正关注顾客；以事实和数据驱动管理；以过程为重；预防性的管理；无边界的合作；力求完美但容忍失败。

在这里我们特别强调一下“以事实和数据驱动管理”的原则。近年来，虽然知识管理渐渐受到重视，但是大多数企业仍然习惯性地根据领导者或管理者的主观意见和臆断假设来做决策。六西格玛的首要规则就是要从顾客的需求出发，分辨出什么指标对经营业绩的测量具有关键影响，然后再收集数据并分析这些关键变量，得出最重要的信息以改进工作。但是，数据并不就是信息，将数据转化为信息的关键工具就是统计学。为此，六西格玛管理者的一个重要任务就是要学好统计学。但是，六西格玛管理者学习统计学的目标，并不是要把自己培养成统计专业工作者，也不能把自己变成统计工具的使用者，更不能把自己定位为计算机统计软件的操作者。六西格玛管理者的真正重要任务就是要学好统计思想（不是统计知识或工具，更不是软件的具体操作），要学会用统计思维看待和分析问题，避免只看到表面现象就去下结论做决策。举个最简单的例子：去年本公司的顾客满意率为70%，今年调查了100个用户，其中75个表示满意，满意率达到75%。根据“数据驱动管理”的原则，是不是可以说“今年的顾客满意率已经比去年提高了5%”？相信大多数读者会认为“当然可以这样说”。但事实上这个结论根本不对，这里的抽样数量太小，不足以得到这个结论。详细的解释读者可以参看本书第6章。这里就提出了一个重要问题，拿到了一些数据，但这些数据能说明什么？哪些判断是正确的？哪些判断并没有根据？回答这些问题就需要对统计学有深入的了解。

本书比较系统地介绍了六西格玛管理中用到的有关统计学背景知识及其统计思想，并把各方面统计内容的介绍与计算机MINITAB软件的操作使用结合起来，使得广大工程技术人员在学习本书后，对于常用的六西格玛管理中的统计学内容有更深入的理解与认识，有更广泛的应用。

本书的编著者将此书的特点定位于下列几个方面：

1. 它是统计方法的应用指南。它与一般的统计教材不同，大大增加了实际应用（特别是在六西格玛管理中的应用）的方法介绍。它不强调公式与理论的推导（最多给出公式），但要求能学会理解统计思想并使用统计工具，结合计算机软件MINITAB直接解决具体问题。本书的阅读对象是一般工程技术人员，大专毕业水平，不要求具备专门的概率统计基础。

2. 它是软件操作的使用指导。它与一般的软件使用说明书不同，不是只讲操作，而是特别强调通过统计概念的介绍，讲明有关计算的统计含义。如果实际问题同时有多种统计方法都可以处理时，本书会介绍各种方法的共同点及其差异，以使读者明白如何进行统计方法的选择。因此，本书强调，在理解有关统计概念的基础上，一定要具体落实到计算机的软件操作上，最终获得实际问题的准确分析。因此本书特别强调实用，但又要在理论上达到一定高度。

3. 它是六西格玛培训教材的辅助参考书。它与一般的六西格玛黑带培训教材不同，在内容上对有关管理方面的内容基本上不涉及，但针对统计专题将介绍得更广泛、更深入。中国人民大学出版社于2004年出版的马林主编的《六西格玛管理》是我国黑带培训教材的代表作，2007年又出版了其第二版。此书或其他类似的六西格玛黑带培训教材中，对于常用的统计方法已经做了简要的介绍。本书对这些常见的统计方法的背景和统计思想将有更多的说明，对于一般书籍中道理讲得太简单之处予以补充完整，因此，本书可以作为六西格玛管理者首选的统计学参考书。

4. 它讲述内容的顺序安排是按统计方法的知识结构来设计的。一般的六西格玛黑带培训教材，在内容安排的顺序与步骤上，强调与DMAIC顺序一一对应。DMAIC（Define（界定），Measure（测量），Analyze（分析），Improve（改进），Control（控制））代表了六西格玛改进活动中的五个阶段，是目前使用最多的一种方法和程序，也是六西格玛中最成熟的一种方法和程序。我们强调在应用统计方法的介绍中，在内容上一定要与六西格玛管理密切结合。但本书着重介绍与统计方法有关的思路及目的，因此在内容安排的顺序与步骤上，是按照统计方法的内在知识结构安排的，由浅入深，便于读者学习。例如，测量系统分析（measurement system analysis，MSA），在六西格玛管理中是属于第二阶段测量的，但它要用到方差分析及方差分量计算等统计内容，要用到质量管理中的“变异源分析”等工具，因此我们安排在第 11 章中才作介绍。我们认为只有这样安排才能使读者对各部分内容理解透彻。

5. 它使用的是 MINITAB 最新版软件。任何与统计有关的工作离开计算机的使用是不可能的。目前全世界通用的统计软件不下百种，MINITAB 是目前在六西格玛管理中使用最多的统计软件。2007 年 1 月，MINITAB 软件公司推出了 R15 版，不但在功能上较以前版本有所增加，而且首次增加了中文简体版界面。中文版界面的出现将使广大的中国读者能够更容易地接受它、使用它，有了问题也更容易查到有关的详细的中文帮助信息，这将大大推动应用统计及计算机软件在中国的普及应用。2010 年 6 月，该公司推出了最新的 R16 版，但其界面及操作与 R15 版基本相同。本书使用的界面是 MINITAB 的 R16 中文版，在内容方面试图包括新版软件尽可能多的功能。我们在全部使用中文版操作说明的同时，在计算机的每步操作使用上，都在中文操作说明之后用括号注明英文原文的内容，这对于使用英文原版或使用早期其他版本的读者也很方便。限于篇幅，在输出结果的界面内本书只给出了中文输出结果，不过使用英文原版界面的读者对照着两种输出，不难理解其含义。为了更方便两种文本的对照，在本书的最后附录有英汉、汉英统计词汇对照表，供读者检索。*

6. 本书在语言方面力求通俗易懂。在介绍统计知识时，本书尽量避免使用专业的数学语言，特别注意做到叙述的通俗化，例题力求生动具体，稍微深入些的或不常见到的内容都加以解释，努力使一般的工程技术人员都能看得懂、学得会。

为了方便读者的学习使用，我们将本书所使用的全部数据放在网络上供大家免费下载。读者可以登录中国人民大学出版社网站（www. crup. com. cn)，也可以登录编著者电子信箱：fengshima@163. com，登录密码为：statistics。MINITAB 软件 R15 及 R16 的英文版、中文版的试用版可以从 MINITAB 软件公司及其在中国的上海泰珂玛信息技术有限公司网站上免费下载：www. minitab. com 或 www. techmax. com. cn。

本书的初稿完成中，周暐负责第 1、3、11、12、14 章；刘传冰负责第 4、5、6、9 章；马逢时负责第 2、7、8、10、13 章。初稿完成后，大家交互讨论修改了多次，最后由马逢时负责完成全书的审订修改。根据审稿者的宝贵意见，在出版前编著者再次进行了修改。

本书的编写得到了中国质量协会全国六西格玛管理推进工作委员会的关怀与指导，得到了 MINITAB 软件公司及其在中国的上海泰珂玛信息技术有限公司的支持，初稿完成后承蒙天津大学管理学院副院长、全国六西格玛管理推进工作委员会专家委员会主任何桢教授审稿（参加审稿工作的还有天津大学管理学院的师生张敏、韩亚娟、梁昭磊及施亮星等)，编著者对他们表示诚挚谢意。

虽然本书编著者尽了自己的最大努力，但限于各方面的条件，难免会有错误或疏漏，恳请读者批评指正。

编著者联系电子信箱：fengshima@vip. sina. com；zhou-wei-2008@hotmail. com；liuchuanbing@126. com。

提供支持的网站：www. caq. org. cn；www. techmax. com. cn；www. qualityclub. cn；www. 6sq. net 等。

---

* 限于篇幅，本书第 3 版将英汉、汉英统计词汇对照表放至网上，读者可登录 www. crup. com. cn 查阅。

目 录

第 1 章

六西格玛与统计学

1.1 六西格玛概论

1.1.1 六西格玛的兴起

人类社会的质量活动可以追溯到远古时代，而现代意义上的质量管理活动却是从人类跨入了以加工机械化、经营规模化、资本垄断化为特征的工业化时代，即 20 世纪初开始的。质量管理随着时代的发展而不断发展，根据解决问题的手段和方式的不同，一般可以将现代质量管理分为三个阶段：第二次世界大战以前可以看作第一阶段，通常称为质量检验阶段；20 世纪 40 年代至 50 年代末为第二阶段，通常称为统计质量控制阶段；第三阶段为 20 世纪 60 年代开始的全面质量管理阶段。

全面质量管理的观点现已在全球范围内获得认可和传播，各国结合自己的实践也有所创新发展，很多管理体制都是以全面质量管理理论为基础的。六西格玛也可以看作全面质量管理的一种继承性新发展，它诞生于 20 世纪 80 年代的美国摩托罗拉公司。面对当时日本竞争对手咄咄逼人的威胁和挑战，摩托罗拉逐步在公司内部形成了一套系统化的质量改进方案——六西格玛。从开始实施的 1987 年到 1997 年 10 年间，公司产品和服务的质量水平显著提升，销售额增长 5 倍，利润每年增加 20%，通过实施六西格玛所带来的收益累计高达 140 亿美元。由于创造性地实施了六西格玛，摩托罗拉还于 1988 年荣膺极负盛名的美国第一届“马尔科姆·鲍德里奇国家质量奖”。

90 年代初，又有为数不多的几家美国公司开始尝试推行六西格玛，其中以通用电气公司（GE）的首席执行官杰克·韦尔奇（Jack Welch）的举措最为激进。他将六西格玛称为通用电气历史上前所未有的最雄心勃勃的工作，“质量问题可以真正地使通用电气从最了不起的公司之一这个地位上升到全球商界绝对最了不起的公司”。从 1995 年起，通用电气开始以其雄厚的财力不断投入巨资在全公司范围内推广六西格玛，并将它作为公司战略的一部分来实施。1997 年六西格玛给通用电气带来的收益已经超过了投入的成本，1999 年此项年收益达到了 15 亿美元，到 21 世纪初，达到了 50 亿美元。从 1981 年入主通用电气公司开始，韦尔奇在短短的 20 年时间里，使通用电气的股票市值增长到了 4 500 亿美元，增长了 30 多倍，公司排名从世界第十位上升到了第二位。通用电气这家“百年老店”在他的带领下，焕发出从未有过的青春活力。

六西格玛强劲的发展趋势跨越了国界，走向了世界。从摩托罗拉、联合信号、通用电气等少数几个实践先驱，到福特、杜邦、ABB、东芝、索尼、三星、LG、柯达、西门子、国民半导体、花旗银行、汇丰银行、英特尔等一大批商界巨擘，从诞生地美国，到欧洲的英国、法国、德国、瑞典、芬兰、意大利以及亚洲的日本、韩国等，从最初的电子工业到普通制造业、航空业、化工业、冶金业、软件行业，乃至银行、医疗、保险等服务业以及电子商务领域，近年来又扩大到政府部门、军队等更广泛的领域。六西格玛的成功故事一个接着一个，六西格玛的理念日益被人们所接受，六西格玛的管理体制也越来越成熟。这一切都使六西格玛显示出了巨大的魅力，像一股烈火在全世界熊熊燃烧。

1.1.2 六西格玛的实施模式

经过近 20 年的高速发展，六西格玛渐渐形成了一套行之有效的解决问题和提高企业绩效的系统的方法论，也形成了更深入人心、层次更高的以顾客为中心的蓬勃发展、永无止境的企业文化。它个性化的具体实施模式，基本上可以分为两大类。

1.1.2.1 六西格玛改进的模式——DMAIC

DMAIC 代表了六西格玛改进活动中的五个阶段，是目前使用最多的一种方法和程序，也是六西格玛最成熟的一种方法和程序，主要用于改进现有过程。DMAIC 每个阶段的主要工作内容有：

1. 界定阶段

确认顾客的关键需求并识别需要改进的产品或流程，决定要进行测量、分析、改进和控制的关键质量特性（CTQ），将改进项目界定在合理的范围内。

2. 测量阶段

通过对现有过程的测量和评估，制定期望达到的目标及业绩衡量标准，识别影响过程输出 Y 的输入 X，并验证测量系统的有效性。

3. 分析阶段

通过数据分析确定影响输出 Y 的关键 X，即确定过程的关键影响因素。

4. 改进阶段

寻找最优改进方案，优化过程输出 Y 并消除或减小关键 X 的不良影响，使过程的缺陷或变异降至最低。

5. 控制阶段

将改进成果进行固化，通过修订文件等方法使成功经验制度化。通过有效的监测方法，维持过程改进的成果并寻求进一步提高改进效果的持续改进方法。

1.1.2.2 六西格玛设计的模式

与六西格玛改进的 DMAIC 流程相似，六西格玛设计也有自己的流程，但是到目前为止还没有形成完全统一的模式，比较典型的有 DMADV（界定（define）—测量（measure）—分析（analyze）—设计（design）—验证（verify））和 IDDOV（识别（identify）—界定（define）—研制（develop）—优化（optimize）—验证（verify））等模式。下面以 DMADV 流程为主线介绍每个阶段的工作内容。

1. 界定阶段

通过项目团队章程，创建项目计划，确定顾客需求，并根据顾客需求说明产品要求和目标，同时明确整个项目开展中所需的资源和受限条件。

2. 测量阶段

确认采用何种方法获知顾客的需求，并将它们列入“顾客的声音”（VOC）清单中，将顾客的声音转化为实际的要求，确认关键质量特性（CTQ）的衡量方法。

3. 分析阶段

利用创造性的方法确定可行的概念，使用符合逻辑的、客观的方法来评估备选方案，确认并消除产品或服务失效的潜在可能。

4. 设计阶段

落实具体的产品研制规划，尽量减少产品或流程的差异性（稳健性优化），调整输出信息，使其达到可测量的指标。

5. 验证阶段

验证生产过程的能力，进行试生产，建立、测试并固化原型。

1.1.3 六西格玛的管理哲学

20世纪90年代中期开始，六西格玛慢慢地从一种过程改进的方法演变成为一种提升企业竞争力和实现组织变革的战略举措。从更广泛的意义上讲，六西格玛已经成为一种企业文化和管理哲学。这个哲学中蕴含着六大主要原则，正在潜移默化地改变着人们传统的工作方式。

1. 真正关注顾客

六西格玛把顾客放在第一位，要求企业完全从顾客角度，而不是从自身的角度，来看待企业内部的各种活动，用顾客的要求来建立标准，以此来评估企业流程的有效性与合理性，并最终依此设立产品与服务的标准与规格。这种理念与许多企业在开发或改进产品与服务时，忽视市场需求、自以为是的方法形成鲜明的对比。实际上，六西格玛改进的成绩很大程度上也是以顾客满意来定义的。

2. 以事实和数据驱动管理

近年来，虽然知识管理渐渐受到重视，但是大多数企业仍然根据意见和假设来做决策。六西格玛的首要规则便是将分辨什么指标对测量经营业绩有关键影响作为开始，然后再收集数据并分析关键变量。这时，问题能够被更加有效地发现、分析、解决并彻底消除。

更确切地说，六西格玛帮助管理者回答了两个重要问题来支持以数据为基础的解决方案：一是企业真正需要的是什么样的数据和信息；二是如何处理或提炼这些数据和信息以做出正确决策。

3. 以过程为重

无论是设计产品或服务，提升顾客满意度，还是改善业务经营，六西格玛都强调过程管理。六西格玛活动的显著突破主要都是针对过程，它使管理者确信掌握过程是构建向顾客传递价值的竞争优势的有效途径。

4. 预防性的管理

企业必须时常主动去做那些一般企业常忽略的事情，例如设定远大的目标并经常进行评审；设定明确的优先事项；强调防火而不是救火；常质疑“为什么要这么做”，而不是常说“我们都是这么做的”。

真正做到预防性的管理是创造性和有效变革的起点，而绝不会令人厌烦或觉得分析过度。六西格玛将综合利用一系列方法，以动态的、积极的、预防性的管理风格取代被动的管理习惯。

5. 无边界的合作

六西格玛强调无界限的合作，让员工了解自己应该如何配合实现企业的大方向，并且思考在企业的众多过程中，各部门活动之间有什么关联性。改进企业内部各部门之间、企业和供货商之间、企业和顾客间的合作关系，打破障碍，加强自上而下、自下而上和跨部门、跨企业的团队合作，为企业带来巨大的商机。

6. 力求完美但容忍失败

从本质上讲，力求完美和容忍失败这看似对立的两方面是互补的。如果人们已经看到了接近完美的可能方法，却又太害怕随之而来的错误，将永远不会尝试，永远不会成功。员工不断追求一个能够提供较好服务又降低成本的好方法，管理者持续追求完美的财务结果，但也能接受并处理偶然的挫折，从错误中学习，从失败中前进。

1.2 统计学概论

1.2.1 统计学的发展历史

从字面上看，统计学这个名词最早来自欧洲，英语单词 statistics（统计学）源自欧语系字根 standing，status，state 等，这几个字根的意义基本上是在描述事物的现象，这也是统计学的基本意义。

其实统计的起源是很早的，远在奴隶社会，由于赋税、徭役、征兵等需要，国家就要掌握人口数、土地面积等数字。据历史记载，公元前 3050 年，埃及建造金字塔，为征集建筑费，就有对全国的人口与财产调查。罗马帝国的皇帝曾下过一道命令，要全世界向他纳税，于是每个人都向就近的收税人登记。中国在夏禹时代就开始有人口统计的数字，春秋时期反映齐国丞相管仲思想的重要著作《管子》一书中曾有这样的记载：不明于计数，而欲举大事，犹无舟楫而欲经于水险也。这就是说不善于利用计数而进行宏伟事业，犹如没有船和桨而想渡过急流险滩一样。可见人们当时就已经意识到统计是治理国家必不可少的一项重要工作。

但是作为一门科学，统计学的出现要比统计工作和统计资料晚得多，它的产生与当时的社会背景以及其他科学的相互影响密不可分。17 世纪的欧洲，随着工商业的迅猛发展，海外市场和殖民地的不断开拓，一些主要国家深感有系统调查国内外情况的必要。18 世纪，在德国和意大利相继出现了“国势论”的著作，德国哥廷根大学教授阿亨瓦尔在其著作《近代欧洲各国国势学纲要》的绪论中首次提出了“统计学”这一名词，把统计学定义为国家显著事项的结晶体。另外，英国在资本主义发展过程中，也较早地利用数字对经济问题进行记载和推断。1661 年，英国人格朗特在《对死亡标的自然观察和政治观察》一书中对当时英国情况的分析揭示出一系列的数量关系。虽然他没有提到“统计学”这一名词，但却已应用了现代统计中的大量观察方法去发现规律性的问题，其独特和新颖的方法给人诸多启示。

此后，比利时统计学家凯特勒综合已有的学术成果，并把概率论的原理和大量观察法引入统计研究领域，使统计学的发展进入一个新的阶段。他认为：“统计学不仅仅是国势的记述，还应当把它作为学术问题来研究，因为统计学是对性质相同的事物进行大量观察，从而探索出社会现象相继不绝的一门学问。”这正是现代统计学的核心。

在他之后又有许多统计学家把统计方法应用于自然科学，出现了一批有重大影响的学者，如皮尔逊（K. Pearson）、费雪（R. A. Fisher）、沃尔德（A. Wald）等。他们在实践中进一步发展了统计理论，使统计学逐步成为一门比较成熟的科学。

1.2.2 统计学的特点

简单地说，统计学是研究如何有效地收集、整理、分析和解释带有随机性的数据资料的一门科学，它的性质特点主要表现在以下几个方面：

(1) 统计学是研究数量方面的学问。统计的语言是数字，没有数字，就不是从数量方面入手进行认识，就谈不上统计。凡能以数量来表现的问题均可以作为统计学的研究对象。统计方法已渗透到其他科学领域，成为当前最活跃的学科之一。

(2) 统计学研究的是客观现象总体的数量特征。数量有个体数量与总体数量之分，统计学主要研究后者。单个数字不能成为统计，只有对大量现象进行观察，才可能找到总体的数量特征及其规律性。不过，统计学研究总体，必须从样本的调查入手，遵循由样本到总体的认识逻辑。

(3) 统计学主要研究不确定性现象。所谓不确定性是指由于受到偶然的、随机因素的作用，客观事物的实际数量表现存在一定程度的“不确定性”。在现代统计学中，处理不确定性问题是统计学的主要课题和任务。

(4) 统计学是一门方法论的科学。统计学的实用性很强，就统计工作而言，它总是研究实际问题的，统计的方法也是从现实问题中产生的。它的内容包括研究如何用有效的方法收集资料，如何对资料加以整理、概括和表征，以及如何对取得的数据进行分析和推断等一系列方法以至为采取某种行动提供依据和建议。目前，统计方法已经成为科技研究和信息管理的重要工具，并且还在不断发展之中。

1.2.3 统计学的分类

由于研究人员观察的角度不同，研究的重点不同，任何一门科学都会出现相互联系又有区别的分支。统计学也不例外，大致有以下两种分类。

1.2.3.1 理论统计学与应用统计学

理论统计学是统计学的数学基础，它扎根于数学的一个领域——概率论，还包括一些并不属于传统概率论的内容，如随机化原则的理论、各种估计的原理、假设检验的原理以及一般决策的原理。在统计实践中常常会遇到一些新问题，原有的统计方法不适用，需要统计学家针对新问题去建立一个与实际情况相适应的统计模型，创建新的统计方法去分析，这就要靠统计理论来指导。理论统计学也常被称作数理统计学（mathematical statistics）。

与理论统计学相对应的是应用统计学，将统计学的基本原理应用于各个领域就形成了各种各样的应用统计学。它包括一整套统计分析方法，有的是一般性的统计方法，适用于各个领域，如参数估计、相关与回归等；有的则是某一专业领域中特有的分析方法，如统计过程控制中的控制图等。这类统计学的特点是不着重于统计数学原理的推导，而是着重于阐明统计的思想，并将理论统计学的结论作为工具应用于各个具体领域。

本书属于应用统计学范畴，尤其侧重于质量管理方面的应用。

1.2.3.2 描述统计学与推论统计学

描述统计学是研究如何对构成研究对象的总体全面逐一地进行调查以及数字的计量、概括、表示的方法。有些客观现象的数字计量比较简单，如人的身高、体重等，而另一些比较复杂，如居民生活费的变动，会涉及很多方面，因此需要确定一系列反映客观现象数量特征的范畴，即统计指标体系。此外，刚刚收集到的数据往往杂乱无章，需要对其提炼加工，分门别类进行整理，再通过图表醒目地表达出来。这些都是描述统计学所要研究的内容。

推论统计学也称归纳统计学或推断统计学，它研究如何根据样本的部分数据去推论总体的情况。对客观现象收集数据时，有时不可能对全部个体做调查，有时虽然可以调查但工作量太大，故通常采取抽取部分样本来进行研究，从而对总体做出推论。虽然样本只是总体的一部分，包含的信息不完备，而且随机抽样必然会出现误差，从而导致对推论的可靠与否要冒一定的风险，但是推论统计学根据概率论的原理可以使推断所产生的不确定性得到控制，所获得的结论一定是对于现有样本的“最佳”的统计结论。

可以说，描述统计学是推论统计学的基础，而推论统计学则是描述统计学的深化和发展。本书注意兼顾这两方面的内容，除第 3 章属于描述统计学之外，其余各章主要是推论统计学的内容。

1.3 统计学在六西格玛中的地位

从以上两节的介绍中，我们已经可以清晰地感受到实际工作与统计学间的密切联系。至于六西格玛管理与统计学之间的具体联系，本书将详细展开来介绍。本节主要是概括地从两个方面说明统计学在六西格玛中的重要地位。

1.3.1 六西格玛名称的由来

从定义上说，六西格玛最初的含义就是建立在统计学中最常见的正态分布基础上的。σ（即西格玛）是一个希腊字母，在统计学中代表“标准差”。由于 σ 是衡量任意一组数据离散程度的指标，可以当作一种评估产品和生产过程特性波动大小的统计量。在质量管理理论中，就由 σ（标准差）的值导出了“西格玛水平”的概念，用以衡量过程绩效的优劣。在六西格玛理论中，“西格玛水平”是将过程输出的平均值、标准差 σ 与顾客要求的目标值、规格限综合起来进行比较，最终得出的对过程满足顾客要求能力的一种度量指标。σ（标准差）越小，则“西格玛水平”越高，过程满足顾客要求的能力就越强；σ（标准差）越大，则“西格玛水平”越低，过程满足顾客要求的能力就越弱。

六西格玛名称的具体由来还与摩托罗拉公司密切相关。当年摩托罗拉在进行大幅度的质量改进运动时，有一位名叫比尔·史密斯（Bill Smith）的工程师在研究制造缺陷和可靠度之间的关系时发现一个惊人的结论：需要在产品设计半个公差限范围内包含六倍标准差（6σ），才能从源头上确保产品不会发生缺陷！这个观点最终被整个公司所理解和采纳，并且将这场质量改进运动命名为六西格玛，史密斯本人也因此被尊称为“六西格玛之父”。

6σ（即六西格玛）代表的是理想化的高质量水平，在考虑了平均值可能含有的 1.5 个 σ 的偏移后，半个公差限内可以包含 6 个 σ，这时，每百万次机会中出现缺陷的个数只有 3.4（相当于正态分布超过 4.5 个 σ 外的单侧概率）。图 1-1 是六西格玛统计含义的图形示意，其中 LSL 表示下规格限；USL 表示上规格限；ppm 表示百万分之一。

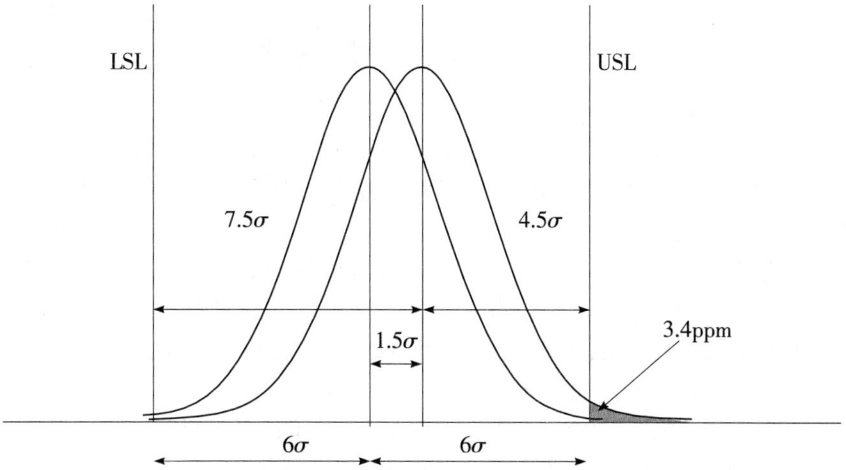

图 1-1　六西格玛的统计原理释义

1.3.2　六西格玛工具的组成

从更广泛的意义上说，六西格玛是一种基于数据的决策方法，强调用数据说话，而不是凭直觉与经验行事，依靠可信的数据收集方式，采用统计方法进行决策，告诉管理者问题的症结所在。这一特性决定了六西格玛中的许多工具与方法直接或间接地来源于统计学理论。这一系列工具与方法在六西格玛管理思想的指引下，有机地结合成为一个系统工具箱，比传统的质量管理方法中应用的方法更敏捷、更具前瞻性。下面结合六西格玛改进模式中的五大阶段，代表性地介绍六西格玛的工具方法。

1. 界定阶段常用工具

包括 SIPOC 图、立项说明书、KANO 模型分析、QFD（质量功能展开）、COPQ（劣质成本分析）等。

2. 测量阶段常用工具

包括流程图、MSA（**测量系统分析**）、**过程能力分析**、数据调查表、**直方图**、**箱线图**、**散布图**、**时间序列图**等。

3. 分析阶段常用工具

包括**帕累托**（Pareto）**图**、因果图、**假设检验**、ANOVA（**方差分析**）、**相关与回归分析**、FMEA（失效模式及效应分析）、**列联表卡方分析**、**多变异分析**、**多变量统计分析**、**可靠性统计分析**、**时间序列分析**等。

4. 改进阶段常用工具

包括脑力激荡法、TRIZ（创新方法与理论）、DOE（**试验设计**）、防差错措施等。

5. 控制阶段常用工具

包括 SPC（**统计过程控制**）、SOP（标准作业程序）、控制计划与项目报告等。

从上述介绍中可以看到很多统计学中的专业术语（用黑体字表示），这并不是一种巧合，而是六西格玛与统计学本质相通所导致的必然。这些相关的统计分析工具和其他的管理方法组成了行之有效的、具有强大解决问题及提高业务水平能力的六西格玛方法体系。而且越是需要高精度地量化解决问题，就越需要依赖统计方法。因为只有用严谨合理的统计分析方法才能确保从收集数据直至依靠数据做出决策的全过程都是科学的，才能真正地发挥数据的作用。

1.4 MINITAB简介

值得一提的是，按传统的手工方式进行统计分析，往往费时费力，且结果误差较大、功能有限，令人信心大减。如果能借助准确易用的专业统计软件，效果就会大为改观。目前，MINITAB是全球公认的在质量改善及六西格玛市场上运用的主要统计软件。适用于六西格玛统计需求的软件还有几个，例如JMP，SPSS等，各软件的功能与使用方法虽各有特点且略有差别，但总体上大同小异。本书以MINITAB软件为载体，展示计算机在统计计算及应用领域的强大功效，但所叙述的所有方法与结论都广泛地适用于各种类型的软件，读者很容易举一反三，将这些方法与结论应用于其他软件。

1972年，MINITAB软件诞生于美国宾夕法尼亚大学统计系，当时主要用于教学演示。20世纪90年代初起，MINITAB开始活跃在工业及商业领域，并且随着全球六西格玛管理浪潮的兴起而飞速发展。40多年来，MINITAB使用便捷、分析可靠的特点在商业界和学术界得到广泛验证，不同国家、不同行业和不同规模的公司不约而同地选择了MINITAB。此外，它还被朱兰研究院、美国质量协会等世界顶级的顾问组织与机构不断推荐给需要提高质量的客户。2007年初，MINITAB推出其第15版R15，并首次推出中文版，这既为中国的广大用户带来了福音，又标志着MINITAB的发展进入了一个新的阶段。2010年6月，MINITAB推出了第16版R16，它比R15增加了若干功能，但各项操作及输出结果都无太大变化。

MINITAB是一个全方位的统计软件包，它提供了普通统计学所涉及的所有功能，如描述性统计分析、假设检验、相关与回归、列联表和多元统计分析等，并包括了丰富的质量分析工具，如统计过程控制、试验设计、测量系统分析、可靠性分析和抽样验收等，这些内容都可以在软件中轻松实现。同时，MINITAB能够绘制箱线图、直方图、散点图、时间序列图、曲面图和概率分布图等20多类统计图形，生动形象地显示了数据分析的结果。

MINITAB了解众多企业存在的问题和挑战。通过完美地结合以人为本的操作平台和功能强大的后台支持，MINITAB使统计学在六西格玛中的应用如虎添翼，曾有用户亲切地称MINITAB软件为“非统计学者的统计软件”。本书中所有案例分析的计算都是在MINITAB R16版（简体中文版）的环境下完成，并配有详细的操作说明。但考虑到广大用户使用英文版或使用MINITAB早期版本的需求，在所有操作中都用括号给出相应的英文界面，读者在使用非简体中文版时同样方便快捷。

第2章

概率论基础知识

在现实世界中有两类现象：一种是确定性现象，另一种是随机现象。所谓确定性现象是指在一定条件下可以完全预知结果的现象。例如，在标准大气压下，水100℃会沸腾；在地球上，物体下落会遵循自由落体定律；在天体运行规律上，日月食的发生完全可以精确预测；等等。所谓随机现象是指不能完全准确预知其结果的现象。例如，掷硬币出现正面还是反面？下期彩票中奖号码是多少？明日股市指数会是多少？车床生产的下颗螺钉直径精确值是多少？对于标准块规长度的下次精确测量结果是多少？这些全都是事先未知的，是随机现象。

我们在研究客观世界中的随机现象时，一定要有清醒的认识。那就是，在任何情况下，个别随机现象都是绝对不可预测的。例如，有些人声称可以预测下次彩票的中奖号码，这是绝对不可能的。但大量随机现象将呈现明显的规律性。例如，假定生男生女的可能性相同，那么10 000个新生儿中，男孩将会是多少？其数量的范围又如何？等等。这些是可以预测的。概率论所研究的就是大量随机现象的规律性。

本章介绍的是有关概率论的基本知识。由于概率论是一门内容非常丰富、应用非常广泛的学科，我们不可能介绍它的所有方面，实际上本章将只介绍六西格玛管理所用到的有关基本内容。主要包括五部分：随机变量及其分布；随机变量的数字特征；常用的连续型分布；常用的离散型分布；中心极限定理。

2.1 随机变量及其分布

2.1.1 随机变量的概念

在同一组条件下，对某事物或现象所进行的观察或试验叫作随机试验（experiment），把观察或试验的结果叫随机事件（event）。例如，抛掷一枚质地均匀的色子就是一次试验，色子落地，可能出现1点，2点，…，6点，或为奇数点或为偶数点，点数大于5，等等，这些就是一个个事件。这些事件在一次试验中可能出现也可能不出现，我们称之为随机事件。

如果随机试验的每种结果可以用一个数字作为其代表，则称此变量为随机变量（random variable）。例如掷色子试验中，色子落地，将可能出现的点数作为考察的变量 X，则 X 就是一个随机变量。此随机变量可以取的值仅限于1～6这六个正整数。在此范围内，随机变量究竟在一次试验中会出现哪一个值，在试验前是完全不能确定的。通常的随机变量都具有这种性质和特点，即事先可以确定取值的范围，但不能确定具体的取值是多少。同样，在掷两颗色子试验中，我们可以定义所掷两颗色子“点数和”为一个随机变量 Y，它的取值范围就是2～12这些整数，投掷之前不知道此随机变量取值是几。当然，你也可以定义所掷两颗色子“点数差

（绝对值）”作为另一个随机变量 Z，那么它的取值范围将是 0～5 这六种结果。

概率论并不能确定一次试验下随机变量所取的值是多少，它所要研究的是随机变量所取之值的规律，即出现各种结果的可能性如何。例如，在掷色子试验中，随机变量取 1～6 这六个整数的可能性全都相同，都是 1/6。掷两颗色子点数和的这个随机变量，取值范围是 2～12 的这些整数，但取这些值的可能性很不同，取值为 7 的可能性远大于取值为 2 的可能性。描述出现各种结果的可能性规律的就是分布律。

随机变量的取值有两种不同的类型。

第一种是离散型（discrete）随机变量。例如，检查一个产品是否合格，可能有“合格”及“不合格”两种结果，可以分别用 0，1 代表。再如，市场上有 A，B，C 共三种手机，这里没有顺序可言，但可以分别以 1，2，3 代表。又如，车间产品分一等品、二等品及三等品；满意性分为极不满、不满、尚可、满意、极满意，这些是有顺序可言的。同样可以分别规定产品等级为 1～3 共三种，对于满意度可以规定为 1～5 共五类，等等。

另一种是连续型（continuous）随机变量。例如，自动车床生产的螺钉直径、长度，每台手机的发射功率，等等。这些随机变量的取值通常是某个实数区间，此区间可以是有限的，也可以是无限的。连续型随机变量的应用要比离散型随机变量广泛得多。

随机变量的两种数据类型不同，处理方法也不同。我们再看些例子。设 X 为某铸件上的缺陷点数，X 可以取 0，1，2，…。因此，X 是离散型随机变量。类似地，手机外壳透明显示框内包含的气泡数、布匹上的疵点数、车床一天内发生的故障次数、京津高速公路上的事故数等，都是取值为 $\{0, 1, 2, 3, \cdots\}$ 的离散型随机变量。射击飞碟比赛，共发 10 枪，命中飞碟的次数也是离散型随机变量，其取值域为 $\{0, 1, 2, \cdots, 10\}$。

再比如，设 X 为某品牌手机电池的寿命（单位：小时），则 X 是在 $[0, \infty)$ 上取值的连续型随机变量。类似地，PCB 板上焊锡膏涂层厚度、硝酸铵化肥反应罐每天的产量等，都是在 $[0, \infty)$ 上取值的连续型随机变量。

2.1.2　随机变量分布的概念

随机变量通常用大写字母 X，Y，Z 等表示，随机变量的取值常用小写字母 x，y，z 等表示。我们已经知道，随机变量可以分为两类：连续型随机变量和离散型随机变量。

为了描述随机变量的分布规律，我们对这两种类型分别讲述。

2.1.2.1　离散型随机变量的分布律

对于离散型随机变量，我们可以将其所有可能的取值排列起来。例如，掷色子试验中，将可能出现的点数这个随机变量记为 X，则这就是一个离散型随机变量。此随机变量可以取的值 x_i 是 1～6 这六个整数。由于取这六个数的概率全相等，都是 1/6，因此分布律可以写成下列形式（见表 2-1）：

表 2-1　　掷 1 颗色子点数分布律表

x_i	1	2	3	4	5	6
$P\{X=x_i\}$	1/6	1/6	1/6	1/6	1/6	1/6

在掷 2 颗色子的试验中，将可能出现的点数和这个随机变量记为 Y，则此离散型随机变量可以取的值 y_i 是 2～12 这 11 个整数。由于取这 11 个数的概率不全相等，因此要把取每个不同值的概率分别写出，因此分布律可以写成下列形式（见表 2-2）：

表 2-2　　掷 2 颗色子“点数和”Y 的分布律表

y_i	2	3	4	5	6	7	8	9	10	11	12
$P\{Y=y_i\}$	1/36	2/36	3/36	4/36	5/36	6/36	5/36	4/36	3/36	2/36	1/36

一般说来，我们可以先将离散型随机变量所有可能的取值，沿水平方向排成一行，在每个值的下方列出随机变量取此值的可能性，这个表就称为离散型随机变量的分布律。当然，这里所有列出的概率一定是非负数，而且所有这些概率之和应恰好为 1。

我们再看几个离散型随机变量分布律的例子。

例 2-1

在 M 电子公司生产的简易二极管中，按质量等级可分为 5 级，其中 1 级最差，5 级最好。现统计了今年 1 月份生产的二极管质量各种等级所占比率（见表 2-3）。

表 2-3　　质量等级分布状况表

x	1	2	3	4	5
P	0.1	0.2	0.3	0.3	0.1

为了直观显示概率分布的状况，我们可以画出分布律图。在研究二极管质量等级分布状况的例子中，记 X 为任意抽取一个二极管的质量等级数，则 X 是个以表 2-3 为分布律的离散型随机变量。图 2-1 就是二极管质量等级的概率分布律图。

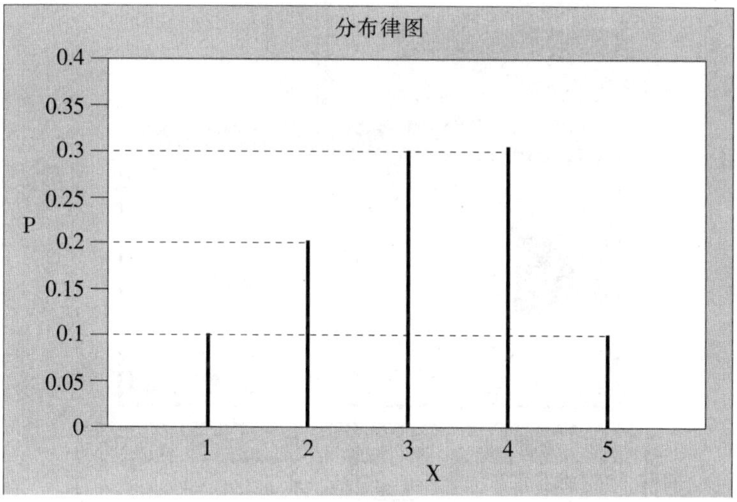

图 2-1　质量等级分布律图

由于画出概率分布律图非常重要，在很多计算机软件中，都可以直接画出离散型随机变量的分布律图来。例如，用 MINITAB 软件，先形成一个离散分布律的数据表，如图 2-2 所示。

在图 2-3 中介绍了画图的具体过程：从“图形>概率分布图（Graph>Distribution)”进入，选“单一视图（Simple)”，然后在各种分布中选“离散（Discrete)”，指定“值在（value)”为“等级”，指定“概率在（probability)”为“P”，则计算机可以直接画出如图 2-4 所示形状的分布图。

还有另一种方法可以画离散型随机变量的分布律图。

如图 2-5 所示。从“图形>散点图（Graph>Scatterplot)”窗口进入，选“简单（Simple)”，出现如图 2-5 所示的界面。再以“P”为纵坐标，以“等级”为横坐标，则可以画出散点图，再在“数据视图（Data View)”选项中在原来已有的“符号（symbols)”的基础上，加选“投影线（Project Line)”项，则可以画出在每个点的下方带投影线的图（见图 2-6）。

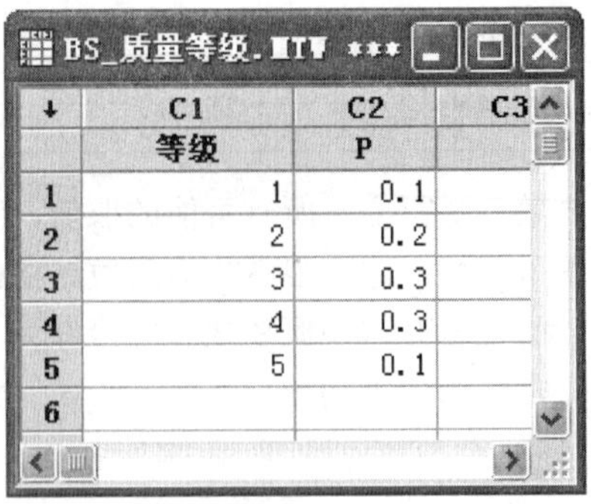

图 2－2　离散分布律输入数据表

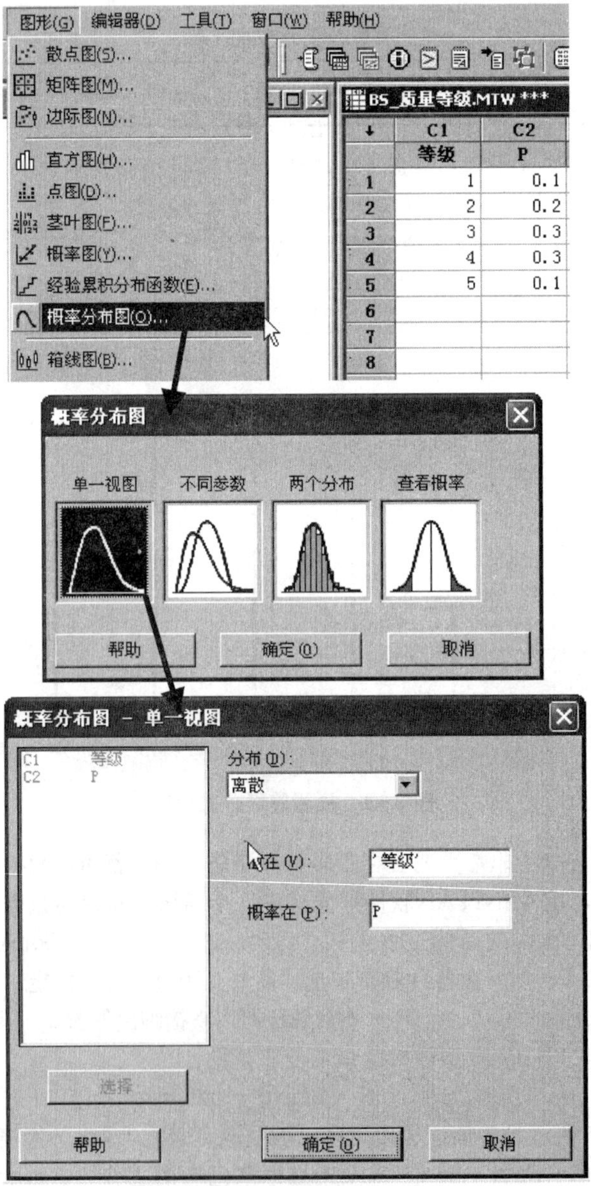

图 2－3　画离散概率分布律图的 MINITAB 操作流程

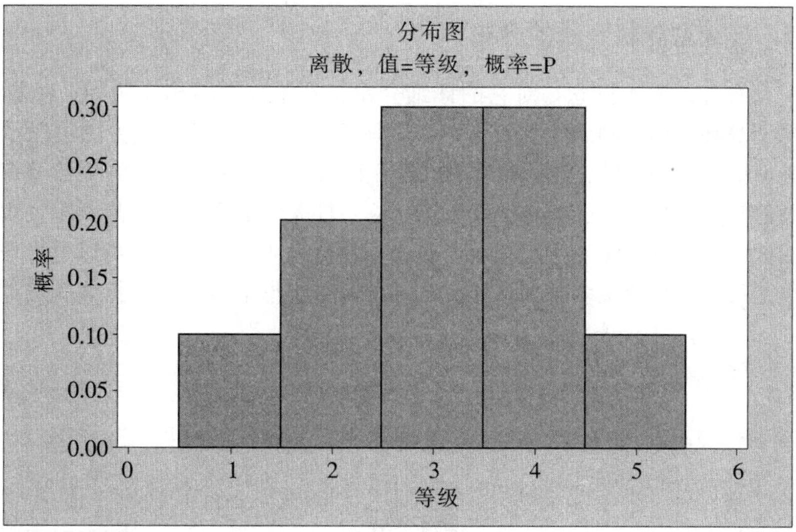

图 2-4　质量等级分布律图

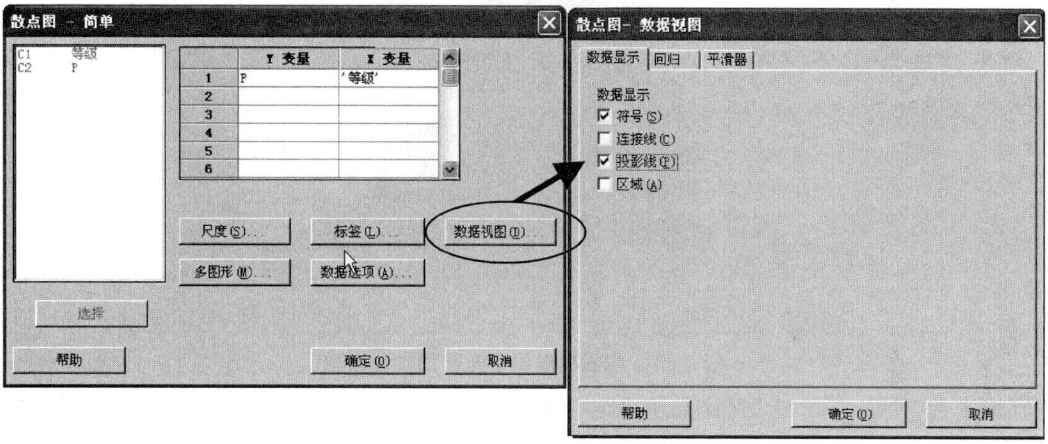

图 2-5　画柱状图的 MINITAB 操作流程

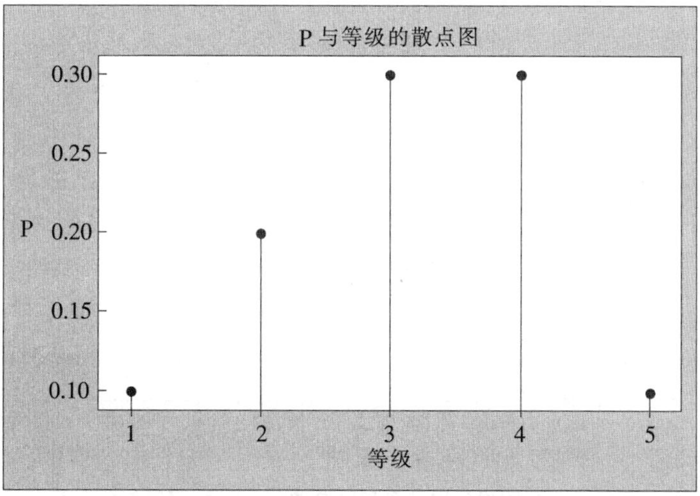

图 2-6　质量等级分布律图（柱状图）

2.1.2.2 连续型随机变量的分布

我们平时都有直方图的概念，对它的详细介绍将在第3章给出。例如，对收集到的1 213名中国成年男子身高数据绘制出频数直方图，如图2-7所示。频数直方图可以清楚地显示出在不同取值处，取值可能性的大小，身高在162～174cm的比别的身高的人数要多很多。但要注意，这里画的只是频数直方图。直方图的纵坐标可能是频数，也可能是频率，观测值的个数发生变化，或区间的划分方法发生变化时，纵坐标就会发生变化。我们可以这样设想，当数据个数很多、组距很小、组数很多时，连接直方图中每个矩形上边中点的折线就接近一条光滑的曲线了，图2-7给出了这样的描述。

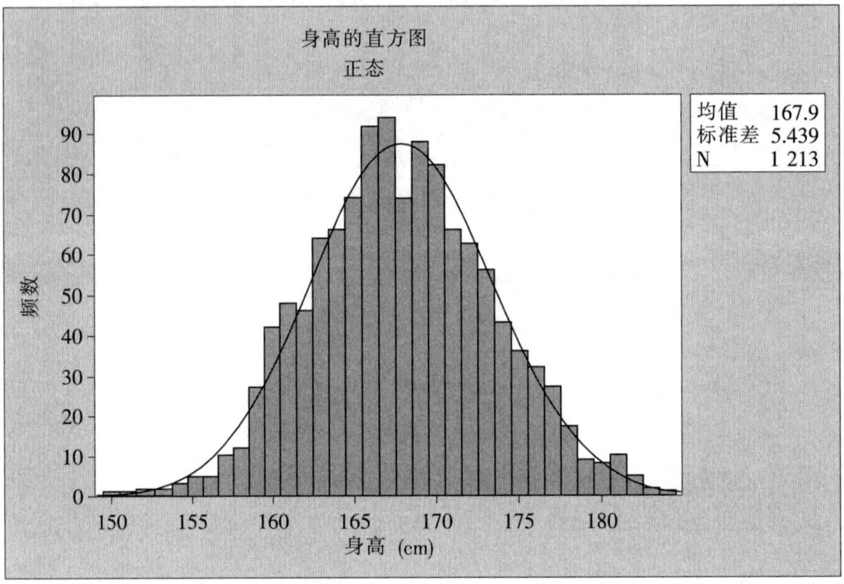

图2-7 中国成年男子身高抽样分布图

随着数据的不断增加，频率趋于稳定，频率的稳定值就是概率。如果要求整个曲线下方的面积恰好为1，则这条曲线就称为概率密度曲线，此密度函数就是概率密度函数（probability density function，pdf），如图2-8所示。

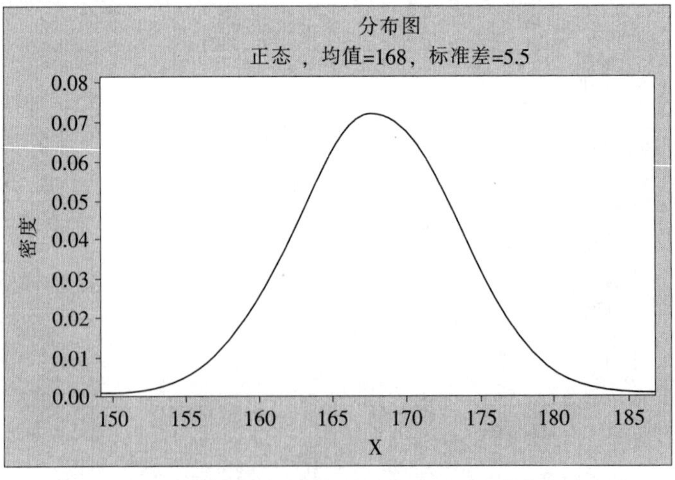

图2-8 中国成年男子身高（单位：cm）概率密度分布图

请注意比较一下，在图 2-7 与图 2-8 中，两条曲线形状完全相同，但二者的纵坐标是不相同的。图 2-7 中，纵坐标高度与观测值总个数及身高间隔的划分都有关系，但图 2-8 则不然，光滑曲线下方的面积固定为 1，它的曲线高度与抽样人数及间隔的划分都无关。可是，对于概率密度曲线而言，它仍然与选用单位有关。例如，在图 2-8 中，身高的单位是厘米，其密度的最大值大约是 0.07，如果我们把身高的单位换成米（厘米的 100 倍），则其密度的最大值也要扩大 100 倍，大约是 7，如图 2-9 所示。也就是说，密度是有量纲的，它的量纲是 $1/[X]$ 。

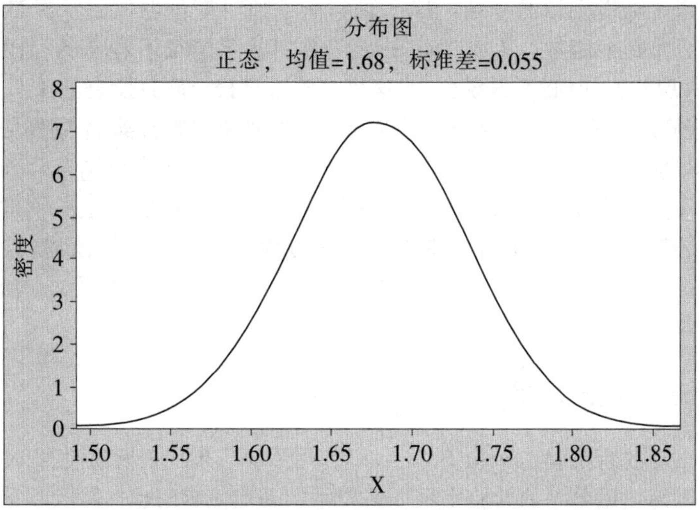

图 2-9　中国成年男子身高（单位：m）概率密度分布图

概率密度函数是描述连续型随机变量分布的最重要和最基本的工具。概率密度函数有什么特点呢？如果 $p(x)$ 是连续型随机变量 X 的概率密度函数，则 $p(x)$ 应该满足下列条件：

$p(x) \geqslant 0$（概率密度函数的值肯定为非负数）

$$\int_{-\infty}^{\infty} p(x)\mathrm{d}x = 1 \tag{2-1}$$

这就是说，概率密度函数曲线与横轴所围成的面积永远为 1。

$$P\{a \leqslant X \leqslant b\} = \int_a^b p(x)\mathrm{d}x \tag{2-2}$$

这就是说，随机变量落入 $[a, b]$ 的概率等于密度函数曲线在 $[a, b]$ 上的积分。其含义如图 2-10 所示。

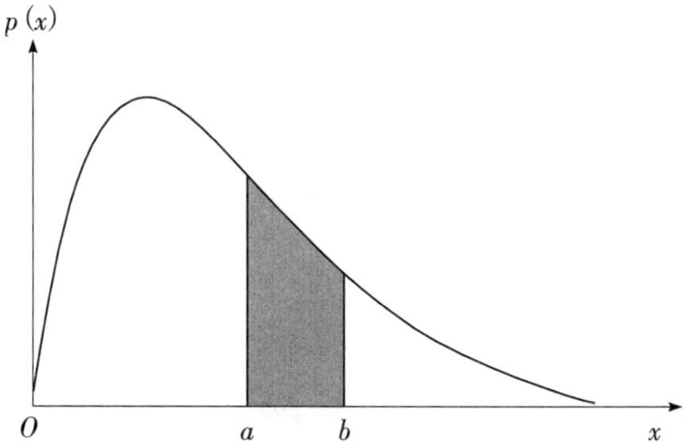

图 2-10　事件的概率与概率密度分布的关系图

这样一来，就看到概率密度函数的重要性。因为如果我们得到了概率密度函数，就可以直接求出随机变量落在任意一个范围内的概率。这一点在今后的统计计算中起到关键的作用。

2.2 随机变量的数字特征

如果已经知道了随机变量的分布，那么我们对于随机变量取值的状况就有了规律性的了解。但是，概率分布是个函数，要想抓住一个函数的状况是很不容易的。比如，公司领导问你："昨日深市A股状况如何?"你说："我这里有股市日报，昨日所有几千只A股的价格全在里面列出了。"这样的回答当然不能令人满意。你至少要说"昨日深A指数是12 789，比前天上涨了0.38%"，等等。换言之，你总要把一大堆数字归纳成几个特别有代表性的数字，用以代表总的状况。又如，你在自由市场上买了一堆河虾，你可以说："这些河虾平均每斤50只，个头虽不大，但还算整齐。"其中就至少提供了两方面的信息：平均值如何，分散程度如何。从统计学的理论描述上来讲，这就是"平均值"和"方差"两个基本概念。当然，描述平均状况和分散状况的量不止这两个，以后还会陆续介绍。

2.2.1 随机变量的均值

随机变量最重要的特征就是平均值（mean）。用$E(X)$来代表随机变量X的数学期望或平均值，有时也可以简化用单一的希腊字母μ来表示。平均值有时也简称为均值。对于离散型或连续型随机变量，$E(X)$的定义很不相同。下面分别讲述。

2.2.1.1 离散型随机变量的均值

我们先举一个例子说明究竟应该怎样计算平均值。假设有一个班，数学考试成绩如下（这里为了集中精力思考概念，例子已做了简化）。

例2-2

A班数学期末考试成绩如表2-4所示。求全班数学考试平均值。

表2-4　　A班数学期末考试成绩表

分数	60	70	80	90	100	总计
人数	30	60	80	20	10	200
比率	0.15	0.3	0.4	0.1	0.05	1

解　显然，我们不能简单地将分数60，70，80，90，100平均起来，得到80。我们一定要考虑得此分数的人数。因此，平均值应该为：

$$\mu=(60\times30+70\times60+80\times80+90\times20+100\times10)/200=76$$

如果我们先将分母分别放入括号中的每一项，也就是先计算出每种得分所占的比率，则可以根据算术中的分配律将上述算法换成另一种等价算法：

$$\mu=60\times0.15+70\times0.3+80\times0.4+90\times0.10+100\times0.05=76$$

这两种算法结果当然应该相同，但是后一种计算方法有更明确的概率的含义。也就是说，只要将所取的值与取此值的比率相乘再相加，就可以得到平均值。利用与此相似的方法就可以得到随机变量的平均值。比如，离散型随机变量X的分布如表2-5所示。

例 2-3（续例 2-1）

质量等级的分布律在表 2-5 中列出。求平均质量等级。

表 2-5　　质量等级的分布律表

x	1	2	3	4	5
P	0.1	0.2	0.3	0.3	0.1

解　此表中的第一行列出的是随机变量所取的值，第二行列出的是随机变量取此值相对应的概率。容易想到，平均质量等级应该是：

$$\mu = 1\times 0.1 + 2\times 0.2 + 3\times 0.3 + 4\times 0.3 + 5\times 0.1 = 3.1$$

根据上例的启发，我们就可以得到一般的离散型随机变量的平均值的概念。

设一般离散型随机变量 X 的分布律如表 2-6 所示。

表 2-6　　一般离散型随机变量分布律表

x_i	x_1	x_2	…	x_n	…
p_i	p_1	p_2	…	p_n	…

我们用 μ 表示随机变量的均值，则为：

$$E(X) = \mu = x_1 p_1 + x_2 p_2 + \cdots + x_n p_n + \cdots = \sum x_n p_n \tag{2-3}$$

如果随机变量仅取有限个值，则式（2-3）的表达式中的求和只有有限项。如果随机变量取无限个不同的值，则式（2-3）的表达式中可能有无限项，这就成了无限项求和的问题。严格说来，我们当然至少得要求此求和是收敛的。如果求和不收敛，则均值就不存在。由于不收敛的情况是很罕见的，我们在此不详细讨论，我们总假定均值是存在的。

从物理意义上看，平均值相当于质心的位置。比如，在一根水平横放的细棒上，在位置 x_1 处，放着比率 p_1 的质量；在位置 x_2 处，放着比率 p_2 的质量；…，如图 2-11 所示。

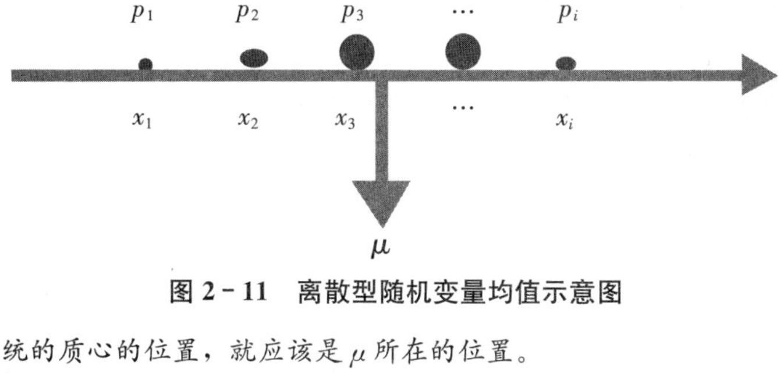

图 2-11　离散型随机变量均值示意图

那么，整个系统的质心的位置，就应该是 μ 所在的位置。

2.2.1.2　连续型随机变量的期望值

对于连续型随机变量的分布，我们可以用分布密度 $p(x)$（或 $f(x)$）来表示。如果分布密度的图形已经给定，可以仿照离散型随机变量求质心的思想给出均值的定义。我们设想以分布密度曲线作为上边界，横轴作为下边界，这样形成一块薄板。如何求这块薄板的质心呢？图 2-12 就是连续型随机变量的均值作为质心的示意图。

由高等数学中的公式可以得知，全部面积应该为：$A = \int_{-\infty}^{\infty} p(x)\mathrm{d}x$；全部质量矩应该为：$M = \int_{-\infty}^{\infty} xp(x)\mathrm{d}x$，因此质心的横坐标为：

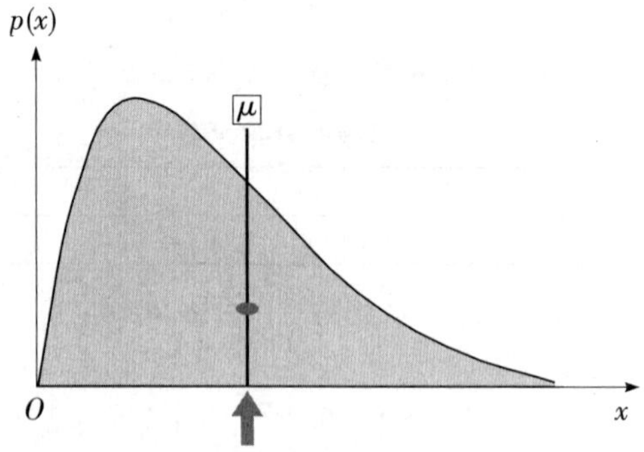

图 2-12　连续型随机变量的均值 μ 示意图

$$\mu=\frac{M}{A}=\frac{\int_{-\infty}^{\infty}xp(x)\mathrm{d}x}{\int_{-\infty}^{\infty}p(x)\mathrm{d}x}=\int_{-\infty}^{\infty}xp(x)\mathrm{d}x$$

最后一个等式的成立是由于我们总假定分母上的图形总面积为1，因此可以容易理解连续型随机变量的平均值的定义：

$$\mu=\int_{-\infty}^{\infty}xp(x)\mathrm{d}x \qquad (2-4)$$

换言之，随机变量的均值就是该密度图形质心的横坐标。

很显然，如果分布是对称的，则均值一定正好是分布的对称中心。如果分布非对称，则要针对具体的分布具体计算之。通常说来，计算均值是件不容易的事，可是对于非专业的统计工作者而言，计算均值的过程并不重要，对于均值概念的深入理解才是最重要的。本章2.3节和2.4节将给出常用的一些分布的均值数值公式供大家参考使用。

这里还要给出计算平均值的一种推广形式。

例 2-4

航班每次飞行坠机概率为十万分之一，每位乘客保费为20元，死亡赔付金额为40万元。问保险公司从每位乘客手中平均获取多大利润？

解　记随机变量 X 为事故发生指示变量：当飞行平安时，$X=0$；当飞行出事故时，$X=1$。

由所给条件可知，$P\{X=1\}=0.000\,01$，$P\{X=0\}=0.999\,99$。随机变量 X 的分布律在表2-7中的前两行给出。

表 2-7　　保险公司航空保险事故分布律与赔付表

X	0	1
P	0.999 99	0.000 01
Y	20	20−400 000

我们要讨论的不是发生事故的可能性问题，而是保费问题。投保时，乘客交一定保费，当未出事故时，乘客保费归保险公司所有，一旦发生事故，则保险公司要按约定好的保险额理赔。保险公司有时赚有时赔，那么平均说来，保险公司在每个乘客身上的平均获益是多少呢？设 Y 为保险公司收益，无事故为20元，有事故为20−400 000元，因此平均收益为：

$$E(Y)=20\times0.999\,99+(20-400\,000)\times0.000\,01=16$$

这里我们用 $E(Y)$ 代表对于 Y 求期望（expectation），它的真实含义就是求平均。在本例中，$E(Y)=16$，换言之，保险公司在每个乘客身上的平均获益是16元。扣除相关费用，它的利润绝对是非常可观的。

一般说来，对于随机变量 X 的某个函数 $Y=g(X)$，求 Y 的期望值时，可以对于每个 Y 的取值按 X 的取值概率求其平均值。

根据上面这条性质，可以很容易地得到下列常用公式（式中，a，b 都是普通常数）：

1. $E(aX+b)=aE(X)+b$

2. $E(aX_1+bX_2)=aE(X_1)+bE(X_2)$

这两条性质是普遍成立的，不需要任何关于独立性及分布方面的条件。

2.2.2 随机变量的方差

对于一个随机变量的分析，了解其均值当然是重要的。但仅知道均值是远远不够的。“一个社区内每户平均月收入为 3 000 元”是否说明该社区内收入状况不错了呢？那要看各户收入之间的差别波动大不大。有多种计算方法可以度量这种波动。计算出随机变量的方差（variance）是最重要的一种。我们参看图 2－13，了解一下不同分散程度的图形。

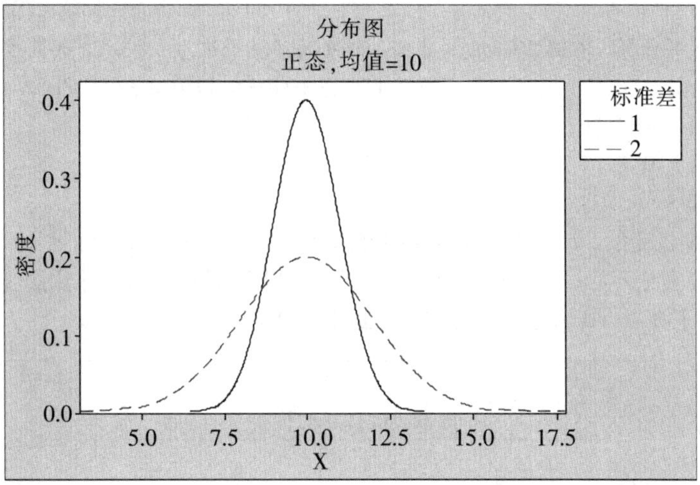

图 2－13　两个分布的分散程度比较

图 2－13 中的两个分布，均值是相同的，都是 10。它们的差别是分散程度不同。很明显，图形较“瘦”的表示分散程度较小；图形较“胖”的表示分散程度较大。我们用 $V(X)$ 或 σ^2 表示随机变量 X 的方差（也有书籍用记号 $\mathrm{Var}(X)$ 或 $D(X)$ 表示随机变量 X 的方差），它的定义是随机变量与其均值之差的平方的平均值。用数学公式来写就是下列公式：

$$V(X)=\sigma^2=E(X-\mu)^2 \tag{2-5}$$

很明显，不论随机变量 X 的取值比 μ 大还是比 μ 小，由于 $(X-\mu)^2$ 的取值都是正数，X 取值偏离 μ 越远，则 $(X-\mu)^2$ 的取值越大。因此可以看出，如果数据越分散，则 $V(X)$ 的值越大。因此，方差代表的量就是随机变量分散的程度。比如，从天然河流中钓来的鱼和从农贸市场上买来的鱼的最主要差别是什么呢？区别不在于鱼的平均长度如何，而是钓来的鱼的长度之方差会远比买来的鱼的长度的方差大得多；解放军仪仗队士兵为了显示雄壮有力，其身高一定要平均值较大，而身高的方差要较小。

方差的物理意义也是很明显的，随机变量的均值是该密度图形质心的横坐标，方差代表该密度图形绕质心的转动惯量。比如在图 2－13 中，很明显，较“瘦”的图形绕质心旋转启动或制动旋转都会比较容易，较“胖”的图形绕质心旋转启动或制动旋转都会比较困难。这正是“转动惯量”的含义。方差越大，代表数据越分散；方差越小，代表数据越集中。

但方差有个先天性缺点。大家知道，均值的量纲与原随机变量 X 的量纲 $[X]$ 是一致的；而方差的量纲则是 X 量纲的平方，即为 $[X]^2$，这理解起来不够直观。为此我们引入标准差（standard deviation）的概念，它常用希腊字母 σ（读音为“西格玛”）表示。由此可知：

$$\sigma = \sqrt{V(X)} \tag{2-6}$$

以上给出的计算随机变量方差公式对于连续型或离散型随机变量都是相同的，但具体求法却不完全相同。对于计算方差公式（2-5），具体化为离散型随机变量时为：

$$V(X) = \sigma^2 = (x_1-\mu)^2 p_1 + (x_2-\mu)^2 p_2 + \cdots + (x_n-\mu)^2 p_n + \cdots = \sum (x_i-\mu)^2 p_i \tag{2-7}$$

对于计算方差公式（2-5），具体化为连续型随机变量时为：

$$V(X) = \sigma^2 = \int_{-\infty}^{\infty} (x-\mu)^2 p(x)\mathrm{d}x \tag{2-8}$$

例 2-5（续例 2-1）

质量等级的方差计算。在例 2-3 中，已经知道平均质量等级为 $\mu=3.1$，因此根据式（2-7）可得

$$V(X) = \sigma^2 = (1-3.1)^2 0.1 + (2-3.1)^2 0.2 + (3-3.1)^2 0.3 + (4-3.1)^2 0.3 + (5-3.1)^2 0.1 = 1.29$$

根据式（2-6）可得

$\sigma=1.135\,8$

对于连续型随机变量，计算方差通常要用定积分进行。这些计算通常都很复杂，统计工作者早已帮我们计算好，我们不必过问计算过程，只要明白其概念就够。下面我们用正态分布加以解释。

中国成年男子身高（单位：cm）的分布如图 2-14 所示。

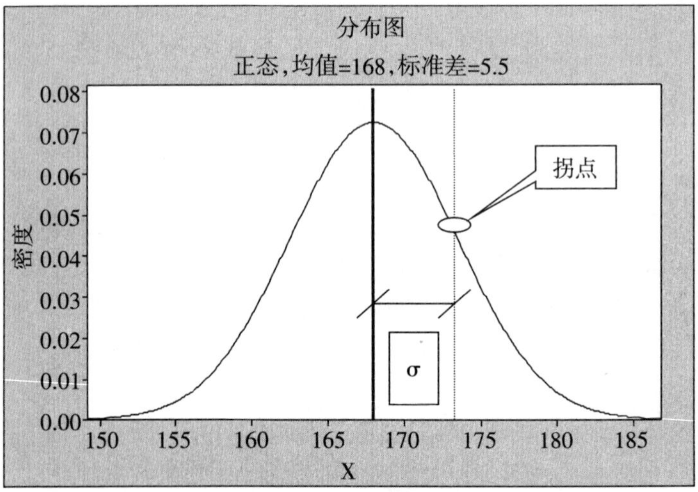

图 2-14　中国成年男子身高分布密度曲线及标准差示意图

正态分布的密度曲线是钟形的，最中间是对称中心的均值位置，曲线的两端是下凸的（凹的），中心段部分是上凸的，在凹与凸的交界处有个转折点，称为拐点。拐点到中心线的距离就是标准差 σ。很明显，与方差的概念完全一致，标准差越大，代表数据越分散；标准差越小，代表数据越集中。

其他分布的方差的计算比较复杂，我们这里不准备给出。下面的两节介绍常用分布时将给出它们的均值和方差公式。

方差是度量随机变量分散程度的最有力的工具。我们常用到它的一些性质。从方差的概念，很容易得到下列常用性质（式中，a，b都是普通常数）：

(1) $V(C)=0$（任意常数的方差是0）

(2) $V(aX)=a^2V(X)$（随机变量增大为a倍时，其方差将增大为a^2倍）

(3) $V(aX+b)=a^2V(X)$

(4) 在X_1与X_2相互独立时：

$$V(X_1+X_2)=V(X_1)+V(X_2)$$

$$V(X_1-X_2)=V(X_1)+V(X_2)$$

即两个相互独立的随机变量，其和（或差）的方差是二者方差之和。更一般的公式是：

(5) $V(aX_1+bX_2)=a^2V(X_1)+b^2V(X_2)$ (2-9)

这里我们未加解释就引用了两个随机变量相互独立的概念。对于随机变量独立性概念我们只要考虑到：对于第一个随机变量X的任意取值都不会影响第二个随机变量Y的取值时，称两个随机变量是相互独立的。上述性质（4）说明了独立随机变量间方差关系式，它在后面会多次用到。

(6) 如果有多个随机变量$X_1,X_2,\cdots,X_n$，它们相互独立，且各方差都相等（记为σ^2），则

$$V(X_1+X_2+\cdots+X_n)=n\sigma^2 \tag{2-10}$$

$$V(\overline{X})=V\left[\frac{1}{n}(X_1+X_2+\cdots+X_n)\right]=\frac{\sigma^2}{n} \tag{2-11}$$

2.2.3 随机变量的偏度与峰度

只用反映位置状况和离散程度的参数来描述随机变量的分布仍然不够完善。如果能增加反映随机变量分布形状的参数配合前两者，将能更完整地呈现随机变量分布的特性。偏度和峰度是最常用的两个度量数据分布形状的参数。

2.2.3.1 偏度

偏度（skewness）是对随机变量分布不对称性的度量，用β_s表示。其计算公式为：

$$\beta_s=\frac{E(X-\mu)^3}{\sigma^3} \tag{2-12}$$

式中，μ为分布的均值；σ为分布的标准差。

它的含义是：当分布完全对称时，则$\beta_s=0$。正态分布对称，当然它的偏度就为0（见图2-15B）；反之，$\beta_s=0$时，分布并不一定对称，但一般说有某种对称性。当$\beta_s>0$时，分布称为正偏（也称右偏），它的分布中高于均值的“尾”部向右侧延伸严重（见图2-15C）；当$\beta_s<0$时，分布称为负偏（也称左偏），它的分布中低于均值的“尾”部向左侧延伸严重（见图2-15A）。负偏分布在实际工作中很少出现，大多数偏态分布都是正偏的。正偏分布常见于寿命分布、社会状况（收入、住房等）、水文气象（年最高气温、雨量、水位、风速、波高）等领域内的数量分布。

2.2.3.2 峰度

峰度（kurtosis）度量随机变量分布中间部分的陡峭程度及两端尾部的厚重程度，也可以

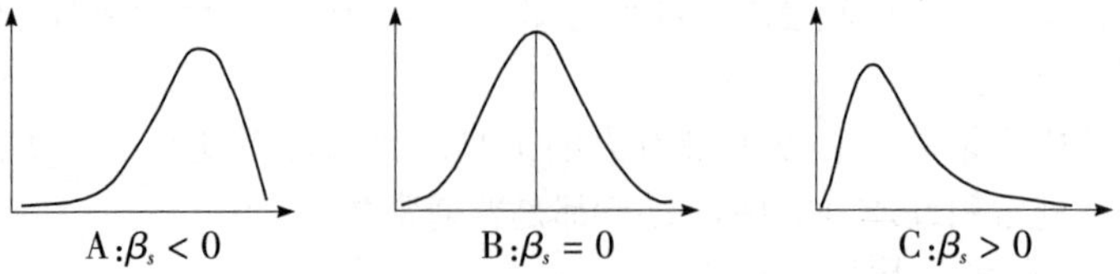

图 2-15　偏度示意图

简单地当作分布平坦性的度量，用 β_k 表示，计算公式为：

$$\beta_k=\frac{E(X-\mu)^4}{\sigma^4}-3 \tag{2-13}$$

式中，μ 为分布的均值；σ 为分布的标准差。

我们理解峰度含义的时候，一定要注意，比较两个分布的峰度时，一定要让它们二者有相同的均值和相同的方差，否则比较的不是峰度而常常变成比较方差了。可以参考图 2-16，各分布都有相同的均值及方差。当数据为正态分布时，其峰度为 0。正峰度表示数据分布比正态分布中间顶峰更峭、两尾更重；负峰度表示数据分布中间比正态分布顶峰更平、两尾更轻。负峰度常在均匀分布类型或多个不同均值的混合正态总体中出现。

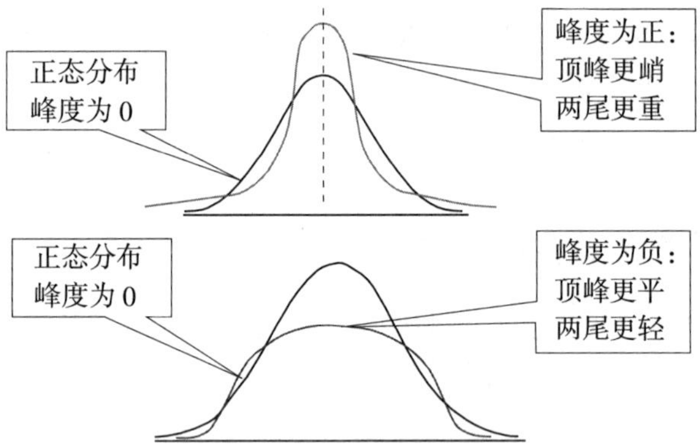

图 2-16　峰度示意图

2.2.4　随机变量的累积分布函数及分位数概念

对于随机变量的数字特征，除了常用的均值及方差之外还有很多。为了将来计算这些数字特征，也为了计算随机变量取值的概率，有必要先引入累积分布函数的概念。

2.2.4.1　随机变量的累积分布函数

我们以连续型随机变量为例。当分布密度 $p(x)$ 给定之后，我们可以直观看到随机变量取值的规律，看到哪个部分概率大，哪个部分概率小。但是如果我们真的要求出落入某范围内的概率，则要用定积分求出面积才行。一般说来，求积分是很困难的，有些甚至是不可能的（例如，正态概率密度的积分就得不出普通的初等函数）。为了能顺利计算出落入任意一个区间的概率，我们引入累积分布函数概念，这就使计算概率的工作变得非常简单。

我们用 $F(x)$ 代表累积分布函数（cumulative distribution function，简记为 cdf）或简称为分布函数。对于任意指定的 x 值，累积分布函数 $F(x)$ 代表随机变量落入其左方的概率，它的含义如图 2-17 阴影部分所示。

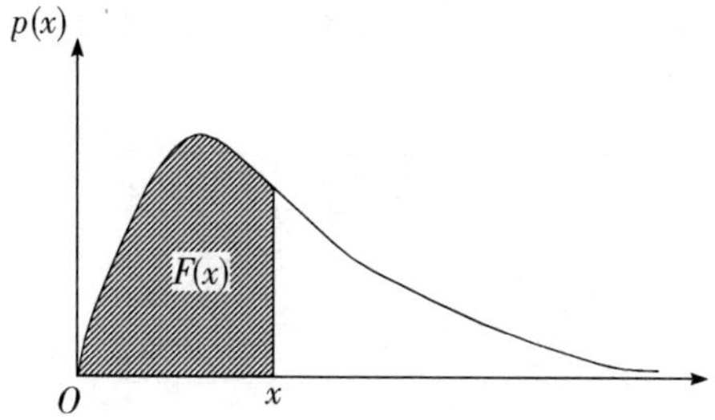

图 2-17　累积分布函数示意图

从累积分布函数的定义可以看出下列性质：

(1) 当 x 趋于负无穷时，$F(x)$ 趋于 0；当 x 趋于正无穷时，$F(x)$ 趋于 1。

(2) x 逐渐增长时，$F(x)$ 也会逐渐增长，至少不会减小。

(3) 落入区间 $[a, b]$ 的概率，可以用公式来计算：

$$P\{a \leqslant X \leqslant b\} = F(b) - F(a) = \int_a^b p(x)\mathrm{d}x \tag{2-14}$$

用图形来显示概率，如在图 2-18 中，阴影部分的面积就是随机变量落入此区间的概率。因此，如果已知累积分布函数时，则计算落入 $[a, b]$ 区间的概率，可以用 $F(b)$ 与 $F(a)$ 之差直接求得，即要学会使用式 (2-14) 的前半段：

$$P\{a \leqslant X \leqslant b\} = F(b) - F(a)$$

其示意图见图 2-18。

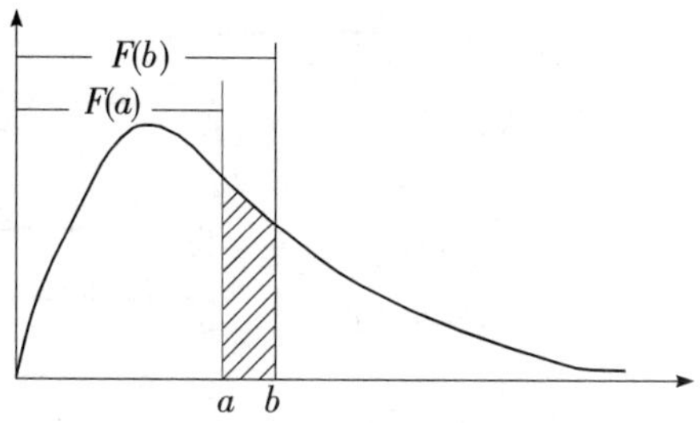

图 2-18　随机变量在指定区间内取值的概率计算示意图

在上述图形中，容易看出式 (2-14) 的下面两种特例情况：

(1) 当 a 为负无穷时，由于 $F(a)=0$，$P\{X \leqslant b\} = F(b)$。

(2) 当 b 为正无穷时，$P\{X \geqslant a\} = 1 - F(a)$。

$F(a)$ 的计算通常要用计算机来完成。其一般计算方法是：从“计算>概率分布 (Calc>Probability Distributions)”入口，选中相应的分布后，在其后面列出了三个选择：“概率密度 (Probability density)”、“累积概率 (Cumulative probability)”及“逆累积概率 (Inverse cumulative probability)”，计算累积概率时选择中间一个（也是默认的选择）；输入一个或多个常数 x 后，即可以得到对应这些 x 的 $F(x)$。

例 2-6

中国成年男子身高服从均值为 168cm，标准差为 5.5cm 的正态分布。试计算：

(1) 身高小于 160cm 的概率。

(2) 身高大于 180cm 的概率。

(3) 身高介于 160～180cm 的概率。

解 用MINITAB软件，因为本例牵涉到160和180两个数，可以先在空白工作表上取一列，并命名为H（见图2-19）。

↓	C1	C2
	H	P
1	160	0.072898
2	180	0.985439
3		

图2-19 概率计算数据输入输出表

从“计算>概率分布>正态（Calc>Probability>Normal）”入口，选中“累积分布（Cumulative Distribution）”，同时设定“均值（mean）”为168，设定“标准差（Std Dev）”为5.5，同时设定自变量为“输入列（Input Column）”，记为H；设定计算结果为“可选存储（Output Column）”，记为P，则可以用MINITAB直接计算出概率，并且将结果存在原数据表中的P列内。对于例2-6，从上述窗口进入后可以看到下列对话窗口，当把相应信息填入后，则会得到下列界面（概率的计算结果已列在图2-19内）（见图2-20）：

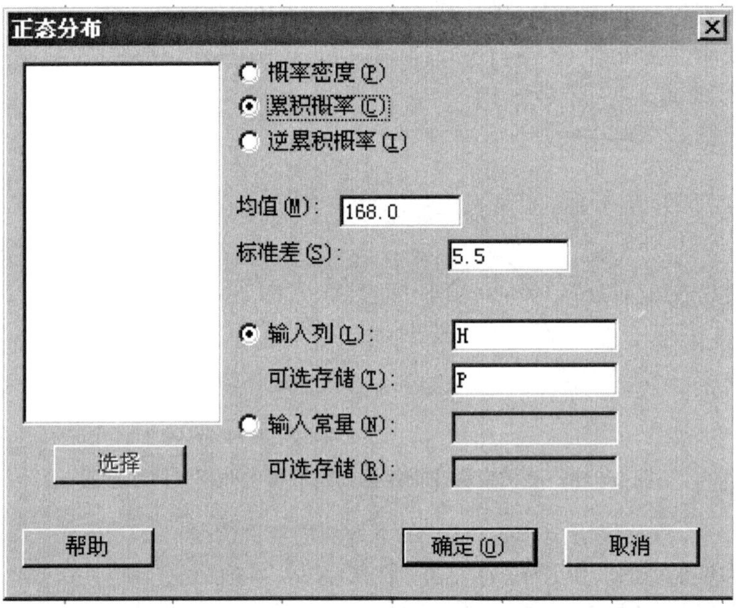

图2-20 概率计算数据操作窗口图

如果只计算单个值的累积概率，可以从“输入常量（Input Constant）”处填写单个x，对于“可选存储（Optional Storage）”通常不选（这时输出结果只在运行窗口中出现）。如果需要将结果存起来，也可以选定一个命名单元。但要注意：单个常数在MINITAB存储中，自己可以选择名称，但由于规定C开头的字母代表一个列，M开头的字母代表一个矩阵，因此要用其他字母例如A1，B3或K18等。对于选定命名单元者，计算机将按指定命名存入内存，以后可以用此命名参加计算。如果想将它显示出来，可以从“数据>显示数据（Data>Display Data）”入口，指定名称后，就能将其显示出来。

对例2-6中三个问题的回答：

(1) 身高小于160cm的概率。图2-19中第一行已列出。

$P\{X \leqslant 160\} = 0.0729$

（2）身高高于 180cm 的概率。

身高小于 180cm 的概率，图 2-19 中第二行已列出，因此

$P\{X \geqslant 180\} = 1 - P\{X \leqslant 180\} = 1 - 0.9854 = 0.0146$

（3）身高介于 160～180cm 的概率。

$P\{160 \leqslant X \leqslant 180\} = F(180) - F(160) = 0.9854 - 0.0729 = 0.9125$

2.2.4.2 随机变量的分位数

在实际工作中，常听说“长江三峡大坝可以抵御长江百年一遇的洪水”。那么“百年一遇”是什么意思呢？有人说：“这很简单，将 100 年的水位记录下来，最大的水位就是百年一遇水位。”可是这就有个理论上的矛盾，如果有连续两个“百年水位记录”，这两组数的最大值不一样（很可能这样），那又该认定哪个值呢？如果有连续十个“百年水位记录”，这十组数都各自有自己“百年一遇”值（即各自的最大值），那么又从哪里能得到“千年一遇”值呢？看来这样规定是有问题的。

如果得到年最高水位 X 的分布函数，取这样的一个数：随机变量 X 的取值比它大的概率正好是 1/100 时，则此数称为“百年一遇”值。更一般的说法是：随机变量 X 的取值比它大的概率正好是 $1/T$ 时，则此数称为“T 年一遇”值。

一般来说，对于随机变量 X，如果数值 x_p 可以满足下式：

$$P\{X \leqslant x_p\} = p \tag{2-15}$$

则称 x_p 为随机变量 X 的 p 分位数。例如：

$P\{X \leqslant x_{0.1}\} = 0.1$

$x_{0.1}$就是随机变量 X 的 0.1 分位数。按照这样的规定，可以很清楚地得知，“百年一遇”值就是年最高水位分布的 0.99 分位数，即 $x_{0.99}$，此数也常称为右侧 0.01 分位数。同样可以得知，“千年一遇”值就是年最高水位分布的 0.999 分位数，即 $x_{0.999}$；“二十年一遇”值就是年最高水位分布的右侧概率恰好为 1/20，即 0.95 分位数 $x_{0.95}$；“十年一遇”值就是年最高水位分布的右侧概率恰好为 1/10，即 0.90 分位数 $x_{0.9}$。

求随机变量 X 的 p 分位数 x_p 的工作很重要。其一般计算方法是：从“计算>概率分布（Calc>Probability Distributions）”入口，选中相应的分布后，在其后面列出了三个选择：“概率密度（Probability density）”、“累积概率（Cumulative probability）”及“逆累积概率（Inverse cumulative probability）”，计算分位数时选择最后一个：“逆累积概率（Inverse cumulative probability）”，输入常数 p，即可以得到随机变量 X 的 p 分位数。

对于正态分布及其导出的 t 分布、F 分布、卡方分布等的分位数计算见本书第 4 章；对于有关寿命分布的分位数计算请参见本书的姐妹篇《基于 MINITAB 的现代实用统计》中关于可靠性的有关章节。

2.2.4.3 随机变量的中位数

如果 p 取为 0.5，此数特别重要，$x_{0.5}$称为中位数，常用 m 表示。其含义是随机变量 X 取值中，有一半比 m 要小，另一半比 m 要大。画成图（见图 2-21）则可以看到，它位于恰好将全部概率分为两半的位置。显然中位数与平均值是两个不同的概念。如果分布图形如图 2-21 这样，大尾巴在右边，大头在左侧（以后可知这叫“正偏分布”），从重心的概念出发，很容易知道“中位数肯定要比均值小些”。如果分布基本对称，中位数则应该与均值相等。

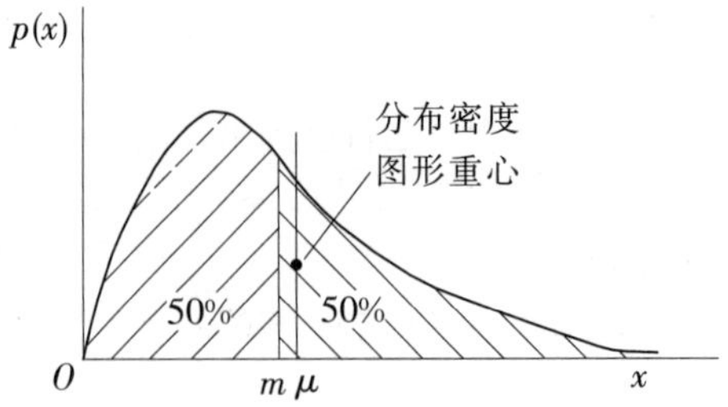

图 2-21　连续分布的均值与中位数

为什么一定会有这样的结论呢？初中物理告诉我们物体重心的概念。如果一根电线杆，悬线可以确定其重心的位置（见图 2-22），如果用锯沿重心点切开，左右两半的重量相等吗？

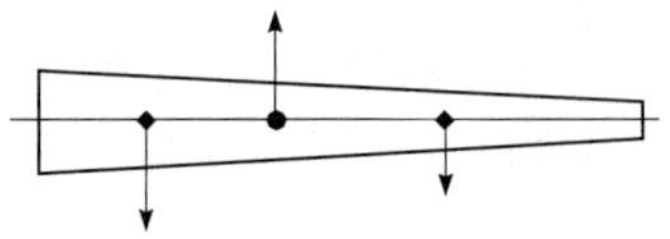

图 2-22　非对称物体重心图

观察图 2-22，由于右半较细，右半段的重心离总重心一定比左半段的重心离总重心稍远些，而由于左右两段的力矩即“力乘力臂”是相等的，因此可以断定，左侧一定会稍重些。由此可以得知，对于图 2-21 内的正偏分布的图形，必然可以得到下列结论：中位数 m 一定在均值 μ 的左方。

什么情况下用均值作为位置状况的代表，什么情况下用中位数作为位置状况的代表好呢？当然，在分布基本对称的时候，二者相差不大，用哪个都无所谓。但是如果明知分布偏斜很严重，那该如何选择呢？事实上，由于偏斜严重，平均值将会受到尾部数据的强烈影响，因此它的代表性会很差。例如，中国某特大城市，全体有户口的居民平均住房面积达到 30 平方米/每人，这个结果有代表性吗？按一般规律，住房面积和工资收入等社会指标一样，其分布是严重正偏的。按照“有户口才被统计”的办法，有钱人虽然其人数不算很多，他们的居住面积远远超出大多数人，这些人即使不是该城市长期居民，但他们有“蓝印户口”因而居住面积被统计在内；而非常贫困的住户，像大量的农民工朋友，他们因没有常住户口而根本未统计在内，这样一来，“有户口的居民平均住房面积”就失去了代表性，而“本市所有居民住房面积的中位数”的代表性将会好得多。

2.2.4.4　随机变量的四分位数及四分位数间距

如果 p 取为 0.25 或 0.75，相当于把整个范围按概率分为相等的四部分，这样的数称为四分位数（quantile），这两个数也很重要：$x_{0.25}$ 称为下四分位数（lower quantile，LQ）或第一四分位数（first quantile，$Q1$）；$x_{0.75}$ 称为上四分位数（upper quantile，UQ）或第三四分位数（third quantile，$Q3$）。这两个四分位数连同中位数，都是度量随机变量的位置状况的，它们的含义在图 2-23 中显示。其中 LQ 与 UQ 所界定的范围内，将包含约一半的数据，常用来表示数据的主体部分。

两个四分位数之间的距离是描述随机变量离散状况的非常重要的参数。它称为四分位数间距（inter quantile range，IQR），它的定义就是：

$$\mathrm{IQR} = \mathrm{UQ} - \mathrm{LQ} \tag{2-16}$$

不论分布状况如何不规则或偏斜，IQR 总能代表位于中间部位的一半数据的变动范围，因

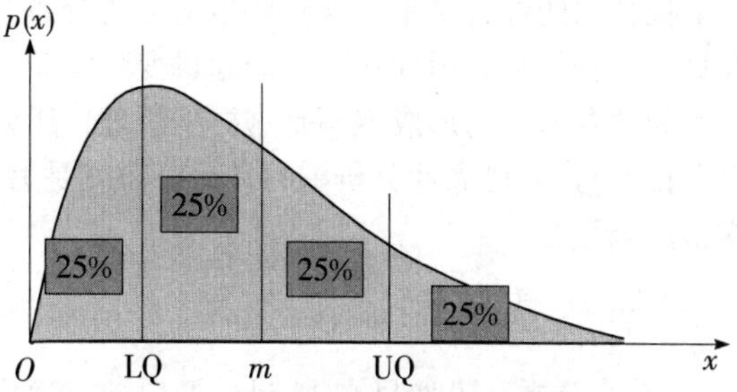

图 2-23　四分位数示意图

此它的大小可以代表分布的分散程度：IQR 越大，则随机变量分布越分散。这个参数对于各种分布（特别是非正态或非对称分布）的应用是很广泛的。

2.3　常用的连续型分布

在六西格玛管理中，最常用的连续型分布有：

(1) 正态分布 (normal distribution)

(2) 均匀分布 (uniform distribution)

(3) 指数分布 (exponential distribution)

(4) 对数正态分布 (lognormal distribution)

(5) Weibull 分布 (Weibull distribution)

此外，还有很多分布在管理、经济、社会、卫生、教育等领域有广泛应用，MINITAB 为此提供了全面选择的机会。总共包括下列这些：

(6) 三角形分布 (triangular distribution)

(7) Beta 分布 (beta distribution)

(8) Cauchy 分布 (Cauchy distribution)

(9) Gamma 分布 (Gamma distribution)

(10) Laplace 分布 (Laplace distribution)

(11) Logistic 分布 (Logistic distribution)

(12) 对数 Logistic 分布 (Loglogistic distribution)

(13) 最大极值分布 (largest extreme distribution)

(14) 最小极值分布 (smallest extreme distribution)

在统计推断中还有三种连续型分布极其重要，但是它们本身并没有太多的直接应用。由于这三种分布都是在正态分布的假定下推导出来的，因此常被称为“导出分布”，它们是：t 分布、F 分布以及卡方 (Chi-Square) 分布。对这三种分布将在第 4 章作详细介绍，本章就不再赘述，只在表 2-10 中一并列出。

以下分小节介绍。

2.3.1　正态分布

质量管理中最常遇到的连续型分布是正态分布，很多质量特性 X 都可以用正态分布来描述其取值的规律性。数学理论上可以证明，如果某项指标受到很多项随机因素的干扰，而每项干扰都很小的话，则所有干扰影响的综合结果将导致此项指标的分布为正态分布。事实上，很多生产过程的最终指标都具有这种特点，因此相当多的随机变量本身都应该是正态分布。但也有些随机变量不是这样，例如“寿命”的形成就不是这样的机理，所以绝大多数的寿命都是严重的正偏分布（右边尾部会很长），而可靠性分析中的常用分布就是另外一类了。

一般正态分布的概率密度函数为：

$$f(x \mid \mu, \sigma^2) = \frac{1}{\sigma\sqrt{2\pi}} e^{-\frac{(x-\mu)^2}{2\sigma^2}} \quad (2-17)$$

正态分布又称高斯（Gauss）分布，虽然早在18世纪及以前有很多学者已经知道这种分布的样子，但它是由德国数学家高斯于1809年正式给出表达式的。为了纪念高斯的伟大贡献，在德国10马克的钞票上不但印上了高斯的头像，而且把正态密度曲线连同式（2-17）印在钞票的正面（见图2-24）。

图2-24　德国10马克钞票正面图

在这里我们约定，式（2-17）密度表达式中竖线后面的几个字母代表此分布的相应参数，例如正态分布就有μ及σ^2两个参数。其概率密度函数曲线可形象地描述为“中间高、两边低、左右对称、延伸到无穷”的钟形曲线，如图2-25所示。

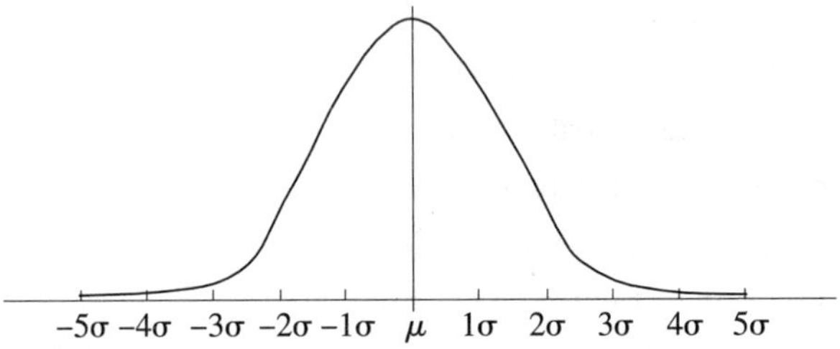

图2-25　一般正态分布概率密度图

一般正态分布用符号$N(\mu, \sigma^2)$表示，其中，μ是正态分布的均值，给出了正态分布的中心，X在μ附近取值的机会较大。σ^2是正态分布的方差，$\sigma>0$是正态分布的标准差，它代表数据的分散状况。μ取值的不同，反映的是位置的不同，后面的图（见图2-28）中显示的是$N(1, 1)$及$N(3, 1)$的密度图。在MINITAB R15中增加了绘制总体密度图的功能，我们可以充分利用。

从“图形>概率分布图（Graph>Probability Distribution Plot）”入口，选中“不同参数（Vary Parameter）”，其操作示意参见图2-26。

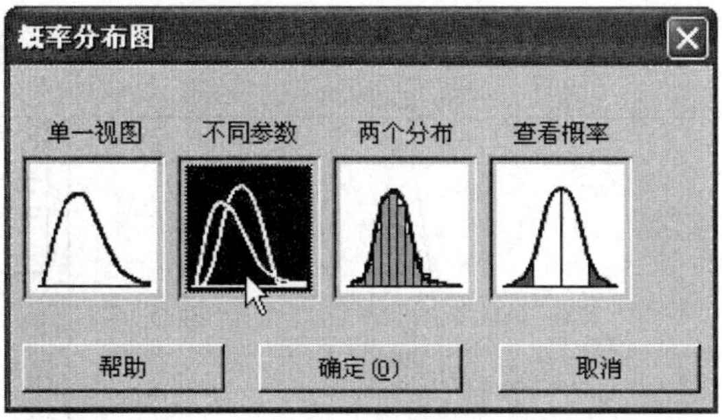

图 2－26　同时显示多条概率密度图

这时将跳出分布类型的选择窗（参见图 2－27），选择“正态（Normal）”。填写有关参数，并选择“确定”后，则可以在同一张图中显示出两条均值不等、方差相等的正态曲线（见图 2－28）。

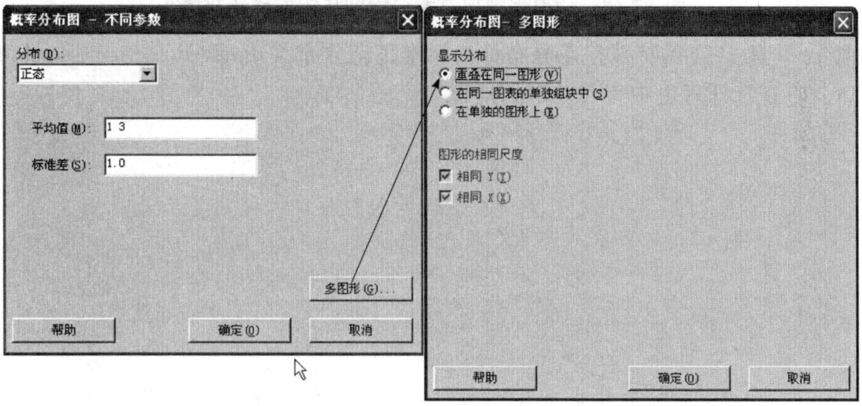

图 2－27　选定分布并要求重叠显示操作图

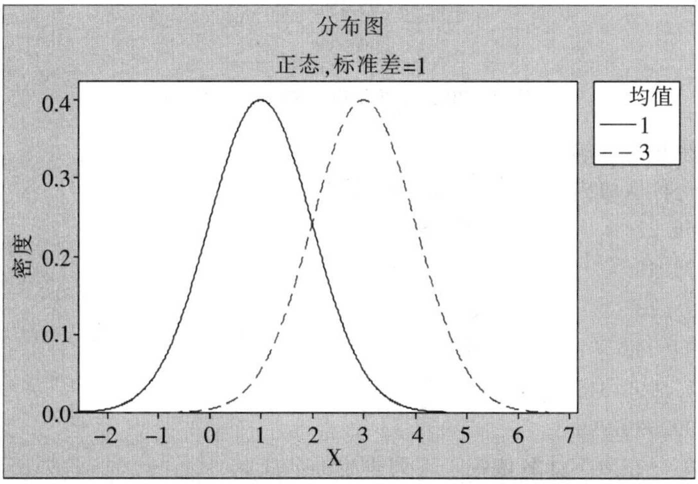

图 2－28　均值不等但方差相等的正态曲线比较图

用几乎相同的操作，可以绘制出均值相等（都为 5）但方差不等（$\sigma=1$，$\sigma=2$ 及$\sigma=3$)的正态曲线比较图（见图 2－29）。

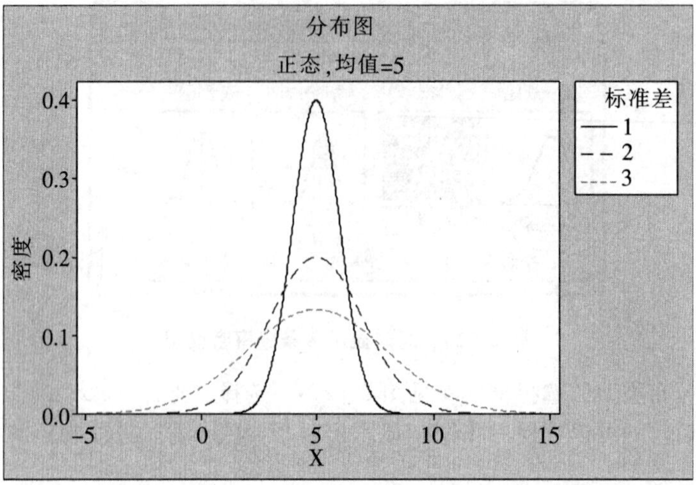

图 2-29　均值相等但方差不等的正态曲线比较图

我们把 $\mu=0$ 且 $\sigma=1$ 的特殊正态分布称为标准正态分布（standard normal distribution），记为 $N(0,1)$。它在统计理论中有着关键的地位（见图 2-30）。

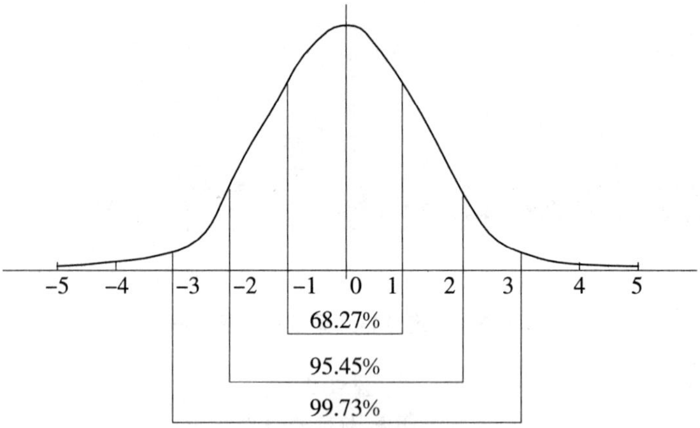

图 2-30　标准正态分布密度曲线图

更详细的结果是这样的：

范围	对称区域内（%）	对称区域外（ppm）
±1	68.27	317 300
±2	95.45	45 500
±3	99.73	2 700
±4	99.993 7	63
±5	99.999 943	0.57
±6	99.999 999 8	0.002

对于一般正态分布概率计算依赖于下列重要的公式：

设 X 的分布是正态分布 $N(\mu,\sigma^2)$，即 $X\sim N(\mu,\sigma^2)$，令

$$Z=\frac{X-\mu}{\sigma} \tag{2-18}$$

则 $Z\sim N(0,1)$。我们称 Z 为 X 所对应的“Z 值”（即标准化正态值）。其示意图见图 2-31。

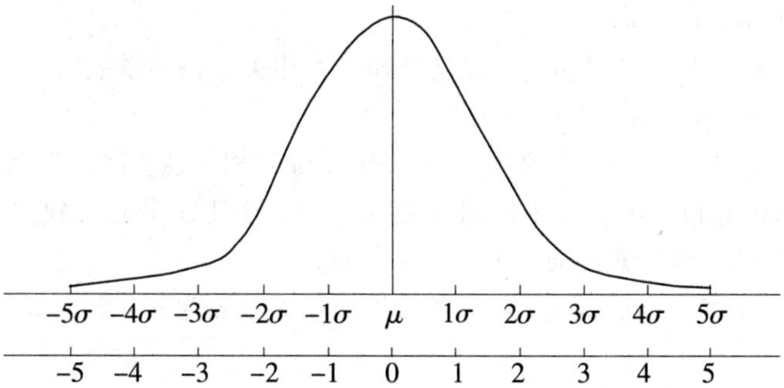

图 2-31 一般正态分布的标准化示意图

由于正态分布的密度积分不能表达为一般的公式，计算起来非常困难，因此式（2-18）就是计算一般正态分布概率必须熟练掌握的工具，但在计算机软件发达的今天，我们可以直接计算一般正态分布概率之值，不一定要用此公式，但它的概念仍非常重要，尤其在六西格玛管理中，它就是我们通常使用的 Z 值。

与 Z 值相联系的分布就是标准正态分布函数表。在本书的附表 1 中给出了它们的数值。有关正态概率的计算，读者可以直接查表求得，也可以使用计算机软件来进行。

例 2-7（续例 2-6）

中国成年男子身高服从均值为 168cm，标准差为 5.5cm 的正态分布。试计算：

（1）身高小于 160cm 的概率。

（2）身高高于 180cm 的概率。

（3）身高介于 160～180cm 的概率。

解 在例 2-6 中，给出了用计算机软件计算的方法。下面用手算的方法，这将使我们对正态分布的性质有更深入的理解。

（1）身高小于 160cm 的概率：

$$P(X \leqslant 160) = P\left(\frac{X-168}{5.5} \leqslant \frac{160-168}{5.5}\right)$$
$$= P(Z \leqslant -1.45) = 1 - 0.926\,5 = 0.073\,5$$

（2）身高高于 180cm 的概率：

$$P(X > 180) = P\left(\frac{X-168}{5.5} > \frac{180-168}{5.5}\right)$$
$$= P(Z > 2.18) = 1 - \Phi(2.18) = 1 - 0.985\,4 = 0.014\,6$$

（3）身高介于 160～180cm 的概率：

$$P(160 \leqslant X < 180) = P\left(\frac{160-168}{5.5} \leqslant \frac{X-168}{5.5} < \frac{180-168}{5.5}\right)$$
$$= P(-1.45 \leqslant Z < 2.18) = \Phi(2.18) - \Phi(-1.45)$$
$$= 0.985\,4 - 0.073\,5 = 0.911\,9$$

这里与原来用计算机直接计算的结果 0.912 1 有些差别，原因是我们在做除法时有舍入误差，将 $-1.454\,5$ 舍为 -1.45 以及将 2.181 8 舍为 2.18 都造成了查表的误差，致使最后结果也有了微小的误差。这说明直接用软件计算既方便又准确。

正态分布有很多很有用的性质，例如，两个正态分布随机变量之和一定也是正态分布。具体说来：

（1）如果 $X \sim N(\mu_1, \sigma_1^2)$，$Y \sim N(\mu_2, \sigma_2^2)$，而且二者独立，则

$$X+Y \sim N(\mu_1+\mu_2,\ \sigma_1^2+\sigma_2^2) \tag{2-19}$$

（2）如果 $X \sim N(\mu_1, \sigma_1^2)$，$Y \sim N(\mu_2, \sigma_2^2)$，且已知二者相关，相关系数为 ρ，则

$$X+Y \sim N(\mu_1+\mu_2,\ \sigma_1^2+\sigma_2^2+2\rho\sigma_1\sigma_2) \tag{2-20}$$

可以看出式（2-20）比式（2-19）意义更广泛：当 X 与 Y 相互独立时，当然二者不相关（反之，对于一般的二元随机分布，不相关不能保证独立；但对于正态分布，独立与不相关是一回事），因此，$\rho=0$，式（2-20）就自动变为式（2-19）。

（3）如果 $X \sim N(\mu_1, \sigma_1^2)$，$Y \sim N(\mu_2, \sigma_2^2)$，二者相关，相关系数为 ρ，设 a，b 为任意常数，则

$$aX+bY \sim N(a\mu_1+b\mu_2,\ a^2\sigma_1^2+b^2\sigma_2^2+2ab\rho\sigma_1\sigma_2) \tag{2-21}$$

特别地，如果 X 与 Y 相互独立，则

$$aX+bY \sim N(a\mu_1+b\mu_2,\ a^2\sigma_1^2+b^2\sigma_2^2) \tag{2-22}$$

其实，式（2-22）可以推广到更多的随机变量情况。在多个随机变量情况下，下面的结果最常用：

（4）如果 X_1，X_2，…，X_n 相互独立，且分布都是 $N(\mu, \sigma^2)$，则

$$X_1+X_2+\cdots+X_n \sim N(n\mu,\ n\sigma^2) \tag{2-23}$$

$$\overline{X}=(X_1+X_2+\cdots+X_n)/n \sim N(\mu,\ \sigma^2/n) \tag{2-24}$$

2.3.2 均匀分布

如果连续型随机变量 X 落入区间（a，b）的概率密度为常数，则称 X 在区间（a，b）上服从均匀分布，记为 $X \sim U(a, b)$，其密度函数见式（2-25），其密度图形如图2-32所示。

$$f(x \mid a, b)=\frac{1}{b-a},\quad a<x<b \tag{2-25}$$

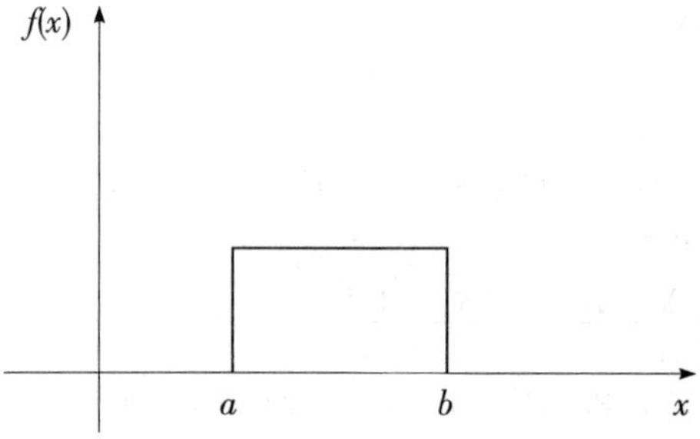

图2-32　均匀分布密度图

例如，一只轮子上，原来标有水平箭头（见图2-33左），飞快旋转中突然让它停转，原来的水平箭头线会停留何处（见图2-33右）？如果记它旋转了的角度为 X（以弧度为单位），则 X 是在［0，2π］上的均匀分布，其密度函数见式（2-26）。

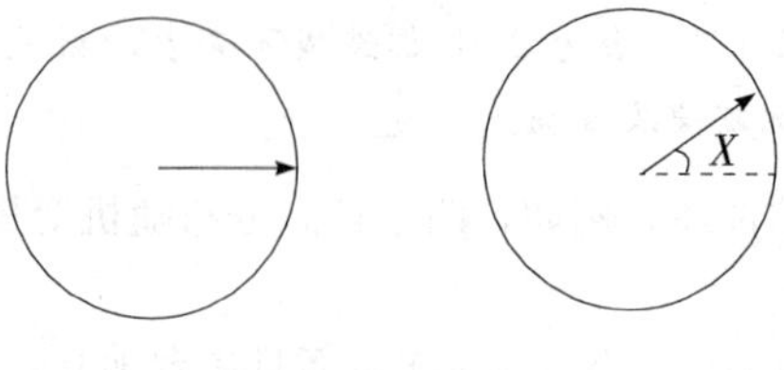

图2-33　轮子旋转形成均匀分布密度图

$$f(x)=\begin{cases}1/2\pi, & 0\leqslant x\leqslant 2\pi \\ 0, & \text{其他}\end{cases} \tag{2-26}$$

又比如，在将计算过程中的中间结果进行四舍五入取整时，有的因此而变大些，有的则变小些，其舍入误差是在区间［−0.5，0.5］上的均匀分布；在将计算中间结果进行四舍五入保留一位小数时，其舍入误差是区间［−0.05，0.05］上的均匀分布。

均匀分布 $U(a, b)$ 的均值、方差分别为：

$$\begin{cases}E(X)=\dfrac{a+b}{2} \\ V(X)=\dfrac{(b-a)^2}{12}\end{cases} \tag{2-27}$$

2.3.3 指数分布

指数分布是一种常见的连续分布，它在研究寿命分布方面有特别重要的意义。其概率密度函数为：

$$f(t\mid b)=\frac{1}{b}e^{-\frac{t}{b}}, \quad t\geqslant 0 \tag{2-28}$$

此式还有另一种形式：

$$f(t\mid \lambda)=\lambda e^{-\lambda t}, \quad t\geqslant 0 \tag{2-29}$$

其分布密度曲线如图 2-34 所示。

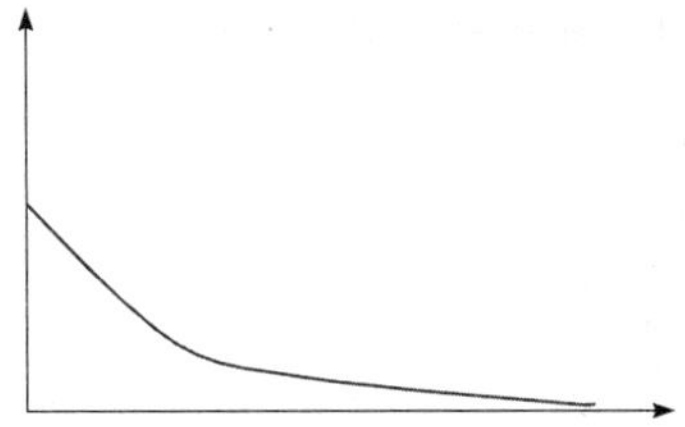

图 2-34 指数分布密度图

密度为式（2-28）或式（2-29）的随机变量 X 服从指数分布。容易看出这两个公式其实是一回事，只要令 $\lambda=1/b$ 就行了（当然这里 λ，b 都必须是正数）。这两种表达方式各有其物理意义。指数分布中的参数写为式（2-29）中的 λ，它代表瞬时失效率，也就是一个元器件今日尚在工作，明日突然失效的概率。例如，已知某电视机瞬时失效率为 $\lambda=0.000\ 1$/天（瞬时失效率的量纲是时间的倒数），表示此电视机今日尚在工作，明日失效的概率为万分之一（以天为时间单位）。指数分布中的参数写为式（2-28）中的 b，它称为“尺度参数”。数学上可以证明：如果瞬时失效率永远不变而保持常数 λ 时，则此元器件寿命一定服从指数分布。若记其平均寿命 μ，则有下列公式：$b=\mu=1/\lambda$，就是说 b 的含义是平均寿命。在上述电视机的例子中，由于瞬时失效率为 $\lambda=0.000\ 1$/天，则平均寿命为 $\mu=b=1/\lambda=10\ 000$ 天（≈27 年）。在 MINITAB 中，对于指数分布通常使用尺度参数 b。

电视机寿命的分布密度图可以参见图 2-35，这里我们用的是尺度参数 $b=10\ 000$。在这种简单情况下，平均寿命 $\mu=b$。

一般元器件的失效规律应该是什么样的？其实大家对此是有经验的。例如，电视机寿命通常有几十年，一台电视机使用了 2 年或 3 年之后，由于造成此时出现失效的只可能是偶然原

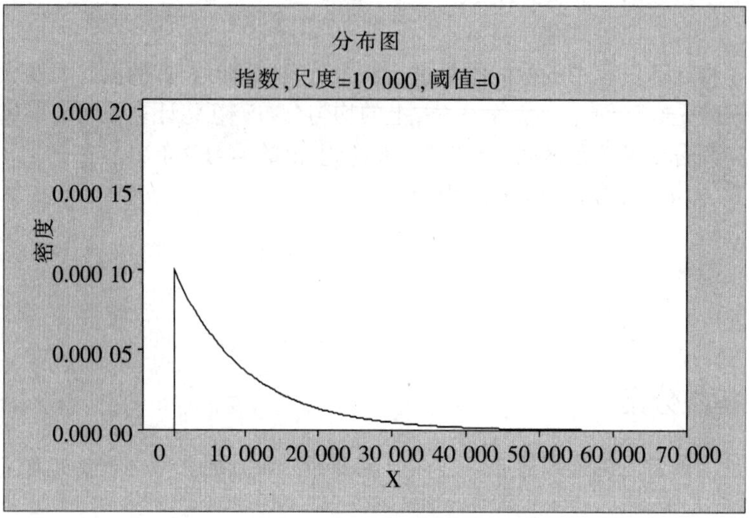

图 2-35 电视机寿命分布密度图

因，因此可以认为使用了2年或3年之后瞬时失效率是相同的。一般而言，元器件有早期失效期（越在开始使用阶段越容易失效），还有老年的耗损失效期（太老的元器件会随使用时间的增加而使瞬时失效率增长）。在此之间的正常工作期限内，其失效原因完全是偶然因素造成的，可以假定瞬时失效率与时间是无关的，因而它可以维持一个常数。总之，瞬时失效率大体上应该呈现浴盆曲线（bath-tub curve），其示意图见图2-36。

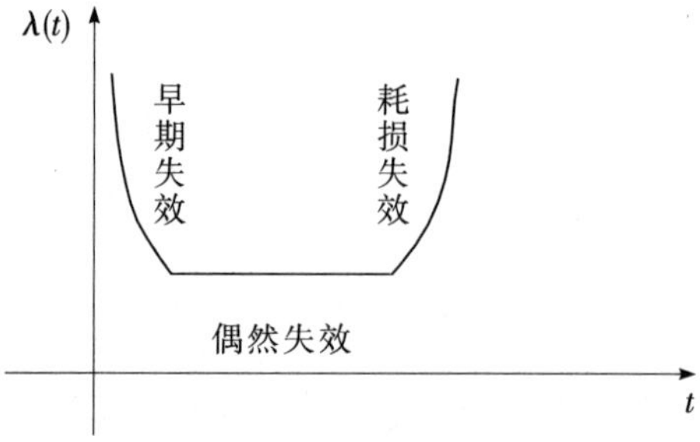

图 2-36 元器件瞬时失效率的浴盆曲线图

如果只考虑中间瞬时失效率保持常量的这个阶段，则可以认为寿命服从指数分布。指数分布有两个重要结论：

（1）在指数分布中，失效率 λ 与尺度参数 b 二者互为倒数。

（2）在单参数指数分布（只含一个尺度参数）中，标准差 σ 与尺度参数 b 及平均寿命 μ 相同。即

$$\sigma = b = \mu = 1/\lambda$$

也就是说，服从单参数指数分布的随机变量 X 的均值、方差分别为：

$$\begin{cases} E(X) = \mu = b = \dfrac{1}{\lambda} \\ V(X) = \sigma^2 = b^2 = \dfrac{1}{\lambda^2} \end{cases} \tag{2-30}$$

在实际工作生活中，不少产品首次发生故障的时间或发生故障后需要维修的时间都可以认

为是服从指数分布的。

从图 2-34 或图 2-35 中可以看出，单参数指数分布是以原点为其开始点的。实际上，我们应该增加考虑此分布从某个阈值（threshold）开始。在 MINITAB 中，此值有时也称为“下界”。带有阈值 T 的指数分布称为“双参数指数分布”，其密度是式（2-31）：

$$f(t \mid b,T)=\frac{1}{b}\mathrm{e}^{-\frac{t-T}{b}},\quad t\geqslant T \tag{2-31}$$

这表示，寿命最短也有 T，寿命失效至少要从 T 时刻开始。与式（2-28）相比，服从双参数指数分布的随机变量 X 的方差与式（2-30）相同，期望则稍有差别：

$$E(X)=\mu=b+T=\frac{1}{\lambda}+T \tag{2-32}$$

例 2-8

某公司生产的二极管的寿命服从阈值是 500（小时），尺度是 1 000（小时）的指数分布。求其平均寿命及寿命的标准差。

解 其密度表达式为式（2-31）：

$$f(t)=\begin{cases}\dfrac{1}{1\ 000}\mathrm{e}^{-\frac{t-500}{1\ 000}}, & t\geqslant 500\\ 0, & t<500\end{cases} \tag{2-33}$$

其密度图形见图 2-37。

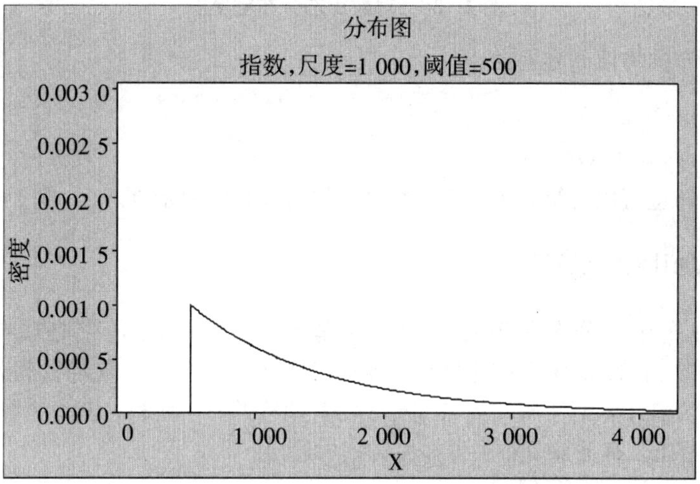

图 2-37 带阈值的双参数指数分布密度图

将参数值代入式（2-32）可得平均寿命为 1 500 小时，代入式（2-30）下半式，可得其标准差为 1 000 小时。

2.3.4 对数正态分布

如果随机变量 X 只取正数值，而取自然对数后，$\ln X$ 服从正态分布，则称 X 服从对数正态分布。对数正态分布出现在很多领域，如某些电器的寿命、化学反应时间、混凝土的强度、针刺麻醉的镇痛效果、流行病的蔓延时间、绝缘材料的被击穿电压等。在机床维修中，大量机床在短时间内都可修理好，但有少量机床需要长时间维修，个别机床可能需要更长的维修时间，因此机床维修时间常常是对数正态分布。其分布密度的表达式为：

$$f(x \mid \mu, \sigma^2) = \frac{1}{x\sigma\sqrt{2\pi}} e^{-\frac{(\ln x-\mu)^2}{2\sigma^2}} \tag{2-34}$$

这时，$\ln X \sim N(\mu, \sigma^2)$。我们称$\mu$为位置参数，称$\sigma$为尺度参数。其分布密度的图形显示为图2-38，从中可以看出，服从对数正态分布的随机变量X的大量取值（“大头”）在左侧，长尾在右侧，虽然尾巴很细但拖得很长，随机变量X所取数值非常分散，这样的分布属于典型的“正偏分布”（见图2-38）。

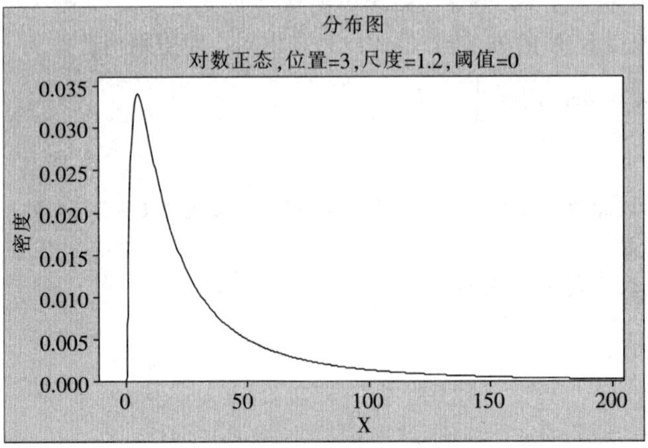

图2-38　对数正态分布密度图

对数正态分布的均值和方差为：

$$\begin{cases} E(X) = e^{\mu+\frac{\sigma^2}{2}} \\ V(X) = e^{2\mu+\sigma^2}(e^{\sigma^2}-1) \end{cases} \tag{2-35}$$

对数正态分布也可以有第3个阈值参数T，作为分布的起始点。

2.3.5　Weibull分布

Weibull（威布尔）分布是寿命试验和可靠性理论的基础，它是瑞典科学家威布尔（Waloddi Weibull）于1939年为描述材料强度而发现的一种分布，现都以其名字命名此分布。此分布的重要意义在于，对于瞬时失效率处于浴盆曲线的三个阶段，其寿命的分布都可以统一用Weibull分布给出。有关细节将在可靠性讨论中给出。

Weibull分布的概率密度函数为：

$$f(x \mid \alpha, \beta) = \frac{\beta}{\alpha^\beta} x^{\beta-1} e^{-\left(\frac{x}{\alpha}\right)^\beta}, \quad x > 0 \tag{2-36}$$

Weibull分布比指数分布有更广泛的适应性。式（2-36）中，$\alpha>0$为尺度参数，$\beta>0$为形状参数。在GB/T 34987—2017《威布尔分布》中用η和β分别表示尺度参数和形状参数，有的书籍还有另外的表达，请读者注意区别。式（2-36）给出的是两参数的Weibull分布，记为$X \sim W(\alpha, \beta)$。如果用$f(x)$和$F(x)$分别表示一个分布的密度函数和分布函数，称$h(t) = \frac{f(t)}{1-F(t)} = At^{\beta-1}$为瞬时失效率函数。当$\beta=1$时，$h(t)$是个常数，这一时期失效是属于“偶然失效”，这就是指数分布；当$\beta<1$时，$h(t)$随t的增长而下降，正好代表“早期失效”状况；当$\beta>1$时，$h(t)$是个递增函数，正好代表“耗损失效”的状况。尺度参数α起到放大与缩小比例常数的作用。因此，Weibull分布是描述可靠性的最理想的分布函数。

对于两参数 α，β 的 Weibull 分布，其数学期望和方差分别为：

$$\begin{cases} E(X)=\alpha\Gamma\left(1+\frac{1}{\beta}\right) \\ V(X)=\alpha^2\left[\Gamma\left(1+\frac{2}{\beta}\right)-\Gamma^2\left(1+\frac{1}{\beta}\right)\right] \end{cases} \tag{2-37}$$

如果分布的起始点不为 0，可以设定第三个参数：阈值参数（也称为位置参数）。阈值参数 T 是一个平移参数，有时又称为最小保证寿命，产品在时刻 T 以前是不会失效的。

图 2－39 显示的是尺度参数保持不变，而形状参数变化时（只显示了 $b>1$）的分布密度状况。显然形状参数 $b=1$ 就是我们熟悉的指数分布。

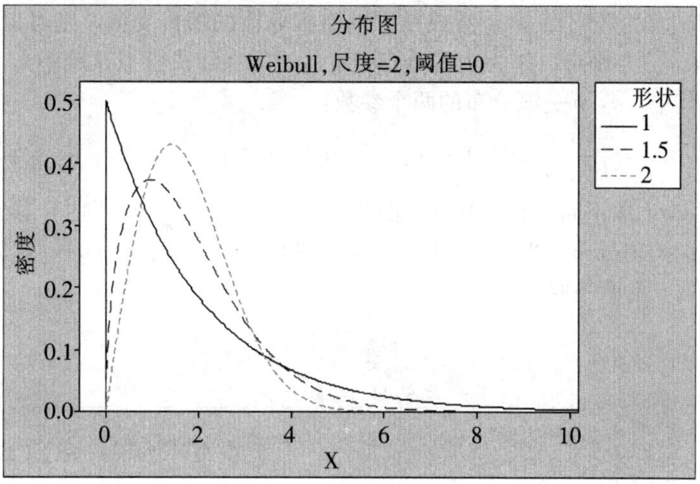

图 2－39　Weibull 分布（尺度参数固定）的分布密度图

2.3.6　三角形分布

顾名思义，三角形分布就是分布密度呈现三角形的分布。

这种分布要指定三个参数：下端点、上端点及众数。比如图 2－40 就是在［2，5］区间上，众数（密度最高处）为 3 的三角形分布。

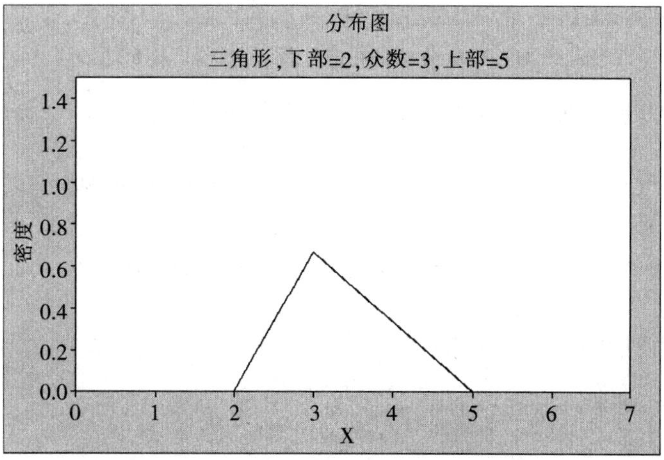

图 2－40　三角形分布密度图

三角形分布在实际工作中也常用到。在六西格玛管理中，为了估计改进方案的效果，常进行计算机模拟试验。对于可能产生误差的因子，计算机有规律地产生大量随机数，以这些来模拟实际运转情况，最后以输出结果作为实际试验结果来进行评价分析，这就是随机模拟试验（或称蒙特卡罗方法）。这种随机模拟试验方法可以大大节省时间和试验费用，而且避免了可能造成的试验失败的经济损失，是很有前途及推广价值的。对于实际参数的取值，很常见的一种就是设定此参数为某段指定位置上的三角形分布。

2.3.7 Beta分布

在实际工作中也常用到取值为［0，1］范围的随机变量。例如，产品的不良率 p 肯定介于［0，1］之间。如果我们把不良率 p 看成是可以随机取值的随机变量，则可以讨论它的可能的分布密度，而Beta分布则可以作为 p 的分布密度（比如在随机模拟试验中）。其分布密度由式（2-38）给出，其中，a，b 是该分布的两个参数：

$$f(x \mid a,b)=\frac{1}{B(a,b)}x^{a-1}(1-x)^{b-1},\quad 0<x<1 \tag{2-38}$$

当两个参数 a，b 取不同值时，其密度曲线也不相同。当 $a=b=1$ 时，其密度曲线为常数，代表［0，1］上的均匀分布；当 $a>1$ 且 $b>1$ 时，曲线上凸（见图2-41，这里显示的是 $a=2$，而 b 分别取2及取5的两条曲线）。

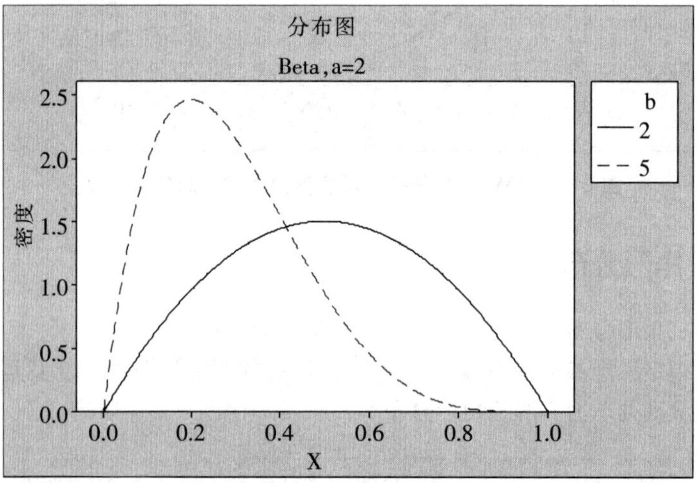

图2-41　Beta分布分布密度图（当 $a>1$ 且 $b>1$ 时）

当 $a<1$ 且 $b<1$ 时，曲线下凸（见图2-42，这里显示的是 $a=0.9$，而 b 分别取0.6，0.95的两条曲线）。

当 $a>1$ 且 $b<1$ 时，曲线呈现J形（见图2-43，这里显示的是 $a=2$，而 b 分别取0.7，0.9的两条曲线）。

当 $a<1$ 且 $b>1$ 时，曲线呈现L形（见图2-44，这里显示的是 $b=1.5$，而 a 分别取0.4，0.8的两条曲线）。

Beta分布数学期望和方差分别为：

$$\begin{cases}E(X)=\dfrac{a}{a+b}\\[2ex] V(X)=\dfrac{ab}{(a+b)^2(a+b+1)}\end{cases} \tag{2-39}$$

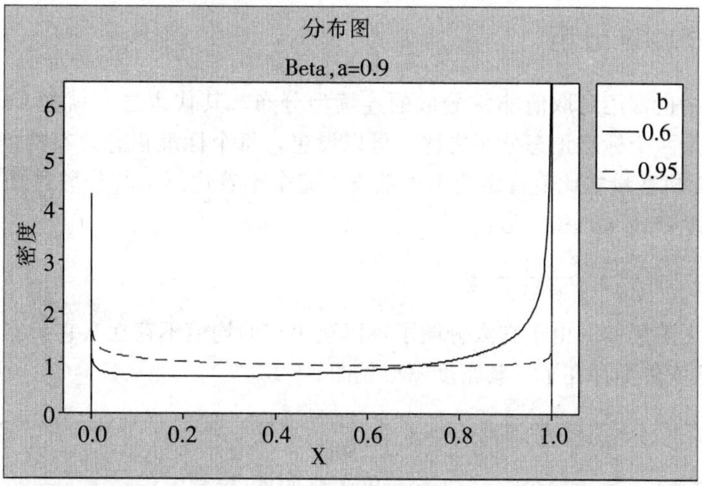

图 2-42　Beta 分布分布密度图（当 $a<1$ 且 $b<1$ 时）

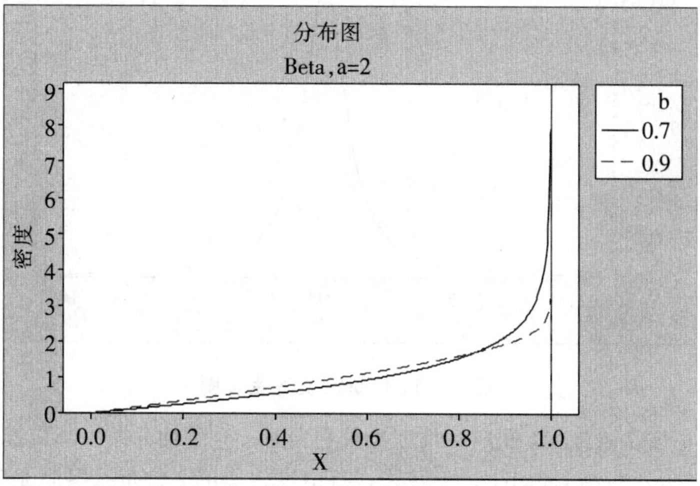

图 2-43　Beta 分布分布密度图（当 $a>1$ 且 $b<1$ 时）

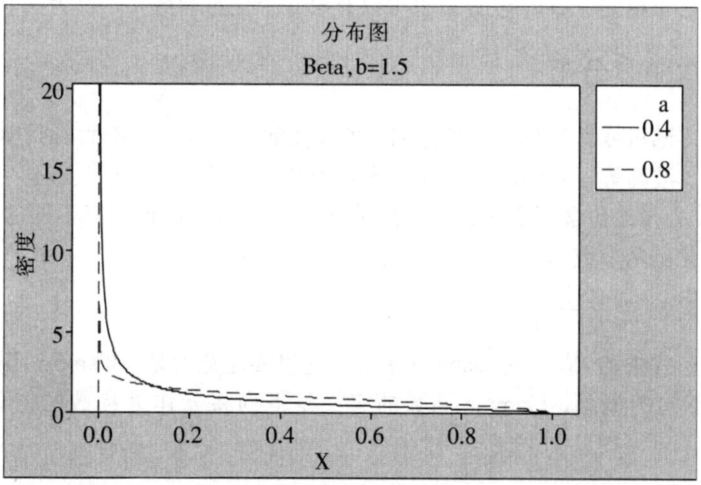

图 2-44　Beta 分布的分布密度图（当 $a<1$ 且 $b>1$ 时）

2.3.8 Cauchy分布

在实际工作中也常用到取值非常分散的连续型分布，其代表之一就是Cauchy（柯西）分布。其最初来源是两个标准正态分布之比。可以设想，每个标准正态分布的均值是0，标准差是1，这样两个随机变量之比值肯定会满天乱飞，完全不着边际。其分散之严重程度是不难想象的。其分布密度公式（$a>0$）为：

$$f(x \mid a)=\frac{1}{a\pi}\cdot\frac{1}{1+(x/a)^2} \qquad (2-40)$$

此分布两端无限延伸。由于它太分散了，以至于它的均值不存在（它只有中位数，即对称中心），它的方差就更不存在了。其密度图形见图2-45。

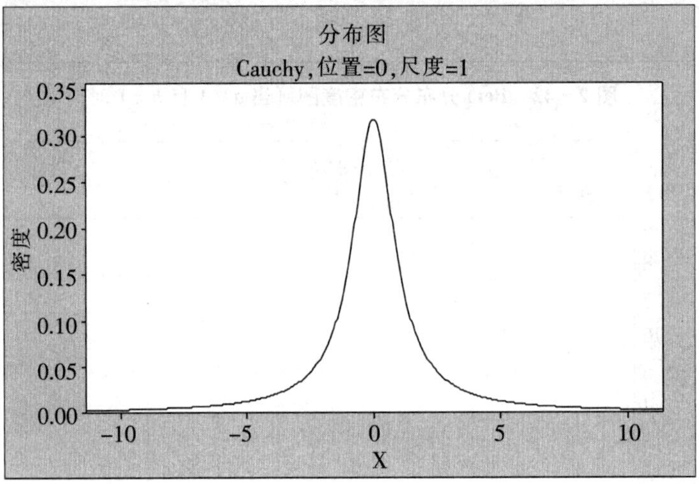

图2-45 Cauchy分布密度图

此图是对尺度参数a选为1画的，尺度参数变大时，会更加分散。还应提到的另一个事实是，以后提到的t分布也与Cauchy分布有关，自由度为1的t分布其实就是参数$a=1$的标准Cauchy分布。

与其他很多分布相同，Cauchy分布也可以有第2个位置参数T，作为其分布的对称中心。

2.3.9 Gamma分布

自然界中很多随机变量的分布都是正偏态的。比如，在水文气象的研究中，年降雨量、年最高水位、风速、波高等，它们的分布与正态偏离很大，用Gamma（伽马）分布来描述是很合适的。Gamma分布是包含两个参数的一族分布，它的适应性很广，不同的参数取值使得其密度出现复杂变化。两参数的Gamma分布之密度函数为：

$$f(x \mid a, b)=\frac{1}{b^a\Gamma(a)}x^{a-1}e^{-\frac{x}{b}}, \quad x>0 \qquad (2-41)$$

密度函数表达式中的$\Gamma(a)$是Gamma函数。这里要注意的是：Gamma函数$\Gamma(a)$与Gamma分布是完全不同的概念。Gamma函数的定义是下列将a作为参数的定积分，见式（2-42）：

$$\Gamma(a)=\int_0^{+\infty}x^{a-1}e^{-x}dx, \quad a>0 \qquad (2-42)$$

当 a 为正整数时，$\Gamma(a) = (a-1)!$，即它是 $a-1$ 的阶乘，例如，$\Gamma(2)=1$，$\Gamma(3)=2$，$\Gamma(4)=6$，…。

Gamma 函数 $\Gamma(a)$ 考虑的是在式（2－42）中，以 a 为自变量的变化状况；Gamma 分布则是在式（2－41）中，考虑在 a，b 等参数取固定值的条件下，x 变化时的分布规律。所以，Gamma 函数 $\Gamma(a)$ 与 Gamma 分布讨论的是不同问题，完全是两回事。

在统计学中有重要地位的自由度为 n 的卡方分布是 Gamma 分布的特例（$a=n/2$，$b=2$）；指数分布也是它的特例（$a=1$）；Gamma 分布又是 a 个（a 为整数）服从指数分布的随机变量和的分布，因此可以说，Gamma 分布是非常有用的一族分布。图 2－46 显示了 $a=2$ 的几组分布图形。

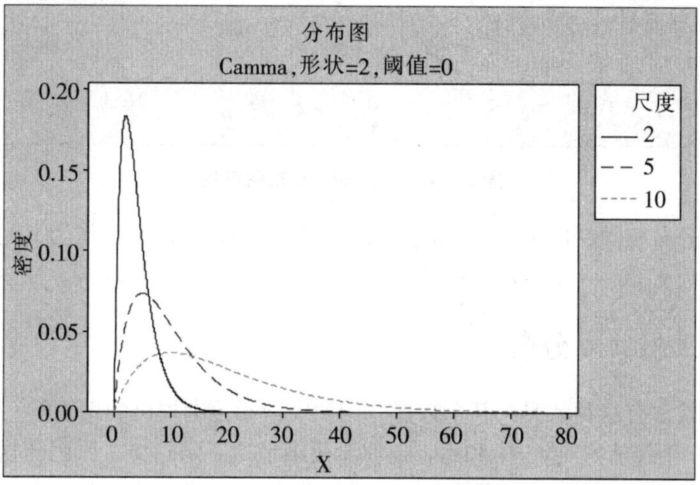

图 2－46　Gamma 分布密度图

两参数的 Gamma 分布的数学期望和方差为：

$$\begin{cases} E(X) = ab \\ V(X) = ab^2 \end{cases} \tag{2-43}$$

与对数正态分布及 Weibull 分布相同，Gamma 分布也可以有第 3 个阈值参数 T，作为分布的起始点。其期望为 $E(X) = ab+T$，方差则保持与式（2－43）中的结果相同。

2.3.10　Laplace 分布

18 世纪中期，人们对于大量测量结果中的误差分布规律进行了多方面的探讨。拉普拉斯（Laplace）考虑到误差出现正负的可能性应该相同，在拟合多个观测值的线性规律时，应该使绝对误差的平均值达到最小，于是他在 1772 年（远在高斯于 1809 年提出正态分布以前）提出了 Laplace 分布。单参数 Laplace 分布密度公式是：

$$f(x \mid b) = \frac{1}{2b} e^{-\frac{|x|}{b}} \tag{2-44}$$

式中，b 是尺度参数。其图形见图 2－47。

容易看出，Laplace 分布其实就是由左右两边都是指数分布“拼合”而成的。尺度参数 b 的不同值将使分布分散的程度有所不同。

单参数 Laplace 分布的数学期望和方差为：

$$\begin{cases} E(X) = 0 \\ V(X) = 2b^2 \end{cases} \tag{2-45}$$

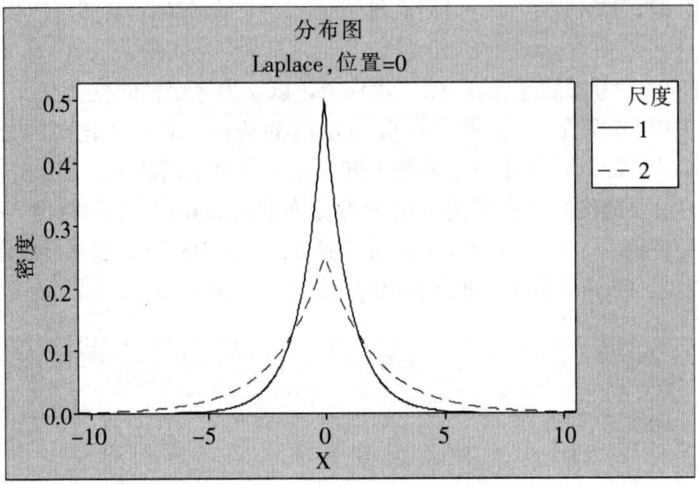

图 2-47 Laplace 分布密度图

与其他很多分布相同，Laplace 分布也可以有第 2 个位置参数 T 作为其分布的对称中心。这时分布的期望为 $E(X)=T$，方差则保持与式（2-45）中的结果相同。

2.3.11 Logistic 分布

实际生活中常常有这种状况：某个数量（例如中国彩色电视机的销售量）先有明显的增长趋势（20 世纪 90 年代前），趋于饱和后，销售量逐渐呈现下降趋势。服用药物后，身体内此种药物的存留量也是在达到峰值后逐渐回落。但这些数量升降的速度远比正态要缓慢、延迟。Logistic 分布就是这样的分布，样子像正态分布，但降落非常慢，它在数学上更易于处理。设 X 是服从 Logistic 分布的随机变量，其概率密度函数是：

$$f(x \mid \sigma, \mu)=\frac{\exp\left(\frac{x-\mu}{\sigma}\right)}{\sigma\left[1+\exp\left(\frac{x-\mu}{\sigma}\right)\right]^{2}} \qquad (2-46)$$

式中，σ 是尺度参数；μ 是位置参数。其分布密度的图形如图 2-48 所示。

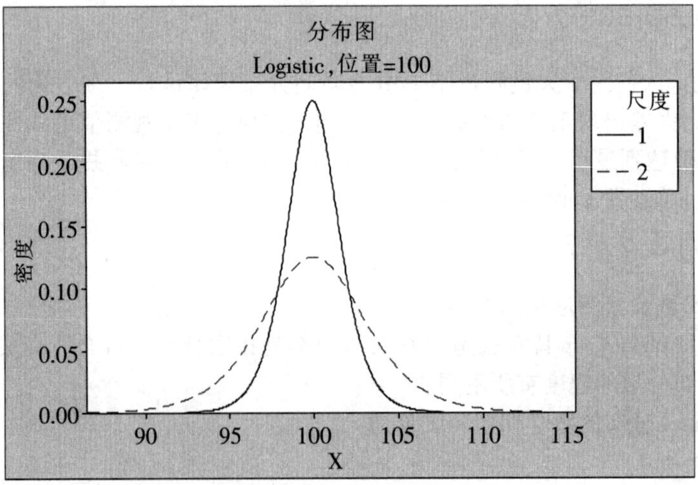

图 2-48 Logistic 分布密度图

从表面上看，它与正态分布很相似，但它的两侧尾部的下降速度是指数级（e^{-x}），与指数分布速度相仿；远比正态分布的“平方指数级”（e^{-x^2}）要慢得多；但它又远比 Cauchy 分布的“二次幂级”（x^{-2}）要快得多。其均值和方差分别为：

$$\begin{cases} E(X)=\mu \\ V(X)=\dfrac{1}{3}\sigma^2\pi^2 \end{cases} \tag{2-47}$$

由于 Logistic 分布在可靠性中有十分重要的地位，我们将在本书的姐妹篇《基于 MINITAB 的现代实用统计》（见本书参考文献［21］）的第 8 章“常用寿命分布及其识别”内做更详细的介绍。

2.3.12 对数 Logistic 分布

若 $Y=\ln X$ 是服从 Logistic 分布的随机变量，则 X 称为对数 Logistic 分布。其概率密度函数是：

$$f(x \mid \sigma,\mu)=\frac{\exp\left(\dfrac{\ln x-\mu}{\sigma}\right)}{\sigma x\left[1+\exp\left(\dfrac{\ln x-\mu}{\sigma}\right)\right]^2},\quad x>0 \tag{2-48}$$

式中，μ 和 σ 分别为位置参数和尺度参数。

它的分布密度的图形如图 2-49 所示。

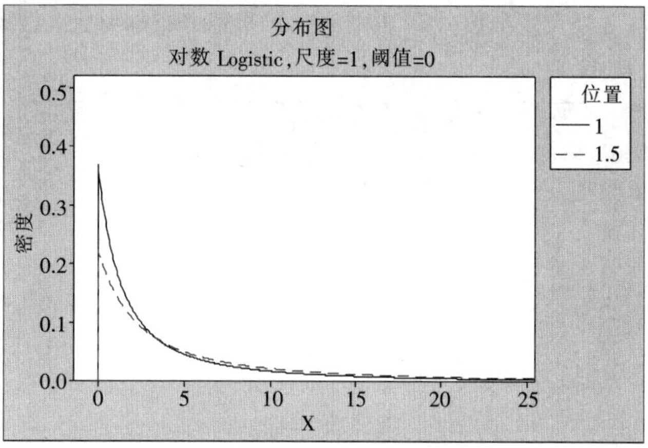

图 2-49 对数 Logistic 分布密度图

对数 Logistic 分布的均值和方差分别为：

$$\begin{cases} E(X)=e^{\mu}\Gamma(1+\sigma)\Gamma(1-\sigma) \\ V(X)=e^{2\mu}[\Gamma(1+2\sigma)\Gamma(1-2\sigma)-\Gamma^2(1+\sigma)\Gamma^2(1-\sigma)] \end{cases} \tag{2-49}$$

同样，在对数 Logistic 分布函数中，用 $t-T$ 代替 t，则两个参数的对数 Logistic 分布就扩展成了三参数（增加了阈值参数 T）对数 Logistic 分布。其概率密度函数是：

$$f(x \mid \mu,\sigma,T)=\frac{\exp\left[\dfrac{\ln(x-T)-\mu}{\sigma}\right]}{\sigma(x-T)\left\{1+\exp\left[\dfrac{\ln(x-T)-\mu}{\sigma}\right]\right\}^2},\quad x>T \tag{2-50}$$

式中，μ 和 σ 分别为位置参数和尺度参数；T 为阈值参数。

三参数对数 Logistic 分布的均值为 $e^{\mu}\Gamma(1+\sigma)\Gamma(1-\sigma)+T$，其方差与式（2-49）结果相同。

由于二参数及三参数的对数 Logistic 分布在可靠性中也有十分重要的地位，我们将在本书的姐妹篇《基于 MINITAB 的现代实用统计》（见本书参考文献［21］）的第 8 章“常用寿命分布及其识别”内做更详细的介绍。

2.3.13 最大极值分布

我们先看一个自然界中的例子。大海波涛汹涌，在修建水工建筑物或在海洋中航行必须要考虑到波浪的高度。通常我们取年最大波高分布中“50 年一遇”值来作为考虑的设计标准。但什么是“年最大波高”呢？一年有 365 天，年最大波高其实是 365 个“日最大波高”中的最大值，而我们可以假定，365 个“日最大波高”近似相互独立，而且具有相同的分布。这就提示我们，在自然界中，有一类物理量，例如年最大波高，它本身就是从若干个独立相同分布的随机变量中选取其最大值形成的。在这种机理下，概率论的理论分析证明，这个最大值分布只可能有三种分布类型。其中应用最广泛的分布应该就是本节要介绍的“最大极值分布”。该分布广泛应用于许多领域，特别是在水文气象学中。龚贝尔（Gumbel）在 1958 年首次系统全面地分析了这种分布的重要理论价值及实际应用的多种工具和方法，因此这种分布也称为 Gumbel（龚贝尔）分布。其密度为：

$$f(x\mid\mu,\sigma)=\frac{1}{\sigma}\exp\left[-\frac{x-\mu}{\sigma}-\exp\left(-\frac{x-\mu}{\sigma}\right)\right] \tag{2-51}$$

式中，μ 是位置参数；σ 是尺度参数。$\mu=0$ 和 $\sigma=1$ 的极值分布称为标准最大极值分布，其密度函数图形如图 2-50 所示。

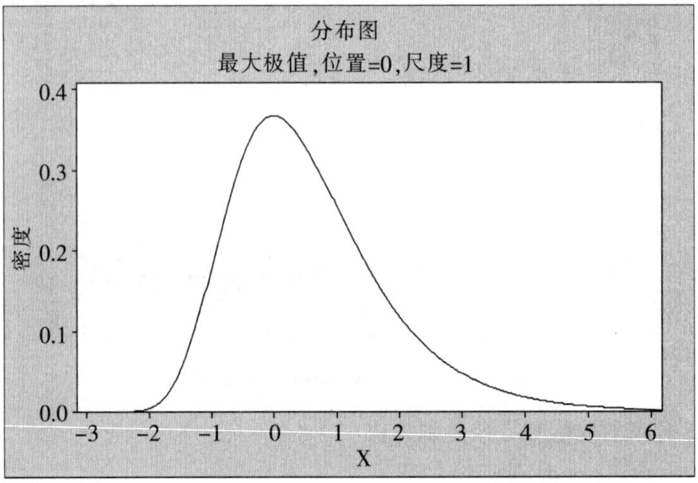

图 2-50　标准最大极值分布密度图

最大极值分布的均值和方差分别为：

$$\begin{cases}E(X)=\mu+c\sigma\\ V(X)=\dfrac{\pi^2\sigma^2}{6}\end{cases} \tag{2-52}$$

式中，c 是欧拉常数，它是 Gamma 函数的最小值，大约等于 0.577 2。

由于最大极值分布在可靠性中也有十分重要的地位，我们将在本书的姐妹篇《基于

MINITAB的现代实用统计》（见本书参考文献［21］）的第8章“常用寿命分布及其识别”内做更详细的介绍。

2.3.14 最小极值分布

我们再看另一个自然界中的例子。钢铁材料非常坚硬，在修建各种建筑时要考虑到它究竟可以禁得起多大的拉力而不会断裂。我们可以设想，用力拉钢筋时，什么地方会断裂呢？钢筋中有上亿的分子相互连接，所谓“断裂”指的就是在这上亿个分子连接中，最薄弱的环节就是能够承受拉力最小的那一段，所以“断裂强度”就应该是承受拉力的最小值。我们可以假定，上亿个分子间能够承受的拉力值是相互独立的，而且具有相同的分布。这就提示我们，在自然界中，有一类物理量，例如断裂强度，它本身就是从若干个独立、有相同分布的随机变量中选取其最小值形成的。在这种机理下，概率论的理论分析证明，这个最小值的分布只可能有三种分布类型。其中应用最广泛的有两种，一种是前面分析过的Weibull分布，另一种就是这里要介绍的最小极值分布。最小极值分布广泛应用于许多领域。作为理论上的非常有趣的结果是，如果一个随机变量V服从Weibull分布，那么取自然对数后，即$X=\ln V$应该服从什么分布呢？同样经过严格的数学证明，可以断言，X应该服从最小极值分布。

若V服从参数为α和β的二参数Weibull分布，则$X=\log V$就服从尺度参数$\sigma=\beta^{-1}$和位置参数$\mu=\log\alpha$的最小极值分布，其概率密度函数是：

$$f(x \mid \mu, \sigma)=\frac{1}{\sigma}\exp\left[\frac{x-\mu}{\sigma}-\exp\left(\frac{x-\mu}{\sigma}\right)\right] \tag{2-53}$$

式中，μ是位置参数；σ是尺度参数。$\mu=0$和$\sigma=1$的极值分布称为标准最小极值分布，其密度函数图形如图2－51所示。

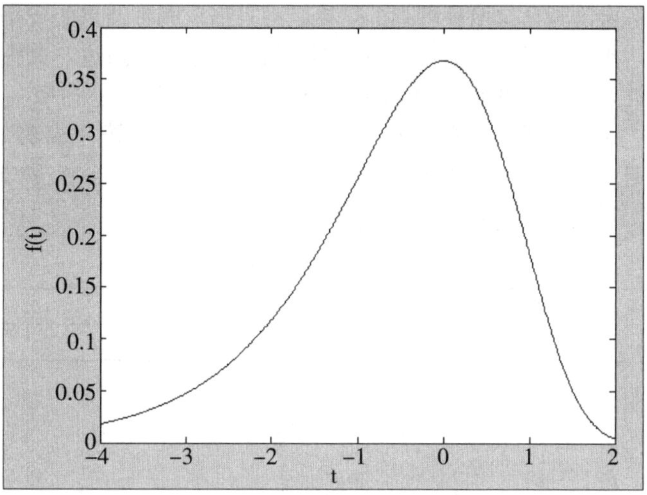

图2－51　标准最小极值分布密度图

一般的最小极值分布的均值和方差分别为：

$$\begin{cases} E(X)=\mu-c\sigma \\ V(X)=\dfrac{\pi^2\sigma^2}{6} \end{cases} \tag{2-54}$$

式中，c是欧拉常数，大约等于0.5772。

由于最小极值分布在可靠性中也有十分重要的地位，我们将在本书的姊妹篇《基于

MINITAB的现代实用统计》（见本书参考文献［21］）的第8章“常用寿命分布及其识别”内做更详细的介绍。

2.4 常用的离散型分布

在实际工作中可能用到很多离散型分布，其中最常用的离散型分布有二项分布和Poisson（泊松）分布两种。MINITAB包含了这两种分布，一共列出了7种离散分布。本书则再加上理论讨论时常用的0-1分布，因此一共列出下列8种分布，括号内的英文是MINITAB软件中所使用的简称。

（1）0-1分布（0-1 distribution）
（2）二项分布（binomial distribution）
（3）Poisson分布（Poisson distribution）
（4）超几何分布（hypergeometric distribution）
（5）几何分布（geometric distribution）
（6）负二项分布（negative binomial distribution）
（7）整数均匀分布（integer distribution）
（8）任意离散分布（discrete distribution）

下面分别给出简要介绍。

2.4.1 0-1分布（两点分布）

有一种试验，每次试验只有两种可能的结果，而且出现两种结果的概率都保持不变。有两种结果的例子很多，比如正面与反面，合格与不合格，通过与不通过，命中与不命中，具有某特性与不具有某特性，等等，我们将其归纳而统称为“成功”与“失败”。至于验收产品时，什么叫“成功”，大多数人倾向于把出现不合格叫作“成功”。记“成功”出现的概率为p，“失败”出现的概率为$1-p$，则称此随机变量服从0-1分布，也称为两点分布，记为$B(1, p)$。写成分布律的形式则如表2-8所示。

表2-8　　0-1分布的分布律

x_i	1	0
$P\{X=x_i\}$	p	$1-p$

容易得出其期望及方差是：

$$\begin{cases} E(X) = p \\ V(X) = p(1-p) \end{cases} \tag{2-55}$$

0-1分布在理论讨论上很重要，但实际应用很少。又因为下面介绍的二项分布当$n=1$时就成为0-1分布，即二项分布是以0-1分布为其特例的，所以在MINITAB软件中并未专门列入此种分布。我们只要理解式（2-55）的结果就够了。

2.4.2 二项分布

考虑从本厂产品中随机抽取20件进行检测，产品只分一等品和二等品。根据历史数据知，产品的二等品率为20%，那么20件产品中大约会抽出几件二等品？如果记二等品件数为随机

变量 X，它的分布律会是怎样的？

把上述问题一般化：假设我们独立地进行了 n 次试验（“独立”就是说，上次试验的结果不影响下次试验的结果），每次试验结果只有“成功”及“失败”两种结果，而且每次试验获得“成功”的概率都是固定的常数 p，记“成功”的总次数为随机变量 X，则称 X 的分布为二项分布（记作 $X \sim B(n, p)$）。本节开头的问题就可以描述为：进行了 20 次抽样试验，抽中二等品产品称为“成功”，每次“成功”概率都是常数 $p=0.2$，总“成功”次数的分布就是参数为 $n=20$，$p=0.2$ 的二项分布，即 $X \sim B(20, 0.2)$。数学上可以证明一般的二项分布的取值概率为：

$$P(X = x \mid n, p) = \binom{n}{x} p^x (1-p)^{n-x}, \quad x = 0, 1, \cdots, n \tag{2-56}$$

容易得出二项分布的期望及方差是：

$$\begin{cases} E(X) = np \\ V(X) = np(1-p) \end{cases} \tag{2-57}$$

用 MINITAB 软件可以求出所有的概率值，而且可以画出分布律的图形。

在 MINITAB 中打开一个新（空白）文件。在第一列上命名为“次数”，取值为 0，1，…，20。为此，从“计算>生成模板化数据>简单数集（Calc>Make Patterned Data>Simple Set of Number)”入口，就会看见信息窗如图 2-52 所示。

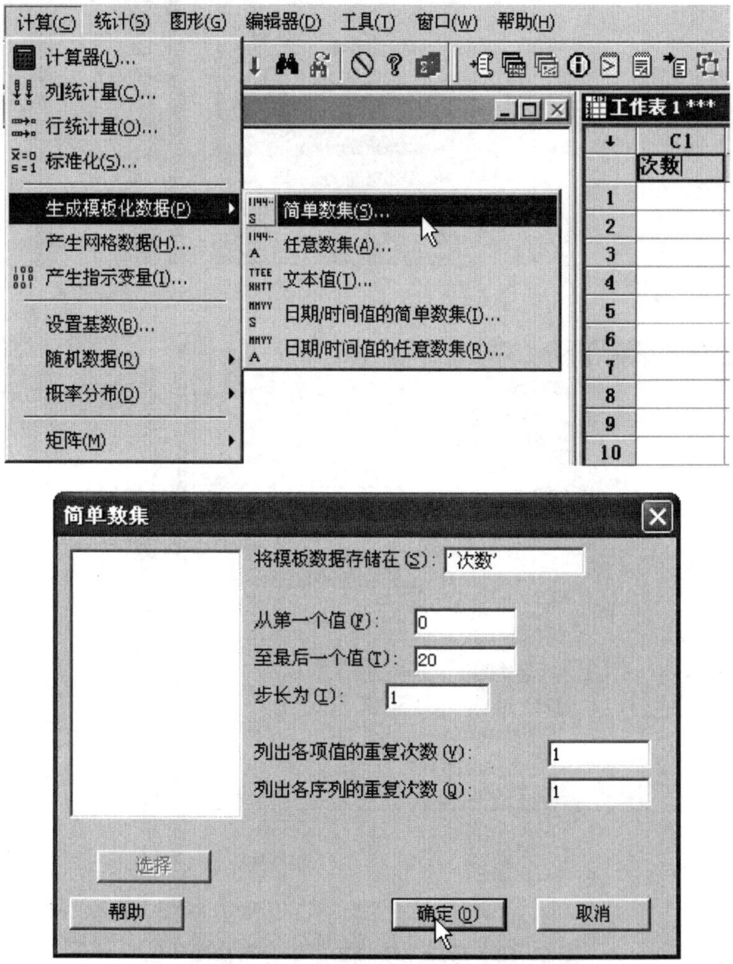

图 2-52　形成规则数据序列操作图

只要在“从第一个值”填入“0”，在“至最后一个值”填入“20”，“步长”保持为原来的“1”，就可以形成所需数列。再从“计算＞概率分布＞二项（Calc＞Probability＞Binomial）”入口，就会看见信息窗如图2-53所示。

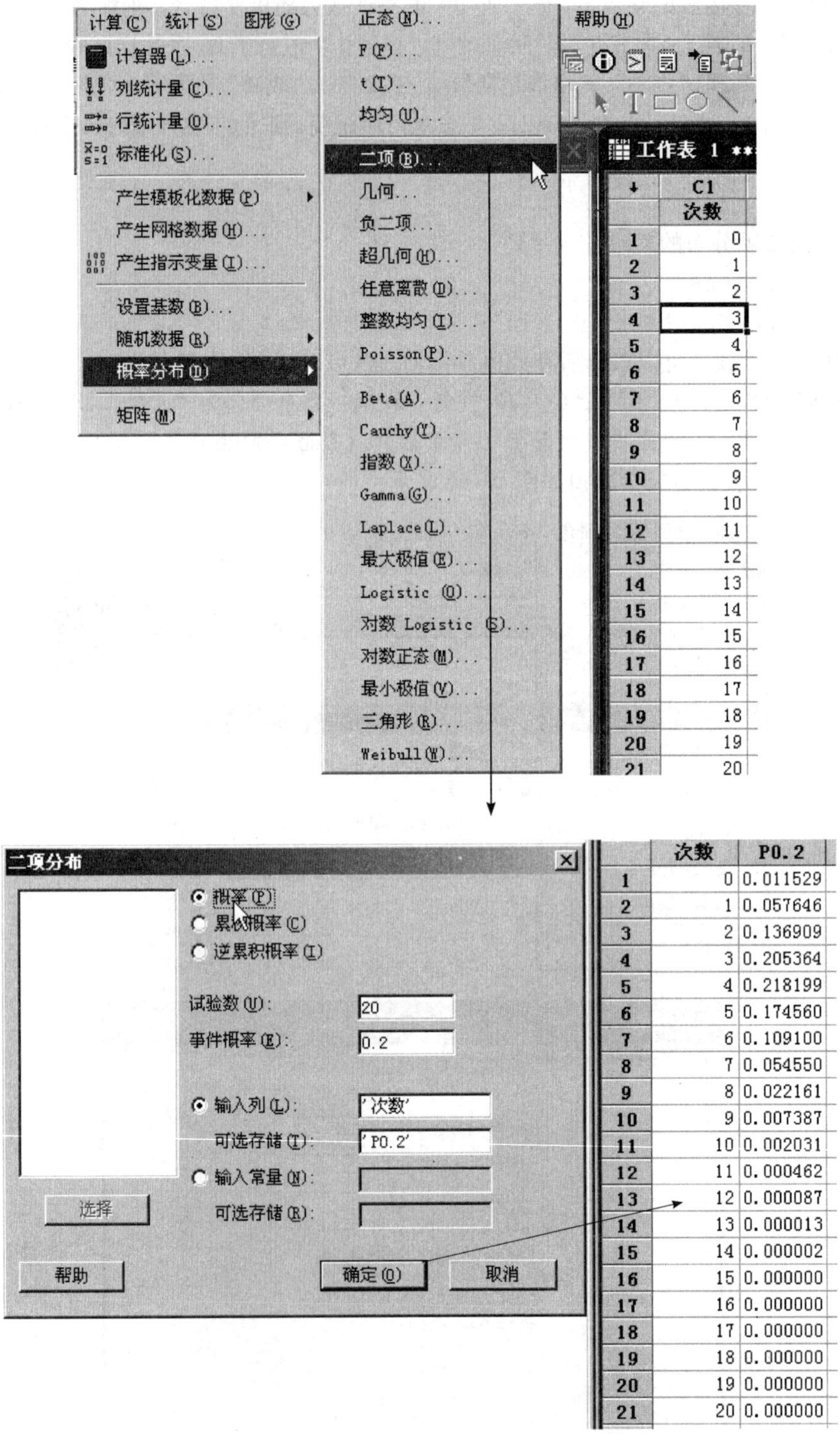

图2-53 形成二项分布概率分布律操作图

在已知分布律时，这里有两种方法可以绘制其图形，其中散点图方法在 2.1 节已有介绍。下面介绍对于离散型指定分布类型后的分布律绘制方法，其实它与连续型分布的图形绘制是完全一样的。

从“图形>概率分布图（Graph>Probability Distribution Plot）”入口，选中“单一视图（Single Parameter）”即可，其操作示意参看图 2-26。

在分布类型中选定“二项（Binomial）”，再指定相应参数（见图 2-54）即可。

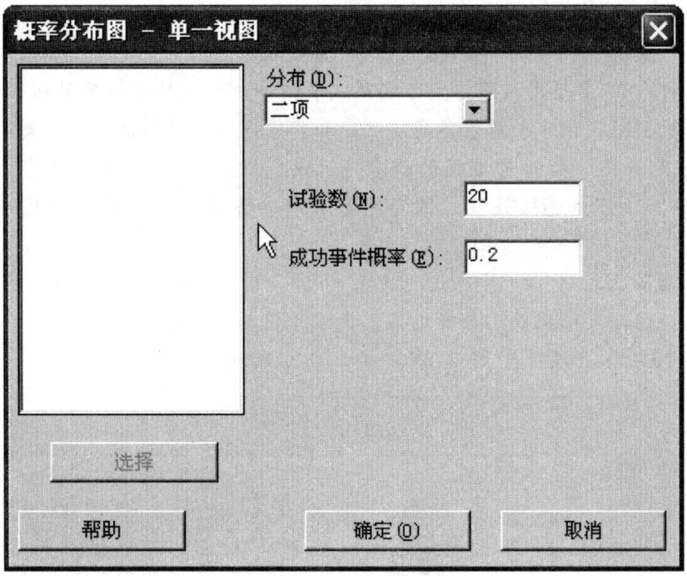

图 2-54　绘制二项分布概率分布律图的参数设定

这时可以得到如图 2-55 所示的结果。

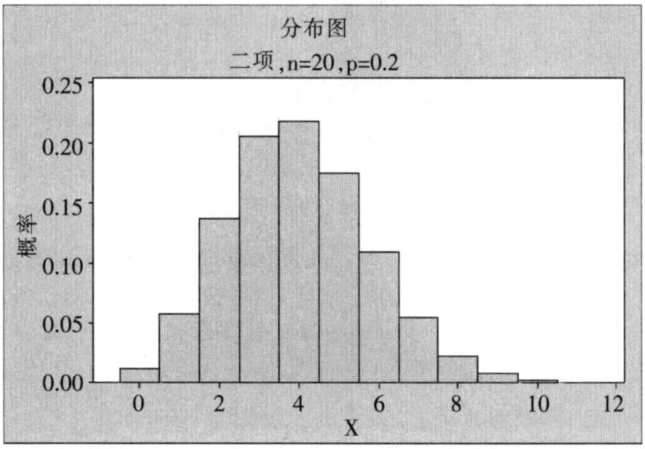

图 2-55　二项分布概率分布律图的输出结果

从图中可以看出，当 $x=4$ 时，概率值最大；当 $x<4$ 时，概率值逐渐增长；当 $x>4$ 时，概率值逐渐减小，很快就几乎为 0 了。从实际经验上，大家早有这种粗略的理解：如果二等品出现的概率是 0.2，则在抽出的 20 件产品中，发生“二等品出现 0 件”这样的好事，概率大约

1/100（百里挑一）；发生“二等品出现20件”这样的倒霉事，概率绝对不会超过百万分之一。

二项分布除了作为连续生产过程中不合格品数的精确分布外，当抽样的样本量小于有限总体其个体总数的10%时，还可以作为超几何分布的近似分布。

虽然现在有了计算机可以帮助我们计算复杂的二项分布概率，但我们仍然应该了解有关二项分布的一些规律性的概念。在二项分布的计算中，最重要的是它的正态近似。当二项分布中的参数n足够大（比如超过100），参数p不是太大或太小（$0.1<p<0.9$），则二项分布$B(n, p)$近似于正态分布$N(np, np(1-p))$。

例2-9

一个城市出生10 000名婴儿，假定生男生女概率相等，市长对每个男婴赠给一个小足球，对每个女婴赠给一个芭比娃娃，问市长要准备多少足球和芭比娃娃才能保证万无一失？

解 所谓“万无一失”指的是失误的概率小于万分之一。如果保证“永无一失”那就一定要准备1万个足球和1万个芭比娃娃。但实际上不用准备这么多，因为出现这种极端情况的概率几乎为零。

记男婴出生人数为X，则可知$X\sim B(10\,000, 0.5)$。由于二项分布当样本量足够大（超过100），p不是太大或太小，因此可以用正态分布近似。由于均值为$\mu=np=5\,000$，$\sigma^2=np(1-p)=2\,500$，因此$\sigma=50$。故$B(10\,000, 0.5)$与$N(5\,000, 50^2)$近似相同（见图2-56）。

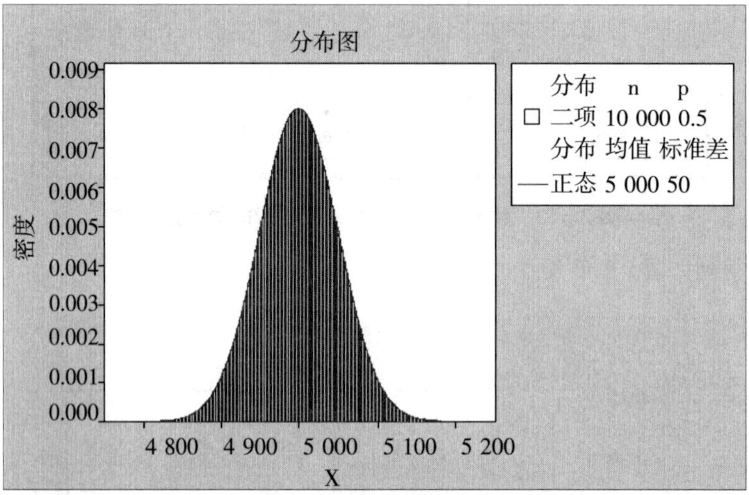

图2-56 二项分布的正态近似示意图

从图2-30下方列出的数据中可以得知，在均值μ两侧的4σ范围内，将包含全部数据的99.993 7%，4σ范围之外即未被包含部分之概率不到十万分之七，即未超过万分之一。在本问题中，$4\sigma=200$，所以X落入（4 800，5 200）之外的概率不到万分之一，所以市长准备5 200个足球和5 200个芭比娃娃足可以保证万无一失。

注意上面的解释一定不要理解为百分比的概念。上例中，保证万无一失的范围$4\sigma=200$，相对原来总人数$n=10\,000$占“2%”就够了。其实这样理解是完全错误的。读者可以自己计算，如果$n=$100万，则$4\sigma=2\,000$，只占n的2‰；而当$n=100$时，$4\sigma=20$，占n的2/10。可见，n越大，则随机现象的规律性越明显，随机波动会显得越小；n越小，则随机现象的规律性越不明显，偶然性就越大，随机波动会变得很大。而个别的随机现象是绝对不可预报的。有人声称可以预报彩票的中奖号码，稍有概率论常识的人都会知道这是无稽之谈。关于二项分布的规律性问题，我们在第6章比率检验中还会更深入地讨论。

2.4.3 Poisson分布

在自然界中，经常有一些不寻常的事情出现，例如，2006年福州遭遇4次台风的袭击；一片镀防腐蚀膜的机翼上出现了3个瑕疵点；一匹染了蓝色的布上有5个黑斑点；等等。这种稀有事件的出现有什么规律性？概率论的理论研究结果表明，在一定的条件下，这些稀有事件出现的概率都服从Poisson分布，大量的观测也证明了这一点。博尔德希维兹（Bortkewitsch）1898年提交了一份报告，记录了1875—1894年的20年间普鲁士骑兵团被马踢伤致死的士兵人数，发现其分布与Poisson分布非常吻合；英国著名物理学家卢瑟福观测记录了放射性物质在7.5秒内放射出的α粒子数目，其分布与Poisson分布非常吻合；第二次世界大战中，德国用V-2飞弹袭击伦敦，将伦敦分为576个区，发现每个区的真实弹着点数分布与Poisson分布非常吻合；在照片上记录细菌群的分布，每个细菌会形成小黑点，将显微镜整个视野分成若干小方块后，各方块中黑点的个数也服从Poisson分布。这些都不是偶然的。在质量管理中也常遇到这样的情况，我们不仅要关注不合格品，而且要关注每件产品中所包含的不合格项的情况。例如，在芯片的生产中，记录每片芯片上的瑕疵点数，则瑕疵点数就应该服从Poisson分布。记X为不合格点数，如果X的分布律为：

$$P(x \mid \lambda) = \frac{\lambda^x}{x!}e^{-\lambda}, \quad x = 0,1,2,\cdots \tag{2-58}$$

则称X的分布为Poisson分布，记为$X \sim P(\lambda)$。

容易得出Poisson分布的期望与方差为：

$$\begin{cases} E(X) = \lambda \\ V(X) = \lambda \end{cases} \tag{2-59}$$

不要小看上述公式，它是有特殊含义的：期望值一定与原观测值有相同量纲，方差的量纲一定是原观测值的平方，这二者怎么可能相等呢？世上的分布成百上千，有此性质的分布唯有Poisson分布。仅从量纲上看，由于量纲与量纲的平方竟然相同，此量纲一定是无量纲的常数，即“点数”“件数”“次数”等。任何带有实际物理量纲者（如长度、重量等）绝不可能服从Poisson分布。

Poisson分布与二项分布有非常深刻的本质上的联系。在二项分布中，当n较大（超过100）时，如果p值很小（$p<0.05$，且$np<30$），则二项分布$B(n, p)$可以近似看成是Poisson分布$P(np)$。比如，一条高速公路上，每天车流量为$n=10\ 000$，发生车祸的概率是$p=0.000\ 3$，这时，$np=3$，也就是说，每日在此高速公路上将平均发生3次车祸。如果略去n和p的具体数值，只是笼统地说“每日在此高速公路上平均发生3次车祸”，这也就是Poisson分布$P(3)$。对于这种实际问题，用两种分布模型去处理，结果几乎是一样的。用MINITAB很容易计算出车祸问题的结果（见表2-9），两行结果中的上一行是用二项分布计算的，下一行是用Poisson分布计算的，可以看出，二者数值几乎相同。

表2-9　　二项分布与Poisson分布比较表

X	0	1	2	3	4	5	6	7	8	9
二项	0.049 764 7	0.149 34	0.224 05	0.224 08	0.168 06	0.100 82	0.050 40	0.021 59	0.008 09	0.002 70
Poisson	0.049 787 1	0.149 36	0.224 04	0.224 04	0.168 03	0.100 82	0.050 41	0.021 60	0.008 10	0.002 70

Poisson分布应用广泛，可以用来描述不少随机变量的分布。例如，中午时分，快餐店中每分钟顾客到来的人数；一定时间内，接错电话的次数；一定时间内，某操作系统发生的故障

数；一个铸件上的缺陷数；一平方米玻璃上的气泡数；一件产品擦伤留下的痕迹数；一页书上的错字数；等等。

从Poisson分布的概念出发还可以看出下列性质，即均值的“可分性”。如果每罐稻米中的稗子数服从均值为6的Poisson分布，那么很容易想到，如果以半罐作为一“小罐”，每小罐稻米中的稗子数应服从均值为3的Poisson分布；若1 000平方米一匹的化纤布平均瑕疵点数是25，瑕疵点数的分布是$P(25)$，4平方米可以缝制一套工作服，每套工作服的瑕疵点数的分布就应该是$P(0.1)$。这就是说，在单位换算（例如从“罐”到“小罐”）时，Poisson分布的性质不变，而且均值也可以做同样的换算，当然这里只限于被分割或被合并的总份数很少的情况才成立。

2.4.4 超几何分布

当总体只包含有限个个体时，即使仍然只有两种可能的结果，前次抽样的结果也会影响下次抽样的结果。例如，原来只有100件产品，其中6件不良。抽第一件，不良率显然是6/100。但若第一次抽到良品，则第二次抽样的不良率就变成6/99；但若第一次抽到不良品，则第二次抽样的不良率就变成5/99。这时模型就与二项分布有很大的不同了。如果我们设想抽完第一次后，将样本放回，它可能被再次抽到，这种“有放回”的抽样将产生二项分布；如果我们抽完第一次后，不将样本放回，这种“无放回”的抽样将产生的分布称为超几何分布。假设总体中有N个个体，其中M个个体具有特征A（比如“不良”），在从中随机地抽出n（$n\leqslant N$）个个体中（无放回抽样），恰好取得x个具有特征A的元素的概率为：

$$P(x \mid N,M,n) = \frac{\binom{M}{x}\binom{N-M}{n-x}}{\binom{N}{n}}, \quad x = 0,1,\cdots,\min\{n,M\} \tag{2-60}$$

超几何分布在抽样理论中占有重要地位。另外，超几何分布与二项分布之间有密切联系。事实上，当总体中元素的数量N很大，而取出的元素n相对较小时（$n\leqslant 0.1N$），这种差别就应该很小，前次抽样的结果基本上不会影响下次抽样的结果。超几何分布包含三个参数N，M，n（$n\leqslant M$）。

超几何分布的数学期望和方差分别为：

$$\begin{cases} E(X) = np \\ V(X) = np(1-p)\dfrac{N-n}{N-1}, \quad p = \dfrac{M}{N} \end{cases} \tag{2-61}$$

2.4.5 几何分布

如果我们进行独立试验时仍然只有“成功”和“失败”两种结果，而且每次获得“成功”的概率都是p，但试验一直要进行到首次出现“成功”为止，记所需试验次数为X，则X的分布称为几何分布（geometric distribution）。表面看来，这种模型与二项模型相同，但其实不然：二项分布的条件是试验次数固定，试验中总成功次数X为随机变量；现在则是试验次数为随机变量，而且最后一次一定是“成功”（否则早出现“成功”试验将停止）。这时得到的分布律为：

$$p(x \mid p) = p(1-p)^{x-1}, \quad x = 1,2,\cdots \tag{2-62}$$

式中，x表示获得首次“成功”所需要的总次数。几何分布具有一条重要特性——无后效性，即在前n次试验中未出现成功的条件下，再经过m次试验（即在第$n+m$次试验中）首次出现成功的条件概率，等于首次成功恰好需要进行 m 次试验的无条件概率。换句话说，在已经进行了 n 次试验且未出现成功时，首次成功恰好需要再进行 m 次试验的概率与以前的试验无关，就像试验重新开始一样。在老虎机前等待中大奖，究竟能否中大奖与你在此老虎机前已经投了多少次硬币是无关的，在另外一台机器上去碰碰运气和在此“死等”效果是相同的。在离散型随机变量中，只有几何分布才具有无后效性。这个分布只包含一个参数 p（$0<p<1$）。

几何分布的数学期望和方差分别为：

$$\begin{cases} E(X) = \dfrac{1}{p} \\ V(X) = \dfrac{1-p}{p^2} \end{cases} \tag{2-63}$$

该公式的解释其实也很自然，如果你打枪命中概率是 0.1，则你进行射击直到首次命中为止，平均说来得打上 10 枪才行。注意这里说的并不是“打了 10 枪，平均会命中一枪（这是二项分布)”；现在是打到首次命中为止，前面射击各枪肯定是都没命中，最后一枪一定是命中，这才是几何分布，这时很可能要打上 20 枪、30 枪才行。其分布律图形见图 2-57，右边尾巴拖得很长。

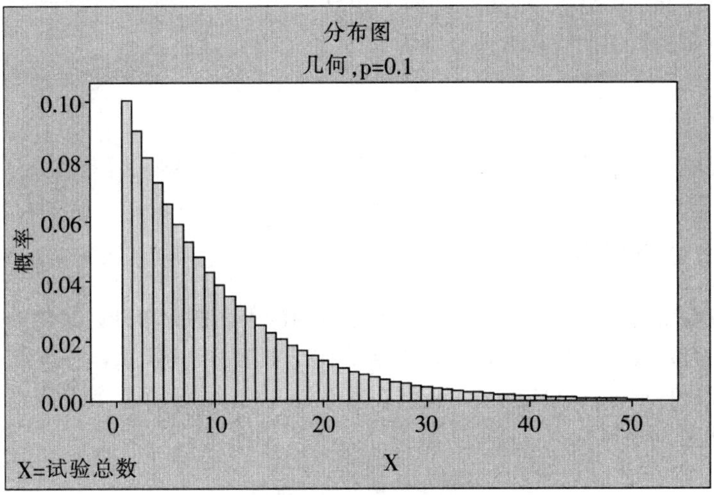

图 2-57　几何分布的分布律图

2.4.6　负二项分布

讨论和几何分布相同的模型：如果我们进行独立试验时仍然只有“成功”和“失败”两种结果，而且每次获得“成功”的概率都是 p，但试验一直要进行到“成功”出现 r 次为止，记所需试验次数为 X，则 X 的分布称为负二项分布（negative binomial distribution），也称 Pascal 分布。这里要注意，负二项分布与二项分布截然不同：二项分布时，试验次数是固定的，试验中出现成功的次数 X 为随机变量；负二项分布则是总“成功”次数给定，总试验次数为随机变量，而且一定是最后一次为“成功”（否则早就达到 r 次出现“成功”，试验将停止)。这时得到的分布律为：

$$P(x \mid r, p) = \binom{x-1}{r-1} p^r (1-p)^{x-r}, \quad x = r, r+1, \cdots \tag{2-64}$$

负二项分布中包含两个参数 r，p（$r\geqslant 1$，$0<p<1$）。

在实际中，负二项分布常用于不幸事件和发病情况等问题的统计推断。负二项分布的数学期望和方差分别为：

$$\begin{cases} E(X)=\dfrac{r}{p} \\ V(X)=\dfrac{r(1-p)}{p^2} \end{cases} \tag{2-65}$$

容易看出，负二项分布中如果 $r=1$，则变成了几何分布，也就是说，几何分布是负二项分布的特殊情况。

2.4.7 整数均匀分布

整数均匀分布是在 M 到 N 的整数范围内，以等概率取值的分布。本来其英文全称应该是 Integer Uniform Distribution，但 MINITAB 对名称做了简化。其概率分布为：

$$P(x\mid M,N)=\frac{1}{N-M+1},\quad x=M,M+1,\cdots,N \tag{2-66}$$

这个分布包含起点和终点 M 及 N 共两个参数。

整数均匀分布的数学期望和方差分别为：

$$\begin{cases} E(X)=\dfrac{N+M}{2} \\ V(X)=\dfrac{N^2-M^2}{12} \end{cases} \tag{2-67}$$

2.4.8 任意离散型分布

离散型随机变量的分布有很多种，除了上述常用的著名的分布外，其他的离散型分布的分布规律就要用自行定义的表格来实现了。表格的样子如表 2-6 所示，一般离散型随机变量分布律表都要写成这种形式。具体说来，我们在本章最开始举的例子，其分布写成这样（原表见表 2-3，这里重复列出）：

质量等级分布状况表

x	1	2	3	4	5
P	0.1	0.2	0.3	0.3	0.1

我们可以以此分布来进行分析、生成随机数等，也可以画出分布律图（见图 2-1 或图 2-4），这些就不再讨论了。

为了使读者查阅方便，我们把 2.3 节和 2.4 节中所有叙述过的结论，加上三个导出分布（t 分布，卡方分布，F 分布），一起用表格的方式加以汇总。这就是下面给出的表 2-10。

表 2-10　常用分布的密度公式及数字特征表

分布名称	概率函数或密度函数	均值与方差
0-1分布	$P\{x\mid p\}=p^x(1-p)^{n-x},\quad x=0,1$	$\begin{cases}E(X)=p\\V(X)=p(1-p)\end{cases}$
二项分布	$P\{x\mid n,p\}=\binom{n}{x}p^x(1-p)^{n-x},$ $x=0,1,\cdots,n$	$\begin{cases}E(X)=np\\V(X)=np(1-p)\end{cases}$

续前表

分布名称	概率函数或密度函数	均值与方差
Poisson 分布	$P\{x \mid \lambda\}=\frac{\lambda^x}{x!}e^{-\lambda},\quad x=0,1,2,\cdots$	$\begin{cases}E(X)=\lambda\\V(X)=\lambda\end{cases}$
超几何分布	$P(x \mid N, M, n)=\frac{\binom{M}{x}\binom{N-M}{n-x}}{\binom{N}{n}}$, $x=0,1,\cdots,\min\{n,M\}$	$\begin{cases}E(X)=np\\V(X)=np(1-p)\frac{N-n}{N-1},\quad p=\frac{M}{N}\end{cases}$
几何分布	$P(x \mid p)=p(1-p)^{x-1},\quad x=1,2,\cdots$	$\begin{cases}E(X)=\frac{1}{p}\\V(X)=\frac{1-p}{p^2}\end{cases}$
负二项分布	$P(x \mid r, p)=\binom{x-1}{r-1}p^r(1-p)^{x-r}$, $x=r,r+1,\cdots$	$\begin{cases}E(X)=\frac{r}{p}\\V(X)=\frac{r(1-p)}{p^2}\end{cases}$
整数均匀分布	$P(x \mid M, N)=\frac{1}{N-M+1}$, $x=M,M+1,\cdots,N$	$\begin{cases}E(X)=\frac{N+M}{2}\\V(X)=\frac{N^2-M^2}{12}\end{cases}$
任意离散型分布	任意	任意
均匀分布	$f(x \mid a, b)=\frac{1}{b-a},\quad a<x<b$	$\begin{cases}E(X)=\frac{a+b}{2}\\V(X)=\frac{(b-a)^2}{12}\end{cases}$
正态分布	$f(x \mid \mu, \sigma^2)=\frac{1}{\sigma\sqrt{2\pi}}e^{-\frac{(x-\mu)^2}{2\sigma^2}}$	$\begin{cases}E(X)=\mu\\V(X)=\sigma^2\end{cases}$
指数分布	$f(t \mid b, T)=\frac{1}{b}e^{-\frac{t-T}{b}},\quad t\geqslant T$	$\begin{cases}E(X)=b+T\\V(X)=b^2\end{cases}$
对数正态分布	$f(x \mid \mu, \sigma^2)=\frac{1}{x\sigma\sqrt{2\pi}}e^{-\frac{(\ln x-\mu)^2}{2\sigma^2}}$	$\begin{cases}E(X)=e^{\mu+\frac{\sigma^2}{2}}\\V(X)=e^{2\mu+\sigma^2}(e^{\sigma^2}-1)\end{cases}$
Weibull 分布	$f(x \mid \alpha, \beta)=\frac{\beta}{\alpha^\beta}x^{\beta-1}e^{-(\frac{x}{\alpha})^\beta},\quad x>0$	$\begin{cases}E(X)=\alpha\Gamma\left(1+\frac{1}{\beta}\right)\\V(X)=\alpha^2\left[\Gamma\left(1+\frac{2}{\beta}\right)-\Gamma^2\left(1+\frac{1}{\beta}\right)\right]\end{cases}$
Beta 分布	$f(x \mid a, b)=\frac{1}{B(a,b)}x^{a-1}(1-x)^{b-1}$, $0<x<1$	$\begin{cases}E(X)=\frac{a}{a+b}\\V(X)=\frac{ab}{(a+b)^2(a+b+1)}\end{cases}$
Cauchy 分布	$f(x \mid a)=\frac{1}{a\pi}\cdot\frac{1}{1+(x/a)^2}$	不存在

续前表

分布名称	概率函数或密度函数	均值与方差
Gamma分布	$f(x\mid a,b)=\frac{1}{b^a\Gamma(a)}x^{a-1}e^{-\frac{x}{b}},\quad x>0$	$\begin{cases}E(X)=ab\\V(X)=ab^2\end{cases}$
Laplace分布	$f(x\mid b)=\frac{1}{2b}e^{-\frac{\lvert x\rvert}{b}}$	$\begin{cases}E(X)=0\\V(X)=2b^2\end{cases}$
Logistic分布	$f(x\mid\sigma,\mu)=\frac{\exp\left(\frac{x-\mu}{\sigma}\right)}{\sigma\left[1+\exp\left(\frac{x-\mu}{\sigma}\right)\right]^2}$	$\begin{cases}E(X)=\mu\\V(X)=\frac{1}{3}\sigma^2\pi^2\end{cases}$
对数Logistic分布	$f(x\mid\mu,\sigma,T)=\frac{\exp\left[\frac{\ln(t-T)-\mu}{\sigma}\right]}{\sigma(t-T)\left\{1+\exp\left[\frac{\ln(t-T)-\mu}{\sigma}\right]\right\}^2},\quad t>T$	$\begin{cases}E(X)=e^{\mu}\Gamma(1+\sigma)\Gamma(1-\sigma)+T\\V(X)=e^{2\mu}[\Gamma(1+2\sigma)\Gamma(1-2\sigma)-\Gamma^2(1+\sigma)\Gamma^2(1-\sigma)]\end{cases}$
最大极值分布	$f(x\mid\mu,\sigma)=\frac{1}{\sigma}\exp\left[-\frac{x-\mu}{\sigma}-\exp\left(-\frac{x-\mu}{\sigma}\right)\right]$	$\begin{cases}E(X)=\mu+c\sigma\\V(X)=\frac{\pi^2\sigma^2}{6}\end{cases}$
最小极值分布	$f(x\mid\mu,\sigma)=\frac{1}{\sigma}\exp\left[\frac{x-\mu}{\sigma}-\exp\left(\frac{x-\mu}{\sigma}\right)\right]$	$\begin{cases}E(X)=\mu-c\sigma\\V(X)=\frac{\pi^2\sigma^2}{6}\end{cases}$
t分布	$f(x\mid v)=\frac{\Gamma\left(\frac{v+1}{2}\right)}{\Gamma\left(\frac{v}{2}\right)}\frac{1}{\sqrt{v\pi}}\frac{1}{\left(1+\frac{x^2}{v}\right)^{\frac{v+1}{2}}}$	$\begin{cases}E(X)=0,\quad v>1\\V(X)=\frac{v}{v-2},\quad v>2\end{cases}$
卡方分布	$f(x\mid v)=\frac{x^{\frac{v-2}{2}}}{2^{\frac{v}{2}}\Gamma\left(\frac{v}{2}\right)}e^{-\frac{x}{2}},\quad x>0$	$\begin{cases}E(X)=v\\V(X)=2v\end{cases}$
F分布	$f(x\mid v_1,v_2)=\frac{\Gamma\left(\frac{v_1+v_2}{2}\right)}{\Gamma\left(\frac{v_1}{2}\right)\Gamma\left(\frac{v_2}{2}\right)}\left(\frac{v_1}{v_2}\right)^{\frac{v_1}{2}}\frac{x^{\frac{v_1-2}{2}}}{\left(1+\frac{v_1}{v_2}x\right)^{\frac{v_1+v_2}{2}}},\quad x>0$	$\begin{cases}E(X)=\frac{v_2}{v_2-2},\quad v_2>2\\V(X)=\frac{2v_2^2(v_1+v_2-2)}{v_1(v_2-2)^2(v_2-4)},\quad v_2>4\end{cases}$

2.5 中心极限定理

为了给今后研究统计学问题打下好的基础，我们要在概率基础的最后一节介绍中心极限定理。从严格的数学意义上讲，中心极限定理内容非常丰富，但我们只介绍今后研究统计问题时会遇到的最重要的两个结论。而且准确地说，第一个结论算不上是中心极限定理的内容，这里只不过按照一般六西格玛教材中的普遍说法加以陈述罢了。

2.5.1 样本平均值的标准差性质

我们通常会讲到随机变量的独立性。我们说“两个随机变量 X_1 与 X_2 是相互独立的”，指的就是：其中一个随机变量的取值不会影响另一个变量的取值。对于多个随机变量也是一样的意思。我们研究统计学的时候，各样本间就是相互独立取值的有相同分布的随机变量。对于这种类型的问题，在本章的 2.2.2 节中曾讨论过。在讲述方差的性质时，提到了下列性质（见式（2-10）及式（2-11））：

如果有多个随机变量，它们相互独立，而且方差都相等（记为 σ^2），则

$$V(X_1+X_2+\cdots+X_n)=n\sigma^2$$

$$V(\overline{X})=V\left[\frac{1}{n}(X_1+X_2+\cdots+X_n)\right]=\frac{\sigma^2}{n}$$

这个性质就是说，$\overline{X}$ 的方差与原来 X 的方差相比，$\overline{X}$ 的方差是原来 X 的方差的 $1/n$。将此式更明确地写出，就是

$$\sigma_{\overline{X}}^2=\frac{\sigma^2}{n} \tag{2-68}$$

或者写成标准差（常称为均值的标准误）的形式：

$$\sigma_{\overline{X}}=\frac{\sigma}{\sqrt{n}} \tag{2-69}$$

要注意的是，式（2-68）和式（2-69）的成立并未要求原来分布为正态，这两个公式对于任何分布都是正确的。

2.5.2 样本平均值的分布性质

大家容易理解，两个随机变量的分布类型不同，那么各自抽取 10 个样本（也就是 10 个独立同分布的随机变量），两个随机变量各自形成 $\overline{X}$ 的分布当然也会不同。但是，大量实践表明，它们都与正态分布接近。概率论的理论证明了这样一个重要定理，我们称之为中心极限定理，通俗的描述就是：

随着样本量的无限增长，无论原来的分布是什么（离散型分布或连续型分布，正态分布或非正态分布），$\overline{X}$ 的分布总会趋向于正态分布。

实际工作中，只要 n 较大时，我们就可以认为 $\overline{X}$ 的分布近似于正态分布。当分布对称时，$n=5$ 已经近似得很好；当分布严重偏斜时，$n=30$ 也会近似得很好。

此定理的严格证明不再给出，但我们给出几个例子加深理解其含义。

我们选“凹三角”分布和“均匀分布”作为对称分布的代表。$n=1$ 代表原分布；$n=2$ 代表两个同样随机变量的平均值的分布；$n=5$ 代表 5 个同样随机变量的平均值的分布。从图 2-58 中上两排图可以看出，对于对称分布，5 个样本的平均值的分布已经与正态分布很接近了。我们选指数分布作为严重偏斜分布的代表，5 个样本的平均值的分布形状离正态分布还很远，但是 30 个样本的平均值的分布则与正态分布很接近了。我们在数据文件“BS _ 中心极限定理.MTW”中，给出了示意性的数据供大家参考。如果需要正式进行正态性检验，则要在学习第 5 章之后才能实行。

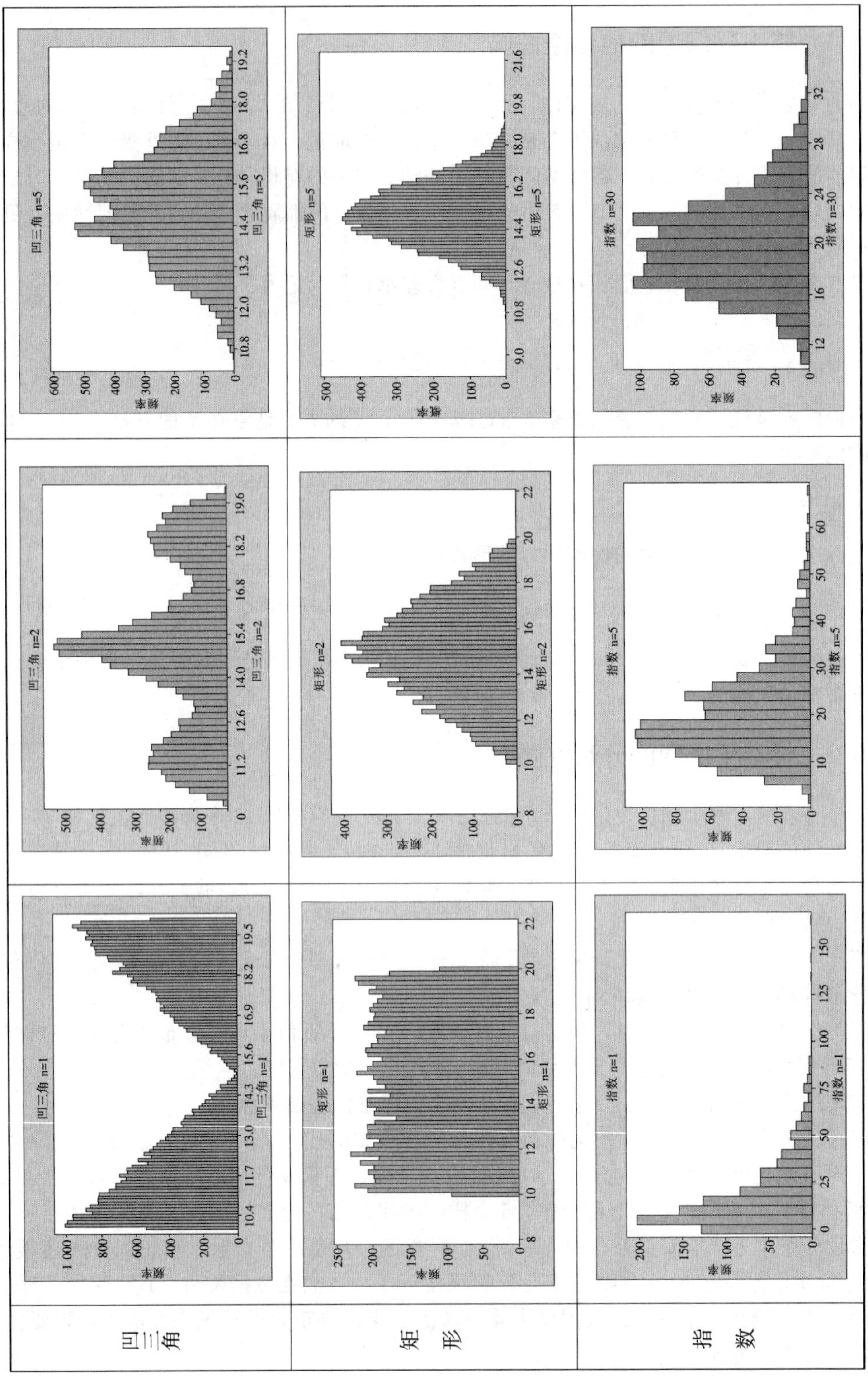

图 2-58　中心极限定理示意图

第 3 章

描述性统计及图形

在正式讨论有关统计分析概念之前，首先要了解统计学中最基本的有关总体与样本的概念，然后再了解如何去收集样本数据以及如何对这些数据进行初步分析，这里包括描述性统计以及简明的图形展示。

3.1 总体与样本

在实际工作中，人们常常关心某个具体问题，我们把所关心的对象的全体称为**总体**，例如我们关心某公司今年 2 月生产的螺钉的直径状况，则该公司今年 2 月生产的全部螺钉就是总体。当然我们关心的并不是螺钉本身，而是其某个数量特征——直径。而且，当问题的提法发生变化时，所规定的总体也会不同，例如，我们讨论该公司今年一季度生产的螺钉的直径状况，这时总体就是包含前 3 个月生产的全部螺钉。在总体给定后，我们不可能也不必要研究总体中所包含的全部个体，我们通常会随机地抽取出若干个体作为研究的对象。从总体中所抽取到的这部分个体组成的集合就称为**样本**。对样本进行分析，目的是了解整个总体的某个统计特性。样本中的个体有时也称为**样品**，样品的数量称为**样本量**。

上述说法只是较为粗糙的直观描述。实际上，我们关心的并不是个体本身，而是关心其某个数量特性。由于各个不同个体的数字特性总会有随机波动的状况，也就是说这个数量特性是个可以取不同数值的随机变量，所以，我们应更深入地理解其含义：所谓总体其实就是一个具有确定分布的随机变量，而每个组成总体的个体则是随机变量的一次观测值。

我们最终希望了解总体特性其实是希望了解总体的分布函数。我们从总体中抽取样本就是为了认识总体的分布函数，希望通过样本数据的分析来推断总体。描述总体数字特征的参数有很多，位置参数有均值（mean）、中位数（median）、第一（下）四分位数（LQ，$Q1$ 或 1st quartile）、第三（上）四分位数（UQ，$Q3$ 或 3rd quartile）等；散布参数有方差（variance）、标准差（standard deviation）、四分位间距（inter-quartile range）等；形状参数有偏度（skewness）、峰度（kurtosis）等。对于样本也有相应的统计量，例如样本均值（$\overline{X}$）等，其详细描述见本章 3.2 节。我们在这里特别要强调的是区分总体参数与样本相应统计量的差别。例如，我们要弄懂总体均值（μ）与样本均值（$\overline{X}$）的差别。事实上，当总体指定时，μ 一定是个固定的常数，称为参数；样本均值 $\overline{X}$ 则不然，随着抽样的进行，每次抽样后得到的结果可能是不同的，它是个随机变量，称为**统计量**。虽然样本均值 $\overline{X}$ 通常在总体均值 μ 周围取值，可以用 $\overline{X}$ 来估计 μ，但这二者是性质完全不同的两个量，我们随时要想到各统计量的随机性，想到它们的不确定性，而且正是由于这种不确定性，导致我们在统计学中总要考虑到在判断上可能犯的错误，或估计中不够精确而产生的误差。我们可以用 $\overline{X}$ 来估计 μ，但绝不能错误地写成二者相等的式子：$\mu=\overline{X}$，而只能用帽子“^”作为估计量的记号，写成$\hat{\mu}=\overline{X}$。

关于总体参数的性质已经在第2章中详细讨论过了，从本章起讨论的就都是针对样本的了。下面一节所介绍的有关性质的分析（例如“均值”）都是针对样本而言的，都是指样本的统计量（例如这里有时把“样本均值”简称为“均值”），读者应特别予以注意。

为了使这种统计推断结果更可靠，还应该注意抽样方法。在较简单的情况下，可以在抽取样本的时候采取随机抽样的方法。采用随机抽样方法形成的样本称为简单随机样本，简称随机样本。真正构成随机样本要具有三个基本条件：

（1）代表性。所抽取的样本一定要能代表所要研究的总体。

（2）随机性。总体中每个个体都有相同的机会进入样本。

（3）独立性。从总体中抽取的每个个体对其他个体的抽取无任何影响。

只有满足上述三项要求的样本才能够很好地反映所研究的总体，大家今后在抽样中要特别注意这些要求。我们今后讨论的样本都被认为是满足这些要求的随机样本。

为了获取随机样本，通常使用不同的随机抽样方法，抽样方法可以粗略地分成几类：

（1）简单随机抽样法。总体中每个个体被抽到的机会是相同的，常用的实现方式包括抽签、抓阄、查随机数表等。

（2）系统抽样法（等距抽样法、机械抽样法）。随机选取抽样起点后，等距离抽取样本。例如，高考试卷抽样可以规定考生“准考证号末尾两位数字为01者”入选，这就是等间隔的百分之一抽样。要注意的是，如果总体呈现周期性变化，而抽样间隔恰好同这个周期相符合，会导致抽样结果的系统偏差。所以，在已知该总体会发生周期性变化的场合不宜使用这种抽样方法。

（3）分层抽样法（类型抽样法）。常用于产品质量验收、大规模社会分析等。分层抽样法就是从一个可以分成不同子总体（层）的总体中，按规定的比例从不同层中随机抽取样品的方法。例如，为了调查某城市大学生毕业5年后的平均工资，应先了解他们中分别在国企、合资及外资企业的人数，再了解分别在一般工业企业、高科技企业、服务业及政府部门工作的人数，按人数比率设定相应抽样量。这种抽样方法将比简单随机抽样有更精确的结果。分层抽样法的优点是样本代表性好，抽样误差小；缺点是实施手续较为烦琐。

（4）整群抽样法。将总体分成群，每个群由个体按一定方式结合而成，然后随机地抽取若干群，并由这些群中的所有个体组成样本。例如，想调查小学生的身体状况，从本市选定三所学校，对这三所学校的所有学生进行数据的采集，这就是整群抽样法。整群抽样法的优点是抽样实施方便，缺点是有可能代表性差。

例3-1

假设有产品微型变压器分别装在100个零件箱中，每箱装20个，共2 000个。如果想从中取200个零件组成样本进行测试研究，应如何应用简单随机抽样法、系统抽样法、分层抽样法、整群抽样法这四种抽样方法？

解 （1）简单随机抽样法：将2 000个微型变压器编号后混合均匀，抽签或抓阄。

（2）系统抽样法：将2 000个微型变压器编号后混合均匀，用抓阄或抽签办法决定起始编号，然后再等距离抽样。

（3）分层抽样法：将箱作为“层”，对100箱，每箱随机抽2个微型变压器。

（4）整群抽样法：先从100箱随机抽取10箱，对这10箱进行全检。

在实际工作中，有时还需要考虑抽样的时间。例如，我们在现场监控某项生产特性指标。

这时，所抽取的样本除了要求是随机样本以外，还要求考虑怎样安排抽样间隔。例如，是每10分钟抽1件，还是每小时抽一组5件？我们称5件一组为一个子组（subgroup）。这时，所抽取的样本必须遵循合理子组原则，即子组内差异一定仅由偶然因素引起，因为子组间的差异有可能由异常因素引起。这些将在本书第12章统计过程控制中详细描述。

3.2 描述性统计

收集和罗列数据是统计资料处理的初级阶段，日渐庞大的原始数据资料往往会使人无所适从，进一步的研究分析不仅要求我们对数据分布变化有直观的了解，而且要求我们能用几个既简洁又有效的统计量将其分布变化的规律性表示出来。描述性统计就是与这个问题相关的统计学工具，力求能够高度综合地概括出数据中所蕴含的关于总体的统计特征。在第2章中，我们介绍了总体相应各参数的含义，包括位置状况 、离散程度和分布形状等的度量，但这些参数在获得样本后如何用相应的统计量来代表呢？本节将逐一介绍几个最常用、最重要的指标。

3.2.1 位置状况

在大多数情况下，较大或较小值发生的频数一般比较少，大部分数值总是集中在某个区域内不断变化，使总体大体上落入某个范围内，这就是所谓的数据位置状况的问题，这是人们最关心的一类数据特征。比如，零件的平均长度、焊锡膏的平均重量、员工的平均工资等。度量数据位置状况的指标主要有平均值、中位数和众数等。

3.2.1.1 平均值

样本平均值（常简称样本均值，sample mean）是最常用来表示数据的位置状况的，它反映随机变量各个取值的中心位置或均衡点。总体的均值相当于分布密度重心的横坐标，样本均值则是将所有数据的数值相加，除以数据的个数即可得到，即

$$\overline{X}=\frac{1}{n}\sum_{i=1}^{n}X_i \qquad (3-1)$$

平均值具备良好的数字特性，因此无论是在描述统计学，还是在后文介绍的推论统计学中，它的应用都非常广泛。例如3，2，1，7，4的平均值是$(3+2+1+7+4)/5=3.4$。

3.2.1.2 中位数

样本中位数（sample median）是反映数据位置状况的另一个常用统计量。总体的中位数相当于面积位于50％处的横坐标，样本中位数则是将所有数据按从小到大的顺序进行排列，位置居中者的数值。当数据的个数为奇数时，居中的数值直接就是中位数；当数据的个数为偶数时，居中的两个数值的平均值就是中位数，即

$$\widetilde{X}=\begin{cases}X_{(\frac{n+1}{2})}, & n\text{为奇数}\\ \frac{1}{2}\left(X_{(\frac{n}{2})}+X_{(\frac{n}{2}+1)}\right), & n\text{为偶数}\end{cases} \qquad (3-2)$$

式（3-2）中带括号的下标表示样本排好顺序后的样本值，$X_{(i)}$代表排序后左起第i个样本的值。如果数据为2，8，5，1，6，则其中位数是5，而2，8，5，1，6，10的中位数是（5＋

6)/2＝5.5。

当分布基本上对称时，样本平均值与样本中位数应该相差不多；但有较严重的偏斜或数据中含有异常观测值时二者会有较大差别，这时，应该说中位数对于位置状况有更好的代表性。这种对异常观测值反应不敏感的特性称为稳健性（robust）。因此可以说，在度量位置状况时，中位数比平均值对于异常值更稳健。

3.2.1.3　众数

众数（sample mode）是指数据中出现最频繁的那个数值。从这点来看，众数也可以用来描述数据的位置状况。但是众数的存在有可能并不唯一。例如1，1，2，3，4，4，4，5中的众数是4，而1，2，3，4，5，6，7，8中每个数都是众数。相对其他位置参数的度量，众数的代表性要差很多，甚至在总体中也是这样。众数虽然也可以有意义，但用得很少。

3.2.1.4　第一四分位数

第一四分位数（sample 1st quartile，$Q1$ 或 LQ）是这样一个数，当把数据集划分为两个部分时，其中小于等于此数的数据约占整个数据集的25%，大于等于此数的数据约占整个数据集的75%。它的准确计算公式是：首先将样本按从小到大的顺序排好，记其中第 i 名为 $X_{(i)}$。对于给定的 n，先求出 $\frac{n+1}{4}$，其整数部分记为 k，其小数部分记为 f（当然 $0\leqslant f<1$）。

$$Q1 = X_{(k)} + f(X_{(k+1)} - X_{(k)}) \tag{3-3}$$

例如，$n=40$，$\frac{n+1}{4}=10.25$，$k=10$，$f=0.25$，所以 $Q1$ 一定介于 $X_{(10)}$ 与 $X_{(11)}$ 之间，有 $Q1 = X_{(10)} + 0.25(X_{(11)} - X_{(10)})$。样本量较大时，邻近次序统计量间的差距很小，可以取 $f=0.5$，因而近似有

$$Q1 = (X_{(k)} + X_{(k+1)})/2 \tag{3-4}$$

式中，k 是 $\frac{n+1}{4}$ 的整数部分。

3.2.1.5　第三四分位数

第三四分位数（sample 3rd quartile，$Q3$ 或 UQ）是这样一个数，当把数据集划分为两个部分时，其中小于等于此数的数据约占整个数据集的75%，大于等于此数的数据约占整个数据集的25%。它的准确计算公式是这样的：对于给定的 n，先求出 $\frac{3(n+1)}{4}$，其整数部分记为 k，其小数部分记为 f（当然 $0\leqslant f<1$）。

$$Q3 = X_{(k)} + f(X_{(k+1)} - X_{(k)}) \tag{3-5}$$

例如，$n=40$，$\frac{3(n+1)}{4}=30.75$，$k=30$，$f=0.75$，所以 $Q3$ 一定介于 $X_{(30)}$ 与 $X_{(31)}$ 之间，有 $Q3 = X_{(30)} + 0.75(X_{(31)} - X_{(30)})$。样本量较大时，邻近次序统计量间差距很小，可以取 $f=0.5$，因而近似有

$$Q3 = (X_{(k)} + X_{(k+1)})/2 \tag{3-6}$$

式中，k 是 $\frac{3(n+1)}{4}$ 的整数部分。

3.2.2 离散程度

只用位置状况的指标来描述数据是不充分的，甚至会产生误解。例如 A，B 两个城市居民的人均住房面积均为 18 平方米，此时我们的直觉是这两个城市的居民住房生活水平差不多。可事实上，A 城市居民的人均住房面积最高达 80 平方米，最低只有 5 平方米。而 B 城市居民的人均住房面积最高为 40 平方米，最低为 10 平方米。显然，A 城市居民住房面积的离散程度远大于 B 城市。如果忽略数据的离散程度，就可能导致错误的判断。统计学的一个重要原则就是“不简单地相信平均值”，因为必须同时考虑离散程度。度量数据离散程度的指标主要有方差、标准差和极差等。

3.2.2.1 方差

方差（variance）的应用十分广泛，总体的方差相当于密度分布围绕重心的转动惯量，对于样本方差则是将所有数值减去平均值，加以平方，然后求出差值平方的平均值，就可得到方差，即

$$S^2 = \sum_{i=1}^{n} \frac{(X_i - \overline{X})^2}{n-1} \tag{3-7}$$

与总体参数的含义相同，样本方差值越大，表明数据间的离散程度越大；方差值越小，表明数据间的离散程度越小。例如一组样本的数值分别是 3，2，4，5，1，其样本均值是 3，则其样本方差 S^2 可计算如下：

$$S^2 = \frac{(3-3)^2 + (2-3)^2 + (4-3)^2 + (5-3)^2 + (1-3)^2}{4} = 2.5$$

3.2.2.2 标准差

将方差开算术平方根即可得到标准差（standard deviation），即

$$S = \sqrt{\sum_{i=1}^{n} \frac{(X_i - \overline{X})^2}{n-1}} \tag{3-8}$$

方差的计量单位是原始数据的计量单位的平方，但标准差的计量单位则与原始数据的计量单位完全一致，所以很多人更习惯使用这个指标描述数据的离散程度。但在很多方面方差也有很多优点是标准差所不能替代的，最主要的就是方差具有可加性，标准差则没有。例如，一个制造过程，过程的总方差可以分解为若干部分方差的和（详细内容参看本书第 10、11 两章）；标准差则不能这样分解。“六西格玛管理”名称中的“西格玛”也来源于标准差。上例数据的标准差直接计算就是 2.5 的算术平方根，即 $\sqrt{2.5} = 1.58$。

3.2.2.3 极差

极差（range）也称全距，是指一组数据中的最大值与最小值之间的差值，即

$$R = 最大值 - 最小值 \tag{3-9}$$

极差计算方便，意义明显，但由于它仅仅取决于一组数据中的两个值，存在一定的局限性，一般只能粗略地反映数据的离散程度。例如 4，6，9，1，5 的极差是 $9-1=8$。它只在样本量较小时使用（通常不超过 6，绝不能大于 10）。在总体参数中，一般不列出此参数，因为相当多的分布两侧或单侧是无限的，根本不存在“极差”的概念。极差是统计量中所特有的。

3.2.2.4 四分位间距

四分位间距（interquartile range，IQR）等于第三四分位数与第一四分位数的差值，即

$$IQR = Q3 - Q1 \tag{3-10}$$

它代表了居中的50%数据范围的宽度。与总体参数的含义相同，样本四分位间距越大，表明数据间的离散程度越大；四分位间距越小，表明数据间的离散程度越小。

以上四个描述离散状况的统计量各有优劣。总的来说，标准差最为常用，它对离散状况有较好的代表性；它与样本量关系不密切，样本量大些或小些都可以使用，n 大于6时标准差要比极差好些，但标准差的缺点是对异常值敏感。方差与标准差相似，方差的量纲虽为原量纲的平方因而不太方便，但有时它具有的可加性很方便。极差与样本量关系十分密切，对异常值也很敏感；但它计算简单，当 n 较小时代表性已足够。四分位间距与样本量关系不密切，且对异常值不敏感，是所有离散状况度量的统计量中最稳健的。

3.2.3 分布形状

只用反映位置状况和离散程度的指标表示所有的数据仍然不够完善，如果能增加反映数据分布形状的指标配合前两者，将更能完整地呈现数据的特性。偏度和峰度是最常用的两个度量数据分布形状的指标。

3.2.3.1 偏度

偏度（skewness）是对数据不对称性的度量，总体参数偏度用 β_s 表示，样本统计量偏度用 b_s 代表。计算公式为：

$$b_s = \frac{n}{(n-1)(n-2)} \sum_{i=1}^{n} \frac{(X_i - \overline{X})^3}{S^3} \tag{3-11}$$

为了直观理解，我们曾画出过不同偏度的总体的图形（见图2-15），下面给出不同偏度的抽样结果的分布直方图（见图3-1）。与总体的参数性质完全一样：当分布完全对称时，b_s 应该近似为0（见图3-1（b））；b_s 为正数，代表分布有正偏度，表示分布高于均值的“右尾”部延伸严重（见图3-1（c））；b_s 为负数，代表分布有负偏度，表示分布低于均值的“左尾”部延伸严重（见图3-1（a））。

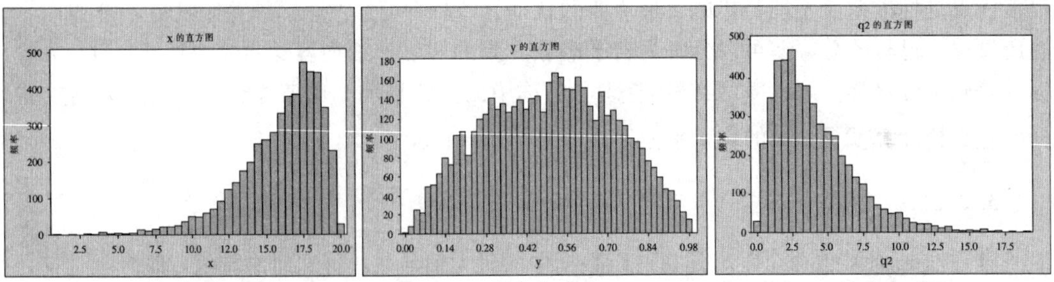

（a）$b_s<0$　　（b）$b_s=0$　　（c）$b_s>0$

图3-1 样本偏度示意图

3.2.3.2 峰度

峰度（kurtosis）是数据分布平坦性的度量，总体参数峰度用 β_k 来表示，样本统计量峰度

用 b_k 代表。计算公式为：

$$b_k = \frac{n(n+1)}{(n-1)(n-2)(n-3)}\sum_{i=1}^{n}\frac{(X_i-\overline{X})^4}{S^4} - \frac{3(n-1)^2}{(n-2)(n-3)} \qquad (3-12)$$

为了直观理解，我们画出过不同峰度的总体图形（见图 2-16），下面给出不同峰度抽样结果的分布直方图（见图 3-2）。与总体的参数性质完全一样：正态分布的峰度为 0；峰度为正数时，表示数据分布比正态分布顶峰更峭、两尾更厚重（见图 3-2（b））；峰度为负数时，表示数据分布比正态分布顶峰更平、两尾更轻（见图 3-2（a））。负峰度常来自均匀型分布或多个不同均值的正态分布的混合。两图中的参考曲线都为具有同样均值及同样方差的正态分布（峰度为 0）。

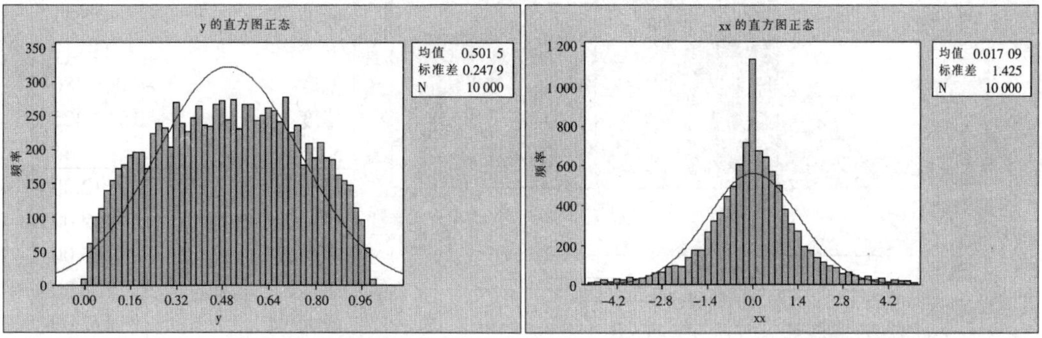

（a）峰度为负数的直方图　　（b）峰度为正数的直方图

图 3-2　样本峰度示意图

下面用一个案例综合展示上述指标的实际应用。

例 3-2

为了解育才小学学生的身体素质状况，对该校的小学生进行随机抽样，测量其性别与身高，试对此做描述性统计分析（数据列在表 3-1 中，数据文件：BS_描述性统计.MTW）。

表 3-1　学生身高数据表　　单位：cm

序号	性别	身高	序号	性别	身高	序号	性别	身高
1	男	140	16	男	160	31	女	142
2	男	145	17	女	138	32	女	131
3	女	130	18	女	121	33	男	160
4	男	168	19	女	125	34	男	135
5	女	123	20	男	155	35	男	160
6	女	145	21	男	172	36	男	133
7	女	150	22	男	156	37	女	137
8	女	112	23	男	170	38	女	140
9	男	135	24	女	138	39	男	145
10	男	161	25	男	160	40	男	167
11	男	157	26	男	155	41	女	129
12	男	130	27	女	145	42	女	137
13	男	163	28	男	155	43	女	125
14	女	140	29	男	150	44	男	170
15	女	120	30	男	150	45	女	128

解 运用计算公式可以逐一手工计算获得描述数据的位置状况、离散程度和分布形状等各项指标。这里介绍一个使用MINITAB的相关命令进行描述性统计计算的简便方法。

(1) 选择“统计>基本统计量>图形化汇总（Stat>Basic Statistics>Graphical Summary)”。

(2) 指定“变量(Variables)”为“身高”，则可得到如图3-3所示的图形输出。

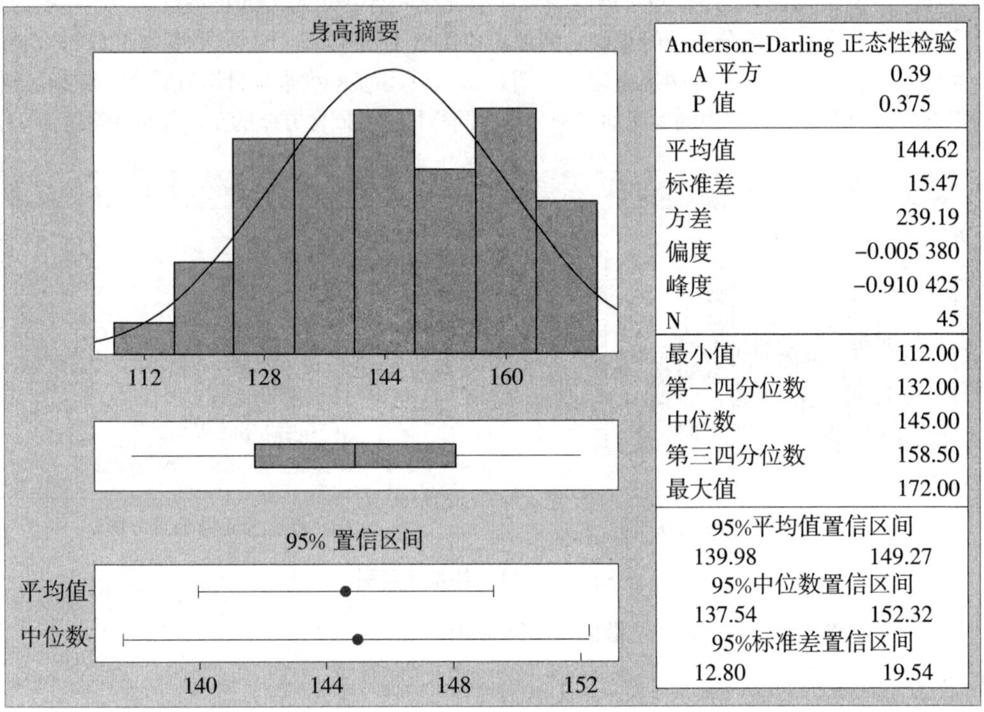

图3-3 学生身高的统计分析

从图3-3中可以直接看到多个反映数据特征的指标：

1) 位置状况：

样本平均值 $\overline{X}=144.62\text{cm}$

样本中位数 $\widetilde{X}=145.00\text{cm}$

第一四分位数 $Q1=132.00\text{cm}$

第三四分位数 $Q3=158.50\text{cm}$

2) 离散程度：

样本方差 $S^2=239.19\text{cm}^2$

样本标准差 $S=15.47\text{cm}$

3) 分布形状：

样本偏度 $b_s=-0.005\,380$（几乎为0，基本对称）

样本峰度 $b_k=-0.910\,425$

峰度为负，很可能是因男女生两个不同总体的混合造成的。

3.3 简单统计图形

单纯的数字和符号往往比较抽象乏味，适当的统计图形会显著增强数据的感染力，帮助人们理解统计分析结果。本节将介绍一些在表现描述性统计信息时最常用的统计图形及其实现方法，主要包括直方图、箱线图、饼图、时间序列图、三维散点图、3D曲面图和矩阵图。

3.3.1 直方图

直方图（histogram）常用于了解数据的分布情况，使我们比较容易直接看到数据的位置状况 、离散程度和分布形状，并且可与要求的分布进行比较。

直方图是用一系列宽度相等、高度不等的长方形表示数据的，其宽度代表组距，高度代表指定组距内的数据数。制作直方图的具体步骤如下：

（1）从 n 个样本数据中找出最大值 a_k=max 和最小值 a_0=min，并计算极差值 R=max−min。

（2）对样本进行分组，决定组数 k 和组距 d 。k 的取值范围通常在 7～15 之间，具体值一般随样本量 n 的增加而增加。d 由极差 R 与组数 k 来确定，通常定义 $d=R/k$。

（3）确定各组的区间端点 a_0 ，$a_0+d=a_1$ ，$a_0+2d=a_2$ ，…，形成如下区间：

$$[a_0,a_1),[a_1,a_2),\cdots,[a_{k-1},a_k]$$

（4）计算样本落在每个区间中的频数 n_i ，根据需要计算频率 $f_i=n_i/n$ 和密度 $D_i=n_i/nd$。

以样本为横坐标，以频数为纵坐标，在每个小区间上竖起一个长方形，它们相连形成一张频数直方图。纵轴的单位也可以用频率或密度表示，得到对应的频率直方图或密度直方图。

例 3-3

某银行对其所属的某营业网点顾客的等待时间进行抽样调查，其中测量了该网点在 2 月 8 日（周五）从上午 10 点至下午 3 点间所有顾客（共 40 人）的等候时间，试绘制直方图（数据列在表 3-2 中，数据文件：BS _ 直方图 . MTW）。

表 3-2　　顾客等候时间数据表　　单位：分钟

31	15	28	29
15	14	38	75
62	27	41	49
21	23	32	20
96	22	25	18
56	23	11	42
27	10	1	48
21	19	28	43
62	35	24	73
56	51	29	15

解　利用 MINITAB 的实现方法如下：

（1）选择“图形>直方图（Graph>Histogram）”中的“简单（Simple）”。

（2）指定“图形变量（Graph variables）”为“等候时间”，则可得到如图 3-4 所示的图形输出。

从图 3-4 中可以看出，总共 36 个顾客的等候时间集中在 5～65 分钟之间，其中又以等候 15～25 分钟的顾客数量最多，高达 12 个。数据整体呈明显的正偏（尾部右偏）分布，另外还有一个顾客的等候时间接近 100 分钟，形成延伸严重的高于均值的尾部。

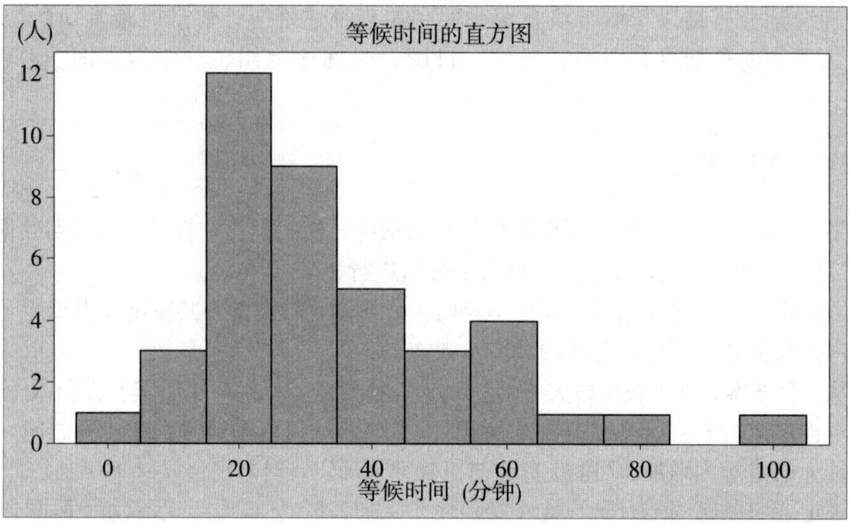

图 3-4　顾客等候时间直方图

3.3.2　箱线图

箱线图（boxplot）主要是利用数据中的五个统计量来描述数据的一种图示方法。利用它可以粗略地看出数据是否具有对称性、中心位置和分布范围等信息。此外，对同一性质的多组数据在同一坐标下分别作箱线图，可以直观地进行多组数据比较。

箱线图由箱体、上下须触线和星号三部分组成，图形的形状和位置由最小值、第一四分位数、中位数、第三四分位数和最大值这五个统计量决定。最小值、中位数和最大值的含义大家都很熟悉，第一四分位数 $Q1$ 和第三四分位数 $Q3$ 在前面 3.2.1 节中已做了介绍。

箱线图可以竖着画（见图 3-5），也可以横着画（见图 3-3）。以下我们用竖着画的箱线图（见图 3-5）来说明其具体含义。箱体内位于中间的线代表中位数，箱体的下边界是 $Q1$，箱体的上边界是 $Q3$，箱体的长度对应四分位间距，即 $Q3$ 与 $Q1$ 之间的差值。

除了箱体之外，还有上下两条须触线。它们分别从箱体的上下边界为始端出发，尾端由上下限的计算公式给出：

$$\text{下限} = \min\{x_i : x_i \geqslant Q1 - 1.5\text{IQR}\} \tag{3-13}$$

$$\text{上限} = \max\{x_i : x_i \leqslant Q3 + 1.5\text{IQR}\} \tag{3-14}$$

上面两个公式的含义是：以下限为例，如果最小值比 $Q1-1.5\text{IQR}$ 小，须触线下限将延伸到比 $Q1-1.5\text{IQR}$ 大的最小观测值为止；如果最小值比 $Q_3+1.5\text{IQR}$ 大，须触线的下限将到最小值处为止。上限的含义相同。最后介绍一下星号。如果上下限的计算结果不是观测值中的最大、最小值，箱线图上就会出现一些游离点，这些点有异常值的嫌疑，通常用“*”表示。

例 3-4

某公司从两家供应商各采购了一批灯泡，分别统计各组样品的使用寿命，试绘制箱线图分析（数据列在表 3-3 中，数据文件：BS_箱线图.MTW）。

表 3-3　　灯泡使用寿命数据表　　单位：小时

供应商	使用寿命	供应商	使用寿命	供应商	使用寿命	供应商	使用寿命
甲	1 780	甲	1 150	乙	1 090	乙	1 520
甲	930	甲	1 770	乙	1 000	乙	1 270

续前表

供应商	使用寿命	供应商	使用寿命	供应商	使用寿命	供应商	使用寿命
甲	1 400	甲	1 190	乙	880	乙	1 470
甲	1 630	甲	1 030	乙	1 590	乙	1 110
甲	1 160	甲	1 570	乙	160	乙	1 290

解 利用 MINITAB 的实现方法如下：

1. 选择“图形>箱线图（Graph>Boxplot）”中的“一个 Y 含组（One Y-With Groups)”。

2. 指定“图形变量（Graph variables)”为使用寿命，指定“用于分组的类别变量（Categorical variables for grouping)”为“供应商”，则可得到如图 3-5 所示的图形输出。

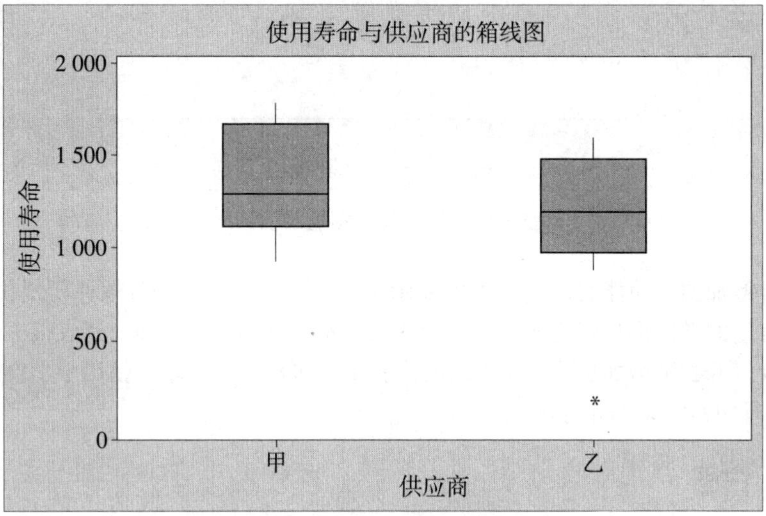

图 3-5 灯泡使用寿命箱线图

从图 3-5 可以看出，两种灯泡的使用寿命分布的对称性较差，分布均似乎显正偏。供应商乙有一个使用寿命特别短的产品，大小如图中“*”所处的位置所示，其原因值得调查。供应商甲的使用寿命似乎略高于供应商乙，同时除去异常值，供应商甲产品的分布范围比供应商乙的似乎略大些，但这些都不能肯定。如果要做出明确的结论，还需经过统计检验（见第 5 章）。

如果对于图 3-5 仍觉得不够满意，比如希望增加两供应商灯泡寿命的各自均值位置显示及增加两均值的连线，则可以重复刚才的操作，并打开右下角处的“数据视图”（见图 3-6 (a))，在打开的窗口中加选“均值符号”及“均值连接线”，并再次点击“确定”，其操作见图 3-6。

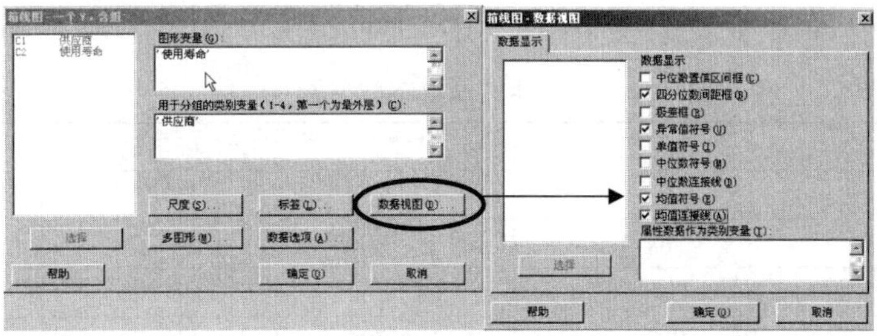

(a) (b)

图 3-6 增加箱线图功能的操作

再次操作后，将得到符合自己要求的图（见图3-7）。

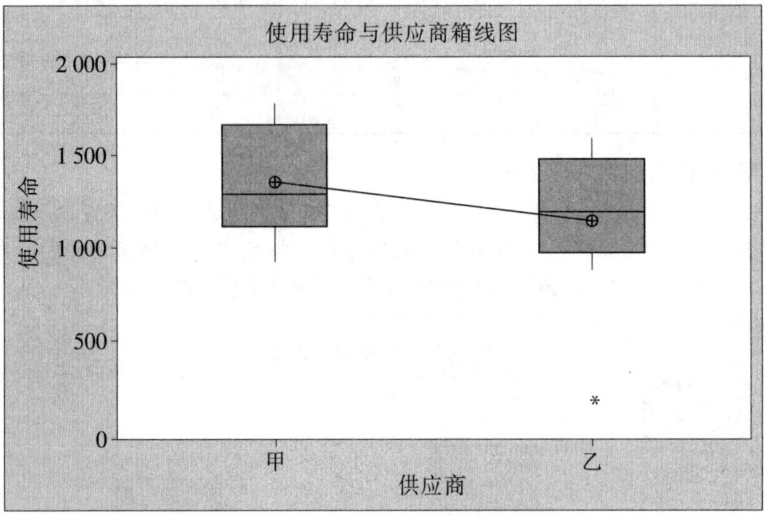

图3-7　增加箱线图功能的结果

上面通过增加图形功能的例题向大家展示了如何开发MINITAB软件所提供的丰富功能。本书中正式描述的操作都是能完成某个功能的最基本的操作，在界面上还有很多未提及的小窗口，大家可以打开尝试增加功能。这方面的内容丰富多彩，请大家在使用中学会完善功能，逐步提高使用MINITAB软件的水平。

3.3.3　饼图

饼图（pie chart）在显示属性统计资料的场合中使用最多。圆形中的各个不同大小和颜色的扇形代表不同的属性变量，它们的面积之和构成一个完整的圆形，即代表所有属性变量的整体。这个特点非常适合体现某个整体的成分构成和各成分之间的对比关系。

制作饼图时，首先要画一个圆，其次根据各属性变量出现的频数 f_i 占总观测值数 n 的比率，计算出扇形度数 $\theta_i = f_i/n \times 360$，然后以扇形度数为依据将圆周分割成一个个扇形，并添加不同的颜色和图例加以区分，最终绘制成简单易懂的饼图。

例3-5

某集团公司下属四家工厂年终编写年度质量报告，汇总后得到当年的劣质成本金额数量，试绘制饼图分析（数据列在表3-4中，数据文件：BS_饼图.MTW）。

表3-4　　**全年劣质成本数据表**　　单位：元

种类	A工厂	B工厂	C工厂	D工厂
内部返修	83 200	173 700	73 600	56 800
产成品报废	64 300	98 300	34 300	75 800
过程工艺更改	38 760	33 860	98 760	41 760
原材料报废	267 960	130 760	39 960	18 460
投诉处理	49 530	38 580	22 590	57 930

解　利用MINITAB的实现方法如下：

（1）选择“图形＞饼图（Graph＞Pie Chart）”中的“用整理好的表格画图（Chart value from a table）”。

（2）指定“类别变量（Categorical variable）”为“种类”，指定“汇总变量（Summary variables）”为“金额”。

（3）在“饼图选项＞排列扇形区，按：（Pie Chart Options＞Order Slices By：）”中选“大小递减（decreasing volume）”，在“标签（Labels）”的“扇形区标签（Slice Labels）”中选“百分比（Percent）”，指定“多图形＞按变量＞按变量，组在相同图形中：（Multiple Graphs＞By Variables＞By variables with groups on same graph：）”为“工厂”，则可得到如图3-8所示的图形输出。

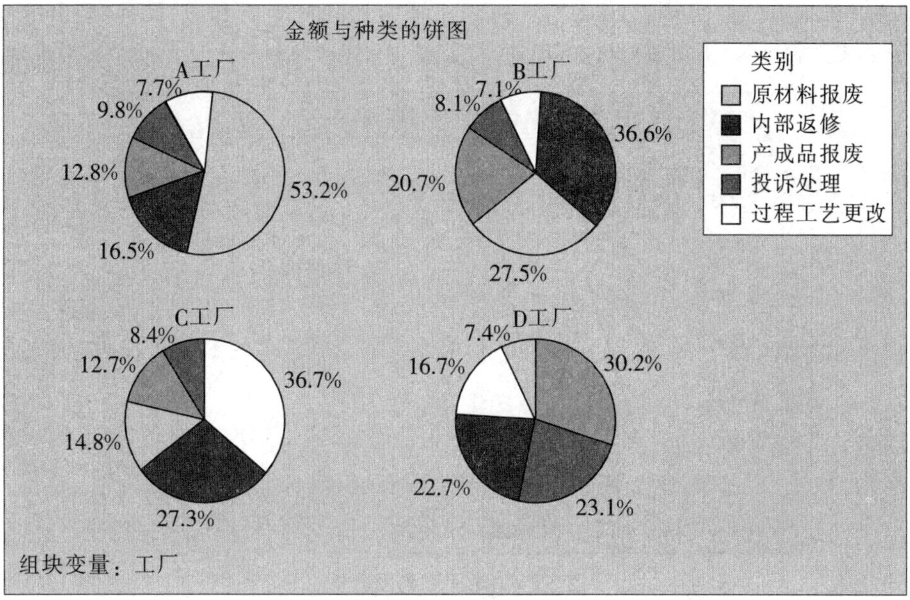

图3-8　饼图分析

从上图可以看出四家工厂劣质成本的构成比例各有不同，金额最高的劣质成本也各不相同，产生这些现象的具体原因值得进一步分析，例如使用列联表方法（详见6.3节）。

3.3.4　时间序列图

时间序列图（time series plot）是显示观察值随时间变化而不断变化的图形。在自然界和社会领域，客观现象发展变化的差异及其规律性可以通过时间变量反映时，往往会借助时间序列图来展现。

时间序列图有两个基本要素：时间要素和观察值要素。前者主要说明客观现象的观察值所属的时间类型及其长度，后者主要表明客观现象在某一时间点上发展变化的结果和状态。相对而言，观察值要素的作用更重要，对它的要求也更高。

制作时间序列图时，通常以时间为横坐标，以观察值为纵坐标，先按时间顺序依次描点，再用折线连接各点即可。

例3-6

某工厂成品仓库每月月末盘点记录产品的库存数量，试绘制时间序列图分析（数据列在表3-5中，数据文件：BS_时间序列图.MTW）。

表3-5　　全年成品库存数据表　　单位：件

月份	1	2	3	4	5	6
库存量	4 930	2 030	3 610	1 840	4 500	2 640
月份	7	8	9	10	11	12
库存量	4 320	3 830	4 070	3 160	2 450	2 330

解　利用MINITAB的实现方法如下：

(1) 选择“图形>时间序列图（Graph>Time Series Plot）”中的“简单（Simple）”。

(2) 指定“序列（Series）”为“库存量”。

(3) 在“时间/尺度（Time/Scale）”中选“时间>时间尺度>标记（Time>Time Scale>Stamp）”，指定“标记列（Stamp columns）”为“月份”，则可得到如图3-9所示的图形输出。

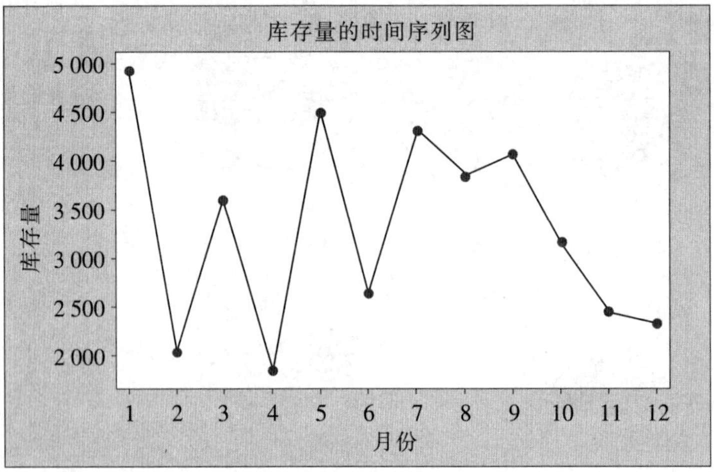

图3-9　时间序列图分析

从上图可以看出该厂成品库存的数量依托时间序列而表现出来的变化特点，其中上半年的波动范围较大，但下半年却呈显著递减趋势，暗示着某种积极因素在发挥作用。

3.3.5　3D散点图

散点图（scatterplot）是研究成对出现的两组数据之间相关关系的简单图示，它的实现方式相对比较容易，在此介绍更进一步的3D散点图（3D scatterplot），即可以研究成对出现的三组数据之间相关关系的三维立体图形。一个数据（X，Y，Z）就是三维空间中的一个点，很多个数据就构成了三维空间中的点集，观察点集的分布状态便可判别三组数据两两之间的相关程度，或是推断其中两组数据对另一组数据的影响程度。

制作3D散点图时，首先应建立与三组数据相对应的X轴、Y轴和Z轴，然后找出X，Y和Z的最大值和最小值，以这些值为参考界定三个坐标轴，并定义各个坐标轴的刻度，最后在这个三维坐标系中进行描点即可，必要时还可以画投影线。

例3-7

面包房制作某糕点时，为了解烘烤时间、烘烤温度与糕点口感（0分为最差，10分为最佳）的关系，特收集了一批过程数据，试绘制3D散点图分析烘烤时间与温度对糕点口感的影响（数据列在表3-6中，数据文件：BS_3D散点图.MTW）。

表 3-6　　糕点生产过程数据表

温度（℃）	时间（分钟）	口感	温度（℃）	时间（分钟）	口感	温度（℃）	时间（分钟）	口感
220	8	6.7	260	8	6.5	300	8	7.2
220	9	6.6	260	9	7.3	300	9	7.2
220	10	6.8	260	10	7.5	300	10	7.7
220	11	6.9	260	11	7.0	300	11	7.7
220	12	7.2	260	12	7.7	300	12	8.4
220	13	7.5	260	13	7.9	300	13	8.5
220	14	7.4	260	14	8.1	300	14	8.8
220	15	7.3	260	15	8.9	300	15	8.1
220	16	7.0	260	16	7.3	300	16	7.6
220	17	6.9	260	17	7.7	300	17	7.8
240	8	7.0	280	8	7.1	320	8	7.3
240	9	7.0	280	9	7.2	320	9	7.6
240	10	7.6	280	10	7.2	320	10	7.8
240	11	6.9	280	11	7.5	320	11	8.3
240	12	7.8	280	12	8.3	320	12	8.9
240	13	7.9	280	13	8.1	320	13	9.0
240	14	8.3	280	14	8.9	320	14	8.6
240	15	7.8	280	15	8.1	320	15	8.0
240	16	6.6	280	16	7.8	320	16	7.7
240	17	7.2	280	17	7.3	320	17	7.5

解　利用 MINITAB 的实现方法如下：

（1）选择“图形>3D 散点图（Graph>3D Scatterplot）”中的“简单（Simple）”。

（2）指定“Z 变量（Z variable）”为“口感”，“Y 变量（Y variable）”为“温度”，“X 变量（X variable）”为“时间”。

（3）在“数据视图（Data View）”的“数据显示（Data Display）”中选“投影线（Project lines）”，则可得到如图 3-10 所示的图形输出。

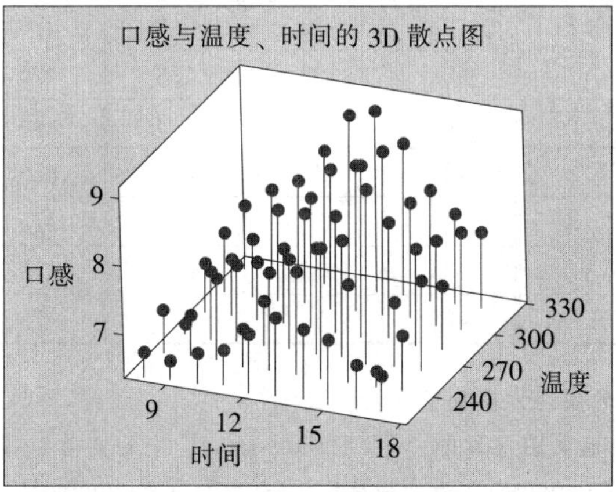

图 3-10　3D 散点图分析

从上图可以看出烘烤温度和时间对糕点口感都有显著的影响。一般来说，温度越高，口感越好；时间控制在 12～15 分钟区间内时，口感最好。此外，如果对 3D 散点图的三维立体效果不甚满意时，还可选择“工具>工具栏>3D图形工具（Tools>Toolbars>3D Graph Tool）”，用此工具栏上的按钮进行编辑处理。

3.3.6 3D曲面图

用于研究成对出现的三组数据之间相互关系的图形不是仅有3D散点图，3D曲面图（3D surface plot）是另一种能够达到此功效的图形表达形式。尤其是在探索如何用因素变量对响应变量构建一个合适模型的时候，它的作用特别突出。

与3D散点图类似，制作3D曲面图也需要有X，Y，Z三个轴。值得一提的是，图形中的曲面不是直接连接原始的数据点形成的一个曲面，而是首先基于原始的三维数据用插值法生成拟合Z值，然后再用X值、Y值和拟合Z值生成的一个平滑连续的曲面。

例3-8

某炼钢厂的工艺部门已知加工温度和时间会对产成的钢铁的强度产生重要影响，为了进一步了解温度和时间影响钢铁强度的总体规律和趋势，收集了一批现场数据，试用3D曲面图进行探索性分析（数据列在表3-7中，数据文件：BS_3D曲面图.MTW）。

表3-7　　钢铁生产过程数据表

温度	时间	强度	温度	时间	强度	温度	时间	强度
350	24	0.1	400	24	0	450	24	0.4
350	26	0.2	400	26	0.7	450	26	1.9
350	28	1.1	400	28	1.4	450	28	5
350	30	1.5	400	30	3.8	450	30	7.2
350	32	3.8	400	32	6.8	450	32	7.8
350	34	5.4	400	34	8	450	34	7.2
350	36	6.9	400	36	7.4	450	36	5.7
350	38	6.6	400	38	7.2	450	38	3.9
375	24	0.2	425	24	0.2	475	24	0.3
375	26	0.2	425	26	0.2	475	26	4.4
375	28	0.7	425	28	1.8	475	28	6.7
375	30	2.9	425	30	4.8	475	30	6.9
375	32	5.2	425	32	6.5	475	32	5.8
375	34	6.9	425	34	8.5	475	34	4.1
375	36	7	425	36	8.4	475	36	0.4
375	38	6.9	425	38	7.3	475	38	0.2

解　利用MINITAB的实现方法如下：

（1）选择“图形>3D曲面图（Graph>3D Surface Plot）”中的“曲面（Surface）”。

（2）指定“Z变量（Z variable）”为“强度”，“Y变量（Y variable）”为“时间”，“X变量（X variable）”为“温度”。

（3）在“数据视图（Data View）”的“数据显示（Data Display）”中选“曲面（Surface）”、“符号（Symbols）”和“投影线（Project lines）”，则可得到如图3-11所示的图形输出。

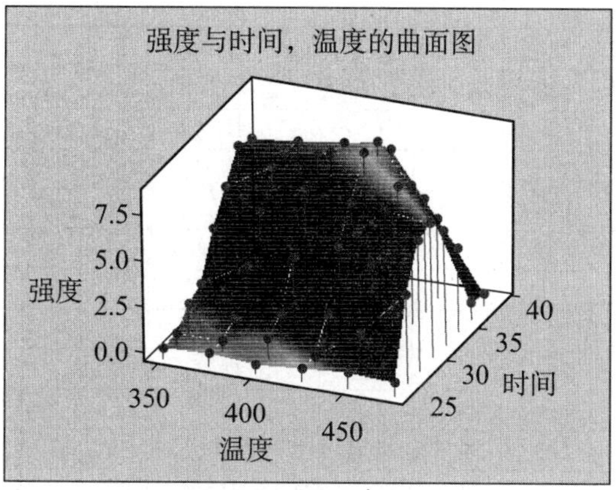

图 3-11　3D 曲面图分析

从上图可以看出该曲面能够较好地表现温度和时间对钢铁强度的影响关系，强度实际值与拟合值的误差较小，值得用响应曲面分析（详见 13.5 节）的方法构建一个精确的模型并预测最优效果。同样，如果对图中的三维立体效果不甚满意时，也可用“工具>工具栏>3D 图形工具（Tools>Toolbars>3D Graph Tool)”上的按钮进行编辑处理。

3.3.7　矩阵图

当我们需要研究的数据有 4 个、5 个，乃至更多个变量时，3D 散点图或 3D 曲面图也无法直接表达。这时候，矩阵图（matrix plot）就成了一个合适的图形工具。其实，矩阵图的全称是散点图矩阵图，它通过创建一个二维散点图阵列来同时评估多个变量对之间的关系。在数据变量较多时，分析效率会明显提高。

矩阵图中的每张子图都是反映任意两个变量关系的散点图，它有条理并紧凑地将所有二维散点图拼接在一起。对角线位置显示的是数据的变量名称，右上角部分与左下角部分其实是对称的，如果想简化图形可以省略不画。必要时还可以在所有的散点图上添加分组变量标记或者回归拟合线和平滑拟合曲线。

例 3-9

某野生动物保护机构想研究黑熊的身体素质情况，通常在现场为熊称重的尺度使用起来很不方便，所以希望找到一些可用作体重指示器的更可靠、更简单的度量。因为不清楚哪些变量与体重密切相关，所以想创建一个矩阵图来确定各个度量之间的关系（数据列在表 3-8 中，数据文件：BS_矩阵图 .MTW)。

表 3-8　　黑熊体型测量数据表

ID	性别	头长	头宽	颈围	胸围	体重	ID	性别	头长	头宽	颈围	胸围	体重
41	母	12.5	5	20.5	38	142	555	公	11	5	17	29	94
48	公	15.5	8	31	54	416	557	公	11.5	5	17	29.5	86
69	公	16	8	32	52	432	560	公	13	7	21	35	150
83	公	15.5	7.5	32	54.5	476	562	公	16.5	6.5	27	44.5	270
238	公	15	6.5	28	45	334	564	公	14	5.5	24	39	202
274	母	13.5	7	20	38	204	568	母	13.5	6.5	21.5	40	202
518	公	13.5	7	24	39	204	570	公	15.5	7	28	50	365

续前表

ID	性别	头长	头宽	颈围	胸围	体重	ID	性别	头长	头宽	颈围	胸围	体重
520	母	9	4.5	12	19	26	572	公	11.5	6	16.5	31	79
522	公	13	6	19	30	120	576	公	12	6.5	19	38	148
525	公	16	9.5	30	48	436	579	公	15.5	7	28	55	446
527	母	12.5	5	19	32	125	581	母	9	5	15	27	62
529	母	13	5	20	33	132	583	母	14.5	7	23	44	236
531	公	13	5	17	28	90	585	公	13.5	8.5	23	44	212
533	公	10	4	13	23	40	598	公	14.5	6.5	26	41	278
535	公	16	6	24	42	220	626	公	13.5	6.5	22	36	190
538	公	10	4	13.5	23	46	630	公	13	6	19.5	31	140
541	公	13.5	6	22	34	154	644	公	13	5.5	19.5	35	162
543	母	13	5.5	17.5	31	116	648	公	13	5.5	19.5	32.5	126
545	母	13	6.5	21	34.5	182	659	公	17	8.5	30.5	48.5	368
547	公	14.5	5.5	20	34	150	661	公	12	5.5	18	32	116
549	公	9.5	4.5	16	26	65	663	母	14	7	21	37	160
551	母	13.5	6.5	28	48	356	665	公	13	6.5	20.5	36.5	154
553	母	14.5	6.5	26	48	316	670	公	16	7.5	28	45	316
673	母	13.5	5.5	19.5	35	158	679	公	15.5	7.5	25.5	43	324
675	母	12.5	5.5	19	32	120	681	公	14.5	7	22	38	196

解 利用MINITAB的实现方法如下：

(1) 选择“图形>矩阵图（Graph>Matrix Plot）”上半部分“图的矩阵（Matrix of plots）”中的“简单（Simple）”。

(2) 指定“图形变量（Graph variables）”为头长、头宽、颈围、胸围、体重，则可得到如图3-12所示的图形输出。

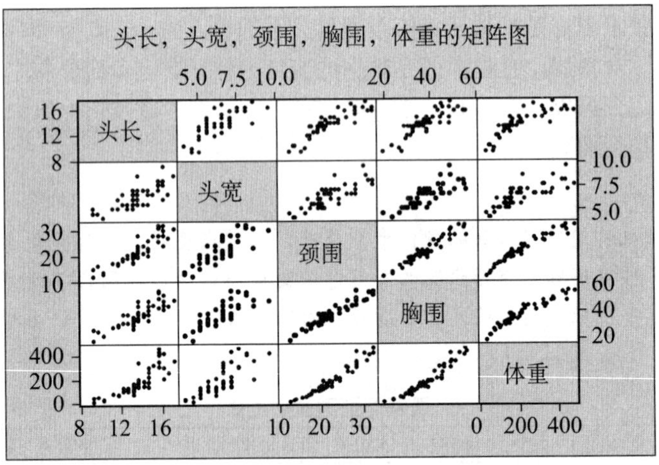

图 3-12 矩阵图分析

从上图可以看出前4个度量都与黑熊的体重有一些正相关的关系，其中胸围和颈围与体重的相关性更加密切。此外，如果想观察不同性别的黑熊是否会有不同的体重指示器，可以选择“图形>矩阵图（Graph>Matrix Plot）”上半部分“图的矩阵（Matrix of plots）”中的“含组（With Groups）”进入操作；如果想观察体重指示器与体重的线性或非线性拟合效果，可以选择“图形>矩阵图（Graph>Matrix Plot）”上半部分“图的矩阵（Matrix of plots）”中的“包含平滑器（With Smoother）”进入操作。

第 4 章

统计基础

我们在第 3 章中介绍了总体与样本的概念。由于不可能也没必要研究总体中所有的个体，要想对总体的有关参数做出估计，对有关性质做出推断，只能使用样本。为此，我们想得知有关样本统计量的性质和主要结论，先要了解它们的分布。这些都是在第 5 章以后讨论各项统计分析的基础。我们将在 4.1 节介绍关于正态总体的抽样分布。

大家知道，所谓统计分析，其实不过是参数估计和假设检验两方面的内容。六西格玛管理中用到的统计分析，大约 80%以上是关于假设检验的，我们将在第 5 章以后逐项加以详细讨论。在本章中，将完成对于参数估计问题的全面介绍。其中，4.2 节将介绍点估计的方法；在 4.3 节介绍区间估计的方法。这些都是以后讨论各项统计分析的基础知识。

4.1 正态总体的抽样分布

为了对正态总体的统计量进行分析，首先要了解它们的分布，各统计量的分布称为抽样分布，这里介绍四种常用的抽样分布。

4.1.1 样本均值 $\bar{X}$ 的分布——标准正态分布及 t 分布

从 2.5 节中心极限定理所叙述的结论，我们可以得知 $\bar{X}$ 的标准差是原来的标准差除以 $\sqrt{n}$，因此可以得到如下结论：

当总体服从正态分布 $N(\mu,\sigma^2)$ 时，样本均值 $\bar{X}$ 服从正态分布 $N\left(\mu,\frac{\sigma^2}{n}\right)$，若将样本均值 $\bar{X}$ 进行标准化转换，则有

$$Z=\frac{\bar{X}-\mu}{\sigma/\sqrt{n}}\sim N(0,1) \tag{4-1}$$

也就是说，当总体标准差 σ 已知时，样本均值 $\bar{X}$ 进行标准化转换后，可以得到标准正态分布。

当总体标准差 σ 未知时，用样本标准差 S 代替总体标准差 σ 后会怎样？20 世纪初，人们都认为，代换后正态分布将近似不变。但年轻的统计学家戈塞特（W. S. Gossett）在研究时发现：当样本量很小时，用样本标准差 S 代替总体标准差 σ 后，分布与正态分布有很大不同，波动大大增加了（即其分布密度图形比正态分布的要“胖”很多），而且波动与样本量关系密切（样本量越小，密度图形越“胖”）。1908 年，戈塞特以笔名“Student”发表一篇论文，给出了一种新分布。这篇文章成为近代统计学开始的里程碑，他所建议的分布被称为“学生 t 分布”。也就是说，用样本标准差 S 代替总体标准差 σ 后，原来的 Z 统计量会变成 t 统计量，服从自由

度为 $n-1$ 的 t 分布，记为 $t(n-1)$，即

$$t=\frac{\overline{X}-\mu}{S/\sqrt{n}}\sim t(n-1) \tag{4-2}$$

式中，S 是样本标准差，其计算公式为：

$$S=\sqrt{\frac{1}{n-1}\sum_{i=1}^{n}(X_i-\overline{X})^2}$$

这里省略其证明过程，有兴趣的读者可以参考一般的概率统计教材。大家只要记住式（4－2）的结论就可以了。

在实际工作中，总体标准差 σ 常常是未知的，因此 t 统计量常用来进行有关单个正态总体的均值和两个正态总体均值之差等问题的假设检验。

t 分布的概率密度函数与标准正态分布其实很类似，亦为对称分布，均值也为 0。与标准正态分布相比，t 分布的密度曲线只是略“胖”些罢了（见图 4－1）。这是因为将式（4－2）与式（4－1）相比较后可以看出，t 统计量除了分子的样本均值是随机变量外，分母用随机变量样本标准差 S 代替常数总体标准差 σ，其波动性增加了，故 t 的标准差比标准正态 Z 的标准差大。当然，自由度超过 30 以后，二者差别很小，此时完全可以用标准正态分布替代 t 分布。

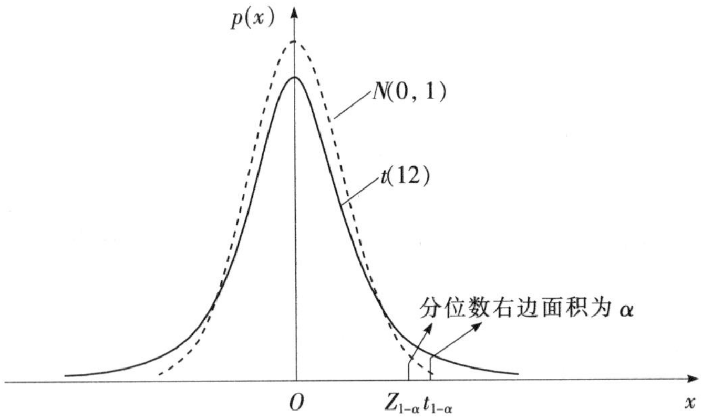

图 4－1　标准正态密度与 t 分布密度的比较

t 分布（Student t distribution）的定义是：如果 X 服从标准正态分布，S^2 服从 ν 个自由度的卡方分布，且它们相互独立，那么随机变量

$$t=\frac{X}{\sqrt{\frac{S^2}{\nu}}}$$

所服从的分布称为 ν 个自由度的 t 分布。其分布密度函数为：

$$f(x\mid\nu)=\frac{\Gamma\left(\frac{\nu+1}{2}\right)}{\Gamma\left(\frac{\nu}{2}\right)}\frac{1}{\sqrt{\nu\pi}}\frac{1}{\left(1+\frac{x^2}{\nu}\right)^{\frac{\nu+1}{2}}} \tag{4-3}$$

当 $\nu\to\infty$ 时的极限分布即是标准正态分布，当 $\nu=1$ 时就是 Cauchy 分布。t 分布只包含一个参数 ν。数学期望和方差分别为 0，$\frac{\nu}{\nu-2}$（$\nu\leqslant1$ 时期望不存在，$\nu\leqslant2$ 时方差不存在）。我们常常用 $t(\nu)$ 表示 ν 个自由度的 t 分布。MINITAB 对于更一般的 t 分布还增加了一个“非中心参数”，当非中心参数为 0 时，就得到了我们现在所说的 t 分布。在用 MINITAB 计算时，只要注

意这一点就行了。

在统计推断中常常会碰到自由度这一概念，不少人感到不好理解，这里特别解释一下。

如果有 10 个数，而且你知道了均值和其中的 9 个数的值，那么你就可以推算出第 10 个数。又比如，让 10 个人挑选总共 10 个不同颜色的玻璃球，只有 9 个人有自由挑选的可能，因为当这 9 个人都挑好之后，你就别无选择了！因此这个问题的自由度为 9。

所以，自由度通常可以简单地理解为在研究问题中，可以自由独立取值的数据或变量的个数。

例 4-1

计算下列各分布的相关数值。

(1) $Z\sim N(0,1)$，求 $Z=1.98$ 时的概率密度。

解 1) 选择“计算>概率分布>正态分布 (Calc>Probability Distributions>Normal Distribution)”，选中“概率密度 (probability density)”，输入常数“1.98”(如图 4-2 所示)。

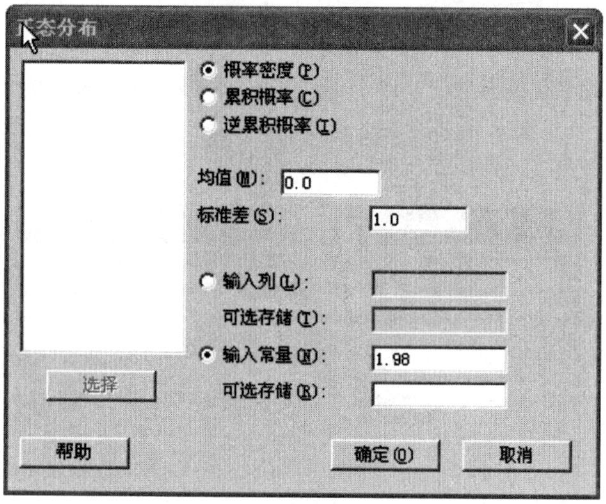

图 4-2 正态分布概率密度计算操作图

2) 点击“确定”后，得到如下输出结果：

概率密度函数

正态分布，均值 = 0 和标准差 = 1

x	f(x)
1.98	0.056 183 1

(2) $Z\sim N(0,1)$，求 $P(Z<2.4)$。

解 1) 选择“计算>概率分布>正态分布 (Calc>Probability Distributions>Normal Distribution)”，选中“累积概率 (cumulative probability)”，输入常数“2.4”(见图 4-3)。

2) 点击“确定”后，得到如下输出结果：

累积分布函数

正态分布，均值 = 0 和标准差 = 1

x	P(X<=x)
2.4	0.991 802

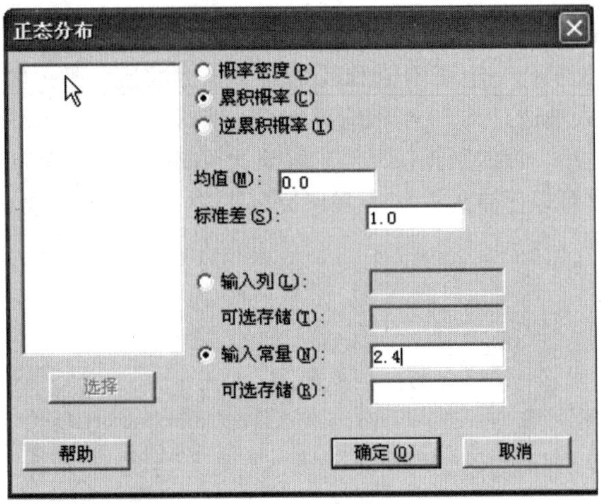

图4-3 正态分布累积概率计算操作图

(3) $Z \sim N(0,1)$，求使得 $P(Z<x)=0.95$ 成立的 x 值，即 Z 的0.95分位数。

解 1）选择“计算>概率分布>正态分布（Calc>Probability Distributions>Normal Distribution)”，选中“逆累积概率（Inverse cumulative probability)”，输入常数“0.95”（见图4-4）。

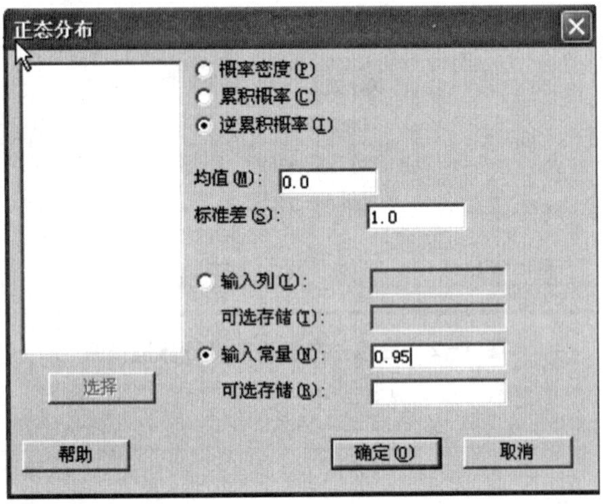

图4-4 正态分布分位数计算操作图

2）点击“确定”后，得到如下输出结果：

```
逆累积分布函数
正态分布，均值 = 0 和标准差 = 1
P(X<=x)   x
  0.95   1.64485
```

此结果很重要，正态分布的0.95分位数（或右侧0.05分位数）是1.645。

(4) 自由度=12，求使得 $P(t<x)=0.95$ 成立的 x 值。

解 1）选择“计算>概率分布>t分布（Calc>Probability Distributions>t Distribution)”，选中“逆累积概率（Inverse cumulative probability)”，输入自由度“12”，常数“0.95”（见图4-5）。

2）点击“确定”后，得到如下输出结果：

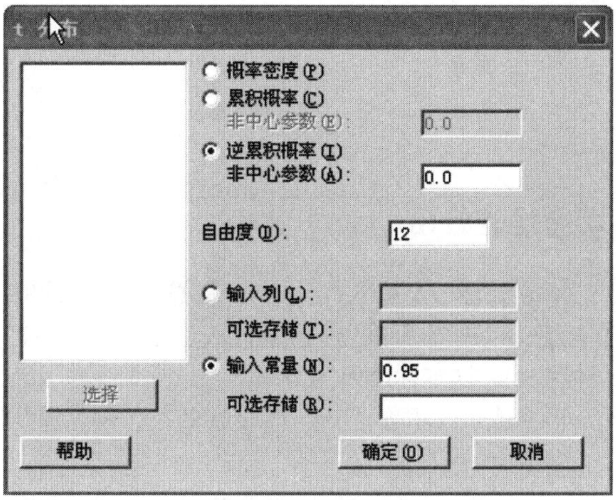

图 4-5　*t* 分布分位数计算操作图

```
逆累积分布函数
学生 t 分布,12 自由度
 P(X<=x)       x
   0.95     1.782 29
```

在本书的附表3中，查表得到的结果是1.782。此结果从数值上说明：同样的0.95分位数，也就是同样从右侧截取0.05面积，正态分布的横坐标是1.645，而 t 分布的横坐标就要大很多：12个自由度时是1.782；6个自由度时是1.943；2个自由度时是2.920；1个自由度时竟然高达6.314。

（5）自由度=12，求 $P(t\leqslant 3)$。

解　1）选择"计算>概率分布>t 分布（Calc>Probability Distributions>t Distribution）"，选中"累积概率（cumulative probability）"，输入自由度"12"，常数"3"（见图4-6）。

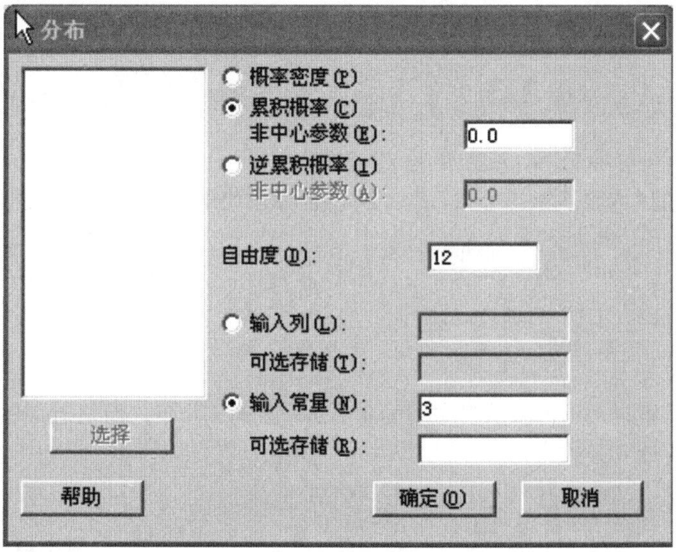

图 4-6　*t* 分布累积概率计算操作图

2）点击"确定"后，得到如下输出结果：

累积分布函数	
学生 t 分布，12 自由度	
x	P(X< = x)
3	0.994 467

4.1.2 双样本均值差的分布

设有两个总体：$X\sim N(\mu_1,\sigma_1^2)$，$Y\sim N(\mu_2,\sigma_2^2)$，从总体 X 中抽取的样本 $X_1,X_2,\cdots,X_n$，样本均值为 $\overline{X}$，样本方差为 S_X^2，样本标准差为 S_X，从总体 Y 中抽取的样本为 $Y_1,Y_2,\cdots,Y_m$，样本均值为 $\overline{Y}$，样本方差为 S_Y^2，样本标准差为 S_Y。

根据两个总体的方差是否已知或相等，其样本均值之差 $\overline{X}-\overline{Y}$ 服从的抽样分布有以下三种情况：

（1）两个总体均服从正态分布，且两个总体的方差 σ_1^2，σ_2^2 均已知时，两样本均值差所服从的抽样分布为：

$$(\overline{X}-\overline{Y})\sim N\left(\mu_1-\mu_2,\frac{\sigma_1^2}{n}+\frac{\sigma_2^2}{m}\right) \tag{4-4}$$

将 $\overline{X}-\overline{Y}$ 标准化，得到 Z 统计量：

$$Z=\frac{(\overline{X}-\overline{Y})-(\mu_1-\mu_2)}{\sqrt{\dfrac{\sigma_1^2}{n}+\dfrac{\sigma_2^2}{m}}}\sim N(0,1) \tag{4-5}$$

只要样本量足够大，对于总体分布是否正态都可近似使用。

（2）两个总体均服从正态分布，且 $\sigma_1^2=\sigma_2^2$，但 σ_1^2，σ_2^2 均未知时，两样本均值差所服从的抽样分布为：$(\overline{X}-\overline{Y})\sim N\left(\mu_1-\mu_2,\dfrac{\sigma_1^2}{n}+\dfrac{\sigma_2^2}{m}\right)$，由于 σ_1^2，σ_2^2 均未知，我们需要用样本合并方差 S_p^2 取代 σ_1^2，σ_2^2，即

$$S_p^2=\frac{(n-1)S_X^2+(m-1)S_Y^2}{n+m-2} \tag{4-6}$$

进行标准化变换后，得到

$$t=\frac{(\overline{X}-\overline{Y})-(\mu_1-\mu_2)}{S_p\sqrt{\dfrac{1}{n}+\dfrac{1}{m}}}\sim t(n+m-2) \tag{4-7}$$

（3）当两个总体均服从正态分布，$\sigma_1^2\neq\sigma_2^2$，且方差均未知时，自然用 S_X^2，S_Y^2 分别估计 σ_1^2，σ_2^2，从而得到 $\hat{\sigma}_{\overline{X}-\overline{Y}}^2=\dfrac{S_X^2}{n}+\dfrac{S_Y^2}{m}$，此时

$$t=\frac{(\overline{X}-\overline{Y})-(\mu_1-\mu_2)}{\sqrt{\dfrac{S_X^2}{n}+\dfrac{S_Y^2}{m}}}\sim t(\nu) \tag{4-8}$$

需注意的是：此时 t 不再服从自由度为 $n+m-2$ 的 t 分布，而是近似服从自由度为 ν 的 t 分布。自由度 ν 的计算公式为：

$$\nu=\left(\frac{S_X^2}{n}+\frac{S_Y^2}{m}\right)^2\Big/\left(\frac{(S_X^2/n)^2}{n-1}+\frac{(S_Y^2/m)^2}{m-1}\right) \tag{4-9}$$

4.1.3 正态样本方差 S^2 的分布——卡方分布

若 $X_1,X_2,\cdots,X_n$ 是从正态总体 $N(\mu,\sigma^2)$ 中抽出的一组样本量为 n 的独立随机样本，记

$\overline{X}=\frac{1}{n}\sum_{i=1}^{n}X_i, S^2=\frac{1}{n-1}\sum_{i=1}^{n}(X_i-\overline{X})^2$，则当$\mu$已知时：

$$\chi^2=\sum_{i=1}^{n}\frac{(X_i-\mu)^2}{\sigma^2}\sim\chi^2(n) \tag{4-10}$$

当μ未知时，用$\overline{X}$代替μ后可以得到

$$\chi^2=\frac{(n-1)S^2}{\sigma^2}=\sum_{i=1}^{n}\frac{(X_i-\overline{X})^2}{\sigma^2}\sim\chi^2(n-1) \tag{4-11}$$

其概率密度函数在正半轴上呈正偏态分布，如图4-7所示。

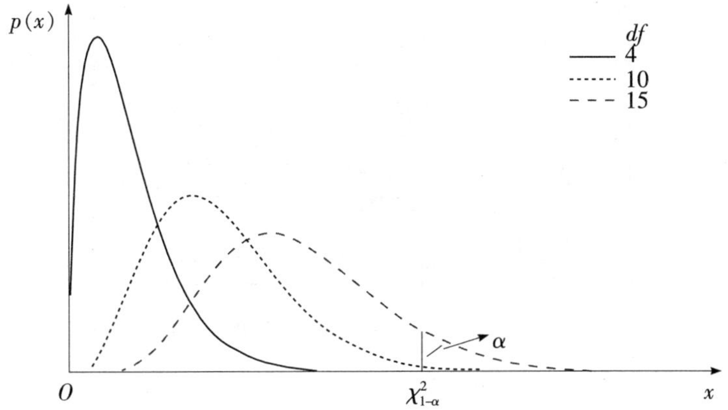

图4-7　卡方分布密度图

卡方分布的定义是：把n个相互独立的标准正态随机变量的平方和称为自由度为n的卡方分布（χ^2分布，χ是希腊字母，χ^2写成英文是Chi-square）。它的密度表达式为：

$$f(x\mid\nu)=\frac{x^{\frac{\nu-2}{2}}}{2^{\frac{\nu}{2}}\Gamma\left(\frac{\nu}{2}\right)}e^{-\frac{x}{2}},\quad x>0 \tag{4-12}$$

式中，参数$\nu\geqslant 1$称为自由度。卡方分布有向右的偏斜，特别在较小自由度情况下（ν越小，分布越偏斜）。我们常用$\chi^2(\nu)$表示自由度为ν的卡方分布。MINITAB软件提供的是一个更一般的“非中心”卡方分布，表达式（4-12）是其中最简单的“中心参数”为0的情况，使用MINITAB时只要注意这点就够了。

另外，卡方分布是Gamma分布$b=2$时的特例。由于卡方分布在正态抽样定理中的重要性，因而卡方分布受到特别的重视。卡方分布有很多用途，其中一项就是用来分析单个正态总体样本方差的状况。卡方分布还可以用来进行分布的拟合优度检验，也即检验资料是否符合某种特定分布；对于离散数据构成的列联表，也可以用来分析两个离散型因子间是否独立等，这些将在以后的章节予以介绍。

卡方分布的性质：

(1) 卡方分布的加法性：设X和Y彼此独立，且都服从卡方分布，其自由度分别为n_1，n_2。若令$Z=X+Y$，则Z服从自由度为n_1+n_2的卡方分布。

(2) 若$X\sim\chi^2(n)$，则$E(X)=n$，$V(X)=2n$。

例4-2

计算下列各卡方分布的相关数值：

(1) 自由度=10，求使得$P(\chi^2<x)=0.95$成立的x值。

解 其实这就是求卡方分布的分位数问题。我们的书后以及一般的概率统计教材都会附有这张分位数表，现在我们自己可以用计算机把它们计算出来了。

1）选择“计算>概率分布>卡方分布（Calc>Probability Distributions>Chi-square)”，选中“逆累积概率（Inverse cumulative probability)”，输入自由度“10”，常数“0.95”（见图4-8）。

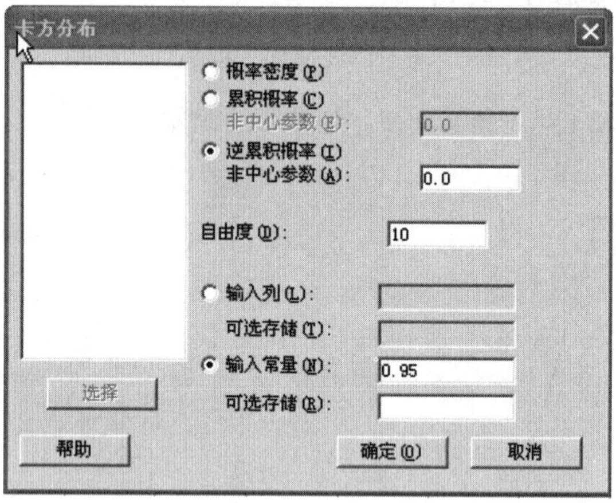

图4-8 χ^2 分布逆累积概率计算操作图

2）点击“确定”后，得到如下输出结果：

逆累积分布函数
卡方分布,10 自由度
P(X<=x)　　x
0.95　18.307 0

大家可以查本书的附表4验证，查表给出的结果是18.31。

（2）自由度=10，求 $P(\chi^2 \leqslant 28)$。

解 1）选择“计算>概率分布>卡方分布（Calc>Probability Distributions>Chi-square)”，选中“累积概率（cumulative probability)”，输入自由度“10”，常数“28”（见图4-9）。

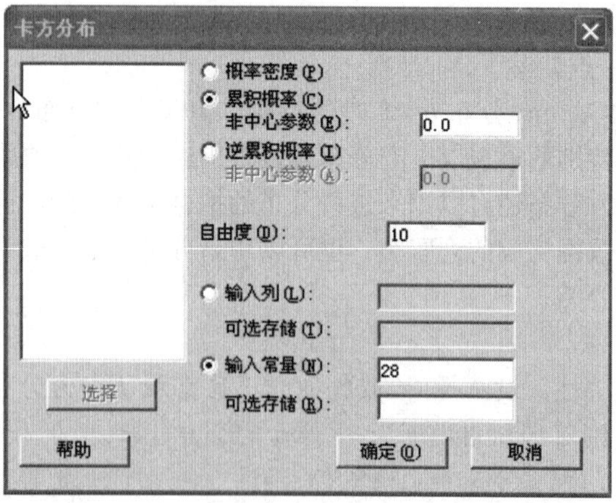

图4-9 χ^2 分布累积概率计算操作图

2）点击“确定”后，得到如下输出结果：

累积分布函数
卡方分布，10 自由度

x	P(X< = x)
28	0.998 195

4.1.4 两个独立的正态样本方差之比的分布——F 分布

两个独立的正态样本方差之比的分布是 F 分布。设有两个独立的正态总体 $N(\mu_1,\sigma^2)$ 和 $N(\mu_2,\sigma^2)$，它们的方差相等。又设 $X_1,X_2,\cdots,X_n$ 是来自 $N(\mu_1,\sigma^2)$ 的一个样本；$Y_1,Y_2,\cdots,Y_m$ 是来自 $N(\mu_2,\sigma^2)$ 的一个样本，这两个样本相互独立。它们的样本方差之比服从自由度为 $n-1$ 和 $m-1$ 的 F 分布：

$$F=\frac{S_1^2}{S_2^2}=\frac{\frac{1}{n-1}\sum_{i=1}^{n}(X_i-\overline{X})^2}{\frac{1}{m-1}\sum_{i=1}^{m}(Y_i-\overline{Y})^2}\sim F(n-1,m-1) \tag{4-13}$$

式中，$n-1$ 称为分子自由度；$m-1$ 称为分母自由度；F 分布的概率密度函数在正半轴上呈正偏态分布（见图 4-10）。图 4-10 画的是分子自由度为 5，分母自由度分别为 5 及 20 的两条密度曲线。

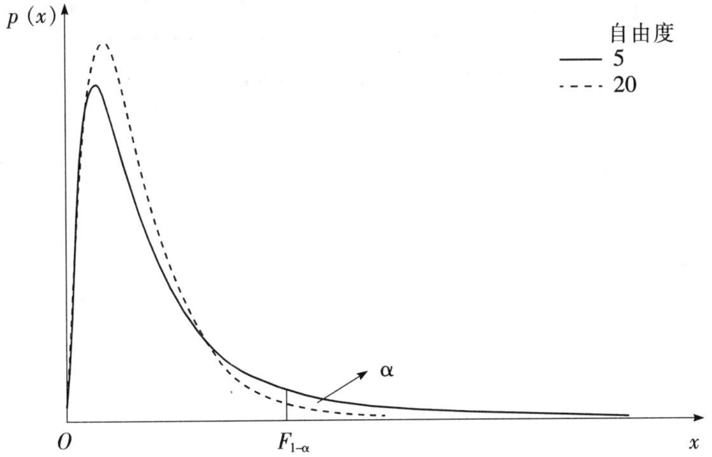

图 4-10　F 分布密度图

实际上，F 统计量就是由两个卡方随机变量相除所构成的，如果 $X\sim\chi^2(\nu_1)$，$Y\sim\chi^2(\nu_2)$，且二者相互独立，则称二者比值的分布为 F 分布，即

$$F=\frac{\frac{X}{\nu_1}}{\frac{Y}{\nu_2}}\sim F(\nu_1,\nu_2)$$

其密度函数是：

$$f(x\mid\nu_1,\ \nu_2)=\frac{\Gamma\left(\frac{\nu_1+\nu_2}{2}\right)}{\Gamma\left(\frac{\nu_1}{2}\right)\Gamma\left(\frac{\nu_2}{2}\right)}\left(\frac{\nu_1}{\nu_2}\right)^{\frac{\nu_1}{2}}\frac{x^{\frac{\nu_1-\nu_2}{2}}}{\left(1+\frac{\nu_1}{\nu_2}x\right)^{\frac{\nu_1+\nu_2}{2}}},\ x>0 \tag{4-14}$$

F 分布的应用非常广泛，尤其是在判断两正态总体方差是否相等以及进行方差分析

（ANOVA）等问题上面。

例 4-3

计算 $F_{0.95}$（8，18）的数值。

解 1）选择“计算>概率分布>F 分布（Calc>Probability Distributions>F Distribution)”，选中“逆累积概率（Inverse cumulative probability)”，分别输入分子、分母的自由度“8”，“18”，常数“0.95”（见图 4-11）。

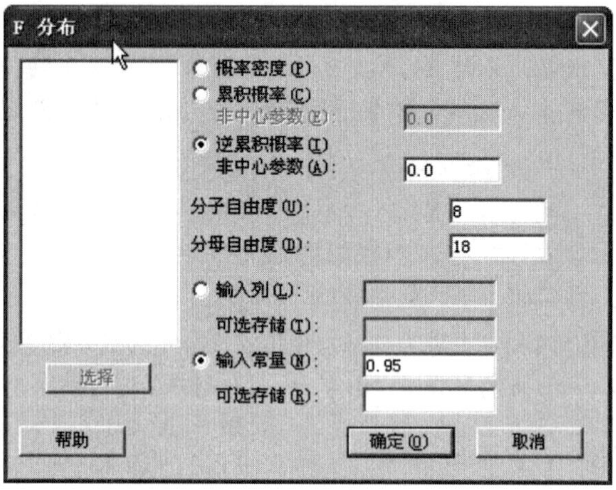

图 4-11 *F* 分布分位数计算操作图

2）点击“确定”后，得到如下输出结果：

逆累积分布函数
F 分布，8 分子自由度和 18 分母自由度
P(X<=x)　　x
0.95　　2.510 16

读者可以查本书附表 5，查表的结果是 2.51。

4.2 参数的点估计

4.2.1 点估计的概念

假设需要对供应商提供的一批批量为 5 000 个轴承的总体的直径进行估计。通常的办法是随机抽取部分比如 20 个轴承进行测量，而不是测量全部轴承。假设这 20 个轴承的平均直径是 2.12cm，我们就将这批批量为 5 000 个轴承的总体平均直径估计为 2.12cm，这种用单个数值对于总体参数给出估计的方法称为点估计。

下面给出点估计的定义：

设 θ 是总体的一个未知参数，$X_1, X_2, \cdots, X_n$ 是从该总体中抽取的样本量为 n 的一个随机样本，那么用来估计未知参数 θ 的统计量 $\hat{\theta}(X_1, X_2, \cdots, X_n)$ 称为 θ 的估计量，或称为 θ 的点估计。

以后我们总是在参数上方画一个帽子“^”表示该参数的估计量。在工程中经常出现的点估计问题之最好结果是：

对于总体均值 μ，$\hat{\mu} = \bar{X}$；

对于总体方差 σ^2，$\hat{\sigma}^2 = S^2$；

对于比率 p，$\hat{p}=\dfrac{X}{n}$，X 是样本量为 n 的随机样本中我们感兴趣的那类出现的次数；

对于 $\mu_1 - \mu_2$，$\hat{\mu}_1 - \hat{\mu}_2 = \bar{X}_1 - \bar{X}_2$（两个独立随机样本均值之差）；

对于 $p_1 - p_2$，估计量为 $\hat{p}_1 - \hat{p}_2$（两个独立随机样本比率之差）。

常用的点估计值可参见第 3 章介绍的方法，通过 MINITAB 软件实现。

4.2.2 点估计的评选标准

点估计量会随着抽取的样本而不同，如果 $E(\hat{\theta}) = \theta$，则称 $\hat{\theta}$ 是参数 θ 的无偏估计。由于期望 E 可以理解为求平均值，因此上式的含义就是，对于 θ 的估计量具体的一次估计当然可能大些或小些，但取多次的平均值时，应该与原来的参数值相等，不能总是偏大或总是偏小，多次使用时其平均偏差为 0。无偏性当然是估计量优良性的一个重要标准，我们应尽量选用无偏估计量或近似无偏估计量。

当有多个无偏估计量时，我们希望采用其方差最小者。例如在正态总体中，用样本均值 $\bar{X}$ 来估计总体均值 μ，样本均值就是所有无偏估计量中方差最小者。

除了上述优良性标准，还有另外一些要考虑的因素。例如对于总体标准差的估计，虽然我们知道样本方差 S^2 是总体方差 σ^2 的最小方差无偏估计，但其平方根则不再是无偏的了。在样本量较小时，其差别非常明显，用 S 来估计 σ 总是略偏小一些。为了解决此问题，就要将样本标准差 S 除以系数 c_4，此系数列在本书后附表 6 中。当样本量 n 逐渐增大时，此系数将与 1 非常接近，超过 30 就可以认为是 1 了。估计 σ 的另一类方法是用样本的极差 R。如果样本被分成若干组，对于每组都可以先求出组内极差 R，对于多组 R 可以求出其平均值 $\bar{R}$，然后将 $\bar{R}$ 除以系数 d_2，此系数也列在本书后附表 6 中。例如，每组只含两个样品时，$d_2 = 1.128$。这样得到的 σ 的估计 $\bar{R}/1.128$ 也是无偏的，但这时只考虑了组内的波动。总之，参数估计的方法很多，究竟采用哪一个，要看实际问题的需要，在不同的场合应采用相应的最好的估计量。

采用点估计时，并不能保证在每次估计参数时都是无偏差的，它无法给出对于待估参数的估计的精度和可靠程度的度量，区间估计解决了这一问题。

4.3 参数的区间估计

设 θ 是总体的一个待估参数，从总体中获得样本量为 n 的样本是 $X_1, X_2, \cdots, X_n$，对给定的显著性水平 $\alpha(0 < \alpha < 1)$，有统计量：$\theta_L = \theta_L(X_1, X_2, \cdots, X_n)$ 与 $\theta_U = \theta_U(X_1, X_2, \cdots, X_n)$，若对任意 θ 有 $P(\theta_L \leqslant \theta \leqslant \theta_U) = 1-\alpha$，则称随机区间 $[\theta_L, \theta_U]$ 是 θ 的置信水平为 $1-\alpha$ 的置信区间，θ_L 与 θ_U 分别称为置信下限与置信上限。

置信区间的大小表达了区间估计的精确性，置信水平表达了区间估计的可靠性，$1-\alpha$ 是区间估计的可靠程度，而 α 表达了区间估计的不可靠程度。

如果 $[\theta_L, \theta_U]$ 是置信水平为 0.95 的置信区间，由于随机区间 $[\theta_L, \theta_U]$ 会随样本观察值的不同而不同，它有时包含了参数 θ，有时没有包含 θ，即是说用这种方法作参数的区间估计时，在 100 次的区间估计中，平均说来，大约有 95 个区间能包含参数 θ，大约有 5 个区间没能包含 θ。

在进行区间估计时，必须同时考虑置信水平与置信区间两个方面。对于置信区间的选取，一定要注意，决不能认为置信水平越大的置信区间就越好。实际上，置信水平定得越大，则置信区间相应也一定越宽，当置信水平太大时，则置信区间会宽得没有实际意义了。这两者要结合在一起考虑，才更为实际。通常我们取置信水平为0.95，极个别情况下可取0.99或0.90，一般不取其他的置信水平。

4.3.1　单正态总体均值的置信区间

当 $X \sim N(\mu,\sigma^2)$ 时，正态总体均值的置信区间有以下三种情况：

（1）当总体方差 σ^2 已知时，正态总体均值 μ 的 $1-\alpha$ 置信区间为：

$$\left(\overline{X}-Z_{1-\alpha/2}\frac{\sigma}{\sqrt{n}},\overline{X}+Z_{1-\alpha/2}\frac{\sigma}{\sqrt{n}}\right) \qquad (4-15)$$

式中，$Z_{1-\alpha/2}$ 是标准正态分布的 $1-\alpha/2$ 分位数，也就是双侧 α 分位数。例如 $\alpha=0.05$ 时，$Z_{0.975}$ 为1.96。

在MINITAB中，我们可以通过“统计>基本统计量>单样本Z（Stat>Basic Statistics>1-Sample Z)”来实现。

由于在实际情况中，已知标准差的情况很罕见，因此我们这里重点关注的是标准差未知时的情形。

（2）当总体方差 σ^2 未知时，σ 用其样本标准差 S 代替，此时正态总体均值 μ 的 $1-\alpha$ 置信区间为：

$$\left(\overline{X}-t_{1-\alpha/2}(n-1)\frac{S}{\sqrt{n}},\overline{X}+t_{1-\alpha/2}(n-1)\frac{S}{\sqrt{n}}\right) \qquad (4-16)$$

式中，$t_{1-\alpha/2}(n-1)$ 表示自由度为 $n-1$ 的 t 分布的 $1-\alpha/2$ 分位数，也就是 t 分布的双侧 α 分位数。例如 $\alpha=0.05$，样本量 $n=16$ 时，$t_{0.975}$（15）$=2.131$，其值略大于 $Z_{0.975}=1.96$。

例4-4

某集团公司正推行节省运输费用活动，表4-1是某部门20个月使用的运输费用调查结果数据（数据文件：BS_运输费用.MTW)。

表4-1

1 742	1 827	1 681	1 743	1 676	1 680	1 792	1 735	1 687	1 852
1 861	1 778	1 747	1 678	1 754	1 799	1 697	1 664	1 804	1 707

假设运输费用是服从正态分布的，求运输费用均值的95%置信区间。

解　1）由于总体标准差未知，选择“统计>基本统计量>单样本t（Stat>Basic Statistics>1-Sample t)”，在“样本所在列（Samples in columns)”栏中输入数据列，点击“选项（Options)”后，输入置信水平“95”（%），如图4-12所示。

2）点击“确定”后，得到输出结果如下：

单样本T：运输费用

变量	N	均值	标准差	均值标准误	95%置信区间
运输费用	20	1 745.2	61.9	13.8	(1 716.2，1 774.2)

当全部样本数据给出时，此类问题的计算还可以直接从“统计>基本统计量>图形化汇总

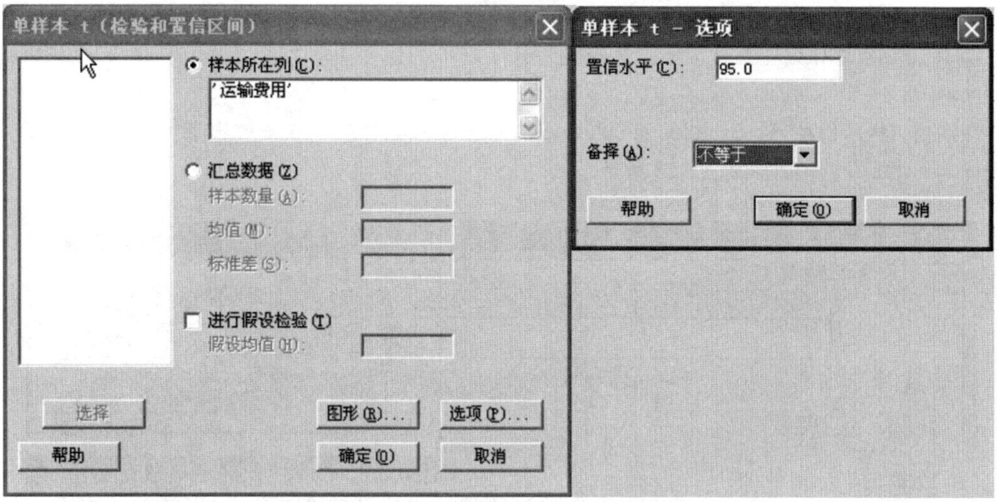

图 4-12 单样本 t 求置信区间操作图

(Stat>Basic Statistics>Graphical Summary)”中得到，在此不再赘述。

(3) 前两种情况讨论的是当总体为正态分布时，μ 的区间估计，然而当总体不是正态分布时，如果样本量 n 超过 30，则可根据中心极限定理知道：$\overline{X}$ 仍近似服从正态分布，因而仍可用正态分布总体时的均值 μ 的区间估计方法，而且可以直接用样本标准差代替总体标准差，即采用公式：

$$\left(\overline{X}-Z_{1-\alpha/2}\frac{S}{\sqrt{n}},\overline{X}+Z_{1-\alpha/2}\frac{S}{\sqrt{n}}\right) \tag{4-17}$$

在 MINITAB 中，通常直接采用“统计>基本统计量>图形化汇总 (Stat>Basic Statistics>Graphical Summary)”中得到总体均值的置信区间结果。只不过要注意的是：总体非正态时，在小样本情况下此结果并不可信，只有当样本量超过 30 后，由于中心极限定理的保证，此结果才是可信的。

4.3.2 单正态总体方差和标准差的置信区间

当 $X \sim N(\mu,\sigma^2)$ 时，正态总体方差的置信区间是：

$$\left(\frac{(n-1)S^2}{\chi^2_{1-\alpha/2}(n-1)},\frac{(n-1)S^2}{\chi^2_{\alpha/2}(n-1)}\right) \tag{4-18}$$

式中，$\chi^2_{1-\alpha/2}(n-1)$ 和 $\chi^2_{\alpha/2}(n-1)$ 分别是 χ^2 分布的 $1-\alpha/2$ 分位数与 $\alpha/2$ 分位数。

当 $X \sim N(\mu,\sigma^2)$ 时，正态总体标准差的置信区间是：

$$\left(\sqrt{\frac{(n-1)S^2}{\chi^2_{1-\alpha/2}(n-1)}},\sqrt{\frac{(n-1)S^2}{\chi^2_{\alpha/2}(n-1)}}\right) \tag{4-19}$$

例 4-5

某集团公司正推行节省运输费用活动，表 4-2 是某部门 20 个月使用的运输费用调查结果数据（数据文件：BS_运输费用.MTW）。

表 4-2

1 742	1 827	1 681	1 743	1 676	1 680	1 792	1 735	1 687	1 852
1 861	1 778	1 747	1 678	1 754	1 799	1 697	1 664	1 804	1 707

假设运输费用服从正态分布，求运输费用方差和标准差的95%置信区间。

解 (1) 求总体方差置信区间，选择“统计>基本统计量>单方差（Stat>Basic Statistics>1 Variance)”。

(2) 在“样本所在列（Samples in columns)”栏中输入数据列，点击“选项（Options)”后，输入置信水平“95”（%)，如图4-13所示。

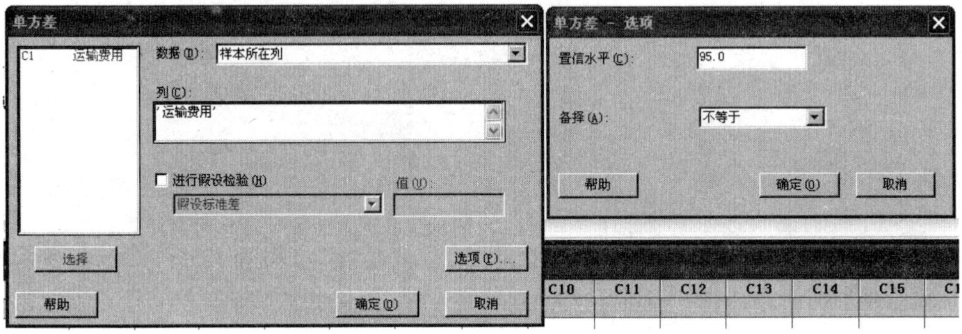

图4-13 求单总体方差置信区间操作图

(3) 点击“确定”后，得到输出结果如下：

单方差检验和置信区间：运输费用

方法

卡方方法仅适用于正态分布。

Bonett方法适用于任何连续分布。

统计量

变量	N	标准差	方差
运输费用	20	61.9	3 830

95% 置信区间

变量	方法	标准差置信区间	方差置信区间
运输费用	卡方	(47.1, 90.4)	(2 215, 8 170)
	Bonett	(49.0, 86.6)	(2 401, 7 507)

求总体标准差置信区间的另一种方法：选择“统计>基本统计量>图形化汇总(Stat>Basic Statistics>Graphical Summary)”；在“变量（Variables)”一栏中输入数据列，置信水平输入“95”（%)，点击“确定”后，得到输出结果如图4-14和图4-15所示。

图4-14 求单总体标准差置信区间操作图

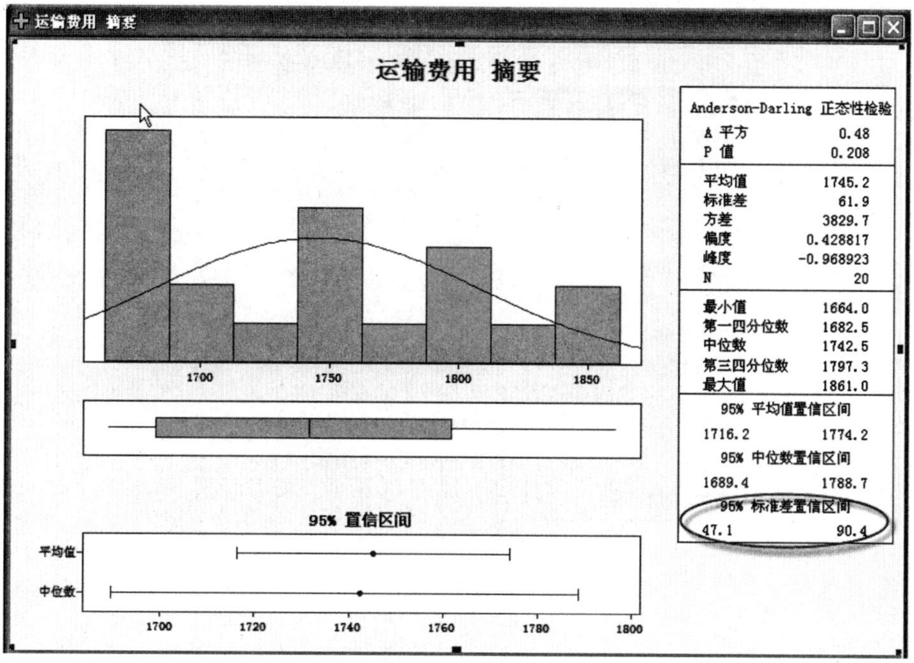

图 4-15 单总体标准差置信区间结果图

4.3.3 单总体比率的置信区间

当 $X \sim b(1,p)$ 时，也就是 X 取“非 0 则 1”的 0-1 分布，我们常需要估计总体中感兴趣的那类比率的置信区间，比如，一批产品中，不合格品率的大致范围；顾客满意度调查中，有抱怨顾客的比率范围等。

这里我们记总体比率为 p，样本比率为 $\hat{p}$。可以证明，当样本量足够大时（要求 $np>5$ 及 $n(1-p)>5$），且 p 值适中（$0.1<p<0.9$），则可用正态分布去近似二项分布，因而近似有：$\hat{p} \sim N\left(p, \frac{p(1-p)}{n}\right)$。因此，由 $\hat{p}$ 服从的正态分布构造总体比率 p 的置信区间为：

$$\left(\hat{p}-Z_{1-\alpha/2}\sqrt{\frac{\hat{p}(1-\hat{p})}{n}},\quad \hat{p}+Z_{1-\alpha/2}\sqrt{\frac{\hat{p}(1-\hat{p})}{n}}\right) \tag{4-20}$$

例 4-6

某电视台为了调查新节目收视率，在节目放映时间内进行了电话调查。在接受调查的 2 000 名被调查者中有 1 230 名正收看本节目。求此节目收视率的 95%置信区间。

解 （1）求总体比率 p 的置信区间，选择“统计>基本统计量>单比率（Stat>Basic Statistics>1 Proportion)”，如图 4-16 所示。

（2）在“汇总数据（Summarized data)”栏中分别输入“2 000”“1 230”，点击“选项（Options)”后，输入置信水平“95”（%），如图 4-17 所示。

（3）点击“确定”后，得到输出结果如下：

```
单比率检验和置信区间
样本    X      N      样本 p        95％置信区间
 1    1 230  2 000  0.615 000  (0.593 674, 0.636 326)
使用正态近似。
```

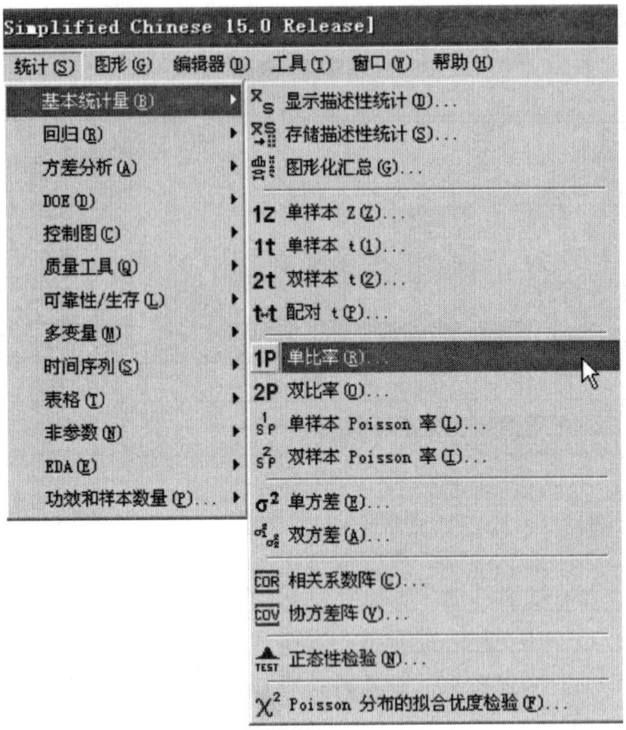

图 4-16　求单总体比率置信区间操作路径图

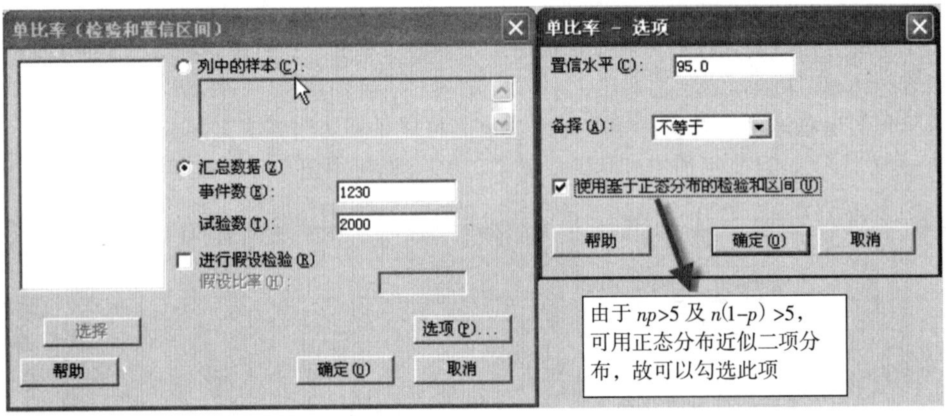

图 4-17　求单总体比率置信区间数据输入操作图

4.3.4　双总体均值差的置信区间

某工厂品质部部长希望了解两家不同原材料供应商提供的原材料强度是否存在差异，这实际上是要对两个总体均值之差作区间估计。

设有两个总体，$X\sim N(\mu_1,\sigma_1^2)$，$Y\sim N(\mu_2,\sigma_2^2)$，从总体 X 中抽取的样本 $X_1,X_2,\cdots,X_n$，样本均值为 $\overline{X}$，样本方差为 S_X^2，样本标准差为 S_X，从总体 Y 中抽取的样本为 $Y_1,Y_2,\cdots,Y_m$，样本均值为 $\overline{Y}$，样本方差为 S_Y^2，样本标准差为 S_Y。

对两总体均值差异 $\mu_1-\mu_2$ 的区间估计常有以下三种情况（请读者结合 4.1.2 节理解）：

（1）两个总体均服从正态分布，且两个总体的方差 σ_1^2, σ_2^2 都已知时，两总体均值差异 $\mu_1-\mu_2$ 的 $1-\alpha$ 置信水平下的置信区间为：

$$\left((\overline{X}-\overline{Y})-Z_{1-\alpha/2}\sqrt{\frac{\sigma_1^2}{n}+\frac{\sigma_2^2}{m}},\quad (\overline{X}-\overline{Y})+Z_{1-\alpha/2}\sqrt{\frac{\sigma_1^2}{n}+\frac{\sigma_2^2}{m}}\right) \tag{4-21}$$

只要样本量足够大，无论两个总体的方差是否相等，上述公式都适用。

（2）两个总体均服从正态分布，且 $\sigma_1^2=\sigma_2^2$，但 σ_1^2, σ_2^2 均未知时，两总体均值之差 $\mu_1-\mu_2$ 的 $1-\alpha$ 置信水平下的置信区间为：

$$(\overline{X}-\overline{Y})\pm t_{1-\alpha/2}(n+m-2)S_p\sqrt{\frac{1}{n}+\frac{1}{m}} \tag{4-22}$$

式中，$S_p^2=\dfrac{(n-1)S_X^2+(m-1)S_Y^2}{n+m-2}$。

例 4-7

一家冶金公司需要减少其排放到废水中的生物氧需求量（biochemical oxygen demand，BOD）含量。用于废水处理的活化泥供应商建议，用纯氧取代空气吹入活化泥以改善 BOD 含量（此数值越小越好）。如果两种处理方式处理前的废水 BOD 是一样的，从两种处理的废水中分别抽取 10 个和 9 个样品，数据见表 4-3（数据文件：BS_生物氧需求量.MTW）。

表 4-3

空气	184	194	158	218	186	218	165	172	191	179
氧气	163	185	178	183	171	140	155	179	175	

已知 BOD 含量服从正态分布，试确定该公司采用空气和采用纯氧减少 BOD 含量均值之差的 95%置信区间。

解 1）求两总体 $\mu_1-\mu_2$ 的置信区间，选择"统计>基本统计量>双样本 t（Stat>Basic Statistics>2-Sample t）"。

2）在"样本在不同列中（Samples in different columns）"栏中分别输入 C1，C2 列，点击"选项（Options）"后，输入置信水平"95"（%），勾选"假定等方差（Assume Equal Variance）"（这里先这样假定，至于对"方差相等"的假定如何进行检验，方法见 5.4.2 节），如图 4-18 所示。

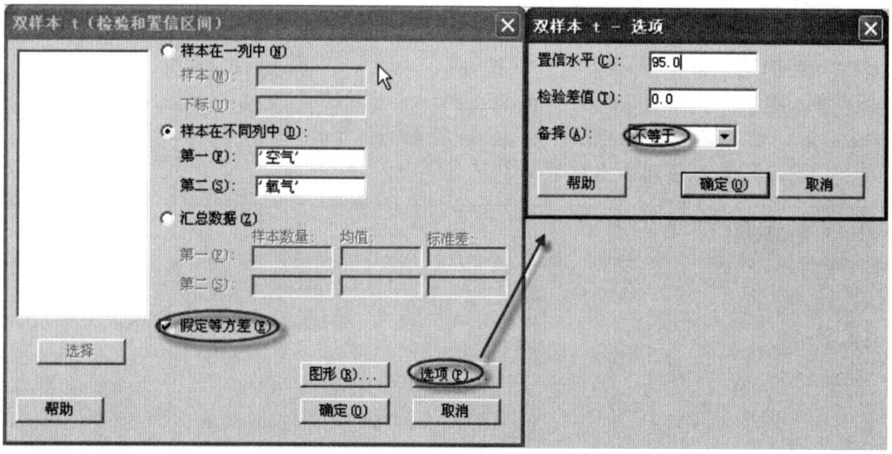

图 4-18 求双总体均值差置信区间操作路径图

3）点击"确定"后，得到输出结果如下：

双样本T检验和置信区间：空气，氧气
空气与氧气的双样本T

	N	均值	标准差	均值标准误
空气	10	186.5	20.0	6.3
氧气	9	169.9	14.7	4.9

差值 = mu（空气） - mu（氧气）
差值估计：16.61
差值的95%置信区间：(-0.58，33.80)
差值 = 0（与≠）的T检验：T值 = 2.04　P值 = 0.057　自由度 = 17
两者都使用合并标准差 = 17.735 6

（3）当两个总体均服从正态分布，$\sigma_1^2 \neq \sigma_2^2$，且方差均未知时，两总体均值之差 $\mu_1 - \mu_2$ 的 $1-\alpha$ 置信水平下的置信区间为：

$$(\overline{X}-\overline{Y}) \pm t_{1-\alpha/2}(\nu)\sqrt{\frac{S_X^2}{n}+\frac{S_Y^2}{m}} \tag{4-23}$$

式中，自由度 ν 的计算公式为：

$$\nu = \left(\frac{S_X^2}{n}+\frac{S_Y^2}{m}\right)^2 \Big/ \left(\frac{(S_X^2/n)^2}{n-1}+\frac{(S_Y^2/m)^2}{m-1}\right) \tag{4-24}$$

例 4-8

假定A，B两名工人生产相同规格的轴棒，关键尺寸是轴棒的直径。由于A使用的是老式车床，B使用的是新式车床，二者精度可能有差异。经检验（检验方法在第5章5.4.2节介绍），他们的直径数据确实来自两个方差不等的正态分布。现他们各测定13根轴棒直径（结果见表4-4，数据文件：BS_轴棒直径.MTW）。

表 4-4　　单位：mm

作业者	轴棒												
	1	2	3	4	5	6	7	8	9	10	11	12	13
A	14.76	14.21	14.02	15.08	10.65	12.18	16.67	18.20	12.24	11.21	16.67	13.45	16.85
B	12.37	10.28	13.18	13.26	13.80	10.96	10.57	12.83	11.67	13.54	12.42	13.24	12.52

试确定A，B生产的轴棒直径之差的95%置信区间。

解　（1）求两总体 $\mu_1 - \mu_2$ 的置信区间，选择"统计>基本统计量>双样本t (Stat>Basic Statistics>2-Sample t)"。

（2）在"样本在不同列中（Samples in different columns）"栏中分别输入C1，C2列，点击"选项（Options）"后，输入置信水平"95"（%），如图4-19所示。

（3）点击"确定"后，得到输出结果如下：

双样本T检验和置信区间：A，B
A与B的双样本T
均值

	N	均值	标准差	均值标准误
A	13	14.32	2.35	0.65
B	13	12.36	1.15	0.32

差值 = mu（A） - mu（B）
差值估计：1.965
差值的95%置信区间：(0.435，3.496)
差值 = 0（与≠）的T检验：T值 = 2.71　P值 = 0.015　自由度 = 17

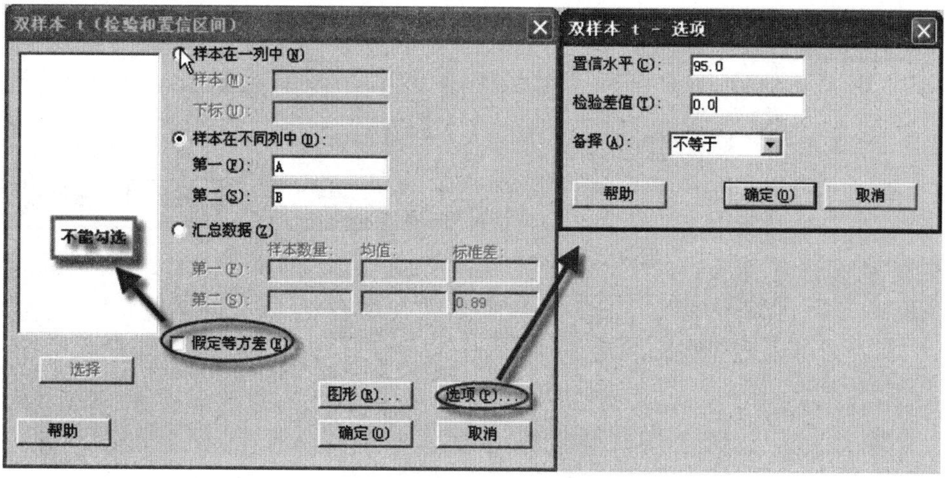

图 4-19　求双总体均值差置信区间操作路径图 3

下面给出一个实例，其中未提供原始数据而只含有摘要数据，计算方法不变。

例 4-9

独立随机样本取自均值 μ_1，μ_2 未知，标准差未知的两个正态分布总体，若第一总体样本标准差 $S_1=0.73$，样本量 $n=25$，$\overline{X}=6.9$；第二总体样本标准差 $S_2=0.89$，样本量 $m=20$，$\overline{Y}=6.7$，求 $\mu_1-\mu_2$ 的 95%置信区间。

解　（1）求两总体 $\mu_1-\mu_2$ 的置信区间，选择“统计>基本统计量>双样本 t（Stat>Basic Statistics>2-Sample t）”（见图 4-20）。

（2）在“汇总数据（Summarized data）”栏中分别输入已知样本数据，点击“选项（Options）”后，默认置信水平“95”（%），如图 4-21 所示：

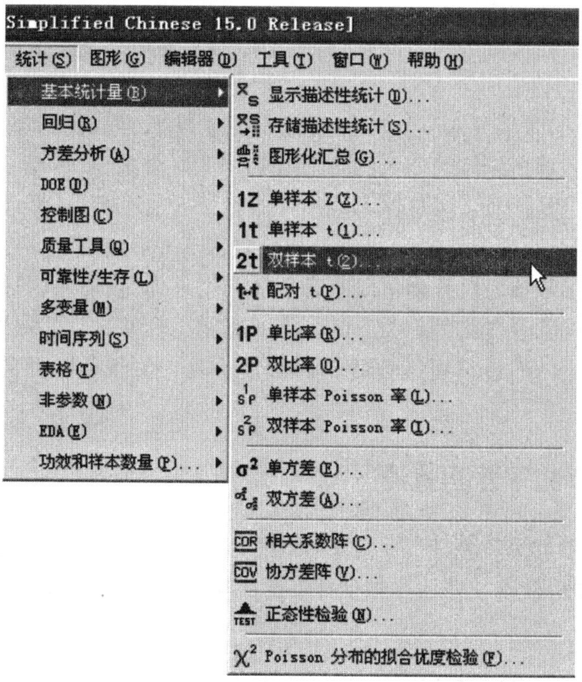

图 4-20　求双总体均值差置信区间操作路径图 1

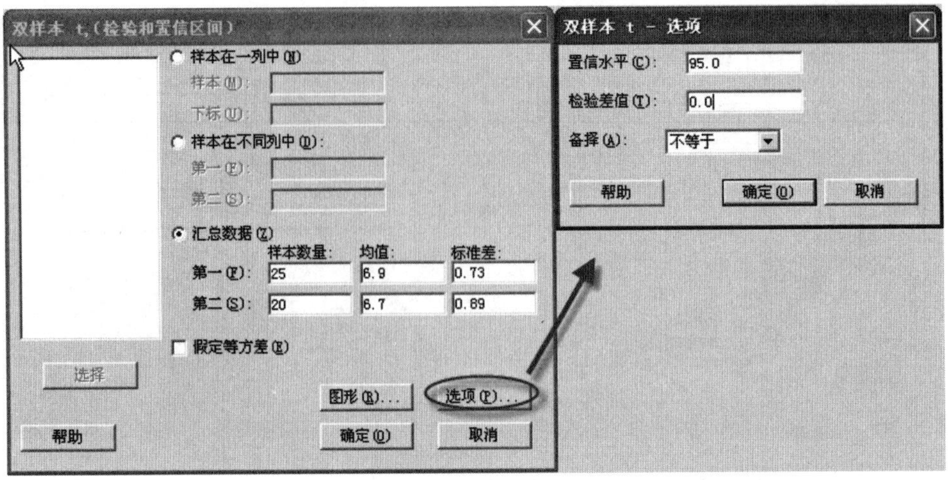

图4-21 求双总体均值差置信区间数据输入操作图

（3）点击“确定”后，得到输出结果如下：

双样本T检验和置信区间

样本	N	均值	标准差	均值标准误
1	25	6.900	0.730	0.15
2	20	6.700	0.890	0.20

差值＝mu（1）－mu（2）

差值估计：0.200

差值的95%置信区间：（－0.301，0.701）

差值＝0（与≠）的T检验：T值＝0.81　P值＝0.423　自由度＝36

对于双总体均值差的置信区间要能理解其含义。以例4－7为例，用纯氧取代空气吹入活化泥后，BOD的样本均值表面上看降低了16.61，但能否根据此数据就断言“纯氧取代空气吹入活化泥后降低BOD的效果显著”呢？答案是不能这样断言。我们不能只看样本的均值差，还要看置信区间。我们算出总体均值差的95%置信区间是（－0.58，33.80），换言之，真正的总体的均值差不一定是正数，两总体均值差可能为正，也可能为负。正确的断言应该是目前还“看不出显著降低”。如果置信区间的上限与下限都为正，则可以断言总体均值差为正；如果置信区间的上限与下限都为负，则可以断言总体均值差为负；如果置信区间的上限与下限为一正一负，则还不能排除总体均值差为0的可能。此例比较特殊，下限虽然为负，但其绝对值很小，要获得最终结论，而进行更细致的单侧假设检验，关于此问题的结论请参看第5章例5－10的有关讨论。

4.3.5 双总体比率差的置信区间

设两个总体的比率分别为 p_1 和 p_2，为了估计 p_1-p_2，分别从两个总体中各随机抽取样本量为 n_1 和 n_2 的两个随机样本，并计算两个样本的比率 $\hat{p}_1,\hat{p}_2$，可以证明，p_1-p_2 的置信水平为 $1-\alpha$ 的置信区间为：

$$(\hat{p}_1-\hat{p}_2)\pm Z_{1-\alpha/2}\sqrt{\frac{\hat{p}_1(1-\hat{p}_1)}{n_1}+\frac{\hat{p}_2(1-\hat{p}_2)}{n_2}} \tag{4-25}$$

例 4-10

为了解员工对工资的满意度，对 250 名男员工、200 名女员工进行调查，结果见表 4-5。

表 4-5

区分	样本数	满意
男	250	110
女	200	104
合计	450	214

求男女员工对工资满意度差异的 95%置信区间。

解　(1) 求两总体 p_1-p_2 的置信区间，选择“统计>基本统计量>双比率 (Stat>Basic Statistics>2-Proportions)”。

(2) 在“汇总数据 (Summarized data)”栏中分别输入数据，点击“选项 (Options)”后，输入置信水平“95”(%)，勾选“使用 p 的合并估计值进行检验 (Use pooled estimate of p for test)”，如图 4-22 所示。

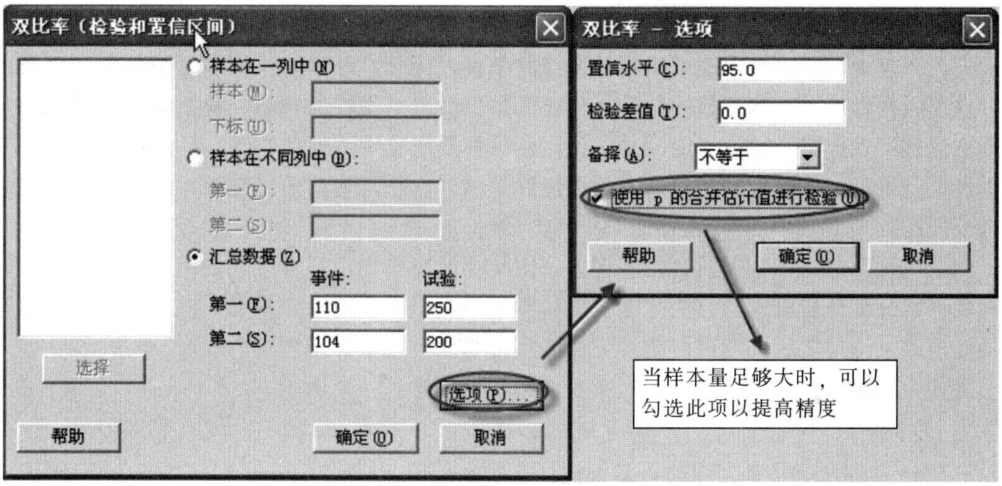

图 4-22　双总体比率差置信区间操作图

(3) 点击“确定”后，得到输出结果如下：

```
双比率检验和置信区间
样本    X     N     样本 p
1      110   250   0.440 000
2      104   200   0.520 000
差值 = p (1) - p (2)
差值估计: -0.08
差值的  95%  置信区间: (-0.172 630, 0.012 629 8)
差值 = 0 (与≠0) 的检验: Z= -1.69   P 值 = 0.091
Fisher 精确检验: P 值 = 0.106
```

在本章中，我们介绍了多种置信区间的求法，但并未讲到更多的原理。对于置信区间的理解如果能与假设检验紧密联系起来，就会有更深入的体会。等大家学习了第 5 章所讨论的假设检验问题后，对置信区间的理解就会更加全面。

第 5 章

假设检验

5.1 基本原理及方法

参数估计和假设检验是统计推断的两个重要方面。参数估计是以“数值”为其输出结果。与参数估计不同的是，我们还会经常遇到另一类问题，例如，要判断新配方药物的疗效是否比原配方药物疗效好些，采取改进措施后合格品率是否提高，纤维的长度是否服从正态分布，等等。这类问题要求对总体参数的性质、分布的类型做出结论性的判断。我们对这类问题的共同处理方法是：先把某个结论当成一种假设，然后根据样本观测值的情况，运用统计分析的方法对假设进行检验，并做出判断。这类问题最终是以“判断”为其输出结果，我们把它归纳为假设检验问题。

由于观测到的样本数据总会带有误差，因此不能简单地由样本统计量结果直接做结论，必须使用严格的统计假设检验方法才能得出科学的结论。本节着重介绍有关假设检验的基本原理和检验方法，这是之后几章讲解统计方法的理论基础，大家必须理解掌握。

为使大家对假设检验的基本原理有具体的了解，先看一个例子。

例 5-1

原来的冷拉钢筋生产线上的钢筋平均抗拉强度为 2 000kg，标准差为 300kg。经过参数调整后，希望钢筋平均抗拉强度能有所提高。项目团队实施改进后抽取了 25 根钢筋，测得钢筋平均抗拉强度为 2 150kg。问：能否断言，钢筋平均抗拉强度确有提高？

从此例的问题可以看出，我们是希望通过样本观测数据的情况，即“抽取了 25 根钢筋，测得钢筋平均抗拉强度为 2 150kg”这样的结果，去推断“整批钢筋平均抗拉强度是否确有提高”。这实际就是典型的假设检验问题：根据所获取的样本——运用统计分析方法——对总体 X 的一个假设做出判断。

问题的关键在于：如何运用统计分析方法呢？

一般的做法是：根据所讨论问题的性质构造一个检验统计量，计算出在原假设成立的条件下，该统计量应该有的分布及应拒绝的范围，再根据样本观测值是否落入应该拒绝的范围做出判断。

统计分析方法运用过程中蕴含了两条基本原理：

1. 带有概率性质的反证法原理

在例 5-1 中，用 μ 代表总体的钢筋抗拉强度的平均值，这个值是我们不知道的。我们从抽样中得到的只是样本均值，而统计学的目的就是要用样本去推断总体。对于这个问题，我们知道，若总体均值$\mu=2\ 000$，则认为钢筋抗拉强度的平均值没有提高；若$\mu>2\ 000$，则认为钢筋抗拉强度的平均值有提高。为此可以建立两个命题，在假设检验中称它们为**假设**（hypothesis），前一个为**原假设**（或**零假设**）（null hypothesis），记为H_0；后一个为**备择假设**（或**对立假设**）（alternative hypothesis），记为H_1，即

$$\begin{aligned}&H_0：\mu=2\ 000\\&H_1：\mu>2\ 000\end{aligned}\qquad(5-1)$$

我们思考的逻辑是：为检验H_0（原假设）是否正确，先假定它正确，看由此会出现什么结果，如样本观测值出现了一个与H_0应有结果明显矛盾的情况，则表示应该判定“H_0正确”这个假设是错误的，于是拒绝H_0，这时检验结果是具有说服力的；如果没出现矛盾的情况，我们却不能判定“不拒绝H_0”或“接受H_0”，因为此时只能说明“目前还没找到足够拒绝H_0的理由”而已，没有足够的说服力来肯定H_0一定是成立的。

基于这些事实，H_0和H_1地位是不对等的，不能随意交换。因而，在一般情况下，H_0要取那个在实践中应该受到保护，有足够证据时才能否定的论断或“不证自明”的论断作为原假设，在对参数进行检验时，我们将把相等的、无差别的、等号成立的结论作为原假设；根据要说明的问题，将待判定、待证明、不相等、有差别的结论作为备择假设，设为H_1。对于参数检验的问题，原假设一定含有“等于”某值，备择假设中永远只可能是“大于”、“小于”或“不等于”这三种情况。

对于例5-1所建立的检验，有人会问，检验原假设和备择假设中都没有包含“小于”号，这是否漏掉了一种可能而不完善呢？事实上，我们在这里只是检验“抗拉强度是否提高”的命题，并不关心也不讨论“抗拉强度是否降低”或“抗拉强度是否合格”的问题，因此，并不需要包含“小于”这种情况。正如在法院打官司，张先生告王先生欠他3万元，原假设H_0是王先生不欠钱，备择假设H_1是王先生欠3万元，张先生要举出证据来证明王先生确实欠钱。这时候是不需要讨论是否张先生反而欠王先生钱的问题，如果要讨论，那也是另一场官司的事了。

有些六西格玛培训教材中特别强调了“H_0与H_1一定构成全空间”，因此它们建议，此钢筋抗拉强度的检验问题应该写成：

$$\begin{aligned}&H_0：\mu\leqslant2\ 000\\&H_1：\mu>2\ 000\end{aligned}\qquad(5-2)$$

这里应该说明的是，“H_0与H_1一定构成全空间”这种说法是正确的，但问题在于什么是“全空间”。实际上，由于我们这里讨论检验的是均值这个参数，在分析之前，一定要根据检验问题的实际含义讨论清楚什么是我们所要检验的“参数空间”。注意，它与该参数全部可能取值的范围即“参数的自然空间”不见得是一回事。例如讨论“检验现在钢筋抗拉强度是否超过2 000kg”问题时，钢筋抗拉强度μ的自然空间是全部实数$(-\infty,+\infty)$或$(0,+\infty)$，但我们的统计问题则只限于讨论$\mu\geqslant2\ 000$这样的“参数空间”，我们只是希望将此空间分割为“$\mu=2\ 000$”（均值未提高）和“$\mu>2\ 000$”（均值有提高）两个部分。这里，$\mu<2\ 000$这部分是不需要讨论的。比如抽检了25根钢筋，其平均抗拉强度只有1 900kg，那么这时如果要检验“现在钢筋抗拉强度是否超过2 000kg”，这个检验问题的提法本身就是错误的。我们只能在样本平均抗拉强度超过2 000kg后，才有资格讨论该总体在参数空间中究竟是“$\mu=2\ 000$”还是“$\mu>2\ 000$”。这样说来，“H_0与H_1一定构成全空间”虽然还是正确的，但我们的全空间是“$\mu\geqslant2\ 000$”。总之，我们的问题“检验现在钢筋抗拉强度是否超过2 000kg”写成式（5-1）或式（5-2）都是正确的，没有“对”与“错”的区分，但它们考虑的参数空间是不同的。另

外，从统计学理论上看，对于检验式（5-1）和式（5-2），它们的一致最大功效（uniform most powerful，UMP）检验一定是相同的。因此两种设定原假设的形式其分析结果完全是相同的。由于式（5-1）的形式更基本、更简单，因此从理论上说，式（5-1）比式（5-2）要更简洁、更清晰，在实际工作中，用式（5-1）来处理问题，也更容易思考，所以各种统计计算软件都采用这种表达方法来设定。因此编著者建议大家以后在工作中，不论对立假设是 H_1：$\mu>\mu_0$，或 H_1：$\mu<\mu_0$，还是 H_1：$\mu\neq\mu_0$ 中的哪一种，其原假设都写成统一形式"H_0：$\mu=\mu_0$"，这样处理起来更简洁、清晰，不易出错。

2. 小概率事件原理

在带有概率性质的反证法原理中，所谓的明显不合理情况指的就是竟然出现了小概率事件，因为按照常识，在假设"H_0 是成立的"条件下，与大概率事件相比，小概率事件在一次试验中是几乎不会发生的，如果它发生，说明最初的假设"H_0 是成立的"并不正确，因此应该拒绝 H_0。但与此同时，应该注意的是，在处理假设检验问题时，未考虑特殊情况，虽说小概率事件在一次试验中几乎不会发生，但不等于就不会发生，它仍然有发生的可能性。所以，根据小概率事件发生而做出拒绝 H_0 的判断有犯错误的可能，了解这一点是很重要的，这就是下一节要讨论的两类错误问题。

在实际工作中，常见的比较问题可以按总体的个数分为三种类型：单总体、双总体、多总体。上面所说的钢筋平均抗拉强度是否提高的问题是典型的第一种类型：单总体问题。如果想改进水泵的平均抽水量，改进前抽取 15 台，改进后抽取 12 台，希望检验改进后的水泵平均抽水量比改进前是否有提高，这就是双总体检验问题。如果有 4 台车床，都生产同型号的垫片，希望检验 4 台车床生产的垫片厚度的平均值是否相等，这就是多总体比较问题。

在 MINITAB 软件中，相应的问题是用样本来表述的，即称为单样本、双样本、多样本问题。本书以后的章节对这两种提法也就不再加以区分了。另外，从比较的对象上讨论，上述几个例子讨论的都是平均值问题，同样的三种比较类型还可以比较方差相等性、比率相等性或中位数相等性问题。这样一来，在六西格玛管理中经常遇到的检验问题，搭配起来至少有 3×4＝12 类。下面我们将逐个介绍，并在本章最后给出检验方法总表（详见本章表 5-19），供读者参考。

5.2 基本步骤

假设检验基本步骤的规定在叙述时可以详细也可以简略，我们将假设检验过程归结为五个基本步骤。

1. 建立假设

假设检验的第一步是建立假设，通常需要建立一对假设：原假设 H_0 和备择假设 H_1。比如在对单总体均值进行检验时，有三类假设：

H_0：$\mu=\mu_0$，H_1：$\mu>\mu_0$

H_0：$\mu=\mu_0$，H_1：$\mu<\mu_0$

H_0：$\mu=\mu_0$，H_1：$\mu\neq\mu_0$

称前两个为单边假设检验，最后一个为双边假设检验。

在例 5-1 中，我们用的是单边检验：

H_0：$\mu=2\,000$

H_1：$\mu>2\ 000$

假设检验的任务便是根据样本 X_1，X_2，…，X_n 来判断原假设是否为真，如果有证据证明它已经不能成立，应该被拒绝，则可以得出结论说我们可以肯定 H_1 是成立的。

2. 选择检验统计量，确定拒绝域的形式

若对总体的均值进行检验，那么将由样本均值 $\overline{X}$ 引出检验统计量，若对于正态总体的方差进行检验，将从样本方差 S^2 引出检验统计量。选定检验统计量还要看数据的基本条件，例如是否已知总体标准差 σ 等。

根据检验统计量的值，我们把整个样本空间分成两部分：拒绝域 W 与接受域 A。当样本落在拒绝域中就拒绝原假设，否则就无法拒绝原假设；如果样本落入所谓的接受域，我们所能说的也只是"无法拒绝原假设"，因为这时只能说明"目前我们尚未找到证据拒绝原假设"而已，这与说"接受原假设"或"原假设肯定成立"还是有差别的。这时候，拒绝是一种有说服力的判断，而"无法拒绝原假设"是一种没有说服力的判断。所以在假设检验中我们通常总是强调要找出拒绝域。

根据备择假设的不同，拒绝域可以是双边的也可以是单边的。在确定了拒绝域的类型后，还要确定临界值 c，这应根据允许犯第一类错误的概率 α 来确定。

3. 给出检验中的显著性水平 α

在对原假设是否成立进行判断时，由于样本的随机性，判断可能产生两类错误，如表 5－1 所示。第一类错误是当原假设 H_0 为真时，由于样本的随机性，使样本观察值落入拒绝域 W 中，从而做出拒绝原假设的决定，这类错误称为**第一类错误**，其发生的概率称为犯第一类错误的概率，也称为"拒真概率"，记为 α，即 P(拒绝 $H_0 \mid H_0$ 成立)$=\alpha$。第二类错误是当原假设 H_0 为假时，由于样本的随机性，使样本观察值落入接受域 A 中，从而做出无法拒绝原假设的决定，这类错误称为**第二类错误**，其发生的概率称为犯第二类错误的概率，也称为"纳伪概率"，记为 β，即 P(不拒绝 $H_0 \mid H_1$ 成立)$=\beta$。

表 5－1　　　　假设检验中的两类错误

判断结论	总体情况	
	H_0 成立	H_1 成立
不拒绝 H_0	结论正确（概率为 $1-\alpha$）	第二类错误（概率为 β）
拒绝 H_0	第一类错误（概率为 α）	结论正确（概率为 $1-\beta$）

由于假设检验的目的通常是要进行某种判断，强调的是判断的说服力要足够强。当原假设成立的时候，如果出现"目前样本观测结果是根本不可能的"，则根据逻辑关系，我们可以根据出现了不应该出现的观测结果，而判定原假设不成立。但现实情况中，当原假设成立的时候，虽然目前观测结果出现的可能性很小，但仍然是有可能出现的，则根据逻辑关系，我们"由于目前样本出现了，因而判定原假设不成立"也就有了犯判断错误的可能性。我们要求出现这类错误，也就是犯第一类错误的概率不能超过某个水平 α，由此给出的检验称为"水平为 α 的显著性检验"，称 α 为显著性水平，通常取 α 为 0.05。

以例 5－1 为例，因为要求检验钢筋抗拉强度的平均值是否提高，因此 H_0 的要求就是 $\mu=2\ 000$，表示平均值并未提高；如果 H_0：$\mu=2\ 000$ 被拒绝，则表明钢筋抗拉强度的平均值确有提高。为了真正理解假设检验结论的含义，我们应该具体地理解犯两类错误的实际意义。

关于第一类错误的说明：如果 H_0 钢筋抗拉强度的平均值 $\mu=2\ 000$，钢筋抗拉强度的平均值无提高，但我们拒绝了 H_0，这种情况下即把钢筋抗拉强度平均值未提高的总体当作有提高。

一般来说就是，当 H_0 成立时，我们却拒绝了 H_0，这就是第一类错误。犯第一类错误的概率用 α 表示，通常取 $\alpha=0.05$ 作为犯第一类错误的概率标准。有时也可能要求犯第一类错误的概率更小，而取 α 为 0.01；有时为了减少犯第二类错误的概率，而取 α 为 0.1。

关于第二类错误的说明：如果钢筋抗拉强度平均值实际已经有提高，但我们却把这样的总体当作没有提高，没能辨别出来，这种情况下，我们不能拒绝 H_0，即把钢筋抗拉强度平均值有提高的总体当作没有提高。一般来说就是，当 H_0 不成立时，我们却未拒绝 H_0，这就是第二类错误。犯第二类错误的概率用 β 表示。

在样本量 n 一定的情况下，α 减小，β 会增大；β 减小，α 会增大；要想同时减小 α 和 β，只有增大样本量 n 才行。

4. 给出临界值，确定拒绝域

有了显著性水平 α 后，可以根据给定的检验统计量的分布，计算或查表得到临界值，从而确定具体的拒绝域。在不同的备择假设下，拒绝域、临界值与显著性水平 α 的关系是不同的，如图 5－1 所示。

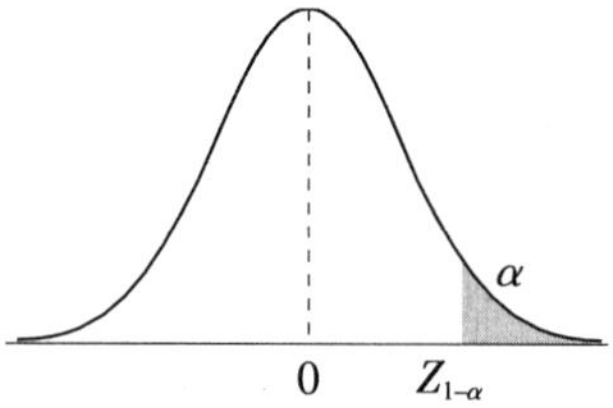

(a) $H_0: \mu=\mu_0, H_1: \mu>\mu_0$

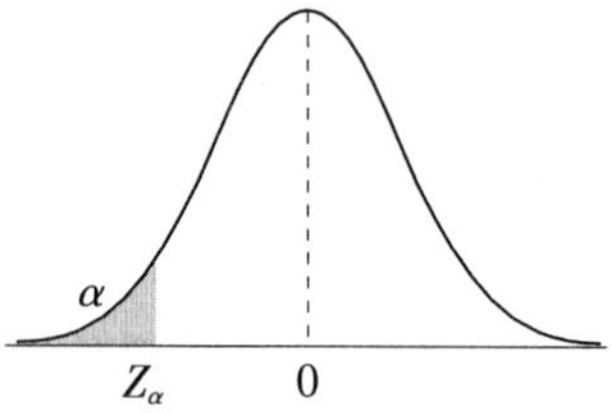

(b) $H_0: \mu=\mu_0, H_1: \mu<\mu_0$

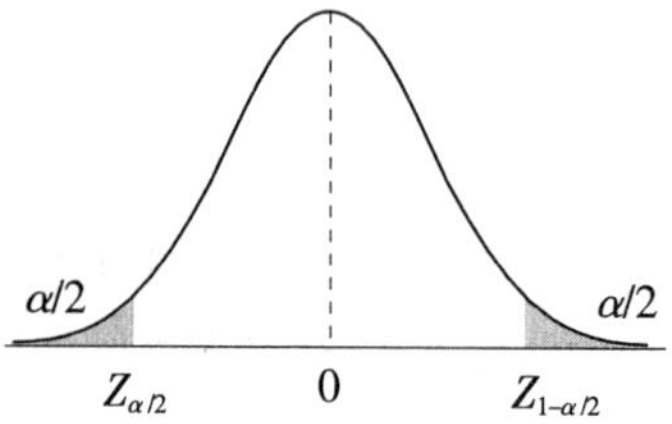

(c) $H_0: \mu=\mu_0, H_1: \mu\neq\mu_0$

图 5－1　备择假设、拒绝域和显著性水平

5. 根据样本观察值，计算检验统计量的值并进行判断

判断检验结论通常有三种方法：

(1) p 值比较法。所谓 p 值，指的就是当原假设 H_0 成立时，出现目前状况的概率（严格说是：当原假设 H_0 成立时，出现目前状况或对原假设更不利状况，即对备择假设更有利状况的概率）。当这个概率很小时（例如小于 0.05），这个结果在原假设成立的条件下就不该在一次试验中出现；但现在它确实出现了，因此我们有理由认为“原假设成立”的这个前提是错的，应该拒绝原假设，接受备择假设。因此可以有个最一般的规则：如果 p 值$<\alpha$，则拒绝原

假设。所谓 p 值，也可以理解为“对于此样本拒绝原假设将犯的第一类错误概率”，因此同样可以得到判断法则：“如果 p 值 $<\alpha$，则拒绝原假设。”目前大多数统计软件都提供了与假设检验对应的 p 值（p-value），不必再查统计表确定拒绝域临界值就可以根据 p 值做出判断，这使在假设检验中得出结论的工作大大简化了。那么，小到什么程度才能算很小呢？这与我们指定的显著性水平 α 有关。我们把 p 值与显著性水平 α 进行比较，若 p 值比 α 小，则拒绝原假设；反之，不能拒绝原假设。实际工作时，通常取 $\alpha=0.05$，我们把 p 值与 0.05 进行比较，若 p 值比 0.05 小，则拒绝原假设；反之，不能拒绝原假设。

（2）置信区间方法。根据样本观测结果计算总体参数的置信区间，然后看置信区间是否包含了该总体参数的原假设值，如果原假设值未被包含在内，则拒绝原假设；反之，则不能拒绝原假设。目前大多数统计软件都提供了相应的置信区间，不必自己计算，因此用这个方法判断也很方便。

（3）临界值法。这是假设检验最早采用的一种手工计算方法，计算用的工具比较简单。我们先计算出检验统计量的观测值，将它与该检验统计量的临界值进行比较（详细比较方法参见图 5-1），当它落在拒绝域中就做出拒绝原假设的结论，否则就做出无法拒绝原假设的结论。

当给定的第一类风险标准 α 相同时，三种方法得出的结论当然应该是一致的。但它们有不同的侧重点。作为黑带，应该对三者都很熟悉，至少前两种方法应熟练掌握。p 值着眼于考虑这个事件出现是小概率事件，其发生的概率是那么小，以至于我们认为它在一次试验中发生是非同寻常的，以此来拒绝原假设；置信区间则着重于考虑原假设的参数值“偏离 $1-\alpha$ 置信区间有多远”，以此来拒绝原假设。出发点略有不同，结论却是殊途同归。我们分析问题时，应全面掌握这些信息，以便更好地理解所得出的结论。

例 5-1 续

解 建立原假设和备择假设。

H_0：$\mu=2\ 000$

H_1：$\mu>2\ 000$

由于钢筋抗拉强度 X 服从正态分布，故 $\overline{X}$ 的抽样分布也服从正态分布，且标准差已知，检验统计量为：

$$Z=\frac{\overline{X}-\mu_0}{\sigma/\sqrt{n}}$$

在 H_0 成立时，Z 服从标准正态分布。

取显著性水平 α，相应检验统计量的拒绝域为右单侧：$\{Z>Z_{1-\alpha}\}$（当 $\alpha=0.05$ 时，式中 $Z_{1-\alpha}=1.645$），即如果 $Z>1.645$，则拒绝 H_0。

计算检验统计量：

$$Z=\frac{\overline{X}-\mu_0}{\sigma/\sqrt{n}}=\frac{2\ 150-2\ 000}{300/\sqrt{25}}=2.5$$

由于 $Z=2.5>1.645$，故拒绝 H_0。

注：我们这里对例 5-1 给出的拒绝域的一般形式是 $Z>Z_{1-\alpha}$，此式如果换成 $Z\geqslant Z_{1-\alpha}$，其实结果是一样的（由于连续型随机变量形成的统计量恰好取某个指定值的概率肯定为 0，可以不予考虑，但对于取离散值的统计量则要小心区别是否包含等号）。

应用 MINITAB 则可以得到下述结果（操作细节请看本章 5.3 节）：

```
单样本 Z
mu = 2 000 与>2 000 的检验
假定标准差 = 300
N    均值     均值标准误   95%下限    Z      P
25   2 150.0      60        2 051.3   2.50   0.006
```

对于MINITAB输出的结果必须能够解释清楚。这里首先给出样本量n为25，样本均值$\overline{X}$为2 150，均值标准误（即$\sigma/\sqrt{n}$）为60。除此之外，这里主要提供了三处可以直接判断原假设是否成立的计算结果。

（1）$Z=2.5$，应该拒绝原假设。前面对此已经做了分析。

（2）p值$=0.006$。判断法则是：当p值小于给定的显著性水平α时，则拒绝原假设。本例，p值比0.05小，故应该拒绝原假设。

（3）置信区间。在本例中，样本均值为2 150，总体均值可能稍大或稍小，但我们可以有95%的把握断言，总体均值一定会大于2 051.3（此值就是总体均值的95%置信下限，总体均值的上限是无穷），因为原假设的均值2 000比2 051.3还小，并未落入此置信区间内，因此应该拒绝原假设。

5.3 均值检验

在实际工作中，对均值的检验是最基本、最重要的。以下分单总体、双总体及多总体分别叙述。

5.3.1 单正态总体均值检验

在第4章中的4.1节，我们知道了正态总体的抽样分布。对于单个正态总体，在总体标准差σ已知或σ未知的两种不同条件下，有关样本均值的抽样分布是不同的。

当总体标准差σ已知时，有公式：

$$Z=\frac{\overline{X}-\mu}{\sigma/\sqrt{n}}\sim N(0,\ 1)$$

当总体标准差σ未知时，有公式（参见式（4-2））：

$$t=\frac{\overline{X}-\mu}{S/\sqrt{n}}\sim t(n-1)$$

式中，S为样本标准差。

$$S=\sqrt{\frac{1}{n-1}\sum_{i=1}^{n}(X_i-\overline{X})^2}$$

对于这两种不同的情况，我们分别进行介绍。

5.3.1.1 总体标准差σ已知

1. 临界值法

我们这里分别给出不同备择假设下的拒绝域，实际检验时，根据计算出的检验统计量的观测值，看它是否落在拒绝域内，从而做出判断。

（1）关于总体均值μ常用的三对假设：

1）$H_0: \mu=\mu_0$，$H_1: \mu>\mu_0$
2）$H_0: \mu=\mu_0$，$H_1: \mu<\mu_0$
} 单边假设检验

3）H_0：$\mu=\mu_0$，H_1：$\mu\neq\mu_0$　双边假设检验

（2）检验统计量选择 Z 统计量。

$$Z=\frac{\overline{X}-\mu_0}{\sigma/\sqrt{n}} \tag{5-3}$$

H_0 成立时，$Z\sim N(0,1)$。

（3）对应这三个备择假设，它们各自的拒绝域分别为：

1）H_1：$\mu>\mu_0$ 时，拒绝域是：

$$\{Z>Z_{1-\alpha}\} \tag{5-4}$$

2）H_1：$\mu<\mu_0$ 时，拒绝域是：

$$\{Z<Z_{\alpha}\} \tag{5-5}$$

3）H_1：$\mu\neq\mu_0$ 时，拒绝域是：

$$\{|Z|>Z_{1-\alpha/2}\} \tag{5-6}$$

式中，$Z_{1-\alpha}$是标准正态分布的 $1-\alpha$ 分位数。根据标准正态分布的对称性，$Z_{\alpha}=-Z_{1-\alpha}$，因此，式（5-5）也可以写成下列形式（以后不再赘述）：

H_1：$\mu<\mu_0$ 时，拒绝域是：

$$\{Z<-Z_{1-\alpha}\} \tag{5-7}$$

2. p 值比较法

已知总体标准差时，通过 MINITAB 软件指令“统计>基本统计量>单样本 Z（Stat>Basic Statistics>1-Sample Z)”来实现。

例 5-2

从历史记录得知，快递公司投送从中国发往美国的邮件，平均投递时间为 80 小时，标准差为 14 小时。现随机抽取了 28 份邮件的投递时间记录见表 5-2（数据文件：BS_投递时间. MTW)。

表 5-2

90	73	59	52	80	100	64	75	53	68	81	65	68	59
95	55	67	92	60	71	94	93	77	79	89	86	83	78

可以计算出平均值已降低为 75.21 小时。试用 MINITAB 分析发往美国的国际邮件的平均投递时间是否已低于 80 小时？取显著性水平 $\alpha=0.05$。

解　许多统计问题的解决依赖于数据是否服从正态分布，我们这里要检验平均投递时间是否已低于 80 小时，必须先判定数据是否服从正态分布，在 MINITAB 中，指令“统计>基本统计量>正态性检验（Stat>Basic Statistics>Normality Test)”可以产生一个正态分布的概率图以及判定数据是否符合正态分布，正态性检验的详细内容见 5.3.2.1 节。

假设目前我们已证明数据是服从正态分布的，且此处总体标准差已知，采用“单样本 Z”进行总体均值假设检验。建立如下假设：

H_0：$\mu=80$

H_1：$\mu<80$

（1）选择“统计>基本统计量>单样本 Z（Stat>Basic Statistics>1-Sample Z)”。

（2）输入已知的总体标准差“14”，输入待检验均值“80”，点击“选项（Options)”后，在“备择（Alternative)”选项中要输入“小于（Less Than)”，如图 5-2 所示。

（3）点击“图形（Graphs)”，选中“数据直方图”。

（4）点击“确定”后，得到输出结果（见图 5-3)。

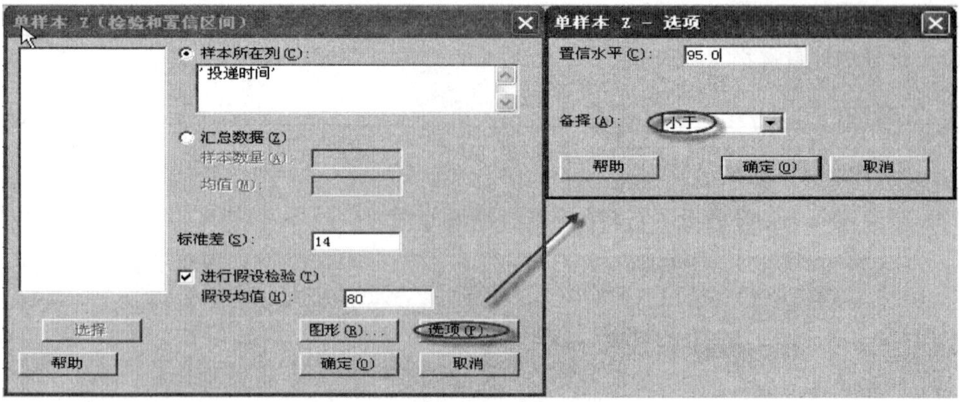

图 5-2　单样本 Z 检验操作图

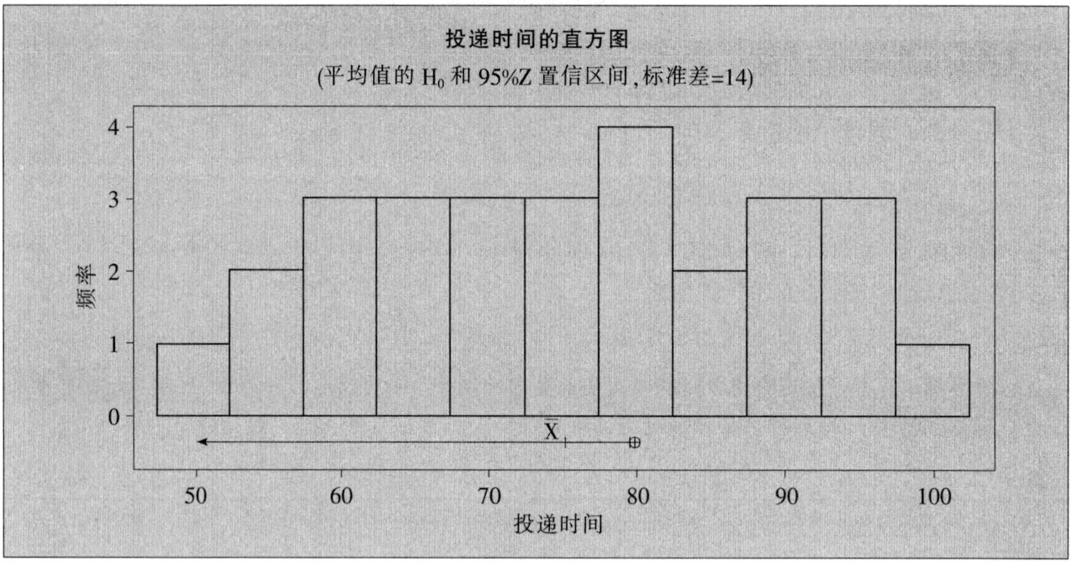

图 5-3　投递时间的直方图

单样本 Z：投递时间

mu = 80 与 <80 的检验

假定标准差 = 14

变量	N	均值	标准差	均值标准误	95%上限	Z	P
成绩	28	75.21	13.94	2.65	79.57	−1.81	0.035

（5）输出结果说明。

由图 5-3 可以看出，H_0：$\mu=80$ 在置信区间以外，或者由输出的 p 值 $=0.035<0.05$，我们都可以得出同样的结论：发往美国的国际邮件的平均投递时间确实已低于 80 小时。

例 5-3

抽查精细面粉的装包重量，其每包重量（单位：kg）在正常生产下均值为 20，标准差 0.1。某日在生产的产品中抽查了 16 包，其观测数据见表 5-3（数据文件：BS _ 面粉重量 . MTW）。

表 5-3

20.21	19.95	20.15	20.07	19.91	19.99	20.08	20.16
19.99	20.16	20.09	19.97	20.05	20.27	19.96	20.06

现发现平均重量稍有变化，如果标准差不变，试问生产是否正常？取$\alpha=0.05$。

解 （1）建立假设：

H_0：$\mu=20$

H_1：$\mu\neq20$

（2）由于σ已知，故选用单样本Z检验。

（3）根据显著性水平$\alpha=0.05$及备择假设知拒绝域为：

$\{|Z|>Z_{1-\alpha/2}\}=\{|Z|>1.96\}$

（4）由样本观察值，求得

$$Z=\frac{\overline{X}-20}{0.1/\sqrt{16}}=\frac{20.067-20}{0.1/\sqrt{16}}=2.68>1.96$$

由于样本观察值落在拒绝域中，因此拒绝原假设，可以认为该天生产不正常。

应用MINITAB，打开“BS_面粉重量.MTW”数据文件，从“统计>基本统计量>单样本Z(Stat>Basic Statistics>1-Sample Z)”入口，填写变量名后，要特别注意在“选项(Options)”窗口选择双侧检验“不等于(Not Equal)”，如图5-4所示。

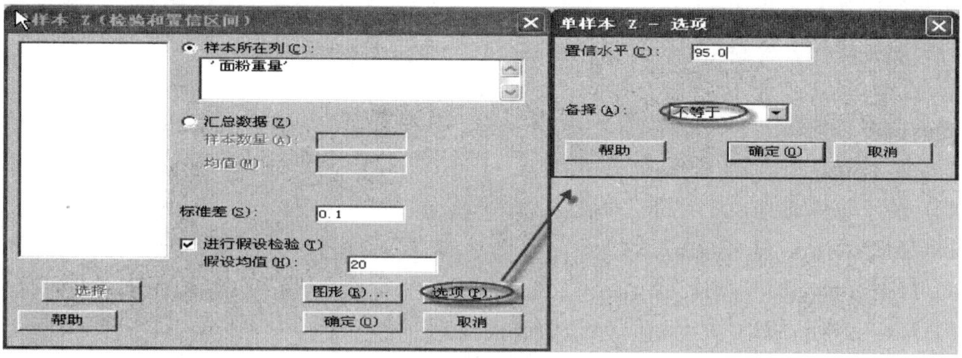

图5-4 单样本Z检验操作图

得到的结果如图5-5所示。

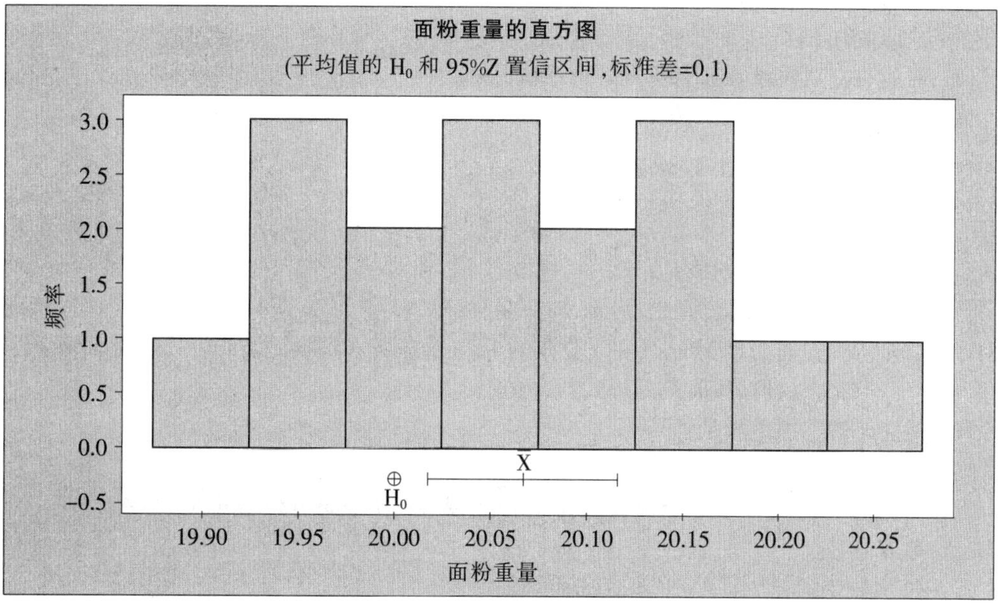

图5-5 面粉重量的直方图

单样本 Z：面粉重量

mu = 20 与≠20 的检验

假定标准差 = 0.1

变量	N	均值	标准差	均值标准误	95%CI	Z	P
面粉重量	16	20.066 9	0.102 6	0.025 0	(20.017 9，20.115 9)	2.67	0.007

输出结果说明：因为 p 值=0.007<0.05，故拒绝 H_0，即认为面粉平均重量已有显著变化，生产不正常。换个角度考虑，由于观测的样本均值是20.066 9，置信区间显示，以95%的把握断言，总体均值肯定落在（20.017 9，20.115 9），$\mu=20$ 未落入此置信区间，因而拒绝原假设。MINITAB还给出非常直观的图形（见图5-5）帮助判断：当 H_0 所对应的均值未落入均值的置信区间时，拒绝原假设；否则无法拒绝原假设。本例的结论是：拒绝原假设 H_0，即面粉平均重量与20kg有显著差别，生产不正常。

5.3.1.2 总体标准差 σ 未知时

当总体标准差 σ 未知时，用 σ 的估计值 S 代替 Z 统计量中 σ 而得到 t 统计量。因此，相应的各种检验方法与 Z 检验相似，只是把标准正态分布换成 t 分布而已。

1. 临界值法

我们这里分别给出不同备择假设下的拒绝域，实际检验时，根据计算出检验统计量的观测值，看它是否落在拒绝域内，从而做出判断。

（1）关于总体均值 μ 常用的三对假设：

1）H_0：$\mu=\mu_0$，H_1：$\mu>\mu_0$ } 单边假设检验

2）H_0：$\mu=\mu_0$，H_1：$\mu<\mu_0$ }

3）H_0：$\mu=\mu_0$，H_1：$\mu\neq\mu_0$ 双边假设检验

（2）当小样本（$n<30$）时，用 σ 的估计 S 代替 Z 统计量中 σ 而得到 t 统计量：

$$t=\frac{\overline{X}-\mu_0}{S/\sqrt{n}} \tag{5-8}$$

在 H_0 成立的条件下，$t\sim t(n-1)$。

（3）对应这三对假设，它们各自的拒绝域分别为：

1）H_1：$\mu>\mu_0$ 时，拒绝域是：

$$\{t>t_{1-\alpha}(n-1)\} \tag{5-9}$$

2）H_1：$\mu<\mu_0$ 时，拒绝域是：

$$\{t<t_{\alpha}(n-1)\} \tag{5-10}$$

3）H_1：$\mu\neq\mu_0$ 时，拒绝域是：

$$\{|t|>t_{1-\alpha/2}(n-1)\} \tag{5-11}$$

式中，$t_{1-\alpha}(n-1)$ 是自由度为 $n-1$ 的 t 分布的 $1-\alpha$ 分位数，根据 t 分布的对称性，$t_{\alpha}=-t_{1-\alpha}$，因此，式（5-10）也可以写成下列形式：

H_1：$\mu<\mu_0$ 时，拒绝域是：

$$\{t<-t_{1-\alpha}(n-1)\} \tag{5-12}$$

大样本（$n\geqslant30$）时，上述检验统计量的拒绝域中的 t 分布分位数都可以近似用标准正态分布分位数来代替。

2. p 值比较法

通过MINITAB软件指令“统计>基本统计量>单样本 t（Stat>Basic Statistics>1-Sample

t)”来实现。

例5-3续

与原题相同，只是不再假定总体标准差已知。

解 这时就应该用单样本 t 检验了。

(1) 建立假设：

H_0：$\mu=20$

H_1：$\mu\neq20$

(2) 由于 σ 未知，故选用单样本 t 检验。

(3) 根据显著性水平 $\alpha=0.05$ 及备择假设知拒绝域为：

$\{|t|>t_{1-\alpha/2}\}=\{|t|>2.131\}$

(4) 由样本观察值，求得

$$t=\frac{\overline{X}-20}{0.1026/\sqrt{16}}=\frac{20.0669-20}{0.1026/\sqrt{16}}=2.61>2.131$$

由于样本观察值落在拒绝域中，因此拒绝原假设，可以认为该天生产不正常。

应用 MINITAB，打开“BS _ 面粉重量 . MTW”数据文件，从“统计>基本统计量>单样本 t (Stat>Basic Statistics>1 Sample t)”进入相关界面，填写变量名后，要特别注意在“选项 (Options)”窗口选择双侧检验“不等于 (Not Equal)”得到结果。

单样本 T：面粉重量

mu = 20 与≠20 的检验

变量	N	均值	标准差	均值标准误	95%CI	T	P
面粉重量	16	20.066 9	0.102 6	0.025 7	(20.012 2，20.121 6)	2.61	0.020

因为 p 值$=0.02<0.05$，拒绝 H_0，即认为面粉平均重量已有显著变化，生产不正常。

例5-4

某车工所加工的轴棒要求平均长度为500mm，他在自己生产的轴棒中随机抽取了25根，测量结果得样本均值为501mm，样本标准差为1mm。问：在显著性水平 $\alpha=0.05$ 下，他加工的轴棒长度均值能认为是500mm吗?

解 建立假设：

H_0：$\mu=500$

H_1：$\mu\neq500$

由于是小样本，并且 σ 未知，故选用单样本 t 检验。

(1) 选择“统计>基本统计量>单样本 t (Stat>Basic Statistics>1-Sample t)”，输入“汇总数据 (Summarized data)”，输入待检验的均值“500”，点击“选项 (Options)”后，在“备择 (Alternative)”选项中要输入“不等于 (Not Equal)”。

(2) 点击“确定”后，得到如下输出结果：

单样本 T

mu = 500 与≠500 的检验

N	均值	标准差	均值标准误	95%CI	T	P
25	501.000	1.000	0.200	(500.587，501.413)	5.00	0.000

(3) 输出结果说明。计算结果显示：$\overline{X}=501$，$S=1$，$t=5$，而 $t_{1-\alpha/2}(n-1)=t_{0.975}(24)=2.064$ (t 分布分位数表)，由于 $|t|=5>2.064$，故拒绝 H_0。

同样，由于 MINITAB 输出的 p 值 $=0.000<0.05$，因此我们的结论是：拒绝原假设，即在显著性水平 $\alpha=0.05$ 下，不能认为加工的轴棒长度均值是 500mm，它已经超长了。

在这里我们要提醒读者，应该深入理解检验结果的含义。有人会问：原来标准差为 1mm，平均值与标准值之差也是 1mm，这个差别不过是 1 倍标准差，怎么这样小的差别就被判为差异显著了呢？问题出在现在讨论的是样本平均值而不是样本的单值。根据中心极限定理，原来的标准差为 1mm，25 个样品的平均值的标准差降为原来的 1/5，也就是说平均值的标准差只有 0.2mm，这样一来，偏离值 1mm 相当于 5 倍标准差，差异当然是显著的了。

将上述结果列在表 5－4 中以便查用，通常将用 Z，t 做检验统计量的检验分别称为 Z 检验和 t 检验。

表 5－4　单个正态总体均值的显著性水平为 α 的检验

检验法	条件	H_0	H_1	检验统计量	拒绝域
Z 检验	σ 已知	$\mu=\mu_0$ $\mu=\mu_0$ $\mu=\mu_0$	$\mu>\mu_0$ $\mu<\mu_0$ $\mu\neq\mu_0$	$Z=\dfrac{\overline{X}-\mu_0}{\sigma/\sqrt{n}}$	$\{Z>Z_{1-\alpha}\}$ $\{Z<-Z_{1-\alpha}\}$ $\{\lvert Z\rvert>Z_{1-\alpha/2}\}$
t 检验	σ 未知	$\mu=\mu_0$ $\mu=\mu_0$ $\mu=\mu_0$	$\mu>\mu_0$ $\mu<\mu_0$ $\mu\neq\mu_0$	$t=\dfrac{\overline{X}-\mu_0}{S/\sqrt{n}}$	$\{t>t_{1-\alpha}(n-1)\}$ $\{t<-t_{1-\alpha}(n-1)\}$ $\{\lvert t\rvert>t_{1-\alpha/2}(n-1)\}$

5.3.2　假设检验所需要验证的条件

上面讨论的是单样本 Z 检验或单样本 t 检验，以后我们还要讨论更多的不同类型的假设检验问题，这里有个问题：是否对任何数据都可以进行各种假设检验呢？当然不行。由于我们在推导各种检验方法时都假定了一些条件，因此在进行假设检验前，必须验证所有数据满足这些条件。归纳起来主要是下列三个条件：

（1）数据观测值是相互独立的。

（2）数据必须服从正态分布。

（3）数据必须来自同一个总体，没有异常的观测值。

对于第一个条件的检验就是 5.3.2.1 节中介绍的独立性检验；对于第二个条件的检验就是 5.3.2.2 节中介绍的正态性检验；对于第三个条件的检验就是 5.3.2.3 节中介绍的异常值检验。

5.3.2.1　独立性检验

由于我们讨论假设检验的基础是所收集的数据来自同一总体的随机独立样本，因此对于来自同一总体的样本数据的独立性检验，通常采用游程（run，也译为“链”或“串”）检验来进行。

依时间或其他顺序排列的有序数列中，具有相同的事件或符号的连续部分称为一个游程，通常记 r 为游程总个数。比如：

$$\underbrace{++++}\overbrace{----}\underbrace{+++}\overbrace{---}\underbrace{++}\overbrace{----}$$

此游程总个数 $r=6$。

我们要检验的独立性若写成假设检验的形式，则应该这样设立假设：

H_0：数据是相互独立的

H_1：数据不是相互独立的

通常使用两种游程：中位数游程及升降游程。前者是以中位数为界，超过中位数者记为“＋”，小于或等于中位数者记为“－”；后者是以相邻的两个观测值之升降为标准，后一个比前一个观测值大者记为“＋”，后一个比前一个观测值小或持平者记为“－”。

从游程的概念出发，很容易看出，当数据相互独立时，数据的出现顺序完全随机，游程的出现也应该是随机的，两种游程的个数都应该不太多也不太少。但是如果像证券市场中的上证指数那样，第一天指数很高，第二天指数接着也会很高；第一天指数很低，第二天指数接着也会很低，这就必然导致中位数游程的个数偏少或最大游程长度偏长，这显示出“聚类性”(clustering)，即比中位数高（或低）者有扎堆成群的特征，这是典型的数据不独立的例子。另一种类型是：如果将球往地上一个筐内投掷希望命中，第一次投远了，即投掷距离太长，第二次肯定要矫枉过正用力小些，导致投得偏近，即投掷距离太短；反之，这次投近了，即投掷距离太短，下一次肯定要矫枉过正用力大些，导致投得偏远；这样一来，每次都在矫正，中位数游程总个数会偏多，这显示出一种“混合性”（mixtures）的特征。中位数游程主要是讨论全部观测值范围内的全局性特征。升降游程的含义与中位数游程类似，但它主要是讨论局部范围内的特征。如果在一段范围内连续多个观测值在上升（或下降），则升降游程的总个数会减少，这显示一种“趋势性”（trends）的特征（即曲线过度光滑，而这与这些点是在中位数上方或下方无关）；如果连续多个观测值一直在升降交错，则升降游程的总个数会增多，这显示一种“振动性”（oscillation）的特征（即曲线上“毛刺”太多，但这也与这些点是在中位数上方或下方无关，除非恰巧在中位数上下振动）。总之，两种游程讨论的虽然是不同的特征，但两种游程总个数偏少或游程总个数偏多都是数据不独立的表现。为此我们可以对游程总个数设定拒绝域。由于两种游程（中位数游程及升降游程）有个数过少及个数过多两种类型共4种搭配，计算机直接给出出现这4种不独立状况的 p 值，当4项中的某项之 p 值 <0.05 时，则可以认为数据中此种不独立类型的状况已经出现。例如，“聚类”的 p 值 <0.05 时，可知中位数游程过少；“混合”的 p 值 <0.05 时，可知中位数游程过多；“趋势”的 p 值 <0.05 时，可知升降游程过少；“振动”的 p 值 <0.05 时，可知升降游程过多。为了让大家详细了解游程个数的判断法则，我们下面给出用手工方式计算的步骤（其实不必费力理解这些细节，以下的一段也可以略过）。归纳起来：当样本量较小（小于40）时，有临界值表可查（见本书附表10）；当样本量较大时，可以使用正态近似，计算机软件可以直接算出结果。

（1）当样本量不超过40时。设立如下假设：

H_0：数据是相互独立的

H_1：数据不是相互独立的

用“统计＞质量工具＞运行图（Stat＞Quality Tools＞Run Chart）”可以给出游程总个数 r 的计算结果，然后查附表10确定下临界值 R_1 及上临界值 R_2。当 $r\leqslant R_1$ 或 $r\geqslant R_2$ 时，拒绝原假设。

例5-5（续例5-3）

在面粉重量例题中有16个数据（数据文件：BS_面粉重量.MTW）。问：上述数据是否相互独立？

解 建立如下假设：

H_0：数据是相互独立的

H_1：数据不是相互独立的

由于样本量不超过40，先求出游程总个数 r。

(1) 选择“统计>质量工具>运行图（Stat>Quality Tools> Run Chart)”（见图5-6）。

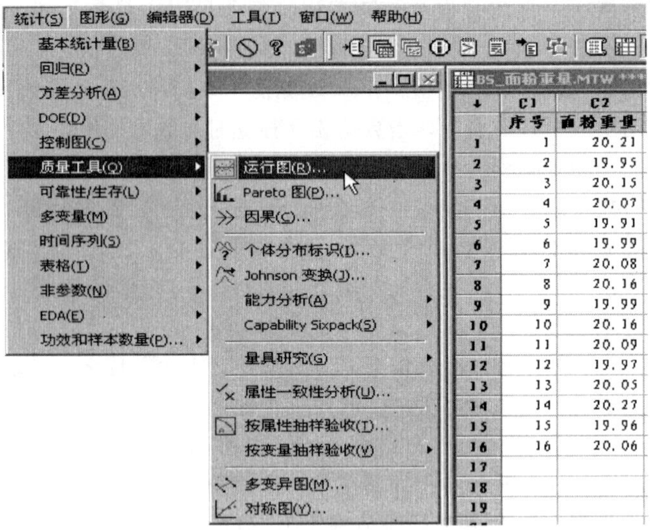

图5-6 小样本游程计算操作图

(2) 输入变量，选定“子组大小（Subgroup Size)”为1，点击“确定”后，得到如图5-7所示输出结果。

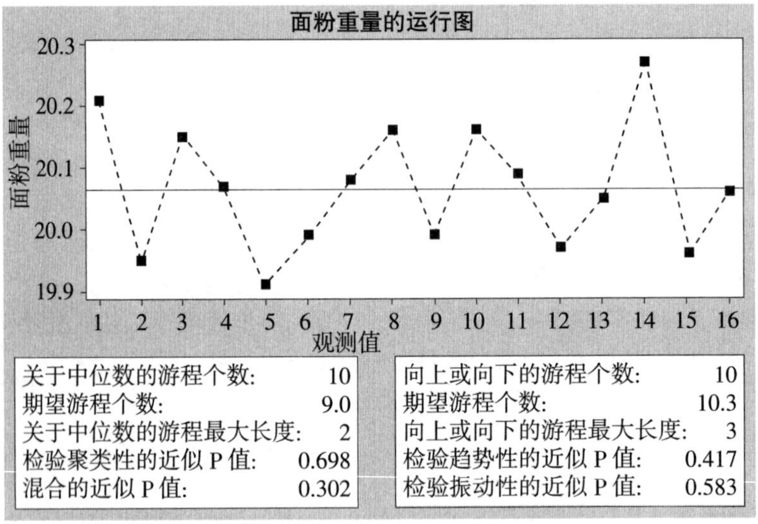

图5-7 使用运行图进行独立性检验

(3) 输出结果说明。由输出知道，关于中位数的游程总个数为10。我们的样本量为16，以中位数为界，比它高的（记为“+”号）和不比它高的（记为“—”号）各为8个。查附表10的左上角表，对应 $n_1=8$ 与 $n_2=8$ 的交会点得到临界值 $R_1=4$；查附表10的右上角表，对应 $n_1=8$ 与 $n_2=8$ 的交会点得到临界值 $R_2=14$。如果游程总个数小于等于4或游程总个数大于等于14，则拒绝原假设，说明数据不独立。现在游程总个数 $r=10$，未落入拒绝域，所以结论是：无证据显示独立性有问题，因此，在目前的抽样条件下，可以认为（或者说也只能认为）面粉重量的数据是独立的。

(2) 当样本量超过 40 时。由于附表 10 的应用范围是 n_1，n_2 小于等于 20，即样本量小于 40 才行。当样本量超过 40 时，虽然无临界值表可查，但这时可以对游程总个数用正态近似方法了。设立如下假设：

H_0：数据是相互独立的

H_1：数据不是相互独立的

先求出中位数，再以中位数为界，用“统计＞非参数统计＞游程检验（Stat＞Nonparametric＞Runs test)”求出游程总数，并用正态近似方法计算出 p 值，当 p 值小于 α 时，拒绝原假设。

实际上，样本量超过 25 时已经可以使用正态近似方法了，因此在数据量位于 25～40 之间时，查表的精确计算法与正态近似方法二者都可用。下面我们先用正态近似方法来计算。

例 5-6（续例 5-2）

检验快递公司的投递时间是否独立（数据文件：BS _ 投递时间. MTW）。问此投递时间数据是不是独立的？

解 建立如下假设：

H_0：数据是相互独立的

H_1：数据不是相互独立的

(1) 用“统计＞基本统计量＞图形化汇总（Stat＞Basic Statistics＞Graphical Summary)”，求出观测数据的中位数是“76”。

(2) 选择“统计＞非参数＞游程检验（Stat＞Nonparametrics＞Runs Test)”，输入变量及分界值（观测数据中位数）“76”，如图 5-8 中的左图所示。

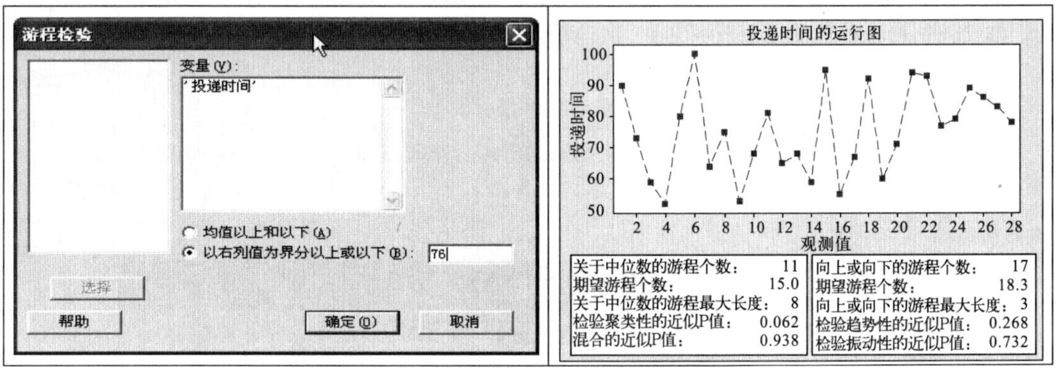

图 5-8 大样本独立性游程个数检验结果图

(3) 点击“确定”后，得到如下输出结果：

```
游程检验：投递时间
投递时间　游程检验
游程高于及低于的分界值 K = 76
观测到的总游程数 = 11
期望的总游程数 = 15
14 个观测值高于 K，14 个低于
P 值 = 0.123
```

输出结果说明：由于游程检验输出的 p 值$=0.123>0.05$，所以不能拒绝原假设，在现有抽样结果条件下可以认为投递时间数据是独立的。

对此数据也可以直接用精确计算方法。游程总个数为11，查附表10可以得知其接受域为（9，21），结论同样是可以认为数据相互独立。

其实本例同样可以直接使用“运行图（Run Chart）”得到同样的结果（见图5-8中的右图）。那里的4个p值都比0.05大，因此可以判数据是独立的。直接使用运行图得到的4种不独立类型的统计结论，不但有图形的直观显示，而且其p值的近似程度也更好（其精确性似乎比游程检验的正态近似更好），因而结论也更加可信。

最后，根据所得到的上述数据独立性结论，该采取什么行动呢?

如果发现数据是独立的，则可以继续进行数据的正态性检验等后续工作步骤。如果发现数据不是独立的，建议仅能使用运行图展示数据采集结果的状况，可以使用点估计值（point estimates）来估计参数，但不要计算置信区间上下限，不要进行假设检验。在这种情况下，最重要的任务不是讨论如何进行后面的分析，而是首先搞清楚为什么数据会出现不独立的情况。通常这是由于在收集数据过程中混入了某个因子的系统性影响，必须先把它找出来，然后设法去除它的影响，并重新收集数据，重新进行分析。

5.3.2.2 正态性检验

许多统计问题的解决依赖于数据服从正态分布，因此我们必须先判定数据是否服从正态分布。

例5-7

以例5-3的数据为例（数据文件：BS_面粉重量.MTW）介绍如何进行正态性检验。

解 打开数据文件“BS_面粉重量.MTW”。建立原假设和备择假设：

H_0：面粉平均重量服从正态分布

H_1：面粉平均重量不服从正态分布

（1）选择“统计>基本统计量>正态性检验（Stat>Basic Statistics>Normality Test）”。

（2）在“变量（Variable）”栏中输入C1列，在“标题（Title）”栏可输入自定义的标题，如图5-9所示。

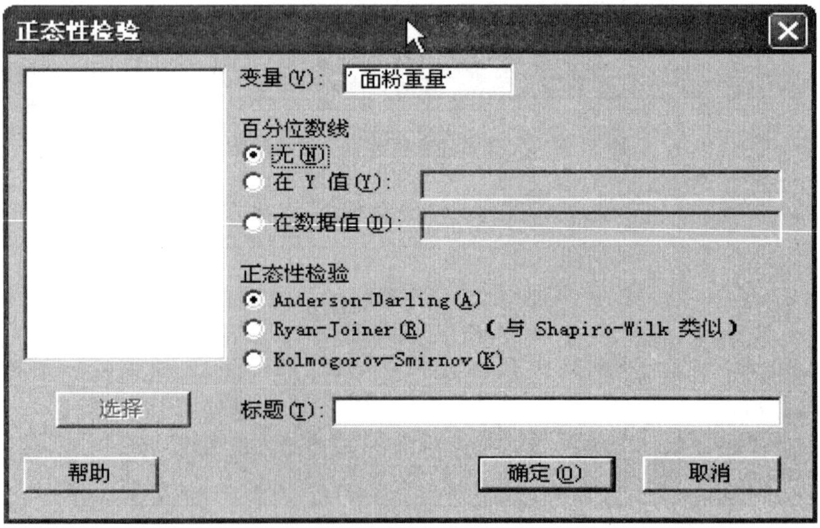

图5-9 正态性检验操作图

对话框中列出了三种正态性检验的方法：

1）Anderson-Darling（AD）检验：根据观测数据的累积分布函数 ECDF（empirical cumulative distribution function）来计算，它是默认选项。一般统计学者都认为此方法是目前所有正态性检验中功效最高者。

2）Ryan-Joiner 检验：类似 Shapiro-Wilk 检验（简称 W 检验）。在正态概率纸上，如果数据服从正态分布，则数据点形成一条直线，这是以讨论数据点的横纵两个坐标间的相关系数为基础的检验方法。显然，相关系数越接近 1 则代表数据点形成的线越直。此方法的优点是它可以对很小的样本量进行正态性检验。此方法被国际标准化组织 ISO 及我国标准化委员会采纳作为正态性检验的方法。

上述两种方法检验功效差不多。

3）Kolmogorov-Smirnov（KS）检验：根据观测数据的累积分布函数 ECDF 与理论分布相差的最大值处的差别来进行检验，它适用于多种分布，因此单独针对正态分布的检验功效比前两种专门方法要低一些。

要说明的是，这三种检验方法所设定的假设是一致的——原假设：数据服从正态分布；备择假设：数据不服从正态分布。如果我们对同一组数据同时采用这三种方法检验会有什么结果？一般来说，它们的结论应该是一致的。如果结论不一致，又该如何判断呢？这种情况确实是可能发生的。这时，根据我们前面所叙述的假设检验基本概念："拒绝是有说服力的，接受是没有说服力的"，因此，只要有任何一种检验方法的结果是判定拒绝原假设，那么我们的结论就应该是拒绝原假设，即这组数据不服从正态分布。

（3）点击"确定"后，得到输出结果如图 5－10 所示。

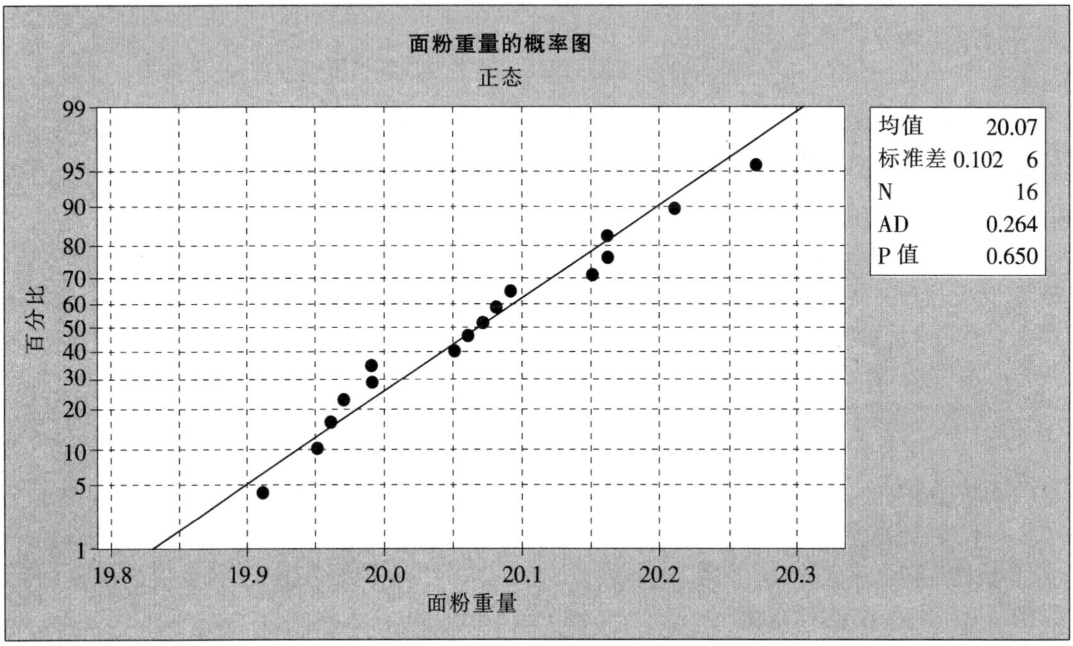

图 5－10　面粉重量正态概率图

（4）输出结果说明。由于输出的 p 值＝0.65＞0.05，因此我们的结论是：没有足够证据拒绝原假设，即在目前情况下，接受数据服从正态分布的原假设。

数据正态性检验的结果在另一处也可以看到：选择"统计＞基本统计量＞图形化汇总（Stat＞

Basic Statistics>Graphical Summary)”，由图 5-11 我们可以看到输出的 p 值，判定方法相同，只是没有图 5-10 这样的概率图输出罢了。

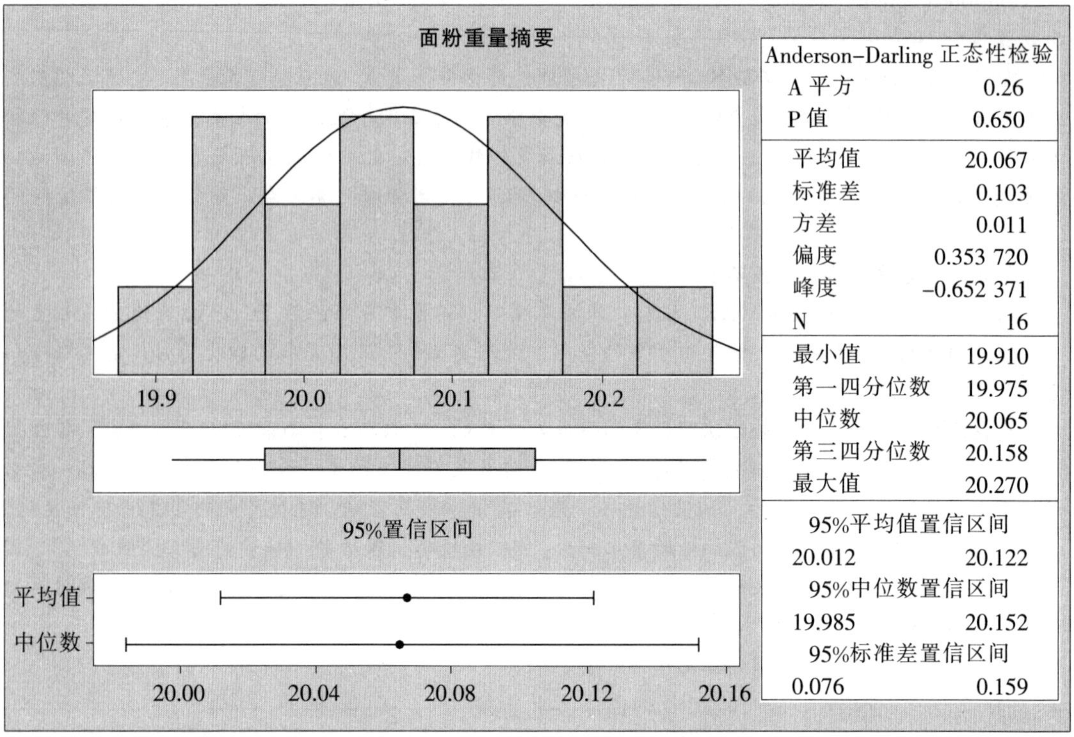

图 5-11　图形化汇总正态性检验结果图

在生产过程或社会生活中，常常遇见正态分布，这不是偶然的。在概率理论中，有说明正态分布形成的机理：如果一个变量的波动是由大量的微小且独立的随机因素的积累而形成的，则它一定是个正态随机变量。这里一是强调“大量”，二是强调每个因素的影响都“微小”。例如以固定角度、固定初速度打出炮弹，其弹着点应该是固定的一个点，但实际上，炮弹的飞行距离受太多因素的影响，而每个因素的影响又足够小，因此弹着点就会形成正态分布，我们平时遇见的很多量在理论上讲它就应该服从正态分布。但有些量却并不如此，例如金属的疲劳寿命、社区中家庭月收入等，肯定不是服从正态分布的。

这里有几点需要澄清。

“生产过程是稳定的”与“生产特性服从正态分布”有什么关系？二者应该没有关系。在生产过程是稳定的条件下，其生产特性有可能并不服从正态分布；反之，生产特性服从正态分布，其生产过程也可能并不稳定。二者是从两个不同角度来讨论问题的。

“数据是相互独立的”与“生产特性服从正态分布”有什么关系？二者也应该没有关系。数据是相互独立的说明其采样过程正常，但数据相互独立时生产特性仍可能为非正态分布；反之，生产特性服从正态分布也并不能保证数据的采集是相互独立的。独立性与正态性二者也是从两个不同角度来讨论问题的。

对于数据非正态该如何处理？这在假设检验中是很常见的情况。一般说来，数据如果服从正态分布，则我们可以使用在书中通常所介绍的，例如 Z 检验、t 检验等方法；如果数据服从非正态分布就不能用这些方法，而应该换用非参数检验方法。关于非参数检验方法，我们将在

第7章详细介绍。

如果平时的生产状况一直是正态分布，某一天突然变成非正态分布了，那就应该找寻出现非正态分布的原因；如果平时的生产状况一直是非正态分布，那么这就是“正常状况”，无须采取措施非要让它成为正态分布。以后我们还会学到一些内容，例如在残差分析中，本该是正态分布的，如果出现非正态分布该怎么办？这种事一般是没有固定的方法予以解决的。正如问“一个人发烧了，这该如何医治?”好的医生会说，一定要找出发烧的原因，然后对症下药才能退烧；只有庸医才会说，吃些退烧药就行了。如果本身确实该是正态，而现在非正态了，这就反映出某种“不正常”的状况，是一种“征兆”，但是原因可能多种多样，找到形成非正态的根本原因才是解决问题的根本途径。

数据非正态在正态性检验中会出现什么状况？数据如果是正态的，则应该在正态概率图（见图5-10）上散点呈现直线的形状；数据如果不是正态的，则散点应该在正态概率图上呈现出并非直线的形状。正态概率图上散点的形状完全反映了分布的形状。在3.2.3节分布形状的分析中，介绍了分布形状度量指标：偏度和峰度。大家都知道，正态分布的偏度和峰度都恰好为0。对于非0的偏度、峰度的状况，图5-12介绍了它们的直方图及概率图之间的对应关系。

下面我们再给出一例，说明由于取值精度不够导致“非正态”的情况。

在本书例12-1中，在生产线上收集了共125个钢珠的直径数据（见表12-3）（数据文件：SPC _ 钢珠直径 . MTW）。当测量结果记录为3位小数时，数据呈现为正态分布，正态性

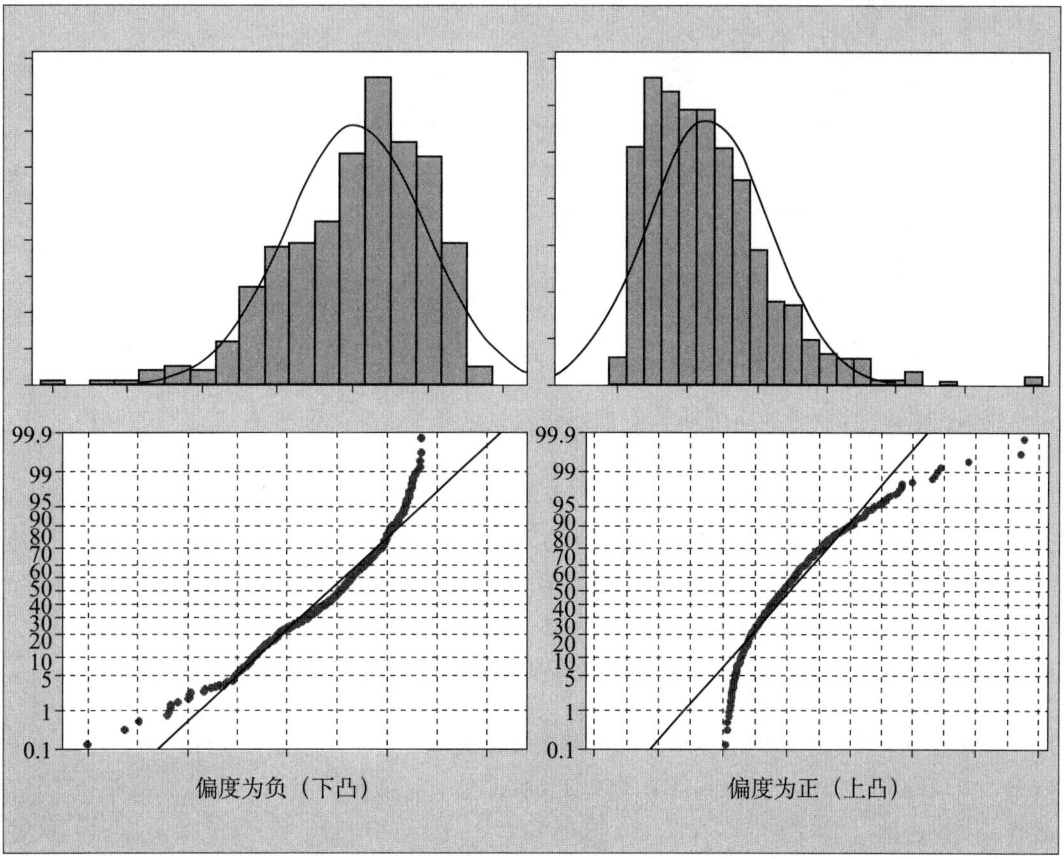

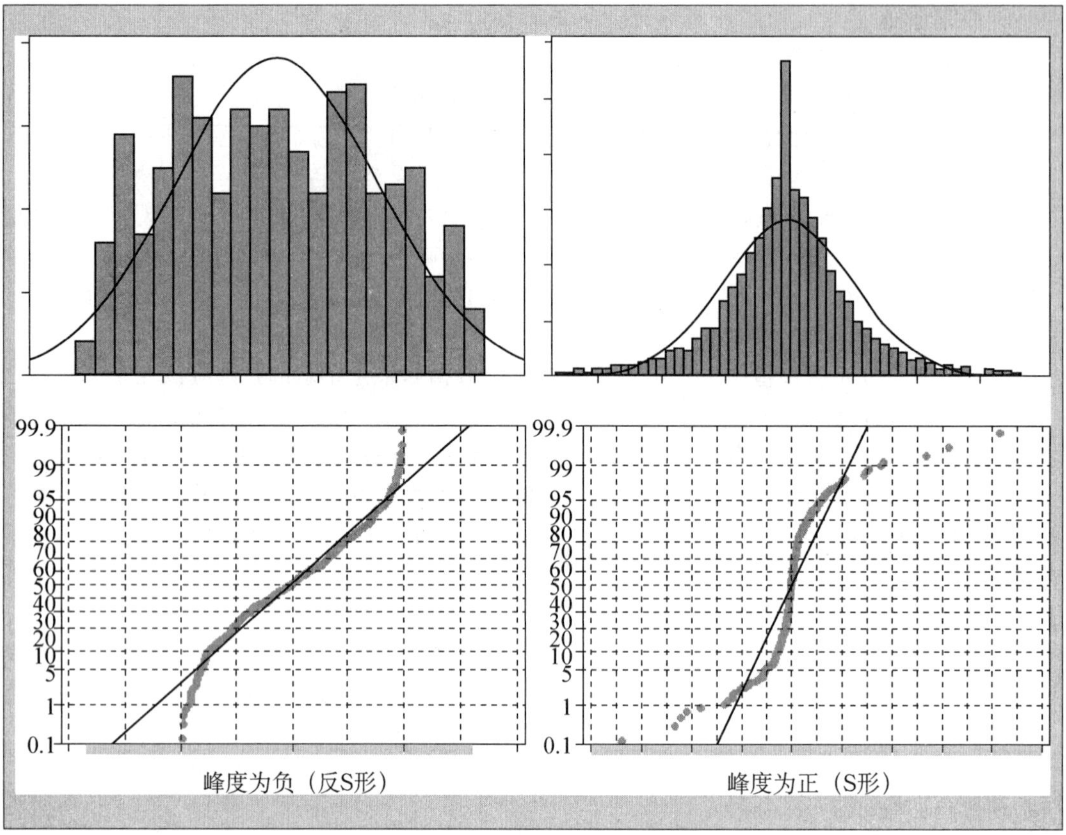

图5-12　非正态分布的直方图与概率图

检验也获得通过（p值为0.216），见图5-13中的上图；但将此数据取整为仅保留2位小数时，则未能通过正态性检验（p值为0.005），见图5-13中的下图。

总之，按照自然规律，有些量就应该服从正态分布，有些量则不然。判断一个随机变量是否为正态分布是很重要的。对于非正态分布的各种具体状况应该有更深入的理解。

5.3.2.3　异常值检验

我们在进行统计分析时，常常需要假定所有数据都来自相同的总体。"相同的总体"通常是指同样条件下得到的数据总体，比如在生产环节中的相同的供应商，同批次原材料，同样的生产条件，同样的生产工艺，等等。在进行参数估计或者假设检验时，对那些来自相同总体的数据进行估计和检验得出的结果才是有意义的。当样本数据中的某些观测值远离大多数观测值时，暗示这些观测值可能来自不同的总体或者明显超出测量者的预期，这些数值称为**异常值**(outlier)。在2008年前的中国国家标准中，outlier翻译为**异常值**，2008年以后的国家标准中建议改称为**离群值**。由于这两个词在图书及软件中都很常见，为方便起见，本书将这两个词视为同义词而不加区分。

异常值可能只是总体固有的变异性的某次极端表现，是一种小概率事件，例如超过3σ的数据，出现的概率很小；但也可能真的来自不同总体，比如是由于生产或试验条件和试验方法的偶然偏离所产生的结果，或产生于观测、记录、计算中的失误，是完全不靠谱的数据，这类数据与样本中其余观测值可确定为不属于相同的总体，对这些数据应该在后面的统计过

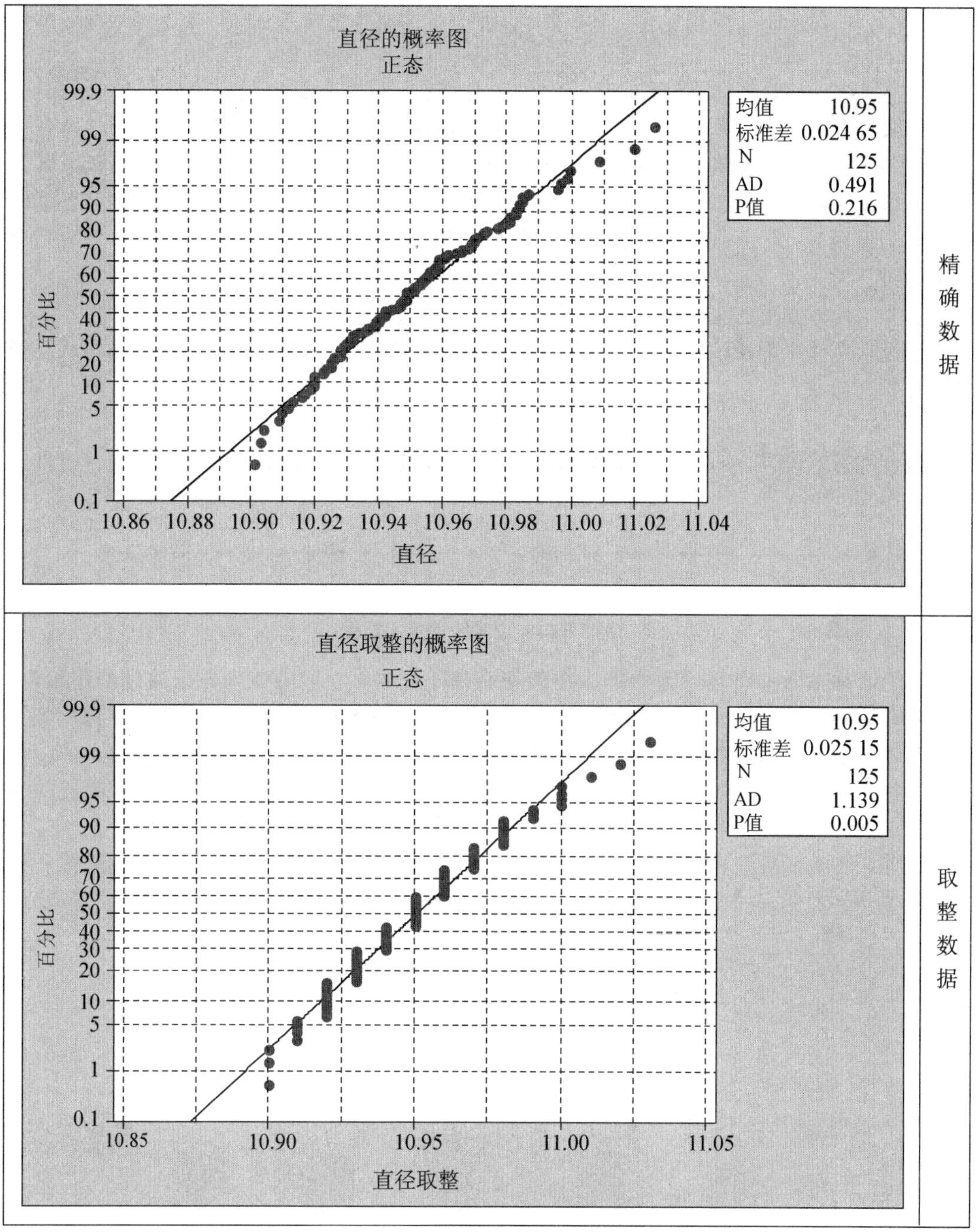

图 5－13　由于精度不够导致的非正态分布图

程中区别对待。在未进行确认之前，我们将这类数据暂定为“可疑值”。对“可疑值”需要进行核实并做出确切判断，以决定是继续参与后续运算还是直接剔除，抑或重新抽样或对数值进行修正等，这一系列的判断过程就是异常值检验。异常值检验为我们处理数据提供了依据与确切合理的处理方式，这无疑是保证原始数据可靠性、各项统计计算准确性的前提。

“异常值”最重要的特点是“离群”，也就是说，一批数据大体上看是一个集合，其值虽可能大小不一，但大体上相差不多。但是如果其中有一个或几个特大（或特小）远离整群数据的个别值，这些值就不正常了。异常值指的就是这个（些）特殊的值。异常值检验要把这些值找出来，经过统计检验来判断它们是否异常。它主要是从样本数据中最大值或最小值远离中心的程度来判断，或者说从在同一个正态总体中出现这些值的概率的角度进行分析，出现这些值的概率过分小的时候就认为它们来自另一个总体，多半是来自均值特大（小）或标准差过大的总体。因此在 MINITAB 软件中，原假设通常为“所有数据值均来自相同的正态总体”，而备择假设则为“最大（最小）数据值为异常值”，并非我们通常看到的一组典型的完全对立的假设。

在介绍具体方法之前，我们先来介绍次序统计量的概念。

假设从总体中随机抽取了 n 个样品 $X_1, X_2, \cdots, X_n$ 组成一个样本，将这些样品按从小到大的顺序排列起来：

$$X_{(1)} \leqslant X_{(2)} \leqslant \cdots \leqslant X_{(n)} \tag{5-13}$$

我们称 $X_{(1)}, X_{(2)}, \cdots, X_{(n)}$ 为样本 $X_1, X_2, \cdots, X_n$ 的**次序统计量**（order statistics）。它的直观含义如图 5－14 所示。

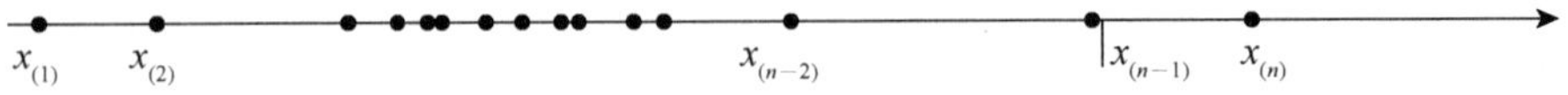

图 5－14　次序统计量示意图

注意：样本 $X_1, X_2, \cdots, X_n$ 中的大小值完全是随机的，它们的排列是按抽样顺序给出的，而 $X_{(1)}, X_{(2)}, \cdots, X_{(n)}$ 这些下标带括号的次序统计量则是按数据大小顺序排列的，例如，$X_{(1)}$ 一定是样本中的最小值，$X_{(2)}$ 一定是样本中的次最小值，…，$X_{(n)}$ 一定是样本中的最大值，$X_{(n-1)}$ 一定是样本中的次最大值，等等。以下检测异常值的各种方法常需要用次序统计量的方式给出。

对于收集到的数据我们通常先进行图形化汇总，特别是绘制箱线图，从而就有可能得到异常值的显示。在图 5－15 中，显示了 5 个总体的箱线图。

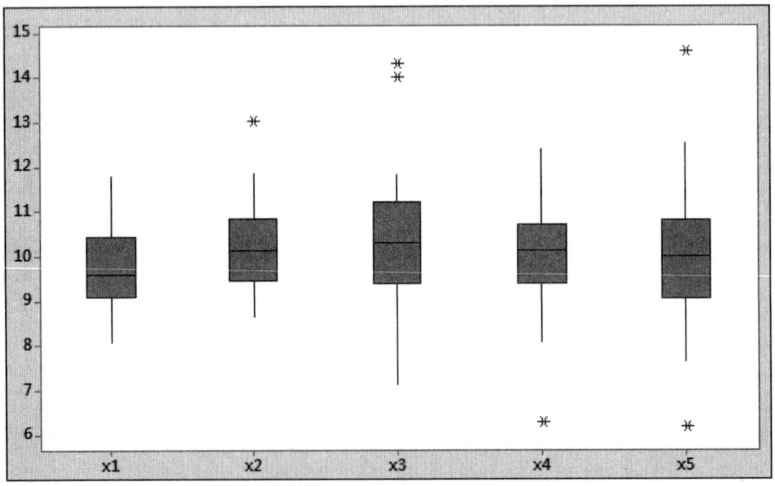

图 5－15　异常值示意图

从图中可以看出，总体 x1 是正常的，总体 x2 中 $X_{(n)}$ 为异常值，总体 x3 中 $X_{(n)}$ 与 $X_{(n-1)}$ 为异常值，总体 x4 中 $X_{(1)}$ 为异常值，总体 x5 中 $X_{(1)}$ 及 $X_{(n)}$ 均为异常值。但实际情况可能是复杂的，不一定有如此直观的显示。而且这些可疑的值不一定是异常值，异常值也不一定在箱线图中肯定出现“*”的显示（注：依据箱线图异常值计算方法，箱线图上的 * 是大于上四分位数上加上 1.5 倍四分位间距的值，因此容易算出，* 出现在大于 $4Z_{0.75}=2.697\,96$ 处，即大于 $\mu+2.697\,96\sigma$（略小于 $\mu+3\sigma$）处）。对于可疑值是否真的为异常值，可以从工程和统计两个方面进行判断。原则上应先进行工程上的判断，例如：是否为不同设备的产品，是否为不同工艺下的产品，是否是不同试验条件下的产品，等等；如果不能或者很难用工程方法来判别，就需要从统计方法着手处理，通常我们用假设检验的方法先建立假设，然后进行检验。

异常值的检验通常包括三个步骤：第一步，设定检出异常值个数的上限；第二步，对异常值进行检验；第三步，对异常值进行处理。

第一步：设定检出异常值个数的上限

在进行具体的异常值检验之前应先规定样本中检出异常值个数的上限（与样本量相比应非常小），当检出异常值个数超过这个上限时，表示可能样本所在的总体已出现了新的数据规律，或者“正态总体”的前提假设已不成立，此时对样本应做谨慎研究和处理。

第二步：对异常值进行检验

判断异常值的统计检验法目前有很多种，针对正态样本的异常值检验的方法有：Grubbs（格拉布斯）法、Dixon（狄克逊）法、偏度-峰度法、Nair（奈尔）法等等。Grubbs 法、Dixon 法可用于正态样本的总体方差未知情况下的异常值检验；Nair 法适用于正态样本的总体方差已知的情形；偏度-峰度法适用于大数量的正态样本其异常值个数大于 1，而且可疑值应明显偏离样本总体的情形。由于各种检验方法的适用条件和检验灵敏度（或检验功效）不同，对相同的数据用不同的检验方法处理得到的检验结果也可能不一致。数学上证明，在一组测定值中只有一个异常值时，Grubbs 检验法检出异常值的功效最优，而异常值多于两个及两个以上时，用偏度-峰度法及 Dixon 法功效更优。本书将主要介绍常用的 Grubbs 法和 Dixon 法。

异常值检验遵循本书 5.2 节所描述的假设检验的五个基本步骤。

(1) 建立假设。

在进行异常值检验时，有三类假设：

H_0：所有数据来自相同的正态总体，H_1：最大数据值 $X_{(n)}$ 为异常值

H_0：所有数据来自相同的正态总体，H_1：最小数据值 $X_{(1)}$ 为异常值

H_0：所有数据来自相同的正态总体，H_1：最大数据值 $X_{(n)}$ 或最小数据值 $X_{(1)}$ 至少有一个为异常值

我们分别称上述三种情形为“上侧情形”、“下侧情形”和“双侧情形”。

(2) 选择检验统计量，确定拒绝域的形式。

在选择检验统计量时，可根据可疑值不同的个数选择不同的检验量，当可疑值只有一个时，选择 Grubbs 检验法；当可疑值大于一个时，选择 Dixon 检验法。这两种方法都是在总体方差未知的情况下使用的检验方法。在使用 Dixon 检验法时，应该考虑样本量的大小（见表 5-5），具体的使用法则请按国家标准的规定。

Grubbs 检验法的统计量：

上侧情形：$G_n=(x_{(n)}-\bar{x})/S$ (5-14)

下侧情形：$G'_n=(\bar{x}-x_{(1)})/S$ (5-15)

双侧情形：同时考虑 $G_n=(x_{(n)}-\bar{x})/S$，$G'_n=(\bar{x}-x_{(1)})/S$ (5-16)

表 5-5　　Dixon 检验法的检验统计量与样本量的关系

样本量	上侧情形	下侧情形
n：3～7	$D_n = r_{10} = \dfrac{x_{(n)} - x_{(n-1)}}{x_{(n)} - x_{(1)}}$	$D'_n = r'_{10} = \dfrac{x_{(2)} - x_{(1)}}{x_{(n)} - x_{(1)}}$
n：8～10	$D_n = r_{11} = \dfrac{x_{(n)} - x_{(n-1)}}{x_{(n)} - x_{(2)}}$	$D'_n = r'_{11} = \dfrac{x_{(2)} - x_{(1)}}{x_{(n-1)} - x_{(1)}}$
n：11～13	$D_n = r_{21} = \dfrac{x_{(n)} - x_{(n-2)}}{x_{(n)} - x_{(2)}}$	$D'_n = r'_{21} = \dfrac{x_{(3)} - x_{(1)}}{x_{(n-1)} - x_{(1)}}$
n：14～30	$D_n = r_{22} = \dfrac{x_{(n)} - x_{(n-2)}}{x_{(n)} - x_{(3)}}$	$D'_n = r'_{22} = \dfrac{x_{(3)} - x_{(1)}}{x_{(n-2)} - x_{(1)}}$

（3）给出检验中显著性水平 α。

异常值检验过程中，会犯两类错误。

第一类错误：“可疑值”虽然离大多数观测值比较远，但仍然是样本总体中的正常数值，如果统计检验也得出相同的判断，这不会犯错误。但是，如果统计结果将其判断为异常值，就会犯第一类错误，通常我们将犯第一类错误的风险水平 α 设置为 0.05，这里的 α 在异常值检验中又叫“检出水平”。

第二类错误：“可疑值”的确是来自不同的样本，或者是一次异常观测，等等。那么将“可疑值”判为异常值，这不会犯错误；若“可疑值”属于异常值，但统计检验方法没有判断出它是异常值，就会犯第二类错误，即 β 风险。

（4）给出临界值，确定拒绝域。

有了显著性水平后，根据给定的检验统计量，可以查附表 14～16 得到临界值，确定拒绝域。

（5）根据样本观察值，计算检验统计量的值并进行判断。

根据 Grubbs 和 Dixon 检验统计量计算出其值，与临界值进行比较，超出临界值则拒绝原假设，认为被检验的观察值为异常值，反之不能拒绝“所有样本均来自相同的正态总体”的原假设。

下面用具体例子说明用 Grubbs 检验法与 Dixon 检验法进行异常值检验的过程。

Grubbs 检验法

例 5-8

对耐火砖的抗压强度进行测试，共测试 10 个样品的抗压强度，其数据排列后如表 5-6 所示（单位：Mpa），其中是否有异常数据（数据文件：BS_砖抗压强度.MTW）？

表 5-6　　砖抗压强度数据表

序号	1	2	3	4	5	6	7	8	9	10
数值	4.7	5.4	6.0	6.5	7.3	7.7	8.2	9.0	10.1	14

解　当我们拿到一组数据时，一般先绘制图形汇总、箱线图及点图（见图 5-16），进行初步观察。

在汇总图中看出最大观测值似乎偏大，点图中最大观测值偏大，但箱线图中最大观测值虽大却并未显示为 *。一般情况都与本例类似，很难立刻判断出有几个异常值。本例中可以先尝试对最大的可疑值进行检验，一方面汇总图中对最大值有提示，另一方面它也比别的值都离中心值远。我们先来做一些基础运算。

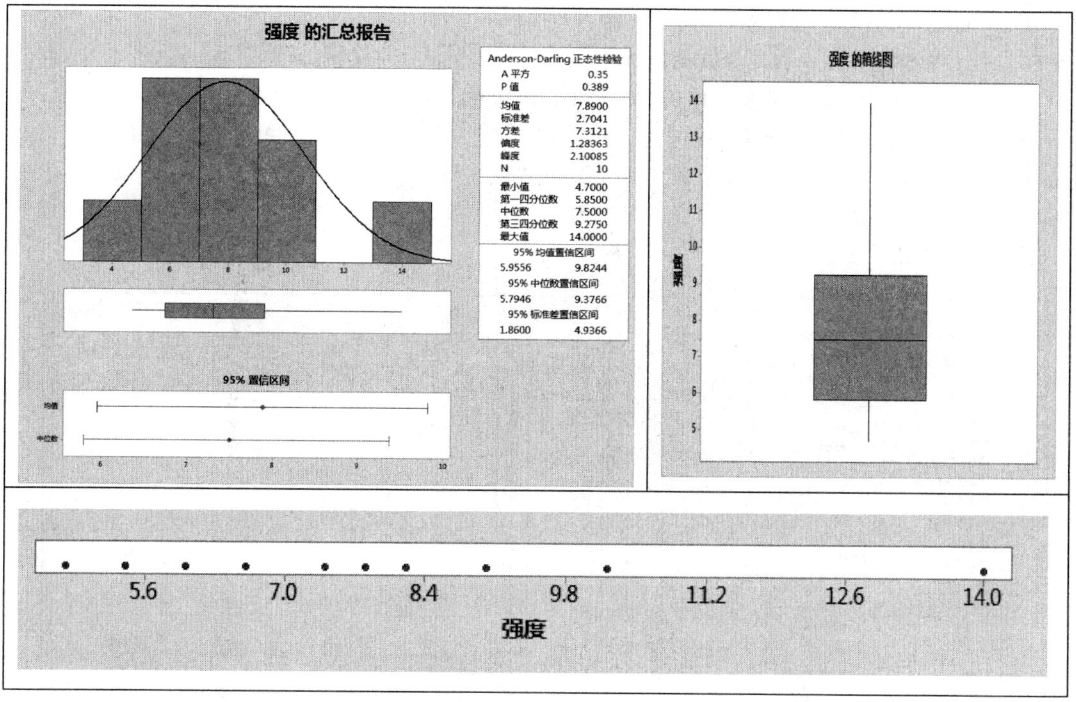

图 5-16 砖抗压强度图形汇总（左上）、箱线图（右上）和点图（下）

首先计算中心值。

$$\overline{x}=\frac{1}{10}\sum_{i=1}^{10}x_i=7.89$$

本组数据的最大值与最小值距离中心值如下：

$$x_{(10)}-\overline{x}=14-7.89=6.11\quad \overline{x}-x_{(1)}=7.89-4.7=3.19$$

显然 $x_{(10)}$ 比 $x_{(1)}$ 离中心更远，因此，本例中对 $x_{(10)}$ 是否为异常值进行检验，过程如下。

（1）建立假设：

H_0：所有数据均来自相同的正态总体

H_1：$x_{(10)}$ 为异常值

（2）选择检验统计量，确定拒绝域的形式。

我们前面介绍过，Grubbs 上侧情形的统计量为：$G_n=(x_{(n)}-\overline{x})/S$

（3）给出检验中显著性水平 α。

确定显著性水平 α 为 0.05。

（4）给出临界值，确定拒绝域。

上侧情形下的临界值可以用 $G_{1-\alpha}n$ 。我们可以查阅附表 14，从表中查找置信度为 0.95 时 G_{10} 的临界值，Grubbs 临界值为 2.176。

（5）根据样本观察值，计算检验统计量的值并进行判断。

根据样本观察值得出 Grubbs 统计量的值：

$$\overline{x}=\frac{1}{10}\sum_{i=1}^{10}x_i=7.89$$

$$S^2=\frac{1}{9}\sum_{i=1}^{10}(x_i-\overline{x})^2=7.312$$

$$S=2.704$$

$$G_{(10)} = (x_{(10)} - \bar{x})/S = (14 - 7.89)/2.704 = 2.26$$

即 $G_{(10)} > G$ 临界值，从而拒绝原假设，判断 $x_{(10)}$ 为异常值。

以上是手工计算的具体步骤，比较麻烦。下面给出在MINITAB中的操作过程。

如图5-17左上所示，选择指令“统计>基本统计量>异常值检验（Stat>Basic Statistics>Outlier test)”，在图5-17中的右上选择“变量”为“强度”；在“选项”中默认“异常值检验”为“Grubbs”，“显著性水平”为“0.05”；“您要确定什么（备择假设）”中选择“最大数据为异常值”。“图形”中选择“异常值图”。

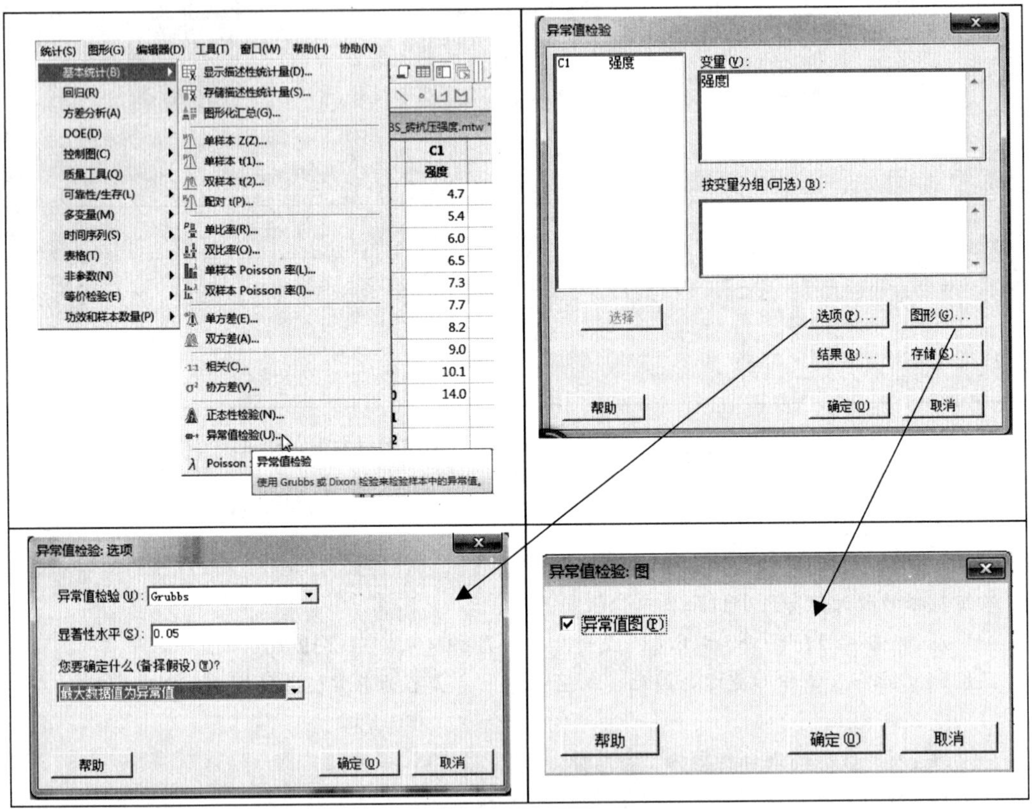

图5-17 异常值检验（Grubbs检验法）操作图1

点击“确定”后得到如下结果和图5-18。

异常值检验：强度

方法

原假设	所有数据值均来自相同的正态总体
备择假设	最大数据值为异常值
显著性水平	α = 0.05

Grubbs 检验

变量	N	均值	标准差	最小	最大	G	P
强度	10	7.890	2.704	4.700	14.000	2.26	0.031

变量	行	异常值
强度	10	14

输出结果说明：由于Grubbs检验 p 值 $=0.031<0.05$，因此拒绝原假设，认为最大数据值为异常值。从异常值图中，我们也可以清晰看到异常值已用点标出。

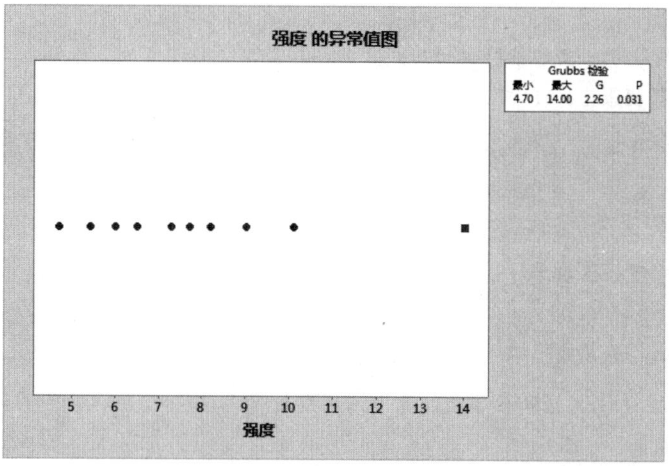

图 5-18　异常值图

箱线图中虽然可以显示离群值（异常值），但它只是个粗略的示意，不一定准确，它是否为事实上的离群值，需要进行离群值统计检验。本例中箱线图未显示异常值，但是用 Grubbs 检验却发现最大值为异常值。

Grubbs 检验通常对于只有一个异常值的情况检验功效比较好。对于有两个或两个以上异常值的数据，其检验功效会降低。如上述数据中，在备择假设中选择“最大值或最小值为异常值”，则得出 p 值为 0.061，不能拒绝原假设，认为最大值和最小值都是来自相同的正态总体。在使用 Grubbs 检验时，最好先确定一个“可疑值”，如果对“可疑值”不能确认，可以分别用 Grubbs 检验最大值和最小值，这样得出的结果会更加准确。

上例中，最小值 $x_{(1)}$，次大值 $x_{(9)}$，$x_{(8)}$ 等是否为异常值呢？可以用同样的方法，按照一次检验一个的原则进行检验。但本例一共只有 10 个数据，如果再有更多的异常值实在是显得不大合理，也可以放弃检验而认为只有一个异常值。

Dixon 检验法

对于有两个或两个以上的可疑值的检验时，Dixon 检验法更为实用和灵敏。下面以一个具体例子说明 Dixon 检验法。

例 5-9

射击 16 发子弹，射程数据经排列后如表 5-7 所示（数据文件：BS _ 射程（异常值）.MTW），其中是否有异常值？

表 5-7　射程数据表

序号	1	2	3	4	5	6	7	8
数值	1 125	1 248	1 250	1 259	1 273	1 279	1 285	1 285
序号	9	10	11	12	13	14	15	16
数值	1 293	1 300	1 305	1 312	1 315	1 324	1 325	1 350

解　从图形化汇总中可以看出最小值可疑，箱线图中已标识最小值为“*”（图形略）。利用 Dixon 检验法进行检验时，可同时检验观测值的最大值和最小值是否为异常值。本例中，可检验 $x_{(1)}=$ 1 125 以及 $x_{(16)}=$ 1 350 是否为异常值。双侧情形中是将最大值或者最小值分别计算出 D 统计量，之后将二者中较大的数据与临界值比较，如果超出临界值即为异常值，当然也有可能出现两个值均大于临界值的情况，此时可以判定最大及最小值均为异常值。

（1）建立假设。

H_0：所有数据均来自相同的正态总体

H_1：$x_{(1)}$ 及 $x_{(16)}$ 至少有一个为异常值

（2）选择检验统计量，确定拒绝域的形式。

样本量为16，根据表5-5，应选择14～30的检验统计量的计算方法。

对 $x_{(1)}$ 的检验统计量为：$D'_n = r'_{22} = \dfrac{x_{(3)} - x_{(1)}}{x_{(n-2)} - x_{(1)}}$

对 $x_{(16)}$ 的检验统计量为：$D_n = r_{22} = \dfrac{x_{(n)} - x_{(n-2)}}{x_{(n)} - x_{(3)}}$

（3）给出检验中显著性水平 α。

确定显著性水平 α 为0.05。

（4）给出临界值，确定拒绝域。

查阅附表16双侧Dixon检验临界表，其中注明统计量是 $D_n = r_{22} = \dfrac{x_{(n)} - x_{(n-2)}}{x_{(n)} - x_{(3)}}$ 和 $D'_n = r'_{22} = \dfrac{x_{(3)} - x_{(1)}}{x_{(n-2)} - x_{(1)}}$ 中较大者所对应的临界值。

计算得出两个统计量的值：

$$D_{16} = r_{22} = \frac{x_{(n)} - x_{(n-2)}}{x_{(n)} - x_{(3)}} = \frac{1\,350 - 1\,324}{1\,350 - 1\,250} = \frac{26}{100} = 0.26$$

$$D'_{16} = r'_{22} = \frac{x_{(3)} - x_{(1)}}{x_{(n-2)} - x_{(1)}} = \frac{1\,250 - 1\,125}{1\,324 - 1\,125} = \frac{125}{199} = 0.628\,1$$

若发现 $D'_{16} > D_{16}$，就选择 D'_{16} 统计量，其0.95的临界值为0.547。

（5）根据样本观测值，计算检验统计量的值并进行判断。

我们根据样本计算的结果，发现 $D'_{16} > D_{临界}$，故判定最小值 $x_{(1)} = 1\,125$ 为异常值；而 $D_{16} < D_{临界}$，因此 $x_{(16)} = 1\,350$ 在显著性水平为0.05时，无法判断该最大值为异常值。

下面给出在MINITAB中的操作过程，如图5-19所示。

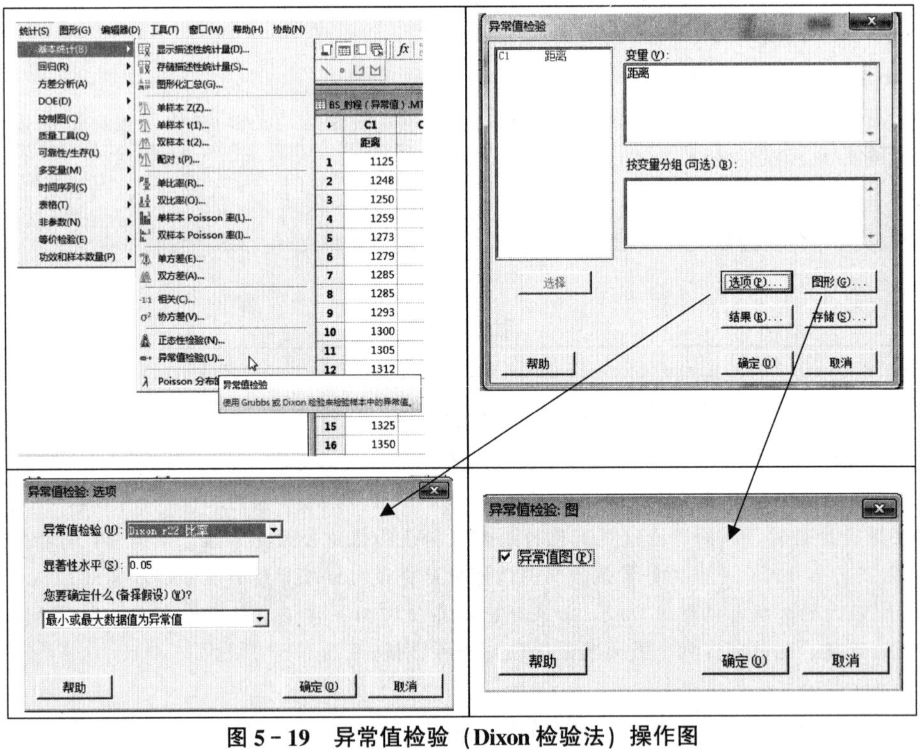

图5-19　异常值检验（Dixon检验法）操作图

选择指令“统计>基本统计量>异常值检验（Stat>Basic Statistics>Outlier test）”，在图 5 - 19 右上选择“变量”为“距离”；在“选项”中默认“异常值检验”为“Dixon r22 比率”，“显著性水平”为 0.05；“您要确定什么（备择假设）”中选择“最小或最大数据值为异常值”。

点击“确定”后，得到如下结果：

异常值检验：距离

方法

原假设	所有数据值均来自相同的正态总体
备择假设	最小或最大数据值为异常值
显著性水平	α = 0.05

Dixon r22 比率检验

变量	N	最小	x [2]	x [3]	x [N-2]	x [N-1]	最大	r22	P
距离	16	1 125.0	1 248.0	1 250.0	1 324.0	1 325.0	1 350.0	0.63	0.010

x [i] 表示第 i 个最小观测值。

异常值

变量	行	异常值
距离	1	1 125

输出结果说明：由于 Dixon 检验 p 值$=0.01<0.05$，因此拒绝原假设，认为最小数据值为异常值。

通常对于两个或两个以上异常值的情况，Dixon 检验功效稍优于 Grubbs 检验。对于多个异常值的情况，可以重复使用 Dixon 检验法，直至所有的结果均无法查出异常值为止。上例中，我们可以将最小值剔除后再次进行 Dixon 检验。此时 p 值为 0.929，说明无法拒绝原假设，认为剔除最小值后剩下的样本来自相同的正态总体。

对于本例，在 Dixon 检验中，如果选择备择假设为单侧（只检验最小值为异常值），则得到 p 值为 0.005，可见当增加已知的先验信息时，可以使得检验的说服力变得更强。另外，本例如果使用 Grubbs 检验，得到 p 值为 0.001，判断最小值为异常值的结论更好，由于这是只有一个异常值的情形，可见还是 Grubbs 检验最优。

第三步：异常值的处理

首先，应将检验出的异常值的个数与第一步中设置的异常值个数的上限相比较。如已超出限值，则需要对整个样本数据进行谨慎研究，找出导致异常值过多的原因并进行后续的改进及处理。例如：从技术或物理上分析是否有异常的条件或者操作，或者样本不符合“正态分布”的前提假设等。如异常值的数量没有超出上限，则按照以下处理方式和规则进行处理。

在进行异常值的处理时，最常遇到的问题是这些异常值是否应剔除。在国标中是这样规定的：从统计上判定异常值是否需要剔除时，通常选择 α 为 0.01 作为数据剔除的显著性水平，检验出的异常值称为**统计异常值**；当在 α 显著性水平为 0.05 检验出的异常值如果在 α 为 0.01 时不显著，那么这类值叫作**歧离值**。它应该是我们处理异常值的指导原则。

异常值的处理方式有以下几种：

(1) 保留异常值，并用于后续处理。

(2) 在找到实际原因时修正异常值，否则予以保留。

(3) 剔除异常值，不追加观测值。

(4) 剔除异常值，并追加新的观测值或用适宜的插补值代替。

对检验出的异常值，应尽可能找技术上和物理上的原因，作为处理异常值的依据。应根据实际问题的性质，权衡和判定产生异常值原因所需的代价、正确判定异常值的得益以及错误剔除正常观测值的风险，确定实施下列三个规则之一：

（1）一般情况下，若在技术上或物理上找到了产生异常值的原因，则应进行剔除或修正。若未找到产生它的物理上和技术上的原因，说明有可能是来自总体的随机变异的一次极端表现，原则上不得剔除或修正。

（2）若在技术上或物理上找到了产生异常值的原因，则应进行剔除或修正。否则保留歧离值，剔除或修正统计异常值。在重复使用相同的检验规则检验多个异常值的情形，每次检出异常值后，都要再检验它是否为统计异常值。若某次检出的异常值为统计异常值，则此异常值以及它之前检出的异常值（含歧离值）应被剔除或修正。

（3）检出的离群值（含歧离值）应被剔除或修正。

对于持续长期进行抽样的数据应保持连续的记录和观察。在一段时间后，考察检出异常值的全体往往能明显发现物理原理和系统倾向，例如：异常值来自某个设备生产的产品，则说明此设备与其他设备的能力有系统偏移；异常值出自某个测试者为多，则说明此人的操作有系统偏离；等等。若各样本中经常出现异常值，又常不能明确其物理原因，则应怀疑分布的正态性，此时可能需要更细微地确定统计分布及选择适宜的统计量形式。具体见正态性验证的内容。

最后就异常值检验再补充一些说明。

当我们收集到一组数据时，时常会有这样的困惑，应该先进行正态性检验还是应该先进行异常值检验？

一般可以先进行正态性检验。对于能通过正态性检验的数据，可以再检验是否有异常值，并根据前面所述的内容确认是否需要剔除，这就是前面讲的方法；对于不能通过正态性检验的数据，要根据其概率图分别按下列具体情况处理。

第一种情况，数据服从其他分布而不服从正态分布，例如是Weibull分布、指数分布、极值分布等等。这时，概率图上有明显的非直线的趋势，例如能看出正偏（上凸）、负偏（下凸）、峰度大（S型）、峰度小（反S型），就不能按正态处理。可以用Box-Cox变换处理，也可以直接按相应分布处理。接着照样进行异常值的检验，只不过不同的分布有不同的检验异常值的方法和临界值，具体方法可参考相关的资料。

第二种情况，数据中明显地含有异常值，这是能够直接看出来的。根据图形选定备选的异常值检验方法，再具体判断可疑的值是否达到该剔除的水平。检验时，虽然分布已被否定是正态，但可以先按正态来处理，待剔除后再检验是否符合正态分布，即可进行迭代处理。

工程上，往往出现的异常数据的状况和原因是复杂的，在处理方式上并没有一成不变的最佳方法，上述方法仅是一般情况下可以采用的方式之一。有些情况下，也可以先进行异常值检验，对异常值进行相应处理后再进行正态性检验。具体用什么方法需要根据实际的工程状况来选择。

5.3.3 双正态总体均值检验

要对双正态总体均值进行检验，需要分别从这两个正态总体中抽取样本。这时要特别注意的是：抽取的两组样本是独立的还是配对的。若从两个总体中抽取出的样本观测值彼此互不影响，抽取的样本量也可以不同，则这样的样本是普通的独立样本；若选取的样本观测值是成对的，即是对选定的一组个体，分别观测在两种处理之后的结果，则称这样的样本为配对样本。

例如，厂商声称新眼药水比旧眼药水治疗传染性结膜炎效果显著，为了检验这种说法，可以采用两种方法。方法1：选取30名传染性结膜炎患者，随机选取其中15人，让每个人用旧眼药水，其余15人用新眼药水，过7天后加以比较，这就是普通的独立样本。方法2：选取15名传染性结膜炎患者，让每个人一只眼睛用旧眼药水，另一只眼睛用新眼药水，过7天后两只眼睛间加以比较，这就是配对样本。可以看到，配对样本中能充分去除掉除眼药水以外的其他干扰因素的影响，即可以控制个体间由于年龄、健康状况等其他因素带来的差异。两种不同的样本抽取方法要用不同方法加以处理，在抽样前就要分辨清楚。我们先讨论普通的独立样本的分析，配对样本留在5.3.3.2节讨论。

5.3.3.1 双正态总体均值检验

设有两个总体，$X\sim N(\mu_1, \sigma_1^2)$，$Y\sim N(\mu_2, \sigma_2^2)$，从总体 X 中抽取的样本 $X_1, X_2, \cdots, X_n$，样本均值为 $\bar{X}$，样本方差为 S_X^2，样本标准差为 S_X，从总体 Y 中抽取的样本为 $Y_1, Y_2, \cdots, Y_m$，样本均值为 $\bar{Y}$，样本方差为 S_Y^2，样本标准差为 S_Y。

要讨论的检验问题是下列三种：

(1) $H_0: \mu_1=\mu_2$，$H_1: \mu_1>\mu_2$。

(2) $H_0: \mu_1=\mu_2$，$H_1: \mu_1<\mu_2$。

(3) $H_0: \mu_1=\mu_2$，$H_1: \mu_1\neq\mu_2$。

以下分三种情况来讨论。

1. σ_1，σ_2 已知

当 σ_1，σ_2 已知时，可以采用 Z 检验统计量：

$$Z=\frac{\bar{X}-\bar{Y}}{\sqrt{\frac{\sigma_1^2}{n}+\frac{\sigma_2^2}{m}}} \tag{5-17}$$

在 H_0 成立，即 $\mu_1=\mu_2$ 时，$Z\sim N(0, 1)$。

对检验问题 (1) $H_0: \mu_1=\mu_2$，$H_1: \mu_1>\mu_2$，拒绝域为 $\{Z>Z_{1-\alpha}\}$。

对检验问题 (2) $H_0: \mu_1=\mu_2$，$H_1: \mu_1<\mu_2$，拒绝域为 $\{Z<-Z_{1-\alpha}\}$。

对检验问题 (3) $H_0: \mu_1=\mu_2$，$H_1: \mu_1\neq\mu_2$，拒绝域为 $\{|Z|>Z_{1-\alpha/2}\}$。

2. σ_1，σ_2 未知，但 $\sigma_1=\sigma_2$

当 σ_1，σ_2 未知，但 $\sigma_1=\sigma_2$ 时，可以采用 t 检验统计量：

$$t=\frac{\bar{X}-\bar{Y}}{S_p\sqrt{\frac{1}{n}+\frac{1}{m}}} \tag{5-18}$$

式中

$$S_p=\sqrt{\frac{(n-1)\ S_X^2+(m-1)\ S_Y^2}{n+m-2}} \tag{5-19}$$

在 H_0 成立条件下，$t\sim t(n+m-2)$。

对上述三个检验问题的拒绝域可以用 t 分布的分位数得到，它们分别是：$\{t>t_{1-\alpha}(n+m-2)\}$，$\{t<-t_{1-\alpha}(n+m-2)\}$，$\{|t|>t_{1-\alpha/2}(n+m-2)\}$。

3. σ_1，σ_2 未知，且不知道 $\sigma_1=\sigma_2$

当 σ_1，σ_2 未知，且不知道 $\sigma_1=\sigma_2$（或确实知道二者不等时），可以采用近似双样本的 t 检验，其统计量为：

$$t=\frac{\bar{X}-\bar{Y}}{\sqrt{\frac{S_X^2}{n}+\frac{S_Y^2}{m}}} \tag{5-20}$$

其自由度 ν 取最接近下列数值 ν 的整数：

$$\nu=\frac{\left(\frac{S_X^2}{n}+\frac{S_Y^2}{m}\right)^2}{\frac{(S_X^2/n)^2}{n-1}+\frac{(S_Y^2/m)^2}{m-1}} \tag{5-21}$$

在实际工作中，第一种情况几乎不会出现，MINITAB 也没有相应窗口，我们在此不再讨论。工作中对于第二种情况应用最多，通常称为双样本 t 检验。注意，能够使用双样本 t 检验的条件共有三项：

（1）两组样本内部相互独立，两组间也相互独立。

（2）两组数据皆来自正态分布总体。

（3）两个总体方差（或标准差）相等，$\sigma_1^2=\sigma_2^2$。

请大家特别留意这三项基本前提。对于前两项的含义及检验方法，我们已在 5.3.2.1 节中做了介绍。这里要特别注意第三项条件，我们应该充分理解这样要求的合理性。事实上，如果两批数据精度悬殊（例如一批螺钉直径用卡尺量，另一批螺钉直径用千分尺量），两批数据其实是不可比较的。双样本 t 检验就提出了这种要求。如果它不能满足，则我们用统计量（5-20）来检验时，它只可能是一种近似的双样本 t 检验方法，其总自由度已经大打折扣，精确度受到很大的影响。另外，这里要求是两个**总体**方差（或标准差）相等，并没要求两个**样本**方差（或标准差）相等。实际工作中，两个样本方差（或标准差）有些差别并不奇怪，它是允许的。至于如何通过两批样本数据来检验两总体的方差是否相等，请参考 5.4.2 节。

虽然在 MINITAB 软件中比较两总体均值时无论两总体方差是否相等都可以计算，但必须明确：选定“假定两总体方差相等”时，进行的是精确的双样本 t 检验，而未选定“假定两总体方差相等”时，进行的只是近似的双样本 t 检验。

将上述关于两个总体均值的显著性水平为 α 的检验列在表 5-8 中，同样用检验统计量 Z，t 的检验分别称为 Z 检验和 t 检验，但由于双样本 Z 检验很少使用，所以 MINITAB 软件没有此窗口。

表 5-8　两正态总体均值的显著性水平为 α 的检验

检验法	条件	H_0	H_1	检验统计量	拒绝域
Z 检验	σ_1，σ_2 已知	$\mu_1=\mu_2$ $\mu_1=\mu_2$ $\mu_1=\mu_2$	$\mu_1>\mu_2$ $\mu_1<\mu_2$ $\mu_1\neq\mu_2$	$Z=\frac{\bar{X}-\bar{Y}}{\sqrt{\frac{\sigma_1^2}{n}+\frac{\sigma_2^2}{m}}}$	$\{Z>Z_{1-\alpha}\}$ $\{Z<-Z_{1-\alpha}\}$ $\{\lvert Z\rvert>Z_{1-\alpha/2}\}$
t 检验	$\sigma_1=\sigma_2$ 未知但相等	$\mu_1=\mu_2$ $\mu_1=\mu_2$ $\mu_1=\mu_2$	$\mu_1>\mu_2$ $\mu_1<\mu_2$ $\mu_1\neq\mu_2$	$t=\frac{\bar{X}-\bar{Y}}{S_p\sqrt{\frac{1}{n}+\frac{1}{m}}}$	$\{t>t_{1-\alpha}(n+m-2)\}$ $\{t<-t_{1-\alpha}(n+m-2)\}$ $\{\lvert t\rvert>t_{1-\alpha/2}(n+m-2)\}$
近似 t 检验	σ_1，σ_2 未知不相等	$\mu_1=\mu_2$ $\mu_1=\mu_2$ $\mu_1=\mu_2$	$\mu_1>\mu_2$ $\mu_1<\mu_2$ $\mu_1\neq\mu_2$	$t=\frac{\bar{X}-\bar{Y}}{\sqrt{\frac{S_X^2}{n}+\frac{S_Y^2}{m}}}$	$\{t>t_{1-\alpha}(\nu)\}$ $\{t<-t_{1-\alpha}(\nu)\}$ $\{\lvert t\rvert>t_{1-\alpha/2}(\nu)\}$

例 5-10

一家冶金公司需要减少其排放到废水中的生物氧需求量（biochemical oxygen demand，BOD）含量。用于废水处理的活化泥供应商建议，用纯氧取代空气吹入活化泥以改善BOD含量（此数值越小越好）。在两种处理的废水中，空气法抽了10个样品，氧气法抽了9个样品，数据见表5-9（数据文件：BS_生物氧需求量.MTW）。

表5-9

空气	184	194	158	218	186	218	165	172	191	179
氧气	163	185	178	183	171	140	155	179	175	

已知BOD含量服从正态分布，问在显著性水平 $\alpha=0.05$ 下，该公司是否应改用氧气来减少BOD含量？

解 建立假设：

H_0：$\mu_1=\mu_2$

H_1：$\mu_1>\mu_2$

式中，μ_1，μ_2 分别代表空气法和氧气法条件下的BOD含量。

（1）选择“统计>基本统计量>双样本t（Stat>Basic Statistics>2-Sample t）”。界面如图5-20所示。

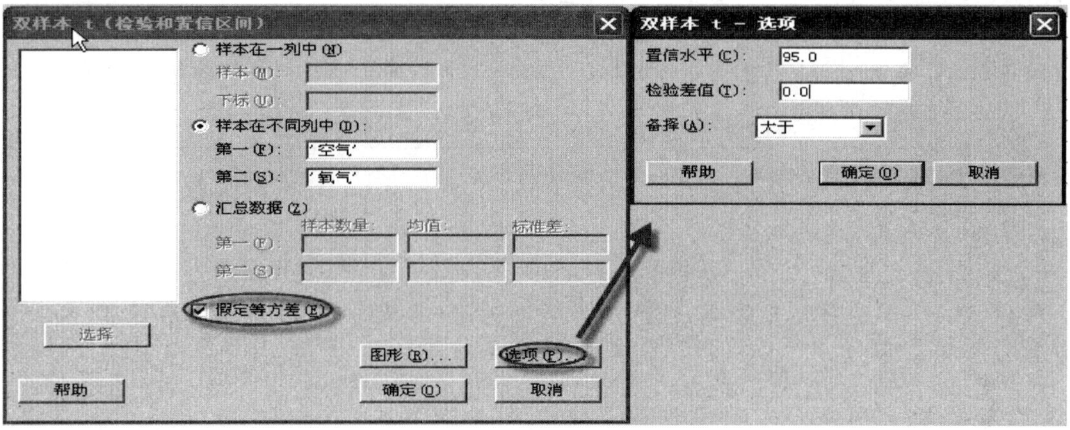

图5-20 双样本 t 检验操作图

（2）在经过检验后，可以判定两总体方差相等（具体过程见例5-15），所以勾选“假定等方差（Assume equal variances）”，点击“选项（Options）”后，因为显著性水平为0.05，故在“置信水平（Confidence level）”输入“95”（%），在“备择（Alternative）”选项中要输入“大于”。

注意，图5-20中数据录入方式有三种：

1）Samples in one column：两组样本数据输入在同一列内，但必须有另一个变量来分辨，称为识别列，用Subscripts（下标）来标识。

2）Samples in different columns：两组样本数据分别在不同的列。

3）Summarized data：汇总数据。

（3）点击“确定”后，得到如下输出结果：

```
双样本T检验和置信区间：空气，氧气
空气与氧气的双样本T
        N   均值   标准差  均值标准误
空气   10  186.5   20.0        6.3
氧气    9  169.9   14.7        4.9
```

```
差值 = mu（空气） - mu（氧气）
差值估计：16.61
差值的 95 % 置信下限：2.44
差值 = 0（与>）的 T 检验：T 值 = 2.04  P 值 = 0.029  自由度 = 17
两者都使用合并标准差 = 17.735 6
```

（4）输出结果说明。由于输出的 p 值$=0.029<0.05$，因此我们的结论是：拒绝原假设，使用氧气确实能显著减少 BOD 含量。

例 5-11（续例 4-8）

假定 A，B 两名工人生产相同规格的轴棒，关键尺寸是轴棒的直径。由于 A 使用的是老式车床，B 使用的是新式车床，二者精度可能有差异。现他们各测定了 13 根轴棒的直径（数据见例 4-8，数据文件：BS_轴棒直径.MTW）。试分析 A，B 两名工人生产的轴棒直径的均值是否相等。

解 建立如下假设：

H_0：$\mu_1=\mu_2$

H_1：$\mu_1\neq\mu_2$

式中，μ_1，μ_2 分别代表工人 A，B 生产的轴棒直径。

在检验均值的相等性之前，先要检验其方差的相等性（见例 5-16），结果是断言二者方差并不相等。此后，按与例 5-10 中所叙述的方法完全相同的操作，在图 5-20 的左侧界面内，注意不要勾选“假定等方差”，右侧界面内，勾选“不等”，则可以得到下列结果：

```
双样本 T 检验和置信区间：A，B
A 与 B 的双样本 T
   N   均值   标准差  均值标准误
A  13  14.32   2.35      0.65
B  13  12.36   1.15      0.32
差值 = mu (A)  - mu (B)
差值估计：1.965
差值的 95 % 置信区间：(0.435，3.496)
差值 = 0（与≠）的 T 检验：T 值 = 2.71  P 值 = 0.015  自由度 = 17
```

结论是：二者轴棒直径间有显著差异。值得注意的是，原来各自有 13 个观测值，双样本 t 检验自由度应该是 24，但现在由于方差不相等，对方差特大者缩小其权重，加权平均得到了方差的估计量，最终只剩下 17 个自由度。

5.3.3.2 配对样本的检验

配对检验在实际工作中时常会遇到。比如，考察某种减肥药品的疗效，如果用完全不同的两批人，一批未吃药，一批吃药，将此类问题当作两总体的均值检验问题，则很容易得到“疗效不显著”的结论，这是因为不同人的体重本身有很大差异，而这种误差并不是由于药物疗效引起的，减肥药的疗效就被淹没在误差之中了。解决此问题最好的办法是收集成对数据的方式：对同一批人，先记录原始体重，再记录服用药物后的体重，这样将每个人服用药物前后的体重进行比较，把同一人服用药物前后的两个结果之差求出来（求出服用药物后的“体重减少量”d，此数可能为正也可能为负），这就可以较准确地度量出药物在每个人身上产生的作用。最后进行的检验就是：看“体重减少量”d 的均值是否为正数。设 X_i 和 Y_i 是第 i 个人服用减肥药前后的体重，则 $d_i=X_i-Y_i$（$i=1, 2, \cdots, n$）是第 i 个人的体重减少量，记 μ 为体重减少量 d 的均值，则我们要检验的问题变成：$H_0: \mu=0$，$H_1: \mu>0$。

一般情况下的配对检验就是对于差值的均值 μ 进行单总体的假设检验，其具体形式可能有下列三种情况：

$H_0: \mu=0$，$H_1: \mu>0$

$H_0: \mu=0$，$H_1: \mu<0$

$H_0: \mu=0$，$H_1: \mu\neq 0$

显然，这些都是单个正态总体均值是否为0的检验问题。

另外，通常情况下，σ 是未知的，因此对此问题用单样本 t 检验，在MINITAB的入口是："统计>基本统计量>单样本t（Stat>Basic Statistics>1-Sample t）"检验，检验统计量变成 $t=\dfrac{\bar{d}}{S_d/\sqrt{n}}$，$S_d=\sqrt{\dfrac{\sum_{i=1}^{n}(d_i-\bar{d})^2}{n-1}}$。在显著性水平为 α 时，拒绝域可参见式（5-9）至式（5-11）。

当然，在MINITAB中，我们还可以省略求出差值 d 的步骤，直接用"统计>基本统计量>配对t（Stat>Basic Statistics>Paired t）"，即配对 t 检验来对两列原始数据直接进行检验。

例5-12

想要比较某种减肥药的疗效，选定10人进行实验，收集了每个人服用减肥药前后的体重数据，表5-10是测量数据的记录（数据文件：BS_配对t检验.MTW）。

表5-10　体重测量记录

实验者	X_i（服药前）	Y_i（服药后）	$d_i=X_i-Y_i$
1	90	83	7
2	79	70	9
3	86	80	6
4	88	84	4
5	92	87	5
6	79	74	5
7	76	79	−3
8	87	83	4
9	102	96	6
10	96	90	6
均值	$\bar{X}=87.5$	$\bar{Y}=82.6$	$\bar{d}=4.9$
标准差	$S_X=8.086$	$S_Y=7.516$	$S_d=3.1429$

问：在 $\alpha=0.05$ 水平下，服用药物后体重是否有显著降低？

解　建立假设：

$H_0: \mu=0$

$H_1: \mu>0$

这里的数据属于成对数据，求出"体重减少量"d，令 $d_i=X_i-Y_i$（$i=1, 2, \cdots, 10$），便是每个人服用药物后体重减少量，$n=10$，在 $\alpha=0.05$ 时的拒绝域是：

$\{t>t_{1-\alpha}(n-1)\}=\{t>1.833\}$

由于 $n=10$，$\bar{d}=4.9$，$S_d=3.1429$，可求得 $t=\dfrac{\bar{d}}{S_d/\sqrt{n}}=\dfrac{4.9}{3.1429/\sqrt{10}}=4.93$，样本统计量落在拒绝

域中，所以可以认为服用药物后体重有显著降低。

用 MINITAB 软件，打开“BS_配对 t 检验.MTW”数据文件，选择“统计>基本统计量>单样本 t 检验（Stat>Basic Statistics>1-Sample t）”检验，对于差值进行单样本均值是否大于 0 的检验，得到下列结果：

单样本 T：d=x−y

mu = 0 与>0 的检验

变量	N	均值	标准差	均值标准误	95%下限	T	P
d = x − y	10	4.900	3.143	0.994	3.078	4.93	0.000

p 值=0.000<0.05，拒绝原假设，即服用药物后体重有显著降低。

当然这里也可以直接采用配对 t 检验。

建立假设：

H_0：$\mu=0$

H_1：$\mu>0$

（1）选择“统计>基本统计量>配对 t（Stat>Basic Statistics>Paired t）”。

（2）在“列中的样本（Samples in columns）”栏输入数据所在列，点击“选项（Options）”后，因为显著性水平为 0.05，故在“置信水平（Confidence level）”输入“95”（%），在“备择（Alternative）”选项中要输入“大于”（见图 5-21）。

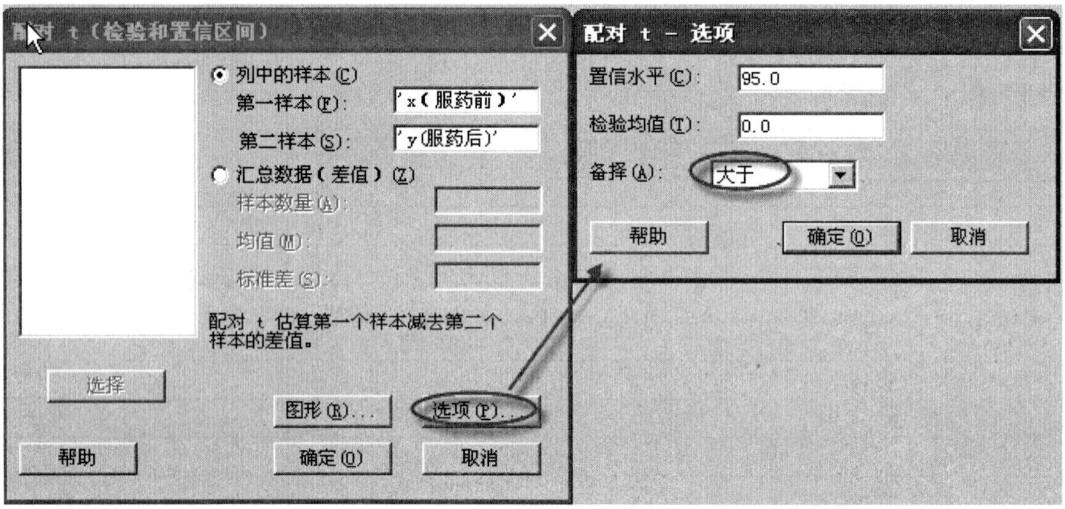

图 5-21　配对 t 检验操作图

（3）点击“确定”后，得到如下输出结果：

配对 T 检验和置信区间：x（服药前），y（服药后）

x（服药前）−y（服药后）的配对的 T

	N	均值	标准差	均值标准误
x（服药前）	10	87.50	8.09	2.56
y（服药后）	10	82.60	7.52	2.38
差值	10	4.900	3.143	0.994

95%平均差下限：3.078

平均差 = 0（与>0）的 T 检验：T 值 = 4.93　P 值 = 0.000

(4) 输出结果说明。p 值$=0.000<0.05$，拒绝原假设，即服用药物后体重有显著降低。

由此可见，我们对差值采用单样本 t 检验与对原始数据直接采用配对 t 检验结论是一致的。

如果将此问题误认为是普通的两样本均值检验，我们将使用 MINITAB 软件直接用“统计>基本统计量>双样本 t (Stat>Basic Statistics>2-Sample t)”检验，得到下列结果：

双样本 T 检验和置信区间：x (服药前)，y (服药后)

x (服药前) 与 y (服药后) 的双样本 T

	N	均值	标准差	均值标准误
x (服药前)	10	87.50	8.09	2.6
y (服药后)	10	82.60	7.52	2.4

差值 = mu (x (服药前)) - mu (y (服药后))

差值估计：4.90

差值的 95% 置信下限：-1.15

差值 = 0 (与>) 的 T 检验：T 值 = 1.40 P 值 = 0.089 自由度 = 18

两者都使用合并标准差 = 7.806 3

p 值$=0.089>0.05$，不能拒绝原假设，即服用药物后体重没有显著降低。可见对于事先设计好的配对观测数据进行分析，可以得到较为精确的结论；若误当作普通两样本数据来分析，则容易犯第二类错误而得不到正确结论。

5.4 方差检验

5.4.1 单正态总体方差检验

在实际问题中，常常要检验一批数据的方差是否比设定的值大，或是否已经变小。例如，希望检验本次购进的原材料的方差是否比供应商宣称的要大？改进工作后的方差是否比改进工作前的方差（作为固定值是已知的）有所降低？这些都导致我们要进行单正态总体的方差检验。

1. 临界值法

我们计算出检验统计量的观测值，看它是否落在拒绝域内，从而做出判断。

(1) 关于总体方差 σ^2 常用的三对假设：

1) H_0：$\sigma^2=\sigma_0^2$，H_1：$\sigma^2>\sigma_0^2$
2) H_0：$\sigma^2=\sigma_0^2$，H_1：$\sigma^2<\sigma_0^2$ 单边假设检验

3) H_0：$\sigma^2=\sigma_0^2$，H_1：$\sigma^2\neq\sigma_0^2$ 双边假设检验

(2) 检验统计量选择 χ^2 统计量，在 $\sigma^2=\sigma_0^2$ 时：

$$\chi^2=\frac{(n-1)S^2}{\sigma_0^2} \tag{5-22}$$

服从自由度为 $n-1$ 的卡方分布。

(3) 对应这三对假设，它们各自的拒绝域分别为：

1) H_1：$\sigma^2>\sigma_0^2$ 时，拒绝域是：

$$\{\chi^2>\chi^2_{1-\alpha}(n-1)\} \tag{5-23}$$

2) H_1：$\sigma^2<\sigma_0^2$ 时，拒绝域是：

$$\{\chi^2<\chi^2_{\alpha}(n-1)\}\tag{5-24}$$

3） H_1：$\sigma^2\neq\sigma_0^2$时，拒绝域是：

$$\{\chi^2<\chi^2_{\alpha/2}(n-1)\ \text{或}\ \chi^2>\chi^2_{1-\alpha/2}(n-1)\}\tag{5-25}$$

2. *p* 值比较法

通过MINITAB软件指令“统计>基本统计量>单总体方差（Stat>Basic Statistics>1-Variance）”来实现。

例5-13

某种金属丝折断力服从 $N(\mu,64)$，μ 未知，现随机抽取30根做折断力试验，测得其数据见表5-11（数据文件：BS_单总体方差检验.MTW）。试问在 $\alpha=0.05$ 水平下能否认为这批金属丝的折断力标准差仍然是8?

表5-11 单位：kg

569	577	559	577	573	560	571	570	577	574
571	567	577	588	581	576	578	573	582	582
598	556	581	583	572	562	560	582	560	568

解 应用MINITAB，打开“BS_单总体方差检验.MTW”数据文件，直接对单正态总体标准差进行假设检验。

建立假设：

H_0：$\sigma=8$

H_1：$\sigma\neq8$

（1）从“统计>基本统计量>单方差（State>Basic Statistics>1 Variance）”入口。

（2）如图5-22所示输入数据，输入变量名后，选定“进行假设检验”，再选中“假设标准差”（如果要检验的是方差，就可以选择“假设方差”）。

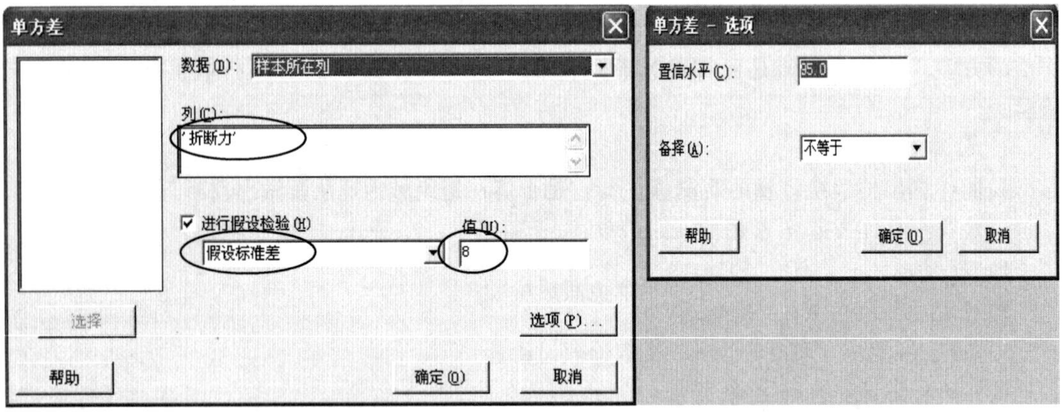

图5-22 单方差检验操作图1

（3）点击“确定”后，得到如下输出结果：

单方差检验和置信区间：折断力

方法

原假设 西格玛=8

备择假设 西格玛不=8

```
卡方方法仅适用于正态分布。
Bonett 方法适用于任何连续分布。
统计量
 变量    N   标准差   方差
折断力  30    9.51    90.4
95%置信区间
 变量     方法     标准差置信区间   方差置信区间
折断力    卡方    (7.57, 12.78)   (57.3, 163.4)
         Bonett   (7.40, 13.08)   (54.7, 171.0)
检验
 变量     方法    检验统计量   自由度   P值
折断力    卡方      40.96        29     0.139
         Bonett      —          —      0.169
```

(4) 输出结果说明。由于已知金属丝折断力服从正态分布，看到输出结果 p 值=0.139>0.05，因此我们的结论是：不能拒绝原假设，即认为这批金属丝的折断力标准差还是8。此例说明，当样本量较小时，样本的标准差（或方差）的波动可以是很大的。原来总体标准差是8，现在样本的标准差是9.51，在稍微有些变化时不能认为总体标准差已经发生变化。在实际工作中，如果是为了讨论有关平均值问题，样本量应该超过15；如果是为了讨论有关方差问题，样本量应该超过30；本例勉强达到要求，否则是得不到有意义的结论的。

在MINITAB的早期版本（R14及以前）中，对于单总体的方差检验没有专门的窗口，只能用原始数据计算出标准差的置信区间（例如用“统计>基本统计量>图形化汇总（Stat>Basic Statistics>Graphical Summary)”），然后将此置信区间与要检验的值比较。但用置信区间进行检验仍有局限性，这是因为，使用置信区间一般只能进行双侧检验，对于单侧检验则要麻烦得多（要将 α 加倍，再看其单侧置信限）。

对于此例，我们可以使用“统计>基本统计量>图形化汇总（Stat>Basic Statistics>Graphical Summary)”入口，求出标准差的95%双侧置信区间为（7.57，12.78），而总体标准差 8 落入此置信区间，因此不能拒绝原假设，应认为这批金属丝的折断力标准差还是8。

例 5-14

车工生产精密轴杆，其长度的规格限为 15±0.3。原来的标准差已达到 0.1，过程能力达到 4 个西格玛水平。现经六西格玛团队完成黑带项目，过程能力达到 5 个西格玛水平。现随机抽取了 30 根轴杆测量其长度，数据见表 5-12（数据文件：BS _ 轴杆长度 . MTW）。

表 5-12 单位：mm

14.845	14.887	14.956	15.132	15.097	15.025	14.979	14.914	15.057	14.843
14.906	14.962	14.983	14.995	14.943	14.911	15.060	14.944	14.977	14.933
15.121	14.978	14.920	15.058	14.998	14.970	14.984	15.020	14.935	15.096

试问在 $\alpha=0.05$ 水平上能否认为这批轴杆长度的标准差比原来的 0.1 确实有所降低？

解 应用 MINITAB，打开“BS _ 轴杆长度 . MTW”数据文件，直接对单正态总体方差进行假设检验。

建立假设：

H_0：$\sigma=0.1$

H_1：$\sigma<0.1$

（1）从“统计＞基本统计量＞单方差（Stat＞Basic Statistics＞1 Variance）”进入相关界面。

（2）如图5－23所示输入数据，注意在图5－23左侧选择“假设标准差”。

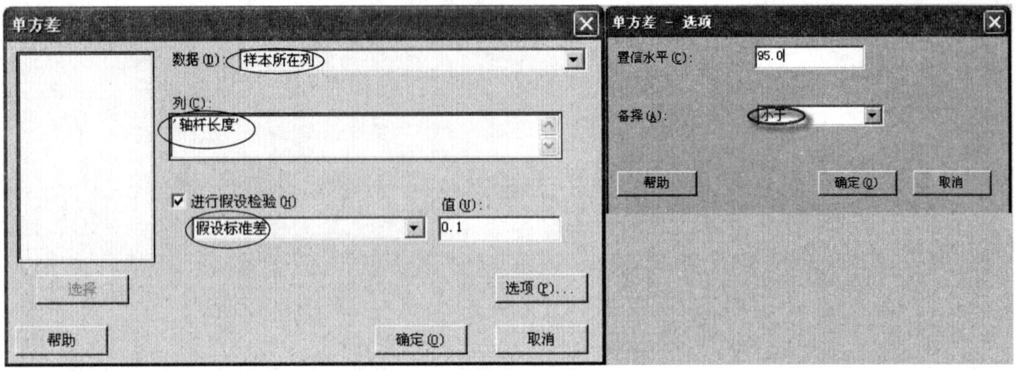

图5－23　单方差检验操作图2

（3）点击“确定”后，得到如下输出结果：

单方差检验和置信区间：轴杆长度

方法

原假设　西格玛＝0.1

备择假设　西格玛＜0.1

卡方方法仅适用于正态分布。

Bonett方法适用于任何连续分布。

统计量

变量	N	标准差	方差
轴杆长度	30	0.075 3	0.005 67

95%单侧置信区间

变量	方法	标准差上限	方差上限
轴杆长度	卡方	0.096 4	0.009 29
	Bonett	0.095 2	0.009 07

检验

变量	方法	检验统计量	自由度	P值
轴杆长度	卡方	16.45	29	0.030
	Bonett	—	—	0.025

结果是p值＝0.030（分布为正态，所以只看上面这行），拒绝原假设，即可以断言轴杆长度的标准差比0.1确实有所降低。

这里要注意的是，如果把此问题当作双侧检验，则结论会稍有差异。从“统计＞基本统计量＞图形化汇总（Stat＞Basic Statistics＞Graphical Summary）”入口，求出标准差的95%双侧置信区间为(0.061，0.101)，而总体标准差0.1落入此置信区，因此不能拒绝原假设，应认为这批轴杆长度的标准差与原来的0.1无显著变化。

为什么会有这种差别呢？这就是因为假设检验的单侧问题与双侧问题是有很大不同的，在选定备择假设时一定要非常小心。单侧备择假设问题能得到显著结果的，在双侧备择假设问题中不一定能得到显著结果，两者的拒绝域是有差别的。当然在通常情况下，单侧备择假设问题能得到显著结果的，在双侧备择假设问题中一般也能得到显著结果，但举上述这个例子的目的是给大家敲个警钟。另外，本例题的计算只能在MINITAB R15版本增加了新功能后才能进行，在以前的版本中没有此功能。这里要再次提醒大家关于样本量的问题：对于均值方面的检验，样本量至少应该是 15 以上，对于方差（或标准差）方面的检验，样本量至少应该是 30 以上。正如在计算过程能力时要求样本量达到50，达到 30 属于“勉强可以”。样本量太小时检验方差（或标准差），犯第二类错误的概率会大大增加。

许多统计工具如双样本 t 检验（2-Sample t）、方差分析（ANOVA）等，都要假定总体方差相等，因此还要讨论双总体等方差检验或多总体等方差检验等问题。

5.4.2 双总体等方差检验

在实际问题中，常常要检验两批数据的方差是否可以认为是相等的，例如，希望检验两批购进的原材料的方差是否相等？改进工作后的方差是否比改进工作前的方差有所降低？另一方面，双样本 t 检验要在假定两总体方差相等的条件下才能进行，这些都导致我们要进行双正态总体的方差检验。

1. 临界值法

我们计算出检验统计量的观测值 $F=\frac{S_1^2}{S_2^2}$，看它是否落在拒绝域内，从而做出判断。

（1）常用的三对假设：

1）H_0：$\sigma_1^2=\sigma_2^2$，H_1：$\sigma_1^2>\sigma_2^2$
2）H_0：$\sigma_1^2=\sigma_2^2$，H_1：$\sigma_1^2<\sigma_2^2$　单边假设检验

3）H_0：$\sigma_1^2=\sigma_2^2$，H_1：$\sigma_1^2\neq\sigma_2^2$　双边假设检验

（2）检验统计量选择 F 统计量，在 $\sigma_1^2=\sigma_2^2$ 时：

$$F=\frac{S_1^2}{S_2^2} \tag{5-26}$$

（3）对应这三对假设，它们各自的拒绝域分别为：

1）H_1：$\sigma_1^2>\sigma_2^2$ 时，拒绝域是：

$$\{F>F_{1-\alpha}(n-1,\ m-1)\} \tag{5-27}$$

2）H_1：$\sigma_1^2<\sigma_2^2$ 时，拒绝域是：

$$\{F<F_{\alpha}(n-1,\ m-1)\} \tag{5-28}$$

3）H_1：$\sigma_1^2\neq\sigma_2^2$ 时，拒绝域是：

$$\{F<F_{\alpha/2}(n-1,\ m-1)\ 或\ F>F_{1-\alpha/2}(n-1,\ m-1)\} \tag{5-29}$$

单/双正态总体方差的显著性水平为 α 的检验中检验统计量和拒绝域等见表 5-13。

表 5-13　单/双正态总体方差的显著性水平为 α 的检验

检验法	条件	H_0	H_1	检验统计量	拒绝域
χ^2 检验	单总体 μ 未知	$\sigma^2=\sigma_0^2$ $\sigma^2=\sigma_0^2$ $\sigma^2=\sigma_0^2$	$\sigma^2>\sigma_0^2$ $\sigma^2<\sigma_0^2$ $\sigma^2\neq\sigma_0^2$	$\chi^2=\frac{(n-1)S^2}{\sigma_0^2}$	$\{\chi^2>\chi_{1-\alpha}^2(n-1)\}$ $\{\chi^2<\chi_{\alpha}^2(n-1)\}$ $\{\chi^2<\chi_{\alpha/2}^2(n-1)$ 或$\chi^2>\chi_{1-\alpha/2}^2(n-1)\}$
F 检验	双总体 μ_1，μ_2 未知	$\sigma_1^2=\sigma_2^2$ $\sigma_1^2=\sigma_2^2$ $\sigma_1^2=\sigma_2^2$	$\sigma_1^2>\sigma_2^2$ $\sigma_1^2<\sigma_2^2$ $\sigma_1^2\neq\sigma_2^2$	$F=\frac{S_1^2}{S_2^2}$	$\{F>F_{1-\alpha}(n-1,\ m-1)\}$ $\{F<F_{\alpha}(n-1,\ m-1)\}$ $\{F<F_{\alpha/2}(n-1,\ m-1)$ 或$F>F_{1-\alpha/2}(n-1,\ m-1)\}$

2. p 值比较法

通过 MINITAB 软件指令“统计＞基本统计量＞双方差（Stat＞Basic Statistics＞2-Variances)”来实现。

例 5-15（续例 5-10）

一家冶金公司需要减少其排放到废水中的生物氧需求量（BOD）含量。考虑用纯氧取代空气吹入活化泥以改善 BOD 含量。在两种处理的废水中，空气法抽了 10 个样品，氧气法抽了 9 个样品，数据见表 5-14（数据文件：BS _ 生物氧需求量 . MTW)。

表 5-14

空气	184	194	158	218	186	218	165	172	191	179
氧气	163	185	178	183	171	140	155	179	175	

已知 BOD 含量服从正态分布，问在显著性水平 $\alpha=0.05$ 下，该公司采用这两种不同方法对 BOD 含量影响的方差是否相等？

解 （1）建立假设：

H_0：$\sigma_1^2=\sigma_2^2$

H_1：$\sigma_1^2\neq\sigma_2^2$

（2）在正态条件下，可以用 F 检验。

（3）据显著性水平 $\alpha=0.05$ 及备择假设可知拒绝域为：

$$\{F<F_{\alpha/2}(n-1,\ m-1)\ 或\ F>F_{1-\alpha/2}(n-1,\ m-1)\}$$
$$=\{F<0.243\,786\ 或\ F>4.357\,23\}$$

（4）根据样本观测值，求得

$$F=\frac{S_1^2}{S_2^2}=\frac{20.023\,6^2}{14.743\,2^2}=1.84$$

由于样本观测值未落在拒绝域中，因此不能拒绝原假设，可以认为该公司采用这两种不同方法对 BOD 含量影响的方差是相等的。

由于 F 检验的拒绝域是双侧，使用者必须同时考虑 F 值的拒绝范围：F 太大要拒绝，F 太小也要拒绝。为了使判断中的思考简化，不少中外六西格玛黑带培训教材建议，在 F 统计量的计算中规定要使分子大于分母，这样一来，拒绝域可以只考虑右侧，也就是说只考虑 F 值太大则拒绝。这种处理方法可以简化我们的思考，但是若把 F 定义为分子大于分母则又是错误的（这时 F 肯定大于 1，根本不再是 F 分布了），拒绝域取为右侧 5%也是错误的（应该仍保留 2.5%）。本书在此特别予以提醒，请大家在使用时注意。

使用 MINITAB 软件求解本题步骤：

（1）建立假设：

H_0：$\sigma_1^2=\sigma_2^2$

H_1：$\sigma_1^2\neq\sigma_2^2$

（2）从“统计＞基本统计量＞双方差（Stat＞Basic Statistics＞2-Variances)”进入相关界面。

（3）输入数据后，在“图形”中勾选“区间图”和“箱线图”。点击“确定”后，得到下列输出结果及图 5-24。

双方差检验和置信区间：空气，氧气

方法

原假设　　西格玛（空气）/西格玛（氧气）＝1

备择假设　西格玛（空气）/西格玛（氧气）≠1

显著性水平　Alpha＝0.05

统计量

变量	N	标准差	方差
空气	10	20.024	400.944
氧气	9	14.743	217.361

标准差比 = 1.358

方差比 = 1.845

95 % 置信区间

数据分布	标准差比置信区间	方差比置信区间
正态	(0.651, 2.751)	(0.423, 7.566)
连续	(0.502, 4.687)	(0.252, 21.967)

检验

方法	DF1	DF2	检验统计量	P值
F检验（正态）	9	8	1.84	0.401
Levene检验（任何连续分布）	1	17	0.61	0.445

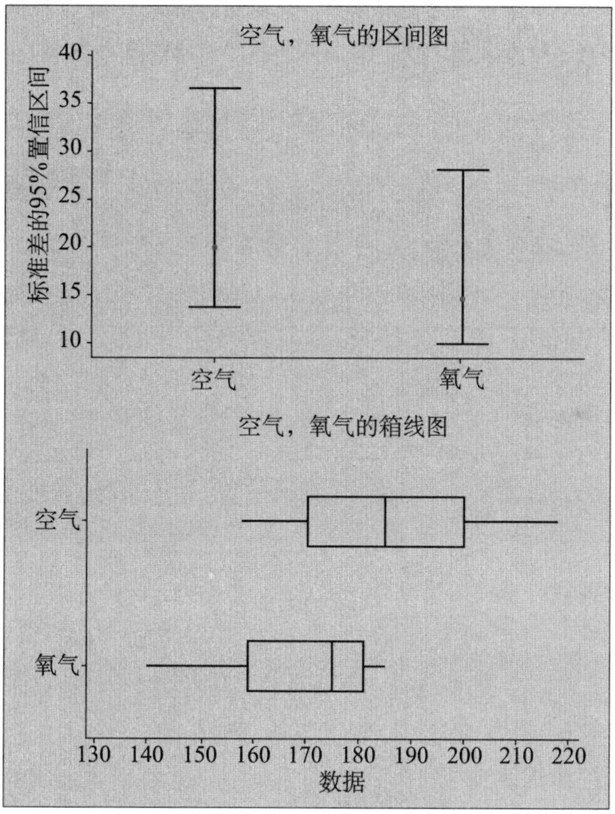

图 5 - 24　两总体方差相等性检验 1

(4) 输出结果说明。由于 BOD 含量服从正态分布，输出的 F 检验的 p 值 $=0.401>0.05$，因此我们的结论是：不能拒绝原假设，该公司采用这两种不同方法对 BOD 含量影响的方差是相等的。

值得注意的是，对于等方差检验输出有两种检验结果：

- F 检验，适于正态数据。

● Levene 检验：以样本中位数而非样本均值为基准，在小样本时更稳健，适于非正态连续型数据。

如何比较 F 检验和 Levene 检验这两种方法呢？从表面上看，Levene 检验适用于任何类型连续型分布，当然也适用于正态分布，应用范围要比 F 检验广泛得多。那么是否可以说 Levene 检验要比 F 检验“好”呢？不能这样说。大家都知道有种药叫“板蓝根”，许多人认为它可以治感冒、淋巴腺炎、扁桃腺炎、腮腺炎、肝炎，预防“非典”，最近又增加一项“抗高原反应症”功能。能说它是“天下第一药”吗？恐怕不能。得了肝炎，在治疗时很少有人再去用板蓝根，因为市面上有很多专门治疗肝炎的药，在治疗肝炎时，用板蓝根绝对不如那些专门治疗肝炎的药。对于检验两总体方差相等性这个问题，如果数据为正态分布，F 检验绝对是最灵敏（也就是犯第二类错误最小）的方法，只有当数据为非正态时，F 检验不能使用了，才会使用 Levene 检验方法。

例 5-16（续例 4-8）

假定 A，B 两名工人生产相同规格的轴棒，关键尺寸是轴棒的直径。由于 A 使用的是老式车床，B 使用的是新式车床，二者精度可能有差异。现他们各测定了 13 根轴棒直径的结果（数据见例 4-8，数据文件：BS _ 轴棒直径 . MTW）。试分析 A，B 两名工人生产的轴棒直径的方差是否相等。

解 建立假设：

H_0：$\sigma_1^2=\sigma_2^2$

H_1：$\sigma_1^2\neq\sigma_2^2$

与例 5-15 所叙述的操作完全相同，由于二者皆为正态分布，因此可以得到下列结果及图 5-25。

双方差检验和置信区间：A，B

方法

原假设　　方差（A）/方差（B）=1

备择假设　　方差（A）/方差（B）≠1

显著性水平　Alpha=0.05

统计量

变量	N	标准差	方差
A	13	2.348	5.515
B	13	1.153	1.328

标准差比=2.038

方差比=4.152

95%置信区间

数据分布	标准差比置信区间	方差比置信区间
正态	(1.126, 3.689)	(1.267, 13.607)
连续	(1.134, 4.187)	(1.286, 17.534)

检验

方法	DF1	DF2	检验统计量	P 值
F 检验（正态）	12	12	4.15	0.020
Levene 检验（任何连续分布）	1	24	5.86	0.023

从计算结果中可以看出，两样本方差之比高达 4.15，两样本方差相差这么多倍，$p=0.020<0.05$，结论应该是拒绝原假设，即可断言两总体方差并不相等。

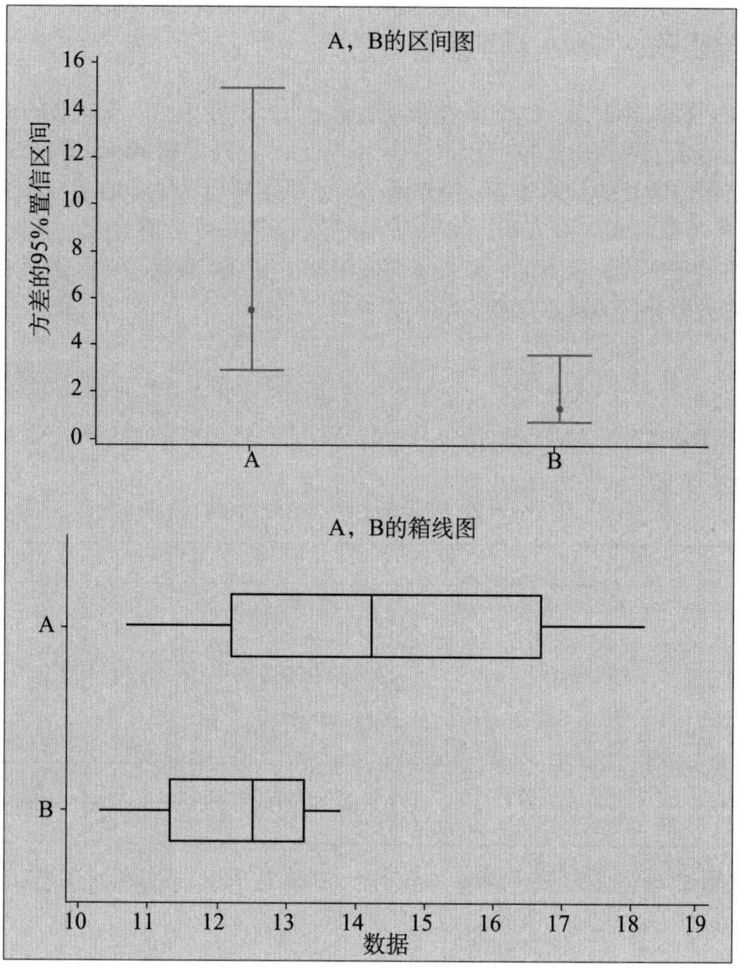

图 5－25　两总体方差相等性检验 2

5.5　单因子 ANOVA

假如六西格玛团队遇到了这样一个问题：考察温度对某一化工产品得率的影响。选了五种不同的温度进行试验，希望判断温度对化工产品得率是否有显著影响。这就是多总体的均值比较问题。前面几节我们介绍了双正态总体均值的检验方法，对于多个正态总体均值的检验，是否可以采用先前学过的方法逐一两两检验总体均值是否相等呢？答案是否定的。因为比较过程将更加复杂（比如，若有 n 个总体，则需要检验 C_n^2 次），还会导致判定结果犯第一类错误的概率大大增加。

以三个总体均值相等的检验为例，采用先前学过的方法，分别对两总体均值相等性进行检验，需要进行三次检验，若每次检验的置信水平为 0.95，那么三次检验后，置信水平将降低为 $0.95^3=85.7\%$。总体数目越多，置信水平将越低，犯第一类错误的风险将变得太大，这将使得这种比较方法不再具有实际价值。为此，我们引入一种更为有效的方法来实施多总体均值相等的检验，这就是方差分析（analysis of variance，ANOVA）。

5.5.1 单因子ANOVA基本原理

为讨论方便，将试验中要考察的结果称为指标，将在试验中会改变状态的因素或对指标有影响的因素称为因子，通常用大写字母 A，B，C 等表示。因子在试验中所处的不同状态（各因子在其变化范围内所处的具体状态）称作因子的水平，用表示因子的字母加下标来表示，譬如因子 A 的水平用 A_1，A_2，…表示。如果一项试验中只有一个因素变化，其他因素不变的话，这种试验称作单因子试验。最简单的多总体均值相等性检验其实就是单因子试验问题。下面通过一个实例说明方差分析的基本原理。

例5-17

考察温度对烧碱产品得率的影响，选了4种不同的温度进行试验，在同一温度下进行了5次试验（见表5-15，数据文件：ANOVA_单因子.MTW）。希望在显著性水平 $\alpha=0.05$ 下，判断温度对烧碱产品得率是否有显著影响。

表5-15

温度℃	60	65	70	75	总和
得率 Y_{ij}（%）	90	95	96	91	
	92	93	96	90	
	88	91	97	93	
	89	92	94	89	
	92	95	92	88	
和 T_i	451	466	475	451	
平均得率 $\bar{Y}_i$（%）	90.2	93.2	95	90.2	92.15

上述表中数据 Y_{ij} 的含义是：Y 的两个下标中的 i 代表总体号，j 为观测值号，$i=1, 2, \cdots, k$；$j=1, 2, \cdots, m_i$。

首先，从例5-17可以看到，即使在同样的温度下，产品得率也不一样，这是因为虽然外界条件基本相同，但由随机因素的干扰，结果会有微小的波动。我们可以假定，在一定的温度下，产品得率有一个理论上的均值，实际观测数据对理论均值的偏离是随机误差，这个误差一般会服从正态分布。但温度不同时，各产品得率应该有不同的均值，这些均值上的差异是由于不同的温度造成的，是系统误差。由于除了温度以外的其他因素尽可能保持一致，因此可以认为每个温度下对应的总体方差相同。这样，现在解决的问题就变为对于4个均值不同、方差相同的正态总体，推断（因子）温度对（指标）烧碱产品得率影响是否显著的问题，等价于推断4个方差相同的正态总体均值是否相等的问题。

把上述说明推广到一般情况：

（1）正态假定：假定因子有 k 个水平，每一水平下均服从均值为 μ_i（$i=1, 2, \cdots, k$），方差为 σ^2 的正态分布，每一水平下的指标全体便构成一个总体，共有 k 个总体。

（2）等方差假定：因子在每一水平下所服从的正态分布方差相等。

（3）数据独立性假定：对于第 i 个水平下收集的数据 Y_{ij}（$j=1, 2, \cdots, m_i$）是相互独立的。

（4）在前三个假定成立的前提下，检验如下假设是否为真：

H_0：$\mu_1=\mu_2=\cdots=\mu_k$

H_1：至少一对 $\mu_i\neq\mu_j$

下面具体说明分析的思路：如果在不同温度下，烧碱产品平均得率差异与随机误差相比不相上下，那么可以认为不同温度下的烧碱产品得率间没有显著差别。反之，如果在不同温度下，烧碱产品平均得率间的差异与随机误差相比显得较大，那么这种差异就很难用随机误差来解释，只能认为是由于“温度不同”这个原因造成的。

下面来看看如何对这些差异进行定量描述。

把同样温度下的试验作为一组，用 $SS_{E_i}=\sum_{j=1}^{m_i}(Y_{ij}-\overline{Y}_i)^2$ 来表示本组（水平）内数据间的随机误差大小，求出 SS_{E_i} 之和来表示总的随机误差，记为 SS_E，称 SS_E 为组内离差平方和（或误差平方和）。

$$SS_E=\sum_{i=1}^{k}\sum_{j=1}^{m_i}(Y_{ij}-\overline{Y}_i)^2 \tag{5-30}$$

对于不同温度下产品得率的差异用 SS_A 来表示，称 SS_A 为组间离差平方和。

$$SS_A=\sum_{i=1}^{k}m_i(\overline{Y}_i-\overline{\overline{Y}})^2 \tag{5-31}$$

再考虑所有数据的总离差平方和 SS_T：

$$SS_T=\sum_{i=1}^{k}\sum_{j=1}^{m_i}(Y_{ij}-\overline{\overline{Y}})^2 \tag{5-32}$$

这里，$\overline{\overline{Y}}$ 是 $\overline{Y}_i$ 的平均值。

数学上可以证明，这三者间有下列等式成立：

$$SS_T=SS_A+SS_E \tag{5-33}$$

这就是著名的平方和分解公式。

方差分析的基本思想就是求出组间离差平方和 SS_A 与组内离差平方和 SS_E 之比值。此比值越大，说明因子效应越显著；反之，说明因子效应越不显著。为了消除数据个数及分组数（水平数）的多少给离差平方和带来的影响，在求此比值时，还要除以各自的自由度，得到各自的均方和 MS_A，MS_E，这个比值就称为 F 统计量。换言之，F 统计量等于 MS_A/MS_E，其中 $MS_A=SS_A/df_A$，$MS_E=SS_E/df_E$。

检验的基本思想就是：若 F 值足够大，则可以判定因子是显著的。具体写出来则是：如果 $F>F_{1-\alpha}(df_A, df_E)$，则可以判定因子是显著的。与此同时，还可以得到如下结果：

（1）第 i 个水平指标的均值的估计为：$\hat{\mu}_i=\overline{Y}_i$；

（2）各组内的共同的误差方差 σ^2 之估计值是 MS_E。

将上述分析内容用一个表格来归纳，就得到了下列方差分析表（见表 5-16）。其中关键的是检验统计量 F，MINITAB 软件还在最后给出了与 F 值相对应的 p 值。

表 5-16　　单因子方差分析表

来源	偏差平方和	自由度	均方和	F 比
因子 A	SS_A	$df_A=k-1$	$MS_A=SS_A/df_A$	$F=MS_A/MS_E$
误差 e	SS_E	$df_E=n-k$	$MS_E=SS_E/df_E$	
总计 T	$SS_T=SS_A+SS_E$	$df_T=n-1$		

如果 $F>F_{1-\alpha}(df_A, df_E)$，则拒绝 H_0，表示不同水平下的指标的均值确有显著差异，此时称因子效应是显著的，否则称因子效应不显著。

具体求解例 5-17。在例 5-17 中，要考察 4 种温度，在显著性水平取 $\alpha=0.05$ 时，判断温度对烧碱产品得率是否有显著影响，下面是手工计算的具体过程。

Y_{ij} 表示第 i 水平下第 j 个试验数据

m 表示因子在每一水平下试验的次数（这里各水平试验次数相同，故省略了下标）

k 表示因子水平数

$\overline{\overline{Y}}$ 表示总的平均值

$\overline{Y}_i$ 表示因子在第 i 水平下的平均值

$$SS_A = \sum_{i=1}^{k} m(\overline{Y}_i - \overline{\overline{Y}})^2 = \sum_{i=1}^{4} 5(\overline{Y}_i - \overline{\overline{Y}})^2 = 84.15,\ df_A = k-1 = 4-1 = 3$$

$$SS_T = \sum_{i=1}^{k}\sum_{j=1}^{m} (Y_{ij} - \overline{\overline{Y}})^2 = \sum_{i=1}^{4}\sum_{j=1}^{5} (Y_{ij} - \overline{\overline{Y}})^2 = 140.55,\ df_T = n-1 = 20-1 = 19$$

$$SS_E = SS_T - SS_A = 56.4,\ df_E = n-k = 20-4 = 16$$

$$MS_A = SS_A/df_A = 84.15/3 = 28.05$$

$$MS_E = SS_E/df_E = 56.4/16 = 3.52$$

$$F = MS_A/MS_E = 28.05/3.52 = 7.96$$

临界值 $F_{1-\alpha}(df_A,\ df_E)=F_{0.95}(3,\ 16)=3.24$

把以上计算结果列入单因子方差分析表（见表5-17）。

表5-17　　　单因子方差分析表

来源	偏差平方和	自由度	均方和	F 比
温度	84.15	3	28.05	7.96
误差 e	56.4	16	3.52	
总计 T	140.55	19		

由于 $F=7.96>3.24$，因此拒绝原假设。结论：不同温度对烧碱产品得率有显著影响。

在用MINITAB软件计算时，步骤如下：

(1) 打开“ANOVA _ 单因子 . MTW”数据文件，要注意的是：如果数据录入格式是C1，C2列形式（即响应变量在一列，因子水平代码在另一列）时，从“统计>方差分析>单因子（Stat>ANOVA>One way）”进入相关界面（见图5-26中左侧）；如果数据录入格式是C4～C7形式（即因子各水平对应的响应值在不同的列），就从“统计>方差分析>单因子（Stat>ANOVA>One way (Unstacked)）”进入相关界面，如图5-26中右侧所示。

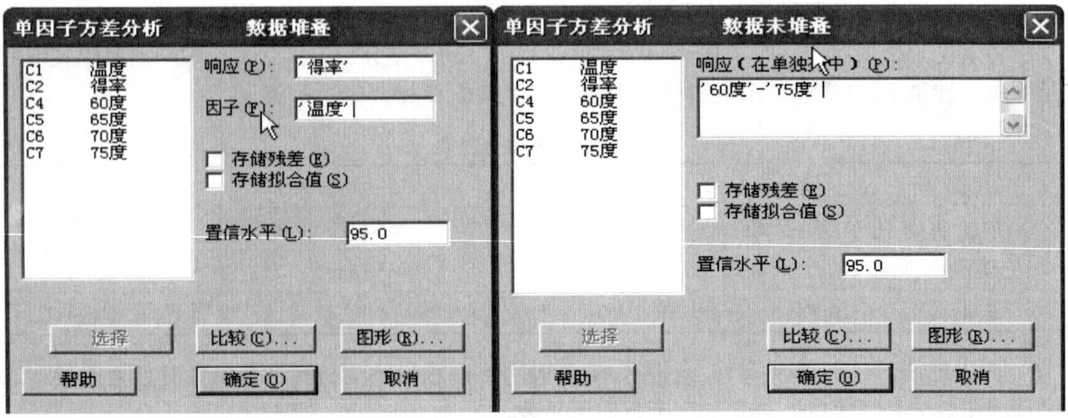

图5-26　ANOVA（数据堆叠和未堆叠）操作图

(2) 输入数据所在列后，因为显著性水平为0.05，故在“置信水平（Confidence Level）”输入“95”(%)，点击“图形（Graphs）”后，勾选“数据箱线图”，如图5-27所示。

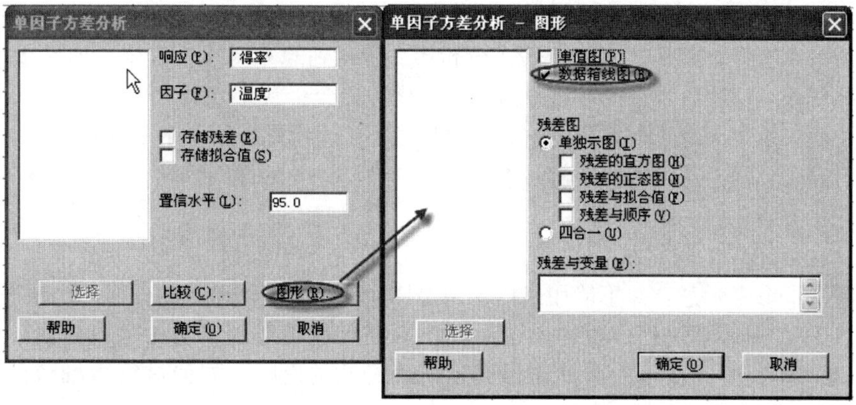

图 5-27　ANOVA（数据堆叠）生成数据箱线图

（3）点击“确定”后，得下列输出结果及图 5-28：

```
单因子方差分析：得率与温度
来源   自由度    SS      MS      F      P
温度      3     84.15   28.05   7.96   0.002
误差     16     56.40    3.52
合计     19    140.55
S = 1.877    R-Sq = 59.87 %    R-Sq(adj) = 52.35 %
水平   N    均值     标准差   均值（基于合并标准差）的单组 95 % 置信区间
                            ------+---------+---------+---------+---
 60    5   90.200   1.789   (------*------)
 65    5   93.200   1.789              (------*------)
 70    5   95.000   2.000                    (------*------)
 75    5   90.200   1.924   (------*------)
                            ------+---------+---------+---------+---
                                90.0      92.5      95.0      97.5
合并标准差 = 1.877
```

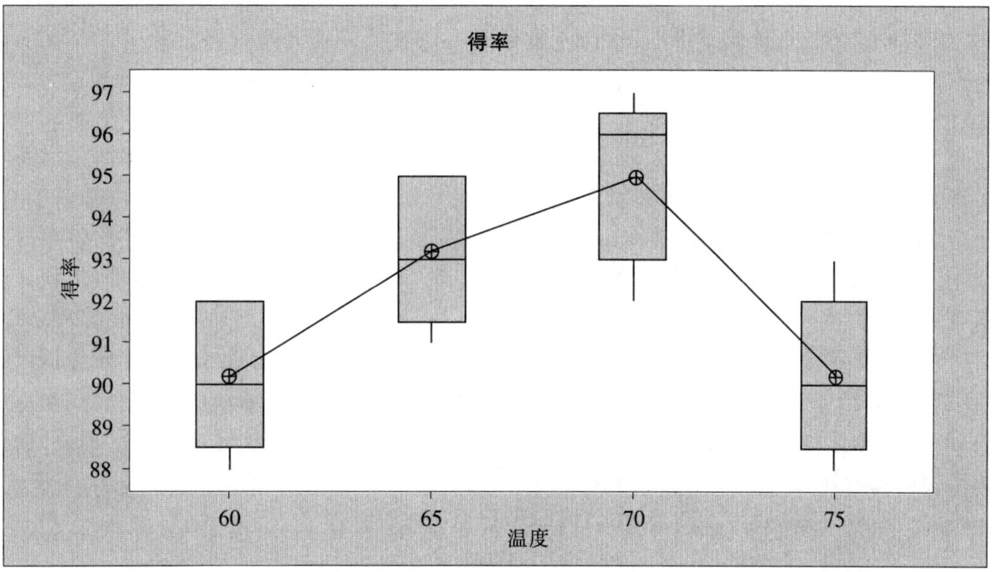

图 5-28　得率与温度的箱线图

（4）输出结果的解释。由于 p 值=0.002<0.05，因此拒绝原假设。结论：不同温度下烧碱产品平均得率有显著差异。在 ANOVA 分析第一步得到的 ANOVA 表中，如果 p 值>0.05，无法拒绝原假设，说明各水平间并无显著差异，则方差分析到此结束。如果 p 值<0.05，拒绝原假设，说明各水平间有显著差异。这时就提出了下一个问题，哪些水平间有显著差异，哪些水平间没有显著差异？这就需要了解各水平下平均值的差异的详细情况，这就是下一部分的内容：如何分析多重比较的结果。

注意：在 ANOVA 表下方用文字打印方式输出了一个均值置信区间的示意图，但此图仅提供了均值状况的参考示意，并不能用来作为两总体间是否有显著差异的任何评比根据。

在 ANOVA 的计算过程中也输出了 4 种不同温度的箱线图。从中可以看出，70℃时得率似乎最高。但我们同样不能由此图得到任何确定性的论断。如何进行更细致的比较请看下节。

5.5.2 单因子 ANOVA 多重比较方法

当因子显著即因子在各水平下均值有差异时，我们可以进一步了解因子在 k 个水平下均值的差异，即同时检验如下 C_k^2 个 H_0^{ij}：$\mu_i=\mu_j$，H_1^{ij}：$\mu_i\neq\mu_j$ 假设，这个检验叫作多重比较。

进行多重比较的关键是如何选定第一类错误风险值的问题。MINITAB 给出了如下四种多重比较方法的风险值设定方式供我们选择，下面分别说明。

（1）“Tukey，整体误差率”：Tukey 方法所设定的所有的两两检验总和起来的整体误差率，栏框中默认的是整体误差率 5（%），输入值若大于 1，MINITAB 会解释为百分比。显然，如果整体误差率设定为 5%，那么两两比较检验的第一类错误设定的风险要远远低于 5%。Tukey 方法可以计算所有多重比较（两两均值差）的置信区间。以后我们在实际进行单因子的方差分析时，一定只选 Tukey 算法，以保证整体误差率为 5%。

（2）“Fisher，个别误差率”：采用 Fisher 方法计算多重比较（两两均值差）的置信区间时，所设定的是两两比较的每次检验的第一类错误都为 5%，这样一来，整体第一类错误的误差率肯定会大大超过 5%。以后我们在实际进行单因子的方差分析时，除非有特殊需要，一定不选 Fisher 算法。

（3）“Dunnett，全族误差率”：它讨论的是另一种试验问题，在这种试验中，存在一个特殊的称为“对照组”的总体。2005 年，我国在完成了 SARS 疫苗的各项动物实验鉴定后，决定对 SARS 疫苗进行实际的人体实验，当时将 36 名勇敢的实验者等分为三组，一组注射生理盐水，此组称为“对照组”（control group），另两组分别注射 1 倍和 2 倍 SARS 疫苗。这时我们要进行的只是将注射 1 倍和 2 倍 SARS 疫苗组与对照组相比较，以确认 SARS 疫苗是否有效，其他组之间不再进行比较。采用 Dunnett 方法计算的是其他各数据组与控制组平均值差异的置信区间。计算前当然先要特别指定哪组是“对照组”。除非我们进行的是这种对照试验，否则也不会选择此方法。

（4）“许氏 MCB，全族误差率”：它讨论的是对于各组只进行与最佳组的比较分析，其他组与组之间并不进行比较。当然这里又要分平均值是越大越好（Largest is best）还是平均值越小越好（Smallest is best）这两种类型。采用许氏 MCB 方法将计算每一个水平平均值与整体最好的平均值之差异的置信区间。此方法用得也不多。

将以上四种多重比较方法的特性归纳如表 5-18 所示。

表 5 - 18　　多重比较法对比表

多重比较的方法	比较的内容	误差率设定
Tukey	各水平均值两两比较的差异	指定整体误差率，两两个别比较误差率要大大变小
Fisher	各水平均值两两比较的差异	指定两两的个别比较误差率，整体的总误差率会大大变大
Dunnett	与对照组比较的差异 $\mu_i-\mu_c$	指定全族误差率，每组只与对照组相比较
许氏 MCB	与最佳组比较的均值差异 $\mu_i-\mu_{best}$	指定全族误差率，每组只与整体最佳组相比较

注：μ_i 为第 i 水平下的均值；μ_c 为控制组水平下的均值；μ_{best}为整体最好水平下的均值。

例 5 - 18（续例 5 - 17）

考察 4 种温度，在显著性水平 $\alpha=0.05$ 时，判断温度对烧碱产品得率是否有显著影响。在前段，我们已判断出各水平间有显著差异（其操作见图 5 - 26、图 5 - 27）。下面分析：哪些水平间有显著差异？哪些水平间没有显著差异？

解　前面已介绍了方差分析表中 ANOVA 的计算及箱线图的绘制。在得到各组间差异显著的结论后，我们可以进行多重比较的检验。

从“统计＞方差分析＞单因子（Stat＞ANOVA＞One way）”进入相关界面后，点击“比较（Comparisons）”，如图 5 - 29 所示。

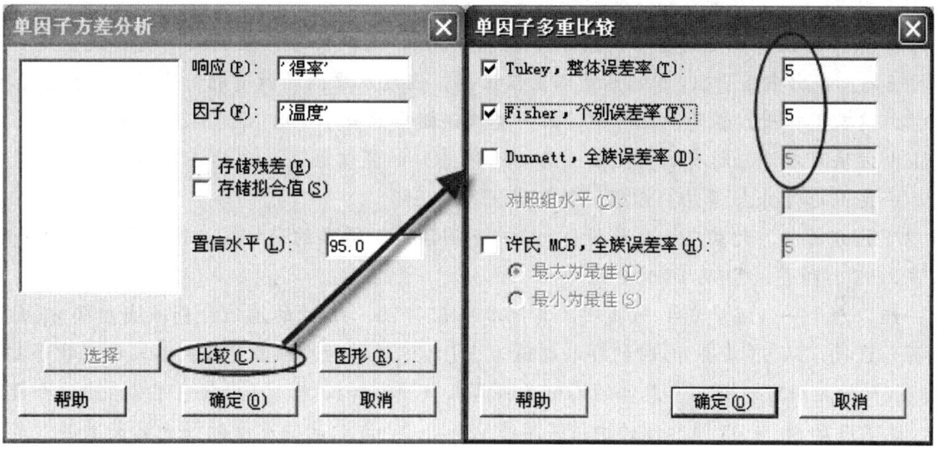

(a)　　(b)

图 5 - 29　ANOVA 多重比较操作图

选中 Tukey 算法，设定整体误差率为 5%。

再选中 Fisher 算法，设定个别误差率为 5%（注意：本次选定该项只是为了进行两种算法的比较，显示一下结果。以后再也不要选此项）。

点击“确定”后，得下列输出结果：

```
使用 Tukey 法对信息进行分组
温度  N   均值    分组
 70   5  95.000  A
 65   5  93.200  AB
 75   5  90.200  B
 60   5  90.200  B
不共享字母的均值之间具有显著差异。
```

```
Tukey 95% 整体置信区间
温度 水平间的所有配对比较
单组置信水平 = 98.87%
温度 = 60 减自:
温度   下限     中心    上限   ------+---------+---------+---------+---
65   -0.401   3.000   6.401                (------*------)
70    1.399   4.800   8.201                    (------*-----)
75   -3.401   0.000   3.401         (------*------)
                               ------+---------+---------+---------+---
                                   -5.0       0.0       5.0      10.0
温度 = 65 减自:
温度   下限     中心    上限   ------+---------+---------+---------+---
70   -1.601   1.800   5.201             (------*-----)
75   -6.401  -3.000   0.401     (------*------)
                               ------+---------+---------+---------+---
                                   -5.0       0.0       5.0      10.0
温度 = 70 减自:
温度   下限     中心    上限    ------+---------+---------+---------+---
75   -8.201  -4.800  -1.399    (-----*------)
                               ------+---------+---------+---------+---
                                   -5.0       0.0       5.0      10.0
```

我们先看Tukey方法的三组多重比较的置信区间：

由于Tukey方法所设定的整体误差率是5%，显然，两两比较检验的第一类错误设定的风险要远远低于5%。输出中指明出，“95%整体置信区间，温度水平间的所有配对比较，单组置信水平=98.87%”，这就意味着，在两两比较中，第一类错误概率只有1−98.87%=1.13%。

Tukey方法可以计算所有多重比较（两两均值差）的置信区间。以后在实际进行单因子的方差分析时，一定只选Tukey算法，以保证整体误差率为5%。

在以下的分析中，大家应该参看图5-28中不同温度下得率的箱线图。图中显示：温度为70时得率最高，65时稍差，60及75时更差。

第一组以水平一（温度60）做减项，其他水平65，70，75时的均值分别减去水平60时的均值得到的置信区间。从65减去60时的样本均值为3.0，但总体的均值差可能大些，也可能小些，但我们以98.87%的把握可以断言，总体的均值差将落入（−0.401，6.401）内，可以看出这个置信区间包含0，说明温度60与65间总体的均值差不排除为0，也即二者得率平均值无显著差异。其实从上述分析可以看出，我们对于两总体的均值差将落入什么区间的具体数值并不关心，关键是这个区间是否包含0，也就是区间的上下限是否恰好正负符号相反。如果上下限皆为正，则说明第二个总体均值比第一个总体均值大；如果上下限皆为负，则说明第二个总体均值比第一个总体均值小。从这组中可以看出，只有一组均值差异显著：从温度70减去60时的样本均值为4.8，但总体的均值差以98.87%的把握将落入（1.399，8.201）内，上下限皆为正，故温度70均值肯定超过温度60均值。我们记为“70度>60度”。

同样分析，第二组以水平二（温度65）做减项，其他水平70，75时的均值分别减去水平65时的均值得到的置信区间都包含0，故温度为70和75时，得率平均值与温度65无显著差异。

第三组以水平三（温度70）做减项，温度75时的均值减去水平70时的均值得到的置信区间，可以看出这里所有的置信区间（−8.201，−1.399），上下限皆小于0，说明温度75时，得率平均值比温度为70时小。我们记为“75度<70度”。

总之，Tukey方法计算结果中，一共有两组均值差异显著，那就是：“70度>60度”及“75度<70度”，其余各组间并无显著差异。在R16版本新增的对信息进行分组的结果中，也可以看出，

70度及65度为A，75度及60度为B，二者差异显著。

以下是Fisher算法结果：

```
使用 Fisher 方法对信息进行分组
温度  N   均值    分组
 70   5  95.000  A
 65   5  93.200  A
 75   5  90.200  B
 60   5  90.200  B
不共享字母的均值之间具有显著差异。
Fisher 95% 两水平差值置信区间
温度 水平间的所有配对比较
同时置信水平 = 81.11%
温度 = 60 减自：
温度    下限     中心    上限    --------+---------+---------+---------+-
 65    0.483    3.000   5.517                (-----*-----)
 70    2.283    4.800   7.317                       (-----*-----)
 75   -2.517    0.000   2.517           (-----*-----)
                                 --------+---------+---------+---------+-
                                      -4.0       0.0       4.0       8.0
温度 = 65 减自：
温度    下限      中心      上限     --------+---------+---------+---------+-
 70   -0.717     1.800     4.317                 (-----*-----)
 75   -5.517    -3.000    -0.483       (-----*-----)
                                    --------+---------+---------+---------+-
                                         -4.0       0.0       4.0       8.0
温度 = 70 减自：
温度    下限      中心      上限     --------+---------+---------+---------+-
 75   -7.317    -4.800    -2.283   (-----*-----)
                                    --------+---------+---------+---------+-
                                         -4.0       0.0       4.0       8.0
```

由于Fisher方法所设定的个别误差率是5%，显然，整体比较检验的第一类错误风险将远远高于5%。输出中指明出，“Fisher 95%单独置信区间，温度水平间的所有配对比较，同时置信水平＝81.11%”，这就意味着，整体比较检验的第一类错误概率将高达1－81.11%＝18.89%，这样高的第一类错误概率当然是不能容忍的。

Fisher方法也有三组多重比较的置信区间：

第一组以水平一（温度60）做减项，其他水平65，70，75时的均值分别减去水平60时的均值得到的置信区间，结果是“65度>60度”“70度>60度”。

第二组以水平二（温度65）做减项，其他水平70，75时的均值分别减去水平65时的均值得到的置信区间，结果是“75度<65度”。

第三组以水平三（温度70）做减项，水平75时的均值减去水平70时的均值得到的置信区间，结果是“75度<70度”。

在R16版本新增的对信息进行分组的结果中，其结论与上面的分析相同。

总之，用Fisher方法得到的结论是，在6对均值比较中，有4对差异是显著的；而Tukey方法得到的结论是，在6对均值比较中，只有2对差异是显著的。可见，在要求整体误差率为5%的时候，判定“差异显著”要比简单的两两比较严格得多，而我们当然**应该以Tukey方法得到的结论为最终结论**：70度显著高于60度及75度；其他组间差异不显著。

5.5.3 多总体等方差检验

在 5.5.1 节的单因子 ANOVA 基本原理中，我们提到进行单因子 ANOVA 分析的三项基本前提，除了数据独立性、正态性假定，最重要的就是等方差性，就是因子在每一水平下所收集到的数据来自方差相等的正态分布。为了考察这项前提是否得到满足，要进行多总体等方差的检验。我们所讨论的一般问题是：

H_0：$\sigma_1^2=\sigma_2^2=\cdots=\sigma_k^2$

H_1：至少一对 $\sigma_i^2\neq\sigma_j^2$

在正态分布的前提下，可以使用 Bartlett 检验，在正态分布的前提不满足时，可以使用 Levene 检验，下面结合具体例题加以说明。

例 5-19（续例 5-17）

考察 4 种温度，在显著性水平 $\alpha=0.05$ 时，判断温度对烧碱得率是否有显著影响。

解 先检验 4 组方差是否相等。

H_0：$\sigma_1^2=\sigma_2^2=\cdots=\sigma_4^2$

H_1：至少一对 $\sigma_i^2\neq\sigma_j^2$

选用“数据”与“分组”分别列在两列的存放格式。如果数据是分多列存放的，要先整理数据，使之堆叠而变成采用“数据”与“分组”分别列在两列的存放格式。

选择“统计>方差分析>等方差检验（Stat>ANOVA>Test for Equal Variances）”。

在“响应（Response）”栏输入 C2 列“得率”，“因子（Factors）”栏输入 C1 列“温度”，如图 5-30 所示。

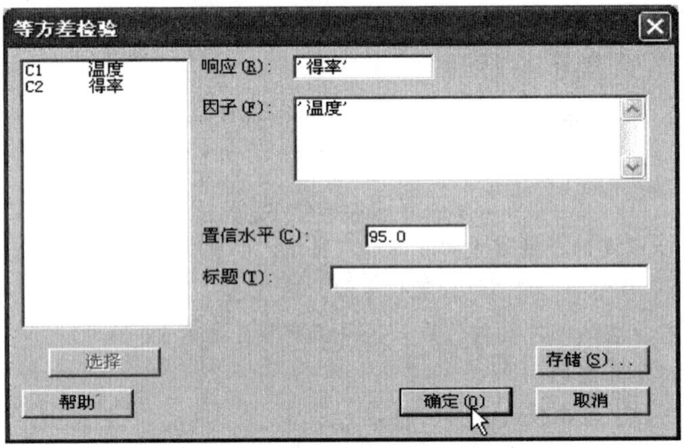

图 5-30 多总体等方差检验操作图

点击“确定”后，得到如下输出结果及图 5-31：

结果：ANOVA_单因子.MTW

等方差检验：得率与温度

95% 标准差 Bonferroni 置信区间

温度	N	下界	标准差	上界
60	5	0.944 36	1.788 85	7.421 52
65	5	0.944 36	1.788 85	7.421 52
70	5	1.055 82	2.000 00	8.297 51
75	5	1.015 46	1.923 54	7.980 29

Bartlett 检验（正态分布），检验统计量 = 0.07，P 值 = 0.995

Levene 检验（任何连续分布），检验统计量 = 0.00，P 值 = 1.000

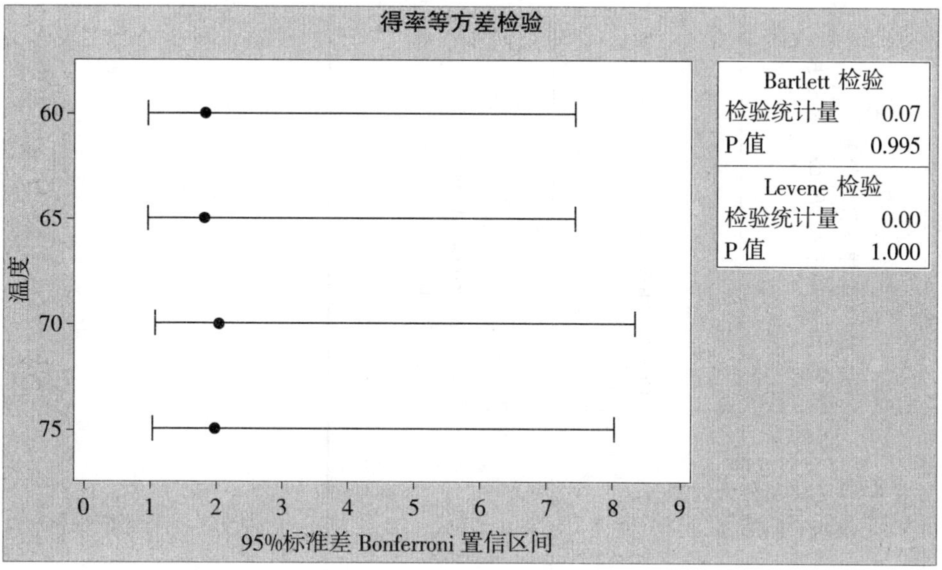

图 5-31　多总体等方差检验结果图

输出结果的说明如下：

由于假定得率服从正态分布，输出结果选取 Bartlett 检验，输出的 p 值=0.995>0.05，因此我们的结论是：不能拒绝原假设，即 4 个温度下得率的方差是相等的。

这里要补充说明的一点是：使用 ANOVA 分析是需要三个条件的（详见 5.5.1 节），即独立、正态、等方差，但在实际应用中，有时样本量较小，直接验证这三个条件几乎没有意义，为此常用残差诊断的方法予以验证，即在图 5-27 中右侧增选“残差图”功能项。详细操作方法及原理请参看 9.2.5 节回归方程的残差诊断。

5.6　比较方法的总结

在统计假设检验中，比较方法用得最多，为此我们给出了一个总表（见表 5-19）。本章的 5.3 节至 5.5 节的内容也归纳在内，所有相应的 MINITAB 软件操作可以从该表格中的前 3 列内查到。至于第 4 列的有关比率的检验，将在第 6 章学到；第 5 列的有关中位数的检验，将在第 7 章非参数检验中学到。现在先一并给出，以便读者获得总体性印象。

下面补充叙述一个新内容。

在表 5-19 中的多总体均值检验栏中，对于“方差相等时”给出了方差分析的操作窗口。那么当方差不相等时要比较总体均值该怎么办？大家知道，对于两总体均值相等性检验问题，当方差相等时，可以使用双样本 t 检验；当方差不相等时，MINITAB 会自动使用近似双样本 t 检验，其原理是按样本方差大小来对自由度进行修正，样本方差越大的组，其自由度削减得越多，通过调整自由度来进行近似的双样本 t 检验。方差不相等时多总体的均值比较其原理与双总体相似，分子的自由度不变（总是“组数减 1”），而分母的自由度则将依赖于样本方差的大小适当削减。样本方差越大的组，其自由度削减得越多，通过调整自由度来进行近似的 ANOVA 检验，这就是 Welchs 方差分析方法。MINITAB 软件没有提供相应的窗口，我们用另编的宏

表 5-19　**假设检验比较方法汇总表**

	均值 μ	方差 σ^2	比率 p	中位数 median
单总体	（1）σ 已知 BS>单样本 Z 检验 （2）σ 未知 BS>单样本 t 检验	（1）BS>单方差检验 （2）BS>图形化汇总 （只求出 CI）	BS>单比率检验	（1）NP>单样本符号检验 （2）NP>单样本 Wilcoxon 符号秩
双总体	（1）独立样本 BS>双样本 t 检验 （2）配对样本 BS>配对 t 检验	BS>双方差检验 （1）正态分布：F 检验 （2）任意分布：Levene 检验	BS>双比率检验	NP>Mann-Whitney 检验
多总体	（1）方差相等时 方差分析>单因子 （2）方差不等时 调用宏指令%Welchs	方差分析>等方差检验 正态分布：Bartlett 检验 任意分布：Levene 检验	列联表卡方检验 （1）原始数据时： TBL>交叉分组表和卡方检验 （2）整理成列联表时： TBL>卡方检验（工作表中的双向表）	（1）NP>Kruskal-Wallis 检验 （2）NP>Mood 中位数检验

注：以上这些操作都是先从“统计（Stat）”入口，表中代码含义为：
BS=基本统计（Basic statistics）；TBL=表格（Tables）；
NP=非参数（Nonparametrics）；方差分析=方差分析（ANOVA）。

(Macro) 指令进行计算。通过本段的介绍，也希望大家知道，当 MINITAB 软件功能需要补充时，可以自行编写宏指令加以补充。最好用“写字板”打开并编辑；无写字板时，也可以使用“记事本 (Notepad)”对宏指令文本进行编辑，但存放后必须将后缀由“. txt”修改为“. mac”。本书只介绍如何使用别人已经编好的宏指令。

调用宏指令应从“编辑>命令行编辑器 (Edit>Command Line Editor)”进入相关界面，在相应窗口中填写有关命令即可。

宏指令文件以“. mac”为后缀，其存放地一定要与所使用的数据文件位于同一个文件夹，否则宏指令不能工作。为了让宏指令对任何文件夹的数据文件都能起作用，也可以将文件存储在 MINITAB 软件的宏指令文件夹中。通常，把宏指令文件复制到 C 盘中“Program Files”内的 MINITAB 文件夹中的“宏指令 (Macro)”文件夹中，则这个宏指令就可以对所有文件使用。在打开数据文件后，调用宏指令时，从“编辑>命令行编辑器 (Edit>Command Line Editor)”入口，在填写调用命令时，应以“%”开头，同时要填写有关的信息（即所谓将其“哑元”代实），再单击“提交命令”就行了。

先把数据文件“ANOVA _ 单因子 . MTW”调出成为当前文件。此数据在 5.5.3 节中已经等方差检验被确认为方差相等，现在只是以此文件为例说明对于方差不等者如何使用宏指令检验其均值的相等性。

H_0：$\mu_1=\mu_2=\cdots=\mu_k$

H_1：至少一对 $\mu_i\neq\mu_j$

调用宏指令 welchs，其调用格式是：

%welchs　y　x

其中，%welchs 是调用名为 welchs 的宏指令；y 是响应变量数据的名称（或位置）；x 是单因子的名称（或位置）。具体到本例题，可以填写下列两种格式中任一种：

%welchs　‘得率’　‘温度’

%welchs　C2　C1

从上面所述规则可以看出，如果填写哑元为变量名，则要在变量名前后加上引号‘变量名’，显然直接填写列号 C1，C2 要容易得多。调用宏指令操作图请参看图 5-32。

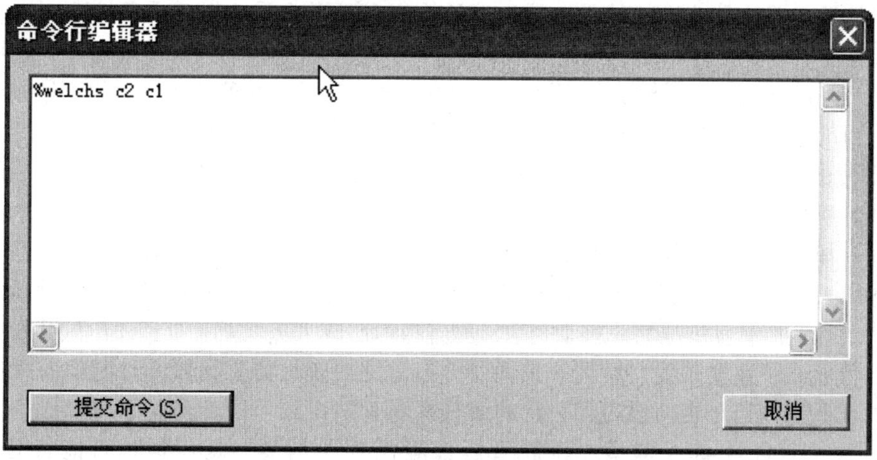

图 5-32　调用宏指令操作界面图

其运行结果为：

Welchs 方差分析 F 检验

i	n	均值	方差	权重
60	5	90.2	3.2	1.562 50
65	5	93.2	3.2	1.562 50
70	5	95.0	4.0	1.250 00
75	5	90.2	3.7	1.351 35

F 比　6.641 35
分子自由度　3.000 00
分母自由度　8.880 02
P 值　0.011 970 7

输出结果的前半部分给出了各组的方差以及相应的权重（方差越大权重就越小），后半部分给出了计算结果：其中，分子自由度为 3（本例中，共 4 种温度，自由度为 3，与以前相同），分母自由度为 8.88（本例中，共 4 种温度，每组 5 个观测值，原来的 ANOVA 表中分母（误差）的自由度为 $4\times5-4=16$，现在削减为 8.88 了）。由最终的 p 值$=0.011\,97$ 可知，结论应该是拒绝原假设 H_0，即可以断言 4 种温度的得率之间有显著差别。

5.7 等价检验

在本章的前几节，我们介绍了常见的假设检验的基本内容，但它们在应用中有个普遍未解决的问题，那就是原假设及备择假设在设定时的一些局限性。例如，在单总体均值假设检验中，虽然备择假设可以有“大于”“小于”“不等于”三种设定，但原假设始终为 $H_0:\mu=\mu_0$。根据统计假设检验的基本原理，只有在拒绝原假设时结论才是有说服力的，而无法拒绝 H_0 时，结论只是说没有证据显示 H_0 并不成立，这样一来，这种判断在实际工作中就造成很大的不确定性。众所周知，在六西格玛管理中改进过程常常有两类不同的目标：一类最常见的是对某项指标予以改进，例如提高强度、增加抗拉力、提高工效、增加产量等，这类问题常可以使用普通的假设检验以确认其改进的效果；另一类是希望在不影响关键指标的条件下，尽量节约成本、缩短工时、简化工序，以达到经济上更节省，这时的检验目的为：需要确认在使用新方法后，关键产品的性能与原来没有差别；对于某项关键的数量，两种正在使用的测量方法结果是否在一定精度下可以认为是相同的；等等。这类检验在医学统计方面的应用更加广泛。国务院 2017 年印发的《“十三五”国家药品安全规划》明确提出一项重要任务：在“十三五”期间，要实现药品质量进一步提高，分期分批对已上市的药品进行质量和疗效一致性评价。我国是仿制药大国，却不是仿制药强国，低水平仿制扎堆现象严重，部分仿制药存在质量不高、疗效较弱、副作用大等问题。专家表示，筛选一部分有竞争优势的产品先参与做一致性评价，再抓紧时间构建或调整产品发展战略。推动企业转型升级，已成大势所趋，“十三五”规划中将药品一致性评价放在了重要位置。所谓一致性评价最常见的就是需要比较两种药物的疗效是否等效。一种新研制的药是否与已得到公认的某种好药疗效一致？国产药是否可以代替同类进口药？小剂量是否能代替大剂量？新剂型是否能代替老剂型？短疗程是否能代替长疗程？等等。

解决上述问题的途径就是将原假设和备择假设的位置颠倒过来，把需要证明的事实放在备择假设上。但由于统计学中不可能处理这种“原假设是某个范围，而备择假设只是一个单

点”的情况，我们只能处理备择假设规定待检验的参数 θ（可以是均值也可以是标准差等）满足

$$H_1: |\theta-\theta_0| < \Delta$$

我们把这类检验问题称为**等价检验**（equivalence test）问题，也称等效性检验问题。由于等价检验的方法与原来的普通的假设检验类型完全不同，检验的原假设和备择假设都扩充为某个指定的区间，这样一来，从理论到实际计算都要重新叙述，为此，我们设立这一节专门介绍关于等价检验的新内容。当然，等价检验所能解决的检验问题的类型与普通的假设检验问题是完全平行的，可以有单总体均值的等价检验，也可以有双总体均值的等价检验（也有配对的等价检验）；有单总体比率的等价检验，也有双总体比率的等价检验；等等。

MINITAB 软件 R17 版中新增加了一个窗口“等价检验（Equivalence Test)”。但在此窗口中，只介绍了最常用的有关均值的几个等价检验。限于篇幅，也不能大幅度增加学习和使用统计方法的难度，我们在本节只介绍软件中提供的这几个检验。如果需要使用更多的等价检验内容，则可以选用有更强大功能的软件（例如，R 或 SAS 等），也可以查看网络上的资料（例如，美国 NCSS 公司的软件 PASS，网址：www. ncss. com，参见本书参考文献［33］和［34］)。在介绍这些检验方法之前，我们先在 5.7.1 节介绍等价检验的基本概念，然后在 5.7.2 节通过实例中的具体问题来介绍 4 种等价检验的基本内容、计算方法。在 5.8.4 节中将介绍相应的等价检验的样本量计算。

5.7.1 等价检验基本概念

我们以前接触到的参数检验问题（不论是单样本、双样本还是配对样本）通常只有三种类型（以单样本为例)：

A1：$H_0:\mu \leqslant \mu_0 \leftrightarrow H_1:\mu > \mu_0$

A2：$H_0:\mu \geqslant \mu_0 \leftrightarrow H_1:\mu < \mu_0$

A3：$H_0:\mu = \mu_0 \leftrightarrow H_1:\mu \neq \mu_0$

为了表达更简单，写出下列与之完全等价的假设检验问题：

B1：$H_0:\mu = \mu_0 \leftrightarrow H_1:\mu > \mu_0$

B2：$H_0:\mu = \mu_0 \leftrightarrow H_1:\mu < \mu_0$

B3：$H_0:\mu = \mu_0 \leftrightarrow H_1:\mu \neq \mu_0$

本书第 5 章所讨论的一般假设检验问题就是根据 B1，B2，B3 列出备择假设的（详见本书 5.2 节假设检验基本步骤)。

由于显著性假设检验的基本思想是“拒绝是有说服力的；无法拒绝是没有说服力的”，因此上述三种类型的问题有时不能得到明确的有说服力的结论。例如：某项生产指标是望目的(例如芯片镀膜之厚度应该为 1 000A)，我们希望检验：厚度的均值是目标值 1 000A 吗？在假设检验中应该使用 B3（与 A3 完全相同)，得到的结果是“无法拒绝”，这说明生产指标与目标值并无显著差异。虽然这样的结果是有意义的，但是并没有足够的说服力。我们希望得到确切的有说服力的结论，这时必须要把讨论中的 B3 的原假设与备择假设颠倒过来，以判断均值 μ 是否真的是 μ_0，即希望检验的是：

$$H_0:\mu > \mu_0 \text{ 或 } \mu < \mu_0 \leftrightarrow H_1:\mu = \mu_0$$

但这种检验是无法进行的。我们只能放宽备择假设中参数的范围。先将 $\mu=\mu_0$ 设定两侧容许的范围 Δ，然后将 $|\mu-\mu_0|<\Delta$ 改写为 μ 落入某个范围：$\mu_1<\mu<\mu_2$，其中 $\mu_1=\mu_0-\Delta$，$\mu_2=\mu_0+\Delta$。因此可以将 μ_1 及 μ_2 当作 μ 的两个容许界限，称 (μ_1,μ_2) 为**等价区间**，这样提出的

新的检验问题类型是 C1：

C1：$H_0:\mu \leqslant \mu_1$ 或 $\mu \geqslant \mu_2 \leftrightarrow H_1:\mu_1 < \mu < \mu_2$

对于更具一般性的参数，其等价检验的形式是：

C1：$H_0:\theta \leqslant \theta_L$ 或 $\theta \geqslant \theta_U \leftrightarrow H_1:\theta_L < \theta < \theta_U$

C1 就是等价检验的主要形式。我们需要理解等价检验的含义，实际上，等价检验常常就是两个单侧假设检验的组合（见图 5－33）。也就是说，当左边单侧检验的原假设 $\theta \leqslant \theta_L$ 被拒绝，右边单侧检验的原假设 $\theta \geqslant \theta_U$ 也被拒绝时，就证明参数落入中间的等价区间了。所以常常有人说，等价检验实际上是双单侧假设检验（two one-side test）。

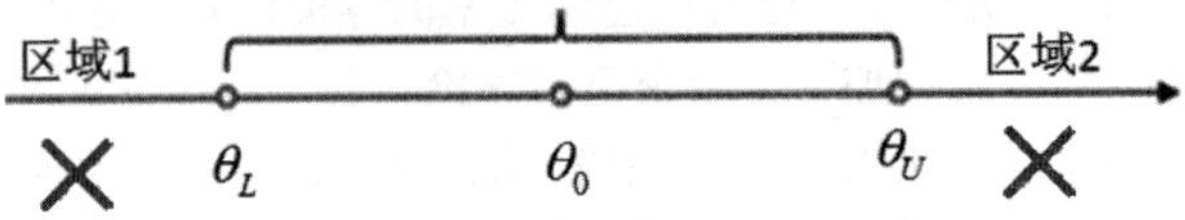

图 5－33　等价检验示意图

上述介绍的等价检验的主要形式 C1 是对于参数有双侧要求的等价检验。另外仅含单侧要求的等价检验也是有用的，其具体描述参见后面几段的详细解释。

提出等价检验是很有意义的，它有很多实际应用。过去我们一直强调，在一般的假设检验中，备择假设只考虑 $\mu > \mu_0$、$\mu < \mu_0$ 及 $\mu \neq \mu_0$ 三种形式，现在要大大扩充了：原假设不再仅限定为单点而可以是两个不连接的范围，备择假设也可以是某个有限（或无限）的区间，可以解决的实际问题更广泛了，当然，解决这种类型的假设检验问题比以前学过的检验要复杂得多。

5.7.2　常用等价检验

等价检验所包含的范围是很广泛的，有单总体、双总体、多总体，检验的参数可以是均值、标准差、比率，等等。但在 MINITAB R17 版本中只限于单双总体均值的等价检验、配对的等价检验和 2×2 交叉设计的等价检验，我们下面逐项介绍。

5.7.2.1　单正态总体均值等价检验

我们先看一个实际问题。在焊接电路板的过程中，焊锡膏的涂抹厚度是关键的控制量之一。工艺标准要求涂抹厚度的均值是 60 微米，均值偏差在 5 微米内。现在收集了 25 个焊点上的焊锡膏涂抹厚度（数据见表 5－20，数据文件：BS _ 焊膏厚度 . MTW）。我们希望验证，涂抹厚度均值是 60 微米吗？涂抹厚度均值是落在（55，65）之内吗？

我们可以先进行均值单样本 t 检验，以判断涂抹厚度的均值是否为 60 微米。

$$H_0:\mu = 60 \leftrightarrow H_1:\mu \neq 60$$

用单样本 t 检验方法的结果如下：

用单样本 T：厚度

μ = 60 与 ≠ 60 的检验

变量	N	均值	标准差	均值标准误	95% 置信区间	T	P
厚度	25	62.88	8.70	1.74	(59.29, 66.47)	1.66	0.111

由于 p 值为 0.111，因此无法拒绝原假设，也就是说没有充分的理由否认焊锡膏涂抹厚度均值为 60。但“不否认”还不是明确的说明“均值就是 60 微米”的有说服力的结论。另外，

如果需要进一步确定“均值就是60微米”，或者更进一步判断其均值是否落入（55，65），则只能使用单样本等价检验方法。

假设总体服从正态分布，总体标准差未知，我们讨论的问题的样本均值经过变换后服从 t 分布。我们可以采用 t 检验法进行检验。关于等价检验，我们这里先从理论上介绍两种方法的原理：临界值法与 p 值法。两种方法的出发点不同，结论却是一致的。在介绍理论结果后，我们将通过具体解决焊锡膏厚度的例题说明计算步骤及计算机操作方法。

1. 临界值法

（1）建立假设。这里我们讨论更具一般性的问题。对于单正态总体等价检验，假设 μ 为总体均值，μ_0 为给定的常数，是等价检验的目标值。θ_L 和 θ_U 分别为事先给定的等价下限与等价上限，一般地，$\theta_L < 0 < \theta_U$。区间 (θ_L, θ_U) 称为等价区间。如果均值 μ 与目标值 μ_0 之间的差异在等价区间 (θ_L, θ_U) 内，则可认为总体均值与目标值等价。因此等价检验的目的在于检验均值与目标值是否等价，即检验均值 μ 和目标 μ_0 之间的差值是否在指定的区间 (θ_L, θ_U) 内。单正态总体等价检验常用的假设是：

$$H_0: \mu - \mu_0 \leqslant \theta_L \text{ 或 } \mu - \mu_0 \geqslant \theta_U$$
$$H_1: \theta_L < \mu - \mu_0 < \theta_U$$

与惯用的假设检验不同的是，等价检验在建立假设之前，需要规定等价区间或检验水平。

（2）确定检验统计量，及其在原假设 H_0 成立下，统计量应该具有的分布。对于这个问题可以采用两个单边检验法来解决。也就是将原区间假设 H_0 与 H_1 分解为如下两对单边假设检验：

$$H_{01}: \mu - \mu_0 \leqslant \theta_L$$
$$H_{11}: \mu - \mu_0 > \theta_L$$
$$H_{02}: \mu - \mu_0 \geqslant \theta_U$$
$$H_{12}: \mu - \mu_0 < \theta_U$$

双单边检验法的逻辑是若 H_{11} 与 H_{12} 均成立，即 $\mu - \mu_0 > \theta_L$ 且 $\mu - \mu_0 < \theta_U$，则自然有 $\theta_L < \mu - \mu_0 < \theta_U$，即 H_1 成立。因此如果在给定的显著性水平 α 下，单边检验中的原假设 H_{01} 与 H_{02} 均被拒绝，则拒绝等价检验中的原假设 H_0，接受对立假设 H_1，即认为均值与目标值显著等价，显著性水平为 α。

由于总体服从正态分布，总体标准差未知，样本均值经过标准化变换后服从 t 分布，因此我们可以采用 t 检验法进行检验，检验统计量选择 t 统计量。两对单边假设检验的检验统计量分别定义为：

$$T_L = \frac{\overline{X} - (\mu_0 + \theta_L)}{S/\sqrt{n}}$$

$$T_U = \frac{\overline{X} - (\mu_0 + \theta_U)}{S/\sqrt{n}}$$

式中，$\overline{X}$ 为样本算术平均数；S 为样本标准差；n 为样本量。

当 $\mu - \mu_0 = \theta_L$ 时，T_L 服从 t 分布，自由度为 $n-1$，即 $T_L \sim t(n-1)$。当 $\mu - \mu_0 = \theta_U$ 时，T_U 服从 t 分布，自由度为 $n-1$，即 $T_U \sim t(n-1)$。

（3）推导备择假设 H_1 的拒绝域。实际检验时，根据计算出的检验统计量的观测值，看它是否落在拒绝域内，从而做出判断。

由于 H_{11} 的拒绝域为 $\{T_L > t_{1-\alpha}(n-1)\}$，$H_{12}$ 的拒绝域为 $\{T_U < -t_{1-\alpha}(n-1)\}$，因此 $H_1: \theta_L < \mu - \mu_0 < \theta_U$ 的拒绝域为：

$$\{T_L > t_{1-\alpha}(n-1) \text{ 且 } T_U < -t_{1-\alpha}(n-1)\}$$

式中，$t_{1-\alpha}(n-1)$ 为 $(n-1)$ 自由度的 t 分布的 $1-\alpha$ 分位数。即 T_L 与 T_U 的观测值同时落入该拒绝域时，则拒绝等价检验中的原假设 H_0，接受对立假设 H_1，即认为均值与目标值显著等价，显著性水平为 α。

此外，根据 T_L 与 T_U 的定义，$\{T_L > t_{1-\alpha}(n-1)\}$ 等同于 $\left\{\overline{X} > (\mu_0+\theta_L)+t_{1-\alpha}(n-1)\dfrac{S}{\sqrt{n}}\right\}$，即 $\left\{(\overline{X}-\mu_0)-t_{1-\alpha}(n-1)\dfrac{S}{\sqrt{n}} > \theta_L\right\}$；$\{T_U < -t_{1-\alpha}(n-1)\}$ 等同于 $\left\{\overline{X} < (\mu_0+\theta_U)-t_{1-\alpha}(n-1)\dfrac{S}{\sqrt{n}}\right\}$，即 $\left\{(\overline{X}-\mu_0)+t_{1-\alpha}(n-1)\dfrac{S}{\sqrt{n}} < \theta_U\right\}$。因此 $H_1:\theta_L < \mu-\mu_0 < \theta_U$ 的拒绝域等价于 $\left\{(\overline{X}-\mu_0)+t_{1-\alpha}(n-1)\dfrac{S}{\sqrt{n}} < \theta_U\right\}$ 且 $\left\{(\overline{X}-\mu_0)-t_{1-\alpha}(n-1)\dfrac{S}{\sqrt{n}} > \theta_L\right\}$，于是 T_L 与 T_U 的观测值同时落入该拒绝域等价于区间 $\left((\overline{X}-\mu_0)-t_{1-\alpha}(n-1)\dfrac{S}{\sqrt{n}},(\overline{X}-\mu_0)+t_{1-\alpha}(n-1)\dfrac{S}{\sqrt{n}}\right)$，完全落在等价区间 (θ_L,θ_U) 之内，或者说完全被等价区间 (θ_L,θ_U) 所包含。进一步注意到，这个区间正好是总体均值 μ 与目标值 μ_0 差异的 $1-2\alpha$ 置信水平的置信区间，故等价检验的临界值法也可以称为 $1-2\alpha$ 置信水平的置信区间法。

MINITAB 软件提供了计算 $1-2\alpha$ 置信水平的置信区间的结果，不必自己手工计算，而且还绘制了等价图。等价图上同时显示了等价区间 (θ_L,θ_U) 与 $1-2\alpha$ 置信水平的置信区间，这就对置信区间是否完全落入等价区间有了一个很直观的判断。通过 MINITAB 软件用临界值法进行判断是很方便的。

2. *p* 值法

p 值法的基本思想是根据概率做出结论。根据样本，计算两对单边假设检验的检验统计量的观测值 t_L 与 t_U：

$$t_L = \frac{\bar{x}-(\mu_0+\theta_L)}{s/\sqrt{n}}$$

$$t_U = \frac{\bar{x}-(\mu_0+\theta_U)}{s/\sqrt{n}}$$

进一步分别计算以下两个尾部概率值：

$$P_L = P\{T_L > t_L \mid \mu = \mu_0+\theta_L\}$$

$$P_U = P\{T_U < t_U \mid \mu = \mu_0+\theta_U\}$$

若 $\mu-\mu_0=\theta_L$，$T_L \sim t(n-1)$；若 $\mu-\mu_0=\theta_U$，$T_U \sim t(n-1)$。

当 $P_L < \alpha$ 与 $P_U < \alpha$ 同时成立时，拒绝等价检验中的原假设 H_0；反之，则无法拒绝 H_0。MINITAB 软件提供了相应的两侧的各自的概率值（p 值），不必自己手工计算，用这种方法进行判断也是很方便的。

对于同一个问题，临界值法与 p 值法的结论肯定是一致的。二者的区别在于考虑问题的角度不同（在本书 5.2 节中已有说明）。置信区间法（临界值方法）只能在给定的显著性水平 α 下进行判断，但它提供了各统计量所处的范围，有具体的距离可以直观看到；而用 p 值法是从在原假设成立的条件下，对于该样本值得出拒绝原假设结论的概率或给出最终判断的风险，提供了有关的概率方面的信息。

下面通过具体的三个不同类型的例题解释计算的步骤及结果。先看一个双侧问题。

例5-20

在焊接电路板生产过程中，焊锡膏的涂抹厚度是关键的控制量之一。工艺标准要求涂抹厚度的均值是60微米，均值允许偏差在5微米内。现在收集了25个焊点上的焊锡膏涂抹厚度。数据见表5-20，数据文件：BS_焊膏厚度.MTW。希望检验焊锡膏的涂抹厚度是否满足要求，即涂抹厚度均值是否在（55，65）之内。

表5-20　焊锡膏涂抹厚度数据

61.2	76.4	62.8	67.2	72.4	64.4	48.0	75.2	54.4
62.8	68.4	62.0	56.8	45.2	67.6	59.2	56.8	64.8
80.8	54.8	62.0	58.8	64.8	52.4	72.8		

解　前面已经介绍过，我们进行普通的均值单样本 t 检验，结论是无法拒绝涂抹厚度的均值是60微米。如果需要进一步确定其均值是否落入（55，65），则只能使用单样本等价检验方法。此时相应的假设为：

$$H_0: \mu-\mu_0 \leqslant -5 \text{ 或 } \mu-\mu_0 \geqslant 5$$

$$H_1: -5 < \mu-\mu_0 < 5$$

操作为：从“统计＞等价检验＞单样本检验（Stat ＞ Equivalence Test ＞ 1-sample)”入口（见图5-34中左侧），得到界面见图5-34中右侧。

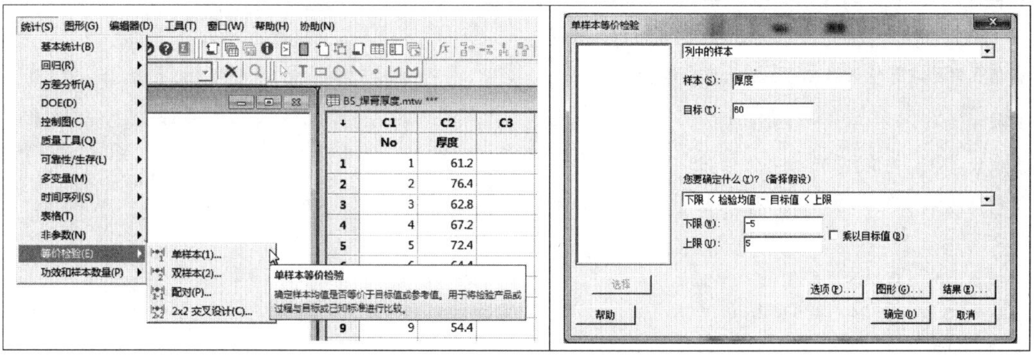

图5-34　单样本等价检验操作图

在“样本（Sample)”中填写“厚度”，在“目标（Target)”中填写“60”，在“备择假设（Alternative Hypothesis)”选中“下限＜检验均值-目标值＜上限”，按照规定在“下限”及“上限”中分别填入“-5”及“5”，（注：也可以在“目标（Target)”中填写“0”，在“下限”及“上限”中分别填入“55”及“65”，这两种填写方法效果是一样的），点击“确定（OK)”后可以得到下列结果：

```
单样本等价检验：厚度

方法

目标值 = 60
描述性统计量

变量    N      均值    标准差   均值标准误
厚度    25   62.880   8.6971       1.7394

差值：均值（厚度）- 目标值

  差值        SE         95% 置信区间           等价区间
2.8800   1.7394    (-0.095951, 5.8560)    (-5, 5)
```

置信区间不在等价区间内。不能认为是等价。

检验

原假设：　差值 ≤ -5 或差值 ≥ 5
备择假设：　-5 < 差值 < 5
α 水平：　0.05

原假设	自由度	T值	P值
差值 ≤ -5	24	4.530 2	0.000
差值 ≥ 5	24	-1.218 8	0.117

两个 P 值中更大的值为 0.117。不能认为是等价。

(注：下限及上限填写 55 及 65 时，最后结果为：

目标值 = 0

描述性统计量

变量	N	均值	标准差	均值标准误
厚度	25	62.880	8.697 1	1.739 4

差值：均值（厚度）- 目标值

差值	SE	对等项的 95% CI	等价区间
62.880	1.7394	(59.904, 65.856)	(55, 65)

置信区间不在等价区间内。不能认为是等价。

检验

原假设：　差值 ≤ 55 或差值 ≥ 65
备择假设：　55 < 差值 < 65
α 水平：　0.05

原假设	自由度	T值	P值
差值 ≤ 55	24	4.530 2	0.000
差值 ≥ 65	24	-1.218 8	0.117

两个 P 值中更大的值为 0.117。不能认为是等价。

此结果与填写上下限为±5 时是完全相同的。)

在本例中，置信区间法是这样的：样本均值与目标值的差值为 2.88，其 95%置信区间为（－0.095 951，5.856 0），不在等价区间（－5，5）内，均值差值比 5 还大的 p 值为 0.117（这是可能的），因此不能断言差值落入（－5，5）。使用时，等价检验一般的判断方法是：两侧 p 值中只要有一个超过了 0.05（即只要较大者超过了 0.05），就无法拒绝原假设，也就是说差值落在区间（－5，5）之外的可能性大于 0.05，或说以 95%以上的把握断言差值未落入区间（－5，5）。总之，在本例中，焊锡膏涂抹厚度均值可以认为是 60 微米，但未落入（55，65）内，即精确度未达到误差小于 5 微米的水平。

如果允许误差放大些，则可以得到满足要求的结论，例如要求为（50，70），计算过程与前面完全相同（从略），结果如下：

差值	SE	对等项的 95% CI	等价区间
2.880 0	1.739 4	(-0.095 951, 5.856 0)	(-10, 10)

置信区间在等价区间内。可以认为是等价。

检验

原假设：　差值 ⩽ -10 或差值 ⩾ 10
备择假设：　-10 < 差值 < 10
α 水平：　0.05

原假设	自由度	T 值	P 值
差值 ⩽ -10	24	7.404 7	0.000
差值 ⩾ 10	24	-4.093 3	0.000

两个 P 值中更大的值为 0.000。可以认为是等价。

对于等价区间分别为（—5，5）及（—10，10）的两种情况其图形结果参见图 5-35。

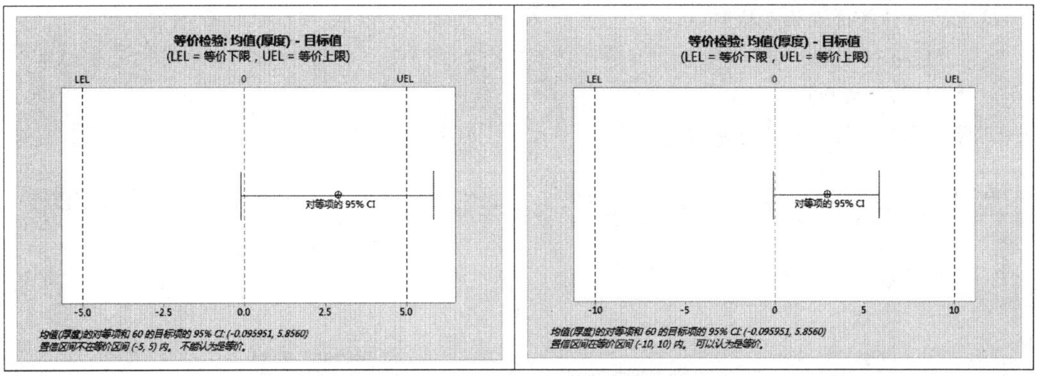

图 5-35　涂抹厚度等价检验结果图形

从本例可以看出，等价检验确实要比普通的假设检验更细致准确，特别是对于检验均值是否与某指定值相等时，一般检验是 $H_0:\mu=\mu_0 \leftrightarrow H_1:\mu\neq\mu_0$，没有精度要求，有一定精度要求作为等价的标准时，等价检验确实是很有效的。

我们可以考虑一般的等价检验具有的普遍规律：根据临界值法的准则，若 $1-2\alpha$ 置信水平的置信区间完全落入等价区间 (θ_L,θ_U) 内，则应该拒绝原假设。由于对于同一组样本而言，若显著性水平不变，则 $1-2\alpha$ 置信水平的置信区间不变，因此，对同一个检验问题，同一组样本，给定不同的等价区间 (θ_L,θ_U)，其结果可能是不同的。这样一来就可以得到一个普遍结论：等价区间 (θ_L,θ_U) 逐渐变宽，最后总会完全包含 $1-2\alpha$ 置信水平的置信区间，从而获得结果"可以认为是等价的"；等价区间 (θ_L,θ_U) 逐渐变窄，最后总会打破完全包含置信区间的状态，从而获得结果"不能认为是等价的"。因此，进行等价检验时，其结论强烈依赖于等价区间 (θ_L,θ_U) 的宽度，故此，我们一定要根据实际问题的需求来设定等价区间的宽度，太宽或太窄的等价区间都是没有实际意义的。

下面我们举例说明单侧等价检验问题。

例 5-21（续例 5-1）

冷拉钢筋原来的平均抗拉强度为 2 000kg，改进工艺后，抽取 25 根钢筋，平均抗拉强度达到 2 150kg，试检验钢筋平均抗拉强度比原来是否确有提高（数据文件：BS_钢筋.MTW）。

解　此问题为典型的普通的单总体均值检验问题，可以使用单样本 Z 检验（假定已知标准差 300kg）或单样本 t 检验（未知标准差）。本例为单侧检验问题：

$$H_0:\mu=2\,000$$

$$H_1:\mu>2\,000$$

使用单样本 t 检验，得到结果如下：

单样本 T：强度

μ = 2 000 与 > 2 000 的检验

变量	N	均值	标准差	均值标准误	95％ 下限	T	P
强度	25	2 150.0	291.0	58.2	2 050.5	2.58	0.008

由于 p 值为 0.008，小于 0.05，因此拒绝原假设，即可以认为抗拉强度均值确实比 2 000kg 有所提高。

对于此问题，等价检验可以提出两种问题：一是平均抗拉强度比 2 000kg 确有提高吗？（这与普通假设检验相同）；二是平均抗拉强度比 2 000kg 提高了 5％以上吗？后者比前者更深入一步。

这里第一种等价检验是检验：

$$H_0:\mu \leqslant 2\,000$$

$$H_1:\mu > 2\,000$$

其操作界面见图 5－36 中左侧。

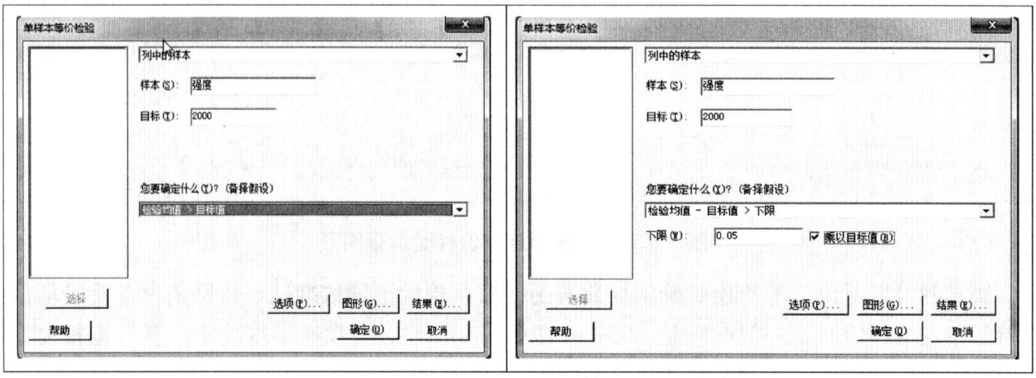

图 5－36　单样本等价检验单侧问题的操作界面

其计算结果为：

单样本等价检验：强度

方法

目标值 = 2 000

描述性统计量

变量	N	均值	标准差	均值标准误
强度	25	2 150.0	290.95	58.190

差值：均值（强度）－ 目标值

差值	SE	95％ 下限	下限
150.04	58.190	50.484	0

下限大于 0。可以认为均值（强度）> 目标值。

检验

原假设：　　均值（强度）－ 目标值 ≤ 0
备择假设：　均值（强度）－ 目标值 > 0
α 水平：　　0.05

```
自由度      T 值      P 值
    24    2.578 4    0.008

P 值 ≤ 0.05。可以认为均值（强度）> 目标值。
```

可以看出，这个检验与我们在5.2节中所介绍的方法完全相同（那里是用单样本Z检验，p值结果为0.006）。样本均值是2 150，与目标的差值为150.04，其95%置信区间为（50.484，$+\infty$），0未落入此区间，应该拒绝原假设，即可以断言抗拉强度均值确实大于2 000kg。

单侧等价检验的第二种问题比上述普通的假设检验更加细致，我们可以问：平均抗拉强度比2 000kg提高了5%以上吗？这时单侧等价检验问题的一般形式如下：

$$H_0: \mu - \mu_0 \leqslant A$$

$$H_1: \mu - \mu_0 > A$$

本例中，$\mu_0 = 2\,000$，$A = 2\,000 \times 5\% = 100$，其操作界面见图5-36中右侧。计算结果为：

```
单样本等价检验：强度

目标值 = 2 000
下限 = 0.05 * 目标值 = 100

描述性统计量

变量   N     均值    标准差   均值标准误
强度   25   2 150.0  290.95      58.190

差值：均值（强度）- 目标值

  差值      SE     95% 下限    下限
150.04   58.190   50.484    100.00

下限不大于 100。不能认为均值（强度）- 目标值 > 100。

检验

原假设：     均值（强度）- 目标值 ≤ 100
备择假设：   均值（强度）- 目标值 > 100
α 水平：     0.05

自由度    T 值     P 值
   24   0.859 94   0.199

P 值 > 0.05。不能认为均值（强度）- 目标值 > 100。
```

（注意：MINITAB R17的中文输出的置信区间部分是正确的，但在p值法部分此处有个致命的翻译错误，英文原文是正确的："Cannot claim mean-Target > 100"，中文翻译则漏掉了前面的否定词，意思恰好搞反了，请大家特别留意。注意在置信区间方法部分得到的结论，那里的结论"不能认为均值（强度）－目标值 > 100"是正确的，只是p值法部分翻译有错误，识别标志是与前面几行的置信区间法结论竟然是相反的，应以置信区间法的结论为准。）

如果问题换成平均抗拉强度比2 000kg提高了2%以上吗？结果为：

```
检验

原假设：     均值（强度）- 目标值 ≤ 40
备择假设：   均值（强度）- 目标值 > 40
α 水平：     0.05
```

```
自由度    T值   P值
  24  1.891 0  0.035

P值 ≤ 0.05。可以认为均值（强度）- 目标值 > 40。
```

从本例来看，千万要注意对于数据结果的解释不能凭猜想判断。在我们的数据中，25根钢筋的平均抗拉强度为2 150kg，比原来的数值提高了150kg，我们猜想，不能多说，提高至少有100kg了吧?! 可实际上，其95%置信区间为（50.484，$+\infty$），从这里可以看到，最多断言提高了50kg。

仔细分析单侧等价检验可以看出，这里所得到的每个结论都可以使用普通的单样本t检验来实现。例如，第一种单侧检验问题：

$$H_0: \mu \leqslant \mu_0$$
$$H_1: \mu > \mu_0$$

本身就与一般检验问题完全一致，至于这里表示的方法中将原假设中写成“$\leqslant$”，我们在本书5.1节中解释过了，它与

$$H_0: \mu = \mu_0$$
$$H_1: \mu > \mu_0$$

在概念上及计算上完全是相同的。对于第二种单侧检验问题：

$$H_0: \mu - \mu_0 \leqslant A$$
$$H_1: \mu - \mu_0 > A$$

其实可以改写一下，变成

$$H_0: \mu \leqslant \mu_1$$
$$H_1: \mu > \mu_1$$

这里$\mu_1 = \mu_0 + A$。例如，目标值2 000kg，其5%为100kg，因此，上述问题其实就是检验：

$$H_0: \mu \leqslant 2\,100$$
$$H_1: \mu > 2\,100$$

总之，对于等价检验中的单侧问题可以很容易地化为普通的假设检验问题，写成等价检验的形式不过是表达变得方便一些而已。但是，对于等价检验中的双侧问题，则不能简单地化为普通的假设检验问题，写成等价检验的形式确实大大方便了实际应用，是有实际意义的。

关于等价检验与普通的差异性检验的几点补充说明：

(1) 二者的检验目的不同。普通的差异性检验是检验均值是否有显著差异；等价检验的目的在于推断总体均值与目标值是否等价，即差异是否在容许的范围内。

(2) 检验的假设不同。由于二者的目的不同，自然二者的假设也不同。但不能将等价检验的对立假设简单地理解为差异性检验的原假设，因为“等价”并不等同于“相等”。

差异性检验的原假设是两总体均值无差异，当显著性水平小于0.05时，认为差异有统计学意义，有显著差异也许二者都在等价区间内，仍有可能认为等价；反之，则认为差异无统计学意义，但并不能认为二者等价。在实际应用中，比如医学科研方面，等价检验的检验目的在于确定两总体均值的差异无临床意义，此时需给定一个临床意义的容许差值。若要证明两种药的药效相近，决不能仅以差异性检验的显著性水平大于0.05为标准，必须进行等价检验。

(3) 二者的检验法不同。常规的假设检验（差异性检验）为t检验，这里介绍的等价检验为双单侧t检验，二者本质完全不同。

(4) 等价检验离不开等效标准，差异显著性检验则与等效标准无关。

总之，普通的差异性检验与等价检验应该是两回事，讨论的是不同的问题。

在进行等价检验之前，必须规定一个合理的可以允许的等价区间，该等价区间应根据相关的专业知识来确定，有的学者也提出了一些参考标准。等价区间的确定是等价检验的关键。比如在新药临床试验中，若等价区间定得太宽，可能将药效达不到要求的药物判断为等效而推向市场；若等价区间定得太窄，有可能埋没本来可以推广使用的药物。

5.7.2.2 双正态总体均值等价检验

在实际工作中，常常需要对某些改进做出评价，例如：改进工艺后希望钢筋的抗拉强度有所提高；某产品产量有所增加；某生产过程运行时间有所缩短；等等。这就是双样本的均值检验，这是应用统计学中最重要的课题，一般可以使用双样本 t 检验方法。但有时实际问题中会遇到更复杂的要求，下面先看一个实际例子。进口柑橘中以美国加利福尼亚州（简称“加州”）柑橘和佛罗里达州（简称“佛州”）柑橘质量最好，它们的维生素 C 含量最高。一般情况下，每 100 克柑橘中含维生素 C 35～40 毫克，含量相差 5 毫克是微不足道的。现在从两个产地的柑橘各抽取一批样本，如何判断二者的维生素 C 的含量是否相同？在精度 5 毫克的条件下，如何检验两总体的均值确实是相等的？我们举的另一个实例是钢筋防锈问题。在海工建筑中，钢筋锈蚀问题影响重大，在冶炼过程中添加适量的镍和铬可以减少锈蚀，如何判定新配方下生产的钢筋锈蚀量比普通配方下的钢筋锈蚀量是否减少 40%以上？这些就是本小节所要讨论的双正态总体均值的等价检验问题。

我们先从理论上进行分析。

1. 理论分析

设有两个总体，$X \sim N(\mu_1, \sigma_1^2)$，$Y \sim N(\mu_2, \sigma_2^2)$。从两总体中分别抽取 n 及 m 个样品，样本均值分别为 $\bar{X}$ 及 $\bar{Y}$，样本标准差分别为 S_X 及 S_Y。需要进行检验的假设如下：

$$H_0: \mu_1 - \mu_2 \leqslant \theta_L \text{ 或 } \mu_1 - \mu_2 \geqslant \theta_U$$

$$H_1: \theta_L < \mu_1 - \mu_2 < \theta_U$$

与 5.7.2.1 节相同，区间 (θ_L, θ_U) 为事先给定的等价区间。一般地，$\theta_L < 0 < \theta_U$。

由于这里的结论只是 5.7.2.1 节结论的一个推广，因此我们略去推导细节，只提供必要的结论。以下分两种情况给出相关结论。

(1) σ_1^2 与 σ_2^2 未知，但可以假定 $\sigma_1^2 = \sigma_2^2 = \sigma^2$。

我们仍然采用双单侧检验法来解决。两对单侧假设检验的检验统计量分别定义为：

$$T_L = \frac{(\bar{X} - \bar{Y}) - \theta_L}{S_W \sqrt{\dfrac{1}{n} + \dfrac{1}{m}}}$$

$$T_U = \frac{(\bar{X} - \bar{Y}) - \theta_U}{S_W \sqrt{\dfrac{1}{n} + \dfrac{1}{m}}}$$

式中，S_W 的定义（参见式（5-19））为：

$$S_W = \sqrt{\frac{(n-1)S_x^2 + (m-1)S_Y^2}{n + m - 2}}$$

当 $\mu_1 - \mu_2 = \theta_L$ 时，T_L 服从 t 分布，自由度为 $n+m-2$，即 $T_L \sim t(n+m-2)$。当 $\mu_1 - \mu_2 = \theta_U$ 时，T_U 服从 t 分布，自由度为 $n+m-2$，即 $T_U \sim t(n+m-2)$。由于检验统计量在原假设成立的时候服从 t 分布，此时我们采用的检验法为 t 检验法。我们仍然可以采用临界值法与 p 值法两种方法进行统计分析。

运用临界值法进行判断时，相应的拒绝域为：

$$\{T_L > t_{1-\alpha}(n+m-2) \text{ 且 } T_U < -t_{1-\alpha}(n+m-2)\}$$

与其等价的置信区间法为 $1-2\alpha$ 置信水平的置信区间

$$(\bar{X}-\bar{Y}) \pm t_{1-\alpha}(n+m-2)S_W\sqrt{\frac{1}{n}+\frac{1}{m}}$$

完全落在等价区间 (θ_L,θ_U) 之内。

运用 p 值法进行判断时，仍然是计算两个相应的尾部概率，当两个尾部概率同时小于显著性水平 α 时，则拒绝原假设 H_0。

（2）σ_1^2 与 σ_2^2 未知，且未知 $\sigma_1^2=\sigma_2^2$。

此时可以采用双样本的近似 t 检验法。其检验统计量为：

$$T_L = \frac{(\bar{X}-\bar{Y})-\theta_L}{\sqrt{\dfrac{S_X^2}{n}+\dfrac{S_Y^2}{m}}}$$

$$T_U = \frac{(\bar{X}-\bar{Y})-\theta_U}{\sqrt{\dfrac{S_X^2}{n}+\dfrac{S_Y^2}{m}}}$$

当 $\mu_1-\mu_2=\theta_L$ 时，$T_L \sim t(\nu)$。当 $\mu_1-\mu_2=\theta_U$ 时，$T_U \sim t(\nu)$。其中自由度 ν 的定义请见式（5-21）。

运用临界值法进行判断时，相应的拒绝域为 $\{T_L > t_{1-\alpha}(\nu) \text{ 且 } T_U < -t_{1-\alpha}(\nu)\}$。其 $1-2\alpha$ 置信水平的置信区间为 $(\bar{X}-\bar{Y}) \pm t_{1-\alpha}(\nu)\sqrt{\dfrac{S_X^2}{n}+\dfrac{S_Y^2}{m}}$。

2. 具体计算

下面分别具体分析双侧和单侧两种均值的等价检验例题及解题方法。

例 5-22

两种柑橘维生素C含量的比较问题。从进口柑橘中的美国加州柑橘和佛州柑橘中各抽取20只及18只，测量它们的维生素C含量。已知在每100克柑橘中含维生素C计量上相差5毫克是微不足道的。试检验两个产地的柑橘其维生素C的含量是否相同。

数据见表5-21（数据文件：BS_柑橘VC.MTW）。

表 5-21　　加州及佛州百克柑橘维生素C含量数据　　单位：毫克

加州	40.2	41.1	37.3	43.7	35.0	38.7	43.1	41.3	34.5	35.7
	34.4	45.3	36.5	41.9	35.2	43.1	45.9	37.2	39.6	40.2
佛州	39.1	30.2	35.0	44.9	36.4	37.0	39.7	44.1	36.8	45.8
	34.6	34.1	30.5	33.6	32.0	38.1	44.4	34.5		

解　我们先进行普通的双样本等方差检验（此处从略），可知二总体方差相等。再检验均值的相等性，记加州柑橘维生素C含量均值为 μ_1，佛州柑橘维生素C含量均值为 μ_2：

$$H_0: \mu_1 = \mu_2$$

$$H_1: \mu_1 \neq \mu_2$$

按二总体方差相等的双样本 t 检验，得到结果为：

双样本 T 检验和置信区间：加州，佛州

加州 与 佛州 的双样本 T

	N	均值	标准差	均值标准误
加州	20	39.50	3.66	0.82
佛州	18	37.27	4.89	1.2

```
差值 = μ(加州) - μ(佛州)
差值估计值：2.23
差值的 95% 置信区间：(-0.60，5.05)
差值 = 0(与 ≠)的 T 检验：T 值 = 1.60 P 值 = 0.118 自由度 = 36
两者都使用合并标准差 = 4.285 6
```

从计算结果可知，由于 p 值为 0.118，大于显著性水平 0.05，因此无法拒绝原假设，即二总体均值未发现有显著差异，二总体均值差的95%置信区间为（−0.60，5.05）。众所周知，根据假设检验原理，“无法拒绝原假设”是没有足够的说服力的。我们换成双样本均值的等价检验，即在精度 5 毫克条件下证明两种柑橘的维生素 C 含量之均值是相等的。

$$H_0: \mu_1 - \mu_2 \leqslant -5 \text{ 或 } \mu_1 - \mu_2 \geqslant 5$$

$$H_1: -5 < \mu_1 - \mu_2 < 5$$

操作为：从“统计 > 等价检验 > 双样本（Stat > Equivalence Test > 2-sample)”入口（见图 5－37 中左侧），得到界面（见图 5－37 中右侧）。

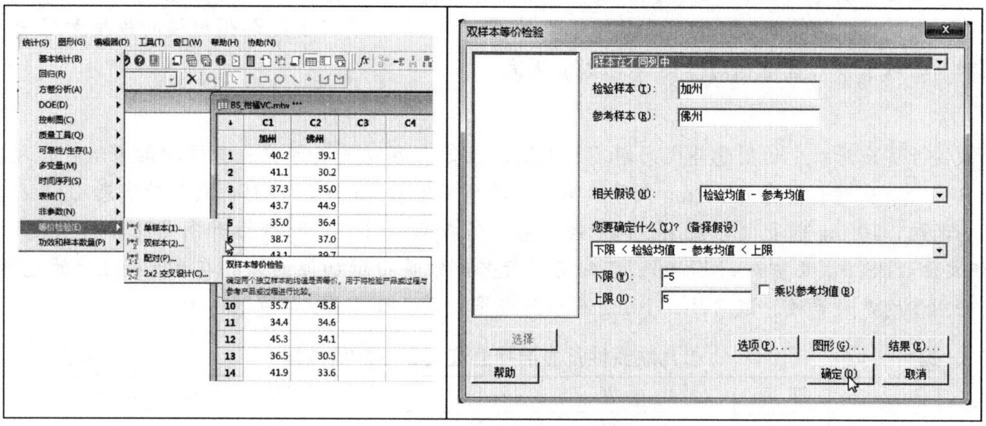

图 5－37　双样本双侧等价检验操作图

在“检验样本（Test Sample)”中填写“加州”，“参考样本（Reference Sample)”中填写“佛州”，在“备择假设（Alternative Hypothesis)”选中“下限 < 检验均值－参考均值 <上限”，在“下限”中填入“－5”，在“上限”中填入“5”，打开选项，勾选“假定等方差”，点击“确定（OK)”后可以得到下列结果：

双样本等价检验：加州，佛州

方法

检验均值 = 加州 的均值
参考均值 = 佛州 的均值
已针对此分析假定了相等方差。

描述性统计量

变量	N	均值	标准差	均值标准误
加州	20	39.495	3.661 1	0.818 65
佛州	18	37.267	4.890 1	1.152 6

差值：均值（加州）－ 均值（佛州）

差值	SE	95%	等价区间
2.228 3	1.392 4	(－0.122 39，4.579 1)	(－5，5)

置信区间在等价区间内。可以认为是等价。

```
检验

原假设：      差值 ≤ -5 或差值 ≥ 5
备择假设：    -5 < 差值 < 5
α 水平：      0.05

原假设        自由度    T 值      P 值
差值 ≤ -5       36     5.1914    0.000
差值 ≥ 5        36    -1.9906    0.027

两个 P 值中更大的值为 0.027。可以认为是等价。
```

从计算结果中可以看出，二者的样本均值差为2.2283，其95%置信区间（－0.12239，4.5791），它完全落入等价区间（－5，5），因此拒绝原假设，可以断言二者总体均值差之绝对值小于5。从检验结果的p值来看，左右两侧的p值都小于0.05，因此应该拒绝原假设，同样可以断言二者总体均值差之绝对值小于5毫克。

上述检验方法可以很容易应用到判断“二者总体均值差之绝对值小于4吗?”结果是不能拒绝原假设，也就是说，不能断言二者总体均值差之绝对值小于4，实际上是加州柑橘的维生素C含量比佛州柑橘的维生素C含量稍高一些（2.2283毫克）。

例5-23

缺铁性贫血治疗中的剂量替代问题。小儿缺铁性贫血可以用复方硫酸亚铁冲剂来治疗，现在想用每日10 mg剂量代替每日20 mg剂量，某血液病研究室对此进行了观察。随机选取患儿60人，平均分为两组，10 mg剂量组与20 mg剂量组。患儿治疗两个月后血红蛋白升高量的资料见表5-22（数据文件：BS_小儿贫血.MTW）。已知治疗后若血红蛋白增加值的差异在8.8g・L^{-1}的范围内，则两种剂量的疗效等效。试问每日10mg剂量是否等效于每日20mg剂量（$\alpha=0.05$）?

表5-22　　小儿缺铁性贫血治疗血红蛋白增加值数据　　单位：g・L^{-1}

10mg	22.46	26.75	20.49	70.74	12.44	62.78	24.16	14.63	38.97	44.91
	12.47	63.47	49.69	68.50	39.78	59.03	83.07	29.67	38.44	35.90
	37.51	48.84	43.53	35.68	56.77	37.58	26.52	51.70	58.27	51.25
20mg	24.76	45.51	15.05	22.70	60.52	56.24	76.37	54.07	71.49	49.04
	33.90	26.31	28.20	51.00	64.22	36.80	49.64	53.17	43.35	53.27
	76.52	34.13	66.37	68.43	62.93	24.39	62.20	34.89	48.03	49.71

解　首先，对两剂量组分别做治疗前后血红蛋白的升高量的检验，其差值与0的差异均有显著性，显著性水平小于0.001，因此可以认为两剂量治疗效果都是显著的。经检验（过程从略），二者皆为正态分布，且二总体方差相等。进行双样本t检验时，结果如下：

```
差值 = μ(10mg 组) - μ(20mg 组)
差值估计值：   -5.91
差值的 95% 置信区间：    (-15.00, 3.18)
差值 = 0(与 ≠) 的 T 检验：T 值 = -1.30     P 值 = 0.199     自由度 = 58
两者都使用合并标准差 = 17.5908
```

由于p值为0.199，可见无法拒绝均值相等的原假设，即可以认为二者的疗效并无显著差异。但为了得到更准确的结论，我们进一步采用等价检验，对两种剂量的疗效是否等效进行考察。

记10mg剂量组血红蛋白升高量的均值为μ_1，20mg剂量组血红蛋白升高量的均值为μ_2：

$$H_0: \mu_1-\mu_2 \leqslant -8.8 \text{ 或 } \mu_1-\mu_2 \geqslant 8.8$$

$$H_1: -8.8<\mu_1-\mu_2<8.8$$

操作为：从“统计 > 等价检验 > 双样本检验（Stat > Equivalence Test > 2-sample)”入口（见图5-37中左侧），得到界面（见图5-38中右侧）。

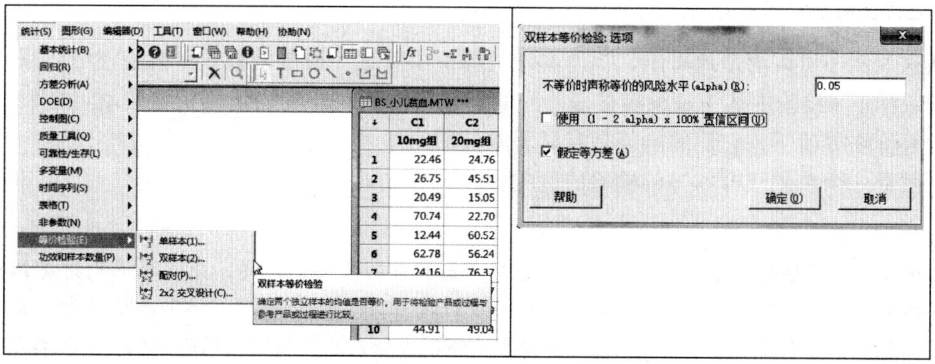

图5-38 双样本双侧等价检验操作图

在“检验样本（Test Sample)”中填写“10mg组”，“参考样本（Reference Sample)”中填写“20mg组”，在“备择假设（Alternative Hypothesis)”选中“下限 < 检验均值 - 参考均值 <上限”，在“下限”中填入“-8.8”，在“上限”中填入“8.8”（此界面从略），在“选项”中勾选“假定等方差”，在“选项”界面中点击“确定”，最后可以得到下列结果：

双样本等价检验：10mg组，20mg组

方法

检验均值 = 10mg组 的均值
参考均值 = 20mg组 的均值
已针对此分析假定了相等方差。

描述性统计量

变量	N	均值	标准差	均值标准误
10mg组	30	42.200	18.196	3.3221
20mg组	30	48.107	16.964	3.0973

合并标准差 = 17.59083

差值：均值（10mg组） - 均值（20mg组）

差值	SE	95% CI	等价区间
-5.9070	4.5419	(-13.499, 1.6851)	(-8.8, 8.8)

置信区间不在等价区间内。不能认为是等价。

检验

原假设：　差值 ≤ -8.8 或差值 ≥ 8.8
备择假设：　-8.8 < 差值 < 8.8
α水平：　0.05

原假设	自由度	T值	P值
差值 ≤ -8.8	58	0.63695	0.263
差值 ≥ 8.8	58	-3.2380	0.001

两个P值中更大的值为0.263。不能认为是等价。

从计算结果中可以看出，二者的样本均值差为-5.907，其95%置信区间为（-13.499，1.6851），不在等价区间（-8.8，8.8）内，因此无法拒绝原假设，也即是说，若以8.8g·L^{-1}作为等效临界值不能认为每日10mg剂量与每日20mg剂量治疗小儿缺铁性贫血的疗效相等，而由于差值均值为负，因而可以断定每日10mg剂量疗效较差。

从检验结果的p值来看，两个p值中的最大值为0.263，大于0.05，因此也无法拒绝原假设，得到与置信区间法相同的结论。

从这个例子可以清楚地看出，双样本均值等价检验比一般的双样本t检验要细致得多，在普通的双样本t检验中认为是没有显著差异的例子，使用双样本均值等价检验就可能发现，在给定的等价临界值下，它们的均值是有显著差异的。

下面看一个单侧双样本等价检验的例题。

例5-24

钢材的锈蚀问题是在海洋工程等领域中需要考虑的非常重要的课题。为了降低钢材锈蚀量，我们常需要在冶炼时增加一些铬、镍含量（添加越多则越不易锈蚀），但这些添加物很昂贵，希望尽量少地添加且能有效地减少锈蚀。我们用普通配方及新配方分别生产出不同的螺纹钢，直径都是$\varnothing$ 28，截断长度皆为50cm，将这些螺纹钢都放入5%浓度的食盐溶液制成的盐雾箱中10天，螺纹钢将被锈蚀。将原重量减去酸洗后剩余的重量即得到锈蚀量（单位：克）。我们希望断定新配方是否能降低锈蚀量的30%。

数据列在表5-23中（数据文件：BS_锈蚀量降低.MTW）。

表5-23　　普通配方与新配方生产钢筋锈蚀量数据表

普通配方	10.9	7.7	13.9	9.6	13.2	11.3	6.5	8.3
	12.3	7.8	8.5	13.8	4.1	10.4	11.4	
新配方	4.0	3.6	7.1	6.1	4.6	2.7	3.6	6.2
	7.0	5.3	6.6	7.1	6.8			

解　容易知道，普通配方的平均锈蚀量为9.98克，其30%为2.994克。现在就是要用双样本均值的等价检验方法来判断新配方下的锈蚀量是否比普通配方下的锈蚀量均值小2.994克以上，或说普通配方下的锈蚀量均值与新配方下的锈蚀量均值之差是否大于2.994克。

记普通配方的锈蚀量均值为μ_1，新配方的锈蚀量均值为μ_2，待检验的假设是：

$$H_0: \mu_1 - \mu_2 \leqslant 2.994$$

$$H_1: \mu_1 - \mu_2 > 2.994$$

其操作步骤如下：

从"统计 > 等价检验 > 双样本（Stat > Equivalence Test > 2-sample）"入口（见图5-39中左侧），得到界面见图5-39中右侧。

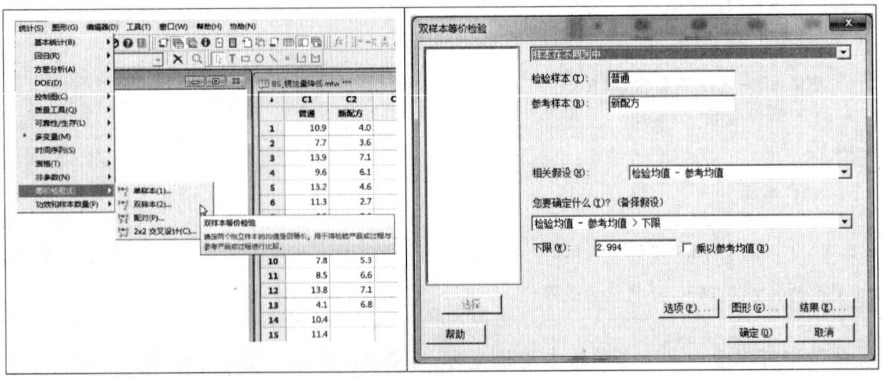

图5-39　双样本单侧等价检验操作图

在"检验样本（Test Sample）"中填写"普通"，"参考样本（Reference Sample）"中填写"新配

方”，在“备择假设（Alternative Hypothesis）”选中“检验均值－参考均值 > 下限”，在“下限”中填入“2.994”（注：如果在“下限”中填写“0.3 乘以参考均值”则不正确，因为这里的参考均值指的是参考样本的均值，即新配方的均值，比原来的普通配方的均值要小很多，与我们的原来题意不符合）。点击“确定（OK）”后可以得到下列结果：

双样本等价检验：普通，新配方

方法

检验均值 = 普通 的均值
参考均值 = 新配方 的均值
未针对此分析假定相等方差。

描述性统计量

变量	N	均值	标准差	均值标准误
普通	15	9.980 0	2.832 0	0.731 22
新配方	13	5.438 5	1.560 7	0.432 87

差值：均值（普通）－ 均值（新配方）

差值	SE	95％ 下限	下限
4.541 5	0.849 74	3.082 4	2.994

下限大于 2.994。可以认为均值（普通）－ 均值（新配方）> 2.994。

检验

原假设：　均值（普通）－ 均值（新配方）⩽ 2.994
备择假设：　均值（普通）－ 均值（新配方）> 2.994
α 水平：　0.05

自由度	T 值	P 值
22	1.821 2	0.041

P 值 ⩽ 0.05。可以认为均值（普通）－ 均值（新配方）> 2.994。

计算中得到的置信区间图显示在图 5－40 中。

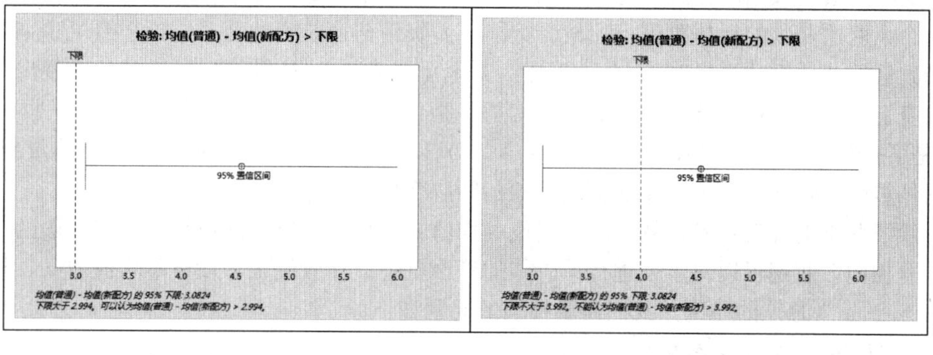

图 5－40　钢筋锈蚀量检验的置信区间图（左图为 30%2.994 克，右图为 40%3.992 克）

从计算结果中可以看出，普通配方均值为 9.98，新配方均值为 5.438 5，二者之差为 4.541 5，差值的 95％区间下限为 3.082 4，比约定的下限 2.994 要大，或 95％置信区间完全落入了等价区间，因此应该拒绝原假设，而应该判断减少的锈蚀量确实比原来的锈蚀量的 30％即 2.994 克要多。证明新配方在改进防锈蚀方面效果显著。

但如果看到我们的均值差为4.541 6，它比锈蚀量的40%（3.992克）还要大些，能否断言新配方能降低锈蚀量40%（3.992克）？经检验，结果是否定的（操作步骤与前面的操作完全相同，这里从略），其结果为：

双样本等价检验：普通，新配方

差值：均值（普通）－均值（新配方）

差值	SE	95%下限	下限
4.541 5	0.849 74	3.082 4	3.992

下限不大于3.992。不能认为均值（普通）－均值（新配方）＞3.992。

检验

原假设：　均值（普通）－均值（新配方）≤3.992

备择假设：　均值（普通）－均值（新配方）＞3.992

α水平：　0.05

自由度	T值	P值
22	0.646 71	0.262

P值＞0.05。不能认为均值（普通）－均值（新配方）＞3.992。

结论说明：新配方在改进防锈蚀方面效果是显著的，肯定降低锈蚀量30%以上，但尚未达到40%以上。

对于双样本单侧的检验，同样可以用普通的假设检验解决，结论也是一致的。所以，一般说来，等价检验中的单侧问题都可以用普通假设检验问题解决，不必选用等价检验来处理。

5.7.2.3　配对样本的等价检验

我们在5.3.3.2节专门介绍过配对检验在实际工作中的应用。比如，考察某种减肥药品的疗效，如果我们用完全不同的两批人，一批未吃药，一批吃药，将此类问题当作两总体的均值检验问题，则很容易得到“疗效不显著”的结论，这是因为不同的人体重本身有很大差异，而这种波动并不是由于药物疗效引起的，减肥药的疗效就被淹没在波动之中了。解决此问题的最好办法是收集**成对**数据的方式：对同一批人，先记录原始体重，再记录服用药物后的体重，这样将每个人服用药物前后体重进行比较，把同一人服用药物前后的两个结果之差求出来（求出服用药物后的“体重减少量”d，此数可能为正也可能为负），这就可以较准确地度量出药物在每个人身上产生的作用。最后进行的检验就是：看“体重减少量”d的均值是否为正数。设X_i及Y_i是第i个人减肥前后的体重，记$d_i=X_i-Y_i(i=1,2,\cdots,n)$，为第$i$个人的体重减少量，记$\mu$为体重减少量$d$的均值，则我们要检验的问题变成：$H_0:\mu=0,H_1:\mu>0$。

一般情况下的配对检验，就是对于差值的均值μ进行单总体的假设检验。与一般的单总体等价检验相同，我们可以对于μ进行单总体的等价检验。一般说来，设样本均值为$\bar{d}$，样本标准差为S_d。μ为总体的均值。我们需要检验的问题如下：

$$H_0:\mu\leqslant\theta_L\text{ 或 }\mu\geqslant\theta_U$$

$$H_1:\theta_L<\mu<\theta_U$$

(θ_L,θ_U)为事先给定的等价区间。一般地，$\theta_L<0<\theta_U$。

显然该等价检验等同于目标值为0的单总体等价检验问题。

通常总体服从正态分布，标准差未知，因此由5.7.2.2节的结论容易得到两对单侧假设检验的检验统计量为：

$$T_L = \frac{\overline{d} - \theta_L}{S_d / \sqrt{n}}$$

$$T_U = \frac{\overline{d} - \theta_U}{S_d / \sqrt{n}},$$

这里$\overline{d}$是样本均值，S_d为样本标准差。

当$\mu = \theta_L$时，$T_L \sim t(n-1)$。当$\mu = \theta_U$时，$T_U \sim t(n-1)$。我们采用的检验法仍为t检验法。运用临界值法进行判断时，相应的拒绝域为：

$$\{T_L > t_{1-\alpha}(n-1) \text{ 且 } T_U < -t_{1-\alpha}(n-1)\}$$

$1-2\alpha$置信水平的置信区间为$\overline{d} \pm t_{1-\alpha}(n-1)\dfrac{S_d}{\sqrt{n}}$。

以下通过一个实例来说明如何进行配对等价检验。

例 5-25

血清钾测定方法。血清钾测定方法有很多，有化学法（四苯硼钠比浊法、亚硝酸钠比色法等）、火焰光度法、原子吸收分光光度法、离子选择电极法和中子活化法等。诸多方法中除化学法外均需特殊仪器。联合国世界卫生组织为中级实验室推荐的血清钾测定法是火焰光度法。用火焰光度法测定血清钾，操作简便、快速、准确，用血量少，为目前血清钾测定较为理想的方法，但设备条件要求较高，还未能普及应用。在化学法中四苯硼钠比浊法具有操作简单，用血量少，产生浊度较为稳定等优点，如能严格控制操作条件，重复性较好。若其准确性符合临床要求，就可以被多数医院采用。因此需要判定四苯硼钠比浊法与火焰光度法两种测定方法的结果是否等价，即是否可以互相代替。等价界值为0.25mEq/L。

某医院检验科采用正常人血清（118名18～45岁的男女青壮年，均为该院献血员，无溶血、无黄疸的新鲜血清），分别用火焰光度法（A法）和四苯硼钠比浊法（B法）测定血清钾进行比较。火焰光度法的仪器为英制EEL450型自动火焰光度计。四苯硼钠比浊法采用浓度为1%的四苯硼钠。118名正常人血清分别用两法测定血清钾，结果见表5-24血清钾测定数据表（这里只列出前60组）（数据文件：BS_血清钾测定.MTW）。

表 5-24　　血清钾测定数据表

编号	A法	B法	编号	A法	B法	编号	A法	B法	编号	A法	B法
1	4.82	4.96	16	4.31	4.36	31	4.57	4.80	46	4.52	4.42
2	4.79	4.45	17	4.97	4.89	32	3.84	4.86	47	4.51	3.77
3	4.65	4.99	18	4.72	4.67	33	5.02	5.20	48	5.13	5.59
4	3.72	4.86	19	4.71	4.34	34	5.22	5.02	49	4.42	4.54
5	4.73	4.24	20	4.46	5.17	35	4.97	4.66	50	3.39	4.50
6	3.89	4.43	21	4.86	4.26	36	4.38	4.74	51	5.19	4.38
7	3.47	4.59	22	4.04	4.46	37	4.80	4.22	52	3.51	4.37
8	5.59	4.60	23	4.12	4.17	38	4.31	5.33	53	4.56	4.41
9	5.01	4.77	24	4.73	4.78	39	4.37	3.66	54	4.47	4.38
10	4.47	5.56	25	4.72	4.61	40	5.71	5.31	55	4.59	4.48
11	4.54	4.28	26	4.74	4.95	41	5.18	4.50	56	3.09	3.71
12	4.36	4.90	27	4.91	4.35	42	4.57	4.96	57	4.65	4.30
13	4.17	4.69	28	3.71	5.37	43	4.74	5.30	58	4.45	4.61
14	4.35	4.50	29	4.48	4.36	44	5.31	4.40	59	3.78	4.56
15	4.11	4.58	30	5.08	4.98	45	4.68	4.16	60	4.93	4.67

解 先进行普通的简单配对检验，断定两种测定方法的平均差异是否为0mEq/L。这是典型的配对检验问题。两种方法的测定值之差 d，记其均值为 μ，进行的假设检验为：

$$H_0: \mu = 0$$

$$H_1: \mu \neq 0$$

用配对 t 检验，检验结果的 p 值为0.055，无法拒绝原假设。虽然没有理由认为四苯硼钠比浊法与火焰光度法两种测定方法的结果有差异，但无法得出明确的结论。若需判断两种方法是否可以互相代替，即测定结果差异的平均值 μ 是否落入（−0.25，0.25）范围内，应进行配对样本的等价检验。此时假设为：

$$H_0: \mu \leqslant -0.25 \text{ 或 } \mu \geqslant 0.25$$

$$H_1: -0.25 < \mu < 0.25$$

操作为：从“统计 > 等价检验 > 配对（Stat > Equivalence Test > Paired）”入口（见图5-41中左侧），得到界面见图5-41中右侧。

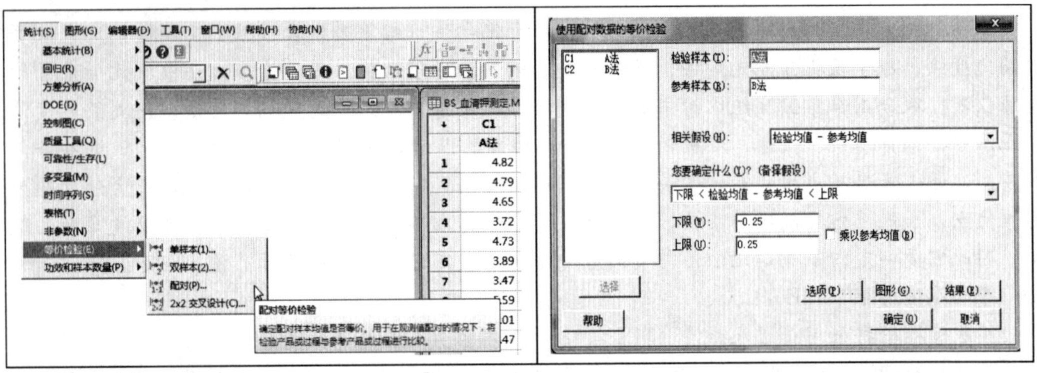

图5-41 配对等价检验操作图

在“检验样本（Test sample）”中填写“A法”，在“参考样本（Reference sample）”中填写“B法”，在“备择假设（Alternative Hypothesis）”填写“下限<检验均值－参考均值 < 上限”，在“下限”及“上限”中分别填入“−0.25”及“0.25”，点击“确定（OK）”后可以得到下列结果：

具有配对数据的等价检验：A法，B法

方法

检验均值 = A法 的均值
参考均值 = B法 的均值

描述性统计量

变量	N	均值	标准差	均值标准误
A法	60	4.534 8	0.524 24	0.067 680
B法	60	4.632 2	0.409 64	0.052 885

差值：均值（A法）- 均值（B法）

差值	标准差	SE	对等项的95% CI	等价区间
−0.097 333	0.587 035	0.075 786	（−0.223 98，0.029 312）	（−0.25，0.25）

置信区间在等价区间内。可以认为是等价。

检验

原假设：　　差值 ≤ −0.25 或差值 ≥ 0.25

```
备择假设：   -0.25 < 差值 < 0.25
α水平：    0.05

原假设          自由度    T值     P值
差值 ≤ -0.25      59    2.0144   0.024
差值 ≥ 0.25       59   -4.5831   0.000

两个P值中更大的值为0.024。可以认为是等价。
```

两侧 p 值都小于0.05，因此应该拒绝原假设，也就是说差值落入区间（−0.25，0.25）之外的可能性小于0.05，或说对数据可以95%的把握断言，两种方法测得的结果等价，即可以互相代替。

这里我们讨论一下数据量的选择问题。在普通的显著性检验中，为了检测出显著性差异，样本量不能太小（否则常常无法拒绝原假设）。一般地估算，单样本均值 t 检验，均值差异约 0.5σ 时，样本量至少为16才可能检测出差异。在单样本等价检验中，如果 $\Delta=0.2\sigma$，样本量至少为64才可能在检验中拒绝非等价的原假设，得出等价性结论（样本量小则常常得不到等价性结果）。在本例中，一共收集了118个数据，我们只使用了前60组数据，就得到了等价性结果。读者可以试算，如果取样数量较少（例如40，参看数据文件中的“A法40”及“B法40”两列），则无法得出等价性结论。当然，在得出等价性结论的前提下，样本量取多少才更好？这时讨论的是检验的功效问题。显然，样本量越大，则检验功效越高，即明明等价的两个总体却被误判为不等价的犯第Ⅱ类错误的可能性越小。对于检验的功效具体计算，请看5.8.4节。

5.7.2.4　2×2交叉设计的等价检验

交叉试验是按照事先设计好的试验顺序，在各个时期对研究对象逐一实施各种处理，以比较各个处理组间的差异。它是将自身比较与组间比较设计思路综合应用的一种设计方法。

设有两种处理A与B，将受试对象随机分为两组。第一组在第一时期接受A处理，在第二时期接受B处理，试验顺序为AB；第二组则相反，在第一时期接受B处理，在第二时期接受A处理，试验顺序为BA。这是两种处理在两个不同时期的交叉试验，称为2×2交叉试验。我们之所以这样做，主要是担心最后的试验结果万一与处理的顺序有关，那我们所得到的结论就不正确了，而我们这样两次采用交换了顺序的办法就避免了这种结果的出现。

2×2交叉设计的等价检验是将双样本与配对样本等价检验的基本原理综合运用的一种检验方法。用来检验2×2交叉试验得到的样本数据，以确定检验药物的疗效是否与参考药物的疗效相同。例如，可以确定某种新的通用药物的吸收率是否与知名品牌药物的吸收率相同。

具体来说，设有两种处理A与B，将受试对象随机分为两组。第一组的试验顺序为AB，有 n_1 位受试对象。在第一时期接受A处理，得到样本 X_{11k}（$k=1,2,\cdots,n_1$），在第二时期接受B处理，得到样本 $X_{12k}(k=1,2,\cdots,n_1)$；第二组则相反，试验顺序为BA，有 n_2 位受试对象。在第一时期接受B处理，得到样本 $X_{21k}(k=1,2,\cdots,n_2)$，在第二时期接受A处理，得到样本 $X_{22k}(k=1,2,\cdots,n_2)$。即 $X_{ijk}(k=1,2,\cdots,n_i)$ 表示第 i 组的第 k 位受试者在第 j 时期接受处理的效果。定义

$$D_{1k}=(X_{12k}-X_{11k})/2\ ,\ k=1,2,\cdots,n_1$$
$$D_{2k}=(X_{21k}-X_{22k})/2\ ,\ k=1,2,\cdots,n_2$$

因此 $D_{ik}(k=1,2,\cdots,n_i)$ 表示为第 i 组中的第 k 位受试对象两种处理方式，即A处理与B处理效果之差的一半。记 $\overline{D_1}$，$\overline{D_2}$ 为相应的样本均值，S_1，S_2 为相应的样本标准差。需要进行检验的假设为：H_0：两种处理的效果不同；H_1：两种处理的效果相同。即

$$H_0: \mu \leqslant \theta_L \text{ 或 } \mu \geqslant \theta_U$$

$$H_1: \theta_L < \mu < \theta_U$$

式中，μ 为处理A与处理B的效果差异的均值。区间 (θ_L, θ_U) 为事先给定的等价区间。一般地，$\theta_L < 0 < \theta_U$。

我们仍然采用双单边检验法来解决。对于两种处理方式等价性的推断是建立在同一个受试对象接受不同处理方式的结果之差，即 $2 \times D_{ik} (k=1,2,\cdots,n_i)$ 的基础之上的。也就是希望利用两组受试对象接受不同处理方式的结果之差的平均水平的均值去估计两总体的差异。即

$$(\overline{2 \times D_1} + \overline{2 \times D_2})/2 = \overline{D_1} + \overline{D_2}$$

因此，我们应该关注 $\overline{D_1} + \overline{D_2}$ 的抽样分布。根据 $\overline{D_1} + \overline{D_2}$ 的抽样分布，两对单边假设检验的检验统计量分别定义为：

$$T_L = \frac{(\overline{D_1} + \overline{D_2}) - \theta_L}{S_W \sqrt{\dfrac{1}{n_1} + \dfrac{1}{n_2}}}$$

$$T_U = \frac{(\overline{D_1} + \overline{D_2}) - \theta_U}{S_W \sqrt{\dfrac{1}{n_1} + \dfrac{1}{n_2}}}$$

式中，S_W 的定义请见式（5-19）。

若不存在遗留效应与周期效应（概念见下面解释），则当 $\mu = \theta_L$ 时，T_L 服从 t 分布，其自由度为 $n_1 + n_2 - 2$。当 $\mu = \theta_U$ 时，T_U 也服从 t 分布，其自由度为 $n_1 + n_2 - 2$。因此我们采用 t 检验法。

运用临界值法进行判断时，相应的拒绝域为：

$$\{T_L > t_{1-\alpha}(n_1 + n_2 - 2) \text{ 且 } T_U < -t_{1-\alpha}(n_1 + n_2 - 2)\}$$

与其等价的置信区间法为 $1 - 2\alpha$ 置信水平的置信区间

$$(\overline{D_1} + \overline{D_2}) \pm t_{1-\alpha}(n_1 + n_2 - 2) S_W \sqrt{\frac{1}{n_1} + \frac{1}{n_2}}$$

完全落在等价区间 (θ_L, θ_U) 之内。

运用 p 值法进行判断时，仍然是计算两个相应的尾部概率，当两个尾部概率同时小于显著性水平 α 时，则拒绝原假设 H_0。

若处理方式存在**遗留效应**（carryover effect），即不同药物对下一阶段的疗效有不同的影响，它势必导致等价检验的偏差，需通过合理的设计来去除。因此在进行等价检验之前需要对遗留效应进行检验。MINITAB称之为**延滞效应**。原假设与对立假设分别为：

H_0：不存在遗留效应

H_1：存在遗留效应

对于遗留效应的检验是建立在第二时期处理方式与第一时期处理方式的效果之差的基础之上的。定义

$$C_{1k} = X_{12k} + X_{11k}, \quad k = 1,2,\cdots,n_1$$

$$C_{2k} = X_{22k} + X_{21k}, \quad k = 1,2,\cdots,n_2$$

相应的样本算术平均数为 $\overline{C_1}$，$\overline{C_2}$，样本标准差为 S_{C_1}，S_{C_2}。检验的原理如下：若A和B两种处理方式均对下一阶段无影响或影响相同，则 $\overline{C_1}$ 与 $\overline{C_2}$ 的差异等于零或与零相近；若A影响B，而B不影响A，或者A对B的影响不等于B对于A的影响，则 $\overline{C_1}$ 与 $\overline{C_2}$ 的差异应该不等于零。因此遗留效应的检验统计量为：

$$T=\frac{\overline{C_2}-\overline{C_1}}{\sqrt{((n_1-1)S_{C_1}^2+(n_2-1)S_{C_2}^2)/(n_1+n_2-2)}\sqrt{\frac{1}{n_1}+\frac{1}{n_2}}}$$

当原假设成立时，$T\sim t(n_1+n_2-2)$。关于遗留效应检验的判断，需要计算如下的尾部概率值（p值）：

$$P\{|T|>t \mid H_0 \text{ 成立}\}$$

式中，t为检验统计量T的观测值。当p值小于显著性水平α时，则拒绝原假设H_0，即认为存在遗留效应。反之，则无法拒绝原假设H_0，即认为无充分的证据表明存在遗留效应。MINITAB软件直接提供了p值，进行遗留效应的检验非常方便。

若A和B两种处理方式均对下一阶段有影响，但影响不同，即试验的先后顺序对处理方式的效果有影响，则称为有**周期效应**，这时也会影响对于两种处理方式等价性的正确判断。因此在进行等价检验之前还需要对周期效应进行检验。此时原假设与对立假设分别为：

H_0：不存在周期效应

H_1：存在周期效应

对于周期效应的检验是建立在两种试验顺序效果之差的基础之上的。其检验统计量为：

$$T=\frac{\overline{D_1}-\overline{D_2}}{S_W\sqrt{\frac{1}{n_1}+\frac{1}{n_2}}}$$

当原假设成立时，$T\sim t(n_1+n_2-2)$。

关于遗留效应检验的判断与周期效应检验的判断方式相同，无须赘述。等价检验的前提是不存在遗留效应与周期效应。因此在评估等价性前，需对遗留效应与周期效应进行检验。如果任何一种效应非常显著，则不应评估等效性，此时等价结果可能不可靠。

除了遗留效应与周期效应，MINITAB还提供了处理效应的检验结果。处理效应检验与等价检验属于一类问题，只是研究目的不同而已。等价检验的目的是“证是”，检验两种处理方式的效果是否相同；而处理效应检验的目的是“证否”，检验两种处理方式的效果是否不同。其原假设与对立假设分别为：

H_0：不存在处理效应

H_1：存在处理效应

检验统计量也是从$\overline{D_1}+\overline{D_2}$的抽样分布出发，构造出来的

$$T=\frac{\overline{D_1}+\overline{D_2}}{S_W\sqrt{\frac{1}{n_1}+\frac{1}{n_2}}}$$

处理效应的判断方式与上述检验的判断方式相同，无须赘述。

运用MINITAB进行2×2交叉设计的等价检验时，可按以下两种格式录入数据。

第一种格式为四列形式（例如例5-26格式）。即一共四列数据，每一列包含一组受试对象在一个时期接受处理后得到的样本数据。每位受试对象在不同时期的两个数值需出现在同一行。

第二种格式为三列形式（例如例5-27格式）。即一共三列数据，一列数据为所有受试对象在第一个时期接受处理后得到的样本数据；一列数据为所有受试对象在第二个时期接受处理后得到的样本数据，每位受试对象在不同时期的两个数值须出现在同一行；剩下的一列数据为每行数据的组别标识，用来标注这一行数据来自哪一组受试对象。数据的取值可以为数字、文本或日期/时间，例如“序列A”和“序列B”，或1和2均可。两组受试对象的总数可以不等。

下面我们举例说明如何用MINITAB完成2×2交叉设计的等价检验。

例 5-26

抗胃酸效果问题。为治疗胃病病人胃酸过多的问题，常常需要让病人服用抗酸剂。比较某通用抗酸剂（被检验的处理）与公认效果较好的某品牌抗酸剂（参考的处理）的效果，观察 17 例胃病患者，运用 2×2 交叉试验设计。将病人随机分为两组，第一组共 9 人，在第一阶段服用通用抗酸剂，在第二阶段服用品牌抗酸剂；第二组共 8 人，将上述顺序颠倒，在第一阶段服用品牌抗酸剂，在第二阶段服用通用抗酸剂。每一阶段共 5 天，为一个疗程，两阶段之间是两周的洗脱期。在每个疗程的最后一天测量胃内 pH 值。由于 pH 值越低酸性越强，因此测得的 pH 值越高药物越有效。数据文件：BS_胃酸.MTW。若检验 pH 值在参考 pH 值的 10% 以内，则认为两种抗酸剂的效果等价。试问通用抗酸剂是否等效于某品牌抗酸剂（$\alpha=0.05$）？

解 需要进行检验的假设为：

H_0：两种抗酸剂的效果不同

H_1：两种抗酸剂的效果相同

打开数据文件“BS_胃酸.MTW”。从“统计 > 等价检验 > 2×2 交叉设计（Stat > Equivalence Test > 2X2 Crossover Design）”入口（见图 5-42 中左上），得到界面（见图 5-42 中右上）。

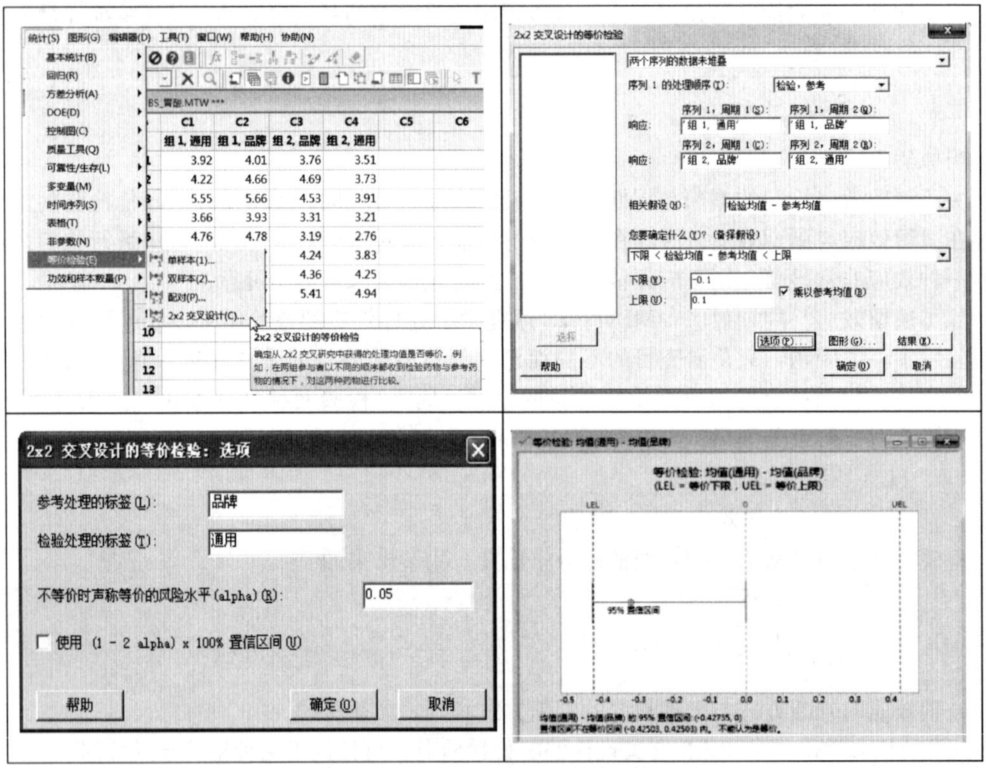

图 5-42　2×2 交叉设计的等价检验操作图

注意到数据的格式为四列形式（见图 5-42 中左上），因此选择“两个序列的数据未堆叠存放”。从“序列 1 的处理顺序（T）”中选择“检验，参考”。在“序列 1，周期 1”的响应中填写“组 1，通用”。在“序列 1，周期 2”的响应中填写“组 1，品牌”。在“序列 2，周期 1”的响应中填写“组 2，品牌”。在“序列 2，周期 2”的响应中填写“组 2，通用”。在“相关假设”中，选择“检验均值－参考均值”，在“备择假设”选中“下限 < 检验均值－参考均值 <上限”，在“下限”中填入“－0.1”，在“上限”中填入“0.1”，勾选“乘以参考均值”，单击选项。在参考处理标签中，填入“品牌”，然后在检验处理标签中键入“通用”（见图 5-42 中左下），在每个对话框中点击“确定”，可

以得到下列结果：

2×2 交叉设计的等价检验：组 1，通用，组 1，品牌，组 2，品牌，组 2，通用

方法

序列 1 中受试者的处理顺序：通用，品牌
序列 2 中受试者的处理顺序：品牌，通用
等价下限 = －0.1 × 样本参考均值 = －0.425 03
等价上限 = 0.1 × 样本参考均值 = 0.425 03

描述性统计量

		周期 1		周期 2	
序列	N	均值	标准差	均值	标准差
1	9	4.091 1	0.686 41	4.314 4	0.636 77
2	8	4.186 2	0.741 10	3.767 5	0.657 41

主题组内标准差 = 0.088 25

效应

	效应	SE	自由度	T 值	P 值	95% 置信区间
延滞	0.451 81	0.649 88	15	0.695 21	0.498	(－0.933 39，1.837 0)
处理	－0.321 04	0.060 641	15	－5.294 1	0.000	(－0.450 30，－0.191 79)
周期	－0.097 708	0.060 641	15	－1.611 2	0.128	(－0.226 96，0.031 546)

差值：均值（通用）- 均值（品牌）

差值	SE	95% 置信区间	等价区间
－0.321 04	0.060 641	(－0.427 35，0)	(－0.425 03，0.425 03)

置信区间不在等价区间内。不能认为是等价。

检验

原假设：　差值 ≤ －0.425 03 或差值 ≥ 0.425 03
备择假设：　－0.425 03 ＜ 差值 ＜ 0.425 03
α 水平：　0.05

原假设	自由度	T 值	P 值
差值 ≤ －0.425 03	15	1.714 9	0.053
差值 ≥ 0.425 03	15	－12.303	0.000

两个 P 值中更大的值为 0.053。不能认为是等价。

我们首先观察遗留效应与周期效应的检验结果。遗留效应的 p 值为 0.498，周期效应的 p 值为 0.128，均大于 0.05。因此，这两种效应在 0.05 水平时不显著。这样我们可以进一步观察等价检验的结果。

从计算结果可以看出，二者的样本均值差为－0.321 04，其 95%置信区间为（－0.427 35，0），未落入等价区间（－0.425 03，0.425 03），同时等价图（见图 5－42 中右下）直观地展示了置信区间处于等价区间的外部。因此无法拒绝原假设。另外也可以根据检验结果的 p 值进行判断。由于两个 p 值中的最大值为 0.053，大于 0.05，因此也无法拒绝原假设，得到与置信区间法相同的结论。因此无法断定两种抗酸剂在改善胃内 pH 值方面的效果相同。也就是说，若以参考 pH 值的 10%作为等效临界值，则不能认为两种抗酸剂的效果等价。即通用抗酸剂并不等效于某品牌抗酸剂。

此外，注意到处理效用的 p 值（0.000）小于 0.05，即处理效应在 0.05 水平显著。这表示在改

善胃内 pH 值方面，两种抗酸剂的效果显著存在差异。服用通用抗酸剂后的平均胃内 pH 值比服用某品牌抗酸剂后的平均 pH 值大约低了 0.321。

例 5-27

降压药的剂量问题。高血压是一种常见病和多发病，但高血压产生的原因很复杂，不能简单地靠服用降压药解决问题。但在临床上，为了避免高血压引起严重后果，还是需要及时服用降压药，但降压药物剂量选择需慎重。为了比较某降压药两种剂量的效果，观察 12 例高血压患者，采用 2×2 交叉试验设计。将病人随机分为两组：第一组共 6 人，在第一阶段服用低剂量（A），在第二阶段服用高剂量（B），试验顺序为 AB；第二组共 6 人，在第一阶段服用高剂量（B），在第二阶段服用低剂量（A），试验顺序为 BA。测得的降压数据见数据文件：BS_降压药交叉试验.MTW。若两剂量的降压效果相差不到 5mmHg，则认为等效。试问低剂量是否可以替代高剂量（$\alpha=0.05$）？

解 需要进行检验的假设为：

H_0：两种剂量的效果不同

H_1：两种剂量的效果相同

操作为：打开工作表“BS_降压药交叉试验.MTW”（见图 5-43 中左上）。从“统计 > 等价检验 > 2×2 交叉设计（Stat > Equivalence Test > 2X2 Crossover Design）”入口，得到界面（见图 5-43 中右上）。

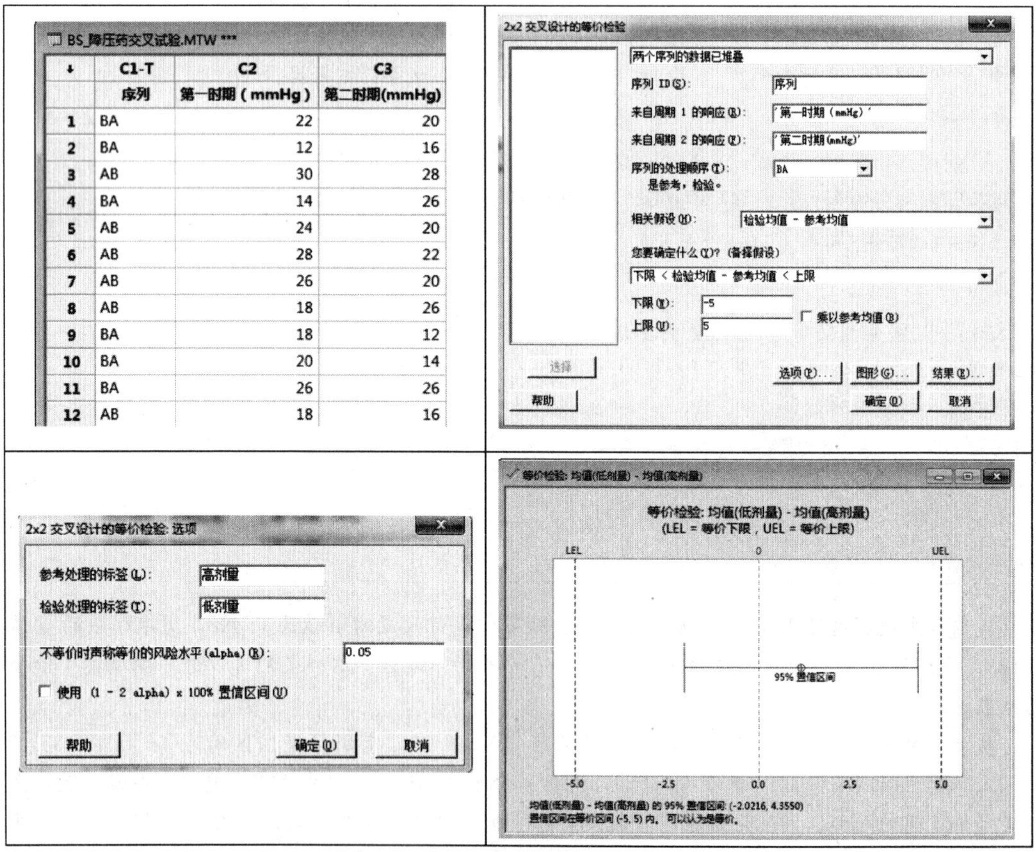

图 5-43 2×2 交叉设计的等价检验操作图

注意到数据的格式为三列形式（见图 5-43 中左上），因此选择“两个序列的数据已堆叠”。在“序列”中填写“序列”，在“来自周期 1 的响应”中填写“第一时期 (mmHg)”，在“来自周期 2 的响应”中填写“第二时期 (mmHg)”。在“序列的处理顺序是参考，检验”中选择“BA”，在“相关假设”中，选择“检验均值－参考均值”，在“备择假设”选中“下限＜检验均值－参考均值＜上限”，在“下限”中填入“－5”，在“上限”中填入“5”，单击选项。在参考处理标签中，填入“高剂量”，然后在检验处理标签中键入“低剂量”，在每个对话框中点击“确定”，可以得到下列结果：

2×2 交叉设计的等价检验：序列，第一时期 (mmHg)，第二时期 (mmHg)

方法

序列 AB 中受试者的处理顺序：低剂量，高剂量
序列 BA 中受试者的处理顺序：高剂量，低剂量

描述性统计量

		第一时期 (mmHg)		第二时期 (mmHg)	
序列	N	均值	标准差	均值	标准差
AB	6	24.000	5.059 6	22.000	4.381 8
BA	6	18.667	5.164 0	19.000	6.033 2

主题组内标准差 = 2.154 45

效应

	效应	SE	自由度	T值	P值	95% 置信区间
延滞	8.333 3	4.855 7	10	1.716 2	0.117	(－2.485 8，19.152)
处理	1.166 7	1.759 1	10	0.663 22	0.522	(－2.752 9，5.086 2)
周期	－0.833 33	1.759 1	10	－0.473 73	0.646	(－4.752 9，3.086 2)

差值：均值（低剂量）－ 均值（高剂量）

差值	SE	95% 置信区间	等价区间
1.166 7	1.759 1	(－2.021 6，4.355 0)	(－5，5)

置信区间在等价区间内。可以认为是等价。

检验

原假设：　差值 ≤ －5 或差值 ≥ 5
备择假设：　－5 ＜ 差值 ＜ 5
α 水平：　0.05

原假设	自由度	T值	P值
差值 ≤ －5	10	3.505 6	0.003
差值 ≥ 5	10	－2.179 1	0.027

两个 P 值中更大的值为 0.027。可以认为是等价。

我们首先观察遗留效应与周期效应的检验结果。遗留效应的 p 值为 0.117，周期效应的 p 值为 0.646，均大于 0.05。因此，这两种效应在 0.05 水平时不显著。这样我们可以进一步观察等价检验的结果。

从计算结果可以看出，二者的样本均值差为 1.166 7，其 95%置信区间为（－2.021 6，4.355 0），落入等价区间（－5，5），同时等价图（见图 5－43 中右下）直观展示了置信区间落在等价区间的内部。因此拒绝原假设。另外，也可以根据检验结果的 p 值进行判断。由于两个 p 值中的最大值为 0.027，小于 0.05，因此也可以得到拒绝原假设的结论，与置信区间法相同。也就是说若以 5mmHg 作为降压效果的等效临界值，则可以认为两种剂量等效。即低剂量可以替代高剂量的降压药。

此外，注意到处理效用的 p 值为 0.522，大于 0.05，即处理效应在 0.05 水平不显著。这表示两

种剂量的降压效果并不存在显著差异。

5.8 样本量的计算

在实际工程应用中，常会出现这样的问题：究竟要采集多大的样本量才能得到我们所需要判断的结论呢？这个问题很复杂，不同的检验问题所需样本量的计算方法是不同的。下面讨论最简单的单样本均值检验问题，原假设是均值为0，备择假设是均值为1的单点情形。检验问题实际上是如何判断一组样本来自哪个总体。假设两个总体的标准差都是$\sigma=1$，如果只抽取1个样品，这时它本身就是样本均值，样本均值的分布与原来总体的分布完全一样。我们从图5-44可以看出它们的概率分布图形有很大部分会重叠，当抽取出一个样品后很难判定它是来自哪一个总体。但是，当抽取的样本量超过1个并且将数据取平均值之后，我们知道，这些均值的分布会变得越来越窄，当样本量大到一定程度的时候，比如，取到样本量为25时，从图5-44可以看出，两组样本均值的概率分布图形只有很少部分会重叠，这时就很容易识别两者的差别了。

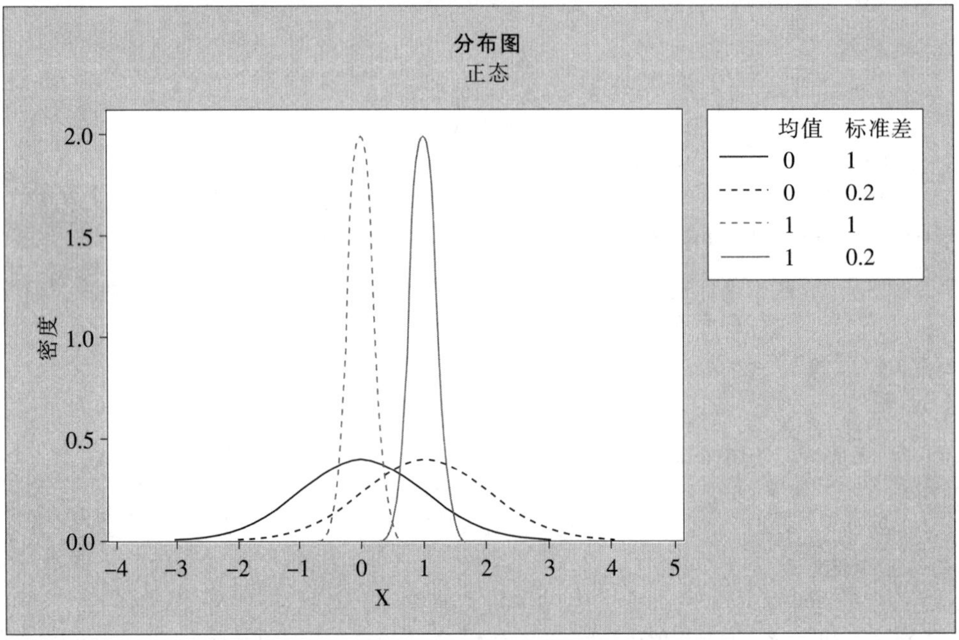

图5-44 不同样本量的样本均值分布对比图

下面的问题是，如果知道两总体确有差别，那么又该如何确定其样本量保证达到这种分辨开两总体的效果呢？首先引入检验功效的概念。一个检验的**检验功效**指的是“在原假设不成立的条件下，拒绝原假设的概率”。换言之，由于我们知道，“在原假设不成立的条件下，不拒绝原假设的概率”就是犯第二类错误的概率β，因此“原假设不成立的条件下，拒绝原假设的概率”就应该是$1-\beta$。总之，在原假设不成立的条件下，能够拒绝原假设，也就是能够分辨出原假设与备择假设的差别，这就是检验能力的表现，其概率值当然越大越好。我们将侦测到两总体间这种差别的能力称为检验功效，即$1-\beta$。

从前几节的内容我们知道，利用抽取的样本情况对总体进行估计或检验时都可能会犯两类错误，样本量的大小取决于决策错误的风险、总体标准差大小、拟检查的差异大小这三方面的因素：通常，如果希望降低犯错误的风险，那么必须增大样本量；随着总体变异性的增大，即总体标准差变大，为了保持原有的风险，样本量必须增大；随着拟检查之差异的变小，样本量必须增大。

上述关于样本量的原则，在所有的统计分析问题中都是有体现的。具体说来，对于假设检验问题、估计参数问题及计算统计容忍区间所需样本量都需要仔细分析。本节将分三小节分别讨论。5.8.1 节讨论用于假设检验所需的样本量，5.8.2 节讨论用于参数估计所需的样本量，5.8.3 节讨论计算统计容忍区间需要的样本量，5.8.4 节讨论计算在等价检验中需要的样本量。

5.8.1 用于假设检验的样本量

假设检验的问题多种多样，各种检验问题所需要的样本量都有专门的公式来计算。所有计算样本量的基本思想都是一致的，以下以单总体的 Z 检验为例来说明其主要思路。

在例 5-1 中，讨论的是单总体右单侧检验问题，其假设是如下简单原假设和简单备择假设的检验问题：

H_0：$\mu=\mu_0$

H_1：$\mu=\mu_1>\mu_0$

我们记两总体均值的差异为 Δ，在本例中，$\Delta=\mu_1-\mu_0$，可以结合图 5-45 看到两类错误的概念，也可以具体得到计算样本量的公式，见表 5-25 第 1 行。其他类型的检验功效与样本量的计算要更加复杂，此处不再进行公式推导，直接给出结论。大家只要学会解决例 5-28 类型的问题就很好了。

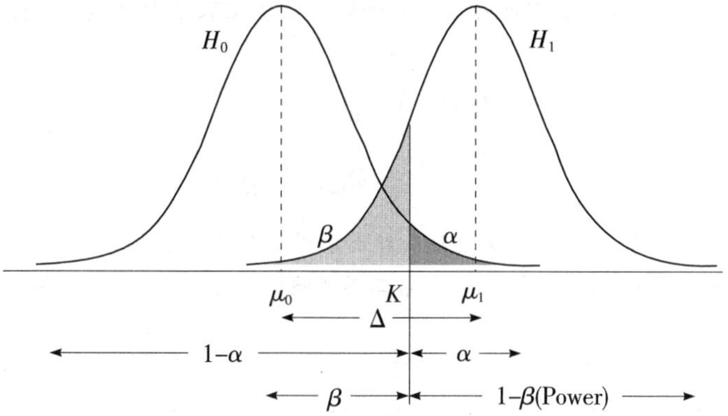

图 5-45　两类错误概率及检验功效示意图

表 5-25　　样本量确定公式一览表

总体标准差已知，单样本 Z 检验	单边检验时：$n=(Z_{1-\alpha}+Z_{1-\beta})^2\left(\frac{\sigma}{\Delta}\right)^2$
	双边检验时：$n=(Z_{1-\alpha/2}+Z_{1-\beta})^2\left(\frac{\sigma}{\Delta}\right)^2$
总体标准差未知，单样本 t 检验	单边检验时：$n=(t_{1-\alpha}+t_{1-\beta})^2\left(\frac{S}{\Delta}\right)^2$
	双边检验时：$n=(t_{1-\alpha/2}+t_{1-\beta})^2\left(\frac{S}{\Delta}\right)^2$
两总体标准差已知且相等，双样本 Z 检验	单边检验时：$n=2(Z_{1-\alpha}+Z_{1-\beta})^2\left(\frac{\sigma}{\Delta}\right)^2$
	双边检验时：$n=2(Z_{1-\alpha/2}+Z_{1-\beta})^2\left(\frac{\sigma}{\Delta}\right)^2$

两总体标准差未知但相等，双样本 t 检验	单边检验时：$n=2\,(t_{1-\alpha}+t_{1-\beta})^2\,(\frac{S}{\Delta})^2$
	双边检验时：$n=2\,(t_{1-\alpha/2}+t_{1-\beta})^2\,(\frac{S}{\Delta})^2$
单比率检验	单边检验时：$n=\frac{(Z_{1-\alpha}+Z_{1-\beta})^2}{(2\sin^{-1}\sqrt{p_0}-2\sin^{-1}\sqrt{p})^2}$
	双边检验时：$n=\frac{(Z_{1-\alpha/2}+Z_{1-\beta})^2}{(2\sin^{-1}\sqrt{p_0}-2\sin^{-1}\sqrt{p})^2}$
双比率检验	单边检验时：$n=\frac{2(Z_{1-\alpha}+Z_{1-\beta})^2}{(2\sin^{-1}\sqrt{p_1}-2\sin^{-1}\sqrt{p_2})^2}$
	双边检验时：$n=\frac{2(Z_{1-\alpha/2}+Z_{1-\beta})^2}{(2\sin^{-1}\sqrt{p_1}-2\sin^{-1}\sqrt{p_2})^2}$

注：由于 t 分布分位数的数值依赖于自由度，因此使用 t 检验的样本量计算公式时并不能直接给出结果，实际计算时的最终结果是由迭代法得到的。

例 5-28

某钢铁公司项目团队在参数调整后，希望评估冷拉钢筋生产线上的钢筋平均抗拉强度是否比 2 000kg 有所提高，假定生产线制程的标准差为 300kg。经检验，钢筋平均抗拉强度已变为 2 150kg。问：如果我们选定 $\alpha=0.05$，还要求检验功效达到 90%（也就是说，对于平均抗拉强度已提高为 2 150kg 的钢筋样本，被误判为“没有提高”的概率要小于 10%），项目团队对于“钢筋生产线上的钢筋平均抗拉强度是否从 2 000kg 有所提高”的检验，需要抽取多少根钢筋才能同时达到这两类风险的要求？

解 根据公式 $n=(Z_{1-\alpha}+Z_{1-\beta})^2(\frac{\sigma}{\Delta})^2$ 来计算：

$$n=(Z_{0.95}+Z_{0.90})^2(\frac{\sigma}{\Delta})^2=(1.645+1.282)^2(\frac{300}{150})^2=34.3$$

向上取整为 35。即需要抽取 35 根钢筋才能达到检验功效为 90%。在例 5-1 中，已抽取了 25 根（这时第一类风险肯定是按原来要求达到 5%，但第二类风险则毫无把握），需要再补抽 10 根，则可以保证第二类风险降到 10%。

利用 MINITAB 计算可以直接得到上述结果：

(1) 选择“统计>功效和样本数量>单样本 Z（Stat>Power and Sample Size>1-Sample Z)”；

(2) 输入差值“150”，检验功效“0.9”及已知的标准差“300”，保留待计算的“样本数量”为空白，再点击“选项（Options)”后，在“备择假设（Alternative)”选项中要输入“大于”，如图 5-46 所示。

(3) 点击“确定”后，得到以下输出结果及图 5-47。

```
功效和样本数量
单样本 Z 检验
检验均值 = 零（与>零）
计算功效的均值 = 零 + 差值
Alpha = 0.05  假定标准差 = 300
差值  样本数量  目标功效  实际功效
150     35       0.9     0.905 440
```

(4) 输出结果的解释。从计算结果中可以看出，如果要求检验功效为 0.9（即第二类错误小于

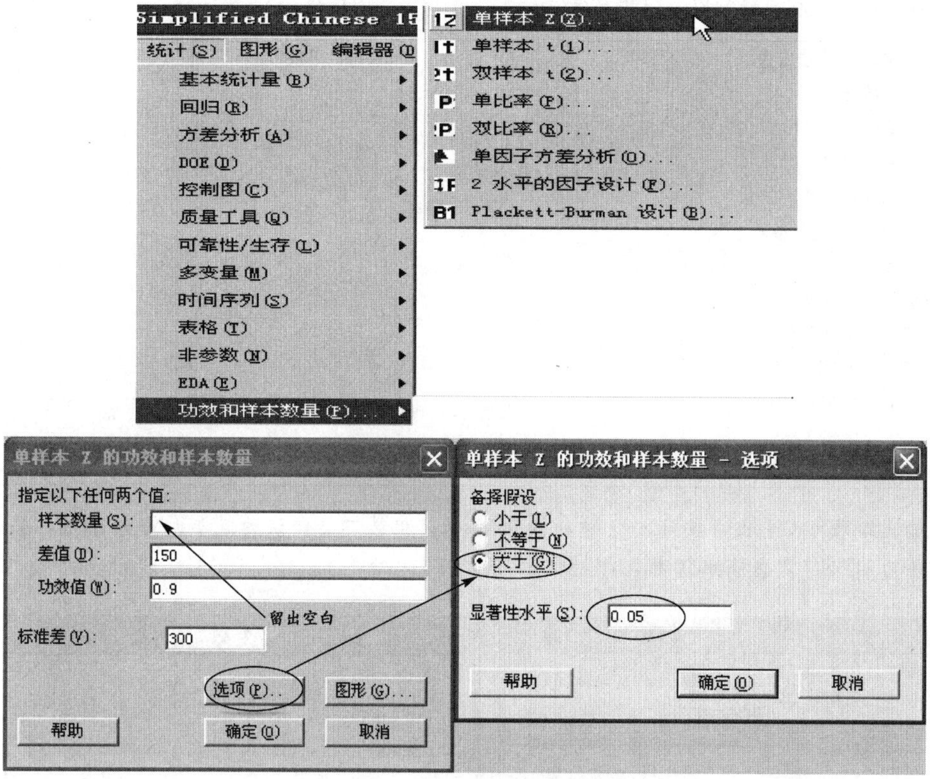

图 5-46　求样本量的计算操作图

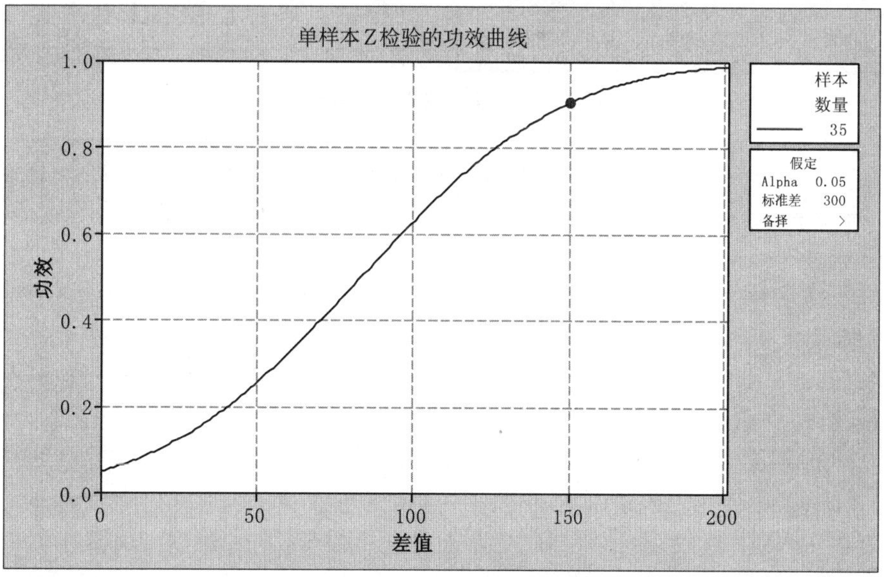

图 5-47　检验的功效曲线图

0.1)，则样本量至少要 35 个（其实准确结果是 34.3，向上取整才变为 35)，这时，准确的功效为 0.905 4，略高于 0.9。

如果希望了解例 5-1 中抽取不同样本量（如 25，30，35，50，100）时功效状况如何，只要将图 5-46 的输入方式换成图 5-48 就行了（输入已知的样本数量，留下待求的“功效值”为空白)。

点击“确定”后，得到以下输出结果及图形（见图5-49）。

单样本Z检验的功效曲线

功效和样本数量

单样本Z检验

检验均值 = 零（与>零）

计算功效的均值 = 零 + 差值

Alpha = 0.05　假定标准差 = 300

差值	样本数量	功效
150	25	0.803 765
150	30	0.862 970
150	35	0.905 440
150	50	0.970 666
150	100	0.999 603

从输出结果可以看出，在例5-1中，抽取25根，犯第二类错误的概率大约为20%，要保证第二类风险为10%，需要补抽10根，即抽取35根方可。

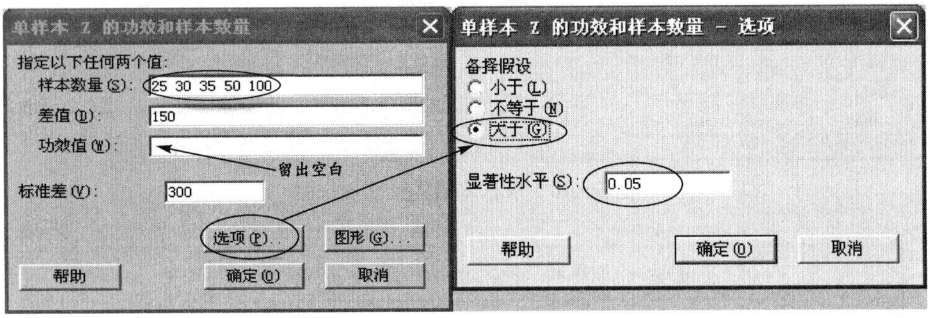

图5-48　求功效的计算操作图

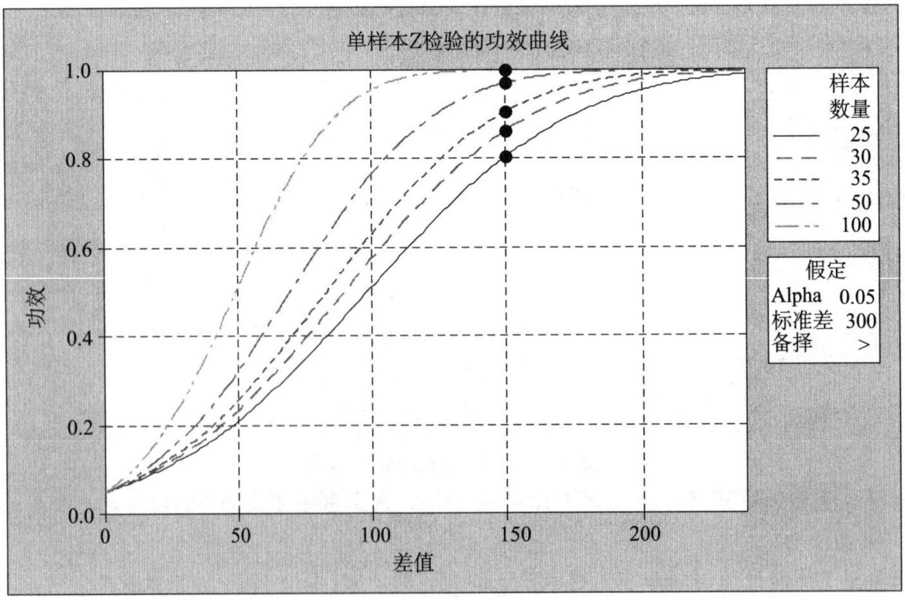

图5-49　检验的功效曲线图

从检验功效曲线图可以看出，在同等条件下侦测相同的差值，样本量越大，其检验功效就越高。

其他类型检验样本量确定的问题，包括检验是单侧或双侧，单样本 t 检验，双样本 t 检验，单因子 ANOVA 等，计算过程大同小异。读者比照例 5-28，自己就可以进行计算了，在此不再赘述。

5.8.2 用于估计参数的样本量

一般情况下，统计分析都需要随机抽取一定数量的符合某种条件的产品样本进行测量取样，然后以此结果对相应的总体参数做出估计，例如：正态分布下的均值 μ、方差 σ^2；泊松分布的 λ 值等。这时，首先要考虑的是这“一定数量”的样本究竟抽取多少合适？样本量过多，会造成人力、财力、物力和时间的浪费；如果样本量过少，将使得待估参数的置信区间范围过大，甚至不能代表样本总体，这不利于后续的统计分析。通常情况下，抽取的样本数量与需要估计的参数的精度有关。下面介绍一个在估计参数抽样时常用的概念**允许误差**（margins of error）。

估计参数抽样的允许误差又称“置信区间和抽样允许误差范围”，是指在一定的置信水平 $1-\alpha$ 下，保证样本估计量与总体参数之间的抽样误差不超过某一给定的最大允许范围，记作“Δ”。它表明被估计的总体参数有希望落在一个以样本统计量为基础的可能范围内。在实际工作中，有时它是由实际需求给定的（这时可以据此求出样本量），有时是根据抽样条件和抽样数量经过计算得到的（由样本量计算出参数估计的精度）。

我们知道，样本量为 n 的正态分布的均值的点估计 $\overline{X}$，置信水平为 $1-\alpha$ 置信区间为（$\overline{X}-Z_{1-\alpha/2}\dfrac{\sigma}{\sqrt{n}},\overline{X}+Z_{1-\alpha/2}\dfrac{\sigma}{\sqrt{n}}$），则由图 5-50 可以看出，允许误差 Δ 就是置信区间的半长。

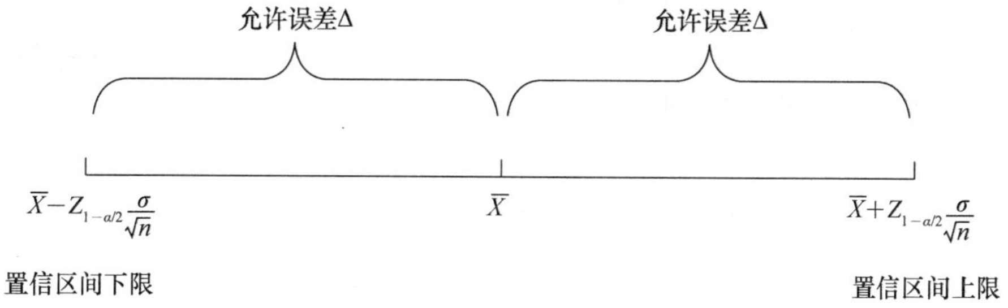

图 5-50 允许误差与置信区间的关系图

也就是说，当 σ 已知时，置信水平为 $1-\alpha$ 下的置信区间允许误差 Δ 有公式：

$$\Delta = Z_{1-\alpha/2}\frac{\sigma}{\sqrt{n}} \tag{5-34}$$

如果在已知 σ 条件下给定了均值 μ 的允许误差 Δ，希望求得所需的样本量，则可以由式（5-34）得到需要的样本量 n 为：

$$n = \left(Z_{1-\alpha/2}\frac{\sigma}{\Delta}\right)^2 \tag{5-35}$$

例 5-29

某工厂对额定电阻为 100 欧姆的电阻的阻值进行测定。经验表明，该电阻的阻值服从正态分布，而且已知总体标准差为 5 欧姆。如果置信水平确定为 95%，并要使估计量位于总体均值附近允许误差为 2 欧姆内，试问这个工厂应抽取多少个电阻来完成这次测定？

解 先用手工计算，如果取允许误差为 2 欧姆，根据式（5-35）：

$$n=\left(Z_{1-\alpha/2}\frac{\sigma}{\Delta}\right)^2=\left(1.96\times\frac{5}{2}\right)^2=24.01$$

向上取整为25。即样本量25可以保证置信水平为95%，估计值位于总体均值附近加减2欧姆的范围内。当允许误差分别为1欧姆、2欧姆及3欧姆时，样本量分别为97，25及11。

在MINITAB软件中的操作过程如下（参见图5-51）：

1. 选择指令“统计 > 功效和样本数量 > 用于估计的样本数量（E）（Stat > Power and Sample Size > Sample Size for Estimation）”。

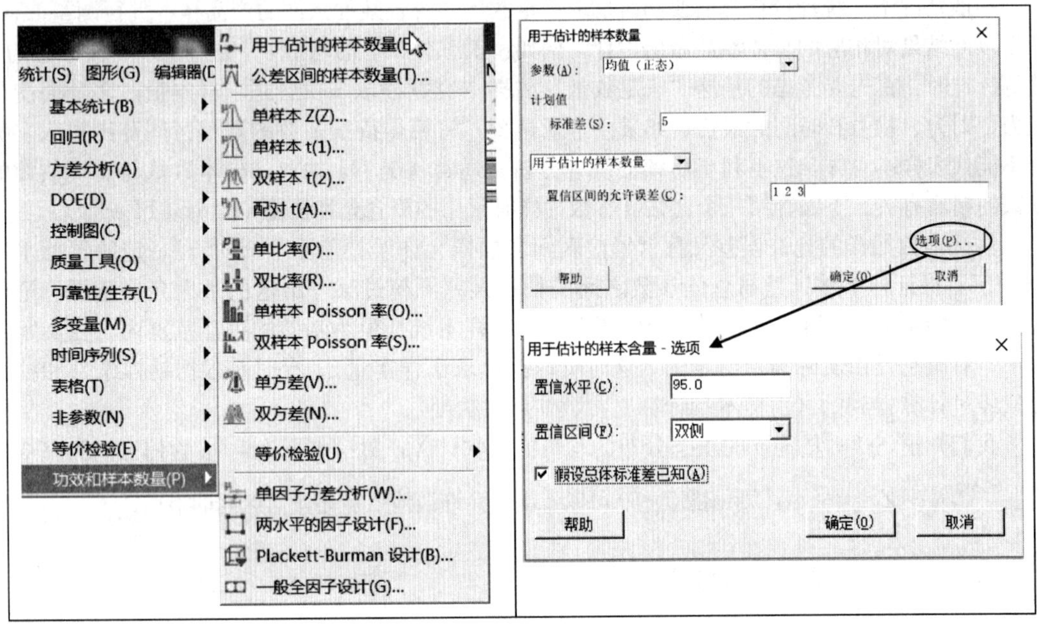

图5-51 求用于估计均值的样本数量的操作路径图

2. 在“参数（Parameter）”中选择“均值（正态）（Mean (Normal)）”，“标准差（Standard Deviation）”填入“5”，“置信区间的允许误差（Margins of Error for Confidence Interval）”填入“1 2 3”，中间以空格区分。在“选项（Option）”中，默认“置信水平（Confidence Level）”为“0.95”，“置信区间（Confidence Interval）”为“双侧（Two Sided）”，在“假设总体标准差已知（Assume population standard deviation is know）”前打钩。

3. 点击“确定（OK）”后，得到以下结果：

用于估计的样本含量

方法

参数	均值
分布	正态
标准差	5（总体值）
置信水平	95%
置信区间	双侧

结果

允许误差	样本数量
1	97
2	25
3	11

从计算结果可以看出，如果要求95%的置信水平且总体标准差已知的情况下，估计均值允许误差为1欧姆、2欧姆、3欧姆的要求下，样本量要求至少分别为97，25，11以上。

换为另一种情况：如果已知抽样不同的样本数量（20，30，50），希望了解95%的置信水平下的允许误差值。只要将图5-51中右上的输入方式换成图5-52中右上，将原来“用于估计的样本数量”下拉菜单中变更为“估计允许误差”，“样本数量”中填入“20 30 50”，中间以空格区分开（见图5-52中右上）。

在MINITAB软件中的操作过程如下：

1. 选择指令“统计 > 功效和样本数量 > 用于估计的样本数量（E）（Stat > Power and Sample Size > Sample Size for Estimation）”。

2. 在“参数（Parameter）”中选择“均值（正态）（Mean（Normal））”，“标准差（Standard Deviation）”填入“5”，下拉菜单中选择“估计允许误差（Estimate Margins of Error）”，“样本数量（Sample Sizes）”填入“20 30 50”，中间以空格区分。在“选项（Options）”中，默认“置信水平（Confidence Level）”为“0.95”，“置信区间（Confidence Interval）”为“双侧（Two-Sided）”，在“假设总体标准差已知（Assume population standard deviation is know）”前打钩。

3. 点击“确定（OK）”后，得到以下结果：

```
方法
参数      均值
分布      正态
标准差    5（总体值）
置信水平  95%
置信区间  双侧
结果
样本
数量  允许误差
 20   2.191 31
 30   1.789 19
 50   1.385 90
```

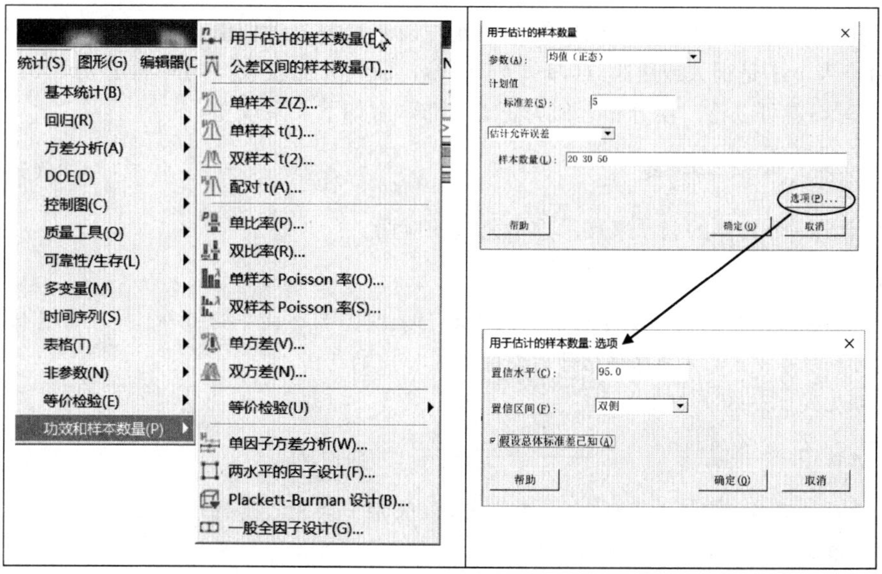

图5-52　求用于估计均值的允许误差的操作路径图

从样本量的计算公式（5-35）可以看出，在相同的置信水平和允许误差Δ的情况下，标准差σ越大，所需的样本量n越多。在相同的置信水平和标准差σ的情况下，允许误差Δ越小，需要样本量n越多；在已知样本数量n和置信水平时，标准差σ越大，允许误差Δ越大，即估计的精度会降低。

对于其他情况下的样本量和允许误差之间的关系列于表5-26。公式左端都是允许误差Δ，由此容易计算出允许误差Δ；从公式出发，也容易解出样本量n。计算机自动进行该转换，因此，下列公式中，只保留一个量未知时，计算机会自动解出此未知量。

表5-26　　允许误差确定公式一览表

正态总体均值估计的允许误差（总体方差已知）	双侧置信区间	$\Delta = Z_{1-\alpha/2}\frac{\sigma}{\sqrt{n}}$
	单侧置信区间	$\Delta = Z_{1-\alpha}\frac{\sigma}{\sqrt{n}}$
正态总体均值的允许误差（总体方差未知）	双侧置信区间	$\Delta = t_{1-\alpha/2}(n-1)\frac{S}{\sqrt{n}}$
	单侧置信区间	$\Delta = t_{1-\alpha}(n-1)\frac{S}{\sqrt{n}}$
正态总体方差估计的允许误差	双侧置信区间	下限$\Delta = S^2 - \frac{(n-1)S^2}{\chi^2_{1-\alpha/2}(n-1)}$，上限$\Delta = \frac{(n-1)S^2}{\chi^2_{\alpha/2}(n-1)} - S^2$
	单侧置信区间（置信区间上限）	$\Delta = \frac{(n-1)S^2}{\chi^2_{\alpha}(n-1)} - S^2$
	单侧置信区间（置信区间下限）	$\Delta = S^2 - \frac{(n-1)S^2}{\chi^2_{1-\alpha}(n-1)}$
比率估计允许误差	双侧置信区间	$\Delta \approx Z_{1-\alpha/2}\sqrt{\frac{p(1-p)}{n}}$
	单侧置信区间	$\Delta \approx Z_{1-\alpha}\sqrt{\frac{p(1-p)}{n}}$

上表中，我们注意到，用于比率估计的允许误差是一个近似值。在2.4.2节二项分布中，我们知道，当p不是很大或很小（$0.1<p<0.9$），而且n比较大（同时满足$np\geqslant 5$，且$n(1-p)\geqslant 5$）时，就可以将二项分布近似为正态分布，有如下关系成立：

$$Z_{1-\alpha/2}\sqrt{\frac{p(1-p)}{n}} \approx \Delta \tag{5-36}$$

下面给出一个具体的例子来展示这个公式的应用。

例5-30

对于产品合格率估计的样本量计算。历史数据表明产品合格率为0.9。如果将置信水平定为95%，需要抽取多少产品才能保证估计的合格率在0.02的范围内？

解　根据式（5-36）解出n：

$$n \approx \frac{Z^2_{1-\alpha/2}\times p(1-p)}{\Delta^2} = \frac{1.96^2\times 0.9\times 0.1}{0.02^2} = 864.36$$

向上取整，得到所需样本量为865。即当抽取865件产品时，其统计结果才能保证在95%置信水平下其产品合格率的允许误差将不大于0.02。

在MINITAB软件中的操作过程如下：

1. 选择指令“统计>功效和样本数量>用于估计的样本数量（Stat > Power and sample size > Sample size for Estimation)”。

2. 在“参数（Parameter)”中选择“比率（二项）(Proportion (Binomial))”，在“比率（Proportion)”中填入“0.9”，“置信区间的允许误差（Margins of Error for Confidence Interval)”中填入“0.02”（为方便比较，本处输入 0.01 0.02 0.03 共 3 个值，见图 5-53)。在“选项（Options)”中，默认“置信水平（Confidence Level)”为“0.95”，“置信区间（Confidence Interval)”为“双侧（Two-Sided)”。

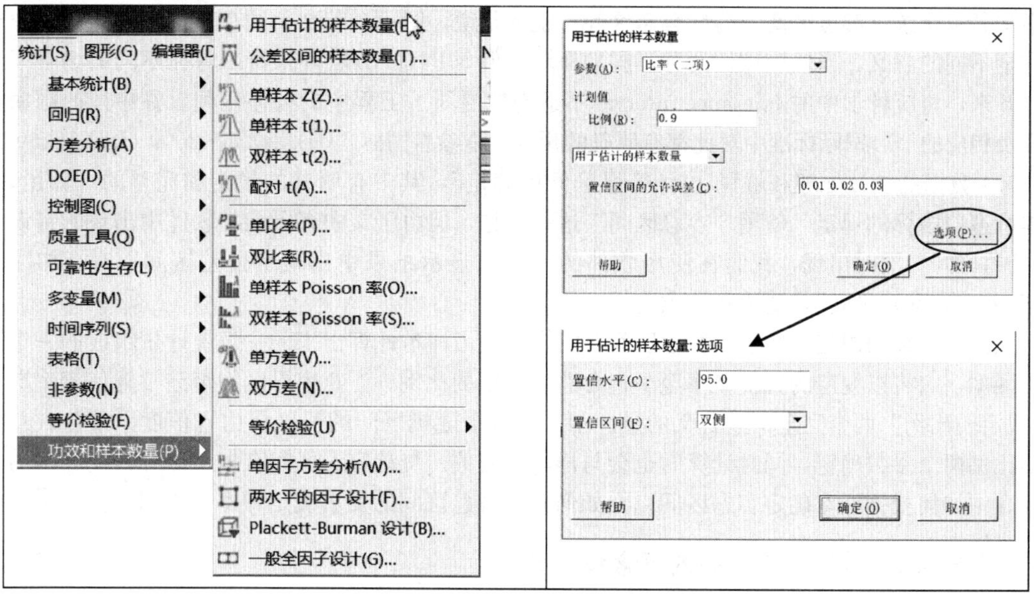

图 5-53　求用于估计比率的样本量操作路径图

3. 点击“确定（OK)”后，得到以下结果：

用于估计的样本数量

方法

参数	比率
分布	二项
比率	0.9
置信水平	95%
置信区间	双侧

结果

允许误差	样本数量
0.01	3 786
0.02	1 027
0.03	492

从软件计算结果我们看到，我们需要样本量为 1 027，才能满足要求。注意到，利用近似正态的公式算出的样本数量与软件计算出来的结果稍有差别，这是由于二项分布与正态分布是有差别的，计算机软件给出的结果是精确结果，总是最优的结果，以后尽量以计算机给出的结果为准。

5.8.3 用于统计容忍区间的样本量

我们在进行质量控制时，通常将质量指标的上下限作为判断产品是否合格的依据。这个上下限的范围在工程上称作公差区间（tolerance interval）。例如：轴杆的长度为30±0.3cm，那么我们可以将其上下限的范围作为其公差范围，即其公差范围为（29.7，30.3）。一般情况下，工程中的公差区间是我们进行产品设计时确定的，并不随抽样的变化而变化。

本节所研究的是统计学中的 tolerance interval，其英文全称是 statistical tolerance interval，中文名称是**统计容忍区间**，简称**容忍区间**。也就是说，同一个英文名词在工程中与统计学中有完全不同的含义，当然应该用两种不同的译法。但 MINITAB 软件未将二者在不同的场合下区分开来，将统计学中的 tolerance interval 不适当地混同了工程中的公差区间。在中国的国家标准及相应的 ISO 国际标准中对此都有明确的规定，请参看国标“GB/T 3359-2009（ISO 16269-6：2005）数据的统计处理和解释 统计容忍区间的确定”，其中有明确的规定和完整的计算用表。本节遵照国标的规定，使用“容忍区间”这一名称，但由于文中有可能与软件中出现的错误的“公差区间”同时出现，我们在使用软件的操作或显示结果中出现“公差区间”时，加注为“公差（容忍）区间”，请读者注意。

按照国标的规定，所谓“**容忍区间**”的含义是由样本计算出来的一对统计量组成的一个随机区间，它将以规定的置信概率至少包含总体规定的比例。注意容忍区间牵涉“置信概率”和“规定的比例”两个完全不同含义的量。因此，这个随机区间的长度要由置信度以及包含总体的比例两个参数确定，同时计算时也会与样本量有关。统计容忍区间有多个研究方向，本书主要介绍如何根据样本确定容忍区间以及如何根据容忍区间的要求确定样本量等问题。

5.8.3.1 统计容忍区间的概念和计算

在介绍统计区间的计算过程之前，我们先来解释一下这个基本概念。

举一个简单的例子。如果我们已知的总体服从标准正态分布，那么表示总体的均值为0，标准差为1。我们在这样一个总体中抽取一定的样本，例如要求样本中包含总体的某个区间的比例为95%，记 $p=95\%$，首先看这个区间范围应该是多大。

从标准正态分布中，我们可以看到，如果想要有95%以上比例的样本落在某个区间范围内，则落在区间之外的比例不能超过5%。用之前学过的知识我们知道，此时区间的范围应为图5-54所示，区间的下限应该为正态分布的0.025分位数（即为 $Z_{0.025}$ 或 -1.96），区间上限应该为0.975分位数（即为 $Z_{0.975}$ 或1.96）。对于标准正态分布，如果想要有 p 以上比例的样本落在此区间范围内，则此时区间的下限应该为正态分布的 $\frac{1-p}{2}$ 分位数 $Z_{(1-p)/2}$，区间的上限应该为正态分布的 $\frac{1+p}{2}$ 分位数 $Z_{(1+p)/2}$。而对于一般的正态分布 $N(\mu,\sigma^2)$，如果想要有 p 以上比例的样本落在此区间范围内，则此时区间的下限应该为 $\mu+\sigma Z_{(1-p)/2}$，区间的上限应该为 $\mu+\sigma Z_{(1+p)/2}$。由于 $Z_{(1-p)/2}$ 是负数，且有 $Z_{(1-p)/2}=-Z_{(1+p)/2}$，因此这里的下限也常写为 $\mu-\sigma Z_{(1+p)/2}$。也就是说，对于一般的正态分布 $N(\mu,\sigma^2)$，比例 p 的容忍区间为：

$$(\mu-\sigma Z_{(1+p)/2},\ \mu+\sigma Z_{(1+p)/2}) \qquad (5-37)$$

此时需要特别注意，由于均值 μ 和标准差 σ 是已知的，式（5-37）与抽样无关，因此这里给出的是100%置信水平下的统计容忍区间，它将包含总体比例为 p 的部分，即将保证至少有比例为 p 的样本会落入此范围。

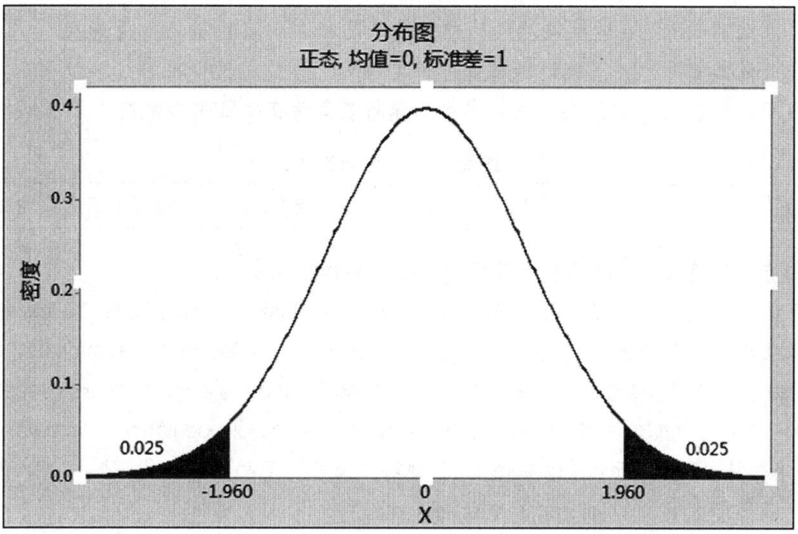

图 5-54　标准正态分布容忍区间 *p* 分位数

一般情况下，统计容忍区间的范围与三个因素相关，即置信水平、包含总体区间的比例以及样本量。我们用一个比式（5-37）更抽象的一般表达式来表示容忍区间，即在一定的样本量下，在 $1-\alpha$ 的置信水平下，包含总体比例为 p 的容忍区间，可用以下表达式表示：

$$(\mu-k\sigma, \mu+k\sigma) \tag{5-38}$$

式中，系数 k 应该由 $1-\alpha$ 及比例 p 确定。由于在实际工作中往往不知道正态总体的均值或方差，因此我们就需要通过抽样得到的样本去估计总体的均值、方差等参数。这样一来，如果总体标准差 σ 已知，均值 μ 未知，就可以得到形如式（5-39）这样的容忍区间。

$$(\bar{x}-k\sigma, \bar{x}+k\sigma) \tag{5-39}$$

如果总体标准差 σ 和均值 μ 都未知，可以得到形如式（5-40）这样的容忍区间。

$$(\bar{x}-ks, \bar{x}+ks) \tag{5-40}$$

式（5-39）及式（5-40）两式中的 k 为由置信水平 $1-\alpha$、容忍区间包含总体的比例 p 以及抽样数量 n 三个因素决定的系数。要注意，式（5-39）及式（5-40）虽然与总体均值的95%的置信区间形式完全相同，但是其含义已经发生变化。置信区间是根据现有的观测结果得到的对于总体均值的 95%置信区间，而此处的区间为统计容忍区间，它将包含总体比例为 p 的部分，即此区间将保证至少有比例为 p 的样本会落入此范围。

由容忍区间的定义，我们知道 k 应该满足下式，即容忍区间包含总体百分比 p 的置信度应为 $1-\alpha$。

$$P_{\bar{x},s}[P_X(\bar{x}-ks \leqslant X \leqslant \bar{x}+ks) \geqslant p] = P_{\bar{x},s}\left[\int_{\bar{x}-ks}^{\bar{x}+ks} f(x)\mathrm{d}x \geqslant p\right] = 1-\alpha \tag{5-41}$$

该系数的计算比较复杂，国家标准（GB/T 3359-2009）及一些专门的统计用表中，都有详细的系数表供计算容忍区间时使用。现在有了计算机，我们就不必再用这种老办法查繁杂的系数表来计算了。在 MINITAB 软件中，可以直接得出容忍区间的计算结果，但这些也被冠以“公差区间”的计算，不适当地放在“质量工具”这个项目下了。

例 5-31

现有 12 000 个线筒组成的一批产品，每 100 个线筒装成一箱，共 120 箱。从这批产品中随机抽取 12 箱，然后从每箱中随机抽取一个线筒。从这些线筒上离纱线的活动端 5m 处剪下 50cm 长的一段用于测试。每次测试均是在这些检验段的中间部分进行。测试的断裂负荷如表 5－27 所示，单位为百分之一牛（数据文件：BS _ 线筒断裂负荷 . MTW）。

求容忍区间，要求能够以 95%的置信水平确保断裂负荷在此区间的比例至少为 95%。

表 5－27　　线筒断裂负荷数据表

x	228.6	232.7	238.8	317.8	315.8	275.1	222.2	236.7	224.7	251.2	210.4	270.7

解　我们直接使用 MINITAB 软件计算出结果。操作过程如下：

（1）选择指令“统计 > 质量工具 >公差（容忍）区间（Stat > Quality Tools > Tolerance Interval)”

（2）下拉菜单中默认选项“一个或多个样本，每列一个（One or more samples，each in a column)”，在数据中选择“断裂负荷”；在“选项（Options)”中，“置信水平（Confidence level)”输入“95.0”（%），“区间中最低总体百分比（Minimum percentage of population in interval)”为“95.0”（%），“公差（容忍）区间（Tolerance Interval)”选择“双侧（Two-Sided)”；点击“图形（Graphs)”，勾选“公差（容忍）区间图（Tolerance Interval Plots)”。

3. 点击“确定（OK)”得到如下结果以及图 5－55 和图 5－56。

公差（容忍）区间：断裂负荷

方法

置信水平　　　　95 %
区间中总体的百分比　95 %

统计量

变量	N	均值	标准差
断裂负荷	12	252.058	35.645

95 % 公差（容忍）区间

变量	正态方法	非参数方法	取得的置信度
断裂负荷	(138.897，365.219)	(210.400，317.800)	11.8 %

获取的置信水平仅适用于非参数方法。

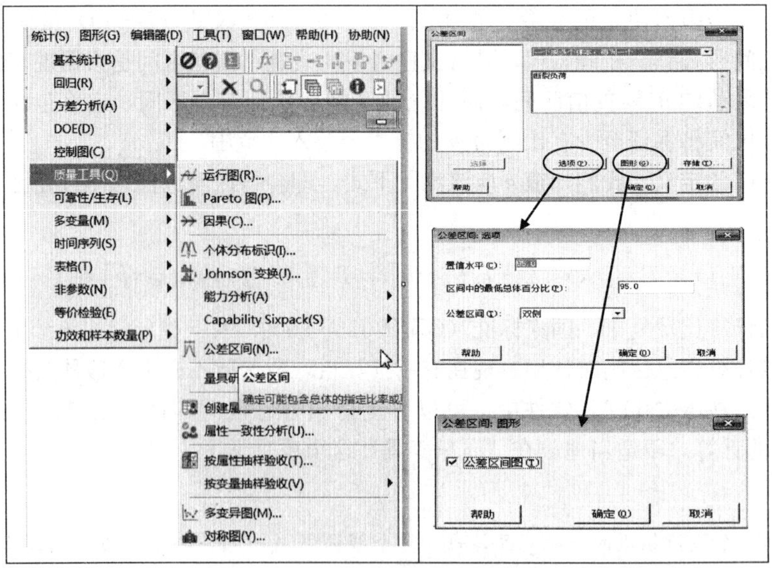

图 5－55　求容忍区间的操作路径图

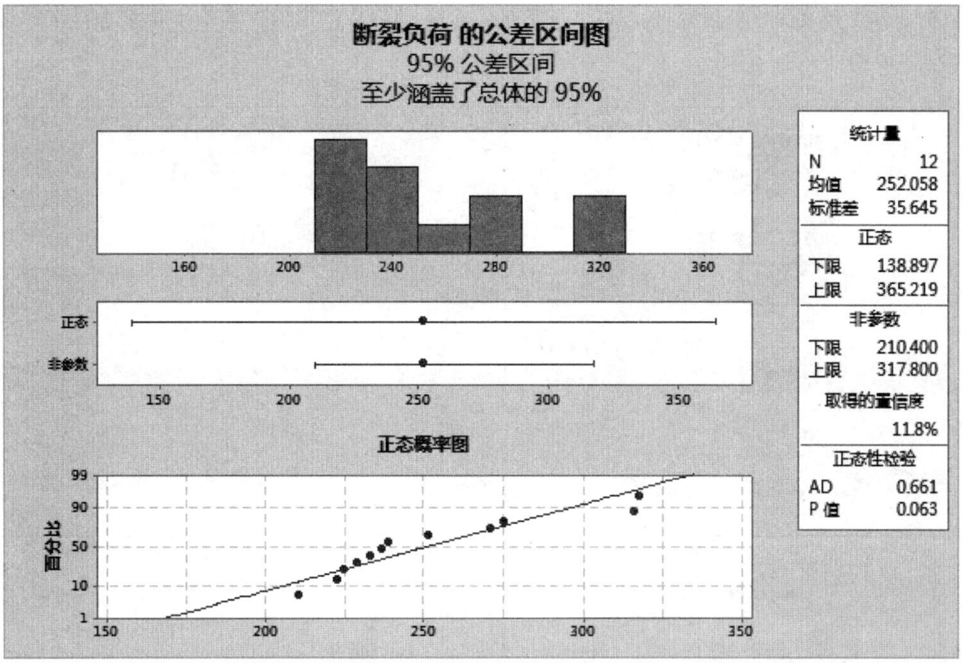

图 5 - 56 **MINTAB R17** 容忍区间图

这里直接给出了正态分布方法及非参数方法的计算结果，同时该结果还给出了非参数方法下的置信水平，我们看到该置信水平只有 11.8%，因此非参数方法下获得的结果的置信度是比较低的，如果要获得更高的置信度，则必须采用加大样本量的方法，对于这方面的内容，我们将在下面进行详细介绍。

MINITAB R17 对于容忍区间的计算仅基于正态分布。于 2017 年 6 月 23 日发布的 MINITAB R18增加了对其他各种分布的计算，现将这部分内容汇总介绍，仅供参考，没有 R18 版本软件的读者可以略去此段内容而不影响使用。

MINITAB R18 的操作界面如图 5 - 57 所示。

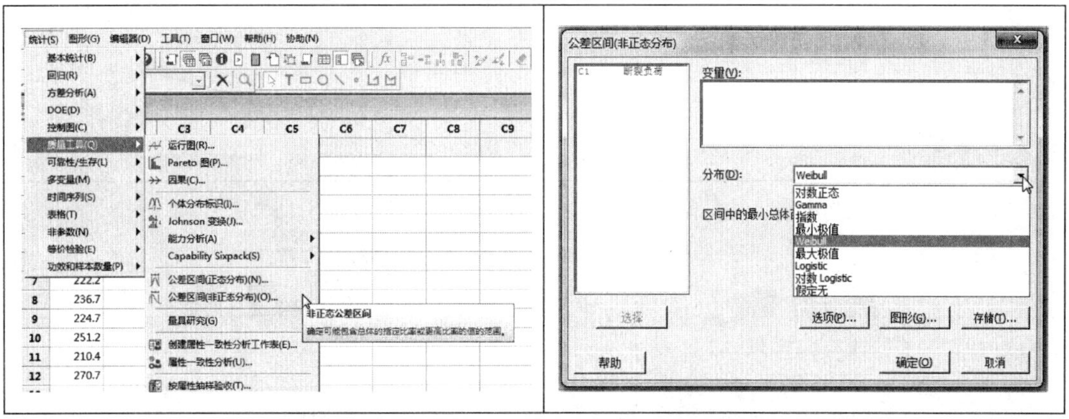

图 5 - 57 **MINITAB R18** 容忍区间的操作图

其备选分布有对数正态、Gamma、指数、最小极值、Weibull、最大极值、Logistic、对数 Logistic 和假定无（即非参数），共 9 种。

以例5-31的数据（数据文件：BS_线筒断裂负荷.MTW）为例，其基于非正态分布的计算结果如图5-58所示。

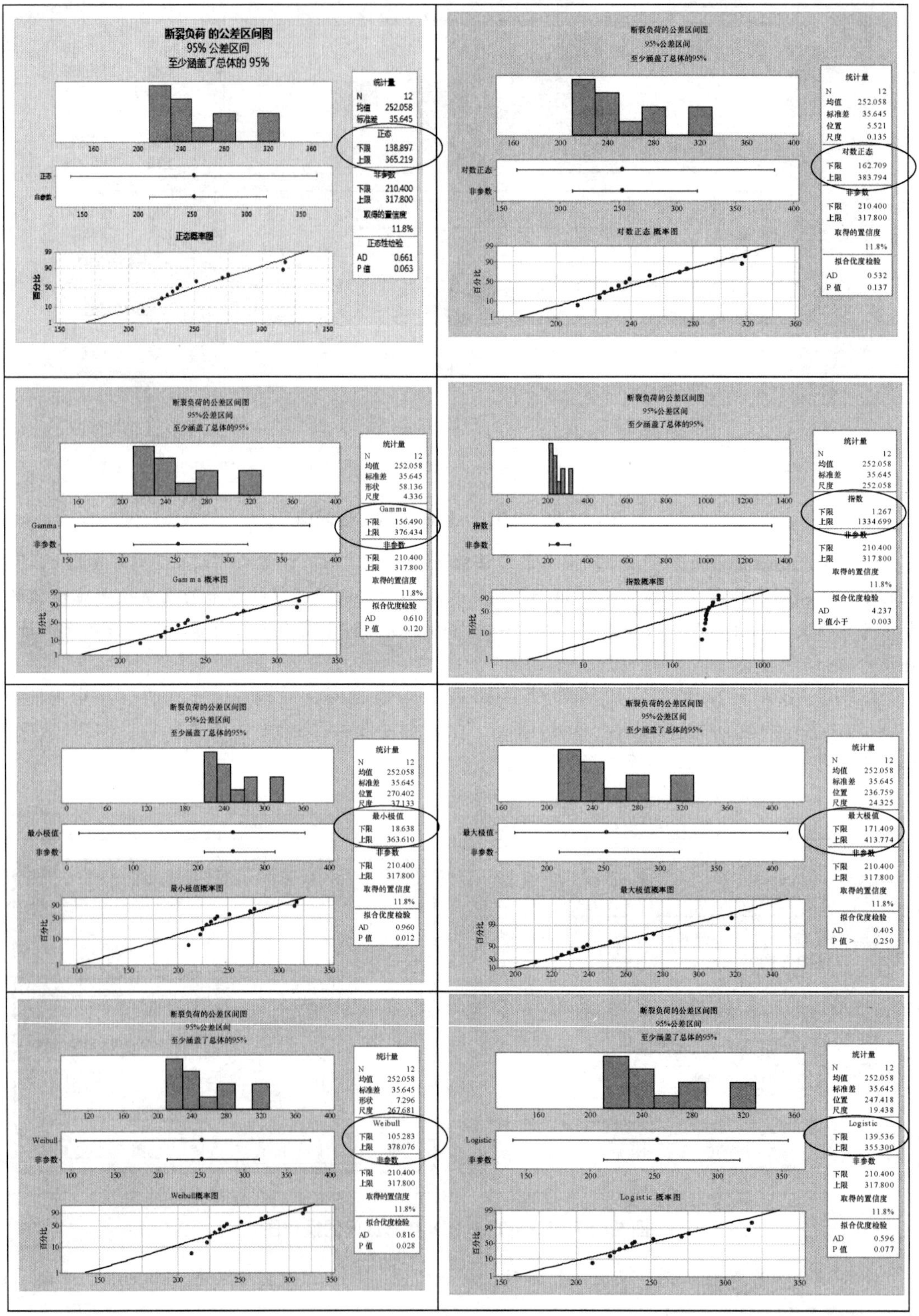

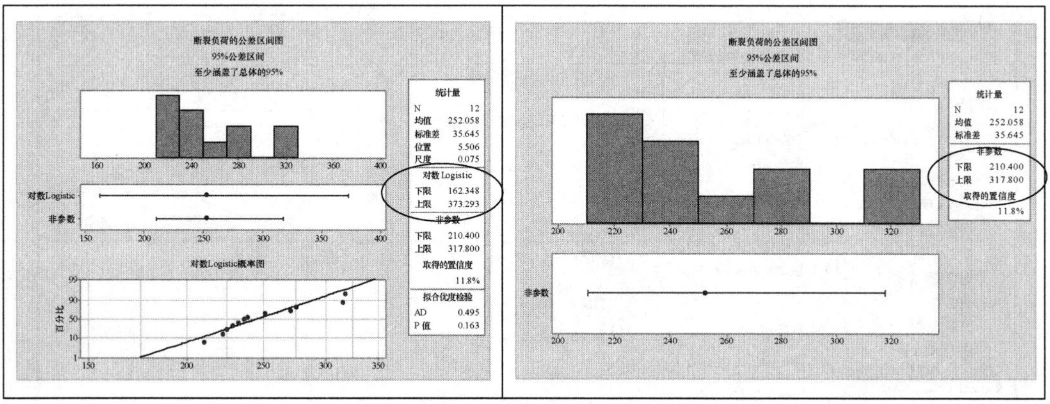

图 5-58 MINITAB R18 多种分布容忍区间图

5.8.3.2 容忍区间的样本量计算

容忍区间计算的另一个需要考虑的问题是精度问题，也即允许误差问题。问题是：抽多大的样本才能满足一定置信水平 $1-\alpha$ 下容忍区间包含总体比例至少为 p？这里要同时考虑包含总体比例的允许误差及允许误差的概率。

区间中包含总体比例的允许误差是指超过区间包含总体比例的数值。例如，区间包含总体比例至少为 95%，区间中总体比例的允许误差为 2%，则允许区间包含总体的比例可以达到 97%。一般来说，如果原来规定包含的总体比例为 p，则总体比例的允许误差最大只能取到$1-p$。区间中包含总体比例的允许误差值越大，区间越宽。

区间中包含允许误差的概率是指上述区间中包含总体比例的允许误差在一次抽样中是以一定概率出现的。区间中包含总体比例的允许误差为 2%，则区间中包含允许误差的概率就是出现这 2%的误差的概率。这个概率值越大，区间就越有可能在更大的范围内。

容忍区间的精度就是在已确定的置信水平 $1-\alpha$ 以及包含总体比例 p 的情况下，区间中包含总体比例的允许误差以及出现此误差的概率。抽样的目的就是为了保证区间范围的精度。

例 5-32

容忍区间样本量的计算。对线筒的断裂负载进行测试，计算样本量应取多少可以保证 95%的置信水平下，包含总体比例至少为 90%，同时要求区间中包含总体比例的允许误差为 2%，允许误差出现的概率为 0.1。

解 使用 MINITAB 的计算方法操作如下：

(1) 选择“统计＞功效和样本数量＞公差（容忍）区间的样本数量（Stat ＞ Power and Sample Size ＞ Sample Size for Tolerance Intervals)”。

(2) 选择“计算样本数量（Calculate sample size)”，在“区间中总体百分比的允许误差（Margins of error for percentage of population in intervals（%))”中填写“2”，点击“选项（Options)”后，将“置信水平（Confidence interval)”选择默认值“95.0”，“区间中的最低总体百分比（Minimum percentage of population in interval)”填写“90.0”，“允许误差概率（Margin of error probability)”填写“0.10”，“公差（容忍）区间（Tolerance interval)”选“双侧（Two-Sided)”（见图 5-59）。

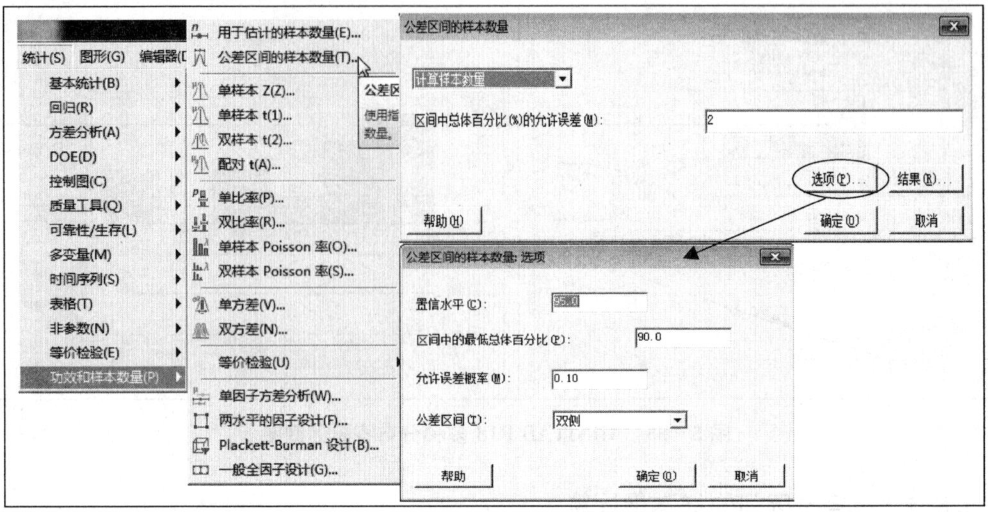

图 5-59 容忍区间样本量计算图

(3) 点击“确定（OK）”得到如下结果：

公差（容忍）区间的样本数量

方法

置信水平	95%
区间中总体的百分比	90%
允许误差概率	0.1

95%公差（容忍）区间的样本数量

允许误差	正态方法	非参数方法	取得的置信度	获得的误差概率
2%	1 110	1 760	95.0%	0.10

获得的置信度和误差概率仅适用于非参数方法。

从结果可以看出，对于所有正态分布，只要确定了容忍区间的精度，样本数量就是一个确定的值。对于正态分布，我们是在明确要求的容忍区间的精度下获得的样本数量。而这些精确的要求，对于非正态分布的情况可能会稍有差异。因此，在结果中最后两个结果“取得的置信度”以及“获得误差的概率”是针对非参数方法得到的结果。上述结果表明：已确认不服从正态分布的连续分布，或者还不能证明其为正态分布的情况，可以用非参数方法确认所需的样本数量。对于本例，需要的样本数量为1 760个，能够获得置信度为95%，区间中包含总体比例至少为90%，允许误差2%下的误差概率为0.1。原则上，非参数方法也可以用于正态分布的情况，但我们看到，在获得同样的区间精度下，非参数方法需要更多的样本量，用这种方法就会太过保守，会造成人力和物力的浪费。

另外，我们还可以根据样本数量，求在已知置信度，容忍区间包含总体比例，以及指定误差概率的情况下，明确允许误差的范围。

例 5-33（续例 5-32）

设例 5-32 中的测量条件不变，分别取 500，1 000，2 000 个样本，95%的置信水平下，包含总体比例至少为 90%，允许误差的概率为 0.10，那么包含总体比例的允许误差分别为多少？

解 使用 MINITAB 的计算方法操作如下：

1. 选择“统计>功效和样本数量>公差（容忍）区间的样本数量（Stat > Power and Sample Size > Sample Size for Tolerance Intervals）”。

2. “在计算样本数量（Calculate sample sizes)” 选择 “计算允许误差（Calculate margins of error)”。“样本量（Sample size)” 填写 “500 1000 2000”，中间以空格隔开。点击 “选项（Options)”，“置信水平（Confidence level)” 填写 “95” (%)，“区间中的最低总体百分比（Minimum percentage of population in interval)” 填写 “90” (%)，“允许误差概率（Margin of error probability)” 填写 “0. 10”，“公差（容忍）区间（Tolerance Interval)” 选择 “双侧（Two-Sided)” (见图 5-60)。

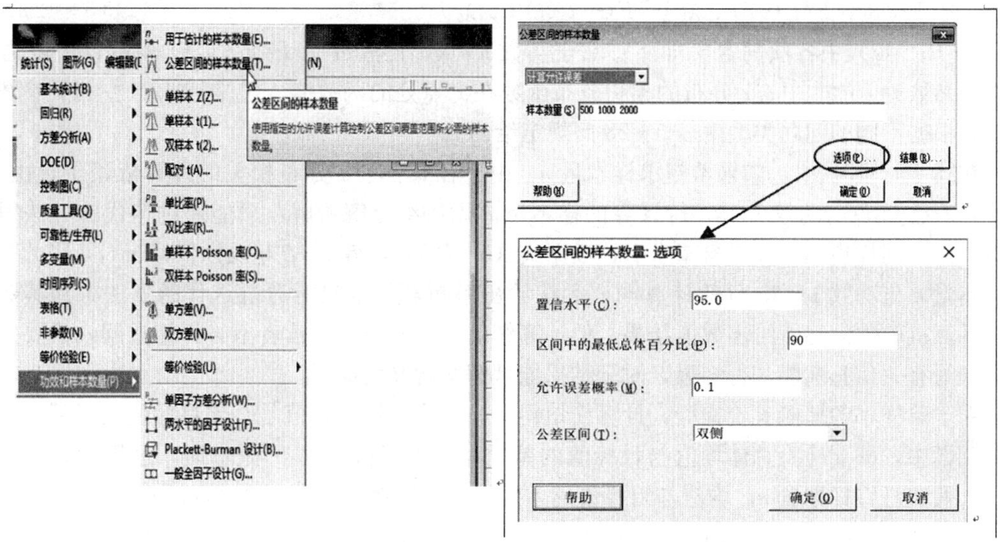

图 5-60　容忍区间样本量计算图

3. 点击 “确认（OK)” 后输出以下结果：

公差（容忍）区间的样本数量

方法

置信水平	95%
区间中总体的百分比	90%
允许误差概率	0.1

95%公差（容忍）区间的允许误差

样本数量	正态方法	非参数方法	取得的置信度	获得的误差概率
500	2.899 5%	3.708 4%	96.1%	0.100
1 000	2.100 7%	2.618 2%	95.1%	0.100
2 000	1.510 4%	1.910 7%	95.5%	0.100

获得的置信度和误差概率仅适用于非参数方法。

要求 95%的置信水平下，包含总体比例至少为 90%，允许误差概率为 0.1，如果样本数量为 1 000，则正态分布情况下，得到允许误差为 2.1%。换言之，区间包含总体比例为 92%的概率为 0.1。

非参数方法下，得到允许误差为 2.618 2%。同时该结果还给出了非参数方法下的置信度以及获得误差的概率。如果完整地表述该结果，可以表示为：取 1 000 个样本时，在非参数情况下，95.1%的置信水平，包含总体比例至少为 90%，得到的包含总体比例的误差为 2.618 2%的概率为 0.1。

5.8.4　用于等价检验的样本量

与 5.8.1 节所介绍的一般假设检验问题样本量计算问题相同，等价检验也需要解决样本量问题，即需采集多大的样本量才能达到预期的显著性水平与检验功效。考虑到等价检验相关的样本量计算比较复杂，此处不进行公式的推导，直接给出结论。

在进行单样本正态总体均值的双侧等价检验，即检验总体均值与目标值的差异是否在指定的限制（θ_L, θ_U）内时，样本量的统一计算公式其实就是具体给出均值与目标值的差异 D、功效 $1-\beta$ 及样本量 n 三者之间的关系。假定已知样本量 n 及均值与目标值的差异 D，可以证明：

$$1-\beta = F(t_\alpha(\nu) \mid \nu, \lambda_2) - F(-t_\alpha(\nu) \mid \nu, \lambda_1) \qquad (5-42)$$

式（5-42）中各项的含义如下：对于实数 x，λ，自然数 ν，$F(x \mid \nu, \lambda)$ 表示自由度为 ν，非中心参数为 λ 的非中心 t 分布的累积分布函数在 x 点处的函数值。式（5-42）中相关参数的取值，根据不同的问题类型由表5-28的规定给出。

在式（5-42）中，如果希望求样本量 n，由于在式中与 t 分布相关的计算依赖于自由度，因此，若已知 D 与功效 $1-\beta$，待计算的样本量 n 无法给出解析解，只能通过迭代的方法得到其数值解。同样道理，如果希望求 D，根据式（5-42），功效 $1-\beta$ 非线性依赖于 D，因此若已知样本量 n 与功效 $1-\beta$，D 的计算同样无法给出解析解，也只能通过迭代的方法得到其数值解。计算机软件最终能给出数值结果，但计算细节是很复杂的，读者不必详细过问，只要知道如何填写有关信息就能获得结果，对于结果能理解其含义就够了。

对于单样本的单侧等价检验，计算简单得多。因为在检验均值是否比目标值大于某个特定量的问题中，即要检验总体均值与目标值的差异是否大于检验的下限 θ_L 时，这里的公式可以简化。假定已知样本量 n，均值与目标值的差异 D，则功效 $1-\beta$ 为：

$$1-\beta = 1 - F(-t_\alpha(\nu) \mid \nu, \lambda_1) \qquad (5-43)$$

在检验均值是否比目标值小于某个特定量，即检验总体均值与目标值的差异是否小于检验的上限 θ_U 时，假定已知样本量 n 及均值与目标值的差异 D，则功效 $1-\beta$ 为：

$$1-\beta = F(t_\alpha(\nu) \mid \nu, \lambda_2) \qquad (5-44)$$

在双样本、配对样本与2×2交叉设计等价检验中，n，D 与功效 $1-\beta$，三者的关系与单样本等价检验基本一致。双侧等价检验三者关系依然由式（5-42）给出，单侧等价检验依然相应地由式（5-43）与式（5-44）的给出。所不同的只是具体参数的计算，比如自由度等。关于具体参数的计算公式，参见表5-28。

表5-28　　样本量计算相关参数表

单样本等价检验	$D=\mu-\mu_0$，$\nu=n-1$，$\lambda_1=\dfrac{D-\theta_L}{\sigma/\sqrt{n}}$，$\lambda_2=\dfrac{D-\theta_U}{\sigma/\sqrt{n}}$
双样本等价检验（两总体标准差相等且已知）	$D=\mu_1-\mu_2$，$\nu=2n-2$，$\lambda_1=\dfrac{D-\theta_L}{\sigma\sqrt{2/n}}$，$\lambda_2=\dfrac{D-\theta_U}{\sigma\sqrt{2/n}}$
配对样本等价检验	$D=\mu$，$\nu=n-1$，$\lambda_1=\dfrac{D-\theta_L}{\sigma/\sqrt{n}}$，$\lambda_2=\dfrac{D-\theta_U}{\sigma/\sqrt{n}}$
2×2交叉设计等价检验	$D=\mu$，$\nu=2n-2$，$\lambda_1=\dfrac{D-\theta_L}{\sigma/\sqrt{n}}$，$\lambda_2=\dfrac{D-\theta_U}{\sigma/\sqrt{n}}$

与前面介绍的假设检验的样本量确定问题相同，关于双样本等价检验的样本量计算涉及三个参数：样本量、两总体均值的差异与检验功效。输入这三个参数的任何两个值，MINITAB就可以自动计算剩下的第三个参数值。此外，还需要输入总体的标准差。由于总体标准差往往未知，这里可以输入标准差的估计值。该值可以从相关研究、初步研究或学科知识得出，也可以采用相关的双样本等价检验的合并标准差。

例 5－34（续例 5－20）

单样本等价检验的样本量计算。对于例 5－20 的焊锡膏涂抹厚度问题，经检验对于厚度要求差异为 5 微米，根据以往对焊锡膏涂抹厚度的检验，差异为 2 微米，若选定 $\alpha=0.05$，检验功效需达到 80%及 90%，各需对多少焊点进行观察才能同时达到对这两类风险的要求？

解 操作为：从“统计 ＞功效和样本数量 ＞等价检验 ＞单样本”入口（见图 5－61 中左侧），得到界面见图 5－61 中右侧。

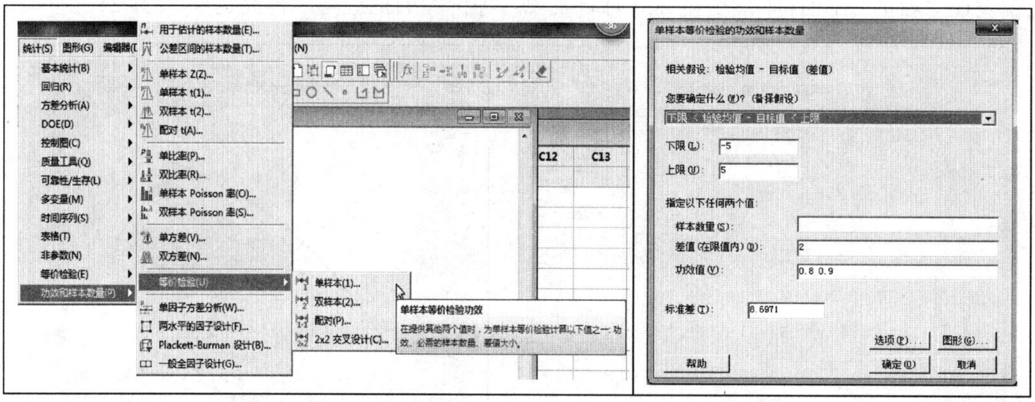

图 5－61 单样本双侧等价检验样本量计算操作图

在“备择假设”选中“下限 ＜ 检验均值－参考均值 ＜上限”，在“下限”中填入“－5”，在“上限”中填入“5”，在“差值”中填写“2”，在“功效值”中填写“0.8 0.9”，由于 MINITAB 默认的显著性水平为 0.05，与本例的要求一致，因此这里无须调整显著性水平，总体标准差未知，因此我们根据例 5－20 中得到的样本标准差 8.697 1 估计总体标准差，点击“确定”，可得到以下结果：

功效和样本数量

单样本等价检验

差值的功效：　检验均值 － 目标值
原假设：　　　差值 ≤ －5 或差值 ≥ 5
备择假设：　　－5 ＜ 差值 ＜ 5
α 水平：　　　0.05
假定的标准差：8.697 1

差值	样本数量	目标功效	实际功效
2	54	0.8	0.804 367
2	74	0.9	0.902 301

根据 MINITAB 的计算结果知，当焊锡膏涂抹厚度的差异为 2 微米时，若要求检验功效达到 0.8 或 0.9，则要求样本量至少为 54 个或 74 个。当样本量为 74 个时，实际功效为 0.902 301。也就是说如果希望保证第二类风险为 10%，需选取 74 个焊点进行观察才行。

观察 MINITAB 输出的功效曲线（见图 5－62 中左侧），可以得出以下结论：功效曲线关于 Y 轴对称。即对于同一样本量 n，检验功效取决于总体均值 μ 与给定常数 μ_0 的差异的绝对值 $|\mu-\mu_0|$。该值越小，检验功效越大。当总体均值与给定常数的差异为 0 时，功效达到最高值。反过来，$|\mu-\mu_0|$ 越大，则检验功效越小。当总体均值与给定常数的差异恰为容许差值时，功效达到最低值。

若操作的时候输入样本量与差异，则可以输出相应的功效。为了观察样本量与功效的关

系，我们固定差异为2，变动样本量的输入，得到相应的功效。根据计算结果，我们绘制了当差异为2时，功效与样本量的函数关系图，从图中可以观察到，当总体均值μ与给定常数μ_0的差异的绝对值$|\mu-\mu_0|$不变时（此时我们取值为2），样本量越大，检验功效越大。功效可以解释为对立假设为真时，正确拒绝原假设的概率，是对于统计检验灵敏性的测度。因此样本量越大则检验功效越大，意味着若总体均值μ与给定常数μ_0真的等价，则随着样本量的增大，发现这个“等价”的可能性越来越大（见图5-62中右侧）。当样本量为120时，有98.26%的把握发现“等价”。当样本量增至200时，发现“等价”的把握随之提高到99.935 2%。

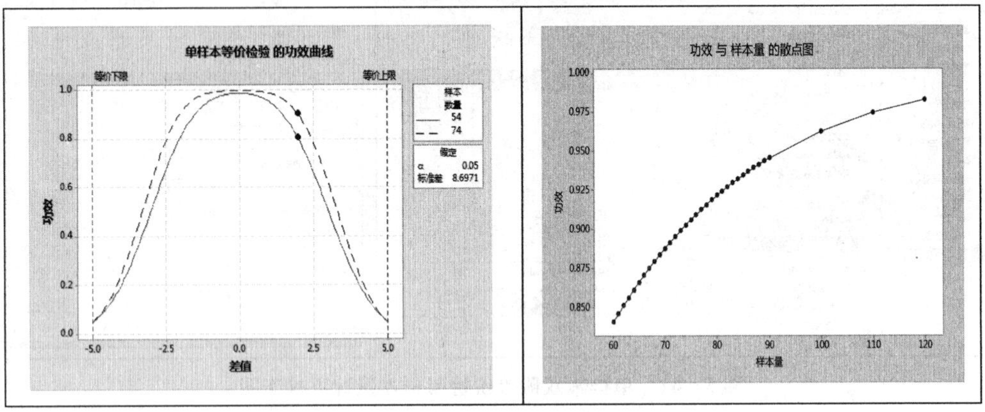

图5-62 单样本双侧等价检验功效曲线图

例5-35（续例5-23）

双样本等价检验的样本量计算。对于例5-23的剂量替代问题，根据以往的资料，采用两种剂量治疗后血红蛋白增加值的差异为2 g·L^{-1}，若选定$\alpha=0.05$，检验功效需达到80%，90%，95%，各需选取多少患儿进行观察才能同时达到对这两类风险的要求?

解 使用MINITAB进行计算，操作为：从“统计 >功效和样本数量 >等价检验 >双样本”入口（见图5-63中左侧），得到界面见图5-63中右侧。

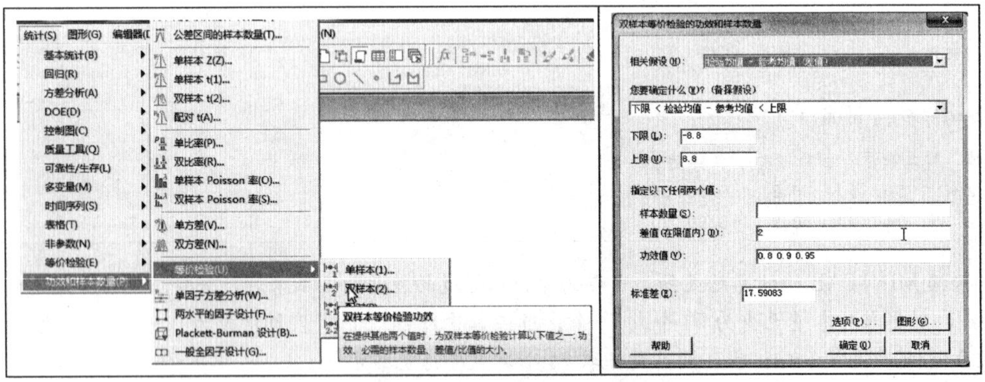

图5-63 双样本双侧等价检验操作图

在“相关假设”中选择“检验均值-参考均值（差值）”，在“备择假设”选中“下限 < 检验均值-参考均值 <上限”，在“下限”中填入“-8.8”，在“上限”中填入“8.8”，在“差值”中填写“2”，在“功效值”中填写“0.8 0.9 0.95”，由于MINITAB默认的显著性水平为0.05，与本例的要求一致，因此这里无须调整显著性水平，标准差采用例5-23中得到的合并标准差17.590 83，最后在总界面中点击“确定”，可以得到下列结果：

功效和样本数量

双样本等价检验

差值的功效：　检验均值 - 参考均值
原假设：　差值 ≤ -8.8 或差值 ≥ 8.8
备择假设：　-8.8 < 差值 < 8.8
α 水平：　0.05
假定的标准差：17.5908

差值	样本数量	目标功效	实际功效
2	86	0.80	0.801 533
2	116	0.90	0.900 279
2	146	0.95	0.950 387

样本数量是指每个组的。

由 MINITAB 的计算结果知，若要求检验功效达到 0.8，则要求样本量至少为 86 个。当样本量为 86 个时，实际功效为 0.801 533。也就是说如果希望保证第二类风险为 20%，每组至少需要 86 个观测值才行，即总共需选取 172 位患儿进行观察；如果希望保证第二类风险为 10%，每组至少需要 116 个观测值才行，即需选取 232 位患儿进行观察。

在等价检验中，如果检验结论是“等价的”，那么我们应该考虑犯第一类错误的风险；如果检验结论是“不等价的”，那么我们应该考虑犯第二类错误的风险。在例 5-23 中，我们得到的结论是两种剂量的疗效是“不等价的”，这时候我们就要考虑犯第二类错误的风险，而把等价判为不等价是不是因为检验功效太低（犯第二类错误的风险太高）的缘故呢？这时候一定要按照在规定的检验功效下计算得到的样本量来补足相应的试验，才能得到比较信服的检验结论。

例 5-36（续例 5-25）

配对样本等价检验的样本量计算。在血清钾测定方法中，分别用火焰光度法（A 法）和四苯硼钠比浊法（B 法）测定血清钾进行比较。等价界值为 0.25mEq/l。经检验采用两种方法测定的差异为−0.11mEq/1，若选定 $\alpha=0.05$，检验功效须达到 90%，需要对多少人的血清进行测定才能同时达到对这两类风险的要求？

解　使用 MINITAB 进行计算，操作为：从“统计 >功效和样本数量 >等价检验 >配对”入口（见图 5-64 中左侧），得到界面见图 5-64 右侧。

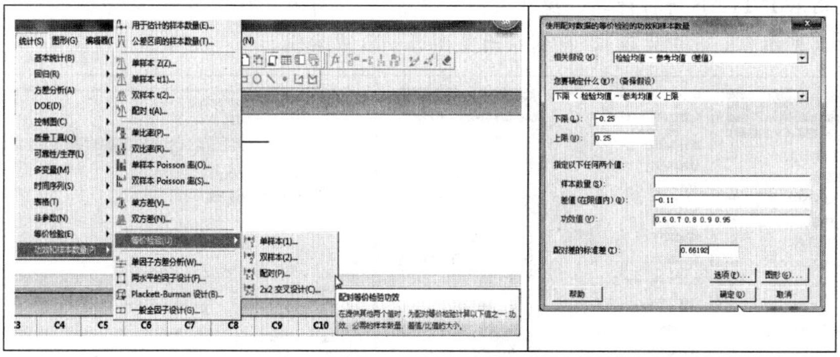

图 5-64　配对样本双侧等价检验样本量计算操作图

在“相关假设”中选择“检验均值 - 参考均值（差值）”，在“备择假设”选中“下限 < 检验均值 - 参考均值 <上限”，在“下限”中填入“−0.25”，在“上限”中填入“0.25”，在“差值”中填写“−0.11”，为了观察多个功效的计算结果，在“功效值”中填写“0.6 0.7 0.8 0.9 0.95”，标准差采用例 5-25 中，根据 118 个样品计算得到的标准差 0.661 92 作为总体标准差的估计值，因此在

“配对差的标准差”中填写“0.66192”，点击“确定”后，得到下列结果：

使用配对数据的等价检验

差值的功效：　检验均值 - 参考均值
原假设：　差值 ≤ -0.25 或差值 ≥ 0.25
备择假设：　-0.25 < 差值 < 0.25
α水平：　0.05

假定配对差值的标准差 = 0.66192

差值	样本数量	目标功效	实际功效
-0.11	83	0.60	0.604 387
-0.11	107	0.70	0.701 551
-0.11	140	0.80	0.801 085
-0.11	193	0.90	0.900 272
-0.11	244	0.95	0.950 504

MINITAB分析显示，若两总体均值的差异为 −0.11 时，样本量需要达到193，才能使功效达到0.9。例5-25中采用的样本量为60及118，重复刚才的操作步骤，只是在“样本量”中填写“60　118”，“功效值”处空白，则计算得到的结果如下：

差值	样本数量	功效
0.11	60	0.484 000
0.11	118	0.738 698

当样本量为60时，功效只有0.484，当我们使用全部观测资料样本量为118时功效上升为0.738 698，功效有了明显的改进。当然，即使样本量为118，仍然意味着，若采用两种方法测定的差异为−0.11mEq/1，则例5-25所进行的配对等价检验没有达到通常认为的两类风险的要求。

例5-37（续例5-27）

2×2讨论交叉设计样本量计算问题。降压药的剂量替代问题。经检验采用两种剂量治疗后，降压效果的差异为2mmHg，若选定$\alpha=0.05$，检验功效须达到90%，需要对多少例高血压患者进行观察才能同时达到对这两类风险的要求？

解　使用MINITAB进行计算，操作为：从“统计＞功效和样本数量＞等价检验＞2×2交叉设计”入口（见图5-65中左侧），得到界面见图5-65中右侧。

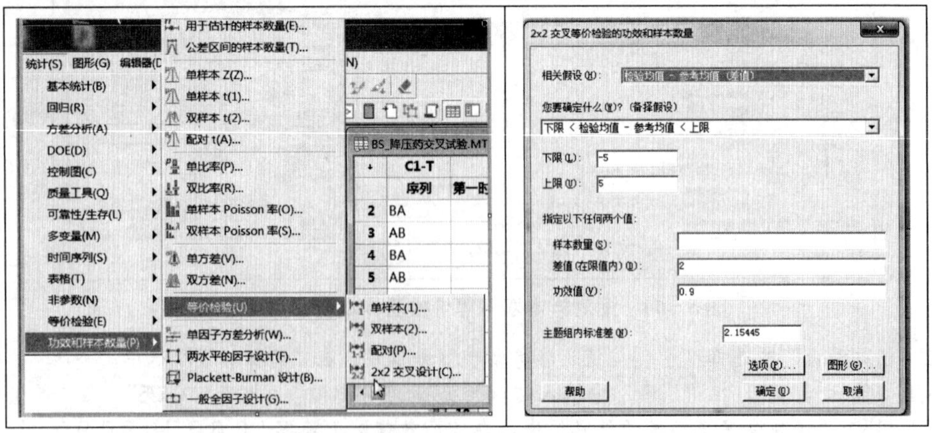

图5-65　2×2交叉设计双侧等价检验样本量计算操作图

在“相关假设”中选择“检验均值－参考均值（差值)”，在“备择假设”选中“下限＜检验均值－参考均值＜上限”，在“下限”中填入“－5”，在“上限”中填入“5”，在“差值”中填写“2”，在“功效值”中填写“0.9”，标准差采用例5－26中，根据样本计算得到的主题组内标准差2.154 45作为标准差的估计值，因此在“标准差”中填写“2.154 45”，最后在总界面中点击“确定”，可以得到下列结果：

2×2 交叉设计中处理均值的等价检验

差值的功效：　检验均值 － 参考均值
原假设：　差值 ≤ －5 或差值 ≥ 5
备择假设：　－5 ＜ 差值 ＜ 5
α 水平：　0.05

假定的主题组内标准差 ＝ 2.154 45

差值	样本数量	目标功效	实际功效
2	6	0.9	0.936 106

样本数量是指每个序列的。

MINITAB分析显示，若两总体均值的差异为2，每组中仅需要6位高血压患者就能使功效达到0.9。当样本数量为6时，得到的功效为0.936 106。注意到例5－27的样本量就是6，因此例5－27所进行的2×2交叉设计的等价检验同时达到了对这两类风险的要求。

若无法确定两总体均值的差异，或希望了解两总体均值差异为不同数值时（如1，2，3），样本量应该达到的水平，只需将图5－65中右侧的输入方式改为图5－66中左侧就可以了。点击“确定”之后，输出结果如下：

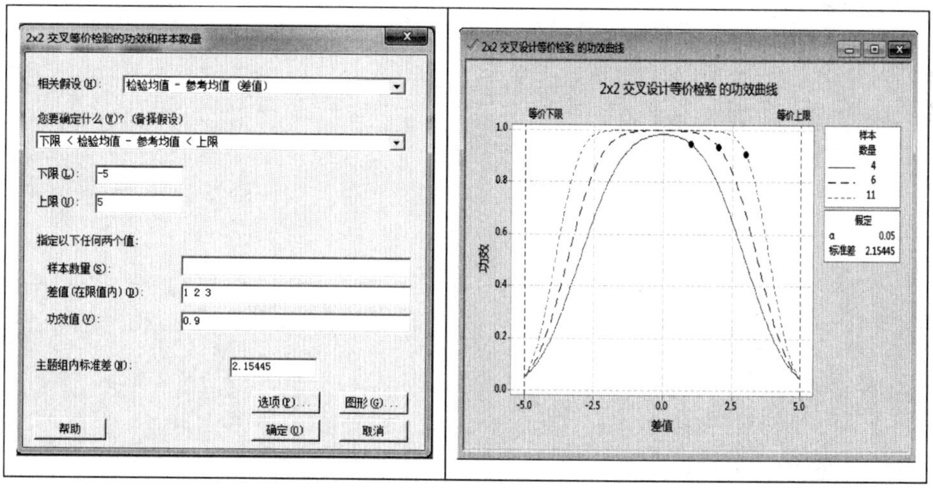

图5－66　2×2交叉设计双侧等价检验不同总体差异的样本量计算操作图

功效和样本数量

2×2 交叉设计中处理均值的等价检验

差值的功效：　检验均值 － 参考均值
原假设：　差值 ≤ －5 或差值 ≥ 5

```
备择假设：      -5 < 差值 < 5
α 水平：        0.05

假定的主题组内标准差 = 2.154 45

      样本   目标
差值  数量   功效   实际功效
  1      4   0.9   0.945 806
  2      6   0.9   0.936 106
  3     11   0.9   0.907 798

样本数量是指每个序列的。
```

观察MINITAB分析结果可知，若两总体均值的差异为3，每组样本数量需增至11位高血压患者才能使功效达到0.9。即在相同的功效下，两总体均值的差异离等效下限或等效上限（−5或5）越近，需要的样本量越多，这样才能达到相同功效。这一结论从功效曲线也可以得出。观察功效曲线还可得出以下结论：在两总体均值差异不变的前提下，样本量越大，其检验功效越高；对于同一样本量，两总体均值差异的绝对值越小，检验功效越大，当两总体均值的差异为0时，功效达到最高值。这意味着两总体均值越接近，差异越小，需要的样本量小；如果需要检验出差异较大的等价关系，则需要更大的样本量。

第 6 章

比率检验

在第 5 章中，我们讨论的假设检验问题是针对连续型变量的，随机变量都假定服从正态分布。但在实际工作中，常需要讨论另一类情况，即所有的度量结果都是离散型的，最简单的度量结果是只有“合格/不合格”或“良品/不良品”等。抽样检验的结果常常是“抽检 100 件产品，其中不合格品为 4 件”，“抽验 8 片芯片，其中共发现 22 个瑕疵点”，等等。这种数据与连续型数据有很大的差别，它们是离散型随机变量，通常服从二项（binomial）分布或泊松（Poisson）分布。下面我们将讨论对这种随机变量总体的检验问题。6.1 节介绍单总体比率检验；6.2 节介绍双总体比率检验；6.3 节介绍多总体比率检验的列联表与卡方检验；6.4 节介绍单总体与双总体 Poisson 率检验。

6.1 单总体比率检验

我们常需要借助样本比率去判断总体中感兴趣的类别的比率变化，比如：了解改进之后，不合格品率比原来是否有显著降低（原来的不合格品率作为常量是已知的），顾客满意率是否比过去有显著提高（过去的满意率作为常量是已知的），等等。这类问题通常可以通过单总体比率检验进行处理。

为叙述方便，设样本 $X_1, X_2, \cdots, X_n$ 来自两点分布总体 X，记为 $X \sim b(1,p)$ 。所谓两点分布就是随机变量 X 只能取 0 或 1 两个数值，我们通常规定：取 1 代表抽到不良品，取 0 代表抽到良品。记总体不良品比率为 p ，样本不良品比率为 $\hat{p}$ ，它可以由下式计算：

$$\hat{p} = \frac{\sum_{i=1}^{n} X_i}{n} \tag{6-1}$$

我们希望检验的假设是如下类型：

$H_0 : p = p_0$

$H_1 : p \neq p_0$

当然备择假设也可以换成“$>$”或“$<$”。

直接求出 $\hat{p}$ 的分布需要用到二项分布的概率计算，但当 n 较大时，即当 $n\hat{p} > 5$ 且 $n(1-\hat{p}) > 5$ 时，二项分布可用正态分布去近似，因而有

$$\hat{p} \sim N\left(p, \frac{p(1-p)}{n}\right) \tag{6-2}$$

这时可以用近似的 Z 检验对参数 p 进行假设检验。检验的统计量为：

$$Z = \frac{\hat{p} - p_0}{\sqrt{p_0(1-p_0)/n}} \sim N(0,1) \tag{6-3}$$

当样本量较小时，计算机自动按精确的二项分布来计算，给出精确的 p 值。

在不同的假设下，在大样本情况时，显著性水平为 α 时的拒绝域如表 6-1 所示。

表 6-1　　比率 p 的显著性水平为 α 的检验

检验法	H_0	H_1	检验统计量	拒绝域
Z 检验	$p=p_0$ $p=p_0$ $p=p_0$	$p>p_0$ $p<p_0$ $p\neq p_0$	$Z=\dfrac{\hat{p}-p_0}{\sqrt{p_0(1-p_0)/n}}$	$\{Z>Z_{1-\alpha}\}$ $\{Z<-Z_{1-\alpha}\}$ $\{\lvert Z\rvert>Z_{1-\alpha/2}\}$

例 6-1

小学生近视比率日益增加，现随机抽取了 500 位小学生进行视力检测，其中有 310 位近视，那么是否可以认为小学生近视比率已经超过六成？取 $\alpha=0.05$。

解　(1) 建立假设：

$H_0: p=0.6$

$H_1: p>0.6$

(2) 因为 $n\hat{p}>5, n(1-\hat{p})>5$，故可用近似 Z 检验。

(3) 根据显著性水平 $\alpha=0.05$ 及备择假设知拒绝域为 $\{Z>Z_{1-\alpha}\}=\{Z>1.645\}$。

(4) 由样本观察值，求得

$$Z=\frac{310/500-0.6}{\sqrt{0.6\times 0.4/500}}=0.913$$

由于 $Z=0.913<1.645$，样本观察值没有落在拒绝域，因此不能拒绝原假设，即根据现有观测数据判断，还不能说小学生近视比率已超过六成。

应用 MINITAB 进行计算，从“统计＞基本统计量＞单比率（Stat＞Basic Statistics＞1 Proportion)”入口，界面如图 6-1 所示。

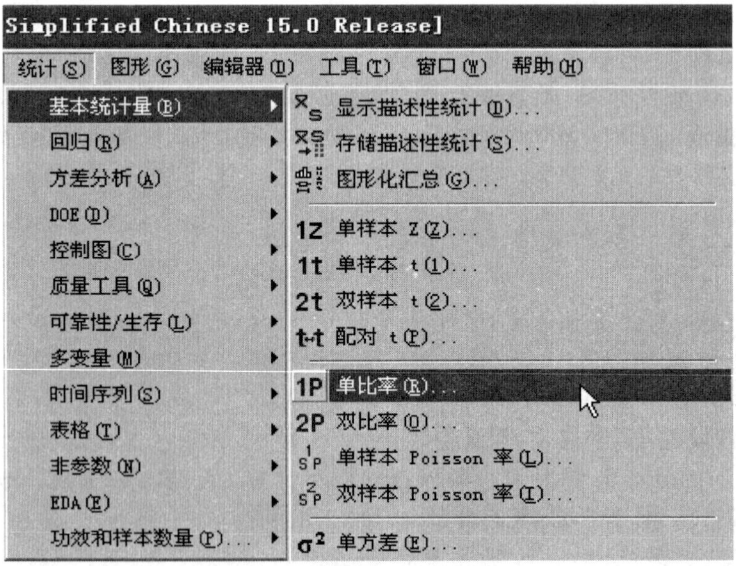

图 6-1　单比率检验操作图 1

如图 6-2 所示输入数据，要注意的是：图 6-2 右半部分若勾选“使用基于正态分布的检验和区间”，则求出的是近似结果，除非样本量足够大，一般不必选此项。

本例中，没有勾选该项，可得到精确的计算结果如下：

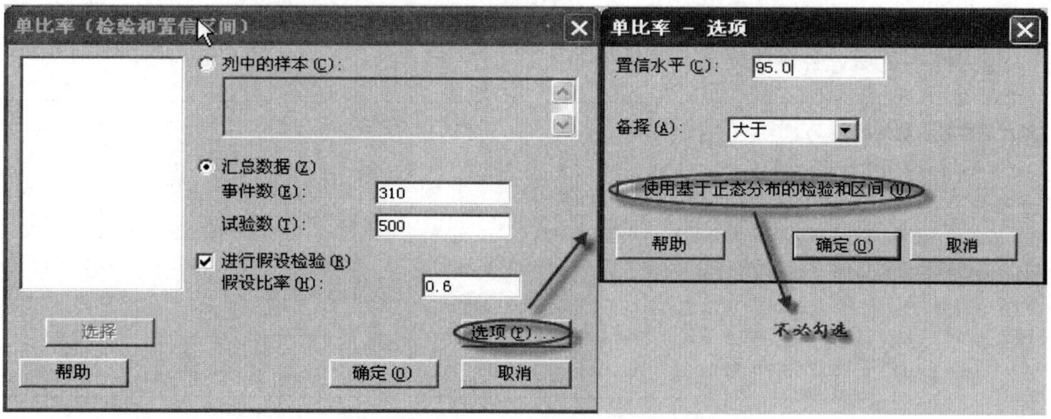

图6-2　单比率检验操作图2

单比率检验和置信区间

p=0.6 与 p>0.6 的检验

样本	X	N	样本p	95%下限	精确P值
1	310	500	0.620 000	0.582 833	0.193

这里 p 值 $=0.193>0.05$，因此不能拒绝原假设，即得出这样的结论：虽然小学生抽样数据近视比率达到0.62，但并没有显著超过六成。但当样本量增大10倍，相应近视人数也增大10倍时，对于同样的检验问题其检验结果就是显著的了。

单比率检验和置信区间

p=0.6 与 p>0.6 的检验

样本	X	N	样本p	95%下限	精确P值
1	3 100	5 000	0.620 000	0.608 559	0.002

从上例也可以看出，要想从比率数据中获得显著性的结论，样本量要相当大才有可能。

作单比率检验时，一定要注意样本量的重大作用。上例中，两组数据样本比率都是0.62，但是310/500与3 100/5 000是有不同含义的。这也就是说，统计学不相信简单的百分数，一定要得知此百分数是从多大的样本量中获得的。比如，在本书前言中举的例子：去年本公司的顾客满意率为70%，今年调查了100个用户，其中75个表示满意，问：今年的满意率比去年有提高吗？对此问题，大多数人会毫不迟疑地说："今年的满意率已经达到75%，当然可以说比去年的70%有提高了。"其实在学习了本段单比率检验后，用MINITAB软件算一下，就会发现这样回答不对。

建立如下假设：

$$H_0: p=0.7$$

$$H_1: p>0.7$$

运用MINITAB计算，其结果如下：

单比率检验和置信区间

p=0.7 与 p>0.7 的检验

样本	X	N	样本p	95%下限	精确P值
1	75	100	0.750 000	0.668 678	0.163

这说明：100个用户中，75个表示满意，并不能断言今年的满意率比去年的0.7有提高。

增大样本量后，会有些改进，其结果如下：

单比率检验和置信区间

p=0.7与p>0.7的检验

样本	X	N	样本p	95%下限	精确P值
1	150	200	0.750 000	0.694 533	0.070

单比率检验和置信区间

p=0.7与p>0.7的检验

样本	X	N	样本p	95%下限	精确P值
1	300	400	0.750 000	0.711 821	0.016

这说明：200个用户中，即使150个表示满意，也不能断言今年的满意率比去年的0.7有提高；直到400个用户中，300个表示满意，才能断言今年的满意率比去年的0.7有提高。

由于从比率数据中获得显著性的结论样本量要相当大才有可能，因此，这也给我们以重要启示，在研究改进工作是否有效时，最好采用连续型变量度量，这样，宁可在度量时多花些时间和精力，这样在判断的时候，需要的样本量将小得多；否则，采用离散型变量的度量（只区分合格/不合格），当时可能省事，但需要进行比较时，则必须要有大得多的样本量，综合起来看不一定合算。

下面，我们复习一下如何求单总体比率的置信区间问题。数据仍如例6-1所示，500位小学生中有310位近视，那么问题是：小学生患近视比率的95%置信区间是多少？

对于此类问题我们曾在4.3节中做过介绍，当时由于没学习过假设检验的思想，不能完全理解获得置信区间的原理。现在可以明白，要想获得比率的双侧置信区间，在图6-2中的左图的选项“进行假设检验（Perform Hypothesis Test）”前面方框内，不要勾选（表示不进行假设检验），但要在图6-2中的右图的“备择（Alternative Hypothesis）”中选择“不等于（Not Equal）”，这就可以获得比率的双侧置信区间；要想获得比率的单侧“大于型”的置信区间，只要在“备择（Alternative Hypothesis）”选择“大于（Great Than）”就可以；要想获得比率的单侧“小于型”的置信区间，只要在“备择（Alternative Hypothesis）”选择“小于（Less Than）”就可以了。

求小学生近视比率的95%双侧置信区间，只要在图6-2中右侧部分，将“备择”的“大于”换成“不等于”就可以得到下列结果：

单比率检验和置信区间

样本	X	N	样本p	95% CI
1	310	500	0.620 000	(0.575 846, 0.662 726)

如果将数据增大到10倍，即5 000名小学生中3 100名近视，则近视比率的置信区间就变成：

单比率检验和置信区间

样本	X	N	样本p	95% CI
1	3 100	5 000	0.620 000	(0.606 379, 0.633 481)

从上面两处不同样本量的比较中可以看出，样本量增大后，置信区间的宽度大大缩小了。

6.2 双总体比率检验

我们常需要对两个总体的比率进行比较，比如希望了解在两种工艺方法条件下不合格品率是否有显著差别，采用某种服务方法是否比另一种服务方法让顾客满意率有显著提高等。这类问题通常可以通过双总体比率检验方法处理。

设样本 $X_1,X_2,\cdots,X_n$ 来自二点分布总体 X, $X\sim b(1,p_1)$，样本 $Y_1,Y_2,\cdots,Y_m$ 来自二点分布总体 Y, $Y\sim b(1,p_2)$，两样本独立。我们希望检验的假设是这种类型：$H_0:p_1=p_2$，$H_1:p_1\neq p_2$，当然备择假设可以换成“$>$”或“$<$”。此问题可以改用“比率差”的说法：$H_0:p_1-p_2=0$，$H_1:p_1-p_2\neq 0$，也可以更一般化地提出检验问题：$H_0:p_1-p_2=d$, $H_1:p_1-p_2\neq d$，当然备择假设也可以换成“$>$”或“$<$”的形式。这里 d 就是要检验的两总体的比率差。当然实际工作中，$d=0$ 是最常见的情况。

引入以下记号：

$$\hat{p}_1=\overline{X}$$

$$\hat{p}_2=\overline{Y}$$

$$\hat{p}=\frac{n\hat{p}_1+m\hat{p}_2}{n+m} \tag{6-4}$$

在对参数 p_1-p_2 进行检验时，对于 d 取值是否为 0，其检验统计量的形式稍有差别。以下分两种情况分别给出：

(1) $p_1-p_2=d$（其中 $d\neq 0$）时：

$$\hat{p}_1-\hat{p}_2\sim N\left(d,\frac{\hat{p}_1(1-\hat{p}_1)}{n}+\frac{\hat{p}_2(1-\hat{p}_2)}{m}\right)$$

对其作标准化变换，得到统计量：

$$Z=\frac{\hat{p}_1-\hat{p}_2-d}{\sqrt{\dfrac{\hat{p}_1(1-\hat{p}_1)}{n}+\dfrac{\hat{p}_2(1-\hat{p}_2)}{m}}}\sim N(0,1) \tag{6-5}$$

由此可以得到相应的拒绝域。其结果列在表 6-2 中。

表 6-2　　两个比率差为 d 的显著性水平为 α 的检验

检验法	H_0	H_1	检验统计量	拒绝域
Z 检验	$p_1-p_2=d$ $p_1-p_2=d$ $p_1-p_2=d$	$p_1-p_2>d$ $p_1-p_2<d$ $p_1-p_2\neq d$	$Z=\dfrac{\hat{p}_1-\hat{p}_2-d}{\sqrt{\dfrac{\hat{p}_1(1-\hat{p}_1)}{n}+\dfrac{\hat{p}_2(1-\hat{p}_2)}{m}}}$	$\{Z>Z_{1-\alpha}\}$ $\{Z<-Z_{1-\alpha}\}$ $\{\lvert Z\rvert>Z_{1-\alpha/2}\}$

(2) $p_1-p_2=0$ 时，p_1 与 p_2 可以使用公共的估计量 $\hat{p}$（表达式见式 (6-4)）。

由于 $\hat{p}_1-\hat{p}_2\sim N\left(0,\hat{p}(1-\hat{p})\left(\frac{1}{n}+\frac{1}{m}\right)\right)$，因此统计量

$$Z=\frac{\hat{p}_1-\hat{p}_2}{\sqrt{\left(\dfrac{1}{n}+\dfrac{1}{m}\right)\hat{p}(1-\hat{p})}}\sim N(0,1) \tag{6-6}$$

由此可以得到相应的拒绝域。其结果列在表 6-3 中。

表 6-3　两个比率差为 0 的显著性水平为 α 的检验

检验法	H_0	H_1	检验统计量	拒绝域
Z 检验	$p_1 = p_2$	$p_1 > p_2$	$Z = \dfrac{\hat{p}_1 - \hat{p}_2}{\sqrt{\left(\dfrac{1}{n}+\dfrac{1}{m}\right)\hat{p}(1-\hat{p})}}$	$\{Z > Z_{1-\alpha}\}$
	$p_1 = p_2$	$p_1 < p_2$		$\{Z < -Z_{1-\alpha}\}$
	$p_1 = p_2$	$p_1 \neq p_2$		$\{\lvert Z\rvert > Z_{1-\alpha/2}\}$

例 6-2

分别从 A，B 两种工艺条件下随机抽取 1 500 片及 1 800 片芯片，其中 A 工艺条件下有 340 片为一等品，B 工艺条件下有 350 片为一等品。在 $\alpha=0.05$ 下，检验 A 工艺条件是否比 B 工艺条件有较高的一等品率。

解　设 p_1，p_2 分别表示 A，B 两种工艺条件下的一等品率，此时要检验的假设为：

$$H_0: p_1 = p_2$$

$$H_1: p_1 > p_2$$

由所给出的备择假设，利用大样本的正态近似性，得出在 $\alpha=0.05$ 水平下的拒绝域为 $\{Z > 1.645\}$。

由样本数据知 $n=1\,500$，$m=1\,800$，$\hat{p}_1 = \dfrac{340}{1\,500} = 0.227$，$\hat{p}_2 = \dfrac{350}{1\,800} = 0.194$，可知：

$$\hat{p} = \frac{n\hat{p}_1 + m\hat{p}_2}{n+m} = 0.209$$

$$Z = \frac{\hat{p}_1 - \hat{p}_2}{\sqrt{\left(\dfrac{1}{n}+\dfrac{1}{m}\right)\hat{p}(1-\hat{p})}} = \frac{0.227-0.194}{\sqrt{\left(\dfrac{1}{1\,500}+\dfrac{1}{1\,800}\right)\times 0.209\times 0.791}} = 2.267 > 1.645$$

Z 落在拒绝域中，拒绝原假设，即在 $\alpha=0.05$ 水平下，A 工艺条件比 B 工艺条件有较高的一等品率。

用 MINITAB 软件计算，从“基本统计量>双比率（Stat>Basic Statistics>2 Proportion）”进入相关界面，输入相关数据后，得到下列结果：

```
双比率检验和置信区间
样本   X     N     样本 p
1     340   1 500  0.226 667
2     350   1 800  0.194 444
差值 = p (1) - p (2)
差值估计：0.032 222 2
差值的 95% 置信下限：0.008 735 97
差值 = 0 (与>0) 的检验：Z = 2.26  P 值 = 0.012
Fisher 精确检验：P 值 = 0.013
```

这里 p 值 $=0.012<0.05$，得到同样的结论：拒绝原假设，即在 $\alpha=0.05$ 水平下，A 工艺条件比 B 工艺条件有更高的一等品率。

例 6-3

同种产品有甲、乙两种品牌。随机抽取 800 位及 600 位分别购买了甲、乙两种品牌的顾客，其中购买甲品牌的有340位顾客对其产品质量表示满意，购买乙品牌的有180位顾客对其产品质量表示满意。在$\alpha=0.05$下，检验甲品牌的顾客满意率是否比乙品牌的顾客满意率高5%以上。

解 设p_1，p_2分别表示甲、乙两种品牌的顾客满意率，此时要检验的假设为：

$H_0: p_1-p_2=0.05$

$H_1: p_1-p_2>0.05$

由所给出的备择假设，利用大样本的正态近似性，得出在$\alpha=0.05$水平下的拒绝域为$\{Z>1.645\}$。

由样本数据知$n=800$，$m=600$，$\hat{p}_1=\frac{340}{800}=0.425$，$\hat{p}_2=\frac{180}{600}=0.3$，可知：

$$Z=\frac{\hat{p}_1-\hat{p}_2-d}{\sqrt{\frac{\hat{p}_1(1-\hat{p}_1)}{n}+\frac{\hat{p}_2(1-\hat{p}_2)}{m}}}$$

$$=\frac{(0.425-0.3)-0.05}{\sqrt{\frac{0.425\times0.575}{800}+\frac{0.3\times0.7}{600}}}$$

$$=2.929>1.645$$

Z落在拒绝域中，拒绝原假设，即在$\alpha=0.05$水平下，甲品牌的顾客满意率比乙品牌的顾客满意率高5%以上。

用MINITAB软件计算，通过“基本统计量>双比率（Stat>Basic Statistics>2 Proportion)”进入相关界面，如图6-3所示。

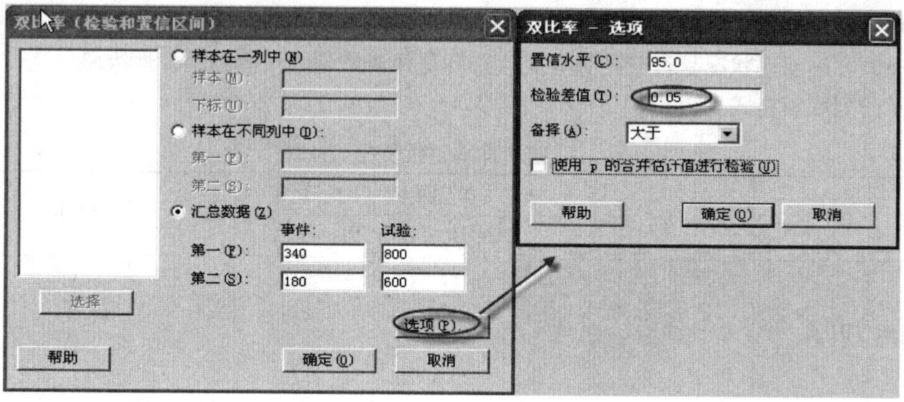

图6-3 双比率检验操作图

输入相关数据后，得到下列结果：

```
双比率检验和置信区间
样本   X    N     样本 p
1     340  800  0.425 000
2     180  600  0.300 000
差值 = p (1) - p (2)
差值估计：0.125
差值的 95 % 置信下限：0.082 888 3
差值 = 0.05 (与>0.05) 的检验：Z = 2.93   P 值 = 0.002
```

这里p值$=0.002<0.05$，拒绝原假设，得到同样的结论：拒绝原假设，即在$\alpha=0.05$水平下，可以断言甲品牌的顾客满意率比乙品牌的顾客满意率高5%以上。

6.3 列联表与卡方检验

在前两节中，我们分别讨论了单总体和双总体的比率检验问题。当总体的个数增加到3个以上时，原来的方法就都失效了。本节所要介绍的列联表就是为了解决这个问题而引入的。但是列联表的功能要广泛得多，多总体比率检验只是其特例而已。列联表的检验要用到卡方检验（即用服从卡方分布的统计量作为检验统计量），但卡方检验不只用在列联表中，与此密切相关的还有另外一些离散型分布的拟合检验。本节将重点讨论下列三种假设检验问题：

（1）使用列联表进行因子间独立性检验；

（2）有限项离散型分布的拟合优度检验；

（3）分布的拟合优度检验。

由于这三种检验的检验统计量使用的都是 χ^2 ，因此统称这三种检验为卡方检验。

6.3.1 列联表

当数据资料以两种准则或者属性加以分类，那么所有的数据资料都可以归属于列联表。例如，因子 A 代表手机的不同品牌（分为四种：甲、乙、丙、丁），因子 B 代表顾客的不同满意程度（分三种：不满意、一般及很满意）。抽样调查可以得到相应的频数（例如，对品牌甲不满意者30人，对品牌甲感觉一般者40人，对品牌甲满意者62人等），我们可以利用收集到的数据组成列联表（如表6-4所示）。我们要进行的是对因子 A 与因子 B 是否独立进行检验，也就是检验顾客满意率状况是否与品牌有关。这就是两离散型因子间的独立性检验。

常见的列联表格式见表6-4。

表6-4　　随机样本的列联表

		类别属性（因子）B	行和
		B_1　B_2　$\cdots$　B_c	
类别属性（因子）A	A_1	O_{11}　O_{12}　$\cdots$　O_{1c}	$O_{1.}$
	A_2	O_{21}　O_{22}　$\cdots$　O_{2c}	$O_{2.}$
	$\vdots$	$\vdots$　$\vdots$　$\vdots$	$\vdots$
	A_r	O_{r1}　O_{r2}　$\cdots$　O_{rc}	$O_{r.}$
列和		$O_{.1}$　$O_{.2}$　$\cdots$　$O_{.c}$	总和 n

利用列联表进行独立性检验的步骤：

（1）建立假设：

H_0 ：因子 A 与因子 B 相互独立

H_1 ：因子 A 与因子 B 不相互独立

（2）确定检验统计量。抽取 n 个样本，归类整理如表6-4所示。其中 O_{ij} 表示第 i 行第 j 列中的观测数据，$O_{i.}$ 表示第 i 行数据之和，$O_{.j}$ 表示第 j 列数据之和，n 表示数据总和。所以

$$n = \sum_{i=1}^{r} O_{i.} = \sum_{j=1}^{c} O_{.j} \qquad (6-7)$$

如果列联表中两因子相互独立，则落入 A_i 与 B_j 格内之概率值 p_{ij} 必须满足 $p_{ij} = p_{i.} p_{.j}$，这里 $p_{i.}$ 与 $p_{.j}$ 表示由行和及列和分别求出的“边际”比率。这样我们最初设定的假设等价为：

$H_0 : p_{ij} = p_{i.} p_{.j}$

H_1：至少有一对 i，j 使 $p_{ij} \neq p_{i.} p_{.j}$

实际问题中，对于边际比率的估计简单地采用实际样本的比率来估计就行了，写成公式就是：

$$\hat{p}_{i.} = \frac{O_{i.}}{n}, \quad i = 1,2,\cdots,r$$

$$\hat{p}_{.j} = \frac{O_{.j}}{n}, \quad j = 1,2,\cdots,c \tag{6-8}$$

所以

$$\hat{p}_{ij} = \hat{p}_{i.}\hat{p}_{.j} = \frac{O_{i.}}{n} \cdot \frac{O_{.j}}{n} = \frac{O_{i.}O_{.j}}{n^2} \tag{6-9}$$

而列联表中属于 A_i 行及 B_j 列交叉格的数据期望值为：$E(O_{ij}) = n \times p_{ij}$，因而其估计量为：

$$\hat{E}_{ij} = n \times \hat{p}_{ij} = \frac{O_{i.}O_{.j}}{n} \tag{6-10}$$

当实际观测值 O_{ij} 与期望值 $\hat{E}_{ij}$ 相差不大时，可以认为因子 A 与因子 B 不相关，或相互独立；如果相差太大，就不能认为两因子无关了。按照这样的想法，我们选用统计量：

$$\chi^2 = \sum_{i=1}^{r}\sum_{j=1}^{c}\frac{(O_{ij} - \hat{E}_{ij})^2}{\hat{E}_{ij}}$$

在 H_0 成立的条件下：

$$\chi^2 = \sum_{i=1}^{r}\sum_{j=1}^{c}\frac{(O_{ij} - \hat{E}_{ij})^2}{\hat{E}_{ij}} \sim \chi^2((r-1)(c-1)) \tag{6-11}$$

(3) 显著性水平为 α 时的拒绝域为 W：

$$\{\chi^2 > \chi^2_{1-\alpha}((r-1)(c-1))\} \tag{6-12}$$

式中，r 是列联表的行数；c 是列联表的列数。

下面用一个具体的例子来说明如何进行列联表的独立性检验。

例 6-4

某连锁超市要检验商品销售情况与陈列方式是否相关，随机抽取了 300 家门市，它们将商品分别以 A，B，C 三种方式陈列，并将各门市销售情况以“高”及“低”归成两类，如表 6-5 所示，数据是落入响应范围的门市个数。

表 6-5　　陈列方式与实际销售情况数据表

		陈列方式			行和 $O_{i.}$
		A	B	C	
销售情况	高 (H)	22	80	58	160
	低 (L)	48	60	32	140
列和 $O_{.j}$		70	140	90	300

问：在 $\alpha = 0.05$ 时，是否可以认为销售情况与陈列方式相互独立？

解　(1) 建立假设：

H_0：销售情况与陈列方式相互独立

H_1：销售情况与陈列方式相互不独立

(2) 确定检验统计量的值：

先由式 (6-10) 计算出各陈列方式期望的销售情况数值，如：

$$\hat{E}_{11}=\hat{E}(O_{11})=n\times\hat{p}_{11}=\frac{O_{1.}O_{.1}}{300}=\frac{160\times70}{300}=37.3$$

其他以此类推（参见表6-6）。

表6-6　　　　　　　　　各陈列方式对应的期望的销售情况数值

		陈列方式		
		A	B	C
销售情况	高（H）	37.33	74.67	48
	低（L）	32.67	65.33	42

检验统计量为：

$$\chi^2=\sum_{i=1}^{r}\sum_{j=1}^{c}\frac{(O_{ij}-\hat{E}_{ij})^2}{\hat{E}_{ij}}=18.776>\chi^2_{0.95}(2)=5.99$$

由于统计量值落在拒绝域中，因此拒绝原假设，即在 $\alpha=0.05$ 水平下，可以断言销售情况与陈列方式不具有独立性，商品陈列方式会影响销售情况。

用MINITAB软件计算：

（1）当录入数据为列联表格式时。

打开数据文件“TBL_陈列方式.MTW”，依次选择“统计>表格>卡方检验（工作表中的双向表）(Stat>Tables>Chi-Square test (Table in worksheet))”，将列联表中各列（C2～C4）作为响应变量输入，如图6-4所示。可得下列结果：

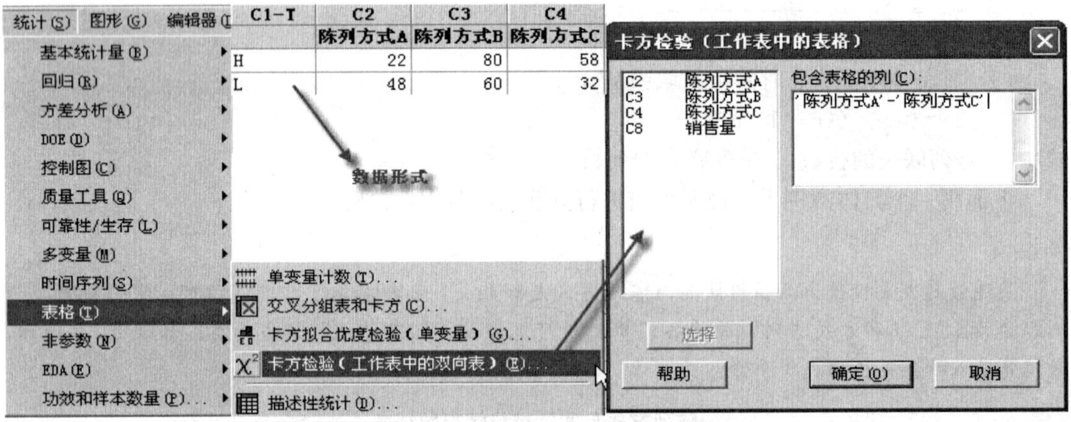

图6-4　卡方检验操作图（列联表格式）

```
卡方检验：陈列方式A，陈列方式B，陈列方式C
在实测计数下方给出的是期望计数
在期望计数下方给出的是卡方贡献
        陈列方式A  陈列方式B  陈列方式C  合计
1              22         80         58   160
            37.33      74.67      48.00
            6.298      0.381      2.083
2              48         60         32   140
            32.67      65.33      42.00
            7.197      0.435      2.381
合计           70        140         90   300
卡方=18.776，DF=2，P值=0.000
```

这里 p 值=0.000<0.05，得到同样的结论：拒绝原假设，即在 $\alpha=0.05$ 水平下，销售情况与陈列方式不具有独立性，商品陈列方式会影响销售情况。

(2) 当录入数据按因子排列时。

这里指的是录入数据的形式是按因子排列的原始数据或是按因子排列的频数值格式。

请注意，表6-5给出的是整理好的列联表，两个因子分别处于“行”和“列”的位置。原始记录的记录方式则与此不同，每个因子各占一列。此外，还有一种对原始记录稍加整理的统计计数格式，即按原有归类分别记录其频数数据，其因子仍各占一列（见图6-5中的数据表）。比如对例6-4，我们用C6记录“销售情况”，用C7记录“陈列方式”，不论C8列记录的是原始销售记录（购买者姓名记录）还是求了总数的频数记录，MINITAB都认为，只要各因子单独成为一列，就要先用交叉分组制表的方法将数据整理成列联表格式（两个因子分别位于“行”和“列”），然后再进行卡方检验。

我们可以从“统计>表格>交叉分组表和卡方（Stat>Tables>Cross Tabulation and Chi-Square）”入口，将工作表中C6和C7分别作为“行”及“列”，将C8（销售量）作为频数输入（见图6-5）。

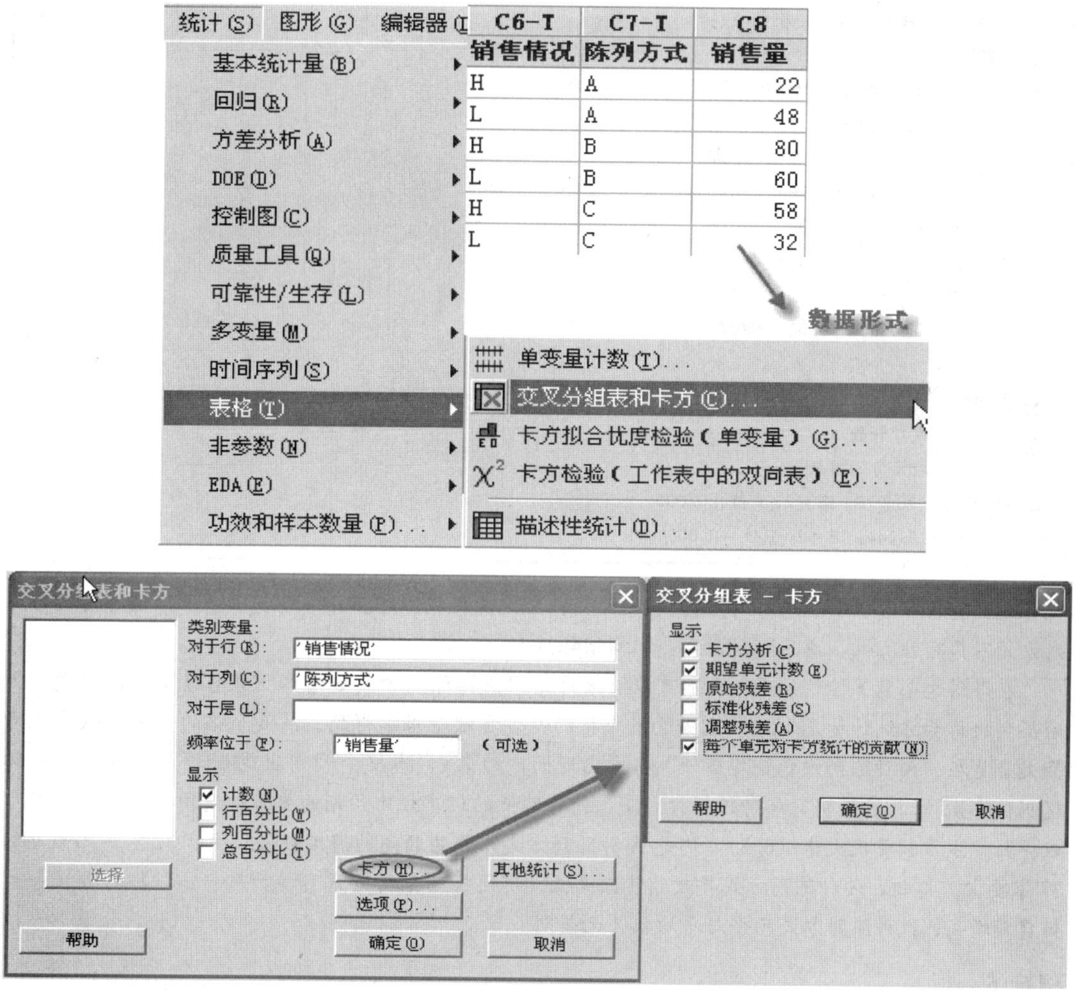

图6-5　卡方检验操作图（原始数据格式）

在未进行卡方检验前（即图6-5中左下的操作）后，只默认选择“计数”则可得到下面这个列联表：

列表统计量：销售情况，陈列方式

使用销售量中的频率

行：销售情况　列：陈列方式

	A	B	C	全部
H	22	80	58	160
L	48	60	32	140
全部	70	140	90	300

再进行卡方检验（如图6-5中右下所示操作）后，可得下列结果：

列表统计量：销售情况，陈列方式

使用销售量中的频率

行：销售情况　列：陈列方式

	A	B	C	全部
H	22	80	58	160
	37.33	74.67	48.00	160.00
	6.298	0.381	2.083	*

	A	B	C	全部
L	48	60	32	140
	32.67	65.33	42.00	140.00
	7.197	0.435	2.381	*
全部	70	140	90	300
	70.00	140.00	90.00	300.00
	*	*	*	*

单元格内容：计数

期望计数

对卡方的贡献

Pearson 卡方 = 18.776，DF = 2，P 值 = 0.000

似然比卡方 = 19.044，DF = 2，P 值 = 0.000

这里 p 值 $=0.000<0.05$，得到同样的结论：拒绝原假设，即在 $\alpha=0.05$ 水平下，销售情况与陈列方式不具有独立性，商品陈列方式会影响销售情况。

在得到这个显著性结论后，我们可以继续讨论“商品陈列方式如何影响销售情况”的问题。上面得到的总卡方统计量是18.8，它是由6个格的卡方贡献量求和得到。从6个格的卡方贡献量上看最大者是在“A种陈列方式销售额低”格中出现的，约7.2，本格中预期出现32.7家门市，但实际观测值有48家，这说明，A种陈列方式下，销售额低的门市数比预期的要多；用同样的分析方式可以得知卡方贡献量次大者（6.3），仍是A种陈列方式，销售额高的门市数（实际有22家）比预期的37家要少。总之，A种陈列方式导致销售额降低。用同样的分析方式可以得知：C种陈列方式导致销售额增高；B种陈列方式几乎与平均状况无差别。

例6-5

给外商办营业执照，有关部门规定，若在10个工作日内完成任务算“及时”，否则算“不及时”。现将A，B，C三个城市完成任务情况统计如下，见表6-7（数据文件：TBL_及时率.MTW）。

表 6-7

城市	及时	不及时
A	200	100
B	300	100
C	150	90

问：在 $\alpha=0.05$ 水平下，三个城市间完成任务的“及时率”是否有显著不同？

解 应用 MINITAB 软件进行计算：打开数据文件“TBL＿及时率.MTW”，可以从“统计>表格>卡方检验（工作表中的表格）（Stat>Tables>Chi-Square test（Table in worksheet））”入口，将工作表中各列（C2～C3）作为响应变量输入，如图 6-6 所示。

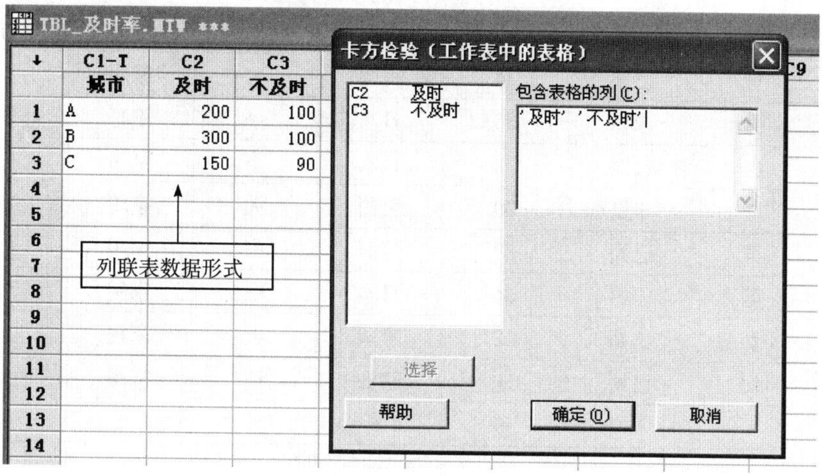

图 6-6 多总体比率卡方检验操作图

可得下列结果：

```
卡方检验：及时，不及时
在实测计数下方给出的是期望计数
在期望计数下方给出的是卡方贡献
        及时   不及时   合计
  1      200     100     300
      207.45   92.55
       0.267   0.599
  2      300     100     400
      276.60  123.40
       1.980   4.439
  3      150      90     240
      165.96   74.04
       1.534   3.439
合计     650     290     940
卡方 = 12.259，DF = 2，P 值 = 0.002
```

结论：这里 p 值 $=0.002<0.05$，三个城市间“及时率”有显著不同。从卡方贡献量上最大者入手分析可以看出：城市 B 不及时者明显偏少，城市 C 不及时者明显偏多；城市 B 及时者明显偏多，

城市C及时者明显偏少。总之，说明城市B办事效率高，城市C办事效率低，城市A及时率与平均水平没有很大差异。

从本例可以看出，多比率的检验不过是列联表的一个小小应用（列联表含有多行但只有两列）而已。下面我们再举一个处理原始记录的实际应用例题。

例6-6

汽车销售商记录了销售的303辆汽车的各项状况，包括：购车者性别、婚姻状况、年龄、地区、年青否，汽车尺寸、车型等。一部分数据列在表6-8中（数据文件：TBL _ 汽车销售 . MTW）。

表6-8　　汽车销售记录表

编号	性别	婚姻状况	年龄（岁）	地区	尺寸	车型	年青？（≤30）
1	男	已婚	34	美国	大	家用	非年青
2	男	未婚	36	日本	小	跑车	非年青
3	男	已婚	23	日本	小	家用	年青
4	男	未婚	29	美国	大	家用	年青
5	男	已婚	39	美国	中	家用	非年青
6	男	未婚	34	日本	中	家用	非年青
7	女	已婚	42	美国	大	家用	非年青
8	女	已婚	40	欧洲	中	家用	非年青
*	*	*	*	*	*	*	*
*	*	*	*	*	*	*	*
*	*	*	*	*	*	*	*
302	男	已婚	32	日本	中	跑车	非年青
303	男	已婚	29	日本	中	家用	年青

试分析销售车型与购买者性别有关吗？与购买者婚姻状况、年龄、地区有关吗？

解　对于这样的原始数据可以用交叉分组表及卡方分析的方法解决。先讨论销售车型与购买者性别是否有关问题。

进行图6-5中左下的操作，将“车型”作为行，将“性别”作为列，得到下列表格：

列表统计量：车型，性别

行：车型　列：性别

	男	女	全部
工作	27	21	48
家用	79	76	155
跑车	59	41	100
全部	165	138	303

单元格内容：　　计数

这就是“车型”与“性别”两个因子间的列联表。

然后再进行卡方检验，得到的结果是：

列表统计量：车型，性别

行：车型　列：性别

	男	女	全部
工作	27	21	48
	26.14	21.86	48.00
	0.028 4	0.033 9	*
家用	79	76	155
	84.41	70.59	155.00
	0.346 2	0.4140	*
跑车	59	41	100
	54.46	45.54	100.00
	0.379 3	0.453 5	*
全部	165	138	303
	165.00	138.00	303.00
	*	*	*

单元格内容：　计数
　　期望计数
　　对卡方的贡献

Pearson 卡方 = 1.655，DF = 2，P 值 = 0.437

似然比卡方 = 1. 659，DF = 2，P 值 = 0.436

由于p值=0.437，因此销售车型与购买者性别无关。

下面分析销售车型与购买者婚姻状况是否有关。

将“车型”作为行，将“婚姻状况”作为列，得到下面的列联表：

列表统计量：车型，婚姻状况

行：车型　列：婚姻状况

	未婚	已婚	全部
工作	16	32	48
家用	36	119	155
跑车	55	45	100
全部	107	196	303

单元格内容：计数

然后再进行卡方检验，得到的结果是：

列表统计量：车型，婚姻状况

行：车型　列：婚姻状况

	未婚	已婚	全部
工作	16	32	48
	16.95	31.05	48.00
	0.053 3	0.029 1	*
家用	36	119	155
	54.74	100.26	155.00
	6.413 3	3.501 1	*
跑车	55	45	100
	35.31	64.69	100.00
	10.974 7	5.991 3	*
全部	107	196	303
	107.00	196.00	303.00
	*	*	*

```
单元格内容：    计数
               期望计数
               对卡方的贡献
Pearson 卡方 = 26.963，DF = 2，P 值 = 0.000
似然比卡方 = 26.766，DF = 2，P 值 = 0.000
```

首先看到，由于p值＝0.000，因此销售车型与婚姻状况有关。这时可以进一步分析“如何有关”的具体状况。由于卡方统计量总计26.963，其中贡献最大者为“未婚而买跑车”的这一格，卡方高达10.97，预期“未婚而买跑车”应该是35.31辆，但实际买了55辆，说明未婚者买跑车比预期的要多。卡方贡献中次大者为“未婚而买家用车”的这一格，卡方达6.41，预期“未婚而买家用车”应该是54.74辆，但实际只买了36辆，说明未婚者买家用车比预期的要少。

其余的分析是类似的。凡是结论为“无法拒绝两因子无关的原假设”时，分析到此为止；凡是结论为“拒绝两因子无关的原假设”时，则要进一步分析两因子间是如何有关的。

下面分析销售车型与购买者年青否是否有关。

这里要注意，对于“年龄”，我们有详细的记录资料，但我们只能用将年龄分了类的离散型数据：“年青？(≤30)”。把“车型”作为行，把“年青？(≤30)”作为列，得到下面的列联表：

列表统计量：车型，年青？(≤30)

行：车型　列：年青？(≤30)

	年青	非年青	全部
工作	23	25	48
家用	58	97	155
跑车	63	37	100
全部	144	159	303

把“车型”作为行，把“地区”作为列得到下面的列联表

列表统计量：车型，地区

行：车型　列：地区

	美国	欧洲	日本	全部
工作	18	4	26	48
家用	74	15	66	155
跑车	23	21	56	100
全部	115	40	148	303

单元格内容：计数

以上都可以得到显著性结论（细节略）。

用完全相同的步骤，可以分析汽车“尺寸”与其他各因子间的关系。结果发现只有“尺寸”与“地区”这两个因子间是相关的。其列联表数据如下：

列表统计量：尺寸，地区

行：尺寸　列：地区

	美国	欧洲	日本	全部
大	36	4	2	42
小	26	19	92	137
中	53	17	54	124
全部	115	40	148	303

单元格内容：计数

“尺寸”与其他各因子间都是无关的，详细过程不在此赘述。

我们之所以在这里举这个例题，目的在于提醒大家：在日常工作中，像表6-8这样的原始记录随处可见，作为六西格玛管理的实践者，千万不要轻易放过这样的原始记录表，只要我们运用统计工具，就一定会从中挖掘出很多有用的信息，而列联表的卡方统计检验就是这种分析中的最有力工具，我们要在实践中很好地学习和掌握它。

到目前为止，我们只讨论了两个属性变量（也称为二维）的列联表问题，但在实际工作中，我们很可能遇到需要同时考虑更多属性变量的情况。其实例6-6汽车销售问题就是一个多属性变量的例子，只不过我们选择其中两个属性变量来讨论罢了。同时考虑多个属性变量需要使用高维列联表，一般的统计软件只处理三维列联表分析，更高维的列联表要使用多元统计中的对应分析工具来解决。牵涉三维列联表时，我们不但要注意到其计算的复杂性，更重要的是高维列联表分析的结论常常会推翻低维列联表所得到的不正确结论，这就是所谓的Simpson悖论。下面举例说明。

例6-7

加工生产螺栓的不合格率问题。A，B两个车间都生产同样规格的螺栓，其生产不合格品数的统计结果如表6-9所示（数据文件：TBL _ Simpson 悖论 . MTW）。

表6-9　螺栓生产结果数据表

	总不合格品数	总合格品数	总计数	总不合格品率
车间A	2 300	25 000	27 300	0.084 249 1
车间B	2 000	25 000	27 000	0.074 074 1

解　这是双比率检验问题。设两个车间的不合格品率分别为P_A及P_B，我们需要检验的是

H_0：$P_A=P_B \leftrightarrow H_1$：$P_A \neq P_B$

用MINITAB软件计算，从“统计基本统计量>双比率（Stat>Basic Statistics>2 Proportion）”入口，输入相关数据后，得到下列结果：

结果：TBL _ Simpson 悖论 . MTW

```
双比率检验和置信区间
样本    X       N       样本 p
 1    2 300  27 300  0.084 249
 2    2 000  27 000  0.074 074
差值 = p (1) - p (2)
差值估计值：0.010 175 0
差值的 95% 置信区间：(0.005 634 69，0.014 715 3)
差值 = 0 (与≠0) 的检验：Z = 4.39   P 值 = 0.000
Fisher 精确检验：P 值 = 0.000
```

此结果显示，两个车间的不合格品率有显著差别，从差值的95%置信区间（0.005 634 69，0.014 715 3）可以看出差值肯定为正，即P_A=0.084 249显著大于P_B=0.074 074，即车间B不合格品率较低。

此问题也可以用列联表来解决。希望检验“车间”与“合格否”是否相互独立，将表6-9中的“总不合格品数”和“总合格品数”这两列填写入列联表“包含表格的列”（计算过程与例6-5完全相同，操作参见图6-6），得到结果如下：

```
卡方检验：总不合格品数，总合格品数
在实测计数下方给出的是期望计数
在期望计数下方给出的是卡方贡献
        总不合格品数  总合格品数    合计
1 (A)       2 300       25 000     27 300
         2 161.88    25 138.12
            8.825        0.759
2 (B)       2 000       25 000     27 000
         2 138.12    24 861.88
            8.923        0.767
 合计       4 300       50 000     54 300
卡方 = 19.273，DF = 1，P 值 = 0.000
```

由于卡方检验的p值为0.000，可以看出“车间”与“合格否”间肯定是不独立的，也就是说两车间的不合格品率有显著差异。这个结论与双比率检验是一致的。从卡方检验结果中可以看出在卡方贡献最大处（卡方为8.923），B车间实际不合格品数（2 000）远比期望的不合格品数（2 138.12）少，可以断言B车间的不合格品率更低些。

根据上面得到的统计分析结果，我们是否可以得出结论说A车间的不合格品率更高些，A车间的生产比B车间的生产更差些？如果收集到的数据到此为止，当然我们就只能得出这样的结论。如果仔细分析生产状况，把“零件”（螺栓）拆分为更细的部件（螺钉和螺母），记录更详细的数据，列在表6-10中（数据文件：TBL _ Simpson悖论 .MTW，详细数据存在C6～C11）。如何比较两个车间生产的优劣？

表6-10　　　螺栓生产结果数据详细表

		不合格品数	合格品数	总数	不合格品率
螺母	车间A	2 000	20 000	22 000	0.090 909
螺母	车间B	600	5 000	5 600	0.107 143
螺钉	车间A	300	5 000	5 300	0.056 604
螺钉	车间B	1 400	20 000	21 400	0.065 421

不用统计分析，直接从上表列出的不合格品率就能看出，就螺母而言，车间A的不合格品率（0.090 909）比车间B的不合格品率（0.107 143）要低；就螺钉而言，车间A的不合格品率（0.056 604）也比车间B的不合格品率（0.065 421）要低。这个结论是让人们足够吃惊的，因为此处认为不论螺钉或螺母，车间A都比车间B要好，可是螺钉或螺母合并为螺栓后，我们得到的结论恰好相反：车间A比车间B要差。那么两个结论哪个正确呢？

对表6-10中数据的比较并未经过统计分析，我们要把统计分析补充完整才能得出令人信服的结论。

为了使用MINITAB软件，我们要把表6-10的格式稍做更改，形成含“产品”“车间”“合格否”3个因子的原始数据型的数据列（见图6-7中左上。在表6-10中，合格品数与不合格品数在不同的列中）。

仔细分析一下，立即可以看到这里比例6-4（见图6-5中上图里的表）要复杂，那里只有两个因子（是“二维”的），而现在增多到三个因子（是“三维”的）。因此操作上也要复杂些，除了“行”“列”，我们还要增加“层”的内容。操作图与图6-5相同，只是在“交叉分组表和卡方”窗（见图6-5中左下），增加“对于层”，具体填写方法见图6-7中右侧。

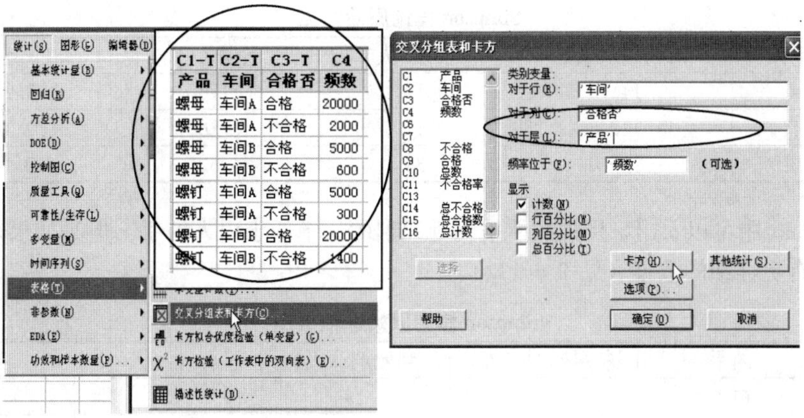

图 6-7 卡方检验操作图（三维原始数据格式）

计算结果如下：

列表统计量：车间，合格否，产品

使用频数中的频率

产品 = 螺钉的结果

行：车间 列：合格否

	不合格	合格	全部
车间 A	300	5 000	5 300
	337	4 963	5 300
	4.156 8	0.282 7	*
车间 B	1 400	20 000	21 400
	1 363	20 037	21 400
	1.029 5	0.070 0	*
全部	1 700	25 000	26 700
	1 700	25 000	26 700
	*	*	*

Pearson 卡方 = 5.539，DF = 1，P 值 = 0.019

似然比卡方 = 5.692，DF = 1，P 值 = 0.017

产品 = 螺母的结果

行：车间 列：合格否

	不合格	合格	全部
车间 A	2 000	20 000	22 000
	2 072	19 928	22 000
	2.534	0.264	*
车间 B	600	5 000	5 600
	528	5 072	5 600
	9.954	1.035	*
全部	2 600	25 000	27 600
	2 600	25 000	27 600
	*	*	*

Pearson 卡方 = 13.786，DF = 1，P 值 = 0.000

似然比卡方 = 13.394，DF = 1，P 值 = 0.000

可以看出，这里按层变量（本例是“产品”）取值（本例是螺钉、螺母）分列多个（本例为两个）二维（即普通的）列联表。可以看出，不论是螺钉还是螺母，统计检验结果都是显著的（$\alpha=0.05$），而且都是车间 A 的不合格品率要低。

这里自然要产生疑问，怎么会有这样奇怪的结果呢？仔细分析可以知道，由于螺钉比螺母的加工要容易些，生产螺钉的不良率要低于生产螺母的不良率，实际生产过程中，车间 A 虽然比车间 B 不良率低些，但车间 A 大量生产的是较难加工的螺母，而车间 B 大量生产的是较容易加工的螺钉，不加区分地把螺钉与螺母统称为“零件”，把加工螺钉与螺母的数据不合理地求了和，最后就造成了上述问题。

最早分析这种现象的是美国法律学家辛普森（Simpson），他在研究美国佛罗里达州的犯罪问题时发现，白人杀手被处死刑的比率要高于黑人杀手；但如果把被害人的肤色也考虑进来时，他发现，不论被害者是白人还是黑人，白人杀手被处死刑的比率要低于黑人杀手，这就得出了矛盾的结论，他认为这是个悖论，故此类现象统称为“Simpson 悖论”。他的数据是这样的（见表 6-11）：

表 6-11　　Simpson 悖论原始数据

凶手肤色	未处死（人）	处死（人）	全部（人）	死刑比
白人	141	19	160	0.118 750
黑人	149	17	166	0.102 410
全部	290	36	326	0.110 429

从表 6-11 中可以看出，黑人凶手被判处死刑的比率低于白人凶手。但是如果加上被害人的肤色，则有更详细的数据（见表 6-12）。

表 6-12　　Simpson 悖论原始详细数据

被害人	凶手	未判死刑（人）	判死刑（人）	合计（人）	死刑比
白人	白人	132	19	151	0.125 828
	黑人	52	11	63	0.174 603
黑人	白人	9	0	9	0.000 000
	黑人	97	6	103	0.058 252

从表 6-12 中可以看出，加入被害人信息后，不论被害人是白人还是黑人，白人凶手被处死的比率都低于黑人。形成这种悖论的原因是，当被害人是白人时，凶手被处死的比率要高于被害人是黑人时凶手被处死的比率。由于白人凶手杀害的更多是白人，因此造成“白人杀手被处死刑的比率要高于黑人杀手”。辛普森所指出的问题是非常重要的一个概念，但他的原始数列并不具有统计意义上的显著性。类似的例子还有很多，本书 9.4 节例 9-8 分析的上海人口死亡率问题也是这样，在研究不同婚姻状况下的死亡率时，如果不管其年龄状况，笼统分析会得出错误结论说“未婚者死亡率远低于已婚且有配偶者”（这与社会学常识不符），但考虑年龄后，不论哪个年龄段都是未婚者死亡率高于已婚且有配偶者（这就与社会学常识相符且合理了）。

我们学习统计学要特别注意这个问题。在例 6-7 中，如果我们只根据粗略数据可能会得出结论说 A 车间的不合格品率更高些；但实际上，不论螺钉或螺母，车间 A 都比车间 B 不合格品率更低些。我们在六西格玛管理统计中曾反复强调，仅凭数据表面现象不能得出有意义的结论，必须经过统计检验才能说明问题。本书前言中举例说明，100 个用户中有 75 个表示满意，表面上的样本的满意度达到 75%，但不能说明满意度比 70%有提高，因为经过检验发现结论并不成立；经过统计检验，在 400 个用户中有 300 个表示满意，表面上的样本的满意度仍然为 75%，但可以断言满意度比 70%有提高。这说明统计检验的必要性。例 6-7 让我们的认识上到了一层新的境界，那就是说，**表面上已经过统计检验得到的结论，也不一定是正确的，其数据可能仍然很粗糙**；我们一定要根据实际情况收集更多数据，进行更仔细的分析才可能得出真正正确的结论。

6.3.2　有限项离散型分布的拟合优度检验

当总体有两种类别时，将这两种类别分别以“成功”和“失败”来表示，关于“成功”的比率 p 的检验在前面章节已经详细介绍了。本节是针对总体中有 k 种（$k>2$）类别时，各类别所占比率结构的检验。

检验的步骤为：

（1）建立假设。我们要检验一个多项分布总体中各类别比率结构是否为规定的 $p_{10}, p_{20}, \cdots, p_{k0}$ 时，要求

$$p_{10}+p_{20}+\cdots+p_{k0}=1$$

所以，我们建立的假设为：

$H_0: p_1 = p_{10}, p_2 = p_{20}, \cdots, p_k = p_{k0}$

H_1：至少一项 $p_i \neq p_{i0}$

（2）抽取样本并进行归类，如表 6－13 所示。

表 6－13　单个多项分布总体抽样类别频数表

类别	1	2	…	k
观测频数	O_1	O_2	…	O_k
期望值	$E_1 = n \times p_{10}$	$E_2 = n \times p_{20}$	…	$E_k = n \times p_{k0}$

其中，O_i（$i=1, 2, \cdots, k$）表示第 i 类别的观测频数值，所以 $n = O_1 + O_2 + \cdots + O_k$。

（3）确定检验统计量。$O_1, O_2, \cdots, O_k$ 是由 k 个观测值组成的多元随机变量，它服从多项分布，从多项分布的统计性质可知：n 次抽样中第 i 类别的期望值 $E_i = n \times p_{i0}$（$i=1, 2, \cdots, k$）。当 O_i 实际观测值与期望值相差不大时，可以认为 H_0 成立；如果相差太大，就认为 H_0 不成立。按照这样的想法，我们选用统计量：

$$\chi^2 = \sum_{i=1}^{k} \frac{(O_i - E_i)^2}{E_i} \sim \chi^2(k-1) \tag{6-13}$$

式中，k 代表类别数。

（4）显著性水平为 α 时的拒绝域为：

$$\{\chi^2 > \chi^2_{1-\alpha}(k-1)\} \tag{6-14}$$

例 6－8

在五选一的 500 道考题中，答案是 A，B，C，D，E 的分别为 80，90，125，110，95（数据文件：TBL _ 试题答案.MTW）。试判断，可以认为选择 5 种答案的可能性是相同的吗？

解　这是一个离散型的均匀分布的假设检验问题。要检验的假设是：

$H_0: p_1 = p_2 = \cdots = p_5 = 1/5$

H_1：至少有一个 $p_i \neq 1/5$，$i=1, \cdots, 5$

应用 MINITAB 软件进行计算：打开数据文件“TBL _ 试题答案.MTW”，可以从“统计>表格>卡方拟合优度检验（单变量）（Stat>Tables>Chi-Square Goodness-of-Fit Test（One Variable））”入口，如图 6－8 所示输入相关变量。

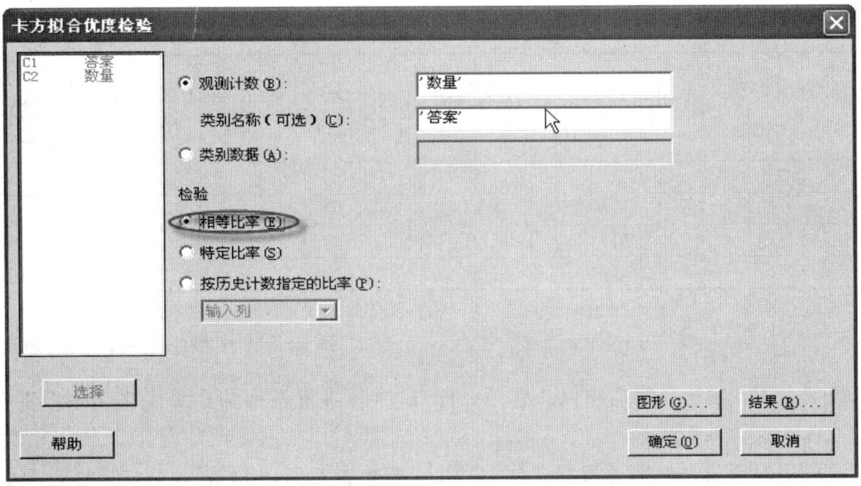

图 6－8　多项分布卡方拟合优度检验操作图

可得下列结果：

单变量观测计数的卡方拟合优度检验：数量

在答案中使用类别名称

类别	观测	检验比率	期望	对卡方的贡献
A	80	0.2	100	4.00
B	90	0.2	100	1.00
C	125	0.2	100	6.25
D	110	0.2	100	1.00
E	95	0.2	100	0.25

N	自由度	卡方	P值
500	4	12.5	0.014

由于p值为0.014<0.05，因此可以断言5种答案的可能性并不相同。从进一步的分析中可以看出，上述结果中，卡方贡献量最大者是答案“C”（卡方贡献达6.25），期望应该有100题选“C”，但实际上有125题答案为“C”，答案为“C”的题目太多了。

例6-9

现随机抽取500位数码相机购买者，其中各品牌数码相机使用人数如表6-14所示。

表6-14

品牌	A	B	C
频数	120	260	120

数据文件为“TBL_市场占有率.MTW”。已知：去年此地区数码相机品牌A，B，C市场占有率结构为$p_{A_0}=0.2$，$p_{B_0}=0.5$，$p_{C_0}=0.3$。问在显著性水平$\alpha=0.05$下，今年市场占有率结构是否已经发生变化？

解 （1）建立假设：

H_0：$p_A=0.2$，$p_B=0.5$，$p_C=0.3$

H_1：H_0中等式不全成立

（2）计算各品牌的期望频数E_i和χ^2统计量，如表6-15所示。

表6-15 **期望频数E_i和χ^2统计量计算**

类别	假设比例（p_{i_0}）	观察频数（O_i）	期望频数（E_i）	差（O_i-E_i）	差的平方（$(O_i-E_i)^2$）	对于卡方统计量的贡献（$(O_i-E_i)^2/E_i$）
A	0.2	120	100	20	400	4
B	0.5	260	250	10	100	0.4
C	0.3	120	150	−30	900	6
总计		500	500			10.4

由于$\chi^2=\sum_{i=1}^{k}\frac{(O_i-E_i)^2}{E_i}=10.4>\chi^2_{0.95}(2)=5.99$，统计量落在拒绝域中，拒绝原假设，即在$\alpha=0.05$水平下，认为该地区数码相机品牌A，B，C市场占有率结构已经发生变化，不再是$p_A=0.2$，$p_B=0.5$，$p_C=0.3$。

用MINITAB软件计算：打开数据文件“TBL_市场占有率.MTW”，从“统计>表格>卡方拟合优度检验（单变量）（Stat>Tables>Chi-Square Goodness-of-Fit Test（One Variable））”入口，如图

6－9所示输入相关变量。

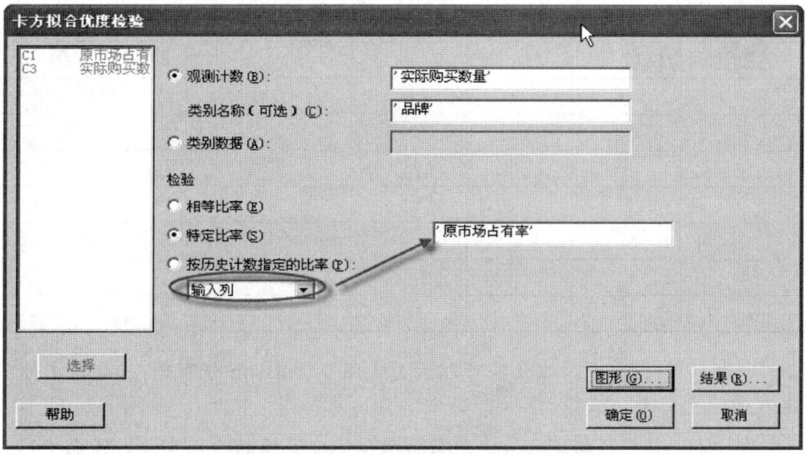

图6－9　卡方拟合优度检验操作图

点击"确定"后，可得下列结果：

单变量观测计数的卡方拟合优度检验：实际购买数量

在品牌中使用类别名称

类别	观测	检验比率	期望	对卡方的贡献
A	120	0.2	100	4.0
B	260	0.5	250	0.4
C	120	0.3	150	6.0

N	自由度	卡方	P值
500	2	10.4	0.006

这里p值$=0.006<0.05$，得到同样的结论：拒绝原假设，所以在$\alpha=0.05$水平上，认为该地区数码相机品牌A，B，C市场占有率结构已经发生变化，不再是$p_A=0.2$，$p_B=0.5$，$p_C=0.3$。这里，卡方贡献最大者为品牌C（卡方为6.0），原因是按去年比率，品牌C应销售150台，而实际上品牌C只销售了120台，品牌C的占有率比去年下降了；卡方贡献次大者为品牌A（卡方为4.0），按去年比率品牌A应销售100台，而实际上品牌A销售达到120台，品牌A的占有率比去年提高了；品牌B的销售状况几乎与去年相同。

6.3.3　分布的拟合优度检验

各种统计理论或方法均有其基本假设，所以在运用统计工具前，通常需要先检验它的基本条件是否成立。例如，在许多统计工具运用中，常有总体服从正态分布、Poisson分布之类的假设前提，对于总体是否服从特定分布的检验方法称为拟合优度检验（goodness-of-fit test）。对于Poisson分布的检验，自MINITAB R15开始，已有专门的窗口，根据总体参数是否已知，结论会略有差异，因此我们分参数已知和参数未知两部分加以介绍。

6.3.3.1　Poisson分布的拟合优度检验

例6－10

每天检查10 000个二极管，随机抽取了100天记录的每天二极管不合格数据，对其结果按出现不合格二极管的天数加以整理，如表 6－16 所示。

表 6－16　　二极管不合格数数据表

二极管不合格数	观测频数 O_i
0	14
1	20
2	34
3	22
4	5
5	3
6 以上（含）	2

在显著性水平为 $\alpha=0.05$ 下，此数据可以认为是服从 Poisson 分布吗？（数据文件：BS _ 泊松拟合优度检验 . MTW）

解　由于在 MINITAB 中已有 Poisson 分布的拟合优度检验的专门窗口，下面直接使用它。

打开数据文件“BS _ 泊松拟合优度检验 . MTW”，从“统计>基本统计量>Poisson 分布的拟合优度检验（Stat>Basic Statistics>Goodness-of-Fit Test for Poisson）”进入有关界面，如图 6－10 所示输入相关变量。

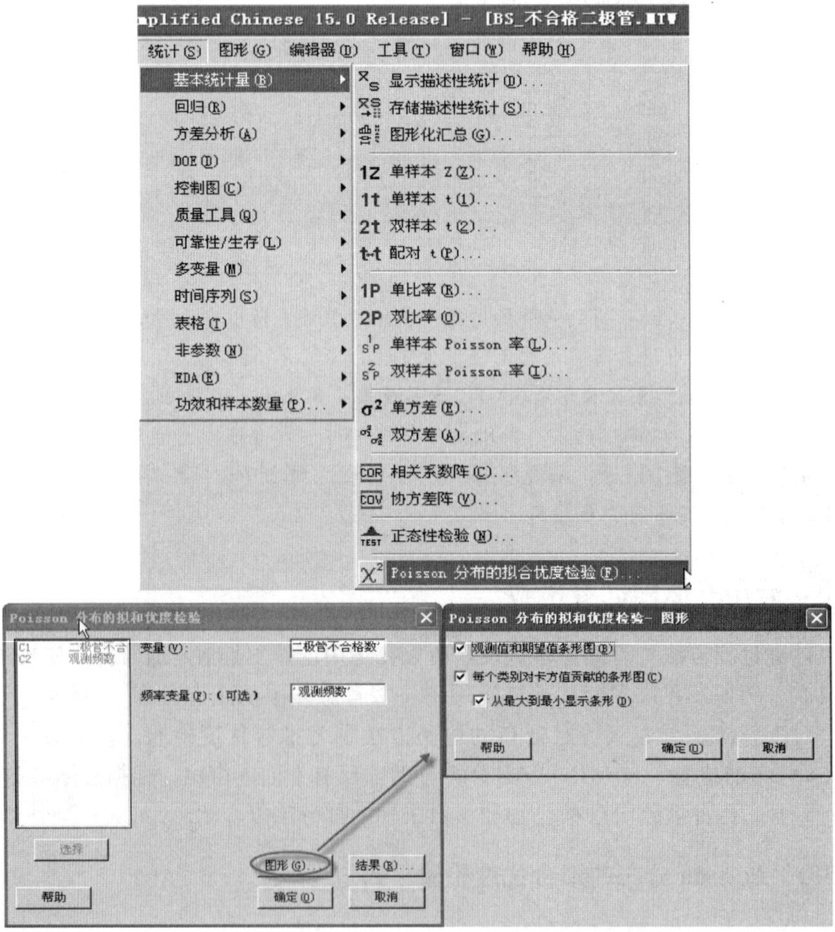

图 6－10　Poisson 分布的拟合优度检验操作图

点击“确定”后，可得图6-11及下列结果：

Poisson 分布的拟合优度检验

数据列：二极管不合格数

频率列：观测频数

二极管不合格数的 Poisson 均值等于 2.01

二极管不合格数	观测	Poisson 概率	期望	对卡方的贡献
0	14	0.133 989	13.398 9	0.026 97
1	20	0.269 317	26.931 7	1.784 10
2	34	0.270 664	27.066 4	1.776 19
3	22	0.181 345	18.134 5	0.823 97
4	5	0.091 126	9.112 6	1.856 04
>=5	5	0.053 560	5.356 0	0.023 66

N	N*	DF	卡方	P值
100	0	4	6.290 92	0.178

这里 p 值=0.178>0.05，二极管不合格数可以认为是服从 Poisson 分布的。

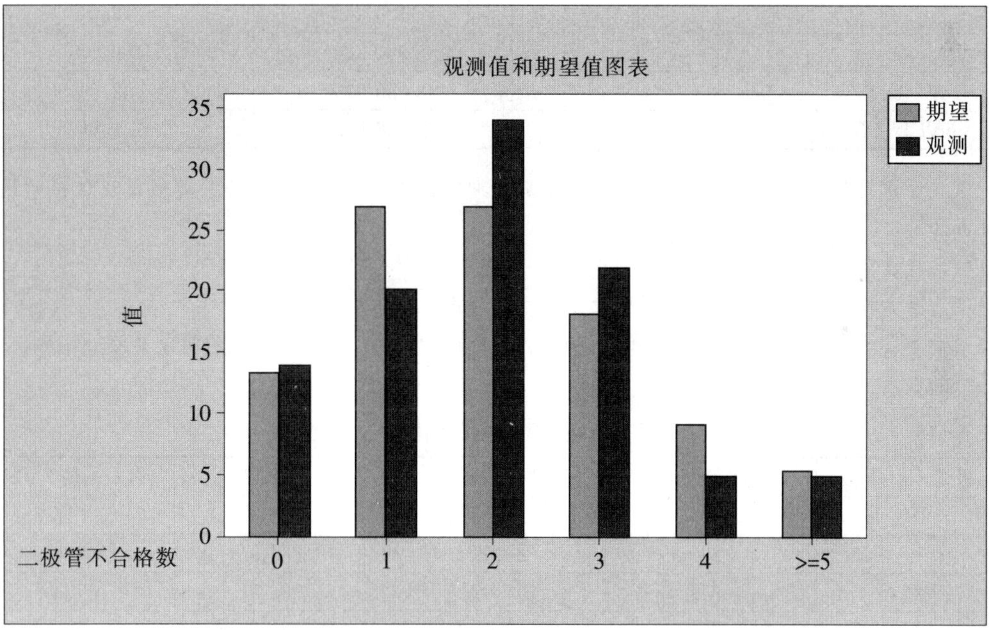

图6-11　Poisson 分布的拟合优度检验结果图

6.3.3.2　参数已知的离散型分布拟合优度检验

虽然在 MINITAB 中可以简单地使用专门窗口来对 Poisson 分布进行拟合优度检验，但为了演示一般离散型分布拟合优度检验的步骤，我们将例6-10仔细用手工方法计算一遍，一方面是为了熟悉拟合优度检验方法，另一方面也可以与计算机直接计算的结果相比较。这里的方法几乎和有限项离散型分布拟合优度检验完全相同，只是项数要根据数据类别情况相应设置。

将例6-10的数据重新表述为例6-11加以说明，但这里补充了 Poisson 率值。

例6-11（续例6-10）

每天检查10 000个二极管，随机记录了100天内二极管不合格数数据，其结果见表6-16，在显著性水平为 $\alpha=0.05$ 下，问：可以认为此数据是服从每天平均不合格数 $\lambda=2$ 的Poisson分布吗?（数据文件：TBL _ 二极管不合格数 . MTW）

解 （1）以 X 表示每天的二极管不合格数，则建立的假设为：

H_0：$X\sim$Poisson（2）

H_1：X 不服从Poisson（2）

（2）若 H_0 为真时，由Poisson分布概率计算公式：

$$P(X=x)=\frac{\lambda^x}{x!}\mathrm{e}^{-\lambda},\quad x=0,1,2,\cdots \tag{6-15}$$

计算表6-16中二极管不合格数各自出现的概率值，列入表6-17中。

表6-17　各二极管不合格数的概率及期望值

二极管不合格数	观测频数 O_i	概率 P_i	期望值 E_i
0	14	0.135 335	13.53
1	20	0.270 671	27.07
2	34	0.270 671	27.07
3	22	0.180 447	18.04
4	5	0.090 224	9.02
5	3	0.036 089	3.61
6以上（含）	2	0.016 564	1.66

需要注意的是，在整个卡方检验中，各类别的期望值不允许小于5，若某类别出现这样的问题，解决办法是：

（1）将该类别归并到相邻其他类别中；

（2）增加抽样样本数，直到期望值大于等于5为止。

由于表6-17中有两组（$X=5$ 及 $X\geqslant6$）的期望值均小于5，因此将这两组合并为一组后，重新计算得到表6-18。

表6-18　修正后各二极管不合格数的概率及期望值

二极管不合格数	观测频数 O_i	期望值 E_i	$(O_i-E_i)^2$	$(O_i-E_i)^2/E_i$
0	14	13.53	0.220 9	0.016 3
1	20	27.07	49.984 9	1.846 5
2	34	27.07	48.024 9	1.774 1
3	22	18.04	15.681 6	0.869 3
4	5	9.02	16.160 4	1.791 6
5以上（含）	5	5.27	0.072 9	0.013 8
	100			6.311 6

（3）由于 $\chi^2=\sum_{i=1}^{k}\frac{(O_i-E_i)^2}{E_i}=6.311\,6<\chi^2_{0.95}(5)=11.07$，统计量未落在拒绝域中，不能拒绝原假设，即在 $\alpha=0.05$ 水平下，认为此数据记录服从 $\lambda=2$ 的Poisson分布。

用MINITAB软件计算：

打开数据文件“TBL _ 二极管不合格数 . MTW”，从“统计>表格>卡方拟合优度检验（单变量）(Stat>Tables>Chi-Square Goodness-of-Fit Test (One Variable))”入口，这里有以下三种录入数据的方式，如图 6-12 至图 6-14 所示。

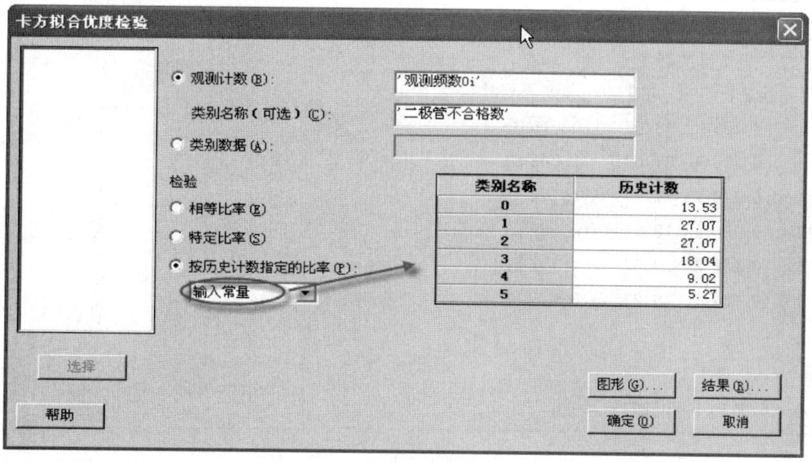

图 6-12　分布拟合优度检验理论分布录入方式 1

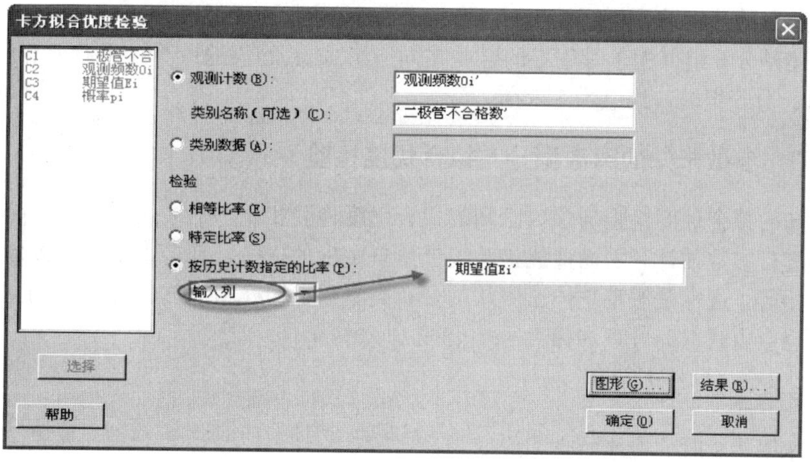

图 6-13　分布拟合优度检验理论分布录入方式 2

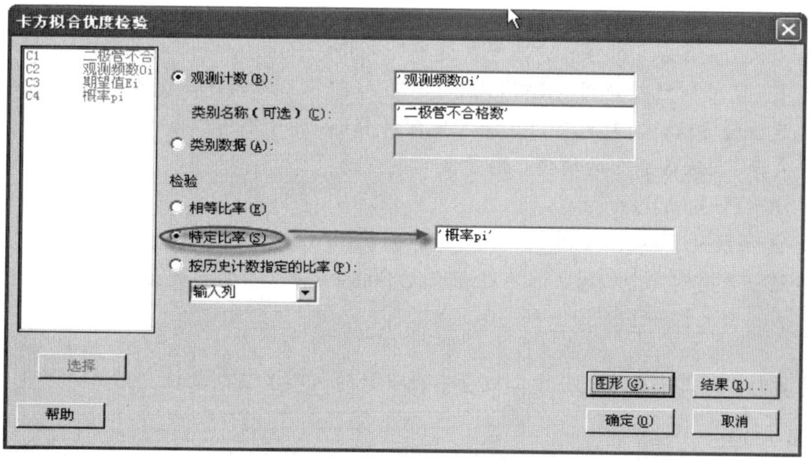

图 6-14　分布拟合优度检验理论分布录入方式 3

点击“确定”后，可得下列结果：

单变量观测计数的卡方拟合优度检验：观测频数 O_i

在二极管不合格数中使用类别名称

类别	观测	检验比率	期望	对卡方的贡献
0	14	0.135 3	13.53	0.016 33
1	20	0.270 7	27.07	1.846 51
2	34	0.270 7	27.07	1.774 10
3	22	0.180 4	18.04	0.869 27
4	5	0.090 2	9.02	1.791 62
5	5	0.052 7	5.27	0.013 83

N	自由度	卡方	P值
100	5	6.311 65	0.277

这里 p 值=0.277>0.05，不能拒绝原假设，即在 $\alpha=0.05$ 水平上，可以认为此数据记录服从 $\lambda=2$ 的 Poisson 分布。

注意：这里的计算结果与例 6-10 的结果有微小差别，原因是数据分 7 组（大于等于 6 的单列一组）还是分 6 组（大于等于 5 的合并在同一组），其均值的计算结果有差异（分 7 组时，均值为 2.01；分 6 组时，均值为 1.99）。

6.3.3.3　参数未知的离散型分布拟合优度检验

参数未知的拟合优度检验与参数已知的拟合优度检验相比，唯一的差别在于前者在检验过程中需要先进行参数估计，因而造成检验统计量自由度的损失，其自由度损失数量与需要估计的参数个数相等。通常是假定总体所服从的分布类型后，用样本数据估计相应的 r 个参数，卡方的自由度也会由式（6-13）中的 $k-1$ 变成 $k-r-1$：

$$\chi^2=\sum_{i=1}^{k}\frac{(O_i-E_i)^2}{E_i}\sim\chi^2(k-r-1) \tag{6-16}$$

显著性水平为 α 时的拒绝域也相应变为：

$$\{\chi^2>\chi^2_{1-\alpha}(k-r-1)\} \tag{6-17}$$

例 6-12（续例 6-10）

此数据可以认为是服从 Poisson 分布吗？这里并未指定 Poisson 分布的均值 λ。

解　在例 6-10 中，已经使用 MINITAB 软件直接回答了本问题，现在演示一下一般的离散型分布的拟合优度检验方法，同时也可以更深入地理解 Poisson 分布的拟合优度检验是如何进行的。

（1）以 λ 表示 Poisson 分布的均值，则建立的假设为：

H_0：$X\sim$Poisson（λ）

H_1：X 不服从 Poisson 分布

（2）检验过程跟前例完全相同，只不过在假定 Poisson 分布后需要先估计出 λ 的值。

$$\lambda=\overline{X}=\frac{0\times14+1\times20+\cdots+5\times5}{100}=1.99$$

若 H_0 为真时，计算出表 6-19 中二极管不合格数的概率值及期望值。如由

$$P(X=x)=\frac{\lambda^x}{x!}e^{-\lambda}$$

得

$$P(X=0)=\frac{1.99^0}{0!}e^{-1.99}=0.1367$$

表 6-19　　修正后各二极管不合格数的概率及期望值

二极管不合格数	观测频数 O_i	期望值 E_i	$(O_i-E_i)^2$	$(O_i-E_i)^2/E_i$
0	14	13.67	0.108 9	0.007 97
1	20	27.20	51.840 0	1.905 88
2	34	27.06	48.163 6	1.779 88
3	22	17.95	16.402 5	0.913 79
4	5	8.93	15.444 9	1.729 55
5 以上（含）	5	5.18	0.032 4	0.006 25
	100			6.34

(3) 由于 $\chi^2=\sum_{i=1}^{k}\frac{(O_i-E_i)^2}{E_i}=6.34<\chi^2_{0.95}(4)=9.49$，统计量未落在拒绝域中，不能拒绝原假设，即在 $\alpha=0.05$ 水平下，认为此数据服从 Poisson 分布。

用 MINITAB 软件计算：

打开数据文件“TBL _ 二极管不合格数 .MTW”，在这里，直接从“统计>基本统计量>Poisson 分布的拟合优度检验（Stat>Basic Statistics>Goodness-of-Fit Test for Poisson）”入口，输入数据，点击“确定”后，可得下列结果：

Poisson 分布的拟合优度检验

数据列：二极管不合格数

频率列：观测频数 O_i

二极管不合格数的 Poisson 均值等于 1.99

二极管不合格数	观测	Poisson 概率	期望	对卡方的贡献
0	14	0.136 695	13.669 5	0.007 99
1	20	0.272 024	27.202 4	1.906 98
2	34	0.270 664	27.066 4	1.776 19
3	22	0.179 540	17.954 0	0.911 77
4	5	0.089 321	8.932 1	1.731 01
>=5	5	0.051 755	5.175 5	0.005 95

N	N*	DF	卡方	P 值
100	0	4	6.339 90	0.175

这里 p 值 $=0.175>0.05$，得到同样的结论：不能拒绝原假设，即在 $\alpha=0.05$ 水平下，认为此数据服从 Poisson 分布。

6.3.3.4　连续型分布的拟合检验

在早期统计应用中，对于一般连续型分布的拟合检验也采用卡方拟合检验方法。其主要思路是：将连续分布通过分割区间实现离散化，然后进行离散型分布的拟合检验。这种方法可以用于任何一种分布，应用非常广泛，但一般来说，精度都不够高，容易犯第二类错误。现在计算机软件发达了，有很多更好的办法可以实现这一目标，下面举例说明。

例 6-13

有一组数据，共有 30 个，其值如表 6-20 所示（数据文件：BS _ 连续型分布拟合 . MTW）。

表 6-20

4.70	7.96	13.94	5.63	7.18	4.26	7.50	4.49	14.85	9.25
7.83	4.91	4.43	10.28	4.36	2.01	5.54	13.49	8.79	7.60
11.67	5.15	8.33	9.73	8.72	7.53	9.53	11.85	13.07	4.26

请判断：它服从什么分布？

解 打开数据文件“BS _ 连续型分布拟合 .MTW”，从“图形>概率图（Graph>Probability Plot)”入口（见图 6-15）。选中“单一”，则可以进入如图 6-16（a）所示界面；再选择“分布(Distribution)”（见图 6-16（b）），就可以得到多种分布的选择。假如我们先选择“Gamma”分布试试。

图 6-15　连续型随机变量的分布识别操作 1

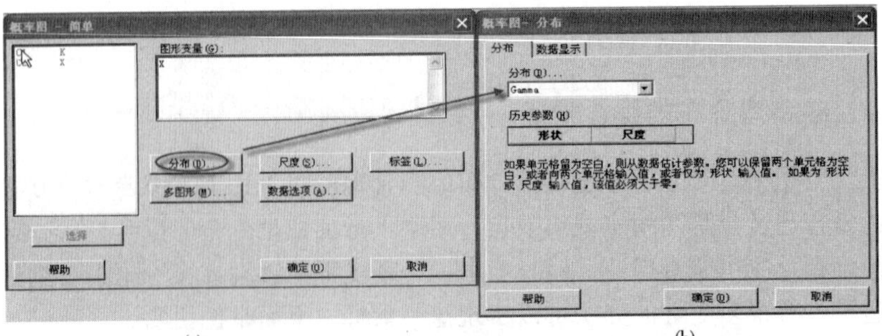

(a)　　(b)

图 6-16　连续型随机变量的分布识别操作 2

计算机计算后就可以得到图 6-17，如果数据在此概率图上基本上呈直线，相应的 p 值又比 0.05 大，则不排除是此种分布。由图 6-17 可以看出，不能排除此数据来自 Gamma 分布。

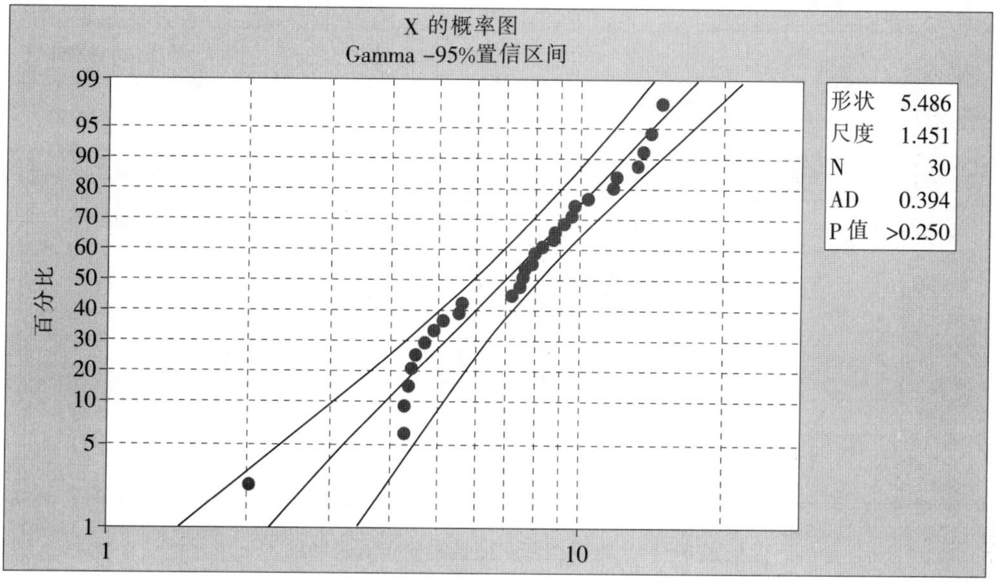

图 6-17　连续型随机变量的分布识别结果 1

将“分布 (Distribution)”换成“Weibull”试验一下，输出概率图如图 6-18 所示。

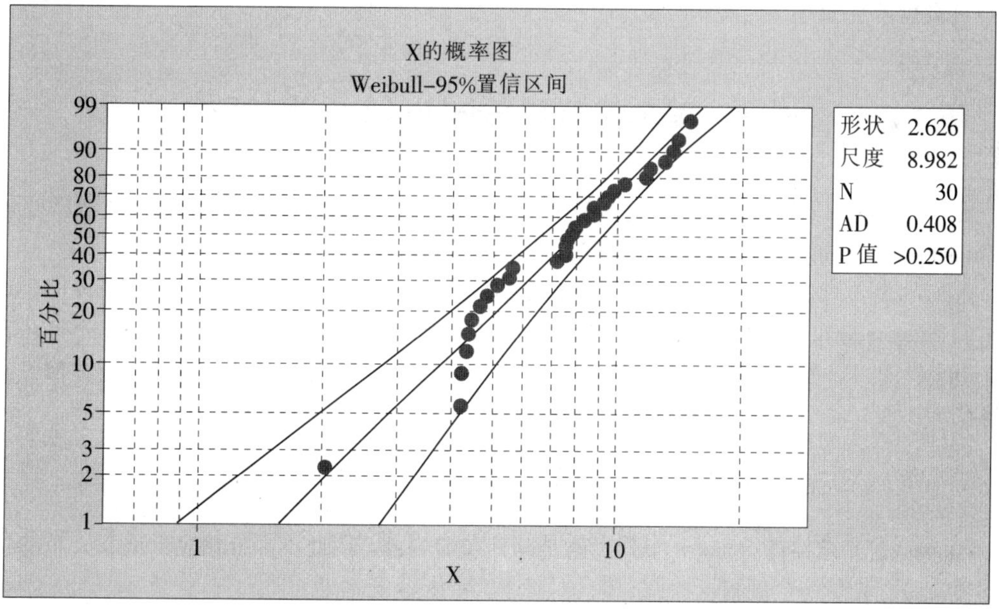

图 6-18　连续型随机变量的分布识别结果 2

同理，也不能排除此数据来自 Weibull 分布。

但若换成指数分布 (exponential distribution)，则数据明显地超出置信范围（见图 6-19），另外由于 p 值<0.003，可以断言此数据不可能来自指数分布。

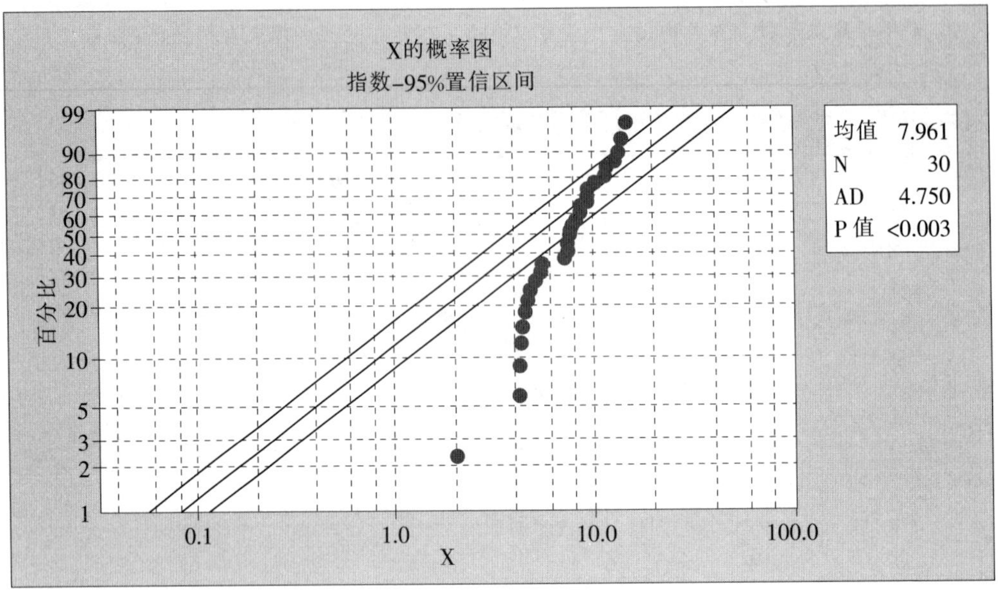

图 6-19 连续型随机变量的分布识别结果 3

这里所讨论的都是完全数据，即所有数据记录的都是准确数据。在研究可靠性理论时，数据常常是删失（censoring）的，这时如果希望识别分布类型，就要使用可靠性统计理论来处理，这比完全数据复杂多了。这部分内容请参看本书的姐妹篇《基于 MINITAB 的现代实用统计》，在此就不涉及了。

6.4 单总体与双总体 Poisson 率检验

从 6.1 节到 6.3 节，我们讨论的多是离散型变量服从二项分布的情形。如果离散型变量服从 Poisson 分布，如何进行分布的拟合优度检验以及参数的估计和检验呢?

在 MINITAB R15 以前的版本中，没有专门的窗口处理这类问题，自 MINITAB R15 开始增加了 Poisson 分布的拟合优度检验方法（参见 6.3.3.1 节），也增加了单 Poisson 分布总体的 Poisson 率（即 Poisson 分布的均值）检验，及双 Poisson 分布总体的 Poisson 率相等性检验。这里将在 6.4.1 节及 6.4.2 节中分别介绍单、双 Poisson 分布总体的 Poisson 率检验。

6.4.1 单总体 Poisson 率检验

Poisson 分布总体的 Poisson 率其实就是其分布的均值，因此本部分相应于正态分布的单总体均值检验。先看一个例题。

例 6-14

某芯片生产流水线生产 8 英寸芯片，每小时抽取 3 片，检测总共有多少个瑕疵点。根据一般见解，我们可以假定瑕疵点个数是服从 Poisson 分布的（也通过了分布的检验）。在六西格玛团队改革生产过程前，平均瑕疵点数为 8。对于改革后的状况，共收集了 26 小时的数据，列在表 6-21 中（数据文件“BS_瑕疵点比较.MTW”中第 2 列“改革后”，见图 6-20）。

表 6－21

12	8	6	4	4	9	2	5	2	8	7	7	5
10	9	7	7	3	5	6	8	10	6	7	13	5

问：改革后平均瑕疵点数确实下降了吗？

解 本题要检验的假设是：

$H_0:\lambda=8$

$H_1:\lambda<8$

MINITAB 软件给出了两种方法进行检验的计算。样本量较小时，用精确方法计算；当样本增大后，使用正态近似算法。一般用精确算法。

依次选择"统计>基本统计量>单样本 Poisson 率（Stat>Basic Statistics>1－Sample Poisson Rate)"（见图 6－20）。

图 6－20 单总体 Poisson 率检验操作 1

可以得到如图 6－21 所示界面。

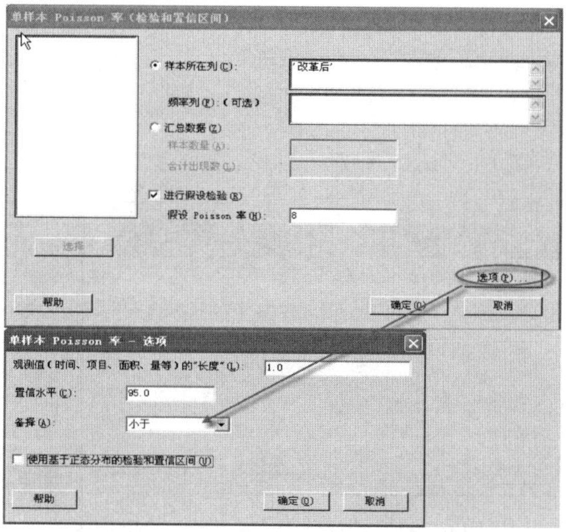

图 6－21 单总体 Poisson 率检验操作 2

一般情况下，在图6-21下方的“观测值的‘长度’”项通常都取为1。对于其下方“使用基于正态分布的检验和置信区间”的选项，如果不勾选，则表示只进行精确计算；如果勾选，则表示还要进行正态近似的计算。一般我们是不勾选的。经MINITAB计算后可以得到下列结果：

单样本 Poisson 率：改革后的检验和置信区间

比率检验＝8与比率<8

变量	合计出现数	N	出现率	95%上限	精确P值
改革后	175	26	6.730 77	7.629 81	0.011

观测值的“长度”＝1

计算结果表明：在26小时检验（每小时3片芯片）中，总共发现瑕疵点数175个，因此平均瑕疵点数（出现率）为6.73个。以95%的把握可以断言，平均瑕疵点数肯定小于7.6，也就肯定小于8，而检验的精确p值为$0.011<0.05$，因此应该拒绝原假设，也就是说，可以断言平均瑕疵点数肯定比8小，即平均瑕疵点数确实有所降低。

例6-15（续例6-10）

每天检查10 000个二极管，其结果按出现不合格二极管数的天数整理成表6-18（数据文件：TBL_二极管不合格数.MTW），平均不合格二极管的个数可以认为是2吗？

解　本题要检验的假设是：

$H_0:\lambda=2$

$H_1:\lambda\neq 2$

由于此数据是整理过的带有观测频数的数据，因此输入格式稍有差别。图6-21中的上方应该增加频率列，如图6-22所示。

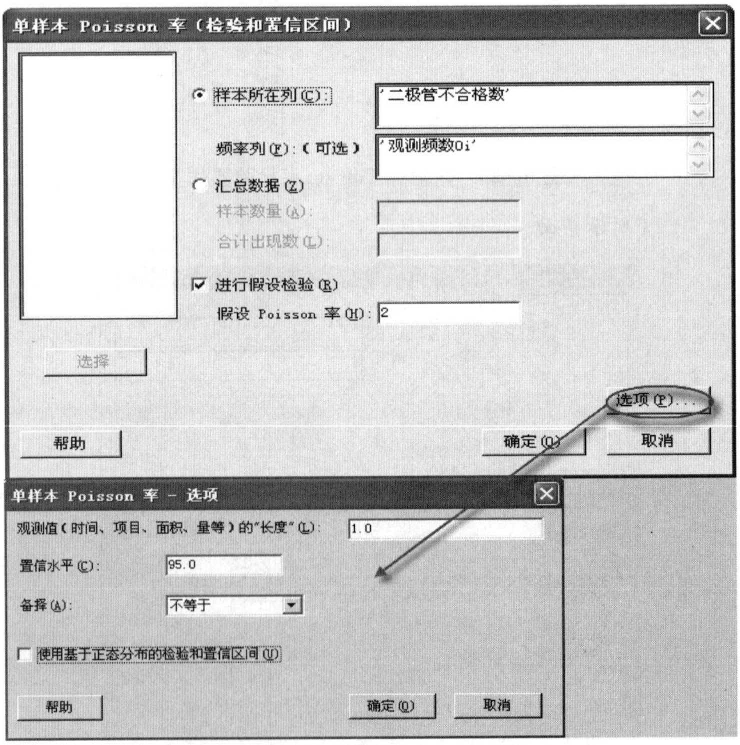

图6-22　单总体 Poisson 率检验操作3

当然也要注意把“选项”中的备择假设设定为“不等于”。计算结果如下：

单样本 Poisson 率：二极管不合格数的检验和置信区间

使用频率与观测频数

比率检验＝2 与比率≠2

变量	合计出现数	N	出现率	95%置信区间	精确P值
二极管不合格数	199	100	1.990 00	(1.723 10, 2.286 53)	0.944

观测值的“长度”＝1

输出结果说明：由于 p 值$=0.944>0.05$，故不能拒绝原假设，即平均不合格二极管的个数可以认为是2。

这里还要特别说明的是，使用单总体 Poisson 率检验需要什么条件呢？与单总体正态分布均值检验的条件相似，这里也有两个要求：(1) 观测数据相互独立；(2) 分布服从 Poisson 分布。如何进行这两项的检验不再赘述，独立性的检验在离散型及连续型两种类型间检验方法相同（因为游程检验法是非参数检验法，对分布无任何特别要求）；服从 Poisson 分布的检验已在6.3.3.1节讲述。

6.4.2 双总体 Poisson 率检验

Poisson 分布总体的 Poisson 率其实就是其分布的均值，因此本部分相应于正态分布的双总体均值相等性检验。先看一个例题。

例6-16

假定瑕疵点个数服从 Poisson 分布，在六西格玛团队改革生产过程前后，分别收集了30小时和26小时的数据，列在表6-22和表6-23中（数据文件：BS_瑕疵点比较.MTW）。

改革前：

表6-22

6	6	5	8	10	10	8	9	9	7	7	9	12	6	9
8	10	8	9	10	7	12	7	5	6	7	9	7	6	9

改革后：

表6-23

12	8	6	4	4	9	2	5	2	8	7	7	5
10	9	7	7	3	5	6	8	10	6	7	13	5

问：改革后的平均瑕疵点个数比改革前确有降低吗？

解 记改革前平均瑕疵点个数为 λ_1，改革后的平均瑕疵点个数为 λ_2。

本题要检验的假设是：

$$H_0: \lambda_1 = \lambda_2$$

$$H_1: \lambda_1 > \lambda_2$$

或改写为：

$$H_0: \lambda_1 - \lambda_2 = 0$$

$$H_1: \lambda_1 - \lambda_2 > 0$$

MINITAB软件给出了两种方法进行检验的计算。样本量较小时，用精确方法计算；当样本增大后，使用正态近似算法。一般用精确算法。

从“统计>基本统计量>双样本 Poisson 率（Stat>Basic Statistics>2 - Sample Poisson Rate)”入口，可以见到如图6-23所示界面。

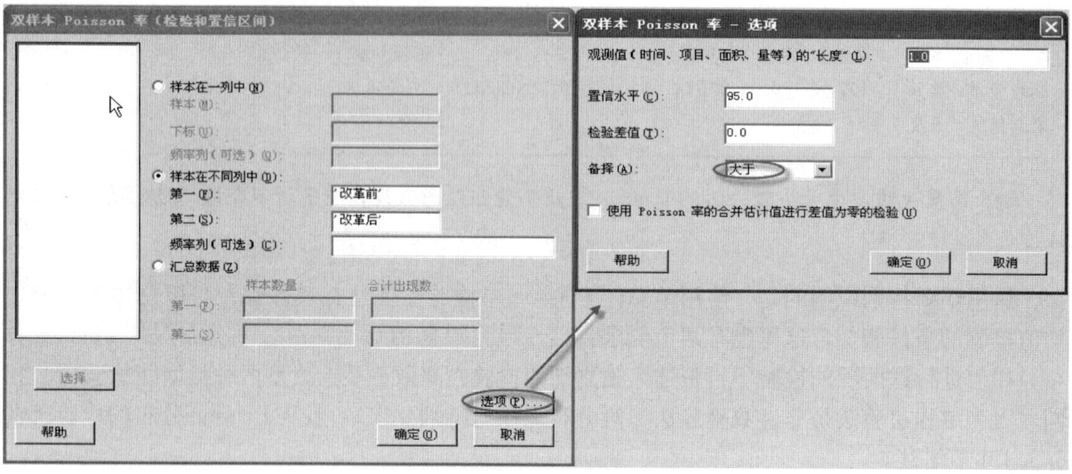

图6-23 双总体 Poisson 率检验操作1

注意在“选项”中的备择假设设定为“大于”，则可以得到下列结果：

双样本 Poisson 率：改革前、改革后的检验和置信区间

变量	合计出现数	N	出现率
改革前	241	30	8.033 33
改革后	175	26	6.730 77

差值 = 比率（改革前）- 比率（改革后）

差值估计：1.302 56

差值的95%置信下限：0.108 879

差值 = 0（与>0）的检验：Z = 1.79　P值 = 0.036

精确检验：P值 = 0.041

计算结果表明：在改革前的30小时检验（每小时3片芯片）中，总共发现瑕疵点数241个，因此平均瑕疵点数（出现率）为8.03个。在改革后的26小时检验（每小时3片芯片）中，总共发现瑕疵点数175个，因此平均瑕疵点数（出现率）为6.73个。二者的样本平均瑕疵点数差为1.30个，以95%的把握可以断言，平均瑕疵点数差即肯定大于0.109，即肯定大于0。而检验的精确 p 值为 $0.041 < 0.05$，因此应该拒绝原假设。也就是说，可以断言平均瑕疵点数差肯定为正值，即改革后平均瑕疵点数确实比改革前有所降低。

使用双总体Poisson率检验需要什么条件呢？与单总体Poisson率检验需要的条件完全相同。也是两个要求：(1) 各总体观测数据相互独立；(2) 两总体分布都服从Poisson分布。原来双正态总体的均值相等性检验中，要求“两总体方差相等”，现在与之相应的这一条在这里被取消了，因为这里进行的是精确检验，p 值是未使用任何统计量分布而直接计算出来的，因此不必增加附加条件。

第 7 章

非参数检验方法

本书的前几章介绍了常用的统计假设检验方法。使用这些方法的共同前提有两点：一是观测数据要相互独立；二是数据要服从正态分布。如果数据不能满足上述要求则要另想办法。如果数据不独立，几乎失去所有讨论的理论基础，所有抽样定理都不再成立，检验统计量的分布也不再为相应的分布。遇到这种情况的最好对策是重新审查数据的获得过程，确认其究竟受到哪个不正常因素的影响，将此因素的影响去除，然后重新收集数据；如果从机理上分析数据确有不独立的成因（例如正常的股市指数、按月的销售记录等序列数据应该是相关的），则在收集的数据量足够大的条件下可以使用时间序列分析（time series analysis）等统计工具进行分析。如果数据是独立的，但是并不服从正态分布，则可以采用其他一些统计方法来分析。这里最重要的方法就是非参数方法。本章将对此做详细介绍。

首先要明确，检验问题本身分为“参数假设检验”和“非参数假设检验”两大类。例如，对于均值、方差或比率等的检验，其检验问题是数据的分布类型已确认（例如正态或二项），讨论的问题是针对参数的，这类问题称为参数检验问题；另一类检验问题则不是这样，例如对于分布的正态性或数据的独立性的检验、分布拟合检验等，可以假定的条件非常宽（例如只假定分布是“连续型”的或“对称”的，等等），其检验问题不是针对参数的，这类问题称为非参数检验问题。另外，我们更加关注在参数检验问题中当正态性这个基本假定不能满足时，如何使用一些与分布类型无关的方法来进行检验。我们把解决非参数检验问题及使用与分布类型无关的方法来解决参数检验问题这两类方法统称为非参数检验法。

什么是参数检验方法？众所周知，参数检验方法指的是假定了分布类型后，用求平均值、标准差、极差等统计量做基础，再加工成检验统计量（如 z 统计量、t 统计量等），最后根据这些检验统计量在原假设成立的条件下应该具有的分布及取值的范围，并用实际取值做出最终的判断。

对于非参数检验方法，问题仍是参数问题（均值相等性检验等），但方法是非参数的，即只是用“符号”（sign）、“秩”（rank）及“游程”（run）等几种与原来分布无关的工具进行分析，这就是非参数检验方法的基本思想。

这里有个重要问题要澄清：如果数据是服从正态分布的，那么是否可以用非参数检验方法？当然可以。那么自然要问，对于正态数据使用参数方法与非参数方法有什么差别？结论是：第 5 章介绍的方法早就被统计学家证明是所有方法中最好的。因此，如果数据确实服从正态分布，则我们用第 5 章介绍的方法一定是最好的，用非参数方法的结果会使相应检验的功效稍微降低，也就是犯第二类错误的概率 β 会增大，换言之，数据因与原假设不符合而被检测出来的可能性要小些。非参数方法简单易算，不需要验证很多条件就可以用，但在计算机日益普及的今天，计算量已不用多考虑，因此对于正态数据当然应首选参数方法；只有在数据非正态时才用非参数方法。另外，如果数据只是有序的数据（例如只有排队的名次结果），并非连续性数据，对这些数据是可以使用非参数检验方法的。

由于非参数检验的内容非常丰富，应用非常广泛，我们不可能介绍它的所有方面。在MINITAB软件中，也只有常用的一些非参数方法的计算，本章只介绍这些能够用MINITAB计算的内容。由于检验独立性的游程检验法已经在第5章介绍过了，本章只介绍其余非参数检验的内容，包括：符号检验法；秩和检验法；符号秩检验法；多样本中位数相等性的三种检验法。

7.1 符号检验法

7.1.1 符号检验概念

在六西格玛管理实践中，人们常常遇到只取两类状况的计数结果分析问题。例如：产品分“合格”“不合格”两类；顾客态度分“满意”“不满意”两类；按时间记录的数据记录中分“上升”“下降”两类；观测的一组数据与其中位数的关系分“大于”“小于”两类，等等。可以看出，此类数据其实就是“单比率”的分析问题，但其中有一类特殊的单比率“恰为一半”的情况有更广泛的应用，为此计算机也单独给出这种检验的具体实施方法，这就是符号检验法(sign test)。

我们把两类结果用正号“+”及负号“−”作为代表（原来称为“成功”及“失败”），记出现“+”的概率为p_+，记出现“−”的概率为p_-。我们要进行的假设检验是：

$$H_0: p_+ = p_- = 0.5$$

$$H_1: p_+ \neq p_- \qquad (7-1)$$

由于只有“+”与“−”两种选择，总有$p_+ + p_- = 1$成立，因此上述假设检验问题可以换成单比率检验问题：

$$H_0: p_+ = 0.5$$

$$H_1: p_+ \neq 0.5 \qquad (7-2)$$

当然，有时上面的备择假设可能改为“>”或“<”。这个检验的方法在第6章关于比率的检验中讨论过了，详细内容请参看6.1节。下面通过一些例子介绍它的灵活应用。

例7-1

现有A，B两种品牌手机价格及功能基本相同，但设计外形不同。经抽样调查，发现在40人中，喜欢A的有28人，喜欢B的有12人，问喜欢两种品牌的人数有显著差别吗？

解 记喜欢A的为“+”，喜欢B的为“−”，我们要进行的假设检验是式(7-2)。

可以看出，此题与例6-1中的小学生近视率检验完全相同，只是这里待检验的比率是0.5，对于单比率检验，可以用与图6-1、图6-2相同的操作，最后可得到下列结果：

单比率检验和置信区间

p=0.5与p≠0.5的检验

样本	X	N	样本p	95%CI	精确P值
1	28	40	0.700000	(0.534684, 0.834373)	0.017

由于p值<0.05，因此拒绝原假设，也就是可以断言“喜欢两种品牌的人数有显著差别”。

为了使用方便，我们将符号检验结果的临界值专门列成数值表，见本书最后的附表8。其使用方法是：

记n_+及n_-分别为正负号的个数，令$n = n_+ + n_-$(这里强调，出现了“0”的结果时是不把这些样本结果计入样本总数的)。令 $S=\min\{n_+,n_-\}$，根据 n 及 α 查附表 8 求出下界 S_α，若 $S\leqslant S_\alpha$，则拒绝原假设。对于例 7-1，按总样本量为 40，查到对于显著性水平 $\alpha=0.05$ 的下界为 13。在样本观测值中的 28 与 12 间选取小者为 12，但 $12<13$，落入拒绝域中，因此结论也是拒绝原假设，认为喜欢两种品牌的人数并不相等。

例 7-2

某车间生产螺钉，每小时抽取螺钉一颗，测量其直径。现共抽取 20 颗螺钉，绘制了单值控制图(见图 7-1)，根据控制图上出现的状况，它有什么不正常吗?(关于控制图的详细内容及有关理论将在第 12 章详细介绍。)

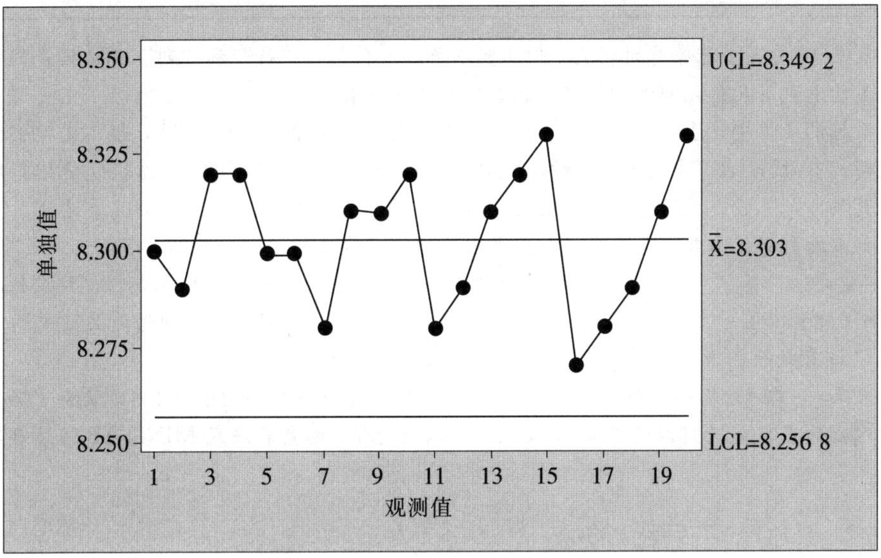

图 7-1 螺钉直径的单值控制图

解 对于控制图是否异常有 8 种判异方法，按这些方法检验，图 7-1 皆为正常。现在用“升”“降”趋势来检验。记“升”为“+”，“降”为“-”，在从 11 号观测值到最后的 20 号的连续 10 个观测值间，有 9 次升降机会，出现“升”或“降”的机会应该相等。但这里 $n_+=8$，$n_-=1$。对此，检验问题如式 (7-2) 所示：

$$H_0:p_+=0.5$$

$$H_1:p_+\neq 0.5$$

用 MINITAB 软件得到下列结果：

单比率检验和置信区间

p = 0.5 与 p≠0.5 的检验

样本	X	N	样本 p	95 % CI	精确 P 值
1	8	9	0.888 889	(0.517 503, 0.997 191)	0.039

由于 p 值 <0.05，因此拒绝原假设，也就是可以断言“出现升降的机会并不相等”，即生产出现了异常，应该报警，立即检查。查附表 8，按总样本量为 9，查到对于显著性水平 $\alpha=0.05$ 的下界为 1。在样本观测值中的 8 与 1 间选取小者为 1，而 1 并未超过下界，这落入拒绝域中，因此结论也是拒绝原假设，即认为生产已出现不正常。

例 7-3

现有 M，N 两种保健品，都声称自己的催眠安神效果最好。现随机挑选 300 名志愿者参加测试。

对每位被测试者用投掷硬币方法决定他们属于甲乙两种测试方法之一。甲种方法是：先服用M保健品一周，停用一周，再服用N保健品一周；乙种方法是：先服用N保健品一周，停用一周，再服用M保健品一周。将测试者在测试中的感觉归类为表7-1。服用M，N两种保健品效果间有显著差异吗？

表7-1　　保健品效果数据表

	M有效	M无效
N有效	120	28
N无效	52	100

解　表7-1看上去好像是列联表，但其实不是。列联表的"行"和"列"都必须是因子，而这里不是。不能看见有几行几列结构的数据就断言其为列联表。

在有数据的4格中，左上角表示这些被测试者感觉两种保健品"都有效"，说不定他们服用淀粉片也会觉得"有效"；右下角表示这些被测试者感觉两种保健品"都无效"，这说明他们得服用更强烈的催眠药物才能入睡；这两格中的数据不予考虑。最后能为我们提供信息的只有左下、右上两格的数据。如果两种保健品效果差不多，则出现在两格的可能性相等。如果记左下角为"+"（M有效而N无效），右上角为"-"（N有效而M无效），查附表8（其中$n=80$，小于30即应拒绝）或用MINITAB（由于p值$=0.01<0.05$），结果都是拒绝原假设，即M，N两种保健品效果间有显著差异，认为"M有效而N无效"的人要显著地多，也即M更有效。

注意表7-1中的数据不能理解为"比率"，如果将上述数据全部缩小为1/4，认为"M有效而N无效"的人数为13，认为"N有效而M无效"的人数为7，则查表法或MINITAB结果都不能认为差异显著。

7.1.2　中位数符号检验法

在六西格玛管理实践中，常需要检验均值是否等于某个常数的问题，这些我们在5.3.1节已经讨论过了。但那时假定总体一定服从正态分布，均值也确实是对于位置的最好代表；如果不假定总体服从正态分布，那么中位数才是对于位置的最好代表。因此对于位置状况的检验可以写成：

$$H_0: \eta = \eta_0$$
$$H_1: \eta \neq \eta_0 \qquad (7-3)$$

这里希腊字母η读成"依塔"，代表中位数，英文写成ETA。

当然，有时上面的备择假设可能改为"$>$"或"$<$"。如果将观测数据按与其中位数的关系分"大于""小于"两类（恰等于中位数的数据应弃之不用），分别记为"+""-"，则检验式（7-3）可以化为符号检验式（7-2）：

$$H_0: p_+ = 0.5$$
$$H_1: p_+ \neq 0.5$$

此检验的处理方法对于列出原始数据者将增加一个更直接的处理窗口。具体操作办法可以参见例7-4。

例7-4（续例5-12）

用配对数据检验服用减肥药是否有效。10位被测试者服用减肥药前的体重减去服用减肥药后的体重（单位：千克）分别为：7，9，6，4，5，5，-3，4，6，6。问减肥药是否有效（数据文件：BS_配对t检验.MTW）？

解 我们现在要检验的是对于这个差值列中位数是否为正数，因为如果差值的平均值或中位数是正的，则说明减肥有效；如果仍为0，则说明减肥无效。为了更加不受分布的影响，我们使用中位数。为此可以设立待检验的假设如下：

$$H_0: \eta = 0$$

$$H_1: \eta > 0 \tag{7-4}$$

将观测数据按其与0的关系分“大于”“小于”两类（恰等于0的数据应弃之不用），分别记为“+”“−”，式（7-4）可以化为检验：

$$H_0: p_+ = 0.5$$

$$H_1: p_+ > 0.5 \tag{7-5}$$

依次选择“统计>非参数>单样本符号（Stat>Nonparametric>1 Sample Sign）”，界面如图7-2所示：

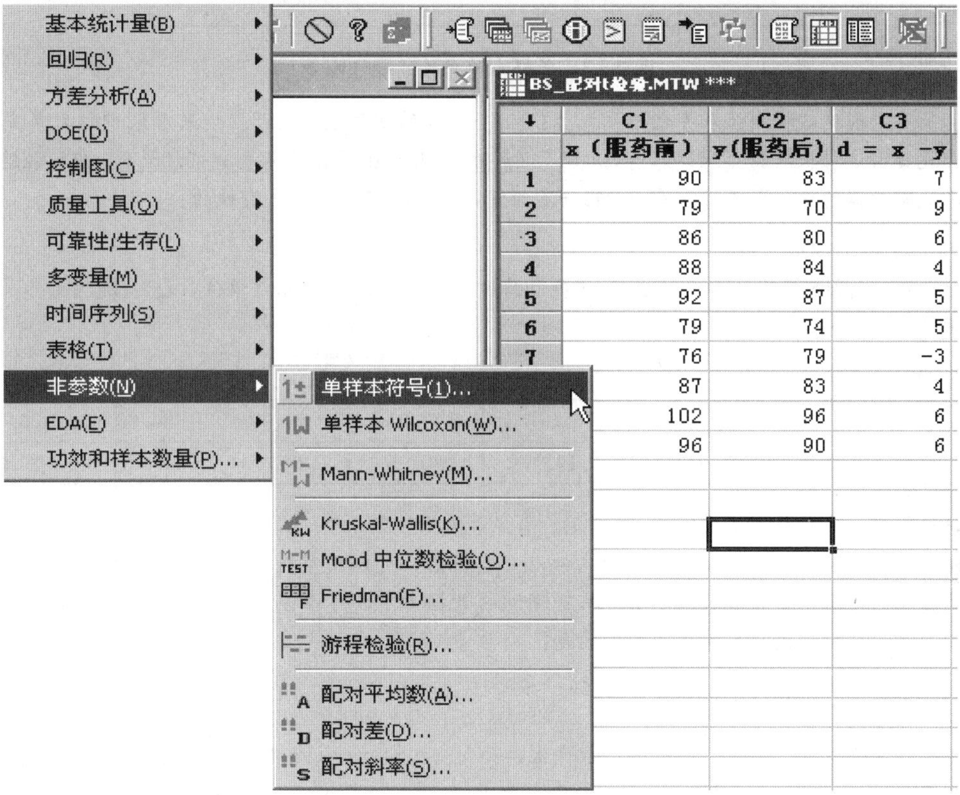

图7-2 单样本符号检验操作图1

在出现的信息框（见图7-3）内填写有关信息（注意备择假设要选“大于”）：

最后可得下列结果：

中位数的符号检验：d=x−y

中位数 = 0.000 00 与>0.000 00 的符号检验

	N	下方	相等	上方	P	中位数
d=x−y	10	1	0	9	0.010 7	5.500

在差值d与0的比较中，一共10个观测值，在0下方的有1个，在0上方的有9个，恰为0者

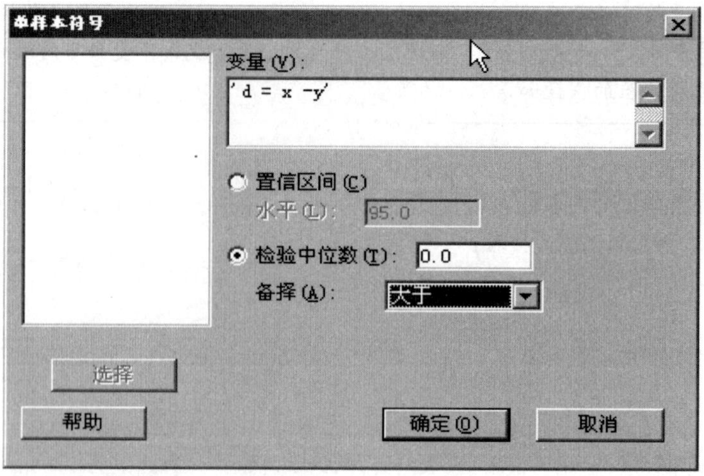

图 7－3　单样本符号检验操作图 2

无（如果有，则这些观测值应弃之不用）。这 10 个数据的中位数是 5.5。如果原来中位数真是 0 的话，出现目前这种状况的可能性只有 0.010 7（p 值），因此在显著性水平 $\alpha=0.05$ 下，应该拒绝原假设，即减肥数据的中位数不可能是 0，它一定为正，也即减肥药确实是有效的。

例 7－5（续例 5－3）

抽查精细面粉的装包重量，抽查了 16 包，其观测值如表 7－2 所示（单位：kg）（数据文件：BS_面粉重量.MTW）。

表 7－2

20.21	19.95	20.15	20.07	19.91	19.99	20.08	20.16
19.99	20.16	20.09	19.97	20.05	20.27	19.96	20.06

试检验平均重量与原来设定的 20kg 是否有显著差别。取 $\alpha=0.05$。

解　按参数检验方法，在验证了独立性及正态性后，可以用单样本 t 检验。现在我们在验证过数据是独立的之后，用非参数检验法。从观测到的数据上看，可以假定分布是对称的，检验平均重量可以换为中位数，因此本问题要检验的是：

$$H_0:\eta=20$$

$$H_1:\eta\neq 20$$

同样，依次选择“统计＞非参数＞单样本符号（Stat＞Nonparametric＞1 Sample Sign）”（参见图 7－2、图 7－3）。可得下列结果：

结果：BS_面粉重量.MTW

中位数的符号检验：面粉重量

中位数 = 20.00 与≠20.00 的符号检验

	N	下方	相等	上方	P	中位数
面粉重量	16	6	0	10	0.454 5	20.06

由于在 16 个数据中，有 6 个比 20kg 小，有 10 个比 20kg 大，p 值＝0.454 5，因此无法拒绝原假设，也即未看出面粉平均重量与 20kg 有显著差别。

一般来说，用符号检验法方便易行，直观概念清晰，但它比较粗糙，检验的功效较低，也就是说，对于与原假设已有变化的数据，仍然很难看出有变化，犯第二类错误的可能性较大。对于上面引用的例 5－3 的面粉重量数据我们还要在 7.3 节用更精细的方法分析，结果得出了有显著性差异的结论。

7.2 秩和检验法及 Mann-Whitney 检验法

除了使用“符号”这个工具，非参数检验方法中另一个强有力的工具是秩（rank），意为名次。我们先把秩的概念严格化。例如有 11 个数据，如何给它们赋予名次呢？一般来说这很容易，从小到大排好队后，立即可以得到名次。但遇见数据相等（称为“结”（tie））时则要恰当处理才行。在运动会上，如果第二名、第三名成绩一样，会称他们“并列亚军”，但这样处理在讨论检验性能时很不方便，所有数据的所有秩的和会因为有“并列”而发生变化。我们将之改进而采用“平均”的办法，将原来两个数据的第 2 名与第 3 名，平均得到每个数据都是第 2.5 名。依此类推，如果 3 个或多个数据相同，则它们的共同秩是原来应有的秩的平均。请看表 7－3 中排好了的数据及它们相应的秩。

表 7－3

数据	12	13	14	14	15	16	19	19	19	21	23
秩	1	2	3.5	3.5	5	6	8	8	8	10	11

如“14”有两个，原应位于第 3、4 名，故它们都是第 3.5 名；“19”有 3 个，原应位于第 7，8，9 名，故它们现在都是第 8 名。MINITAB 可以对数据列自动计算出相应的秩，具体操作见例 7－6。

对于给定的两组数据，如何检验它们的均值（或中位数）间是否有显著差异呢？先来解释一下我们的思考方法。

由于两组观测值个数不一定相等，我们称样本量较小的一组为“第一组”（样本量相同时，可以任意指定一组）。要检验的假设是两组中位数是否相等：

$$H_0: \eta_1 = \eta_2$$

$$H_1: \eta_1 \neq \eta_2 \qquad (7-6)$$

或者全部移至左侧，将检验写成：

$$H_0: \eta_1 - \eta_2 = 0$$

$$H_1: \eta_1 - \eta_2 \neq 0 \qquad (7-7)$$

如果将两组全部数据混合在一起，排出各数据之秩，再将各组内所有的秩相加，求出“秩和”（sum of rank）。我们先分析一下，式（7－6）中“H_0 成立”与“H_0 不成立”对秩和会有什么影响。

在图 7－4 中，我们用“○”代表第一组数据（样本量稍小者），而用“✧”代表第二组数据。如果第一组中位数明显比第二组要小，则第一组的秩和肯定应该比第二组的秩和要小很多（见图 7－4（a））；如果第一组中位数明显比第二组要大，则第一组的秩和肯定应该比第二组的秩和要大很多（见图 7－4（b））；如果两组中位数相差不大，则两组的秩和应该差不多（见图 7－4（c））。因此，可以用秩和的差别是否足够大来判别两组中位数差异是否显著，即当第一组的秩和偏大或偏小都应拒绝 H_0。差异到多大才算“差异显著”？可以根据两样本的数量查附表 9 得到临界值，具体计算过程参见例 7－6。归纳起来就是：将两组数据合并排序并给每个观测值一个秩值，计算出样本量较小者组内所有秩的和 T，查本书附表9中对应 $\alpha=0.025$ 的左半栏（这是针对秩和值太大或太小双侧都拒绝的问题给出的，右半栏是针对单侧拒绝域给出的），得到临界值的下界 T_1，上界 T_2。若 $T\leqslant T_1$ 或 $T\geqslant T_2$，则拒绝原假设。当样本量之一超过10，则可以使用近似正态性检验法。在历史上，首先是由威尔科克森（F. Wilcoxon）在1945年提出了这种两样本之样本量相等条件下的秩和检验，曼（Mann）和惠特尼（Whitney）于1947年将此方法推广到两样本量不等的情况，所以常称双样本中位数检验方法为Wilcoxon-Mann-Whitney检验（WMW检验），在MINITAB的菜单上标注的是Mann-Whitney检验。

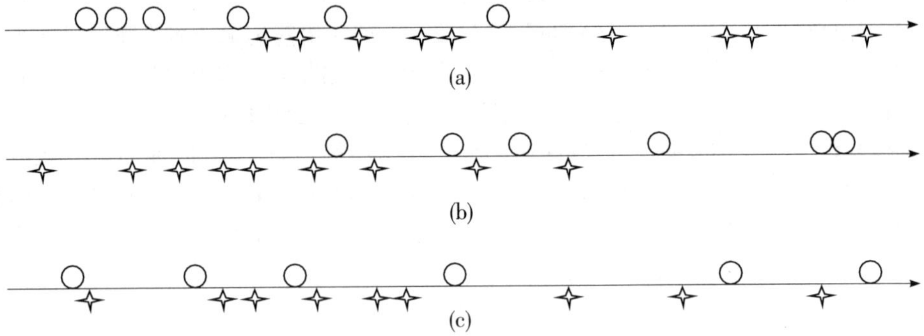

图7-4　双样本秩和检验示意图

例7-6

抽查两种工艺条件下生产的电容器，在固定的高电压脉冲冲击下，其寿命是产品质量的关键指标。A组抽取10片，B组抽取8片，记录其寿命的观测值如表7-4所示（耐冲击次数，单位：千次）（数据文件：NP _ 两组电容器寿命 . MTW）。试分析两种工艺条件下的电容器寿命是否有显著差异。（取 $\alpha=0.05$）

表7-4

A组	6.2	17.3	14.1	9.3	11.3	6.5	6.8	6.1	6.3	7.5
B组	3.9	7.3	4.4	4.2	4.9	5.6	4.7	11.2		

解　我们要检验的问题是两组中位数之差是否为0：

$$H_0:\eta_1-\eta_2=0\leftrightarrow H_1:\eta_1-\eta_2\neq 0$$

注意到这两组寿命数据都不服从正态分布，不能使用双样本 t 检验来检验平均值之差是否为0。

先用MINITAB将全部18个数据堆叠为一列，并按由小到大排序，从“数据>堆叠>列（Data>Stack>Column）”入口，可得如图7-5所示界面。

对于堆叠好的数据（见图7-5中上图C4及C5两列）可以使用MINITAB排秩功能将其秩的数值求出。从“数据>排秩（Data>Rank）”入口，得到如图7-6所示界面，填写好有关信息（见图7-6），则可以得到图7-5中上图最右一列的数据。

下面我们先用手工计算的非参数检验方法来检验中位数之差是否为0，以了解全部计算细节，然后再学习用计算机计算。

B组样本量较小，从排秩结果中可以求得B组的秩和为：

$$T=1+12+3+2+5+6+4+15=48$$

查附表9，对应于 $n_1=8$，$n_2=10$，在左栏查得接受域为（54，98），T 值比下界54还小，落在接受域之外了，因此应拒绝原假设，即认为两种工艺生产的电容器寿命间有显著差异。

图7-5　双样本堆叠数据操作图

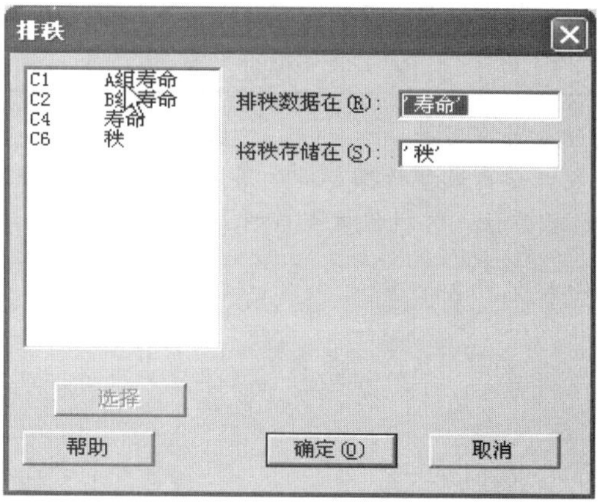

图7-6　数据排秩操作图

以上是对于小样本，自己动手计算的过程与步骤。实际工作时，不用这样麻烦，特别如果有一组数据超过10，则因附表9未涵盖，还要用近似正态方法获得。MINITAB中的Mann-Whitney检验可以适用于任意大小的样本量。下面介绍用MINITAB的操作。依次选择"统计>非参数>Mann-Whitney（Stat>Nonparametric>Mann-Whitney）"，填写两组变量名即可得到结果。

```
Mann-Whitney 检验和置信区间：A组寿命，B组寿命
          N   中位数
A组寿命   10   7.150
B组寿命   8    4.800
ETA1-ETA2 的点估计为 2.300
ETA1-ETA2 的 95.4 置信区间为（0.900，6.601）
W=123.0
在 0.014 5 上，ETA1=ETA2 与 ETA1≠ETA2 的检验结果显著
```

这里给出了检验结果的 p 值$=0.014\,5$，因此应该拒绝原假设，即可以断言两总体中位数间有显著差异。在两组合并样本中，样本量一共为18，两组样本全部秩之和是固定常数，即为从1到18的全部整数的和：$1+2+\cdots+18=171$，前面手工计算获得B组秩和为48，所以A组秩和为剩余部分：$W=171-48=123$。ETA1－ETA2的点估计并不是两组中位数之差，而是所有两组的配对观测值之差的中位数。置信区间的计算公式是这样的：先将所有可能的配对观测值按A组减B组求出差值，将其由小到大排序，选出大于给定置信水平的置信区间中长度最短者，当然也有近似估计公式可用（可以参看本书参考文献[9]：吴喜之所编的《非参数统计》），这里就不详细介绍了。但应注意，因为数据属于离散型数据，因而不一定能恰好得到指定置信水平的置信区间，这里给出的是最近似指定置信水平（这里是95.4%）的结果，由于置信区间不包含0，因此应拒绝原假设。结论与秩和法的查表结果一致。

双样本的Wilcoxon-Mann-Whitney（WMW）检验，在样本确实服从正态分布时虽然不如双样本 t 检验，但其渐近效率（这里不给出严格定义）高达0.955，两种检验效果差不多；而对于非正态（例如非对称分布），WMW检验反而比 t 检验要好。因此在进行双样本均值（或中位数）检验时，究竟是否要选用非参数方法，强烈地依赖于数据的分布状况。

例7-7

某市举行中学生长跑比赛。A，B两校都参加了比赛，各自获得的名次如表7-5所示（数据文件：NP _ 长跑比赛.MTW）。

表7-5

A校	26	11	7	48	19	35	16	10	3	5	12	22
B校	36	32	62	51	41	8	28	39	6	34		

试分析两个学校长跑成绩是否有显著差别。（取 $\alpha=0.05$）

解　由于数据是有序数据，是离散型数据，不能用连续型变量方法来分析。对于这种数据我们仍然可以使用Mann-Whitney检验法。其操作步骤与例7-6完全一样，这里就不列出了。其结果为：

```
Mann-Whitney 检验和置信区间：A校，B校
       N    中位数
A校   12   14.00
B校   10   35.00
ETA1-ETA2 的点估计为 -18.50
ETA1-ETA2 的 95.6 置信区间为（-29.01，-1.01）
W=106.0
在 0.037 8 上，ETA1=ETA2 与 ETA1≠ETA2 的检验结果显著
```

由于 p 值=0.037 8，因此结论是“两校长跑成绩有显著差别”。

在数据中出现结时，计算机将自动给出对错的修正结果，这时应以修正结果为准。

7.3 单样本 Wilcoxon 符号秩检验法

对于单样本的中位数检验方法，我们曾在 7.1 节介绍了符号检验法，并讨论了例 5-3 面粉重量的检验问题。但符号检验法粗糙，检验功效很低。统计学家威尔科克森（Wilcoxon）研究出了一种精密得多的“符号秩检验法”。我们先用一个例题说明这种方法的原理，然后再次讨论例 5-3，并获得了显著性的检验结果。

例 7-8

我们收集到了 12 个数据，如表 7-6 所示（数据文件：NP _ 符号秩.MTW）。

表 7-6

22	29	71	34	32	22	42	28	21	23	36	27

试问，能认为这批数据的中位数是 24 吗？取 α=0.05。

解 我们要检验的问题是：

$H_0:\eta=24$

$H_1:\eta\neq 24$

我们把数据按从小到大的顺序排好（见表 7-7 中第 1 行）。

表 7-7 **单样本 Wilcoxon 符号秩检验表**

X	21	22	22	23	27	28	29	32	34	36	42	71
$X-24$	−3	−2	−2	−1	3	4	5	8	10	12	18	47
绝对值	3	2	2	1	3	4	5	8	10	12	18	47
ABS 秩	4.5	2.5	2.5	1	4.5	6	7	8	9	10	11	12

如果单看符号，12 个数据中，数值小于 24 的有 4 个，数值大于 24 的有 8 个，用计算机或查附表 8 都无法拒绝原假设。但我们看到，小于中位数的观测值个数虽然高达 4 个，但它们都与 24 很接近，相差并不多；反之，大于中位数的观测值不仅个数多，而且比设定中位数高了很多。我们将求出观测值与设定中位数之差（表 7-7 中第 2 行），再取绝对值（见表 7-7 中第 3 行），再对绝对值求秩（见表 7-7 中第 4 行）。

这里按正负号分了两组，样本数分别为 4 及 8，对两组分别求秩和，其中负号组的秩和为 $W^-=4.5+2.5+2.5+1=10.5$。查附表 9，对应于 $n_1=4$，$n_2=8$，在左栏查得接受域为 (14，38)，T 值比下界 14 还小，落到接受域之外了，因此应拒绝原假设，即不能认为此组数据的中位数为 24。

MINITAB 软件的操作如下。依次选择“统计>非参数>单样本 Wilcoxon（STAT>Nonparametric>1-Sample Wilcoxon）”（见图 7-7），填写变量名即可得到结果。

Wilcoxon 符号秩检验：X

中位数 = 24.00 与中位数≠24.00 的检验

	N	检验 N	Wilcoxon 统计量	P	估计中位数
X	12	12	67.5	0.028	29.25

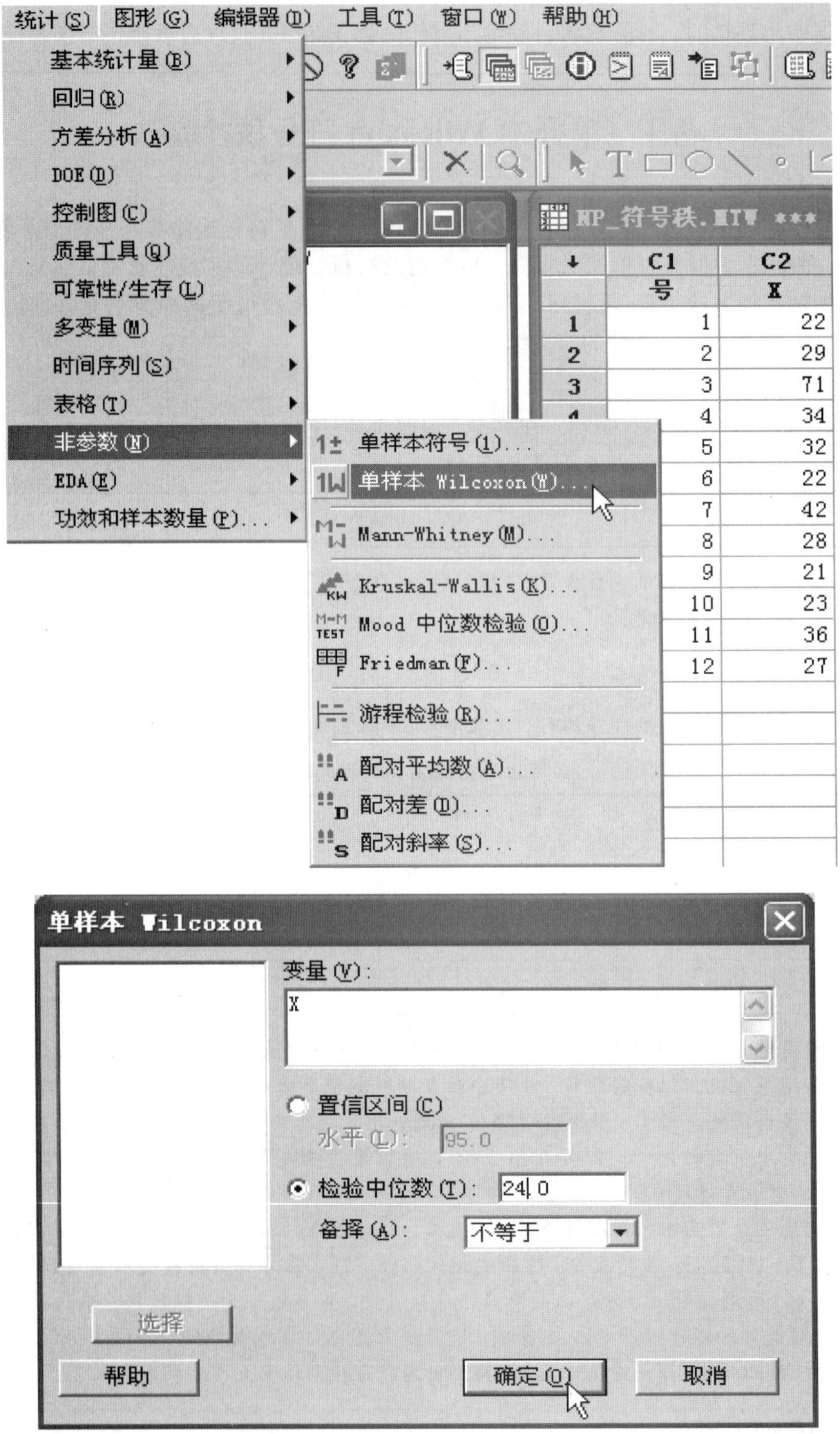

图 7-7　单样本符号秩检验操作图

例 7-9（续例 5-3）

抽查精细面粉的装包重量，抽查了 16 包，其观测值如表 7-8 所示（数据文件：BS_面粉重量.MTW）。

表 7-8

20.21	19.95	20.15	20.07	19.91	19.99	20.08	20.16
19.99	20.16	20.09	19.97	20.05	20.27	19.96	20.06

试检验重量的中位数与原来设定的 20kg 是否有显著差别。取 $\alpha=0.05$。

解 此题是要检验：

$$H_0:\eta=20$$

$$H_1:\eta\neq 20$$

本例在例 7-5 中按符号检验法讨论过，当时由于数据中比 20 小的有 6 个，比 20 大的有 10 个，因而检验结果是不能拒绝原假设，无法断言平均值与 20 有显著差别。表 7-9 中记述了符号秩检验法，在对于与 20 的差值（第 2 行）取绝对值（第 3 行）后，计算了各自的秩（第 4 行）。这里按正负号分了两组，样本数分别为 6 及 10，对两组分别求秩和，其中负号组的秩和为：

$$W^-=5.5+10.5+1.5+1.5+3.0+4.0=26$$

正号组的秩和为：

$$W^+=15.0+12.0+8.0+9.0+13.5+13.5+10.5+5.5+16.0+7.0=110$$

由于 $W^-+W^+=1+2+\cdots+16=136$，因此 W^+ 不用再次求和，而可以用下式算出：

$$W^+=136-W^-=136-26=110$$

查附表 9，对应于 $n_1=6$，$n_2=10$，在左栏查得接受域为（33，69），T 值 26 比下界 33 还小，落在接受域之外了，因此应拒绝原假设，即不能认为此组面粉数据的中位数为 20。

表 7-9　　面粉重量数据的符号秩检验

X	20.21	19.95	20.15	20.07	19.91	19.99	20.08	20.16	19.99	20.16	20.09	19.97	20.05	20.27	19.96	20.06
D	0.21	−0.05	0.15	0.07	−0.09	−0.01	0.08	0.16	−0.01	0.16	0.09	−0.03	0.05	0.27	−0.04	0.06
ABS	0.21	0.05	0.15	0.07	0.09	0.01	0.08	0.16	0.01	0.16	0.09	0.03	0.05	0.27	0.04	0.06
ABS 秩	15.0	5.5	12.0	8.0	10.5	1.5	9.0	13.5	1.5	13.5	10.5	3.0	5.5	16.0	4.0	7.0

使用 MINITAB 软件计算，操作方法与例 7-8 完全相同，可以得到下列结果：

```
Wilcoxon 符号秩检验：面粉重量
中位数 = 20.00 与中位数≠20.00 的检验
          N   检验 N  Wilcoxon 统计量     P      估计中位数
面粉重量  16    16     110.0             0.032      20.06
```

由于 p 值 $=0.032<0.05$，因此应拒绝原假设，即不能认为此组面粉数据的中位数为 20。与在例 7-5 中按符号检验的结果相比，可以看出符号秩的检验法比简单的符号检验要灵敏得多。但是，这里也要明确使用符号秩检验法所需要的条件：一是样本要来自连续型随机变量总体（符号检验并不需要此条件）；二是要求总体分布的对称性较好。当总体对称性较差时，则符号检验更可靠。对于在本例中所使用的面粉重量的数据，可以看出其对称性很好，使用符号秩检验的结果是可信的。

7.4 多样本中位数相等性检验

在实际工作中，常常需要讨论多样本的中心位置的比较问题。我们曾在第5章讨论了单因子方差方法，但是那里除了要求数据相互独立，还要求数据都服从正态分布而且各水平间方差相等。如果不能保证正态性，那又该如何解决多样本的中心位置的比较问题？由于获得的数据状况的不同，我们分三部分来讨论不同的处理方法。7.4.1节将介绍Kruskal-Wallis检验法；7.4.2节将介绍Mood中位数检验法；7.4.3节将讨论在试验设计中包含区组的情况下比较多样本的中心位置的问题，给出Friedman检验法。对于使用这三种不同方法的条件和方法间的相互比较问题，将在具体给出方法的同时予以介绍。

7.4.1 多样本Kruskal-Wallis检验法

如果有多组样本希望进行中心位置的比较检验，其问题是要检验：

$$H_0: \eta_1 = \eta_2 = \cdots = \eta_k$$
$$H_1: \text{至少一对 } \eta_i \neq \eta_j \tag{7-8}$$

在讨论双样本中心位置的比较问题时，我们在7.2节介绍了用求秩的途径解决问题的Wilcoxon-Mann-Whitney方法。1952年，克鲁斯卡尔（Kruskal）与沃利斯（Wallis）两人将WMW检验方法推广到处理检验多样本的中心位置的比较问题，提出了Kruskal-Wallis检验法。与双样本情况一样，在多组样本情况下，也是先将样本数据混合起来，求出各个数值在整个数据集中的秩，再按各组分别求出秩的和，通过比较各组的秩和是否差别很大来判断多样本的中心位置是否有显著差异。

设共有k组样本，第i组样本量为n_i，总样本量$N=n_1+n_2+\cdots+n_k$，第i组样本的秩和为R_i，第i组样本的平均秩为$\bar{R}_i$，总平均秩是$\bar{R}$。克鲁斯卡尔与沃利斯两人提出H统计量作为各组的平均秩的离差平方和：

$$H = \frac{12}{N(N+1)} \sum_{i=1}^{k} n_i (\bar{R}_i - \bar{R})^2$$
$$= \frac{12}{N(N+1)} \sum_{i=1}^{k} \frac{R_i^2}{n_i} - 3(N+1) \tag{7-9}$$

此式的前半部分含义很清楚，它相当于不考虑观测值本身，只考虑观测值在全体数据集上的秩值所形成的“组间离差平方和”；而后半部分意义不那么明显，但容易计算。这里$\bar{R}$是总平均秩，由于所有样本所有秩的总和必为：$1+2+\cdots+N=N(N+1)/2$，此数被N个样本平均，故有$\bar{R}=(N+1)/2$。H统计量越大，表示各组间差异越大，所以，当H很大时应该拒绝原假设。当每组样本量不超过5，组数恰为3时，有专门的表可查（本书略去此表）；当样本量较大且各组样本量所占比率趋于固定常数时，H近似于自由度为$k-1$的卡方分布；在大样本时，H经简单变换就能近似F分布。对于这些细节大家不必全部了解，只要明白H统计量的含义，知道H越大表明各组差异越大就行了，因为MINITAB会自动算出p值供我们判断使用。在有结的观测值出现时，除了用“平均秩”的方法代替“并列秩”，计算机还将对H值予以修正。过去手工计算时，按Kruskal-Wallis检验法的使用说明，只在带有结的观测值太多，以至于超过总观测值个数的25%时，才对H进行修正（参见本书参考文献［18］的354页）。现在，只要MINITAB输出结果中列出了修正值，我们就应采用修正的结果。

例 7-10

某轧钢车间对四种不同供应商提供的原材料轧出来的钢板进行断裂强度测试，各种原材料所抽取样本量不全相等。数据见表 7-10（数据文件：NP _ 四组钢板 . MTW）。

表 7-10

A	1 847	1 813	1 955	1 904	1 846	1 854	1 898	1 838	1 867
	1 853	1 833	1 897	1 906	1 944	1 863	1 912		
B	1 744	1 843	1 857	1 882	1 771	1 858	1 826	1 774	1 844
	1 684	1 708	1 855	1 803	1 712	1 746	1 929	1 803	1 777
C	2 032	1 878	1 842	1 896	1 721	1 735	1 843	1 819	1 550
	1 792	2 031							
D	1 744	1 712	1 780	1 732	2 073	1 752	1 847	2 013	1 999
	1 747	1 789	1 922	1 768	1 726	1 729	1 803	1 978	

试检验四种不同原材料生产的钢板断裂强度的中位数是否有显著差别。取 $\alpha=0.05$。

解 此问题是要检验：

$$H_0: \eta_1 = \eta_2 = \eta_3 = \eta_4$$
$$H_1: 至少一对\ \eta_i \neq \eta_j \tag{7-10}$$

如果对此问题用单因子方差分析来解决，则必须验证 4 组数据皆独立、皆正态。但是，在正态性检验时发现对于原材料 D，数据并非正态。因此，本题只能用非参数检验方法解决。

用 MINITAB 软件，从“统计>非参数>Kruskal-Wallis（Stat>Nonparametric>Kruskal-Wallis)”入口（参见图 7-7)，填写“响应变量（Response)”为“断裂强度”及“因子（Factor)”为“材料”，即可得到下列结果：

Kruskal-Wallis 检验：断裂强度与材料

在断裂强度上的 Kruskal-Wallis 检验

材料	N	中位数	平均秩	Z
A	16	1 865	42.6	2.86
B	18	1 803	25.2	-1.76
C	11	1 842	31.1	-0.07
D	17	1 780	28.0	-0.95
整体	62		31.5	

H = 8.90　DF = 3　P = 0.031

H = 8.91　DF = 3　P = 0.031（已对结调整）

输出结果的前半部分是四种材料下断裂强度的样本量、中位数、平均秩及相应的近似正态 Z 值。后半部分给出了 H 统计量及相应的 p 值。H 的计算是按式（7-9）进行的，数据文件“NP _ 四种钢板 . MTW”中记录了手工计算的具体过程，最后得到 $H=8.903\ 23$。本数据集中，共有结值 5 个（如1 712，1 803 等)，含结的观测值共有 11 个（如 1 712 有 2 个相同者，1 803 有 3 个相同者，等等)，虽未达到总数 62 的 1/4，但我们应该采用 MINITAB 输出中的最后一行作为最终结果。由于 p 值$=0.031<0.05$，因此拒绝原假设，即认为四种原材料下的钢板断裂强度间确实有显著差别。

Kruskal-Wallis 检验法相当于符号秩检验的推广，是相当灵敏的，样本量不必很大，但是此方法容易受到数据中存在的个别异常数据的严重影响。

7.4.2 多样本Mood中位数检验法

对于多组样本中心位置的比较检验还有另一种简便方法，这就是Mood中位数检验法。其主要思想是：先将k组样本数据全部混合起来，求出整个数据集合的中位数M，然后对于各组数据计算出“观测值比M大”的个数和“观测值小于等于M”的个数；将这些数汇总起来就可以得到一个k行两列的列联表。对于列联表进行卡方检验就可以断言各组的中心位置是否有显著差别了。我们要检验的假设是：

$$H_0: \eta_1 = \eta_2 = \cdots = \eta_k$$
$$H_1: 至少一对\ \eta_i \neq \eta_j \qquad (7-11)$$

式中，η代表中位数。

例7-11（续例7-10）

某轧钢车间对四种不同供应商提供的原材料轧出来的钢板进行断裂强度测试（数据文件：NP_四种钢板.MTW）。试检验四种不同原材料生产的钢板断裂强度的中位数间是否有显著差别。取α=0.05。

解 我们要检验的问题是：

$$H_0: \eta_1 = \eta_2 = \cdots = \eta_4$$
$$H_1: 至少一对\ \eta_i \neq \eta_j$$

用MINITAB软件，从“统计>非参数>Mood中位数检验（Stat>Nonparametric>Mood's Median Test)”入口（参见图7-7)，填写“响应（Response)”为“断裂强度”及“因子（Factor)”为“材料”，即可得到下列结果：

```
Mood 中位数检验：断裂强度与材料
断裂强度的 Mood 中位数检验
卡方 = 8.70   DF = 3   P = 0.034
                                        单个 95.0% 置信区间
材料  N<=   N>   中位数   Q3-Q1   -+---------+---------+---------+-----
 A     3    13   1 865     59                (--*-----)
 B    11     7   1 803    110       (-------*------)
 C     6     5   1 842    161    (-----------------*----------)
 D    11     6   1 780    212       (-----*--------------------)
                                  -+---------+---------+---------+-----
                                  1 740     1 800     1 860     1 920
整体中位数 = 1 843
```

将全部62个数据汇总，求出整体中位数是1 843。然后看各组中有多少小于等于中位数者，有多少大于中位数者，汇总成表7-11。

表7-11　Mood中位数检验的列联表

	小于等于	大于
A	3	13
B	11	7
C	6	5
D	11	6

用列联表的卡方检验，可得p值=0.034<0.05，所以拒绝原假设，即认为四种原材料下的钢板

断裂强度间确实有显著差别。

一般说来，Mood 中位数检验相当于符号检验，比较粗糙，要求样本量也要较大，检验效率比较低，但它对于异常观测值的存在不敏感，有较好的稳健性。

7.4.3 多样本 Friedman 检验法

我们现在讨论另一种类型的多组样本中心位置的比较检验问题。先看一个例题。

例 7-12

某热注塑车间生产手机外壳。对于外壳有多项指标：表面是否光滑、是否有小斑点、是否有毛刺、色泽是否光亮等。测量员凭操作规程中列出的标准给每件外壳打分。现对 3 件手机外壳由 4 个测量员为其打分，数据记录如表 7-12 所示（数据文件：NP _ 手机外壳 . MTW）。

表 7-12　　手机外壳质量评分表

	测量员 A	测量员 B	测量员 C	测量员 D
外壳 1	81	82	86	84
外壳 2	84	83	89	83
外壳 3	80	81	84	82

试检验 3 件外壳评分间是否有显著差异。取 $\alpha=0.05$。

解　要检验的假设是：

$$H_0: \eta_1 = \eta_2 = \cdots = \eta_k$$

$$H_1: \text{至少一对 } \eta_i \neq \eta_j$$

粗略看，中位数与平均值都是位置中心的代表，这就是很简单的方差分析问题。按照单因子方差分析方法，将外壳当作唯一的因子就行了。但实际上这样考虑是有问题的，因为测量员之间的差异其实并不是随机误差，测量员自己给被测的几个外壳打分是可比的，而不同的测量员之间很可能有系统差异（例如有人评分总容易偏高，有人评分总容易偏低）。这时我们虽然对测量员间打分的规律并不感兴趣，但也不得不考虑测量员之间差异的影响。这类似于双样本的配对检验，但配对检验要求数据正态，而且只限于两个样本，现在推广到多样本，而且不要求数据的正态性。我们把每个测量员当作一个区组（block），即区组内的性质比较一致，但区组间有可能有我们并不感兴趣的系统差异存在。我们感兴趣要比较的是外壳评分，称外壳为“处理”（treatment）。就是要分析处理间差异是否显著。Friedman 检验所解决的就是带区组的中位数比较问题。

在进行分析前，先要将数据整理成每个变量自成一列的形式。在堆叠这种数据时，与以前习惯的“按行堆叠”或“按列堆叠”都不同，现在是要把“行名”及“列名”分列在两列中，评分结果再单列一列。

用 MINITAB 软件，从“数据>堆叠>列的区组（Data>Stack>Block in Column）”进入有关界面（见图 7-8）。

这时将出现如图 7-9 所示界面。

在要堆叠的各行中，第一行填写“测量员 A　C1”；第二行填写“测量员 B　C1”；依此类推。在给新列命名时要注意与刚填好的顺序对应，指定“评分”和“外壳”，另用一列来记录下标“测量员”。即可得到图 7-9 中右侧所显示的数据存放形式。

由于要考虑区组的影响，要先把每个处理（本例是外壳）在区组内（对于同一个测量员）的得分排序求出秩来（评分越低名次越小，因此秩越大表示评分越好。外壳 1 在 4 个测量员评分中分别

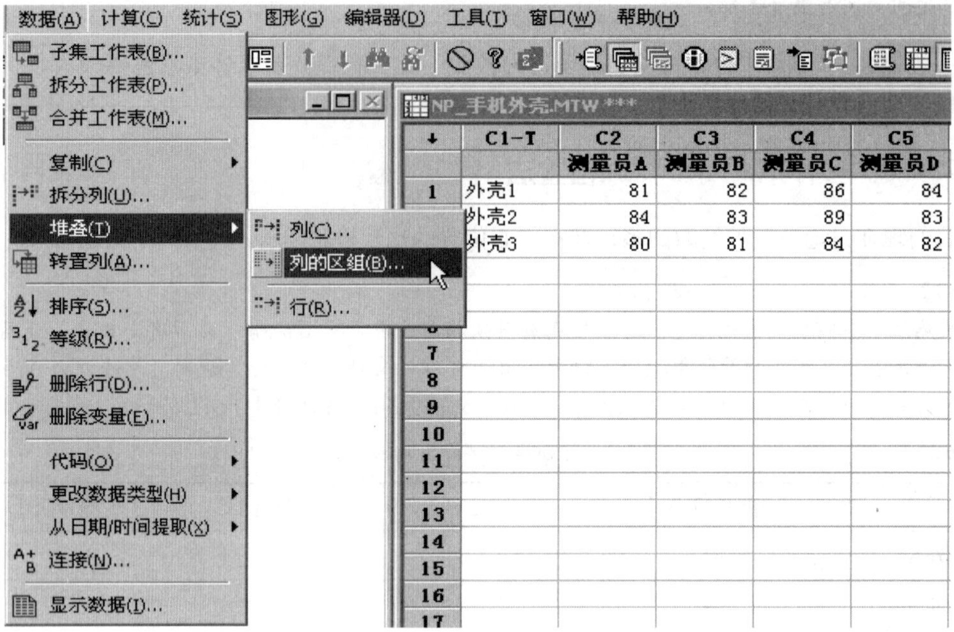

图 7-8　带区组数据的堆叠操作 1

图 7-9　带区组数据的堆叠操作 2

列为 2，2，2，3；外壳 2 在 4 个测量员评分中分别列为 3，3，3，2；外壳 3 在 4 个测量员评分中分别列为 1，1，1，1)，再计算出秩和（外壳 1 秩和为 9；外壳 2 秩和为 11；外壳 3 秩和为 4)。Friedman 统计量 S 的定义是：

$$S=\frac{12}{bk(k+1)}\sum_{i}^{k}\left[R_i-\frac{b(k+1)}{2}\right]^2$$

$$=\frac{12}{bk(k+1)}\sum_{i}^{k}R_i^2-3b(k+1) \qquad (7-12)$$

式中，b 是区组（测量员）个数；k 是处理（外壳）个数；R_i 是第 i 个处理的秩和。由于每个区组内都有秩 $1+2+\cdots+k=k(k+1)/2$，b 个区组秩和共有 $bk(k+1)/2$，平分到 k 个处理上，每个处理的平均秩和为 $b(k+1)/2$。在式（7-12）的第一式中的右半部分，其含义是明显的，这就是各处理间秩和的离差平方和，它越大表示处理间差异越大。当 b 较大时，$W=S/b(k-1)$ 将近似服从 $k-1$ 个自由度的卡方分布。MINITAB 给出了相应的 p 值，可以供我们判断使用。

在本例中，我们要检验的问题是：

$H_0:\eta_1=\eta_2=\eta_3$

H_1：至少一对 $\eta_i\neq\eta_j$

依次选择"统计>非参数>Friedman（Stat>Nonparametric>Friedman)"，得到下列输出结果及如图 7-10 所示界面：

结果：NP _手机外壳 . MTW

Friedman 检验：评分与外壳，按测量员划分区组

S = 6.50　DF = 2　P = 0.039

外壳	N	估计中位数	秩和
外壳 1	4	82.667	9.0
外壳 2	4	84.500	11.0
外壳 3	4	81.333	4.0

总中位数 = 82.833

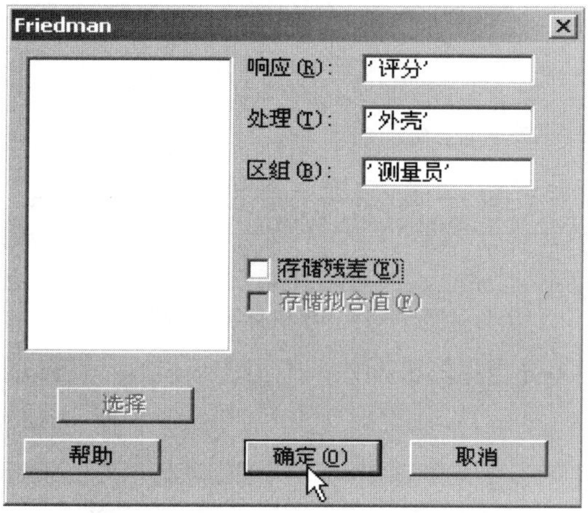

图 7-10　Friedman 检验信息填写示意图

由于 p 值＝0.039＜0.05，因此拒绝原假设，即可以断言，3 个手机外壳的评分间有显著差异。

我们可以用散点图画出这种比较的示意。为了画散点图，横坐标不能是属性变量，必须改成数字变量，我们把测量员名称改为 1，2，3，4，并放在最后一列。然后选择"图形>散点图（Graph>Scatter Plot)"，得到如图 7-11 所示界面及图 7-12。

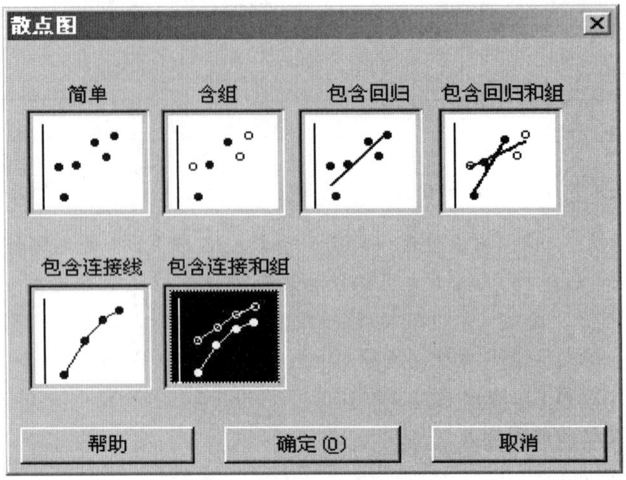

图 7-11　手机外壳评分图操作

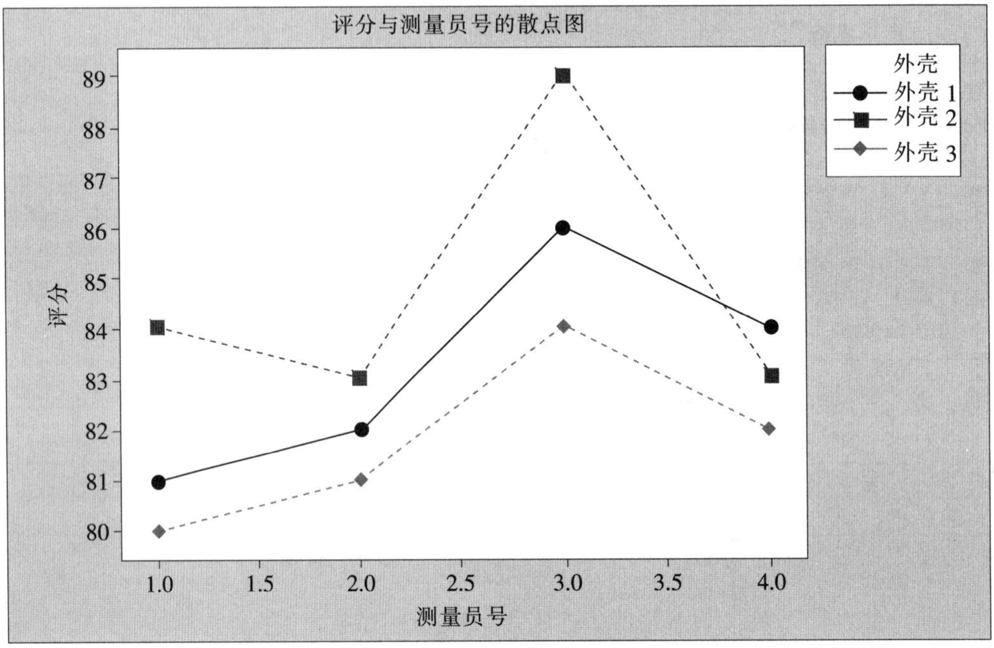

图 7-12　手机外壳评分图

如果我们把测量员的差异当作随机误差（不当作区组），就可以使用单因子方差分析。这时的计算结果如下：

单因子方差分析：评分与外壳

来源	DF	SS	MS	F	P
外壳	2	18.00	9.00	1.68	0.240
误差	9	48.25	5.36		
合计	11	66.25			

S = 2.315　R-Sq = 27.17%　R-Sq（adj） = 10.99%

```
                              均值（基于合并标准差）的单独 95% 置信区间
水平     N   均值     标准差   ---+---------+---------+---------+------
外壳 1   4  83.250   2.217        (---------*---------)
外壳 2   4  84.750   2.872               (---------*---------)
外壳 3   4  81.750   1.708    (---------*---------)
                              ---+---------+---------+---------+------
                                80.0      82.5      85.0      87.5

合并标准差 = 2.315
```

由于 p 值$=0.24>0.05$，因此无法拒绝原假设，即不可以断言 3 个手机外壳的评分间有显著差异。从箱线图（见图 7－13）也看不出 3 个手机外壳的评分间有显著差异。而实际上评分的差异是存在的。

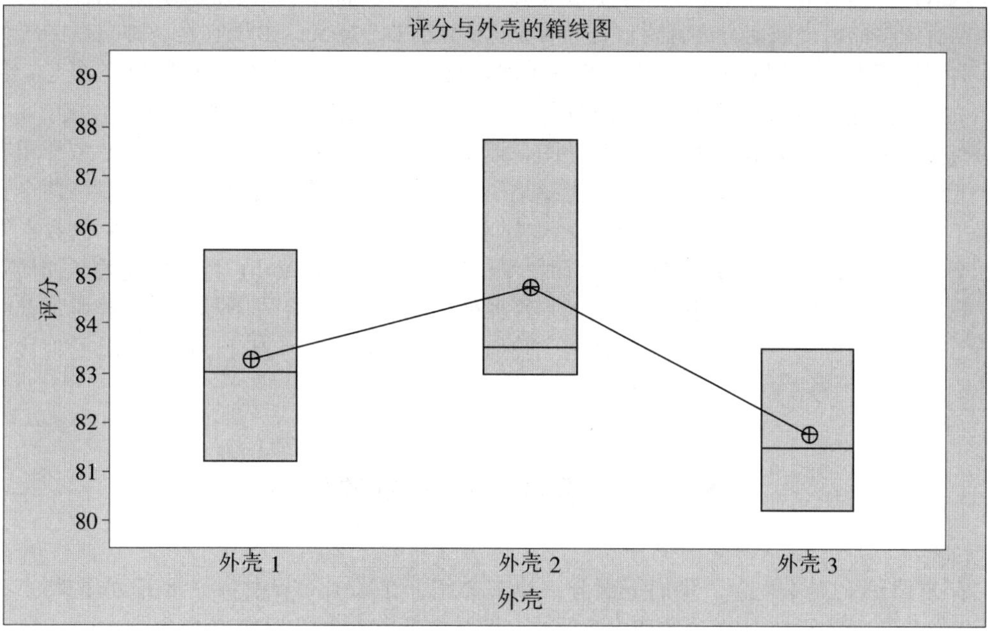

图 7－13　手机外壳评分箱线图

这就说明，对于区组效应是不能当作随机误差来看待的。

当然，如果把“外壳”和“测量员”当作双因子进行方差分析可以得到更准确的结论，但这要求正态性、等方差性等一系列条件。本例中，如果把“外壳”和“测量员”当作双因子，则还必须考虑到二因子的交互作用（详见第 10 章变异源分析），这就要求要进行重复试验才行，我们的数据不具备此条件。因此可以说，Friedman 检验相当于用秩作为数据的方差分析方法。另外，从六西格玛管理的流程来看，应先进行测量系统分析，如果数据说明测量员间有显著差异，先要改进测量系统，然后才能进行下一步的统计分析工作，这些就不在这里详细分析了。

第 8 章

探索性数据分析

探索性数据分析（exploratory data analysis，EDA）是应用统计学中一个新的非常重要的研究方向。近几十年来，已有多本专著及大量论文研究了 EDA 这一专题，实际应用也取得了明显成效。在六西格玛管理中，要寻求过程的改进，但又不能主观臆断问题产生的原因，不应对数据有太多的前提假定，这就要求更加看重 EDA 方法的意义。由于它是一种全新的统计方法，为了让读者对于 EDA 的内容有初步的了解，我们将在 8.1 节介绍有关 EDA 的概念，包括 EDA 的特点，它所讨论的四大主题及常用术语。后面三节将按三个主题分别介绍。在 8.2 节介绍有关数据分布的探索工具，包括茎叶图、箱线图、字母图和根状图等。在 8.3 节介绍有关两个变量间线性关系方面的探索工具，主要是耐抗线。在 8.4 节介绍有关响应变量与两个自变量因子间的线性关系方面的探索工具，着重探索如何使用可加性模型，主要是中位数平滑法等。至于在 EDA 中包含的另一个工具“耐抗平滑”（resistant smooth）则主要是关于如何对于有序数据列使用平滑工具以消除随机波动，这种平滑对于发现和汇总数据趋势及异常值都非常有用。这部分内容属于时间序列分析范畴，我们在本书的姊妹篇《基于 MINITAB 的现代实用统计》（见本书参考文献［21］）中介绍。

8.1 探索性数据分析的概念

有关 EDA 的基本概念，我们下面分三小节介绍。在 8.1.1 节中将介绍 EDA 的特点；在 8.1.2 节中将介绍 EDA 所讨论的四大主题；在 8.1.3 节中将介绍 EDA 中常用的术语。

8.1.1 探索性数据分析的特点

EDA 的主要特点有下列三项：

1. 一切从原始数据出发

传统的统计方法通常是先假定一个模型，例如数据服从某个分布，特别常见的是正态分布，然后使用适合此模型的方法进行拟合、分析及预测。但实际上，多数试验数据并不能保证满足假定的理论分布。因此，传统方法的统计结果常常表现很差，使用上受到很大的局限。EDA 则完全从原始数据出发，深入探索数据的内在规律性，而不是从某种假定出发，套用理论结论，拘泥于模型的假设。

2. 分析方法从实际出发，不强调理论严谨性

传统的统计方法以概率论为基础，使用有严格理论基础的假设检验、置信区间等处理工具。EDA 则以不完全正式的方式处理数据。EDA 方法的选择完全从数据出发，灵活对待，灵活处理，什么方法可以达到目的就使用什么方法。这里要特别强调的是，EDA 更看重的是方

法的稳健性、耐抗性，而不刻意追求概率意义上的精确性。

3. 分析工具简单直观

传统的统计方法越来越精密，越来越深奥，EDA 则更强调直观及图形化，强调方法的多样性及灵活性，使大多数使用者都能从中分析出有用的信息。

正是由于 EDA 的上述特点，因此 EDA 提出一些专有术语和名词，它很少照搬传统常用的统计名词术语。这主要出于下列理由：

(1) EDA 主要关注的是分析数据全过程的早期阶段，这时还无法进行常规的统计分析。这里所用的技术通常也是与统计学方法不同的，例如茎叶图、字母值、箱线图等，这些工具与术语只在 EDA 中才会有（箱线图本是 EDA 特有术语，在统计图形分析中也有相同术语，但含义并不相同）。

(2) EDA 的术语与传统的统计术语有关，但不尽相同。例如“四分数”（fourth）（或“折叶数”（hinges））与统计中的“四分位数”（quartile）不完全相同。新术语“批”（batch）就是一组待分析的数据组，它与“样本”（sample）也不全相同，样本通常是要求“相互独立且同分布”的，但“批”并无此要求。

(3) 故意回避容易引起误解的术语。例如 EDA 中常使用“高斯分布”而不用“正态分布”，以免暗示这种分布形状就是通常的形状。

(4) EDA 强调的是稳健性概念，因此 EDA 的目的与稳健性统计目的是一致的，而与常用统计方法的目的并不完全相同。

从分析的过程与步骤来看，它也与常用统计方法不同。EDA 的操作步骤大体可以划分为探索及证实两个阶段。

探索阶段主要是判断与分析数据的模式与特点，并将它们有序地展示出来。通常，分析者总是先对数据进行探索分析，然后才能有把握地选择结构变量或随机变量的模型。探索阶段还可以揭示数据对于常见模型的种种偏离。探索阶段的要点是灵活性，既要灵活适应各种数据的不同结构，也要对后续分析步骤所揭示的种种模式灵活反应。

证实阶段主要是评估观察到的模式或效应的再现性。传统的统计分析主要是进行显著性检验或置信区间的估计，证实阶段与此相近，但它还要包含两项内容，一是要把其他密切相关的数据信息结合进来，二是通过收集和分析新数据确认分析结果，为进一步结合模型的统计分析提供线索。

总之，探索阶段强调灵活探求线索和证据，而证实阶段则着重评估现有证据。无论是对大组数据进行分析，还是对相关的几个小组数据进行分析，一般都要经过探索和证实两个阶段，通常还要交替使用探索和证实两种技术，循环反复多次才能得到满意结果。

8.1.2 探索性数据分析的主题

EDA 的全过程有四大主题，即耐抗性、残差、重新表达和启示。

8.1.2.1 耐抗性

EDA 的基本目的是找出所获得的数据的整体性规律，这时就一定要求分析的方法与结论不要受小部分数据的巨大波动的影响，也就是对于数据中的局部不良行为能保持不敏感性，这就是耐抗性（resistance）。这种具有耐抗性分析结果的含义是：当数据中的一小部分被新的数据代替时，即使它们与原来的数据很不一样，分析结果也只有轻微的改变。人们之所以关注耐抗性，主要是因为“好”的数据中也难免有百分之几的数据有大错或重大差错，数据的分析要有措施来防御大错产生破坏性影响。从目的上看，EDA应该不受个别“野值”（wild value）的影响；也正因为如此，在实际确定统计方法时应念念不忘野值存在的可能性，要研究野值存在对耐抗性的影响，还要研究舍入误差和分组误差对耐抗性的影响。

耐抗与稳健（robustness）密切相关，但不是一回事。通常认为，稳健性是耐抗性中的一种。稳健性讨论的是统计方法如何能对数据围绕某个特定模型偏离的不敏感性，耐抗性则更广泛。

8.1.2.2 残差

残差的定义从本书的第9章起将多次引用，但那主要是针对回归分析给出的，这里的定义比第9章的定义更广泛：残差（residuals）是数据减去与某模型的拟合值后的差值。这个模型可以是任意一个选定的模型，而不一定限定为回归模型。

EDA认为，分析任何一组数据而不考察残差是不完全的。通过残差分析可以看出数据与模型之间的差距，如果数据组中的大部分都与模型的差距很小，则说明这个模型是个“耐抗拟合”。对于残差有反常的情况时，需要从数据和模型两个方面查找原因：如果残差有系统性行为（如弯曲、非恒定变异等），则修改模型（包括对数据进行变换或选取更细致的模型）将使残差系统性地减小，这时要先修改模型；模型基本上被肯定后，则特别要注意是否有个别点远离模型，分析其产生是否受特殊影响。总之，要兼顾到数据和模型两个方面。

8.1.2.3 重新表达

EDA认为，找到合适的尺度或数据表达方式将大大有利于简化分析，因此要尽早考虑数据的原始尺度是否合适的问题。如果原始尺度不合适，重新表达（re-expression）为另一种尺度可能有助于促进出现对称性、恒定变异性、关系线性或效应可加性等。坚持原始测量尺度，对于数据分析并不总是有利的。例如，研究动物肝脏对于某处理的反应，用重量w来反映并不见得比用$\sqrt{w}$或$\log w$更自然，除非已有其他明确的定量知识。重新表达也称为变换（transformations）：对于一组原始数据X，可以使用新值$T(X)$来代替，这里$T(X)$是X的某个确定函数。EDA中，最常使用的是Box-Cox变换（即幂变换），也就是说$T(X)$是X的幂函数。

8.1.2.4 启示

EDA强调图形显示。所谓启示（revelation）就是通过各种图表显示数据分析的结果，直观、简单、一目了然地表述出数据分析的各种情况，显示出其遵循的普遍规律及与众不同的突出特点，促进发现规律，得到启迪，满足分析者的多方面要求。正因为EDA强调图形显示，所以使用了很多新的图解技术，这是EDA对于统计学的主要贡献。

8.1.3 探索性数据分析的术语

前已说明，EDA的术语与传统的统计术语有关，但又不尽相同，学习这些术语时，要注意与传统统计术语的区别与联系。

8.1.3.1 批

“批”（batch）也称为“数据批”，就是一组待分析的数据组。在传统的统计术语中，数据组就是“样本”（sample），但二者也不全相同。样本通常是要求这些数据间“相互独立且同分布”，但“批”只是原始数据组，并无这些要求。

在传统的统计分析中，常给出一些摘要统计量作为样本数据状况的概括，例如样本均值、标准差等，但这些统计量都不耐抗，对于数据中的野值非常敏感。EDA 则出于探索的目的而选择另类统计量作为摘要统计量，例如选用“中位数”代表位置状况，它就是耐抗的，一批数据中即使一小部分有巨大变化对中位数影响也很小。

8.1.3.2 次序统计量

这里的定义与传统的统计分析方法是相同的。对于数据批 $x_1,x_2,\cdots,x_n$ ，按由小到大的顺序排好：$x_{(1)}\leqslant x_{(2)}\leqslant\cdots\leqslant x_{(n)}$，则 $x_{(1)},x_{(2)},\cdots,x_{(n)}$ 称为 $x_1,x_2,\cdots,x_n$ 的次序统计量（order statistics），其中 $x_{(i)}$ 称为第 i 个次序统计量。显然，$x_{(1)}$ 是最小值，$x_{(n)}$ 是最大值。

在排序的基础上，我们继续讨论数据批的结构分析。当顺序是由小到大时，称为是升秩（upward rank），$x_{(1)}$ 称为有升秩 1，$x_{(2)}$ 称为有升秩 2，…，$x_{(n)}$ 称为有升秩 n，一般 $x_{(i)}$ 称为有升秩 i 。当顺序是由大到小时，称为是降秩（downward rank），$x_{(n)}$ 称为有降秩 1，$x_{(n-1)}$ 称为有降秩 2，…，$x_{(1)}$ 称为有降秩 n，一般 $x_{(i)}$ 称为有降秩 $n-i+1$ 。如果同时考虑升秩和降秩，则对同一个数据，有：升秩＋降秩＝$n+1$ 。升秩和降秩的概念是 EDA 独有的，它将导出 EDA 最重要的概念之一——“深度”。

8.1.3.3 深度

数据批中一个数据值的深度（depth）是它的升秩及降秩两者中的最小值。在 EDA 中规定：两个极端值 $x_{(1)}$ 及 $x_{(n)}$ 的深度为 1，$x_{(2)}$ 及 $x_{(n-1)}$ 的深度为 2，而第 i 个数据 $x_{(i)}$ 及第 $n-i+1$ 个数据 $x_{(n-i+1)}$ 都有深度 i 。在 EDA 中，用深度的概念可以导出一系列探索性的总括值。对于深度，专门规定了记号 d ，例如 $d(x_{(1)})=1$ ，$d(x_{(n)})=1$ ，表示的就是 $x_{(1)}$ 及 $x_{(n)}$ 的深度都为 1 这样的事实。

8.1.3.4 中位数

在数据批中，将次序统计量求出后，位于最中间的数据称为中位数（median）（这里的定义与常规定义是相同的）。记中位数为 M，求中位数运算用 med 表示，则

$$M=\mathrm{med}\{x_i\}=\begin{cases}x_{(k)}, & n=2k-1\\(x_{(k)}+x_{(k+1)})/2, & n=2k\end{cases}\tag{8-1}$$

且中位数 M 的深度应该为：

$$d(M)=\frac{n+1}{2}=\begin{cases}k, & n=2k-1\\k+\dfrac{1}{2}, & n=2k\end{cases}\tag{8-2}$$

例如，当 $n=9$ 时，$M=x_{(5)}$ ，$d(M)=5$；当 $n=10$ 时，$M=(x_{(5)}+x_{(6)})/2$ ，$d(M)=5.5$。

8.1.3.5 四分数

从中位数定义容易看出，中位数将全部次序统计量分为“低值”和“高值”两部分，且这两部分包含的样本数量是相同的。在这两部分数据内部各有一个深度大约为 n 的 1/4 的点，称之为四分数（fourth），用 F 表示。相应的“低值”和“高值”部分各有一个，分别称为下四分数 F_L 及上四分数 F_U 。两个四分数也常被称为“折叶点”（hinges），在 MINITAB 中常用字母 H 来表示。四分数 F 的深度 $d(F)$ 的准确定义是：

$$d(F)=\frac{[d(M)]+1}{2}=\begin{cases}k, & [d(M)]=2k-1\\ k+\frac{1}{2}, & [d(M)]=2k\end{cases} \qquad (8-3)$$

式内的中括号$[d(M)]$代表对$d(M)$取整，例如［4］=4，［4.4］=4，［4.5］=4等。如果深度值带0.5，则表示取相邻两个次序统计量的平均值。在式（8－3）中，由于中位数的深度$d(M)$大约为n的一半，四分数F的深度$d(F)$大约是$d(M)$的一半，所以四分数F的深度$d(F)$大约为n的1/4。

例如，当$n=9$时，$M=x_{(5)}$，$d(M)=5$，则$d(F)=3$，即四分数的深度为3，下、上两个四分数分别为$F_L=x_{(3)}$，$F_U=x_{(7)}$。

当$n=10$时，$M=(x_{(5)}+x_{(6)})/2$，$d(M)=5.5$，$d(F)=3$，下、上两个四分数分别为$F_L=x_{(3)}$，$F_U=x_{(8)}$。

当$n=11$，$M=x_{(6)}$，$d(M)=6$，$d(F)=3.5$，$F_L=(x_{(3)}+x_{(4)})/2$，$F_U=(x_{(8)}+x_{(9)})/2$；当$n=12$，$M=(x_{(6)}+x_{(7)})/2$，$d(M)=6.5$，$d(F)=3.5$，$F_L=(x_{(3)}+x_{(4)})/2$，$F_U=(x_{(9)}+x_{(10)})/2$。

我们学习过传统的四分位数（quartile），其中下四分位数（lower quartile）简记为LQ，上四分位数（upper quartile）简记为UQ。在EDA中定义的四分数F与传统的四分位数粗略看起来大体上是一致的，都是将全部次序统计量分成四段，列出位于分界处的值，但仔细比较则可知二者仍然是有区别的。传统四分位数的计算是在正态分布的假定下，求出对于各分位数的次序统计量最佳线性函数的估计公式，而四分数则是在无任何假定条件下，根据深度的概念给出的公式。下面给出传统的四分位数的具体计算公式，即可看出两者的差别。

例如，当$n=9$时，$M=x_{(5)}$，$LQ=(x_{(2)}+x_{(3)})/2$，$UQ=(x_{(7)}+x_{(8)})/2$。

当$n=10$时，$M=(x_{(5)}+x_{(6)})/2$，$LQ=0.25x_{(2)}+0.75x_{(3)}$，$UQ=0.75x_{(8)}+0.25x_{(9)}$。

当$n=11$时，$M=x_{(6)}$，$LQ=x_{(3)}$，$UQ=x_{(9)}$。

当$n=12$时，$M=(x_{(6)}+x_{(7)})/2$，$LQ=0.75x_{(3)}+0.25x_{(4)}$，$UQ=0.25x_{(9)}+0.75x_{(10)}$。

与四分数F相仿，可以定义八分数（eighth，记为E）、十六分数（sixteenth，记为D）及卅二分数（thirty-seconds，记为C），每个下层的深度都按式（8－3）由上一层的深度给出。

8.1.3.6 散布

散布（spread）也称为展形或展布，是反映数据离散状况的度量。在EDA中，最常用的散布就是四分散布（fourth-spread），用记号d_F表示，其定义为：

$$d_F=F_U-F_L \qquad (8-4)$$

它给出数据批内包含中间一半数据的宽度，此量有很强的耐抗性，它几乎不受离群点的影响，而且不受采集的数据量的影响。四分散布与四分位间距（inter quartile range，IQR）相仿，但由于四分数F_L及F_U与四分位数LQ及UQ有差别，四分散布d_F与四分位间距IQR也就有差别了。另外，两个极端值间的散布（即极差）也反映数据的离散状况，但极差受离群值的影响太大，耐抗性太差，只在数据量很少时才使用，通常极差不宜作为数据离散状况的度量。

8.1.3.7 临界值

数据批中常出现一些离群值，但准确判断某个数据是否为离群值并不容易。为此，EDA给出一些作粗略判断用的方法及术语。

称$F_L-1.5d_F$为下内界值，称$F_U+1.5d_F$为上内界值，统称为离群值截断点。

称大于下内界值的最小观测值为下临界值X^L：

$$X^L = \min\{x_i : x_i \geqslant F_L - 1.5d_F\} \tag{8-5}$$

称小于上内界值的最大观测值为上临界值 X^U：

$$X^U = \max\{x_i : x_i \leqslant F_U + 1.5d_F\} \tag{8-6}$$

临界值（critical value）之外仍有数据，则可称之为离群值。可以看出，这里定义的临界值与传统的箱线图“尾端”定义的思路是相同的，只是由于四分数 F_L 及 F_U 与四分位数 LQ 及 UQ 有差别，四分散布 d_F 与四分位间距 IQR 也有差别，因而这里的“临界值”与传统的箱线图“尾端”的准确定义也略有差别。

与此类似，称 $F_L - 3d_F$ 为下外界值，称 $F_U + 3d_F$ 为上外界值；如果上下外界值之外仍有数据，则可称之为远外值或异常值（outlier）。

8.2 关于分布的探索性分析

我们先来讨论有关数据分布状况的工具。这里包括茎叶图、箱线图、字母图和根状图。

8.2.1 茎叶图

对于一批数据，我们首先希望能直观地看出它的各方面特征，例如数据批的接近对称程度，有多大的散布，是否有野值，是否有数据的集中及间隙等。茎叶图（stem-and-leaf display）就是用简单的图示方法把数据特征展现出来。

例 8-1

对于参加统计课学习的某班 92 名学生测量了一些有关脉搏的指标。脉搏 1 是静息脉搏，脉搏 2 是运动脉搏。数据见表 8-1（数据文件：EDA _ 脉搏 . MTW）。试讨论静息脉搏的分布状况。

表 8-1 学生脉搏数据

编号	脉搏 1	脉搏 2	跑步	吸烟否	性别	身高（英寸）	体重（磅）	活动性
1	64	88	1	吸烟	男	66.00	140	2
2	58	70	1	吸烟	男	72.00	145	2
3	62	76	1	不吸	男	73.50	160	3
4	66	78	1	不吸	男	73.00	190	1
5	64	80	1	吸烟	男	69.00	155	2
6	74	84	1	吸烟	男	73.00	165	1
7	84	84	1	吸烟	男	72.00	150	3
8	68	72	1	吸烟	男	74.00	190	2
9	62	75	1	吸烟	男	72.00	195	2
10	76	118	1	吸烟	男	71.00	138	2
11	90	94	1	不吸	男	74.00	160	1
12	80	96	1	吸烟	男	72.00	155	2
13	92	84	1	不吸	男	70.00	153	3
14	68	76	1	吸烟	男	67.00	145	2
15	60	76	1	吸烟	男	71.00	170	3
16	62	58	1	吸烟	男	72.00	175	3
17	66	82	1	不吸	男	69.00	175	2
18	70	72	1	不吸	男	73.00	170	3

续前表

编号	脉搏1	脉搏2	跑步	吸烟否	性别	身高（英寸）	体重（磅）	活动性
19	68	76	1	不吸	男	74.00	180	2
20	72	80	1	吸烟	男	66.00	135	3
21	70	106	1	吸烟	男	71.00	170	2
22	74	76	1	吸烟	男	70.00	157	2
23	66	102	1	吸烟	男	70.00	130	2
24	70	94	1	不吸	男	75.00	185	2
25	96	140	1	吸烟	女	61.00	140	2
26	62	100	1	吸烟	女	66.00	120	2
27	78	104	1	不吸	女	68.00	130	2
28	82	100	1	吸烟	女	68.00	138	2
29	100	115	1	不吸	女	63.00	121	2
30	68	112	1	吸烟	女	70.00	125	2
31	96	116	1	吸烟	女	68.00	116	2
32	78	118	1	吸烟	女	69.00	145	2
33	88	110	1	不吸	女	69.00	150	2
34	62	98	1	不吸	女	62.75	112	2
35	80	128	1	吸烟	女	68.00	125	2
36	62	62	2	吸烟	男	74.00	190	1
37	60	62	2	吸烟	男	71.00	155	2
38	72	74	2	不吸	男	69.00	170	2
39	62	66	2	吸烟	男	70.00	155	2
40	76	76	2	吸烟	男	72.00	215	2
41	68	66	2	不吸	男	67.00	150	2
42	54	56	2	不吸	男	69.00	145	2
43	74	70	2	吸烟	男	73.00	155	3
44	74	74	2	吸烟	男	73.00	155	2
45	68	68	2	吸烟	男	71.00	150	3
46	72	74	2	不吸	男	68.00	155	3
47	68	64	2	吸烟	男	69.50	150	3
48	82	84	2	不吸	男	73.00	180	2
49	64	62	2	吸烟	男	75.00	160	3
50	58	58	2	吸烟	男	66.00	135	3
51	54	50	2	吸烟	男	69.00	160	2
52	70	62	2	不吸	男	66.00	130	2
53	62	68	2	不吸	男	73.00	155	2
54	48	54	2	不吸	男	68.00	150	0
55	76	76	2	吸烟	男	74.00	148	3
56	88	84	2	吸烟	男	73.50	155	2
57	70	70	2	吸烟	男	70.00	150	2
58	90	88	2	不吸	男	67.00	140	2
59	78	76	2	吸烟	男	72.00	180	3
60	70	66	2	不吸	男	75.00	190	2
61	90	90	2	吸烟	男	68.00	145	1
62	92	94	2	不吸	男	69.00	150	2
63	60	70	2	不吸	男	71.50	164	2
64	72	70	2	吸烟	男	71.00	140	2
65	68	68	2	吸烟	男	72.00	142	3
66	84	84	2	吸烟	男	69.00	136	2

续前表

编号	脉搏 1	脉搏 2	跑步	吸烟否	性别	身高（英寸）	体重（磅）	活动性
67	74	76	2	吸烟	男	67.00	123	2
68	68	66	2	吸烟	男	68.00	155	2
69	84	84	2	吸烟	女	66.00	130	2
70	61	70	2	吸烟	女	65.50	120	2
71	64	60	2	吸烟	女	66.00	130	3
72	94	92	2	不吸	女	62.00	131	2
73	60	66	2	吸烟	女	62.00	120	2
74	72	70	2	吸烟	女	63.00	118	2
75	58	56	2	吸烟	女	67.00	125	2
76	88	74	2	不吸	女	65.00	135	2
77	66	72	2	吸烟	女	66.00	125	2
78	84	80	2	吸烟	女	65.00	118	1
79	62	66	2	吸烟	女	65.00	122	3
80	66	76	2	吸烟	女	65.00	115	2
81	80	74	2	吸烟	女	64.00	102	2
82	78	78	2	吸烟	女	67.00	115	2
83	68	68	2	吸烟	女	69.00	150	2
84	72	68	2	吸烟	女	68.00	110	2
85	82	80	2	吸烟	女	63.00	116	1
86	76	76	2	不吸	女	62.00	108	3
87	87	84	2	吸烟	女	63.00	95	3
88	90	92	2	不吸	女	64.00	125	1
89	78	80	2	吸烟	女	68.00	133	1
90	68	68	2	吸烟	女	62.00	110	2
91	86	84	2	吸烟	女	67.00	150	3
92	76	76	2	吸烟	女	61.75	108	2

传统统计方法可以用直方图描述数据的分布状况。对于绘制直方图的方法，我们已在第 3 章给出。下面先给出直方图结果（见图 8-1）。

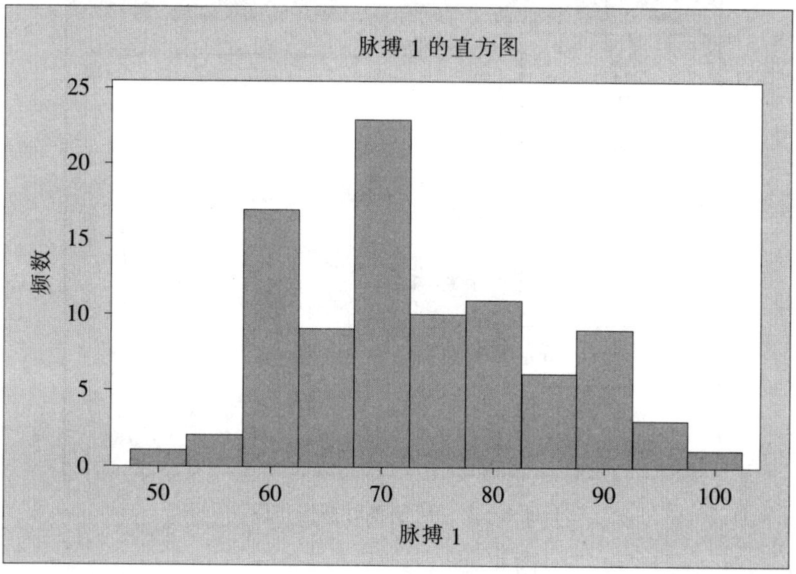

图 8-1　学生脉搏直方图

根据上述图形可以看出数据分布的大致状况，但直方图也省略了很多细节，例如，脉搏为60附近（其实是介于57.5～62.5）的数据究竟有哪些？从直方图中是显示不出来的。即使换成“点图”，虽然每个点都能表示出来，但也经过了整理合并，损失了些细节。EDA使用茎叶图可以弥补这些缺陷。

从“统计>EDA>茎叶图（Stat>EDA>Stem and Leaf）”入口，在“图形变量（Graph Variables）”中填写“脉搏1”（见图8-2），即可绘制出茎叶图。

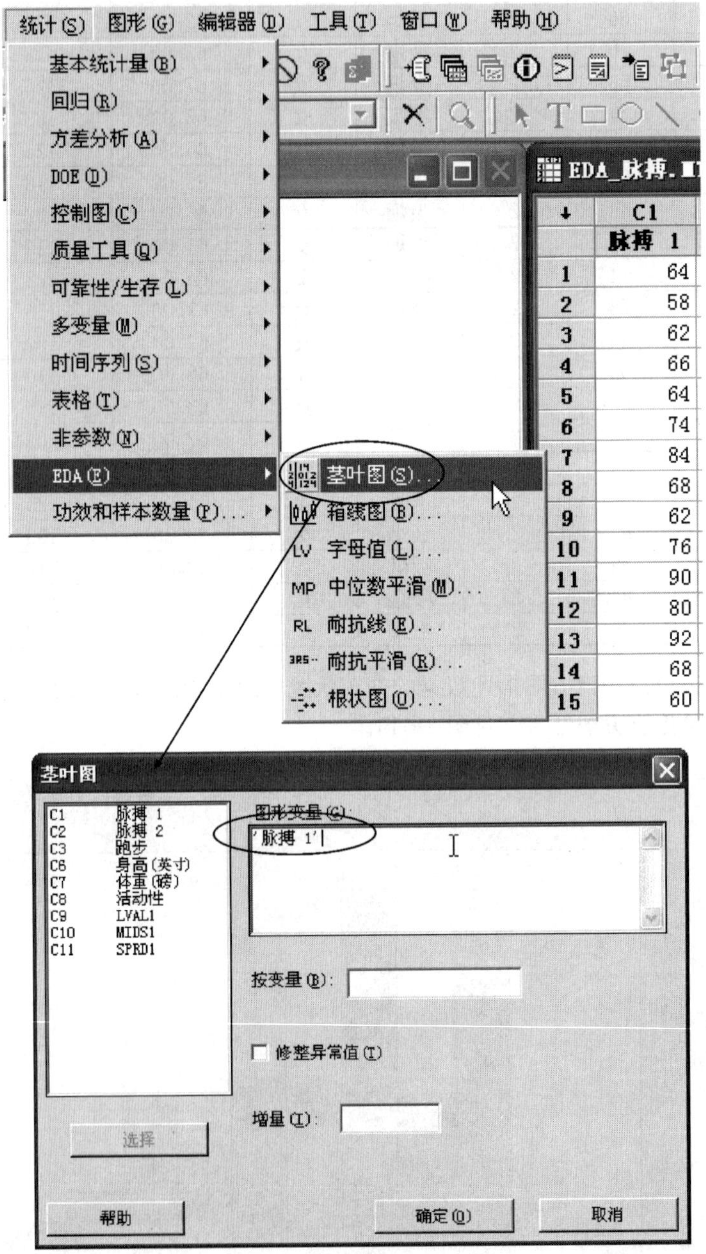

图8-2　绘制茎叶图操作图

操作后可以得到输出结果，见图8-3。

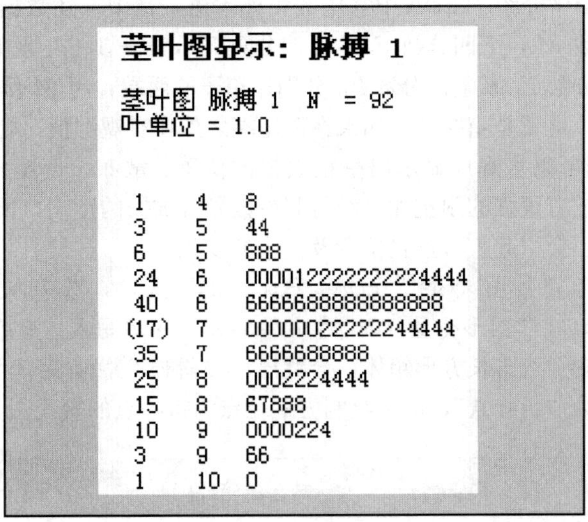

图 8-3　学生脉搏茎叶图

绘制茎叶图的原理是：将每个数据分为“茎”和“叶”两部分，例如，学生脉搏为68，则可将60作为“茎”，将8作为“叶”。数据较多时（如本例），可以将茎分得稍细些，例如“60”“65”都作为“茎”，60～64，65～69分列为两个“茎”。在图8-3中，将所有茎的值从小到大排列好，列于图中左侧第二列；将“叶”的数值列在其后。例如，茎为6的分成两部分，在60～64部分，60有4个，61有1个，62有9个，63有0个，64有4个；在65～69部分，66有5个，68有11个。从茎叶图中同样可以看见分布状况的总轮廓，包含数据较多的区间将导致“叶”较长，比如从本例学生脉搏茎叶图中可以明显看出，在60～74这段范围中，包含了较多的数据。它对于分布状况的描述与直方图功能相仿，但茎叶图增加了很多信息，主要是它无合并地提供了每个数据的状况。

作为茎叶图的另一特点，在图8-3中的茎叶图之最左列，给出了数据的累积深度。例如，48是深度为1的最小值；数值为54的数据有2个，截止到54时，深度已达到3；数值为58的数据有3个，截止到59时，深度已达到6，等等。同样从高端算起，100是深度为1的最大值；数值为96的数据有2个，截止到95，深度已达到3；数值为94的数据有1个，数值为92的数据有2个，数值为90的数据有4个，截止到90时，深度已达到10，等等。在最中间的一格内（用圆括号括起来的）指明中位数所在的区间，以及在本区间所包含的数据个数。本例中，可以得知中位数位于70～74组内，且本组共包含17个数据。茎叶图还有一个重要用途，那就是可以求出任意指定深度的观测值，例如本例中，可以求出深度为46的是哪个数值，其计算方法是：(1) 从下端算起，由于下侧第5组累积已有40个观测值，因而深度为46的是此组的下组（茎为70）的第6个观测值70（即是升秩为46者）；(2) 从上端算起，由于上侧第6组累积已有35个观测值，因而深度为46的是此组的上组（也是茎为70的那组）的第11个观测值72（即是降秩为46者）；中位数应是二者的平均值，因而中位数是71。

8.2.2　箱线图

对于一批数据，除了希望能直观地看出全部数据的各方面特征，还希望同时对于多个小组数据的各方面特征都能有比较直观的展现。箱线图（box plot）就是用简单的图示方法把多个数据组的特征同时展现出来。

我们已在8.1.3节中介绍了EDA中常用的统计术语，其中描述数据分布状况的有下列五个最重要的数：中位数M，下四分数F_L，上四分数F_U，$F_L-1.5d_F$及$F_U+1.5d_F$，通常称为“五数概括”。用下四分数F_L及上四分数F_U分别作箱子的两端，用M作中心线，用X^L及X^U分别作为尾线的端点，这就是箱线图。如果在两尾端之外还有观测值，则可以认为是“可疑异常值”。总之，箱线图可以直观地显示出一批数据的位置、散布、偏度、尾长和离群值状况。它与传统的箱线图一样有很强的耐抗性，经得起少数异常数据的影响，长方形箱外即使有多个数据远离长方形箱也不会引起长方形箱位置及大小的变化。

从“统计>EDA>箱线图（Stat>EDA>Box Plot）”入口，选中左上角“一个Y、简单（One Y，Simple）”窗，在“图形变量（Graph Variables）”中填写入“脉搏1”（图略），即可绘制出箱线图。在箱线图上双击长方形箱体，会跳出“编辑四分位间距框”窗口，点击“选项”按钮，选择方框端点为“折叶点”，即可绘制方框端点为折叶点的箱线图（见图8-4）。

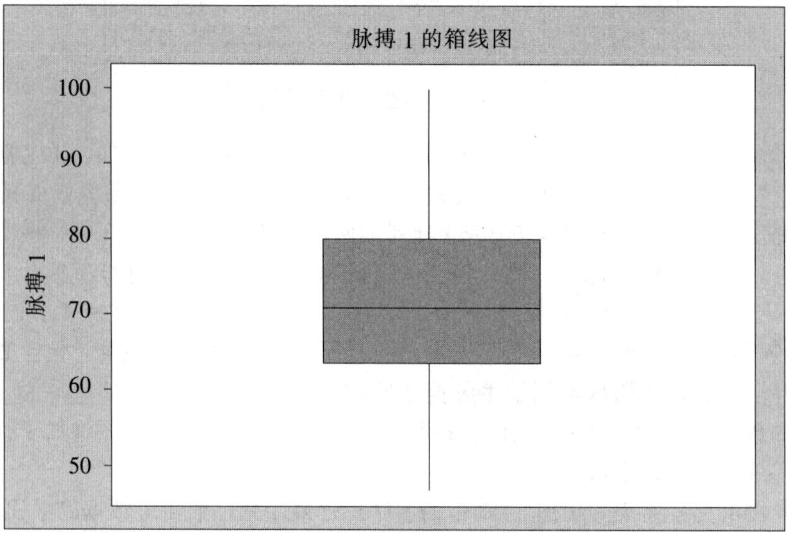

图8-4　学生脉搏箱线图

粗略看来，EDA的箱线图与原来传统的箱线图似乎完全相同，但实际上仍有微小差异，尤其当样本量较小时差异更大。因为EDA中五数概括是：中位数M，下四分数F_L，上四分数F_U，$F_L-1.5d_F$及$F_U+1.5d_F$；而传统的箱线图是由中位数M，下四分位数LQ，上四分位数UQ，$LQ-1.5IQR$及$UQ+1.5IQR$这五个数构成，二者是有微小差别的。

与传统的箱线图相似，EDA的箱线图同样也可以显示多个组之间的差异。如本例，希望给出男女生脉搏的比较，则可以绘制出分组的箱线图。从“统计>EDA>箱线图（Stat>EDA>Box Plot）”入口，选中右上角“一个Y、含组（One Y，With Group）”窗，在“图形变量（Graph Variables）”中填写入“脉搏1”并加选“用于分组的类别变量”为“性别”（图略），即可绘制出脉搏1数值的分性别的箱线图（见图8-5）。

从图8-5中容易看出，女生的脉搏明显高于男生的脉搏。

8.2.3　字母图

对于一批数据，除了希望能直观地看出数据各方面的特征外，还希望能归纳出一些摘要性的数值特征结果。上面提到的五数概括就是其中一个很好的代表，这里给出了中位数M，下

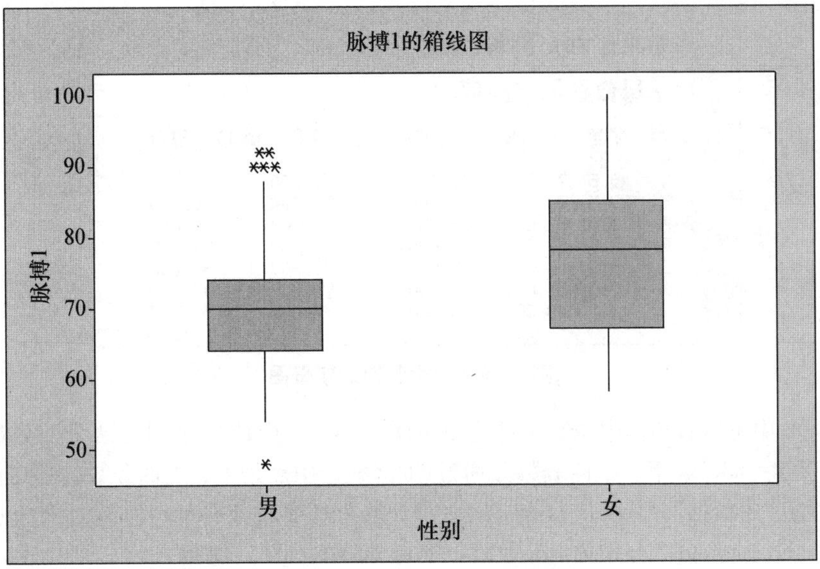

图 8-5　学生分性别的脉搏箱线图

四分数 F_L，上四分数 F_U，$F_L-1.5d_F$ 及 $F_U+1.5d_F$。如果数据量更大，需要对双侧尾部更大范围内状况加以描述，就需要增加一些量，例如在五数概括的基础上，再增加两个上下八分数，则可以组成七数概括；在七数概括的基础上，再增加两个上下十六分数，则可以组成九数概括；等等。为了让这些分数有系统化的名称以更方便地表示这些值，EDA 规定：从字母 F 代表四分数开始按英文字母表的倒序，一个字母一个字母倒退，字母 E 代表八分数；字母 D 代表十六分数；字母 C 代表卅二分数；字母 B 代表六十四分数；字母 A 代表一百二十八分数；如果还要再向下分，则用字母 Z 代表二百五十六分数；字母 Y 代表五百一十二分数；字母 X 代表一千零二十四分数；等等。

MINITAB 则以 H（hinges，折叶点）代表四分数，与一般命名法不全相同，但高阶分数 E，D，C，B，A 则与一般命名法恢复一致。

我们已知四分数与中位数深度关系为（见式（8-3））：

$$d(F)=\frac{[d(M)]+1}{2}=\begin{cases}k, & [d(M)]=2k-1\\ k+\dfrac{1}{2}, & [d(M)]=2k\end{cases}$$

更一般地，对于后深度与前深度有关系：

$$\text{后深度}=\frac{[\text{前深度}]+1}{2} \tag{8-7}$$

这里中括号代表取整数之函数。式（8-7）的含义是，如“前深度”是指中位数深度，则“后深度”是指四分数深度；“前深度”是指四分数深度，则“后深度”是指八分数深度；依此类推。

将各字母相应的取值及上下两字母间的差值全部列出来，对于数据的双尾状况的显示是非常有用的，特别是它可以用来分析数据批的展布程度的耐抗量度，或用来搜索离群值。MINITAB 软件将自动完成上述任务，给出各字母值。

仍以学生脉搏数据为例，从“统计>EDA>字母图（Stat>EDA>Letter Values）”入口，在“变量（Variables）”中填写入“脉搏 1”（图略），即可得出相应的字母值（见图 8-6）。

结果：EDA_脉搏.MTW

字母值显示：脉搏 1

	深度	下限	上限	取字符中段（mid）	散布
N=	92				
M	46.5	71.000	71.000	71.000	
H	23.5	64.000	80.000	72.000	16.000
E	12.0	62.000	88.000	75.000	26.000
D	6.5	59.000	91.000	75.000	32.000
C	3.5	56.000	95.000	75.500	39.000
B	2.0	54.000	96.000	75.000	42.000
	1	48.000	100.000	74.000	52.000

图 8-6　学生脉搏的字母图

从图 8-6 中可以看出，中位数深度为 $d(M)=46.5$，中位数为 71；两个四分数（或折叶点）深度 $d(F)=23.5$，下、上四分数分别为 64 及 80，中点是下、上四分数的平均值，此数也称为四分数的“中概括”（$MidF$），$MidF=72$，散布（即四分展布）为 16；两个八分数深度 $d(E)=12$，下、上八分数分别为 62 及 88，中点 $MidE=75$，散布为 26；两个十六分数深度 $d(D)=6.5$，下、上十六分数分别为 59 及 91，中点 $MidD$ 为 75，散布为 32；…；两个六十四分数深度 $d(B)=2$，下、上六十四分数分别为 54 及 96，中点 $MidB=75$，散布为 42；两个极端值深度皆为 1，极小值和极大值分别为 48 及 100，中点也称为“极差中值”（center of range），极差中值为 74，散布（即极差）为 52。从本例数据所得到的若干个中点概括值几乎不变，说明数据状况基本上是对称的。

从理论上分析，由于高斯分布的四分数为 $\mu \pm 0.6745\sigma$，四分散布为 1.349σ，因而也常用四分散布除以 1.349 得到 σ 的估计量，此量常称为“四分伪标准差”（F-pseudosigma），它具有很好的耐抗性。通常情况下，此估计量应该与样本标准差 S 很接近。如果这两个估计量相差悬殊，则通常宁可用四分伪标准差也不用样本标准差 S，因为样本标准差对极端值太敏感，四分伪标准差则要好得多。这是我们从 EDA 中得到的重要结论之一。

8.2.4　根状图

对于一批数据，悬浮式根状图是拟合了正态分布后偏离量的直方图，它显示与所拟合正态分布的偏差。其计算的原理是：按小组计算出实际数据的各百分位数，同时计算出相应的正态分布的百分位数，再计算出二者的差别“原始残差”（raw residual，RR），最后算出“双根号残差”（double root residuals，DRR），并将双根号残差展现成悬浮式根状图。我们可以从根状图中看出是否存在与正态分布偏离特别大的分布非正态的异常状况。对于第 i 组，记实际观测频数为 n_i，正态分布相应频数为 f_i，定义原始残差为：

$$RR = n_i - f_i \tag{8-8}$$

定义双根号残差 DRR_i 为：

$$DRR_i = \begin{cases} \sqrt{2+4n_i} - \sqrt{1+4f_i}, & n_i \neq 0 \\ 1 - \sqrt{1+4f_i}, & n_i = 0 \end{cases} \tag{8-9}$$

可以看出，DRR 的核心部分是：

$$DRR_i = 2(\sqrt{n_i} - \sqrt{f_i}) \tag{8-10}$$

在样本量足够大的情况下，DRR_i 应该是标准正态分布，也就是说其值绝大多数应落在

(—2,2) 之内，偶尔可以落在其外，但除非极特殊情况一般也不能超出（—3，3）。从 DRR_i 的值是否有极端异常值可以判断数据与正态分布是否有较大差异。

从“统计>EDA>根状图（Stat>EDA>Rootogram)”入口，得到如图 8-7 所示界面，在“变量（Variables)”中填写入“脉搏 1”，选定多列作为存储结果用（见图8-7)。

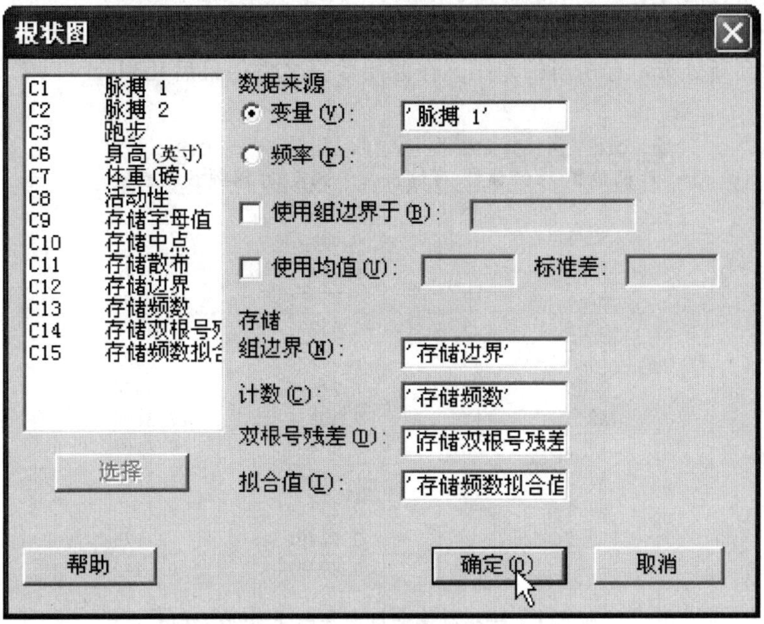

图 8-7 学生脉搏根状图的操作

在此界面中显示出，数据允许有多种记录格式，例如可以是原始数据记录格式，也可以是分组并记录其频数的格式等。存储计算结果可供以后备查，以便显示偏离最大的组的细节。

运行后得到的悬浮式根状图见图 8-8。

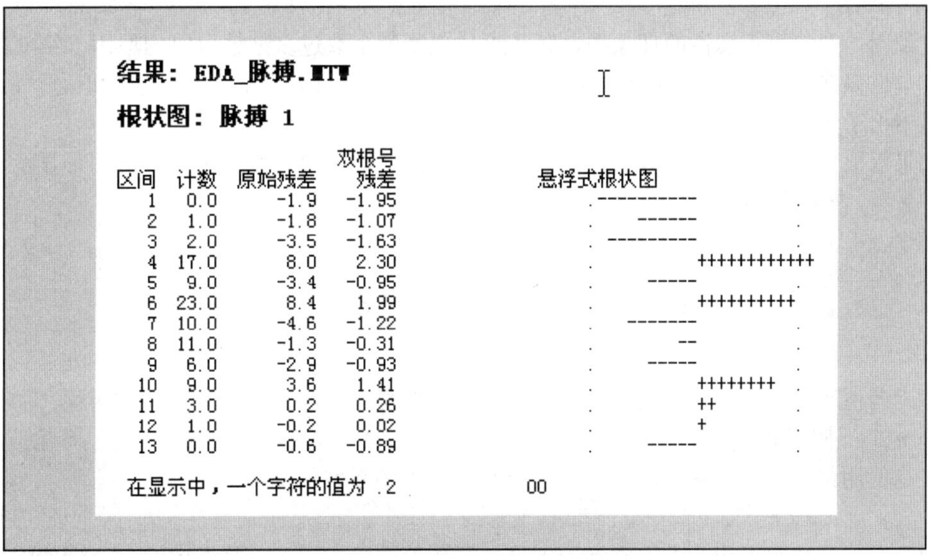
结果：EDA_脉搏.MTW

根状图：脉搏 1

区间	计数	原始残差	双根号残差	悬浮式根状图
1	0.0	-1.9	-1.95	.----------- .
2	1.0	-1.8	-1.07	. ------ .
3	2.0	-3.5	-1.63	. ---------- .
4	17.0	8.0	2.30	. ++++++++++++
5	9.0	-3.4	-0.95	. ----- .
6	23.0	8.4	1.99	. ++++++++++
7	10.0	-4.6	-1.22	. ------- .
8	11.0	-1.3	-0.31	. -- .
9	6.0	-2.9	-0.93	. ----- .
10	9.0	3.6	1.41	. ++++++++ .
11	3.0	0.2	0.26	. ++ .
12	1.0	-0.2	0.02	. + .
13	0.0	-0.6	-0.89	. ----- .

在显示中，一个字符的值为 .2 00

图 8-8 学生脉搏的悬浮式根状图

在左半部分数值结果显示中，可以看出共分了13组，在“计数”一列中显示了每组内的观测值个数，在“原始残差”一列中显示了根据式（8-8）计算出的组内实际观测值个数与预期的正态观测值个数之差，在“双根号残差”一列中显示了根据式（8-9）计算出的双根号残差。在右半部分悬浮式根状图的图形结果显示中，分别用字符“+”或“-”代表双根号残差的符号，每个字符值为0.2，双侧圆点代表正负2的边界线。在本例图中，可以看出13组中只有第4组双根号残差值达到2.3（用12个“+”来显示），已经超出正负2的边界，显示数据与正态分布（高斯分布）有相当的差距。在原始数据文件的最后几列，可以看见存储的细节（见图8-9）。

C12	C13	C14	C15
存储边界	存储频数	存储双根号残差	存储频数拟合值
47.5	0	-1.94691	1.9211
52.5	1	-1.07042	2.8474
57.5	2	-1.62755	5.4856
62.5	17	2.29671	8.9609
67.5	9	-0.95222	12.4116
72.5	23	1.98798	14.6009
77.5	10	-1.21690	14.5634
82.5	11	-0.30835	12.3194
87.5	6	-0.93424	8.8501
92.5	9	1.41437	5.3907
97.5	3	0.25784	2.7842
102.5	1	0.02491	1.2196
	0	-0.89202	0.6449

图8-9　学生脉搏的悬浮式根状图数值结果

图8-9中最左列的边界是各组的上界，例如双根号残差的最大值出现在第4组，其值为2.296 7，观测值的上界为62.5（即本组包含的是落入57.5～62.5的数据），实际共有17个观测值，按正态分布计算，此组应有8.96个观测值，代入式（8-9），可得第4组处双根号残差为：

$$DRR_3 = \sqrt{2+4n_4} - \sqrt{1+4f_4} = \sqrt{2+4\times 17} - \sqrt{1+4\times 8.96} = 2.297$$

这说明，在偏离正态性的现象中，第4组的观测值个数过多是最重要的原因（第6组的观测值个数也偏多）。如果简单地进行正态性检验，当然同样可以得出“此数据非正态”的结论，但这里给出了更加细致的定量分析结果。

如果双根号残差超过（-3，3）范围，则在悬浮式根状图（见图8-8）的图形显示区内标记出“*”，表示偏离极端严重。

8.3　直线拟合的耐抗线方法

在六西格玛管理中，要寻求过程的改进，常常需要讨论两个变量间的关系问题。如果已经获得了 n 个观测值数对 (x_1,y_1)，(x_2,y_2)，…，(x_n,y_n)，我们希望能够拟合一条直线，传统的方法是使用最小二乘法估计出下列线性回归方程中的系数 a 及 b。

$$y = a + bx \tag{8-11}$$

但最小二乘法是不耐抗的，常常受到异常观测值的巨大影响，数据中的一个野值将导致最终回归方程结果完全失去意义。EDA就是希望能找到对异常值具有耐抗性的方法以使直线能很好地拟合数据。下面介绍的耐抗线方法即可解决此问题。很多统计学家建议在使用最小二乘回归之前先拟合耐抗线，以确定两个变量间的关系是否为线性，如果确认二者关系不是线性的，则希望找出将关系线性化的重建表达式，可以使用变换方法使之线性化，并且在拟合中能够识别出异常值。

8.3.1 耐抗线的基本原理与方法

本节先介绍耐抗线（resistant line）方法的基本原理及计算方法。

为了保证求出的回归方程（8-11）具有耐抗性，就要设法在求系数时舍弃观测值中可能出现的异常值。我们通过五个步骤实现这一目标。

1. 形成三个组

将数据按自变量由小到大的顺序分成样本量大体相等的三组：左组（L）、中组（M）及右组（R）。由于数据的总个数 n 不一定恰好是3的整倍数，因此不一定能分成样本量完全相等的三组。下面给出在 n 取不同值时的准确样本量（见表8-2）。

表8-2　耐抗线分析的数据分组表

	左组（L）	中组（M）	右组（R）
$n=3k$	k	k	k
$n=3k+1$	k	$k+1$	k
$n=3k+2$	$k+1$	k	$k+1$

例如，当 $n=18$ 时，则左、中、右三组皆含6个数据；当 $n=19$ 时，则左、中、右三组各含6，7，6个数据；当 $n=20$ 时，则左、中、右三组各含7，6，7个数据。

2. 计算出各组的总括点

对于划分好的三个组，分别求出各组的中位数，记号如下：

$$(x_L,y_L),(x_M,y_M),(x_R,y_R) \tag{8-12}$$

这里要注意，我们可以用式（8-12）给出的这三对数据当作坐标而描绘出三个点，但这三个点并不是真实观测点。

3. 形成拟合直线方程的初始估计

考虑如下形式的拟合直线方程：

$$\hat{y}=a+b(x-x_M) \tag{8-13}$$

此方程中，b 就是斜率（slope）；a 代表了在中组总括点处回归线的纵坐标，称为“水平”（level）。以式（8-12）中三个数对的数值来拟合方程（8-13）时，我们选定这样一对回归系数，将其作为 a，b 的初始估计：

$$b_0=\frac{y_R-y_L}{x_R-x_L} \tag{8-14}$$

$$a_0=\frac{1}{3}[y_L-b_0(x_L-x_M)+y_M+y_R-b_0(x_R-x_M)] \tag{8-15}$$

其实这里相当于要求左右两总括点都在此回归线的同侧，其残差相同，而且三个总括点形成的残差和为0。

4. 求出对于初始回归方程的残差

考虑所有数据 (x_i,y_i) 对于如下直线方程：

$$\hat{y}=a_0+b_0(x-x_M) \tag{8-16}$$

的残差，记为 $r_i^{(0)}$。

5. 迭代修正求出最佳回归方程

以数据对 $(x_i, r_i^{(0)})$ 为基础，按上述第2步、第3步，求出式（8-13）的回归方程，我们把按式（8-14）及式（8-15）得到的回归系数分别记为 δ_1 及 ε_1，然后以这两个系数修正原来的回归系数，其修正公式为：

$$\begin{cases} a_1 = a_0 + \delta_1 \\ b_1 = b_0 + \varepsilon_1 \end{cases} \qquad (8-17)$$

以系数 (a_1, b_1) 返回步骤4及步骤5，可以得到新的回归系数 (a_2, b_2)，依此类推，不断迭代，直到系数修正之绝对值小于某个指定下界时，修正结束。

通过上述步骤所得到的回归方程很可能与传统的最小二乘法结果有很大差别，而耐抗线方法的结果将最大限度地以数据主体部分作为估计回归系数的依据，因而避免了可能的异常值对回归方程的灾难性的不良影响。

8.3.2 耐抗线方法实例分析

下面通过一个实例介绍根据数据求出耐抗线的具体步骤。

例8-2

某小学收集了18名儿童的年龄（以月龄计）及身高（以厘米为单位）的数据。数据列在表8-3中（数据文件：EDA _ 儿童身高 . MTW）。希望找到身高与月龄间的关系。

表8-3　　儿童月龄身高数据表

左组			中组			右组		
编号	月龄	身高	编号	月龄	身高	编号	月龄	身高
1	109	137.6	7	121	135.0	13	134	133.2
2	113	147.8	8	124	133.0	14	135	148.7
3	115	136.8	9	126	148.5	15	137	152.0
4	116	140.7	10	129	148.3	16	139	150.6
5	119	132.7	11	130	147.5	17	141	165.3
6	120	145.4	12	133	148.8	18	142	149.9

由于样本量为18，恰好为3的倍数，这里正好分为左、中、右三组都是6个观测值。对各组求出其中位数作为总括点，其月龄与身高数据见表8-4。

表8-4　　儿童月龄与身高总括点数据表

总括点	月龄	身高
L	115.5	139.15
M	127.5	147.90
R	138.0	150.25

我们画出散点图（见图8-10）。从图中可以看到，在右组内有两个点很特殊，相对于其月龄而言，其中一个儿童身高太低，另一个儿童身高太高。

将数据代入式（8-14）及式（8-15），可以得到初始EDA回归方程，其示意图见图8-11。这里要注意，此线只考虑三组的总括点的数据，由于总括点并未考虑异常观测值的数值，因而此回归线也丝毫未受到异常观测值的影响。

具体数据结果说明了上述这一点。

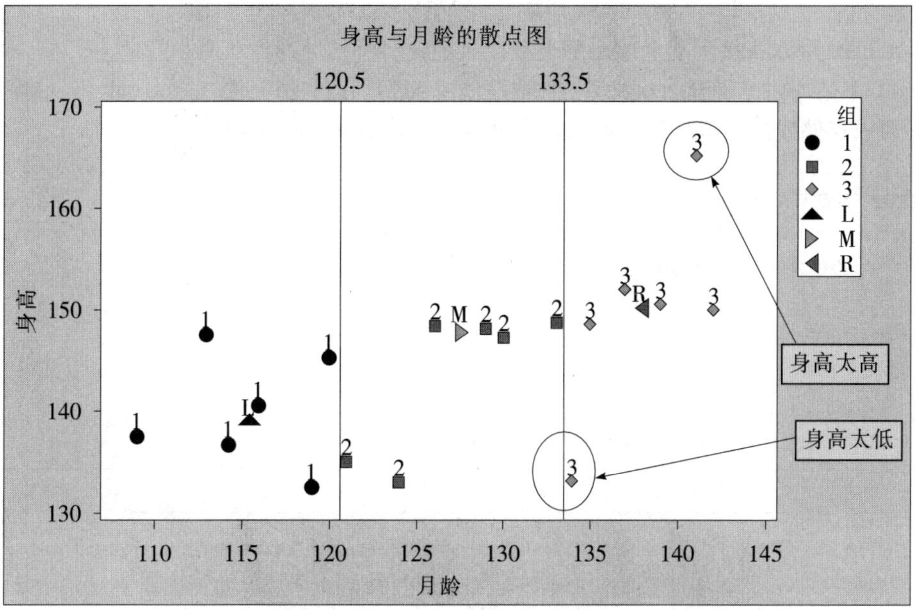

图 8-10　儿童身高数据的散点图

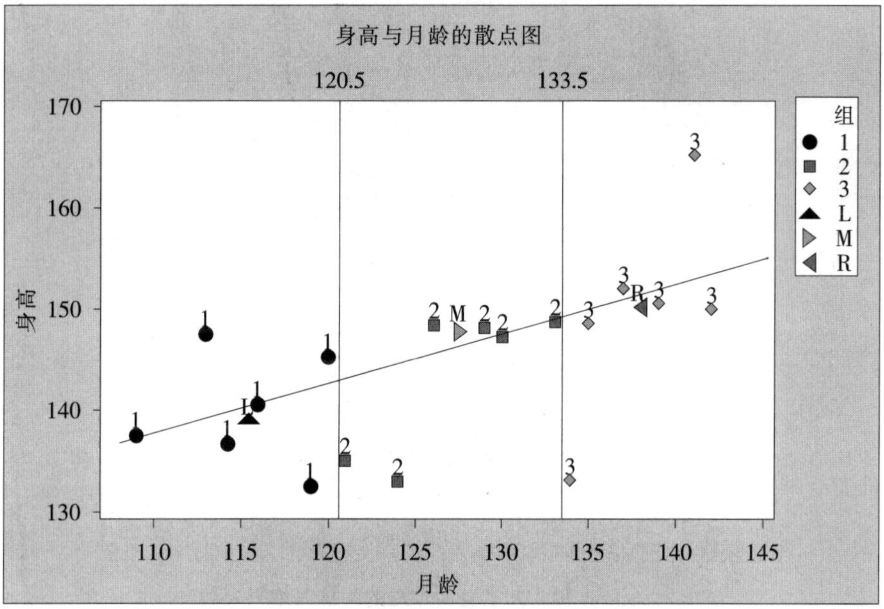

图 8-11　儿童身高数据的初始 EDA 回归线图

EDA 初始回归方程为：

$$身高 = 146.01 + 0.4933(月龄 - 127.5) = 83.11 + 0.4933 月龄$$

最小二乘法回归方程是：

$$身高 = 144.89 + 0.5113(月龄 - 127.5) = 79.7 + 0.5113 月龄$$

这里最小二乘法回归方程明显受到第 17 号观测点（身高特高者）的影响，斜率偏大。

EDA 的初始方程再经过迭代调整，斜率逐渐降低，直到最后降至最小，得到 EDA 的耐抗线结果为：

$$身高 = 145.65 + 0.428\,57(月龄 - 127.5) = 91.007 + 0.428\,57\,月龄$$

MINITAB可以直接实现上述全部过程。从“统计>EDA>耐抗线（Stat>EDA>Resistant Line)”入口，在“响应（Response)”中填写“身高”，在“自变量（Predictor)”中填写“月龄”，并要求存储残差、拟合值及系数，即可得到下列结果及图8-12：

```
耐抗线拟合：身高与月龄
平直度检查 - 左半斜率 = 0.729 167
             右半斜率 = 0.223 810   比率 = 0.307


斜率 1 = 0.493 333
斜率 2 = 0.422 815
斜率 3 = 0.428 571
斜率 = 0.428 6   水平 = 91.007 1   半斜率比 = 0.307
```

	残差1	拟合1	系数1
1	-0.1214	137.721	91.0071
2	8.3643	139.436	0.4286
3	-3.4929	140.293	
4	-0.0214	140.721	
5	-9.3071	142.007	
6	2.9643	142.436	
7	-7.8643	142.864	
8	-11.1500	144.150	
9	3.4929	145.007	
10	2.0071	146.293	
11	0.7786	146.721	
12	0.7929	148.007	
13	-15.2357	148.436	
14	-0.1643	148.864	
15	2.2786	149.721	
16	0.0214	150.579	
17	13.8643	151.436	
18	-1.9643	151.864	

图8-12　儿童身高数据的耐抗线结果

在运行窗输出的结果中，有“左半斜率（Left-Half Slope)”和“右半斜率（Right-Half Slope)”。它们是根据左（或右）半侧的数据用总括点的数据估计出来的斜率值。

$$左半斜率 = \frac{y_M - y_L}{x_M - x_L} \tag{8-18}$$

$$右半斜率 = \frac{y_R - y_M}{x_R - x_M} \tag{8-19}$$

“比率（Ration)”则是左右两个半斜率之比值。

$$比率 = \frac{右半斜率}{左半斜率} \tag{8-20}$$

此数值越接近1，则表明数据与直线拟合良好；相反，如果此数值远离1（不论太大或太小），则表明数据与直线相去较远。

下面绘制出回归结果的图形（见图8-13），其中EDA耐抗线结果用实线表示，最小二乘法结果用虚线表示。可以看出EDA耐抗线的主要特点是其建立起来的回归方程，不会受到异常观测值的严重影响，避免了传统的最小二乘法对异常观测值的敏感性。图中，EDA耐抗线更多地考虑了数据的主体部分，而最小二乘法受到第5，7，8，17号观测点的较大影响，斜率明显偏大。

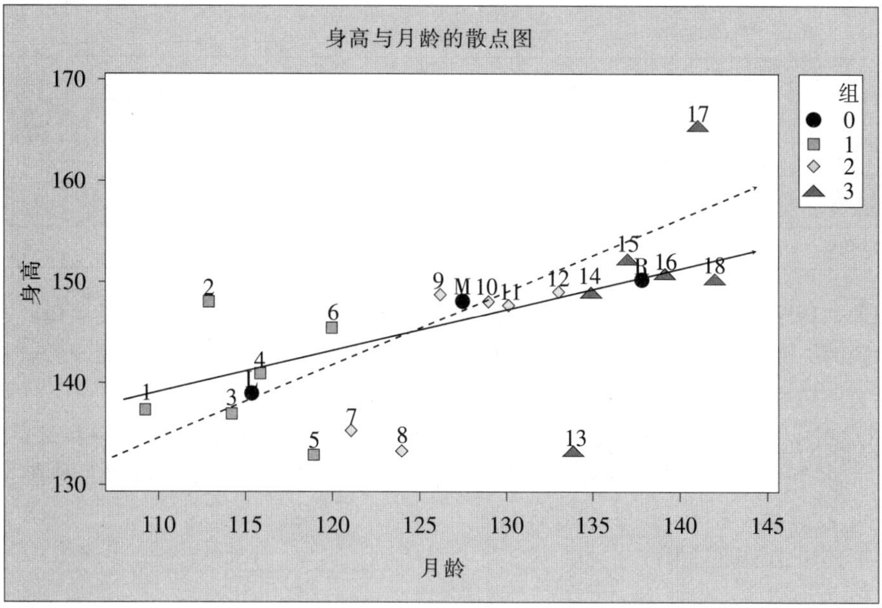

图8-13　儿童身高数据的耐抗线（实线）与最小二乘回归线（虚线）的比较图

8.4　用中位数平滑法分析双向表

在实际工作中，常常需要讨论响应变量与两个自变量因子间的关系问题。有时可以认为这里是简单的两因子效应叠加模型，有时则必须考虑两因子间的交互作用。传统的统计分析方法是：假定在所有的处理下获得的数据都服从等方差的正态分布，我们可以使用双因子方差分析方法，分析出各因子的主效应及它们的交互效应，并进一步确认交互作用是否显著。如果交互作用不显著，则可以使用简单的效应叠加模型（additional model）。现在的问题是，如果数据中有相当多的离群值，如何使用可加模型来分析有关结果。传统的方差分析方法要求出各种条件下的平均值，以确定“行效应”、“列效应”以及“交互效应”等，而这样的分析方法不具有耐抗性，在数据中存在离群值的情况下就不能再使用了。EDA提供的“中位数平滑法”（median polish）正是用来解决此问题的。

8.4.1　中位数平滑法的原理及方法概述

先看一个实际例子，从这个例题可以看出双向表的概念及用途。

例8-3

研究三种头盔的抗冲击性能。头盔的类型（因子 A）有三种，在这三种头盔中，力的作用位置（因子 B）有两种：作用于头盔的前部或后部。在同等大小的撞击力下，能够削减的撞击力是响应变量，对每种头盔的两个位置各测量了两次（削减的）撞击力。希望确定这里是否存在任何可识别的数据模式，同时要指明三种头盔类型之间的差异和作用点（头盔前部与头盔后部）的差异，并综合评价头盔所能提供的保护水平（由“撞击力”度量）。这里考虑了两个因子（头盔类型 A 和撞击力的作用位置 B），而且对这两个因子的每个搭配都进行了两次重复试验。希望分析因子的主效应是否显著，二因子的交互效应是否显著。数据列在表8-5中（数据文件：EDA _ 中位数平滑. MTW）。

表8-5　　头盔撞击力试验数据表

类型	前部		后部	
	试验1	试验2	试验1	试验2
A型头盔	47	43	46	40
B型头盔	62	68	67	71
C型头盔	41	39	42	46

传统的二因子方差分析方法似乎可以解决此问题。但使用方差分析方法的关键，是在对效应进行评价时，使用的是各种条件下的平均值，而平均值不具有耐抗性，因而导致分析方法整体上不具有耐抗性。EDA方法中关键的一步就是将“平均值”改为“中位数”。

在EDA中，数据的存放格式与方差分析类似，仍称为“双向表”（two-way table）。记因子 A 有 k 个水平，因子 B 有 m 个水平，在 A_i 与 B_j 的每个搭配条件下，得到观测值：

$$y_{ij}\ ,\quad i=1,2,\cdots,k;j=1,2,\cdots,m \tag{8-21}$$

把简单的可加模型写为：

$$y_{ij}=\mu+\alpha_i+\beta_j+\varepsilon_{ij} \tag{8-22}$$

式中

$$\hat{\mu}=\bar{y}=\frac{1}{km}\sum_{i=1}^{k}\sum_{j=1}^{m}y_{ij} \tag{8-23}$$

$$\hat{\alpha}_i=\frac{1}{m}\sum_{j=1}^{m}(y_{ij}-\bar{y}),\quad i=1,2,\cdots,k \tag{8-24}$$

$$\hat{\beta}_j=\frac{1}{k}\sum_{i=1}^{k}(y_{ij}-\bar{y}),\quad j=1,2,\cdots,m \tag{8-25}$$

这时，我们可以定义响应变量的残差平方和（sum of square of residual，SSR）为：

$$SSR=\sum\sum(y_{ij}-\hat{\mu}-\hat{\alpha}_i-\hat{\beta}_j)^2 \tag{8-26}$$

在ANOVA中，我们拟合这批数据的“最优”可加模型，就是选取 $\hat{\mu}$，$\hat{\alpha}_i$ 及 $\hat{\beta}_j$ 使 SSR 达到最小。按照最小二乘原理，这里取相应的平均值就会达到这一目的，因而就有了完整的方差分析方法。但这一切都要先假定 ε_{ij} 是相互独立、等方差、均值为0的正态（高斯）分布。但当这个假定不成立时，最小二乘原理就不再适合。正如同考虑一组数据 x_i，如何选择值 c，能使

$$\sum_i(x_i-c)^2 \tag{8-27}$$

达到极小？回答应该是取其平均值

$$c=\bar{x}=\frac{1}{n}\sum_i x_i \tag{8-28}$$

如果问题换成如何选择值 c，能使

$$\sum_i |x_i - c| \tag{8-29}$$

达到极小？回答应该是取其中位数

$$c = \mathrm{med}\{x_i\} \tag{8-30}$$

类似地，如果考虑模型

$$y_{ij} = m + a_i + b_j + \varepsilon_{ij} \tag{8-31}$$

希望讨论如何选择各参数，以使得绝对残差和（sum of absolute-value of residual，SAR）

$$SAR = \sum\sum |y_{ij} - \hat{m} - \hat{a}_i - \hat{b}_j| \tag{8-32}$$

达到极小？我们猜测上述参数都取各自的中位数将可以实现这一点，这就是“中位数平滑”的基本思路。数学理论上的研究表明，可以举出反例来说明中位数平滑的方法有时确实不能使 SAR 达到最小（参见本书参考文献［17］），但实践经验表明，上述反例实在非常罕见，在一般情况下，中位数平滑的方法是行之有效的。MINITAB 软件也是基于此将这一方法付诸实施。作为实际工作者，理解理论分析中的各个细节并不重要，理解这些方法的含义才是最重要的。我们之所以要学习 EDA 方法，主要是担心数据中有异常观测值出现，如何使分析方法具有耐抗性是主要的出发点。中位数平滑法既然是行之有效的，我们学会使用它就够了。

8.4.2 中位数平滑法的实例分析

回到例 8－3，我们希望分析出三种头盔类型之间的差异和作用点（前部与后部）的差异，并综合评价头盔所能提供的保护水平（由“撞击力”度量）。也就是希望分析两个因子的主效应是否显著，并使用可加模型分析解释有关结果。

在 MINITAB 软件操作中，“中位数平滑”本身并不显示任何结果，只能将结果存储下来，并利用显示工具显示出来，然后再加以分析。

从“统计>EDA>中位数平滑（Stat>EDA>Median Polish）”入口（出现窗口见图 8－14），在“响应（Response）”中填写入“撞击力”，在“行因子（Row Factor）”中填写入“头盔型”，在“列因子（Column Factor）”中填写入“位置”，并要求存储公共效应（它是常量，要特别命名，不妨记为 A1）、行效应、列效应及比较值，另外要求存储残差与拟合值。

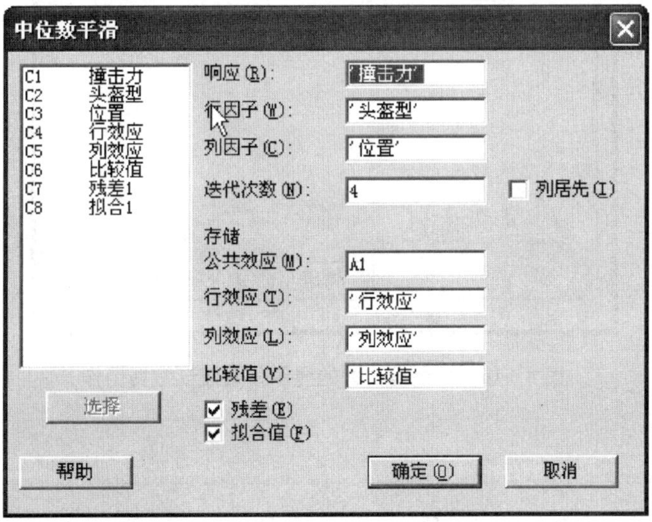

图 8－14　头盔撞击力的中位数平滑操作

运行后就得到如图 8-15 所示的结果（显示在原数据表的后列）。

EDA_中位数平滑.MTW ***

↓	C1	C2	C3	C4	C5	C6	C7	C8
	撞击力	头盔型	位置	行效应	列效应	比较值	残差1	拟合1
1	47	1	1	0	-1	0.000000	3.5	43.5
2	43	1	1	23	1	0.000000	-0.5	43.5
3	46	1	2	-3		0.000000	0.5	45.5
4	40	1	2			0.000000	-5.5	45.5
5	62	2	1			-0.516854	-4.5	66.5
6	68	2	1			-0.516854	1.5	66.5
7	67	2	2			0.516854	-1.5	68.5
8	71	2	2			0.516854	2.5	68.5
9	41	3	1			0.067416	0.5	40.5
10	39	3	1			0.067416	-1.5	40.5
11	42	3	2			-0.067416	-0.5	42.5
12	46	3	2			-0.067416	3.5	42.5

图 8-15　头盔撞击力的中位数平滑结果

为了显示其他方面的结果，要使用下列操作：从“数据>显示数据（Data>Display Data）”入口（出现窗口如图 8-16 所示），在“要显示的列、常量和矩阵（Columns，constants，and matrices to display）”中填写“A1”，则可以在运行窗中看到公共效应 A1 之值。

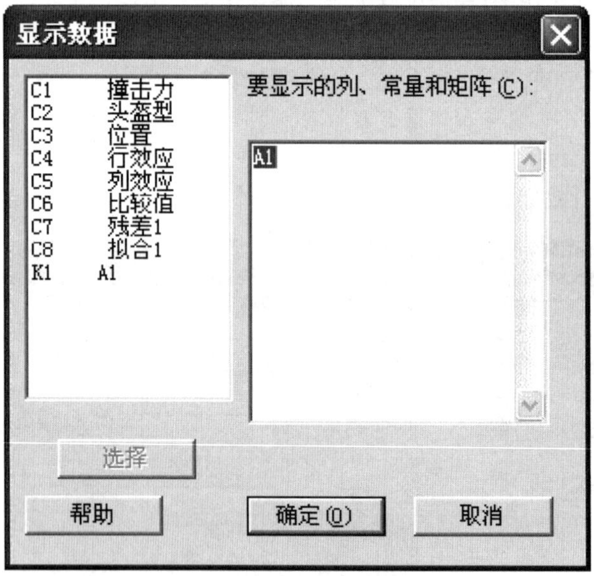

图 8-16　头盔撞击力的显示公共效应数据操作

```
数据显示
A1    44.500 0
```

从“统计>表格>描述性统计（Stat>Tables>Descriptive Statistics）”入口（见图8-17），

出现界面见图 8－18 中左侧。在“对于行”中填写“头盔型”，在“对于列”中填写“位置”。打开“关联变量”窗口后（出现界面见图 8－18 中右侧），在“关联变量”中，填写“撞击力”、“拟合 1”及“残差 1”，在“显示”中，选中“数据”。

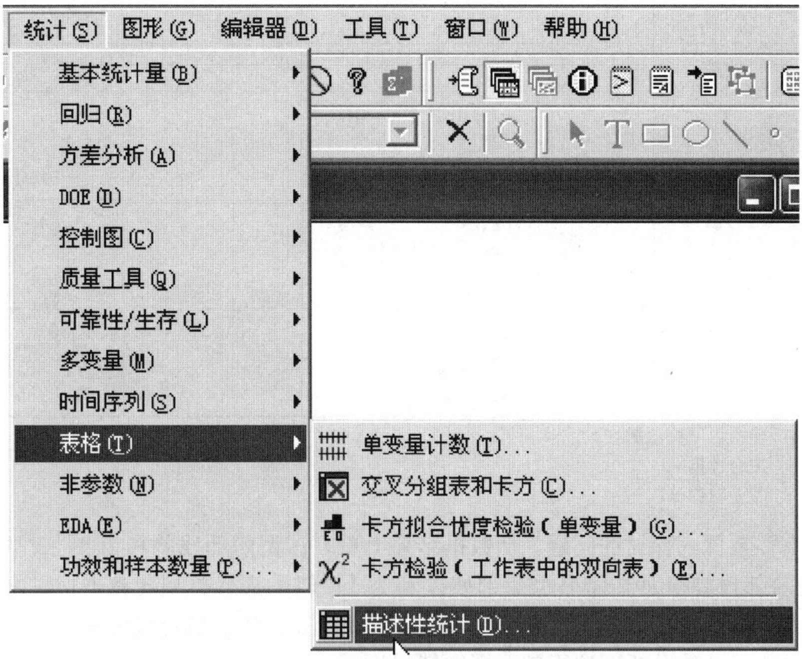

图 8－17　头盔撞击力的中位数平滑结果显示操作 1

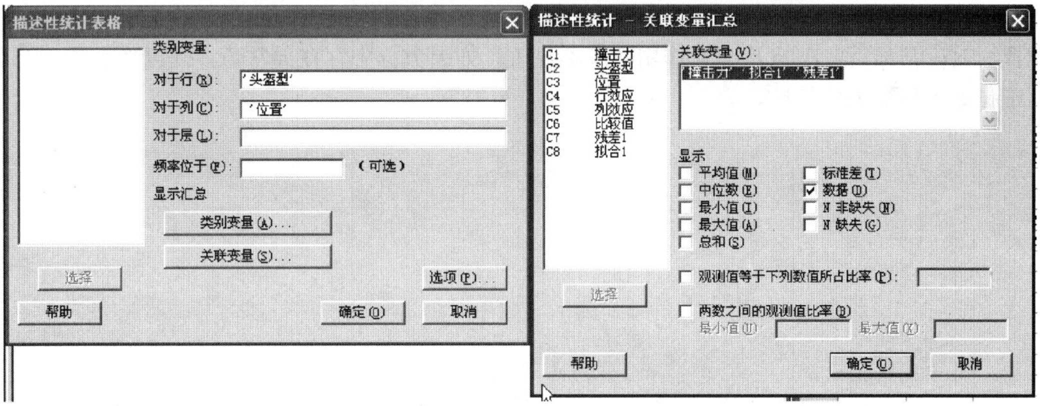

图 8－18　头盔撞击力的中位数平滑结果显示操作 2

最终可以在运行窗中得到输出结果，整理后可以看出它是如表 8－6 所示的一个表格。

下面对这些结果加以解释和说明：

从数据分析结果可知，公共效应（它代表“撞击力”的一般水平）为 44.5。行效应（头盔类型效应）解释了相对于撞击力公共值在不同行之间发生的变化（即不同头盔类型的变化）。对于头盔类型 A，B 和 C 效应分别为 0，23，－3，这表明头盔类型 B 的耐撞击力比公共水平高很多；而头盔类型 C 的耐撞击力比公共水平略低。列效应解释了相对于撞击力公共值在不同列（即不同撞击位置）之间发生的变化。对于前部和后部，效应分别为－1，1，表明撞击头盔前部略低于头盔耐撞击力公共值，撞击头盔后部略高于头盔耐撞击力公共值。每个单元格的两个观测值的原始值、拟合值及残差值都显示在每个小表格中。

表 8-6　　头盔撞击力的中位数平滑结果

	位置	前部	后部
头盔型	效应	−1	1
A型	0	(47, 43) 43.5 (3.5, −0.5)	(46, 40) 45.5 (0.5, −5.5)
B型	23	(62, 68) 66.5 (−4.5, 1.5)	(67, 71) 68.5 (−1.5, 2.5)
C型	−3	(41, 39) 40.5 (0.5, −1.5)	(42, 46) 42.5 (−0.5, 3.5)

单元格内容：撞击力原始数据（2个）
拟合数据
残差数据（2个）

这里还有需要深入探讨的问题。从数据结果上看，A型前部残差和为3，A型后部残差和为−5；B型前部残差和为−3，B型后部残差和为1；似乎头盔类型与撞击位置之间还有交互作用存在（不同的头盔在不同撞击位置上反应不全相同）。至于是否真的有交互作用存在，要用到更细致的工具才能分析，这里就不再继续讨论了。

使用本例数据，直接用双因子方差分析也是可以的。所得出的结论与这里相似，如果考虑双因子连同交互作用模型，则可得出如下结论：因子A（头盔类型）效应显著，因子B（撞击位置）效应不显著，A与B交互作用效应不显著。如果数据中存在异常值，则可能会更加凸显出中位数平滑法的优越性。

第 9 章

相关分析和回归分析

在实际工作中，我们经常会与变量打交道，比如炼钢温度与含碳量、广告支出与营业额、汽车使用年限与年平均维修成本、加工工艺条件与产品性能指标等，它们会随着条件的变化取不同的值，在数学上称为变量。

变量之间常常是相互联系的，它们之间存在一定的关系，通常有两种类型。

一种类型是：变量间的关系是确定的，总可以用某种函数来表达。比如圆的面积$S=\pi r^2$，这里变量 r 和 S 间的关系是完全确定的，称为函数关系。

另一种类型是：变量间有某种关系，但又不是确定性的关系，称为相关关系。

可以看出，函数关系和相关关系是两种不同的关系，但它们之间没有严格的界限。在理论上存有函数关系的变量，由于实验或测量的误差，数值会有不确定性；而相关变量间本来是没有确定性关系的，但在特定条件下，从统计意义上看，它们又是存在某种函数关系的。

当变量存在相关关系时，又有两种情况：

第一种，这些变量都是随机变量，彼此间地位相同，既可以做因变量也可以做自变量。这类问题可以用相关分析解决。

第二种，某些变量是可以控制和测量的非随机变量，称为自变量，另一个变量与它们有关，但是不可控的，是随机变量，称为因变量。这里因变量与自变量地位不同，不能互换。这类问题我们用回归分析去解决。

相关分析主要用来衡量变量间线性相关的密切程度；回归分析则是定量地给出变量间的变化规律，它不仅能提供变量相关关系的经验公式（回归方程），而且可以判明所建立的回归方程的有效性。在方程有效的前提下，可以利用方程做预测和控制，并了解预测和控制的精度。在多元回归中，还可以分析判定出哪些是最重要的变量，哪些是次要的变量。

本章 9.1 节讨论相关分析；9.2 节讨论简单线性回归；9.3 节讨论多元线性回归；9.4 节讨论离散型变量 Logistic 回归；9.5 节讨论广义回归。

9.1 相关分析

这里通过一个例题来详细了解相关分析的具体内容。

例 9-1

某市场分析员进行了一项研究，分析某地区居民的每月家庭消费支出 y 与每月家庭收入 x 之间的关系。现从该地区随机抽取了 16 个家庭组成一个样本，数据见表 9-1（数据文件：REG_收入与支出.MTW）。试判定：该地区居民的每月家庭消费支出 y 与每月家庭收入 x 是否相关？如果相关，那么相关是否密切？在显著性水平 $\alpha=0.05$ 下，给出 y 与 x 的一元线性回归方程，判定方程是否有效。当家庭收入为8 000元时，预测消费支出y的大致范围。

表9-1　　某地区居民每月家庭收入与消费支出数据记录

样本序号	收入x（百元）	消费支出y（百元）
1	45	25
2	59	36
3	33	19
4	81	45
5	77	42
6	26	23
7	19	16
8	55	38
9	50	32
10	34	22
11	99	48
12	61	42
13	38	29
14	72	36
15	59	29
16	25	17

这里首先要解决的问题是：收入x和消费支出y相关吗？经验告诉我们似乎是相关的，但统计学不相信表象，我们要用统计的方法证实它们确实相关。

我们的做法是：

（1）先绘制x，y的散点图。通过散点图形的特点大致可以了解x，y是否可能存在相关关系。打开数据文件“REG _ 收入与支出 . MTW”，在MINITAB中，选择指令“图形>散点图（Graph>Scatter plot）”，输入变量后，得到图9-1。

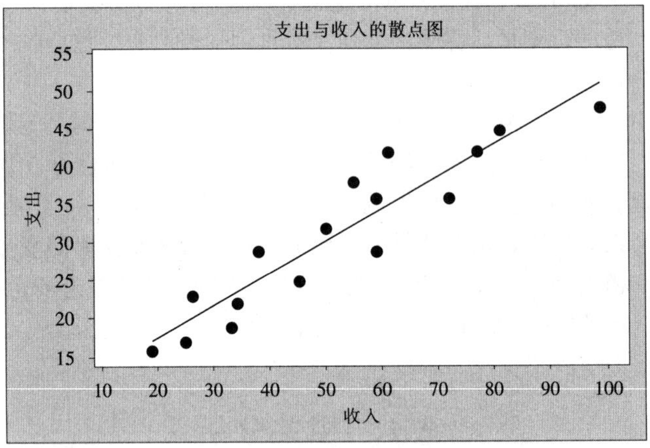

图9-1　消费支出与收入散点图

分析散点图大致有以下特点：

● 由图9-1可以看出，本例中两个变量间确实相关，当收入x增加时，消费支出y也呈上升趋势。

● 存在一条上升的直线，大致使得：1）点密集分布在这条直线的两侧；2）两侧点的分布数目大体相等；3）点在直线两侧分布的具体位置完全是随机的。

（2）为了更为准确地描述x,y相关的密切程度，我们引入一个统计量来量化它，这就是样

本相关系数 r。

设 $(x_1, y_1), \cdots, (x_n, y_n)$ 为抽样得到的来自两个总体的配对随机样本数据，T_x, T_y 分别代表所有 x 和所有 y 数据之和，L_{xy} 为 x, y 的离差乘积和；L_{xx}, L_{yy} 分别为 x, y 的离差平方和。相关系数定义为：

$$r = \frac{L_{xy}}{\sqrt{L_{xx}L_{yy}}} \tag{9-1}$$

$$L_{xy} = \sum_{i=1}^{n}(x_i - \bar{x})(y_i - \bar{y}) = \sum_{i=1}^{n} x_i y_i - T_x T_y / n = \sum_{i=1}^{n} x_i y_i - n\bar{x}\bar{y} \tag{9-2}$$

$$L_{xx} = \sum (x_i - \bar{x})^2 = \sum x_i^2 - T_x^2 / n = \sum_{i=1}^{n} x_i^2 - n\bar{x}^2 \tag{9-3}$$

$$L_{yy} = \sum (y_i - \bar{y})^2 = \sum y_i^2 - T_y^2 / n = \sum_{i=1}^{n} y_i^2 - n\bar{y}^2 \tag{9-4}$$

回到例 9－1，将数据代入式（9－1）至式（9－4），计算后可以得到：

$$L_{xy} = 3\ 259.81,\ L_{xx} = 7\ 690.94,\ L_{yy} = 1\ 580.44$$

所以

$$r = \frac{L_{xy}}{\sqrt{L_{xx}L_{yy}}} = \frac{3\ 259.81}{\sqrt{7\ 690.94 \times 1\ 580.44}} = 0.935$$

从理论上来说，根据 r 的计算公式，利用数学推导可以证明：$|r| \leqslant 1$。对于应用工作者来说，关键是要理解相关系数的含义。

相关系数 r 在不同取值范围时与散点图的关系大致如图 9－2、图 9－3、图 9－4 所示。

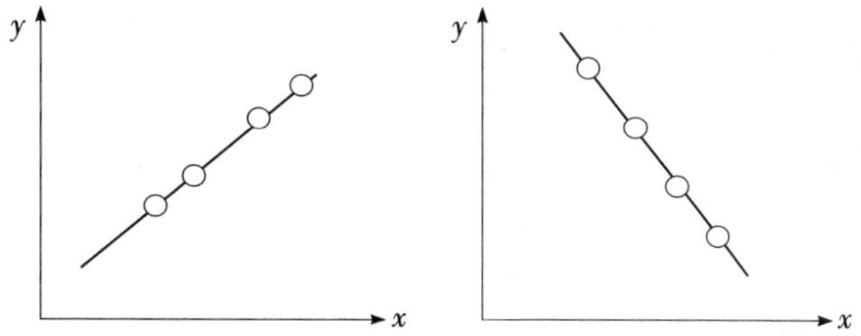

图 9－2　$r=\pm1$ 时，x，y 完全线性相关散点图

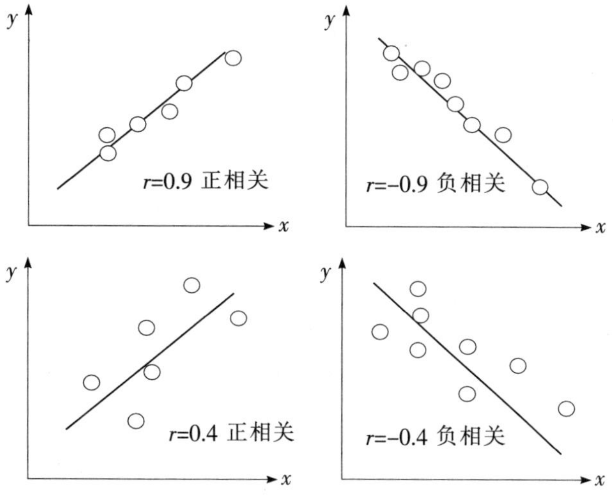

图 9－3　$|r|<1$ 时，x，y 线性相关散点图

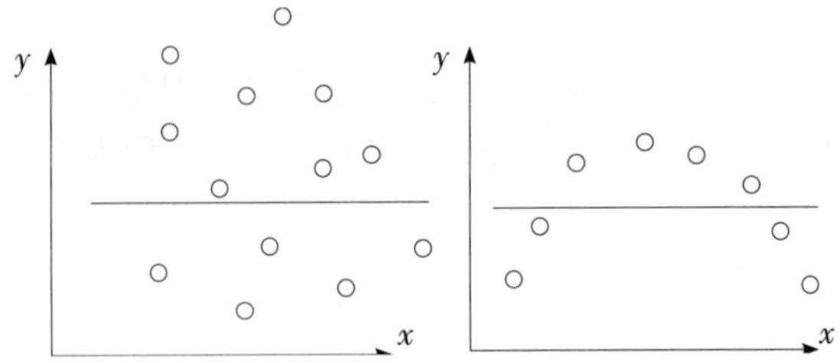

图 9-4　$r=0$ 时，x，y 散点图

从相关系数的定义及从上述图形可以看出，r 的绝对值越接近 1，则数据点与直线越靠拢；r 的绝对值越小，则数据点与直线越远离。如果 x 与 y 完全无关，则 r 应该接近 0；但反之，如果 r 接近 0，我们不能断言“x 与 y 完全无关”，实际上，x 与 y 的关系很可能如图 9-4 中右图那样，是有二次函数关系的。因此，正确的说法是：如果 r 接近 0，我们可以断言 x 与 y 非线性相关。总之，相关系数 r 是两个变量间线性相关关系密切程度的度量。

（3）在工程实际中，如果知道某两个变量间没有线性相关关系，那么它们总体的相关系数应该为 0，但实际上由于实验或测量的误差，我们根据样本数据计算出来的相关系数却不会准确等于 0。自然地，我们会想到：到底样本相关系数 r 为多大时，才可以认为 x，y 是在统计意义上具有线性相关关系呢?

有的六西格玛管理教材中说“只要相关系数绝对值大于 0.8，则二者肯定相关”，这显然是错误的。原因就在于样本相关系数 r 的分布与样本量密切相关，我们需要通过如下假设检验的方式加以判断。

（1）设立假设：假定变量间总体相关系数为 ρ，则

$$H_0:\rho=0,H_1:\begin{cases}\rho>0\\ \rho<0\\ \rho\neq 0\end{cases} \tag{9-5}$$

（2）确定检验统计量及在原假设成立条件下的分布。由于得知近似有

$$r=\frac{L_{xy}}{\sqrt{L_{xx}L_{yy}}}\sim N(0,\frac{1-\rho^2}{n-2})$$

这里 ρ 是总体相关系数，是个未知的参数，用样本相关系数 r 作为 ρ 的估计量，并对 r 进行标准化变换，可以得知在原假设成立条件下近似有下列结论：

$$t=\frac{r-0}{\sqrt{\frac{1-r^2}{n-2}}}=\frac{r}{\sqrt{\frac{1-r^2}{n-2}}}\sim t(n-2) \tag{9-6}$$

（3）对应前面三组假设检验问题式（9-5），拒绝域 W 分别为：

$H_1:\rho>0$，$W:\{t>t_{1-\alpha}(n-2)\}$，若落入拒绝域，可以断言两变量正线性相关。

$H_1:\rho<0$，$W:\{t<t_{\alpha}(n-2)\}$，若落入拒绝域，可以断言两变量负线性相关。

$H_1:\rho\neq 0$，$W:\{|t|>t_{1-\alpha/2}(n-2)\}$，若落入拒绝域，可以断言两变量线性相关。

回到例 9-1，我们来判定 x，y 是否线性相关。

我们设定的假设是：$H_0:\rho=0$，$H_1:\rho\neq 0$。

$$t=\frac{r}{\sqrt{\frac{1-r^2}{n-2}}}=\frac{0.935}{\sqrt{\frac{1-0.935^2}{16-2}}}=9.865>t_{0.975}(14)=2.145$$

所以，结论是拒绝原假设，x，y线性相关。

对于相关系数的检验也可以直接通过查表的方式进行。

对于检验 $H_0:\rho=0$，$H_1:\rho\neq0$，在本书附表12中给出了 $|r|$ 的临界值 r_α。如果实际计算所得到的 $|r|>r_\alpha$，则拒绝原假设。例如，对于例9-1，当 $n-2=14$ 时，取 $\alpha=0.05$，查附表12得临界值是0.497 3，由于0.935>0.497 3，因此拒绝 H_0，即可以断言 x，y线性相关。

如果用MINITAB来判定会简单得多。打开数据文件“REG _ 收入与支出 . MTW”，选择指令“统计>基本统计量>相关（Stat>Basic Statistics>Correlation)”，如图9-5所示；输入变量后，得到以下结果：

```
相关：支出，收入
支出和收入的 Pearson 相关系数 = 0.935
P 值 = 0.000
```

可以看到，输出的相关系数 $r=0.935$，与手工计算结果是一致的，另外输出结果中 p 值=0.000<0.05。所以，结论是拒绝原假设，收入 x 与消费支出 y 线性相关。

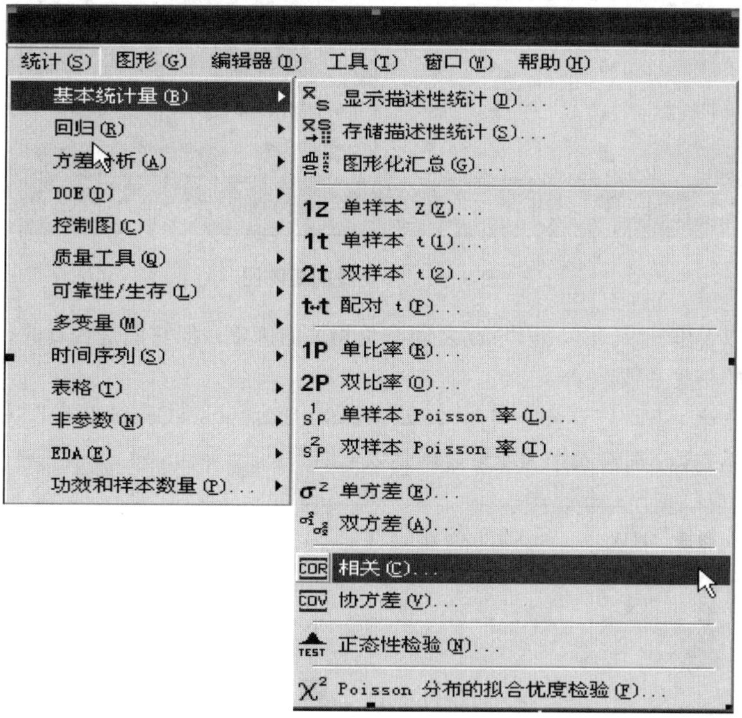

图9-5 相关性检验操作图

要注意的是：x与y显著相关并不意味着x与y间一定存在因果关系，可能它们都以另一个变量为原因。例如，对于一个城市，“当日雨伞的销售量”与“当日道路上交通事故量”高度相关，但二者谁也不是另一者的原因，实际上二者都以“当日降雨情况”为原因。因此在六西格玛管理中，寻找原因时不能只看相关系数，还要分析变量间关系的结构；但反过来说，寻找y的原因时，只可能在与y有显著密切相关关系的变量组中寻找；与y关系不密切者更不可能是y的原因。因此，研究相关关系对于六西格玛管理而言还是很重要的。

用上述求相关系数的方法，可以同时求出多个变量间的相关系数矩阵。例如，在本章9.3

节中介绍的一个例子，研究水泥在凝固时释放出的热量 y（卡/克）与水泥中4种化学成分 x_1，x_2，x_3，x_4 的关系。共记录了13组数据，列在表9-8中（数据文件：REG _ Hald数据.MTW）。现在希望判断水泥的4种化学成分间是否有相关关系。这是个同时讨论多个自变量间关系是否密切相关的实例。

先画图来直观观察一下。由于变量个数大于2，因此散点图就不够用了。我们用矩阵图（matrix plot）更方便。从指令"图形>矩阵图（Graph>Matrix Plot）"入口，在填写变量时，将 x_1，x_2，x_3，x_4 都输入作为变量，得到如图9-6所示图形。

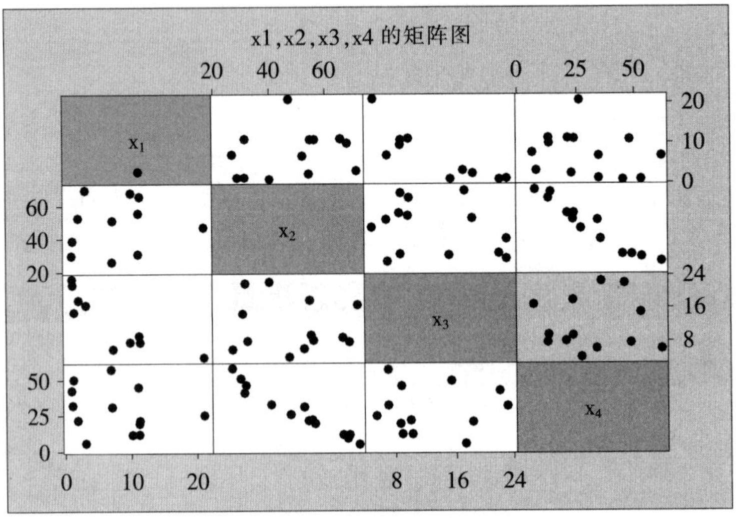

图9-6 多变量的矩阵图

从图中可以看出 x_1 与 x_3，x_2 与 x_4 之间有负相关的迹象，但它们是否真的相关呢？我们来计算它们之间的相关系数。

从指令"统计>基本统计量>相关（Stat>Basic Statistics>Correlation）"入口，在填写变量时，将 x_1，x_2，x_3，x_4 都输入作为变量，得到以下结果：

结果：REG _ Hald数据.MTW

相关：x1，x2，x3，x4

	x1	x2	x3
x2	0.229		
	0.453		
x3	-0.824	-0.139	
	0.001	0.650	
x4	-0.245	-0.973	0.030
	0.419	0.000	0.924

单元格内容：Pearson相关系数
P值

从输出结果中可以看出，x_1 与 x_3 的相关系数 $r=-0.824$，p 值 $=0.001<0.05$；x_2 与 x_4 的相关系数 $r=-0.973$，p 值 $=0<0.05$；这两对是有显著负相关关系的，其余各对是没有相关关系的。关于这个例题的详细讨论请看9.3节。

9.2 简单线性回归

9.2.1 简单线性回归方程的建立

当确定两个变量间存在线性相关关系时，常常希望建立两者间的定量关系表达式，这便是两个变量间的一元线性回归方程。从图 9-1 也看得出来，16 个点大致在一条直线附近波动，我们这里希望建立的一元线性回归方程便是对这条直线的一种估计。

这里线性回归方程的建立是基于下面这些假定才成立的：

(1) 自变量 x 视为非随机变量。

(2) 当自变量 x 取某特定值时，对应的 y 值服从正态分布，且这些正态分布对于不同的自变量 x 值是等方差的。

(3) 我们所建立的回归方程实际上是自变量 x 取值与随机变量 y 的均值之间的关系式，这种关系如图 9-7 所示：

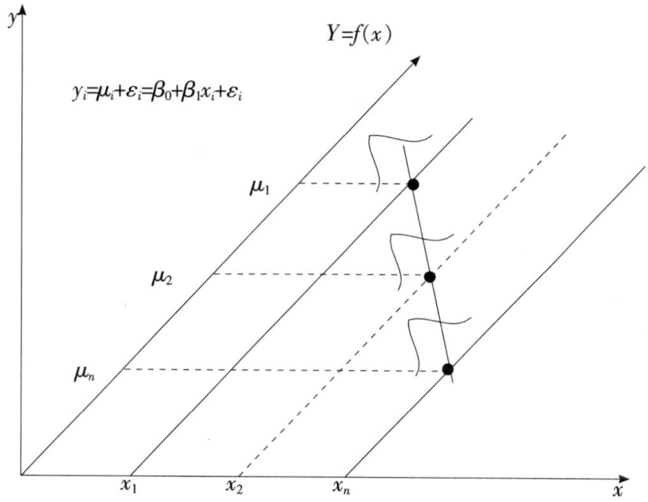

图 9-7 自变量 x 与随机变量 y 关系图

我们把这条回归直线方程称为总体的回归直线方程，表示成：

$$E(y)=\beta_0+\beta_1 x \tag{9-7}$$

把一元线性回归模型表示成：

$$y_i=\beta_0+\beta_1 x_i+\varepsilon_i,\quad i=1,2,\cdots,n \tag{9-8}$$

式中，y_i 表示自变量取 x_i 时的响应值；β_0，β_1 分别表示直线的截距与斜率；ε_i 表示随机误差，相互独立，而且 $\varepsilon_i\sim N(0,\sigma^2)(i=1,2,\cdots,n)$。

对于一个实际的问题，若判定变量间确实满足上述一元线性回归模型条件，就可以将它们表示成 $E(y)=\beta_0+\beta_1 x$ 这样的形式。接下来要做的就是将方程中未知的参数 β_0，β_1 用样本观测数据估计出来，假设估计出来后的方程表示为：

$$\hat{y}=\hat{\beta}_0+\hat{\beta}_1 x=a+bx \tag{9-9}$$

式中，a，b 统称为经验回归方程的回归系数（一般省略“经验”二字），a 是 β_0 的估计值，b 是 β_1

的估计值；$\hat{y}_i$ 是 $x = x_i$ 时 $E(y)$ 的一个拟合值（fitted value）。

另外，将实际观测值 y_i 与拟合值 $\hat{y}_i$ 间的差异称作残差（residual），用 e_i 表示。所以有

$$e_i = y_i - \hat{y}_i = y_i - (a + bx_i) \tag{9-10}$$

残差是个非常重要的概念，它的主要用途有：

（1）残差分析。目的在于检验整个回归分析的过程是否符合我们的基本假定，以及观测值中是否有个别点具有特殊状况。

（2）确定评估最佳拟合直线的准则。最常用的想法是使残差平方和最小作为最佳拟合直线的评估准则，这种方法就是通常所称的最小二乘法（least square）。

残差平方和表示为：

$$SS_E = \sum_{i=1}^{n} e_i^2 = \sum_{i=1}^{n}(y_i - \hat{y}_i)^2 = \sum_{i=1}^{n}(y_i - a - bx_i)^2 \tag{9-11}$$

可以将 SS_E 视为 a,b 的函数，为使得 SS_E 最小，可以对 a,b 分别求偏导数后令它们为0，得到方程组：

$$\begin{cases} na + n\bar{x}b = n\bar{y} \\ n\bar{x}a + b\sum_{i=1}^{n} x_i^2 = \sum_{i=1}^{n} x_i y_i \end{cases}$$

解方程组，得到

$$\begin{cases} b = \dfrac{L_{xy}}{L_{xx}} \\ a = \bar{y} - b\bar{x} \end{cases} \tag{9-12}$$

通过最小二乘法求得的回归方程 $\hat{y} = a + bx$ 有如下性质：

（1）通过点（$\bar{x}$，$\bar{y}$），（0，a）。

（2）$\sum e_i = 0$。

（3）$\sum e_i x_i = 0$。

（4）$\sum e_i \hat{y}_i = 0$。

回归系数有如下性质：

（1）斜率 b 是 β_1 的无偏估计值，服从正态分布，即 $b \sim N(\beta_1, \dfrac{\sigma^2}{L_{xx}})$。

（2）截距 a 是 β_0 的无偏估计值，服从正态分布，即 $a \sim N(\beta_0, (\dfrac{1}{n} + \dfrac{\bar{x}^2}{L_{xx}})\sigma^2)$。

回到例9-1，按照最小二乘法，可以求出消费支出 y 与收入 x 的一元线性回归方程。

由式（9-12），得

$$b = \frac{L_{xy}}{L_{xx}} = \frac{3\ 259.81}{7\ 690.94} = 0.424$$

$$a = \bar{y} - b\bar{x} = 31.19 - 0.424 \times 52.06 = 9.12$$

所以，回归方程为：

$$y = 9.12 + 0.424x$$

对于此回归方程一定要能清楚地解释其含义，特别是斜率的含义。在本例中，斜率0.424代表的是，居民的每月家庭收入值 x 每增加1个单位（百元），则平均说来，居民的每月家庭消费支出值 y 将增加0.424个单位（百元）。一般说来，回归系数 b 代表的是：x 每增加1个单位，平均说来，y 将增加 b 个单位。通常，b 是有量纲的，它的量纲是 $[y]/[x]$。当然本题比较

特殊，x 与 y 量纲恰好相同，因此本例中，回归系数 b 是个无量纲的常数。

为了用 MINITAB 求 x,y 的回归方程，先打开数据文件“REG _ 收入与支出 . MTW”。求单自变量的回归方程可以有两种操作方式。第一种方式是：选择指令“统计>回归>拟合线图（Stat>Regression>Fitted Line Plot)”；输入变量名后，得到图 9－8，我们会发现回归方程和手工计算结果是一致的。

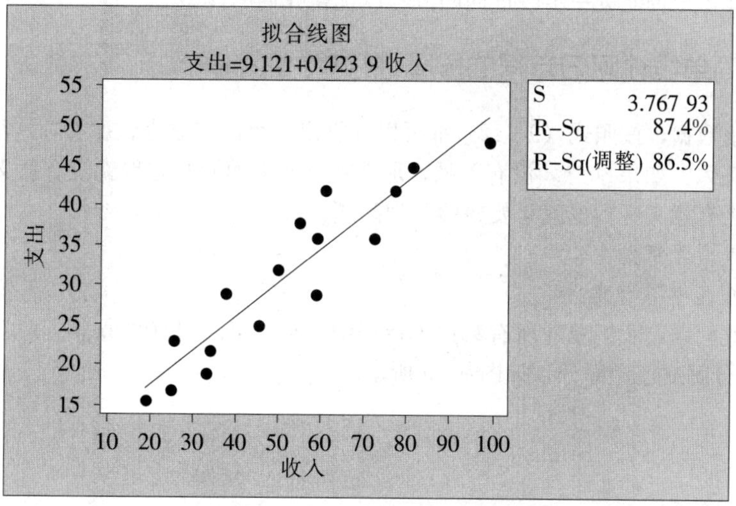

图 9－8　一元线性回归拟合线图

第二种方式是：选择指令“统计>回归>回归（Stat>Regression>Regression)”，输入变量名称后，得到的回归方程也是一致的。除回归方程外，还输出了很多其他有用的信息，这些信息将在后续章节中加以说明。

回归分析：支出与收入

回归方程为

支出 = 9.12 + 0.424 收入

自变量	系数	系数标准误	T	P
常量	9.121	2.427	3.76	0.002
x	0.423 85	0.042 96	9.87	0.000

S = 3.767 93　R-Sq = 87.4%　R-Sq（调整） = 86.5%

方差分析

来源	DF	SS	MS	F	P
回归	1	1 381.7	1 381.7	97.32	0.000
残差误差	14	198.8	14.2		
合计	15	1 580.4			

将计算指令“统计>回归>拟合线图（Stat>Regression>Fitted Line Plot)”与指令“统计>回归>回归（Stat>Regression>Regression)”相比较，它们虽然都是进行回归计算的，但前者只适用于单个自变量，输出结果比较少，但它输出了回归线的图形，给使用者以直观的显示；而后者可以适用于任意多个自变量，输出结果比较全面详细，缺点是无任何图形输出（原因是有多个自变量）。读者应选择合适的窗口实现必要的功能。

回归方程拟合出来之后，我们需要进行统计分析以解决以下四个问题：

（1）给出回归方程的显著性检验，从总体上判定回归方程是否有效。

（2）给出回归方程总效果好坏的度量标准。

（3）当回归方程效果显著时，进行各个回归系数的显著性检验，判定回归方程中哪些自变量是显著的，将效应不显著的自变量剔除，以优化模型，这点在多元回归当中至关重要。

（4）残差诊断——检验数据是否符合我们对于回归的基本假定，检验整个回归模型与数据拟合得是否很好，是否能进一步改进回归方程以优化我们的模型。

9.2.2 简单线性回归方程的显著性检验

随便给一组数据，按照式（9-12）都可以计算出一个回归方程。那么，这组变量中，y是否真的与x有关系？如果y与x没有关系，那么建立起来的回归方程就没有意义。如何判断整个回归方程是否有意义呢？也就是要检验下列问题：

H_0：模型无意义

H_1：模型有显著意义

为了回答此问题，我们要对所有数据进行仔细分析。当回归直线拟合出来之后，可以发现观测数据y_i可分解成三个部分，如图9-9所示。

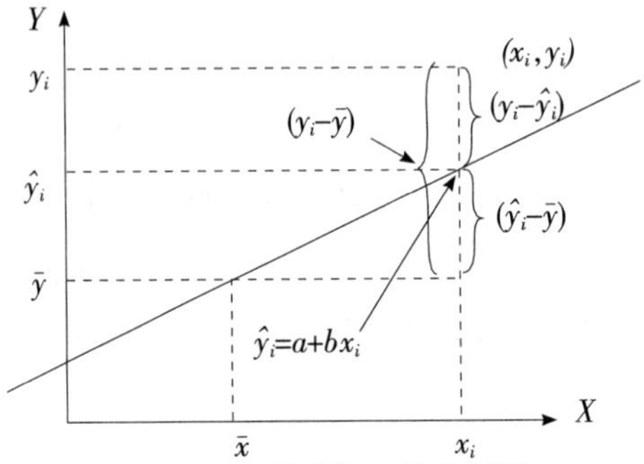

图9-9 观测值y_i的分解图

这里，观测数据y_i表示成：

$$y_i=\bar{y}+(\hat{y}_i-\bar{y})+(y_i-\hat{y}_i)$$

将此式改写成：

$$y_i-\bar{y}=(\hat{y}_i-\bar{y})+(y_i-\hat{y}_i) \tag{9-13}$$

将式（9-13）平方并累积求和，由于右端两项和之平方和展开后的中间交叉项为0，因而可以得到

$$\sum_{i=1}^{n}(y_i-\bar{y})^2=\sum_{i=1}^{n}(\hat{y}_i-\bar{y})^2+\sum_{i=1}^{n}(y_i-\hat{y}_i)^2 \tag{9-14}$$

这就是本节最重要的平方和分解公式。

记总离差平方和为：

$$SS_T=\sum_{i=1}^{n}(y_i-\bar{y})^2=L_{yy} \tag{9-15}$$

总的自由度（degree of freedom）：

$$df_T=n-1$$

回归平方和：

$$SS_R=\sum_{i=1}^{n}(\hat{y}_i-\bar{y})^2=b^2L_{xx}=bL_{xy} \tag{9-16}$$

回归的自由度：

$$df_R = 1$$

（回归平方和的自由度恰好是回归方程中自变量的个数，在简单回归中只有一个自变量，所以在本例中有 $df_R = 1$ 。）

残差平方和：

$$SS_E = \sum_{i=1}^{n}(y_i - \hat{y}_i)^2 \quad (9-17)$$

残差的自由度：

$$df_E = n-2$$

实际上，用缩写的方式来写，式（9－14）就是下列平方和分解公式：

$$SS_T = SS_R + SS_E$$

而且有 $df_T = df_R + df_E$

我们继续讨论如何使用方差分析法来对回归方程作显著性检验。响应变量 y 总的数据波动用总离差平方和SS_T表示，本质上说，SS_T由两大部分组成：一方面，由于x，y之间存在线性相关关系时，x的变化会引起y的变化，这种变化可以用回归线上的拟合点的波动加以解释，归结为 SS_R；另一方面，数据观测点与回归线上拟合点的差异完全是由于随机误差引起的，这种残差的平方和归结为 SS_E。可以设想，如果回归完全没有意义，则回归方程变成一条水平线，这时回归平方和 SS_R 将几乎为 0，而残差平方和 SS_E 将构成总离差平方和SS_T的主体；反之，可以设想，如果回归非常好，则数据点几乎全在回归方程线上，这时残差平方和 SS_E 将几乎为 0，而回归平方和 SS_R 将构成总离差平方和SS_T的主体。因此，SS_R与SS_E的比值将是度量回归是否显著的最具代表性的结果。但我们还不能直接将两者的比值直接使用，这是因为形成两个平方和的独立变量个数并不相同，要各自对其平方和求出“平均”，也就是要除以各自的自由度，这就是“均方和”（mean square）。具体写出来，这个比值就是：

$$F = \frac{SS_R/df_R}{SS_E/df_E} = \frac{MS_R}{MS_E}$$

如果这个比值足够大，就有理由否定“回归模型无意义”的原假设，而应该认为回归效果是显著的。统计学家证明，在原假设成立的条件下，F 将服从自由度为（df_R, df_E）的 F 分布。拒绝域为：

$$\{F > F_{1-\alpha}(df_R, df_E)\}$$

将上述所有结果整理一下，就可以得到如表 9－2 所示的方差分析表。这里除了列出的自由度一列是针对简单线性回归给出的，其他列是所有回归分析都相同的。

表 9－2　　简单线性回归的 ANOVA 表

来源	偏差平方和	自由度	均方和	F 比
回归	SS_R	$df_R = 1$	$MS_R = SS_R/df_R$	$F = \frac{MS_R}{MS_E}$
残差	SS_E	$df_E = n-2$	$MS_E = SS_E/df_E$	
总计 T	$SS_T = SS_R + SS_E$	$df_T = n-1$		

回到例 9－1，对求出的回归方程作显著性检验。

由式（9－15）、式（9－16）、式（9－17），可得

$$SS_T = \sum_{i=1}^{n}(y_i - \bar{y})^2 = L_{yy} = 1\,580.44,\ df_T = n-1 = 15$$

$$SS_R=\sum_{i=1}^{n}(\hat{y}_i-\overline{y})^2=b^2L_{xx}=bL_{xy}=0.424\times 3\ 259.81=1\ 381.7,df_R=1$$

$$SS_E=SS_T-SS_R=198.8\ ,df_E=n-2=14$$

$$MS_R=SS_R/df_R=1\ 381.7$$

$$MS_E=SS_E/df_E=14.2$$

$$F=MS_R/MS_E=97.32$$

将计算结果列入方差分析表，见表9-3。

表9-3　　简单回归的ANOVA表

来源	偏差平方和	自由度	均方和	F比
回归	1 381.7	1	1 381.7	97.32
残差	198.8	14	14.2	
总计 T	1 580.4	15		

由于F的观测值落入拒绝域：$F=97.32>F_{1-\alpha}(df_R,df_E)=F_{0.95}(1,14)=4.6$，所以可以得出结论：方程是有显著意义的。

ANOVA表的另一个用途是提供了残差的方差的估计量：一元线性回归模型$y_i=\beta_0+\beta_1x_i+\varepsilon_i$中的随机误差$\varepsilon_i\sim N(0,\sigma^2)$，从ANOVA表中可以得到$MS_E$（位于“均方和”所在列，“残差”所在行交叉点处，在表9-3中用灰底部分标出，本例MS_E是14.2），而MS_E正是σ^2的无偏估计，即可以选取：

$$\hat{\sigma}^2=MS_E \tag{9-18}$$

9.2.3　简单线性回归方程总效果的度量

如果实际观测值与拟合出来的回归线很贴近，说明回归线与数据拟合得很好，我们就说回归方程总效果很好。为了比较几种回归方程效果好坏，通常用三个指标来度量回归方程的总效果：R^2（MINITAB使用记号R-Sq），R^2_{adj}（MINITAB使用记号R-Sq（调整））以及s。下面逐一加以说明。

从前面ANOVA表的内容我们知道，$SS_T=SS_R+SS_E$，当实际状况是观测点落在回归直线旁很近时，回归总效果就很好。因此在ANOVA表中，F很大，即SS_R与SS_E相比很大，当然SS_R在SS_T中比率也就很大。这时可以用决定系数R^2来表示这个比率：

$$R^2=\frac{SS_R}{SS_T}=1-\frac{SS_E}{SS_T}=\frac{bL_{xy}}{L_{yy}}=\frac{b^2L_{xx}}{L_{yy}} \tag{9-19}$$

R^2衡量回归方程解释观测数据变异的能力，它是回归平方和占总离差平方和的比率。当然其数值越接近于1代表模型拟合越好。这与方差分析的概念是一致的，只不过是用不同的方式表达罢了。应特别指出的是：在简单线性回归中，当只有一个自变量时，R^2就是9.1节所介绍的样本相关系数的平方，即$R^2=r^2$，这就使R^2有了更直观的含义。

需要注意的是，R^2并不是回归模型拟合效果的最好度量指标。这是因为，从回归平方和的定义就可以看出，当多一个自变量加入模型时，不管这个变量影响是否显著，回归平方和都会增大，R^2也会增大，因此从R^2的增大看不出新增加的自变量是否有意义，这点在多元回归中会更为明显。此时我们应该用R^2_{adj}（MINITAB使用记号R-Sq(adj)）去修正R^2，以考虑模型总项数增加带来的影响。

$$R^2_{adj}=1-\frac{SS_E/(n-p)}{SS_T/(n-1)} \tag{9-20}$$

式中，p 代表回归方程中自变量（包含常数项在内）的个数。

在简单线性回归中，由于 $p=2$，所以

$$R_{adj}^2=1-\frac{SS_E/(n-2)}{SS_T/(n-1)} \tag{9-21}$$

从定义就可以看出，$R_{adj}^2 \leqslant R^2$，引入 R_{adj}^2 的作用就是看它与 R^2 之间的差距有多大，两者数值越接近，说明模型拟合越好。

在模型拟合好坏的度量中，R^2 与 R_{adj}^2 都是从总体上给出的比率方面的度量。我们引入的另一个指标是残差标准差 S，它是从观察值与拟合回归线的平均偏离程度来加以度量，也即回归模型中标准差 σ 的估计值，当然我们希望 S 越小越好。由于式（9-18）告诉我们 MS_E 正是 σ^2 的无偏估计，所以 σ 的估计值就是 MS_E 的平方根：

$$S=\sqrt{MS_E} \tag{9-22}$$

由于正态分布均值加减 2 倍标准差将包含大约 95%的数据，因此，粗略地说，以回归线为中心，上下各 2 倍 S 距离处画出平行线区域（即 $\hat{y}\pm 2S$ 范围）将包含大约 95%的数据。使用者可以根据此数值估计出观测值可能波动的范围，如果使用者认为 $2S$ 的误差可以容忍，则回归方程是可接受的；反之，如果此误差大得不能容忍，则回归方程是无意义的。对于几个不同的回归方程的效果加以比较时，S 是最重要的指标，哪个回归方程的 S 最小，哪个回归方程就最好。

续例 9-1，计算度量回归方程总效果的三个指标：

$$R^2=1-\frac{SS_E}{SS_T}=\frac{SS_R}{SS_T}=\frac{1\ 381.7}{1\ 580.4}=87.4\ \%$$

$$R_{adj}^2=1-\frac{SS_E/(n-2)}{SS_T/(n-1)}=1-\frac{14.2}{1\ 580.4/15}=86.5\ \%$$

$$S=\sqrt{MS_E}=\sqrt{14.2}=3.768$$

这些结果在 MINITAB 的输出中都可以找到。详细解释请参阅 9.2.4 节之后的说明。

9.2.4 回归系数的显著性检验

在回归线的两个系数中，显然斜率 b 较截距 a 更为重要，因为如果 $b=0$，就意味着回归线是水平的，因变量将不受自变量的影响，从而 $b=0$ 将导致拟合出来的回归线毫无意义。由于在一元线性回归中只有一个自变量，因此对于一元线性回归而言，回归系数的检验与回归方程的显著性检验是一回事，但是对于多元线性回归将有很大的差别。对于回归方程系数的检验，我们不能简单地比较几个系数的大小就得出结论，因为系数都是有量纲的，无法直接比较。比如，回归方程是 $y=5+5\ 000x_1+0.000\ 5x_2=a+b_1x_1+b_2x_2$，你决不能因为 5 000 比 0.000 5 大千万倍，就说 x_1 比 x_2 的作用更显著，因为实际上很可能 x_1 本身就是百万分之几的数，x_2 本身就是几百万的数，所以不能因为 b_1 比 b_2 大很多倍就断言 x_1 比 x_2 的作用更显著。

下面介绍关于简单线性回归中回归系数 b 的准确检验方法——t 检验法。

（1）建立一般假设：$H_0:\beta_1=0, H_1:\beta_1\neq 0$。

（2）确定检验统计量：基于 9.2.1 节的内容，我们知道回归系数 $b\sim N(\beta_1,\frac{\sigma^2}{L_{xx}})$，得到 t 检验统计量及其在原假设成立时的分布为：

$$t=\frac{b-0}{\sqrt{\frac{S^2}{L_{xx}}}}=\frac{b\sqrt{L_{xx}}}{S}\sim t(n-2) \tag{9-23}$$

式中，$S=\sqrt{MS_E}$。

(3) 拒绝域W为：$\{|t|>t_{1-\alpha/2}(n-2)\}$。

回到例9-1，我们对回归方程的斜率b进行显著性检验。

(1) 建立假设：$H_0:\beta_1=0, H_1:\beta_1\neq 0$。

(2) 确定检验统计量。

σ未知时，由于$\hat{\sigma}^2=MSE=14.2$，得到检验统计量为：

$$t=\frac{b-0}{\sqrt{\frac{S^2}{L_{xx}}}}=\frac{0.424}{\sqrt{\frac{14.2}{7\,690.94}}}=9.87$$

由于$t=9.87>t_{1-\alpha/2}(n-2)=t_{0.975}(14)=2.145$，因此得出结论：拒绝原假设，回归线斜率不为0，系数对应的自变量x是显著的。

此项检验结果在MINITAB输出中也有相应的输出（在R-Sq等回归效果度量之前）：

自变量	系数	系数标准误	T	P
常量	9.121	2.427	3.76	0.002
x	0.423 85	0.042 96	9.87	0.000

由于对x的回归系数检验得到的p值为0，因此拒绝原假设，即应认为x的回归系数不为0,此自变量对于y是有意义的。

当自变量只有一个的时候，ANOVA表中的F检验与这里的t检验其实是一回事，事实上，t的平方就是F（本例中，ANOVA表中的$F=97.32$，恰好就是$t=9.87$的平方），所以两个检验的效果（包括p值）会完全等价。但是当自变量不止一个的时候，ANOVA表中的F检验是分析回归的总效果，t检验是分别检验每个单独的自变量是否有显著意义，两者含义有很大差别。回归总效果显著不能排除某几个自变量是无意义的。正如古时的寓言：齐宣王喜欢听竽合奏，听竽的合奏效果很好；但齐宣王的儿子齐湣王上台后喜欢听竽独奏，结果发现有些竽手是“滥竽充数”的。我们进行回归方程系数检验的目的，就是要发现是否有“滥竽充数”的自变量。这些多余的变量应该从方程中剔除掉，详细内容见9.3.2节。

9.2.5 回归方程的残差诊断

在计算机未普及之前，人们认为进行上述几方面的统计分析就足够了，但统计学家安斯库姆（F. J. Anscombe）于1973年在其论文中举出例子后让大家吃了一惊。我们先借助他举的例子来解释为什么在作了回归方程一般统计分析（包括显著性检验、回归系数显著性检验）之后，还要进行残差诊断。

例9-2

现有四组数据，分别是（x_1，y_1），（x_2，y_2），（x_3，y_3），（x_4，y_4），数据见表9-4（数据文件：REG _ 残差分析 .MTW）：

表9-4

C1	C2	C3	C4	C5	C6	C7	C8
x_1	y_1	x_2	y_2	x_3	y_3	x_4	y_4
10	8.04	10	9.14	10	7.46	8	6.58
8	6.95	8	8.14	8	6.77	8	5.76
13	7.58	13	8.74	13	12.74	8	7.71

续前表

C1	C2	C3	C4	C5	C6	C7	C8
x_1	y_1	x_2	y_2	x_3	y_3	x_4	y_4
9	8.81	9	8.77	9	7.11	8	8.84
11	8.33	11	9.26	11	7.81	8	8.47
14	9.96	14	8.10	14	8.84	8	7.04
6	7.24	6	6.13	6	6.08	8	5.25
4	4.26	4	3.10	4	5.39	19	12.50
12	10.84	12	9.13	12	8.15	8	5.56
7	4.82	7	7.26	7	6.42	8	7.91
5	5.68	5	4.74	5	5.73	8	6.89

打开数据文件“REG _ 残差分析 . MTW”，选择指令“统计>回归>拟合线图（Stat>Regression>Fitted Line Plot)”，分别输入四组变量后，可以得到四组图形，见图 9－10。

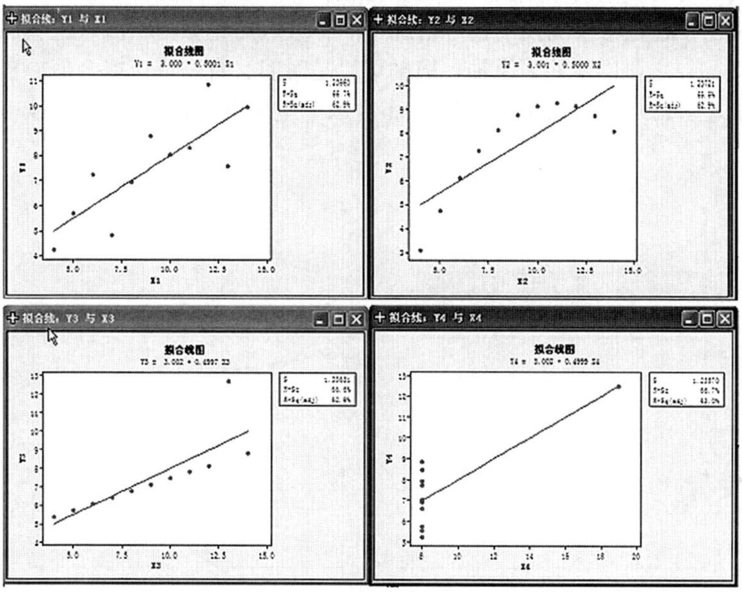

图 9－10　四组变量拟合线图

我们惊奇地发现输出结果大体相同：$y=3+0.5x$，R-Sq＝66.7%，R-Sq（adj）＝62.9%，$S=1.24$，回归方程显著性检验结果也都完全相同。

但实际情况是，这四组数据对应的变量间的关系是有很大差异的。右上角（第二组数据）明显应该是个二次函数，用线性回归去处理是不合适的，模型应该再改进；左下角（第三组数据）中 10 个点在一条直线上（$y=4+0.346x$），但另一个点明显脱离此线；如果考虑全部 11 个点，则方程（$y=3+0.5x$）与刚才的方程有很大不同；那么哪个方程“正确”呢？这就需要进一步审查那个离线的点，数据记录是否有错误？还是有什么其他原因？一定要判明此点是“留”还是“舍”。右下角（第四组数据）中 10 个点在图中左下角的分布完全没有规则，但另一个点在图中右上角，是它完全决定了回归方程的结果，我们对于这种情况要特别慎重，一个回归方程竟然对于一个点（“强影响点”）有这样严重的依赖，应该考虑此批数据到底是否为真实规律的反映。这个例子启示我们，要保证一个模型能够真实反映实际状况，只考虑前面所述三方面的统计分析是远远不够的，还需要进一步做残差诊断，才能得到更为准确的结论。

前面介绍过，残差的定义为实际观测值与拟合值之差，即 $e_i = y_i - \hat{y}_i$。正常情况下，如果模型确实能够反映数据情况，则残差应满足如下假定：

（1）具有时间独立性；

（2）来自稳定受控总体；

（3）对输入因子的所有水平有相等的总体方差；

（4）符合正态分布 $e_i \sim N(0,\sigma^2)(i=1,2,\cdots,n)$。

为了检验残差是否满足这些条件，我们要进行残差诊断，而这主要是使用图形方法。在进行残差诊断时应该画出下列四种图：

（1）残差对于观测顺序的散点图：以残差为纵轴，以时间 T 为横轴。

（2）残差对于拟合值 $\hat{y}$ 的散点图：以残差为纵轴，以拟合值 $\hat{y}$ 为横轴。

（3）残差的正态概率图：在正态概率纸上，以累积百分比为纵轴，以残差为横轴。

（4）残差对于各自变量的散点图：以残差为纵轴，以各自变量为横轴。

图9-11画出了在正常情况及不正常情况下的各散点的轮廓图状况。这些图并不特指上述各图中的哪种图。总之，以残差为纵轴，横轴可以是时间、自变量、拟合值。正常的残差图应该如图9-11中左上角（1）的情况：散点散布在水平矩形中。非正常残差图如图9-11中后三种图形所示。

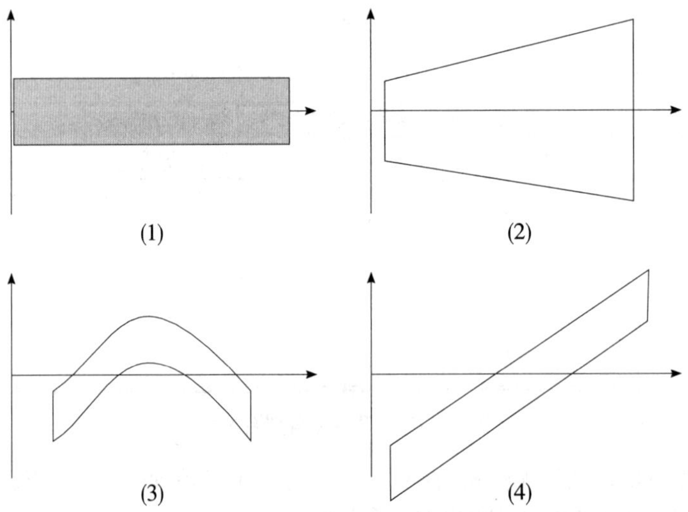

图9-11　常见残差图类型

其中残差对于拟合值 $\hat{y}$ 的散点图中的不正常，主要是出现图9-11中的情况（2）或（3），这说明模型与数据拟合得不好，需要改进模型。如果出现（2），即残差图呈现"喇叭口"，一般说明对于 y 的线性模型与数据拟合不好，建议对 y 作个变换会更好，例如将 y 取平方根、取对数、取倒数等，具体的处理方法将在例9-4中介绍。残差对于各自变量的散点图情况的不正常，主要是图9-11中的情况（3），即出现"弯曲"。对于这种不正常，一般说明 y 对于 x 的线性模型与数据拟合不好，增加 x 的高阶项可能会好些（例如拟合 x 的二次函数或三次函数）。图9-11中的情况（4）特别容易出现在横轴为试验顺序的图中，对于这种不正常，一般说明试验过程中混入了某种系统的但未知的干扰原因，要对试验（或数据收集）过程进行更仔细分析，找出异常的原因，这常常导致要重新试验或重新收集数据。总之，要对于不正常的残差找出原因，并设法解决。残差中出现问题要设法解决，但情况多种多样，很难给出能概括所有情况的一般办法，要靠丰富的经验才能顺利解决，初学者只能多试验几种方法看看哪种方法最有效。

下面仍以例 9－1 为例，看看如何通过 MINITAB 做回归方程的显著性检验、回归总效果度量、回归系数显著性检验及残差诊断。

打开数据文件“REG _ 收入与支出 . MTW”，选择指令“统计>回归>回归（Stat>Regression>Regression）”，得出界面如图 9－12 中左侧所示。输入变量名称后，再点击“图形（Graphs）”，得出右侧界面，勾选“四合一（Four in one）”，在“残差与变量（Residuals Versus the variables）”中输入自变量名称，如图 9－12 中右下角所示。

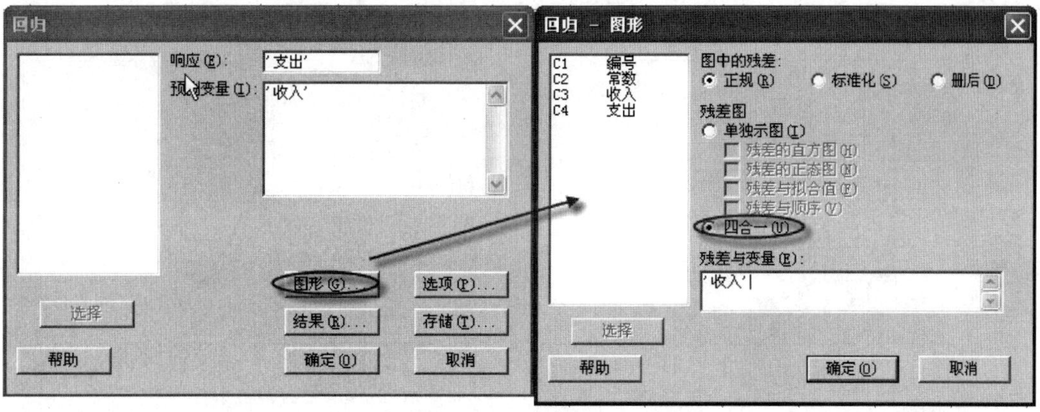

图 9－12　回归操作图

点击“确定”后，可得下列输出结果及图 9－13、图 9－14。

回归分析：支出与收入

回归方程为

支出 = 9. 12 + 0. 424 收入

自变量	系数	系数标准误	T	P
常量	9. 121	2. 427	3. 76	0. 002
x	0. 423 85	0. 042 96	9. 87	0. 000

S = 3. 767 93　　R-Sq = 87. 4 %　　R-Sq（adj） = 86. 5 %

方差分析

来源	DF	SS	MS	F	P
回归	1	1 381. 7	1 381. 7	97. 32	0. 000
残差误差	14	198. 8	14. 2		
合计	15	1 580. 4			

输出结果说明：

（1）回归方程的显著性检验：要先看 ANOVA 表中的结果。其中对应 F 统计量 97. 32 的 p 值＝0. 000＜0. 05，所以从整体上判定回归方程是显著有效的。

（2）回归方程总效果的度量：R-Sq 与 R-Sq(adj) 很接近，且 R-Sq(adj) ＝86. 5％，说明拟合的模型可以解释消费支出 y 中 86. 5％的变异，回归的效果还可以（但也不能说非常好），同时拟合模型的 S 大约是 3. 77（百元）即 377 元，上下大约 2 倍 S 即约 754 元，所以我们认为模型拟合总效果还可以。

（3）回归方程显著时，作回归系数的显著性检验：自变量 x 系数的 p 值＝0. 000＜0. 05，说明自变量x是显著因子。本例是单个自变量的情况，这项检验与回归方程ANOVA表中的显著性检验是等价的。

（4）残差诊断：MINITAB画出的残差图见图9－13及图9－14。

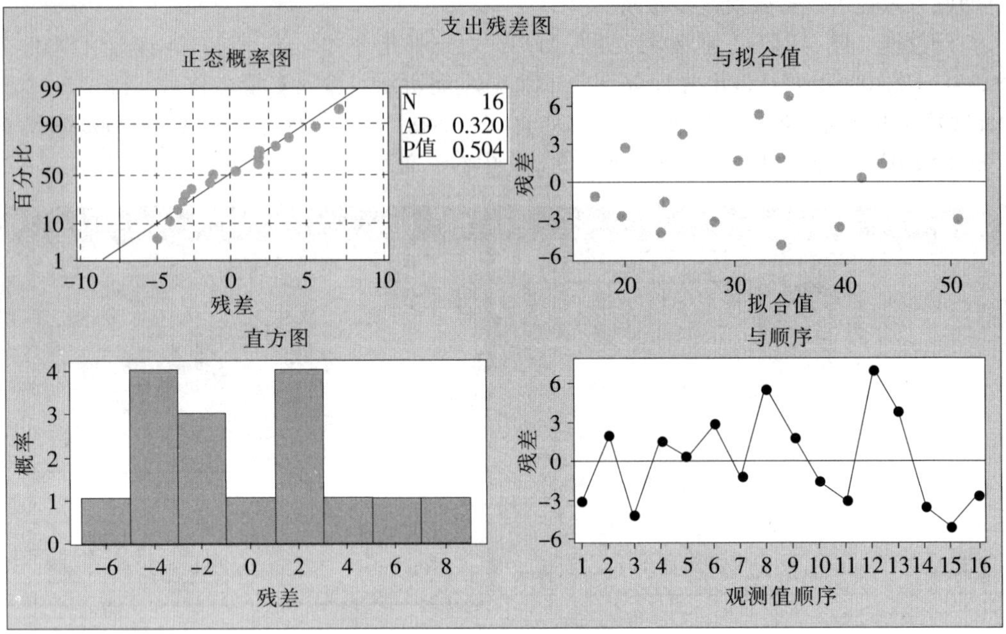

图9－13　回归残差图

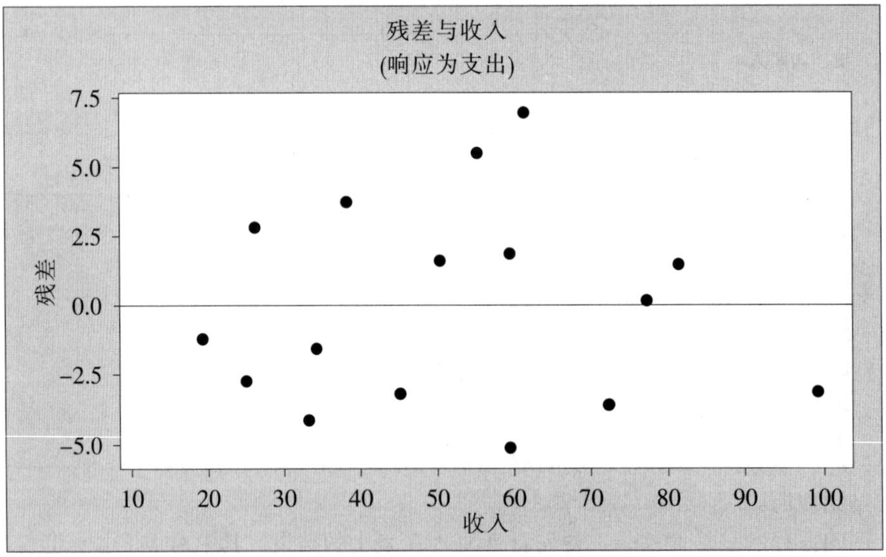

图9－14　残差与自变量图

图9－13即是残差诊断的输出结果，下面加以解释：

（1）首先看右下角“残差与观测值顺序”（Residuals Versus the Order of the Data）：观察残差对于以观测值顺序为横轴的散点图，重点考察此图中残差值是否随机地在水平轴上下无规则地波动。若是随机波动，说明残差值间是相互独立的。本例中，残差值随机波动，彼此间是独立的。

（2）看右上角“残差与拟合值”（Residuals Versus the Fitted Values）：重点考察此散点图中残差是否保持等方差性，即是否有“漏斗形”或“喇叭形”。若图形明显有漏斗形或喇叭形，说明对响应变量 y 需要做某种变换，变换后重新拟合模型，拟合效果会更好。本例中，图形正常，残差是等方差的。

（3）看左上角的“正态概率图”（Normal Plot of Residuals）：观察残差的正态概率图，看残差值是否符合正态分布。本例中，p 值 $=0.504>0.05$，可以认为残差是服从正态分布的；左下角的“残差直方图”（Histogram of the Residuals）可供辅助检查残差大致分布情况。

（4）看残差对于以各自变量为横轴的散点图“残差与收入”（Residuals Versus the Variables）（见图 9－14）：重点考察此图中是否有弯曲趋势。若残差虽保持等方差，但图形有明显的弯曲趋势，就应考虑增加自变量的高阶项以使模型拟合得更好些。本例中，残差对于自变量“收入”的散布图是正常的，无弯曲趋势。

由以上残差图分析可以得出结论：数据符合我们对于回归的基本假定，本例整个线性回归方程与数据拟合是较好的。

请注意看图 9－12 中右侧操作图中的最上端，在“图中的残差”选项中有三种选择：“正规”、“标准化”及“删后”。“正规”残差指的就是式（9－10）给出的定义：

$$e_i=y_i-\hat{y}_i$$

这里残差是有量纲的，其量纲与原来 y 的量纲是一致的。但仅看正规残差很难断定某点处的残差绝对值是否偏大。为此，我们将所有的残差进行“标准化”，一般教材中称之为“t 化残差”，它不是简单地把残差减均值并除以残差的标准差，还要考虑到自变量观测值到自变量平均值之间的距离等因素（具体计算公式从略）。标准化后的残差可以近似看成是相互独立的服从标准正态分布的随机变量，因此标准化残差的绝对值一般不应超过 2（标准正态分布落在 ± 2 之外的概率大约只 5%），这可以用来检查单个观测值是否有异常（注意这种“异常”不是指观测值是否过大或过小，而是指偏离模型是否很远）。“删后”残差是指在全部数据中删除本数据而保留别的数据再进行回归时，对本观测值所得到的残差。这是在假定模型已经正确的条件下，观察每个单一观测值对于模型的作用及影响，例如有的数据作用不同寻常，将此单个数据删除后，模型会发生很大变化，这种点称为“强影响点”，而一般数据则不会这样。注意：异常点与强影响点并不是一回事。异常点可能是强影响点，但也可能不是；同样，强影响点也可能是异常点，也可能不是异常点。如果在实际问题中遇到异常点或强影响点时，要考虑到它对估计和拟合的种种影响。解决问题的办法有两种：第一种是删除此点（如果对方程影响不大）；另一种方法则是采用一些不大受这种点影响的“稳健”估计方法，主要有 R 方法（采用数据的秩数据）和 M 方法（休伯（Huber）提出的一种极大似然估计方法）。有需求的读者可以参考专门书籍（如本书参考文献［3］：茆诗松主编的《统计手册》等）。

9.2.6 利用回归方程进行预测

当回归模型建立完成后，可以利用它来预测自变量为 $x=x_0$ 时的因变量 y 的响应值，这里要考虑两个问题：一个是如何预测 $x=x_0$ 时因变量 y 的平均响应的范围；另一个是预测 $x=x_0$ 时因变量 y 的单个观测值响应的范围。

9.2.6.1 预测 $x=x_0$ 时因变量 y 的平均响应

假定样本回归方程已确定为：$\hat{y}=a+bx_i$，预测 $x=x_0$ 时因变量 y 的平均响应有点估计和区间估计两种情况。点估计很简单，要预测 $x=x_0$ 时，因变量 y 的平均响应，只需要将 $x=x_0$ 代入方程 $\hat{y}_i=a+bx_i$ 即可。而求出因变量 y 的平均响应置信区间则比较复杂。本来，如果我们得到的回归方程已经就是理论的回归方程，则点估计就是准确的预测均值。但我们的回归方程是经验回归方程，回归方程中的参数是由样本估计而来，a,b 并不就是理论回归方程中的 β_0，β_1，回归系数的波动导致预测因变量 y 的平均响应的波动。

以点估计值 $a+bx_0$ 为基础的平均响应的 $1-\alpha$ 置信区间为：

$$\text{置信下限：}\theta_L = a+bx_0-t_{1-\alpha/2}(n-2)S\sqrt{\frac{1}{n}+\frac{(x_0-\overline{x})^2}{L_{xx}}} \tag{9-24}$$

$$\text{置信上限：}\theta_U = a+bx_0+t_{1-\alpha/2}(n-2)S\sqrt{\frac{1}{n}+\frac{(x_0-\overline{x})^2}{L_{xx}}} \tag{9-25}$$

式中 $$S=\hat{\sigma}=\sqrt{MS_E} \tag{9-26}$$

这个置信区间通常用CI（confidence interval）表示，称为预测的理论均值的置信区间。

从公式中，可以看出只有当 $x=x_0=\overline{x}$ 时，置信区间是最窄的，这说明，在对 y 进行预测时，自变量越接近 $\overline{x}$ 时，预测效果越好；越远离 $\overline{x}$ 时，预测效果越差；当自变量处于预测区域之外时，甚至预测结果不再具有实用价值。

9.2.6.2 预测 $x=x_0$ 时因变量 y 的个别响应

个别响应 y_i 可以看作平均响应再加上随机误差，即 $y_i=\beta_0+\beta_1x_i+\varepsilon_i$，可以看出，个别响应值是在原来的平均值的周围，以 σ 为标准差所形成的波动。这个置信区间我们通常用PI（prediction interval）表示，指的是由于单个观测值偏离回归方程中心而导致的观测值波动范围。显然，它应比平均响应的预测置信区间CI要宽很多，个别响应值的 $1-\alpha$ 置信区间公式为：

$$\text{置信下限：}\theta_L = a+bx_0-t_{1-\alpha/2}(n-2)S\sqrt{1+\frac{1}{n}+\frac{(x_0-\overline{x})^2}{L_{xx}}} \tag{9-27}$$

$$\text{置信上限：}\theta_U = a+bx_0+t_{1-\alpha/2}(n-2)S\sqrt{1+\frac{1}{n}+\frac{(x_0-\overline{x})^2}{L_{xx}}} \tag{9-28}$$

式中 $$S=\hat{\sigma}=\sqrt{MS_E}$$

9.2.6.3 预测 $x=x_0$ 时因变量 y 的个别响应近似公式

当 x 离 $\overline{x}$ 不太远且 n 较大时，式（9-27）、式（9-28）中根式里的值近似为1，$t_{1-\alpha/2}(n-2)$ 用 $Z_{1-\alpha/2}$ 代替，这样得到 y 的 $1-\alpha$ 近似预测区间：

$$(a+bx_0-Z_{1-\alpha/2}S,\quad a+bx_0+Z_{1-\alpha/2}S) \tag{9-29}$$

如果取 $\alpha=0.05$，则 $Z_{1-\alpha/2}=1.96$，约等于2，所以式（9-29）可以简化为（$\hat{y}-2S$，$\hat{y}+2S$）。由此证明了我们在9.2.3节中给出的重要结论：粗略地说，以回归线为中心，上下各2倍 S 距离处画出平行线区域（即 $\hat{y}\pm2S$ 范围）将包含大约95%的数据。

续例9-1

我们看如何计算当家庭收入 $x=80$（百元）时，消费支出 y 的预测情况。

解 （1）以点估计预测 $x=80$（百元）时，因变量 y 的平均响应。

将 $x=80$ 代入方程 $\hat{y}=9.12+0.424x$，得到 $\hat{y}=43.04$（百元）。

（2）以置信区间预测 $x=80$ 时因变量 y 的平均响应。

由式（9-24）、式（9-25）得到

置信下限：$\theta_L = 43.04 - 2.145 \times 3.768\sqrt{\dfrac{1}{16} + \dfrac{(80-52.06)^2}{7\,690.94}} = 39.77$

置信上限：$\theta_U = 43.04 + 2.145 \times 3.768\sqrt{\dfrac{1}{16} + \dfrac{(80-52.06)^2}{7\,690.94}} = 46.31$

即 CI 为（39.77，46.31）。

（3）以置信区间预测 $x=80$ 时因变量 y 的个别响应。

由式（9-27）、式（9-28）得到

置信下限：$\theta_L = 43.04 - 2.145 \times 3.768\sqrt{1 + \dfrac{1}{16} + \dfrac{(80-52.06)^2}{7\,690.94}} = 34.32$

置信上限：$\theta_U = 43.04 + 2.145 \times 3.768\sqrt{1 + \dfrac{1}{16} + \dfrac{(80-52.06)^2}{7\,690.94}} = 51.76$

即 PI 为（34.32，51.76）。

下面介绍如何利用 MINITAB 对回归方程进行预测。

续例 9-1

当家庭收入 $x=80$（百元）时，预测消费支出 y。

先打开数据文件“REG _ 收入与支出 . MTW”，选择“统计>回归>回归（Stat>Regression>Regression）”，输入变量后，点击“选项（Options）”，输入 x 的一个值“80”（单位：百元），如图 9-15 所示。

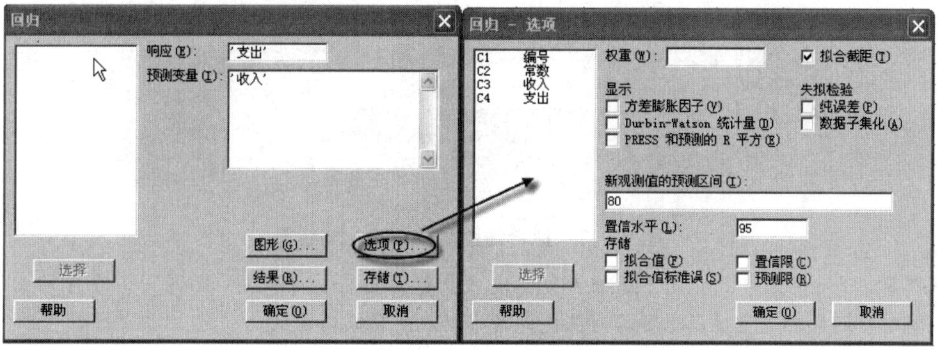

图 9-15　利用回归方程进行预测操作图

点击“确定”后，得下列输出结果：

新观测值的预测值

新观测值	拟合值	拟合值标准误	95%置信区间	95%预测区间
1	43.029	1.526	(39.756, 46.301)	(34.310, 51.748)

新观测值的自变量值

新观测值	收入
1	80.0

我们还可以通过选择指令“统计>回归>拟合线图（Stat>Regression>Fitted Line Plot）”输入变量后，选择“选项（Options）”后，显示 CI 和 PI 预测区间的图形，如图 9-16、图 9-17 所示。

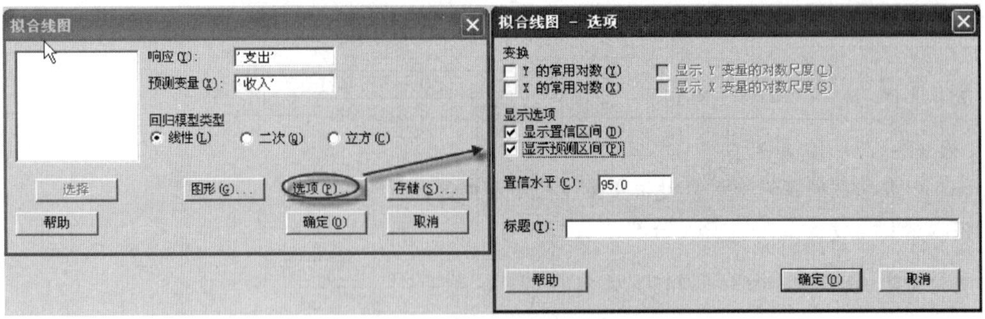

图 9-16　利用拟合线图显示 CI 和 PI

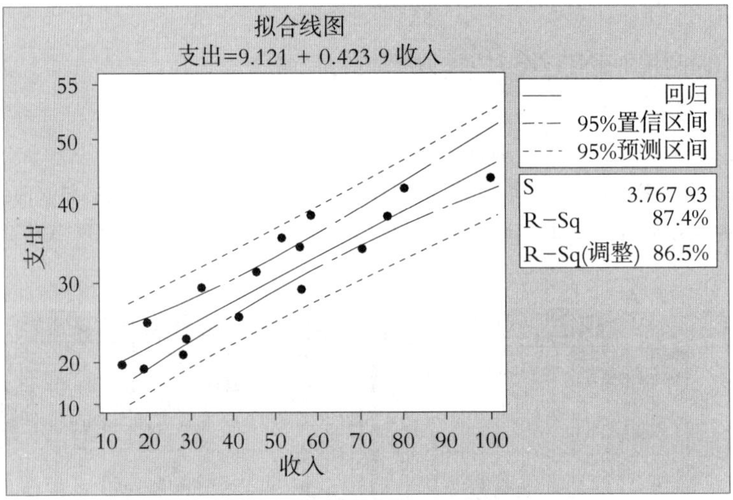

图 9-17　拟合线图显示 CI 和 PI 结果

从图 9-17 也可以看出，PI 预测区间明显宽于置信区间 CI。要注意，在图 9-17 中给出的是对全部原有数据的预测置信区间，并非对给定的某个新观测值而给出的。

9.3　多元线性回归

上节讨论了一元线性回归的情况，其中因变量只与一个自变量有关。在大多数实际问题中，影响因变量的因素往往有多个，我们把这类单个响应变量对于多个自变量的回归问题称作多元回归分析。在本节中，着重讨论最一般的多元线性回归问题，也就是希望得到下列回归方程：

$$y = a + b_1x_1 + b_2x_2 + \cdots + b_kx_k \qquad (9-30)$$

这里一共包含 k 个自变量。有时也记回归方程所包含的总项数为 p，这样就有 $p = k + 1$。

多元线性回归分析的基本流程与一元线性回归完全相同，在建立回归方程后，先要进行统计分析，考察模型总效果是否显著，记录回归效果的度量结果，考察各个自变量效应是否都显著，然后进行残差分析。这些分析的结果归纳起来，就是综合考虑并判断：模型与数据拟合得如何？模型是否还有改进的余地？如果模型中有些变量效应不显著，则我们改进时应该删去这些变量；如果在残差分析中发现残差与响应变量预测值$\hat{y}$的图不正常，则要考虑对y作变换；如果在残差分析中发现残差与自变量x的图不正常，则要考虑增加自变量的高阶项。修改模型后，要再次进行回归分析，看新模型的回归效果是否有改进。如果确有改进，则应该修改原来的模型，然后重新进行统计分析和新的残差诊断，直到获得最满意的模型为止。模型满意后，还要再考虑数据中是否有与模型有较大偏差的点（异常点或强影响点）。如果有这种点，则要考虑如何处理这些点：通常首先要重新检查数据来源或试验条件以及记录中是否有问题，如果确认此数据有问题，则应该删除；如果数据本身并无问题，则要考虑是否换用别的稳健估计方法。

与一元线性回归分析不同的是，在多元回归方程中，即使整个回归效果是显著的，因变量y也有可能只与某几个自变量x有密切关系（系数显著不为0），所以对于多元回归，除了检验整个回归方程显著性以外，还要对各个回归系数进行检验，以分辨出哪些x对y没有影响，或者更准确地说，删除了此变量之后对于回归方程没有重要影响。

9.3.1 多元线性回归分析的一般方法

下面，通过一个例题来了解多元线性回归分析的一般方法。

例9-3

某手机厂研究如何提高线路板焊接制程的拉拔力问题。根据过去的经验知道，拉拔力可能与烘烤温度、烘烤时间和涂抹的焊膏量有关，现从制程中收集了20批数据，列入表9-5中（数据文件：REG_拉拔力.MTW）。

表9-5　　拉拔力数据记录

C1	C2	C3	C4	C5	C6
编号	常数	温度	时间	焊膏量	拉拔力
1	1	120	5	5.6	64.7
2	1	120	4	4.9	61.0
3	1	122	5	4.5	59.8
4	1	122	5	4.5	58.3
5	1	124	3	3.8	57.6
6	1	124	3	5.8	66.7
7	1	126	4	5.8	67.6
8	1	126	5	4.0	58.0
9	1	128	3	5.1	66.3
10	1	128	3	4.1	60.0
11	1	130	5	5.2	66.8
12	1	130	4	4.2	62.2
13	1	132	3	4.4	61.7
14	1	132	4	6.6	70.1
15	1	134	4	4.6	62.8
16	1	134	3	5.5	67.5
17	1	136	4	6.1	72.2
18	1	136	5	4.5	62.8
19	1	138	4	5.0	66.1
20	1	138	3	6.7	72.8

试建立拉拔力与各因素的回归模型。

解　这里有三个自变量，因此本题是多元回归问题，先建立多元线性回归模型。

建立模型：使用MINITAB软件先打开数据文件“REG _ 拉拔力 . MTW”，选择指令“统计>回归>回归（Stat>Regression>Regression）”，可见到如图9－18所示的界面，输入相应变量名；打开“图形”窗（见图9－18中右上），选择“四合一”及在“残差与变量”中填入各自变量的名称；打开“存储”窗（见图9－18中左下），选择“残差”、“标准化残差”及“拟合值”。

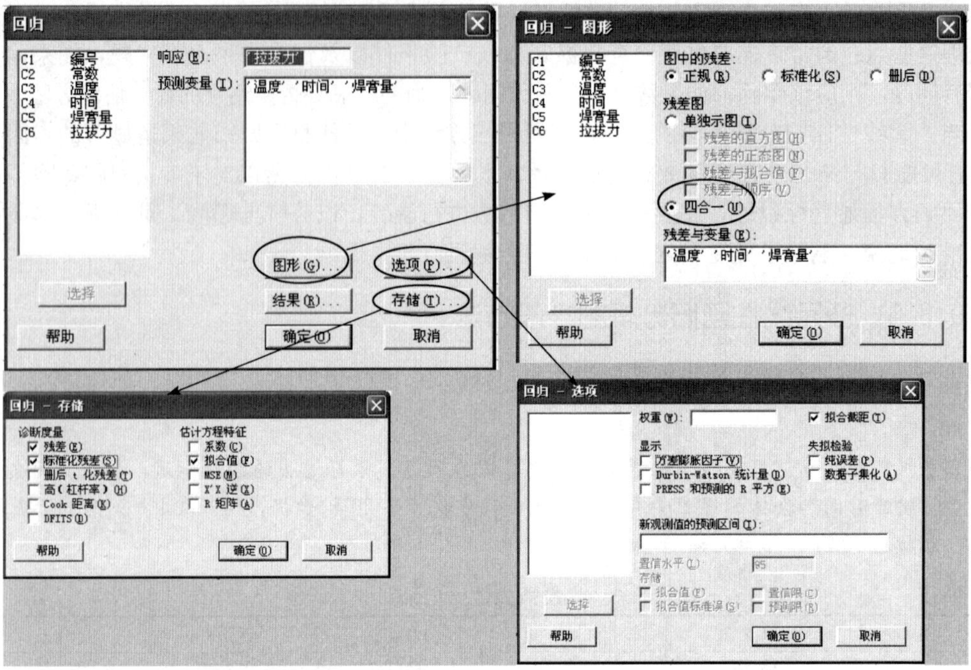

图9－18 多元线性回归操作图（拟合模型）

点击“确定”后，得到以下结果：

回归分析：拉拔力与温度，时间，焊膏量

回归方程为

拉拔力 = 12.2 + 0.238 温度 − 0.262 时间 + 4.42 焊膏量

自变量	系数	系数标准误	T	P
常量	12.239	6.396	1.91	0.074
温度	0.238 40	0.047 85	4.98	0.000
时间	−0.261 6	0.330 1	−0.79	0.440
焊膏量	4.418 3	0.325 2	13.59	0.000

S = 1.146 18　　R-Sq = 94.7%　　R-Sq（调整） = 93.7%

方差分析

来源	自由度	SS	MS	F	P
回归	3	373.65	124.55	94.81	0.000
残差误差	16	21.02	1.31		
合计	19	394.67			

来源	自由度	Seq SS
温度	1	126.02
时间	1	5.14
焊膏量	1	242.49

对输出结果的解释：

(1) 从ANOVA表分析回归方程总的显著性检验结果，由于 p 值 $=0.000<\alpha=0.05$，说明在

显著性水平 $\alpha=0.05$ 下，线性回归方程总效果是显著的。

(2) 回归模型显著性的度量指标：从 R-Sq＝94.7%，R-Sq(调整)＝93.7%来看，二者很接近，模型还可以。$S=1.146$ 比较小，$2S$ 大约 2.3，也还可以容忍。

(3) 各个回归系数的显著性检验。在本例中，从回归系数检验来看，自变量“温度”“焊膏量”的 p 值都小于 $\alpha=0.05$，故这两个因子均为显著因子；自变量“时间”的 p 值＝0.440＞$\alpha=0.05$，效应不显著，同时在平方和来源中也说明了自变量“时间”的平方和是 5.14，在整个平方和中所占比例非常小，所以，这提示我们将来修正模型时，应删除自变量“时间”。

(4) 进行残差分析。先考察四合一残差图（见图 9－19）。

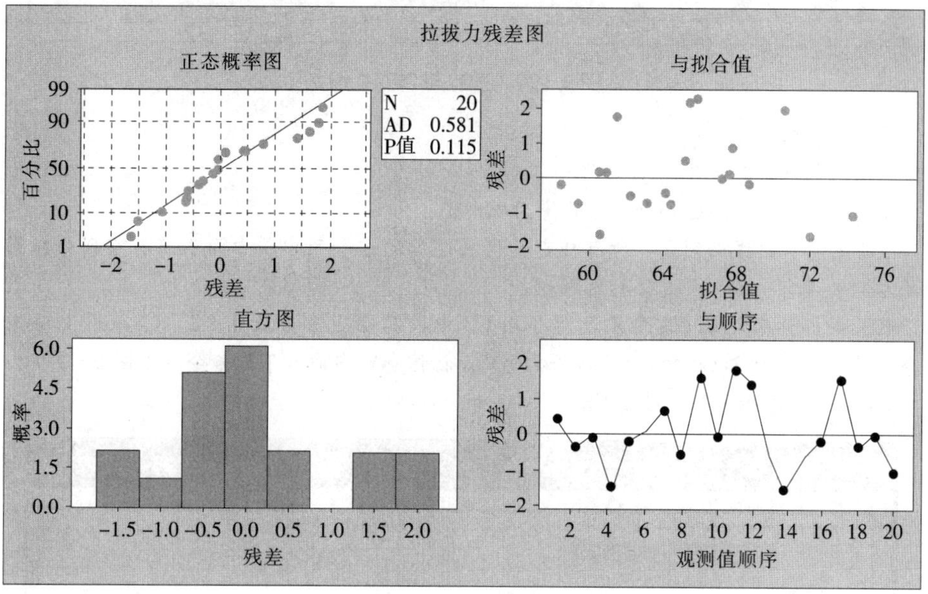

图 9－19 四合一残差图

1) 残差与观测值顺序图（见图 9－19 中右下），此图正常，残差对于观测值顺序随机分布。

2) 残差与拟合值图（见图 9－19 中右上），此图正常，未看见喇叭口形状分布，说明线性模型是可以接受的。

3) 残差的正态概率图（见图 9－19 中左上），此图正常，数据点基本在一条直线上，即可以认为残差服从正态分布。残差的直方图（见图 9－19 中左下）也显示了残差的正态性。如果需要准确的检验结果，打开数据文件后可以看见存储的残差，可以对此列进行正态性检验，得到 p 值＝0.115。

4) 残差与自变量（见图 9－20），这里共有三张图，分别以温度、时间及焊膏量为横轴，都显示残差正常。

经过上述分析我们可以认为，设定的线性模型是可以接受的，只是应该从方程中删除不显著变量“时间”。

如果发现在残差对预测值 $\hat{y}$ 的图中出现了方差非齐性的情况（即随 $\hat{y}$ 值的不同，呈现“喇叭口”状或弯曲），又该如何处理？我们应该采取对响应变量 y 进行变换的方法。但如何选择变换的公式呢？此外，为了防止我们用人工方法对残差是否正常的判断中出现失误，也应有工具协助判断此残差图是否有异常，本书在 MINITAB 之外，提供一个宏指令解决此问题。对于响应变量所采用的变换称为 Box-Cox 变换，它是以下函数：

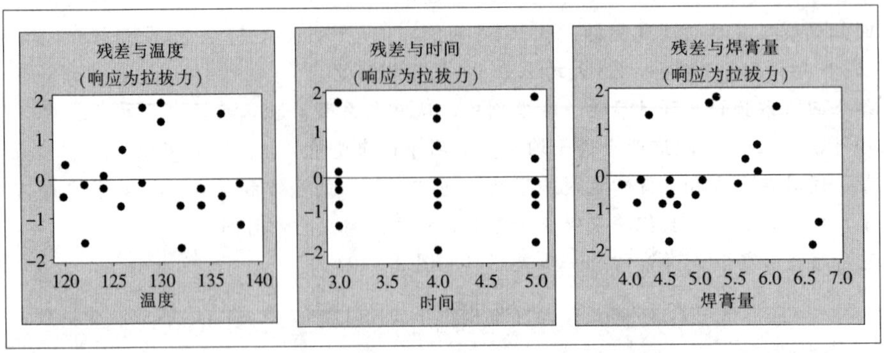

图 9-20　残差与自变量图

$$y^* = \begin{cases} y^\lambda, & \lambda \neq 0 \\ \ln y, & \lambda = 0 \end{cases}$$

宏指令的名称是 Boxcoxregres，它的使用规则是：

（1）数据的存放格式必须是：所有自变量存在连续的若干列中，中间不得有空列；在第一个自变量列的左侧必须有一列全部是 1 的常数列。

（2）假设响应变量为 y，假设常数列存在 C2 中，其他变量存储于 C3～C5，则使用指令“编辑>命令行编辑器（Edit>Command Line Editor）”，在信息窗内输入下列命令（见图 9-21）：

%boxcoxregres　Y　C2-C5

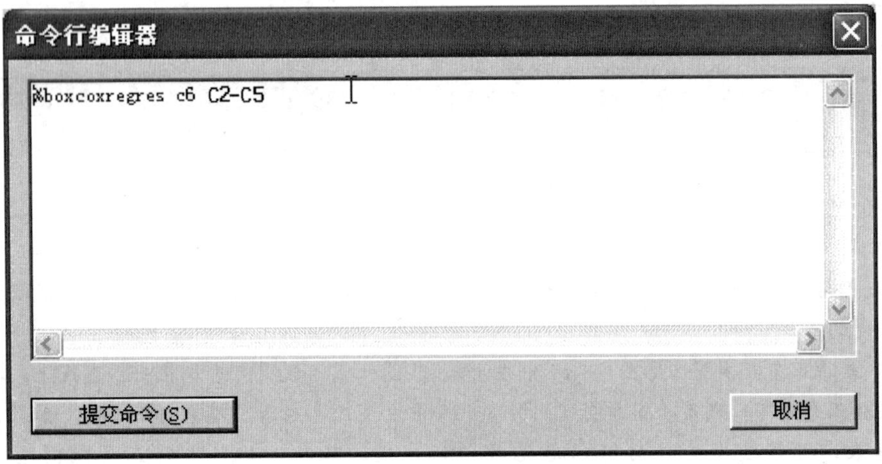

图 9-21　宏指令操作图

这里第一个哑元 Y 是响应变量所在的位置，第二个哑元是自变量存储位置，其中第 1 列为全是 1 的常数列，后续是连续排列的自变量观测值。例如，C2 是常数列所在的位置，常数列右边是连续排列的自变量数据 C3～C7（共 5 个自变量），则填写“C2-C7”就行了。

本例中，C6 是响应变量所在的位置，C2 是常数列所在的位置，C3～C5 为自变量。

“提交命令”后就可以看见图形，如图 9-22 所示。

图 9-22 中的横轴是参数 λ（英文为 lambda）。对于每个选定的 λ，如果以此数值作为 y 的方幂进行 Box-Cox 变换，则可以对变换后的数据进行最小二乘法回归，然后可以得到相应的残差平方和，图 9-22 就是以相应的残差平方和作为纵坐标而绘制出的曲线。当然，残差平方和越小，表示回归效果越好。图形的上方还有一条水平的点虚线，如果曲线落在水平的点虚线之下，则表示对应此范

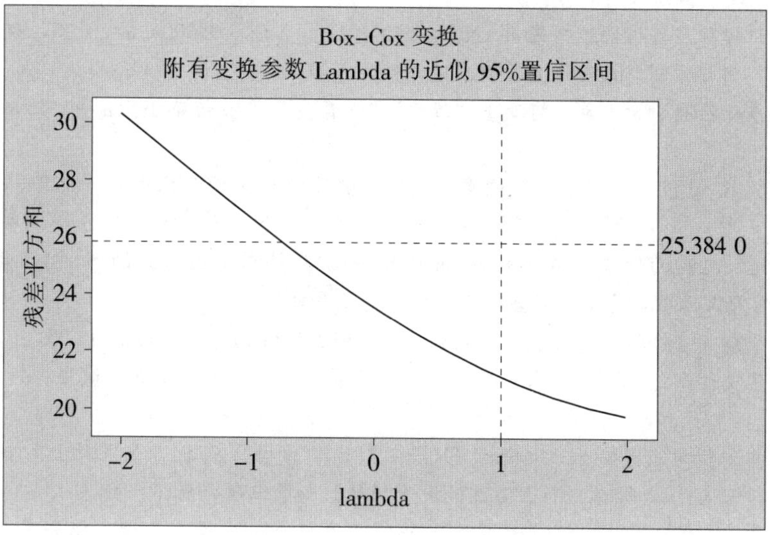

图 9－22　宏指令操作结果图

围内 λ 值都能够满足线性回归模型的条件。对于这张图，主要是考察当 $\lambda=1$ 时（即不用变换），曲线是否落在水平的点虚线下方。如果是这样（图 9－22 就属于这种情况），则表明对于 y 不必再进行变换，也不必过问 λ 取为何值将使曲线达到最低；如果当 $\lambda=1$ 时，曲线高于水平的点虚线，则表示对于 y 必须进行变换才能满足回归方程的基本条件。这时应查找能使曲线达到最低点（不必非常准确）的 λ 值，用此值作为 Box-Cox 变换的方幂就行了。

综上所述，本回归模型还需要修改，而修改只是要删除不显著变量罢了。

重新进行回归计算，仍从指令“统计＞回归＞回归（Stat＞Regression＞Regression）”入口，只是在图 9－18 中左上窗口的自变量选取时，删去“时间”，只保留“温度”和“焊膏量”两个自变量，残差分析中，残差对自变量的图中也删去“时间”，其他不变。点击“确定”后，得到相关图形及以下模型修正后结果：

拉拔力的残差与焊膏量

回归分析：拉拔力与温度，焊膏量

回归方程为

拉拔力 = 10.0 + 0.247 温度 + 4.44 焊膏量

自变量	系数	系数标准误	T	P
常量	10.041	5.700	1.76	0.096
温度	0.246 56	0.046 21	5.34	0.000
焊膏量	4.440 6	0.320 4	13.86	0.000

S = 1.133 57　　R-Sq = 94.5 %　　R-Sq（调整） = 93.8 %

方差分析

来源	自由度	SS	MS	F	P
回归	2	372.83	186.41	145.07	0.000
残差误差	17	21.84	1.28		
合计	19	394.67			

来源	自由度	Seq SS
温度	1	126.02
焊膏量	1	246.80

对模型修正后输出结果的解释：

- 由对回归方程显著性检验结果（ANOVA输出表），p 值$=0.000<\alpha=0.05$，说明在显著性水平 $\alpha=0.05$ 下，回归方程总效应是显著的。
- 从回归系数检验输出来看，自变量“温度”“焊膏量”的 p 值都小于 $\alpha=0.05$，故这两个因子均为显著因子。
- 决定系数 R-Sq 值为 94.5%，说明自变量可以解释响应变量即拉拔力 y 中 94.5%的变异，而修正的 R-Sq（调整）为 93.8%，与 R-Sq 更接近（原来是 R-Sq=94.7%，R-Sq（调整）=93.7%），这是淘汰“时间”之后的结果（虽然 R-Sq 值稍有降低）。特别是由原来的 $S=1.146\ 18$ 降到 $S=1.133\ 57$，证明选取两个变量比保留全部三个自变量效果更好。
- 对于单个自变量检验的显著水平究竟取多少为好？通常仍可以使用 $\alpha=0.05$，但由于试验过程中难免试验误差较大，因此取 $\alpha=0.1$ 也很常见，甚至有 $\alpha=0.2$ 的情况，这里并没有严格的统一标准。
- 比较回归方程的优劣要看三项指标（R-Sq，R-Sq（调整）及 S），如果对于某个方程，其三项指标都好（像本例这样），那在判断上当然就没有问题。如果三项指标不一致怎么办？这时要综合考虑，通常还是看 s 更有把握些。但有时增加一个自变量即使对方程有改进，但如果改进效果不大，这时并不需要一定选取“最优”的，还是结合实际灵活处理会更好。
- 对模型修正后输出残差图的解释与原来一样，所有图都是正常的（这里从略）。

综上，我们可以认为修正后的模型为：

拉拔力=10.0+0.247 温度+4.44 焊膏量

关于预测等问题这里就不详细叙述了，可以参看 9.2.6 节。

9.3.2 多元线性回归分析的改进模型方法

例 9-3 完全通过正常步骤进行，而且所有结果都是正常状况。当我们发现残差有不正常情况时，一定要认真思考，不要拘泥于任何“准则”，而要根据实际情况灵活处理。例如，首先要考虑回归方程本身的物理意义，根据各变量的实际含义来判断什么样的方程更有价值。有这样一个例子，使用者希望建立圆木体积 V 与材高 H 及底部周长 C 的回归方程。建立线性方程后，发现对自变量的残差有明显的弯曲状况。这时可以根据圆木体积 V 形成的物理意义，重新考虑方程的样式，设法建立 $V=a+b_1H+b_2C^2$ 或建立 $\ln V=a+b_1\ln H+b_2\ln C$ 这种类型的回归方程会更有意义。下面举例说明残差不正常的处理方法。

例 9-4

原木体积估计公式。为了估计森林中仍存活的树木之体积，对于随机挑选的 28 棵树，先在高度为 1.5 米处测量其胸径 C（单位：米），再用测高仪测出树干高度 H（单位：米），伐木后加工为成材原木，测量出其材积 V（单位：米^3）。希望建立 V 依赖于 C，H 的回归方程。数据列在表 9-6 中（数据文件：REG _ 原木体积 .MTW）。

表 9-6　原木体积数据表

编号	常数	C	H	V	CC	$CC0$
1	1	1.72	7.88	1.941	2.958 4	0.014 4
2	1	1.34	6.01	1.393	1.795 6	0.067 6
3	1	1.10	4.97	1.136	1.210 0	0.250 0
4	1	1.90	8.18	2.029	3.610 0	0.090 0
5	1	1.43	5.03	1.306	2.044 9	0.028 9

续前表

编号	常数	C	H	V	CC	$CC0$
6	1	1.21	5.06	1.282	1.464 1	0.152 1
7	1	2.16	8.21	2.216	4.665 6	0.313 6
8	1	2.16	7.36	2.129	4.665 6	0.313 6
9	1	0.82	3.73	0.978	0.672 4	0.608 4
10	1	1.42	5.98	1.415	2.016 4	0.032 4
11	1	1.80	8.22	1.937	3.240 0	0.040 0
12	1	0.86	4.51	1.010	0.739 6	0.547 6
13	1	2.06	8.71	2.204	4.243 6	0.211 6
14	1	1.46	6.86	1.586	2.131 6	0.019 6
15	1	2.14	6.24	1.976	4.579 6	0.291 6
16	1	2.35	7.23	2.266	5.522 5	0.562 5
17	1	2.08	5.62	1.844	4.326 4	0.230 4
18	1	1.99	7.88	2.123	3.960 1	0.152 1
19	1	0.82	3.88	0.986	0.672 4	0.608 4
20	1	1.66	5.77	1.556	2.755 6	0.003 6
21	1	2.07	8.43	2.223	4.284 9	0.220 9
22	1	1.11	4.04	1.035	1.232 1	0.240 1
23	1	0.67	4.26	0.953	0.448 9	0.864 9
24	1	1.68	6.63	1.737	2.822 4	0.006 4
25	1	2.06	8.27	2.186	4.243 6	0.211 6
26	1	2.37	9.59	2.631	5.616 9	0.592 9
27	1	1.38	7.26	1.618	1.904 4	0.048 4
28	1	1.09	4.67	1.138	1.188 1	0.260 1

解　这里有两个自变量，先建立二元线性回归模型：

$$V=b_0+b_1C+b_2H \qquad \text{（模型 1）}$$

操作步骤与例 9-3 完全相同。输出结果如下：

回归分析：V 与 C, H

回归方程为

V = - 0.073 1 + 0.589 C + 0.124 H

自变量	系数	系数标准误	T	P	方差膨胀因子
常量	-0.073 07	0.046 12	-1.58	0.126	
C	0.589 18	0.042 70	13.80	0.000	3.442
H	0.124 22	0.012 85	9.67	0.000	3.442

S = 0.060 817 1　　R-Sq = 98.6%　　R-Sq（调整） = 98.5%

方差分析

来源	自由度	SS	MS	F	P
回归	2	6.474 7	3.237 3	875.26	0.000
残差误差	25	0.092 5	0.003 7		
合计	27	6.567 1			

异常观测值

观测值	C	V	拟合值	标准误	残差	标准化残差
26	2.37	2.631 0	2.514 6	0.024 7	0.116 4	2.09R

此计算结果告诉我们模型总效果是高度显著的，两个回归系数也都是显著的，衡量回归效果的决定系数 $R^2=0.986$；调整的决定系数 $R^2_{adj}=0.985$；一切看来都很好。虽然第 26 号观测值的残差较大，但由于现在模型尚未最终确定，因此对这个点的问题也只好先不予追究。注意，我们此时并不能立即断定这个回归方程很好，一定要进一步分析残差诊断的结果才能进行判断。

其残差四合一图如图 9－23 所示。残差与自变量图如图 9－24 所示。

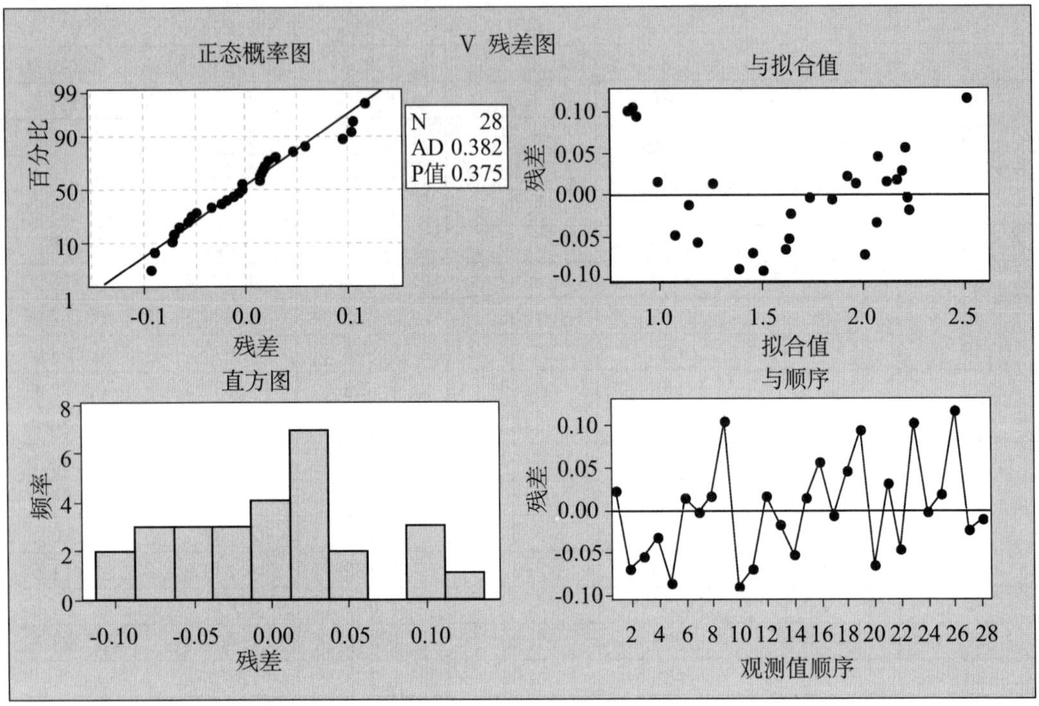

图 9－23　残差四合一图

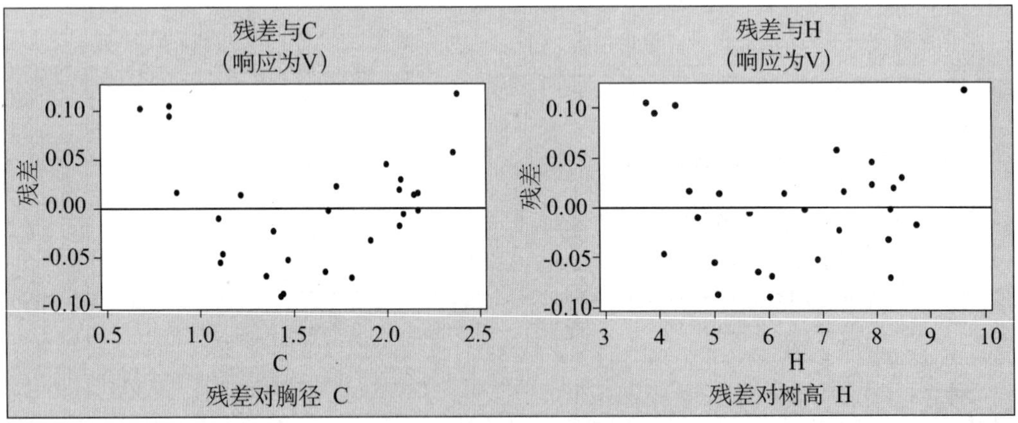

图 9－24　残差与自变量图

从残差图上看，残差对响应变量预测值及残差对自变量胸径 C 都有明显的弯曲（对自变量树高 H 也有弯曲）。看来模型对于数据的拟合还是有很大问题的，应该再对模型加以改进。对于残差的弯曲，本来可以有两种改进的选择：对 Y 进行变换（例如将 Y 开平方或对 Y 取对数）或者增加自变量高阶项。但我们首先应该从实际问题出发，由于体积大体上是截面积与高度的乘积（可以粗略地设想为圆柱体），因此在本问题中，增加胸径 C 的平方项是有道理的，因此选择在回归方程中增加自变量的二阶项：

$$V=b_0+b_1C+b_2H+b_3C^2 \quad \text{(模型 2)}$$

我们可以把 C^2 当作一个新自变量（记为 CC），建立一个三元回归方程。操作步骤与例 9-3 完全相同。输出结果如下：

回归分析：V 与 C, H, CC

回归方程为

V = 0.384 - 0.130 C + 0.134 H + 0.224 CC

自变量	系数	系数标准误	T	P	方差膨胀因子
常量	0.384 39	0.065 05	5.91	0.000	
C	-0.129 68	0.096 99	-1.34	0.194	58.515
H	0.134 247	0.007 200	18.64	0.000	3.560
CC	0.223 58	0.029 26	7.64	0.000	51.893

S=0.033 505 2　R-Sq=99.6%　R-Sq（调整）=99.5%

方差分析

来源	自由度	SS	MS	F	P
回归	3	6.540 2	2.180 1	1 941.99	0.000
残差误差	24	0.026 9	0.001 1		
合计	27	6.567 1			

从这个计算结果可以看出，模型是显著的，残差图基本上是正常的。但这里包含有不显著的一次项，应该予以删除。模型变成：

$$V=b_0+b_2H+b_3C^2 \quad \text{(模型 3)}$$

回归方程为：

V = 0.307 + 0.131 H + 0.186 CC

自变量	系数	系数标准误	T	P	方差膨胀因子
常量	0.306 95	0.030 07	10.21	0.000	
H	0.130 611	0.006 771	19.29	0.000	3.053
CC	0.185 616	0.007 209	25.75	0.000	3.053

S=0.034 029 0　R-Sq=99.6%　R-Sq（调整）=99.5%

方差分析

来源	自由度	SS	MS	F	P
回归	2	6.538 2	3.269 1	2 823.12	0.000
残差误差	25	0.028 9	0.001 2		
合计	27	6.567 1			

回归结果很好，残差图也正常了，分析似乎可以结束了。但是我们很容易想到一个问题，一般来说，C 与 C^2 是高度相关的，这会对模型 2 的求解产生什么影响吗？由于在估计回归系数的时候，实际上是在解一个联立的代数方程组，如果变量间高度相关，相当于此回归系数的方程的行列式接近于 0，在解方程时会含有较大的误差。我们下面先研究更一般的问题，即如何处理多元线性回归中各自变量间有显著相关关系的问题。我们首先应考虑如何度量自变量间线性相关的密切程度，再讨论如果有些自变量之间存在密切线性相关时该怎么办。

我们引入方差膨胀因子概念。

将自变量 x_i 与所有其他自变量作回归，设其决定系数为 R_i^2（其定义可以参考式（9-19））。本来在一般的回归问题中，决定系数 R^2 越大说明回归效果越好；但现在是自变量对其余自变量的回归，在自变量间无线性关系时这样的回归方程之决定系数 R^2 应该很小才对，也就是说每个 R_i^2 都应该很小。这时若某个 R^2 接近 1，则说明 x_i 有依赖于其他自变量的线性关系（称为有“共线性”），则求解回归系数方程时可能产生较大误差。为度量这种依赖性，引入第 i 个自变量的方差膨胀因子：

$$VIF_i = \frac{1}{1-R_i^2}$$

显然，此数值肯定大于1，它越大则说明线性依赖关系越严重（即存在共线性）。通常，若 $VIF<5$，则认为共线性不严重；若 $5\leqslant VIF\leqslant 10$，则认为有中等程度的共线性，处理时要格外小心；若 $VIF>10$，则认为共线性严重，必须设法解决。解决的方法通常有下面几种：增加数据量；变量变换；换用其他方法（主要是岭回归及主成分回归）。

MINITAB软件提供了输出方差膨胀因子的功能，在计算回归结果的操作中（见图9-18中左上），打开“选项”窗，加选“方差膨胀因子”（见图9-18中右下，图中尚未选此项），即可在每个自变量显著性检验后得到其相应的 VIF 值。本例对于模型2输出了 VIF 栏，其中 C 及 CC 项的 VIF 都远超过10。这就说明，模型中不应该同时引入 C 及 CC 项。

对于多项式回归方程的改进办法一般就是使用“正交多项式”，其最简单的形式就是：线性项 x 不变；二次项改取 $(x-\overline{x})^2$；三次项改取 $(x-\overline{x})^3$……这里 $\overline{x}$ 是该自变量所有观测值的平均值。对于胸径 C 的二次项应该是 $(C-\overline{C})^2$，此处数据中的胸径 C 的平均值为1.60，取 $CC0=(C-1.60)^2$。

下面考虑这样的模型：

$$V = b_0 + b_1C + b_2H + b_3(C-1.60)^2 \qquad \text{（模型 4）}$$

其计算结果为：

回归分析：V 与 C, H, CC0

回归方程为

V = - 0.188 + 0.586 C + 0.134 H + 0.224 CC0

自变量	系数	系数标准误	T	P	方差膨胀因子
常量	-0.187 96	0.029 52	-6.37	0.000	
C	0.585 76	0.023 53	24.90	0.000	3.444
H	0.134 247	0.007 200	18.64	0.000	3.560
CC0	0.223 58	0.029 26	7.64	0.000	1.099

S = 0.033 505 2　R - Sq = 99.6 %　R - Sq（调整）= 99.5 %

方差分析

来源	自由度	SS	MS	F	P
回归	3	6.540 2	2.180 1	1 941.99	0.000
残差误差	24	0.026 9	0.001 1		
合计	27	6.567 1			

由计算结果可以看出，这样取三个自变量后，它们之间并没有严重的共线性问题（方差膨胀因子都小于5），而且它们三个的效应都是显著的，最后回归方程的标准差估计 S 达到0.033 5，它与模型2同样是达到了 S 最小值，但它避免了模型2中出现的太大的方差膨胀因子，也没有像模型2那样包含不显著的项。可见用模型4这样的方法获得的结果是很好的。

例9-5

在制冷过程中，氨气量非常重要。历史经验表明，氨气的损失量可能与反应过程中的气流、水温及酸浓度相关。现希望求得氨损失量对于气流、水温及酸浓度间的回归方程。数据列在表9-7中（数据文件：REG _ 氨损失量 . MTW）。

表 9-7　　氨损失量数据表

C1	C2	C3	C4	C5	C6
编号	常数	气流	水温	酸浓度	氨损失量
1	1	80	11.9	85	42
2	1	80	11.7	88	35
3	1	75	9.2	90	34
4	1	62	8.5	87	22
5	1	62	6.9	87	18
6	1	62	7.9	87	18
7	1	62	8.6	93	19
8	1	62	8.5	93	20
9	1	58	7.4	87	15
10	1	58	2.6	80	14
11	1	58	2.5	89	14
12	1	58	1.9	88	13
13	1	58	2.7	82	11
14	1	58	3.6	93	12
15	1	50	2.3	89	6
16	1	50	2.8	86	7
17	1	50	3.6	72	9
18	1	50	3.6	79	8
19	1	50	4.9	80	9
20	1	56	4.4	82	15
21	1	70	5.1	91	20

解　这里有三个自变量，因此本题是多元回归问题，先建立多元线性回归模型，操作步骤与例 9-3 完全相同。输出结果如下：

结果：REG _氨损失量 . MTW

回归分析：氨损失量与气流，水温，酸浓度

回归方程为

氨损失量 = -20.9 + 0.816 气流 + 0.844 水温 - 0.186 酸浓度

自变量	系数	系数标准误	T	P
常量	-20.910	7.566	-2.76	0.013
气流	0.815 53	0.083 52	9.76	0.000
水温	0.843 6	0.232 1	3.63	0.002
酸浓度	-0.186 13	0.092 27	-2.02	0.060

S = 1.991 60　　R-Sq = 96.3%　　R-Sq（调整） = 95.6%

方差分析

来源	自由度	SS	MS	F	P
回归	3	1 751.81	583.94	147.22	0.000
残差误差	17	67.43	3.97		
合计	20	1 819.24			

来源	自由度	Seq SS
气流	1	1 681.43
水温	1	54.24
酸浓度	1	16.14

从这里看结果一切正常，回归总效果显著，三个自变量中，“酸浓度”是否保留还可以讨论。但从残差图上看出残差与拟合值图形不正常（见图9-25中的右上）：残差似乎有“喇叭口”样的发散状况。

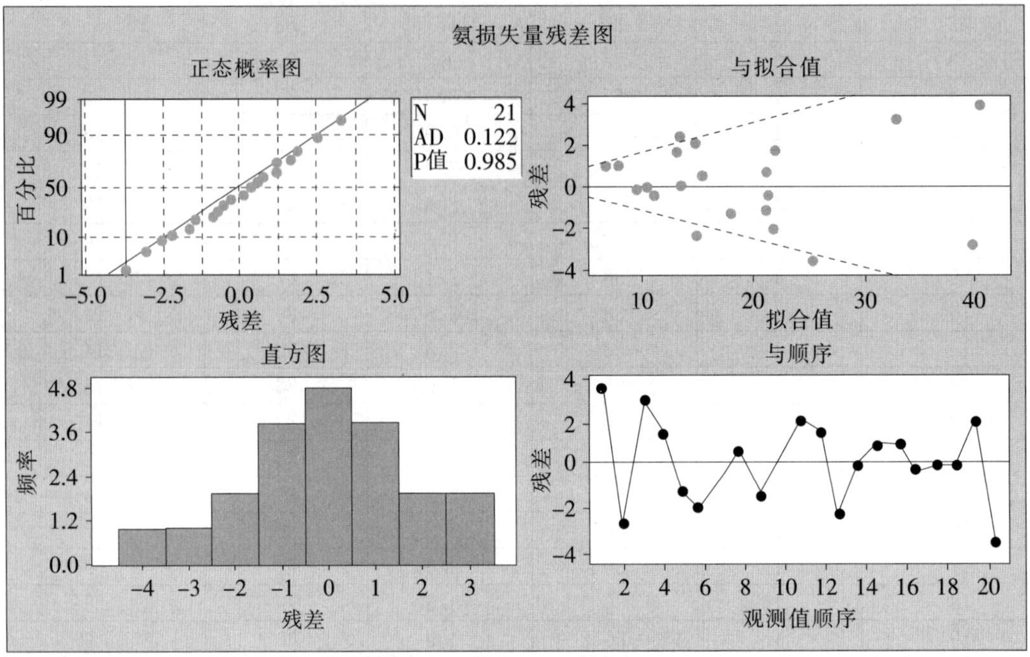

图9-25 氨损失量的回归残差图

这就提醒我们考察一下，此残差图是否真有问题。使用调用宏指令命令：

%boxcoxregres C6 C2-C5

得到下列图形（见图9-26）：

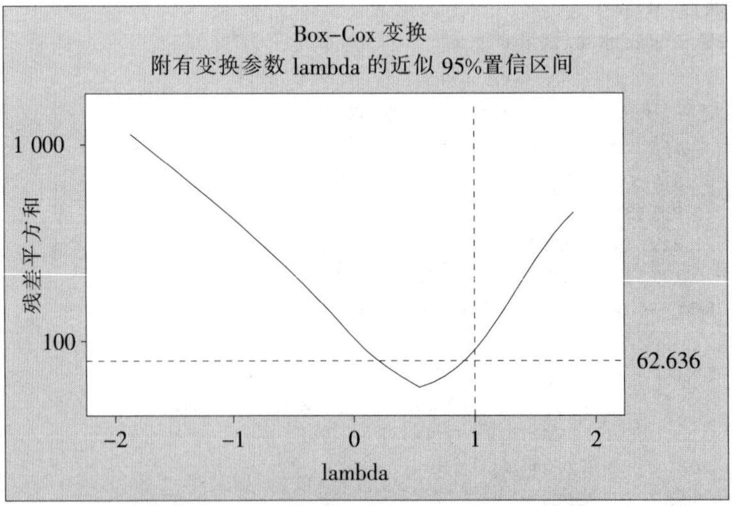

图9-26 氨损失量的Box-Cox变换选择图

从图9-26中可以看出，在$\lambda=1$时，曲线落在水平的虚线上方了，这表示对于y必须进行变换才能满足回归方程的基本条件。在图中可以看出，在大约 λ =0.5 时曲线达到最低，因此我们应该试用求平方根的方法来改进回归方程。这时的回归方程是：

$$\sqrt{y}=a+b_1x_1+b_2x_2+\cdots+b_kx_k \tag{9-31}$$

实际计算时，在原数据表中最右侧，再增加生成一列新数据（C7），命名为“平方根”，再对“平方根”这个变量进行回归，其残差图如下（见图 9-27）：

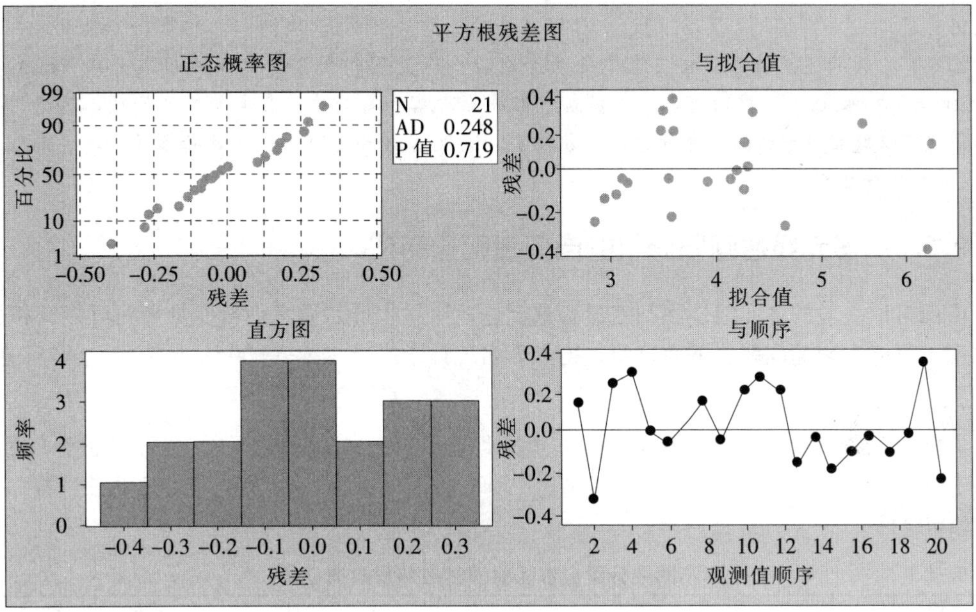

图 9-27　氨损失量平方根的残差图

图 9-27 中的右上图看来已经基本正常了。为了核实这样变换是否确实解决了问题，再次使用调用宏指令：

%boxcoxregres　C7　C2-C5

得到下列图形（见图 9-28）：

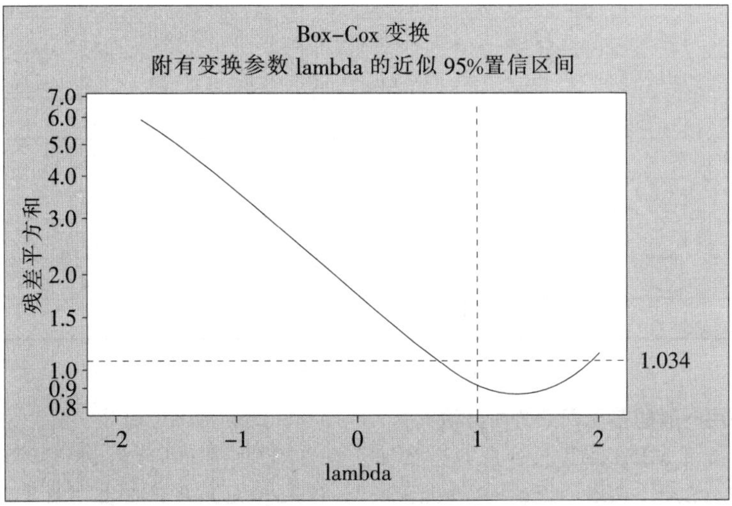

图 9-28　氨损失量平方根的 Box-Cox 变换选择图

从图9-28中可以看出，在λ=1时，曲线确实落在水平的虚线下方，可见真的解决了问题，表明对于y不必再进行变换了。以下步骤则与以前完全相同，这里就省略了。只是特别要注意，最后方程是式（9-31)，要将所有原来对于“平方根”的结果再平方后才能回到“氨损失量”。

如果残差不正常的问题出现在残差对于自变量的图中，则我们应该增加自变量的高阶项。当自变量只有单个时，常可以增加二次项，这就形成二次回归，具体的操作可以从“统计>回归>拟合线图（Stat>Regression>Fitted Line Plot)”入口，再选“二次”，则可以得到二次回归的结果。如果残差仍有弯曲（“S”形或“反S”形)，则可以选“三次”，得到三次回归的结果；一般说来，三次回归已经有足够的适应性了。当自变量是多个时，只能使用指令“统计>回归>回归（Stat>Regression>Regression)”，这时可以在数据表中形成你所需要增加的任意类型的高阶项，再选用上述操作，就可以建立对于新的自变量的回归方程了。这里容易出现的一些问题必须注意，详细叙述已在例9-4中给出了。

9.3.3 多元线性回归分析的自变量筛选方法

下面讨论一般的多元线性回归变量筛选问题，这里主要是要考虑自变量之间可能有相关性的情况下可能出现的问题。下面这组数据是著名统计学家哈尔德（Hald）于1952年给出的。

例9-6

某种水泥在凝固时放出的热量y（卡/克）与水泥中4种化学成分x_1,x_2,x_3,x_4的含量有关。现记录了13组数据，列入表9-8中（数据文件：REG _ Hald数据.MTW)，试建立热量y与化学成分间的回归模型。

表9-8　不同成分组合水泥凝固时散热量数据记录

C1	C2	C3	C4	C5	C6	C7
编号	常数	x_1	x_2	x_3	x_4	散热量
1	1	7	26	6	60	78.5
2	1	1	29	15	52	74.3
3	1	11	56	8	20	104.3
4	1	11	31	8	47	87.6
5	1	7	52	6	33	95.9
6	1	11	55	9	22	109.2
7	1	3	71	17	6	102.7
8	1	1	31	22	44	72.5
9	1	2	54	18	22	93.1
10	1	21	47	4	26	115.9
11	1	1	40	23	34	83.8
12	1	11	66	9	12	113.3
13	1	10	68	8	12	109.4

解

方法一：采用一般的多元回归分析方法

建立模型：使用MINITAB软件先打开数据文件“REG _ Hald数据.MTW”，选择指令“统计>回归>回归（Stat>Regression>Regression)”，输入相应选项；点击“确定”后，得到以下结果：

回归分析：散热量与 x1，x2，x3，x4

回归方程为

散热量 = 62.4 + 1.55x1 + 0.510x2 + 0.102x3 − 0.144x4

自变量	系数	系数标准误	T	P	方差膨胀因子
常量	62.41	70.07	0.89	0.399	
x1	1.551 1	0.744 8	2.08	0.071	38.496
x2	0.510 2	0.723 8	0.70	0.501	254.423
x3	0.101 9	0.754 7	0.14	0.896	46.868
x4	−0.144 1	0.709 1	−0.20	0.844	282.513

（回归系数显著性检验）

S = 2.446 01　R-Sq = 98.2%　R-Sq(调整) = 97.4%　（回归总效果度量）

方差分析（回归方程显著性检验）

来源	DF	SS	MS	F	P
回归	4	2 667.90	666.97	111.48	0.000
残差误差	8	47.86	5.98		
合计	12	2 715.76			

来源	DF	Seq SS
x1	1	1 450.08
x2	1	1 207.78
x3	1	9.79
x4	1	0.25

从对回归方程显著性检验结果（ANOVA 输出表）来看，p 值$=0.000<\alpha=0.05$，说明在显著性水平$\alpha=0.05$下，回归方程总效果是显著的。但在本例中，从回归系数检验输出来看，自变量x_1，x_2，x_3，x_4 的 p 值都大于$\alpha=0.05$，都不显著，这是让人吃惊的结果。

怎么可能回归总效果显著，而 4 个自变量中竟然没有一个是显著的呢？这就牵涉到如何分析各回归变量系数检验结果的问题。在各回归变量系数检验时，粗略地说是“分辨出每个自变量对 y 是否有显著影响”，其实更准确地说应该是，“删除了此变量之后对于回归方程是否有重要影响”。这一点补充非常重要，当自变量间相互无关的时候，这两种说法几乎相同。但当自变量间密切相关时，由于某个自变量与其他几个自变量密切相关，此变量的效果可以用其他变量的组合来代替，所以删除此变量不会使方程受到多少影响，因而此变量回归系数检验相应的 p 值会较大。这从方差膨胀因子的数值上可以看出，这里 4 个自变量的方差膨胀因子都超过 5，可见它们之间相关很严重。因此删除一个自变量后，原来的各自变量回归系数检验结果会发生很大变化，所以，不要以为凡是回归系数检验相应的 p 值较大者就一定不重要。我们不能看见 p 值大者就一起全部删除，删一个自变量后很可能使留下的自变量的 p 值发生变化。最后的结论是：由于各自变量间可能相关，因此对于多元回归方程，**删除不显著变量时必须逐个进行**，删除的顺序仍然是以 p 值为准，p 值越大者越先删除。本例中的所有残差诊断分析都是正常的，这里就不全部列出了。

再回顾一下对各回归系数的检验，其中最大的 p 值出现在自变量 x_3 上，修正模型时应先删去 x_3，得到下列结果：

回归分析：散热量与 x1，x2，x4

回归方程为

散热量 = 71.6 + 1.45x1 + 0.416x2 − 0.237x4

自变量	系数	系数标准误	T	P	方差膨胀因子
常量	71.65	14.14	5.07	0.001	
x1	1.451 9	0.117 0	12.41	0.000	1.066
x2	0.416 1	0.185 6	2.24	0.052	18.780
x4	−0.236 5	0.173 3	−1.37	0.205	18.940

S = 2.308 74　R-Sq = 98.2%　R-Sq (adj) = 97.6%

方差分析

来源	DF	SS	MS	F	P
回归	3	2 667.79	889.26	166.83	0.000
残差误差	9	47.97	5.33		
合计	12	2 715.76			

来源	DF	Seq SS
x1	1	1 450.08
x2	1	1 207.78
x4	1	9.93

删去 x_3 后，x_1 的 p 值由不显著（$p=0.071$）变为显著（$p=0.000$）了。为什么会这样呢？原因就是自变量间的相关，具体相关关系在9.1节已经给出，我们重复列在下面。

相关：x1，x2，x3，x4

	x1	x2	x3
x2	0.229		
	0.453		
x3	−0.824	−0.139	
	0.001	0.650	
x4	−0.245	−0.973	0.030
	0.419	0.000	0.924

以上相关分析结果说明：x_1 与 x_3，x_2 与 x_4 都高度负相关，原本在4个变量都包含在方程中时，删除任何一个变量对整个方程影响都不大，但删除 x_3 之后，x_1 就是显著的了；同理，删除 x_4 之后，x_2 可能就是显著的了。

在上述含3个自变量的方程中，总效果仍然显著，由于 x_4 的 $p=0.205>0.05$，所以应继续修正模型，删去 x_4，重复上述过程，得到下列结果（残差分析一切正常，从略）：

回归分析：散热量与 x1，x2

回归方程为

散热量 = 52.6 + 1.47x1 + 0.662x2

自变量	系数	系数标准误	T	P	方差膨胀因子
常量	52.577	2.286	23.00	0.000	
x1	1.468 3	0.121 3	12.10	0.000	1.055
x2	0.662 25	0.045 85	14.44	0.000	1.055

S = 2.406 34　　R-Sq = 97.9 %　　R-Sq（调整） = 97.4 %

方差分析

来源	DF	SS	MS	F	P
回归	2	2 657.9	1 328.9	229.50	0.000
残差误差	10	57.9	5.8		
合计	12	2 715.8			

来源	DF	Seq SS
x1	1	1 450.1
x2	1	1 207.8

最后的结论说明：修正后的模型为：

$$散热量=52.6+1.47\,x_1+0.662\,x_2$$

这样逐项删除的做法是人们手工进行多元回归分析时必须照办的，但这太麻烦了。当自变量个数达到成百上千时，几乎无法实现逐项删除，因此就有了计算机自动筛选的逐步回归分析方法。

方法二：采用逐步回归法

逐步回归分析方法的基本思想就是让计算机自动进行多元回归分析中的自变量筛选工作。逐步回归分析现在已经越来越广泛地应用于各个领域。按怎样的原则和办法来实现筛选的目标呢？通常进行筛选的方法有三种：

(1)“向前选择”(forward selection)。这种“前进法”是：逐个引入自变量，先选入对 y 影响最大（p 值最小）者，再从其余自变量中寻找影响次大（p 值次小）者，直到无任何变量 p 值小于指定的“选入 α 值”可以被引入为止。在向前选择方法中，自变量一旦加进回归模型就不再删除。

(2)“向后消除”(backward elimination)。这种“后退法”是：一开始引入全部自变量，对于 p 值大于指定的“删除 α 值”者逐个删除，直至不能再删除为止。

(3)“逐步（向前和向后）”(stepwise (forward and backward))。这种“逐步法”是：自变量逐个引入，边引入边检查已引入自变量中最大的 p 值是否已大于指定的“删除 α 值”，若大于，则从模型中删除该项，再重复上述过程。如果没有任何自变量可以删除，则会尝试再加入一个新的自变量，重复上述过程，直至不能再引入也不能再删除为止。

经过统计学家多年的分析证明，这几种方法最终结果可能略有不同，以逐步法为最优。MINITAB 软件的相应“逐步回归”功能也只是负责讨论筛选与比较，一旦选中那些自变量，要再用 9.3.2 节中介绍的方法进行全面的统计分析。

我们仍以例 9－6 为示范，说明逐步回归的详细步骤。

(1) 建立模型：使用 MINITAB 软件先打开数据文件“REG _ Hald 数据 . MTW”，选择指令“统计>回归>逐步 (Stat>Regression>Stepwise)”输入变量后，在“方法 (Methods)”中有三种方法建立模型。

第一种，“前进法”。操作见图 9－29。在方法窗内选“前进法”。

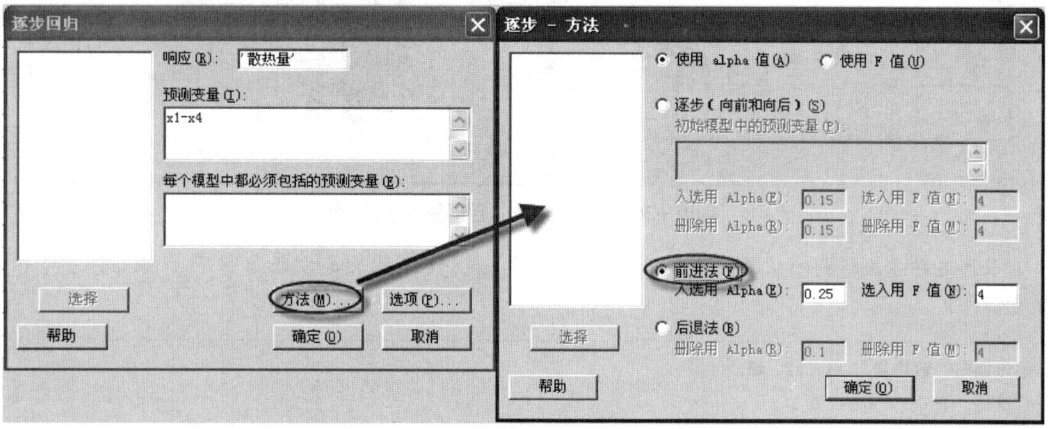

图 9－29　逐步回归（前进法）操作图

下面是这种方法得到的结果（入选用 α 值取 0.25）。结果的输出中介绍了详细的入选过程，先选入 x_4，再选入 x_1，最后选入 x_2。最终结果是选入这 3 个自变量。入选用 α 值换取 0.1，结果不变；入选用 α 值换取 0.05，则将只选入 x_4 及 x_1。

逐步回归：散热量与 x1，x2，x3，x4

前进法。入选用 Alpha：0.25

响应为 4 个自变量上的散热量，N＝13

步骤	1	2	3
常量	117.57	103.10	71.65
x4	-0.738	-0.614	-0.237
T值	-4.77	-12.62	-1.37
P值	0.001	0.000	0.205
x1		1.44	1.45
T值		10.40	12.41
P值		0.000	0.000
x2			0.42
T值			2.24
P值			0.052
S	8.96	2.73	2.31
R-Sq	67.45	97.25	98.23
R-Sq (adj)	64.50	96.70	97.64
Mallows Cp	138.7	5.5	3.0

第二种，"后退法"。操作见图9-30。在方法窗内选"后退法"。方法是：一开始引入全部自变量，逐个删除，直至不能再删除为止。自变量删除的判定方法是只要某自变量的p值大于"删除用α值"，则将其删除。默认取删除用α值为0.1。这种方法其实与用手工筛选变量方法是一致的。

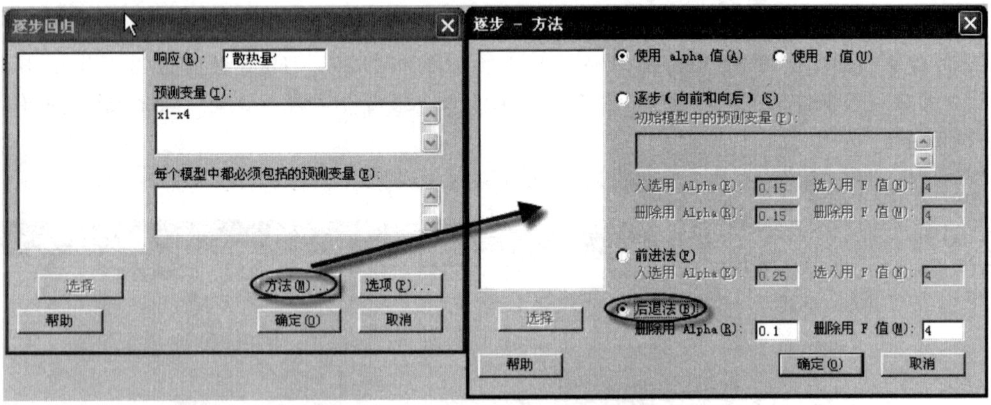

图9-30　逐步回归（后退法）操作图

采用这种方法得到的结果：先删除x_3，再删除x_4。最终结果是方程中留下x_1及x_2这两个自变量。

逐步回归：散热量与 x1，x2，x3，x4

后退法。删除用 Alpha：0.1

响应为4个自变量上的散热量，N=13

步骤	1	2	3
常量	62.41	71.65	52.58
x1	1.55	1.45	1.47
T值	2.08	12.41	12.10
P值	0.071	0.000	0.000
x2	0.510	0.416	0.662
T值	0.70	2.24	14.44
P值	0.501	0.052	0.000

x3	0.10		
T 值	0.14		
P 值	0.896		
x4	-0.14	-0.24	
T 值	-0.20	-1.37	
P 值	0.844	0.205	
S	2.45	2.31	2.41
R-Sq	98.24	98.23	97.87
R-Sq (adj)	97.36	97.64	97.44
Mallows Cp	5.0	3.0	2.7

第三种，“逐步法”。这是标准的也是最好的逐步回归方法。操作见图 9-31。在方法窗内选“逐步（向前和向后）”。这里默认入选用和删除用 α 值都为 0.15。

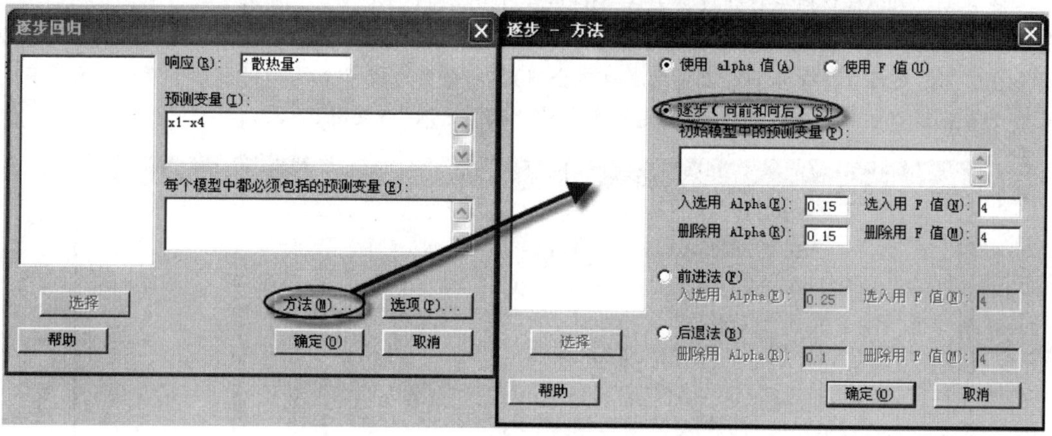

图 9-31　逐步回归（向前和向后）操作图

逐步回归：散热量与 x1，x2，x3，x4

入选用 Alpha：0.15　删除用 Alpha：0.15

响应为 4 个自变量上的散热量，N=13

步骤	1	2	3	4
常量	117.57	103.10	71.65	52.58
x4	-0.738	-0.614	-0.237	
T 值	-4.77	-12.62	-1.37	
P 值	0.001	0.000	0.205	
x1		1.44	1.45	1.47
T 值		10.40	12.41	12.10
P 值		0.000	0.000	0.000
x2			0.416	0.662
T 值			2.24	14.44
P 值			0.052	0.000
S	8.96	2.73	2.31	2.41
R-Sq	67.45	97.25	98.23	97.87
R-Sq (adj)	64.50	96.70	97.64	97.44
Mallows Cp	138.7	5.5	3.0	2.7

采用这种方法得到的结果：先选入 x_4，再选入 x_1，再选入 x_2，当选入了 x_1 和 x_2 后发现这时 x_4 已经意义不大而应予以删除，因此最后得到的方程中，只含 x_1 和 x_2。

三种方法结果略有差异，但都是可以使用的结果。并没有绝对的“好结果”或是“劣结果”，通常人们还是愿意采用逐步法计算所得到的结果。

方法三：采用最佳子集法

对于一个实际问题，通常并不能得到一个公认的“最好”的回归方程，采用逐步回归的不同方法也会有不同的结论。为了不漏掉任何一种可能的好结果，我们还可以使用“最佳子集”回归方法，把所有可能的自变量的子集进行回归之结果都列出来，以便使用者综合考虑，从中选出一个最满意的结果。对于究竟在方程内包含多少个自变量，使用者可以任意选定个数的范围；对指定的包含于方程内的自变量个数，可以选定输出最佳的多个方程，选多少个也可以指定。当然，最佳子集回归与逐步回归的作用相同，这里也只提供选择与比较的结果，详细的计算还要用多元回归进行。下面仍以例 9－6 为示范，说明使用方法。

使用 MINITAB 软件先打开数据文件“REG _ Hald 数据 . MTW”，选择指令“统计>回归>最佳子集（Stat>Regression>Best Subsets)”；我们只希望得到 2～3 个自变量的方程（我们已知只含单个自变量结果很差，含 4 个自变量结果也不会好)，对每种自变量个数都列出 4 个最佳方程；同时让自变量全部“自由竞争”，不人为规定哪个变量“必须进入”(见图 9－32)。

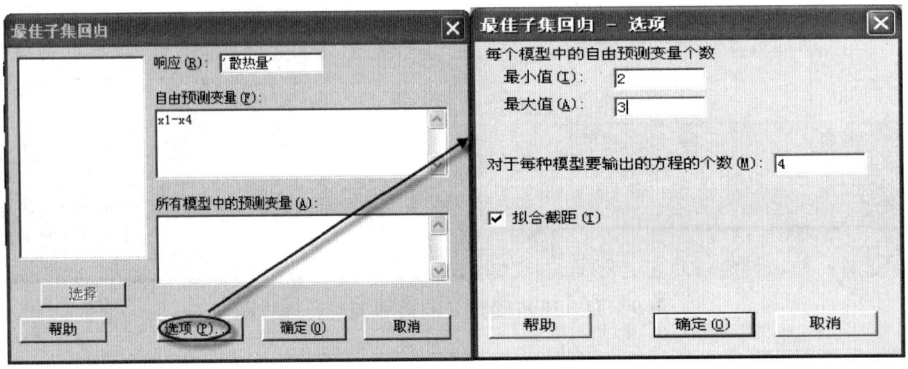

图 9－32　最佳子集回归操作图

输入变量后，得到以下结果：

最佳子集回归：散热量与 x1，x2，x3，x4

响应为散热量

变量	R-Sq	R-Sq（调整）	Mallows Cp	S	X 1	X 2	X 3	X 4
2	97.9	97.4	2.7	2.406 3	X	X		
2	97.2	96.7	5.5	2.734 3	X			X
2	93.5	92.2	22.4	4.192 1			X	X
2	84.7	81.6	62.4	6.445 5		X	X	
3	98.2	97.6	3.0	2.308 7	X	X		X
3	98.2	97.6	3.0	2.312 1	X	X	X	
3	98.1	97.5	3.5	2.376 6	X		X	X
3	97.3	96.4	7.3	2.863 8		X	X	X

输出结果分析：

我们需要参考 R-Sq，R-Sq（调整）（越大且与 R-Sq 越接近越好），C_p（越接近参数个数越好，包括常数项)，S 值（越小越好）这几项指标来选取自变量。

本例中，如果决定选 2 个自变量，则选 x_1，x_2 最好；如果决定选 3 个自变量，则选 x_1，x_2，x_4 最好。究竟选几个自变量好，可以根据实际需要（考虑精度、计算的方便）来选，并没有绝对最佳的结果。由于选 2 个及选 3 个自变量的标准差相差并不大（选 x_1，x_2，x_4 时，$S=2.3087$，只比选 x_1，x_2 时，$S=2.4063$ 的结果好一点点），所以我们最终可以选取 x_1，x_2 两个变量。然后借用指令"统计>回归>回归（Stat>Regression>Regression)"，自变量输入 x_1，x_2，最后会得到有关的全部结果。

综上，用最佳子集回归和用逐步回归都可以协助使用者选定较好的回归方程。逐步回归方法提供了详细的筛选过程，可以看见各自变量重要性的比较，其中以逐步法为最好，后退法次之，前进法效果最差。最佳子集回归只提供了最后结果，它比逐步回归法优越的是可以提供全部可能的选择，不会漏掉好的结果。两种方法各有其优缺点，都可以采用。

9.4 离散型变量 Logistic 回归

前面几节讨论了一元及多元线性回归的问题，其中因变量一定是连续型随机变量。在有些实际问题中，响应变量可能是离散型的，而自变量依然是连续型的，例如，每个人的体重指数（body weight index，BWI）定义为 BWI=体重（千克）/身高（米）^{2}，这是连续型变量，希望讨论是否随 BWI 的增加患心血管疾病的比率也会增加，这时，响应变量取值只有"患有"或"未患有"两类，我们把这类只取两值的响应变量对于单个或多个自变量的回归问题称作离散型变量的回归分析。回归分析的模型对于比率要用到 Logistic 变换，所以称这种回归为离散型变量的 Logistic 回归。更一般地，离散型随机变量还可以取多个离散值，其中一种是"名义变量"，例如 3 种品牌、4 门课程等；还有一种是"有序变量"，空气污染指数分 4 级，从 1 级到 4 级是有顺序可言的；这两种类型问题也都可以借助二值 Logistic 回归得到解决。在本部分中，首先在 9.4.1 节讨论二值 Logistic 回归，然后在 9.4.2 节讨论名义值 Logistic 回归，最后在 9.4.3 节讨论有序样本的 Logistic 回归。

9.4.1 二值 Logistic 回归

本节只讨论响应变量取值只有"是"或"否"两类，我们把这类只取两值的响应变量对于单个或多个自变量的回归问题称作二值 Logistic 回归（MINITAB 称为"二进制 Logistic 回归"）。

例 9-7

研究肥胖是否与患心血管疾病有关的问题。上海某高校对于 3 983 名参加体检者，记录了体重超重者（BWI 大于等于 25）患有心血管疾病的人数。其数据列于表 9-9（数据文件是：REG _ 心血管疾病.MTW)。希望分析体重指数（BWI）与心血管疾病患病率的关系。

表 9-9　体重指数与患心血管疾病数据表

体重指数（BWI）	25	26	27	28	29	≥30
患有心血管疾病	68	55	66	32	21	25
未患有心血管疾病	42	38	20	10	7	4
患病率 p	0.618	0.591	0.767	0.762	0.750	0.862

解　从上表最后一行看出，患病率有随 BWI 增加而增长的趋势，但这是否为规律性的结果？更具体地，对于给定的 BWI，估计其患心血管病率为多少？因此要对这种数据进行回归分析。显然，用患病率 p 直接作为因变量 y 效果肯定不好，因为 p 的变化范围是从 0 到 1，拟合线性回归肯定不行，要对 p 进行变换才好。

将上例中“患病率”视为事件发生的概率 p，事件发生的优势（odds）定义为：

$$\text{odds}=\frac{p}{1-p} \tag{9-32}$$

在二值 Logistic 回归中，优势（odds）为事件发生率/事件不发生率的比值，也可理解为成功/失败的“胜败比”。例如，如果网球比赛交战成绩为 6∶4，即 $p=0.6$，则代表胜率的优势 odds=0.6/0.4=6∶4=1.5。

当成功的概率从 0 变化到 1 时，优势从 0 变化到无穷大，当成功的概率从不可能（$p=0$）慢慢增长时，优势逐渐增大；当成功的概率恰好为 1/2 时，优势为 1，即“成功”和“不成功”的可能性相等；一旦成功的概率大于 1/2 时，优势将大于 1，即“成功”比“不成功”的可能性大很多；p 的值越来越大时，优势也越来越大，这表示“成功”比“不成功”的可能性大得越多，直到 $p\to1$ 时优势趋于无穷。

求优势的对数，可发现优势的对数将从负无穷变化到正无穷。故定义：

$$y=\ln\frac{p}{1-p} \tag{9-33}$$

希望建立 y 与一个 x 或若干个连续型自变量 x_1，x_2，…，x_k 的线性回归：

$$y=\ln\frac{p}{1-p}=a+b_1x_1+b_2x_2+\cdots+b_kx_k \tag{9-34}$$

反解式（9-34），可得：

$$p=\frac{e^y}{1+e^y}=\frac{e^{a+b_1x_1+b_2x_2+\cdots+b_kx_k}}{1+e^{a+b_1x_1+b_2x_2+\cdots+b_kx_k}} \tag{9-35}$$

特别对于只有一个自变量时，方程（9-35）可以变成：

$$p=\frac{e^y}{1+e^y}=\frac{e^{a+bx}}{1+e^{a+bx}} \tag{9-36}$$

称式（9-36）为 Logistic 函数，当 x 从负无穷变到正无穷，y 也从负无穷变到正无穷，或从正无穷变到负无穷，即它们取整个实数轴时，p 从 0 变到 1。用这种类型的函数来拟合比率的变化规律是再好不过的了。所以，Logistic 变换式（9-33）对于二值回归起着关键的作用。

当条件变化如改变自变量 X 取值后，优势将随之改变。如在条件 1 时成功的优势为 $\text{odds}_1=\frac{p_1}{1-p_1}$，在条件 2 时成功的优势为 $\text{odds}_2=\frac{p_2}{1-p_2}$，两种条件下成功的优势比值：

$$\text{odds ratio}=\frac{\text{odds}_1}{\text{odds}_2}=\frac{p_1(1-p_2)}{p_2(1-p_1)}$$

称作优势比，如果事件=失败也可称为让步比。比如，前面提到比赛原先代表胜率的优势为 6∶4=1.5，如果条件改变换了赛场后优势为 6∶1=6，则更换球场的优势比为 6/1.5=4，意味着条件改变后，代表胜率的优势较原先扩大了 4 倍。

根据式（9-34）可知，当 X_k 增加 1 个单位时，优势比（odds ratio，OR）$=\exp(b_k)$，其中 b_k 为 X_k 的估算系数。当 X_k 增加 n 个单位时，优势比 $\text{OR}=\exp(nb_k)$，其中 b_k 为 X_k 的估算系数。

打开数据文件时，请注意数据的存放格式（见表 9-10）。

表 9-10　　心血管疾病与肥胖数据表

C1	C2	C3	C4	C5	C6	C7	C8	C9
BWI	有心血管疾病	无心血管疾病	总人数	患病率	预测概率	体重指数	频数	是否心血管病
25	68	42	110	0.618	0.597	25	68	1
26	55	38	93	0.591	0.657	25	42	0
27	66	20	86	0.767	0.712	26	55	1
28	32	10	42	0.762	0.762	26	38	0
29	21	7	28	0.750	0.805	27	66	1
30	25	4	29	0.862	0.843	27	20	0

续前表

C1	C2	C3	C4	C5	C6	C7	C8	C9
BWI	有心血管疾病	无心血管疾病	总人数	患病率	预测概率	体重指数	频数	是否心血管病
						28	32	1
						28	10	0
						29	21	1
						29	7	0
						30	25	1
						30	4	0

数据存放格式可以有两种方式。一种是从C1到C3这3列是按“事件/试验”格式记录的，新增加的C4列是必需的，它是通过计算获得的“总人数”；另一种是从C7到C9这3列，是按“响应/频率”格式记录的，其中响应列C9是响应变量，对于“有心血管疾病”用“1”记录，“无心血管疾病”用“0”记录。一般认为用“事件/试验”格式记录更方便简洁。

选择指令“统计 > 回归 > 二进制 Logistic 回归（Stat > Regression > Binary Logistic Regression)”，得到的界面见图9-33中左侧。填写信息：选定“事件/试验格式的响应”，在“事件数”中填写“有心血管疾病”；“试验数”填写“总人数”；“模型”填写“BWI”；选“存储”窗，打开后，存储“事件概率”。本例当然也可以在填写信息时选用“响应/频率格式的响应”，结果完全相同。

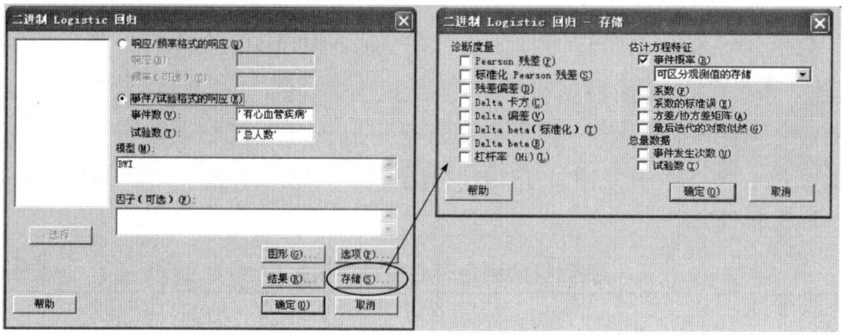

图9-33　二进制 Logistic 回归操作图

计算后可得如下结果：

二进制 Logistic　回归：有心血管疾病，总人数与 BWI

Logistic 回归表

自变量	系数	系数标准误	Z	P	优势比	95% 置信区间 下限	上限
常量	−6.032 35	2.089 29	−2.89	0.004			
BWI	0.256 997	0.078 932 4	3.26	0.001	1.29	1.11	1.51

对数似然 = −235.051

检验所有斜率是否为零：G = 11.465，DF = 1，P 值 = 0.001

对于此表的解释是：

(1) 在 Logistic 回归表项下，首先给出了回归方程：

$$\ln \frac{p}{1-p} = -6.032 + 0.257\mathrm{BWI} \tag{9-37}$$

在“检验所有斜率是否为零”一行中，得知 G 统计量的值为：$G=11.465$，自由度 DF=1，p 值=0.001，说明整个模型效果是显著的。这一段的作用与连续型变量回归中的 ANOVA 表作用相同，判断的是回归总效果。在各自变量效应的检验中，其系数为0.257，这代表，体重指数每增加一级，

$\ln \frac{p}{1-p}$ 将增加0.257，也即优势（患心血管病比率与未患心血管病比率）$\frac{p}{1-p}$ 将增加 $e^{0.257}=1.293$ 倍。换句话说，优势比1.293就是体重指数每增加一级，患心血管病的优势（odds）扩大的倍数。

(2) 从拟合效果来看，3种拟合检验方法的 p 值（H_0：拟合无显著差异，H_1：拟合有显著差异）都大于0.05，故可以认为拟合是满意的。具体的拟合情况中列出了5个组（BWI从25到28，最后BWI=29与BWI=30两组由于观测值有的格小于6，故予以合并），对"患心血管病"和"未患心血管病"两种情况分别计算了预期频数和实测频数的结果，可以看出二者是很接近的。

拟合优度检验

方法	卡方	自由度	P
Pearson	3.886 27	4	0.422
偏差	3.865 00	4	0.425
Hosmer-Lemeshow	3.372 32	3	0.338

观测和期望频率表：

（有关 Pearson 卡方统计量，请参阅 Hosmer-Lemeshow 检验）

值	1	2	3	4	5	合计
事件						
观测值	68	55	66	32	46	267
期望值	65.7	61.1	61.3	32.0	47.0	
非事件						
观测值	42	38	20	10	11	121
期望值	44.3	31.9	24.7	10.0	10.0	
合计	110	93	86	42	57	388

从计算机输出的"存储"结果中，可以找到对于相应BWI值的预测概率，并将输出的结果整理成下列表格（见表9-11）。

表9-11　实际与预测患有心血管疾病比较表

BWI	25	26	27	28	29	30
患病率	0.618	0.591	0.767	0.762	0.750	0.862
预测概率	0.597	0.657	0.712	0.762	0.805	0.843

对于上述表格，如果把BWI作为横坐标，分别以实际患有心血管病比率与预测概率为纵坐标，可以画出患病率与BWI的关系图（见图9-34）。例如，我们可以预测，BWI达到29的人，患有心血管病的概率高达80.5%。

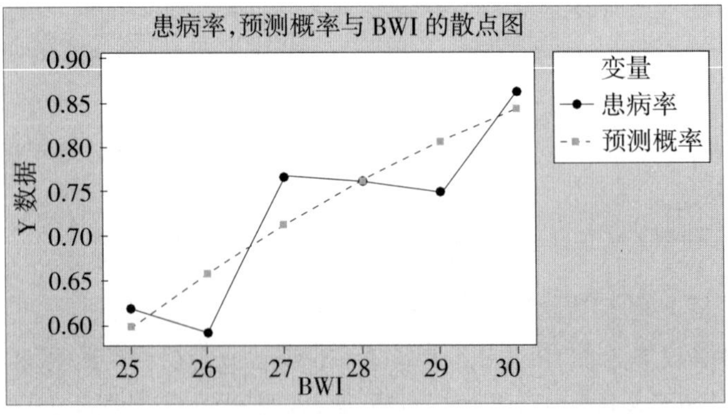

图9-34　心血管病的实测患病率与预测概率对照图

(3) 相关性度量结果。

```
相关性度量:
(响应变量与预测概率之间)

配对        数字      百分比   度量结果综述
一致        16 025    49.6     Somer D                       0.20
不一致       9 449    29.2     Goodman-Kruskal Gamma         0.26
结           6 833    21.2     Kendall Tau-a                 0.09
合计        32 307   100.0
```

找到了规律性的结果离能够准确预测还差很远。这样以 BWI 来预测患有心血管病究竟效果如何?看看预测的实际结果。我们在数据中共收集了 267 个“患心血管病”者,121 个“未患心血管病”者,所有可能搭配的“配对”共有:267×121=32 307个。在这些配对中,我们逐一检查,是否都是“BWI 大则容易患心血管病”。符合这一规律者,一共有 16 025 对,占总观测值的 49.6%;不符合这一规律者,一共有9 449 对,占总观测值的 29.2%;BWI 值持平者(称为“结”)一共有 6 833 对,占总观测值的 21.2%。这些结果可以评价预测效果(即与实际结果的一致性)之好坏。Somer D,Goodman-Kruskal Gamma 及 Kendall Tau-a 都是一致性结果的度量,三者的分子都是“一致对”的数量减去“不一致对”的数量(本例是 16 025−9 449=6 576),分母则三者不同:Somer D 以“总对数”为分母(本例是 32 307);Goodman-Kruskal Gamma 是以扣除“结”的“总对数”为分母(本例是 32 307−6 833=25 474);Kendall Tau-a 是以“所有可能的观测值对数”(本例是 387×388/2=75 078)为分母,计算出的这三个统计量值分别为 0.2,0.26,0.09,都还嫌太小了些。实际上,单凭“BWI 是否大”就断言“是否患有心血管病”还是很不充分的,预测出错的可能性还是较大的。

本例题比较简单,只有一个连续型自变量,如果有其他的连续型自变量,可以照样列在“模型”一格中(参见图 9-33 中左侧);如果影响响应变量的还有其他离散型自变量,则可以把它们同时填写在“模型”和“因子”两个窗内。下面举一个例子,这里自变量内含一个连续型变量和一个离散型变量。

例 9-8

我国在 1990 年进行了第四次全国人口普查,将婚姻状况分为“有配偶”、“丧偶”、“离婚”和“未婚”四类。在过去的一年中,按年龄和婚姻状况分别统计了总数及死亡人数,其数据列在表 9-12 中(摘自王静龙、梁小筠编著的《定性数据分析》,137 页,上海,华东师范大学出版社,2005)(数据文件:REG_上海人口回归.MTW)。希望分析不同婚姻状况下的死亡率与年龄间的关系,并判断死亡率是否与年龄和婚姻状况有密切关系,判断哪种婚姻状况死亡率最低。部分数据存储格式见表 9-13。

表 9-12　　各年龄组和各类婚姻状况的居民人数表

年龄(岁)	未婚		有配偶		丧偶		离婚	
	总数	死亡数	总数	死亡数	总数	死亡数	总数	死亡数
25～29	318 869	349	973 796	417	944	4	6 165	11
30～34	135 589	329	1 495 515	878	2 738	12	16 333	26
35～39	52 427	214	1 354 019	1 269	5 383	16	17 901	26
40～44	21 781	128	926 994	1 299	9 703	32	12 343	28
45～49	9 242	69	603 685	1 357	11 666	45	7 870	26
50～54	6 441	86	562 182	2 107	24 099	130	7 191	38
55～59	5 847	99	680 892	4 255	57 015	446	9 106	77
60～64	4 343	93	536 601	5 869	89 970	1 083	8 768	118
65～69	3 423	120	377 263	7 241	123 005	2 351	7 615	160
≥70	5 292	435	354 609	20 271	372 391	29 842	7 820	414
总计	563 254	1 922	7 865 556	44 963	696 914	33 961	101 112	924

表 9-13　　上海各年龄组和各类婚姻状况的居民人数表存储格式（部分）

C1	C2-T	C3	C4	C5	C6	C7	C8	C9-T	C10
年龄	婚姻状况	现有人数	死亡数	死亡率	存活人数	年龄1	死亡	婚况	人数
27	4 未婚	318 869	349	0.109 45	318 520	27	1	4 未婚	349
27	1 有配偶	973 796	417	0.042 82	973 379	27	0	4 未婚	318 520
27	2 丧偶	944	4	0.423 73	940	27	1	1 有配偶	417
27	3 离婚	6 165	11	0.178 43	6 154	27	0	1 有配偶	973 379
32	4 未婚	135 589	329	0.242 65	135 260	27	1	2 丧偶	4
32	1 有配偶	1 495 515	878	0.058 71	1 494 637	27	0	2 丧偶	940
32	2 丧偶	2 738	12	0.438 28	2 726	27	1	3 离婚	11
32	3 离婚	16 333	26	0.159 19	16 307	27	0	3 离婚	6 154
37	4 未婚	52 427	214	0.408 19	52 213	32	1	4 未婚	329
37	1 有配偶	1 354 019	1 269	0.093 72	1 352 750	32	0	4 未婚	135 260
37	2 丧偶	5 383	16	0.297 23	5 367	32	1	1 有配偶	878
37	3 离婚	17 901	26	0.145 24	17 875	32	0	1 有配偶	1 494 637

此例题性质与例 9-7 完全相同，只是这里增加了一个属性自变量。数据存放格式同样可以有两种方式：从 C1 到 C4 这 4 列是按“事件/试验”格式记录的；从 C7 到 C10 这 4 列是按“响应/频率”格式记录的。操作也大体与例 9-7 相同：选择指令“统计 > 回归 > 二进制 Logistic 回归（Stat > Regression > Binary Logistic Regression)”，得到的界面见图 9-33 中左侧。填写信息：“事件数”填写“死亡数”；“试验数”填写“现有人数”；“模型”填写“年龄 婚姻状况”，“因子”填写“婚姻状况”；选“存储”窗，打开后，存储“事件概率”。结果如下：

Logistic 回归表

自变量	系数	系数标准误	Z	P	优势比	95% 置信区间 下限	95% 置信区间 上限
常量	-11.959 4	0.028 867 3	-414.29	0.000			
年龄	0.124 159	0.000 447 3	277.55	0.000	1.13	1.13	1.13
婚姻状况							
2 丧偶	0.443 364	0.007 929 7	55.91	0.000	1.56	1.53	1.58
3 离婚	0.113 344	0.033 797 6	3.35	0.001	1.12	1.05	1.20
4 未婚	1.134 22	0.024 276 1	46.72	0.000	3.11	2.96	3.26

对数似然 = -370 473.217

检验所有斜率是否为零：G = 194 750.423，DF = 4，P 值 = 0.000

在 Logistic 回归表项下，首先给出了 4 个回归方程：

$$\ln\frac{p}{1-p}=-11.9594+0.124159\text{年龄}+\begin{cases}0 & \text{(有配偶)}\\ +0.443364 & \text{(丧偶)}\\ +0.113344 & \text{(离婚)}\\ +1.13422 & \text{(未婚)}\end{cases} \tag{9-38}$$

$$=0.124159\text{年龄}+\begin{cases}-11.9594 & \text{(有配偶)}\\ -11.5160 & \text{(丧偶)}\\ -11.8461 & \text{(离婚)}\\ -10.8252 & \text{(未婚)}\end{cases}$$

我们对于婚姻状况取"有配偶"作为"参考选项"，"有配偶"项的截距系数为－11.959 4是计算结果直接给出的，其余婚姻状况的截距系数都要自行补算。例如，"丧偶"项的截距系数应为－11.959 4＋0.443 364＝－11.516 0，其余类推。在"检验所有斜率是否为零"的一行中，得知G统计量的值为：$G = 194\ 750$，自由度 DF ＝ 4，p 值 ＝ 0.000，说明整个模型效果是显著的。这一段的作用与连续型变量回归中的ANOVA表作用相同，判断的是回归总效果。在各自变量效应的检验中，年龄的p值＝0.000，效应显著，说明年龄的不同导致死亡率显著不同（这是大家都知道的常识）；不同婚姻状况的p值也都为0.000（离婚的p值为0.001），说明各种婚姻状况的死亡率与"有配偶"这个"参考选项"之寿命状况的不同也是显著的。

从式（9－38）中可以看出，各种婚姻状况的年龄变量之回归系数是相同的0.124，这代表，年龄每增加1岁，$\ln\frac{P}{1-P}$将增加0.124，优势比$e^{0.124}=1.13$，也即优势（死亡率与存活率的比值）$\frac{P}{1-P}$将扩大1.13倍；年龄每增加5岁，$\ln\frac{P}{1-P}$将增加0.62，也即优势（死亡率与存活率的比值）将扩大$e^{0.620}=1.859$倍。同理，婚姻状况"2 丧偶"相对"1 有配偶"的人群而言，其优势比＝1.53，即优势（死亡率与存活率的比值）扩大1.53倍。

计算结果中的死亡概率是小数格式，将数值乘以100并稍加整理，可以得到百分数死亡概率表（见表9－14中C22～C25）：

表9－14　上海各年龄组和各类婚姻状况的死亡概率预报表

C17	C18	C19	C20	C21	C22	C23	C24	C25
有配偶死亡率	丧偶死亡率	离婚死亡率	未婚死亡率	年龄	有配偶死亡概率	丧偶死亡概率	离婚死亡概率	未婚死亡概率
0.042 82	0.423 73	0.178 43	0.109 45	27	0.018 28	0.028 47	0.020 47	0.056 8
0.058 71	0.438 28	0.159 19	0.242 65	32	0.034 00	0.052 96	0.038 08	0.105 6
0.093 72	0.297 23	0.145 24	0.408 19	37	0.063 23	0.098 48	0.070 82	0.196 3
0.140 13	0.329 79	0.226 85	0.587 67	42	0.117 58	0.183 06	0.131 67	0.364 6
0.224 79	0.385 74	0.330 37	0.746 59	47	0.218 52	0.340 02	0.244 68	0.676 2
0.374 79	0.539 44	0.528 44	1.335 20	52	0.405 77	0.630 74	0.454 25	1.250 7
0.624 93	0.782 25	0.845 60	1.693 18	57	0.752 27	1.167 10	0.841 80	2.302 1
1.093 74	1.203 73	1.345 80	2.141 38	62	1.390 54	2.149 70	1.554 83	4.199 7
1.919 35	1.911 30	2.101 12	3.505 70	67	2.556 39	3.926 69	2.854 44	7.540 7
5.716 44	8.013 62	5.294 12	8.219 95	72	4.653 57	7.066 50	5.183 13	13.174 0

与原来直接计算的实际死亡率（见C17～C20）相比，拟合结果并不太好，但大体趋势及总的规律还是一致的。将表9－14中的数据C21～C25画出图来（见图9－35），可以看出各种死亡概率预测的变化趋势。这里，有配偶的死亡概率最低；离婚、丧偶次之；未婚者死亡概率最高。这与社会科学的一般原理是吻合的。

值得注意的是，如果不考虑年龄，将表9－12中最后一行数字取出，笼统比较4种婚姻状况的死亡率，利用列联表的卡方检验，将得出结论：4种婚姻状况的死亡率间确有显著差异，未婚者死亡率最低，有配偶、离婚者次之，丧偶者死亡率最高（总和数据列在数据文件"REG _ 上海人口回归.MTW"的C12～C14内）。而"未婚者死亡率最低"这个结论当然是错误的。比较不同婚姻状况的死亡率时，不同年龄段的人口数据是不能直接求和的，这是因为未婚者绝大多数处于死亡率很低的年青阶段，求总和将极大地掩盖未婚者内中老年后死亡率很高这样的事实。不同婚姻状况死亡率的比较应该以比较细致的Logistic回归分析结果为准。

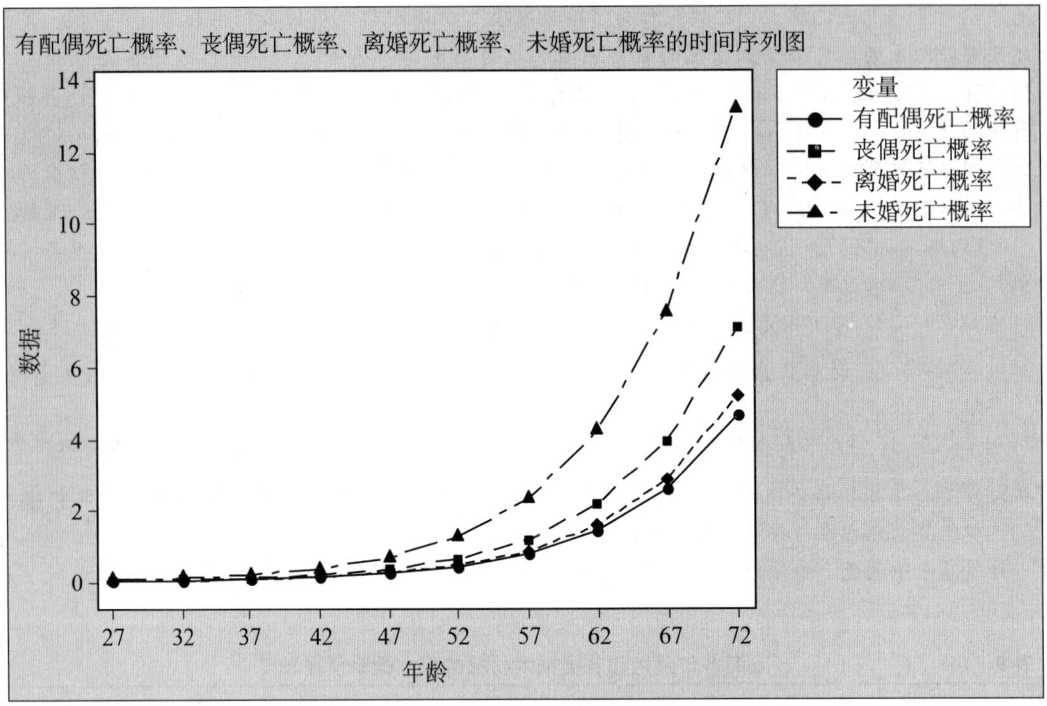

图 9-35　上海各类婚姻状况的死亡概率预报结果图

这里引申出一个很重要的观点。六西格玛管理中强调“一切结论要从数据的统计分析出发”，而统计分析时必须注意统计方法的准确性、适用性。例如这里举的人口死亡率的例子，使用简单的列联表卡方检验方法可以得出“未婚者死亡率最低”这个结论，而且在统计检验时差异是高度显著的，但这个结论并不正确。因为列联表卡方检验这种方法是较粗糙的，它没有考虑年龄这个重要因素，因而可能导致得出错误结论，这是在使用统计分析方法时必须注意的。

9.4.2　名义值 Logistic 回归

在 9.4.1 节讨论了响应变量取值只有“是”或“否”两类的二进制 Logistic 回归。实际工作中，我们还会见到响应变量取名义值的情形，这个响应变量可以取多个值，但这些值又不存在顺序关系。例如响应变量是手机品牌，它有 A，B，C，D 共 4 种，4 种品牌间不存在顺序关系；又如响应变量是某车间的“车床”、某工厂的“工人”、生产某产品的“方法”等，这些响应变量都是名义值。当响应变量是名义值类别变量（即离散型变量），自变量中有数值变量和类别变量，求出这些变量之间的关系之数学模型就是**名义值 Logistic 回归**问题。常用的名义值 Logistic 回归数学模型是：从响应变量取的值中选一个为参考事件，例如选取最后一个，即第 k 个事件，设响应变量取它的概率为 p_k，响应变量取其余事件概率为 $p_1,\cdots,p_{k-1}$；名义值 Logistic 回归模型为：

$$\begin{cases} \ln\dfrac{p_1}{p_k}=\beta_{10}+\beta_{11}x_1+\cdots+\beta_{1m}x_m+\varepsilon_1 \\ \ln\dfrac{p_2}{p_k}=\beta_{20}+\beta_{21}x_1+\cdots+\beta_{2m}x_m+\varepsilon_2 \\ \vdots \\ \ln\dfrac{p_{k-1}}{p_k}=\beta_{k-1,0}+\beta_{k-1,1}x_1+\cdots+\beta_{k-1,m}x_m+\varepsilon_{k-1} \end{cases} \tag{9-39}$$

式中，$\beta_{10},\cdots,\beta_{1m},\beta_{20},\cdots,\beta_{2m},\cdots,\beta_{k-1,0},\cdots,\beta_{k-1,m}$ 是未知参数；$x_1,\cdots,x_m$ 是自变量；$\varepsilon_1,\cdots,\varepsilon_{k-1}$ 是误差。具体估计未知参数的方法很复杂，用 MINITAB 的“名义 Logistic 回归”对话框可以完成有关计算，我们不必过问求解的具体细节。当估计出参数 $\beta_{10},\cdots,\beta_{1m},\beta_{20},\cdots,\beta_{2m},\cdots,\beta_{k-1,0},\cdots,\beta_{k-1,m}$ 后，就得到回归方程组

$$\begin{cases}\ln\dfrac{p_1}{p_k}=\beta_{10}+\beta_{11}x_1+\cdots+\beta_{1m}x_m\\ \ln\dfrac{p_2}{p_k}=\beta_{20}+\beta_{21}x_1+\cdots+\beta_{2m}x_m\\ \vdots\\ \ln\dfrac{p_{k-1}}{p_k}=\beta_{k-1,0}+\beta_{k-1,1}x_1+\cdots+\beta_{k-1,m}x_m\end{cases}\tag{9-40}$$

注意这里各行的分子与分母之和并不到1，这是名义 Logistic 回归与二值 Logistic 回归不同之处。同样，这里也省略了式（9－40）中估计量上的“^”符号，因为用观测值所得到的概率值只能是真正概率值的估计值，为了书写简单而略去了。另外，这里计算要稍复杂些，先要对于给定的自变量 $x_1,\cdots,x_m$ 预测出 $\dfrac{p_i}{p_k}(i=1,2,\cdots,k-1)$，再由 $p_1+\cdots+p_k=1$ 才能得到 $p_1,\cdots,p_k$ 的预测值。

在进行名义 Logistic 回归计算之前，先要把因变量的某个值选定作为参考事件。在操作 MINITAB 时，先进入“名义 Logistic 回归—选项”对话框，在参考事件空格中输入选定的参考事件名称，注意：该名称要夹在两个西文半角的双引号之间。如果你不指定参考事件，MINITAB 自动按照字典序指定最后的一个事件为参考事件，如果各事件以中文表示，则以汉语拼音的英文字符顺序最后一个事件为参考事件。

由式（9－40）预测各事件的概率的计算比较麻烦。如果预测所用自变量的值已经出现在原始数据中，则可以像例 9－7 那样用 MINITAB 计算各事件的概率。具体实施方法是：进入“名义 Logistic 回归—存储”对话框后，在“输入事件数”空格中填写因变量的事件总个数，勾选“事件概率”，点击“确定”，则 MINITAB 在工作表中给出各次观测值各事件概率。

例 9－9（续例 6－6）

我们用列联表方法分析了汽车销售记录分析问题，现在换用名义 Logistic 回归分析方法。

汽车销售商记录了其销售的 303 辆汽车的各项状况，包括购买者的性别、婚姻状况、年龄、地区，汽车的尺寸、车型，数据列在本书表 6－8 中（数据文件为：TBL _ 汽车销售 . MTW）。

试分析销售车型与购买者年龄与地区有什么关系。

解 这里因变量车型取 3 个值：家用、工作、跑车。试建立由购买者年龄与地区预测车型概率的名义 Logistic 回归方程。因变量车型中我们选定的参考事件为“跑车”。

作为响应变量的车型有家用、工作及跑车三种，取某一值作为参考事件（默认时，计算机取拼音字母最后者作为“参考事件”，使用者可以自行指定参考事件），其他事件与参考构成比较对。使用指令“统计 ＞ 回归 ＞ 名义 Logistic 回归（Stat ＞ Regression ＞ Nominal Logistic Regression）”，得到的界面见图 9－36。填写信息：“响应”填写“车型”；“模型”填写“年龄”和“地区”；“因子”填写“地区”。

计算后可得下列结果：

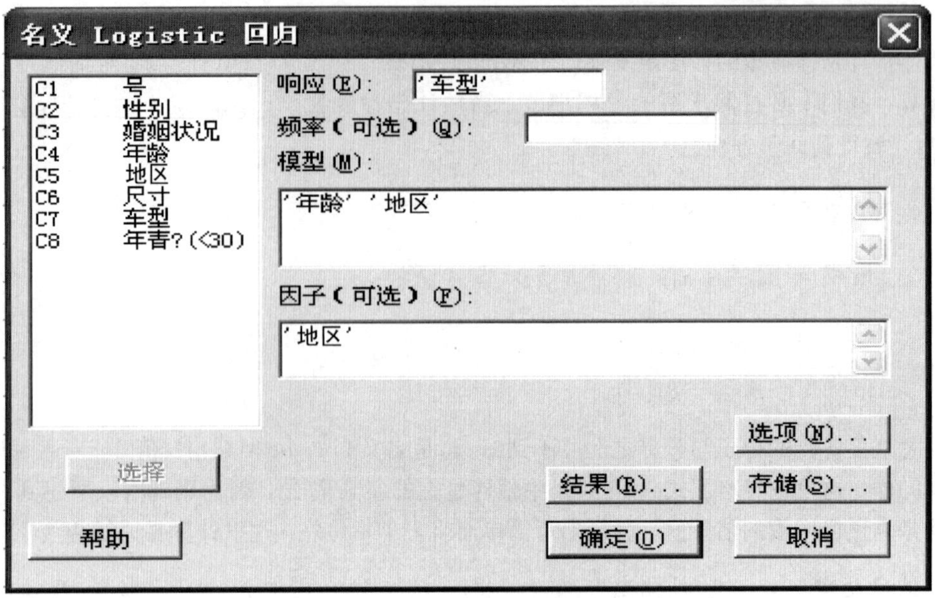

图 9-36　名义 Logistic 回归操作图

名义 Logistic 回归：车型 与 年龄，地区

响应信息

变量	值	计数	
车型	跑车	100	（参考事件）
	家用	155	
	工作	48	
	合计	303	

Logistic 回归表

自变量	系数	系数标准误	Z	P	优势比	95%置信区间 下限	上限
Logit 1：（家用/跑车）							
常量	−2.515 74	0.842 584	−2.99	0.003			
年龄	0.120 775	0.027 359 1	4.41	0.000	1.13	1.07	1.19
地区							
欧洲	−1.547 40	0.433 804	−3.57	0.000	0.21	0.09	0.50
日本	−0.878 845	0.311 287	−2.82	0.005	0.42	0.23	0.76

在上表中给出下列信息：

(1) 将跑车当作参考事件，其他两种车型都与跑车相比较。这里分了两组，第一组是家用/跑车；第二组是工作/跑车。

(2) 每组共有3个变量，对于第一组家用与跑车相比，其方程为：

$$\ln\frac{p_{家}}{p_{跑}}=-2.5157+0.120775\,年龄+\begin{cases}0 & (美国)\\ -1.5474 & (欧洲)\\ -0.8788 & (日本)\end{cases}$$
$$=0.120775\,年龄+\begin{cases}-2.5157 & (美国)\\ -4.0631 & (欧洲)\\ -3.3945 & (日本)\end{cases}\qquad(9-41)$$

结果分析：1) 由 Logistic 回归表可见："Logit 1：（家用/跑车）"以下部分是将家用与跑车相比

的结果，由系数列可见，常数项 $\beta_{10}=-2.51574$，年龄的系数 $\beta_{11}=0.120775$，自变量“地区”为离散型变量，其系数在不同取值时各异，在“地区＝欧洲”时的方程中为 $\beta_{12}=-1.54740$，在“地区＝日本”的方程中为 $\beta_{12}=-0.878845$，在“地区＝美国”的方程中 $\beta_{12}=0$。MiniTab 默认为缺省水平，故系数不显示。从而家用与跑车相比的回归方程如式（9－41）所示。

年龄为连续型变量项，地区有三个取值（美国、欧洲及日本），以美国为基准项，欧洲及日本要分别加不同的截距系数。年龄系数 0.120 775 为正，且 p 值为 0.000，表示随年龄的增长，买家用的比率确实会有增加，年龄每增加 1 岁，买家用与买跑车二者的比率 $\frac{p_{家}}{p_{跑}}$ 会变为原来的 $e^{0.1207}=1.128$ 倍。另外，购车人是欧洲人或日本人则与购车人为美国人有显著不同，p 值分别为 0.000，0.005，类别变量“地区”的系数大小顺序依次为美国、日本、欧洲，说明相对于跑车，倾向购买家用车的顺序是美国、日本、欧洲。换言之，相对于跑车，美国人购买家用车意愿最高，欧洲人最低。

Logistic 回归表

自变量	系数	系数标准误	Z	P	优势比	95％置信区间 下限	上限
Logit 2：（工作/跑车）							
常量	－3.184 73	1.078 13	－2.95	0.003			
年龄	0.097 753 5	0.033 991 5	2.88	0.004	1.10	1.03	1.18
地区							
欧洲	－1.455 71	0.638 272	－2.28	0.023	0.23	0.07	0.81
日本	－0.434 184	0.401 366	－1.08	0.279	0.65	0.29	1.42

对数似然 = －281.997

检验所有斜率是否为零：G = 42.398，DF = 6，P 值 = 0.000

拟合优度检验

方法	卡方	DF	P
Pearson	108.041	130	0.920
偏差	117.231	130	0.782

（3）对于第二组工作车与跑车相比，其方程为：

$$\ln\frac{p_{工}}{p_{跑}}=-3.18473+0.0977535\,年龄+\begin{cases}0 & （美国）\\ -1.45571 & （欧洲）\\ -0.434184 & （日本）\end{cases}$$
$$=0.0977535\,年龄+\begin{cases}-3.18473 & （美国）\\ -4.6404 & （欧洲）\\ -3.6189 & （日本）\end{cases} \tag{9-42}$$

比较买工作车与买跑车二者关系时，年龄系数 0.097 75 为正，且 p 值为 0.004，表示随年龄的增长，买工作车的比率确实会有增加，年龄每增加 1 岁，买工作车与买跑车二者的比率 $\frac{p_{工}}{p_{跑}}$ 会变为原来的 $e^{0.09775}=1.103$ 倍（增加得很少）。另外，购车人是欧洲人与购车人为美国人有显著不同，p 值为 0.023；购车人是日本人与购车人为美国人无显著不同，p 值为 0.279。类别变量“地区”的系数大小顺序依次为美国、日本、欧洲，说明相对于跑车，倾向购买工作车的顺序是美国、日本、欧洲，基于 p 值 0.279，说明日本在工作/跑车的优势上相对于美国并不显著，即其优势可能与美国接近。换言之，在工作车与跑车两者之间，美国人和日本人比欧洲人更爱买工作车。

（4）总的回归效果是显著的，检验所有斜率是否为零：$G=42.398$，DF＝6，p 值＝0.000。同时拟合优度的检验也可认为是没有问题的（两种拟合检验方法的 p 值都大于 0.05）。

（5）在第 6 章中，我们讨论了列联表的检验（6.3.1 节），对于同样的例题（见例 6－6），我们用卡方检验的方法，得到了显著性结论：选购汽车的类型确实与年龄有关，与地区也有关。但在卡方检验中只给出了定性的结论，究竟选购汽车的类型如何与年龄及地区相联系，只有到了名义 Logistic 回归才有了定量的结论。当然，我们这里使用的年龄是连续型变量数据，列联表只分了年青与非年青两类。工具不同，则要求的数据类型也不同，结论的细致程度也不同。

9.4.3 有序样本的 Logistic 回归

9.4.1 节讨论了响应变量取值只有“是”或“否”两类的二进制 Logistic 回归；9.4.2 节讨论了离散型变量取名义值的情形。在实际工作中，我们还会见到离散型变量取有序值的情形，例如空气污染等级分为Ⅰ，Ⅱ，Ⅲ，Ⅳ共四个级别，这里Ⅳ级污染最重，Ⅲ级次之，Ⅱ级更好些，Ⅰ级最好，它们之间可以排出顺序。这就提供了比二值回归或取多个名义值这两种情况更多的信息。与响应变量有关的自变量可以是离散型变量，也可以是连续型变量，我们要建立回归方程，主要的工具仍然是二进制 Logistic 回归分析。以空气污染状况为例，我们可以先比较Ⅰ与Ⅱ，Ⅲ，Ⅳ；再比Ⅰ，Ⅱ与Ⅲ，Ⅳ；最后比Ⅰ，Ⅱ，Ⅲ与Ⅳ。这样比较了三次，就把所有可以配对的状况都比较清楚了。更详细点说是这样：在每次比较时，$\ln \frac{p}{1-p}$ 中的分子 p 代表的是“累积事件”出现的可能性，例如，第一次比较中，p 代表的是出现Ⅰ 级污染状况的概率与出现Ⅱ，Ⅲ，Ⅳ三级污染状况的概率 $1-p$ 的比较；第二次比较中，p 代表的是出现Ⅰ，Ⅱ两级累积污染状况的概率与出现Ⅲ，Ⅳ两级污染状况的概率 $1-p$ 的比较；第三次比较中，p 代表的是出现Ⅰ，Ⅱ，Ⅲ三级累积污染状况的概率与出现Ⅳ 级污染状况的概率 $1-p$ 的比较。将 p 理解为“累积事件”出现的可能性则可以更容易地理解有序状况的二进制 Logistic 回归分析。一般说来，如果有序观测值分为 k 级，则可以比较的共有 $k-1$ 对。还应注意的是：这 $k-1$ 对回归方程中，自变量的系数一定是相同的。

例 9－10

蝾螈生活在北半球温暖潮湿的淡水或沼泽地带，对环境要求很苛刻，在被污染的水中寿命会大大缩短。将蝾螈的寿命分为三级：1 级是短于 10 天；2 级是介于 10～30 天；3 级是 31 天以上。收集到的 73 只蝾螈来自 1 区或 2 区，而且记录了水中的毒性水平（见表 9－15，数据文件：REG _ 蝾螈.MTW）。试分析蝾螈生存时间与水中的毒性水平及区域间的关系。

表 9－15　　蝾螈的生存时间数据表

编号	生存时间	区域	毒性水平	编号	生存时间	区域	毒性水平	编号	生存时间	区域	毒性水平
1	1	1	62.00	13	2	1	42.50	25	2	1	34.25
2	1	2	46.00	14	1	2	53.00	26	2	1	41.25
3	2	1	48.50	15	1	2	43.50	27	2	2	41.75
4	3	2	32.00	16	1	1	56.00	28	2	2	45.25
5	2	1	63.50	17	2	1	40.00	29	2	1	43.50
6	1	1	41.25	18	1	2	48.00	30	2	2	53.00
7	2	2	40.00	19	2	1	46.50	31	3	1	38.00
8	3	1	34.25	20	2	2	72.00	32	2	2	59.00
9	2	1	34.75	21	2	2	31.00	33	2	1	52.50
10	1	2	46.25	22	1	1	48.00	34	2	2	42.75
11	2	1	43.50	23	2	2	36.50	35	2	2	31.50
12	2	2	46.00	24	2	2	43.75	36	2	2	43.50

续前表

编号	生存时间	区域	毒性水平	编号	生存时间	区域	毒性水平	编号	生存时间	区域	毒性水平
37	2	2	40.00	50	1	1	49.00	63	2	2	39.75
38	2	1	40.50	51	2	2	43.50	64	1	1	60.00
39	2	2	60.00	52	3	2	37.25	65	2	2	41.00
40	3	1	57.50	53	3	2	39.00	66	2	1	41.00
41	2	1	48.75	54	3	1	34.50	67	3	1	30.00
42	2	1	44.50	55	2	1	47.50	68	2	2	45.00
43	1	1	49.50	56	1	2	42.00	69	2	2	51.00
44	2	2	33.75	57	2	2	45.50	70	2	2	35.25
45	2	1	43.50	58	2	2	38.50	71	1	2	40.50
46	2	2	48.00	59	2	1	36.50	72	2	2	39.50
47	3	1	34.00	60	2	2	37.50	73	3	2	36.00
48	1	1	50.00	61	3	1	38.50				
49	3	2	35.00	62	2	2	47.00				

解　生存时间分为三级，它们是有顺序的，我们就可以分两次来比较。第一次，将 1 级与 2，3 级比，p 代表的是出现最短寿命 1 级（<10 天）的概率，$1-p$ 代表的是出现较长寿命 2，3 级（≥ 10 天）的概率；第二次，将 1，2 级与 3 级比，p 代表的是出现较短寿命 1，2 级（≤ 30 天）的概率，$1-p$ 代表的是出现最长寿命 3 级（≥ 31 天）的概率。每次比较都使用二进制 Logistic 回归分析方法，而且这里使用的毒性水平的系数一定相同。具体的实现步骤使用者不必过问，计算机会自动进行分析。

使用指令“统计＞回归＞顺序 Logistic 回归（Stat>Regression>Ordinal Logistic Regression)”，得到的界面见图 9－37。填写信息：“响应”填写“生存时间”；“模型”填写“毒性水平”和“区域”；“因子”填写“区域”。

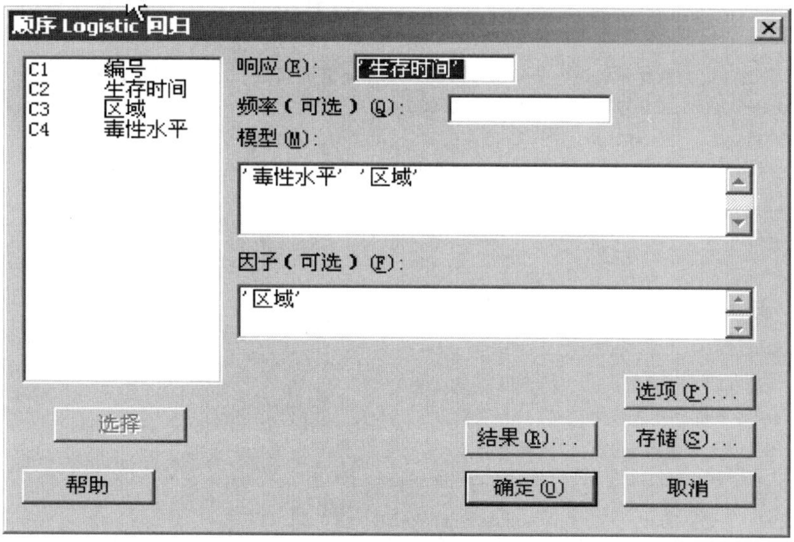

图 9－37　顺序 Logistic 回归操作图

计算结果如下：

结果：REG _蟑螂 . MTW

Logistic 回归表

自变量	系数	系数标准误	Z	P	优势比	95% 置信区间 下限	上限
常量（1）	-7.043 43	1.680 17	-4.19	0.000			
常量（2）	-3.522 73	1.471 08	-2.39	0.017			
毒性水平	0.121 289	0.034 051 0	3.56	0.000	1.13	1.06	1.21
区域							
2	0.201 456	0.496 153	0.41	0.685	1.22	0.46	3.23

对数似然 = -59.290

检验所有斜率是否为零：G = 14.713，DF = 2，P 值 = 0.001

首先给出回归方程。我们这里分成两次进行：第一次，将1级与2，3级比，即“寿命<10天”与“寿命≥10天”相比较；第二次，将1，2级与3级比，即“寿命≤30天”与“寿命≥31天”相比较。回归方程结果如下：

$$\ln\frac{p}{1-p}=0.121\,289\text{毒性水平}+\begin{cases}-7.043\,43(\text{“寿命}<10\text{”与“寿命}\geq 10\text{”比较})\\-3.522\,73(\text{“寿命}\leq 30\text{”与“寿命}\geq 31\text{”比较})\end{cases}+\begin{cases}0 & (\text{区域 }1)\\+0.201\,456 & (\text{区域 }2)\end{cases}\tag{9-43}$$

从计算结果还可以看出：回归的总效果是显著的，因为“检验所有斜率是否为零”时，p 值=0.001。对于“毒性水平”的影响，因为 p 值=0.000，所以“毒性水平”是影响显著的；对于“区域”的影响，因为 p 值=0.685，所以“区域”影响是不显著的。为此，应先删除“区域”因子，重新进行顺序 Logistic 回归。结果如下：

顺序 Logistic 回归：生存时间与毒性水平

Logistic 回归表

自变量	系数	系数标准误	Z	P	优势比	95% 置信区间 下限	上限
常量（1）	-6.869 78	1.611 72	-4.26	0.000			
常量（2）	-3.356 91	1.401 31	-2.40	0.017			
毒性水平	0.119 939	0.033 710 3	3.56	0.000	1.13	1.06	1.20

对数似然 = -59.374

检验所有斜率是否为零：G = 14.546，DF = 1，P 值 = 0.000

拟合优度检验

方法	卡方	DF	P
Pearson	113.052	107	0.326
偏差	90.113	107	0.880

相关性量度：（响应变量与预测概率之间）

对	数字	百分比	摘要量度
一致	1 115	78.4	Somer 的 D 0.58
不一致	293	20.6	Goodman-Kruskal Gamma 0.58
结	14	1.0	Kendall 的 Tau-a 0.31
合计	142 2	100.0	

首先给出回归方程。

$$\ln\frac{p}{1-p}=0.119\,939\text{毒性水平}+\begin{cases}-6.869\,78(\text{“寿命}<10\text{”与“寿命}\geqslant 10\text{”比较})\\-3.356\,91(\text{“寿命}\leqslant 30\text{”与“寿命}\geqslant 31\text{”比较})\end{cases}\tag{9-44}$$

这里的系数显著性检验中，毒性水平的 p 值=0.000，说明毒性水平的效应是显著的；毒性水平每增加 1 级，优势比=$e^{0.1199}$=1.13 倍，即出现 1 级“生存时间<10 天”与出现 2、3 级“生存时间≥10 天”的概率之比（即优势）扩大约 13%。相似的是，出现 1、2 级即“生存时间≤30 天”与出现 3 级即“生存时间≥31 天”的概率之比（即优势）扩大约 13%。也就是说，随毒性水平的增长，寿命短的概率增大。我们也可以从另一个角度来粗略地解释方程（9-44）的含义。

在方程（9-44）的上方公式中，如果量值“0.119 939 毒性水平 −6.869 78”是负数（即毒性水平小于 57.28），则 $\ln\frac{p}{1-p}$ 会为负数，“生存时间<10 天”的可能性 p 将会小于“生存时间≥10 天”的概率 $1-p$，也就是说蝾螈的寿命多半会大于等于 10 天；同样，在方程（9-44）的下方公式中，如果量值“0.119 939 毒性水平 −3.356 91”是负数（即毒性水平小于 27.99），则 $\ln\frac{p}{1-p}$ 会为负数，“生存时间≤30 天”的可能性 p 将会小于“生存时间≥31 天”的概率 $1-p$，也就是说蝾螈的寿命多半会超过 30 天。这里的解释只是讨论了在三类寿命状况边缘处的状况，更细致的做法是，我们可以将给定的毒性水平代入式（9-44）中，准确地给出属于每种寿命状况的概率。

下面给出验算的结果。三组各有样本 15，46 及 12 个，任取一组的一个样本观测值可以与另两组的任一观测值配对，因此所有的搭配的“对”数共有 $n=15\times 46+15\times 12+46\times 12=1\,422$ 对。对于这样一对属于不同寿命类型的观测值，分别将毒性水平代入回归方程（9-44），得出 $\ln\frac{p}{1-p}$ 值，比较其大小，若其顺序与观测的实际结果一致，则说明方程的预测结果与实际一致，即毒性水平越高则生存级别越低，记为“一致对”；若相反，则说明方程的预测结果与实际不一致，记为“不一致对”；如果毒性水平相等，则称这种情况为“结”。本例中，寿命属于“2 类”的 3 号样本（毒性水平 48.50）与寿命属于“3 类”的 4 号样本（毒性水平 32.00），分类与其毒性水平排序是一致的，因此是“一致对”；寿命属于“1 类”的 2 号样本（毒性水平 46.00）与寿命属于“2 类”的 3 号样本（毒性水平 48.50），分类与其毒性水平排序是不一致的，因此是“不一致对”；寿命属于“1 类”的 2 号样本（毒性水平 46.00）与寿命属于“2 类”的 12 号样本（毒性水平也是 46.00），分类不同但其毒性水平是相同的，因此是“结”。当然在本例要简单得多，自变量只有一个，而且回归系数为正，因此只要比较“毒性水平顺序”与“生存时间顺序”是否恰好相反就行了。

在 1 422 对中，“一致对”有 1 115 对，占总对数 78.4%；“不一致对”有 293 对，占总对数 20.6%；“结”有 14 对，占总对数 1.0%，总效果还是不错的。

应用离散型变量 Logistic 回归的问题很丰富，本书只是给出入门的介绍。

9.5 广义回归

在实际问题需要进行回归分析时，自变量中不仅会有连续型变量，也会有离散型变量，更多的情况是同时遇到这两类变量。本节就介绍同时遇到这两类变量的回归分析问题。准确说来，离散型变量应当称为“类别变量”（categorical variable），每个“类别变量”的值只能取有限个，而且值间不能做算术运算。如果事先能够确认响应变量与连续自变量间的函数关系，当类别变量取不同值，我们必须选用相同的函数关系，但其回归系数可能有不同。以下讨论两种情况：如果类别变量取不同值，函数关系中只有截距项不同，我们称此类别变量与连续型自变量间**没有交互作用**；如果类别变量取不同值，函数关系中回归系数有不同时，我们称此类别变量与连续型自变量间**有交互作用**。一般情况下，我们不能事先断定二者是否有交互作用，在进行回归分析的过程中可以检验回归系数以确定交互作用是否存在。

广义回归分析的应用非常广泛。比如有两家实验室分析同一套试样，分别得到各自的回归方程，如何比较两个回归方程是否有显著差异？有几种工艺方法生产同种产品，其产品的性能是用某个回归方程来体现的（例如反应曲线），如何比较它们的差异？这些回归方程如果没有显著差异，我们就可以把这些数据合并起来，形成一个更精确的（因为样本量增加了）公共的回归方程；如果有显著差异，我们就要分清条件，分别使用适合于各自特点的不同的回归方程。下面我们通过两个例题说明此类问题的解题方法。

例9-11

儿童发育问题。幼儿（2岁至7岁）的身高随年龄的增长而增高，在A，B两省对各个年龄的幼儿分别抽取3名儿童，测量他们的身高（单位：厘米），其数据列在表9-16中（数据文件：REG_幼儿身高.MTW）。试比较两省间幼儿发育状况是否有显著差异。

表9-16　幼儿身高数据表

	2岁	3岁	4岁	5岁	6岁	7岁
A省	79.5	91.1	99.7	112.8	124.2	140.0
	82.4	90.9	97.7	110.4	118.5	137.4
	81.2	89.6	100.7	108.7	121.8	134.2
B省	80.7	88.4	102.7	116.4	127.1	142.3
	86.0	93.6	103.4	114.9	122.9	135.4
	83.6	90.4	99.7	113.5	125.0	139.8

解　本题中有两个自变量，一个是年龄（连续型），另一个是省份（类别变量）。下面先绘制散点图以观察变化规律。散点图见图9-38。

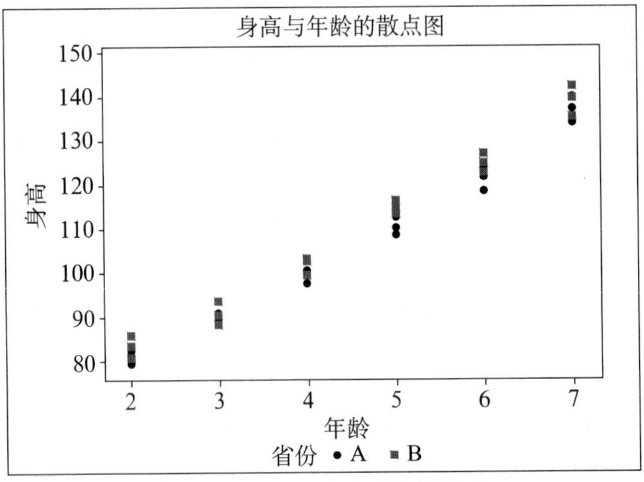

图9-38　幼儿身高增长散点图

从图9-38中可以看到，在幼儿阶段，身高与年龄的关系虽大体上是线性的，但不能排除有高阶项；两省间似乎差别也不大。但这些还应该仔细分析。本例是广义回归中最简单的情况：连续型自变量及类别自变量都只有一个。

首先不考虑年龄的二次项，也不考虑年龄与省份间的交互作用（方案 1），此时这个类别变量“省份”只是当作一个单独的自变量，同时出现在“模型项”中及“类别变量项”中。其操作如下：

选择指令“统计 > 回归 > 广义回归（Stat > Regression > General Regression）”，得出界面如图 9-39 左上所示。在“模型”中填写“省份　年龄”（注意，类别变量应该列入），在“类别预测变量”中填写“省份”；再点击“图形（Graphs）”，勾选“四合一（Four in One）”，在“残差与变量（Residuals Versus the Variables）”中输入自变量名称，见图 9-39 中左下。再点击“存储（Storage）”，勾选“残差（Residual）”及“标准化残差（Standardized Residuals）”，见图 9-39 中右下角。在“选项（Options）”中（见图 9-39 中右上），将“类别预测变量的编码类型”由“(-1，0，+1)”换成“(1，0)”。

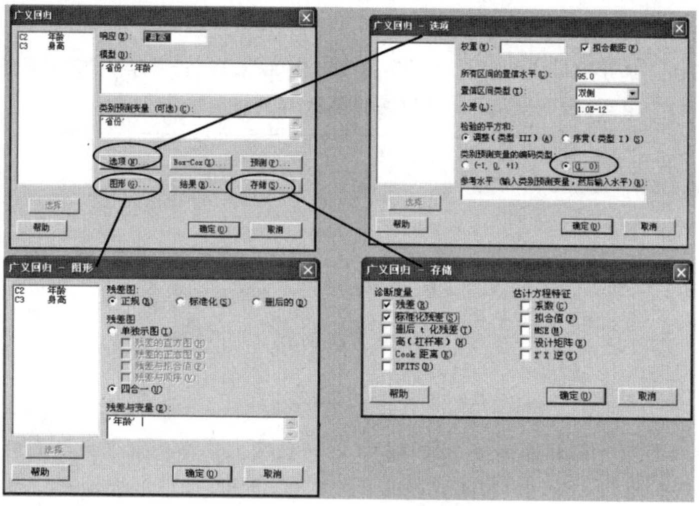

图 9-39　广义回归操作图

计算结果如下（方案 1）：

结果：REG _幼儿身高 . MTW

广义回归分析：身高 与 年龄，省份

回归方程

省份

A　身高　=　56.615 4 + 11.132 4　年龄

B　身高　=　59.115 4 + 11.132 4　年龄

系数

项	系数	系数标准误	T	P
常量	56.615 4	1.332 23	42.496 7	0.000
年龄	11.132 4	0.260 85	42.676 7	0.000
省份				
B	2.500 0	0.890 99	2.805 9	0.008

模型汇总

S = 2.672 96　R-Sq = 98.23%　R-Sq（调整）= 98.12%

PRESS = 286.806　R-Sq（预测）= 97.84%

方差分析

来源	自由度	Seq SS	Adj SS	Adj MS	F	P
回归	2	13 068.9	13 068.9	6 534.4	914.58	0.000 000 0
年龄	1	13 012.6	13 012.6	13 012.6	1 821.30	0.000 000 0
省份	1	56.3	56.2	56.2	7.87	0.008 351 7
误差	33	235.8	235.8	7.1		
失拟	9	110.8	110.8	12.3	2.36	0.044 785 1
纯误差	24	125.0	125.0	5.2		
合计	35	13 304.7				

异常观测值的拟合和诊断

观测值	身高	拟合值	拟合值标准误	残差	标准化残差	
16	140.0	134.542	0.906 757	5.457 94	2.170 62	R
34	142.3	137.042	0.906 757	5.257 94	2.091 08	R

R表示此观测值含有大的标准化残差

这里的方程按省份的不同分为两个回归方程，它们对于年龄的回归系数是相同的（都是11.132 4），差别只反映在常数项上。计算方法是这样的：在回归系数列表中，常数项对于类别变量中的某个“参考值”（通常是按编码顺序位于最前者，本例为A省）默认的56.615 4，在省份换为B时，此值应加上2.500 0，因而得到其常数项为56.615 4 +2.500 0=59.115 4。

注：如果我们在“选项（Options）”中（见图9-39右上），将“类别预测变量的编码类型”保留“（-1，0，+1）”形式时，计算机输出结果将是这样的：

省份

A　身高　=　56.615 4 + 11.132 4　年龄

B　身高　=　59.115 4 + 11.132 4　年龄

系数

项	系数	系数标准误	T	P
常量	57.865 4	1.255 54	46.088 2	0.000
年龄	11.132 4	0.260 85	42.676 7	0.000
省份				
A	-1.250 0	0.445 49	-2.805 9	0.008

这时，它们在常数项上的计算方法是这样的：在常数项上，公共值（加权平均值）为57.865 4，在省份为A时，应加上—1.250 0，因而得到其常数项为57.865 4 —1.250 0 = 56.615 4；在省份为B时，应减去—1.250 0，因而得到其常数项为57.865 4 +1.250 0 = 59.115 4。这种计算方法在类别数据只取两值时（即离散情况只分两种时），表达方式和计算难度与用“(1，0)”几乎是相同的；但如果类别数据取值超过两个（即离散情况至少分三种以上情况），在“类别预测变量的编码类型”的选择上，用“(-1，0，+1)”远不如换成“(1，0)”好。因此我们建议以后**不论类别数据取值是多少，一律换成“(1，0)”**，这样表达清晰且计算简单。

在本例输出的结果中，在ANOVA项中，整个模型是高度显著的（回归项的p值为0.000），但失拟项的p值为0.044 785 1，这样显著的失拟来自何处？从残差对于自变量的图形（见图9-40中左侧），数据点明显是有弯曲的。

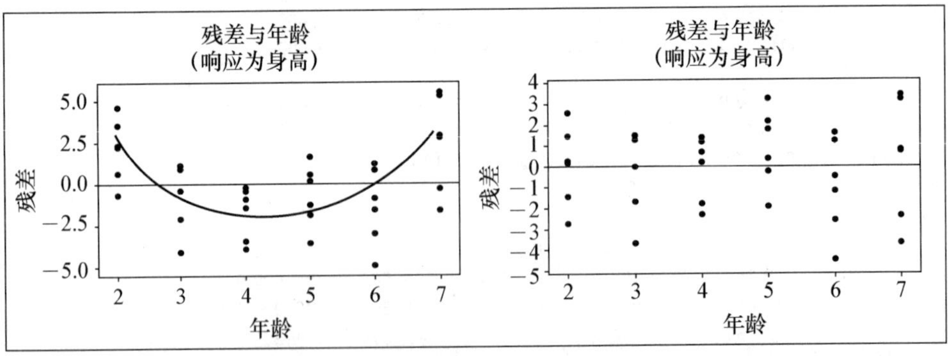

图9-40　幼儿身高对于年龄的残差图（右图为方程中增加了年龄的平方项）

这说明需要改进模型，应该增加对于自变量的二次项“年龄*年龄”（方案2），而广义回归中，增加这一项不需要另加一列给出计算值来，而只需在模型选项中增加填写此项即可。其操作图见图

9-41中左侧。

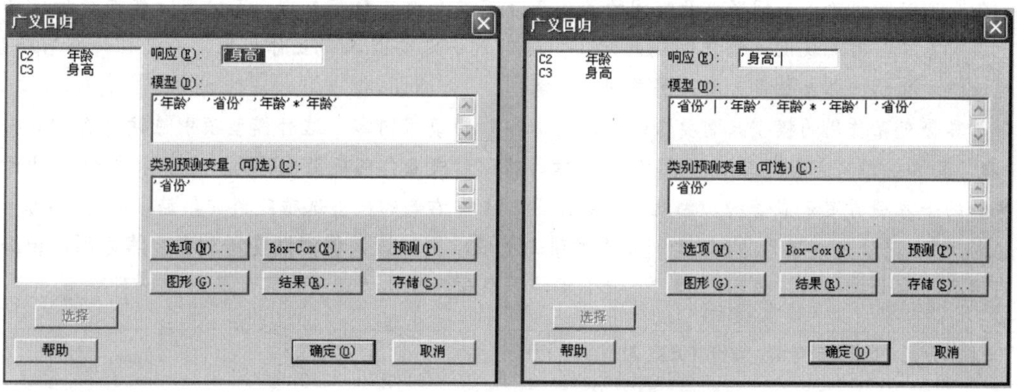

图9-41 幼儿身高对于年龄的模型填写图

这时的计算结果如下（方案2）：

回归方程

省份

A 身高 = 67.273 3 + 5.598 45 年龄 + 0.614 881 年龄 * 年龄

B 身高 = 69.773 3 + 5.598 45 年龄 + 0.614 881 年龄 * 年龄

系数

项	系数	系数标准误	T	P
常量	67.273 3	2.739 63	24.555 6	0.000
年龄	5.598 5	1.323 73	4.229 3	0.000
省份				
B	2.500 0	0.724 30	3.451 6	0.002
年龄 * 年龄	0.614 9	0.145 18	4.235 2	0.000

模型汇总

S = 2.172 89 R-Sq = 98.86% R-Sq（调整） = 98.76%

PRESS = 194.535 R-Sq（预测） = 98.54%

方差分析

来源	自由度	Seq SS	Adj SS	Adj MS	F	P
回归	3	13 153.6	13 153.6	4 384.53	928.643	0.000 000
年龄	1	13 012.6	84.5	84.45	17.887	0.000 183
省份	1	56.3	56.2	56.25	11.914	0.001 587
年龄 * 年龄	1	84.7	84.7	84.69	17.937	0.000 180
误差	32	151.1	151.1	4.72		
失拟	8	26.1	26.1	3.26	0.626	0.747 670
纯误差	24	125.0	125.0	5.21		
合计	35	13 304.7				

异常观测值的拟合和诊断

观测值	身高	拟合值	拟合值标准误	残差	标准化残差	
14	118.5	123.000	0.610 609	-4.499 76	-2.157 82	R

R表示此观测值含有大的标准化残差

这时的计算结果显示，我们的回归方程对于两个省份分别给出，对于身高与年龄的回归方程是二次的。ANOVA显示，回归总效果显著，没有失拟；年龄项及年龄平方项是显著的，两省间差异也是显著的（体现在回归方程中，回归方程中的截距项是显著不同的）。各个残差图也都显示正常，特别是残差对于年龄的图（见图9-40中右侧），是完全正常的。

但我们必须讨论下列问题：两省间的差异是否不仅表现在截距差别，而且有可能二者的回归系数已经有差别？对此我们要给出明确的回答。这时就一定要引入交互作用项，并且在计算后确认，两组回归方程的回归系数是否有显著差别。

计算含交互作用的模型只需要修改“广义回归”的填写内容。这时模型项中应该包含“省份”、“年龄”及“年龄＊省份”三项，MINITAB软件将这种交互作用项简化写为“年龄｜省份”。由于已知年龄的平方项肯定是显著的，因此应该将图9-41中右侧的模型选项改为“年龄｜省份 年龄＊年龄｜省份”，这就是方案3。填写含交互作用项的一般准则应该是**将类别变量放在竖线之后**，但如果只有两项，例如“年龄｜省份”和“省份｜年龄”则顺序就无所谓了。其计算结果如下：

广义回归分析：身高 与 年龄，省份（方案3）

回归方程

省份

A　身高　=　69.323 8+4.710 71　年龄+0.698 81　年龄＊年龄

B　身高　=　67.722 9+6.486 19　年龄+0.530 95　年龄＊年龄

系数

项	系数	系数标准误	T	P
常量	69.323 8	3.921 25	17.679 0	0.000
年龄	4.710 7	1.911 44	2.464 5	0.020
省份				
B	-1.601 0	5.545 49	-0.288 7	0.775
年龄＊省份				
B	1.775 5	2.703 19	0.656 8	0.516
年龄＊年龄	0.698 8	0.209 64	3.333 4	0.002
年龄＊年龄＊省份				
B	-0.167 9	0.296 48	-0.566 2	0.575

模型汇总

S=2.218 62　R-Sq=98.89%　R-Sq（调整）=98.71%

PRESS=226.421　R-Sq（预测）=98.30%

方差分析

来源	自由度	Seq SS	Adj SS	Adj MS	F	P
回归	5	13 157.0	13 157.0	2 631.40	534.591	0.000 000
年龄	1	13 012.6	29.9	29.90	6.074	0.019 669
省份	1	56.3	0.4	0.41	0.083	0.774 801
年龄*省份	1	1.8	2.1	2.12	0.431	0.516 311
年龄*年龄	1	84.7	54.7	54.69	11.111	0.002 291
年龄*年龄*省份	1	1.6	1.6	1.58	0.321	0.575 485
误差	30	147.7	147.7	4.92		
失拟	6	22.7	22.7	3.78	0.726	0.633 303
纯误差	24	125.0	125.0	5.21		
合计	35	13 304.7				

异常观测值的拟合和诊断

观测值	身高	拟合值	拟合值标准误	残差	标准化残差	
14	118.5	122.745	0.709 892	-4.245 24	-2.019 64	R

R表示此观测值含有大的标准化残差

在上述回归方程中，对于两个省份的回归方程是完全不同的。我们需要从结果中判断，这个交互作用效应显著吗？在“年龄＊省份”项中，B与A的差别之p值为0.516，说明交互作用不显著，在“年龄＊年龄＊省份”项中，B与A的差别之p值为0.575，说明交互作用同样不显著。这就说明，两个省份间在回归方程的系数上没有显著差别，两省可以使用只是常数项不同而回归系数相同的方程，换言之，方案2的计算结果就是我们的最终结果，方案3的结果徒然变得复杂，它没有任何意义。

我们回到方案2的计算结果。如果我们需要预测A省6岁幼儿平均身高情况，这时要再次从指令“统计>回归>广义回归（Stat>Regression>General Regression)”入口，得出界面（如图9-39中左上所示）后，选择“预测”项，分别填写连续预测变量及类别预测变量的值（如图9-42所示）。这时要注意，填写类别变量省份A时，要在A前后加上双引号（要用英文半角符号）。

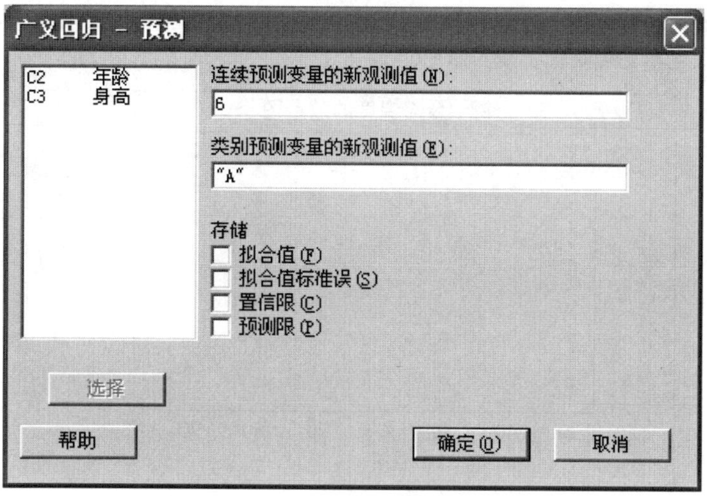

图9-42　广义回归的预测值计算界面图

计算结果如下：

```
新观测值的预测值
新观测值   拟合值    拟合值标准误     95% 置信区间            95% 预测区间
   1      123.000   0.610 609     (121.756，124.244)     (118.402，127.597)
新观测值的自变量值
新观测值     年龄     省份
   1          6        A
```

对于这些结果的解释与一般的回归分析中的预测是相同的，这里的“点预测”（就是将自变量值代入回归方程后计算结果）为123厘米，95%置信区间（即A省所有的6岁幼儿的平均身高）的95%置信区间为（121.756，124.244），95%预测区间（即A省一个6岁幼儿的身高的95%置信区间）为（118.402，127.597）。

下面再举一例，介绍类别数据取值在3个以上的情况，这时的计算要复杂一些。

例9-12

钢材锈蚀量的计算。为了降低钢材锈蚀量，我们希望对于钢材锈蚀的规律进行定量分析。钢材锈蚀不但与钢材配方有关（铬、镍含量越高则越不易锈蚀，当铬含量超过14%时则称为“不锈钢”），而且与环境中的含盐量有关（盐越多锈蚀越快），与温度有关（温度越高锈蚀越快），与时间有关（时间越长锈蚀越严重）。现在的研究处于初期摸索阶段，希望先研究锈蚀与温度间的关系。我们将三种配方A，B及C（后两种增加了不同的铬及镍含量）生产出的不同螺纹钢，直径都取Ø28，每种螺纹钢都再分为两组，选定30℃，50℃，70℃，80℃及90℃共5种温度，将螺纹钢都放入5%浓度的食盐溶液制成的盐雾箱中72小时，螺纹钢将被锈蚀。将原重量减去酸洗后剩余的重量即得到锈蚀量（单位：克）。我们希望建立锈蚀量Y与温度及配方间的回归方程。数据列在表9-17中（数据文件：REG _ 锈蚀量.MTW）。

表 9-17　　螺纹钢锈蚀量数据表

	30℃		50℃		70℃		80℃		90℃	
配方 A	42.7	45.4	51.9	47.6	51.1	54.2	57.4	59.2	59.9	61.8
配方 B	35.9	39.2	46.7	48.4	53.2	49.2	52.6	50.3	52.2	51.6
配方 C	17.9	15.2	24.7	23.8	30.9	26.3	31.3	27.6	31.0	28.1

解　本题中有两个自变量，一个是温度（连续型），另一个是配方（类别变量，取 3 个值）。下面先绘制散点图以观察变化规律。散点图见图 9-43。

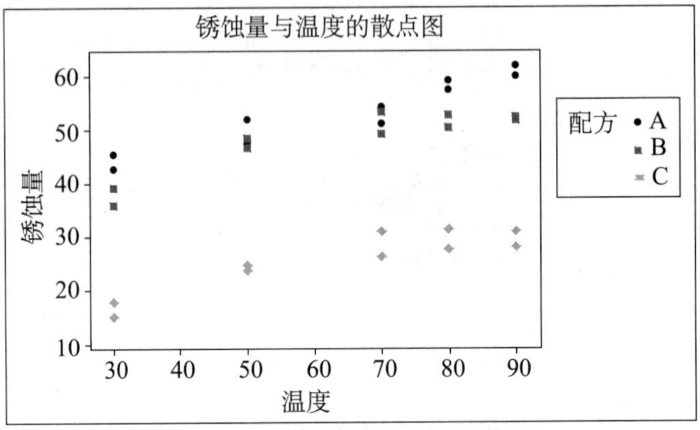

图 9-43　锈蚀量与温度的散点图

从图 9-43 中可以看到，锈蚀量与温度的关系明显不能认为是线性的，因此考虑直接建立二次函数关系，即要包含温度的平方项。

首先不考虑含配方与温度间的交互作用（方案 1），此时这个类别变量“配方”只是当作一个单独的自变量，同时出现在“模型项”及“类别变量项”中。其操作与例 9-10 完全相同，这里只给出主操作窗（见图 9-44），其他界面图从略。

选择指令“统计 > 回归 > 广义回归（Stat > Regression > General Regression）”，得出界面如图 9-44 中左侧所示。在“模型”中填写“配方 温度 温度 * 温度”（注意，类别变量应该列入），在“类别预测变量”中填写“配方”。点击“图形（Graphs）”后，勾选“四合一（Four in One）”，在“残差与变量（Residuals Versus the Variables）”中输入自变量名称，见图 9-39 中左下。再点击“存储（Storage）”，勾选“残差（Residual）”及“标准化残差（Standardized Residuals）”，见图 9-39 中右下。在“选项（Options）”中（见图 9-39 中右上），将“类别预测变量的编码类型”由“(-1，0，-1)”换成“(1，0)”。

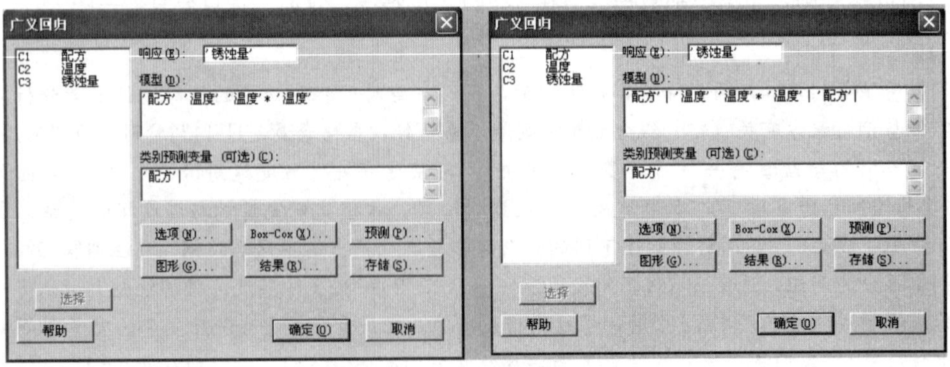

图 9-44　广义回归操作图

这时计算结果如下（方案 1）：

广义回归分析：锈蚀量 与 温度，配方

回归方程

配方

A　锈蚀量　=　28.917 8 + 0.580 319　温度 - 0.002 837 33　温度 * 温度

B　锈蚀量　=　23.727 8 + 0.580 319　温度 - 0.002 837 33　温度 * 温度

C　锈蚀量　=　1.477 82 + 0.580 319　温度 - 0.002 837 33　温度 * 温度

系数

项	系数	系数标准误	T	P
常量	28.917 8	3.686 64	7.844 0	0.000
配方				
B	-5.190 0	0.979 75	-5.297 3	0.000
C	-27.440 0	0.979 75	-28.007 1	0.000
温度	0.580 3	0.133 97	4.331 8	0.000
温度 * 温度	-0.002 8	0.001 11	-2.551 5	0.017

模型汇总

S = 2.190 79　R - Sq = 97.70 %　R - Sq（调整） = 97.33 %

PRESS = 171.988　R - Sq（预测） = 96.70 %

方差分析

来源	自由度	Seq SS	Adj SS	Adj MS	F	P
回归	4	5 094.92	5 094.92	1 273.73	265.384	0.000 000
配方	2	4 249.84	4 249.84	2 124.92	442.731	0.000 000
温度	1	813.84	90.06	90.06	18.764	0.000 211
温度 * 温度	1	31.25	31.25	31.25	6.510	0.017 221
误差	25	119.99	119.99	4.80		
失拟	10	55.47	55.47	5.55	1.290	0.317 777
纯误差	15	64.51	64.51	4.30		
合计	29	5 214.91				

异常观测值的拟合和诊断

观测值	锈蚀量	拟合值	拟合值标准误	残差	标准化残差	
5	51.1	55.637 2	0.816 739	-4.537 22	-2.231 94	R

R表示此观测值含有大的标准化残差

这时的方程按配方的不同分为三个回归方程，它们对于温度项及温度的平方项的回归系数是完全相同的，其差别只反映在常数项上。其计算方法是这样的：在回归系数列表中，参考值 A 的常数项为 28.917 8（通常是按编码顺序位于最前者，本例为配方 A），如果需要指定其他值作为参考值，则要在“选项”（见图 9－39 中右上）给出，下面我们将介绍不同的参考值的含义。在配方为 B 时，应加上－5.190 0，因而得到其常数项为 28.917 8 －5.190 0 ＝ 23.727 8（其 p 值为 0.000，说明配方 A 与配方 B 在回归方程常数项上有显著差异）。在配方为 C 时，应加上－27.440 0，因而得到其常数项为 28.917 8－27.440 0＝ 1.477 82（其 p 值也为 0.000，说明配方 A 与配方 C 在回归方程常数项上有显著差异），回归方程中的温度及温度的平方项上之 p 值分别为 0.000 及 0.017，也都是显著的。

此计算结果还告诉我们模型总效果是高度显著的，衡量回归效果的决定系数 R^2＝0.977 0；调整的决定系数 R^2_{adj}＝0.973 3；一切看来都很好。虽然第 5 号观测值的残差较大，但也并不严重。残差图也基本正常。

但我们仔细观察图 9－43 可以发现，对于三种不同的配方其响应变量的图形是有差别的：在配方 A（低铬、镍）时弯曲不严重，而配方 B，C（高铬、镍）时弯曲明显。如果不同的配方会导致不同的回归关系，我们应该考虑配方与温度的交互作用。为此，我们先考虑配方与温度的交互作用

（方案2）。这时模型项中应该包含“配方｜温度”及“温度＊温度｜配方”。方案2的模型表示方法见图9-44中右侧。其计算结果如下：

回归方程

配方

A　锈蚀量 = 39.938 + 0.104 526 温度 + 0.001 423 77 温度＊温度

B　锈蚀量 = 15.505 9 + 0.914 302 温度 - 0.005 721 75 温度＊温度

C　锈蚀量 = -1.320 36 + 0.722 13 温度 - 0.004 214 02 温度＊温度

系数

项	系数	系数标准误	T	P	
常量	39.938 0	5.462 34	7.311 51	0.000	
配方					
B	-24.432 1	7.724 92	-3.162 76	0.005	B,C与A常数项差异显著
C	-41.258 3	7.724 92	-5.340 94	0.000	
温度	0.104 5	0.200 87	0.520 36	0.608	
配方＊温度					
B	0.809 8	0.284 08	2.850 55	0.010	B,C与A温度项差异显著
C	0.617 6	0.284 08	2.174 07	0.041	
温度＊温度	0.001 4	0.001 67	0.853 91	0.403	
温度＊温度＊配方					
B	-0.007 1	0.002 36	-3.030 32	0.006	B,C与A温度平方项差异显著
C	-0.005 6	0.002 36	-2.390 91	0.026	

模型汇总

S = 1.896 54　R-Sq = 98.55%　R-Sq（调整） = 98.00%

PRESS = 155.454　R-Sq（预测） = 97.02%

方差分析

来源	自由度	Seq SS	Adj SS	Adj MS	F	P	
回归	8	5 139.38	5 139.38	642.422	178.606	0.000 000	
配方	2	4 249.84	103.77	51.883	14.424	0.000 114	
温度	1	813.84	0.97	0.974	0.271	0.608 257	
配方＊温度	2	7.75	31.92	15.958	4.437	0.0247 08	交互作用项显著
温度＊温度	1	31.25	2.62	2.623	0.729	0.402 792	
温度＊温度＊配方	2	36.71	36.71	18.354	5.103	0.015 627	
误差	21	75.53	75.53	3.597			
失拟	6	11.02	11.02	1.837	0.427	0.849 661	
纯误差	15	64.51	64.51	4.301			
合计	29	5 214.91					

这时的方程不但按配方的不同分为三个回归方程，而且它们的回归系数是不同的（对于温度项和温度的平方项）。其计算方法是这样的：在回归系数列表中，配方A的常数项为39.938 0，在配方B时，应加上－24.432 1，因而得到其常数项为39.938 0－24.432 1＝15.505 9（此项p值为0.005，说明配方B的常数项与配方A的常数项有显著差异）；在配方C时，应加上－41.258 3，因而得到其常数项为39.938 0－41.258 3＝－1.320 4（此项p值为0.000，说明配方C的常数项与配方A的常数项有显著差异）。在回归方程中温度项，配方A的系数为0.104 5，在配方B时，应加上

0.809 8，因而得到其系数为0.104 5＋ 0.809 8＝0.914 3（此项p值为0.010，说明配方B的温度项与配方A的温度项有显著差异）；在配方C时，应加上0.617 6，因而得到其系数为0.104 5＋0.617 6＝0.722 1（此项p值为0.041，说明配方C的温度项与配方A的温度项有显著差异）。在回归方程中温度平方项，配方A的系数为0.001 4，在配方B时，应加上－0.007 1，因而得到其系数为0.001 4－0.007 1＝－ 0.005 7（此项p值为0.006，说明配方B的温度平方项与配方A的温度平方项有显著差异）；在配方C时，应加上－0.005 6，因而得到其系数为0.001 4－0.005 6 ＝ － 0.004 2（此项p值为0.026，说明配方C的温度平方项与配方A的温度平方项有显著差异）。可以断言现在的回归方程是合乎要求的回归方程。

总之，根据上述分析可以断言，配方B与配方A的回归方程有显著差异，配方C与配方A的回归方程有显著差异。但是配方B与配方C的回归方程间是否有显著差异？上述结果并未回答。为此，我们选择配方B作为参考值，只需要在“选项”框内填写“配方‘B’”（见图9－45）即可（注意：填写时“配方”与“B”之间要有空格，“B”用英文半角状态双引号）。

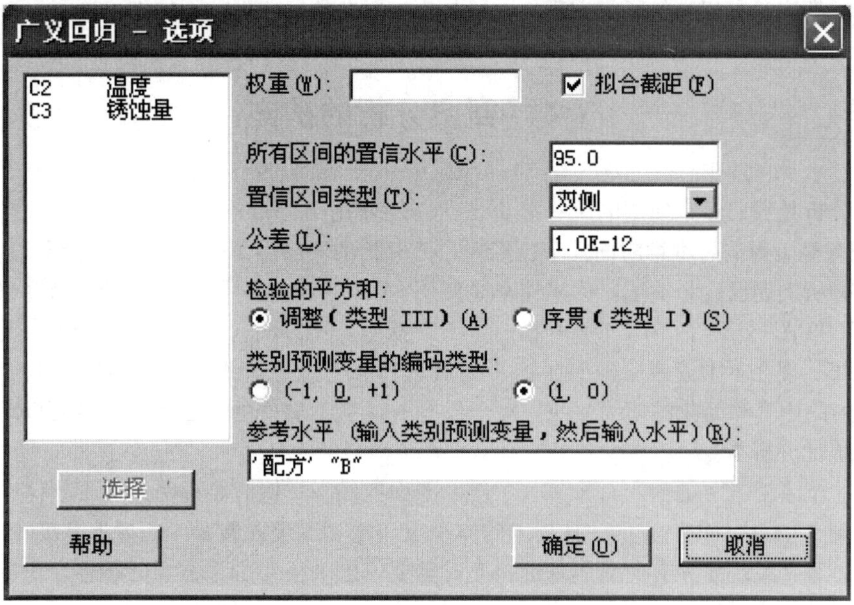

图9－45　广义回归指定参考值的操作图

再进行一次回归后，结果如下：

回归方程

系数

项	系数	系数标准误	T	P
常量	15.505 9	5.462 34	2.838 68	0.010
配方				
A	24.432 1	7.724 92	3.162 76	0.005
C	－16.826 2	7.724 92	－2.178 17	0.041（B与C常数项差异显著）
温度	0.914 3	0.200 87	4.551 65	0.000
配方＊温度				
A	－0.809 8	0.284 08	－2.850 55	0.010
C	－0.192 2	0.284 08	－0.676 48	0.506（B与C温度项无显著差异）
温度＊温度	－0.005 7	0.001 67	－3.431 61	0.003

温度＊温度＊配方				
A	0.007 1	0.002 36	3.030 32	0.006
C	0.001 5	0.002 36	0.639 41	0.529 ← B与C温度平方项无显著差异

上述系数的具体计算从略。从上述结果可以确认：在配方B与配方C间，常数项有显著差异（p值为0.041），温度项系数无显著差异（p值为0.506），温度平方项也没有显著差异（p值为0.529），因此，在配方B与配方C之间，其显著差异完全是由于常数项的不同引起的；在配方B与配方A之间，其显著差异既有常数项的不同，也包含温度及温度的平方项系数的不同。

例9－11和例9－12都是广义回归中最简单的情况。一般来说，连续型回归自变量可以是多个，类别变量也可以是多个。多个连续型回归自变量的情况我们早就见过（这就是多变量的回归问题），而多个类别变量的情况将导致有多个分叉的结构，这里的分叉是所有的类别变量的所有搭配都应该有相应的回归方程，一般是比较复杂的，这里就不仔细讨论了。

9.6 回归分析的扩充

回归分析是我们经常使用的统计分析工具，一般用于分析连续型自变量 X 对连续型因变量 Y 是否有显著影响。本章前面几节已经对回归分析的内容做了较为详细的介绍，这些对于一般的回归分析问题已经足够了，但操作都是使用MINITAB较早版本R16的，有些操作还稍显烦琐。MINITAB公司在2013年3月推出了R17版本，一方面它补充了一些功能，另一方面也简化了操作。现在不少读者已经有了这个新版软件，为满足这些读者的需要，本节专门介绍R17新增加的内容和简化的使用方法，对于没有R17版本软件的读者本节内容可以略去，这丝毫不影响统计分析本身。

为了让读者对本节的内容有个直观了解，下面我们先举例简要说明这两版软件在使用上的差异。在例9－4中，我们为了估计树木的体积 V，建立了包含胸径 C、树干高度 H 两个自变量的回归方程，发现残差有明显的弯曲，此时需要增加胸径 C 的平方项才能拟合出比较理想的模型。但增加平方项后的模型中，胸径 C 与其平方项又存在很强的线性相关关系，有可能导致模型存在较大误差。当时我们采取了“正交多项式”进行改进，可以解决因子之间存在共线性的问题。在例9－5在进行残差分析时，我们发现与拟合值的残差图似乎有“喇叭口”样的发散状况，此时需要用宏指令来判断是否需要对 Y 进行变换。这些操作在MINITAB R17中都可以通过相应菜单实现，大大简化了操作。

9.6.1 MINITAB R17 回归分析的改进

软件MINITAB R17最重要的改进就是对回归分析板块进行了全面的整合和扩充，使用起来更方便、更直观。这些主要体现在三方面：一是将原来的一般回归及广义回归整合成统一的窗口；二是在运行中增加了对于响应变量的Box-Cox变换功能；三是增加了对于回归方程寻求最优解的功能。以下分别叙述。

9.6.1.1 MINITAB R17 回归功能的整合

MINITAB R16中的回归包括“回归”和“广义回归”两个菜单项，“回归”菜单用于连续

型响应变量 Y 及全部是连续型自变量 X 之间的回归分析；“广义回归”用于自变量中包含有离散型 X 的回归分析。MINITAB R17 将这些整合在统一的“回归”窗口中，不论自变量 X 都是连续型的，还是包含有离散型的，都可以在同一回归分析界面下完成。

例 9－13（续例 9－11）

分析儿童发育问题，Y 为幼儿身高，X 包括幼儿年龄（连续型 X）和省份（离散型 X）。

由于自变量 X 中有离散型变量，所以在 R16 中要从“广义回归”菜单进入。MINITAB R17 将回归分析的功能整合后，“回归”和“广义回归”分析功能合二为一，只要 Y 是连续型的，回归窗口统一整合为一个窗口。回归分析指令：“统计 > 回归 > 回归 > 拟合回归模型（Stat > Regression > Regression > Fit Regression Model）”，其操作界面如图 9－46 所示。

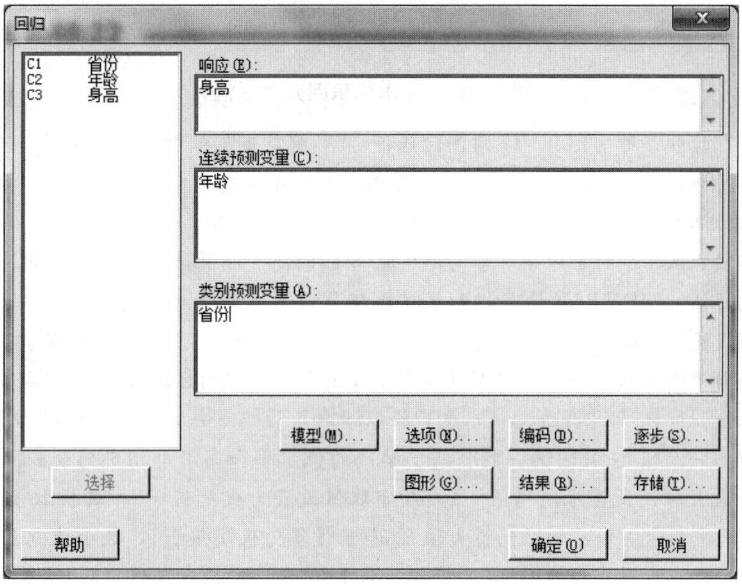

图 9－46　整合后的回归分析对话框

计算时只要将自变量（预测变量）按连续型和离散型分别输入即可。此后的计算与 R16 的内容完全一致，此处不再重复。

下面再举一例说明在自变量的项较复杂时该如何处理。

例 9－14（续例 9－4）

原木体积估计公式。为了估计森林中仍存活的树木之体积 V，随机挑选 28 棵树，测量其胸径 C（单位：米）和树干高度 H（单位：米），以及加工成原木之体积 V（单位：米^3）。希望建立 V 依赖于 C，H 的回归方程（数据文件：REG _ 原木体积 . MTW）。

解　此题在建立最初回归模型时操作没有任何变化，但我们建立了 V 与 C，H 的回归模型后，在残差分析时发现“与拟合值”的残差图和“残差与 C”残差图存在明显弯曲（见图 9－23 及图 9－24），提示我们要修改模型，增加高阶项。先应该增加 C 的平方项。但增加 C 的平方项后，C 和 C 的平方项高度相关。此时可以对变量 C 进行变换，其实就是对于 C 标准化之后再取平方，在 R16 中这一切都要直接用手工计算解决，R17 则对于复杂模型提供了直接计算的工具。

打开“REG _ 原木体积 . MTW”数据文件，从“统计 > 回归 > 回归 > 拟合回归模型（Stat > Regression > Regression > Fit Regression Model）”进入：输入响应和连续预测变量，如图 9－47 左侧对话框所示。

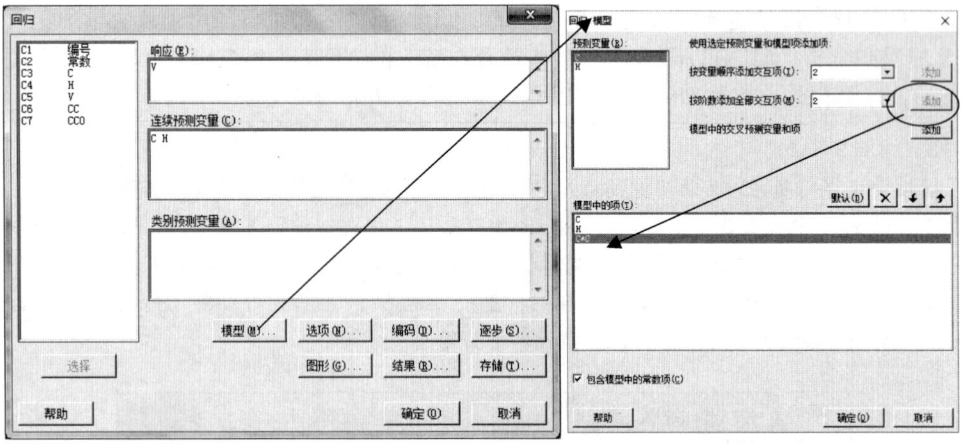

图 9-47　原木体积回归对话框

单击“模型”按钮，弹出图 9-47 右侧对话框。“预测变量”框中默认选中第一个自变量，这里是胸径 C，需要增加 C 的平方项，所以我们单击“按阶数添加全部交互项”后的“添加”按钮，即可把 C 的平方项加入模型，“模型中的项”显示增加了“C * C”项。

但是这样直接加入“C 的平方项”容易形成它与 C 的高度相关，为此最好采用先对 C 进行标准化然后再平方的办法。MINITAB R17 增加的“编码”就可以解决此问题。在图 9-47 所示对话框中，单击“编码”按钮，弹出“回归：编码”对话框（见图 9-48）。编码包括对类别预测变量进行编码和对连续型预测变量进行标准化。对连续型变量进行标准化的方法有五种：“将要编码的低水平和高水平指定为−1 和+1”，“减去均值，然后除以标准差”，“减去均值”，“除以标准差”，“减去指定值，然后除以另一个值”。其中第一种“将要编码的低水平和高水平指定为−1 和+1”是指对每个连续型自变量最大取值设置为代码值+1，最小取值设置为代码值−1，其他取值分别用介于−1 到+1 之间的代码值表示。如因子 C 的最大值 2.37 米设置为代码值+1，最小值 0.67 米设置为代码值−1，最大值 2.37 米和最小值 0.67 米的平均值为 1.52 米，对应代码值 0。从最大值到最小值变化了 2 个代码值，所以每个代码值所对应的真实值的变换量为 0.85 米，也称为半间距。在进行标准

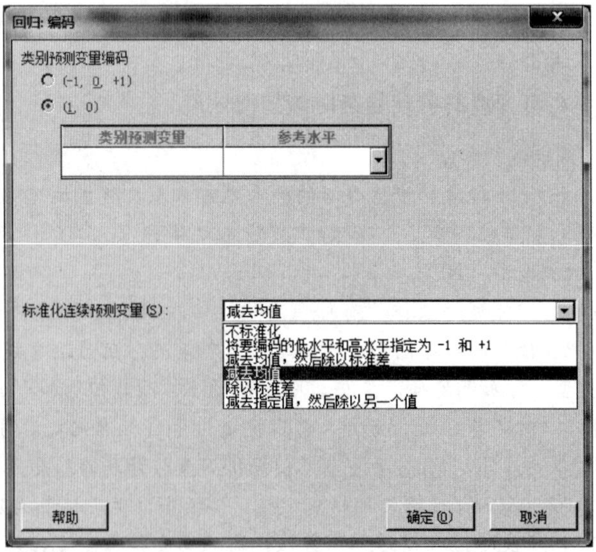

图 9-48　“回归：编码”对话框

化变换时，C 的取值减去 1.52 再除以 0.85，得到的数值就是其代码值。“减去均值”是指把自变量的每个取值都减去平均值，当模型包含高度相关的预测变量、更高阶项及交互作用项时，此方法很有用。例 9-4 的正交多项式分析就采用了这种方法，只不过在 MINITAB R16 中需要在工作表中手工增加一列计算数据，然后把新增加的一列数据当作一个新的自变量进行回归，R17 中则直接选择就行了。“除以标准差”的目的是调整连续预测变量的尺度，如果我们想知道哪些预测变量具有更大效应，同时控制尺度中的差异时，可以采用这种变换方法，然后比较系数的大小来确定哪些预测变量的效应更大。在这个例子中，我们主要是解决多重共线性的问题，所以用“将要编码的低水平和高水平指定为−1 和+1”、“减去均值，然后除以标准差”或“减去均值”这几种方法都可以。

现在我们选择“减去均值”对 X 进行标准化变换，结果如下：

回归分析：V 与 C, H

方法

连续预测变量标准化

减去均值

预测

变量	均值
C	1.60393
H	6.44571

方差分析

来源	自由度	Adj SS	Adj MS	F 值	P 值
回归	3	6.540 20	2.180 07	1941.99	0.000
C	1	0.700 20	0.700 20	623.73	0.000
H	1	0.390 23	0.390 23	347.61	0.000
C*C	1	0.065 53	0.065 53	58.37	0.000
误差	24	0.026 94	0.001 12		
合计	27	6.567 14			

模型汇总

S	R-sq	R-sq（调整）	R-sq（预测）
0.033 505 2	99.59%	99.54%	99.47%

已编码系数

项	系数	系数标准误	T 值	P 值	方差膨胀因子
常量	1.616 88	0.009 66	167.34	0.000	
C	0.587 5	0.023 5	24.97	0.000	3.44
H	0.134 25	0.007 20	18.64	0.000	3.56
C*C	0.223 6	0.029 3	7.64	0.000	1.11

以未编码单位表示的回归方程

V = 0.384 4 − 0.129 7 C + 0.134 25 H + 0.223 6 C*C

模型显著，模型效果很好，残差分析也没有问题。忽略计算误差，计算结果与例 9-4 相同，但操作却大大简化了。

我们在这里重点讨论了对连续型自变量用“减去均值”进行变换的方法，并与例 9-4 的结果进行了比较。其他几种变换方法读者可自行尝试，效果相同，这里不再赘述。

9.6.1.2 回归分析中响应变量的处理

在改进回归模型方面，在前面我们讨论了回归分析中有关自变量的选择和处理的问题，在实际工作中还有一类是需要对响应变量加以处理的，例如在残差分析中出现残差图非齐性（即有“喇叭口”）时，通常会考虑对响应变量进行变换。

例9-15（续例9-5）

在制冷过程中，氨气量非常重要。历史经验表明，氨气的损失量可能与反应过程中的气流、水温及酸浓度有关。现希望求得氨损失量对于气流、水温及酸浓度的回归方程。数据列在表9-5中（数据文件：REG_氨损失量.MTW）。

在本书9.3.2节的分析中，我们发现四合一残差图中的“与拟合值”的残差图中似乎有“喇叭口”（参见图9-25），调用宏指令%boxcoxregres分析后发现需要对Y进行变换，并确定取Y的平方根来改进回归方程。在MINITAB R17中，如果需要对Y进行变换，可以直接通过菜单操作完成。打开数据文件，从“统计 > 回归 > 回归 > 拟合回归模型（Stat > Regression > Fitted Regression Model）”进入，响应输入“氨损失量”，连续预测变量输入“气流 水温 酸浓度”，单击“选项”按钮，弹出如图9-49所示对话框。在“Box-Cox变换”区域选择“最优λ”。结果如下：

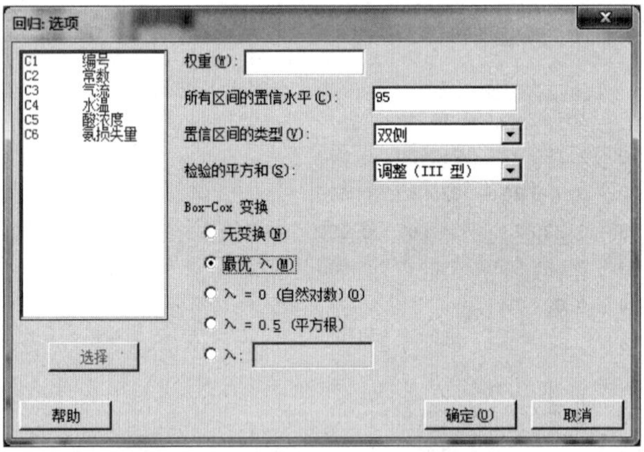

图9-49　回归分析中的选项对话框

回归分析：氨损失量 与 气流，水温，酸浓度

方法

Box-Cox 变换

取整的 λ　　0.5

估计的 λ　　0.641 103

λ 的 95% 置信区间　(0.351 603, 0.911 603)

变换的响应的方差分析

来源	自由度	Adj SS	Adj MS	F值	P值
回归	3	22.170 7	7.390 23	146.17	0.000
气流	1	4.570 0	4.570 00	90.39	0.000
水温	1	0.667 9	0.667 94	13.21	0.002
酸浓度	1	0.058 0	0.058 04	1.15	0.299
误差	17	0.859 5	0.050 56		
合计	20	23.030 2			

变换的响应的模型汇总

S	R-sq	R-sq（调整）	R-sq（预测）
0.224 852	96.27%	95.61%	94.17%

变换的响应的系数

项	系数	系数标准误	T值	P值	方差膨胀因子
常量	-0.992	0.854	-1.16	0.262	
气流	0.089 65	0.009 43	9.51	0.000	2.96
水温	0.095 2	0.026 2	3.63	0.002	2.70
酸浓度	-0.011 2	0.010 4	-1.07	0.299	1.22

回归方程

氨损失量^0.5 = -0.992 + 0.089 65 气流 + 0.095 2 水温 - 0.011 2 酸浓度

从输出结果可以看出，MINITAB 首先对响应变量 Y 进行了变换，取 $\lambda=0.5$，也就是对 Y 求平方根，然后用 Y 的平方根作为响应变量拟合回归方程。回归分析后再次进行残差分析，见图 9-50。

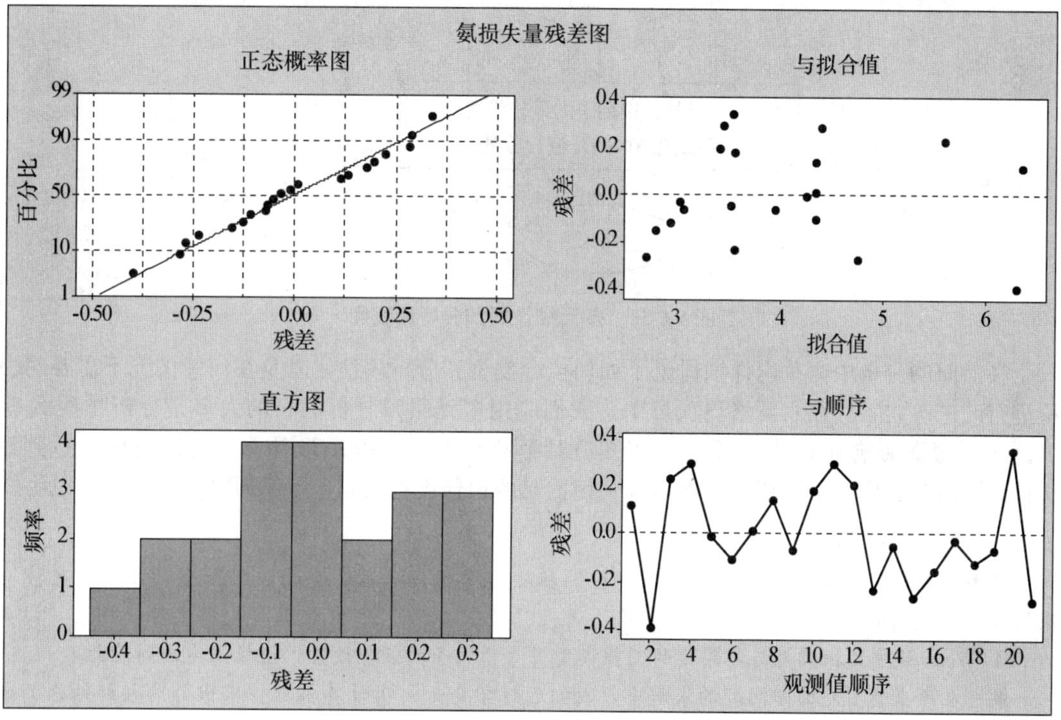

图 9-50 氨损失量回归的四合一残差图

从图 9-50 中可以看出，原来在“与拟合值”的残差图中出现的“喇叭口”已经消失了，说明对 Y 进行变换确实可解决方差不齐的问题。当然，在这个模型中，自变量“酸浓度”不显著，还需要从模型中删除。具体步骤前面已经说明，这里不再重复。

9.6.1.3 多元线性回归分析的寻优

我们在 9.3 节讨论了多元线性回归问题，是针对多个自变量同时影响单个响应变量的回归分析方法，其基本步骤可以用图 9-51 表示。

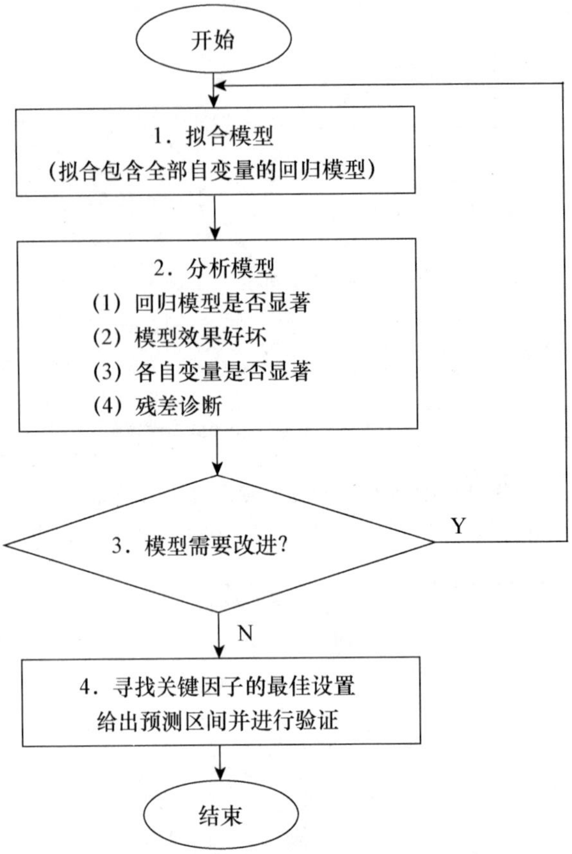

图 9-51　多元线性回归分析流程图

在前面的分析中，我们详细讨论了如何拟合模型和分析模型，以及在何种情况下需要对模型进行改进等内容。在六西格玛项目中，我们应用多元回归分析的目的大多是分析哪些 X 是关键 X 并显著影响着 Y，同时我们还想知道对 Y 有显著影响的 X 取什么值可以使得 Y 达到最优值，这就是我们接下来要讨论的寻找关键因子的最佳设置问题。下面通过一个例题来说明。

例 9-16（续例 9-3）

某手机厂研究如何提高线路板焊接制程的拉拔力问题。根据过去的经验知道，拉拔力可能与烘烤温度、烘烤时间和涂抹的焊膏量有关，现从制程中收集了 20 批数据（数据文件：REG _ 拉拔力 . MTW）。试建立拉拔力与各因素的回归模型并寻找因子的最佳设置，使拉拔力达到最大。

解　在原来的多元回归问题的求解中，我们已经学会如何用计算机软件求出作为最终结果的回归方程。如果要求出最优解，则只能用手工计算来解决，现在 MINITAB R17 给出求最优值的窗口，直接可以得到结果。

我们经过分析，最终确定模型中包含两个自变量：温度与焊膏量。我们自然会考虑应该如何选取两个自变量的取值，才能使拉拔力达到最大值。MINITAB R17 提供了几个菜单帮助我们完成这项工作。

（1）画因子图。

打开数据文件“REG _ 拉拔力 . MTW”，用 MINITAB R17 拟合包含“温度”和“焊膏量”的模型。然后选择指令“统计 > 回归 > 回归 > 因子图（Stat > Regression > Regression > Factorial Plot)”，弹出“因子图”对话框，单击“»”按钮，可以一次把模型中的两个自变量放入右边的

"所选"框，如图 9-52 所示。

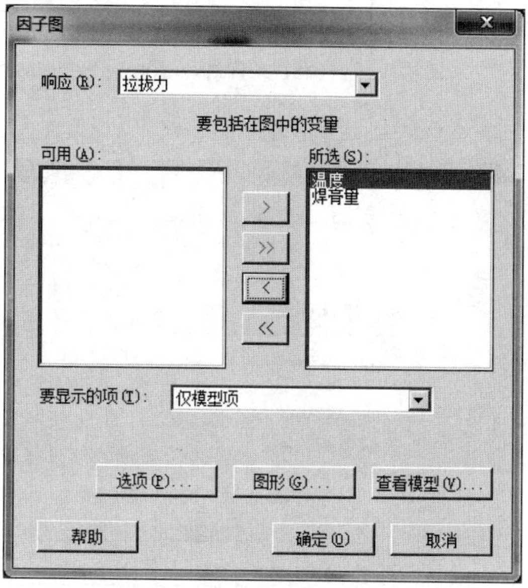

图 9-52　因子图对话框

点击"确定"后，得到如图 9-53 所示的主效应图。本例中，由于模型中只包含两个因子的主效应项，没有交互作用项，所以只给出了主效应图。

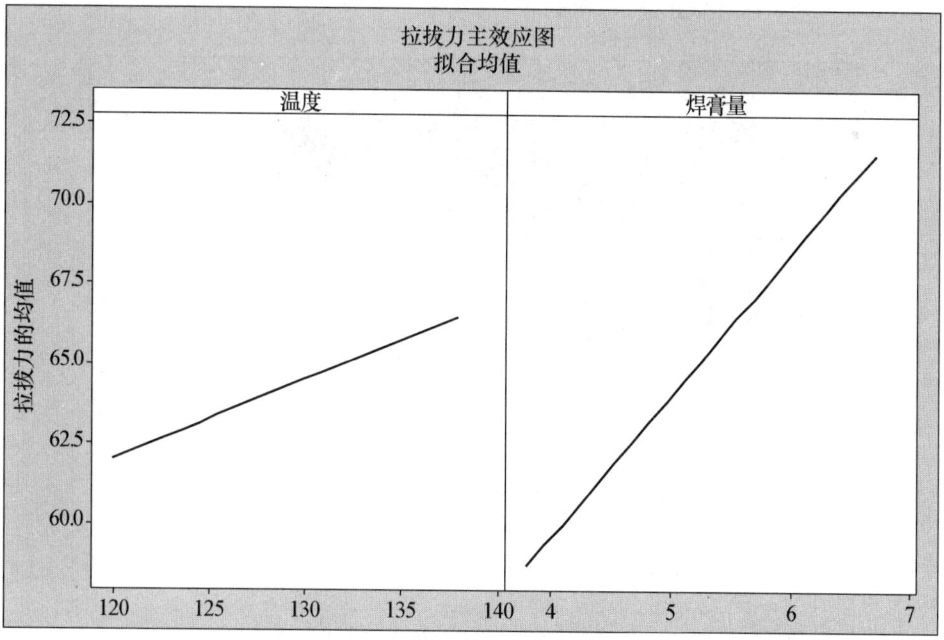

图 9-53　拉拔力的主效应图

从图 9-53 中可以看出，温度和焊膏量对拉拔力的影响都是正效应，也就是随着因子取值的增加，拉拔力也会随着增大。当然前提条件是两个因子之间的交互作用不显著。如果两个因子之间有很强的交互作用，也就是说一个因子的效应强烈依赖于另外一个因子所处的水平，因子的最佳设置很有可能是另外的数值。现在我们拟合了包含两个主效应项的模型，结合回归方程“拉拔力 = 10.04 + 0.247 温度 + 4.44 焊膏量”可以判断，两个因子的取值越大，则拉拔力越大。

（2）等值线图。

从“统计 > 回归 > 回归 > 等值线图（Stat > Regression > Regression > Contour Plot）”进入，出现如图 9 - 54 所示对话框。

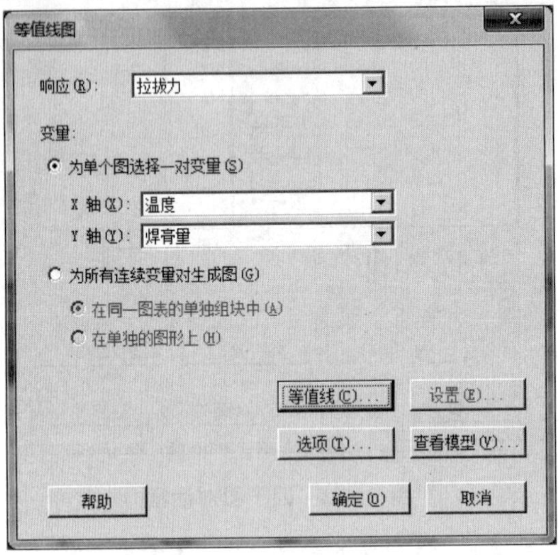

图 9 - 54　等值线图对话框

单击“确定”后，得到如图 9 - 55 所示的等值线图。

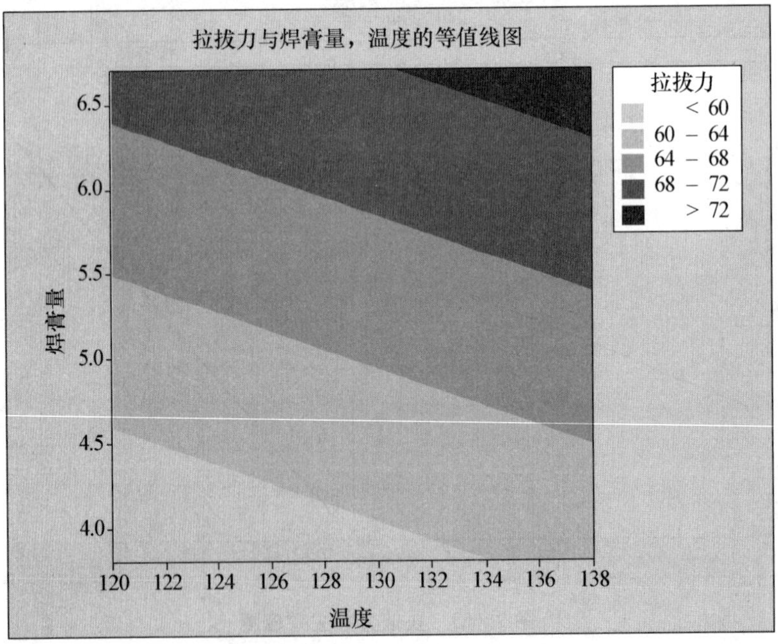

图 9 - 55　拉拔力的等值线图

从等值线图可以看出，颜色越深的区域拉拔力越大。最大拉拔力在图形的右上角，温度取最高的 138，焊膏量取最高的 6.7，此时拉拔力达到最大。

(3) 响应优化器。

我们想确切知道拉拔力的最大值达到多少时，可以使用响应优化器对 Y 进行优化。

从“统计 > 回归 > 回归 > 响应优化器 (Stat > Regression > Regression > Response Optimizer)”进入，单击“目标”区域的下拉箭头，选择“最大化”，单击“设置”按钮，弹出“响应优化器：设置”对话框，如图 9-56 中下方图形所示。在 MINITAB R17 中，响应如果是望大型指标或望小型指标，则不需要进行设置。如果响应是望大型指标，MINITAB R17 会把数据表中最小的 Y 值（本例中最小拉拔力为 57.6，第 5 行）作为下限，最大的 Y 值（本例中最大拉拔力为 72.8，第 20 行）作为目标。上限是我们希望找到的最大 Y 值，不需要设置，在 MINITAB R17 中默认与目标相同；如果响应是望小型指标，MINITAB 则会把数据表中最大的 Y 值作为上限，最小的 Y 值作为目标，下限不需要设置，默认与目标值相同。望目型指标则需要设置目标值，MINITAB 默认把数据表中最小 Y 值作为下限，最大 Y 值作为上限。本例中，拉拔力是望大型指标，越大越好，不需要设置上下限。

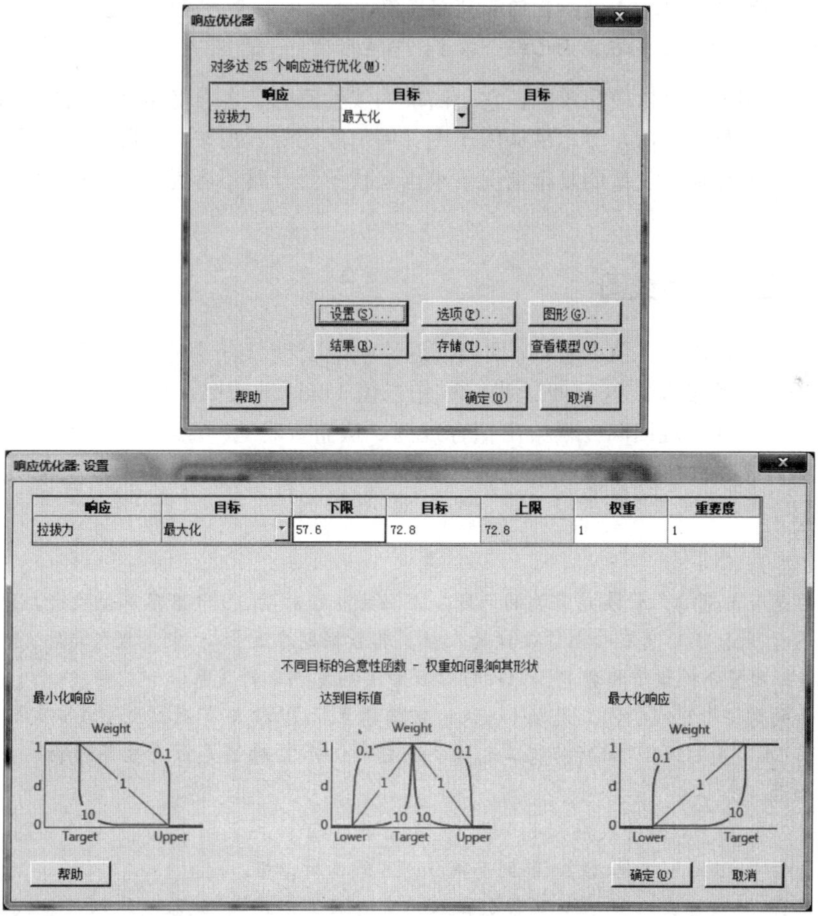

图 9-56　响应优化器设置

单击“确定”后，得到响应优化器如图 9-57 所示。

从响应优化器中可以看出，温度的取值范围从 120.0 到 138.0，焊膏量的取值从 3.80 到 6.70。

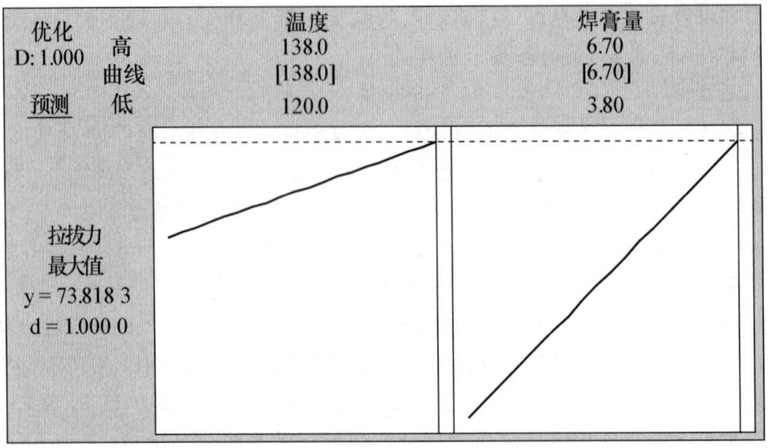

图 9－57　响应优化器

当温度取 138.0，焊膏量取 6.70 时，可以获得最高的拉拔力 73.818 3。当然，这个数值还是拟合值，我们还需要给出对应因子取值的置信区间和预测区间，如果有必要，还需要进行几次验证试验。预测和进行验证试验的方法我们在前面已经介绍了，不再赘述。

我们所举的例子还是比较简单的，它是简单的线性回归，各自变量间没有交叉乘积项，所以最优值（恰好又是最大值）很容易从因子图、等值线图等看出来，实际问题中很可能是多元的非线性回归，要想在多变量的复杂情况下求出最优解是非常不容易的，这时我们的回归最优化的功能将发挥很大的作用。

9.6.2　二元拟合线图

我们在 9.4 节讨论了二值 Logistic 回归问题。响应变量只有“是”或“否”两个取值，而 X 是连续型或离散型变量，这种问题我们称作二值 Logistic 回归。如果只有一个连续型自变量，我们能否像一元线性回归一样给出拟合线图，从而直观地判断 X 对 Y 的影响呢？回答是肯定的，在 MINITAB R17 中新增加了二元拟合线图，下面我们通过两个例题说明二元拟合线图的使用方法。

例 9－17（续例 9－7）

研究肥胖是否与患心血管疾病有关的问题。上海某高校对于 3 983 名参加体检者，记录了体重超重者（BWI 大于等于 25）患有心血管疾病的人数。其数据列在表 9－9 中（数据文件：REG _ 心血管疾病 . MTW）。希望分析体重指数（BWI）与心血管疾病发病率的关系。

解　前面的讨论中，我们用二进制 Logistic 回归建立了 BWI 与有无心血管疾病的回归方程。现在我们希望用 MINITAB R17 的新功能二元拟合线图来分析 X 对 Y 是否有显著影响，并且给出变化趋势的直观图形。

打开文件“REG _ 心血管疾病 . MTW”，选择指令“统计 > 回归 > 二元拟合线图（Stat > Regression > Binary Fitted Line Plot）”，得到如图 9－58 所示对话框。

选择“事件/试验格式的响应”，事件数输入“有心血管疾病”，试验数输入“总人数”，预测变量输入“BWI”，单击“确定”按钮。

在图 9－59 所示的二元拟合线图中，给出了回归方程：$P(\text{事件}) = \exp(-6.03 + 0.2570\,\text{BWI})/(1 + \exp(-6.03 + 0.2570\,\text{BWI}))$。

从图 9－59 中可以看出，纵坐标是患心血管疾病的概率 p（不再是 Logistic 回归中不太直观的差

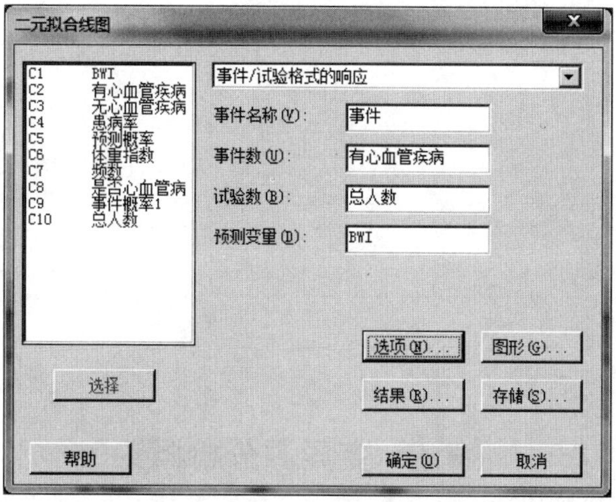

图 9-58　二元拟合线图对话框

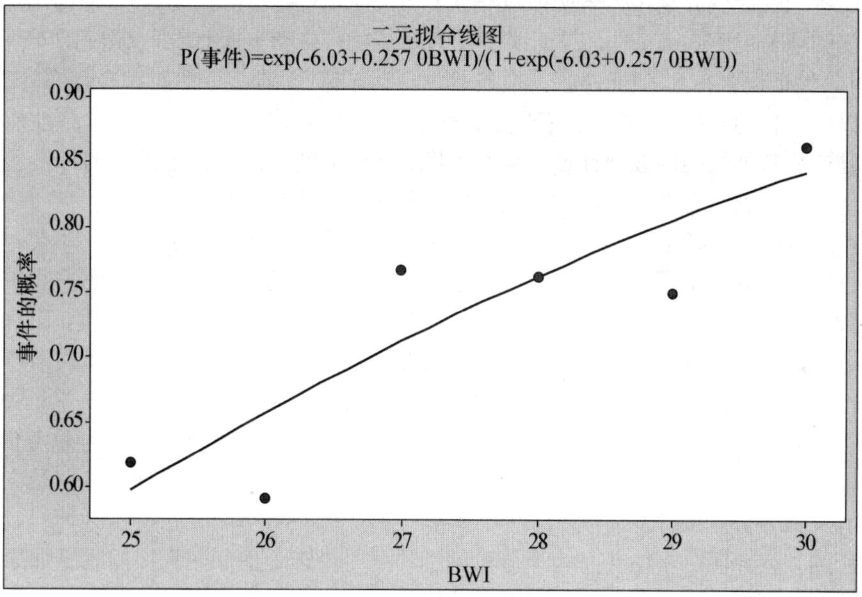

图 9-59　二元拟合线图

异比的对数 $\ln\frac{p}{1-p}$之线性函数），随着 BWI 的增加，患心血管疾病的概率基本呈现增长的趋势，但是在线性增长趋势基础上有放缓的上凸倾向，用 BWI 来解释患心血管疾病的概率效果还是不错的。关于对会话窗口中输出的内容的解释，我们在 9.4 节已经讨论过了，不再重复。

第10章

变异源分析

10.1 变异源分析概论

实施六西格玛管理的一个重要目标就是减少生产过程中产品性能的变异。大家都知道，生产出的产品各项性能变异越小，表明该过程生产出的产品性能越好。例如，自动车床A，可以做到“车削轴杆长度100 mm时，保证误差在1mm内”；自动车床B，可以做到“车削轴杆长度100 mm时，保证误差在0.1 mm内”。很显然，自动车床B的产品性能比自动车床A要好得多，也可以说，自动车床B本身也就比自动车床A要好得多。这里，度量产品性能优劣的关键指标就是产品特征性能的波动性或变异性，其统计指标就是产品特征性能的标准差。实施六西格玛管理的目标就是希望生产出的产品的特性指标的标准差要尽可能小。

当然，让标准差尽可能小，可不是件简单的事，它可能牵涉生产中的很多因素。生产中产生的变异这么大，到底是哪些原因形成的？通过事先安排好的计划，有规律地去收集生产过程中的有关数据，通过统计分析，我们不但要弄清楚变异是由哪几部分原因组成，而且要定量地给出每部分原因所产生的变异究竟在总变异中占多大的比例。换言之，我们要找出产生变异的“罪魁祸首”，并把所有对产生变异有“贡献”的因素，按其对产生总变异的“贡献率”排成队，定量地列出一个需要解决的问题的顺序清单，以便在选择攻关项目时作为参考依据。这就是通常所说的变异源分析（source of variation，SOV）。它使用的主要统计工具就是方差分析和更深入的有关方差分量的计算。

如上所述，变异源分析主要是为了分析问题，此时尚未考虑如何解决问题。如果希望最终判定所有因素在其可能取值范围内，究竟哪些因素对于生产特性指标有重要影响，哪些没有重要影响？对于那些有显著影响的因子，究竟它们处于什么状态时会使产品特征性能达到最佳？这是统计学中另一个重要课题，这个任务将要在试验设计（design of experiment，DOE）中完成，这部分内容将在本书的第13章做介绍。本章讨论的变异源分析属于不改变目前生产状况情况下的研究分析工作，是在正式解决问题之前的准备工作，即首先要搞清楚变异究竟是怎样产生的。

10.2 变异源分析的一般方法

先引入一些变异源分析（SOV）中最常用到的概念。我们把最能代表过程特征的变量称为**因变量**或**响应变量**，而把可能产生影响的那个（些）变量称为**因子**。此因子在观察中可能取的不同值称为**水平**。例如，有 3 台车床，称车床这个因子取 3 个水平。在 SOV 中，因子通常是以离散型变量形式出现的，即使原来是连续型变量也要在取定若干固定数值后将其变成离散型变量。对于因子和响应变量都是连续型变量的情况，通常会用回归分析的方法来处理；对于两者皆为离散型变量的情况，通常会用列联表的卡方检验方法来处理；如果因子是连续型变量而响应变量是离散型数据时，则使用 Logistic 回归处理。在 SOV 研究中，表面上看，因子是以离散型变量形式出现的，响应变量是以连续型变量形式出现的，这种类型的问题都可以使用 ANOVA 的方法处理。但实际上，由于每个因子的性质可能不同，各因子间还可能有多种不同的结构关系，因此处理起来也要分为多种类型，要在 ANOVA 的基础上进一步深入计算，其细节将在下面具体介绍。

变异源分析是指通过对过程收集到的数据进行分析得到关于变异来源的结论。但是如何收集数据呢？比如，我们关心本车间生产的螺钉的直径的波动问题，到仓库中随机抽取 200 颗螺钉，发现它们直径的方差大得超出我们的想象。螺钉的直径是关键指标，减小它的波动对于生产来讲是很重要的问题。但这样随机收集的数据能说明什么？它只能说明产品性能的总体波动太大，而我们希望获得的是更进一步的信息，即到底是什么原因造成这么大的波动。为此必须放弃简单随机抽样，改而采用按不同因子的不同水平有计划地分层，然后再抽取样本。此外，抽样一定是在现有生产条件下进行的，并不对生产条件做任何改动，抽样分析工作只是有计划的观察，这与试验设计中的状况是完全不同的。我们只是对现实状况作最准确详尽的记录，并加以分析，得到各个因子在产生响应变量的变异方面的贡献率，从而确认减少变异的主攻方向。这很像选好角度给过程拍一个有很多细节的“快照”，我们当然希望快照能准确详细地反映出过程全部的真实状况，并不希望过程本身发生任何变化。

我们通常就是按上述方法进行变异源分析的。为使大家有具体的了解，先看下面的例子。

例 10-1

考虑车工车间在生产标准螺钉时的直径波动过大问题。从十几名工人中随机选取 3 名工人，让他们使用同一根钢条做原料，每人都使用自己平时所用的车床，按随机顺序各自分别加工出 4 颗螺钉，然后在每颗螺钉的根部随机选取两个相互垂直的方向，分别测量其直径，共得到 24 个数据。数据列于表 10-1 中（数据文件：QT _ SOV2 嵌套 . MTW）。分析螺钉直径间的变异产生的原因。

表 10-1　　螺钉直径数据（2 因子）

螺钉	工人 A		工人 B		工人 C	
	测量 1	测量 2	测量 1	测量 2	测量 1	测量 2
1	8.2	8.4	8.8	8.9	8.1	8.2
2	8.6	8.4	8.9	8.6	8.3	8.2
3	8.4	8.5	8.7	8.6	8.1	8.2
4	8.2	8.4	8.6	8.7	8.2	8.3

很显然，工人之间可能有变异，每名工人自己生产的螺钉间也有变异。当然，在一颗螺钉根部两个方向上测定的直径间也有变异，但我们是用其平均值作为整个螺钉直径的代表，两个不同方向间变异的产生是车床生产过程中固有的（称为“不圆度”），它是在同一名工人生产出的同一颗螺钉上得到的结果。我们目前还不想讨论螺钉不圆度的成因，它的产生几乎是不可控制的，我们将把它作为随机误差来处理。当然在实际工作中，它可能含有测量误差，但在测量系统分析完成后，我们可以假定测量误差已经小到可以忽略的程度了。随机误差并不是测量误差，但它是完全随机形成的，不能算作待考察的因子。总之，现在有“工人”和“螺钉”两个

因子以及一个随机误差项（或螺钉内部变异）。我们的问题是，在螺钉直径的变异中，在“工人”“螺钉”这两个因子和随机误差项之间，也即在3名工人间和每人生产的4颗螺钉间以及螺钉内部的变异中，究竟哪项最大，哪项次之，哪项最小？它们各占多大比例？

将此例题所叙述的问题一般化，就是进行SOV时的处理方法。先要根据过程分析结果，初步判断可能影响响应变量的因子。当然，在准备进行SOV前，先要确认测量系统是合格的，也就是说，由测量引起的波动应该控制在非常小的范围内。只有当测量系统被判定为合格时，收集到的数据才能用来进行SOV。至于测量系统分析的内容，从使用的工具来看也与SOV有关，我们将在下一章讨论。

通常把变异来源归因于下列三个方面。

1. 随机误差

在任何实际工作中，都要先选取一个可以不追究或无法更细致追究的变异原因，我们把这部分称为随机误差。有时也称为“组内差”，如上例的不圆度误差。注意不要把这部分理解为或实施为重复测量的误差，我们需要的是真正反映过程中的随机误差项，像例10-1中螺钉两个垂直方向的直径度量差别就是较好的选择。

2. 组间差

经常要考虑的人员之间的差异、部件之间的差异、原料批次之间的差异、设备之间的差异、方法之间的差异、环境条件之间的差异等。这些是我们要考察的重点，而且对于不同问题将会有不同的安排与选择。例如在例10-1中，考虑3个工人间的变异、每人生产的4颗螺钉间的变异就都是组间差。

3. 时间差异

需要考虑到时间因素所形成的变异。例如，每周之间的差异、每周内5个工作日之间的差异、早中晚三班之间的差异、每个小时之间的差异等。

SOV最终的目的就是把整个方差分解为若干有意义的方差分量。如果将因子用A，B，…，K代表，将随机误差用E代表，则有基本公式：

$$\sigma^2=\sigma_E^2+\sigma_A^2+\sigma_B^2+\cdots+\sigma_K^2$$

SOV最后的结果就是要得到上式的数值结果，并且能把各项方差在总方差中所占的比率计算出来，从而确认对于总方差的最大贡献者（或言“罪魁祸首”）。

选定SOV所要研究的因子后，要设计好采样计划。除了随机误差因子可以最少取2个水平之外，任何属于组间差或时间差异的因子都最少取3个水平。使用变异源分析方法的第一个重要步骤是，先画出SOV中要考察的各因子间的树状图（tree diagram）。每个因子画一行，将各水平的数值从左至右列出，然后对每个因子都自上而下画出。这时，由于随机误差总会放在最底（下）层，这行不能算是“因子”。例10-1的树状图参见图10-1。

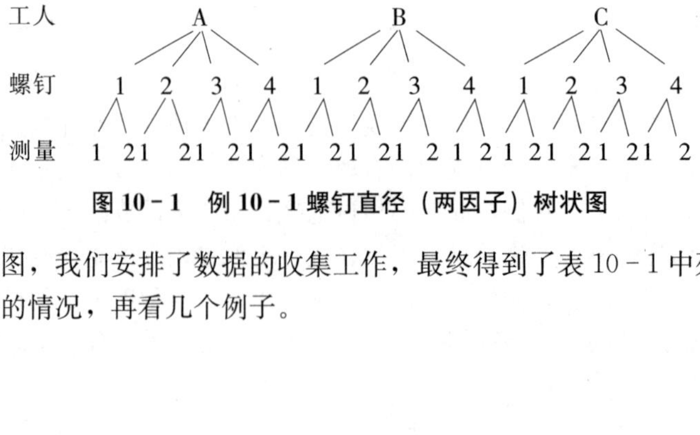

图10-1　例10-1螺钉直径（两因子）树状图

按照上述树状图，我们安排了数据的收集工作，最终得到了表10-1中列出的观测值。

为了解更广泛的情况，再看几个例子。

例 10-2

考虑精密车工车间生产微型轴杆长度波动过大问题。我们从十几位工人中随机选取 3 名工人，让他们使用同一根钢条做原料，大家都使用固定的编好号的 4 台车床，按随机顺序各自分别加工出 3 根轴杆，然后分别测量其长度，共得到 36 个数据。数据列于表 10-2 中（数据文件：QT _ SOV2 交叉 . MTW）。我们要分析轴杆长度间变异产生的原因，究竟是车床间的变异为主？还是工人间的变异为主？抑或是同一工人同一车床生产的不同轴杆间的变异为主？

表 10-2　　轴杆长度数据

工人		车床 1	车床 2	车床 3	车床 4
A	轴杆 1	12.52	12.01	12.43	12.18
	轴杆 2	12.48	12.05	12.29	12.25
	轴杆 3	12.38	12.04	12.58	12.27
B	轴杆 1	12.77	12.01	12.51	12.22
	轴杆 2	12.71	12.20	12.49	12.23
	轴杆 3	12.62	12.03	12.48	12.36
C	轴杆 1	12.90	12.04	12.62	12.39
	轴杆 2	12.84	12.10	12.72	12.56
	轴杆 3	12.99	12.21	12.70	12.43

这仍然是两个因子的问题，下面看一个更复杂的例子。

例 10-3

轴棒直径变异问题（三因子）。对于随机选取的 3 名工人 A，B 及 C，让他们使用同一根钢条做原料，分别使用已选好并编了号的固定的 4 台车床，各自分别加工出 3 根轴棒，然后在每根轴棒的根部随机选取两个相互垂直的方向，分别测量其直径，共得到 72 个数据。我们的问题是，轴棒直径间的变异究竟是怎样产生的？这里考虑了工人、车床及轴棒共 3 个因子，其数据列于表 10-3（数据文件：QT _ SOV3 交叉嵌套 . MTW）。

表 10-3　　轴棒直径数据（三因子）

		工人 A		工人 B		工人 C	
		直径 2	直径 1	直径 2	直径 1	直径 2	直径 1
车床 1	轴棒 1	23.1	23.3	23.7	23.6	23.1	23.2
	轴棒 2	23.0	23.4	23.6	23.5	23.3	23.1
	轴棒 3	23.1	23.3	23.8	23.7	23.4	23.2
车床 2	轴棒 1	24.6	24.5	24.9	24.8	24.6	24.5
	轴棒 2	24.7	24.8	24.9	24.7	24.4	24.5
	轴棒 3	24.5	24.6	24.9	24.8	24.3	24.5
车床 3	轴棒 1	23.6	23.8	23.9	24.0	23.4	23.6
	轴棒 2	23.9	23.8	23.5	23.9	23.4	23.5
	轴棒 3	23.4	23.5	23.8	23.6	23.6	23.4
车床 4	轴棒 1	24.1	24.3	24.5	24.4	24.0	24.1
	轴棒 2	24.2	24.3	24.0	24.3	24.2	24.3
	轴棒 3	24.1	24.2	24.6	24.7	24.2	24.4

对于这种分析变异来源的问题，在统计上如何处理呢？通常有两个步骤：首先应用统计作

图法，提供图形工具直观显示这些变异的组成状况（严格地说这是用计算机将图形显示出来的问题，与统计概念无关）；然后给出精确数值定量的分析和解释，将各因子的贡献量化。下面先在10.3节介绍变异源分析的图形方法，然后在10.4节介绍变异源分析的单因子数值分析方法，最后在10.5节介绍多种更复杂模型的分析方法。

10.3 变异源分析的图形方法

在应用统计方法解决实际问题时，常用图形显示方法给出直观的判断。图形方法是一个非常重要的手段。在SOV中画出的图称为“多变异图”(multi-vari chart)。其操作方法是先要画出树状图以阐明因子间的结构关系，然后用计算机软件将图画出。

下面以例10-1为例介绍有关内容。其树状图见图10-1，属于较简单的两因子情况。

有了树状图，就可以容易地画出多变异图。画多变异图的具体操作是：

从“统计>质量工具>多变异图(Stat>Quality Tools>Multi-vari Chart)”入口，操作示意图如图10-2所示。

图10-2　绘制多变异图的操作(1)

得出的界面如图10-3所示，在上侧先填入响应变量名，再填入因子名称，这里特别要注意的是，因子填写要按照由下而上的顺序，换言之，先从最基层的因子填起（注意误差不算因子），然后逐次向高层填写。在打开“选项(Options)”窗口后，注意增选“显示个体数据点(Display Individual Data Points)”（见图10-3中下侧）。

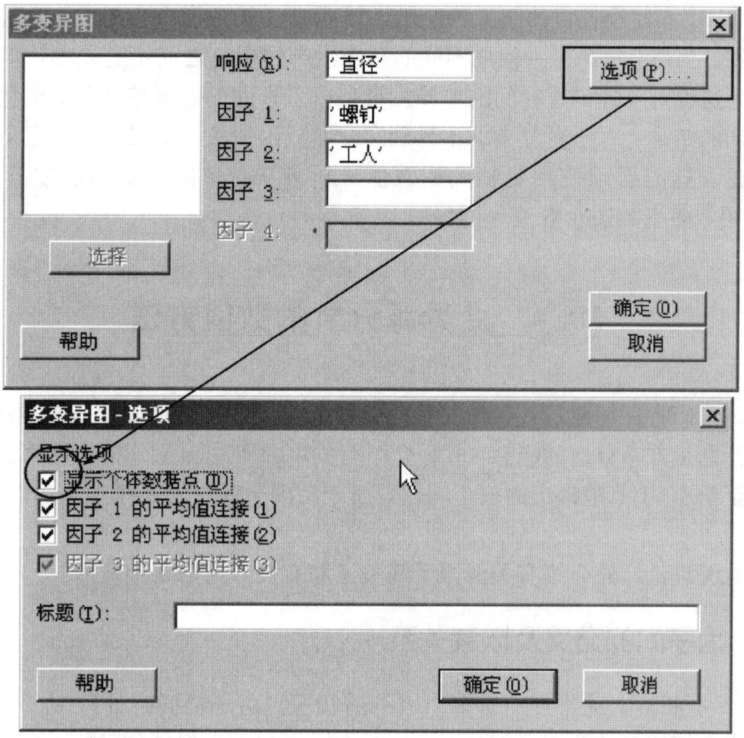

图 10－3　绘制多变异图的操作（2）

计算机处理后，会将所有数据列出来形成如图 10－4 所示的展示图。图 10－4 中显示的是例 10－1（数据文件：QT _ SOV2 嵌套 . MTW）螺钉直径的两因子多变异图图形结果。

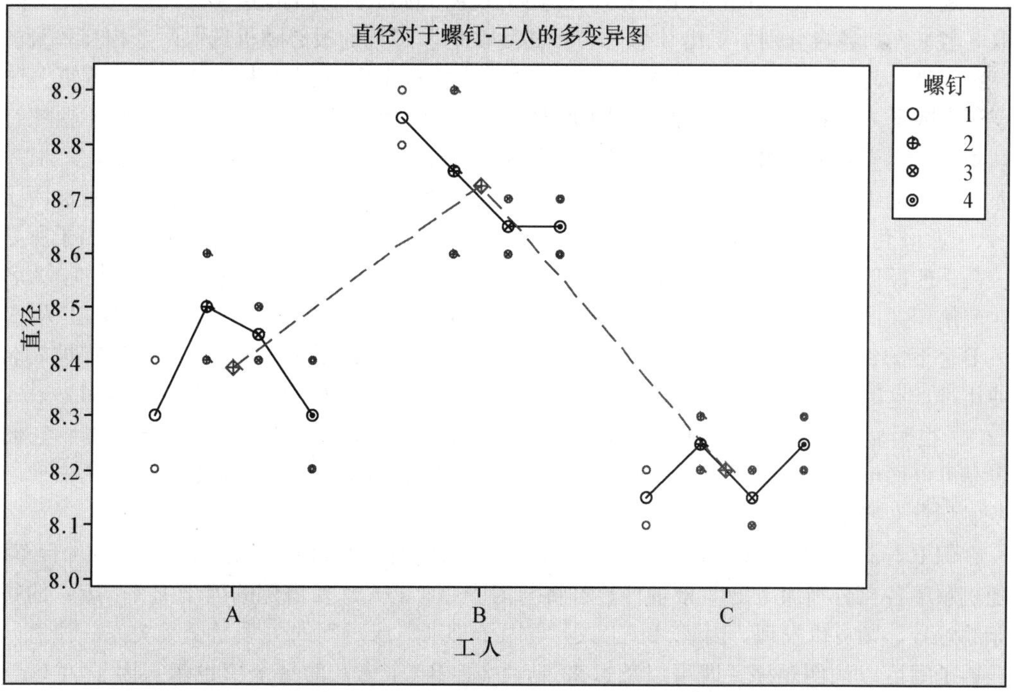

图 10－4　螺钉直径的两因子多变异图

本例中，3名工人使用各自的车床各生产4颗螺钉。从图形中容易看出，这3名工人之间有着显著的差别。当然，每个工人使用不同的车床生产的螺钉之间也有差别，但相比于工人间的差别小多了。这说明，螺钉直径间的差异主要是由工人间的差异造成的。这就是从图形中直观分析可以得到的结论。对于更复杂的不易确定变差成因主次的情况，不一定全部都能从图形上看出明确结论，这时必须使用更精确的数值分析方法。单因子变异源数值分析内容将在10.4节加以介绍，多变异图及数值分析参见10.5节的介绍。

10.4 变异源分析的数值方法

在本节中，我们将仔细分析各种情况下的数据结构，并给出具体的分析方法。为此，先介绍有关概念，特别是方差分量的概念，然后介绍有关单因子变异源分析的计算公式，并对其含义给予解释。至于10.1节中提出的三个问题，属于两因子或更复杂模型，我们将在10.5节分别加以叙述。

为了理解有关理论，先介绍有关两因子间关系和有关效应的几个概念。

10.4.1 因子间的交叉及嵌套关系

在进行SOV分析时，通常要面对多个因子的状况。由于要同时处理多个因子的效应分析问题，因此首先要搞清楚这些因子间的关系。多个因子间通常都是分层的，在画树状图的时候已经有所体现。而对于相邻层的两个因子，根据它们的不同关系状况，可分为嵌套或交叉关系。在绘制多变异图时，并不需要区分两种关系的不同，但对于变异源的数值分析而言，两种关系就有很大的不同，必须区分清楚。

回顾一下例10-1。在此例中考虑车工车间在生产标准螺钉时的直径波动过大问题。随机选取3名工人，各自分别加工出4颗螺钉，然后在每颗螺钉的根部随机选取两个相互垂直的方向，分别测量其直径，共得到24个数据。将“工人”这个因子记为因子A，将“螺钉”这个因子记为因子B，那么，A与B两个因子间是什么样的关系呢？由于各工人生产的4颗螺钉是分别附属于相应的工人的，即使我们将这些螺钉都编号为1，2，3，4，但是很明显，工人A和工人B之下的编号皆为1的两颗螺钉并不是同一件东西。这时，称因子B（螺钉）是被因子A（工人）所嵌套着的（Factor B is nested with factor A）。很明显，此种情况下的两个因子所处的地位是不能颠倒的。然而，在实际情况中，两个因子间还可能存在另一种关系。例如，3名工人轮流使用共同的4台编了号的车床，每个工人都使用了车床1，2，3，4，这时，工人A和工人B之下的编号都为1的两台车床是同一件东西。而且可以反过来说，每台车床都被3名工人使用过。这时，称因子B（车床）是与因子A（工人）相交叉（Factor B is crossed with factor A）。很明显，如果这时候说因子A（工人）与因子B（车床）相交叉也是同样的，它们的位置是可以颠倒的。这里要注意，单从树状图上不能区分两个因子的关系是交叉还是嵌套，只能从实际意义判断。

在例10-2的轴杆长度问题中，选取3名工人，让他们轮流使用固定的编好号的4台车床，按随机顺序各自分别加工出3根轴杆。若将与因子A（工人）及搭配的因子B（车床）的每台车床编好号，则可以发现，因子A（工人）与因子B（车床）间的关系是交叉关系。注意，它们两因子间可以颠倒顺序，即可以反过来说，因子B（车床）的每个值也都与因子A（工人）的每个值搭配过。如果车床不是固定的编号的车床，而是每个工人各自有自己固有的4台车床，这时因子 A（工人）与因子 B（车床）间的关系就不再是交叉关系，而是嵌套关系了。

例 10－3 讨论的是三因子问题。由于不能将轴棒之间的变异看成随机误差，因而要求将轴棒之间的变异也看作因子，即形成三因子问题。这里 3 名工人（因子 A），分别使用已选好并编了号的 4 台车床（因子 B），各自分别加工出 3 根轴棒（因子 C），然后对每根轴棒测两次直径（误差）。由于因子 B 的 4 台车床是固定的，所以工人（因子 A）与车床（因子 B）之间是交叉关系，而轴棒（因子 C）则是被 A 与 B 所嵌套的，即三因子是先交叉后嵌套的关系。

如果将例 10－3 的安排稍加调整：3 名工人（因子 A），分别使用自己固定的 4 台车床（因子 B），各自分别加工出 3 根轴棒（因子 C），这时因子间的关系就会发生变化。这时 B 被 A 所嵌套，C 被 A 和 B 所嵌套，这种关系也称为完全嵌套关系（fully nested）。

实际问题中可能有多种结构，但仔细分析它们的数据就可以发现，因子间的关系无非嵌套或交叉这两种基本类型。有时在实际问题中可能遇到的是因子个数较多，关系较复杂，这时需要仔细分析处理。

10.4.2 固定效应与随机效应

下面讨论每个因子本身的效应问题。一个因子可以取若干个不同的数值，这些数值称为该因子的水平（level）。对于此因子所取的每个水平下响应变量取值的均值的算术平均值，称为此因子的因子总均值。如果对于此因子所取的各个水平，响应变量取值的各水平均值与此因子的总均值有差别，则称这个差别（因子所取的各个水平下响应变量取值的均值减去此因子的总均值）为此因子在该水平上的效应（effect），即因子取此水平时会使响应变量取值的均值在本因子的总均值上产生多大改变。

这种效应有两种不同的情形：固定效应和随机效应。如果对于每个特定的水平，其效应是一个固定的数，称此种效应为固定效应（fixed effect），此因子称为固定效应因子（factor with fixed effect）。比如在比较多个总体均值是否相等时使用的方差分析方法，所遇到的都是设各因子的效应是固定效应的例子。但实际生活中还有另一种类型，各因子在各水平上的效应不再是固定的数值，而是一个随机变量。此种效应称为随机效应（random effect），此因子称为随机效应因子（factor with random effect）。本章中所讨论的变异源问题一般都将各因子考虑为随机效应因子。比如例 10－1，因子 A（工人）有 A，B，C 共 3 个水平，这 3 个水平是从这个因子 A（工人）所有可能取值的集合中随机抽取的，它们的效应不再是固定的数值，而是随机变量。这时，我们所感兴趣的焦点不是具体分析出各自的效应是多少，而是希望得知这种效应的**变化**有多大，此种效应属于随机效应，因而因子 A（工人）是随机效应因子。我们对此的处理方法是，将此因子所有各个水平（总计为 n_A 个）的效应值看作总体，而因子第 i 个水平的效应 α_i（$i=1,2,\cdots,n_A$）是来自此总体的一次抽样。显然此总体的均值应为 0，而我们感兴趣且又非常重要的常量是该因子的方差 σ_A^2，此常数与 i 无关，而仅与因子 A 有关，称为因子 A 的方差分量（variance component）。因此，有

$$\alpha_i \sim N(0,\sigma_A^2),\quad i=1,2,\cdots,n_A$$

式中，σ_A^2 未知。在 SOV 中，最重要的任务就是估计这个参数 σ_A^2。

对于其他各因子我们也采用同样的处理方法。而 SOV 的最终目的是将各个因子的方差分量按照由大到小的顺序排列出来，这就是它们对总变差的贡献。将它们换算为百分数，就是各个因子对于总变差的贡献率，而按贡献率由大到小的排序就是进行变异源分析的最主要目标。

分析随机效应因子与固定效应因子是很不同的。由于以前介绍过的 ANOVA 中处理的都

是固定效应因子，因此我们必须在 ANOVA 的基础上，经过进一步计算才能得到方差分量的值。显然，求方差分量的工作要远比 ANOVA 难得多。

另外一点值得注意的是，因子之间的关系是嵌套或是交叉，与这些因子本身有固定效应还是随机效应是没有关系的。换言之，两个皆为固定效应因子（或皆为随机效应因子）之间，或一个随机效应因子与一个固定效应因子之间，既可以是嵌套关系，也可以是交叉关系。

当然，这里也要注意到另一件事：两个是交叉关系的随机效应因子，除了考虑它们每个因子的主效应方差 σ_A^2 及 σ_B^2 外，还应该考虑到它们之间可能存在的交互效应方差 $\sigma_{A\times B}^2$ 。而对于两个是嵌套关系的随机效应因子，它们之间则不可能存在交互效应方差项。这是因为，如果因子 B 被因子 A 所嵌套，因子 B 不可能取固定的各个水平，因子 B 所取的各个水平将依因子 A 的不同水平而不同，这时，它们之间是没有交互作用可言的。我们将只考虑因子 A 的效应方差 σ_A^2 和因子 B 被 A 所决定的各个水平效应的方差 $\sigma_{B(A)}^2$ 。根据固定效应与随机效应的定义，可以得知，在两因子为交叉关系时，只有两者皆为固定效应时，其交互作用才是固定效应的；只要有一个因子是随机效应的，则交互效应肯定是随机效应的，都要考虑计算方差分量。至于有交叉关系的两个因子间，是否一定存在交互作用呢？两因子间确实可能并没有交互作用存在。对于这种情况，通常是先假设它们存在交互作用，然后通过假设检验的方法，给出它们之间是否有交互作用的判断。如果它们的交互效应真的不显著，则可以把它们的交互效应再从模型中剔除出去。

10.4.3 单因子方差分量计算公式

在因子个数不同或因子间关系不同（嵌套还是交叉）时，方差分量的计算公式是很不相同的。本段将只介绍最简单的单因子方差分量的计算。

设 Y_{ij} 为因子 A 在其第 i 个水平时所得到的第 j 个观测值，则可以假定下列模型：

$$Y_{ij}=\mu+\alpha_i+\varepsilon_{ij},\quad i=1,2,\cdots,n_A;j=1,2,\cdots,r \tag{10-1}$$

式中，μ 为总平均值，是非随机参数；α_i 是总体 A_i 的随机效应，是随机变量；ε_{ij} 是随机误差。对于各随机项有下列假定：

$$\begin{cases}E(\varepsilon_{ij})=0\\ \mathrm{Var}(\alpha_i)=\sigma_A^2,\quad i=1,2,\cdots,n_A\\ \mathrm{Var}(\varepsilon_{ij})=\sigma^2,\quad i=1,2,\cdots,n_A;j=1,2,\cdots,r\end{cases} \tag{10-2}$$

这里 ε_{ij} 与 α_i 皆不相关。

模型（10－1）与模型（10－2）就是所要讨论的单因子方差分量模型。在此模型中，σ_A^2 及 σ^2 称为方差分量。对这个模型研究的重点放在方差分量的估计上，对于这两个参数的假设检验（这时还要增加它们都是正态分布的假定）就不进行讨论了。

我们注意到，这种问题的分析方法与普通的方差分析法是非常不同的。在得到方差分析的 ANOVA 表格后，已经可以算出各分量的离差平方和 SS ，相应的自由度 df ，从而可以得到各分量的平均平方和（简称为均方）MS，包括 MS_A 和 MS_E 。但这里计算的 SS 只是根据观测到的数据直接计算其离差平方和得来的，这对于固定效应的模型足够了。然而，如果 A 因子是随机效应因子，各水平下观测值的离差平方和既包含 A 因子方差的影响，又包含随机误差的影响，那么为了求出单纯的 A 因子的方差必须在扣除随机误差的波动影响之后才有可能。因此，求方差分量的估计还要以 ANOVA 计算出的 MS 为基础，再进行下一步计算。可以证明有下列公式（参见本书参考文献［15］，92 页）：

$$\begin{cases}E(MS_A)=r\sigma_A^2+\sigma^2\\ E(MS_E)=\sigma^2\end{cases} \tag{10-3}$$

其中各项 MS 是 ANOVA 表中的均方，我们在式（10－3）中给出的是它们的期望值，对这些期望值用对应的均方的观测值来估计，可得到下列方程组：

$$\begin{cases} MS_A = r\hat{\sigma}_A^2 + \hat{\sigma}^2 \\ MS_E = \hat{\sigma}^2 \end{cases} \quad (10-4)$$

解此方程组，就可以得到方差分量的估计：

$$\begin{cases} \hat{\sigma}^2 = MS_E \\ \hat{\sigma}_A^2 = (MS_A - MS_E)/r \end{cases} \quad (10-5)$$

10.4.4 单因子方差分量计算举例

为了演示上面各项计算的含义，举一个单因子方差分量的例子。

例 10－4

某瓷砖厂每天烧制一炉瓷砖，每炉随机抽取 5 块，分别测量其平面度（flatness）。连续抽取了 7 天，共记录了 35 个数据，如表 10－4 所示（数据文件：QT _ SOV1 瓷砖 . MTW）。试分析其平面度变异的成因。

表 10－4　瓷砖平面度数据表

	第 1 天	第 2 天	第 3 天	第 4 天	第 5 天	第 6 天	第 7 天
1	2.39	1.29	1.63	1.21	2.43	2.16	1.79
2	2.37	1.56	1.81	1.46	2.65	1.96	1.84
3	2.24	1.49	1.82	1.23	2.61	2.04	1.83
4	2.23	1.45	2.13	1.51	2.53	1.92	2.05
5	2.01	1.26	1.81	1.68	2.45	1.91	2.02

经由 MINITAB 软件，绘制出多变异图（绘制方法见 10.3 节，操作参见图 10－2 及图 10－3），结果如图 10－5 所示。从图 10－5 中可以看到，尽管每天的 5 块瓷砖平面度间有差异，但很明显的是 7 天之间瓷砖平面度间的差异似乎要大得多。

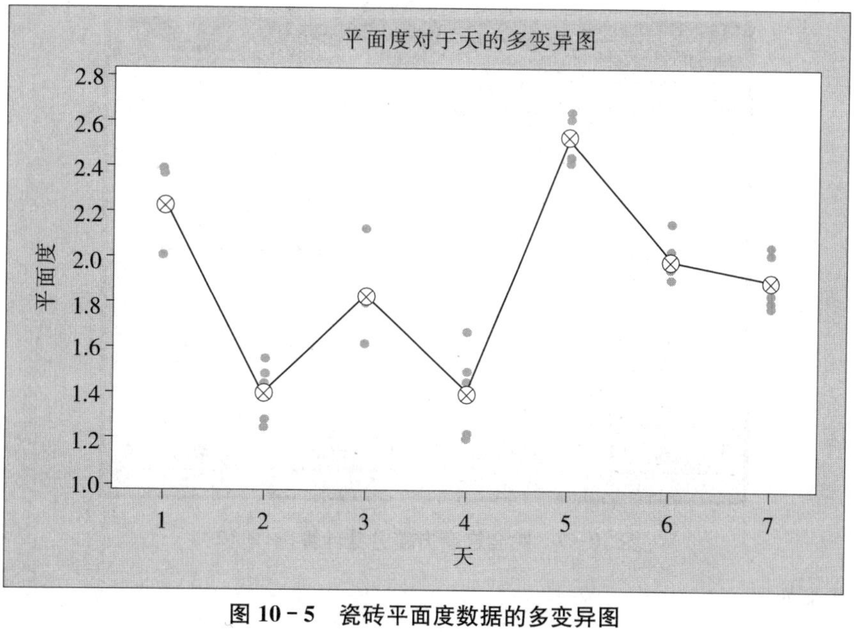

图 10－5　瓷砖平面度数据的多变异图

为了获得更准确的两个方差分量的数值结果，我们使用 MINITAB 具体计算两个方差分量。其操作步骤如图 10－6 所示。

从“统计>方差分析>完全嵌套方差分析（Stat>ANOVA>Fully Nested ANOVA）”入口（见图 10－6）。

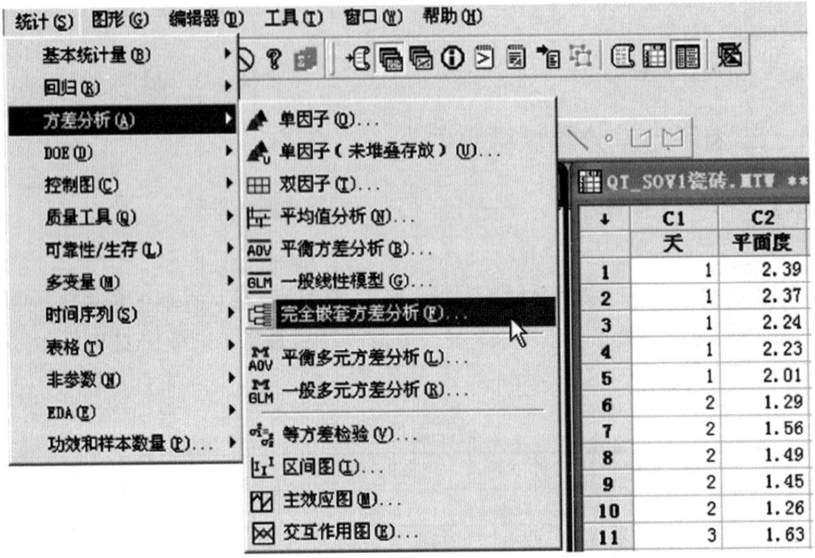

图 10－6　完全嵌套方差分量计算操作（1）

在如图 10－7 所示的界面中，在“响应（Response）”中填写“‘平面度’”，在“因子（Factor）”中填写“‘天’”，则可以得到结果。

注意：本操作窗口能计算的是所有因子是完全嵌套时的随机效应模型，由于本例只有一个因子，当然也可以借用此窗口功能，以后我们还会使用此窗口来计算更复杂的例子。在打开的窗口中填写相应信息即可（见图 10－7）。

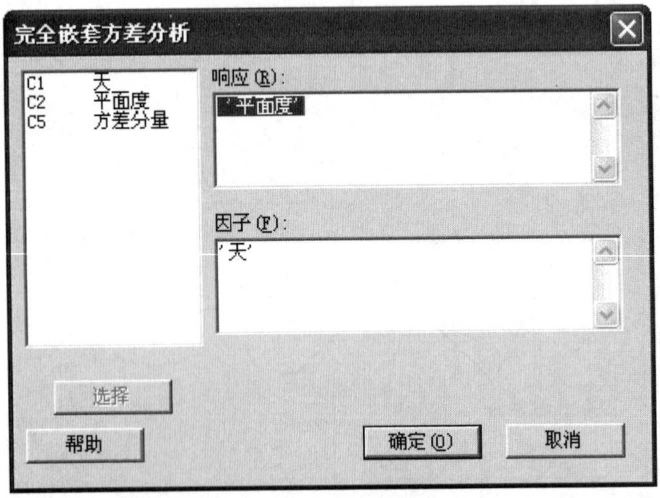

图 10－7　完全嵌套方差分量计算操作（2）

计算结果如下：

嵌套 ANOVA：平面度与天

对于平面度的方差分析

来源	DF	SS	MS	F	P
天	6	5.041 5	0.840 3	40.212	0.000
误差	28	0.585 1	0.020 9		
合计	34	5.626 6			

方差分析结果

方差分量

来源	方差分量	总和的 %	标准差
天	0.164	88.69	0.405
误差	0.021	11.31	0.145
合计	0.185		0.430

方差分量计算结果

期望均方

1 天 1.00 (2) +5.00 (1)

2 误差 1.00 (2)

方差分量计算公式

我们要对此表进行仔细分析，搞懂每个输出的结果。

首先看方差分析表，本例中只有一个因子 A "天"，其余完全是随机误差。将因子 A 及误差两项的离差平方和除以相应自由度，可以得到相应于因子 A 的均方 $MS_A=0.840\ 3$ 及误差均方 $MS_E=0.020\ 9$。但是要注意这里的因子 A 的均方是将因子 A 各水平当作固定效应来计算的，而实际上，因子 A 是随机效应因子，它的几个水平间（也就是几天平均值间）的差异，并不是固定数值间的差异（那时就根本不存在"方差"的概念），它们的波动的成因除了因子 A 自身的方差 σ_A^2 之外，还有随机误差的 σ^2 在起作用，因此不能把 MS_A 完全归因于因子 A 自身的变异原因 σ_A^2。在 MINITAB 输出结果中的最后一段"方差分量计算公式"内，还附带给出了具体计算公式：

天　1.00 (2) +5.00 (1)

误差　1.00 (2)

这是代入式（10－4）的具体结果，写成真正的公式是：

$$\begin{cases} MS_A = \hat{\sigma}^2 + 5\hat{\sigma}_A^2 \\ MS_E = \hat{\sigma}^2 \end{cases} \tag{10-6}$$

在方差分量计算公式中，用"(1)"代表最高层的方差（本处是 σ_A^2），用"(2)"代表最基层的随机误差（本处是 σ^2），方差分量计算公式主要是给出了相应系数。如果把具体数值代入式（10－6）就可以得到下列方程：

$$\begin{cases} 0.840\ 3 = \hat{\sigma}^2 + 5\hat{\sigma}_A^2 \\ 0.020\ 9 = \hat{\sigma}^2 \end{cases}$$

由此容易解出（直接代入式（10－5）也一样）：

$$\begin{cases} \hat{\sigma}^2 = 0.020\ 9 \\ \hat{\sigma}_A^2 = (0.840\ 3 - 0.020\ 9)/5 = 0.164 \end{cases}$$

这就是方差分量计算的最终结果。

在方差分量结果段中，还给出了 σ_A^2 和 σ^2 各自所占的百分比，σ_A^2 占总和高达 88.69%，而 σ^2 只占总和的 11.31%。这就从数值上定量地给出了各项方差在总方差中所占的比率。

将方差分量结果中的前两列粘贴入原数据工作表"QT _ SOV1 瓷砖 . MTW"中第 4，5 列（见图 10－8），然后绘制 Pareto 图。从"统计>质量工具>Pareto 图（Stat>Quality Tools>Pareto Chart）"入口（见图 10－8 中下侧），在"缺陷或属性数据在"中填写"'来源'"，在"频率位于"中填写"'方差分量'"。

C1	C2	C3	C4-T	C5
天	平面度		来源	方差分量
1	2.39		天	0.164
1	2.37		误差	0.021
1	2.24			
1	2.23			
1	2.01			
2	1.29			

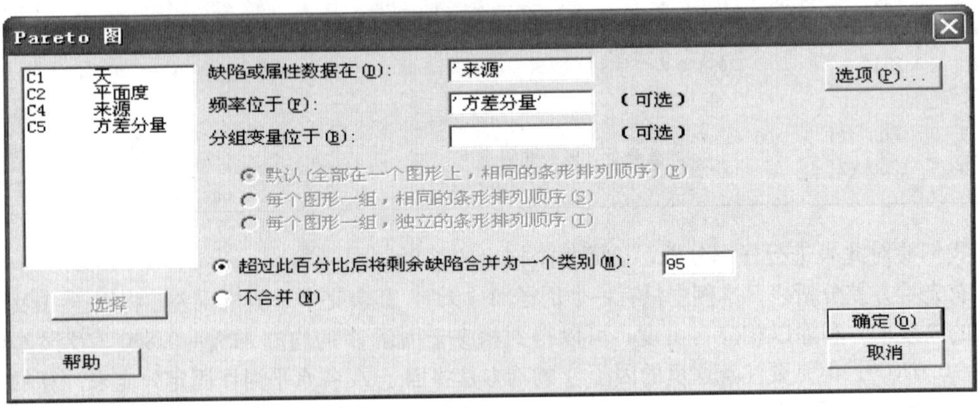

图 10-8　由方差分量画 Pareto 图的操作

经 MINITAB 处理后可以得到 Pareto 图如图 10-9 所示。

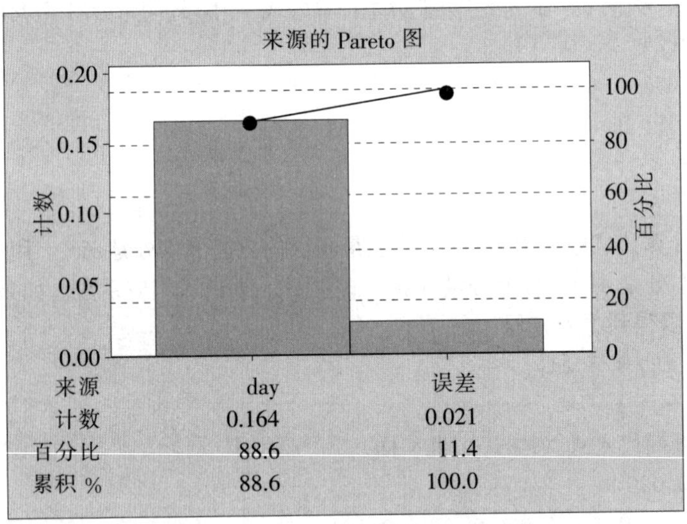

图 10-9　瓷砖平面度变异源的 Pareto 图

从此图中可以看出，天与天之间的差异确实是非常显著的，它对于总变异的贡献率高达 88.6%。

这里要注意，上述计算方差分量的方法有时可能得到负的方差分量估计。此时通常可以认定该方差分量为 0 就行了。另外，如果需要考察 σ_A^2 到底有多大，可以考虑用更精确的公式求出比值 $\frac{\sigma_A^2}{\sigma_A^2+\sigma^2}$ 的置信区间，详细内容请参见本书参考文献［15］（蒙哥马利：《实验设计与分析》，97 页）。

10.5 变异源分析的一般模型数值方法

变异源分析中会遇到很多不同类型的问题，我们将依次介绍两因子交叉、两因子嵌套、三因子交叉加嵌套等几种类型。由于MINITAB软件只对完全嵌套因子的模型给出直接结果，对于一般模型只好采用一般线性模型方法。我们先对此进行一些介绍，然后再用各自的例子具体说明。

10.5.1 一般线性模型的方差分量计算

在实际工作中所遇到的问题，因子的个数可能是两个、三个或更多个；这些因子间的关系可能是交叉关系，也可能是嵌套关系，多因子时更可能先交叉后嵌套，或先嵌套后交叉，也可能交叉到底，也可能嵌套到底；因子的效应可能是固定效应，也可能是随机效应；各因子搭配时所使用的水平数一般是固定的，但也不免有个别缺失水平的（如试验失败、记录短缺等）；情况千差万别。这时不能做平衡方差分析，只能使用一般线性模型，但是由于在变异源分析中常常会遇到多个因子都是随机效应，而且因子间的关系是嵌套到底的，因此MINITAB软件对此专门开设了窗口，只处理此种模型，这给我们带来很大的方便。但我们必须学会处理一般的情况以应对不同类型的问题。

MINITAB软件在ANOVA类型下，提供了两个具有一般功能的窗口：平衡方差分析（Balanced ANOVA）及一般线性模型（General Linear Model）。其实二者功能相差不大，而平衡方差分析也只是要求所有观测值是平衡的，也就是说，每个因子所取的水平数在整个数据集中都保持不变。由于一般线性模型应用更广泛，因此在本部分中只介绍一般线性模型方法，平衡方差分析与此几乎完全相同，读者可以自行学习使用。我们对此模型只进行一般介绍，具体使用可以参见后面的例题。

一般线性模型适用于多种情况，在使用时有下列三个步骤（详见例10-5）。

第一步，要学会如何“建立模型”。其实很简单，基本规则是：如果因子 B 被因子 A 所嵌套，则除了考虑因子 A 的方差分量外，还要考虑 B 的方差分量，这项用 B（A）表示；如果因子 B 与因子 A 是交叉关系，则除了考虑两个因子 A 和 B 自身方差分量外，还要考虑二者交互效应的方差分量，此项用 $A*B$ 表示。举例如下：

（1）考虑二因子交叉模型，则模型可写成：

$Y=A+B+A*B+\text{error}$

在实际填写时，“error”是所有模型所共用的，故省略不写。另外，MINITAB软件规定，用“空格”连接的并列两项默认为相加。因此，上述模型实际上可以写为：

Y=A　B　A*B

为了印刷上不被误解，本节中仍保留“+”。

二因子交叉模型也可简写为：

$Y=A\mid B$

（2）考虑二因子嵌套模型，B 被 A 所嵌套，则模型可写成：

$Y=A+B$（A）

（3）考虑三因子嵌套模型，B 被 A 所嵌套，C 被 A，B 所嵌套，则模型可写成：

$Y=A+B$（A）$+C$（$A\ B$）

（4）考虑三因子模型全交叉，则模型可写成：

$Y=A+B+C+A*B+A*C+B*C+A*B*C=A \mid B \mid C$

（5）考虑三因子模型，A，B交叉，C被A，B所嵌套，则模型可写成：

$Y=A+B+A*B+C\ (A\,B)\ =A \mid B+C\ (A\,B)$

（6）考虑三因子模型，B被A所嵌套，C与A，B交叉，则模型可写成：

$Y=A+B\ (A)\ +C+A*C+B*C$

更多的因子情况与此类似，在此不再赘述。

第二步，选定随机效应项。由于在一般线性模型中默认的是固定效应，因此如果某因子是随机效应则应该将此因子列入“随机效应因子”的表格中。要注意的是，在SOV中，除极个别情况外，所有的因子都是随机效应因子，计算中不要漏选此项。对于固定效应项，各因子效应是固定常数，根本没有方差分量可言。

第三步，增选输出“方差分量结果”。由于在一般线性模型中默认的是固定效应，没必要计算方差分量，因此在进行SOV时，必须在操作中注意，在填写完“响应变量”名称、“模型”内容、“随机因子”名称后，打开“结果（Result)”窗，勾选“显示期望均方及方差分量(Display Mean Square and Variance Component)”。具体操作的图形界面可以参见图10－11和图10－12，那里有使用一般线性模型计算方差分量的操作图。

在一般线性模型的方差分量计算中，由于情况的不同导致具体方法与公式也很不相同。下面给出有双因子交叉、双因子嵌套及三因子先交叉后嵌套共三种常见类型的例题，其他情况就不再叙述了。

10.5.2　双因子交叉型方差分量计算

我们先回顾一下例10－2中的问题。

例10－5（续例10－2）

在生产微型轴杆过程中，随机选取3名工人，都使用相同的4台车床，各自加工出3根轴杆，其数据列于表10－2中。由于因子A（工人）中每个水平与因子B（车床）各水平（各车床）都进行了全面搭配，显然A与B是交叉的。

对于两个交叉因子计算其方差分量。

解　设Y_{ijk}为在因子A_i水平和因子B_j水平搭配下所得到的第k个观测值。将A_i水平的随机效应记为α_i，因子B_j的随机效应记为β_j，因子A_i水平和因子B_j水平的随机交互效应记为δ_{ij}，记ε_{ijk}为随机误差，则有下列模型：

$$\begin{cases} Y_{ijk}=\mu+\alpha_i+\beta_j+\delta_{ij}+\varepsilon_{ijk} \\ E(\varepsilon_{ijk})=0, V(\varepsilon_{ijk})=\sigma^2,\quad i=1,2,\cdots,n_A; j=1,2,\cdots,n_B; k=1,2,\cdots,r \\ \mathrm{Var}(\alpha_i)=\sigma_A^2,\quad i=1,2,\cdots,n_A \\ \mathrm{Var}(\beta_j)=\sigma_B^2,\quad j=1,2,\cdots,n_B \\ \mathrm{Var}(\delta_{ij})=\sigma_{AB}^2,\quad i=1,2,\cdots,n_A; j=1,2,\cdots,n_B \end{cases} \tag{10-7}$$

式中，随机误差ε_{ijk}与α_i，β_j及δ_{ij}之间都不相关。此模型中的σ_A^2，σ_B^2，σ_{AB}^2及σ^2都是方差分量，模型(10－7)也称为交叉二因子方差分量模型。

可以证明有下列公式（参见本书参考文献[15]，246页）：

$$\begin{cases} E(MS_A)=rn_B\sigma_A^2+r\sigma_{AB}^2+\sigma^2 \\ E(MS_B)=rn_A\sigma_B^2+r\sigma_{AB}^2+\sigma^2 \\ E(MS_{AB})=r\sigma_{AB}^2+\sigma^2 \\ E(MS_E)=\sigma^2 \end{cases} \tag{10-8}$$

式中，各项 MS 是在ANOVA表中的均方，对这些均方的期望值用对应的均方的观测值来估计，可得到相应方程组，解这些方程组就可以得到方差分量的估计结果：

$$\begin{cases}\hat{\sigma}^2 = MS_E \\ \hat{\sigma}_A^2 = (MS_A - MS_{AB})/m_B \\ \hat{\sigma}_B^2 = (MS_B - MS_{AB})/m_A \\ \hat{\sigma}_{AB}^2 = (MS_{AB} - MS_E)/r\end{cases} \qquad (10-9)$$

对于例10-2，下面给出一个完整的步骤介绍。为此，先画出多变异图，然后给出方差分量的计算结果。

由于有交叉关系的两个因子间可以交换顺序，哪个在上面都无所谓，可以把因子 B（车床）作为最高层，结果如图10-10所示（画多变异图的方法可以参考10.3节）。

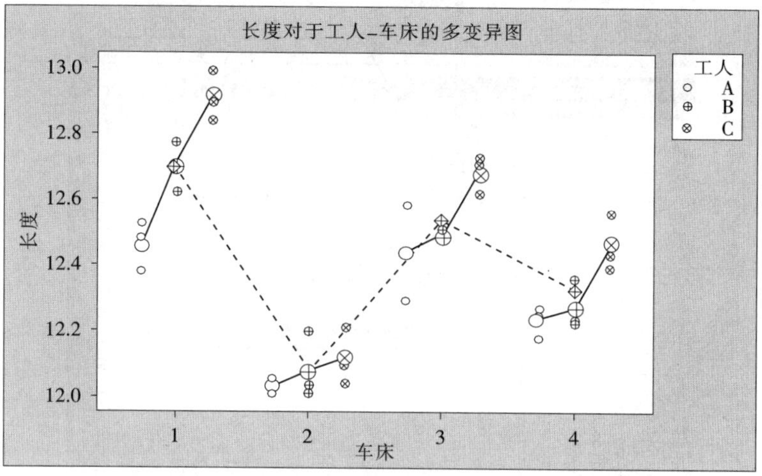

图10-10　轴杆长度多变异图

从上图可以看出车床间有明显变异，工人间似乎也有些变异，几根轴杆间也有随机波动。究竟各项方差中大小的顺序如何、各占多大比率等问题则要经过下面的数值计算。使用一般线性模型计算方差分量的操作如图10-11及图10-12所示。

图10-11　使用一般线性模型计算方差分量操作图

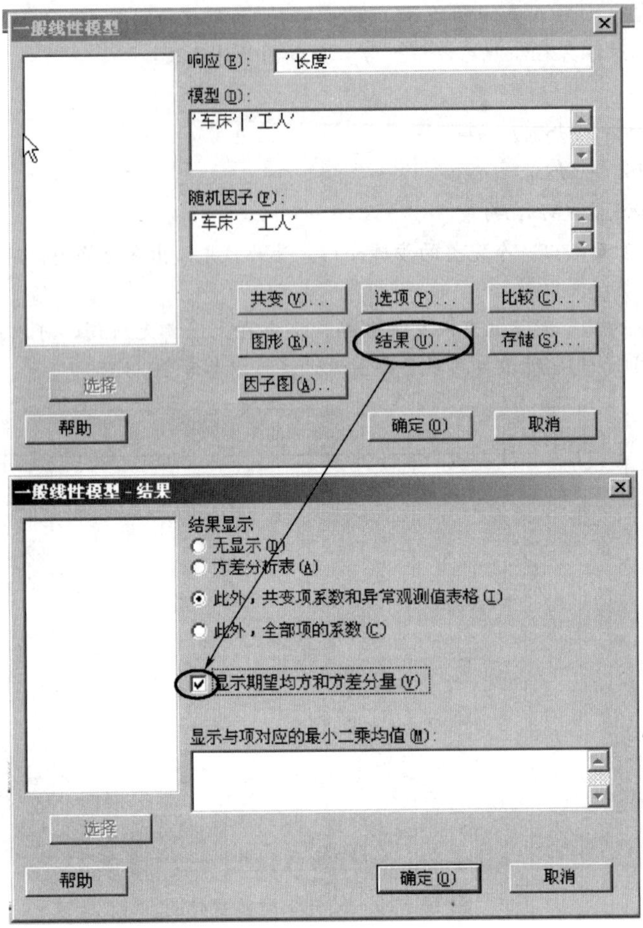

图 10－12　使用一般线性模型的模型输入图

从“统计>方差分析>一般线性模型（Stat>ANOVA>General Linear Model)”入口（见图10－11，打开窗口后的操作见图10－12)。

在“响应（Response)”中填写“‘长度’”；在“模型（Model)”中填写“‘车床’‘工人’‘车床’＊‘工人’”；在“随机因子”内填写“‘车床’‘工人’”；打开“结果（Results)”后，勾选“显示期望均方和方差分量（Display Mean Square and Variance Component)”，则可以得到最后结果。

计算结果中的最后一部分如下：

期望均方，使用调整的 SS

	来源	每项的期望均方
1	车床	(4) ＋3.000 0 (3) ＋9.000 0 (1)
2	工人	(4) ＋3.000 0 (3) ＋12.000 0 (2)
3	车床＊工人	(4) ＋3.000 0 (3)
4	误差	(4)

检验的误差项，使用调整的 SS

	来源	误差的 DF	误差 MS
1	车床	6.00	0.019 26
2	工人	6.00	0.019 26
3	车床＊工人	24.00	0.006 31

```
方差分量，使用调整的 SS
来源          估计值
车床          0.068 90
工人          0.014 53
车床*工人     0.004 32
误差          0.006 31
```

上述计算结果中，只有方框中最后一段内容是我们需要的，其中列出了各项方差分量的估计值。据此结果可以画出方差分量的 Pareto 图（见图 10-13）。

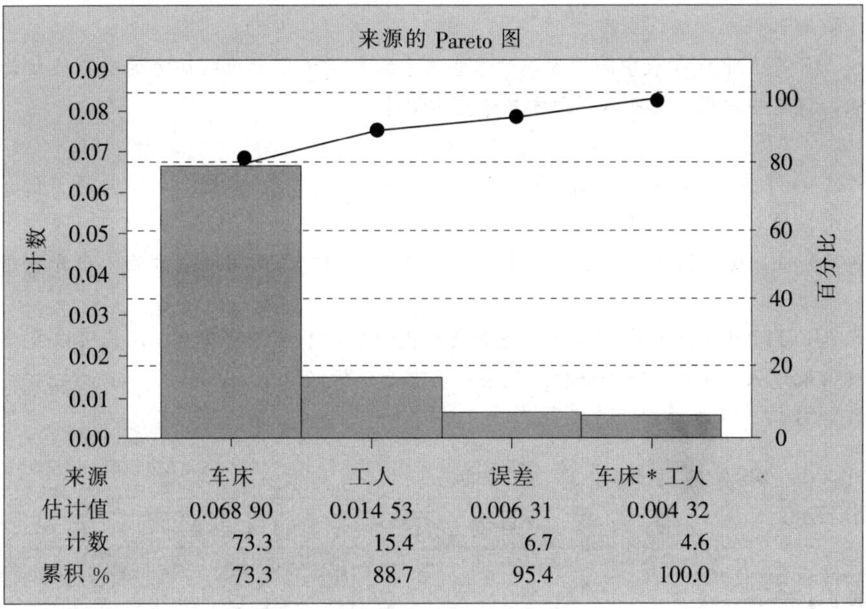

图 10-13　轴杆生产过程方差分量 Pareto 图

本例中，车床的方差分量所占比率最大（达 73.3%），工人间方差分量所占比率较小（只有 15.4%）。这样一来，为了解决轴杆长度的波动过大问题，必须先从“车床间的差异为何这么大”开始分析，而且要设法将其尽可能缩小。获得这样的结论就是我们使用 SOV 的主要成果。

10.5.3　双因子嵌套型方差分量计算

例 10-6（续例 10-1）

我们先回顾一下例 10-1 中的双因子嵌套问题。

考虑螺钉直径波动过大问题。随机选取 3 名工人，让他们都使用自己平时所用的车床，按随机顺序各自分别加工出 4 颗螺钉，然后在每颗螺钉的根部随机选取两个相互垂直的方向，分别测量其直径，共得到 24 个数据。我们要分析螺钉直径间的变异产生的原因。由于因子 B（螺钉）的各水平是由因子 A（工人）所决定的，因此，因子 B 是被因子 A 所嵌套的。

对于两个嵌套因子计算其方差分量。

解　设 Y_{ijk} 为在因子 A_i 水平和因子 B_j 水平搭配下，所得到的第 k 个观测值。将因子 A_i 水平的随机效应记为 α_i，因子 B_j 水平的随机效应记为 β_j，随机误差效应记为 $\varepsilon_{(ij)k}$，则有下列模型：

$$\begin{cases} Y_{ijk} = \mu + \alpha_i + \beta_{j(i)} + \varepsilon_{(ij)k} \\ E(\varepsilon_{(ij)k}) = 0, V(\varepsilon_{(ij)k}) = \sigma^2, \quad i = 1,2,\cdots,n_A; j = 1,2,\cdots,n_B; k = 1,2,\cdots,r \\ \mathrm{Var}(\alpha_i) = \sigma_A^2, \quad i = 1,2,\cdots,n_A \\ \mathrm{Var}(\beta_{j(i)}) = \sigma_{B(A)}^2, \quad j = 1,2,\cdots,n_B \end{cases} \tag{10-10}$$

式中，随机误差 $\varepsilon_{(ij)k}$ 与 α_i 及 $\beta_{j(i)}$ 之间都不相关。此模型中的 σ_A^2，$\sigma_{B(A)}^2$ 及 σ^2 都是方差分量，模型（10-10）称为嵌套二因子方差分量模型。

可以证明有下列公式（参见本书参考文献［15］，503页）：

$$\begin{cases} E(MS_A) = m_B\sigma_A^2 + r\sigma_{B(A)}^2 + \sigma^2 \\ E(MS_{B(A)}) = r\sigma_{B(A)}^2 + \sigma^2 \\ E(MS_E) = \sigma^2 \end{cases} \tag{10-11}$$

式中，各项 MS 是 ANOVA 表中的均方，对这些均方的期望值用对应的均方的观测值估计，可得到相应方程组，解这些方程组就可以得到方差分量的估计结果：

$$\begin{cases} \hat{\sigma}^2 = MS_E \\ \hat{\sigma}_A^2 = (MS_A - MS_{B(A)})/m_B \\ \hat{\sigma}_{B(A)}^2 = (MS_{B(A)} - MS_E)/r \end{cases} \tag{10-12}$$

对于例10-1，我们已先画出了多变异图（见图10-4），下面用两种方法给出方差分量的计算结果。

由于在 MINITAB 软件中对 ANOVA 完全嵌套模型给出了专门的窗口，因此可以直接进入此窗口得出详细结果。从“统计>方差分析>完全嵌套方差分析（Stat>ANOVA>Fully Nested ANOVA）”入口，操作如图10-14所示。

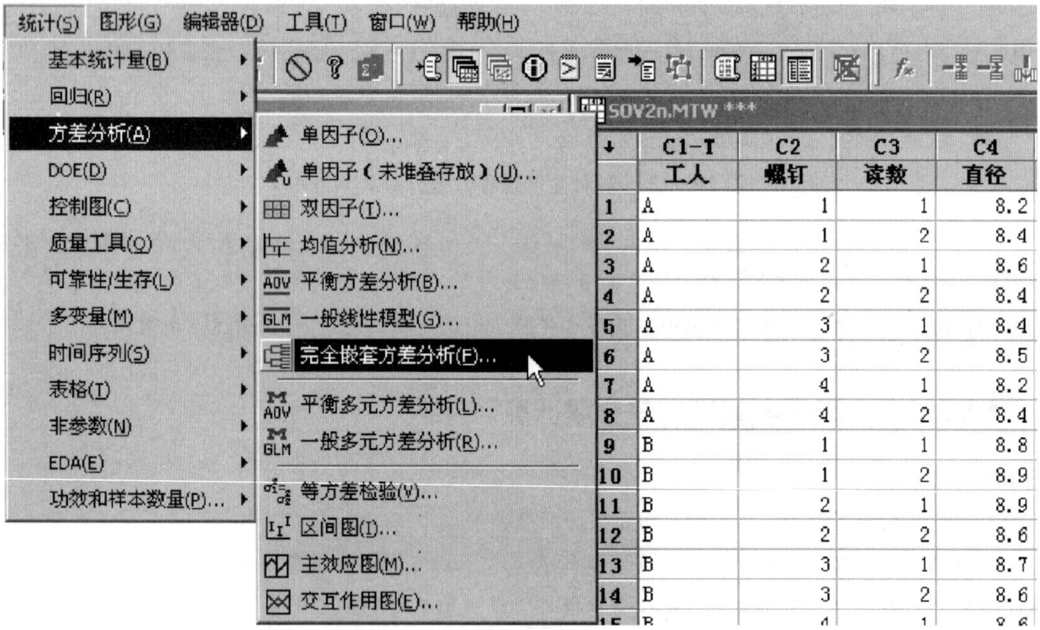

图10-14　ANOVA 完全嵌套模型的方差分量计算操作（1）

打开窗口后的操作见图10-15。在“响应（Response）”中填写“‘直径’”；在“因子（Factor）”中依次填写“‘工人’‘螺钉’”。请注意：填写因子的顺序时一定要将树状图中的因子排列**按由上到下的顺序输入**，本例题一定要先写“工人”，再写“螺钉”。

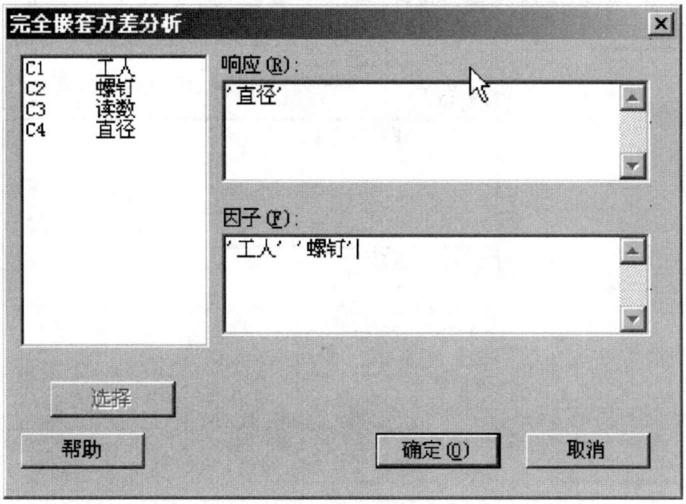

图 10-15　ANOVA 完全嵌套模型的方差分量计算操作 (2)

计算结果如下：

对于直径的方差分析

来源	DF	SS	MS	F	P
工人	2	1.132 5	0.566 2	36.730	0.000
螺钉	9	0.138 7	0.015 4	1.276	0.340
误差	12	0.145 0	0.012 1		
合计	23	1.416 2			

（方差分析结果）

方差分量

来源	方差分量	总和的 %	标准差
工人	0.069	83.35	0.262
螺钉	0.002	2.02	0.041
误差	0.012	14.63	0.110
合计	0.083		0.287

（方差分量计算结果）

期望均方

1　工人　1.00 (3) +2.00 (2) +8.00 (1)
2　螺钉　1.00 (3) +2.00 (2)
3　误差　1.00 (3)

（方差分量计算公式）

上述结果比较完整，不但给出方差分量计算结果，而且给出各分量的贡献率，还给出标准差结果。

对于本例，同样可以用一般线性模型得到结果。其模型应该是这样的：

$$Y=A+B\ (A)$$

从“统计>方差分析>一般线性模型 (Stat>ANOVA>General Linear Model)”入口，打开窗口后的操作见图 10-16。在“响应 (Response)”中填写“‘直径’”；在“模型 (Model)”中填写“‘工人’‘螺钉’(‘工人’)”；在“随机因子”内填写“‘工人’‘螺钉’”；打开“结果 (Results)”后，在“显示期望均方和方差分量 (Display Mean Square and Variance Component)”项前勾选之，则可以得到最后结果。

其计算结果如下：

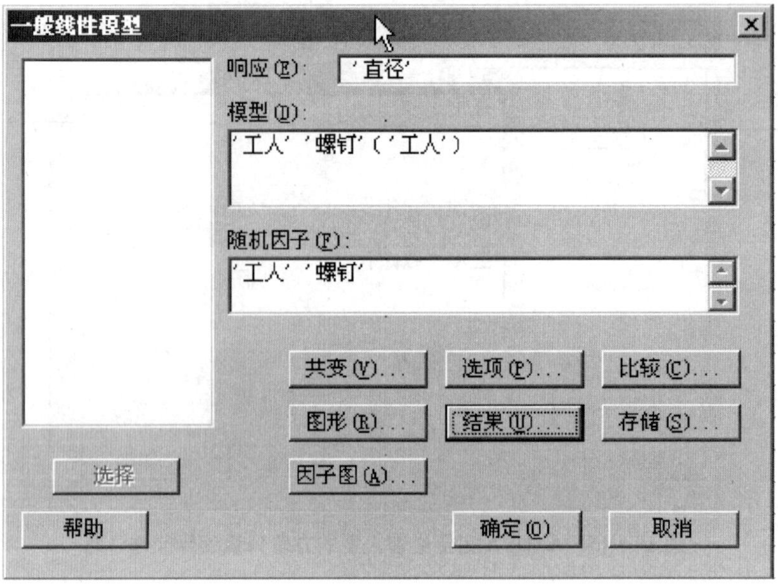

图 10-16　ANOVA 一般线性模型交叉二因子的方差分量计算

方差分量，使用调整的 SS

来源	估计值
工人	0.068 85
螺钉（工人）	0.001 67
误差	0.012 08

这里只有方差分量结果。Pareto 分析结果如图 10-17 所示（画 Pareto 图的方法可以参考 10.4.4 节中例 10-4 中介绍的内容）。

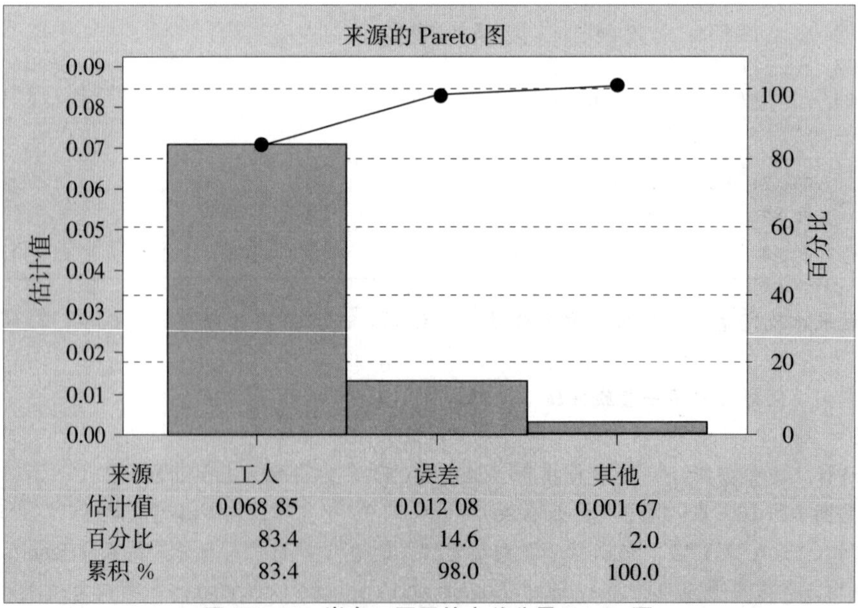

图 10-17　嵌套二因子的方差分量 Pareto 图

这里要提醒大家注意，从例10-1中的多变异图（见图10-4）中，很容易看出工人间的差异非常显著；方差分量的计算也证实了这一点，“工人”的方差占总方差量达到83.4%。似乎多变异图已经基本上抓住了方差分量的结构，方差分量的计算似乎可有可无。实际上这种观念是错误的，这是因为多变异图只展示了表面现象，很容易出现“视觉误差”。下面再举一例，也是双因子嵌套结构的，但多变异图展示的表面现象所造成的直观感觉并不一定对。

例10-7

焊锡膏涂抹量问题。为了研究焊锡膏涂抹机在涂抹焊锡膏过程中波动过大的原因，使用了3批焊锡膏，每批焊锡膏各随机挑选了4管焊锡膏，对每管焊锡膏都涂抹在3个不同的点上。烘烤后，将焊锡膏刮掉，测量其涂抹量（单位：毫克）。全部数据记录在表10-5中（数据文件：QT_SOV焊锡膏.MTW）。

表10-5　　焊锡膏涂抹量数据表

	管1			管2			管3			管4		
	点1	点2	点3	点1	点2	点3	点1	点2	点3	点1	点2	点3
批1	40	37	37	40	43	42	38	40	39	41	43	44
批2	41	36	36	39	42	41	37	39	36	40	42	43
批3	38	43	36	35	37	38	38	34	40	41	39	38

用多变异图可以看出焊锡膏涂抹量的变化状况（见图10-18）。

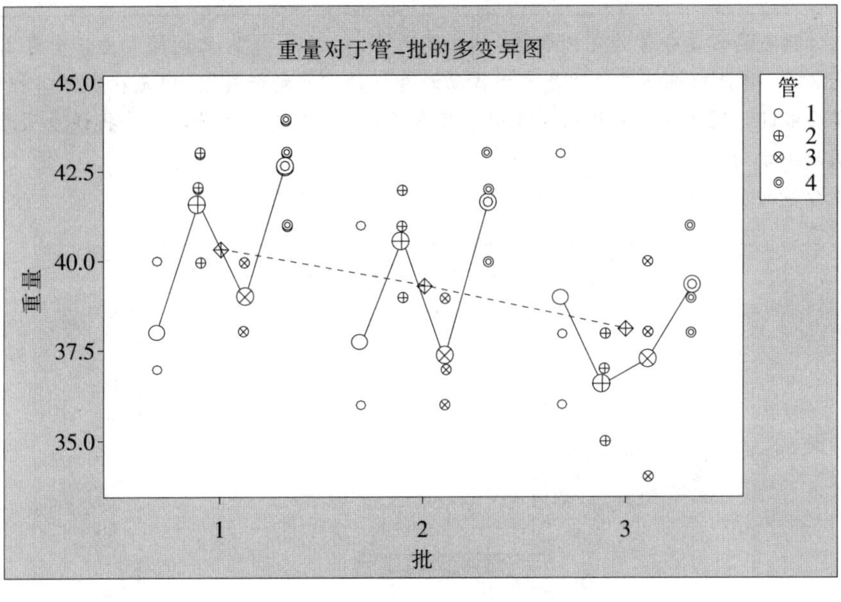

图10-18　焊锡膏涂抹量的多变异图

从上图中可以得到什么信息呢？对于变异状况，可以看出3个“批”之间差异很小，而“管”之间的差异比较大，同一“管”内的3个点之间也有差异。那么究竟是“管”间差异更大还是“点”间差异更大？从图上看，似乎“管”间差异更大，波动更严重。但应该想到，即使“管”之间没有波动，但由于“管”的均值是由“点”的值平均而来的，“点”间波动必然会导致“管”间均值的波动，要想计算出“管”之间的真正波动量（方差分量），必须将“管”间波动扣除掉“点”波动造成的影响才行，这就是我们要计算方差分量的意义所在。

从“统计>方差分析>完全嵌套方差分析（Stat>ANOVA>Fully Nested ANOVA）”入口，打开窗口后，在“响应（Response）”中填写“‘焊膏量’”；在“因子（Factor）”中依次填写“‘批’‘管’”，计算结果如下：

嵌套 ANOVA：重量与批，管

对于重量的方差分析

来源	DF	SS	MS	F	P
批	2	30.500 0	15.250 0	1.369	0.303
管	9	100.250 0	11.138 9	2.621	0.029
误差	24	102.000 0	4.250 0		
合计	35	232.750 0			

方差分量

来源	方差分量	总和的 %	标准差
批	0.343	4.97	0.585
管	2.296	33.33	1.515
误差	4.250	61.69	2.062
合计	6.889		2.625

期望均方

1 批 1.00（3）+3.00（2）+12.00（1）

2 管 1.00（3）+3.00（2）

3 误差 1.00（3）

可以看出，误差的方差分量为4.250，占总方差的61.69%；“管”之间的方差分量为2.296，占总方差的33.33%；可见随机误差项才是产生波动的真正的“罪魁祸首”。但是在实际工作中，得到这样的结果是失败的，因为这表明随机误差中含有值得更细致考虑的因子，需要将误差项继续细分，否则无法指明改进方向。

画出方差分量的Pareto图（见图10-19），可以得到更直观的结论。

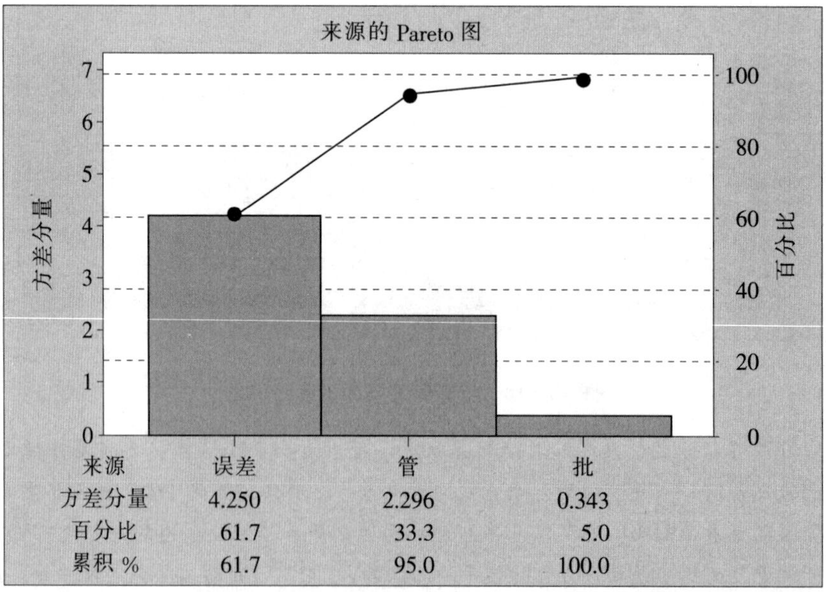

图10-19 焊锡膏涂抹量方差分量的Pareto图

10.5.4 三因子方差分量计算

例 10-8（续例 10-3）

下面讨论例 10-3 轴棒直径变异问题（三因子）。3 名工人 A，B 及 C，让他们使用已选好并编了号的固定的 4 台车床，各自分别加工出 3 根轴棒，然后在每根轴棒的根部测出两个相互垂直方向的直径。这里考虑了工人、车床及轴棒共三个因子。计算各项方差分量。

解 先画出多变异图（见图 10-20）。

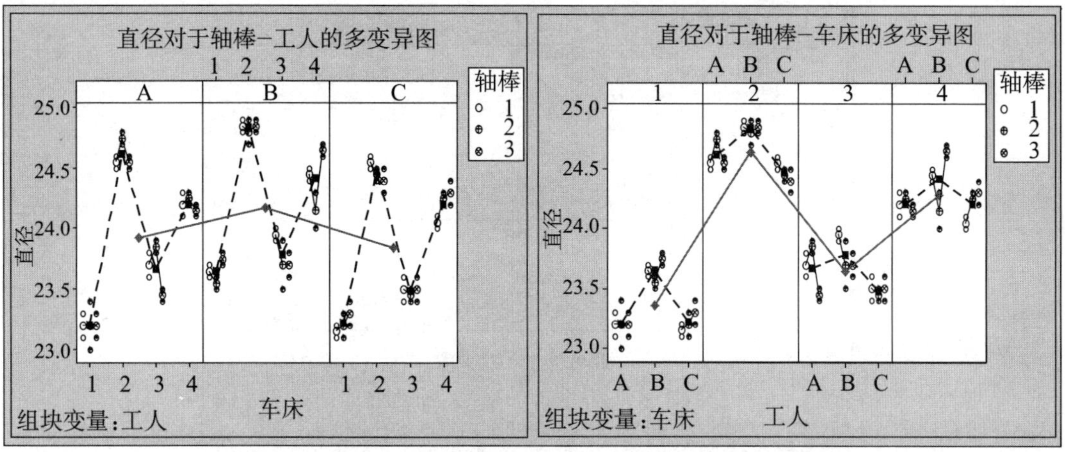

图 10-20 轴棒生产三因子的多变异图

从图 10-20 中左侧可以看出，车床间差异显著，工人间差异有一些，轴棒间差异也有一点。将“车床”与“工人”两因子颠倒后画出的多变异图将更清楚地显示这一结果（见图 10-20 中右侧）。到底每项各占多大比率？这要经过方差分量的计算。

容易看出，工人与车床间是交叉关系，而轴棒被二者所嵌套，所以写出模型应该是：

$$Y=A+B+A*B+C\ (A\ B)$$

从“统计>方差分析>一般线性模型（Stat>ANOVA>General Linear Model）”入口，打开窗口后的操作见图 10-21。在“响应（Response）”中填写“‘直径’”；在“模型（Model）”中依次填写“‘工人’ | ‘车床’‘轴棒’（‘工人’‘车床’）”；在“随机因子”内填写“‘工人’‘车床’‘轴棒’”；打开“结果”后，在“显示期望均方和方差分量”项前勾选之，则可以得到如下结果：

期望均方，使用调整的 SS

	来源	每项的期望均方
1	工人	(5) +2.000 0 (4) +6.000 0 (3) +24.000 0 (1)
2	车床	(5) +2.000 0 (4) +6.000 0 (3) +18.000 0 (2)
3	工人 * 车床	(5) +2.000 0 (4) +6.000 0 (3)
4	轴棒（工人 车床）	(5) +2.000 0 (4)
5	误差	(5)

检验的误差项，使用调整的 SS

	来源	误差的 DF	误差 MS	误差 MS 综合
1	工人	6.00	0.039 03	(3)
2	车床	6.00	0.039 03	(3)
3	工人 * 车床	24.00	0.030 28	(4)
4	轴棒（工人 车床）	36.00	0.015 28	(5)

方差分量，使用调整的 SS

来源	估计值
工人	0.027 89
车床	0.338 51
工人 * 车床	0.001 46
轴棒（工人 车床）	0.007 50
误差	0.015 28

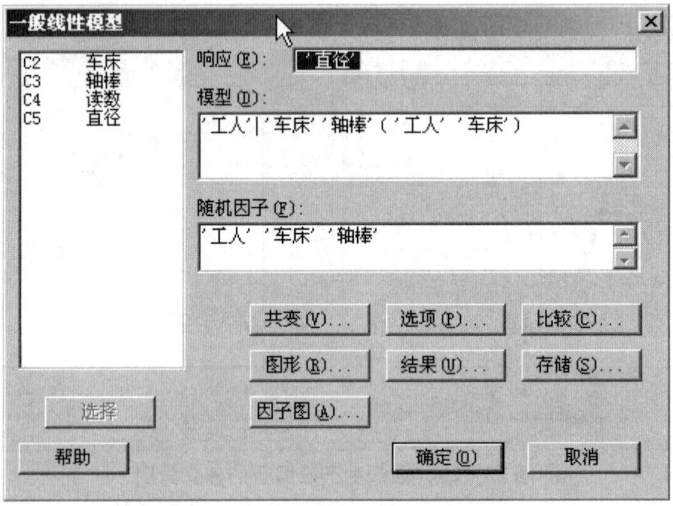

图 10-21　轴棒三因子的方差分量计算

上述输出结果中最后一个部分是最终计算出的方差分量结果。画出 Pareto 图如图 10-22 所示。

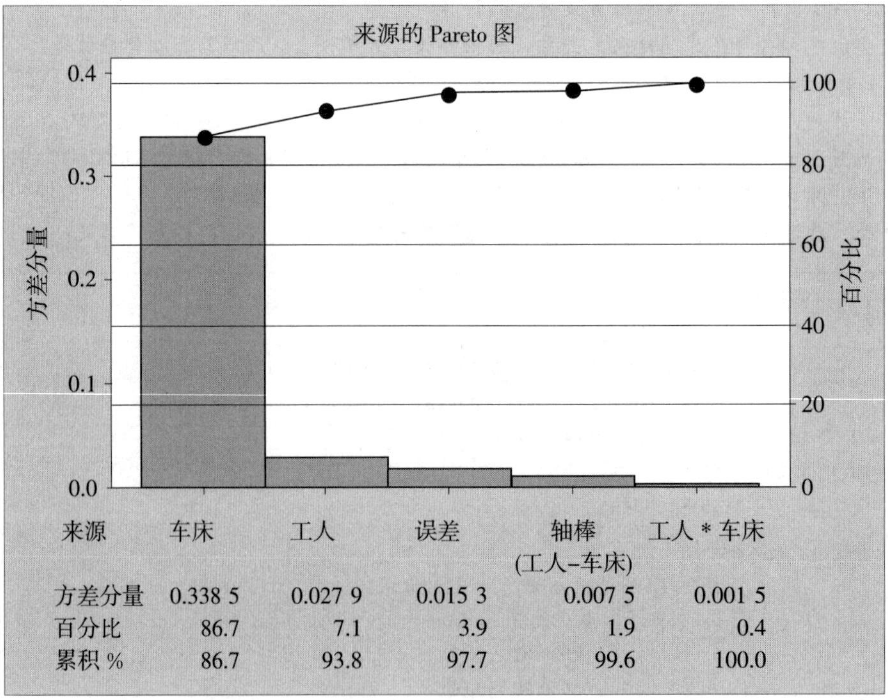

图 10-22　轴棒三因子的方差分量 Pareto 图

从图 10－22 中可明显看出，车床间的方差分量贡献最大，竟达到 86.7%。工人之间也有差别，但相比于车床间的差别小多了（只占 7.1%）。这说明轴棒直径间的差异主要是由不同的车床间差异造成的。这一点可以从图形中直观分析看出，但方差分量的计算给出了定量的分析结论。

实际问题可能千差万别，但变异源的分析方法大同小异。我们一方面应该掌握多变异图的图形分析方法，得出一个粗略的结论，另一方面应该掌握完全嵌套方差分量计算方法及有更广泛应用的一般线性模型方差分量计算方法，使一般问题都能得到解决。

第 11 章

测量系统分析

六西格玛管理的一大特点是“以事实和数据驱动管理”，而数据是测量的结果。因此，在开展统计分析时，六西格玛特别强调测量数据本身的质量和相应的测量系统分析。

为了避免混淆和误解，我们有必要定义几个最基本的术语。**测量**是指对某具体事物赋予数值，以表示它们与特定特性之间的关系。在这个过程中，由人员、仪器或量具、测量对象、操作方法和环境构成的整体就是**测量系统**。所谓**测量系统分析**，是指运用统计学的方法对测量系统进行评估，在合适的特性位置测量正确的参数，了解影响测量结果的波动来源及其分布，并确认测量系统是否符合工程需求。

任何实测数据的波动都可以看作过程的波动和测量系统的波动之和，即

$$\sigma_{总}^2 = \sigma_{过程}^2 + \sigma_{测量系统}^2 \tag{11-1}$$

但在本章中，过程的波动不是我们关心的重点，测量系统的波动才是我们分析的主要内容。经过层层解析，可以得到六个常见的测量系统评估项目。它们分别是稳定性（stability）、偏倚（bias）、线性（linearity）、分辨力（discrimination）、重复性（repeatability）和再现性（reproducibility）。其中偏倚是测量系统**准确度**（accuracy）的度量，用来描述测量结果的位置方面的状况，反映的是测量结果平均值与真值的差异程度；重复性与再现性构成了测量系统的**精度**（precision），用来描述测量结果波动的状况。一个测量系统是否足够好，它的关键指标有偏倚（bias）和精度（precision）两方面。旧的测量系统分析强调绝对误差、相对误差，现在认为这不够科学准确。对相同测量对象的同一特性进行多次测量，假定此特性的参考值 V_r 已知（或者它是标准件上标明的标准值，或用更高级别的测量设备获得的更精确的数值），多次的测量结果将形成一个分布（通常应该是正态分布），此分布有均值 μ 和标准差 σ_{MS} 。偏倚就是指理论上的平均值 μ 与其参考值 V_r 之间的差异；精度指的就是此分布的范围，一般用 $6\sigma_{MS}$ 表示（早期常用 $5.15\sigma_{MS}$ 表示）。偏倚和精度的含义参见图 11－1。

对于测量系统的分析，我们最终要得出测量系统是否合格的结论。如果可以认定测量系统合格，测量系统分析工作结束；如果测量系统不合格，则要进一步分析，到底它在哪方面出了问题。对于分辨力和稳定性方面的问题，将在 11.1 节介绍。对于偏倚和线性方面的问题，将在 11.2 节介绍。对于精度方面的问题，包括重复性与再现性的问题将在 11.3 节介绍。在这三节中，将全面阐述一般测量系统分析的要求、特点和实现方式，并借此解释测量系统波动的主要来源，评价测量系统的优劣。除此之外，我们还将在 11.4 节和 11.5 节中分别介绍两类特殊的但在某些行业非常适用的测量系统分析，即破坏性试验的测量系统分析和计数型测量系统分析，这将使读者能够对测量系统分析有更全面深入的理解。

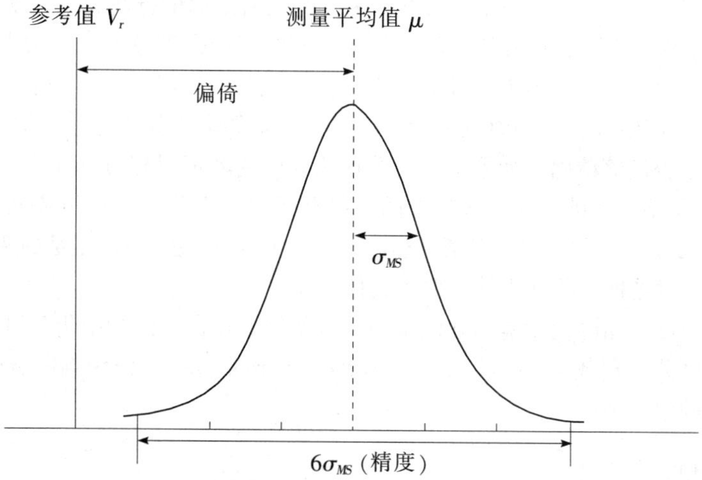

图 11-1　偏倚及精度示意图

11.1　分辨力和稳定性

11.1.1　分辨力

分辨力是指测量系统识别并显示被测量物最微小变化的能力。这种能力往往可以通过仪器仪表上的最小刻度来反映。如果测量系统的分辨力不高，就无法正确识别过程的波动，从而导致不正确的数据分析结果。

具有足够的分辨力是合格测量系统的首要条件之一。发现测量系统的分辨力不足时，一般应当考虑更换量具或选用更好的测量技术。

图 11-2 说明了分辨力不同的测量系统对同一部件进行测量所得到的不同结果。显然，测微计的分辨力最强，测径规的分辨力次之，直尺的分辨力最弱。

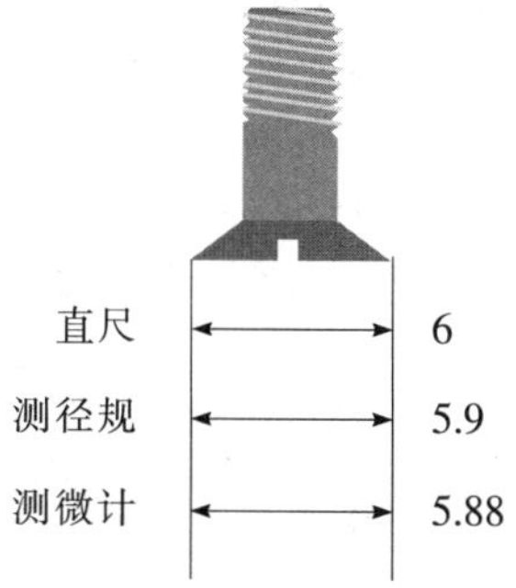

图 11-2　不同分辨力的测量结果

对于连续型测量数据，一般称测量结果的最小间距 Unit 为分辨力，测量系统分辨力的最起码要求是应当使 Unit 同时不大于过程总波动 *TV*（用 6 倍的过程总体标准差表示）的 1/10 和容差（USL-LSL）的 1/10，即

$$\text{Unit} \leqslant \min\left\{\frac{6\sigma}{10}, \frac{\text{USL}-\text{LSL}}{10}\right\} \tag{11-2}$$

容易理解，测量系统合格的首要条件之一就是它要有足够的分辨力。例如，测量气温，用最小刻度为1℃的温度计就足够精确了，但用这样的温度计去测量人的体温判断其是否发烧，则显然不行，因为36℃～37℃算是正常，37℃～38℃就算低烧，38℃以上就是高烧。整个可变范围不过3℃，最小刻度为1℃当然就不行，所以人体体温计最小刻度为0.1℃。用这样的温度计测量车间温度是否足够精确？如果生产要求环境温度变动不得超过0.8℃，当然最小刻度为0.1℃的温度计也是不合格的。测量太空中的辐射背景温度以确定宇宙形成初期的物质结构规律，那就要求在2.7K（绝对温度）附近用精确到百万分之一摄氏度的温度计才行。式（11－2）的要求不过是把这些常识性的要求具体量化罢了。

另外，为了保证产品的波动能够在测量系统测量结果存在的波动中仍然可以可靠地辨别和区分，我们用可区分类别数（number of distinct categories，ndc）作为判断分辨力是否足够的另一个标准。它的定义公式为：

$$\text{ndc}=\text{int}(1.41\times\frac{\sigma_P}{\sigma_{MS}}) \tag{11-3}$$

式中，σ_P表示实际过程波动的标准差；σ_{MS}表示测量系统波动的标准差；int（number）表示下取整函数。

这里要注意的是，式（11－2）与式（11－3）这两个公式虽然都涉及分辨力的问题，但两者说的是不同方面的要求。式（11－2）是前提，是测量系统分析的第一个要考察的内容，当测量系统安装调试成功之后，只要能得到测量结果，不用进行细致的测量系统分析就立即可以看出式（11－2）是否成立。而按一般测量分析程序，式（11－3）的结果要在全部测量系统分析结束时才能给出。实际上，可区分类别数与测量系统精确度的指标*GageR&R*是一回事（详细解释请参看11.3.3节）。一般说来，仅式（11－2）这项要求得到满足，可区分类别数不一定就能满足要求，可区分类别数的要求更高。

11.1.2 稳定性

对于任何一个质量特性而言，具有稳定性指的是此种特性的分布不随时间而变，即它的平均值、标准差以及分布的形状等都不随时间而变。这里强调的是在时间变化条件下的特性，而不是“标准差越大就越不稳定”。假定一个特性指标标准差较大，分布也非正态，但是如果这个特性的分布状况天天如此，此特性也是稳定的。具体到测量系统的稳定性则是指测量系统的各个计量特性（主要是偏倚和精度）在时间范围内保持恒定的能力。对于基准值的多次测量的平均值不稳定这种简单情形，可以参见图11－3的示意。合格测量系统的基本条件之一是测量系统要有稳定性，为此，通常使用测量结果的控制图加以判定。

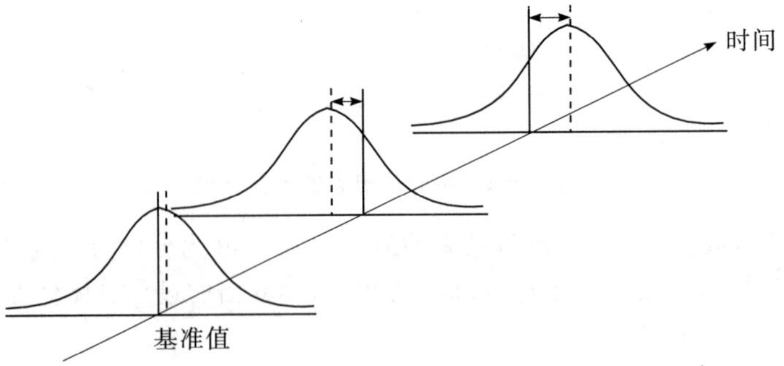

图11－3　测量值的时域变化

因为测量可以看作制造数据的过程，所以用于判断过程稳定性的各种控制图都可以用来判断测量系统的稳定性，我们通常使用 Xbar-R 或 Xbar-S 控制图进行分析。定期使用量具对标准部件进行重复测量，绘制测量值的控制图，观察测量系统是否产生了异常现象，并且对造成不稳定的原因进行分析和纠正。

有关控制图的原理和实现，请参见本书第 12 章的内容。

11.2 偏倚和线性

11.2.1 偏倚

偏倚是指多次测量的理论上的平均值 μ 与其参考值 V_r 之间的差异。参考值的来源主要有：更高级别的测量设备多次重复测量值的平均值；专业团体认可的值；当事方达成一致的值或法律规定的值。实际工作中，测量系统分析对某个指定参考值只能进行有限次重复测量，我们观测到的只能是样本的平均值 $\overline{X}$ 。因为测量中总会存在随机误差，每次测量结果总会有波动，$\overline{X}$ 也就会有波动。即使 μ 与其参考值 V_r 相等，$\overline{X}$ 也不见得正好与其参考值 V_r 相等。研究偏倚首先要明确到底**是否存在偏倚**，也即判断测量结果的理论上的均值 μ 是否等于参考值 V_r。这正好是单样本假设检验所要解决的问题。有的偏倚看似很小，但检验结果证实偏倚确实不为 0；有的偏倚看似数值不小，但由于精确度较差，反而检验结果证实偏倚为 0。一切要在检验之后才能得出结论。

经过检验，可能断言“在此点处，测量系统没有偏倚”，也可能断言“在此点处，测量系统确实有偏倚”。如果确有偏倚，就用 $\overline{X}-V_r$ 作为此点处偏倚的估计。这里需要注意的是：偏倚的值可正可负，其绝对值则用来作为准确性的代表。

此外，在整个量程中，各点处的偏倚可能并不相等，整体偏倚的状况可以用偏倚平均值$\overline{\text{Bias}}$与过程总波动 TV（$TV=6\sigma_{总}$）比值的形式，即偏倚百分率%Bias 表示，它的数学表达式为：

$$\%\text{Bias}=(|\overline{\text{Bias}}|/TV)\times 100 \qquad (11-4)$$

这里请注意，偏倚有正有负，偏倚平均值$\overline{\text{Bias}}$是把正负偏倚抵消了算出的，$\overline{\text{Bias}}$很小不代表各处偏倚都很小。另外，对于%Bias 很难给出一个对任何测量系统都能认可的统一标准，要根据生产过程的特性来判断，但肯定这个数值要很小（%Bias 通常要小于 10）才行。

注意：在测量系统分析中，很多指标都是比值。这类指标可以用百分数或百分率表示，也可以用小数形式表示，比如，%Bias 的指标，可以用百分数（10）、百分率 10%或 0.1 表示，代表相同的含义。对于此类数据的不同表示形式，以后不再特别说明。

11.2.2 线性

偏倚是针对单点处而言的，而每个测量系统都会有量程作为可测量结果的范围。原则上说应当要求量程内的任何一处都不存在偏倚，这才是最好的测量系统。但是如果在一点处能够准确地知道偏倚的数值，或者在整个量程范围内有共同的偏倚，则可以通过扣除偏倚加以修正。但测量系统分析只可能在量程中的某几个点进行，那么怎样才能对整个量程的每一点都知道偏倚值呢？如果可以断言测量系统的偏倚在整个量程范围内具有线性，则可以根据已有的测量结果加上线性关系的规律求出任一指定点处的偏倚。这是我们在有偏倚的条件下的“不幸中的万幸”；如果有偏倚又不具有线性，则将真是大不幸，测量系统已经无可救药了。

具体来说，线性是指在测量系统预期的量程范围内，各点处的偏倚与参考值呈线性关系。

一般来说，线性就是要求这些偏倚量在数学上表现为是其对应参考值的线性回归关系。如何根据多点处的偏倚求出线性回归方程，以及如何判断回归方程的斜率不为0，这正是第9章讨论过的回归分析内容。偏倚是否有线性，可以用图11－4中的两种形式来说明。

通常用线性度Linearity衡量某个量程的偏倚的总体变化程度，其定义是线性方程斜率b的绝对值与过程总波动TV的乘积，即

$$\text{Linearity}=|b|\times TV \tag{11-5}$$

此量代表过程总波动范围内，测量值偏倚的波动（注意不是偏倚本身）范围。

量程的偏倚的总体变化程度也可以用百分比的形式，即线性百分率%Linearity表示，它的数学表达式为：

$$\%\text{Linearity}=(\text{Linearity}/TV)\times 100 \tag{11-6}$$

换言之，%Linearity就是将$|b|$写成百分数罢了。即

$$\%\text{Linearity}=|b|\times 100 \tag{11-7}$$

对于线性的图示可参见图11－4。一般情况下，类似于左图的表达形式使用得更多一些，这是因为偏倚与被测值相比会非常小，图11－4中右图的两条线常常分辨不开，因而很难精确画出。

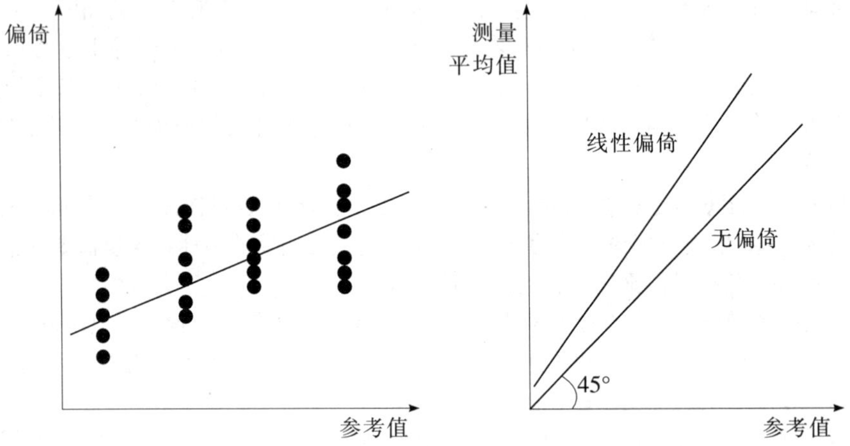

图11－4　偏倚的线性示意图

11.2.3　偏倚和线性的计算

实际工作中，常常同时评估偏倚和线性。在量程范围内，将偏倚作为y，参考值作为x，进行简单线性回归分析，计算出线性回归方程$y=a+bx$，构建此数学模型，绘制出如图11－5所示的图形。从图11－5中可以看出，在若干点上有偏倚，偏倚为0的水平线（Bias=0）没有完全被包含在回归线的置信区间带之内。

经过统计检验，如果各点都没有偏倚，而且回归效果不显著，a和b均为0，则称测量系统在整个量程范围内没有偏倚。在回归拟合线图中，则表现为偏倚为0的水平线（Bias=0）完全被包含在回归线的置信区间带之内，且各点的平均偏倚值皆落在回归线的置信区间带之内，则这时测量系统的偏倚和线性均合乎要求，是测量系统中偏倚和线性最理想的状况。

如果在若干点上有偏倚，偏倚为0的水平线（Bias=0）没有完全被包含在回归线的置信区间带之内，这时如果不能拒绝回归系数b为0，但a显著不为0，则称在整个量程范围内有共同偏倚a（即有常量偏倚）。这虽然比最理想状况稍差，但由于偏倚有共同值，因而在使用时容易通过纠偏加以修正。

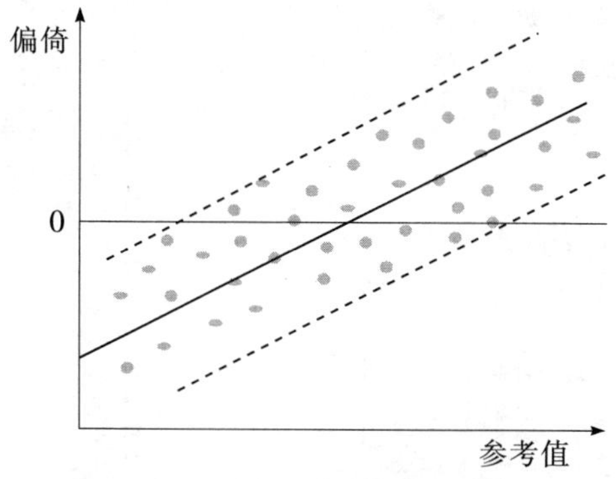

图 11-5 偏倚的线性回归拟合线

如果量程范围内有若干点偏倚不为 0，偏倚为 0 的水平线（Bias=0）没有完全包含在回归线的置信区间带之内，且回归效果显著，即系数 b 显著不为 0，同时各点的平均偏倚值皆落在回归线的置信区间带之内（参见图 11-5），这时则称在整个量程范围内偏倚有线性（即有非常量偏倚），此时可以计算出线性产生的影响。这是不幸中的万幸，因为毕竟在使用该测量系统时，对于所有测量结果可以按线性回归结果对偏倚加以修正。

如果量程范围内有若干点偏倚不为 0，但又不能拒绝回归系数 b 为 0，而且有若干点处的平均偏倚值落在回归线的置信区间带之外（且位于不同侧），则测量系统在整个量程中有偏倚，但又因没有线性而无法加以修正，这是测量系统中最差的情况。这样的测量系统根本无法修偏，只能弃之不用。

接下来，用例 11-1 对测量系统的偏倚和线性分析方法加以说明。

例 11-1

一家公司的质检部门新购买了一台测厚仪，在正式使用之前，需要对此测量系统进行评估。根据实际需要的量程范围，挑选了 5 个具有代表性的标准部件。然后由检验员以随机的方式对每个部件测量了 6 次。假设已知过程总波动 *TV*（即 6 倍的过程标准差）为 12，试分析其偏倚和线性（数据列在表 11-1 中，数据文件：QT _ MSA 偏倚与线性 . MTW）。

表 11-1 测厚仪的测量结果

部件	1	2	3	4	5
参考值	2.00	5.00	10.00	15.00	20.00
测量值 1	2.03	4.93	10.11	14.80	20.35
测量值 2	2.07	5.08	10.05	15.17	20.52
测量值 3	1.93	4.89	9.90	15.15	20.40
测量值 4	2.05	4.95	10.13	15.26	20.44
测量值 5	1.95	5.12	10.13	15.32	20.38
测量值 6	1.96	5.13	9.88	15.24	20.21

请注意，MINITAB 中的数据与表 11-1 的形式并不一样，要将部件号、参考值与测量值分列在 3 列中（见图 11-6 中的最右端）。

计算机软件 MINITAB 的实现方法如下：

（1）从“统计＞质量工具＞量具研究＞量具线性和偏倚研究（Stat＞Quality Tools＞Gage Study＞Gage Linear & Bias Study）”进入（见图 11-6）。

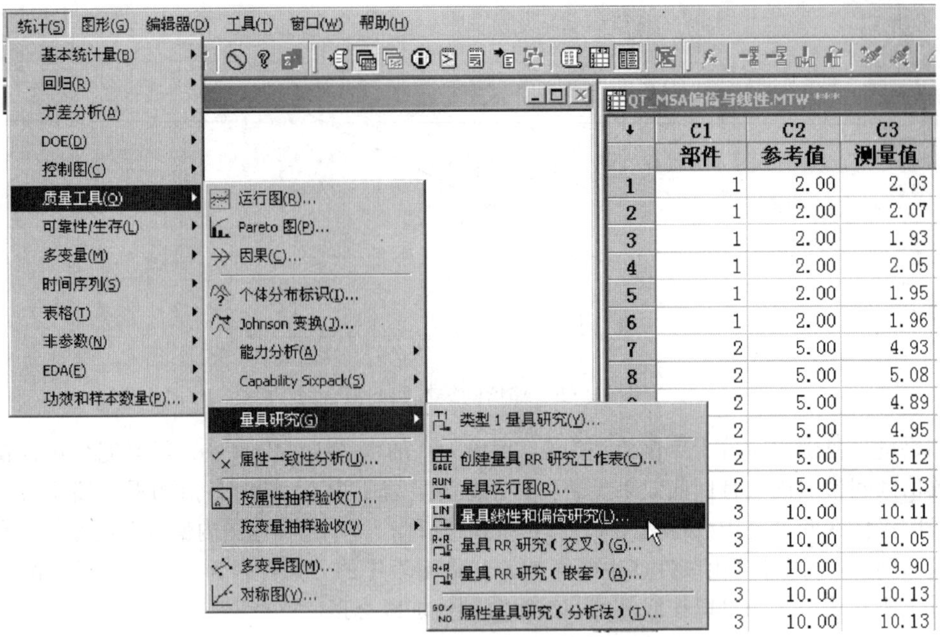

图 11-6 测量系统偏倚的线性计算操作图

(2) 指定“部件号 (Part numbers)”为“部件”，“参考值 (Reference value)”为“参考值”，“测量数据 (Measurement data)”为“测量值”，在“过程变异 (Process variation)”中输入“12”，运行命令后可以得到图 11-7。

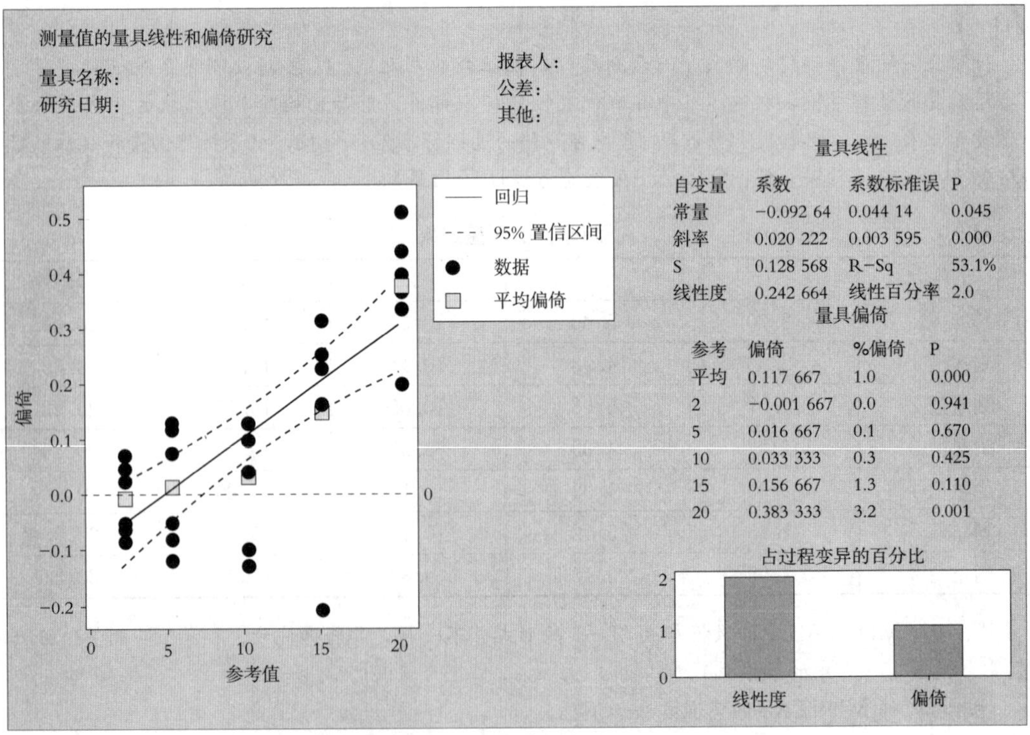

图 11-7 线性与偏倚的分析图

从图11-7中可以得到下列分析结果：整体偏倚值=0.117 667，整体偏倚百分率=1.0，因为对应的 p 值=0.000<0.05，所以判定整体偏倚确实存在。同时，还可以查阅到5个具有代表性的测量点的偏倚值和偏倚百分率，其中在参考值为20时，偏倚严重存在。线性度=0.242 664，线性百分率=2.0，表明当需要测量的部件的波动范围在12（已知条件）之内时，测量的偏倚值的波动保持在0.242 664的范围内。偏倚的线性回归拟合方程是 y（偏倚）=−0.092 64+0.020 222x（参考值），因为斜率和截距相应的 p 值都小于0.05，式中的斜率和截距都显著不为0，结合左侧带拟合直线的散点图，表明此测试设备在整个量程范围内有线性偏倚。实际使用此测量系统时，可以对于测定出的 x 值，按上述回归方程计算出偏倚值，然后对测量结果加以修正。尽管本例有一个偏倚的平均值点超出了回归线的95%置信区间，但是对于5个平均值点而言，都在95%置信区间内的概率约为77%，存在有一个点超出置信区间的概率约为20%，因此本例并不是非常异常的情况，可以考虑进行线性回归的评估和预测。

11.3 重复性和再现性

对于测量系统的分析，最终要得出测量系统是否合格的结论。对于偏倚及稳定性方面的问题，前面两节已分别进行了分析。相对而言，偏倚及稳定性方面的问题比较简单，也容易解决。测量系统不满足要求更容易出问题的地方常常在于精度方面。而提高精度的问题要复杂得多，下面对构成精度的组成部分，即测量系统的重复性与再现性进行仔细分析。

本节中最重要的公式是构成精度的组成公式：

$$\sigma_{MS}^2 = \sigma_{RPD}^2 + \sigma_{RPT}^2 \tag{11-8}$$

式中，σ_{RPT}^2 代表重复性方差；σ_{RPD}^2 代表再现性方差。

11.3.1 重复性

整个测量系统指的是在测量过程中，由人员、仪器或量具、测量对象、操作方法和环境所构成的整体。测量系统中的各环节都可能出现误差，测量系统的总误差是由各方面误差综合而成。重复性误差指的是同一个操作者使用同一套测量设备，对同一个测量部件的同一特性在较短的时间间隔内进行多次测量，所得结果的一致性。重复性强调所有的测量都是在尽可能相同的条件下完成的，这时误差的产生全部是由测量设备本身的固有波动引起，这部分误差一般是不可能再降低的。因此，重复性又称为设备波动（equipment variation，EV）。如果重复性误差过大，则测量系统无法改进，只能彻底更换。

重复性作为研究测量系统固有波动的度量，除了选用其方差 σ_{RPT}^2 作为绝对量的度量指标，也常选用设备波动与过程总波动（total variation，TV）的比值作为其相对量的度量指标，即是重复性标准差与过程总体标准差的比值（这是个无量纲的比率），即

$$GageRPT = \frac{EV}{TV} = \frac{6\sigma_{RPT}}{6\sigma_{Total}} = \frac{\sigma_{RPT}}{\sigma_{Total}} \tag{11-9}$$

11.3.2 再现性

测量系统的误差不仅包含重复性误差，人员、仪器或量具、操作方法和环境的变化等也都可能形成误差。所谓再现性是指在各种可能变化的测量条件下，对同一个测量部件的同一特性进行多次测量，所得结果的一致性。可能改变的测量条件包括操作者、操作方法、测量设备、测量地点、使用条件和测量时间等。其中相当普遍的情况是，误差主要由不同的操作人员引

起。因此，再现性又称为人员波动（appraiser variation，AV）。

再现性作为研究具有多个波动源的测量系统波动的度量，除了选用其方差 σ_{RPD}^2 作为绝对量的度量，也常选用人员波动与过程总波动的比值作为其相对量的度量指标，即是再现性标准差与过程总体标准差的比值（这是个无量纲的比率），即

$$GageRPD=\frac{AV}{TV}=\frac{6\sigma_{RPD}}{6\sigma_{Total}}=\frac{\sigma_{RPD}}{\sigma_{Total}} \tag{11-10}$$

当然也有这种情况，即在测量系统中不存在人员波动（例如数字式测量仪器）或人员波动小到可以忽略不计。这时，导致误差的应该是另外一些原因，例如不同的测量设备、不同的设置、不同的班次或不同的环境条件等，我们根据测量系统的真实运行状况分析哪些是最主要的再现性误差原因，并以此代替人员波动作为再现性误差的主体。

11.3.3 精确度分析

重复性和再现性分析一同构成了测量系统精确度分析的主要内容，二者应该同时评估，这是测量系统分析的重点。

当重复性方差 σ_{RPT}^2 以及再现性方差 σ_{RPD}^2 都求出后，可以将二者求和，用式（11-8）求出测量系统的精度的平方，然后求出其平方根即为测量结果波动的标准差：

$$\sigma_{MS}=\sqrt{\sigma_{RPT}^2+\sigma_{RPD}^2} \tag{11-11}$$

求出 σ_{MS} 后，可以进一步求出评价测量系统精确度的两项重要指标：%$GageR\&R$ 和%P/T。由于重复性和再现性两个英文字皆以 R 开头，所以习惯上也用 $R\&R$ 表示精度，即 $R\&R=6\sigma_{MS}$。评估指标% $GageR\&R$ 是测量系统波动占过程整体波动的百分比，其数学定义公式为：

$$G=\%\,GageR\&R=\frac{R\&R}{TV}=\frac{6\sigma_{MS}}{6\sigma_{Total}}=\frac{\sigma_{MS}}{\sigma_{Total}} \tag{11-12}$$

另一个评估指标% P/T 则是指测量系统精度占公差的百分比，其数学定义公式为：

$$R=\%\,P/T=\frac{R\&R}{\text{Tolerance}}=\frac{6\sigma_{MS}}{\text{USL}-\text{LSL}} \tag{11-13}$$

% P/T 着重评估测量系统针对相关产品规格的测量效果，强调测量系统对公差界限的分析性能（判断产品是否合格）能否测量得足够精确。% $GageR\&R$ 着重评估测量系统对整体过程变异的测量效果，强调测量系统对生产过程改进分析性能（过程是否已有改进）能否测量得足够精确。% P/T 和% $GageR\&R$ 是评估测量系统性能的两个不同方面，缺少其中任何一个都将是不全面的。一个好的测量系统，必须同时使这两项指标都足够小。表 11-2 归纳了这两个度量指标的判断标准。

表 11-2　　测量系统的合格标志

% $GageR\&R$ 或% P/T	测量系统能力
小于 10%	良好
介于 10%～30%	勉强可接受
大于 30%	不合格

对于表 11-2 的理解应该是：

（1）若% $GageR\&R$ 及% P/T 两项指标皆小于 10%，则测量系统良好。

（2）若% $GageR\&R$ 或% P/T 两项指标有一项大于 30%，则测量系统不合格，不可接受，测量系统必须改进后才能使用。

（3）若处在（1）与（2）之间的情况，则测量系统性能属于边缘状况。当测量系统测量的指标并非产品的关键性能指标，且更换测量系统在经济上不可行时，测量系统可以勉强使用；否则测量系统也应加以改进才能使用。

对于测量系统精确度的分析还可以从另一个指标“可区分类别数（ndc）”来体现。为此，我们先从统计学角度说明式（11－3）的来源，然后补充说明%$GageR\&R$ 与 ndc 的关系，对 ndc 要求的含义，以及%$GageR\&R$ 与%P/T 两个指标间的联系，并讨论它们与过程能力指数 C_p的关系。这段内容中用到数学推导较多，初学者可以先略去不看，直接学习测量系统分析的实现方法就够了。

在最早提出“可区分类别数（ndc）”概念的一本测量分析手册（参见本书参考文献［24］）中，引用了惠勒和里达伊（Wheeler and Lyday）的专著《评估测量过程》（参见本书参考文献［31］）的结果。那里先引入判别比（discrimination ratio，DR），然后根据理论上的推导得到作为近似公式的定义（参见本书参考文献［32］），即**可区分类别数**（number of distinct categories，ndc）。

$$\text{ndc} = \text{int}(\frac{\sqrt{2}\sigma_P}{\sigma_{MS}})$$

我们希望从统计意义上直接说明此定义的来源。为此，我们先要介绍一个预备知识，即分析两个正态总体均值间有显著差异需要什么条件。下面我们给出重要结论：

预备1：两个有相等方差 σ^2 的均值分别为 μ_1 和 μ_2 的正态总体，对于检验问题：

$$H_0:\mu_1 = \mu_2 \leftrightarrow H_1:\mu_1 \neq \mu_2$$

假设各抽取相同的样本量 n 的样本，记二者的样本均值分别为 $\bar{x}$ 和 $\bar{y}$，取第一类风险 α=0.002 7，则当

$$|\bar{x}-\bar{y}| > \frac{3\sqrt{2}\sigma}{\sqrt{n}} \qquad (11-14)$$

时，将拒绝原假设，从而可得出结论，认为两总体均值不相等。

事实上，由本书5.3.3.1节双正态总体均值检验的式（5－17）可知，当两组样本量相等（皆为 n）时，式（5－17）变成

$$Z = \frac{\bar{x}-\bar{y}}{\sigma\sqrt{\dfrac{1}{n}+\dfrac{1}{m}}} = \frac{\bar{x}-\bar{y}}{\sigma\sqrt{\dfrac{2}{n}}}$$

拒绝原假设的区域应该是：

$$\{|Z| > Z_{1-\alpha/2}\}$$

当 α=0.002 7，上式右端就是 $Z_{0.998\,65}=3$，拒绝域就简化为 $|Z| = \dfrac{\sqrt{n}|\bar{x}-\bar{y}|}{\sigma\sqrt{2}} > 3$，也就是 $|\bar{x}-\bar{y}| > \dfrac{3\sqrt{2}\sigma}{\sqrt{n}}$，预备1证明完毕。

对于通常使用的检验水平 α=0.05，式（11－14）改为 $|\bar{x}-\bar{y}| > \dfrac{2\sqrt{2}\sigma}{\sqrt{n}}$。

我们下面回到测量系统的可区分类别数的讨论。设生产过程的标准差为 σ_P，整个生产过程的波动可以用 $6\sigma_P$ 表示，测量系统的精度为 σ_{MS}，当从生产过程中任意抽取能够代表整个变异范围的若干样品（例如100个），用我们现有的测量系统只测量一次，平均说来，能将这些数据分成几组（置信水平99.73%）？

显然，能够分成的组数等于

$$6\sigma_P \Big/ \frac{3\sqrt{2}\sigma_{MS}}{\sqrt{1}} = \frac{\sqrt{2}\sigma_P}{\sigma_{MS}}$$

因为此数只能为整数，所以我们得到式（11－15），这里可区分类别数（ndc）为：

$$ndc = int\left(\frac{\sqrt{2}\sigma_P}{\sigma_{MS}}\right) \tag{11-15}$$

式中取整应该是“下取整”（MINITAB用Floor来表示），这就是式（11－3）的由来。

通常的六西格玛教材中都认为：可区分类别数ndc小于5时，测量系统不具备足够的分辨力；当可区分类别数ndc大于等于5时，测量系统具备足够的分辨力；当可区分类别数ndc大于等于10时，测量系统具备优良的分辨力。表11－3对此做了进一步的说明（详细结果可参看MINITAB数据文件“ndc.MTW”，那里分别使用了四舍五入取整和下取整两种方法）。

表11－3　分辨力对过程控制与分析的影响

可区分类别数	控制	分析	%GageR&R
1	多数情况下不能用于控制图	只能指出过程的输出是否合格，不能用于过程参数及指数的估计	≥0.58
2～4	能够用于不太敏感的计量型控制图	只能用于过程参数及指数的粗略估计	0.28～0.57
5～9	能够用于各种类型的控制图	表明测量系统的分辨力合格，能够用于过程参数及指数的估计	0.15～0.27
≥10	能够对过程进行各项分析	表明分辨力优良	≤0.14

其实，如果坚持“%*GageR&R*小于0.1测量系统可判优”的标准，换用ndc的结果，标准不应该是“ndc超过10可判优”，而应该是“ndc超过14可判优”才更合理。

例11－2介绍了计算可区分类别数的软件实现方法。

表11－3中这些对于ndc的要求是怎样得来的？下面给出定量的回答。我们在式（11－12）中已介绍了测量系统精度指标%*GageR&R*的定义（以下此值用*G*来表示），即

$$G = \%GageR\&R = \frac{\sigma_{MS}}{\sigma_T} \tag{11-16}$$

式中，σ_T 是 σ_{Total} 的缩写。

下面我们给出可区分类别数ndc与测量系统精度指标%*GageR&R*的关系式：

$$ndc = int\left(\frac{\sqrt{2}\sqrt{1-G^2}}{G}\right) \approx int\left(\frac{\sqrt{2}}{G}\right) \tag{11-17}$$

式（11－17）的证明：

因为 $\sigma_T^2 = \sigma_P^2 + \sigma_{MS}^2 = \sigma_P^2 + G^2\sigma_T^2$，故 $(1-G^2)\sigma_T^2 = \sigma_P^2$，因此，$\sigma_P = \sigma_T\sqrt{1-G^2}$，将此式代入ndc的定义式（11－15）可得

$$ndc = int\left(\frac{\sqrt{2}\sigma_P}{\sigma_{MS}}\right) = int\left(\frac{\sqrt{2}\sigma_T\sqrt{1-G^2}}{\sigma_{MS}}\right) = int\left(\frac{\sqrt{2}\sqrt{1-G^2}}{G}\right)$$

由式（11－17）可见，ndc与%*GageR & R*完全是一一对应的函数关系，它们完全是一回事，只不过表达方式不同罢了。可区分类别数表11－4列出几个常用的对应关系。

表11－4　ndc与%*GageR&R*对应关系表

%GageR&R	0.1	0.14	0.15	0.17	0.18	0.20	0.23	0.28	0.34	0.43	0.58
ndc取整值	14	10	9	8	7	6	5	4	3	2	1

很明显，可区分类别数 ndc 与%*GageR&R* 二者完全是一回事；而 ndc 与真正的“分辨力”（仪器仪表的最小刻度）反而完全是两码事。所谓 ndc 代表“分辨力”，其实是指从测量系统的精确度角度来说明对于描述生产过程变化的分辨能力。

具体实现测量系统分析有两类方法：一类是将测量系统的分析与生产过程的波动结合在一起分析，常称为传统方法；另一类是先不考虑生产过程的波动，只使用标准件或固定件，这可以对测量系统分析得更细致，但只能直接计算% *P/T* 指标，为了计算%*Gage R&R*必须由其他方法获得过程的波动才行，因为这个指标在计算上的关键是要确保对于过程总波动（*TV*）的度量要准确，要真的能够涵盖整个过程范围。两种方法都很有用，在此先介绍常用的第一类方法。

所谓传统分析方法，是指在过程实际变化范围内选择若干部件（大约 10 件），再随机选择若干操作员（大约 3 人），让每个操作员按随机顺序对所有部件重复测量几遍（通常重复 2～3 次）。收集并整理好所有的测量记录后，可以有三种计算方法：极差法、均值极差法和方差分析法。三者各有特点，其中以方差分析法为最准确，极差法及均值极差法都是早期以手工计算为主时所采用的为了计算简单而使用的，现在已很少使用。这里关键是要理解整个分析的整体思路，特别是重复性和再现性的计算思路，其示意见图 11-8。

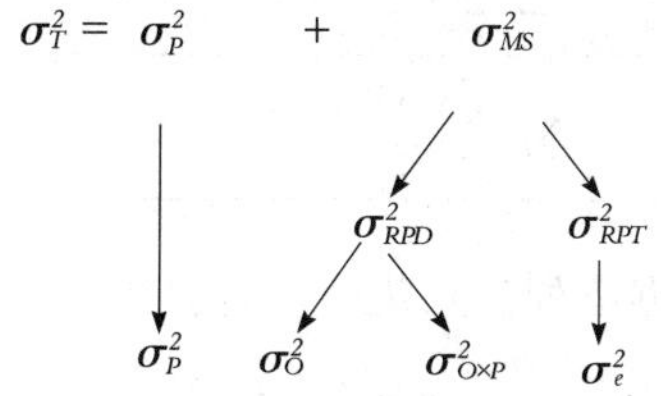

图 11-8　测量系统精确度分析的传统方法示意图

事实上，由式（11-1）得知：

$$\sigma_{总}^2 = \sigma_{过程}^2 + \sigma_{测量系统}^2$$

用英文字母表达，则可以写成：

$$\sigma_T^2 = \sigma_P^2 + \sigma_{MS}^2 \tag{11-18}$$

这里观测到的全体波动 σ_T^2，包括了过程实际的波动 σ_P^2 和测量系统的波动 σ_{MS}^2。而测量系统的波动 σ_{MS}^2 又可以写为（见式（11-8））：

$$\sigma_{MS}^2 = \sigma_{RPT}^2 + \sigma_{RPD}^2$$

在传统的测量系统分析方法中，同一个测量者测量同一个部件的波动 σ_e^2 本身就构成重复性方差 σ_{RPT}^2，测量者的波动 σ_O^2 以及测量者与部件交互作用的波动 σ_{OP}^2 构成了再现性波动。因此，最后归纳出下列公式：

$$\begin{aligned}\sigma_T^2 &= \sigma_P^2 + \sigma_{MS}^2 \\ &= \sigma_P^2 + \sigma_{RPD}^2 + \sigma_{RPT}^2 \\ &= \sigma_P^2 + \sigma_O^2 + \sigma_{OP}^2 + \sigma_e^2\end{aligned} \tag{11-19}$$

如果求出各个方差分量，就可以最终计算出评估测量系统的两项指标。

实际操作时，首先应在过程实际变化范围内选择 S 个部件，再随机选择 R 个操作员，让每个操作员按随机顺序对所有部件重复测量 T 遍，将第 r 个操作者对第 s 个部件进行第 t 次测量的结果记为 X_{rst}。收集并整理好所有的测量记录，为整个测量系统的计算分析做好准备。容易看出，两个因子（测量员与部件）之间是交叉关系，而且二者都是随机效应因子。根据第 10 章介绍的方法，应该先计算出方差分析表，然后求出方差分量。

这里，数学模型是：

$$X_{rst}=\mu+O_r+P_s+(OP)_{rs}+e_{rst} \qquad (11-20)$$

式中，μ 是总均值；O_r，P_s，$(OP)_{rs}$ 和 e_{rst} 分别是操作者、部件、操作者与部件交互作用和测量误差的随机变量，假设 $O_r\sim N(0,\sigma_O^2)$，$P_s\sim N(0,\sigma_P^2)$，$(OP)_{rs}\sim N(0,\sigma_{OP}^2)$，$e_{rst}\sim N(0,\sigma_e^2)$，且四者相互独立。

然后，将离差的总平方和 SS_T 进行分解，先得到方差分析表（见表11-5）。

表11-5　　测量系统的方差分析表

波动源	自由度	平方和	均方	F值
操作者（O）	$R-1$	$SS_O=ST\sum_{r=1}^{R}(\overline{X}_{r..}-\overline{X}_{...})^2$	$MS_O=\frac{SS_O}{R-1}$	$\frac{MS_O}{MS_{OP}}$
部件（P）	$S-1$	$SS_P=RT\sum_{s=1}^{S}(\overline{X}_{.s.}-\overline{X}_{...})^2$	$MS_P=\frac{SS_P}{S-1}$	$\frac{MS_P}{MS_{OP}}$
操作者（O）×部件（P）	$(R-1)(S-1)$	$SS_{OP}=T\sum_{r=1}^{R}\sum_{s=1}^{S}(\overline{X}_{rs.}-\overline{X}_{r..}-\overline{X}_{.s.}+\overline{X}_{...})^2$	$MS_{OP}=\frac{SS_{OP}}{(R-1)(S-1)}$	$\frac{MS_{OP}}{MS_{Re}}$
误差	$RS(T-1)$	$SS_{Re}=\sum_{r=1}^{R}\sum_{s=1}^{S}\sum_{t=1}^{T}(X_{rst}-\overline{X}_{rs.})^2$	$MS_{Re}=\frac{SS_{Re}}{RS(T-1)}$	
总和	$RST-1$	$SS_T=\sum_{r=1}^{R}\sum_{s=1}^{S}\sum_{t=1}^{T}(X_{rst}-\overline{X}_{...})^2$	$MS_T=\frac{SS_T}{RST-1}$	

以表11-5为基础，可以根据下列公式进一步计算出各个波动源的方差分量：

$$\hat{\sigma}_e^2=MS_{\text{Re}}$$

$$\hat{\sigma}_{OP}^2=(MS_{OP}-MS_{Re})/T$$

$$\hat{\sigma}_P^2=(MS_P-MS_{OP})/RT$$

$$\hat{\sigma}_O^2=(MS_O-MS_{OP})/ST$$

已知 σ_e^2 代表重复性的方差，$\sigma_O^2+\sigma_{OP}^2$ 代表再现性的方差，因此测量系统重复性和再现性的标准差为 $\sigma_{MS}=\sqrt{\sigma_{RPD}^2+\sigma_{RPT}^2}=\sqrt{\sigma_O^2+\sigma_{OP}^2+\sigma_e^2}$，而过程总波动的标准差为 $\sigma_T=\sqrt{\sigma_P^2+\sigma_{MS}^2}$，将 σ_{MS} 及 σ_T 以其估计量代入，再加上已知的公差界限 Tolerance，就可以分别计算出 $\%\ GageR\&R$ 和 $\%\ P/T$ 值。

下面用例11-2对测量系统的重复性和再现性的计算过程加以说明。

例11-2

某食品厂生产袋装糖果，用秤测量其重量（单位：千克）。已知公差要求为 45.5 ± 0.5。为进行测量系统分析，在总装线终端有代表性地抽取10包成品糖果编好号，随机挑选3位检验员用同一台秤测量每包重量，将糖果包顺序打乱后再测一次，再打乱后测第3次。试做测量系统的精确度分析（数据列在表11-6中，数据文件：QT_MSA重复性与再现性.MTW）。

表11-6　　糖果重量的测量结果

检验员	次数	糖果包									
		1	2	3	4	5	6	7	8	9	10
A	1	45.65	46.00	45.85	45.85	45.55	46.00	45.95	45.85	46.00	45.60
A	2	45.60	46.00	45.80	45.95	45.45	46.00	45.95	45.80	46.00	45.70
A	3	45.64	46.02	45.82	45.97	45.58	46.01	45.97	45.84	46.00	45.64
B	1	45.55	46.05	45.80	45.80	45.40	46.00	45.95	45.75	46.00	45.55
B	2	45.55	45.95	45.75	45.75	45.40	46.05	45.90	45.70	45.95	45.50
B	3	45.54	46.01	45.82	45.81	45.39	46.02	45.97	45.77	46.02	45.58

续前表

检验员	次数	糖果包									
		1	2	3	4	5	6	7	8	9	10
C	1	45.50	46.05	45.80	45.80	45.45	46.00	45.95	45.80	46.05	45.85
C	2	45.55	46.00	45.80	45.80	45.50	46.05	45.95	45.80	46.05	45.80
C	3	45.59	45.97	45.81	45.80	45.52	46.03	45.98	45.81	46.07	45.86

解 计算机软件 MINITAB 对于这种传统数据格式有专门的窗口实现计算：

(1) 从"统计>质量工具>量具研究>量具 R & R 研究（交叉）(Stat>Quality Tools>Gage Study>Gage R & R Study (Crossed))"进入。

(2) 指定"部件号 (Part numbers)"为"糖果包"，"操作员 (Operators)"为"检验员"，"测量数据 (Measurement data)"为"测量值"，保持"Method of Analysis (分析方法)"为"ANOVA (方差分析)"。

(3) 选择"选项 (Option)"，在"过程公差 (Process tolerance)"中的"规格上限－规格下限 (Upper spec-Lower spec)"中输入"1.0"。

运行命令后可以得到如图 11－9 所示的会话窗口输出和如图 11－10 所示的分析图形。

结果：重复性与再现性

量具 R&R 研究 - ANOVA 法

包含交互作用的双因子方差分析表

来源	DF	SS	MS	F	P
糖果包	9	2.99863	0.333181	36.4064	0.000
检验员	2	0.06694	0.033468	3.6570	0.046
糖果包 * 检验员	18	0.16473	0.009152	8.6156	0.000
重复性	60	0.06373	0.001062		
合计	89	3.29403			

删除交互作用项选定的 Alpha = 0.25

量具 R&R

来源	变量分量	方差分量贡献率
合计量具 R&R	0.0045693	11.26
重复性	0.0010622	2.62
再现性	0.0035070	8.64
检验员	0.0008105	2.00
检验员*糖果包	0.0026965	6.65
部件间	0.0360033	88.74
合计变异	0.0405726	100.00

过程公差 = 1

Gage R&R

P/T

来源	标准差 (SD)	研究变异 (6 * SD)	%研究变异 (%SV)	%公差 (SV/Toler)
合计量具 R&R	0.067596	0.40558	33.56	40.56
重复性	0.032592	0.19555	16.18	19.56
再现性	0.059220	0.35532	29.40	35.53
检验员	0.028470	0.17082	14.13	17.08
检验员*糖果包	0.051928	0.31157	25.78	31.16
部件间	0.189745	1.13847	94.20	113.85
合计变异	0.201426	1.20856	100.00	120.86

可区分的类别数 = 3 → 可区分类别数

图 11－9 重复性与再现性的分析结果

图 11－9 显示的主要是波动源方差分析和测量系统能力的计算结果。容易看到重复性方差为 0.001 062 2；检验员方差为 0.000 810 5；检验员与糖果包交互作用方差为 0.002 696 5；后两项求和得到再现性方差为 0.003 507 0；重复性方差与再现性方差求和为 0.004 569 3（此即 σ_{MS}^2）；过程方差为 0.036 003 3；这最后两项求和得到 $\sigma_{Total}^2=0.040\ 572\ 6$。再经过一些简单运算可得 $\%\ GageR\&R=33.56\%>30\%$，$\%\ P/T=40.56\%>30\%$，可见重复性和再现性的水平都不高。ndc＝3＜5，可见测量系统识别过程变异的能力较弱。总之，测量系统是不合格的，我们必须切实改进该测量系统进行再次评估，然后才能使用。

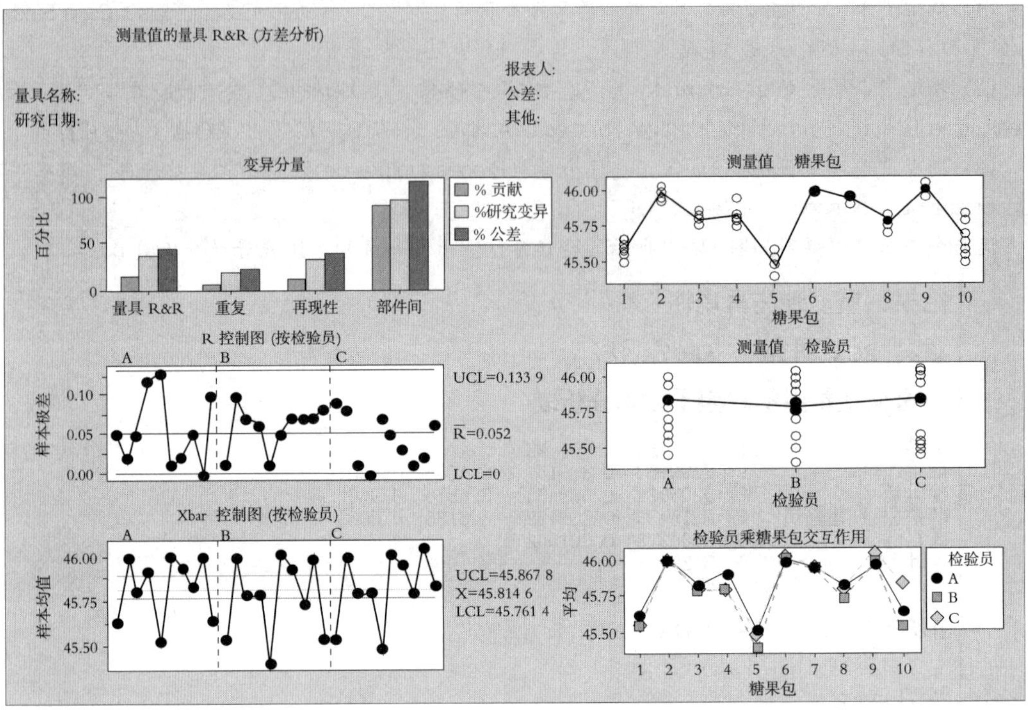

图 11－10　重复性与再现性分析图

图 11－10 是一张六合一的图形。其中左上图是波动源各分量大小的条形图，生动地展示了会话窗口中的计算结果。

百分比贡献条形表示各波动分量的方差与总体波动分量的方差之比，即 $\sigma_{MS}^2/\sigma_{Total}^2$；百分比研究变异条形表示各波动分量的标准差与总体波动分量的标准差之比，即 $\sigma_{MS}/\sigma_{Total}$；百分比公差条形表示各波动分量的标准差的 6 倍数与公差之比，即 $6\sigma_{MS}/\text{Tolerance}$。由于 $\%\ GageR\&R$ 指标要小于 0.1 才合格，分子分母同时平方后可以看出，量具 $R\&R$ 的百分比贡献条形高度要小于 1% 才合格，也就是说，量具 $R\&R$ 的百分比贡献条形高度与部件间的百分比贡献条形高度之比小于 1/99 才行。本例中，虽然部件间的百分比贡献条形已经很高大了，但仍然不够。

左中图、左下图显示的是以同一个检验员检验同一个部件为分组变量的 Xbar-R“控制图”（严格讲这并不是控制图）。左中图是以每个测量员测量同一个部件的极差形成的 R 图，数据点绝大多数应该落在控制限之内。本例中虽然所有数据点都落在控制限之内，说明各部件测量结果的极差并无特异者，但此控制限范围太宽，说明重复性误差太大；左下图是以所有部件的总平均值为中心，以重复观测的标准差为标准差绘制的常规控制图，正常情况应该是绝大多数平均值点落在控制域外，因为越多的数据点超出 Xbar 图的控制限，表明过程实际的波动越大，同时表明测量系统能力越高。左中图、左下图在分析测量系统性能上其实不是十分准确有效，只能供参考。

右上图是按部件分组的测量结果运行图，一般地，均值连线的变化越大，表明过程实际的波动越大；均值周围的多个散点分布越集中，表明重复性与再现性的波动越小。右下图重叠地显示了三个人员按部件分组的测量结果均值运行图，一般地，连线的变化越大，表明过程实际的波动越大；三条连线越接近平行，表明人员与部件的交互作用越小。这两张图对于改进测量系统的工作是有指导意义的：如果人员与部件有明显的交互作用，则可以通过右下图找出是哪几个部件使得测量员间“分歧”较大（本例中4，5，10号糖果包的测量结果相差悬殊），测量培训中对于这几个部件的深入讨论就可以缩小再现性误差，提高测量的精度。

右中图是按人员分组的测量结果运行图，这条均值的连线的变化越小，表明再现性的波动越小。由于各部件相差悬殊，将每个测量员的全部结果平均之后，一般看不出显著差异，此图没什么参考价值。

对于此例，我们可以自己动手直接计算出方差分量，一方面验证上述计算结果，另一方面使我们明白测量数据属于其他结构时的计算步骤。

数据结构是糖果包与测量员两因子间的交叉类型，用第10章学习的计算方差分量方法即可得到相应结果。计算机软件MINITAB对于这种传统数据格式有专门的窗口实现计算：

（1）从“统计>方差分析>一般线性模型（Stat>ANOVA>General Linier Model）”进入。

（2）指定“响应（Response）”为“‘测量值’”，“模型（Model）”为“‘糖果包’‘检验员’‘糖果包’×‘检验员’”，“随机因子（Random Factors）”为“‘糖果包’‘检验员’”。

（3）选择“结果（Results）”，勾选“显示期望均方和方差分量（Display Mean Square and Variance Component）”。

运行命令后可以得到下列结果：

方差分量，使用调整的SS

来源	估计值
糖果包	0.036 00
检验员	0.000 81
糖果包×检验员	0.002 70
误差	0.001 06

可以看出，我们自己用直接计算方法所得结果与用上述MINITAB专用模块计算方法所得结果完全相同，当然直接计算时还要接着自行求和，并分别求出重复性方差和再现性方差，将二者求和，然后求出总方差，最后计算出两项评价指标。

关于重复性和再现性，这里还有两点需要特别强调。

一是再现性这个概念。再现性是指在各种可能变化的测量条件下，对同一个测量部件的同一特性进行多次测量，所得结果的一致性。在传统的分析中，常常将再现性的变异来源默认为“测量人员”。现在很多生产环境使用的都是数字式测量仪器，测量人员之间几乎没有差别，我们千万不能认为不需要考虑再现性了，或是生搬硬套地执行重复性与再现性实验。这时候，再现性到底体现在哪里？一定要从实际出发，例如可以从测量仪器、设定初始值、工作班次或其他可能变化的测量条件来考虑可能出现误差的原因，从而设定再现性包括的范围。

二是测量系统变异源分析的问题。在MINITAB的量具 *R&R* 研究和例11－2中，只计算和分析了人员和部件两个变异因素，切不可因此认为进行重复性与再现性的分析时所需考虑的变异因素全都如此简单。其实在实际工作中，影响测量系统的因素可能有很多，在没有足够的把握之前，不能轻易地排除其中的任何一个。对此，比较成熟的方法是先进行变异源分析，然后选择最具显著影响的因素进行重复性与再现性分析。关于变异源分析的内容，请参阅本书的第10章，在此不再重复。

在测量系统精度分析中，%GageR&R 及%P/T 两项指标都非常重要，都要满足相应的要求，这样测量系统的精度才算符合要求。那么两者之间的关系是什么？它们与过程能力指数 C_p（其定义及分析见12.6.1节）又是什么关系？

回顾%GageR&R 及%P/T 两项指标的定义式（11－12）及式(11－13)，%GageR&R为：

$$G = \%Gage\ R\&R = \frac{\sigma_{MS}}{\sigma_T}$$

另一个评估指标%P/T 为：

$$R = \%P/T = \frac{6\sigma_{MS}}{USL - LSL}$$

下面就是%GageR&R 及%P/T 两项指标与过程能力指数 C_p 的关系式：

$$C_p = \frac{G}{R\sqrt{1-G^2}} \approx \frac{G}{R} \tag{11-21}$$

事实上，由 C_p 的定义式（12－8）及式（11－17）的证明中可得

$$C_p = \frac{USL - LSL}{6\sigma_P} = \frac{USL - LSL}{6\sigma_T\sqrt{1-G^2}} = \frac{USL - LSL}{6\sigma_{MS}\sqrt{1-G^2}/G} \tag{11-22}$$

再由式（11－13）可得

$$USL - LSL = \frac{6\sigma_{MS}}{R} \tag{11-23}$$

将式（11－23）代入式（11－22），则可得式（11－21）：

$$C_p = \frac{USL - LSL}{6\sigma_P} = \frac{6\sigma_{MS}/R}{6\sigma_{MS}\sqrt{1-G^2}/G} = \frac{G}{R\sqrt{1-G^2}} \approx \frac{G}{R}$$

式中的近似号是由于通常 G 不会太大（例如不超过0.3）而成立的，最大误差率不超过5%。

由式（11－21）容易看出，当测量系统两项精度%GageR&R 及%P/T 两项指标近似相等时，说明过程能力指数 C_p 大体上是1；当%GageR&R>%P/T 时，$C_p>1$，说明过程能力较好，且%GageR&R 及%P/T 差别越大，则说明过程能力指数越好；当%GageR&R<%P/T 时，$C_p<1$，说明过程能力较差，且%GageR&R 及%P/T 差别越大，则说明过程能力指数越差。因此，如果%GageR&R 满足要求，而%P/T 较大不满足要求（例如%GageR&R＝0.1,%P/T＝0.4)，则说明过程能力指数太差了，%GageR&R 表面上是合格的，但实际上测量系统的精度还是非常差的，基本上是不符合要求的。反之，如果%P/T 满足要求，而%GageR&R 较大，不满足要求（例如%GageR&R＝0.4，%P/T＝0.1)，则说明测量系统的精度基本上是可用的，只是由于过程能力指数太好，过程的波动太小，必须要求好得多的测量系统才能满足检测过程改进生产水平的状况。总之，%GageR&R 及%P/T 这两项指标的具体比较非常重要，它反映了测量系统的精度究竟是测量系统精度本身不合乎要求，还是由于过程太好而使测量系统精度未能达到要求，这两种不合格的含义是不相同的。

下面介绍另一类测量系统分析方法，主要是先不考虑生产过程的波动，只使用标准件或固定件，这可以对测量系统分析得更细致。

例11－3

某半导体芯片厂对芯片镀膜，公差限是1 000±50A，平时生产过程实际标准差 $\sigma_P=15$ A。我们使用光电干涉法测厚仪测量镀膜的厚度，现在要进行测量系统分析。由于是数字显示，测量员差别基本上不用考虑。现在考虑可能造成测量误差的两方面原因：一是不同的测量时刻是否会造成测量误差；二是每次将样件装置于测量底架时的装上卸下的循环是否会造成测量误差。现选用一片固定

的芯片，在6时、14时、22时三个不同时刻，各进行装上卸下的3次循环，每次循环中重复测量两次膜厚。试分析本测量系统是否合格（数据列在表11－7中，数据文件：QT _ MSA固定件.MTW）。

表11－7　　测厚仪测量固定芯片镀膜厚度数据表

时间	循环1		循环2		循环3	
	测量1	测量2	测量1	测量2	测量1	测量2
6时	1 017	1 020	1 020	1 019	1 021	1 024
14时	1 027	1 028	1 026	1 027	1 026	1 025
22时	1 023	1 022	1 024	1 022	1 021	1 023

解　先画出多变异图获得直观印象。

（1）从"统计>质量工具>多变异图（Stat>Quality Tools>Multi-vari Chart）"进入。

（2）指定"响应（Response）"为"'厚度'"，"因子1（Factor 1）"为"'循环'"，"因子2（Factor 2）"为"'时间'"。

（3）打开"选项（Options）"，勾选"显示单个数据点（Display Individual Data Point）"。

运行后可以得到如图11－11所示图形结果。

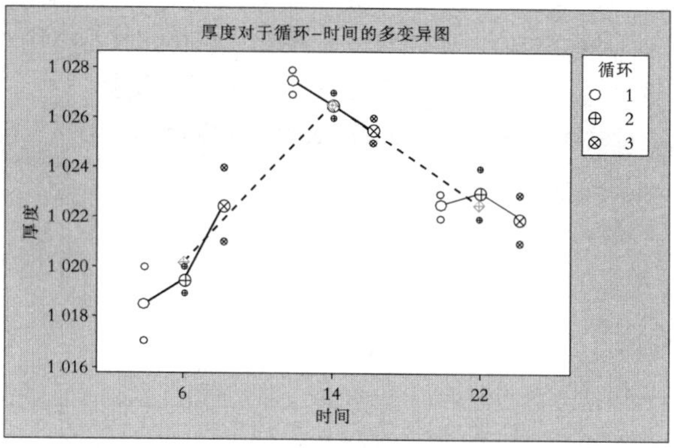

图11－11　测量系统分析固定件多变异图

可以看出，"循环"影响似乎不太大，但"时间"影响显著。

由于两因子"时间"与"循环"是嵌套结构，我们为了计算方差分量可以采用"完全嵌套方差分析"（详见10.5.3节）。

（1）从"统计>方差分析>完全嵌套方差分析（Stat>ANOVA>Fully Nested ANOVA）"入口。

（2）在打开的界面中，在"响应（Response）"中填写"'厚度'"，在"因子（Factor）"中填写"'时间'　'循环'"，则可以得到下列结果，见表11－8。

表11－8　　方差分量

来源	方差分量	总和的%	标准差
时间	9.639	77.98	3.105
循环	1.000	8.09	1.000
误差	1.722	13.93	1.312
合计	12.361		3.516

这里，同时间、同循环下的波动σ_e^2就是重复性方差σ_{RPT}^2，所以$\sigma_e^2=\sigma_{RPT}^2=1.722$是重复性方差；时间的方差及循环的方差两个原因构成了再现性波动σ_{RPD}^2，$\sigma_{RPD}^2=9.639+1.000=10.639$。因此，

$\sigma_{MS}^2=\sigma_{RPT}^2+\sigma_{RPD}^2=10.639+1.722=12.361$，故可得到$\sigma_{MS}=\sqrt{12.361}=3.516$。由于问题描述中已给定$\sigma_P=15A$，所以

$$\sigma_{Total}^2=\sigma_P^2+\sigma_{MS}^2=15^2+12.361=237.361$$

因而$\sigma_{Total}=15.4065$，由此可以得知$\%GageR\&R=\frac{\sigma_{MS}}{\sigma_{Total}}=\frac{3.516}{15.4065}=22.8\%$；$\%P/T=\frac{6\sigma_{MS}}{Tolorence}=\frac{6\times 3.516}{100}=21.1\%$。两项指标都没达到合格标准，因为这些指标是过程的关键指标，因而测量系统必须改进。这里"时间"的差异导致测量波动过大的主要部分必须追究原因。"时间"导致测量结果波动的原因可能有两个：一是虽然测膜厚是在空调室内进行的，但同一天内外界温度变化较大，也可能对测量结果有影响；二是同一天内不同时刻电路电压不稳定，可能造成误差大。要在深入分析原因后进一步找出解决问题的办法。

本例的因子关系恰好是嵌套结构，因此可以使用MINITAB的完全嵌套方差分析窗口，下面介绍应用更为广泛的一般线性模型方法。

此问题的模型具体写出来是：

厚度＝时间＋循环（时间）

且二因子皆为随机效应。从"统计＞方差分析＞一般线性模型（Stat＞ANOVA＞General Linear Model)"入口，在"响应（Response)"中填写"'厚度'"；在"模型（Model)"中填写"'时间' '循环（时间)'"；在"随机因子"内填写"'时间' '循环'"；选择"结果（Results)"，勾选"显示期望均方和方差分量（Display Mean Square and Variance Component)"，则可以得到最后结果：

方差分量，使用调整的SS

来源	估计值
时间	9.639
循环（时间）	1.000
误差	1.722

可以看出，本例题用一般线性模型计算结果与完全嵌套方差分析完全相同。如果实际问题中的模型不是完全嵌套，或者因子更多，或者采集数据不平衡，就可以使用这种应用更广泛的一般线性模型计算方法。

11.4 破坏性试验的测量系统分析

所谓破坏性试验的测量系统分析是指在测取数据的同时，部件遭到破坏，如强度试验或使用寿命试验等。这时对部件多次重复测量是不可能的，我们需要采取其他办法进行测量系统分析。普通的测量系统分析采用的是可以重复测量的测量员与部件间的交叉结构，而破坏性试验不可能交叉，因而它在统计分析中采用的是测量员与部件间的嵌套结构。这两者间的区别显示在图11-12中。

由于重复测量不可能实现，破坏性试验下的测量系统分析中没有真正意义上的重复性误差的分量，这里的"重复性"包含了测量系统本身的重复性以及"被视为同一个零件的"不同零件之间的差异。因此，在实际工作中，应该投入大量的精力去设法减小"被视为同一个零件的"不同零件之间的差异性。再现性误差的含义也有相应变化。实际工作中最常使用的分析方

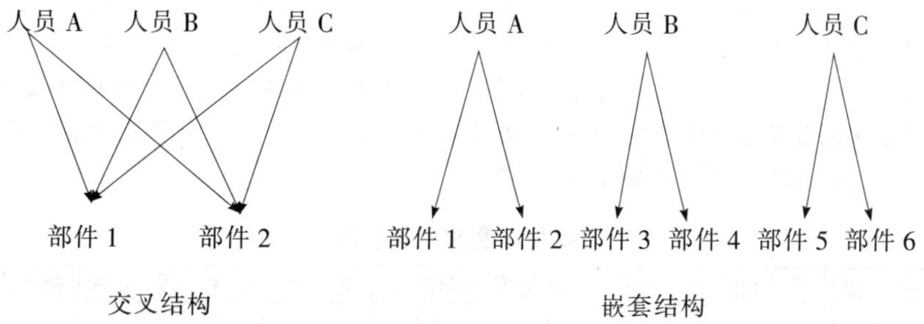

图 11-12　测量系统分析的数据结构类型

法是，认为同批次内部件间的差异可以忽略不计，采用同一批次中的多个部件当作单个部件来用。例如在传统的测量系统分析（MSA）中，我们选择 S 个部件、R 个操作者、每个操作者重复测试 T 次的方法评价测量系统的波动。在这些操作中，共进行了 RST 次测量操作，操作者与部件是交叉关系。在破坏性试验的情况下，我们就选 SR 个批次（假设同一批次的输出结果是在相同的条件下产生的），从每批选取 T 个部件，用这些部件替代在非破坏性试验情况下的那一个部件的重复测量作用，这时可以近似得到重复性误差，但每个批次不可能太大，因此要求一批次部件仅供一个操作者使用。该方法同样适用于不可重复的非破坏性试验的测量系统分析。

从原理上说，破坏性试验的测量系统分析与 11.3 节介绍的可重复测量的测量系统之方差分析方法一致，只不过需要类似地建立嵌套型的双因子方差分析的数学模型：

$$X_{rst}=\mu+O_r+P(O)_{rs}+e_{rst} \tag{11-24}$$

式中，μ 是总均值；O_r，$P(O)_{rs}$ 和 e_{rst} 分别是操作者、部件（含操作者因素）和测量误差的随机变量，假设 $O_r\sim N(0,\sigma_o^2)$，$P(O)_{rs}\sim N(0,\sigma_{P(O)}^2)$，$e_{rst}\sim N(0,\sigma_e^2)$，且三者相互独立。之后将离差的总平方和 SS_T 进行分解，采用 F 统计量进行检验。

计算分析的典型步骤可以归纳为表 11-9。根据此表格可以进一步推导出主要波动源的方差估计值，进而计算% $GageR\&R$ 和% P/T。

表 11-9　　破坏性试验的测量系统的方差分析表

波动源	自由度	平方和	均方	F 值
操作者 (O)	$R-1$	$SS_O=ST\sum_{r=1}^{R}(\bar{X}_{r..}-\bar{X}_{...})^2$	$MS_O=\dfrac{SS_O}{R-1}$	$\dfrac{MS_O}{MS_{P(O)}}$
部件(操作者)($P(O)$)	$R(S-1)$	$SS_{P(O)}=T\sum_{r=1}^{R}\sum_{s=1}^{S}(\bar{X}_{rs.}-\bar{X}_{r..})^2$	$MS_{P(O)}=\dfrac{SS_{P(O)}}{R(S-1)}$	$\dfrac{MS_{P(O)}}{MS_{Re}}$
误差	$RS(T-1)$	$SS_{Re}=\sum_{r=1}^{R}\sum_{s=1}^{S}\sum_{t=1}^{T}(X_{rst}-\bar{X}_{rs.})^2$	$MS_{Re}=\dfrac{SS_{Re}}{RS(T-1)}$	
总和	$RST-1$	$SS_T=\sum_{r=1}^{R}\sum_{s=1}^{S}\sum_{t=1}^{T}(X_{rst}-\bar{X}_{...})^2$	$MS_T=\dfrac{SS_T}{RST-1}$	

$$\hat{\sigma}_{RPT}^2=MS_{Re}$$

$$\hat{\sigma}_{RPD}^2=(MS_O-MS_{P(O)})/ST$$

$$\hat{\sigma}_{P}^2=(MS_{P(O)}-MS_{Re})/T$$

当然，这里的重复性方差、再现性方差的含义已与传统含义有所不同了。接下来，用例 11-4 对破坏性试验的测量系统分析加以说明。

例 11－4

某军工单位生产新型射孔弹，需要进行射孔试验。考虑到产品无法重复使用，从 15 批产品中各抽取 2 个射孔弹，安排 3 名操作员每人对 5 批射孔弹各测取 2 次射孔深度的数据（假设同一个人在同一批次内的 2 次测量是重复测量）。已知公差要求为 16，试分析该测量系统（数据列在表 11－10 中，数据文件：QT _ MSA 破坏型量具 . MTW）。

表 11－10　射孔深度的测量结果

编号	射孔弹	操作员	测量值	编号	射孔弹	操作员	测量值	编号	射孔弹	操作员	测量值
1	1.1	甲	148	6	6.1	丙	141	11	11.1	乙	142
1	1.2	甲	149	6	6.2	丙	143	11	11.2	乙	143
2	2.1	乙	145	7	7.1	甲	137	12	12.1	丙	140
2	2.2	乙	148	7	7.2	甲	135	12	12.2	丙	144
3	3.1	丙	146	8	8.1	乙	140	13	13.1	甲	148
3	3.2	丙	146	8	8.2	乙	139	13	13.2	甲	145
4	4.1	甲	142	9	9.1	丙	141	14	14.1	乙	146
4	4.2	甲	143	9	9.2	丙	138	14	14.2	乙	145
5	5.1	乙	145	10	10.1	甲	144	15	15.1	丙	147
5	5.2	乙	145	10	10.2	甲	142	15	15.2	丙	143

解　计算机软件 MINITAB 的实现方法如下：

1. 选择"统计>质量工具>量具研究>量具 R & R 研究（嵌套）（Stat>Quality Tools>Gage Study>Gage R & R Study (Nested)）"进入。

2. 指定"部件号（Part Numbers）"为"编号"，"操作员（Operators）"为"操作员"，"测量数据（Measurement Data）"为"测量值"。

3. 选择"选项（Option）"，在"过程公差（Process Tolerance）"中的"规格上限－规格下限（Upper Spec-Lower Spec）"中输入"16"，运行命令后可以得到如图 11－13 所示的会话窗口输出和如图 11－14 所示的分析图形。

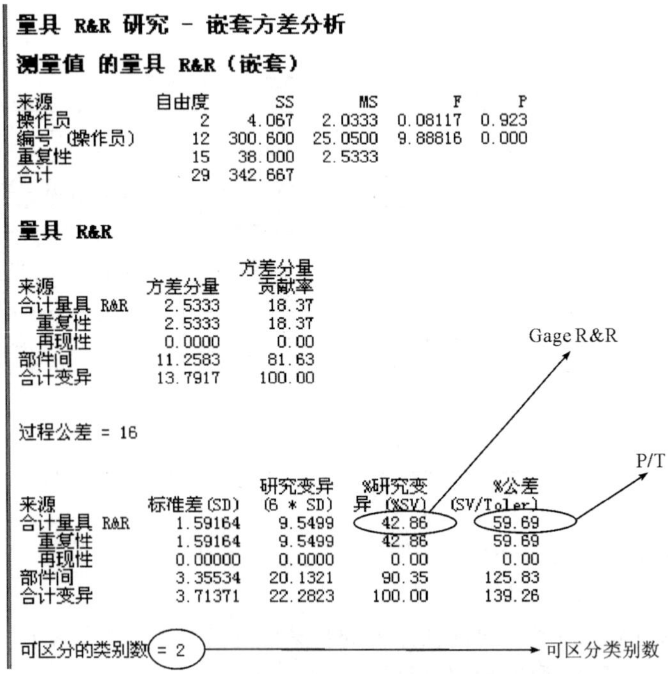

量具 R&R 研究 － 嵌套方差分析

测量值 的量具 R&R（嵌套）

来源	自由度	SS	MS	F	P
操作员	2	4.067	2.0333	0.08117	0.923
编号（操作员）	12	300.600	25.0500	9.88816	0.000
重复性	15	38.000	2.5333		
合计	29	342.667			

量具 R&R

来源	方差分量	方差分量贡献率
合计量具 R&R	2.5333	18.37
重复性	2.5333	18.37
再现性	0.0000	0.00
部件间	11.2583	81.63
合计变异	13.7917	100.00

过程公差 = 16

来源	标准差（SD）	研究变异（6 * SD）	%研究变异（%SV）	%公差（SV/Toler）
合计量具 R&R	1.59164	9.5499	42.86	59.69
重复性	1.59164	9.5499	42.86	59.69
再现性	0.00000	0.0000	0.00	0.00
部件间	3.35534	20.1321	90.35	125.83
合计变异	3.71371	22.2823	100.00	139.26

可区分的类别数 = 2 → 可区分类别数

（图中标注：42.86 → Gage R&R；59.69 → P/T）

图 11－13　破坏性试验的测量系统的分析结果

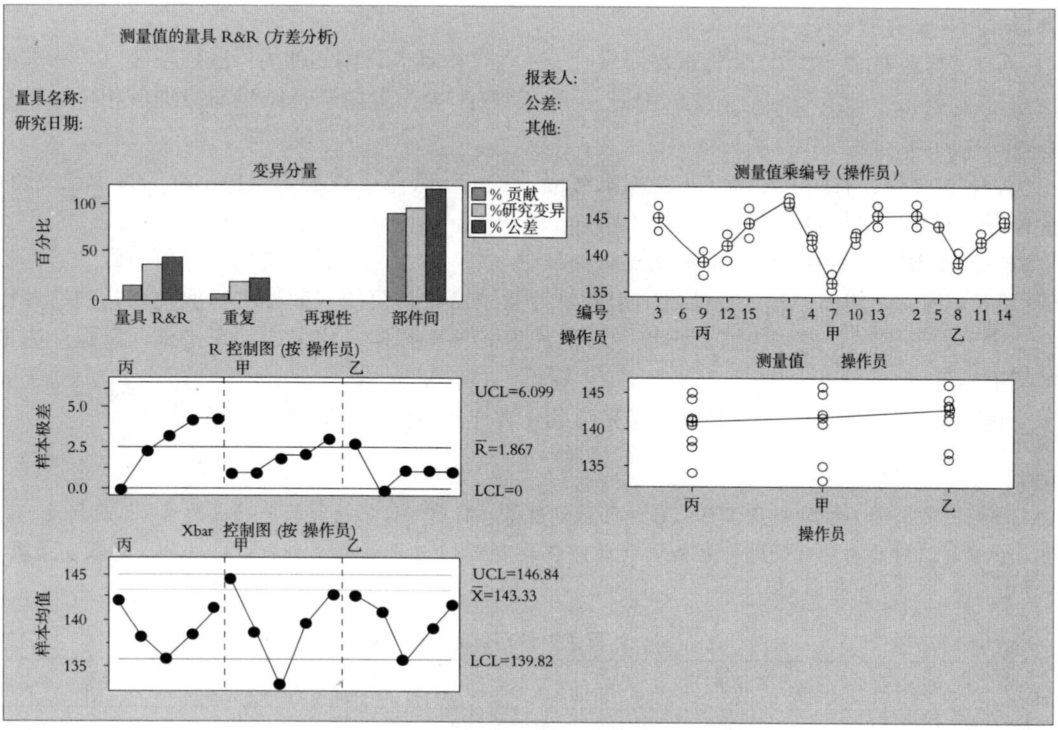

图 11-14　破坏性试验的测量系统分析图

这两个图的应用解释与例 11-2 相似，在此不再重复。众所周知，在计算方差分量的估计值时，有可能出现负值，这时应自动将其修改为 0，说明此项方差分量很小。本例中的“再现性”方差分量为 0，说明再现性误差很小，但重复性误差实在太大了，无论是从 $\%GageR\&R$，$\%P/T$，还是从 ndc，都可以看出该测量系统不合格。

11.5　计数型测量系统分析

计数型测量系统的最大特征是其测量值是一组有限的分类数，如合格、不合格，优、良、中、差、极差，等等。前几节介绍的内容都是针对计量型测量系统的分析，当过程输出特性为计数型数据时，测量系统的分析方法会有所不同，一般可以从一致性比率和卡帕值两个方面着手考虑。

11.5.1　一致性比率

一致性比率是度量测量结果一致性最常用的统计量，它的计算公式可以统一概括为：

$$一致性比率 = \frac{一致的次数}{测量的总次数}$$

根据侧重点和比较对象的不同，又可以分为四大类。

(1) 操作者对同一部件重复测量时应一致，这类似于计量型测量系统的重复性分析。每个操作者内部都有各自的一致性比率。

（2）操作者不但对同一部件重复测量时应一致，而且应与该部件的标准值一致（若标准值已知），这类似于计量型测量系统的偏倚分析。将每个操作者的测量结果与标准值相比较，又有各自不同的一致性比率。

（3）所有操作者对同一部件重复测量时应一致，这类似于计量型测量系统的再现性分析。操作者之间有一个共同的一致性比率。

（4）各操作者不但对同一部件重复测量时应一致，而且应与该部件的标准值一致（若标准值已知）。通常，使用这种一致性比率来衡量计数型测量系统的有效性。一般说来，一致性比率至少要大于80%，最好达到90%以上。当其值小于80%时，应采取纠正措施，以保证测量数据准确可靠。

接下来，用例11－5对计数型测量系统的一致性比率分析加以说明。

例11－5

某巧克力公司为检验新员工感官评估的培训效果，特取6块不同等级的巧克力请3位受训员工品尝并评分。试对此测量系统进行分析（数据列在表11－11中，数据文件：QT _ MSA计数型量具.MTW）。

表11－11　　巧克力评定结果

<table>
<tr><th rowspan="2">品尝师</th><th colspan="2">样品A</th><th colspan="2">样品B</th><th colspan="2">样品C</th><th colspan="2">样品D</th><th colspan="2">样品E</th><th colspan="2">样品F</th></tr>
<tr><th>标准</th><th>评定值</th><th>标准</th><th>评定值</th><th>标准</th><th>评定值</th><th>标准</th><th>评定值</th><th>标准</th><th>评定值</th><th>标准</th><th>评定值</th></tr>
<tr><td rowspan="2">赵</td><td rowspan="6">一类品</td><td>一类品</td><td rowspan="6">三类品</td><td>三类品</td><td rowspan="6">一类品</td><td>一类品</td><td rowspan="6">二类品</td><td>二类品</td><td rowspan="6">二类品</td><td>二类品</td><td rowspan="6">三类品</td><td>三类品</td></tr>
<tr><td>一类品</td><td>三类品</td><td>一类品</td><td>二类品</td><td>二类品</td><td>三类品</td></tr>
<tr><td rowspan="2">钱</td><td>一类品</td><td>三类品</td><td>一类品</td><td>二类品</td><td>三类品</td><td>二类品</td></tr>
<tr><td>一类品</td><td>二类品</td><td>二类品</td><td>二类品</td><td>三类品</td><td>三类品</td></tr>
<tr><td rowspan="2">孙</td><td>一类品</td><td>三类品</td><td>一类品</td><td>二类品</td><td>二类品</td><td>三类品</td></tr>
<tr><td>一类品</td><td>三类品</td><td>二类品</td><td>三类品</td><td>二类品</td><td>三类品</td></tr>
</table>

解　计算机软件MINITAB的实现方法如下：

1. 从“统计>质量工具>属性一致性分析（Stat>Quality Tools>Attribute Agreement Analysis）”进入。

2. 指定“属性列（Attribute Column）”为“评定值”，“样本（Samples）”为“样品”，“检验员（Appraisers）”为“品尝师”，“已知标准/属性（Known Standard/Attribute）”为“标准值”，运行命令后可以得到如图11－15所示的会话窗口输出和如图11－16所示的分析图形。

图11－15分别显示了四类一致性比率的计算结果及其置信区间。容易看到赵的评估水平最佳，孙次之，钱居末。整体而言，6个样品中只1个（样品A）测量完全正确，总体有效性的一致性比率=16.67%≪80%，新员工培训效果仍然不能令人满意。为了保证测量数据的一致性，改进该计数型测量系统必不可少。图11－16是一张二合一的图形。其中左图是显示各品尝师重复性的区间图，右图是显示各品尝师偏倚的区间图，生动地展示了会话窗口中的计算结果。

评定值 的属性一致性分析

检验员自身

评估一致性

检验员	# 检验数	# 相符数	百分比	95 % CI
赵	6	6	100.00	(60.70, 100.00)
钱	6	3	50.00	(11.81, 88.19)
孙	6	4	66.67	(22.28, 95.67)

重复性的一致性比率

相符数：检验员在多个试验之间，他/她自身标准一致。

每个检验员与标准

评估一致性

检验员	# 检验数	# 相符数	百分比	95 % CI
赵	6	6	100.00	(60.70, 100.00)
钱	6	2	33.33	(4.33, 77.72)
孙	6	4	66.67	(22.28, 95.67)

偏倚的一致性比率

相符数：检验员在多个试验之间的评估与已知标准一致。

检验员之间

评估一致性

# 检验数	# 相符数	百分比	95 % CI
6	1	16.67	(0.42, 64.12)

再现性的一致性比率

相符数：所有检验员的评估没有分歧。

所有检验员与标准

评估一致性

# 检验数	# 相符数	百分比	95 % CI
6	1	16.67	(0.42, 64.12)

总体有效性的一致性比率

相符数：所有检验员的评估与已知的标准一致。

图 11－15　一致性比率的分析结果

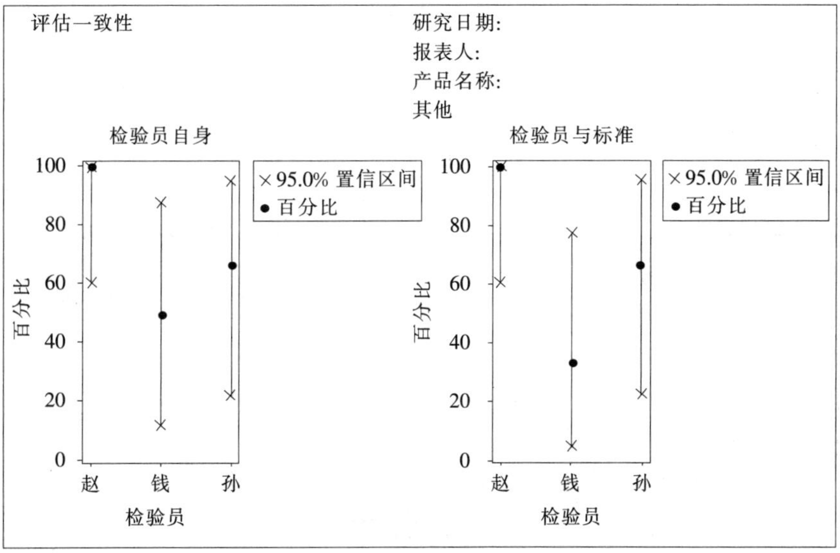

图 11－16　计数型测量系统的分析图

11.5.2 卡帕值（κ）

κ（希腊字母，读音为kappa，中文为卡帕）是另一个度量测量结果一致程度的统计量，只用于两个变量具有相同的分级数和分级值的情况。表面上判别正确的比率 P_0 不能作为衡量一致性的标志，因为这里不能排除随机猜对的可能性。为此引入卡帕值κ，它的计算公式可以统一概括为：

$$\kappa=\frac{P_0-P_e}{1-P_e} \tag{11-25}$$

式中，P_0 为实际一致的比率；P_e 为期望一致（即随机猜对）的比率。κ在计算上有两种方法：Cohen的κ和Fleiss的κ。本书主要介绍比较常见的Cohen的κ，而Fleiss的κ与之基本相似。从式（11-25）可以看出κ肯定要比 P_0 小，它是扣除随机猜对可能性后的结果。

κ的可能取值范围是从−1到1，当κ为1时，表示两者完全一致；κ为0时，表示一致程度不比偶然猜测好；当κ为−1时，表示两者截然相反，判断完全不一致。通常，κ为负值的情况很少出现，表11-12归纳了常规情况下κ的判断标准。在计数型测量系统中研究一个测量员重复两次测量结果之间的一致性，一个测量员的测量结果与标准结果之间的一致性，或者两个测量员的测量结果之间的一致性时，都可以使用κ。

表11-12　计数型测量系统的合格标志

κ	测量系统能力
大于0.9	良好
介于0.7～0.9	可接受
小于0.7	不合格

κ的计算原理大致上可以这样解释：表11-13表示某种产品共分 k 个等级数，两个操作员或一个测量员重复两次测量同一样品后，各种不同结果的概率分布情况。

表11-13　评定结果

		操作员B/第2次测量				
		1	2	…	k	总和
操作员A/第1次测量	1	p_{11}	p_{12}	…	p_{1K}	p_{1+}
	2	p_{21}	p_{22}	…	p_{2K}	p_{2+}
	⋮	⋮	⋮	p_{ij}	⋮	⋮
	k	p_{k1}	p_{k2}	…	p_{kk}	p_{k+}
	总和	p_{+1}	p_{+2}	…	p_{+k}	1

在表11-13中，$p_{ij}=\frac{n_{ij}}{N}$（n_{ij} 表示该结果出现的次数；N 表示总的测量次数）。

根据概率论知识，容易推导得到：

$$P_0=\sum_{i=1}^{k}p_{ii}$$

$$P_e=\sum_{i=1}^{k}p_{i+}p_{+i}=\sum_{i=1}^{k}(\sum_{j=1}^{k}p_{ij})(\sum_{j=1}^{k}p_{ji})$$

将 P_0 和 P_e 代入κ的定义式（11-25），就能够得到κ值。

接下来，用例11-6对计数型测量系统的κ值分析加以说明。

例 11-6

某壁纸制造商为调查顾客对本公司产品色彩的评价是否一致，有意挑选了 10 个比较容易混淆的蓝色或绿色的样品，请两位顾客鉴定其色彩，试用 κ 统计量做再现性分析（数据列在表 11-14 中，数据文件：QT _ MSAkappa. MTW）。

表 11-14　　色彩鉴定结果

样品	1	2	3	4	5	6	7	8	9	10
顾客 A	蓝	蓝	绿	绿	绿	蓝	蓝	绿	蓝	绿
顾客 B	蓝	蓝	绿	绿	蓝	蓝	绿	绿	绿	绿

解　计算机软件 MINITAB 的实现方法如下：

1. 从“统计>质量工具>属性一致性分析（Stat>Quality Tools>Attribute Agreement Analysis)”入口。

2. 指定“属性列（Attribute Column)”为“色彩”，“样本（Samples)”为“样品”，“检验员（Appraisers)”为“顾客”。

3. 选择“选项（Option)”，确认“如果适当，计算 Cohen 的 kappa（Calculate Cohen’s kappa if appropriate)”被选中；选择“结果（Results)”，确认“控制结果显示（Control the Display of Results)”中的“此外，kappa 和 Kendall（顺序数据）系数（In addition，kappa and Kendall’s (ordinal data) coefficients)”被选中，运行命令后可以得到如图 11-17 所示的会话窗口输出。

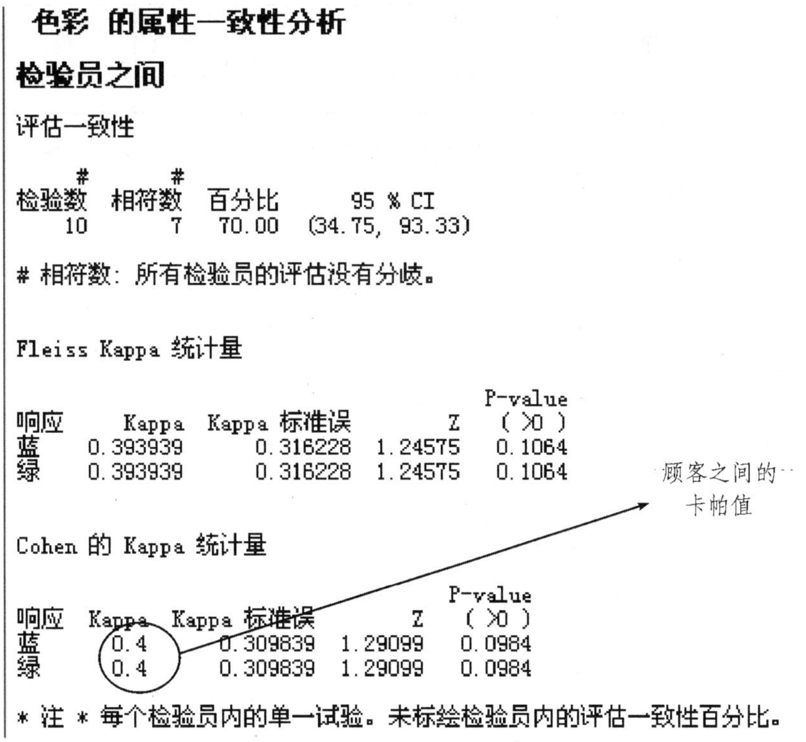
色彩 的属性一致性分析

检验员之间

评估一致性

# 检验数	# 相符数	百分比	95 % CI
10	7	70.00	(34.75, 93.33)

相符数：所有检验员的评估没有分歧。

Fleiss Kappa 统计量

响应	Kappa	Kappa 标准误	Z	P-value (>0)
蓝	0.393939	0.316228	1.24575	0.1064
绿	0.393939	0.316228	1.24575	0.1064

Cohen 的 Kappa 统计量

响应	Kappa	Kappa 标准误	Z	P-value (>0)
蓝	0.4	0.309839	1.29099	0.0984
绿	0.4	0.309839	1.29099	0.0984

* 注 * 每个检验员内的单一试验。未标绘检验员内的评估一致性百分比。

图 11-17　卡帕值的分析结果

图 11-17 显示了 Cohen 的 κ 值为 $0.4<0.7$，表示不同顾客之间的再现性较差，也就是说两个测量员的测量结果之间的一致性较差。

下面解释这里 κ 值的计算步骤。根据表 11-14 中的数据，可以整理出一个表格（见表 11-15)。

在总共10件产品中，A，B一致认为是蓝色的有3个；A，B一致认为是绿色的有4个；A认为是蓝色、B认为是绿色的有2个；A认为是绿色、B认为是蓝色的有1个。其中有7件产品二人判断是一致的（左上到右下的对角线上的两格），直接计算一致率似乎应该是7/10=0.7，但此数值并不准确，因为这里不能排除有瞎蒙的部分。A总共选了5个蓝，B总共选了4个蓝，如果二人在10件中随机选蓝绿，则凑巧选中同件产品的概率为0.4×0.5=0.2，总计10件产品中，期望应为10×0.2=2，此数列在表11-15中以括号显示。熟悉列联表的读者可以发现，表11-15中期望数值的计算与列联表中的期望计算是完全相同的。总计10件产品中，二人瞎蒙判断凑巧相同者期望共有5件（左上到右下的对角线上的两格带括号的数字之和）。代入κ计算公式（11-25），表面正确率$P_0=7/10=0.7$，瞎蒙正确率$P_e=5/10=0.5$，故有

$$\kappa=\frac{P_0-P_e}{1-P_e}=\frac{0.7-0.5}{1-0.5}=0.4$$

从κ计算公式中可以看出，如果A，B真的全部判断一致，$P_0=1$，这时$\kappa=1$；如果A，B判断水平与瞎蒙一致，$P_0=P_e$，这时$\kappa=0$。因此κ扣除了瞎蒙的成功，因而计算出的一致率比表面一致率稍小些，但反映一致性更准确。

表11-15　　κ系数计算表

		顾客A		
		蓝	绿	总和
顾客B	蓝	3 (2)	1 (2)	4
	绿	2 (3)	4 (3)	6
	总和	5	5	10

值得一提的是，如果将“顾客B”改为“标准答案”时，结果表示的就是一个测量员的测量结果与标准结果之间的一致性。

第 12 章

统计过程控制

在完成绩效改进、成果鉴定之后，六西格玛项目团队仍然需要关注各方面指标的监控。此时要关注和测量的不但包括响应变量，而且包括输入及过程中的关键因子，这些关键指标的监控将使项目团队或他们的继任者能更长时间地维持和管理过程。统计过程控制（statistical process control，SPC）在实现上述要求方面特别有效。

所谓统计过程控制，是指为了贯彻预防原则，应用统计方法对过程中的各个阶段进行评估和监控，建立并保持过程处于可接受且稳定的水平，从而保证产品与服务符合规定要求的一种技术。1924 年，休哈特（Shewhart）博士在美国贝尔实验室首次提出了质量控制图的概念，经过多年的发展，现在 ISO 9000 质量管理体系特别注重过程控制和统计技术的应用，六西格玛管理也把统计过程控制作为控制阶段的主要工具之一，统计过程控制的发展和推广日趋成熟。

统计过程控制的主要表现形式是各种控制图和相应的过程能力分析，本章将在已介绍过的统计理论的基础上，代表性地介绍几类常见控制图的制作和过程能力分析的实现。

12.1 控制图基础理论

导致质量产生变异的因素很多，根据因素对产品质量影响的大小和性质，可以将其分为两大类：一类是特殊因素；另一类是随机因素。特殊因素很多，如工艺过程的变动、刀具的过度磨损、人员的变动更换等。这些因素对产品质量的影响是显著的，在技术上容易识别并消除。随机因素也有很多，如温湿度的轻微变化、仪器的微小振动、原材料的细微差异等。这些因素对产品质量的影响是细小的，在技术上不易识别，更不可能消除，但如果从根本上改变了过程，则这种波动会大幅减少。休哈特认为，可以以 $\mu \pm 3\sigma$ 为控制限建立控制图把特殊因素和随机因素区分开来。

控制图是对过程质量特性值进行测定、记录、评估和监测，以判断过程是否处于统计控制状态的一种用统计方法设计的图形。通常控制图的横轴总是时间，而其纵轴则可以有多种选择，例如可以是单值，也可以是小组均值，可以是小组极差，也可以是小组标准差，等等。一般说来，可以用统计量 T 来代表。对于 T 的分布，我们认为它们是正态分布或近似为正态分布。实际上，控制图是统计量 T 的正态分布图在时域上的具体展示，它由 T 的中心线 μ、上下控制限 $\mu \pm 3\sigma$ 和按时间顺序抽取样本并用其计算统计量的数据点这三个基本要素组成。对于服从或近似服从正态分布的统计量 T，大约有 99.73%的数据点会落在上下控制限之内，数据点落在上下控制限之外的概率约为 0.27%。根据假设检验的小概率原则，一旦有界限之外的数据点出现，就可判为异常点，即认为它们是由特殊因素造成的过程变异。SPC 控制图的基本原理可用图 12－1 概括表示。

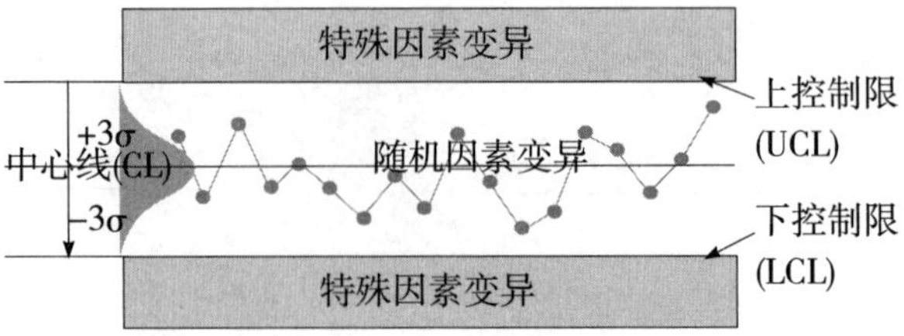

图12－1　SPC原理示意图

包括“点出界就判异”的准则在内，SPC中共有8条判异准则用来判断过程是否受控。为了便于具体地说明这8条准则，可将控制图分为6个区，每个区的宽度为σ。6个区的标号为A，B，C，C，B，A，两个A区、B区、C区都关于中心线对称（见图12－2）。

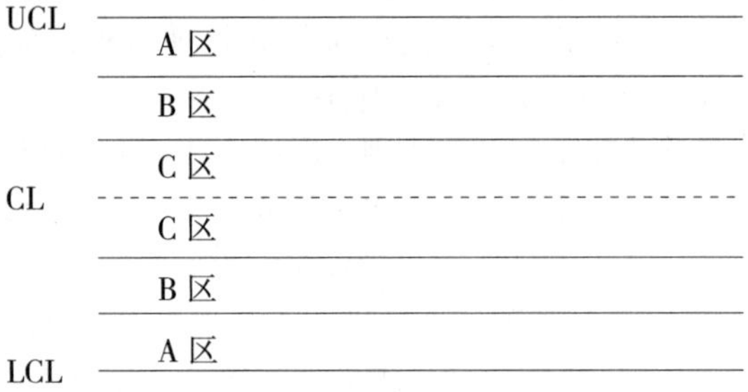

图12－2　控制图的分区

根据控制图的分区定义，8条准则可以表达为：

(1) 1点落在控制限之外。

(2) 连续9点落在中心线同一侧。

(3) 连续6点递增或递减。

(4) 连续14点中相邻点升降交错。

(5) 连续3点中有2点落在中心线同一侧的B区之外。

(6) 连续5点中有4点落在中心线同一侧的C区之外。

(7) 连续15点落在C区之内。

(8) 连续8点落在中心线两侧，但无1点在C区之内。

统计学上可以证明，以上8种现象出现的概率大体都等于或接近0.27%，小概率事件的发生导致我们判定过程为异常。

这里要注意，在8条判异准则中，前4条其实与分区无关，而后4条判断准则都是在正态条件下，将$\pm3\sigma$区域分成6个子区，按照正态分布在各区中应该出现的概率来制定的法则，因此，后4条只有当监控统计量严格服从正态分布时才有意义，故后4条判断准则只对单值X及小组均值$\overline{X}$的控制图使用，其他各控制图皆只使用前4条准则。

控制图的类型很多，常用的控制图按数据类型分为两类：对于连续型变量用计量控制图；对于离散型变量用计数控制图。前者有单值-移动极差图（I-MR图）、均值-极差图（Xbar-R图）、均值-标准差图（Xbar-S图）；后者有不合格品率图（P图）、不合格品数图（NP图）、单位产品缺陷数图（U图）和缺陷数图（C图）。

综合考虑数据特点和抽样方法等因素，可以归纳出如图12－3所示的常用控制图的选择路径图。

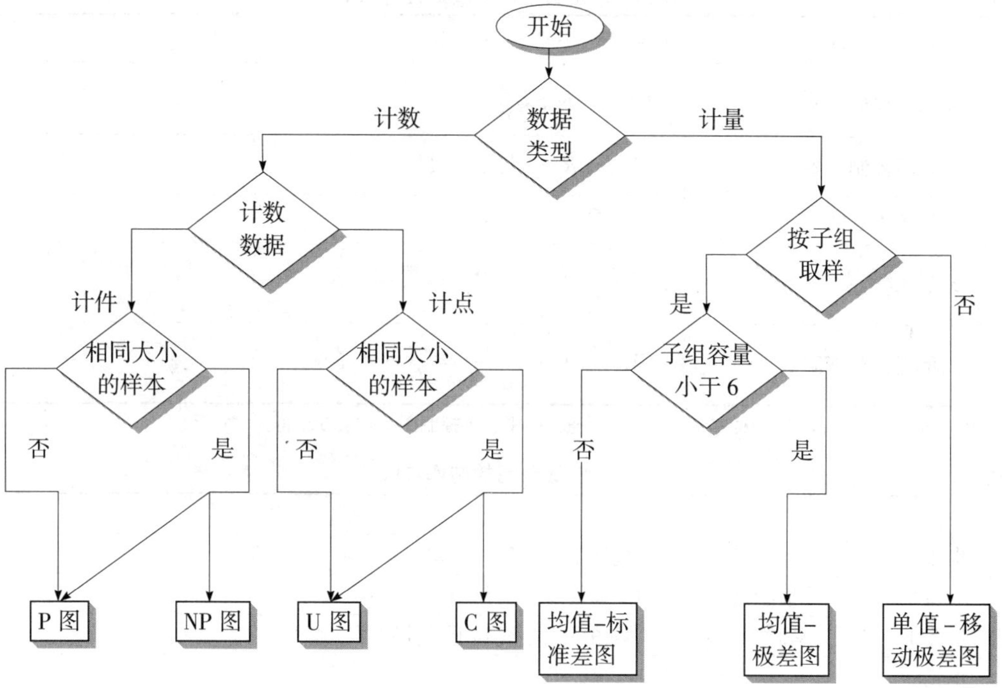

图 12-3　常用控制图的选择路径图

根据应用目的的不同，控制图又可分为分析用控制图与控制用控制图两个阶段。一个过程开始实施控制图时，通常不会恰巧处于统计控制状态，总会存在些异常波动。如果就以这种状态下的参数来建立控制图，上下控制限的间隔一定较宽，这会导致判断失误。因此，开始过程控制时，总需要将失控状态调整到统计控制状态，这就是分析用控制图的阶段。

国标中规定，制定分析用控制图时，在合理分组的前提下，至少要采集 25 组数据，用来计算控制限。如有越界者要根据实际情况判定是否确实出现异常原因，确有异常原因（简称异因）者可以删除此组数据，未发现异因者必须保留此组数据且增大观测组数。分析用控制图阶段要解决的第一个问题是：调整过程，消除异因，以使过程受控；分析用控制图阶段要解决的第二个问题是：在过程受控后，改进过程，以确保过程能力指数 C_p 或 C_{pk} 等能达到顾客要求。一旦过程实现了上述两点，就可延长控制限作为控制用的控制图，进入控制用控制图阶段，在线使用。在此阶段，一旦判异，应停产检查找出异因，并在消除异因后再恢复生产，以保持过程的统计控制状态。

12.2　计量控制图

对连续型随机变量所做的控制图，一般称为计量控制图。计量控制图是建立在正态分布 $N(\mu,\sigma^2)$ 的理论基础上，由于正态分布的特征值均值和方差是相互独立的，因此控制计量值的波动需要两张控制图：一张用于控制位置特征量（如均值、单值控制图）；另一张用于控制散布特征量（如极差、标准差控制图）。本节将以最具代表性的均值-极差图为例，介绍计量控制图。

现分别将控制线的计算公式和制作步骤整理为表 12-1 和表 12-2。

表 12-1　均值-极差图中控制线的计算公式

极差图中心线	$\overline{R}=(R_1+R_2+\cdots+R_n)/n$
极差图控制上限	$UCL_R=\overline{R}+3\dfrac{d_3}{d_2}\overline{R}=D_4\overline{R}$
极差图控制下限	$LCL_R=\overline{R}-3\dfrac{d_3}{d_2}\overline{R}=D_3\overline{R}$
均值图中心线	$\overline{\overline{X}}=(\overline{X}_1+\overline{X}_2+\cdots+\overline{X}_n)/n$
均值图控制上限	$UCL_{\overline{X}}=\overline{\overline{X}}+3\dfrac{\overline{R}}{d_2\sqrt{n}}=\overline{\overline{X}}+A_2\overline{R}$
均值图控制下限	$LCL_{\overline{X}}=\overline{\overline{X}}-3\dfrac{\overline{R}}{d_2\sqrt{n}}=\overline{\overline{X}}-A_2\overline{R}$

说明：d_2，D_3，D_4，A_2 与样本量 n 有关，可查阅本书有关控制图的附表 6 获得。

表 12-2　均值-极差图的制作步骤

步骤 1	收集数据，合理分组。
步骤 2	计算每个子组的统计量：均值和极差。
步骤 3	描绘每个子组均值和极差的运行图。
步骤 4	确定并添加以上两图的中心线和上下控制限（参考表 12-1）。
步骤 5	分析过程的受控状况。

下面用例 12-1 对计量控制图的实际应用加以说明。

例 12-1

某台机器连续生产钢珠，直径是它的一个重要质量特性。为对钢珠直径进行控制，每隔 15 分钟抽样 1 次，每次抽取产品 5 个，共抽样 25 次，测量并记录数据。经检验钢珠直径服从正态分布，试绘制 Xbar-R 控制图（数据列在表 12-3 中，数据文件：SPC _ 钢珠直径 . MTW）。

表 12-3　钢珠直径的测量结果

批次	1	2	3	4	5
1	10.948	10.903	10.947	10.962	10.984
2	10.913	10.969	10.949	10.980	10.939
3	10.973	10.909	10.940	10.954	10.929
4	10.923	10.940	10.949	10.949	10.934
5	11.020	10.959	10.920	10.983	10.996
6	10.920	10.942	10.933	10.981	10.946
7	10.983	10.912	10.959	10.901	10.929
8	10.959	10.931	10.938	10.932	10.959
9	10.939	10.926	10.970	10.964	10.953
10	10.910	10.949	10.928	10.956	10.924
11	10.937	10.942	10.985	10.944	10.966
12	10.968	10.951	10.925	10.920	10.981
13	10.984	10.954	10.947	10.948	10.956
14	10.925	10.970	10.940	10.919	10.928

续前表

批次	1	2	3	4	5
15	11.026	10.978	10.970	10.958	10.925
16	10.950	10.951	10.932	10.936	10.928
17	10.961	10.953	10.969	10.987	10.955
18	10.974	10.971	10.928	10.955	11.009
19	10.999	10.930	10.951	10.959	10.961
20	10.949	10.920	10.917	10.981	10.931
21	10.952	10.942	10.954	10.958	10.973
22	10.923	10.966	10.997	10.942	10.941
23	10.947	10.944	10.932	10.958	10.949
24	11.000	10.985	10.904	10.937	10.977
25	10.939	10.916	10.956	10.926	10.957

解 手工计算的实现方法如下：

首先，计算出每个子组的均值 $\overline{X}$ 和极差 R。然后，可以得到极差图和均值图的中心线分别是：

$$\overline{R}=(R_1+R_2+\cdots+R_n)/n=1.436/25\approx 0.0574$$

$$\overline{\overline{X}}=(\overline{X}_1+\overline{X}_2+\cdots+\overline{X}_n)/n=273.759/25\approx 10.950$$

在本例中，子组大小为 5，查本书附表 6 得知，$A_2=0.577$，$D_4=2.114$，$D_3=0$，因此极差图和均值图的控制上下限分别是：

$$\mathrm{UCL}_R=\overline{R}+3\frac{d_3}{d_2}\overline{R}=D_4\overline{R}=2.114\times 0.0574\approx 0.1213$$

$$\mathrm{LCL}_R=\overline{R}-3\frac{d_3}{d_2}\overline{R}=D_3\overline{R}=0$$

$$\mathrm{UCL}_{\overline{X}}=\overline{\overline{X}}+3\frac{\overline{R}}{d_2\sqrt{n}}=\overline{\overline{X}}+A_2\overline{R}=10.950+0.577\times 0.0574\approx 10.983$$

$$\mathrm{LCL}_{\overline{X}}=\overline{\overline{X}}-3\frac{\overline{R}}{d_2\sqrt{n}}=\overline{\overline{X}}-A_2\overline{R}=10.950-0.577\times 0.0574\approx 10.917$$

最后，根据子组数据值和以上计算所得的 6 条控制线可绘制出所需的 Xbar-R 控制图。

计算机软件 MINITAB 的实现方法如下：

1. 从“统计 > 控制图 > 子组的变量控制图 > Xbar-R（Stat > Control Charts > Variable Charts for Subgroups > Xbar-R)”进入。

2. 指定“图表的所有观测值均在一列中（All observations for a chart are in one column)”为“直径”，指定“子组大小（Subgroup Size)”为“5”。如果每次的 5 个数据分别记录在 5 列中时，MINITAB 也可以直接使用（R15 之前版本无此功能）：指定“子组的观测值位于多列的同一行中（Observations for a subgroup are in one row of columns)”。

3. 在“Xbar-R 选项 > 估计 > ‘子组大小>1’（Xbar-R Options > Estimate > ‘Subgroup Size> 1’)”中选择“Rbar”，运行命令后得到图 12-4。

由图 12-4 可知，极差图和均值图均无异常，我们可以判定钢珠的生产过程处于统计控制状态，如果同时能够证明该过程的过程能力满足预期要求，就可以延长此控制限，成为控制用的控制图。

值得一提的是，在 MINITAB 的“统计>控制图>子组的变量控制图>Xbar-R>Xbar-R 选项>检验（Stat>Control Charts>Variable Charts for Subgroups>Xbar-R>Xbar-R Options>Tests)”中，可以逐一看到前文所述的 SPC 中 8 条判异准则，如图12-5所示，这将便于用户查阅和记忆。

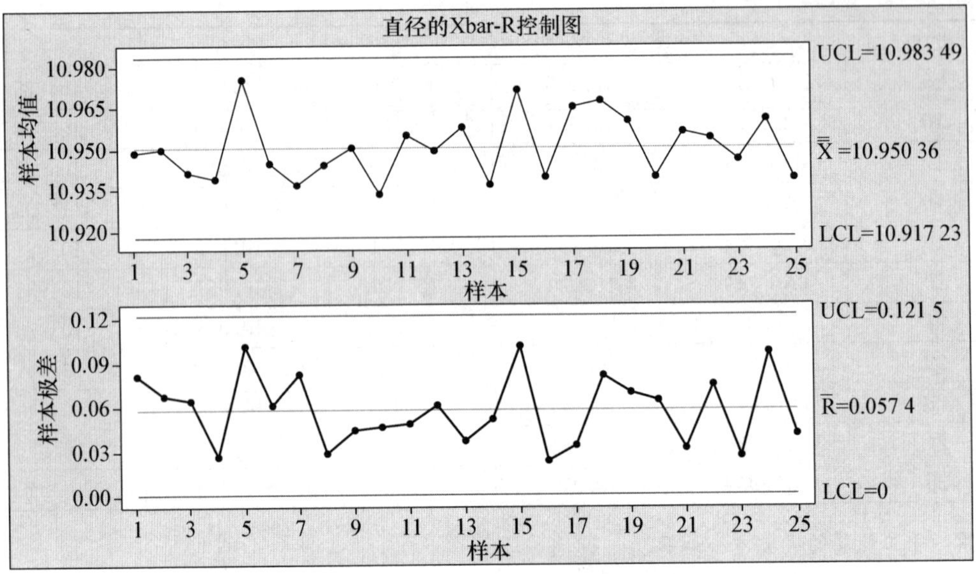

图 12-4　Xbar-R 控制图

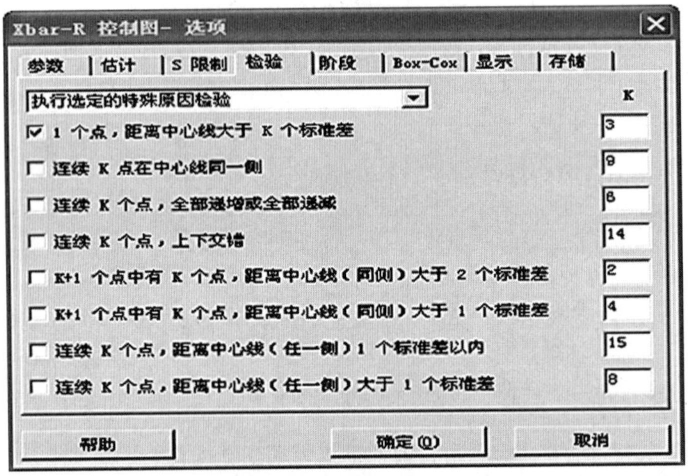

图 12-5　MINITAB 列出的 SPC 中 8 条判异准则

12.3　计数控制图

对离散型随机变量所做的控制图，一般称为计数控制图。计数控制图是基于二项分布 $B(n, p)$ 或泊松分布 $P(\lambda)$ 的理论，建立相应的控制图。对于一般服从二项分布或泊松分布的数据，可以建立常用的计数型控制图，这些内容我们将在 12.3.1 节详细加以介绍。对于有些计数型数据，虽然也服从二项分布或泊松分布，但它们存在严重的过度离散或欠离散的情况，这时只能使用 Laney 控制图，这些内容我们将在 12.3.2 节详细加以介绍。

12.3.1　常用计数控制图

对于一般的计数变量，常用的有 P，NP，C，U 四种控制图。这些控制图又要区分为两类，如果产品之检验结果只有两类：合格或不合格，这属于计件型，不合格产品数 X 肯定会小于总检查产品数n，且不合格产品数服从二项分布$B(n,p)$，需要用监控不合格数的NP控制图，或监控不合格品率的P控制图。另一种情况则是缺陷点的计点型，例如每天检查6片芯片，共有13个瑕疵点，瑕疵点个数服从平均值为λ的泊松分布，需要用监控缺陷数的C控制图，或监控单位产品上的平均缺陷数的U控制图。

关于各种类型的计数控制图的统计基础，现已整理为表12-4。这里$\overline{p},\overline{c},\overline{u}$是从实测数据估计而得的相应平均值。

表12-4　计数控制图的统计基础

类型	控制限的计算公式	数据分布
P图	$\overline{p}\pm3\sqrt{\overline{p}(1-\overline{p})/n}$	二项分布
NP图	$n\overline{p}\pm3\sqrt{n\overline{p}(1-\overline{p})}$	二项分布
C图	$\overline{c}\pm3\sqrt{\overline{c}}$	泊松分布
U图	$\overline{u}\pm3\sqrt{\overline{u}/n}$	泊松分布

计数控制图的制作步骤与计量控制图类似。本节将通过4个案例逐一介绍常见计数控制图的实现方法。

例12-2

在二极管生产线上，于每个班次结束前抽取150个二极管进行检验。下面是6月份共计30个工作日每天的不合格二极管数量的记录。试绘制一个控制图来分析产品的不合格品率是否稳定（数据列在表12-5中，数据文件：SPC _ 二极管不合格品率.MTW）。

表12-5　6月份二极管的抽样结果

日期	样品数量	不合格品数量	日期	样品数量	不合格品数量	日期	样品数量	不合格品数量
1	150	3	11	150	9	21	150	5
2	150	4	12	150	6	22	150	4
3	150	6	13	150	12	23	150	12
4	150	8	14	150	3	24	150	11
5	150	6	15	150	7	25	150	7
6	150	6	16	150	10	26	150	8
7	150	3	17	150	6	27	150	8
8	150	4	18	150	3	28	150	7
9	150	8	19	150	7	29	150	7
10	150	7	20	150	4	30	150	5

解　计算机软件MINITAB的实现方法如下：

1. 从“统计>控制图>属性控制图>P（Stat>Control Charts>Attributes Charts>P)”进入。

2. 指定“变量（Variables)”为“不合格品数量”，“子组大小（Subgroup sizes)”为“样品数量”，运行命令后得到P控制图（见图12-6)。

由图12-6可知，P控制图中的所有数据点都未违背任何一条判异准则，整个过程的不合格品率非常稳定，二极管的生产处于统计控制状态。由于这里的样品数量是固定的常数“150”，因此也可以换成监控其不合格品数的NP控制图，其监控效果与P控制图完全相同，只是控制图中的纵坐标由不合格品率换成不合格品数罢了。

计算机软件MINITAB的实现方法如下：

1. 从“统计>控制图>属性控制图>NP（Stat>Control Charts>Attributes Charts>NP)”进入。

2. 指定“变量（Variables)”为“不合格品数量”，“子组大小（Subgroup sizes)”为“样品数量”，运行命令后得到NP控制图（见图12-7)。

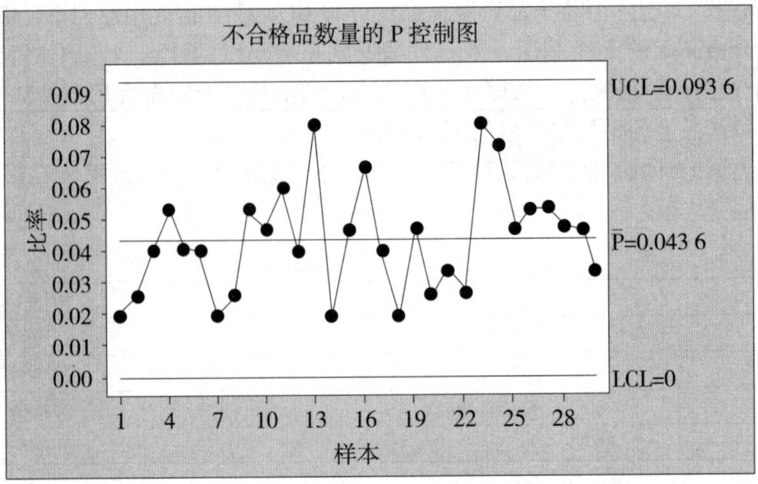

图 12-6　6月份二极管不合格品数量的P控制图

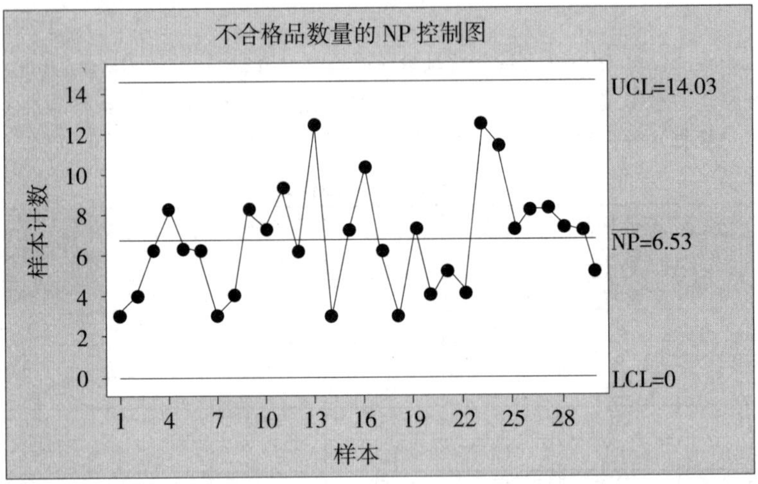

图 12-7　6月份二极管不合格品数量的NP控制图

例 12-3

在二极管生产线上，于每个班次结束前抽取数量不等的二极管进行检验。下面是12月份共计30个工作日每天的不合格二极管数量的记录。试绘制一个控制图来分析产品的不合格品率是否稳定（数据列在表12-6中，数据文件：SPC_二极管不合格品率2.MTW）。

表 12-6　12月份二极管的抽样结果

日期	样品数量	不合格品数量	日期	样品数量	不合格品数量	日期	样品数量	不合格品数量
1	120	3	8	199	4	15	126	7
2	155	4	9	164	8	16	156	10
3	148	6	10	133	7	17	162	6
4	150	8	11	110	9	18	154	3
5	165	6	12	165	6	19	102	7
6	145	6	13	173	12	20	136	4
7	158	3	14	196	3	21	159	5

续前表

日期	样品数量	不合格品数量	日期	样品数量	不合格品数量	日期	样品数量	不合格品数量
22	125	4	25	176	7	28	131	7
23	173	12	26	199	8	29	158	7
24	113	11	27	146	8	30	142	5

解　由于每日抽取进行检验的二极管数量不等，因而不能使用NP图。我们用P图进行生产的监控。绘制P图的计算机软件MINITAB实现方法如下：

1. 从“统计>控制图>属性控制图>P（Stat>Control Charts>Attributes Charts>P）”进入。

2. 指定“变量（Variables）”为“不合格品数量”，“子组大小（Subgroup sizes）”为“样品数量”，运行命令后得到P控制图（见图12-8）。

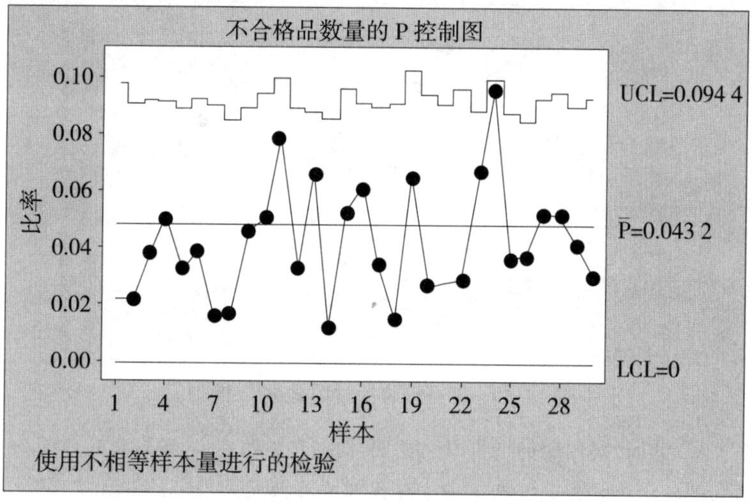

图12-8　12月份二极管不合格品数量的P控制图

由图12-8可知，虽然每天的抽检数量不同，上控制限变成了“城墙”形状，但二极管的生产仍处于统计控制状态。

有实际工作经验的人都会明白，如果控制图的样式如图12-8所显示的那样，使用起来是很不方便的，而且此种“城墙”状控制图只能在分析用控制图中使用。为此，我国的国家标准（GB/T 4091-2001）规定：“如果子组大小变化不大，则可以采用单一的基于平均子组大小的一组控制限。实际上，当子组大小的变化在子组大小目标值的±25%以内时，可采用上述方法。”“当子组大小变化较大时，可采用另一种利用标准化变量的方法。”

上面讨论过的NP控制图及P控制图都是针对计件型产品制定的，产品检验结果只有两类：合格或不合格。总检查产品数 n 及不合格品率给定时，不合格产品数 X 服从二项分布 $B(n,p)$。另一种情况则是缺陷点的计点型，缺陷点个数 X 服从平均值为 λ 的泊松分布，抽样调查的样本中很可能出现缺陷点个数超过检验样品数的情况。例如检查了4个电镀件，共出现了9个斑点。这时监控生产可以有两种控制图：监控缺陷数的C控制图；监控单位产品上的平均缺陷数的U控制图。下面分别举例予以介绍。

例12-4

在芯片的生产过程中，如果芯片上有一个瑕疵点，则认为是一个缺陷，每个班次结束前抽取10片芯片进行检验。下面是3月份前15个工作日每天总缺陷数情况的记录。试绘制一个控制图来分析产品的缺陷数是否稳定（数据列在表12-7中，数据文件：SPC _ 芯片缺陷率 . MTW）。

表12-7　　3月份芯片的抽样结果

日期	1	2	3	4	5	6	7	8	9	10	11	12	13	14	15
样品数量	10	10	10	10	10	10	10	10	10	10	10	10	10	10	10
缺陷数	26	28	23	18	32	40	35	24	18	28	16	14	24	35	30

解　先介绍监控单位产品上的平均缺陷数的U控制图。计算机软件MINITAB的实现方法如下：

1. 从“统计>控制图>属性控制图>U（Stat>Control Charts>Attributes Charts>U）”进入。
2. 指定“变量（Variables）”为“缺陷数”，“子组大小（Subgroup sizes）”为“样品数量”，运行命令后得到U控制图（见图12-9）。

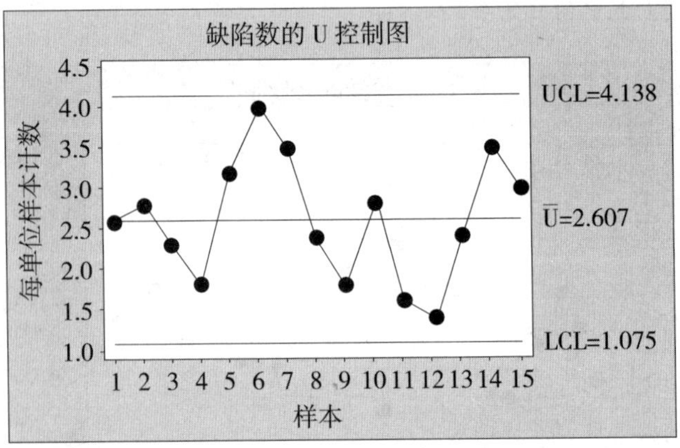

图12-9　3月份芯片缺陷数的U控制图

由图12-9可知，U控制图中的所有数据点都未违背任何一条判异准则，整个过程的缺陷率非常稳定，芯片的生产处于统计控制状态。由于这里的样品数量是固定的常数“10”，所以也可以换成监控其总缺陷数的C控制图，其监控效果与U控制图完全相同，只是控制图中的纵坐标由平均缺陷数换成总缺陷数了。

计算机软件MINITAB的实现方法如下：

1. 从“统计>控制图>属性控制图>C（Stat>Control Charts>Attributes Charts>C）”进入。
2. 指定“变量（Variables）”为“缺陷数”，运行命令后得到C控制图（见图12-10）。

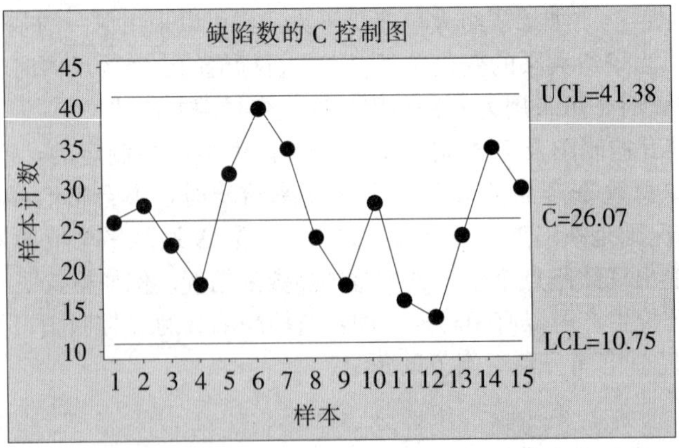

图12-10　3月份芯片缺陷数的C控制图

例 12-5

在芯片生产过程中，每个班次结束前抽取一定数量的产品进行检验。下面是 9 月份前 15 个工作日每天的有缺陷芯片情况的记录。试绘制一个控制图来分析产品的缺陷率是否稳定（数据列在表 12-8 中，数据文件：SPC _ 芯片缺陷率 2. MTW）。

表 12-8　　9 月份芯片的抽样结果

日期	1	2	3	4	5	6	7	8	9	10	11	12	13	14	15
样品数量	8	10	12	10	11	15	10	9	6	13	12	9	14	9	10
缺陷数	26	28	23	18	32	40	35	24	18	28	16	14	24	35	30

解　由于每天检测的样品数量是不同的，因此只能使用 U 控制图。计算机软件 MINITAB 的实现方法如下：

(1) 从“统计>控制图>属性控制图>U (Stat>Control Charts>Attributes Charts>U)”进入。

(2) 指定“变量 (Variables)”为“缺陷数”，“子组大小 (Subgroup sizes)”为“样品数量”，运行命令后得到 U 控制图（见图 12-11）。

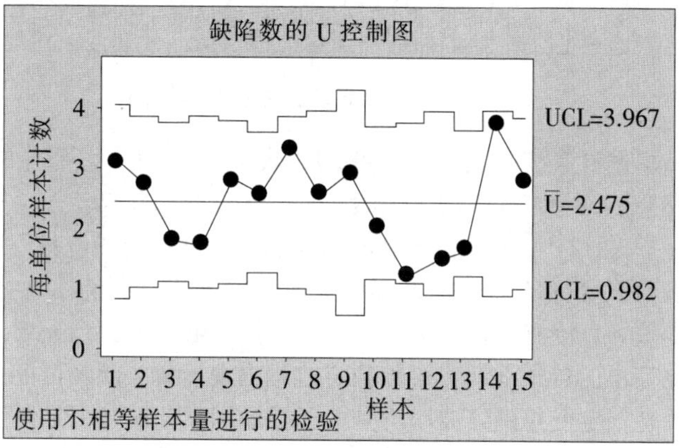

图 12-11　9 月份芯片缺陷数的 U 控制图

由图 12-11 可知，虽然每天的抽检数量不同，上下控制限变成了“城墙”形状，但芯片的生产仍处于统计控制状态。当下限计算为负值时，计算机将自动把它修正为 0，这样一来下限就变成 LCL=0 的水平线了。图 12-8 的 P 图与此类似，它已变为 LCL=0 了。

12.3.2　Laney 控制图

本节主要讨论一般计数控制图中的 P 图及 U 图当数据中出现过度离散或欠离散情况时的改进方法，这时要改为使用 Laney 的 P 控制图及 Laney 的 U 控制图。

例 12-6

把例 12-2 中的数据处理一下，把抽取的样本数量扩大 100 倍，同时不合格品数也扩大 100 倍，这时数据所获得的 p 值是保持不变的（数据文件：SPC _ 二极管不合格品率 3. MTW）。如果仍然用 P 控制图，可得到如图 12-12 所示的结果。

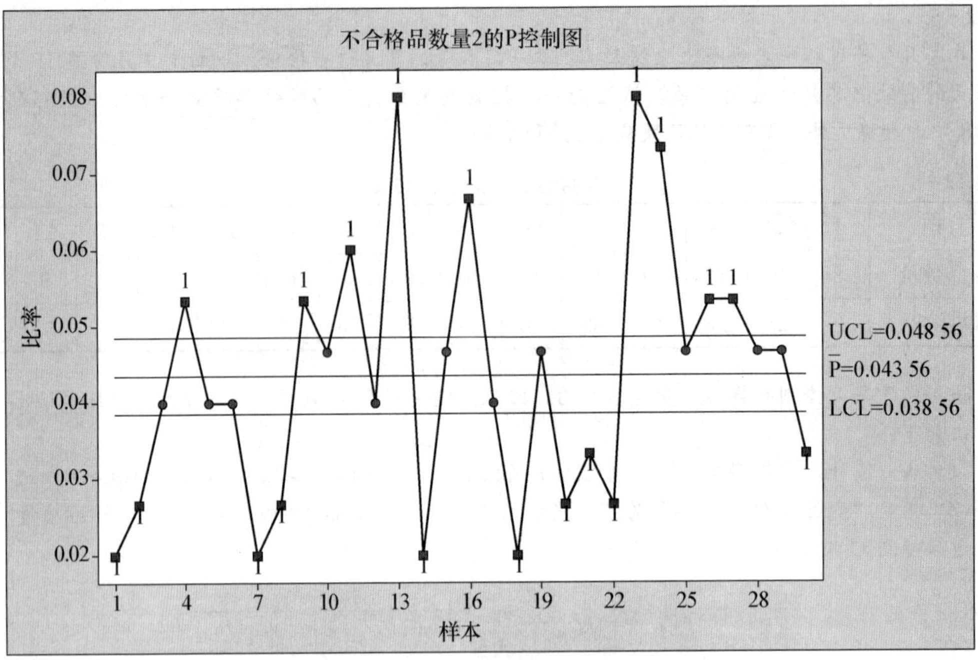

图 12－12　过度离散数据的 P 控制图

此时，不合格品率是没有变化的，但是我们发现 P 控制图中大部分的点都处于控制限之外，提示过程已经完全不是稳定受控的了。然而，事实真的如此吗？

下面我们回顾一下表 12－4 中计数控制图的控制限的计算公式，我们看到属性数据控制图的控制限与 p 值以及每次抽样的样本量 n 都有关。根据公式，我们发现当 p 值基本保持不变时，其控制限与样本量 n 直接有关，样本量 n 越大，控制限越窄。当 n 增大到一定程度时，控制限会变得过窄，比较小的数据波动也会被判定过程出现异常。此时可能会出现比较多的误判情况，即客观上过程是稳定受控的，波动均是由正常原因引起的，但控制图会提示过程可能发生了异常，此时提高了第一类错误风险 α。此时，相对于控制限，数据呈现出所谓“过度离散”的特点。例 12－6 就属于这种情况。

还有一种情况，数据变化不如预期变化时会出现过度集中。例如，当某种工具磨损时，缺陷数就会增加；设备的异常导致较高的不合格品率或者缺陷率；子组中的缺陷数增加时，就有可能使得控制限变宽，而子组相似的概率将更高。当相邻的子组彼此相关时会发生过度集中，也称为自相关。当数据表现出过度集中时，传统的 P 控制图或 U 控制图上的控制限值可能会过宽，此时控制图很少发出判异信号，这意味着你可能忽略了特殊原因变化，误以为是常见原因变化，即提高了犯第二类错误风险 β。

我们看到如果在数据过度离散或过度集中时，再用传统的 P 控制图或者 U 控制图就容易增加误判或者漏判的风险。我们需要选择一种更能反映现状的控制图。MINITAB 建议使用 Laney P’ 或 Laney U’ 控制图。

那么如何判定数据中是否存在过度离散和过度集中情况呢？此时可以使用扩大了功能的 MINITAB 软件进行检验。MINITAB R17 在 P 控制图及 U 控制图两项窗口内都增加了控制图诊断和使用 Laney 控制图的子窗。控制图诊断的具体原理为：如果数据来自适用于不良品数据的二项分布或适用于缺陷数据的 Poisson 分布，那么可以使用概率图来确定预期变异。然后，对预期变化量和观测到的变异进行比较。如果数据的离散程度基本是正常的，观测到的变异与预期的变异应该是差不多的，比率值应该在100%左右。而当观测到的变异比预期的变异大得多的时候，即比率值超过100%较多时，就有可能提示数据过度离散。反之，当比率值远低于100%时，则可能提示数据过度集中。

例12-6中的控制图诊断在MINITAB中的操作如下：

(1) 从"统计 > 控制图 > 属性控制图 >P控制图诊断 (Stat > Control Chart >Attributes Chart > P Chart Diagnostic)"进入。

(2) "变量"选"不合格品数2"，"子组大小"选择"样本数量"。

(3) 点击"确定"。得到如图12-13所示的结果。

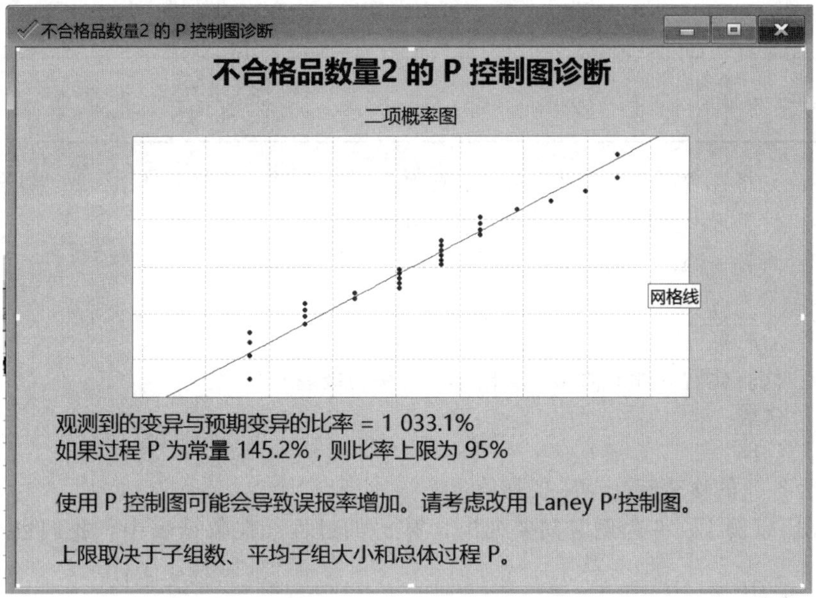

图12-13　P控制图诊断

此时，我们看到观测到的变异与预期变异的比率已达到1 033.1%，说明观测到的数据呈现出比较明显的过度离散的特征。观测值的变异与预期变异的比率95%的上限值为145.2%，超出该值时，可以认为该组数据为过度离散的数据，此时使用P控制图会导致误报率增加，应考虑改用Laney P' 控制图。在检查过度离散时，MINITAB还计算出本例中有多少点位于传统的P控制图和U控制图的控制限之外。因为过度离散问题会导致高误报率，如果只有一小部分点失控，可不用考虑过度离散的问题。

在Laney控制图中，常见原因变化不仅包括子组变化中的常见短期变化，还包括连续子组之间的平均短期变化。Laney控制图的常见原因变化通过规范数据，并使用相邻子组的平均移动范围（在Laney控制图上标为σ_z，即西格玛Z）来计算，以调整标准P或U控制图的控制限值。当子组内的数据因相关缺陷率发生较大波动而大于预期变化，则σ_z会大于1；当子组内的数据变化缺少随机性而小于预期变化时，则σ_z会小于1。这样一来，将原来只简单考虑子组内的随机变化改进为同时考虑包括相邻两子组间的变化，就具有了很强的修正功效。具体计算公式如表12-9所示。

我们可以看出，现在的控制限是在原来控制限的基础上乘以修正系数σ_z。后续关键是如何求出σ_z。

表 12-9　　Laney P' 或 Laney U' 控制限计算公式

类型	计算公式
Laney P' 控制限	$\bar{p}\pm 3\sqrt{\bar{p}(1-\bar{p})/n_i}\times\sigma_z$
Laney U' 控制限	$\bar{u}\pm 3\sqrt{\bar{u}/n_i}\times\sigma_z$
二项分布 Z_i	$Z_i=\dfrac{p_i-\bar{p}}{\sqrt{\bar{p}(1-\bar{p})/n_i}}$
Poisson 分布 Z_i	$Z_i=\dfrac{u_i-\bar{u}}{\sqrt{\bar{u}/n_i}}$
σ_z	$\sigma_z=\dfrac{\overline{MR}}{1.128}$

第 1 步：先将各“不合格品数”或“缺陷数”转化为“不合格品率 p”或“缺陷率 u”。

第 2 步：计算出不合格品率 p 或缺陷率 u 的均值。

第 3 步：将各 p 值或 u 值转化为标准 Z 值。

$$Z_i=\frac{p_i-\bar{p}}{\sqrt{\bar{p}\ (1-\bar{p})/n_i}}\quad 或\quad Z_i=\frac{u_i-\bar{u}}{\sqrt{\bar{u}/n_i}}$$

第 4 步：用转化后的标准值 Z，求相邻项的移动极差 MR。

$$\sigma_z=\frac{\overline{MR}}{1.128}$$

式中，$\overline{MR}$为各 Z_i的移动极差 MR 的均值。

下面我们以例 12-6 为例，简要列出计算 σ_z 的过程，在数据表中，我们也给出了计算结果。

$$\bar{p}=\frac{\sum x_i}{\sum n_i}=0.043\,56$$

$$\sigma=\sqrt{\frac{\bar{p}(1-\bar{p})}{n_i}}=0.001\,67$$

$$\sigma_z=\frac{\overline{MR}}{1.128}=9.294\,14$$

$$UCL=\bar{p}+3\sigma\times\sigma_z=0.043\,56+3\times 0.001\,67\times 9.294=0.090$$

$$LCL=\bar{p}-3\sigma\times\sigma_z=0.043\,56-3\times 0.001\,67\times 9.294=-0.003$$

此时，我们看到控制下限已经小于零了，在这种情况下，我们取下限值为 0 即可。

得到新的控制限后，我们就可以做出 Laney P' 控制图了。

MINITAB 中的操作如下：

(1) 从“统计 > 控制图 > 属性控制图 >Laney P′（Stat > Control Chart >Attributes Chart > Laney P′)”进入。

(2) “变量”选“不合格品数 2”，“子组大小”选择“样本数量”。

(3) 点击“确定”。得到如图 12-14 所示结果。

此时，我们看到过程是正常的，之前所有的异常点都是由于控制限设置不合理所致。

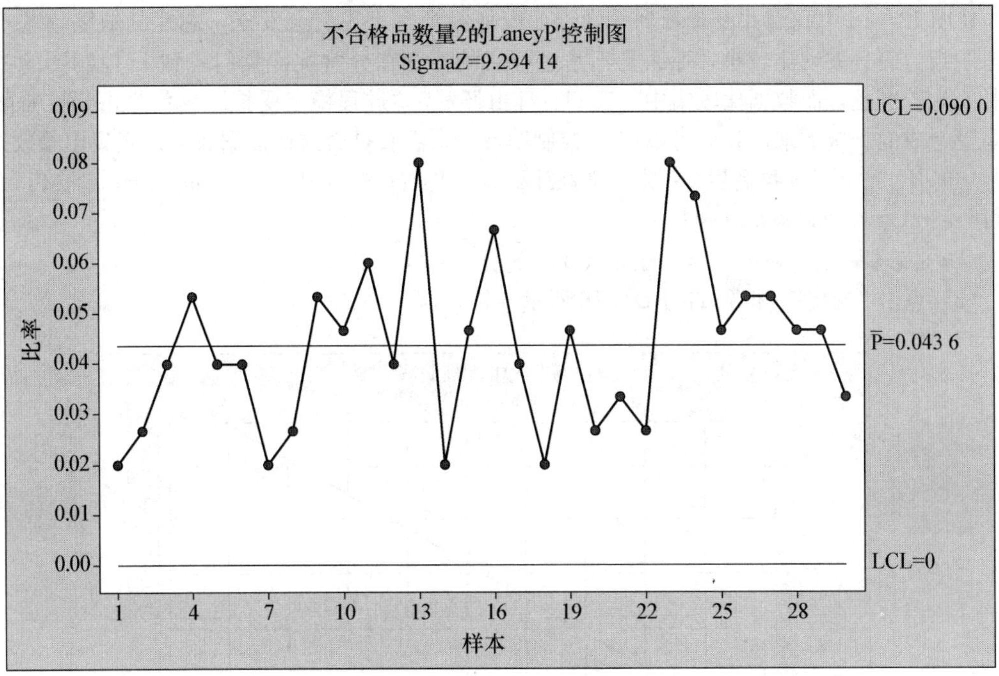

图 12-14　Laney P′控制图

例 12-7

在芯片生产过程中，如果芯片上有一个瑕疵点，则认为是一个缺陷，每个班次结束前抽取 40 片芯片进行检查。根据 3 月份前 15 个工作日每天缺陷数情况的记录（数据文件：SPC _ 芯片缺陷率 3. MTW），我们利用 U 控制图，得到如图 12-15 所示结果。

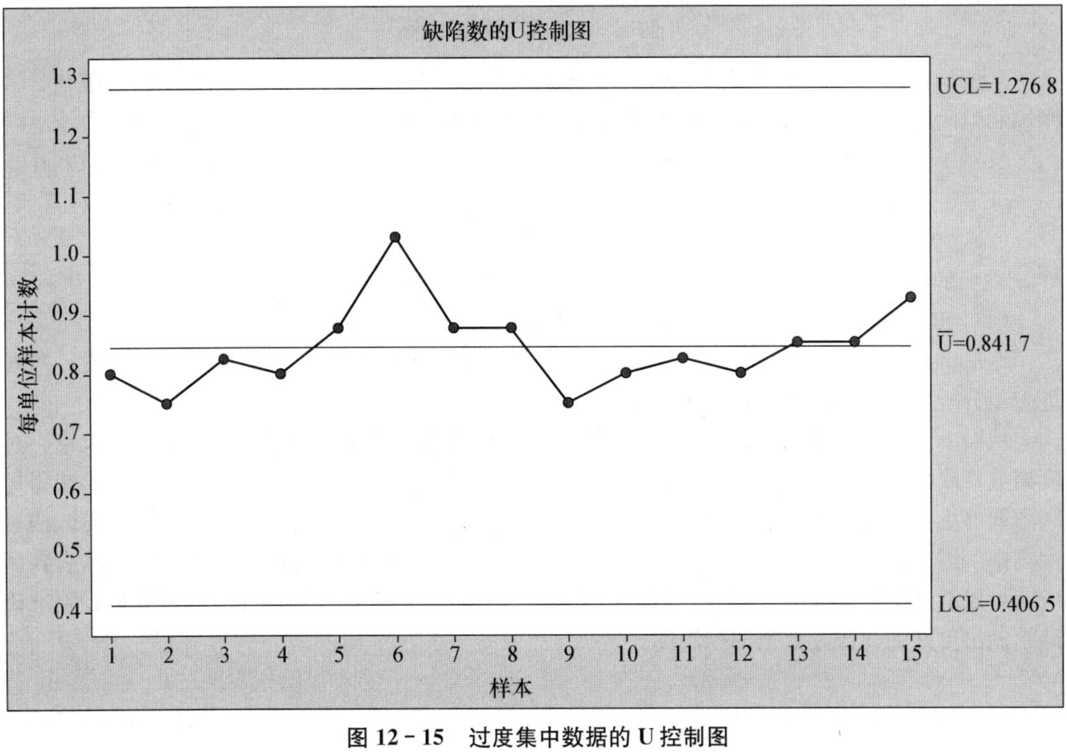

图 12-15　过度集中数据的 U 控制图

从图12-15中我们并没有看到异常点。但仔细观察，我们会发现，芯片的缺陷率基本在中心附近。而且波动比较小，那么是不是过程真的不存在异常呢？我们看到U控制图的控制限相对比较宽泛，而数据比较集中，我们有理由怀疑，“过程稳定受控”仅仅是由于控制限过于宽泛造成的。接下来，我们可以用U控制图诊断来看看是否这些数据属于过度集中的数据。

（1）从“统计＞控制图＞属性控制图＞U控制图诊断（Stat＞Control Chart＞Attributes Chart＞U Chart Diagnostic）”进入。

（2）“变量”选“缺陷数”，“子组大小”选择“样本数量”。

（3）点击“确定”。得到如图12-16所示结果。

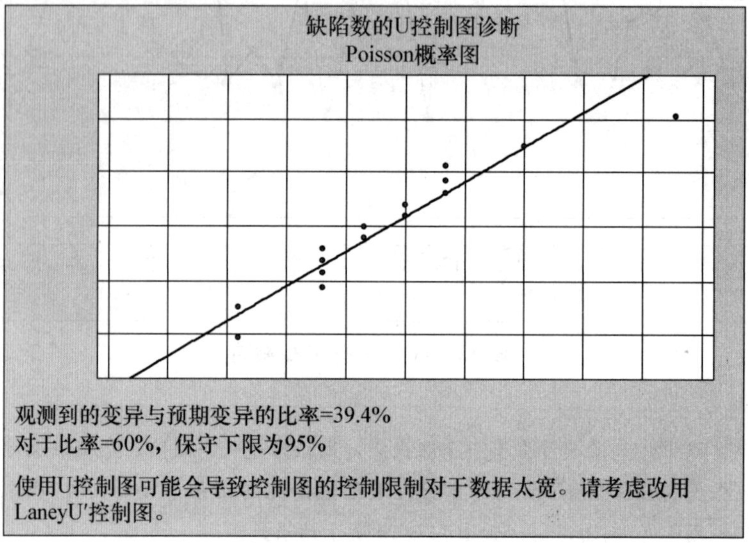

图12-16　U控制图诊断

从结果可以看到，观测到的变异与预期变异的比率只有39.4%，小于60%的下限值，说明控制限的确过于宽泛。提示我们改用Laney U'控制图。

（1）从“统计＞控制图＞属性控制图＞Laney U′（Stat＞Control Chart＞Attributes Chart＞Laney U′）”进入。

（2）“变量”选“缺陷数”，“子组大小”选择“样本数量”。

（3）在“U'选项”“检验”中，选择“执行所有特殊原因检验”。

（4）点击“确定”。得到如图12-17所示结果。

在Laney U'控制图中，我们看到，第六点为异常点。提示过程可能已经发生异常，需要进一步分析发生异常的原因，并进行改进。

从以上例子可以看出，Laney方法使用了对于常见原因变化的修正定义，修正了太窄（过度离散）或太宽（过度集中）的控制限值，从而降低了控制图的误报或者漏报的概率，使得控制图能够更客观地反映过程现状。当我们拿到数据时，一般很难直观地判断是否过度离散或过度集中。因此，建议读者在拿到数据时可以先做P控制图或者U控制图的诊断图，然后判断应该可以继续使用普通的P图、U图，还是必须换用修正的Laney控制图，这样就可以更准确地绘制出更好的计数型数据的控制图。

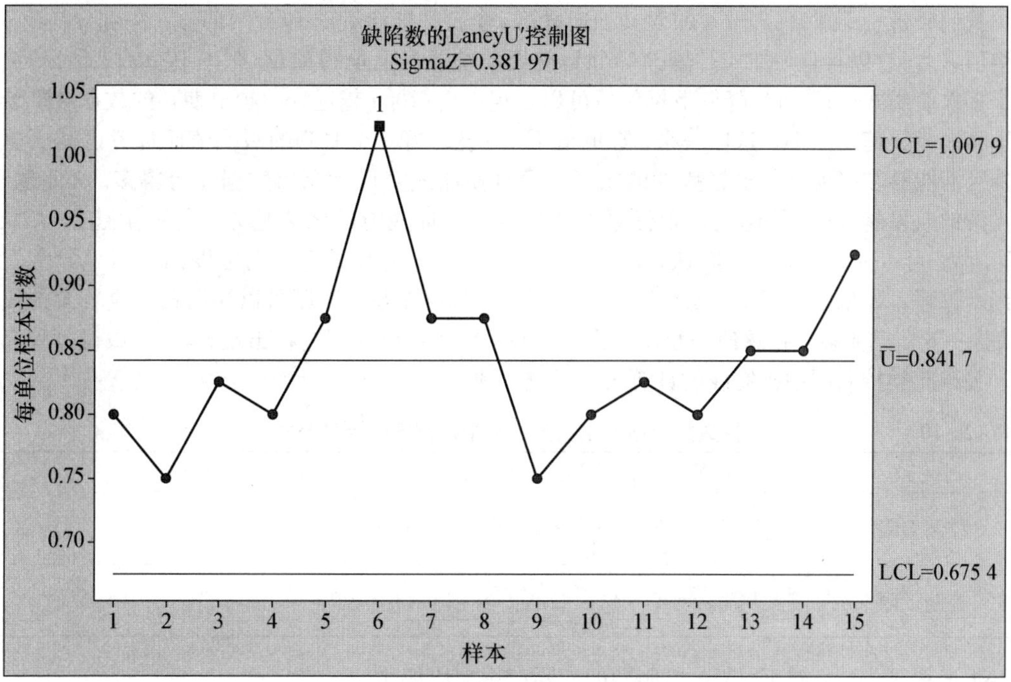

图 12－17 Laney U' 控制图

12.4 特殊控制图

在 12.1 节中介绍了所有的常规控制图：单值-移动极差图、均值-极差图、均值-标准差图、不合格品率图、不合格品数图、单位产品缺陷数图和缺陷数图。除这些常规控制图，还有一些特殊的控制图，如累积和控制图（CUSUM Chart）、指数加权移动平均控制图（EWMA Chart）、标准化控制图（Z-MR Chart）、区域控制图（Zone Chart）和多元控制图（Multivariate Chart）等。本节将介绍特殊控制图中比较常用的指数加权移动平均控制图和标准化控制图。

12.4.1 指数加权移动平均控制图

常规控制图的运用前提是假定观测值服从正态分布和过程均值恒定不变。但在实际应用中，这些假定不一定都能成立。在过程均值有长期的微小漂移时，常规控制图对于过程均值的微小漂移很不敏感，很难识别过程的这种变化；相比较而言，指数加权移动平均（exponential weight moving average，EWMA）控制图的最大优点是不受正态假定条件的限制，同时由于 EWMA 控制图上的点包含了所有前面子组的信息，因而也能够较敏感地探测出过程均值的微小漂移。此外，EWMA 控制图还适用于单个观测值及子组均值两种情况。

在 EWMA 控制图中，绘制的统计量 Z 为当前值与历史数据的加权平均，以子组均值控制图为例，其计算公式为：

$$Z_0=\overline{\overline{X}}$$

$$Z_i=r\overline{X}_i+(1-r)Z_{i-1},\quad i=1,2,\cdots \tag{12-1}$$

式中，r 为当前观测值的权重，取值范围为 [0，1]。

我们分析一下式（12-1）的含义。这里第i个新的统计量Z_i包含两部分：一部分是第i个观测值$\overline{X}_i$，它以权重r加入；另一部分是前面的统计量已取得的值Z_{i-1}，它以权重$1-r$加入。多次使用式（12-1）降低下标值后可以发现，离指标i越远（即越早期）的数据被赋予的权重将按指数速度减小。这样一来，Z_i的值不仅考虑了第i个时刻的观测值而且考虑其历史数据，因而能够较好地反映出趋势性的状况，而且使曲线变得比原始数据光滑得多。r值越小，则光滑的效果越好；r值越大，则保真的效果越好，即光滑的效果越差；但一般建议$0.05\leqslant r\leqslant 0.25$。可以先缺省设定（默认）$r=0.2$。如果已发现有异常点，则可以判断出现异常而终止判断过程；如果发现可疑趋势，但对于此权重取值并未超界，则可以换用较小或较大的权重r试验一下，只要某个权重使得数据点出界，我们就可以判断“过程出现异常”，或说过程已失控。关于此类控制图中控制线的计算公式已整理成表12-10。

表12-10　　指数加权移动平均控制图中控制限的计算公式

中心线	$\overline{Z}=\overline{\overline{X}}=(\overline{X}_1+\overline{X}_2+\cdots+\overline{X}_m)/m$
控制上限	$UCL_Z=\overline{Z}+3\dfrac{\overline{R}}{d_2\sqrt{n}}\sqrt{\dfrac{r}{2-r}[1-(1-r)^{2i}]}$
控制下限	$LCL_Z=\overline{Z}-3\dfrac{\overline{R}}{d_2\sqrt{n}}\sqrt{\dfrac{r}{2-r}[1-(1-r)^{2i}]}$

下面用例12-8对EWMA控制图的实际应用加以说明。

例12-8

某电子厂的QC小组欲优化芯片研磨过程，首先对其厚度进行SPC控制。小组共收集20个厚度数据，试用控制图分析该过程的稳定情况（数据列在表12-11中，数据文件：SPC_EWMA控制图.MTW）。

表12-11　　芯片研磨厚度数据表

序号	1	2	3	4	5	6	7	8	9	10
厚度	2.99	3.05	3.02	2.98	3.05	3.03	3.06	3.01	2.98	3.07
序号	11	12	13	14	15	16	17	18	19	20
厚度	2.98	2.99	3.05	3.02	3.01	3.04	3.08	3.12	3.11	3.13

解　首先，用计算机软件MINITAB实现常规控制图I-MR：

（1）从“统计>控制图>单值的变量控制图>I-MR（Stat>Control Charts>Variable Charts for Individuals>I-MR）”进入。

（2）指定“变量（Variables）”为“厚度”，运行命令后得到图12-18。

由图12-18可知，I-MR控制图中最后几个点虽有上扬的趋势，但并没有出界，只能判生产还是稳定的。由于最终部分似乎有向上升的不正常趋势，下面用计算机软件MINITAB绘制特殊控制图EWMA：

（1）从“统计>控制图>时间加权控制图>EWMA（Stat>Control Charts>Time-Weighted Charts>EWMA）”进入。

（2）指定“图表的所有观测值均在一列中（All observations for a chart are in one column）”为“厚度”，指定“子组大小（Subgroup sizes）”为“1”，运行命令后得到图12-19。

EWMA控制图中，在15号样本以前生产一直正常，但从15号起均值明显向上漂移，到了20号点已越出控制限，应判生产异常，这是常规控制图无法实现的功能。EWMA控制图对均值微小但系统的漂移有较强的判别能力。

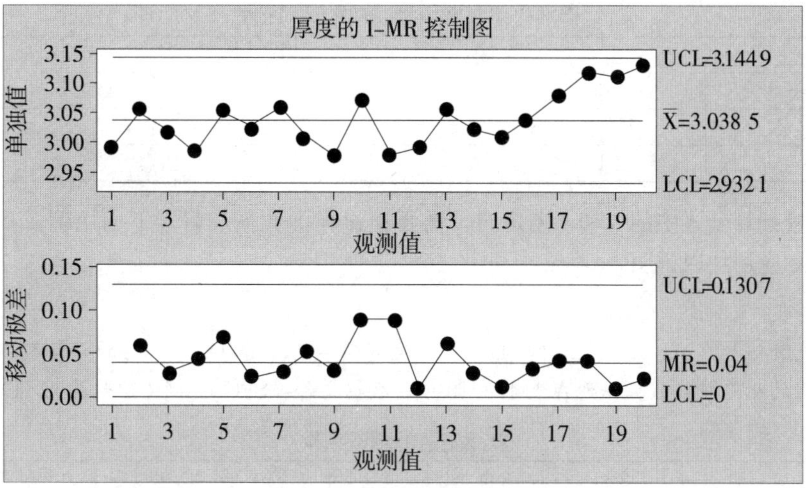

图 12－18　芯片研磨厚度的 I-MR 控制图

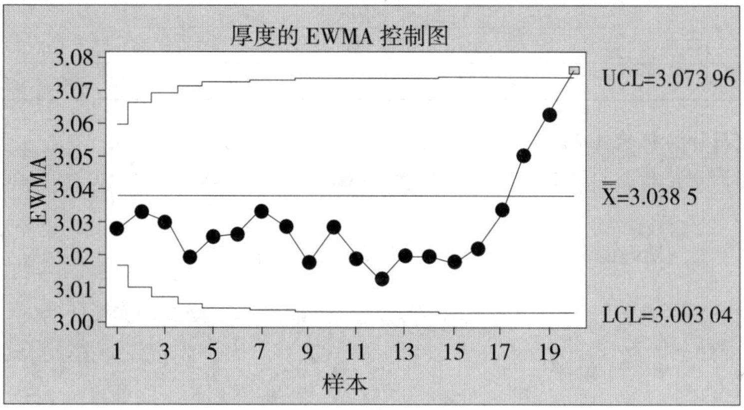

图 12－19　芯片研磨厚度的 EWMA 控制图

12.4.2　标准化控制图

当过程的输出为不同规格的产品，相互之间的差别较大但样本量却较少时，使用常规控制图就显得比较牵强，且误差较大。标准化控制图应用统计方法，将各不同性质的变量都进行正态标准化，使之都化为服从具有近似标准正态的分布，这样一来，拥有同一背景但规格不同的几个样本组就可以放在一起进行过程评价，实现了“多品种，小批量”的产品控制。由于这种方法的基础是将所有观测值都标准化后再进行分析处理，使得控制限的数值都由标准正态分布导出，因而控制限是固定的，不需要每次都重新调整。

标准化控制图包括计数型和计量型两大类，这里仅介绍最常用的适用于计量数据的 Z-MR 控制图，其他控制图原理与此完全相同，不加赘述。在 Z-MR 控制图中，所绘制的统计量的计算公式如下所示，控制限的计算公式已整理成表 12－12。

$$Z_i = \frac{X_i - \mu}{\sigma} \qquad (12-2)$$

$$MR_i = |Z_i - Z_{i-1}| \qquad (12-3)$$

表 12-12　　标准化控制图中控制限的计算公式

	Z图	MR图
中心线	$\overline{Z}=0$	$\overline{MR}=1.128$
控制上限	$UCL_Z=3$	$UCL_{MR}=3.686$
控制下限	$LCL_Z=-3$	$LCL_{MR}=0$

当统计量计算公式中的 μ 和 σ 未定时，需要通过样本数据获得。下面用例 12-9 对 Z-MR 控制图的实际应用加以说明。

例 12-9

某食品包装线共有A，B，C三种产品，现已收集到某段时间内所有产品的重量数据，试用控制图分析该过程的稳定情况（数据列在表 12-13 中，数据文件：SPC _ ZMR 控制图 . MTW）。

表 12-13　　食品重量的测量结果　　单位：克

产品	1	2	3	4	5	6	7	8
类型	B	B	B	B	A	A	A	A
重量	507	509	506	508	496	495	500	497
产品	9	10	11	12	13	14	15	16
类型	B	B	B	B	C	C	C	C
重量	499	508	504	502	490	485	489	484

解　首先，用计算机软件 MINITAB 绘制常规控制图 I-MR：

(1) 从“统计>控制图>单值的变量控制图>I-MR (Stat>Control Charts>Variable Charts for Individuals>I-MR)”进入。

(2) 指定“变量 (Variables)”为“重量”，运行命令后得到图 12-20。

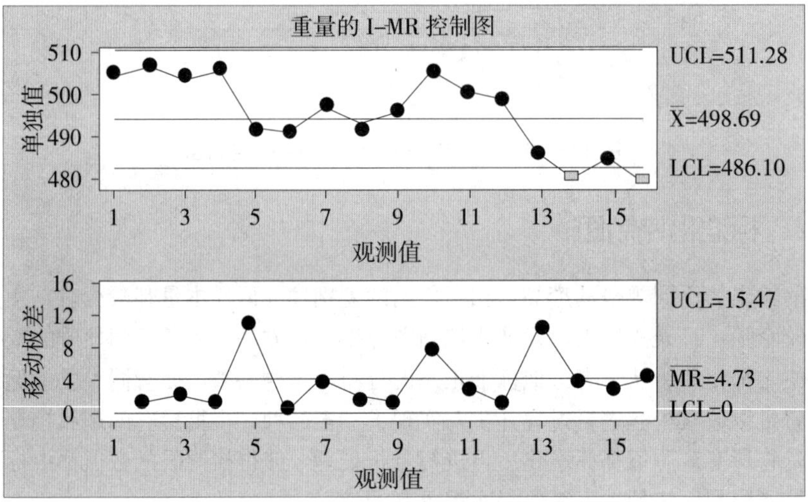

图 12-20　I-MR 控制图

其次，用计算机软件 MINITAB 实现特殊控制图 Z-MR：

(1) 从“统计>控制图>单值的变量控制图>Z-MR (Stat>Control Charts>Variable Charts for Individuals>Z-MR)”进入。

(2) 指定“变量 (Variables)”为“重量”，指定“部件编号 (Part indicator)”为“类型”，运行命令后得到图 12-21。

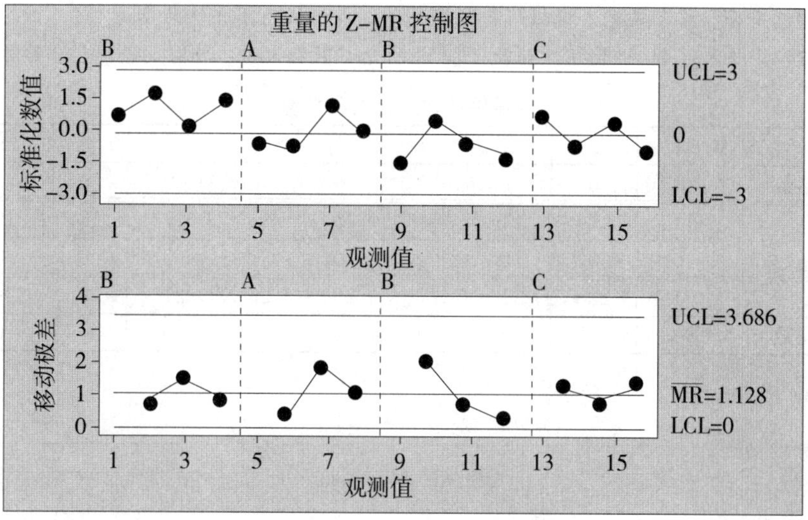

图 12-21　Z-MR 控制图

由以上两图的比较可知，I-MR 控制图中最后 3 点中有 2 点超出控制下限，符合第 1 条判异准则"1 点落在 A 区之外"，应判生产异常。但这里分析的 4 个数据来自产品 C，并不应该与产品 A，B 混在一起处理。为此，分别对三种产品进行标准化，用 Z-MR 控制图来监控，这样将排除产品间正常的固有差异。最终可以判定生产过程一直稳定。显然，Z-MR 控制图弥补了常规控制图的缺陷。当然，本例只是作为示范，样本量仍然偏少，正常情况下，每组至少应收集 10 个以上观测值。

12.4.3　稀有事件控制图

传统的属性数据控制图也常称为计数型控制图。计数型控制图分为两类：计件型数据控制图，基于二项分布，包括 P 图和 NP 图；计点型数据控制图，基于泊松分布，包括 U 图和 C 图。这两类计数型控制图对样本量都有一定要求。以 P 图为例，为了准确估计不合格品率 p 的值并能判断过程是否稳定，通常要收集至少 20 个子组，每个子组的样本量一般要满足 $np\geqslant 5$，其中 n 为子组大小。当不合格品率很低时，需要抽取的样本量相当大。如某个生产过程的不合格品率为 1%，则需要抽取至少 20 个子组，每个子组样本量至少为 500，总样本量至少10 000。这样带来的问题一方面是建立控制图的时间比较长，另一方面是对生产过程的监控也不够敏感，每次都要收集 500 个产品进行检验，才能在控制图中绘制 1 个数据点，然后判断过程是否稳定。对于关键过程，我们希望对过程的重要变化及时做出反应，采用传统 P 图或 NP 图显然不能满足要求。

如果样本量不够，使用 P 图或 NP 图监控过程可能会得出错误的结论。假定某个生产过程的不合格品率 $p=0.1$，每次从生产线上抽取 20 个产品进行检测，容易判断不合格品数服从二项分布，其均值为 2，也就是说，抽取 20 个产品，平均会出现 2 个不合格品，可能多些也可能少些。但如果不合格品率 $p=0.01$，同样取子组大小 $n=20$，均值为 0.2，也就是说，在 20 次试验中，出现 0 个不合格品的概率最大。容易计算，出现 0 个不合格品的概率为 0.817 9，1 个不合格品的概率 0.165 2，二者之和高达 0.983 1，用这样的数据画控制图，必然在控制图上显示很少的数据等级，控制效果不好，甚至可能得出错误的结论。

例 12-10

某特种玻璃企业生产玻璃保鲜盒，每天抽取 20 个产品进行检验，检验内容包括观察外观是否有缺陷，理化指标是否合格，等等。根据历史数据统计，生产线的不合格品率为1%，该企业希望对生产过程进行监控，收集了30组数据，如表12-14所示（数据文件：SPC _ 保鲜盒合格率.MTW）。

表12-14　　　　玻璃保鲜盒不合格品数量

序号	1	2	3	4	5	6	7	8	9	10
不合格品数	0	0	1	0	0	0	0	0	0	0
序号	11	12	13	14	15	16	17	18	19	20
不合格品数	0	0	1	0	0	0	0	0	0	0
序号	21	22	23	24	25	26	27	28	29	30
不合格品数	2	0	0	0	0	0	0	0	0	0

解　绘制P图如图12-22所示。

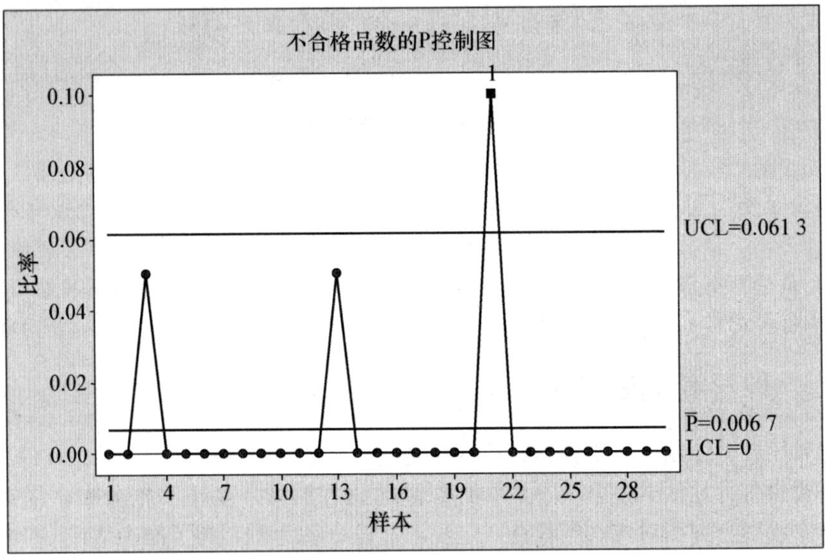

图12-22　玻璃保险盒不合格品数的P控制图

控制图显示第21号点超出上控制限，根据第一条判异准则可以判定过程不稳定。但如果仔细分析，发现控制图中只有有限的几个数据台阶，控制效果不好，21号点是否失控还有待讨论。

对于低缺陷率的生产过程，可以使用稀有事件控制图对生产过程进行监控，这样就能减少样本量且能提高监控的实时性和有效性。

例12-11

某乳制品公司想要监控其产品酸奶的微生物超标情况，以确保微生物超标率始终处于较低的水平。实验室工作人员每天都会记录检测结果，发现有超标的日期及其间隔天数已汇总成表12-15（数据文件：SPC _ 微生物超标.MTW），试判断该原材料的微生物超标情况是否稳定。

表12-15　　　　微生物超标日期数据表

超标日期	1月1日	2月14日	2月27日	3月13日	4月1日	4月7日	4月18日	5月5日	5月25日	5月29日
间隔天数	*	44	13	14	19	6	11	17	20	4
超标日期	5月31日	7月29日	8月10日	8月11日	8月14日	8月23日	9月3日	9月19日	10月12日	10月28日
间隔天数	2	59	12	1	3	9	11	16	23	16

数据表中给出的是微生物超标的日期以及由此计算出的两次微生物超标之间的时间间隔，统计的时间周期为1月1日至10月28日共300天，共出现20次微生物超标。如果以天为单位，一天当中可能出现微生物超标，也可能不出现，且每天是否出现微生物超标彼此独立，以每月（30天）作为一个子组（当然也可以取每10天、每20天等作为一个子组），每个月内出现微生物超标的次数用随机变量 X 表示，则 X 的分布为二项分布，可以使用P图或NP图对酸奶生产过程进行监控。

更一般的情况是，一天可能生产多罐酸奶，每罐酸奶都有可能出现微生物超标，一天中可能出现多次微生物超标，此时可以取一个固定的时间间隔（可以是每天，也可以是每10天、每30天，但通常取天的整数倍）作为一个单位（Unit），统计出现多少次微生物超标，每出现一次就记录一次缺陷，一个单位出现缺陷的次数用随机变量 X 表示，则 X 的分布为泊松分布，可以使用U图或C图对酸奶生产过程进行监控。

例12－11无论使用P图和NP图还是使用U图和C图都不合适，主要原因是缺陷率很低，平均每15天出现一次缺陷，把微生物超标次数作为控制图的监控指标绘制控制图，控制效果不理想，需要寻找替代的监控指标，最理想的替代指标是两次微生物超标之间的间隔天数。

如果对两次微生物超标的间隔天数进行监控，根据常规控制图选择流程应该选择单值-移动极差（I-MR）控制图。用MINITAB软件绘制I-MR图如图12－23所示，发现图上至少有两三个超过上控制限的点，看起来酸奶生产过程的微生物超标的间隔天数是不稳定的。

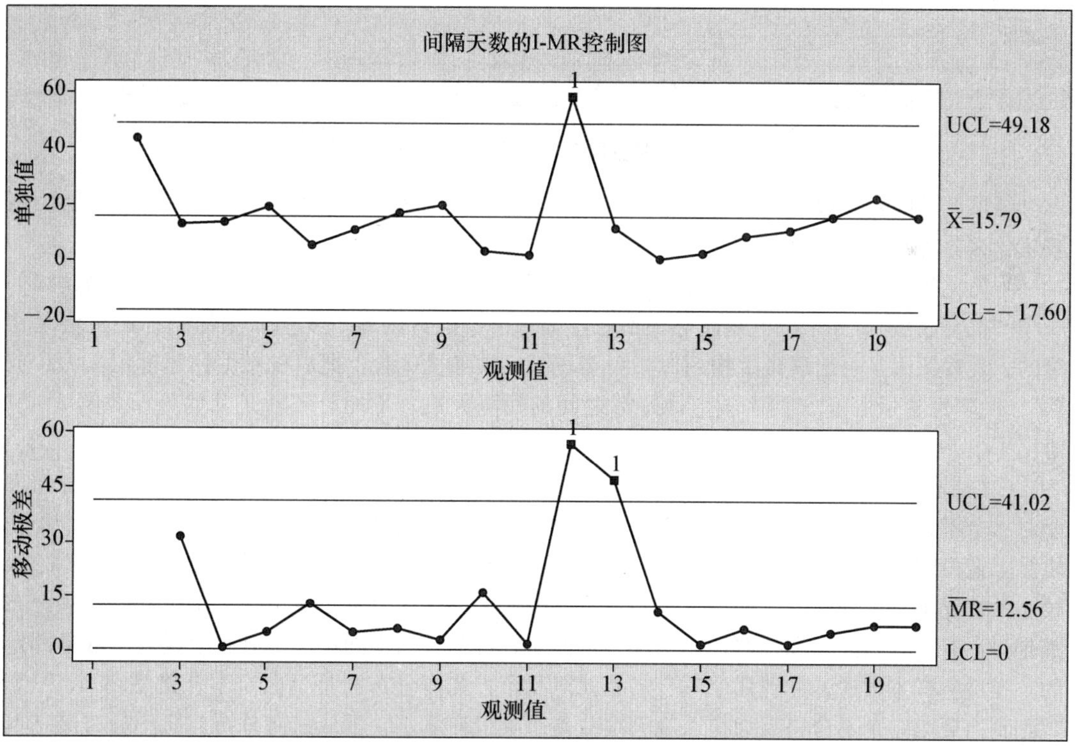

图12－23　微生物超标日期间隔的I-MR控制图

但仔细思考一下，发现这个分析结论是不正确的。I-MR控制图是基于正态分布的，但从原理上分析，间隔天数 X 的分布不应该是正态分布。我们对“间隔天数”用“图形化汇总”命令进行正态性检验也证实了这一点，结果如图12－24所示。

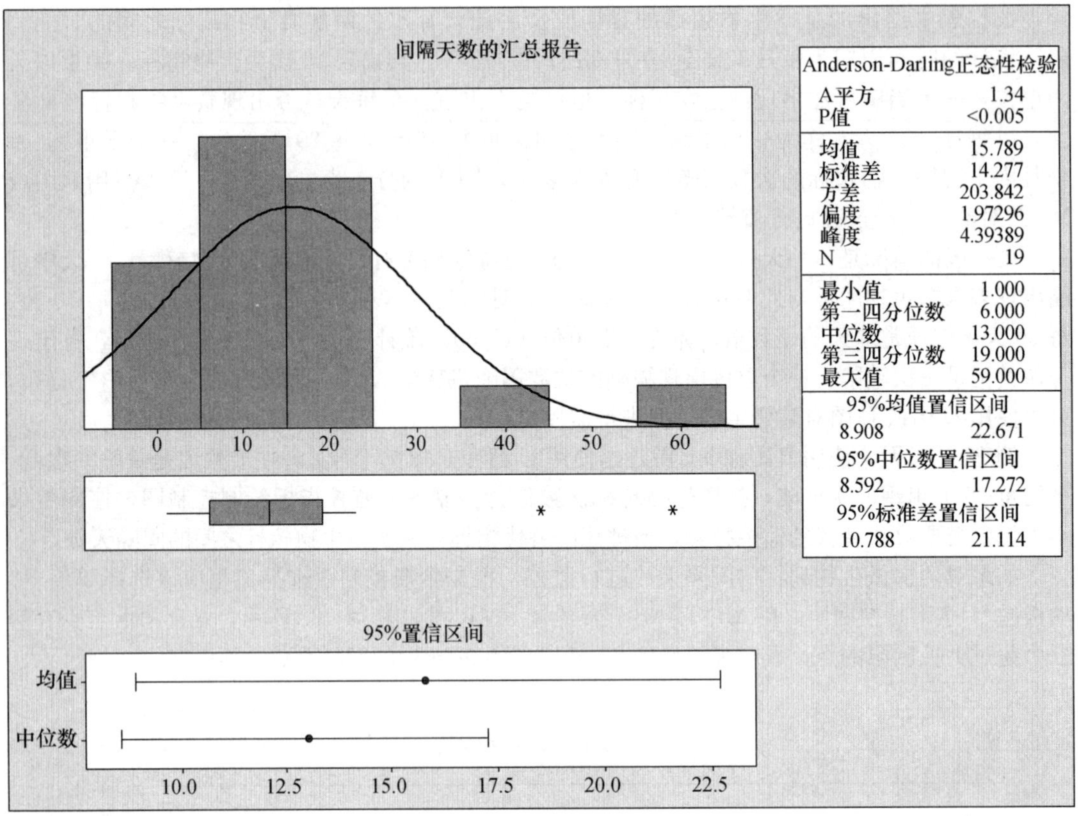

图 12-24　微生物超标日期间隔的图形化汇总

结果显示间隔天数不服从正态分布，而是严重右偏的分布。从理论上分析，间隔天数应该服从什么分布呢？

为简化问题的分析，我们不妨以天为单位，可以把每天作为理论上可能发生微生物超标的一个“机会区域”。如果微生物超标率不变，则每个“机会区域”发生微生物超标的机会是相等的。观察每天是否出现微生物超标相当于进行一次随机试验，把出现微生物超标定义为“成功”，用随机变量 X 记录两次微生物超标之间的间隔天数，X 的分布就是几何分布。图 2-57 给出了 $p=0.1$ 的几何分布的分布律图，从图中可以看出，这是一种严重右偏的分布。

G 控制图的理论基础是几何分布，也就是假定事件服从参数为 p 的几何分布。几何分布表示对一个不合格品率为 p 的生产过程进行观测，前面的产品都是合格品，直到出现第一个不合格品，记录观测的次数为 X（前面 $X-1$ 次都是正常产品），则 X 的概率分布为几何分布。在 p 较小的情况下，X 将是一个比较大的数；p 越小则 X 越大。从表面上看，几何分布与二项分布都是讨论有不合格品率和抽取样品的环节，但二者有本质的不同：二项分布中试验次数是固定的，在这些样本数中，抽到几个不合格品就算几个；几何分布则是只固定不合格品率 p，一直观测到出现第一个不合格品为止，观测次数是个随机变量，它服从几何分布。几何分布最基本的一条性质是随机变量 X 的期望值是 p 的倒数。即

$$E(X)=\frac{1}{p} \tag{12-4}$$

换言之，X 的期望值是与 p 成反比的，所以 p 越小则 X 的平均值越大。另外还要用到的几何分布的一个性质是它的“无后效性”，也就是说，第一次抽到不合格品如果用了 X 次，再

继续抽样，经过 Y 次抽取到下一个不合格品，这里 Y 与 X 一定是相互独立的。因此我们在使用几何分布时可以累积使用，也就是说，持续观测直到出现第一个不合格品，记录下前面的合格品数 X_1-1，接着继续观测，直到出现第二个不合格品，记录下第一个不合格品后至第二个不合格品前的合格品数 X_2-1，等等。我们就是用 $X_1,X_2\cdots\cdots$ 这个序列对不合格品出现概率 p 是否稳定进行控制。显然，p 越小，则 $X_1,X_2\cdots\cdots$ 这个序列的数值就越大；但如果在生产过程中序列的数值明显变小，就说明 p 变大了，也就是不合格品出现的概率提高了，需要大大提高警惕了。因此这个控制图看起来与其他控制图不同，它读起来往往要"反过来"看，X_1，$X_2\cdots\cdots$ 这个序列的数据值越大越安全，数据值越小则越不安全，以至于低于下控制限时，代表不合格品率 p 太高而不受控，低于下限才是危险信息的警告。

经过分析可以得出结论，微生物超标之间的间隔天数服从几何分布，对其进行监控最适合的控制图是稀有事件控制图中的 G 控制图。

12.4.3.1 G 控制图

G 控制图基于几何分布，通常用于以下情况：

(1) 从原理上分析随机变量服从几何分布：试验只有成功和失败两种结果，每次试验成功的概率是不变的，随机试验相互独立，重复进行伯努利试验，直到出现首次成功为止，所需的试验次数记为随机变量 X。

(2) 不合格品率低，希望提高控制图的检出功效或灵敏度。

(3) 离散观测值呈现与几何分布类似的右偏分布。

通常认为数据记录的是事件出现的日期或事件之间的机会数时，可以使用 G 控制图，这里的事件可以理解为出现不合格品，也可以是其他我们关注的情况如设备出现故障等，用事件表示更具有一般性。实际使用时，控制图监控中的随机变量是两次事件（如产生不合格品）之间的机会数（如生产量或者两次事件的间隔天数等）。如果无法知道机会数，也可以用事件发生的日期差值来表示。

我们知道，连续型数据的控制图是基于正态分布，用正态分布的均值 μ 作为中心线，$\mu\pm3\sigma$ 作为上下控制限，上下控制限之间包含 99.73%的面积，超过上控制限和低于下控制限的概率都只有 0.135%。而 G 控制图基于几何分布，我们记录的是事件之间的间隔时间（也可以是事件发生的日期）或机会数，从原理上来说都不服从正态分布，所以也就不能用正态分布的方法确定上下控制限。可以通过分位数的数值方法计算间隔天数或机会数的 0.135%、50%和 99.865%分位数，分别减去 1 就可以得到 G 控制图中的下控制限、中心线和上控制限。

为什么把分位数减去 1 作为控制限呢？几何分布的随机变量 X 是指进行 X 次试验，才出现第一次成功。也就是说前面的 $X-1$ 次试验都没有成功，只有最后一次是成功的，所以 $X-1$ 就是两次成功之间的间隔天数，或者是机会数，所以要在相应分位数基础上减去 1。

G 控制图中控制限的计算公式整理在表 12-16 中。

表 12-16　　G 控制图中控制限的计算公式

中心线	$\bar{G}=$ Geometric Quantile(p, 0.5) -1
上控制限	UCL= Geometric Quantile(p, 0.998 65) -1
下控制限	LCL= Geometric Quantile(p, 0.001 35) -1

上表中的 Geometric Quantile 是几何分布分位数记号。其中 p 的估计公式为：

$$\hat{p}=\frac{(N-1)/N}{\overline{X}+1} \tag{12-5}$$

可以看出，式（12－5）中 p 的估计公式基本上仍然是平均值的倒数（稍加修正）。这里，N 是指记录的间隔天数的个数，或者是事件次数减 1。在例 12－11 中，共记录了 20 次微生物超标的日期，所以 $N=19$，$\overline{X}$ 等于间隔天数的平均值，也就是数据文件中第二列的平均值。

例 12－11（续）

某乳制品公司想要监控其产品酸奶的微生物超标情况，以确保微生物超标率始终处于较低的水平。实验室工作人员每天都会记录检测结果，发现有超标的日期及其间隔天数已汇总成表 12－15（数据文件：SPC _ 微生物超标 . MTW），试判断该原材料的微生物超标情况是否稳定。

数据文件中记录的是微生物超标的日期和间隔天数。我们希望用 G 控制图对生产过程进行监控。G 控制图基于几何分布，所以首先需要确定数据是否服从几何分布。检验一组数据是否服从几何分布可以仿照 6.3.3 节的分布的拟合优度检验方法进行，但 MINITAB 并没有提供相关功能，手工计算又太麻烦，所以我们要判断是否可以使用 G 控制图只能另辟蹊径。

众所周知，指数分布是一种常见的连续型分布，在可靠性分析中具有非常重要的作用。这种分布的典型特点是瞬时失效率 λ 为常数，是一种“永远年轻”的分布。如果我们把微生物超标作为失效来分析，则两次微生物超标之间的间隔（天数或机会数）可以理解为离散型寿命分布，而可靠性研究中的平均故障间隔时间是连续型寿命分布。由于几何分布的参数 p 是固定不变的，指数分布中的瞬时失效率 λ 也是常数，所以这两种分布非常相似，二者都可以用于分析可靠性，都有无记忆性的特点，在离散寿命的情形，几何分布起着连续情形下指数分布的作用。尤其当几何分布成功的概率 p 很小时，可以认为几何分布的随机变量近似为连续型变量。数学上也可以证明，几何分布和指数分布可以相互转化。所以可以把两次微生物超标之间的间隔（天数或者机会数）看作连续型数据，检验其是否服从指数分布就可以判断是否可以使用 G 控制图。

我们首先计算事件之间的间隔天数，然后检验数据是否服从指数分布。

（1）从“统计 > 时间序列 > 差分（Stat > Time Series > Difference)”进入。

（2）在“差分”中，指定“系列（Series)”为“超标日期”，指定“将差分存储在（Storage in)”为“间隔天数”，指定“滞后（Lag)”为“1”，运行命令后 MINITAB 将计算微生物超标的间隔时间（已经列入数据文件中）。

（3）从“图形 > 概率图（单一)（Graph > Probability（Single))”进入。

（4）选“变量（Variables)”为“间隔天数”，指定“分布（Distribution)”为“指数分布（Exponential)”，运行命令后得到图 12－25。

从概率图中可以看出，p 值=0.364，可以认为数据服从指数分布，接下来用 MINITAB 绘制 G 控制图：

（1）从“统计 > 控制图 > 稀有事件控制图 > G（Stat > Control Chart > Rare Event Charts > G)”进入。

（2）指定“变量（Variables)”为“超标日期”，其他保持不变，运行命令后得到图 12－26。

图 12－26 与之前的 I-MR 控制图（见图 12－23）相比，数据点没有发生任何变化，但上下控制限和中心线都与 I-MR 控制图中的数值不同。但图 12－26 的中心线上下极不对称，上限明显高出中心线很多。主要原因是事件间隔天数服从几何分布，是严重右偏的分布。我们用 99.865%分位数减 1 作为上控制限，用 0.135%分位数减 1 作为下控制限，用 50%分位数减 1 作为中心线。从图中看，没有超出上控制限的点，酸奶生产的微生物超标间隔天数其实是非常

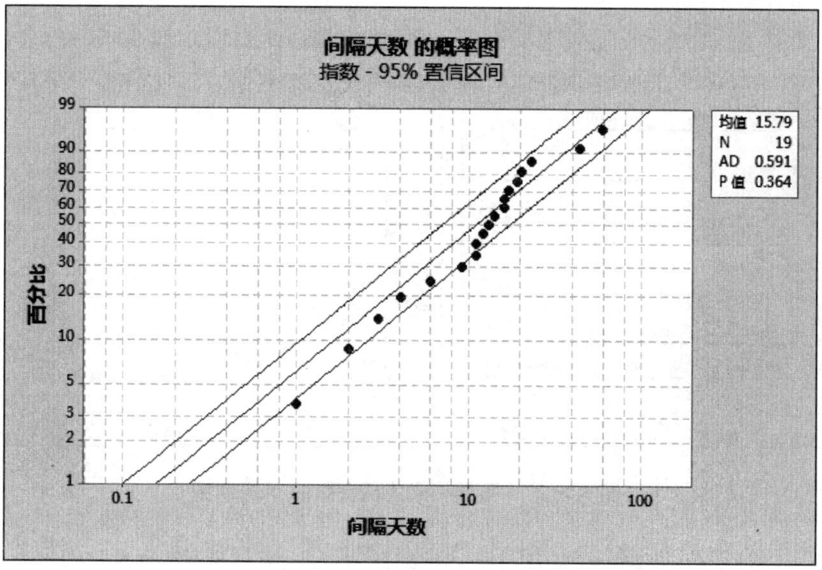

图 12-25　验证间隔天数为指数分布的概率图

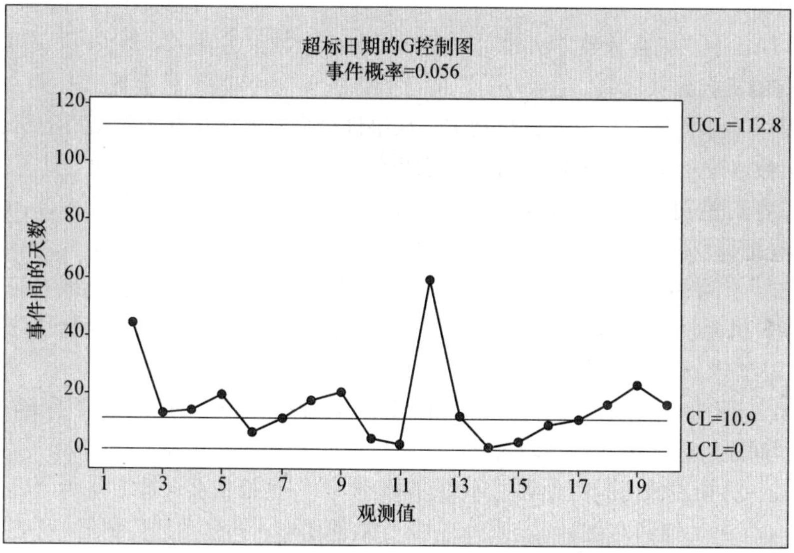

图 12-26　微生物超标日期间隔的 G 控制图

稳定的。再结合业务实践考虑，事实上也确实应该如此。因为在近一年的生产时间段内，只发生了 20 个微生物超标样品，这不算太频繁，生产应该认为是正常的。

MINITAB 中的 G 控制图可以使用两种数据格式：事件日期和机会数。默认使用事件日期格式。例 12-11 中我们采取默认数据格式，把“超标日期”列放入变量框。如果数据记录的是事件之间的间隔天数（机会数），如表中第二列，则需要在数据格式中选择“机会数”。

（1）从“统计 > 控制图 > 稀有事件控制图 > G（Stat > Control Chart > Rare Event Charts > G)”进入。

（2）“数据格式（Form of data)”选“机会数（Number of opportunities)”，“机会计数方法（Method of counting opportunities)”默认为“事件间的机会数（0，1，2，3，…）（Opportunities between events（0，1，2，3，…））”，指定“变量（Variables)”为“间隔天数”，其他保持不

变，运行命令后得到图 12－27 中右侧图形。

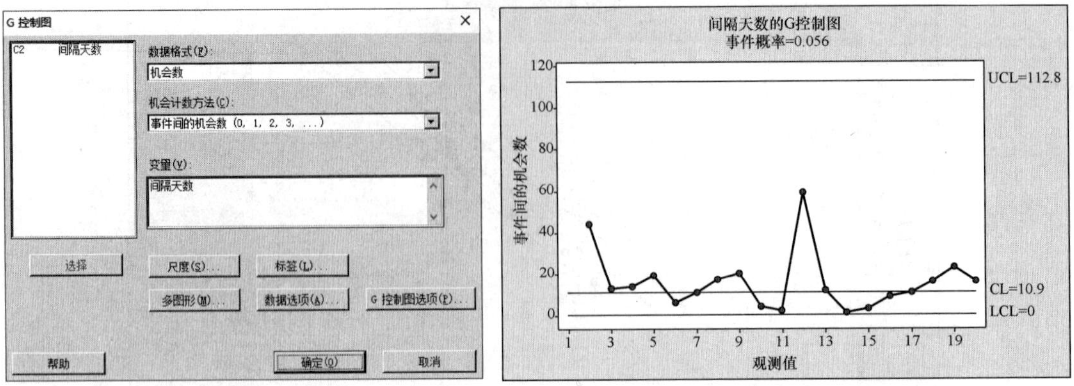

图 12－27　数据格式为机会数的 G 控制图

如果我们输入的是事件日期，MINITAB 先计算时间之间的间隔天数，然后再用间隔天数绘制 G 控制图。所以图 12－27 中右侧图形与图 12－26 中 G 控制图的控制限完全相同，点的形态也完全一样。

在 MINITAB 中，机会计数方法除了“事件间的机会数（0，1，2，3，…）”外，还提供了一种“事件之前的机会数（1，2，3，4，…）”的计数方法。“事件间的机会数（0，1，2，3，…）”的计算方法是从一次事件后开始，直到出现下一次事件结束，计算从开始到结束的机会数；而“事件之前的机会数（1，2，3，4，…）”则是从一次事件开始，到下一次事件结束，计算从开始到结束的机会数，二者的差别在于机会数相差 1。如果选择“事件之前的机会数（1，2，3，4，…）”，MINITAB 首先把每个机会数减去 1，然后再按照“事件间的机会数（0，1，2，3，…）”的机会计数方法绘制 G 图。上例中我们计算间隔天数，使用后一次出现微生物超标的日期减去前一次出现微生物超标的日期，机会数计算方法选择“事件间的机会数（0，1，2，3，…）”，绘制的 G 控制图与事件日期格式的 G 控制图无论是数据点还是上下控制限以及中心线都是相同的。

我们把第二列“间隔天数”的每一个数值都加 1，存储在表格的第三列“间隔天数＋1”。然后对第二列“间隔天数”选择机会计数方法为“事件间的机会数（0，1，2，3，…）”绘制 G 控制图，得到图 12－28 中左侧图形；对第三列“间隔天数＋1”选择机会计数方法为“事件之前的机会数（1，2，3，4，…）”绘制 G 图，得到图 12－28 中右侧图形，两张图的控制限与中心线完全一致。

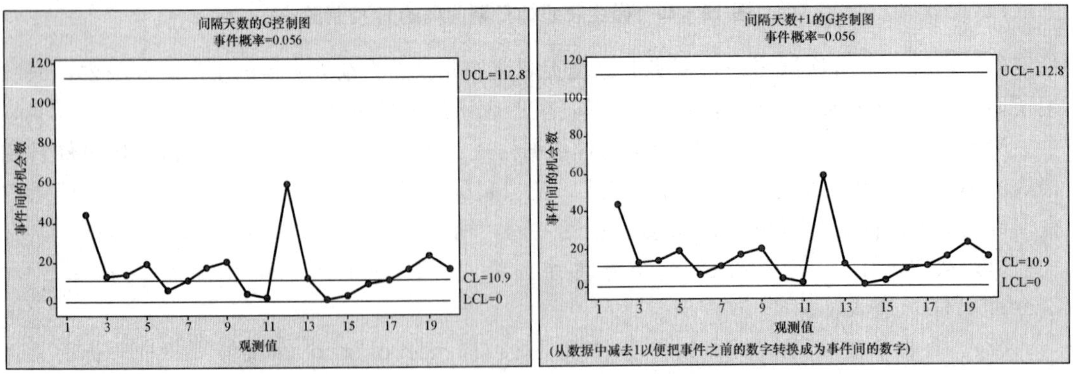

图 12－28　两组数据分别用两种机会计数方法绘制 G 图比较

下面我们分析两个使用G控制图检出数据失控的例题。

例 12－12

安瓿是一种可熔封的硬质玻璃容器，常用于存放注射用药物。某玻璃生产企业想对安瓿生产过程进行监控，根据历史数据统计，安瓿的不合格品率大约为 0.08%。收集了 200 次不合格品出现的机会数。表 12－17 列出了前 20 次不合格品出现的机会数（数据文件：SPC _ 安瓿合格率.MTW)。试绘制 G 控制图。

表 12－17　　　　前 20 次不合格安瓿出现的机会数

523	4 538	319	344	1 702	2 744	2 508	67	1 424	122
1 462	71	274	483	659	1 159	1 046	835	2 056	839

解　从“统计 > 控制图 > 稀有事件控制图 > G（Stat > Control Chart > Rare Event Charts > G)”进入，“数据格式（Form of opportunities)”选“机会数（Number of opportunities)”，“机会计数方法（Method of counting opportunities)”选“事件间的机会数（0，1，2，3，…）（Opportunities between events（0，1，2，3，…））”，在“变量（Variables)”框中输入填入第一列“机会数”，得到如图 12－29 所示结果。

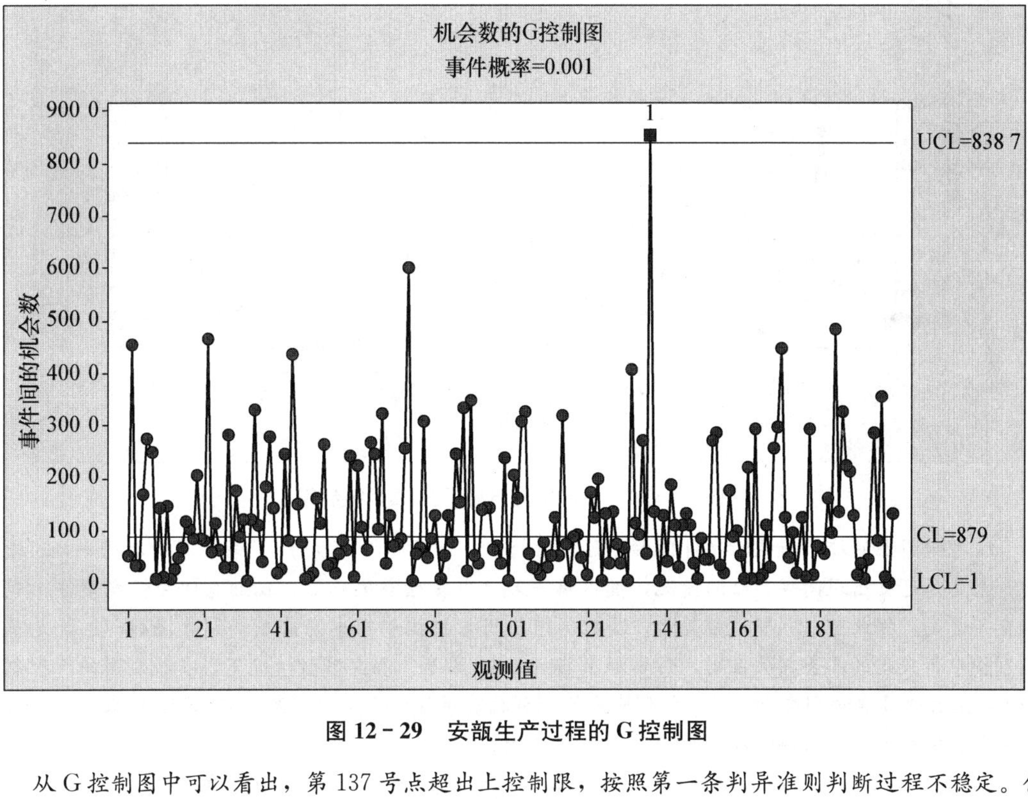

图 12－29　安瓿生产过程的 G 控制图

从 G 控制图中可以看出，第 137 号点超出上控制限，按照第一条判异准则判断过程不稳定。但仔细分析会发现，这种情况正是我们希望的，也就是不合格品之间的机会数太大了。通过做一些工作，我们就可以分析在第 136 号至第 137 号数据点之间我们做了什么有益的工作使得生产过程变好了，使出现不合格品的间隔延长了。

例 12－13

一家医院想要监控手术后的感染数，以确保感染率持续保持一个较低的水平。医院工作人员记录每次手术后感染的日期。数据如表 12－18 所示（数据文件：SPC _ 感染 . MTW）。

表 12－18　　医院发生感染事件日期表

2月3日	2月17日	2月28日	4月5日	4月13日	4月26日	4月29日	5月22日	5月26日	6月3日
6月26日	7月10日	7月15日	7月16日	7月23日	7月31日	8月6日	8月7日	8月25日	8月27日
9月7日	9月11日	9月23日	9月28日	10月4日	10月14日	10月26日	10月26日	10月26日	10月26日
10月26日	10月28日	11月5日	11月11日	11月17日	11月30日	12月16日			

解　在数据文件表中，我们用时间序列求一阶差分的方法求出其感染时间间隔，与例 12－11 操作类似。应该验证间隔日期基本上服从指数分布，但由于数据中有 0 存在，因而无法确认其分布为指数分布，我们只好略去验证，直接使用 G 控制图监控感染率。与例 12－11 的操作相同，可以生成 G 控制图如图 12－30 所示。

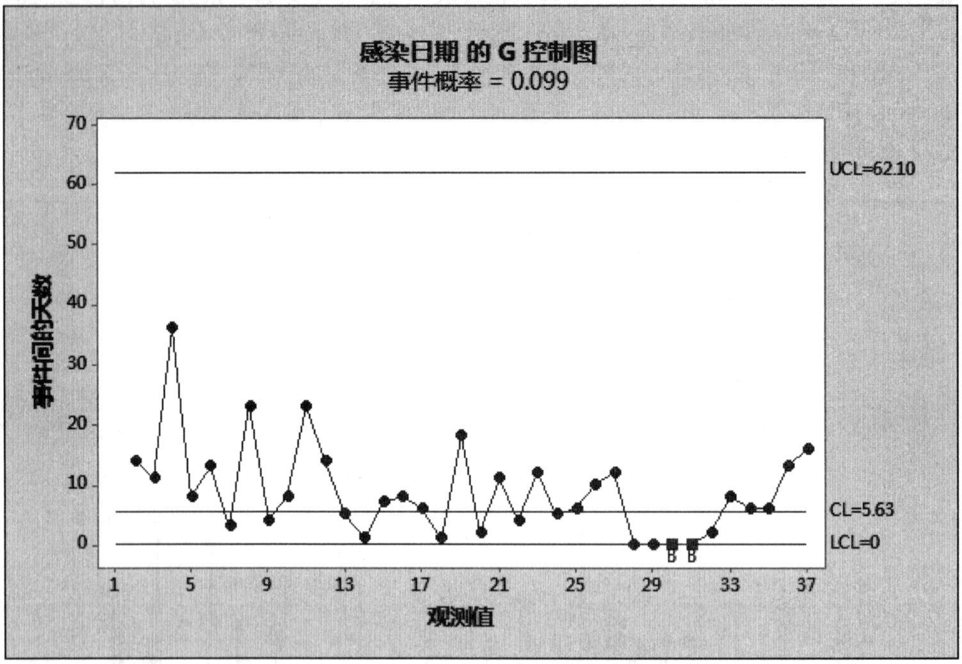

图 12－30　手术感染日期间隔的 G 控制图

G 控制图上的较小值表示事件间的间隔天数较少。如果间隔天数为 0，表示事件在同一天连续出现，尤其是连续出现间隔为 0 的情况，说明同一天之内发生多次感染，我们有理由怀疑事件出现概率变得更高，据此可以判断过程异常。G 控制图使用常规控制图中的前 4 条判异准则，也就是属性控制图中所采用的 4 条判异准则，但增加了 Benneyan 检验。在大多数情况下，G 控制图的下控制限为 0，无法通过观测哪些点低于下控制限来检测到稀有事件发生概率增高。MINITAB 基于所需误报率和事件概率，连续出现 3 次间隔为 0 则用 Benneyan 检验判断过程异常。

从图 12－30 中可以看出，数据没有超上限者，但从第 28 号观测值开始，间隔天数连续有 4 个值为 0，MINITAB 会从第 3 个间隔天数为 0 的数据点开始用 Benneyan 检验判断过程异常，图中的第 30 号和第 31 号观测值用红色* 的方块表示，并在旁边标注了 B，就是用 Benneyan 检验判断过程异常。对照数据表中记录的感染日期，我们发现 10 月 26 日竟然出现了 5 次感染。计算发现感染发生

* 本书为黑白印刷，电脑输出图片的彩色无法显示，请读者注意。

的平均天数为8.78天，一天中出现5次感染太不正常了，需要分析导致这么频繁发生感染的原因，采取措施加以改进。

12.4.3.2 T控制图

回顾例12-13中感染数据，我们是按照日期来记录感染的时间，两次感染之间的时间间隔的单位是天。在10月26日竟然发生了5次感染，计算这5次事件之间的时间间隔都是0，这样就丢失了一些信息。同一天的5次感染是在同一个时刻发生的吗？我们能否把感染发生的时间具体到一天中的几点甚至几分几秒？如果我们能记录包含小时或分钟的数据，这样的数据包含的信息会更丰富，对于问题的分析会更有帮助。如果我们仍以天为时间的单位，但记录到时间发生的小时和分钟甚至是秒，则数据一定是带有小数的，这种数据应该服从一种连续型分布，而不是几何分布，也就不能再用G控制图对过程进行控制了，此时可以使用T控制图对过程进行控制。

对于T控制图，先介绍一下它的理论基础。MINITAB中T控制图默认基于Weibull分布。T控制图可以用事件之间的间隔时间来绘制，如G控制图中所讨论的，间隔时间可以认为服从指数分布，但大多数情况下，间隔时间更可能服从Weibull分布（指数分布只是其形状参数为1的特例）。当数据是事件的日期和时间、事件之间的间隔时间或事件之间的区间数（一般为时长，单位为天或小时，可以有小数）时，可以使用T控制图。

例12-14

一家医院医务人员在抽血、管理药物和处理用过的针头时可能会出现针刺伤。由于这类伤害会传染血液疾病，因此应该实施严格的操作规程来降低针刺伤次数。为了监控这些规程的实施效果，医院工作人员记录了83次出现针刺伤的日期和时间。前10个数据见表12-19（数据文件：SPC_针刺伤.MTW）。

表12-19　　医院发生感染事件日期时间表

1月2日12：00	1月10日03：10	1月17日11：33	1月21日04：02	1月21日09：00
1月29日14：59	2月4日07：01	2月6日08：17	2月7日20：06	2月9日04：58

在数据文件中，我们已经将感染事件日期时间全部记录在C1列中，而且用时间序列求一阶差分的方法求出其感染时间间隔（天数，是连续型变量，含有小数）在C2列中记录。

为了监控针刺伤的时间间隔，这时不能再使用G控制图了（那里要求数据为整数）。

我们先观测一下针刺伤时间间隔的分布，采用的方法与例12-11完全相同，只不过分布要选择“Weibull”，得到图12-31。

可以认为针刺伤时间间隔的分布为Weibull分布。为此我们可以使用T控制图来进行监控。

(1) 从“统计 > 控制图 > 稀有事件控制图 > T (Stat > Control Chart > Rare Event Charts > T)”进入。“数据格式（Form of data)”保持默认的“事件的日期/时间或事件之间的间隔时间（Dates/Times of events or Time between events)”。

(2) 指定“变量（Variables)”为“针刺伤的日期和时间”，其他保持不变，运行命令后得到图12-32。

8条判异准则对于T控制图都是适用的，MINITAB默认采用第一条判异准则，我们可以选择适用其中的部分或全部判异准则，从图12-32中可以看出，数据大体上是受控的。但出现了第二类异常，即连续9点落在控制限的同侧。可是再仔细分析，这里9点落在控制限的同侧是都在上半侧，稀有事件控制图中，数据点越高越安全，或者说两次针刺之间的时间间隔越

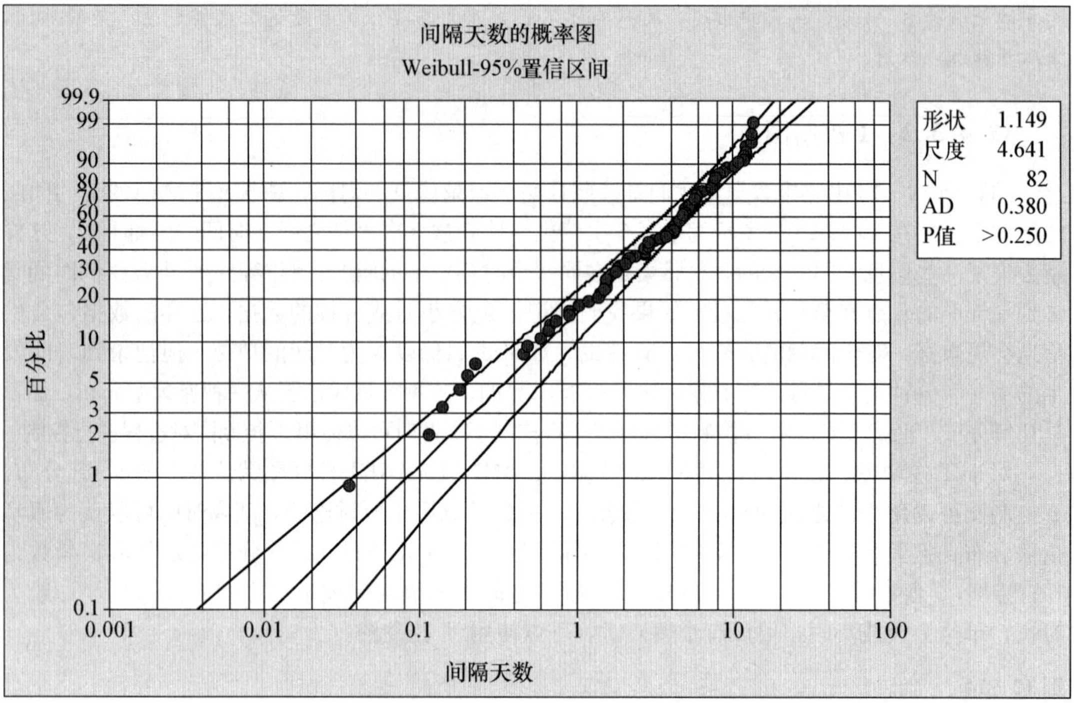

图 12-31　针刺伤时间间隔的分布

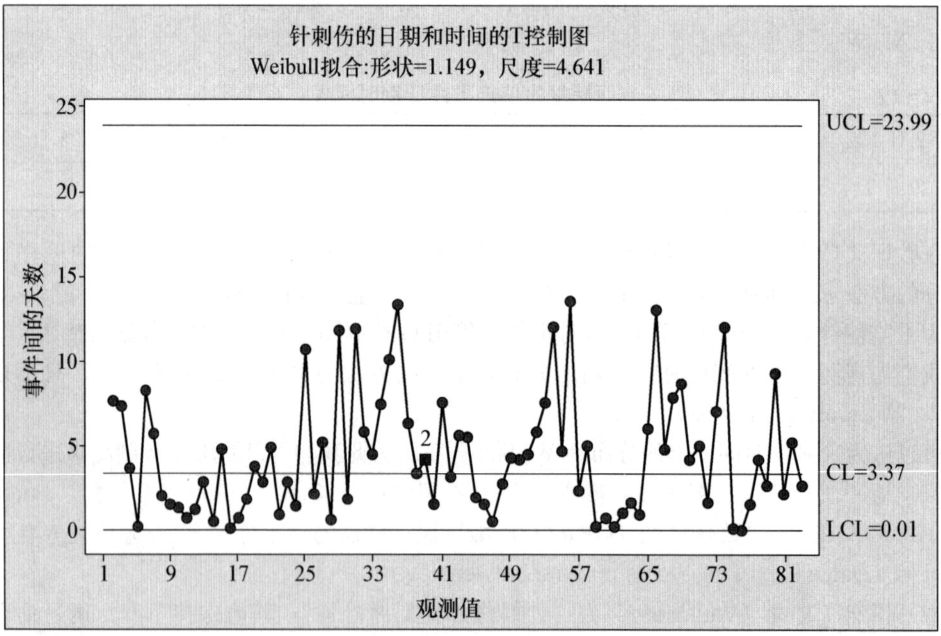

图 12-32　针刺伤时间间隔的 T 控制图

长，因此这里可以认为针刺伤时间是受控的而且是安全的。

T 控制图默认基于 Weibull 分布，上控制限取 Weibull 分布的 99.865%分位数，下控制限取 0.135%分位数，中心线取 50%分位数。MINITAB 为我们拟合的 Weibull 分布的形状参数为

1.149 46，尺度参数为 4.641 36，这在图 12－31 和图 12－32 中都有显示。我们看一下 Weibull 分布的 99.865%、50%、0.135%分位数与 T 控制图中的上控制限、中心线、下控制限是否相同。

从“图形＞概率分布图（Graph＞Probability Distribution Plot）”进入，选择“查看概率（View Probability）”，“分布（Distribution）”选“Weibull”，输入形状参数和尺度参数数值，查看双尾面积为 0.002 7 的 *X* 值和 0.5 分位数，结果如图 12－33 所示。

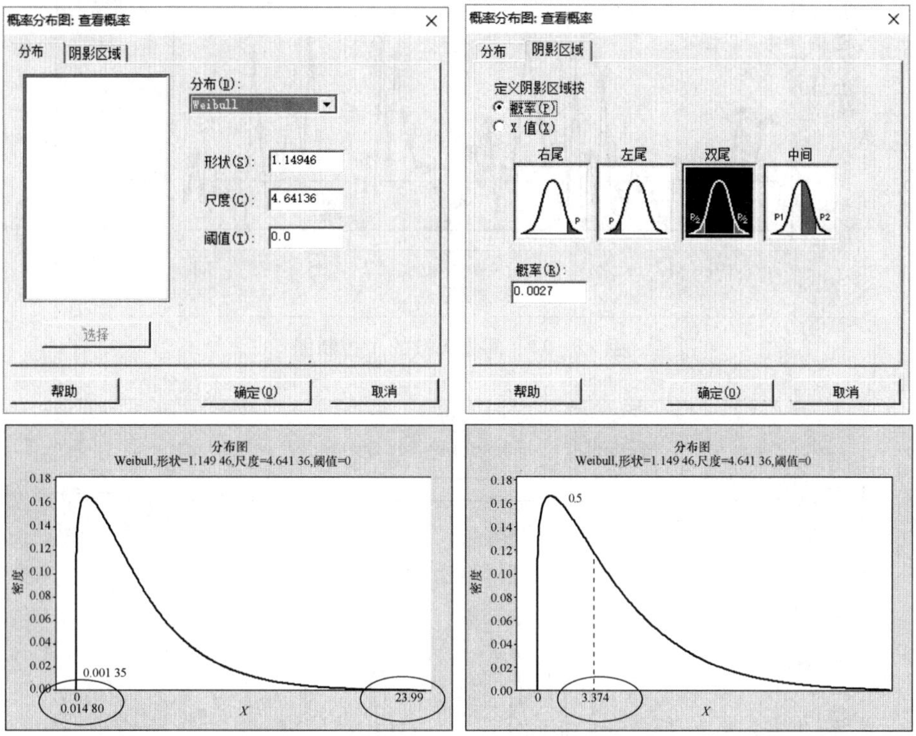

图 12－33　Weibull 分布的分位数

从图 12－33 中可以看出，形状参数为 1.149 46、尺度参数为 4.641 36 的 Weibull 分布的 99.865%分位数为 23.99，与图 12－32 中 T 控制图的上控制限相同；0.135%分位数为 0.014 8，与下控制限 0.01 相同；中位数 3.374 与中心线数值相同。

除了可以输入事件之间的时间间隔绘制 T 控制图外，MINITAB 的数据格式还可以按照“事件间的区间数”格式，如果我们记录的是事件之间的时间间隔，当然可以是天，也可以是小时或者分钟，精确到秒也是没有问题的，只不过 MINITAB 中的区间数只能选择天数或小时数，如果我们记录的时间精确到分钟或者秒，则区间数应该带有小数。

（1）从“统计＞控制图＞稀有事件控制图＞T（Stat＞Control Chart＞Rare Event Charts＞T）”进入。“数据格式（Form of data）”选择“事件间的区间数（Number of intervals between events）”；“区间数（Units for intervals）”选择“天数（Days）”。

（2）指定“变量（Variables）”为第二列“间隔天数”，其他保持不变，运行命令后得到图 12－34。

图 12－34 与图 12－32 无论是数据点还是控制限都是一样的。如果我们在上述操作中，区间数选择“小时数”（小时数可以用天数乘以 24 得到），变量要输入 C3 列“间隔小时”，得到的 T 控制图如图 12－35 所示。

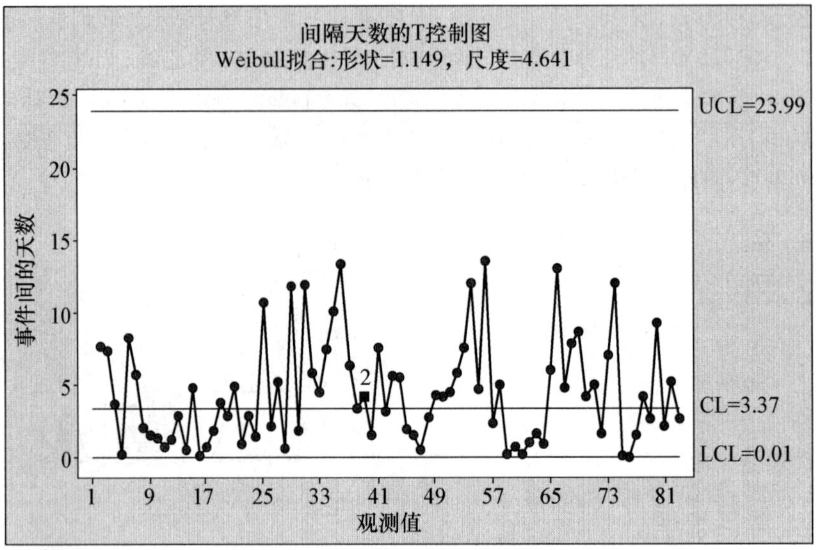

图 12-34 间隔天数的 T 控制图

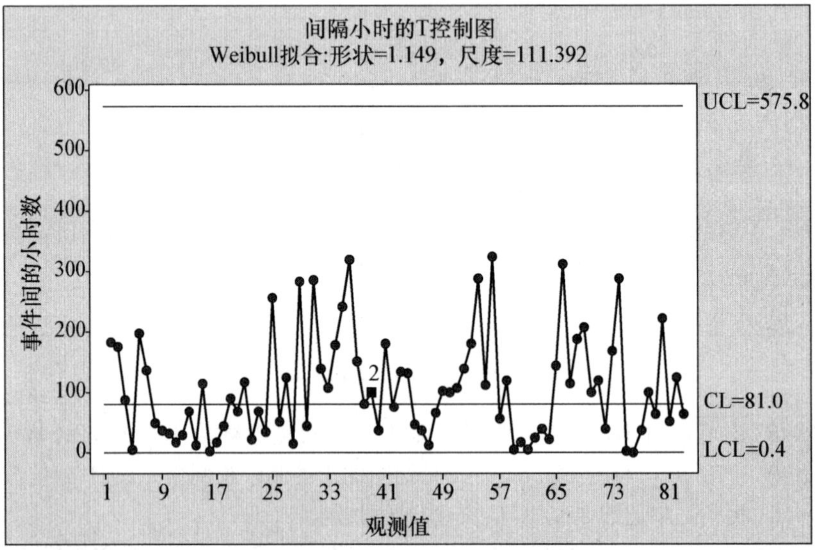

图 12-35 间隔小时的 T 控制图

图 12-35 与图 12-34 的区别在于 Weibull 分布的尺度参数、控制图的控制限和中心线都增大了 24 倍，用间隔小时绘制的 T 控制图对应的 Weibull 分布的尺度参数变成了 111.392，也就是用原来的尺度参数乘以 24 得到，控制限、中心线也都变成了原来的 24 倍，对于过程是否稳定的判断无论是方法还是结论并没有发生变化。

MINITAB 中的 T 控制图默认分布为 Weibull 分布，同时提供了基于指数分布的 T 控制图。下面分析基于这两种分布的 T 控制图的关系。

从“统计＞控制图＞稀有事件控制图＞T（Stat＞Control Chart＞Rare Event Charts＞T)”进入。“数据格式（Form of data)”选择“事件的日期/时间或事件的时间（Dates/Times of events or Time between events)”，指定“变量（Variables)”为第一列“针刺伤的日期和时间”；单击“T 控制图选项（T Chart Options)”按钮，在“参数（Parameters)”标签中的“使控制图

基于以下分布（Base the chart on the following distribution）”下的列表框中选择“指数（Exponential）”，其他保持不变，运行命令后得到图 12-36。

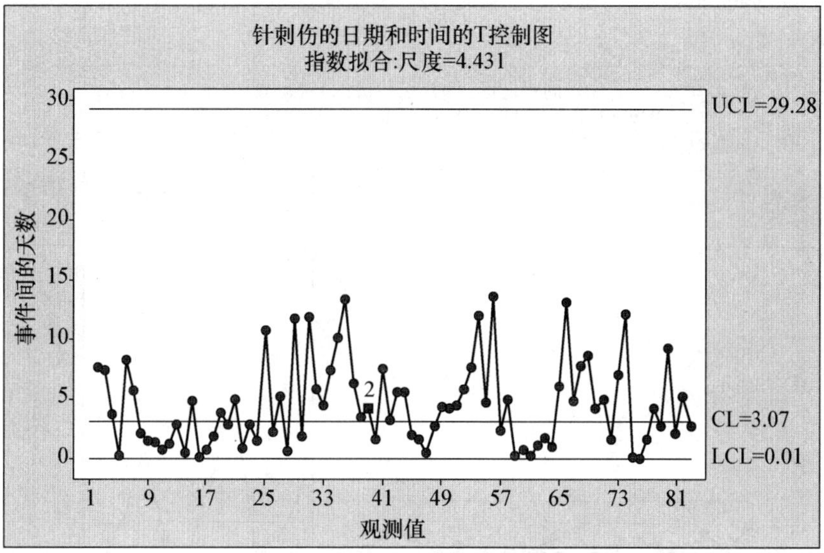

图 12-36　基于指数分布的 T 控制图

指数分布是 Weibull 分布的特例，Weibull 分布的形状参数等于 1 就变成了指数分布。比较图 12-32 和图 12-36，可以发现两张控制图中的控制限是有差别的，基于 Weibull 分布的上下控制限更窄。

如果记录的数据是间隔时间，我们选择基于 Weibull 分布的 T 控制图还是基于指数分布的 T 控制图呢？当然是优先选择基于 Weibull 分布的 T 控制图。基于指数分布的前提是假定其形状参数为 1，这个前提不一定满足，所以可以认为拟合 Weibull 效果更好。今后如果没有特殊说明，绘制 T 控制图一定基于 Weibull 分布。

例 12-15

某六西格玛项目针对某种重要设备的关键部件失效的原因进行了改进，收集了改善前 20 次关键部件失效时间间隔和改善后 10 次关键部件失效时间间隔（单位：小时），如表 12-20 所示（数据文件：SPC _ 部件失效间隔时间 . MTW），想知道改进是否有效果。

表 12-20　　部件失效时间间隔

间隔时间（h）	30.02	1.44	22.47	1.36	3.43	13.2	5.15	3.83	21	12.97
阶段	改善前	改善前	改善前	改善前	改善前	改善前	改善前	改善前	改善前	改善前
间隔时间（h）	0.47	6.23	3.39	9.11	2.18	15.53	25.72	2.79	1.92	4.13
阶段	改善前	改善前	改善前	改善前	改善前	改善前	改善前	改善前	改善前	改善前
间隔时间（h）	70.47	17.07	3.99	176.1	81.07	2.27	15.63	120.8	30.81	34.19
阶段	改善后	改善后	改善后	改善后	改善后	改善后	改善后	改善后	改善后	改善后

解　(1) 从“统计 > 控制图 > 稀有事件控制图 > T（Stat > Control Chart > Rare Event Charts > T)”进入，“数据格式（Form of data)”改为“事件间的区间数（Number of intervals between events)”，“区间单位（Unit for intervals)”为“小时（Hours)”。

(2) 指定“变量 (Variables)”为“失效间隔时间 (h)”，单击“T控制图选项 (T chart options)”，选择“阶段 (Stages)”标签，在“用此变量定义阶段（历史组）(Define stage (historical groups) with this variable)”下的文本框中输入C2，其他保持不变，运行命令后得到如图12-37所示的分阶段控制图。

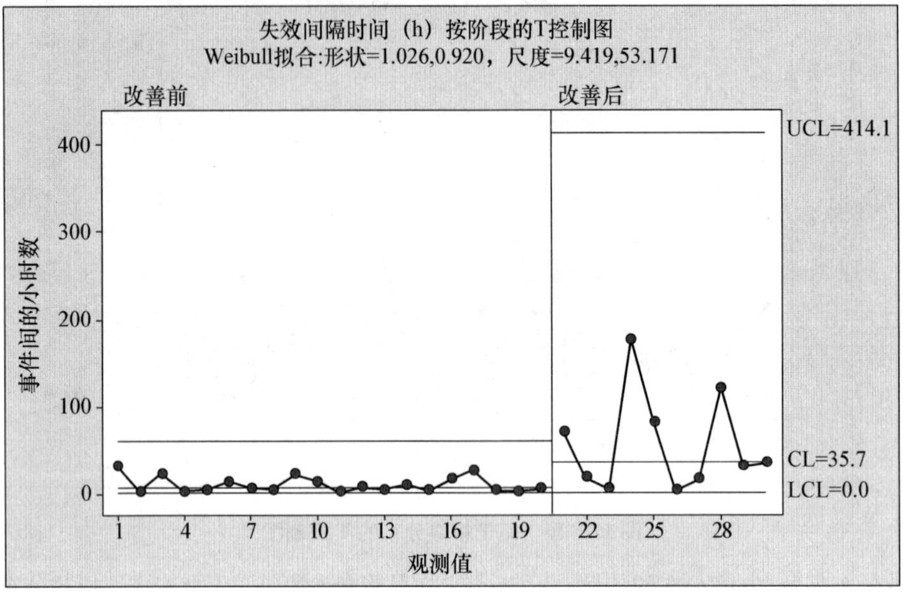

图12-37 分阶段T控制图（基于Weibull分布）

从图中可以看出，MINITAB分别针对改善前后的数据拟合Weibull分布，改善后的上控制限和中心线比改善前都有提高，说明改善后失效间隔时间变长了，改善是有效的。

仍然使用例12-15的数据，如果我们绘制基于指数分布的T控制图，结果如图12-38所示。

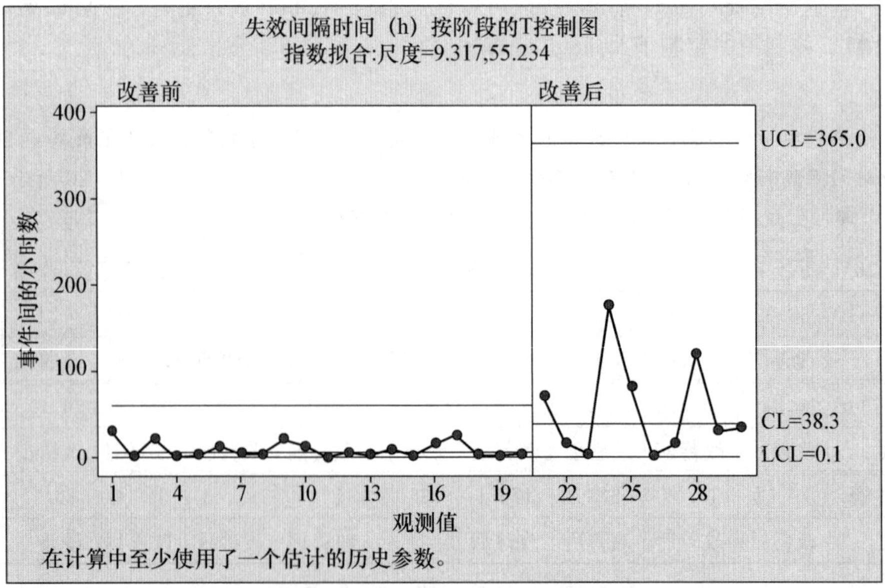

图12-38 分阶段T控制图（基于指数分布）

比较改善后数据的上控制限和中心线，基于指数分布的中心线高，但控制范围更窄。对于本例来说，还是建议使用基于 Weibull 分布的 T 控制图。

使用稀有事件控制图对生产过程进行监控，应该选择 G 控制图还是 T 控制图呢？这要从两种控制图的原理和默认分布来考虑。G 控制图基于几何分布，使用的数据要求为整数型数据或者取整（离散化）后的连续数据。如果数据记录的是机会数，如例 12－12 中的数据是生产多少个安瓿出现一个不合格产品，记录的是出现不合格品的间隔产品数，这种情况应考虑用 G 图；T 控制图则基于 Weibull 分布，如果数据是事件之间的间隔时间，可以是天或小时，不管是否带有小数，优先考虑用 T 控制图。凡是使用连续型变量记录的数据更准确的说法是带小数的数据就不能使用 G 控制图了，当然把带小数的数据取整则是另外一个问题。这样看来，T 控制图的使用比 G 控制图更广泛也更方便。

这里自然会出现一个问题：是否可以只使用 T 控制图呢？例如例 12－11 微生物超标问题，是否可以使用 T 控制图？

使用“SPC _ 微生物超标 . MTW”数据文件对第一列“超标日期”绘制 T 控制图（见图 12－39 中的右图）。

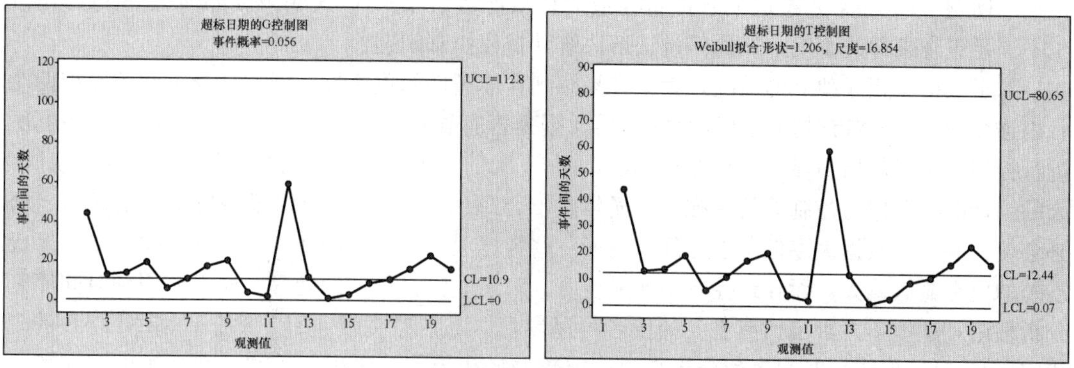

图 12－39　微生物超标日期的 G 控制图与 T 控制图

可以看出，图 12－39 中左右两张图基本上是相同的，但 T 控制图的范围更窄，控制更加严格。

反之，原来用 T 控制图的例 12－14 针刺伤时间间隔问题，能否使用 G 控制图呢？从条件上看，由于 G 控制图必须使用整数数据，直接使用原来的数据当然是不可能的。我们稍加处理，将针刺伤时间间隔由天化为小时（见数据表 C3 列“间隔小时”），而且取整（见数据表 C4 列“间隔小时取整”），这样就可以对这批取整后的数据绘制 G 控制图了（见图 12－40 中的左图）。为便于比较，两张图都使用数据表中的第四列数据“间隔小时取整”。

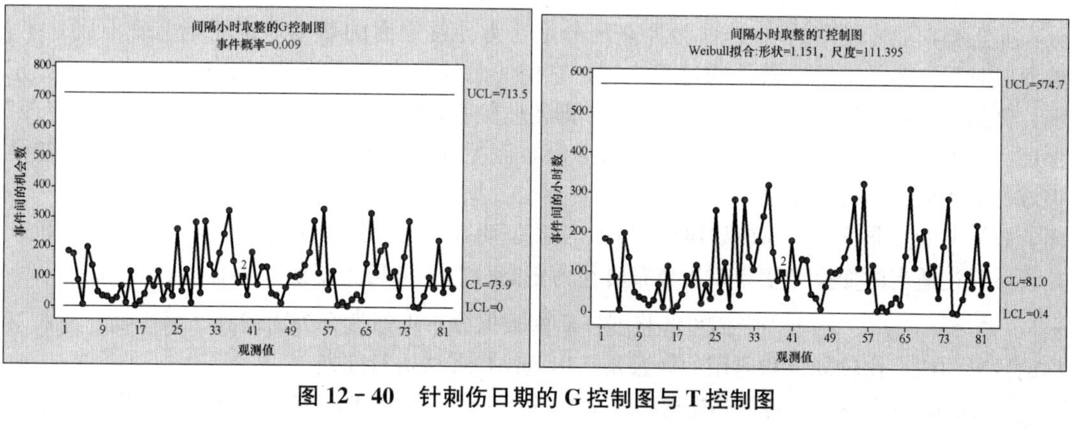

图 12－40　针刺伤日期的 G 控制图与 T 控制图

可以看出，T控制图与G控制图的效果基本上是一致的，只不过T控制图的范围更窄，控制更加严格。所以如果数据是事件之间的间隔时间（可以是天或小时，不管是否有小数位），优先考虑使用T控制图。

12.5 非正规条件下的控制图

众所周知，控制图理论是美国的休哈特博士建立的，他首先给出的最重要判断就是：我们可以以$\mu \pm 3\sigma$为控制限建立控制图把特殊因素和随机因素区分开来。现在要仔细分析一下，为什么可以这样做？数据大体上应该服从正态分布这个条件很是容易想到的。但实际上，控制图本来应该有三个基本的正规条件才能绘制：(1) 数据相互独立；(2) 数据大体服从正态分布；(3) 过程变异只有随机误差。严格说来，我们必须验证这三个条件都满足才能绘制控制图。如果忽略了这些条件而直接绘制控制图可能会出现很严重的问题。本节将针对这三个条件分别讨论三个问题：A. 如果忽略这个条件将会造成什么严重后果？B. 这些条件如何验证？C. 出现了不满足正规条件的情况，该如何设法解决统计过程控制问题？

对于数据非相互独立的情况，大家容易想到这个条件的重要性。例如，为了监控股市两个月内连续50天（休市时扣除计算）的交易数据是否有异常，我们是否可以直接用单值控制图进行控制？由于数据明显不是相互独立的，用50天的“平均值”作为控制图的中心线、用50天的“标准差”作为控制图的标准差，显然是不合理的，如果50天内股市有上升的趋势，势必会使前面一些数据大多低于中心线，后面一些数据大多高于中心线；用全部数据直接计算标准差的值也显然偏大，而导致控制限明显变宽。对于非独立数据的处理，通常要用到时间序列分析理论，这里不再给出。有需要的读者可以参看本书参考文献［21］《基于MINITAB的现代实用统计》。但应用时间序列分析必须要求数据量相当大（至少上百组、几百组的观测值），只有这样大量的数据才能发现时间序列的规律。如果观测数据量较少，均值随组间有变化，但却又几乎是随机波动式的无任何规律性变化，则可以放弃发现规律性结果而只当作随机变化，这类数据也在一些条件下设法使用非单一变异源的情况来处理。

12.5节将分为两小节，分别讨论非正态数据的控制图和非单一变异源数据的控制图。

12.5.1 非正态数据的控制图

前几节多次提到控制图的一个前提条件：观测值服从或近似服从正态分布。因为如果数据分布非正态，原来设定的以$\pm 3\sigma$为界来区分是否为异常原因的基本理论原则上就不成立了。然而，对不少实际工作中遇见的过程来说，它们的总体分布很可能呈现出非正态分布，如正偏、负偏等不对称形态。这里要说明的是，即使监控平均值，也不能认为有“中心极限定理”保证$\overline{X}$近似正态，那要子组样本量相当大才行，而控制图中子组样本量大多不超过10，这是很难肯定近似为正态分布的。一方面控制图要求数据基本正态，否则控制图没意义；另一方面，数据又确实非正态，那该如何处理呢？实践证明：对数据作变换会改变分布的类型，也就是说，通过适当的变换可使非正态分布转化为正态分布。常见的变换方法有：$y^*=\ln y$，$y^*=y^{-1}$，$y^*=y^2$，$y^*=\sqrt{y}$等，它们可能将变换后的数据分布近似拟合为中间高、两边低、左右对称的钟形曲线。比较规范和通用的做法是运用Box-Cox法进行变换。

Box-Cox法的基本思路是首先选择一个合适的λ值，然后代入下列转换公式，将原来随机

变量 y 变换成新的随机变量：

$$y^{*}=\begin{cases} y^{\lambda}, & \lambda\neq 0 \\ \ln y, & \lambda=0 \end{cases} \tag{12-6}$$

最终得到服从正态或近似正态分布的随机变量 y^{*}。

下面用例 12-16 对非正态数据绘制控制图的实际应用加以示范。

例 12-16

在某化工生产过程中发现，当催化剂接近耗尽时，表示杂质含量的数据呈偏态分布，试用正确的方法绘制控制图（数据列在表 12-21 中，数据文件：SPC _ BoxCox 变换 . MTW）。

表 12-21　　杂质含量的测量结果

杂质含量	批次	杂质含量	批次	杂质含量	批次	杂质含量	批次	杂质含量	批次
5.99	1	8.05	6	7.09	11	13.9	16	14.05	21
11.46	1	4.35	6	10.57	11	24.52	16	12.79	21
11.4	1	12.79	6	11.14	11	4.34	16	11.48	21
3.7	1	4.06	6	14.25	11	4.79	16	6.8	21
12.88	1	23.43	6	17.58	11	29.77	16	7.55	21
14.54	2	9.33	7	25.3	12	6.86	17	10.07	22
16.76	2	12.15	7	5.3	12	10.15	17	19.62	22
7.29	2	9.33	7	12.05	12	8.89	17	16.79	22
5.9	2	9.23	7	16.25	12	10.68	17	27.36	22
22.05	2	4.82	7	7.51	12	11.34	17	13.01	22
9.3	3	6.84	8	14.69	13	15.17	18	6.2	23
12.51	3	7.67	8	3.69	13	7.57	18	9.4	23
13.6	3	6.99	8	18.04	13	7.79	18	15.9	23
4.64	3	3.96	8	8.9	13	5.14	18	9.78	23
10.34	3	14.3	8	17.05	13	17.72	18	9.81	23
4.39	4	7.08	9	20.23	14	14.7	19	23.26	24
9.6	4	13.69	9	9.38	14	18.76	19	5.06	24
13.43	4	9.69	9	3.53	14	18.66	19	5.92	24
5.51	4	12.27	9	14.27	14	10.26	19	9.38	24
4.17	4	20.15	9	3.41	14	6.48	19	14.97	24
9.76	5	8.33	10	4.38	15	6.32	20	8.2	25
6.07	5	6.23	10	5.9	15	12.21	20	40.27	25
13.74	5	8.87	10	31.32	15	11.37	20	36.68	25
15.35	5	18.71	10	3.44	15	4.33	20	9.27	25
8.98	5	13.22	10	24.78	15	6.66	20	8.16	25

解　计算机软件 MINITAB 的实现方法如下：

（1）确认非正态性。

首先，对数据进行正态性检验：从“统计＞基本统计量＞正态性检验（Stat＞Basic Statistics＞Normality test）”进入，指定“变量（Variables）”为“杂质含量”，运行命令后得到图 12-41。

由图 12-41 可知 p 值＜0.005，确认数据为非正态分布，所以要进行 Box-Cox 变换。

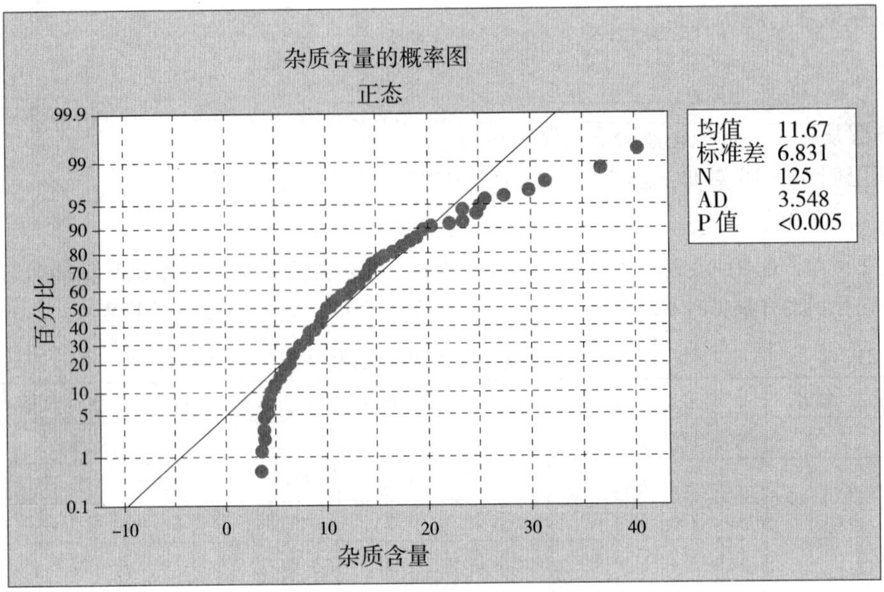

图 12-41 原始数据的正态性检验

(2) 选择Box-Cox变换中的参数Lambda(λ)。

从“统计＞控制图＞Box-Cox变换（Stat＞Control Charts＞Box-Cox Transformation)”进入，指定“图表的所有观测值均在一列中（All observations for a chart are in one column)”为“杂质含量”，指定“子组大小（Subgroup size)”为“5”，得到图12-42。

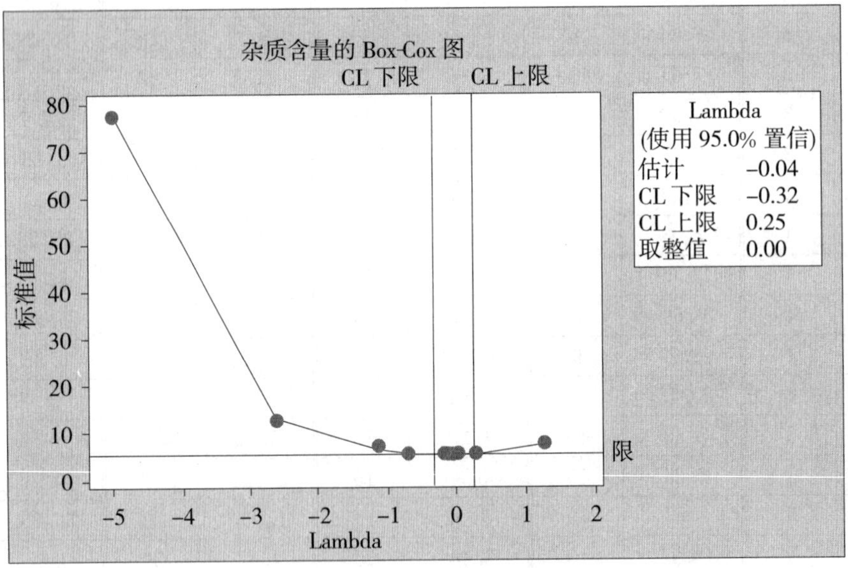

图 12-42 Box-Cox变换

由图12-42可知Lambda(λ)的估计最佳值为−0.04。其实不必这样严格要求，取Lambda(λ)落入图12-42中右上部列出的CL下限与CL上限之间就可以了，为了让转换更简单，可以将Lambda(λ)值调整为0.00。

(3) 将原始数据进行变换并存储。

按照式（12-6）中$y^*=\ln y$的计算公式进行数据变换，并将变换好的数据y^*存储在名为“新数据”的新一列中。此时，为了更保险，应再次对变换后的数据进行正态性检验（见图12-43）。

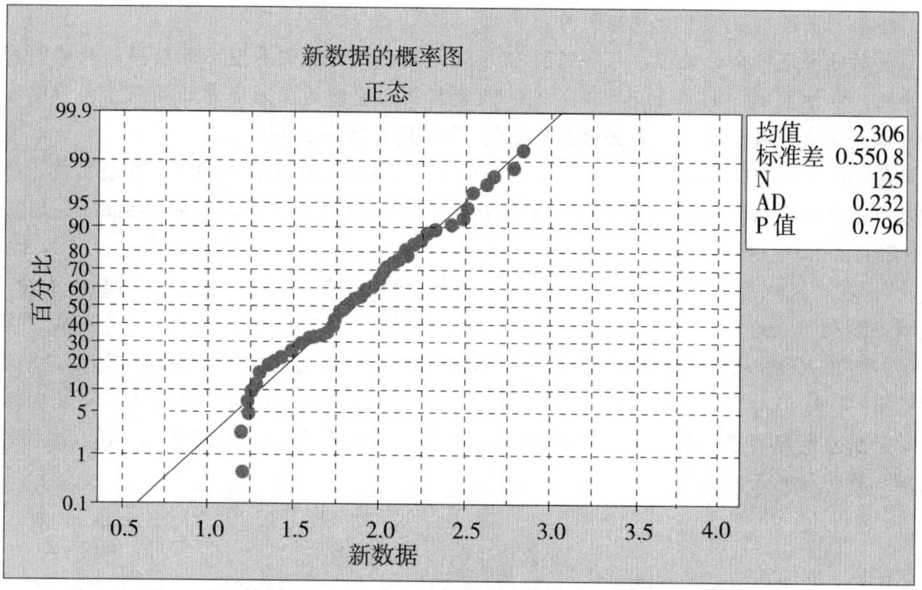

图 12-43　变换后数据的正态性检验

由图 12-43 可知 p 值=0.796，显然，数据被成功转换为正态分布。

4. 对于变换后的数据绘制均值-极差控制图。

从“统计>控制图>子组的变量控制图>Xbar-R（Stat>Control Charts>Variable Charts for Subgroups>Xbar-R）”进入，指定“图表的所有观测值均在一列中（All observations for a chart are in one column）”为“新数据”，指定“子组大小（Subgroup size）”为“5”，在“Xbar-R 选项>估计>‘子组大小>1’（Xbar-R Options>Estimate>‘Subgroup Size>1’）”中选择“Rbar”，运行命令后得到图 12-44。

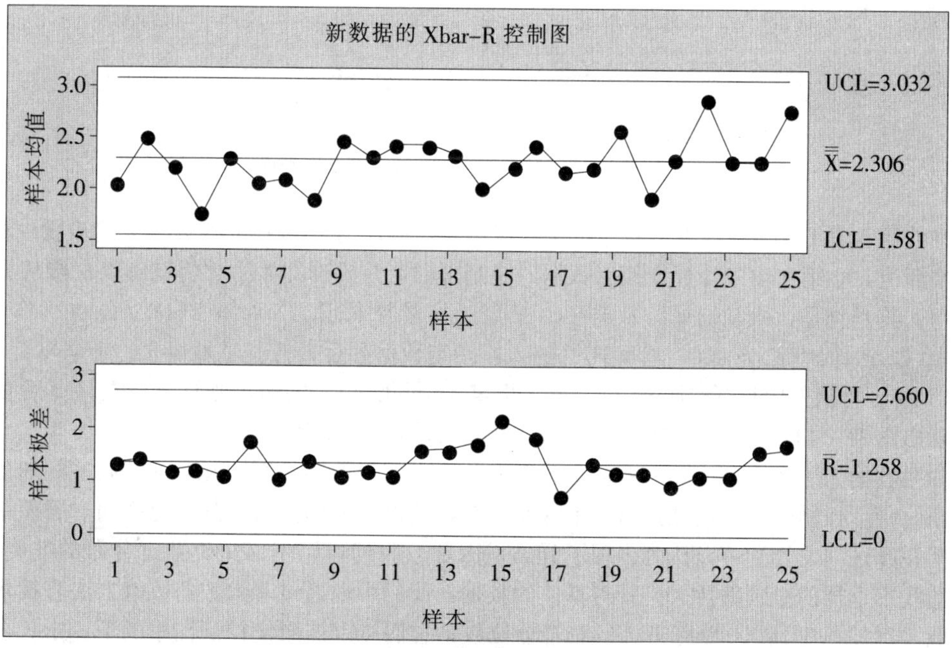

图 12-44　对变换后数据绘制的 Xbar-R 控制图

(5) 将控制图绘制在原变量趋势图内。

如果要对过程进行实时监控，只得到图 12－44 是不够的，我们希望在原数据的趋势图内加上控制限。为此，要把图 12－44 中的各控制限经"反变换"再变回为原始变量的界限。由于变换后的波动性质有很大变化，对于非正态数据通常只绘制 Xbar 图而略去 R 图。

经计算，$e^{3.032}=20.73$，$e^{2.306}=10.03$，$e^{1.581}=4.859$，这就是各控制限。在绘图前，先应将数据分组求出平均值：从"统计＞基本统计量＞存储描述性统计（Stat＞Basic Statistic＞Storage Descriptive Statistics)"进入，指定"变量（Variable)"为"杂质含量"，指定"按变量（By Variable)"为"批次"，在"统计量（Statistics)"中选择"均值（Mean)"，运行命令后得到数据表中的 C3～C5。再对平均值这列绘制"时间序列图（Time Series Plot)"就可以了。具体操作是：从"图形＞时间序列图＞简单（Graph＞Time Series Plot＞Simple)"进入，指定"序列（Series)"为"平均值 1"，并在"时间/尺度（Time/Scale)"中，打开"参考线(Reference Line)"后，将上述三个控制限值依次输入"显示 Y 值的参考线（Display Y Reference Line)"中，运行命令后得到图 12－45。这样的图就可以在实际工作中使用了。

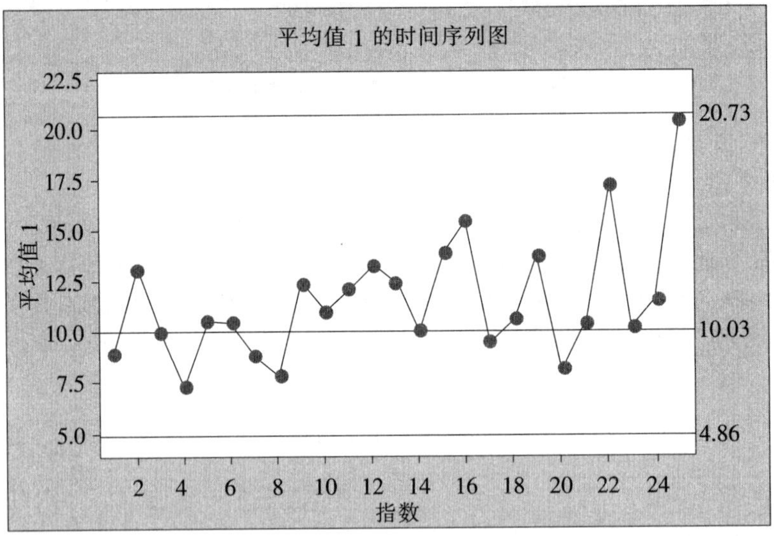

图 12－45　对原始数据绘制的 Xbar 控制图

在使用 MINITAB 软件直接对非正态数据绘制控制图时，其实可以省略上述步骤中的第 3 步。实际上，在第 4 步中计算变换后数据的控制限时，只要确知 λ 的数值就可以直接从原始数据获得。其操作是：从"统计＞控制图＞子组的变量控制图＞Xbar-R（Stat＞Control Charts＞Variable Charts for Subgroups＞Xbar-R)"进入，指定数据列后，打开"Xbar-R 选项（Xbar-R Options)"窗，再从其中打开"Box-Cox"窗，指定 Lambda（λ）的值，则计算机在计算后直接可以显示出图 12－44 的结果。这将节省求数据变换后结果的步骤。

如果数据无法经过 Box-Cox 变换化为正态分布又如何绘制控制图呢？其实通过仔细分析可以看出，所谓控制图其实就是找出一个区间范围，使得绝大部分数据落入此区间，因而一旦有数据落在此区间之外则可以认为出现了异常。因此，我们可以不必追究数据分布的准确类型，只要能找出这样的范围就行了。针对具体的数据，我们可以通过非参数的数值方法直接求得其分位数，例如 0.5%，50%及 99.5%三个分位数，它们可以被当作控制图中的下、中、上三个控制限（LCL，CL，UCL）画入图中。这时，包含在 LCL，UCL 之间的数据将达到 99%，因而可以起到控制图的作用。

这里自然有个问题，为什么不与正态分布完全相同地取99.73%作为控制范围呢？事实上，利用数据直接计算分位数（尤其是小分位数）是有一定条件的。一般说来，计算 p 分位数（p 很小），则样本量 n 要满足

$$n \geqslant \frac{1}{2p} \tag{12-7}$$

具体说来，对于 $p=0.005$，n 要超过 100 才行；如果要像正态分布那样，$p=0.001\,35$，则 n 要超过 370 才行。一般情况下的样本量不可能有这样大，因此，通常还是选用 0.5%，50%及 99.5%三个分位数作为控制图中的下、中、上三个控制限。

调用宏指令 UCLC 可以直接得到上述结果，只要在宏指令 UCLC 后指定数据存放的变量名就行了。具体到例 12－16，由于按组计算的数据只有 25 个，为了演示非参数方法的控制图计算方法，我们把题目改为绘制单值控制图。由于其数据存放于 C1 中，因此宏指令调用格式是：

%UCLC　C1

计算机运算后可得下列结果：

结果：SPC _ BoxCox 变换 . MTW

LCL　3.421 10
LOWER CONTROL LIMIT（下控制限）

UCL　38.941 7
UPPER CONTROL LIMIT（上控制限）

CL　9.810 0
CENTER LINE（中心线）

由于这里的控制限结果是对单值给出的，因此不能将这些结果与图 12－45 中的结果直接比较。如果对于例 12－16 也按单值控制图计算，同样选择 Box-Cox 变换中的参数 $\lambda=0$，则三个控制限值分别为：0.651，2.306 及 3.962；经计算，$e^{0.651}=1.917$，$e^{2.306}=10.03$，$e^{3.962}=52.562$，这就是最终各控制限。一般说来，用非参数方法得到的控制范围要比用 Box-Cox 变换法得到的范围稍窄些，这是因为，毕竟包含数据 99%的范围要比包含数据 99.73%的范围稍窄些，但这并不影响控制图的正常使用。

12.5.2　非单一变异源数据的控制图

我们先看一个例题。

例 12－17

为芯片镀膜的车间，在连续 25 天内，每天抽取 5 片芯片测量其镀膜厚度，测量结果见表 12－22 镀膜厚度数据（数据文件：SPC _ 芯片镀膜 . MTW）。绘制控制图以判断生产是否正常。

表 12-22　　镀膜厚度数据　　单位：A

日期	1	2	3	4	5	均值
1	4 355	4 375	4 356	4 344	4 394	4 364.8
2	4 536	4 539	4 491	4 425	4 507	4 499.6
3	4 669	4 714	4 637	4 675	4 678	4 674.6
4	4 437	4 415	4 482	4 465	4 451	4 450.0
5	4 480	4 406	4 404	4 428	4 388	4 421.2
6	4 317	4 390	4 390	4 402	4 430	4 385.8
7	4 329	4 318	4 293	4 303	4 335	4 315.6
8	4 446	4 465	4 441	4 451	4 429	4 446.4
9	4 549	4 425	4 509	4 451	4 451	4 477.0
10	4 631	4 587	4 583	4 592	4 627	4 604.0
11	4 447	4 419	4 364	4 460	4 421	4 422.2
12	4 653	4 687	4 721	4 691	4 699	4 690.2
13	4 415	4 377	4 351	4 398	4 398	4 387.8
14	4 658	4 643	4 670	4 655	4 653	4 655.8
15	4 468	4 511	4 480	4 517	4 472	4 489.6
16	4 522	4 584	4 613	4 547	4 562	4 565.6
17	4 659	4 647	4 696	4 733	4 668	4 680.6
18	4 592	4 629	4 555	4 576	4 610	4 592.4
19	4 387	4 387	4 312	4 382	4 404	4 374.4
20	4 482	4 465	4 455	4 426	4 410	4 447.6
21	4 654	4 683	4 728	4 692	4 679	4 687.2
22	4 323	4 314	4 376	4 332	4 329	4 334.8
23	4 669	4 714	4 637	4 675	4 672	4 673.4
24	4 635	4 584	4 573	4 592	4 560	4 588.8
25	4 411	4 383	4 422	4 373	4 365	4 390.8

解　带子组的控制图有两种绘制方法。一种是先求出每组（本例是天）的均值，然后对均值绘制 I-MR（单值-移动极差）控制图；另一种是直接使用原始数据，绘制 Xbar-R（均值-极差）控制图。

绘制 I-MR 图的方法是先求出子组均值，将其存入某列（本例是放在 C5 中），然后再绘制控制图。计算机软件 MINITAB 的实现方法如下：

（1）从"统计>控制图>单值的变量控制图>I-MR（Stat>Control Charts>Variable Charts for Individual>I-MR）"进入。

（2）指定"变量（Variables）"为"均值"。

（3）在"统计>控制图>单值变量控制图>I-MR > I-MR 选项 > 检验（Stat > Control Charts > Variable Charts for Individual > I-MR > I-MR Options > Tests）"中，可以逐一看到根据前文所述的 SPC 中 8 条判异准则的判异检验。

（4）运行命令后得到图 12-46。

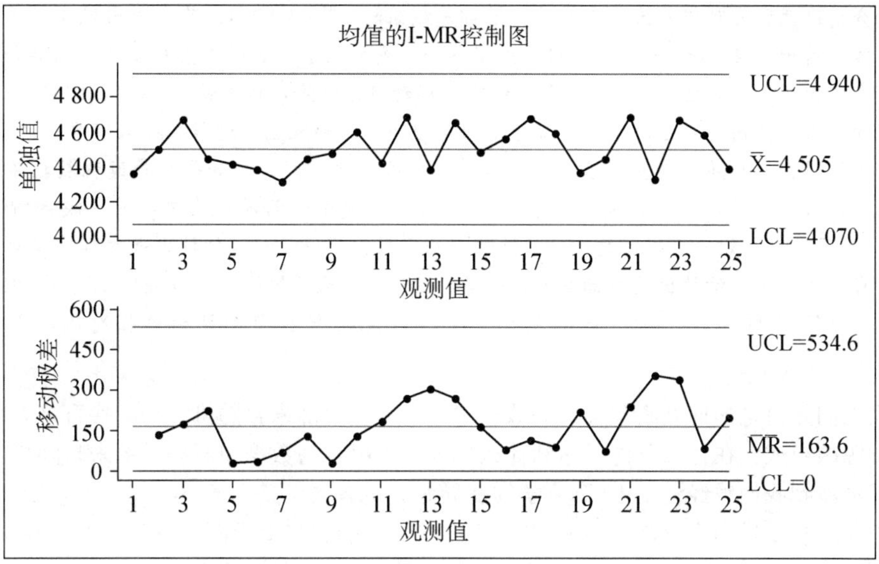

图 12-46　芯片镀膜均值绘制的 I-MR 控制图

从图 12-46 看，生产一切都正常，8 条判异准则无一违反。

下面直接用原始数据绘制 Xbar-R（均值-极差）控制图。其操作方法与例 12-1 完全相同，这里不再重复。运行命令后得到图 12-47。

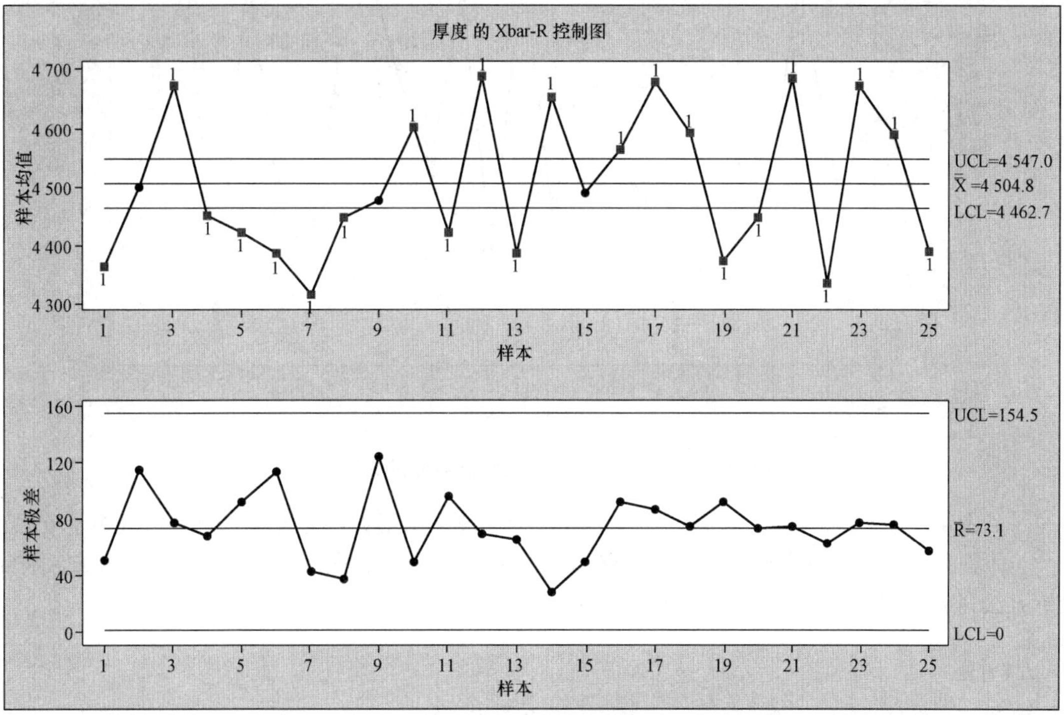

图 12-47　芯片镀膜原始数据绘制的 Xbar-R 控制图

从图中可以看出，25 天的极差都在控制限内，说明每天的波动状况是受控的；但对于均值，则除个别天之外，绝大多数点都落在控制限外，说明芯片镀膜生产过程的均值严重不受控。

用两种绘制控制图的方法所得结论怎么会完全不同？

仔细分析这两张图可以看出，它们的均值都是相同的（$\bar{\bar{x}}$=4 505），其不同出现在对于标准差的估计上。容易看出，在Xbar-R控制图中，是用各小组内的极差（除以极差系数d_2）来估计总体的标准差的；在均值的I-MR控制图中，是用各组间的移动极差（除以极差系数d_2=1.128）来估计总体的标准差的。前者使用的是组内差，后者使用的是组间差。如果生产过程数据只有唯一的变异来源，所有数据的波动都来自随机误差的话，二者的估计应该大体相同；但如果生产过程数据不只有唯一的变异来源，数据的波动一方面来自随机误差（根据合理子组的原理，组内差反映的就是随机误差），另一方面还来自组间可能有的波动，这样一来，用组间移动极差估计出来的标准差会比仅用组内差（不考虑组间差）估计出来的标准差大很多，这必将导致I-MR控制限会比Xbar-R控制限宽很多，因此才会使I-MR图判断认为过程均值正常，而Xbar-R图判断认为过程均值几乎点点都不正常。

下面我们先讨论如何判断收集到的数据中波动是否全部来自随机波动。换言之，如何分析数据变异源的组成？在什么条件下达到什么标准就可以认为数据中波动全部来自随机波动？

这就牵涉到我们曾经在第10章所学的变异源分析方法。

我们先用多变异图来直观描述例12－17的状况。绘制多变异图的方法已在例10－1（见图10－2、图10－3、图10－4）中给出。图12－48是例12－17的多变异图。

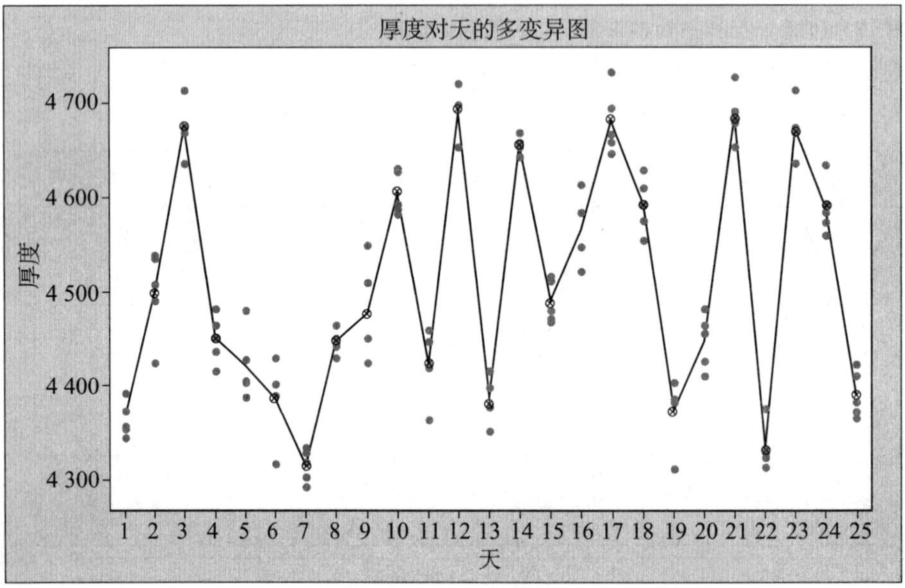

图12－48　芯片镀膜原始数据绘制的多变异图

从图12－48可以看出，各天内5片芯片厚度的波动都不大，但天与天间的均值相差较大。

下面我们给出变异源的定量分析。例12－17中实际上只有一个因子，与例10－4的定量分析方法完全相同。其方差分量计算结果如下：

方差分量

来源	方差分量	总和的%	标准差
天	15 383.982	94.46	124.032
误差	902.900	5.54	30.048
合计	16 286.882		127.620

从计算结果可以看出，在芯片镀膜数据中，组内差（误差）方差分量为902.900，只占总变异的5.54%；组间差（天）方差分量为15 383.982，占总变异的94.46%。这里不但不能说“随机误差为唯一变异源”，实际上组间差反而比组内差要大很多，组间差形成的波动占了主导地位。此例当然是非常特殊的案例，一般情况下不会如此严重。通常认为，**随机误差的方差分量超过90%时，可以认为随机误差为唯一变异源**。

如果不能认为随机误差为唯一变异源，或是发现数据不独立时（这时对标准差不同的估计方法将导致结果相差悬殊），该如何进行过程统计控制？按休哈特博士最初的思想，这种情况下是不能够绘制控制图的。但是再深入分析一下控制图的基本思想，它主要是监控生产过程是否稳定。如果“随机误差不是唯一的变异源”的状况虽然不好，但它一直不随时间而改变，这是否也应该认为是稳定的呢？应该也认为是稳定的。这样一来，我们就应该放宽生成控制图的条件，允许生产过程中包含不止一个变异源，而对各个变异源的状况分别予以监控。这时，如果组间差一直很大，各组均值间可能有较大波动，但这种状况能保持稳定不变，则也应该认为是正常的。为此，我们就用组均值及其移动极差作为控制图的主体，同时再增加对组内差的监控，绘制各组的极差（或标准差）控制图，这就比较全面了。同样，如果数据有非独立的情况，综合上面这些要求，就形成了“I－MR－R（S）组内/组间”控制图，在MINITAB控制图内有专门的窗口来完成此功能。具体操作如下：

从“统计＞控制图＞子组的变量控制图＞I－MR－R（S）（组间/组内）（Stat＞Control Charts＞Variable Charts for Subgroup＞I－MR－R（S））”进入。在表上方选择“图表的所有观测值均在一列中”（数据位于多列中则选“子组的观测值位于多列的同一行中”），在输入窗口中填写变量名“厚度”，在“子组大小（Subgroup size）”填写“5”。运行命令后可得如图12－49所示结果。

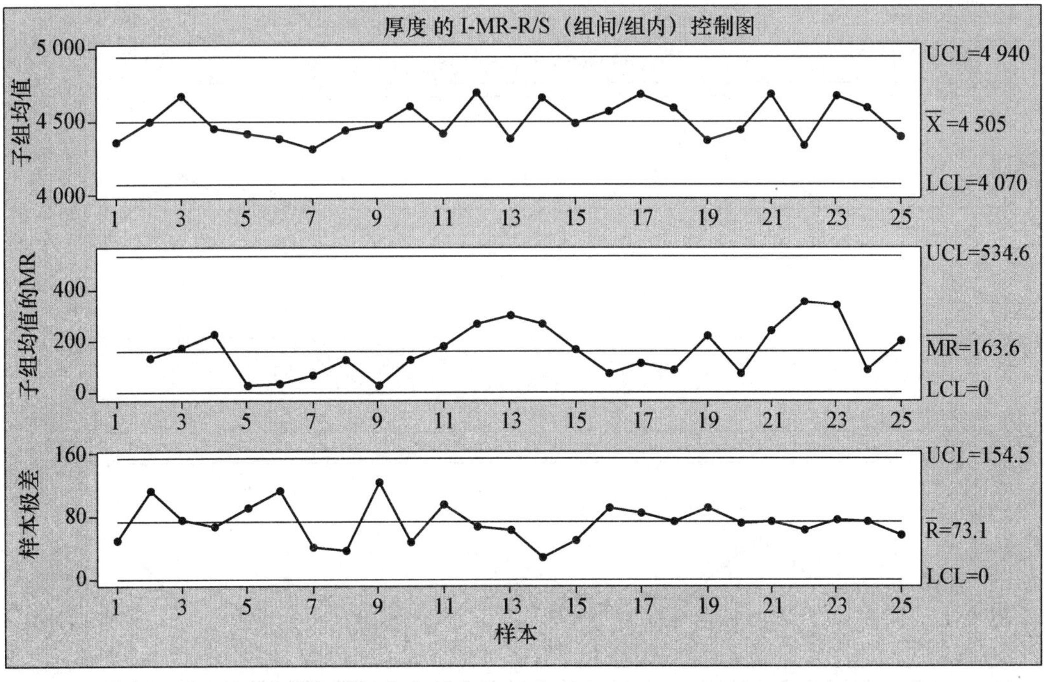

图12－49　芯片镀膜数据绘制的I－MR－R/S控制图

从图12－49中可以看出，I－MR－R/S控制图是由三张图组成的（以前最多只有两张图），其中，上图和中图其实就是图12－46中的两张图，下图其实就是图12－47中下面那张组内极差控制图。读图时，先看组内极差控制图，如果没有异常，说明各组内的波动状况是正常的；如果有异常，先要找到该组异常的原因。图12－49中的组内极差控制图完全正常。在分析极差控制图后，再来看组间的单值-移动极差控制图，看图中是否有异常的组。图12－49中的单值-移动极差控制图也是正常的。这说明，芯片镀膜生产过程厚度虽然有较严重的组间波动，但总体上看还是稳定的。

我们再看另一个例子。

例12－18

汽车尾气浓度问题。为达到环保目标，现检测M运输公司所属汽车队的汽车尾气浓度。每天随机抽取3辆汽车，连续25天检测其尾气含颗粒物浓度值。其测量结果见表12－23汽车尾气浓度数据（数据文件：SPC _ 尾气浓度 . MTW）。

表12－23　汽车尾气浓度数据　单位：毫克/分钟

1	56.9	60.6	57.9	10	59.9	58.5	60.9	19	58.4	57.8	60.2
2	57.4	57.5	60.2	11	58.3	60.3	59.7	20	57.4	59.6	60.4
3	56.8	58.1	60.8	12	58.5	57.9	60.3	21	59.1	59.8	60.8
4	58.0	57.7	60.6	13	57.4	58.8	60.7	22	58.0	59.7	60.6
5	57.8	58.8	60.5	14	59.9	56.3	59.2	23	60.9	58.8	59.8
6	57.8	59.8	61.3	15	58.1	56.6	58.9	24	57.8	58.8	61.3
7	59.6	57.4	61.8	16	58.2	57.1	56.9	25	57.4	59.5	58.2
8	60.9	58.2	61.7	17	56.4	58.1	58.6				
9	59.6	61.9	61.2	18	58.9	57.5	59.2				

解　我们先对25天数据绘制均值-极差控制图（操作方法与例12－1完全相同），得到控制图如图12－50所示。

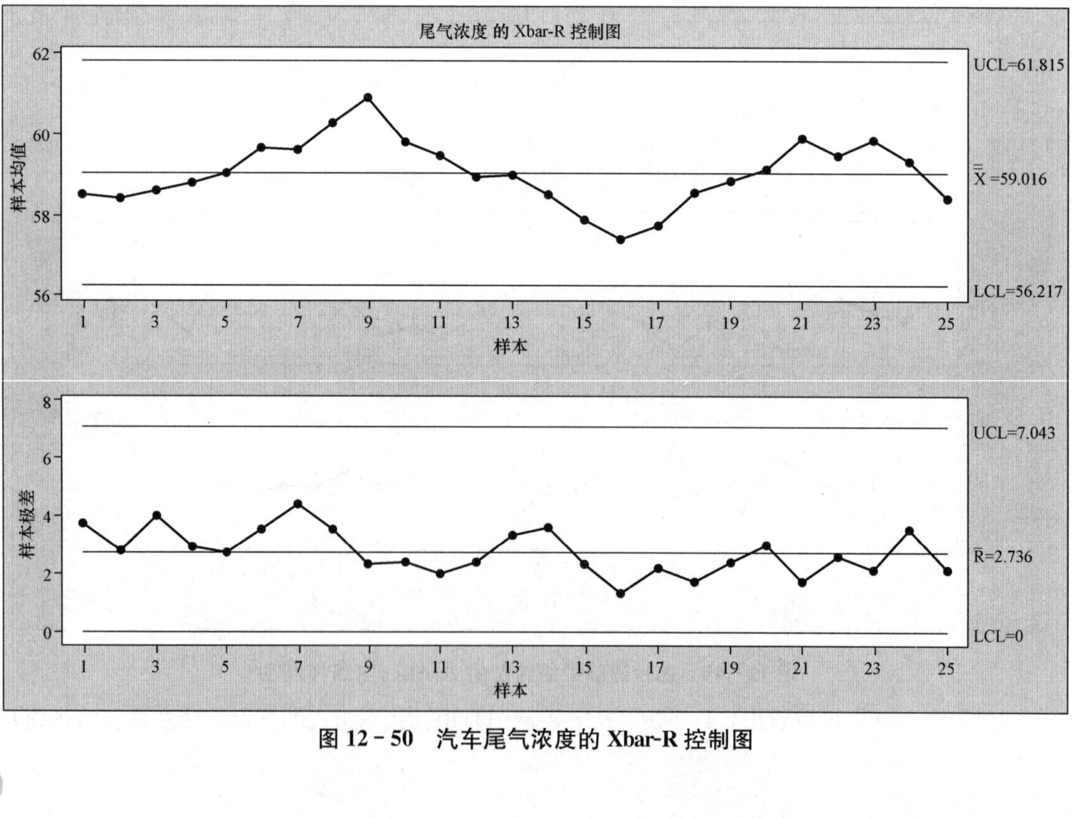

图12－50　汽车尾气浓度的Xbar-R控制图

从图 12 - 50 可以看出，汽车尾气浓度数据是受控的，一切都正常。

下面我们先求出每天 3 辆汽车尾气浓度的均值，对于这 25 个均值绘制单值-移动极差控制图（方法与例 12 - 17 完全相同），结果见图 12 - 51。

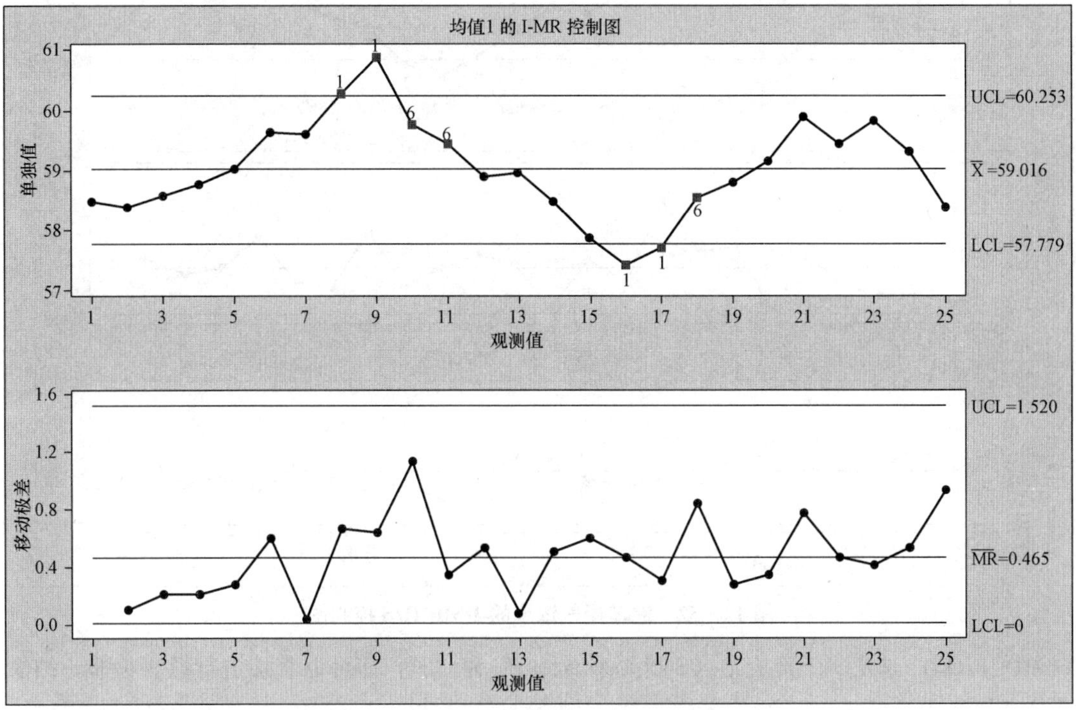

图 12 - 51　汽车尾气浓度均值的 I-MR 控制图

从图 12 - 51 可以看出，移动极差控制图是正常的，而单值图中，8，9 号超出上限，16，17 号超出下限，10，11，18 号也不正常，应该判为均值异常。

这里又出现了两张图结论不同的情况，但例 12 - 18 与例 12 - 17 情况相反，例 12 - 18 是均值-极差图正常，单值-移动极差图反而不正常。例 12 - 17 是单值-移动极差图正常，均值-极差图不正常。

我们再次提出问题：用两种绘制控制图的方法所得结论怎么会完全不同?

在例 12 - 18 中，情况与例 12 - 17 是不同的。在图 12 - 50 中的上图（均值控制图）中，可明显看到均值有连续漂移的情况，先是上升再下降，然后再次上升再下降，天与天之间明显不独立，每个数据都强烈依赖于前一个数据的状况，高值接着是高值；低值接着是低值，这样就会导致移动极差偏小。这样一来，用组间移动极差估计出来的标准差会比用组内差估计出来的标准差小很多，这必将导致 I-MR 控制限会比 Xbar-R 控制限窄很多，因此才会使 Xbar-R 图判断认为过程均值正常，而 I-MR 图判断认为过程均值有些点不正常。

对于例 12 - 18，我们可以同样绘制 I-MR-R/S 图，结果见图 12 - 52。

从图 12 - 52 中的下图可以看出，各子组的极差基本是正常的；但从其上图（单值控制图）中可看出有好多点不正常。

如何分析均值序列是否可以看出是独立的？在例 12 - 18 中，由于图 12 - 51 中日均值有明显的相依状况，对于日均值，应该进行数据的独立性检验——游程检验（见例 5 - 5）。要注意的是独立性检验不一定先要求出均值列来，我们可以直接对带子组的数据直接绘制运行图进行游程检验，再求出游程总个数，而这只要从“统计 > 质量工具> 运行图（Stat > Quality Tools> Run

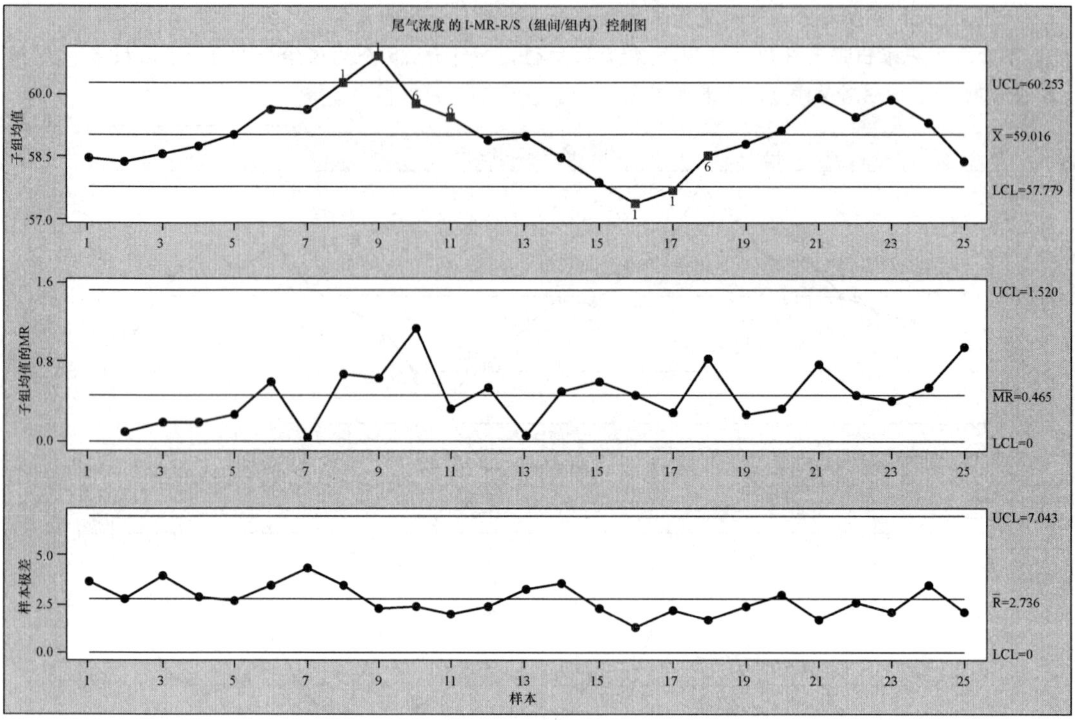

图 12-52　汽车尾气浓度的 I-MR-R/S 控制图

Chart)”入口，选定“子组大小（Subgroup sizes）”为“3”，即可以直接进行游程检验。结果见图 12-53。

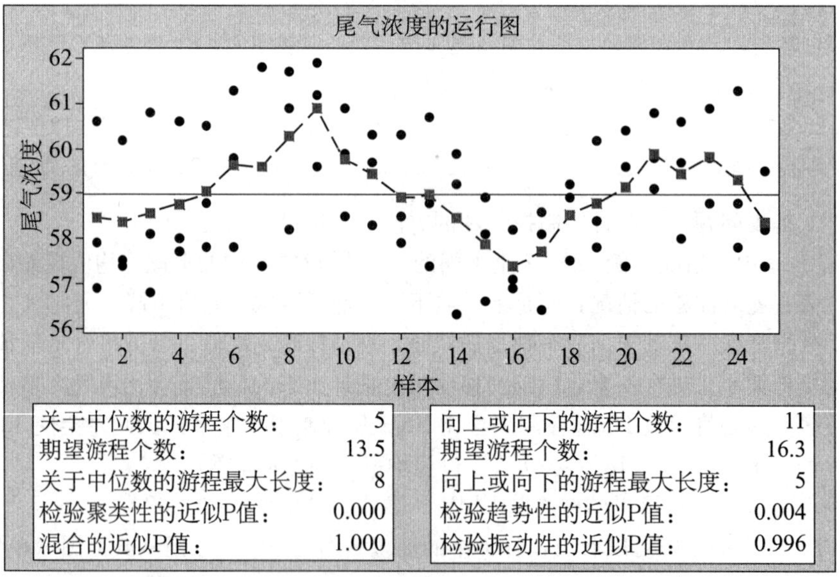

图 12-53　汽车尾气浓度的运行图（为游程检验用）

对于 25 组数据，却只有 5 个游程，经过游程检验（详细方法见例 5-5），查附表 10，可知游程个数的双侧检验的下限为 8，因此应该拒绝“数据独立”的原假设，判定数据是不独立的。

对于非独立的序列不能再采用普通的均值-极差控制图来进行控制，必须换成 I-MR-R/S

控制图，考虑其均值序列的可控性。对于本例而言，应该判定均值序列有失控的现象。那么，严格说来，均值非独立的序列究竟该如何判断其稳定性？坚持用水平的中心线作为控制图中心，是在数据完全独立时的标准办法；对于有系统漂移的很强的正自相关的序列可以用“单参数指数光滑法”求出其光滑曲线，然后以此曲线为控制图中心，以残差作为控制对象，这将是时间序列分析中控制图的研究方法。详细内容可参看本书参考文献［21］《基于 MINITAB 的现代实用统计》，可对于时间序列的稳定性比现在有更深入的理解。

总之，如果数据是完全独立的，而且所有变异都只是由于随机误差构成的，则用组间移动极差估计出来的标准差和用组内差估计出来的标准差相差不大，普通的常规控制图就可以解决控制问题；但如果数据的变异源不单是随机误差，还混有组间差（组间有较大的波动），或是组间有强烈的相依，移动极差会非常小，则必须另外专门考虑子组均值是否受控。

下面归纳 I-MR-R/S 控制图的适用条件。

I-MR-R/S 控制图提供了三个控制图的组合，这将提供一种评估过程位置的稳定性、变异的组内差、组间差的各分量的方法。

不论数据组间差的变异是由规律性的时间序列生成的，还是完全由随机波动形成的，只要其变动波动只与某一个（不能是两个或更多）原因有关，我们就可以将其作为组间差。换言之，如果变异源只有两部分：随机误差和另一个变异原因，则可以使用 I-MR-R/S 控制图来监控过程的统计稳定性。详细说来，如果随机误差方差分量大于总方差的 90%，且均值序列可以看成是独立的，则可以使用简单的常规控制图来处理；如果随机误差方差分量小于总方差的 90%（即另一变异源形成的方差分量超过总方差的 10%），或均值序列不可以看成是独立的，则应该使用 I-MR-R/S 控制图来处理；如果数据是独立的，但变异源除了随机误差外还至少有两个以上变异源，虽然从理论上讲，应该可以对每一个变异源加以控制，但实际上则无法使用计算机控制图来监控过程，必须减少变异源到恰好只有两个变异源（组内、组间）才能使用 I-MR-R/S 控制图实现过程的统计控制。如果数据本身有明显的不独立性，那么我们绘制常用控制图的基本条件都不能满足，这时控制图就不一定是适用的，所有的结论都应该存疑，这是我们在使用控制图时必须要小心的。

12.6 过程能力分析

在用控制图确认过程处于统计控制状态之后，可以进行过程能力分析，进一步判断过程能力是否达到顾客的要求。过程能力分析也是六西格玛项目中评价过程基线和改进方向的重要工具。过程的数据类型分为计量数据和计数数据两类，过程能力分析的方法也相应分为两类。

12.6.1 计量数据的过程能力分析

通过比较过程公差限的宽度和过程度量值的变化宽度，计算其比值，可以评价过程满足顾客要求或工程规范的能力。当产生计量数据的过程稳定且输出服从正态分布时，如果分布的总体标准差 σ 已知，可按下列数学公式分别进行过程能力指数 C_p 与 C_{pk} 以及过程绩效指数 P_p 与 P_{pk} 的计算和分析（见图 12－54）。

$$C_p/P_p = \frac{\mathrm{USL}-\mathrm{LSL}}{6\sigma} \tag{12-8}$$

$$C_{pk}/P_{pk} = \min\left\{\frac{\mathrm{USL}-\mu}{3\sigma}, \frac{\mu-\mathrm{LSL}}{3\sigma}\right\} \tag{12-9}$$

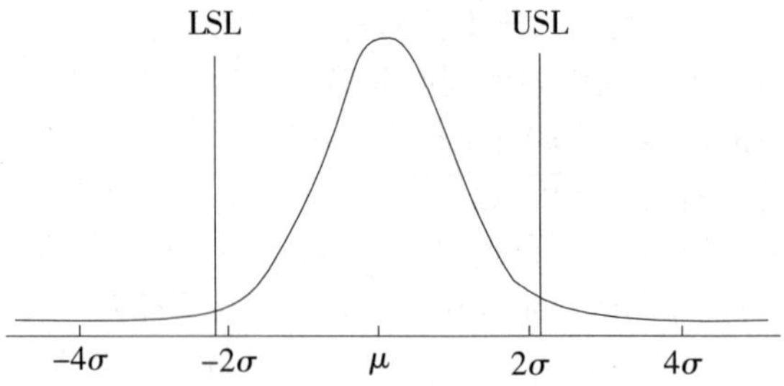

图 12-54 过程能力分析示意图

由于总体标准差 σ 通常是未知的，因此必须使用实测样本对它进行估计后才能得出相应的样本统计量。如果强调的是从过程固有波动的角度来考察过程能力，其中的固有波动 6σ 主要由随机因素的影响产生，对于划分子组的过程，其变化宽度值用控制图中的 $6\overline{R}/d_2$ 来估计；对于不划分子组的过程，观测值是单值，只要将上式中的平均极差 $\overline{R}$ 换成平均移动极差 $\overline{MR}$ 即可，这时，过程能力指数记为 C_p 与 C_{pk}，也称短期能力指数。如果强调的是从过程总波动的角度考察过程能力，其中的总波动 6σ 由随机因素和特殊因素的共同影响而产生，其变化宽度值用样本整体的标准差 $6S$ 来估计，这时过程绩效指数记为 P_p 与 P_{pk}，也称长期能力指数。

显然，所有这些指标的数值越大，标志着过程能力越好。随着时代的发展，对这些指标的要求也越来越高。例如，在传统的质量标准中，$C_p>1$（公差超过 6 倍 σ）表明过程能力尚可。但用高标准的六西格玛眼光来看，$C_p\geqslant 2$（公差超过 12 倍 σ）的过程才是理想的过程。

至于在计算 C_p 和 P_p 的同时还要计算 C_{pk} 和 P_{pk} 的原因是：C_p 和 P_p 是假定过程输出的均值与目标值重合时的过程能力，只反映了过程的潜在能力。但对大多数情况来说，过程输出的均值与目标值不重合。因此，引入 C_{pk} 和 P_{pk} 的目的就是将均值偏移的影响也考虑进来。在实际工作中，应当同时考虑这两类指数，以便对整个过程的状况有较全面的了解。显然，当过程的实际中心与公差中心重合时，C_{pk} 和 P_{pk} 的数值一定会与 C_p 和 P_p 相等。当 C_{pk}/P_{pk} 的数值与 C_p/P_p 越接近时，说明过程的实际中心离公差中心越近；反之，当 C_{pk}/P_{pk} 的数值离 C_p/P_p 越远时，则说明过程的实际中心偏离公差中心越远。正是由于这个性质，可以从 C_p/P_p 及 C_{pk}/P_{pk} 这一对数值的状况清楚地看出过程的状况及过程应改进的方向。例如，当 C_{pk}/P_{pk} 的数值与 C_p/P_p 很接近，但数值都还偏小（例如 $C_p=0.9$，$C_{pk}=0.8$），则说明过程的实际中心离公差中心不远，问题的关键是生产过程的波动太大，降低标准差是关键；反之，当 C_{pk}/P_{pk} 的数值与 C_p/P_p 相差悬殊，但 C_p/P_p 还算满意（例如 $C_p=1.5$，$C_{pk}=0.9$），则说明生产过程的波动尚可，但是实际中心离公差中心较远，问题的关键是要将生产过程的实际中心调整至公差中心处。总之，要结合 C_p/P_p 与 C_{pk}/P_{pk} 的搭配才能清楚地看出过程的全面状况。

从统计学的角度看长期或短期能力的差别，其实只是总体标准差 σ 的估计方法不同而已。因此，当生产过程只有随机误差的波动时，两者的数值应该相差不大，哪个稍大哪个稍小完全是随机的，不能完全确定；当生产过程除了含有随机误差的波动，还含有明显的组间差异时，两者的数值应该相差悬殊，用 $\overline{R}/d_2$（或用 $\overline{MR}/d_2$）来估计出的 σ 比用整体 s 估计出来的 σ 要小很多，因而短期能力指数将比长期能力指数大很多。因此，在实际问题中，如果发现短期能力指数与长期能力指数相差不多时（不论谁大谁小），就可以肯定，生产过程中只受到随机误差波动的影响；如果发现短期能力指数比长期能力指数大很多时，就可以肯定，生产过程中除了受到随机误差波动的影响，组间差异的影响也是非常显著的。

过程能力的另一个常用指数是 C_{pm}。当生产过程不但给出上下公差限，而且给出过程的目

标值 m 时，可以用 C_{pm} 表示过程能力：

$$C_{pm} = \frac{\text{USL} - \text{LSL}}{6D} \tag{12-10}$$

式中

$$D = \sqrt{(\mu - m)^2 + \sigma^2} \tag{12-11}$$

很明显，当过程的实际中心 μ 与过程目标值 m 重合时，C_{pm} 的数值一定与 C_p /P_p 相等。当 C_{pm} 的数值与 C_p /P_p 越接近，则说明过程的实际中心与过程目标值 m 越接近；反之，当 C_{pm} 的数值与 C_p /P_p 相比越小，则说明过程的实际中心与过程目标值 m 越远。与 C_{pk}/P_{pk} 不同的是，C_{pk}/P_{pk} 反映的是实际中心 μ 离公差限中心值的偏离程度，而 C_{pm} 的应用则可以更广泛，这里可以指定任意值作为过程目标。

描述过程能力的另一个常见指数是“偏离指数”。由前可知，当过程均值与公差中心重合时，$C_{pk}=C_p$；当过程均值与公差中心不重合时，$C_{pk}<C_p$，而且偏离越严重时二者相差越大。根据这个性质，很容易想到一个量，我们称其为偏离指数，有 K 来表示，有

$$K=1-\frac{C_{pk}}{C_p} \tag{12-12}$$

当过程均值与公差中心重合时，$K=0$；当过程均值与公差中心不重合时，$K>0$。K 总是一个正数，K 越大表示偏离越严重。如果 K 达到 1，则说明 $C_{pk}=0$，即过程均值偏离到正好等于上(或下)公差限。如果 $K>1$，表明 $C_{pk}<0$，即过程均值偏离到上（或下）公差限之外了，通常这种情况不在我们讨论范围内。

结合式（12－9）和式（12－12）两个定义，如果公差中心记为 T，半公差限记为 R，则容易得到偏离指数 K 的另一个等价定义：

$$K = \frac{2|\mu - T|}{\text{USL} - \text{LSL}} = \frac{|\mu - T|}{R} \tag{12-13}$$

这样一来，偏离指数 K 的含义就更直观了，它是偏离量与半公差限之比（见图 12－55）。

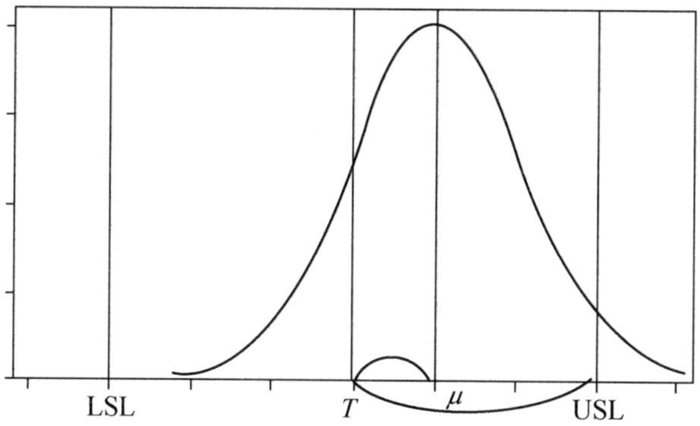

图 12－55　过程的偏离指数 K 的示意图

前面讲过，单独一个指数，例如 C_p 或 C_{pk} 都不能全面描述过程能力的状况，但二者的组合（C_p，C_{pk}）则可以全面描述过程的状况。同样，（C_p，C_{pm}）也是可以全面描述过程的状况的一对指标。在增加了偏离指数 K 之后，（C_p，K）也是可以全面描述过程的状况的一对指标。具体使用哪一对指标作为过程能力的描述依赖不同的场合，各有各的特点，但从数学上说，这三对组合的含义和价值都是相同的。

下面用例 12－19 对计量数据的过程能力分析的实际应用加以说明。

例12-19（续例12-1）

在钢珠生产过程中，假定顾客允许的钢珠直径的变异范围为［10.90，11.00］，试进行过程能力分析（数据列在表12-3中，数据文件：SPC_钢珠直径.MTW）。

解 计算机软件MINITAB的实现方法如下：

（1）从“统计>质量工具>能力分析>正态（Stat>Quality Tools>Capability Analysis>Normal)”进入。

（2）指定“单列（Single column)”为“直径”，指定“子组大小（Subgroup size)”为“批次”，在“规格下限（Lower spec)”中输入“10.90”，在“规格上限(Upper spec)”中输入“11.00”。

（3）打开“估计（Estimate)”，在“估计子组内标准差的方法（子组大小>1)”选择“Rbar”；打开“选项（Options)”，在“目标（添加C_{pm}到表格)”中输入过程的目标值“10.95”。运行命令后得到图12-56。

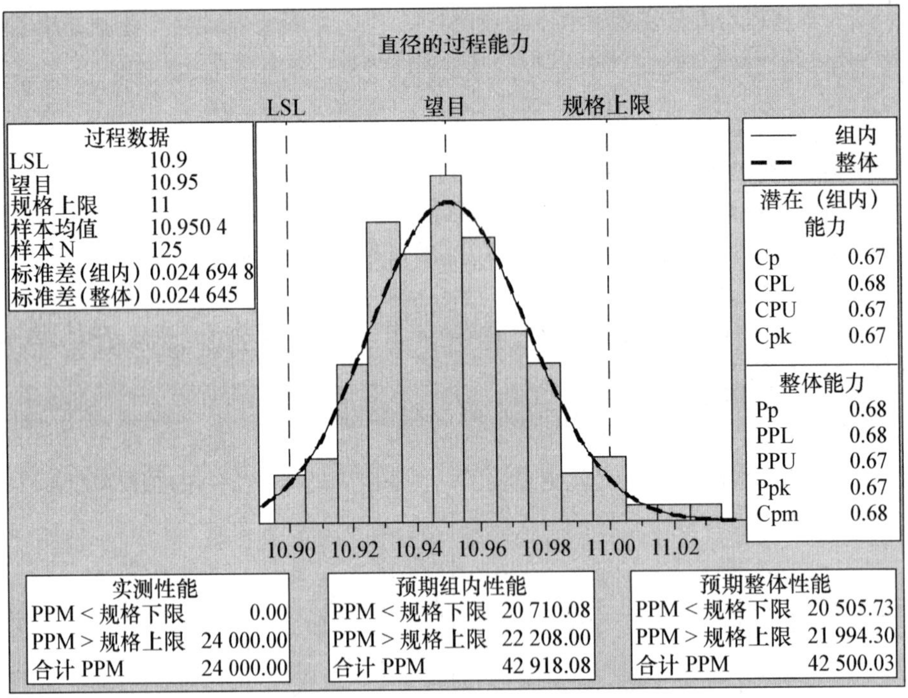

图12-56 计量数据的过程能力分析

观察图12-56，可以获得很多信息。首先，图正中带两条拟合曲线的直方图给了我们最直观的认识。两条线几乎完全重合，将左上角的标准差（组内）=0.024 694 8与标准差（整体）=0.024 645相比，相差甚微，这都说明，除组内随机误差外，组间差的差异是不显著的。其次，$C_p=0.67$，$C_{pk}=0.67$，两者均小于1，说明过程能力不足，两者没有差别，说明改进过程时，主要改进方向是设法降低过程的波动。再次，$P_p=0.68$，$P_{pk}=0.67$，两者均近似于C_p与C_{pk}，说明当前的过程能力非常接近过程固有的能力，过程中不存在组间差异过大的特殊因素，应当从寻找随机因素入手提高过程能力。此外，图左下方的PPM值的统计从可能出现的不良率这个角度解释了过程能力的优劣。

另外要注意的是，在进行上述分析之前，先应该验证过程是稳定的，还应该验证过程服从正态分布，才能进行过程能力的计算。为了简化这一分析过程，计算机软件MINITAB提供了另一个窗口“六合一”的一条龙式的全流程：Capability Sixpack。具体的实现方法如下：

1. 从“统计>质量工具>Capability Sixpack>正态（Stat>Quality Tools>Capability Sixpack>Normal)”进入。

2. 指定"单列（Single column）"为"直径"，指定"样本大小（Subgroup size）"为"批次"，在"规格下限（Lower spec）"中输入"10.90"，在"规格上限（Upper spec）"中输入"11.00"。

3. 打开"估计（Estimate）"，在"估计子组内标准差的方法（子组大小>1）"选择"Rbar"；打开"选项（Options）"，在"目标（添加 C_{pm} 到表格）"中输入过程的目标值"10.95"，运行命令后得到图 12-57。

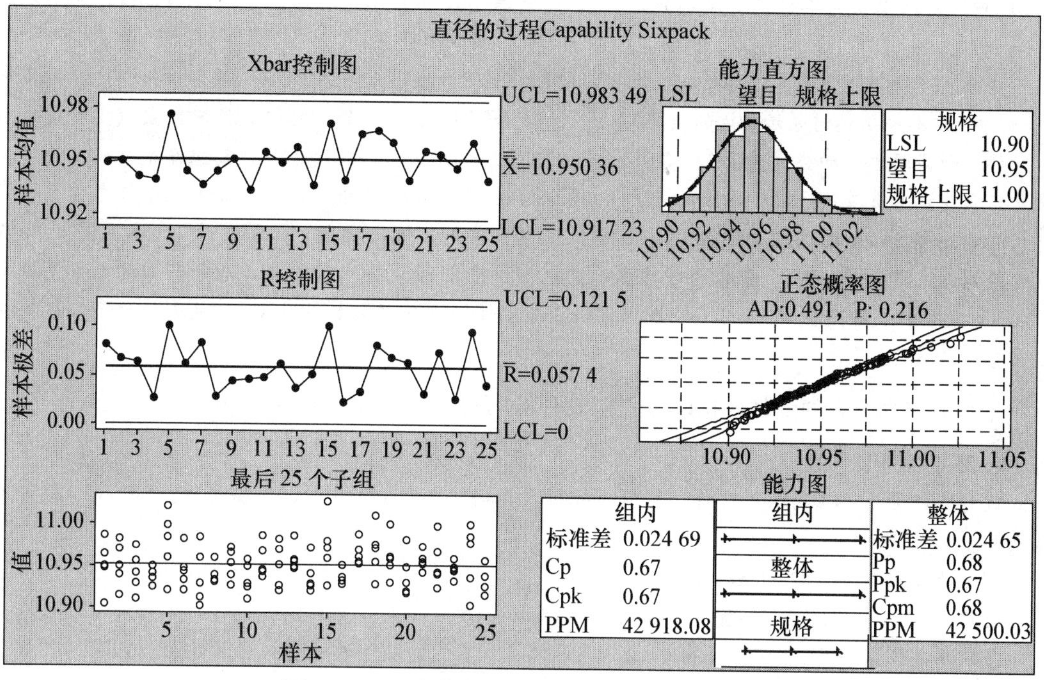

图 12-57　过程能力的 Capability Sixpack 分析

图 12-57 蕴含着非常丰富的信息。首先，左上的 Xbar 控制图、左中的 R 控制图以及左下最后 25 个子组的散点图可以用来验证过程是否稳定。其次，右上的能力直方图和右中的正态概率图可以用来验证过程是否服从正态分布。最后，右下的能力图给出了过程能力指数，不合格品率的 PPM 值，均值±3σ（组内和整体）的范围和规格上下限。

12.6.2　计数数据的过程能力分析

对于输出特性为计数数据的过程，也需要进行过程能力分析。数据分布的类型不同（Poisson 分布和二项分布），过程能力的估算方法也有所不同。对于二项分布的过程绩效指标主要用百万机会缺陷数 $DPMO$，可以由此算出缺陷率 p，查标准正态分布的上侧概率表（见本书附表 2）即可求得西格玛水平 Z 值。详细步骤可以参看例 12-21。对于 Poisson 分布的过程绩效指标则略有不同，有单位缺陷数 DPU、直通率 Y_{FT}、缺陷率 p 和西格玛水平 Z 等几个指标，下面先列出主要的计算公式以说明过程绩效指标的计算方法和相互关系，详细步骤可以参看例 12-20。

$$DPU=\frac{D}{U} \tag{12-14}$$

$$Y_{FT}=e^{-DPU} \tag{12-15}$$

$$p=1-e^{-DPU} \tag{12-16}$$

$$Z=\Phi^{-1}\ (Y_{FT}) \tag{12-17}$$

式中，D 为缺陷数；U 为单位数；$\Phi^{-1}()$ 为逆累积标准正态概率函数。

例 12－20

某电话分局最近一个月（30天）内共发生接错电话事故4次，试以日为单位计算电话接线过程的西格玛水平 Z。

解 容易得到单位缺陷数 $DPU=\frac{D}{U}=\frac{4}{30}=0.1333$。但由于4次接错电话事故不一定恰好在不同的4天之内，因此以天为单位计算“不良”，并不能断言不良率为13.33%，而应该按Poisson分布以式（12－14）至式（12－17）来计算。根据式（12－15），得知直通率 $Y_{FT}=e^{-DPU}=e^{-0.1333}=87.517\%$，“一天内无任何接错电话事故”的概率为87.517%（比1－13.33%＝86.67%要稍大一些）。不良率（一天中至少有一次接错电话事故的概率）为 $p=1-87.517\%=12.483\%$（比13.33%要稍小一些）。

计算西格玛水平的公式是：$Z=\Phi^{-1}(Y_{FT})=\Phi^{-1}(87.517\%)=1.15118$。其操作是：从“计算>概率分布>正态分布（Calc>Probability Distributions>Normal Distribution）”入口，选中“逆累积概率（Inverse cumulative probability）”，在“输入常量”格内，输入常数“0.875 17”（参见图4－4），即可得到结果“1.151 18”。手边无计算机时，也可以将0.875 17代入标准正态分布函数表（见本书附表1）反查，或将不良率0.124 83代入正态分布上侧概率表（见本书附表2）反查，都可以得到相应 Z 值近似为1.15。

下面对二项分布的计件数据的过程能力分析用例12－21加以说明。

例 12－21（续例12－2）

试对二极管生产线的状况进行过程能力分析（数据列在表12－5中，数据文件：SPC_二极管不合格品率.MTW）。

解 计算机软件MINITAB的实现方法如下：

（1）从“统计>质量工具>能力分析>二项（Stat>Quality Tools>Capability Analysis>Binomial）”进入。

（2）指定“缺陷数（Defectives）”为“不合格品数量”，“实际样本量（Use sizes in:）”为“样品数量”，运行命令后得到图12－58。

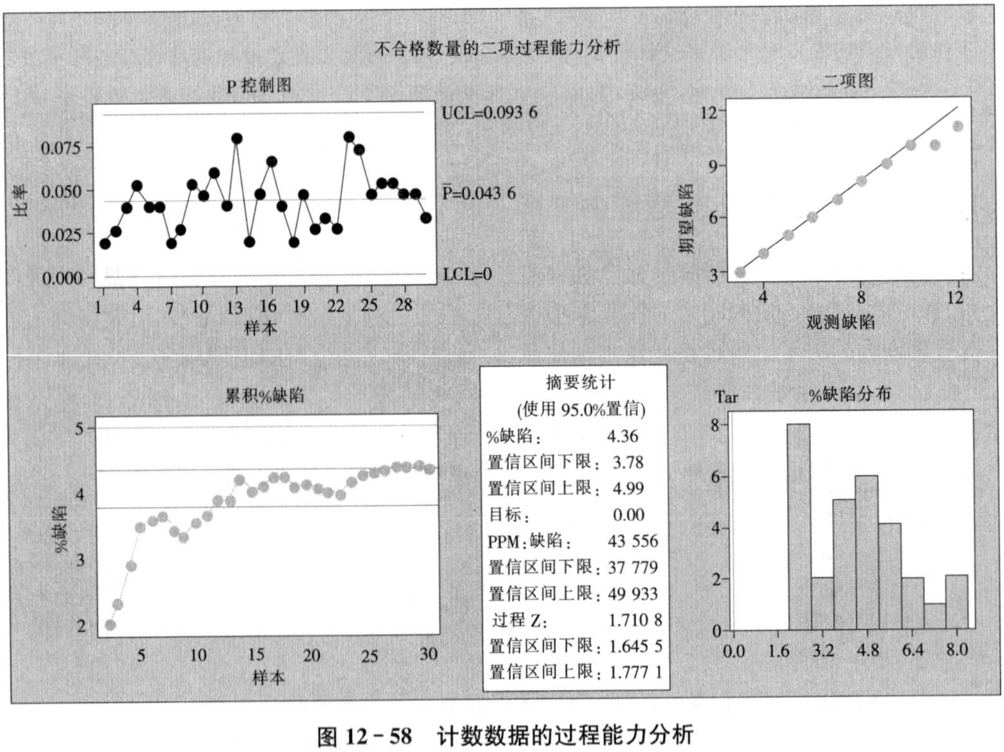

图 12－58 计数数据的过程能力分析

观察图 12－58，可以获得很多信息。首先，图中左侧的 P 控制图和累积不良品率图表明过程处于统计受控状态。其次，图中右侧的二项分布概率图和不良品率的直方图表明过程的输出数据服从二项分布。最后，图中下方的摘要统计显示，过程绩效指标为43 556ppm，缺陷率 $p=4.36\%$，西格玛水平 $Z=1.710\,8$，以及各自的置信区间。显而易见，如果用六西格玛的标准（$DPMO=3.4$ppm，$Z=4.5$）来衡量，该过程的能力指标是比较低的。

由于不良品率与西格玛水平的换算经常要进行，MINITAB 软件的输出常常同时给出两个值，具体计算步骤如例 12－20 所述。本书后的附表 2 也给出了对应数值表。例如例 12－21 中，不良品率 $p=4.36\%$，按 0.043 6 查附表 2，可得到西格玛水平 $Z=1.71$。对于更小的不良品率也可以很清楚地查出来，例如，不良品率为 30ppm，写成 $0.000\,03=0.0^4 3$，查附表 2 可得知 $Z=4.01$。

12.6.3 非正态数据的过程能力分析

当需要进行过程能力分析的计量数据呈非正态分布时，直接按 12.6.1 节中介绍的方法处理会有很大的风险。一般解决方案的原则有两大类：一类是设法将非正态数据转换为正态数据，然后可按正态数据的计算方法进行分析；另一类是根据以非参数统计方法为基础，推导出一套新的计算方法进行分析。遵循这两大类原则，在实际工作中成熟的实现方法主要有三种，现在简要地介绍每种方法的操作步骤。

第一种方法是 Box-Cox 变换法。

（1）估计合适的 Lambda（λ）值；

（2）计算求出变换后的数据 y^*；

（3）根据原来给定的 USL 和 LSL，计算求出变换后的 USL* 和 LSL*；

（4）对 y^* 用 USL* 和 LSL* 求出过程能力指数。

第二种方法是 Johnson 变换法。

（1）根据 Johnson 判别原则确定转换方式；

（2）计算求出变换后的数据 y^*；

（3）计算求出变换后的 USL* 和 LSL*；

（4）对 y^* 用 USL* 和 LSL* 求出过程能力指数。

第三种方法是非参数计算法。

当第一、二种方法无法适用，即用 Box-Cox 法和 Johnson 法均无法找到合适的转换方法时，还有第三种方法可供尝试，即以非参数方法为基础，不需对原始数据做任何转换，直接按以下数学公式就可以进行过程能力指数 C_p 与 C_{pk} 的计算和分析。

$$C_p=\frac{\text{USL}-\text{LSL}}{x_{0.995}-x_{0.005}} \tag{12-18}$$

$$C_{pk}=\min\left\{\frac{\text{USL}-x_{0.5}}{x_{0.995}-x_{0.5}},\ \frac{x_{0.5}-\text{LSL}}{x_{0.5}-x_{0.005}}\right\} \tag{12-19}$$

式中，x_α 是数据 X 分布的 α 分位数，例如 $x_{0.005}$ 表示随机变量 X 分布的 0.005（即 0.5%）分位数。

例 12－22（续例 12－16）

假定质量标准允许的杂质含量的上限为 24，已知其数据分布不为正态，试进行过程能力分析（数据列在表 12－21 中，数据文件：SPC_BoxCox 变换.MTW）。

解 从例 12－16 的计算结果中可以得知，Box-Cox 变换取 $\lambda=0$ 为最好，也即是要对杂质率取自然对数。将杂质率取自然对数后的值记录在原来文件中，然后就可以得到计算结果。其计算机软件 MINITAB 的实现方法如下：

（1）从“统计＞质量工具＞能力分析＞正态（Stat＞Quality Tools＞Capability Analysis＞Normal）”进入。

（2）指定“单列（Single Column）”仍为“杂质含量”，指定“子组大小（Subgroup size）”仍为“5”，在“规格上限（Upper spec）”中输入“24”，在“Box-Cox”中指定取 $\lambda=0$，在“选项（Option）”中设定“目标（Target）”为“10.95”，即可得到如图 12－59 所示结果。

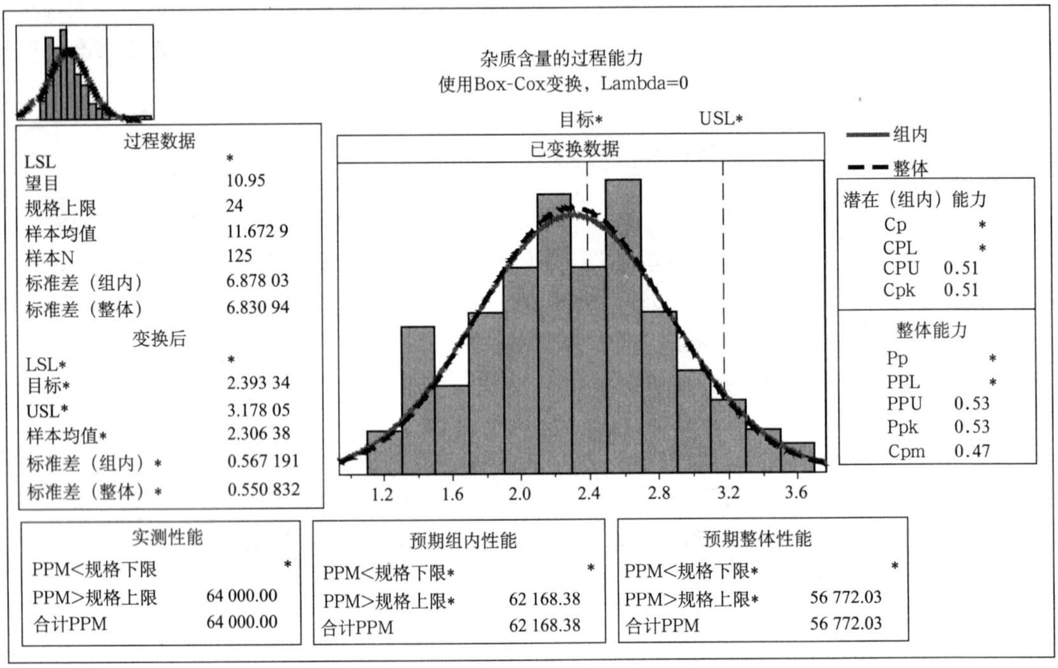

图 12－59 Box-Cox 变换法的过程能力分析

本例由于数据量足够，因此也可以使用非参数计算法，可将数学公式编写成宏指令 ncap，供需要时调用，其调用格式是：

```
%ncap X USL LSL
```

关于宏指令的具体内容，请参阅本书的 5.6 节，在此不再赘述。对于只有单侧公差限时，调用上述宏指令时，仍然要补充任一数以填写成两个限都存在的形式。命令如下：

```
%ncap C1 24 0
```

输出结果中只有下列这一行是有意义的：

数据显示

CNPK	0.487 098
上侧非参数能力指数	CNPU

下面简要介绍 Johnson 变换法的基本原理，并重点用案例说明使用此方法实现非正态数据过程能力分析的过程。

Johnson 变换体系一般将连续数据分成三大数学类型，每个类型分别对应不同的转换公式。

第一种，SB 分布类型，变换公式为：

$$z=\gamma+\delta\ln\left(\frac{x-\theta}{\theta+\sigma-x}\right) \tag{12-20}$$

$(-\infty<\gamma<\infty;\delta>0;-\infty<\theta<\infty;\sigma>0)$

第二种，SU分布类型，变换公式为：

$$z=\gamma+\sinh^{-1}\left(\frac{x-\theta}{\sigma}\right) \tag{12-21}$$

$(\sinh^{-1}(x)=\ln(x+\sqrt{1+x^2});-\infty<\gamma<\infty;-\infty<\theta<\infty;\sigma>0)$

第三种，SL分布类型，变换公式为：

$$z=\gamma+\delta\ln(x-\theta) \tag{12-22}$$

$(-\infty<\gamma<\infty;\delta>0;-\infty<\theta<\infty)$

具体的模型判别和参数估计比较复杂，有兴趣的读者可以参阅本书参考文献［27］（邹远敏、波兰斯基和马森（Y. Chou，A. M. Polansky and R. L. Mason）的论文）。通过相应的统计原理和实践检验可以证明，经Johnson转换后计算所得的过程能力指数与实际值的拟合度很高，即误差很小。

例12-23（续例12-16）

假定质量标准允许的杂质含量的上限为24，已知其数据分布不为正态，试进行过程能力分析（数据列在表12-21中，数据文件：SPC _ BoxCox变换 . MTW）。

解 计算机软件MINITAB的实现方法如下：

（1）从“统计＞质量工具＞能力分析＞正态（Stat＞Quality Tools＞Capability Analysis＞Normal）”进入。

2. 指定“单列（Single column）”为“杂质含量”，指定“子组大小（Subgroup size）”为“5”。打开“变换（Transformation）”，选择“Johnson转换（Johnson transformation）”，在“规格上限（Upper spec）”中输入“24”，运行命令后得到图12-60。

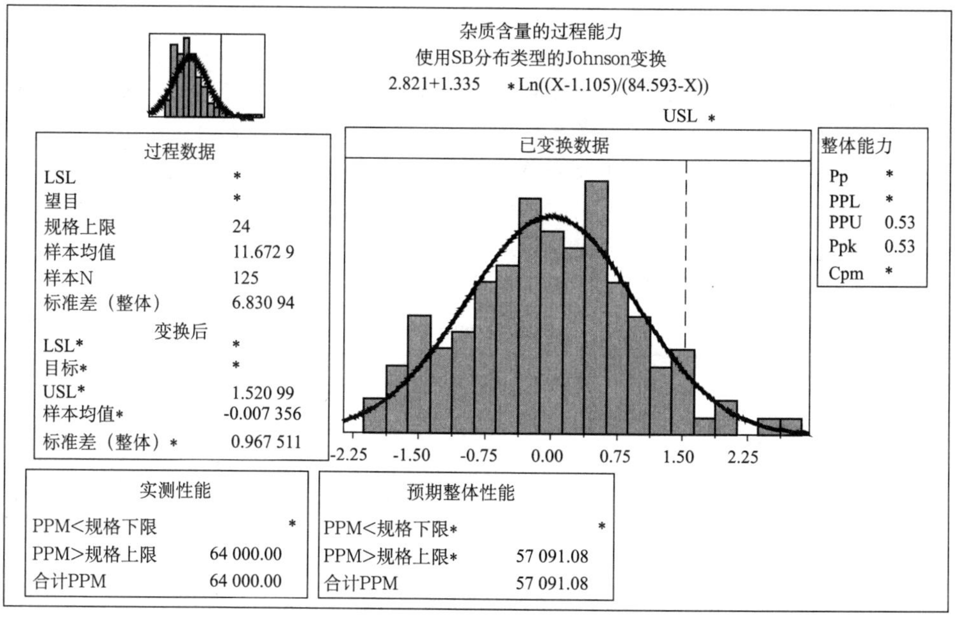

图12-60 Johnson变换法的过程能力分析

观察图12-60，同样可以获得很多信息。首先，图正中带拟合曲线的直方图是经Johnson转换后的过程数据，与左上方表示原始数据的带拟合曲线的直方图相比，正态性明显好转。其次，转换所采用的公式如图上方所示：

$2.821+1.335\ln[(X-1.105)/(84.593-X)]$

最后，从两边的及下边的数据表格中可以看到，$USL^*=1.520\,99$，$P_{pk}=0.53$，合计 ppm＝57 091.08。显然，该过程的过程能力不高，很有改进的必要。另外，也可以看出，使用非参数方法与经 Box-Cox 变换或 Johnson 变换后的计算结果相差不多，二者不需要很大样本量，而使用非参数方法需要的样本量要大得多。

12.7 统计过程控制综合应用实例

正如前文所述，控制图是用来判断过程是否稳定受控以及发现过程是否异常的重要工具。控制图的使用可以分为分析用控制图和控制用控制图两个阶段。

分析用控制图是用来确定一个初始稳定的过程，它的形成过程是先有数据点再有控制线，然后利用点在控制线范围内的分布或有否出界来判断过程是否稳定。通过对过程的改进或删除确有异因的异常点，最终可以得到一个稳定受控的初始过程。本章中 12.2 节至 12.5 节的内容都是围绕分析用控制图展开的。

在实际工作中，控制用控制图的使用更加重要，它的作用是把分析阶段得到的稳定的、符合我们要求的初始过程保持下去，真正地发挥监控作用。控制用控制图一开始常常是只有三条控制线的空白图，随着生产过程的延续，不断从生产现场采集数据往图上打点，就可以用来判断现在的过程是否与初始过程相比发生了异常变化。所以说控制用控制图的绘制过程与分析用控制图正好相反，是先有线再有点的。

下面通过一个实际案例来说明如何借助 MINITAB 软件来综合运用这些常见的统计过程控制工具。

例 12－24

一家汽车发动机制造商专业生产与发动机气缸相关的零部件，主要产品之一是缸盖曲轴，其中一个孔径必须满足［33，37］毫米的公差限。这是一个重要的技术质量指标，因此质量部经理要求现场工程师先了解一下现有的工艺流程是否稳定，是否能够稳定地达到公差限要求，如果满足前两个条件的话，还需要制定和实施下一步的控制计划。生产线上有专门的设备按照设定的频率来测量缸盖曲轴的孔径，每次会自动记录 5 个产品的数据，试用统计过程控制的工具完成此项任务（数据列在表 12－24 中，数据文件：SPC _ 综合运用 .MTW）。

表 12－24　孔径测量结果表

时间	孔径 1	孔径 2	孔径 3	孔径 4	孔径 5
9：00	35.3	35.2	35.4	34.5	34.7
9：05	33.8	36.1	36.2	34.8	34.3
9：10	35.4	34.5	35.7	35.1	35.0
9：15	36.6	36.1	35.1	35.2	34.8
9：20	35.5	34.8	35.3	34.8	35.4
9：25	35.1	34.8	34.8	35.2	35.0
9：30	35.0	34.8	35.5	35.0	33.9
9：35	34.7	35.0	34.6	35.1	34.8
9：40	34.7	34.1	35.4	34.8	34.5
9：45	35.4	36.0	34.6	34.7	34.5
9：50	34.8	34.7	35.7	35.2	35.9
9：55	34.0	35.2	34.7	34.9	35.3

续前表

时间	孔径 1	孔径 2	孔径 3	孔径 4	孔径 5
10：00	34.8	34.0	33.9	36.3	34.3
10：05	34.5	35.1	35.1	35.6	35.3
10：10	35.0	35.5	35.9	36.3	34.6
10：15	34.7	34.3	34.7	36.4	34.5
10：20	34.0	35.5	35.3	35.0	35.1
10：25	34.5	34.7	35.5	34.7	34.8
10：30	35.1	33.9	35.3	34.2	35.0
10：35	34.8	35.0	34.3	34.9	35.0
10：40	35.1	34.8	34.9	35.3	35.5
10：45	35.4	35.4	34.7	35.3	35.1
10：50	34.9	35.1	35.7	34.3	35.0
10：55	34.2	34.7	35.8	35.9	35.4
11：00	36.0	35.4	34.7	34.6	35.0
11：05	34.8	35.5	34.7	35.4	34.2

解 1. 确定初始过程是否稳定。

显然，本例适合使用均值-极差控制图，应按照分析用控制图的方法来分析判断，计算机软件MINITAB的实现过程如下：

(1) 从“统计>控制图>子组的变量控制图>Xbar-R (Stat>Control Charts>Variable Charts for Subgroups>Xbar-R)”进入。

(2) 指定“子组的观测值位于多列的同一行中 (Observations for a subgroup are in one row of columns)”为“孔径 1-孔径 5”。

(3) 在“尺度>时间>‘X 尺度’(Scale>Time>‘X Scale’)”中选择“标记 (Stamp)”，指定“标记列 (Stamp Columns)”为“时间”。

(4) 在“Xbar-R 选项>估计>‘子组大小>1’(Xbar-R Options>Estimate>‘Subgroup Size>1’)”中选择“Rbar”，在“Xbar-R 选项>检验 (Xbar-R Options>Test)”中选择“执行所有的特殊原因检验 (Perform all tests for special causes)”，运行命令后得到图 12-61。

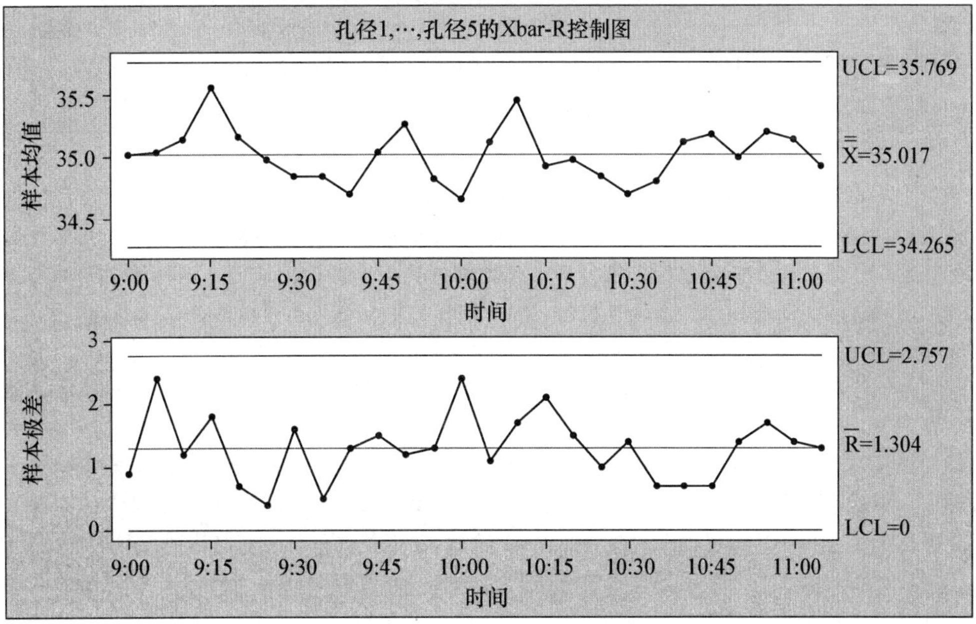

图 12-61 孔径的分析用控制图

从图 12-61 可以看出，均值图和极差图均无异常，特殊原因检验也没问题，说明过程是稳定受控的。

2. 判断过程是否达到技术稳态。

接下来可以进行过程能力分析，如果结果表明过程的能力也能满足预期要求，就可以延长此控制线进入过程控制阶段。

关于 MINITAB 软件进行过程能力分析的具体操作步骤如下：

(1) 从“统计>质量工具>统计能力>正态（Stat>Quality Tools>Capability Analysis>Normal)”进入。

(2) 指定“子组跨数列（Subgroups across rows of)”为“孔径 1-孔径 5”，在“规格下限（Lower spec)”中输入“33”，在“规格上限（Upper spec)”中输入“37”。

(3) 点击“估计”按钮，选择“估计子组内标准差的方法（子组大小>1)”为“Rbar”，运行命令后得到图 12-62。

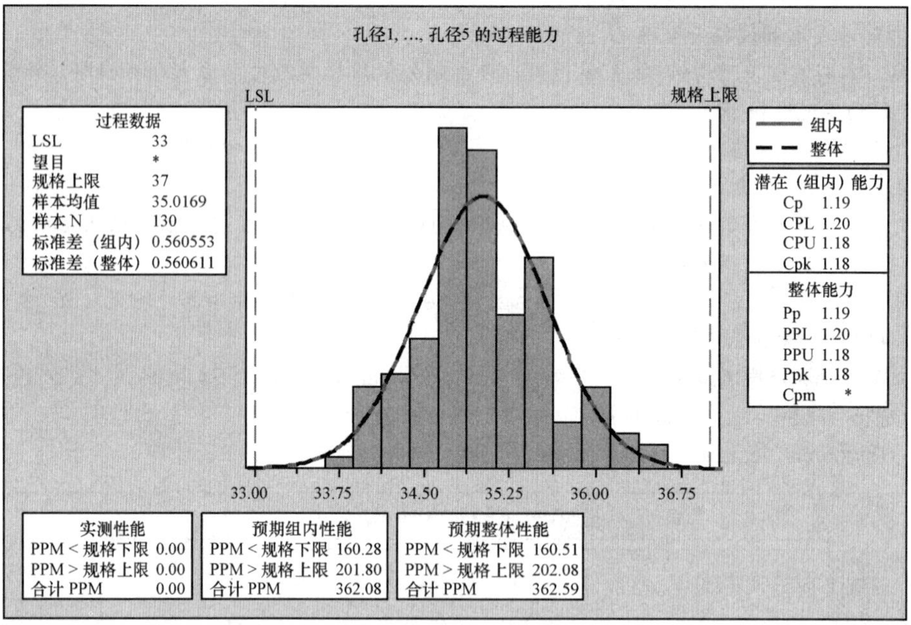

图 12-62　孔径的过程能力分析

从图 12-62 的分析结果可知：所有的过程能力指数均大于 1，说明现有的生产过程能够确保产品质量达到工程技术的要求。当然，如果按更高标准要求把不合格品率降得更低，那就需要进一步降低标准差，但这要逐步努力才能实现，目前只能维持现状。因此，我们可以把此初始状态当作以后过程控制的标准，如果按此标准进行控制，那么过程的不合格品率可以维持在 362ppm 左右。

3. 实现后续的过程控制。

经过第一阶段，我们得到了一个稳定受控的过程。经过第二阶段，我们知道过程能力也能满足要求。接下来，就需要对过程进行监控了。

控制用控制图可以用来对过程进行监控。绘制控制用控制图的关键是要事先确定控制图上的三条控制线：中心线和上下控制限。然后，只要实时采集数据往控制图上打点，根据点的走势来判断过程是否发生变异，一旦出现过大的变异应及时采取措施调整过程，就可以达到控制过程的目的了。

根据控制图的原理和 MINITAB 软件提供的功能选项，可以通过估计所选用控制图的关键统计量来达到控制用控制图的效果。

比如本例选用的是适合于计量数据的均值-极差控制图，因此对应的参数是均值和标准差。如果我们能准确地估计出稳定生产过程的均值和标准差，就可以绘制对应的控制用控制图了。

一般可以这样来估计过程的均值和标准差：均值用 $\overline{\overline{X}}$ 来估计，直接与均值控制图上的中心线位置对应，在本例中等于 35.017。标准差则可以通过 $\overline{R}/d_2$ 来计算。在本例中等于 1.304/2.326＝0.560 6。

这两个参数确定下来以后，就可以去生产线采集新生产的产品测量数据，并输入 MINITAB 数据表中（即 SPC_综合运用.MTW 中的“新孔径 1”至“新孔径 5”五列，参见图 12－64 右部），接下来就可以用 MINITAB 软件来绘制控制用控制图，具体操作步骤如下：

(1) 从“统计＞控制图＞子组的变量控制图＞Xbar-R（Stat＞Control Charts＞Variable Charts for Subgroups＞Xbar-R)”进入。

(2) 指定“子组的观测值位于多列的同一行中（Observations for a subgroup are in one row of columns)”为“新孔径 1-新孔径 5”。

(3) 在“尺度＞时间＞‘X 尺度’（Scale＞Time＞‘X Scale’)”中选择“标记（Stamp)”，指定“标记列（Stamp columns)”为“新时间”。

(4) 在“Xbar-R 选项＞检验（Xbar-R Options＞Test)”中选择“执行所有的特殊原因检验（Perform all tests for special causes)”，在“Xbar-R 选项＞参数（Xbar-R Options＞Parameters)”中输入“均值（Mean)”为“35.017”，“标准差（Standard deviation)”为“0.560 6”，运行命令后得到图 12－63。

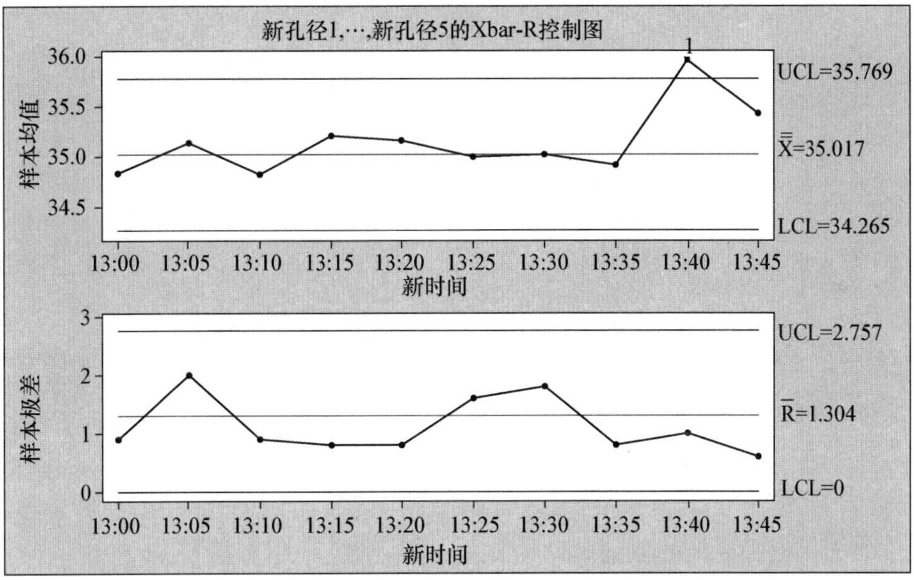

图 12－63　孔径的控制用控制图

从图 12－63 可以看出，虽然生产数据已更新，但均值图和极差图中的中心线和上下控制限依然沿用之前分析用控制图中控制线的取值。其中第 9 个数据点，即 13：40 时生产的产品测量结果超出了均值图中的上控制限，对这个点我们就要分析过程异常的原因了。这里建议大家养成一个好习惯：把生产过程中的变化点简明扼要地记录在数据后面的“备注”栏中（如 SPC_综合运用.MTW 中的 C14 列，参见图 12－64 右部），这有利于我们更快更准地找到数据点偏离控制状态的原因。

4. 流程的实时在线监控。

完成前三部分的工作后，很多企业还想进一步利用之前的工作成果，用控制用控制图的形式实现生产流程的实时在线监控。

运用 MINITAB 软件提供的一个菜单功能项，能够实现一种简易的实时控制图监控效果。

具体操作是左键单击制作完成的控制用控制图使其成为当前窗口，右键单击此图并选择“自动更新图形（Update Graph Automatically)”，然后在数据表中新添加的任意数据组都可以直接描到控制图上去了（参见图 12-64 的显示结果）。

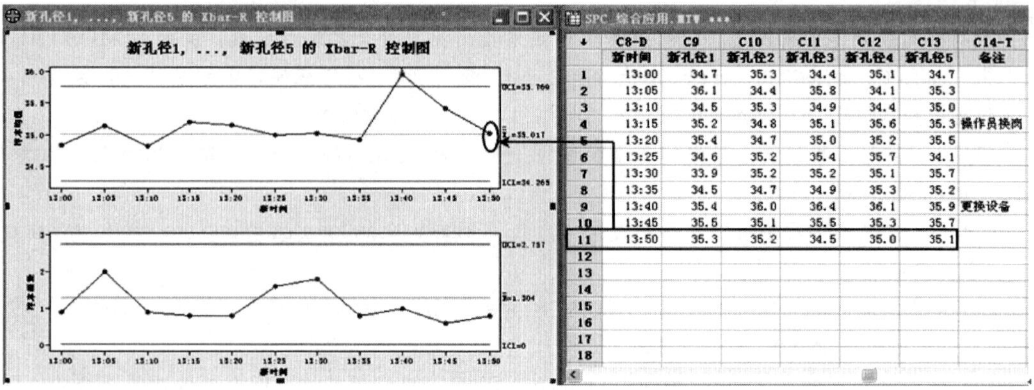

图 12-64　与数据同步更新的控制用控制图

统计过程控制在企业中的应用还有很多，有兴趣的读者可以在实际操作中领悟更多的原理知识，积累更多的实战经验。

第 13 章

试验设计

六西格玛管理通常包含五个阶段：DMAIC（界定，测量，分析，改进，控制），主要用于改进现有过程。前三个阶段是这样进行的：首先通过界定阶段，确认顾客的关键需求并识别需要改进的产品或流程，决定要进行测量、分析、改进和控制的关键质量特性（CTQ），将改进项目界定在合理的范围内；再通过测量阶段，对现有过程进行测量和评估，制定期望达到的目标及业绩衡量标准，识别影响过程输出响应变量 y 的所有有关的输入变量 x，并验证测量系统的有效性；然后通过分析阶段，经过严谨的数据统计分析确定出影响输出 y 的关键 x，即确定过程的关键影响因素。在前三个阶段获得了相应的认识后，就可以进入第四个阶段——改进阶段。该阶段主要是希望找到关键 x 的最佳设置以使过程输出 y 达到最优，使过程的缺陷或变异降至最低，寻找出最优的改进方案。

试验设计（design of experiment，DOE）方法对产生或形成最佳改进方案起着关键的作用。许多项目在形成改进方案时面临的一个重要问题是：在相当多的可能影响 y 的自变量中确定哪些自变量 x 确实显著地影响着 y，怎样去改变这些自变量 x 或如何设置这些自变量 x 的取值将会使 y 达到最佳值。这时，我们可以使用的最主要的手段和工具就是计划安排一批试验，并严格按计划在设定的条件下进行这些试验，获得新数据，然后对之进行分析，获得我们所需要的信息，从而找到改进的途径。这一整套步骤就组成了试验设计。试验设计是这样一门科学，它是研究如何以最有效的方式安排试验，通过对试验结果的分析以获取最大信息。

如上所述，DOE 所要达到的主要目的是分析出“哪些自变量 x 显著地影响着 y，这些自变量 x 取什么值时将会使 y 达到最佳值”。前面介绍的统计方法中也有与之类似目的的，那么 DOE 与前面各章介绍过的方法间有些什么关系呢?

如果我们能够利用历史数据获得一些信息，决不应轻易放弃。通常我们可以使用多元回归分析方法（详细叙述见第 9 章 9.3 节等）对历史数据加以分析，获得相应的回归方程，得到 y 与各个自变量 x 间的关系式。但这种关系的获得是“被动”的，因为我们使用的是已有的现成的数据，几乎无法控制适用范围，无法控制方程的精确度，只能是处于“有什么算什么”的状况。而在改进阶段要进行更广泛的探索，自变量常取一些过去未曾取过的值，几乎没有历史数据可用。我们面对的首要问题是如何安排试验以获得更有价值的数据，这就必然要用到新工具 DOE。当然，在计划好试验，并获得了数据之后要进行一系列分析工作，要判断响应变量 y 是否受各自变量 x 的显著影响，并进一步找出 y 与 x 之间的关系，这时就要使用方差分析和多元回归分析等统计分析方法。因此，方差分析和多元回归分析都是 DOE 分析中所使用的工具。这些工具在前面各章已有介绍，在此只需学会如何使用它们。

13.1 试验设计基础

13.1.1 试验设计中的基本术语

实际问题一般都是复杂的，任何数学模型都只是它的某种抽象概括。试验设计也不例外。我们先给出一些有关试验设计的基本概念的描述，稍后将给出一些更深入的概念的定义。

1. 因子：可控因子与非可控因子

将过程模型简化为图 13-1，其中 y_1，y_2，…，y_s 是我们关心的 s 个输出变量，这些常被称为响应变量（response）或指标。当然在一般情况下，应该同时考虑多方面指标，可是这太复杂了，我们将在 13.5 节简单叙述解决此类多指标问题的一些方法。除此之外，在本章的试验设计中，将只考虑单个响应变量的情况。

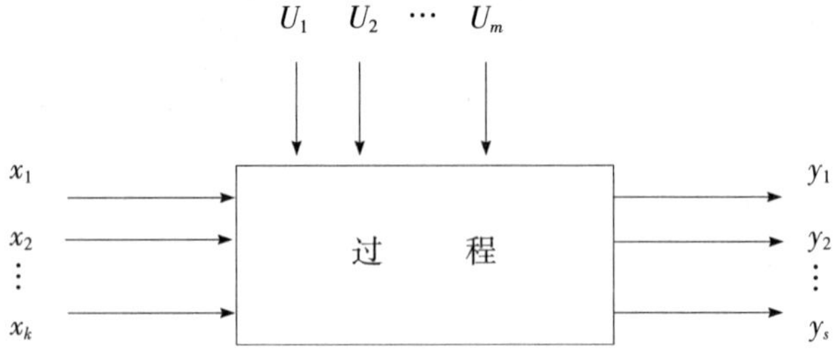

图 13-1 过程模型示意图

我们将影响响应变量的那些变量称为试验问题中的**因子**（factor）。我们假定，x_1，x_2，…，x_k 是人们在试验中可加以控制的因子（称可控因子（controlled factor）），它们是输入变量，是影响过程最终结果的。这些变量可以是连续型的（通常是这样），也可以是离散型的。影响过程及结果的变量除了这些可控因子还可能包含一些可以记录但不可控制的非可控因子（uncontrolled factor）：U_1，U_2，…，U_m，它们通常包括环境状况、操作员、材料批次等。这些变量可能取连续值，也可能取离散值。对于这些变量，通常很难将它们控制在某个精确值上，实际问题中它们确实也可能取不同的值。我们也把这些非可控因子称为噪声因子（noise factor），常把它们当作试验误差来处理。

2. 水平及处理

为了研究因子对响应的影响，需要用到因子的两个或更多个不同的取值，这些取值称为因子的**水平**（level）或**设置**（setting）。各因子皆选定了各自的水平后，其组合称为**处理**（treatment）。一个处理的含义是，各因子按照设定的水平的一个组合，按此组合我们能够进行试验并获得响应变量的观测值（当然也可以进行多次试验）。因此处理也可以代表一种安排，它比试验（trail 或 experimental run）或运行（run）含义更广泛（因为一个处理可以进行多次试验）。

3. 试验单元与试验环境

试验单元（experiment unit）指处理（即试验）应用于对象、材料或制品等载体上的最小单位。例如，按因子组合规定的工艺条件所生产的一件（或一批）产品，接受治疗的一个病人等。

以已知或未知的方式影响试验结果的周围条件，称为**试验环境**（experiment environment）。

通常包括温度、湿度、电压等非可控因子。

4. 模型与误差

考虑到影响响应变量 y 的可控因子是 x_1，x_2，…，x_k 。因此，在试验设计中建立的数学模型是：

$$y = f(x_1, x_2, \cdots, x_k) + \varepsilon \tag{13-1}$$

式中，y 是响应变量；x_1，x_2，…，x_k 都是可控因子；f 是某个确定的函数关系。式中的误差 ε 除了包含由非可控因子（或噪声）所造成的**试验误差**（experimental error）外，还可能包含**失拟误差**（lack of fit）。这里，失拟误差是指我们所采用的模型函数 f 与真实函数间的差异。试验误差与失拟误差这两种误差性质是不同的，分析时也要分别处理。有时为了简化，常假定函数关系 f 是准确的，从而可以忽略失拟误差。从上述概念中还可以看到，试验误差本身也包含了测量误差。为了不使测量误差影响分析结果，通常要在试验进行前，先进行测量系统的分析，只有测量误差满足了对测量系统的最低要求后，试验才能开始进行。有关测量系统的分析在第 11 章中已做了细致的讨论。本章介绍的分析方法都假定测量系统已经通过了合格评估，因此不再考虑测量误差。

建立模型（13－1）的重要目的是希望找到使响应变量 y 达到最优的条件。所谓**最优**，在实际工作中常常有三种不同特性要求：一种是希望 y 越大越好，称为**“望大”**；另一种是希望 y 越小越好，称为**“望小”**；第三种是希望 y 与某个目标值越接近越好，称为**“望目”**。当然，对于望目型问题，设一个新的响应变量，它的值是 y 与目标值差的绝对值或差的平方，则这样就可以将望目型问题转化为望小型问题。对于不同特性要求的响应变量，在选取试验设计方法时是有区别的，详细内容会在有关部分予以讨论。

5. 主效应和交互效应

关于各因子的效应以及两因子间的交互作用概念，已在第 10 章做了介绍。那里指出效应分为固定效应和随机效应，而实际工作中，除了变异源分析外，通常只讨论固定效应，这时对于效应的估计要由样本观测值得出，例如用样本均值估计总体的均值等，以下为叙述简洁，我们将效应的估计量简称为**效应**。我们在本章要更细致地将它们精确化、定量化。下面举一个最简单的因子设计来说明主效应和交互效应的概念及计算。

例 13－1

在合成氨生产中，考虑两个因子，每个因子皆 2 水平。A：温度，低水平为 700 摄氏度；高水平为 720 摄氏度。B：压力，低水平为 1 200 帕；高水平为 1 250 帕。以产量 Y 为响应变量（单位：kg），列表见表 13－1。

表 13－1　　可加模型数据表

B	A	
	低温	高温
低压	200	220
高压	230	250

如何分析因子 A 温度的效应呢？由于 A 处于低水平的情况（不考虑因子 B），得到的产量的平均值是 (200＋230)/2＝215kg，A 处于高水平的情况（不考虑因子 B），得到的产量的平均值是 (220＋250)/2＝235kg。产量由 215kg 提高到 235kg 完全是因子 A 的作用。这时，称因子 A 的主效应（main effect）为 235－215＝20kg。

$$A\text{ 的主效应} = [Y\text{ 的平均值}|A=\text{高}] - [Y\text{ 的平均值}|A=\text{低}] \tag{13-2}$$

同样可以算出：

因子 B 的主效应=[(230+250)/2-(200+220)/2]=240-210=30(kg)

不但如此，我们还发现，当因子 B（压力）处于高水平时，因子 A 的效应为 250-230=20kg，当因子 B（压力）处于低水平时，因子 A 的效应仍然为 220-200=20kg，二者完全相同。如果以因子 A 为横轴，以响应变量（产量）为纵轴作图（见图 13-2），可以看出，两条线是平行的。

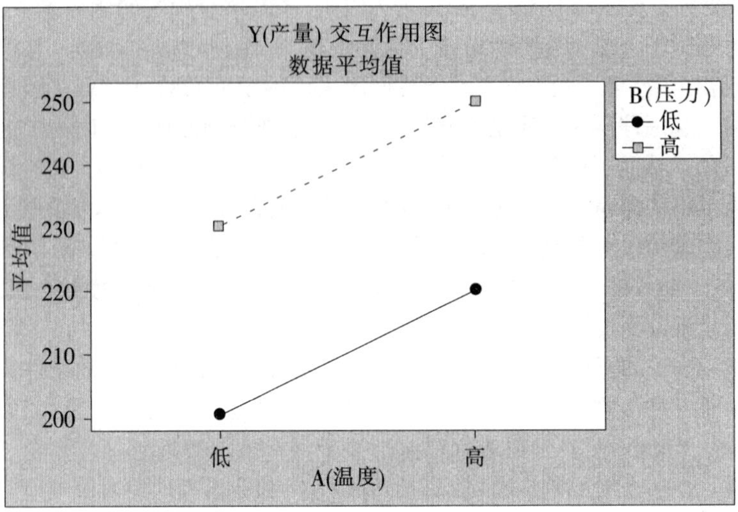

图 13-2　无交互作用时的效应图

如果数据换成另一组，见表 13-2：

表 13-2　　有交互作用的数据表

B	A	
	低温	高温
低压	200	220
高压	230	270

由于 A 处于低水平情况下产量的平均值是（200+230）/2=215kg，A 处于高水平情况下得到的产量的平均值是（220+270)/2=245kg，我们称因子 A 的主效应为 245-215=30kg。同样可以算出：

因子 B 的主效应=[(230+270) / 2 - (200+220) / 2]=250 - 210=40(kg)

我们发现，当因子 B（压力）处于高水平时，因子 A 的效应为 270-230=40kg，当因子 B（压力）处于低水平时，因子 A 的效应为 220-200=20kg，二者大不相同。仍以因子 A 为横轴，以响应变量（产量）为纵轴作图（见图 13-3），可以看出，两条线是不平行的。

定义两因子间的交互作用为：**如果因子 *A* 的效应依赖于因子 *B* 所处的水平，则称 *A* 与 *B* 之间有交互作用**（interaction）。

显然，在前组数据（见表 13-1）中，因子 A 与因子 B 没有交互作用；在后组数据（见表 13-2）中，因子 A 与因子 B 是有交互作用的。那么，如何度量交互作用的大小呢？如果没有交互作用，当因子 B 处于不同水平时，因子 A 的效应是固定不变的，因此我们要考虑的定义交互效应的出发点就是，当因子 B 处于不同水平时，因子 A 的效应到底差了多少？因此，定义交互效应（interaction effect）为下式：

AB 交互效应=[(A 的效应|B=高)-(A 的效应|B=低)]/2　　　　(13-3)

在后组数据中，交互效应 $A*B$=[(270-230)-(220-200)]/2=10kg。同样，交换 AB 顺序，

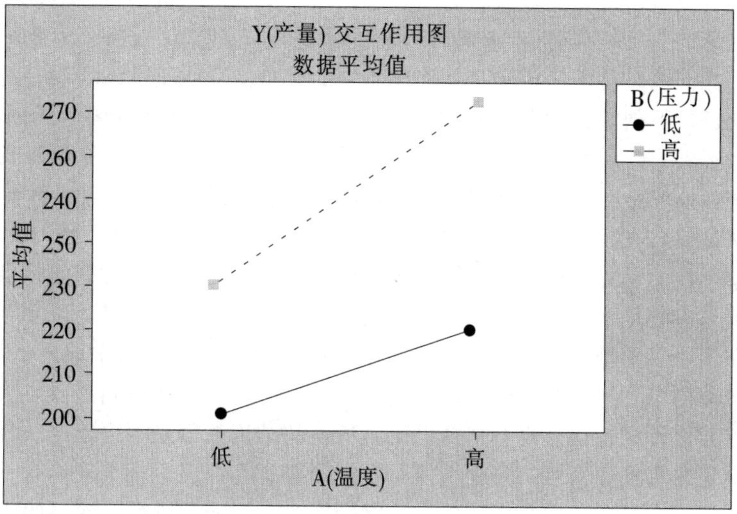

图 13-3 有交互作用时的效应图

可以得到公式：

$$BA\text{交互效应}=[(B\text{的效应}|A=\text{高})-(B\text{的效应}|A=\text{低})]/2 \quad (13-4)$$

交互效应 $B*A=[(270-220)-(230-200)]/2=10\text{kg}$，显然二者是相同的。以后，我们不再区分 $A*B$ 或 $B*A$。仔细分析式（13-3）与式（13-4）可以看出，在上述计算公式中，其实是两项同水平（皆高水平，或皆低水平）之和与两项不同水平（一高水平一低水平）之和的差值之半，也就是说，还可以得到计算交互效应的另一个变形的公式：

$$AB\text{交互效应}=[(A_{\text{高}}B_{\text{高}}+A_{\text{低}}B_{\text{低}})-(A_{\text{高}}B_{\text{低}}+A_{\text{低}}B_{\text{高}})]/2 \quad (13-5)$$

用本例数据代入，即得

$$\text{交互效应}\ A*B=[(270+200)-(230+220)]/2=10\ (\text{kg})$$

式(13-5)可以帮助我们理解在后面讲到的从正交表中直接分析交互效应的计算公式。

要注意的是，如果两个因子间存在显著的交互作用，应该将主效应和交互效应结合在一起考虑，而不能只用主效应大小作为该因子是否重要的判断依据。有时一个因子主效应很小，但只要某个含它的交互效应显著，则这个因子就是重要的，就得予以保留。

试验设计的内容中，有很大一部分是讨论因子效应的，上述有关主效应及交互效应的概念是非常重要的。

13.1.2 试验设计的基本原则

有三个基本原则在试验设计中必须考虑：**完全重复**（replication）、**随机化**（randomization）和**区组化**（blocking）。这些原则在20世纪20年代由伟大的统计学家费雪（R. A. Fisher）首先提出。当时，他在英国的Rothamsted农业试验站工作，由于农业试验规模较大，花费时间长，而且必须妥善处理田间差异等问题，他提出的这些原则获得了巨大的成功。这些原则直到现在仍然有重要的指导意义。

所谓**完全重复**是指**一个处理要施于多个试验单元**。完全重复有时也简称为“复制”“仿行”等。理论上讲，进行试验的目的就是比较不同处理之间是否有显著差异，我们这里是把一个处理所能获得的结果看成一个总体，而实际进行试验时所获得的结果是各个处理所形成的不同总体的抽样。本书前面各章（比如第5章介绍的假设检验）告诉我们，显著性检验都是拿不同总体间形成的差别与随机误差相比较，只有当各总体间的差别比随机误差显著地大时，才说“总体间的差别是显著的”，没有随机误差的估计就无法进行任何统计推断。为此，就要在试验的安排中，在处理相同的条件下一定要进行完全重复的试验，以便获得试验误差的估计。需要注意的是：一定要进行**不同单元的完全重复**（replicate），而不能仅进行**同单元的重复取样**（repetition）。换言之，一定要重新做试验即完全重复试验，而不能只是重复观测或重复取样。比如在热处理车间，研究什么样的工艺条件（加热温度、加热时间等）能使叶片弹簧的断裂强度达到最高。每次试验要在热油槽中置放100片叶片弹簧，热处理后可以测量出弹簧的断裂强度，一个试验单元指的是一个热油槽。同一个热油槽中不同的叶片弹簧间的差别是各个体间的差异，而我们要讨论的是不同的工艺条件造成的差别，因此这时的“完全重复”指的是，同一种工艺条件要在多个热油槽中进行热处理，而不能仅在同一个热油槽中取出不同的叶片弹簧。显然，同一个热油槽中不同的叶片弹簧间的差异要小，而不同热油槽间差异要大。以同单元重复取样得到的差异估计试验误差将会造成低估，所得的结论就都是不可信的。我们在试验安排中一定要包含真正的重复。当然，完全重复不一定要对所有处理全都重复，有一些方法可以节省试验次数，例如安排只在“中心点”处进行完全重复，别处只进行一次试验，这将大大节省试验费用。

随机化是试验设计的第二个原则。随机化的含义是**以完全随机的方式安排各次试验的顺序和/或所用试验单元**。这样做的目的是防止那些试验者未知的对响应变量的某种系统影响。仍以热处理试验为例，假使我们要考察热油温度（摄氏度）为700，750，800，850对断裂强度的影响。如果在整个上午按温度由低到高的顺序进行试验，会有什么问题吗？如果当天的电压有一种由高向低变化的趋势，而恰好电压的降低将导致断裂强度的降低，那么很明显，究竟是热油温度的作用还是电压的作用，是无论如何也分辨不清的。如果将这些试验顺序完全打乱，则不会再出现上述问题。随机化并没有减少试验误差本身，但随机化可以使不可控因素对试验结果的影响随机地分布于各次试验中，因此可以防止未知的对响应变量的某种**系统**影响的出现。

区组化是试验设计的第三个原则。在实际工作中，各试验单元间难免会有某些差异，如果能按某种方式把它们分成组，每组内可以保证差异较小，即它们具有同质齐性（homogeneous），而允许区组间有较大差异，将使我们可以在很大程度上消除由于较大试验误差所带来的分析上的不利影响。一组同质齐性的试验单元称为一个**区组**（block），将全部试验单元划分为若干区组的方法称为**区组化**（blocking）或**分区组**。通过在同一个区组内比较处理间的差异，就可以使区组效应在各处理效应的比较中得以消除，从而使对整个试验的分析更为有效。例如，假定在白班、夜班时段内差异不大，而白班、夜班差异可能较大，就把白班、夜班当作两个区组。这时在分析中就可以去除掉白班、夜班间差异的影响，或尽可能把试验全都安排在白班（或夜班）进行。如果分区组有效，则这种方法在分析时，可以将区组与区组间的差异分离出来，这样就能大大减少可能存在的未知变量的系统影响。这就是分区组的好处。当然，在区组内还应该用随机化的方法进行试验顺序及试验单元分配的安排。什么时候用分区组，什么时候用随机化呢？在试验设计中应遵照下列原则：**“能分区组者则分区组，不能分区组者则随机化”**（Block what you can and randomize what you cannot）。

13.1.3 试验设计的类型

根据不同的研究内容，可以对试验设计进行多种方法的分类。

根据试验的因子的个数，可以分为单因子、多因子。根据试验的目的，可以分为因子筛选设计、回归设计。在不考虑区组的设计中，常用的有完全随机化设计（complete randomized design）；在考虑区组的设计中，常用的有配对比较设计（paired comparison design）、随机区组设计（randomized block design）、平衡不完全区组设计（balanced incomplete block design）、部分平衡不完全区组设计（partial balanced incomplete block design）等。根据因子效应是固定效应还是随机效应可以分为两大类。在固定效应中，又可以分为单向分类（one-way layout）、双向分类（two-way layout）、多向分类（multi-way layout）。在随机效应中，主要是应用嵌套设计（nested design）或称方差分量模型（variance component modeling）。这些试验设计用到的理论和方法都比较复杂，用得较少，在 MINITAB 软件中也没有相应的窗口。除了单因子试验设计将在 13.2 节简单介绍外，别的内容本书就不再介绍了，本章的重点是下列几个能直接使用计算机处理的内容。

根据试验目的而分的主要是两大类：因子筛选设计及回归设计。本章开始的叙述中已经说明，我们进行试验有两个基本目的：一是明确哪些自变量 x 显著地影响着 y；二是找出 y 与 x 间的关系式，从而进一步找出自变量 x 取什么值时将会使 y 达到最佳值。第一种试验的目的是确定在相当多的自变量中，哪些自变量 x 并不显著地影响着 y，应予以删除，哪些自变量 x 显著地影响着 y，应予以保留。我们称其目的为**“因子筛选设计”**（screening design）。由于这种试验的目的是针对因子的，因此这种试验设计属于**“因子设计”**（factorial design），或称“析因设计”或“因析设计”。第二种试验的目的是确定 y 与 x 间的关系式，找出 y 对于 x 的回归方程。由于这种试验的目的是针对回归关系的，这种试验设计称为**“回归设计”**（regression design）。

当然，这两类设计也有相通之处。一方面，筛选因子的方法其实也是先建立一个 y 与 x 间的简单的线性回归方程，然后根据各项系数的显著性来筛选（详细叙述参见 9.3 节多元线性回归分析）。这里要注意的是，我们在试验设计中所说的线性已经与通常数学概念中的线性有所不同：在试验设计中的线性指的是在回归方程中除了可以包含各自变量的一次项外，还允许包含有两个或多个自变量的乘积项，例如可以含有 x_1x_2，$x_1x_2x_3$ 等，而通常的数学概念中的线性是不允许包含这些项的。在建立了线性回归方程后，除了可以判断变量是否显著外，对于求最大值或最小值的问题也可以求出最佳值，以及达到此最佳值的自变量的最佳设置（通常在试验区域端点），这在实际工作中通常也是有用的。总之，筛选变量也是通过建立回归方程实现的。另一方面，建立了回归方程，仍然可以在方程中判断是否存在效应不显著的因子，可以剔除它们，达到筛选因子的目的。因此，因子设计和回归设计间确有相通之处：它们都要建立回归方程。但因子设计只要线性的，而这里的回归设计指的是二阶的。总的说来，筛选的要求是较粗糙的，试验次数较少；建立回归曲面方程要求就细致多了，试验次数要大增。在因子设计中，又可以按因子水平的个数分为 2 水平因子设计、3 水平因子设计和混合水平因子设计。实践证明：在因子设计中，使用 2 水平正交试验法，再加若干中心点的设计方法最简单有效，因此本书只介绍 2 水平的试验设计。再细分，因子设计中又有**全因子设计**（full factorial design）和**部分因子设计**（fractional factorial design）两大类，将在本章的 13.3 和 13.4 两节中分别加以介绍。对于回归设计，我们也以建立二次回归方程为主要工具，介绍**响应曲面方法**（response surface methodology，RSM），这部分内容将在 13.5 节详细介绍。

另一类很重要的试验目的是寻求系统的**稳健性**（robust）。所谓稳健性，是指系统的抗干扰能力要强，即当系统受到难以控制的因子（或称为“噪声”）的严重影响时，系统输出的**变异**（variation）要足够小。为做到这一点，我们尽量选择那些使系统对噪声变化不敏感的控制因子的某种水平的组合来达到目的，这就是**稳健参数设计**（robust parameter design）。在国内，这类设计常称为“田口参数设计方法”。这类问题在六西格玛改进工作中是有重要意义的，将在13.6节中介绍。

如果讨论的是配方问题，例如在橡胶、造纸、药品生产等行业中，我们研究的是在整个产品中各个分量所占的比率问题，显然，这些比率的总和应该为100%。研究这类问题的试验设计称为**“混料设计”**（mixture design），将在13.7节中简要介绍。

13.1.4 试验设计的策划与安排

人类认识自然界的过程是个循序渐进的过程。一般地，先根据已有的知识提出某种设想，设计一个试验去验证或否定它，从试验中获得的数据帮助人们验证或修正初始的设想，然后又提出一个更新更深入的设想，再设计新的试验。这个反复的过程会一直持续下去，直到形成较为完整的理论结果为止。我们进行试验也是一个学习的过程，不可能一蹴而就。我们不要企图“毕其功于一役”，进行一次试验就结束战斗。一般来说，试验要进行好几批，通常采用下面几个步骤。

1. 用部分因子设计进行因子的筛选

最开始，情况不很清楚，考虑到影响响应变量的因子个数可能较多（大于或等于5），这时应在较大的试验范围内，先进行因子的筛选，通常应使用部分实施的因子试验设计法，这样获得的结果可能较为粗糙，但试验次数可以大大节省，筛选的目的能够达成就行了。如果认为部分实施的因子试验费用仍然太昂贵，则可以使用试验次数更少的Plackett-Burman设计方法或均匀设计等方法筛选因子，Plackett-Burman设计方法的详细内容见13.4.4节。

2. 用全因子试验设计法对因子效应和交互作用进行全面分析

当因子的个数被筛选到少于等于5个之后，可以进一步在稍小范围内进行全因子试验设计以获得全部因子效应和交互作用的准确信息，并进一步筛选因子直到因子个数不超过3个。

3. 用响应曲面方法（RSM）确定回归关系并求出最优设置

当因子个数不超过3个时，我们就有条件采用更细致的响应曲面设计分析方法，在包含最优点在内的一个较小区域内，对响应变量拟合一个二次曲面函数，从而可以得到试验区域内的最优点，但这种方法通常只对望大或望小特性的响应变量特别有效，因为对于望目特性的响应变量满足望目条件的解通常有无穷多个，响应曲面分析无法提供进一步的选择。

4. 用稳健参数设计方法（田口设计）寻求望目特性的最优设置

如果试验目的是寻求望目特性响应的最优解，则最好采用稳健参数设计方法。虽然试验次数比RSM稍多，但此种方法很有效。

以上是典型的步骤，在实际工作中，可能跳过某个环节，也可能在某个步骤上反复进行好几次。总之，要不断地筛选因子，不断调整试验的范围和选择因子试验水平，经过几轮试验后才能最终达到试验的总目标。

13.1.5 试验设计的基本步骤

粗略地说，试验设计包含**计划**、**实施**及**分析**三个阶段。

1. 计划阶段

这里又可以分为下面几个步骤：

(1) 阐述目标。所有团队成员都要投入讨论，明确目标及要求。究竟是为了筛选因子还是为了找寻关系式？最终要达到什么要求？

(2) 选择响应变量。在一个试验中若有多种响应，则要选择起关键作用的且最好是连续型指标作为响应变量。如果只能度量出二元响应（成功、失败），则使分析变得困难得多而且需要大大增加试验次数（详见 13.3.4.5 节）。

(3) 选择因子及水平。用流程图及因果图先列出所有可能对响应变量有影响的因子清单，然后根据数据和各方面的知识及专业经验，也可以借助些工具，比如 FMEA 等进行细致分析并作初步的筛选。不能确定该删除者就应该保留（“宁多毋漏”）。对于水平的选择也要仔细处理，一般来说，各水平的设置应足够分散，这样效应才能检测出来，但也不要太分散以至于将各种其他的物理因素都包括进来，这会使统计建模和预测变得困难。在实际工作中，选择因子及水平才是真正最关键的工作。

(4) 选择试验计划。根据试验目的，选择正确的试验类型，确定区组状况、试验次数，并按随机化原则安排好试验顺序及试验单元的分配，排好计划矩阵（planning matrix）。

2. 实施阶段

严格按计划矩阵的安排进行试验，除了记录响应变量的数据，还要详细记录试验过程的所有状况，包括环境（气温、室温、湿度、电压等）、材料、操作员等。试验中的任何非正常数据也应予以记录，以便后来分析时使用。

3. 分析阶段

对数据的分析方法应与所应用的设计类型相适应。分析中应包括拟合选定模型、残差诊断、评估模型的适用性并设法改进模型等。当模型最终选定后，要对此模型所给出的结果做必要的分析、解释及推断，从而获得重要因子的最佳设置及响应变量的预测。当认定结果已经基本达到目标后，给出**验证试验**（confirmation run）的预测值，并做验证试验以验证最佳设置是否真的有效。关于分析阶段的具体方法和所使用的统计工具请参见以后各节的详细叙述。

13.2 单因子试验设计

单因子试验在实际工作中可经常遇到，它比较简单，但其所用到的方法和理论在多因子试验中也会遇到。

单因子试验通常有两个目的：一是比较因子的几个不同设置间是否有显著差异，如果有显著差异，哪个或哪些设置较好；二是建立响应变量与自变量间的回归关系（通常是线性、二次或三次多项式），判断建立的回归关系是否有意义。下面就分别介绍这两种要求。

13.2.1 单因子试验设计

我们先举一个实例。

例 13-2

在焊接工序中希望比较 4 种不同烘烤时间所得到的拉拔力是否相等。将 20 个未焊部件用随机序编好顺序号，再采用随机抽取方法，在 4 种时间各选用 5 个未焊部件，按随机顺序号在烘箱焊接。获得单向分类设计拉拔力数据表见表 13-3（数据文件：DOE _ 拉拔力（单因子）.MTW）。

表 13-3　　单因子试验设计拉拔力数据表　　单位：N

时间（毫秒）	5	5.5	6	6.5
未焊部件 1	86.5	94.3	89.6	86.4
未焊部件 2	92.0	93.3	94.2	87.9
未焊部件 3	85.2	92.0	90.8	90.6
未焊部件 4	87.9	89.8	92.7	84.5
未焊部件 5	86.0	92.5	90.9	88.4

试比较不同的焊接时间是否对焊件的拉拔力有显著影响。

解　本试验是单因子试验，我们只有“时间”这个因子，它取 4 个水平（即 4 种不同的焊接时间），这就是单因子试验设计，有时也称作**单向分类设计**。每种焊接时间进行 5 次焊接试验，这就是**完全重复**，在安排试验时，采用了随机化方法，在**试验单元**（每个未焊部件是一个单元）及**顺序号**两方面皆采用了随机化处理。选取的 4 种焊接时间是固定的，假定在各固定的焊接时间条件下的焊件的拉拔力之平均值为固定的常数，要比较这些平均值，确定哪个条件下的焊件的拉拔力的平均值最大，各条件下的平均值是否有显著差异等，这是**固定效应**的问题。因此可以直接采用单因子方差分析法（one way ANOVA）。

在进行单因子方差分析前，先要验证三个前提条件：

(1) 各组内数据相互独立。

(2) 各组数据皆为正态分布。

(3) 各组数据的方差相等。

各组数据较少（每组只有 5 个数据），独立性可以从宽。正态性容易验证，本处从略。为验证三个前提条件是否成立，也常通过残差诊断来进行。

对于方差相等性，这里要检验的假设是：

$$H_0: \sigma_1^2=\sigma_2^2=\sigma_3^2=\sigma_4^2 \leftrightarrow H_1: \text{至少一对 } \sigma_i^2 \neq \sigma_j^2$$

从“统计>方差分析>等方差检验（Stat>ANOVA>Test for Equal Variances）”入口；在“响应(Response)”处输入“拉拔力”，在“因子（factor)”处输入“焊接时间”，则可以得到图 13-4。

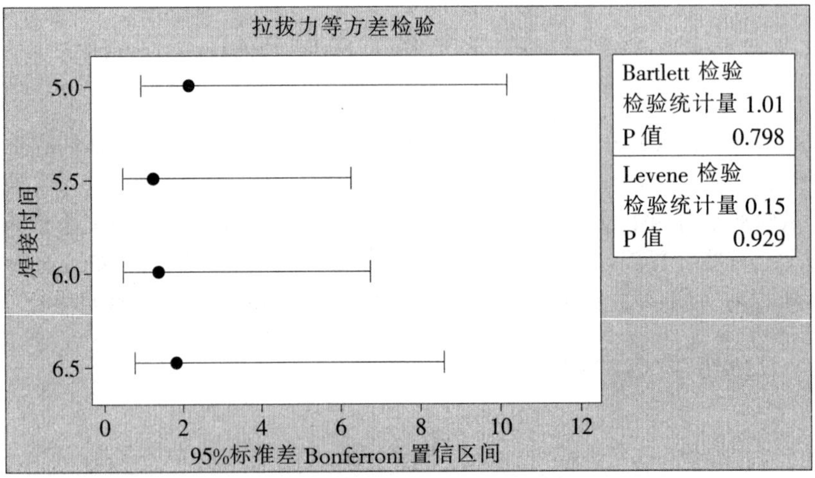

图 13-4　不同焊接时间的焊接拉拔力等方差检验图

由图 13-4 所得结果容易看出，Bartlett 检验得到 p 值为 0.798，无法拒绝原假设，即可以认为 4 个总体的方差是相等的。

对于均值的相等性检验，这里要检验的假设是：

$$H_0:\mu_1=\mu_2=\mu_3=\mu_4 \leftrightarrow H_1:至少一对\ \mu_i\neq\mu_j$$

使用 MINITAB 软件，可以从“统计＞方差分析＞单因子（Stat＞ANOVA＞One Way）”入口；在“响应（Response）”处输入“拉拔力”，在“因子（Factor）”处输入“焊接时间”；打开“图形（Graph）”窗，选中“数据箱线图（Data Box Plot）”及“四合一（Four in One）”，并在“残差与变量（Residual and Variable）”处输入“焊接时间”。打开“比较（Comparision）”窗，选中“Tukey，整体误差率（Tukey，Family Error Rate）”为 5%，则计算后可以得到下列结果及箱线图（见图 13-5）以及残差图（从略）。由于这些内容在第 5 章已经做了详细介绍，本处只叙述一些结论。

```
单因子方差分析：拉拔力与焊接时间
来源        自由度    SS       MS      F      P
焊接时间      3     101.28   33.76   7.28   0.003
误差         16      74.16    4.63
合计         19     175.44

S = 2.153    R-Sq = 57.73%    R-Sq（调整） = 49.80%

水平   N    均值     标准差     均值（基于合并标准差）的单组 95%置信区间
                               ---------+---------+---------+---------+-
5.0    5   87.520    2.690     (-------*-------)
5.5    5   92.380    1.684                 (--------*-------)
6.0    5   91.640    1.809           (--------*-------)
6.5    5   87.560    2.279     (-------*-------)
                               ---------+---------+---------+---------+-
                                      87.5      90.0      92.5      95.0

合并标准差 = 2.153
使用 Tukey 法对信息进行分组
焊接
时间   N    均值     分组
5.5    5   92.380    A
6.0    5   91.640    A
6.5    5   87.560    B
5.0    5   87.520    B
不共享字母的均值之间具有显著差异。

Tukey 95% 整体置信区间
焊接时间 水平间的所有配对比较
单组置信水平 = 98.87%
焊接时间 = 5.0 减自：
焊接
时间    下限     中心     上限    -------+---------+---------+---------+--
5.5    0.961    4.860    8.759                (-------*-------)
6.0    0.221    4.120    8.019              (-------*-------)
6.5   -3.859    0.040    3.939        (-------*-------)
                                  -------+---------+---------+---------+--
                                      -5.0       0.0       5.0      10.0

焊接时间 = 5.5 减自：
焊接
时间    下限     中心     上限    -------+---------+---------+---------+--
6.0   -4.639   -0.740    3.159         (-------*-------)
6.5   -8.719   -4.820   -0.921   (-------*-------)
                                  -------+---------+---------+---------+--
                                      -5.0       0.0       5.0      10.0
```

```
焊接时间 = 6.0 减自:
焊接
时间    下限     中心     上限   -------+---------+---------+---------+--
6.5   -7.979  -4.080  -0.181  (-------*-------)
                               -------+---------+---------+---------+--
                                   -5.0      0.0       5.0      10.0
```

这里要检验的假设是：

$$H_0:\mu_1=\mu_2=\mu_3=\mu_4 \leftrightarrow H_1:\text{至少一对 } \mu_i \neq \mu_j$$

由ANOVA结果中可以看出，组内差（随机误差）离差平方和为74.16，自由度为16；组间差（焊接时间差异）离差平方和为101.28，自由度为3，算得F值为7.28，其p值为0.003，显然应拒绝原假设，即应认为不同焊接时间之间的拉拔力有显著差异。

计算中还输出拉拔力的箱线图（见图13-5）。

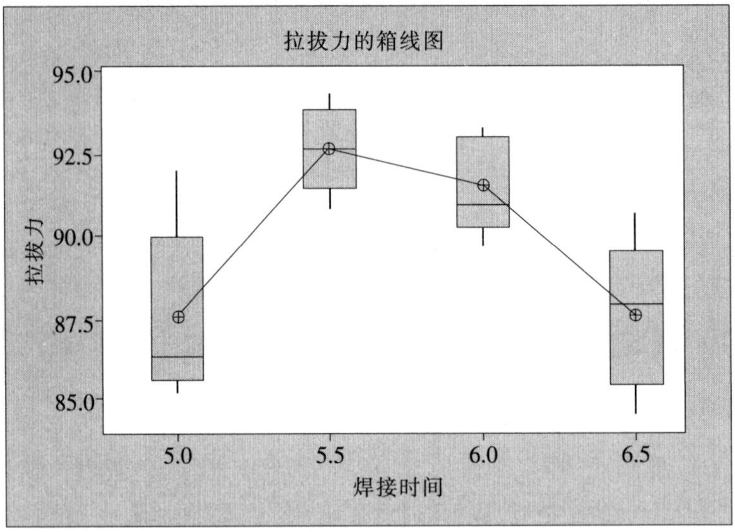

图13-5 不同焊接时间的焊接拉拔力比较图

从图中明显看出，4种不同焊接时间下的拉拔力之间有显著差异。

本例的分析只是方差分析法的一次运用，但我们在安排试验时注意到了试验设计的随机化及完全重复两条原则。实际上，如果不能假定所有20个未焊部件性能基本相同，那就必须再安排划分区组，这里就不再讨论了。

在断言各组间有显著差异后，一个很自然的问题就是要回答：究竟哪些组间有显著差异，而哪些组间没有显著差异？这就要用到多重比较（multiple comparison）的统计方法（见5.5.2节）。

由上述计算结果可以看出，焊接时间在5.5及6.0（毫秒）时拉拔力最大，而且二者间无显著差别；焊接时间在5.0与6.5（毫秒）时拉拔力最小，而且二者间无显著差别；两组间的差异是显著的。从残差的图形中可以看出本数据与方差分析所需三个前提条件符合良好，各残差图皆正常，故本处将残差图略去。

13.2.2 多项式回归

通常单因子试验的第二个目的是希望建立响应变量与因子（自变量）间的回归关系。下面先看一个例子。

例 13-3

热处理工序中的油温将影响合金钢丝的弹性模量。试验油温（单位:℃）采用 800，820，840，860，热处理后各抽取 3 根钢丝，将钢丝的弹性模量（单位：N/mm²）记录下来，得到下列数据（见表 13-4，数据文件：DOE_弹性（单因子）.MTW)。

表 13-4　　油温度与弹性模量数据表

温度	800	820	840	860
钢丝 1	203	210	216	214
钢丝 2	204	215	219	209
钢丝 3	206	212	213	212

试建立弹性模量与温度间的回归方程。

解　由于只有一个自变量，从“统计>回归>拟合线图（Stat>Regression>Fitted Line Plot)”入口；在“响应（Response)”处输入“弹性模量”，在“预测变量（Predicted Variable)”处输入“温度”；在“回归模型类型（Regression Model)”处选中“线性”；打开“图形（Graph)”窗，选中“四合一（Four in One)”，并在“残差与变量（Residual and Variable)”处输入“温度”，则可以得到图 13-6 以及残差图（见图 13-7 及图 13-8)。

从图 13-6 及图 13-8 中可以看出，数据明显有弯曲趋势，应拟合更高阶回归方程。

由于自变量取值已达到 3 个以上的值，因此可以拟合二次函数，同样从“统计>回归>拟合线图（Stat>Regression>Fitted Line Plot)”入口，在“回归模型类型（Regression Model)”处选中“二次（Quadratic)”，可得图 13-9。

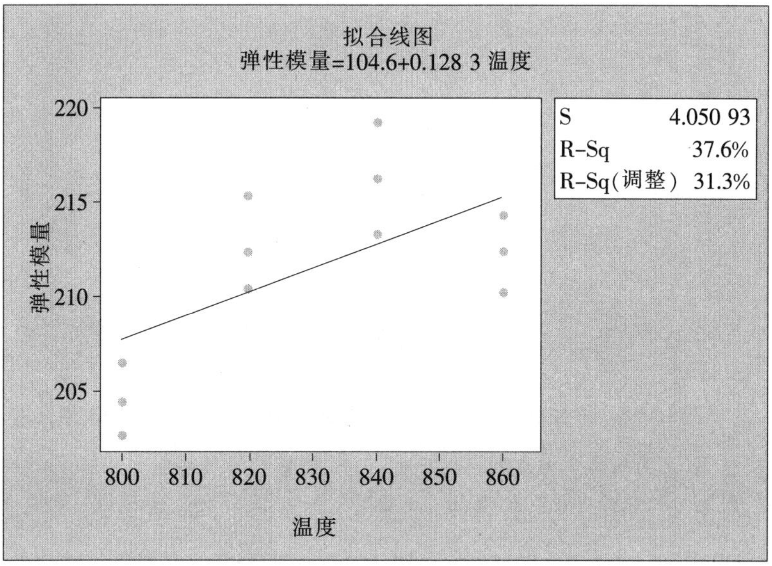

图 13-6　热处理油温与弹性模量线性回归关系图

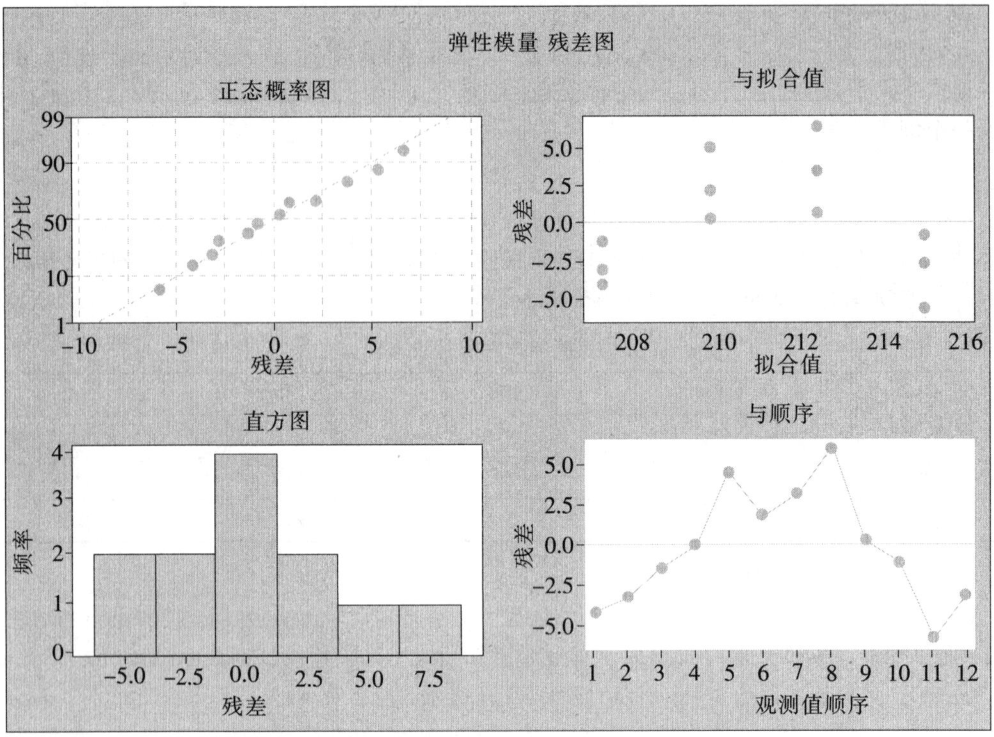

图 13-7　弹性模量与油温回归分析四合一残差图

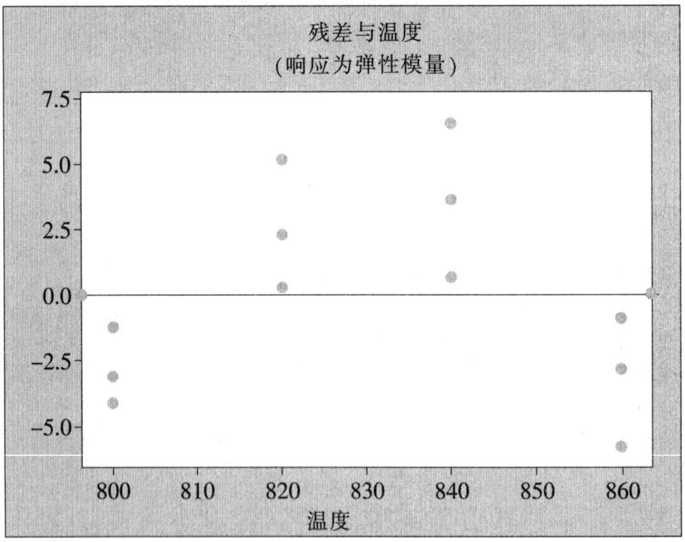

图 13-8　弹性模量与油温线性回归分析中对于自变量的残差图

在四合一残差图(此图从略）中看到一切正常,而对自变量的残差图（见图 13-10）也无任何有规律性的趋势，因此回归分析可以到此为止（如果图 13-10 呈现S或反S形，则要考虑增加为三次回归）。

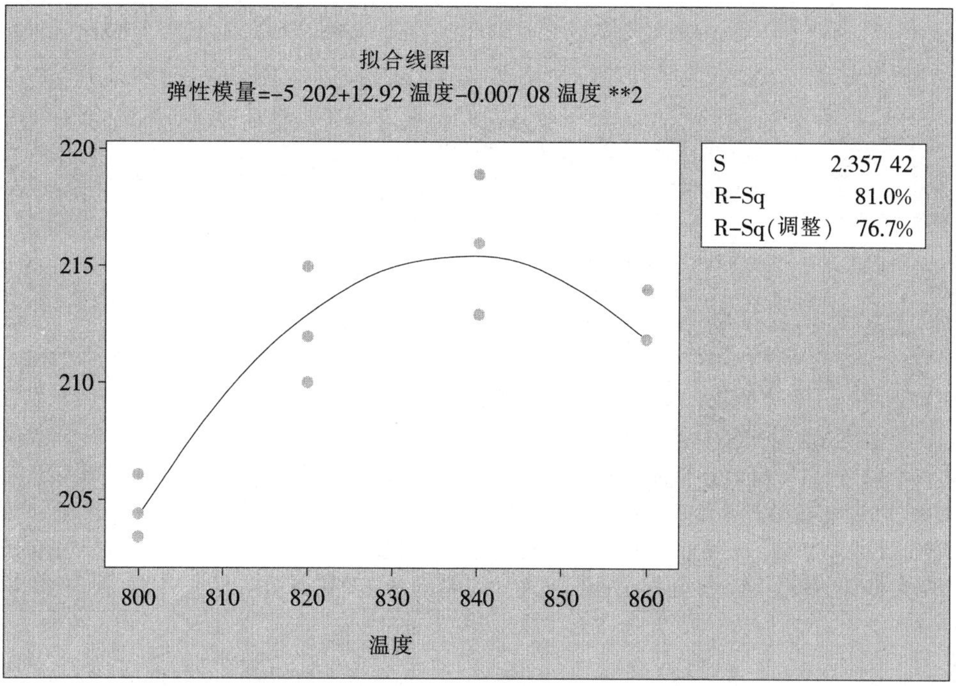

图 13-9　热处理油温与弹性模量二次回归关系图

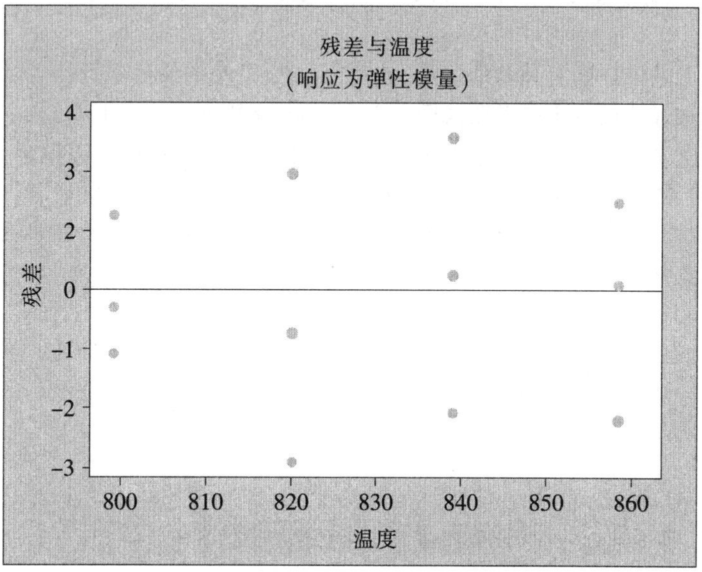

图 13-10　弹性模量二次回归分析中对于自变量的残差图

计算结果如下：

```
多项式回归分析：弹性模量与温度
回归方程为
弹性模量 = -5 202 + 12.92 温度 - 0.007 708 温度 * * 2
S = 2.357 42   R-Sq = 81.0 %   R-Sq（调整） = 76.7 %
```

方差分析

来源	自由度	SS	MS	F	P
回归	2	212.900	106.450	19.15	0.001
误差	9	50.017	5.557		
合计	11	262.917			

方差的序贯分析

来源	自由度	SS	F	P
线性	1	98.817	6.02	0.034
二次	1	114.083	20.53	0.001

先看 ANOVA 表中的总效果。建立假设检验：

H_0:模型无效 ↔ H_1:模型有效

本例中，“回归”项的 p 值为 0.001，可见模型是显著的。ANOVA 表下方是将回归按“线性”和“二次”分开列出的计算结果，从中可以看到：

线性（Linear）项，p 值为 0.034，可见线性趋势是显著的。

二次（Quadratic）项，p 值为 0.001，可见二次项趋势也是显著的。

中学代数中有这样的结论，对于一元二次方程 $y=ax^2+bx+c$，若 $a>0$，则 y 有极小值，若 $a<0$，则 y 有极大值，且极值在 $x=-\frac{b}{2a}$ 处达到。仔细分析本例的回归方程式

弹性模量＝－5 202＋12.92 温度－0.007 708 温度＊＊2

可以求出弹性模量的最大点在温度 $x=-\frac{b}{2a}=\frac{12.92}{2\times 0.007\,708}=838$ 处达到。

上述方法还可以推广到更高阶的情形。为了让回归方程中的各项保持独立以便于检查各项效应的显著性，最好选用**“正交多项式回归”**（orthogonal polynomial regression）。另外，从拟合多项式的阶数上说，一个因子取了 k 个水平，对于所获得的数据可以拟合一个 $k-1$ 阶多项式，但实际上，4 次以上的多项式一般是不使用的。表面上看，次数增高可以使“拟合效果更好”，但这样的拟合模型缺乏好的预测能力，因为这时估计和预测值的方差都变大了。在回归分析中，这类现象称为**“超拟合”**（over fitting）。我们应尽量避免这种情形的出现。如果低次多项式与数据确实拟合不好，可以采用**“样条回归”**（spline regression）或分段样条回归的方法，先将整个区域分为若干小区间，在每个小区间上拟合最高 3 次多项式，然后将这些多项式拼接修补在一起，形成一个在整个区域上光滑的函数或曲面。这些需要专门的工具，这里就不多介绍了。

13.3 全因子设计

“全因子试验设计”（full factorial design）的定义是：所有因子的所有水平的所有组合都至少要进行一次试验的设计。由于包含了所有的组合，全因子试验所需试验的总次数会较多，但它的优点是可以估计出所有的主效应和所有的各阶交互效应。所以在因子个数不太多，而且确实需要考察较多的交互作用时，常常选用全因子设计。

全因子试验法的思想很简单，用全面搭配的方法来安排试验也是容易实现的，因此全因子设计的计划阶段很容易。我们重点讨论分析阶段。我们强调的是如何使用统计分析工具以获得

更多的有用信息。实际上，不使用统计分析工具，即使是用全面搭配的方法来安排试验，在拿到试验结果后，也只是从中挑选那个最优值就结束，浪费了大量的有用信息。试验设计的统计分析方法不但能从试验结果中找到最优值，而且可以判明哪些因子影响显著，哪些因子影响不显著，还可以得到有关的变化规律，预测将要达到的最佳值是多少和这个最佳值将在什么范围内波动。这些就是统计分析方法的威力。

当因子水平超过 2 时，由于试验次数随因子个数的增长而呈指数级增长，因而通常只做 2 水平的全因子试验。如果确实需要做 3 水平或更多水平全因子试验时，计算机软件中也有与 2 水平完全相同的试验设计及分析方法，本节对此不再单独叙述。但通常认为，加上了中心点之后的 2 水平试验设计在工程实践中已经足够，在相当大程度上它可以代替 3 水平的试验，而且分析简明易行，现已普遍使用。

13.3.1　2 水平全因子试验概述

将 k 个因子的 2 水平的全因子试验记为：$\mathbf{2^k}$ **试验**。这是整个全因子试验的记号，而不仅仅是试验次数。当然，2^k 从数值上看也恰好是 k 个因子的 2 水平的全因子试验所需要的最少试验次数。这对理解下节部分因子试验设计的记号是有用的。

1. 试验目的

什么时候需要进行 2^k 试验呢？一般来说，进行任何试验都要进行好几批，大约是：先用部分实施的因子设计进行因子的筛选，让因子个数最后不超过 5 个，然后用全因子试验设计进行因子效应和交互效应的全面分析。进一步筛选因子直到因子个数不超过 3 个时，则最后可以用响应曲面方法（RSM）确定回归关系并求出最优设置。因此，部分因子试验通常只是为了筛选因子，可以稍粗糙些，因而试验次数也较少些；而响应曲面试验设计是为了得到包含平方项的非常精细的回归方程，试验次数最多，因而只对较少因子（个数≤3）有实际意义。全因子试验既不像部分因子试验，也不像响应曲面试验设计，它可以兼有筛选因子和建立回归方程（当然只是线性方程）两方面目的。全因子试验可以分析出所有因子主效应和各因子间的所有各阶交互作用的效应，回归方程中将包含全部一次项和各因子的乘积项，试验次数也较适中，可以适用于因子个数不超过 5 的情况。由于全因子试验设计方法和理论是理解部分实施因子试验方法和响应曲面试验设计方法的基础，因此本节详细介绍全因子试验设计。

2. 正交试验设计概念

早在 20 世纪 20 年代，著名统计学家费雪在农田试验中就使用正交试验方法来安排试验，与他同时期的耶茨（F. Yates）及芬尼（D. J. Finney）也在分区组、随机化、重复试验以及正交性等方面做出了卓越贡献。到了 40 年代，印度统计学家劳（C. R. Rao）首先提出正交阵列这种更广泛的设计理念，其强度为 2 的特例就是现在常常使用的“正交试验设计”。50 年代起，博克斯（G. E. P. Box）系统地发展了正交试验设计方法，使此设计方法不仅仅限于处理的比较，而且更系统地讨论了如何用序贯试验设计的方法改进流程。与此同时，日本的田口玄一（G. Taguchi）博士大力推广正交试验设计方法到实际应用部门，并在 70 年代提出了稳健参数设计方法（当时他自己称为“线外质量管理”）。这些都是我们现在应该掌握的统计工具。

我们回到例 13－1，这里考虑两个因子，每个因子皆 2 水平。A：温度，低水平为 700 摄氏度（记作“－1”）；高水平为 720 摄氏度（记作“＋1”）。B：压力，低水平为 1 200 帕（记作“－1”）；高水平为 1 250 帕（记作“＋1”）。以产量 Y 为响应变量（单位：kg），试验结果原列在表 13－2 中，按因子排好后，写成表 13－5 的形式。

表 13-5　　正交试验结果数据表

编号	A 温度	B 压力	AB	产量
1	+1（720）	+1（1 250）	+1	270
2	−1（700）	+1（1 250）	−1	230
3	+1（720）	−1（1 200）	−1	220
4	−1（700）	−1（1 200）	+1	200
M+	490	500	470	
M−	430	420	450	
m+	245	250	235	
m−	215	210	225	
效应	30	40	10	

表中的前两列 A，B 是因子安排的代码计划（只有“＋1”及“－1”），第 3 列只是形式上 A 与 B 代码的乘积。计算 A 因子的主效应时，将 A 列上对应于“＋1”的 Y 值求和（M＋＝270＋220＝490），将 A 列上对应于“－1”的 Y 值求和（M－＝230＋200＝430），除以样本量后可得 A 在“＋1”时的平均值（m＋＝245）和在“－1”时的平均值（m－＝215）；二者之差即为因子 A 的主效应（30）。同样可以求出因子 B 的主效应（40）。这些与用式（13-2）计算结果相同。对于 A 与 B 的交互作用项可以用同样的办法进行，结果得到 AB 交互效应为 10，这就是用式（13-5）计算的表格化结果。

从上面这段分析可以看出，当我们按正交表的格式安排试验将使实施计划简化，使主效应和交互效应的计算简化。这就是正交设计“均衡分散，整齐可比”的优点。以上这些内容不难推广到更多因子的情形，在此不再赘述。

3. 试验的安排、中心点的选取及随机化排序

对于全因子试验的安排，道理上是很简单的，但实际使用时要注意考虑如何在试验设计中贯彻三个基本原则：完全重复试验、随机化和划分区组。

如何实现“完全重复试验”呢？一种办法就是将每一个试验条件都重复 2 次或更多次，这样做的好处是对于试验误差估计得更准确了，但代价却是大大增加了试验次数因而增加了试验成本。另一种更巧妙的办法就是只在“中心点”处安排重复试验，通常是在中心点重复做 3 次或 4 次试验。

所谓中心点，在所有因子都是连续变量时容易找到，那就是各因子皆取其高水平与低水平的平均值。如果因子全部是离散型变量时，可以选取它们各种搭配中的一个组合作为“伪中心点”；如果因子中既有连续型变量又有离散型变量时，则可以对连续型变量选取其平均值，离散型变量选取一个组合作为“伪中心点”（这时不必要求试验的“平衡”，强调的是确实要有“完全重复”）。

选取“中心点”并在此处安排重复试验的好处，主要是为了进行相同条件下的完全重复，因而可以估计出试验误差即随机误差。另外，由于每个连续型因子的取值原来只有 2 个值（高水平及低水平），现在增加到了 3 个值，因而增加了对于响应变量可能存在的弯曲趋势估计的能力，这也是简单全面重复所不能达到的效果。而且，在把因子点试验的顺序随机化之后，如果再把在中心点处所进行的 3 次或 4 次试验安排在全部试验的开头、中间和结尾，那么这几个点的试验结果间只应存在随机误差。如果这几个试验结果呈现非常明显的上升、下降或其他不正常的趋势，则有可能帮助我们发现在试验过程中出现的不正常状况。这里我们要明确的是取

中心点的最根本目的是估计随机误差，而不是用来参加对模型各系数（包括对常数项）的估计，这在用 MINITAB 软件计算时要与另一种估计回归方程的用途区分开来。

总之，安排每个因子取 2 水平，再加上中心点，则可以构成较好的全因子试验安排。在 13.4 节的部分因子试验中，可以采用相同方法安排中心点。

4. 代码化及其计算

无论我们试验的目的是筛选因子还是建立关系式，都要建立回归方程。那么，是对原始的自变量数值直接进行回归分析好，还是先将这些数值进行代码化后再进行回归分析好呢？所谓**代码化**（coding），就是将该因子所取的低水平设定的**代码**（code）值取为 −1，高水平设定的代码值取为 1，中心水平定为 0。经过理论上的分析后发现，将自变量代码化后有很多好处，即我们应该对代码化的数据进行回归分析。

（1）代码化后的回归方程中，自变量及交互作用项的各系数可以直接比较，系数绝对值大者之效应比系数绝对值小者之效应更重要、更显著。大家知道，对自变量原始数据所进行的回归方程中的回归系数是有单位的。在 $y=a+bx$ 内，b 的单位是 $[Y]/[X]$，显然，X 更换单位后其系数也会更换。如果自变量不止一个，多个自变量间含义不同，量纲也不同，其回归系数之间显然是不可比的。如果代码化后每个自变量都化为无量纲的[−1，1]间的数据，这时，各自变量间具有相同的“尺寸”，各系数之间就可以比较了。

（2）代码化后的回归方程内各项系数的估计量间是不相关的。很明显，x_1 与 x_1x_2 之间是相关的，它们的回归系数的估计量之间也是相关的。比如，在回归方程中，保留 x_1x_2 项及删除此项时，x_1 的回归系数肯定要发生变化，这造成了使用中的诸多不便。一旦将自变量全部代码化，就没有这个问题了，删除或增加某项对于其他项的回归系数将不会产生任何影响。

（3）在自变量代码化后，回归方程中的常数项（或称“截距”）就有了具体的物理意义。代码“−1”与“+1”的中点恰好为“0”，而将全部自变量以“0”代入方程得到的响应变量预测值则恰好是截距值。因此，截距值是全部试验结果的平均值，也是全部试验范围中心点上的预测值。

用代码数据得到的回归方程是重要的（例如我们在判断因子或因子间的交互效应是否显著时只能使用此方程），但用原始数据得到的回归方程有时也是有意义的（例如求出最佳设置的原始值），因此我们应该熟悉真实值与代码值间的换算。

举例说明之。假定因子温度真实值的低水平是 820，高水平是 860，相应的代码值是 −1 和 +1，列出表格（见表 13-6）。

表 13-6　真实值与代码值换算表

	低水平	中心	高水平
真实值	820	840	860
代码值	−1	0	+1

记

中心值 $M=$（低+高）/2

半间距 $D=$（高−低）/2

则有　$代码值=\dfrac{真实值-M}{D}$

或　$真实值=M+D\times 代码值$

在本例中：

$$代码值 = \frac{真实值 - 840}{20}$$

$$真实值 = 840 + 20 \times 代码值$$

13.3.2 全因子设计的计划

全因子设计的计划中，最关键的是选定因子及确定它们的水平。先举例来说明。

例13-4

改进热处理工艺提高钢板断裂强度问题。合金钢板经热处理后将提高其抗断裂性能，但工艺参数的选择是个复杂问题。我们希望考虑可能影响断裂强度的4个因子，确认哪些因子影响确实是显著的，进而确定出最佳的工艺条件。这几个因子及准备安排的试验水平如下：

A：加热温度（摄氏度），低水平：820，高水平：860

B：加热时间（小时），低水平：2，高水平：3

C：转换时间（分钟），低水平：1.4，高水平：1.6

D：保温时间（分钟），低水平：50，高水平：60

由于要细致考虑各因子及其交互作用，我们决定采用全因子试验，并在中心点处进行3次试验，一共19次试验（即2^4+3），如何安排试验计划呢?

解 有了MINITAB软件的帮忙，制订试验计划就是件简单的事情了。创建试验计划的入口是"统计>DOE>因子>创建因子设计(Stat>DOE>Factorial>Create Factorial Design)"。进入后可得如图13-11中左图所示界面，在"设计类型"中选中"两水平因子（默认生成元）(2-level factorial (default generators))"，在"因子数（Number of factors)"内选中"4"。点击"设计（Design)"后可以得到图13-11中的右图，选中"全因子（Full factorial)"试验次数为"16"的那行，在"每个区组的中心点数（Number of center points)"中填写"3"，其他项可以保留默认状况（本例没有分区组，各试验点皆不需要完全复制)，而后点击"确定"，得到界面见图13-12中的左图（这时图13-11中左图内"因子"、"选项"和"结果"都由灰色变为黑色，成为可选项）。

点击"因子"打开后，可以填写4个因子的名称及相应的"低水平"及"高水平"设置。计算机会自动对试验顺序进行随机化，然后形成表格，见图13-13。在表格的最后一列写上响应变量名"强度"就完成了全部试验设计的计划阶段工作。

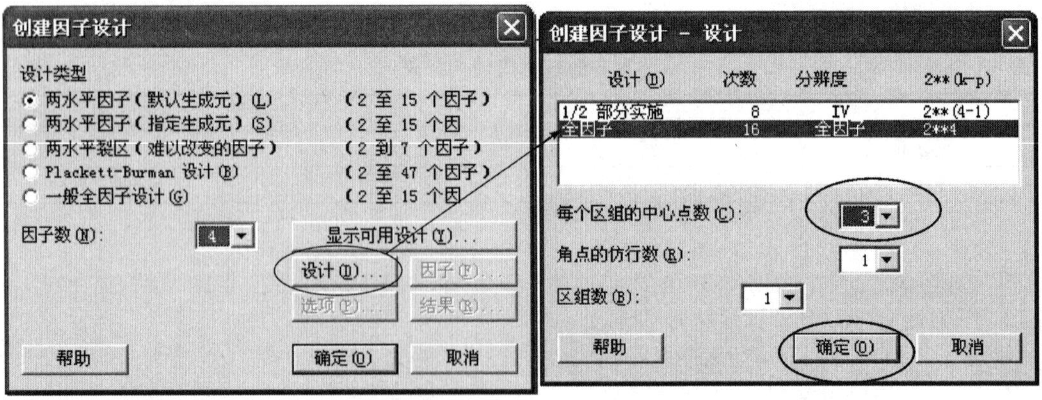

图13-11 创建全因子设计操作图1

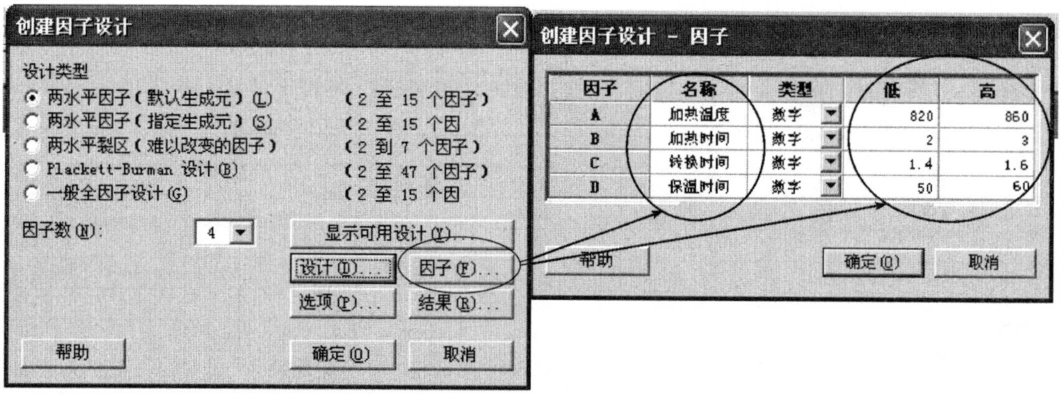

图 13-12　创建全因子设计操作图 2

	C1	C2	C3	C4	C5	C6	C7	C8	C9
	标准序	运行序	中心点	区组	加热温度	加热时间	转换时间	保温时间	强度
1	17	1	0	1	840	2.5	1.5	55	
2	11	2	1	1	820	3.0	1.4	60	
3	8	3	1	1	860	3.0	1.6	50	
4	9	4	1	1	820	2.0	1.4	60	
5	14	5	1	1	860	2.0	1.6	60	
6	5	6	1	1	820	2.0	1.6	50	
7	10	7	1	1	860	2.0	1.4	60	
8	19	8	0	1	840	2.5	1.5	55	
9	16	9	1	1	860	3.0	1.6	60	
10	3	10	1	1	820	3.0	1.4	50	
11	1	11	1	1	820	2.0	1.4	50	
12	6	12	1	1	860	2.0	1.6	50	
13	12	13	1	1	860	3.0	1.4	60	
14	4	14	1	1	860	3.0	1.4	50	
15	7	15	1	1	820	3.0	1.6	50	
16	15	16	1	1	820	3.0	1.6	60	
17	13	17	1	1	820	2.0	1.6	60	
18	18	18	0	1	840	2.5	1.5	55	
19	2	19	1	1	860	2.0	1.4	50	

图 13-13　试验计划结果图

按此表格安排试验就可以进入实施阶段了。这里要说明一点：由于试验顺序的随机化是计算机根据生成的随机数安排的，读者得到的顺序不一定与图 13-13 完全相同，这其实没关系，不会影响试验的实施及对于获得数据的分析。

13.3.3　全因子设计的分析

按图 13-13 中的试验计划表进行试验，将结果填入表的最后一列，则可得到试验的结果数据（见表 13-7，数据文件：DOE_热处理（全因）.MTW）。

表 13-7　　热处理全因子试验结果

C1	C2	C3	C4	C5	C6	C7	C8	C9
标准序	运行序	中心点	区组	加热温度	加热时间	转换时间	保温时间	强度
17	1	0	1	840	2.5	1.5	55	535.3
11	2	1	1	820	3.0	1.4	60	549.0

续前表

C1	C2	C3	C4	C5	C6	C7	C8	C9
标准序	运行序	中心点	区组	加热温度	加热时间	转换时间	保温时间	强度
8	3	1	1	860	3.0	1.6	50	553.0
9	4	1	1	820	2.0	1.4	60	518.3
14	5	1	1	860	2.0	1.6	60	548.3
5	6	1	1	820	2.0	1.6	50	528.3
10	7	1	1	860	2.0	1.4	60	549.1
19	8	0	1	840	2.5	1.5	55	544.8
16	9	1	1	860	3.0	1.6	60	574.5
3	10	1	1	820	3.0	1.4	50	526.8
1	11	1	1	820	2.0	1.4	50	522.5
6	12	1	1	860	2.0	1.6	50	536.2
12	13	1	1	860	3.0	1.4	60	561.8
4	14	1	1	860	3.0	1.4	50	551.3
7	15	1	1	820	3.0	1.6	50	531.5
15	16	1	1	820	3.0	1.6	60	550.2
13	17	1	1	820	2.0	1.6	60	523.8
18	18	0	1	840	2.5	1.5	55	549.8
2	19	1	1	860	2.0	1.4	50	536.5

全因子设计的分析方法是一般的试验设计分析的典型代表，共有五大步骤。其流程见图 13－14。

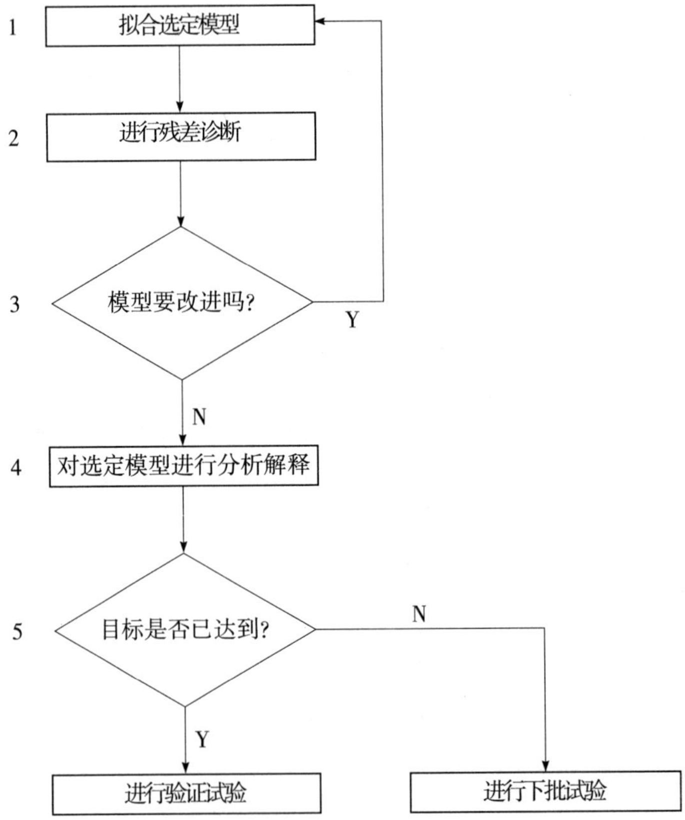

图 13－14　试验设计分析五步法流程图

13.3.3.1 拟合选定模型

这里所说的**第一步"拟合选定模型"**，主要任务是根据整个试验的目的，选定一个数学模型。通常首先可以选定"全模型"。由于三阶及三阶以上的交互作用通常可以忽略不计，在因子设计的问题中，全模型就是在模型中包含全部因子的主效应及全部因子的二阶交互效应。在经过细致分析后，如果可以断言某些主效应及某些因子的二阶交互作用是不显著的，则在下次选定模型时，将不显著的主效应及二阶交互效应项删除，只保留那些效应显著的项。

拟合选定模型的操作有下列各项：

(1) 从"统计>DOE>因子>分析因子设计 (Stat>DOE>Factorial>Analyze Factorial Design)"进入，得到下列界面（见图13-15）。

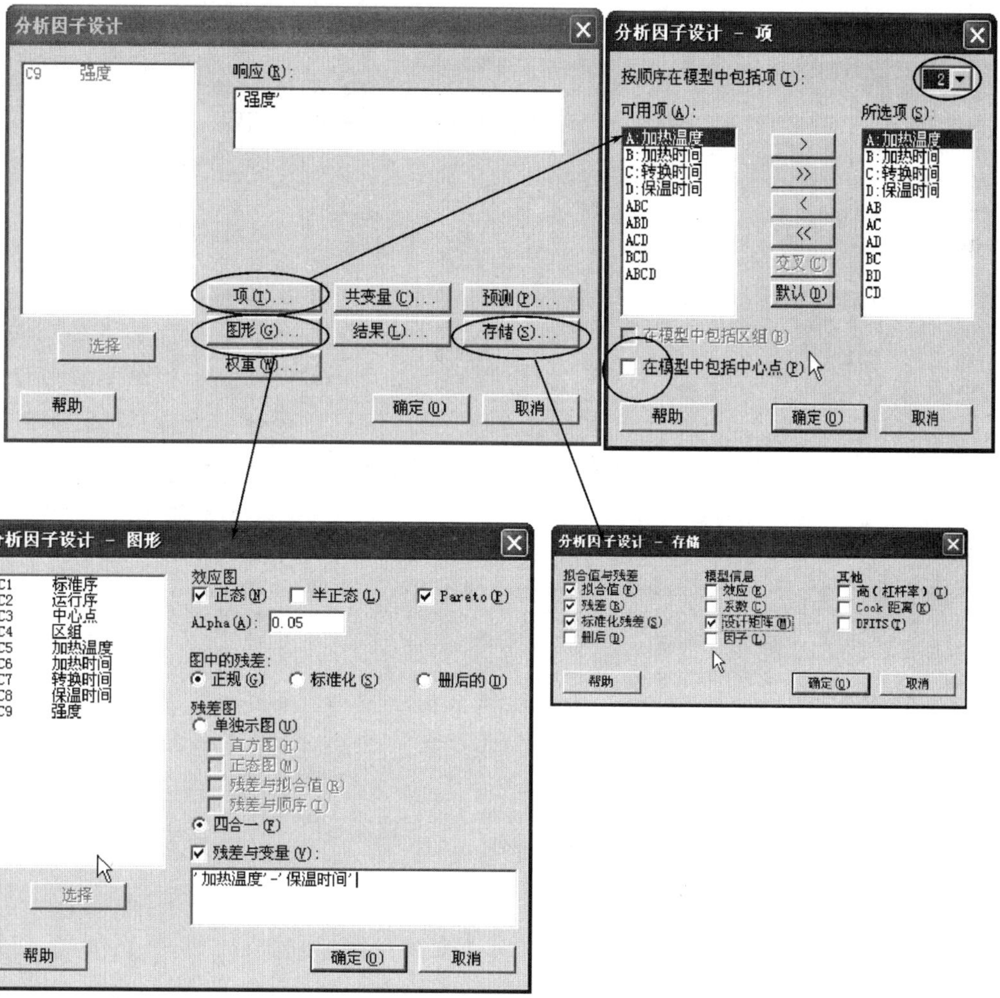

图13-15 全因子试验设计分析操作图

(2) 点击窗口"项 (Terms)"后，界面如图13-15右上所示。在"按顺序在模型中包括项 (Include terms in the model up through)"中选"2"(表示考虑最高到二阶交互作用，三阶及以上忽略不计)；对原默认选中的"在模型中包括中心点 (Include center points in the model)"删去"选中"，而改为不选。

(3) 点击“图形（Graphs)”后，界面如图13-15左下所示。在“效应图（Effects Plots)”中选“正态（Normal)”（或“半正态（Half Normal)”“Pareto”)；在“图中的残差（Residual for Plots)”中选“正规（Regular)”；在“残差图（Residual graph)”中选“四合一（Four in one)”，在“残差与变量（Residual versus variables)”中，填写全部4个自变量名称。

(4) 点击“存储（Storage)”后，界面如图13-15右下所示。在“拟合值与残差（Fits and Residual)”中选定“拟合值（Fits)”、“残差（Residuals)”及“标准化残差（Standardized residuals)”；在“模型信息（Model Information)”中选定“设计矩阵（Design matrix)”。

由于计算机的计算全部是自动进行的，其结果列在下面。我们对具体的计算过程不必过问，但对于结果要学会分析。

拟合因子：强度与加热温度，加热时间，转换时间，保温时间

强度的效应和系数的估计（已编码单位）

项	效应	系数	系数标准误	T	P
常量		541.632	1.377	393.39	0.000
加热温度	20.038	10.019	1.500	6.68	0.000
加热时间	16.887	8.444	1.500	5.63	0.000
转换时间	3.813	1.906	1.500	1.27	0.240
保温时间	11.113	5.556	1.500	3.70	0.006
加热温度*加热时间	0.737	0.369	1.500	0.25	0.812
加热温度*转换时间	-0.487	-0.244	1.500	-0.16	0.875
加热温度*保温时间	3.062	1.531	1.500	1.02	0.337
加热时间*转换时间	1.263	0.631	1.500	0.42	0.685
加热时间*保温时间	7.113	3.556	1.500	2.37	0.045
转换时间*保温时间	0.837	0.419	1.500	0.28	0.787

3. 各回归系数（代码后）的统计检验

S=6.001 46　　PRESS=1 778.45
R-Sq=92.49%　　R-Sq（预测）=53.68%　　R-Sq（调整）=83.11%

2. 回归效果的度量

对于强度方差分析（已编码单位）

来源	自由度	Seq SS	Adj SS	Adj MS	F	P
主效应	4	3 298.85	3298.85	824.712	22.90	0.000
2因子交互作用	6	252.17	252.17	42.029	1.17	0.408
残差误差	8	288.14	288.14	36.017		
弯曲	1	9.92	9.92	9.917	0.25	0.633
失拟	5	169.72	169.72	33.945	0.63	0.709
纯误差	2	108.50	108.50	54.250		
合计	18	3 839.16				

1. 方差分析

强度的系数估计，使用未编码单位的数据

项	系数
常量	932.26
加热温度	-0.250 63
加热时间	-111.262
转换时间	43.812
保温时间	-16.563 7
加热温度*加热时间	0.036 875
加热温度*转换时间	-0.121 875
加热温度*保温时间	0.015 312 5
加热时间*转换时间	12.625 0
加热时间*保温时间	1.422 50
转换时间*保温时间	0.837 50

4. 原始变量的回归系数

第一步要注意观察在运行窗（Session Windows）的各项输出结果。由于这是对于试验结果进行回归分析，所有输出结果与第9章所介绍内容完全一致，具体含义不多重复。这里指出特别要注意下列三个要点：

分析的第一要点是分析评估回归的显著性

关于ANOVA表的分析。这里包含三点：

（1）看ANOVA表中的总效果。

H_0:模型无效 ↔ H_1:模型有效

如果对应“主效应”和“2因子交互作用”中至少一项的 p 值 <0.05，则表明应拒绝原假设，即可以判定本模型总的说来是有效的；如果对应回归项的 p 值 >0.05，则表明无法拒绝原假设，即可以判定本模型总的说来是无效的。遇见这种情况就比较麻烦，这说明整个试验没有任何有意义的结果。造成这种情况的常见原因可能是下列几点：

1）试验误差太大。由于ANOVA检验的基础是将有关各项的离差平方和与随机误差的平方和相比较，取其值形成 F 统计量。如分母的随机误差平方和太大，则将使 F 值变小，从而得不到“效应显著”的结论。这时，应仔细分析误差产生的原因，是否能设法降低，这是找到显著因子的关键措施。当然，也有可能试验误差太大是由测量系统不好造成的，这时就要设法改进测量系统。

2）试验设计中漏掉了重要因子。这当然与上面一项有某种关系。漏掉了重要因子必然会使试验误差增大，这时更应仔细分析因子的选定。通常我们在试验前考虑因子时，很难有把握说某因子重要或不重要。这时，应该“宁多毋漏”，而不是相反。因子多选了，将来删去它很容易；一旦漏掉再想找回来就很困难了。

3）有可能是模型本身有毛病，例如模型有失拟（lack of fit），或数据本身有较强的弯曲性（curvature），这时候也可能导致判断为“模型无效”。这方面的问题将由下面讨论的两方面问题给出回答。

例13-4的ANOVA表中，主效应 p 值为0.000，证明回归总效果是显著的。

（2）看ANOVA表中的失拟现象。

这里要检验的假设是

H_0:无失拟 ↔ H_1:有失拟

在ANOVA表中，如果失拟项的 p 值 >0.05，则表明无法拒绝原假设，即可以判定，本模型并没有失拟现象；反之，就说明模型漏掉了重要的项（例如高阶交互作用项等），应该补上。本项计算的依据是：最初是以重复试验间的差异作为试验误差的估计（pure error），将缺失的项（例如高次项、高阶交互项等）所造成的误差平方和与之相比，经过 F 检验即可判明。以后，将判明为不显著的各项都归并为随机误差项，重新计算失拟项是否显著。

例13-4的ANOVA表中，失拟项 p 值为0.709，无法拒绝原假设，可以认为回归并无失拟现象。

（3）看ANOVA表中的弯曲项。

这里要检验的假设是

H_0:无弯曲 ↔ H_1:有弯曲

在ANOVA表中，如果弯曲项的 p 值 >0.05，则表明无法拒绝原假设，即可以判定本模型并没有弯曲现象；反之，就说明数据呈现弯曲，而模型中并没有平方项，应该补上。本项计算的依据是：最初是以重复试验间的差异及失拟项的误差作为试验误差的估计，将高低水平的两个数据连同中心点的试验数据，构成自变量的三个不同的观测值，扣除线性项后可得二次项的平方和，将二次项误差的均方和与试验误差的均方和相比较，经过 F 检验即可判明是否呈现弯曲。

例 13-4 的 ANOVA 表中，弯曲项 p 值为 0.633，无法拒绝原假设，可以认为该数据并无弯曲现象。

分析的第二要点是分析评估回归的总效果

（1）两个确定系数 R^2 及 R^2_{adj}。

拟合的总效果可以用确定系数（coefficient of determination）R^2（也称为多元全相关系数（multiple correlation coefficient））及调整的确定系数（adjusted coefficient of determination）（也称为调整的多元全相关系数（adjusted multiple correlation coefficient））。我们回顾在第 9 章介绍过的有关主要结论。

由回归分析中的平方和分解公式可知：

$$SS_{Total} = SS_{Model} + SS_{Error} \tag{13-6}$$

考虑 SS_{Model} 在 SS_{Total} 中的比率，定义 R 平方（R-Square，R-Sq）：

$$R^2 = \frac{SS_{Model}}{SS_{Total}} \tag{13-7}$$

显然，此数值越接近 1 越好。容易看出，它有另一种写法：

$$R^2 = 1 - \frac{SS_{Error}}{SS_{Total}} \tag{13-8}$$

由于 R^2 有一个缺点：当自变量个数增加时，不管增加的这个自变量效应是否显著，R^2 都会增大一些，为此，我们引入调整的 R^2 即 R^2_{adj}，它的定义是：

$$R^2_{adj} = 1 - \frac{SS_{Error}/(n-p)}{SS_{Total}/(n-1)} \tag{13-9}$$

式中，n 为观测值总个数；p 为回归方程中的总项数（包含常数项在内）。也就是说，R^2_{adj}（即 R-Sq（调整））是扣除了回归方程中所受到的包含项数的影响的相关系数，因而可以更准确地反映模型的好坏。因为 R^2_{adj} 总比 R^2 要稍小一些，因此在实际应用中，要判断两个模型的优劣可以从二者的接近程度来判断：二者之差越小说明模型越好。我们常常比较包含所有自变量有关项的“全模型”与删去所有影响不显著的项后的“缩减模型”，看看究竟哪个更好。如果将影响不显著的项删去之后二者更接近，则说明删去这些项确实使模型得到了改进。

例 13-4 的计算结果显示，R-Sq＝92.49%，R-Sq（调整）＝83.11%，二者间差距较大，说明模型还有改进余地。

（2）对于 S 值或 S^2 的分析。

我们考虑到，所有的观测值与理论模型之间可以有误差，但总是假定这个误差应该服从以 0 为均值以 σ^2 为方差的正态分布。在 ANOVA 表中，对应于残差误差（residual error）那行中的平均离差平方和（adj MS）的数值则恰好是 σ^2 的无偏估计量，我们将其记为均方误 MSE（mean square of error），而此量与其平方根 S 一并输出，可以认为 S 值是 σ 的估计。比较两个模型的优劣最关键的指标就可以选择 S 或 S^2，哪个模型能使之达到最小，哪个模型就最好。

例 13-4 的计算结果显示，SSE＝288.14（注意，MINITAB 输出了连续平方和（sequential sum of square）以及调整的平方和（adjusted sum of square），在设计是正交的且不包含共变量的情况下，二者总是相同的），我们用 SSE 作为 SS_{Error} 的缩写，代表实际观测值与拟合值之差的平方和；除以自由度后得到平均离差平方和 MSE＝36.017，这是 σ^2 的无偏估计量；求

其算术根得到 $S=6.00146$，这是 σ 的估计量。此量暂存作为记录，等修改模型后再来看此数值是否有所降低，以判断模型是否确有改进。

(3) 对于预测结果的整体估计。

可以设想，如果有某个点在模型中起着特别重要的作用，此点可能是异常点（或离群点，指的不是数据过大或过小，而是指远离模型），或者是强影响点，或是杠杆点，此点将对于回归方程各系数的估计起着强烈的影响作用，一旦被删除，方程会有较大变化；如果某个点是个普通点，则它在模型中起着微不足道的作用，即此点对于回归方程几乎不起作用，一旦被删除，方程几乎没有变化。我们特别要警惕得到的方程是受个别点影响而形成的“虚假”回归方程。这种方程从表面上看可能拟合得还不错，但用作预测则效果并不好。为了鉴别回归方程究竟是不是虚假的，引入两个有用的统计量，一个是 PRESS，另一个是 R-Sq（预测）。

PRESS 是预测的误差平方和（predicted residual error sum of square），它与原来的 SSE 很相似，但它参加求和的各项“残差”已与原来的定义不同。这里对于第 i 个观测值的预测值所使用的回归方程不是用全部观测值来获得的，而是将第 i 个观测值删除后拟合的回归方程，然后求出其残差。对所有的观测值都是这样处理的，即轮番删除一个，计算出一个残差。最后把这些残差求出平方和来，这就是 PRESS。用全部观测值来获得的回归方程，当然它肯定会受到第 i 个观测值的影响，会使回归方程有向此实际观测值“靠拢”的效果，因而残差会小些；删除第 i 个观测值后则会“客观”得多，它避免了第 i 个观测值本身的影响，特别当第 i 个观测值有强影响的时候。PRESS 通常要比 SSE 大些。但如果大得不多，则表明数据点中有特殊地位的点不多，或它们的影响不大（保留第 i 个观测值与删除第 i 个观测值对回归方程几乎没什么影响），将来用此回归方程作预测结果也比较可信。

另一个统计量是“预测的 R^2”。回顾式（13－8），$R^2=1-\dfrac{SS_{Error}}{SS_{Total}}$，这里的分子是 SSE，是使用全部数据拟合的回归方程后得到的残差平方和。将 SSE 换成 PRESS，则可以得到预测的 R^2，简记为 R-Sq（预测）。此值通常会比 R^2（即 R-Sq）要小些。但如果小得不多，则表明数据点中有特殊地位的点不多，或它们的影响不大（保留第 i 个观测值与删除第 i 个观测值对回归方程几乎没什么影响），将来用回归方程作预测结果也比较可信。

例 13－4 的计算结果显示，R-Sq＝92.49％，R-Sq（预测）＝53.68％，二者间差距较大；SSE＝288.14，PRESS＝1 778.45，二者间差距也较大。说明本例中如果使用现在的模型，则有较多的点与模型差距较大，模型还应进一步改进。

PRESS 及 R-Sq（预测）的输出丰富了计算结果的信息，对进一步分析和改进模型提供了指导。

分析的第三要点是分析评估各项效应的显著性

正如南郭先生本不会吹竽，但混在齐宣王的乐队中可以“滥竽充数”，可是在齐宣王的儿子齐湣王要他独奏的时候就露出原形了。我们前面所进行的分析都是针对总效果而言的，为了把所有的效应不显著者全都删除，就要对各项效应的显著性进行逐个检验。检验的假设问题是：

$$H_0: \beta_i = 0 \leftrightarrow H_1: \beta_i \neq 0$$

这里的 β_i 既可以代表某因子的回归系数，也可以代表 2 因子交互效应项的回归系数。如果原假设被拒绝，则说明此项作用确实是显著的，应予以保留；如果原假设无法拒绝，则说明此项作用是不显著的，应予以删除。检验的统计量是 t 统计量：

$$t = \frac{\hat{\beta}_i}{StdDev(\hat{\beta}_i)} \tag{13-10}$$

在原假设成立时，它服从 $t(n-p)$ 分布，这里 n 为试验次数，p 是方程中包含的项数（常数项应计算在内）。

在 MINITAB 结果输出的最开始部分就有各回归系数（代码后）的统计检验。这里列出了各项的效应、回归系数、回归系数的标准误及检验结果。这是对各项的分别的检验，很可能有些项是显著的而另一些项不显著，将来修改模型时，应该将这些不显著项删除。要注意的是：如果一个高阶项是显著的，则此高阶项所包含的低阶项也必须包含在模型中。例如，二阶交互作用 BC 项显著，则 B 及 C 这两个主效应项也一定要包含在模型中，即使表面上看这两个主效应项本身并不显著。

例 13－4 的计算结果显示，4 个主效应中，加热温度（因子 A）、加热时间（因子 B）及保温时间（因子 D）都是显著的，只有转换时间（因子 C）效应不显著。6 个 2 因子交互效应项中，只有加热时间 * 保温时间（$B*D$）显著。说明本例全模型中还有不显著的自变量及 2 因子交互作用，改进模型时应该将它们删除。

对于各项效应的显著性，计算机还输出一些辅助图形帮助我们判断有关结论。这里最重要的就是 Pareto 效应图（Pareto effect plot）、正态效应图（normal effect plot）及半正态效应图（half-normal effect plot）。

Pareto 效应图是将各效应的 t 检验所获得的 t 值按照绝对值的大小排列起来，根据选定的显著性水平 α，给出 t 值的临界值（注意按 t 的双侧拒绝域），绝对值超过临界值的效应将被选中（见图 13－16）。

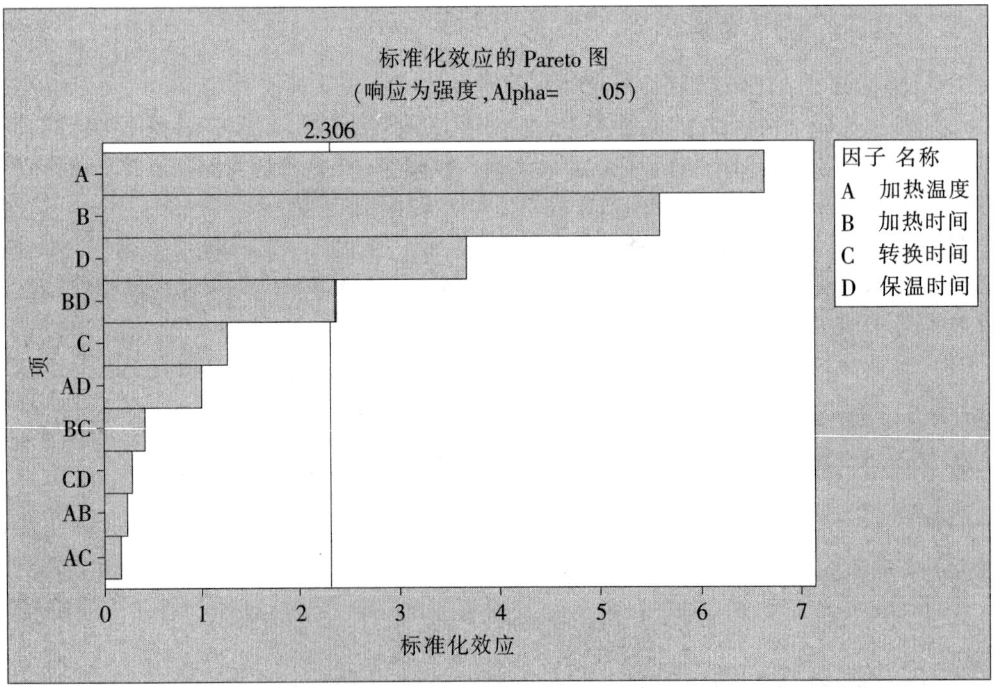

图 13－16　因子效应的 Pareto 图

例 13－4 的计算结果显示，加热温度（因子 A）、加热时间（因子 B）及保温时间（因子 D）及加热时间 * 保温时间（$B*D$）显著。图 13－16 更直观地说明了这种判断是正确的。

用 Pareto 效应图来判断因子效应的显著性是非常直观的，但它有个严重缺点，那就是进行各效应的 t 检验时，首先要用 S^2 估计出 σ^2，而通常 S^2 并不一定可靠，因此在数据与模型拟合不好的情况下，Pareto 效应图不一定准确。为了更保险地删除不显著变量，还有两张图供参考。

我们将各因子的效应按由小到大（正负号考虑在内）排成序列，将这些效应点标在正态概率图上，这就是正态效应图，示例参见图 13－17。正态效应图的原理是：可以假定大多数因子中只会有极少数因子效应是显著的，即一般应遵循"效应稀疏原则"（effect sparsity principle）。因此，当挑选位于中间的一些效应的点群拟合一条直线，它们的效应应该是不显著的，效应应该服从正态分布，点全在直线上；某些效应确实非零时，相应的估计效应绝对值应会偏大，即一定会远离直线。对于正效应，估计的效应将落在直线的右（下）方；对于负效应，估计的效应将落在直线的左（上）方。在 MINITAB 画出的图中，凡因子效应点离直线不远者，用不标注变量名的黑圆点表示，这些点就显示它们的效应不显著；凡因子效应点离直线较远者，用标注变量名的红色正方形点表示，这些点就显示它们的效应是显著的。

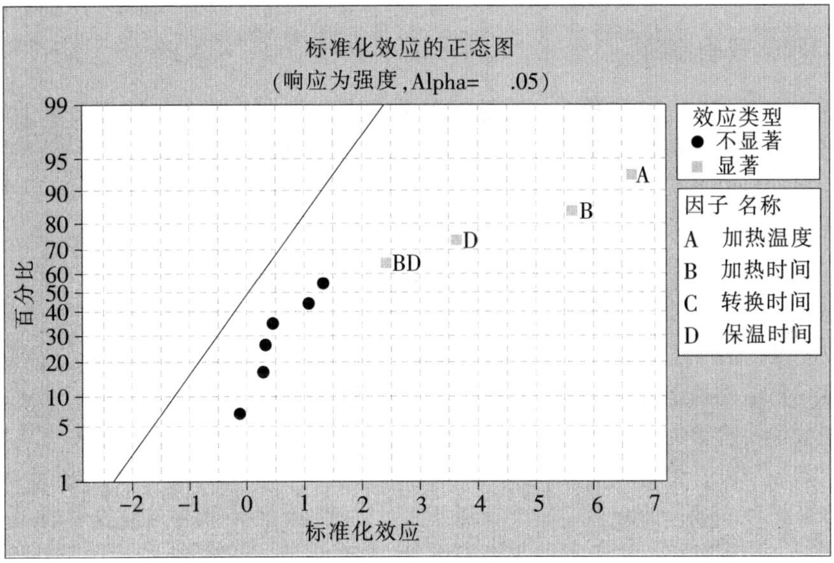

图 13－17　因子效应的正态图

半正态效应图（见图 13－18）与正态效应图含义完全相同，但所有效应只考虑其绝对值，因而画出的图中只有右（下）侧的点出现。与正态效应图相同，凡因子效应点离直线不远者，就应认为它们的效应不显著；凡因子效应点离直线较远者，就应认为它们的效应是显著的。正态和半正态这两张图作用相同，只画一张就够了，通常是画正态效应图。

例 13－4 的计算结果显示，加热温度（因子 A）、加热时间（因子 B）、保温时间（因子 D）及加热时间 * 保温时间（$B*D$）显著。图 13－17 与图 13－18 都直观地说明了这种判断是正确的。由于本例的各主要效应项都是正的，因此两张图几乎完全一样，一般情况是不会这样的。

经过上述各项计算，我们就完成了对数据的初步分析，即第一步"拟合选定模型"的任务。

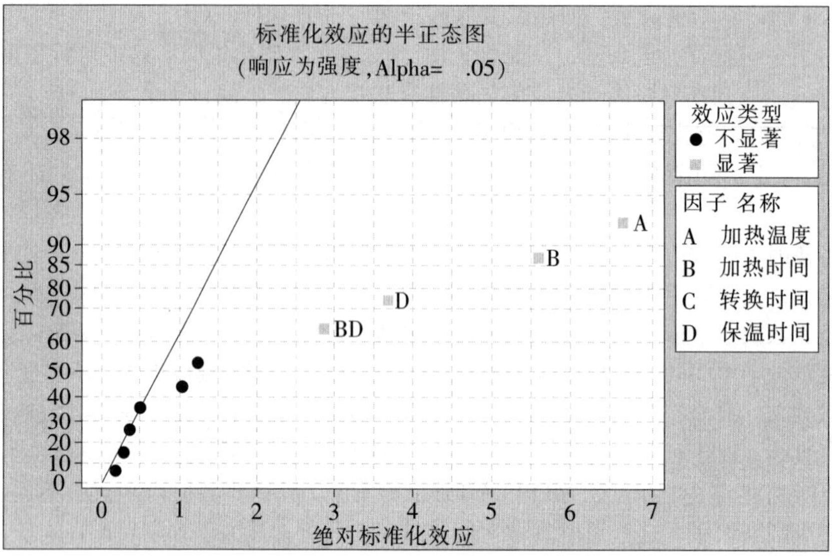

图 13-18　因子效应的半正态图

13.3.3.2　残差诊断

DOE分析“五步法”中的**第二步是进行残差诊断**。这一步的主要目的是基于残差的状况来诊断模型是否与数据拟合得很好。单纯从ANOVA表及回归系数的估计与检验系数两方面结果来分析整个结果是远远不完整的。为了弥补第一步所得结果的不足，我们要进行残差的诊断。如果数据与模型的拟合是正常的，则残差应该是正常的。

如何判断残差是正常的呢？我们通常假定数据是相互独立的，且其分布为$N(f(x),\sigma^2)$，即这些数据是以模型为均值，以固定常数σ^2为方差的正态分布。我们定义的残差（residual）是观测到的响应变量数据与代入回归模型后的预测值之差，因此，应该有：$residual \sim N(0,\sigma^2)$。我们应该观察一下，残差是否真的这样分布。如果确实是这样分布，则可以相信选定的模型是正确的，否则就说明选定的模型不正确，要对模型进行某些修改。由于我们事先对选定的试验设计的线性回归模型没有绝对的把握，因此，残差诊断还是很有必要的。这里进行的残差诊断比一般的回归分析中的残差诊断多了一个有利条件，这就是中心点重复试验提供的残差是随机误差的正常状况，比较时可以拿中心点的残差作为比较的基准（参看图13-19及图13-20中的中心点残差）。

具体地说，残差诊断应包括下列四个步骤，观察计算机自动输出的四个图形。在对话窗“图形（Graphs）”中可以选定相应项（参见图13-15），得到下列图形：

（1）在“四合一图”的右下图中，观察残差对于以观测值顺序为横轴的散点图，重点考察此散点图中各点是否随机地在水平轴上下无规则地波动。

（2）在“四合一图”的右上图中，观察残差对于以响应变量拟合预测值为横轴的散点图，重点考察此散点图中残差是否保持等方差性，即是否有“漏斗形”或“喇叭形”。

（3）在“四合一图”的左上正态概率图（或左下直方图）中，观察残差的正态性检验图，看残差是否服从正态分布。

（4）观察残差对于以各自变量为横轴的散点图，重点考察此散点图中是否有弯曲趋势。

回顾第9章中介绍的残差诊断方法，如果模型与数据拟合很好，则四个图都应是正常的。

什么是最常见的情况而被认为“不正常”呢?

第一种最常见残差图不正常情况出现在第二个图中，即残差对响应变量拟合值的图中，残差未保持等方差，散点明显有“漏斗形”或“喇叭形”，这说明对响应变量 y 作某种变换后才会使模型拟合更好。例如，取 $y^* = \sqrt{y}$, y^2 , $\frac{1}{y}$, $\frac{1}{\sqrt{y}}$, $\ln y$ 等作为新响应变量，可能会好得多。一般规则是这样的：如果从图中可以看出残差的标准差 σ 大体上与拟合值 $\hat{y}$ 的 u 次方成正比，则可以进行 Box-Cox 变换：

$$y^* = \begin{cases} y^{\lambda}, & \lambda \neq 0 \\ \ln y, & \lambda = 0 \end{cases} \tag{13-11}$$

式中，$\lambda = 1 - u$ 。由于人们用肉眼来判断 u 的取值很不容易，可以使用对 MINITAB 的补充宏指令来计算对 λ 的建议值。要注意的是：虽然这里变换的形式及名称都是 Box-Cox 变换，但这与控制图等领域中将非正态数据转换为正态数据的 Box-Cox 变换完全是两回事，MINITAB 也并未提供相应的窗口来计算线性回归所需要的 Box-Cox 变换。

第二种最常见残差图不正常情况出现在第四个图，即残差对自变量的散点图中。残差虽保持等方差，但散点明显有 U 形或倒 U 形弯曲，这说明对响应变量 y 而言，对该自变量 x 仅取线性项已经不够了，应增加 x 的平方项或立方项，将会使模型拟合得更好。

例 13-4 的残差图见图 13-19 及图 13-20。这些图形都显示残差是正常的。

为了防止漏判，特别是关于残差对拟合预测值的图中是否出现了方差非齐性（“喇叭口”或“漏斗形”）的状况，可以使用下列宏指令。此宏指令与回归分析中 9.3.1 节及 9.3.2 节所介绍的内容完全一致，只不过调用格式上稍有差别而已。

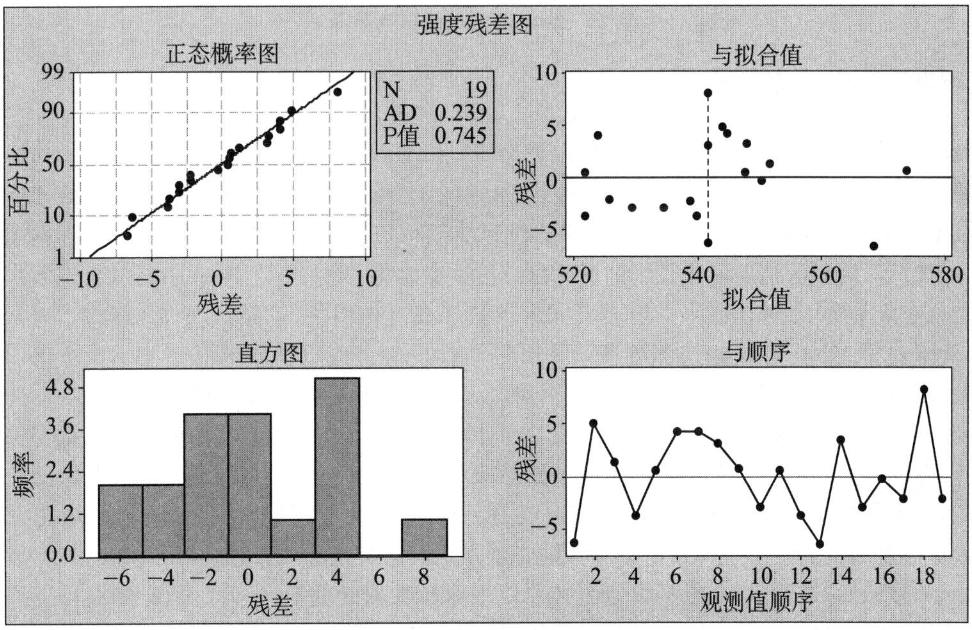

图 13-19　残差诊断的四合一图

说明：有些读者发现在图 13-19 的左上图中没有正态性检验的 p 值显示，其实只要按下列操作就可以增加此补充显示功能。从“工具>选项>单独图表>残差图”进入（R17 以后的版本从“工具>选项>线性模型>残差图”进入）（操作图从略），勾选“包括带有正态概率图的 Anderson-Darling 检验”就行了。

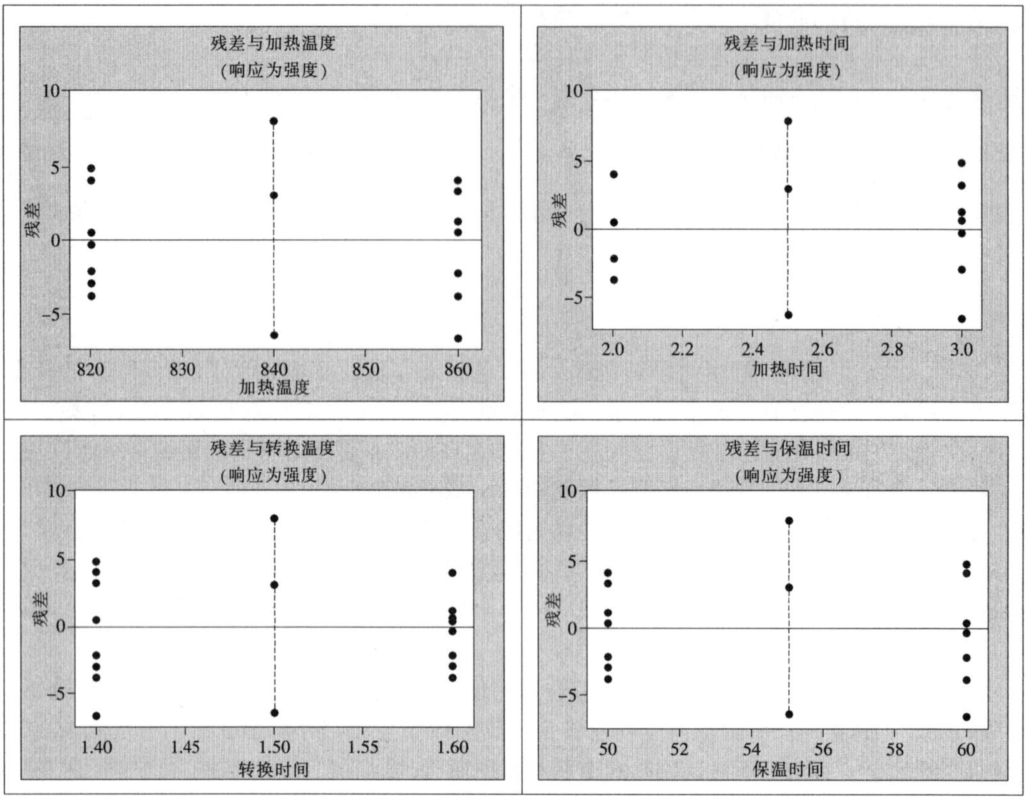

图 13－20　残差对各自变量图

调用此宏指令的格式是：

%boxcoxdoe　y　M　p　C21-C60

这里 y 是响应变量的变量名，可以用列号代表。M 是设计矩阵，我们在最开始操作分析因子设计时，曾在“存储”项中除了“拟合值”“残差”“标准化残差”外，还要求存储“设计矩阵”（见图 13－15 中右下），它的具体存放位置我们可以打开“显示设计”（快捷键见图 13－21）来查看。从显示结果可知我们的设计矩阵已被命名为“M1”，它共有 19 行（总试验次数是 19），总变量个数 11 个（4 个主效应项，6 个 2 因子交互作用项，再加 1 个常数项），通常我们不必具体查看 M1 内容，如果需要查看 M1 的具体内容，可以从“数据＞显示数据（Data＞Display Data）”入口，指明显示矩阵 M1 就可以。设计矩阵的内容有两种形成格式，一种是由原始数据形成，另一种是由代码数据形成。在计算机内部，二者都是有用的，但究竟哪种形式称为“设计矩阵”则可以有不同的选择。如果计算中不牵涉到自变量的设定值（例如研究是否需要对响应变量做变换）则不必注意其定义是哪种选择；如果计算中牵涉到自变量的设定值（例如对给定的自变量值进行预测计算）则必须注意其定义是哪种选择。MINITAB R15 设计矩阵显示的是原始数据，自变量的设定值必须使用原始数据的值；MINITAB R16 设计矩阵显示的是代码数据，自变量的设定值必须使用代码数据的值。最后要为计算机留出可供随意使用的 40 个空白列（“40”是事先设定的，不能多也不能少）。

在例 13－4 中，调用命令是从“编辑＞命令行编辑器（Edit＞Command Line Edit）”入口，输入下列命令（参见图 13－22）：

%boxcoxdoe　C9　M1　11　C21-C60

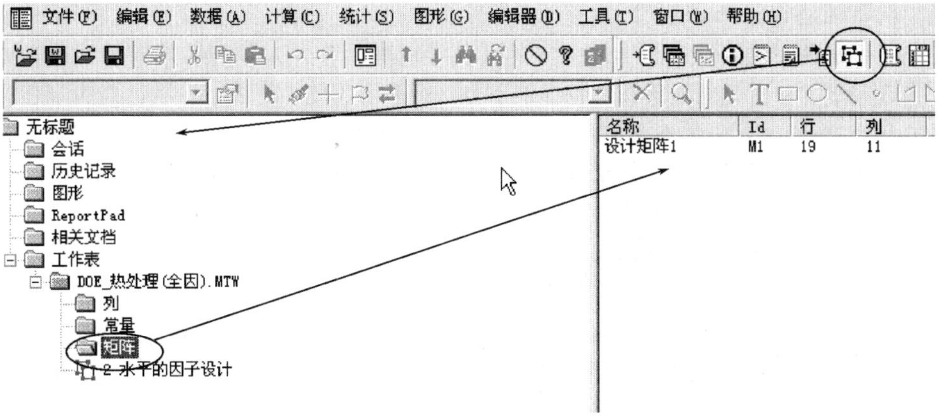

图 13-21　查看设计矩阵位置操作图

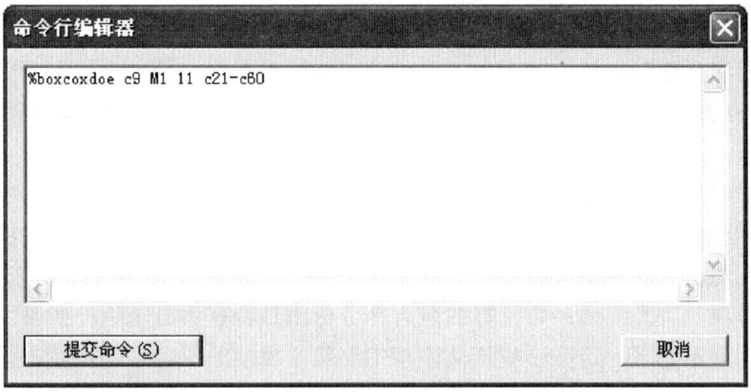

图 13-22　调用 Box-Cox 变换宏指令操作图

结果可以看到输出图形如图 13-23 所示。

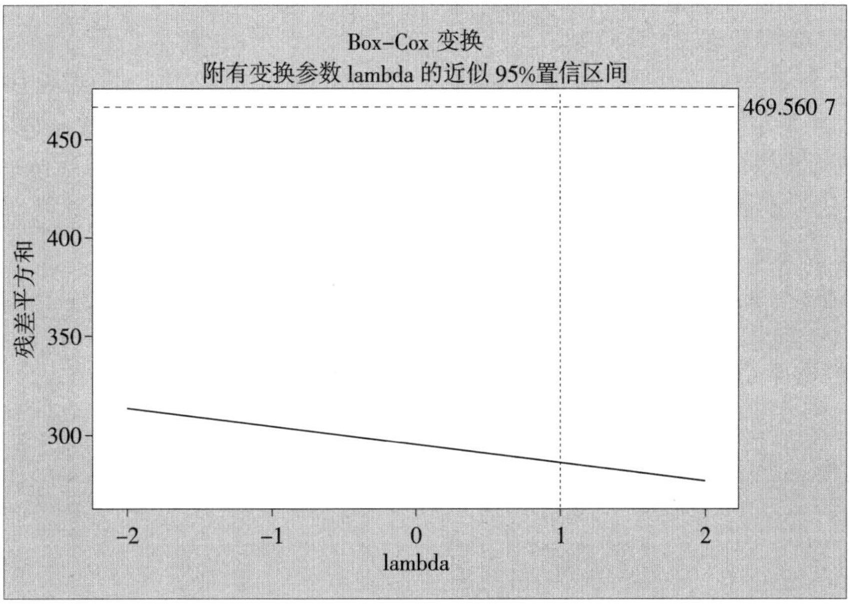

图 13-23　调用 Box-Cox 变换宏指令结果图

这里的横轴是Box-Cox变换的方幂λ，纵轴是按此λ进行响应变量变换后所形成的残差平方和，曲线用蓝色实线显示。图形最上方的红色虚线表示符合方差齐性要求的残差平方和上限，如果残差平方和蓝色曲线落在红色虚线下方，则表示用此λ值进行变换已经可以使残差达到齐性。而当λ=1时，表示不必进行变换。因此分析此图关键是看在λ=1处，残差平方和蓝色曲线是否落在红色虚线下方。如果残差平方和蓝色曲线确实落在红色虚线下方，则不必对y进行变换；反之，则需要进行变换，而对于λ的选择则只要寻求蓝色曲线的最低点附近的λ即可。将响应变量进行变换后，一切都要从头开始，重新拟合模型。

对于例13-4，在图13-23中发现在λ=1处（见图13-23中竖直虚线），残差平方和蓝色曲线确实落在红色虚线下方，说明方差齐性要求是满足的，不必再对y进行变换。

总之，DOE分析的第二步只是进行残差诊断，只是看“模型是否有问题”。如果确实发现了问题，又如何办呢？这就转入了第三步。

13.3.3.3 判断模型是否要改进

DOE分析“五步法”中的**第三步是判断模型是否要改进**。一共有三件事情要考虑：

（1）残差对**拟合预测值**的诊断图中，是否有不齐性或弯曲的情形？如果此图有问题，则提示我们，要对响应变量y作某种变换才行，将y作变换后一切重新开始。具体判断方法前段已有详细叙述。

（2）残差对**自变量**的诊断图中是否有弯曲的情形？如果确实有弯曲，则要考虑增加x的平方项或立方项才会使模型拟合更好，那么就一定要修改模型（例如进行响应曲面设计，重新安排或增加试验，然后重新开始拟合）。

（3）基于各项效应及回归系数计算的显著性分析中是否有不显著项？如果发现有些主效应项或交互效应项并不显著，这些项应该从模型中删除，模型的拟合也要重新进行。

总之，凡是发现模型需要修改时，就要返回最初的第一步，重新建立模型，再重复前面所有各步骤。

在例13-4中，发现只是在模型中包含有不显著项，应予以删除。加热温度（因子A）、加热时间（因子B）、保温时间（因子D）及加热时间*保温时间（$B*D$）显著，应予以保留，其余都应删除。现在再转回13.3.3.1节。

再次从“统计>DOE>因子>分析因子设计（Stat>DOE>Factorial>Analyze Factorial Design）”进入，主要是修改“项（Terms）”，在选取的项中将A（加热温度）、B（加热时间）、D（保温时间）及BD保留，其他项皆删去，操作中的其余各项都保持不变。计算后得到下列结果：

结果：DOE_热处理（全因）.MTW

拟合因子：强度 与 加热温度，加热时间，保温时间

强度 的估计效应和系数（已编码单位）

项	效应	系数	系数标准误	T	P
常量		541.632	1.220	443.85	0.000
加热温度	20.038	10.019	1.330	7.53	0.000
加热时间	16.887	8.444	1.330	6.35	0.000
保温时间	11.112	5.556	1.330	4.18	0.001
加热时间*保温时间	7.113	3.556	1.330	2.67	0.018

```
S = 5.319 13          PRESS = 704.408
R - Sq = 89.68 %      R - Sq (预测) = 81.65 %      R - Sq (调整) = 86.73 %

  强度 的方差分析 (已编码单位)
来源                 自由度   Seq SS     Adj SS     Adj MS      F        P
主效应                  3   3 240.71   3 240.71   1 080.24   38.18   0.000
  加热温度              1   1 606.01   1 606.01   1 606.01   56.76   0.000
  加热时间              1   1 140.75   1 140.75   1 140.75   40.32   0.000
  保温时间              1     493.95     493.95     493.95   17.46   0.001
2 因子交互作用          1     202.35     202.35     202.35    7.15   0.018
  加热时间 * 保温时间   1     202.35     202.35     202.35    7.15   0.018
残差误差               14     396.10     396.10      28.29
  弯曲                  1       9.92       9.92       9.92    0.33   0.573
  失拟                  3     151.52     151.52      50.51    2.15   0.157
  纯误差               10     234.67     234.67      23.47
合计                   18   3 839.16

  强度 的估计系数 (使用未编码单位的数据)
项                          系数
常量                      213.100
加热温度                    0.500 938
加热时间                  - 61.350 0
保温时间                   - 2.445 00
加热时间 * 保温时间         1.422 50
```

对于这次计算结果，仍用前面介绍过的方法与步骤进行分析。

先看ANOVA表中的总效果。在本例中，对应主效应项及二阶交互项的 p 值分别为 0.000（即<0.001）和 0.018，表明应拒绝原假设，即可以判定本模型总的说来是有效的。在本例中，对应失拟项的 p 值为 0.157，其值比临界值 0.05 大，表明无法拒绝原假设，即可以判定本模型删去了好多项，但并没有造成失拟现象。再看删减后的模型是否比原来有所改进。我们把各项计算结果列在这里，用来比较全模型与删减模型哪个更好，结果见表 13-8。

表 13-8　　全模型与删减模型效果比较表

	全模型	变化	删减模型
R-Sq	0.924 9	↘	0.896 8
R-Sq（调整）	0.831 1	↗	0.867 3
S	6.001 46	↘	5.319 13
PRESS	1 778.45	↘	704.408
R-Sq（预测）	0.536 8	↗	0.816 5

可以看出，由于模型项数减少了 6 项，R-Sq 通常会有微小的降低（本例由 0.924 9 降低到 0.896 8），但关键是看调整的 R-Sq 是否有所提高。本例中，R-Sq（调整）由 0.831 1 提高到 0.867 3，可见删除不显著的主因子及交互作用项后，回归的效果更好了。而 S 的值由 6.001 46 降为 5.319 13，PRESS 由 1 778.45 降到 704.408，再次证明删除不显著的主因子及交互作用项后回归的效果更好了。

对于缩减模型同样应该进行残差的诊断，但本例中所有的结果都说明模型与数据拟合得很好，残差图也全部正常。

13.3.3.4 对选定模型进行分析解释

经过前三步的多次反复，已获得一个我们认为最满意的方程，将它定为我们选定的模型。在例 13-4 中，最后确认的回归方程是：

$$y = 541.6 + 10.019\left(\frac{A-840}{20}\right) + 8.444\left(\frac{B-2.5}{0.5}\right) + 5.556\left(\frac{D-55}{5}\right) + 3.556\left(\frac{B-2.5}{0.5}\right)\left(\frac{D-55}{5}\right)$$

除此之外，计算机也提供最后确定了的对原始数据的回归方程：

$$y = 213.1 + 0.5009A - 61.35B - 2.445D + 1.4225BD$$

第四步是“对选定模型进行分析解释”，主要是在拟合选定模型后输出更多的图形和信息，并做出有意义的解释。主要包含下列四个方面，而这些要求在 MINITAB 中都会自动给出结果。

1. 再次进行残差诊断

这时残差诊断的目的已与前面的残差诊断不同了。前面的诊断着重考虑模型是否与数据拟合得合适，如何修改模型以求拟合得更好；本阶段的诊断则是在肯定模型不再修改的前提下，判断数据中是否有个别点出现异常。

检验的方法是将分析“正规（Regular）”残差换为分析“标准化（Standardized）”残差，后者在一般教材中称为“t 化残差”，它不是简单地把残差减均值并除以残差的标准差，它还要考虑到自变量观测值到自变量平均值之间的距离等因素（具体计算公式从略）。标准化后的残差可以近似看成相互独立的服从标准正态分布的随机变量，因此标准化残差的绝对值一般不应超过 2（标准正态分布落在±2 之外的概率大约只有 5%），这可以用来检查单个观测值是否有异常（注意这种“异常”不是指观测值是否过大或过小，而是指偏离模型是否很远）。

也可以将“正规（Regular）”残差换为“删后（Deleted）”残差，删后残差是指在全部数据中删除本数据而保留别的数据再进行回归时对本观测值所得到的残差。删后残差的平方和就是前面提到的 PRESS。

如果在实际问题中遇到异常点或强影响点，要考虑到它对估计和拟合的种种影响。解决问题的办法有两种：一是观察删除此点后方程究竟会如何；二是采用一些不大受这种点影响的“稳健”估计方法，主要有 R 方法（采用数据的秩数据）和 M 方法（休伯（Huber）提出的一种极大似然估计方法）。有需求的读者可以参考相关专门书籍（如本书参考文献［3］（茆诗松主编的《统计手册》）等），这里不赘述了。

具体做法是：打开原数据文件，可以看到在拟合最后选定的模型后所形成的“标准化残差”列，仔细查看此列数据。如果全部数值之绝对值都不超过 2，则可认为“无异常点”；如果个别数据绝对值超过 2，则可认为“此点可能异常”。当然，如果绝对值超过 2 的点数不超过总点数的 5%，则异常的情况并不严重。

在例 13-4 中，所有标准化残差数据都是正常的。

2. 确认主效应及交互效应的显著性，并考虑最优设置

输出各因子的主效应图、交互效应图。在 MINITAB 软件中可以从“统计>DOE>因子>因子图（Stat>DOE>Factorial>Factorial Plot）”进入，设定各因子的主效应图、交互效应图的设置（“立方图”通常不用显示，除非交互作用太严重，简单效应分析找不到最优点时才用）。

我们可以从图中看到，已经选中的那些主因子和交互作用项是否真的很显著，未选中的那些主因子和交互作用项是否真的不显著，从而更具体、更直观地确认选定模型。

在例 13 - 4 中，我们考察 4 个因子，希望断裂强度最大。主效应图见图 13 - 24。

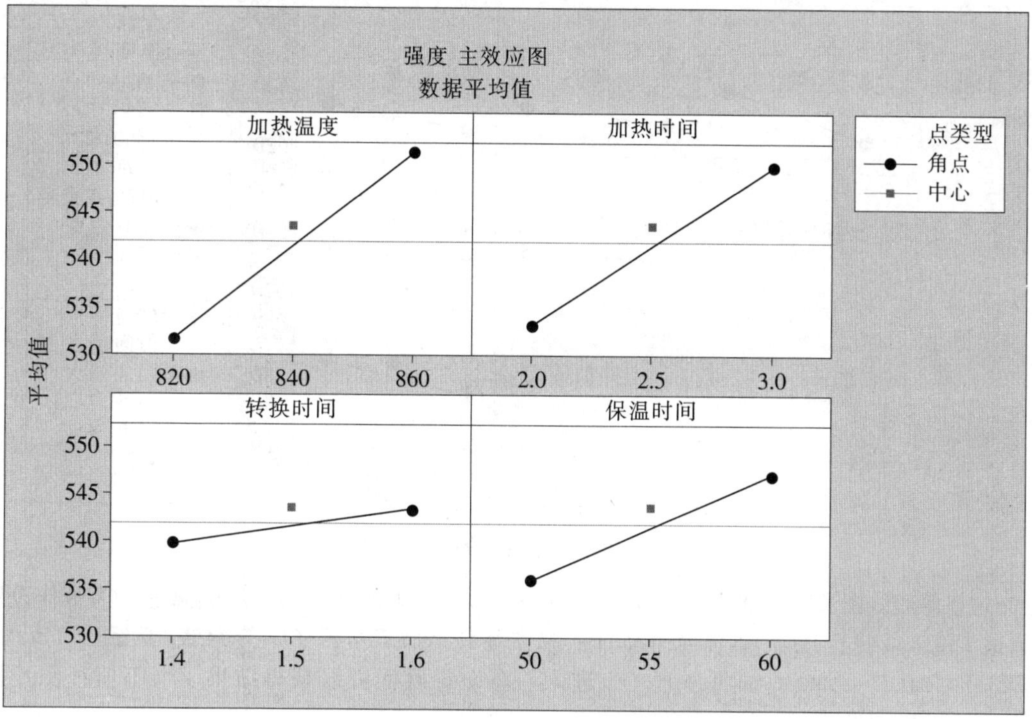

图 13 - 24　断裂强度的主效应图

从图 13 - 24 中可以看出，因子 A（加热温度）、B（加热时间）、D（保温时间）三者回归线较陡，故主效应影响确实显著；而因子 C（转换时间）回归线较平，故主效应影响确实不显著。为了使断裂强度达到最大，三因子都是取值越大越好，即因子 A（加热温度）应取上限 860 摄氏度，因子 B（加热时间）应取上限 3 小时，因子 D（保温时间）应取上限 60 分钟。

从图 13 - 25 中可以看出，只有因子 B（加热时间）与因子 D（保温时间）二者效应线明显不平行，说明二者交互作用显著。

3. 输出等值线图、响应曲面图等以确认最佳设置

我们绘制等值线图及响应曲面图的目的是进一步确认，响应变量是如何受所选中的那些主因子和交互作用项影响的，它的变化规律如何。在自变量的主效应与交互效应图中我们已经获得一些最佳设置的信息，但这些分析是否准确？我们可以从等值线图及响应曲面图中直观地看到整个试验范围内的最佳值的位置。

众所周知，等值线图及响应曲面图只能同时考虑两个自变量及一个响应变量。如果自变量个数较多，只能分多组进行，MINITAB 也确实设定可以“对所有配对变量绘制等值线图及响应曲面图”。但实际应用中，如果两个自变量间无交互作用时，等值线图是一组平行线，响应曲面图是平面，几乎不增加新的信息。因此为了集中精力研究变化规律，最重要的只需绘制有交互作用的那些自变量就够了。

在例 13 - 4 中，只有因子 B（加热时间）与因子 D（保温时间）二者交互作用显著，我们

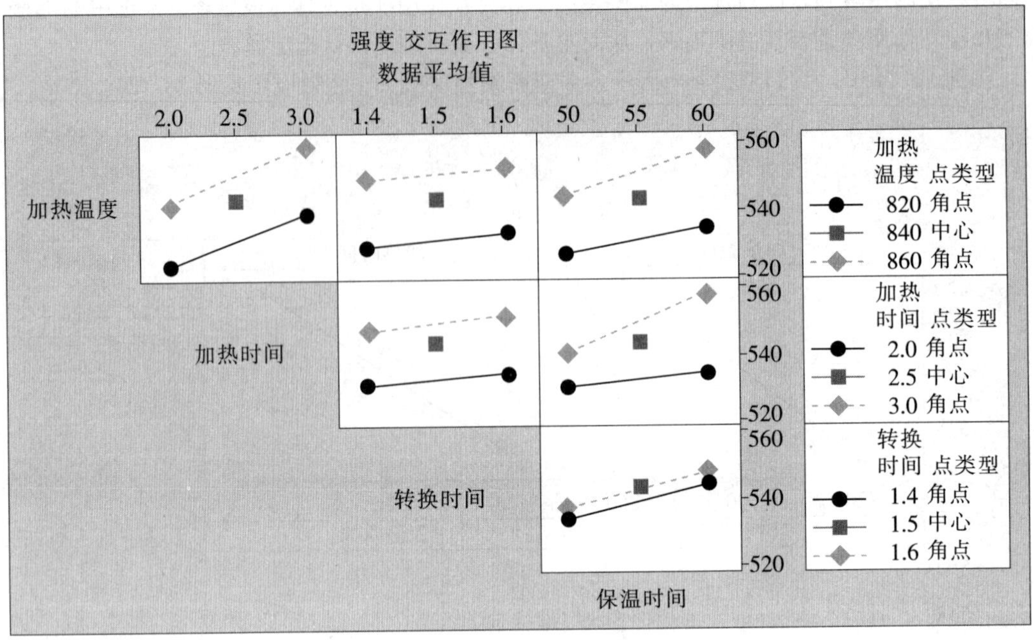

图 13-25　断裂强度的交互效应图

绘制这组等值线图及响应曲面图，而设定另一个影响显著的变量 A（加热温度）为最佳设置（取最大值 860 摄氏度）。具体操作如下：从“统计>DOE>因子>等值线/曲面图（Stat>DOE>Factorial>Contour/Surface Plot）”进入，在设置后就可以获得结果了（等值线图见图 13-26，曲面图见图 13-27）。

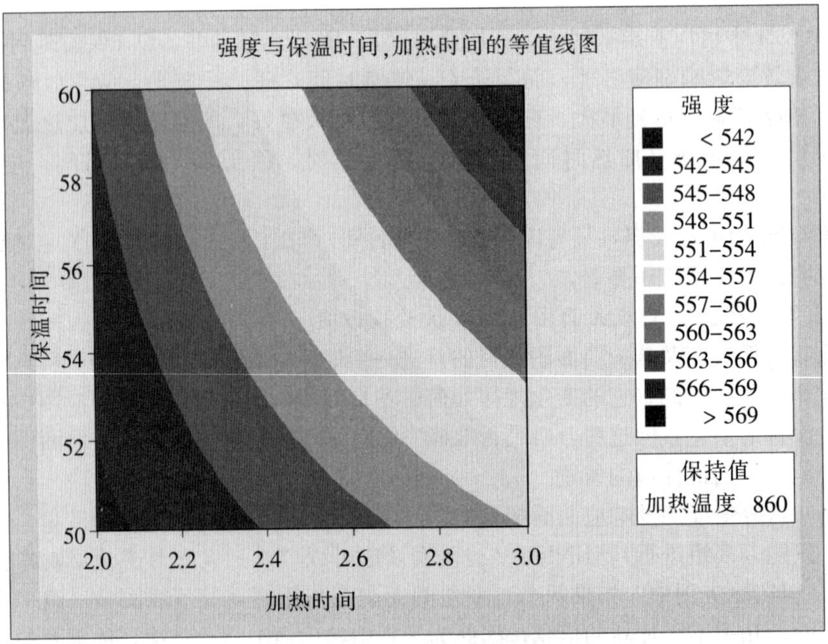

图 13-26　断裂强度的等值线图

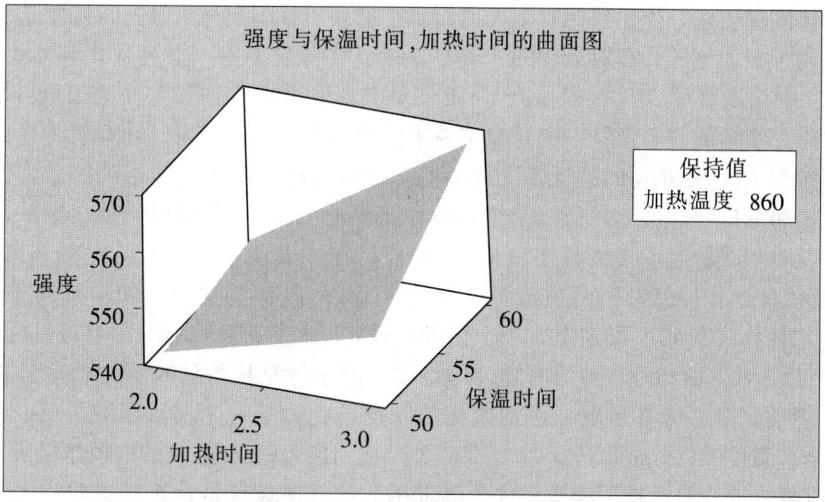

图 13-27　断裂强度的曲面图

从图 13-26 及图 13-27 中可以看出，断裂强度的最大值确实在因子 B（加热时间）＝3 小时，因子 D（保温时间）＝60 分钟，因子 A（加热温度）固定在 860 摄氏度时达到最大（等值线图中右上角之点）。在 MINITAB 软件实际绘制的等值线图内，蓝色代表低值，绿色代表高值，高低状况一目了然；本书是黑白两色显示，高低状况不很清楚，但结合曲面图仍可以准确判断出来。

4. 实现最优化

在设定的最佳条件下，究竟响应变量可以取什么结果？是否真的最优？我们应按照具体问题的望大、望小或望目特性在整个试验区域内求得响应变量的最优值。虽然在因子设计阶段，我们的试验设计的主要目标是筛选变量，但根据对于数据的分析，已经可以判断出哪些自变量效应是显著的，哪些自变量效应是不显著的，我们可以在使用这些信息的基础上，获得最佳值。在 MINITAB 软件中有专门的响应变量优化器窗口，使用时，可以从“统计>DOE>因子>响应优化器（Stat>DOE>Factorial>Response Optimizer)”进入（见图 13-28），计算机可以自动给出最优设置。只要在使用前选定响应变量（见图 13-28 中左侧）后，再对最优的目标予以设置（见图 13-28 右侧）即可。

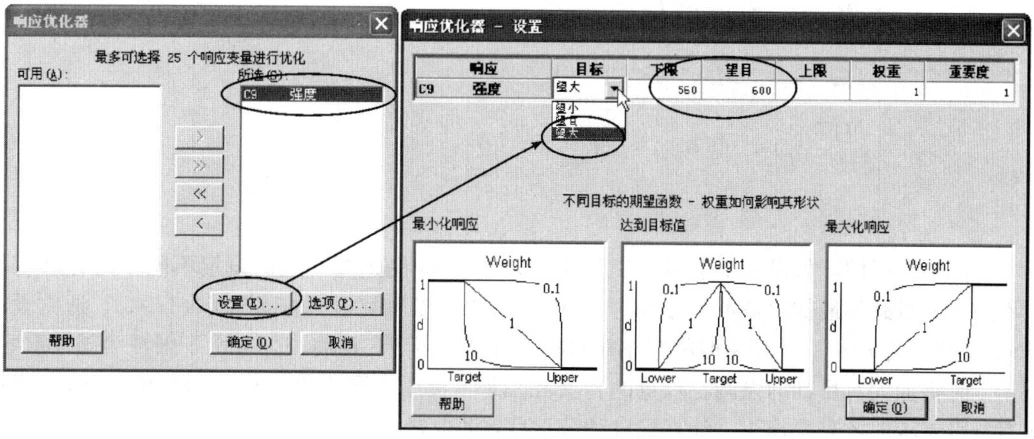

图 13-28　对断裂强度使用响应变量优化器

根据具体问题要求，优化目标有望大型、望小型和望目型三种。设置时先要选定目标的类型。如果是属于望大型的，在对最优的“目标（Goal）”设定上取“望大（Maximize）”，在“设置（Setup）”中只需填写“下限（Lower）”及“望目（Target）”两项，而“上限（Upper）”留为空白。这时，填写的“下限”一定要取试验中已经确实达到的结果（计算机将以此点作为起始点，不要选得太大）；填写的“望目（Target）”一定要远远高于可能达到的最大值（计算机一旦达到此值将立即停止搜索，所以要把目标设得高高的）。如果是属于望小型的，在对最优的“目标（Goal）”设定上取“望小（Minimize）”，在“设置（Setup）”中只需填写“上限（Upper）”及“望目（Target）”两项，而“下限（Lower）”留为空白。如果是属于望目型的，在对最优的“目标（Goal）”设定上，三个值都要设定：“望目（Target）”填写目标值，“下限（Lower）”及“上限（Upper）”则填写容许的范围。由于计算机的计算要兼顾这三种不同的需求，为此，通常要把求响应变量 y 达到最优的问题转化为求一个渴求函数（desirability function）的单个合意度（desirability）d（$0\leqslant d\leqslant 1$）达到最大的问题。d 的取值越接近1表示越满意，d 的取值越接近0表示越不满意。这个渴求函数的具体设置是计算机根据望大、望小或望目三种不同情况自动设置的，若响应变量 y 的估计值为 $\hat{y}$，设定的权重为 r，合意度 d 的定义如下：

（1）望大型：设下界为 L，目标为 T，则

$$d=\begin{cases}0, & \hat{y}<L\\ \left(\dfrac{\hat{y}-L}{T-L}\right)^r, & L\leqslant\hat{y}\leqslant T\\ 1, & \hat{y}>T\end{cases} \tag{13-12}$$

（2）望小型：设目标为 T，上界为 H，则

$$d=\begin{cases}1, & \hat{y}<T\\ \left(\dfrac{H-\hat{y}}{H-T}\right)^r, & T\leqslant\hat{y}\leqslant H\\ 0, & \hat{y}>H\end{cases} \tag{13-13}$$

（3）望目型：设下界为 L，目标为 T，上界为 H，则

$$d=\begin{cases}0, & \hat{y}<L\\ \left(\dfrac{\hat{y}-L}{T-L}\right)^r, & L\leqslant\hat{y}\leqslant T\\ \left(\dfrac{H-\hat{y}}{H-T}\right)^r, & T\leqslant\hat{y}\leqslant H\\ 0, & \hat{y}>H\end{cases} \tag{13-14}$$

对同一个问题，如果对于下界 L、目标 T、上界 H 的这几个值的设定不同，则合意度可能不同，但最终的最优解是不受影响的。“权重（Weight）”取值 r 的范围是0.1～10，通常设定（即默认值）为 $r=1$。小于1时将减小对目标的强调；等于1时将目标和上下限视为同等重要；大于1时将加大对目标的强调。权重的含义在图13-28中右图下端给出了形象的描述，r 值只在有特殊要求时才需要修正。计算机自动搜索后，将得到 d 达到最大值的结果。如果同时考虑多个目标（该窗口号称可以同时处理25个响应变量），则使用者可以按重要性赋予不同的重视

程度。如果同时考虑 k 个响应变量的优化问题，当第 i 个响应变量的“重要性（Importance）”取值为 w_i（其设定范围是0.1～10）时，则可以将各自的合意度 d_i 组合成为一个综合指标：复合合意度 D。其定义为：

$$D=(d_1^{w_1}\ d_2^{w_2}\cdots d_k^{w_k})^{\frac{1}{W}}=(\prod d_i^{w_i})^{\frac{1}{W}} \tag{13-15}$$

式中，$W=\sum w_i$，是所有重要性的总和。这时，D 相当于对各个 d_i 以 w_i 为权重的几何平均值。特别地，如果这些权重全部相等，则式（13－15）可以简化为这些合意度 d_i 的简单几何平均值：

$$D=(d_1d_2\cdots d_k)^{\frac{1}{k}} \tag{13-16}$$

对于只有单个响应变量的情况，根本不必设定重要性，保持默认的 $w_i=1$ 就行了。

在例13－4中，问题是属于望大型的，在对最优的“目标（Goal）”设定上取“望大（Maximize）”，在“设置（Setup）”中填写“下限（Lower）”取“560”（这个值是在做过的试验中已经实现了的），取“望目（Target）”为“600”（这个值是在做过的试验中未能达到的，是较高理想），“上限（Upper）”留为空白。计算结果见图13－29。

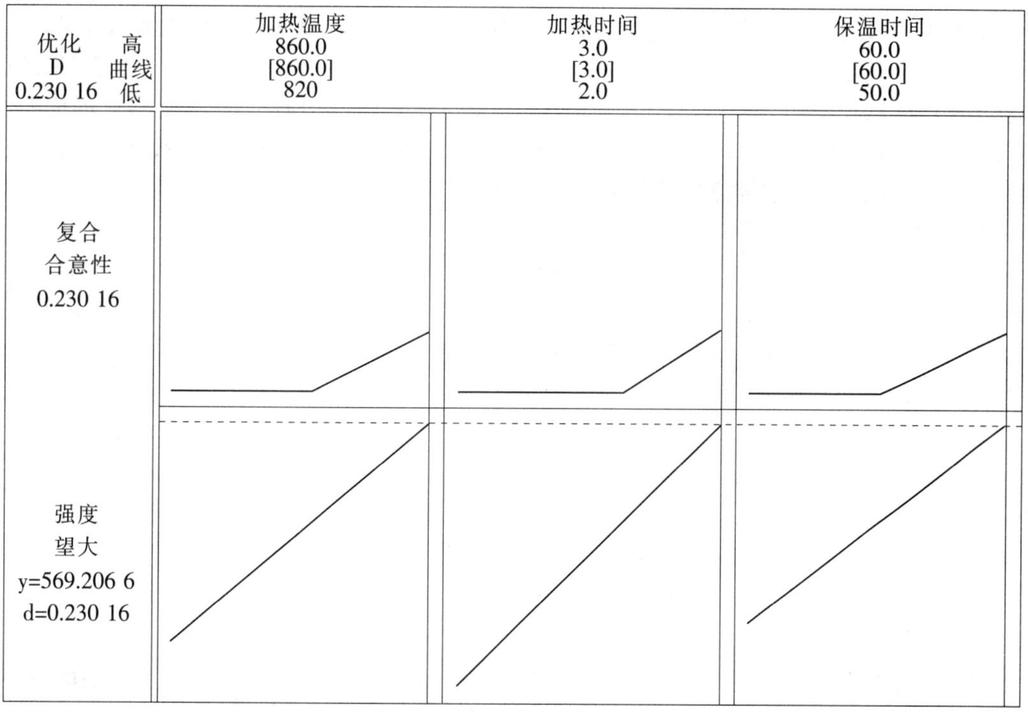

图13－29 断裂强度响应变量优化器结果图

这个图中共有3列，分别是我们选中的自变量。最上端列出各变量名称、取值范围及最优设置（用中括号括起）。上半图是合意度 d 的取值情况，下半图是最优化结果：最大值在因子 A（加热温度）取860摄氏度，因子 B（加热时间）取3小时，因子 D（保温时间）取60分钟时达到，断裂强度最终可以达到569.206 6，合意度 $d=0.230\ 16$（所填写的上下限有变化时，此值可能也变）。

响应变量优化器可以进行人机对话，图中的各项设置都是可以调整的。每个自变量的设置值（竖直红线）可以用鼠标拖动，也可以双击最上端的红色区间（用中括号表示的）直接设定数值。这可以弥补计算机考虑不周时的不足，用人工方法协助计算机完成选优工作。

这里要对例13-4中的数据再作些解释。从数据表中，我们明明看到已达到的最大值是第9号试验点的 $y=574.5$，为什么计算出的最优值却只有569.2？实际上，由于自变量 C（转换时间）作用不显著，而试验数据中对因子 A（加热温度）取860摄氏度，因子 B（加热时间）取3小时，因子 D（保温时间）取60分钟的试验一共进行了两次，除了第9号试验外，第13号试验条件也如此（只是因子 C（转换时间）不同），但第13号试验结果只为561.8，我们不能只看好的，而应考虑在此试验条件下所有可能取值的平均状况。我们预测的最优值569.206 6是有道理的。

13.3.3.5 进行验证试验

DOE分析“五步法”中的**第五步**是判断“**目标是否已达到**”，这主要是将预计的最佳值与原试验目标相比较。如果离目标尚远，则应考虑安排新一轮试验，通常是在本次获得的或预计的最佳点附近，重新选定试验的各因子及其水平，继续做因子设计（DOE）或回归设计（RSM），以获得更好的结果。如果已基本达到目标，则要做验证试验以确保将来按最佳条件生产能获得预期效果。试验设计大师博克斯（G. Box）有句名言：“所有统计模型都是错的，只不过有些模型有用罢了。”我们根据试验数据所建立的任何统计模型是否符合实际规律，在未验证前都是没有把握的。通常的做法是先算出在最佳点的预测值及其变动范围，然后在最佳点做若干次验证试验（通常要3次以上），如果验证试验结果的平均值落入事先计算好的范围内，则说明一切正常，模型是正确的，预测结果可信；否则就要进一步分析发生错误的原因，改进模型，再重新验证，以求得符合实际数据的统计模型。

1. 直接得到预测区间

从回归分析（见9.2.6节）介绍中可以知道，预测区间分为对于理论均值的预测（95% CI）及对于单个试验结果的预测（95% PI）两种。前者所谓“理论均值”实际上相当于进行无穷多次试验结果的平均；后者所谓“单个试验结果”实际上相当于进行一次试验得到的值。我们下面给出MINITAB的操作步骤。

从“统计>DOE>因子>分析因子设计（Stat>DOE>Factorial>Analyze Factorial Design）”进入，得到如图13-30所示界面。请注意，我们在“项（Terms）”中已经将最终选定的模型中包括了因子 A（加热温度）、因子 B（加热时间）、因子 D（保温时间）以及因子 B 与因子 D 的交互作用项。再打开“预测（Prediction）”窗，在“因子”设定值格内按“项（Terms）”中顺序填写最优设置即可（注意不要受“预测”窗中列出了全部变量的影响，这里不用填写交互作用项的实际数值）。

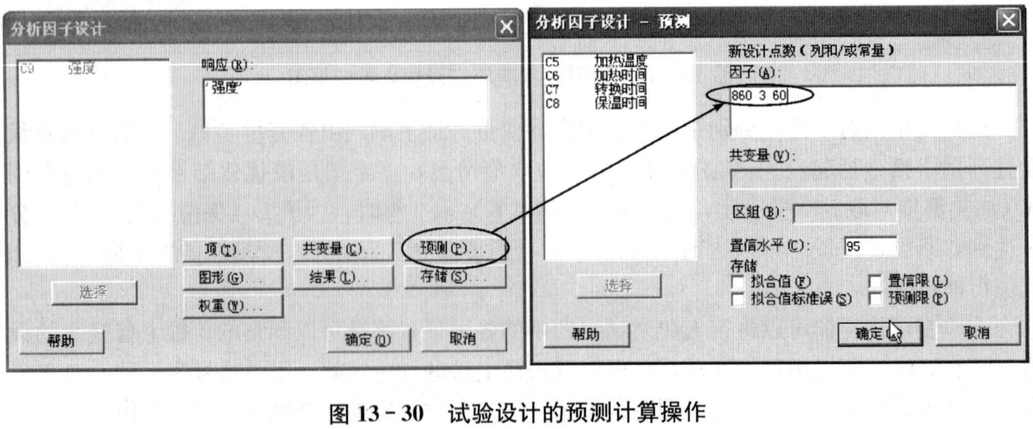

图13-30 试验设计的预测计算操作

计算机将自动给出下列数值结果：

使用	强度	模型的新设计点数的预测响应		
		拟合值		
点	拟合值	标准误	95%置信区间	95%预测区间
1	569.207	2.926	(562.931，575.483)	(556.186，582.227)

最左侧给出的拟合预测值是569.207，就是将自变量值代入回归方程所得的结果，这与最优值的预测是一致的。拟合值标准误为2.926，是拟合值的标准差，此值在做进一步计算时还有用。预测值平均值置信区间（95.0% CI）的结果是（562.931，575.483），表明了回归方程上的点的置信区间。对此区间可以理解为，当按照此自变量的设置无限多次重复运行下去将会获得的理论均值的95%置信范围，此值可以作为改进结果的预报写在总结报告中。在例13-4中，具体说就是：当加热温度取860摄氏度，加热时间取3小时，保温时间取60分钟时，我们可以有95%把握断言，断裂强度**平均值**将落入（562.931，575.483）之内。后一个置信区间95%预测区间（95.0% PI）表明的是以上述回归方程上的点的置信区间为基础，加上单个观测值具有试验误差而给出的置信区间。这里，95%预测区间（95.0% PI）是将来做一次验证试验时将要落入的范围，可供做验证试验时使用。换言之，当加热温度取860摄氏度，加热时间取3小时，保温时间取60分钟时，我们可以有95%把握断言，任何一块钢板的断裂强度将落入（556.186，582.227）之内。

上述结果只给出了验证试验次数$m=1$及$m=\infty$的两种特例情况。一般验证试验要3次以上，下面还需要学会求出这m次验证试验获得的均值所应落入的置信区间。

2. 任意次数验证试验平均值的预测区间

m个观测值的平均值的95%置信区间计算公式是：

$$\hat{y} \pm t_{1-\frac{\alpha}{2}}(n-p)\sqrt{(\text{SE of Fits})^2+\frac{MSE}{m}} \tag{13-17}$$

式中，n是试验总次数；p是最终模型中所包含的项数（常数项要计算在内）；m是验证试验的次数；SE of Fits是在回归方程预测值时输出的拟合值标准误（在输出拟合值后，紧接着就有"拟合值标准误（SE of Fits）"的数值）；MSE也就是σ^2的无偏估计量，它就是在ANOVA表中输出的对应"残差误差"的adj MS项。

显然，当$m=1$时，此置信区间就是95%预测区间（95.0% PI）；当m趋于无穷大时，此置信区间就是95%置信区间（95.0% CI）；当需要求出m个(例如$m=3$或$m=5$）观测值平均值的95%置信区间时，只要代入相应的m的数值就行了。

在例13-4中，试验总次数$n=19$，最终模型中所包含的项数（含常数项）$p=5$，验证试验的次数$m=3$。SE of Fits=2.926（见刚才的预测结果），$MSE=28.29$（见ANOVA表），查14个自由度的t分位数表（见本书附表3）可得

$$t_{1-\frac{\alpha}{2}}(n-p)=t_{0.975}(14)=2.145$$

因此，变动半径的公式如下所示：

$$\delta=t_{1-\frac{\alpha}{2}}(n-p)\sqrt{(\text{SE of Fits})^2+\frac{MSE}{m}}=2.145\times\sqrt{2.926^2+\frac{28.29}{3}}$$
$$=8.928$$

因此可知，3个观测值的平均值的95%置信区间为：

$$\hat{y}\pm\delta=569.207\pm8.928=(560.279,578.135)$$

这样的计算太麻烦，为了大家使用方便，本书提供了宏指令，读者可以直接得到所要

结果。

在调用宏指令之前，先要在某空白列填写出最佳设置的数值，不但要包含自变量项，而且要含交互作用项。

在例13-4中，我们将C10列命名为“X预测”，其中有4项：860，3，60，180。其中前3项分别为加热温度、加热时间及保温时间之值，最后的值“180”是BD乘积项值。

调用宏指令格式为：

%ypred y M p m xpred

式中，y是响应变量；M是设计矩阵；p是最后回归方程所含项数（含常数项在内）；m是准备进行的验证试验的次数；xpred是自变量的最佳设置。请注意，由于MINITAB R15与R16在程序中有变化，在因子设计时，R15的设计矩阵一律使用**原始数据**形成，而R16则一律换用**代码数据**，因此我们在进行预测结果的计算时，就要用不同的预测自变量数据。为了避免混淆，最好先输出设计矩阵来看一下（从“数据>显示数据（Data > Display Data）”入口，指明显示矩阵M1就可以）。对于例13-4，下面分别显示出R15及R16的设计矩阵内容：

R16 矩阵 XMAT1											R15 矩阵 XMAT1										
1	0	0	0	0	0	0	0	0	0	0	1	840	2.5	1.5	55	2 100	1 260	46 200	3.75	137.5	82.5
1	-1	1	-1	1	-1	1	-1	-1	1	-1	1	820	3.0	1.4	60	2 460	1 148	49 200	4.20	180.0	84.0
1	1	1	1	-1	1	1	-1	1	-1	-1	1	860	3.0	1.6	50	2 580	1 376	43 000	4.80	150.0	80.0
1	-1	-1	-1	1	1	1	-1	1	-1	-1	1	820	2.0	1.4	60	1 640	1 148	49 200	2.80	120.0	84.0
1	1	-1	1	1	-1	1	1	-1	-1	1	1	860	2.0	1.6	60	1 720	1 376	51 600	3.20	120.0	96.0
1	-1	-1	1	-1	1	-1	1	-1	1	-1	1	820	2.0	1.6	50	1 640	1 312	41 000	3.20	100.0	80.0
1	1	-1	-1	1	-1	-1	1	1	-1	-1	1	860	2.0	1.4	60	1 720	1 204	51 600	2.80	120.0	84.0
1	0	0	0	0	0	0	0	0	0	0	1	840	2.5	1.5	55	2 100	1 260	46 200	3.75	137.5	82.5
1	1	1	1	1	1	1	1	1	1	1	1	860	3.0	1.6	60	2 580	1 376	51 600	4.80	180.0	96.0
1	-1	1	-1	-1	-1	1	1	-1	-1	1	1	820	3.0	1.4	50	2 460	1 148	41 000	4.20	150.0	70.0
1	-1	-1	-1	-1	1	1	1	1	1	1	1	820	2.0	1.4	50	1 640	1 148	41 000	2.80	100.0	70.0
1	1	-1	1	-1	-1	1	-1	-1	1	-1	1	860	2.0	1.6	50	1 720	1 376	43 000	3.20	100.0	80.0
1	1	1	-1	1	1	-1	1	-1	1	-1	1	860	3.0	1.4	60	2 580	1 204	51 600	4.20	180.0	84.0
1	1	1	-1	-1	1	-1	-1	-1	-1	1	1	860	3.0	1.4	50	2 580	1 204	43 000	4.20	150.0	70.0
1	-1	1	1	-1	-1	-1	1	1	-1	-1	1	820	3.0	1.6	50	2 460	1 312	41 000	4.80	150.0	80.0
1	-1	1	1	1	-1	-1	-1	1	1	1	1	820	3.0	1.6	60	2 460	1 312	49 200	4.80	180.0	96.0
1	-1	-1	1	1	1	-1	-1	-1	-1	1	1	820	2.0	1.6	60	1 640	1 312	49 200	3.20	120.0	96.0
1	0	0	0	0	0	0	0	0	0	0	1	840	2.5	1.5	55	2 100	1 260	46 200	3.75	137.5	82.5
1	1	-1	-1	-1	-1	-1	-1	1	1	1	1	860	2.0	1.4	50	1 720	1 204	43 000	2.80	100.0	70.0

我们在数据文件“DOE_热处理（全因）.MTW”中的C10中，给出了用原始数据表示的有显著效应的自变量最佳设置点：因子A加热温度为860（℃），因子B加热时间为3（小时），因子D保温时间为60（分钟），加上显著的交互作用BD，自变量最佳点的设置为“860，3，60，180”。C10这一列是在用MINITAB R15版本时使用的，换用R16时，则要使用C11列，那里是代码化的设置“1，1，1，1”。具体到例13-4，如果使用MINITAB R15版本，则调用宏指令的命令为：

%ypred C9 M2 5 3 C10

如果使用MINITAB R16，则调用宏指令的命令要换为：

%ypred C9 M2 5 3 C11

不论哪个版本的MINITAB，计算结果都是相同的。

最后结果表明，如果验证试验重复进行3次，则其平均值应落入（560.109，578.304）之内。如果平均值确实落入此区间，则说明试验结果分析及预测等结论都是可信的。

实际计算时为了避免出错，在调用宏指令时可以先令$m=1$，这时得到的结果应该与计算机算出的95%预测区间（95% PI）一致，然后再来计算自己设定的 m 值。

13.3.4 全因子设计的补充介绍

在上节我们介绍了最常见的全因子设计方法。实际上，全因子设计方法内容非常丰富，本节将补充介绍下列常见情况，包括：（1）无中心点；（2）含离散型因子；（3）响应变量需要变换；（4）带区组；（5）离散型响应变量。

13.3.4.1 无中心点的试验及分析

作为因子设计，使用博克斯推荐的设计点加上若干中心点的方法是最有效的方法。但有些时候进行中心点的试验很困难或很麻烦，不希望进行中心点的试验；有时试验中含有离散型因子，根本就没有中心点可言，这时当然可以考虑选择使用伪中心点，但也可以放弃安排伪中心点处的试验；解决此问题的通用选择就是进行重复试验。这时，我们可以只在因子点上仿行（即“重复”）一次，分析方法基本上与含中心点的试验相同，下面举例说明。

例 13-5

铣床加工精度分析试验。为了保证精密轴孔的光洁度（用平面度来度量），在加工轴孔时要进行最后一道工序——铣床加工。在铣孔的过程中，影响平面度的最重要因子有 A“转速”，B“铣刀的进刀速度”及 C“润滑油进给量”。调整铣床的参数较困难，如果增加中心点的试验则要多增加一次调整铣床时间，因此免去中心点的试验安排。为实现重复，每个试验点皆重复一次。本来按随机化要求，要将所有试验次序全部随机排序，但这样做又会增加试验时间。为此，考虑到整个加工试验时间不需要太长，按同一参数连续加工两个零件不会影响随机化，因此最后决定进行3因子2水平不含中心点仿行1次的全因子试验，且仿行是两次连续进行的。A（转速）高水平为860转/分钟，低水平为800转/分钟；B（铣刀的进刀速度）高水平为1.5mm/秒，低水平为1.0mm/秒；C（润滑油进给量）高水平为7毫升/秒，低水平为6毫升/秒。试验结果列在表13-9中（数据文件：DOE_铣孔（无中心点）.MTW）。

表 13-9　　铣床加工精度分析试验数据表

标准序	运行序	中心点	区组	转速	进刀速	油量	平面度
1	3	1	1	800	1.0	6	1.231
2	14	1	1	860	1.0	6	0.998
3	10	1	1	800	1.5	6	1.294
4	16	1	1	860	1.5	6	0.600
5	5	1	1	800	1.0	7	1.839
6	2	1	1	860	1.0	7	1.129
7	11	1	1	800	1.5	7	1.719
8	8	1	1	860	1.5	7	0.938
9	4	1	1	800	1.0	6	1.515
10	13	1	1	860	1.0	6	0.880
11	9	1	1	800	1.5	6	1.339
12	15	1	1	860	1.5	6	0.809
13	6	1	1	800	1.0	7	1.972
14	1	1	1	860	1.0	7	1.123
15	12	1	1	800	1.5	7	1.943
16	7	1	1	860	1.5	7	0.951

解 下面给出分析结果。实际上，不含中心点的试验结果的分析过程与一般全因子试验（如例13-4）完全相同。由于不含中心点，因此在分析结果时无法估计出是否有弯曲，除此之外所得的结果与含中心点的一般全因子试验完全相同。这点反映在方差分析表中。本例的一般结果从略，其方差分析表为：

平面度的方差分析（已编码单位）

来源	自由度	Seq SS	Adj SS	Adj MS	F	P
主效应	3	2.456 71	2.456 71	0.818 90	69.90	0.000
转速	1	1.838 74	1.838 74	1.838 74	156.95	0.000
进刀速	1	0.074 80	0.074 80	0.074 80	6.38	0.032
油量	1	0.543 17	0.543 17	0.543 17	46.36	0.000
2因子交互作用	3	0.116 71	0.116 71	0.038 90	3.32	0.071
转速*进刀速	1	0.020 31	0.020 31	0.020 31	1.73	0.221
转速*油量	1	0.096 10	0.096 10	0.096 10	8.20	0.019
进刀速*油量	1	0.000 31	0.000 31	0.000 31	0.03	0.875
残差误差	9	0.105 44	0.105 44	0.011 72		
失拟	1	0.001 26	0.001 26	0.001 26	0.10	0.764
纯误差	8	0.104 18	0.104 18	0.013 02		
合计	15	2.678 86				

在此处的方差分析表中，在残差误差的组成项中，除纯误差项外，只含有“失拟”项的估计，根本没有“弯曲”项的估计值。在进行试验前，对此应考虑清楚。在本例中，安排中心点当然会增加完成试验的难度（多调整一次参数的设计值），但好处却是可以估计是否有弯曲。如果事先能肯定不存在弯曲，不安排中心点则无任何问题；反之，不能肯定是否存在弯曲时，还是应该安排中心点的试验，且这样做的结果在总试验次数上还是合算的。本例后续的结果分析在此全部从略，大家不难自行完成。

13.3.4.2 含离散型因子的试验及分析

前面几个例子中，我们所举的自变量全部是连续型的。但实际工作中有可能出现离散型因子（即离散型自变量）的情况。下面举例说明自变量中若同时含有连续型和离散型两种情况，应该如何处理。

例13-6

提高合成氨产量试验。为了提高合成氨的产量，要选择最佳工艺条件，这里含3个重要因子：*A*（反应温度，Temp）、*B*（反应时间，Time）及*C*（催化剂种类）。这里，*A*及*B*皆为连续型自变量，而*C*为离散型变量（1号及2号催化剂两种）。安排含4次中心点的2水平全因子试验，且两种催化剂各试验两次。*A*（反应温度）高水平为780℃，低水平为760℃；*B*（反应时间）高水平为44分钟，低水平为40分钟；*C*（催化剂）高水平为2号催化剂，低水平为1号催化剂。响应变量为产量（单位：千克）。试验结果列在表13-10中（数据文件：DOE_合成氨（含离散型因子）.MTW）。

表13-10　　合成氨试验数据表

标准序	运行序	中心点	区组	Temp	Time	催化剂	产量	CT
1	12	1	1	760	40	1号	156.956	−1
2	7	1	1	780	40	1号	160.244	−1
3	4	1	1	760	44	1号	161.383	−1
4	9	1	1	780	44	1号	173.396	−1

续前表

标准序	运行序	中心点	区组	Temp	Time	催化剂	产量	CT
5	1	1	1	760	40	2号	149.330	1
6	10	1	1	780	40	2号	158.530	1
7	11	1	1	760	44	2号	156.651	1
8	6	1	1	780	44	2号	168.904	1
9	3	0	1	770	42	1号	161.437	−1
10	5	0	1	770	42	2号	159.971	1
11	2	0	1	770	42	1号	162.753	−1
12	8	0	1	770	42	2号	159.518	1

解 本例与一般的全部为连续型因子试验在分析时的最大不同是回归方程有变化，同时在绘制残差分析图的操作中有不同（CT含义及详细操作见下面的解释）。

本例的计算结果输出表是这样的：

产量的估计效应和系数（已编码单位）

项	效应	系数	系数标准误	T	P
常量		160.756	0.379 7	423.43	0.000
Temp	9.189	4.594	0.465 0	9.88	0.000
Time	8.818	4.409	0.465 0	9.48	0.000
催化剂	−3.877	−1.939	0.379 7	−5.11	0.004
Temp * Time	2.945	1.472	0.465 0	3.17	0.025
Temp * 催化剂	1.538	0.769	0.465 0	1.65	0.159
Time * 催化剂	0.029	0.014	0.465 0	0.03	0.976

S = 1.315 16　　PRESS = 125.657

R-Sq = 97.84%　R-Sq（预测）= 68.60%　R-Sq（调整）= 95.25%

产量的方差分析（已编码单位）

来源	自由度	Seq SS	Adj SS	Adj MS	F	P
主效应	3	369.494	369.494	123.165	71.21	0.000
Temp	1	168.857	168.857	168.857	97.62	0.000
Time	1	155.532	155.532	155.532	89.92	0.000
催化剂	1	45.105	45.105	45.105	26.08	0.004
2因子交互作用	3	22.073	22.073	7.358	4.25	0.077
Temp * Time	1	17.340	17.340	17.340	10.03	0.025
Temp * 催化剂	1	4.731	4.731	4.731	2.74	0.159
Time * 催化剂	1	0.002	0.002	0.002	0.00	0.976
残差误差	5	8.648	8.648	1.730		
弯曲	1	0.161	0.161	0.161	0.08	0.797
失拟	2	7.519	7.519	3.760	7.76	0.114
纯误差	2	0.969	0.969	0.484		
合计	11	400.215				

从方差分析表中可以看出，数据并无弯曲及失拟，因此可以直接分析各因子的响应。这里要注意的是：含离散型因子的方程解读与全部是连续型因子的情况有所不同。上面各因子效应的分析中，结果看似无任何特殊之处，实则不然。本例的回归方程写出来应该是：

$$y=160.756+4.594\times\frac{温度-770}{10}+4.409\times\frac{时间-42}{2}$$
$$+1.472\times\frac{温度-770}{10}\times\frac{时间-42}{2}$$
$$+\begin{cases}1.939-0.769\times\frac{温度-770}{10}-0.014\times\frac{时间-42}{2} & （催化剂为1号）\\ -1.939+0.769\times\frac{温度-770}{10}+0.014\times\frac{时间-42}{2} & （催化剂为2号）\end{cases}$$

这就是说，含离散型因子的回归方程一定会分为几叉，本例离散型变量取2值，因此分两叉；有两个分别取2值的离散型变量时，共分4叉，…，依此类推。当催化剂分别为1号和2号时，方程分别采用上下两种不同的表达式。而且注意，在最开始得到的估计效应和系数表中的各个系数实际上相当于离散型因子取第二个水平时的系数，因为效应（系数也一样）代表的是离散型因子“高水平”与“低水平”的响应变量值之差，其差值为正时，代表的是离散型因子取“高水平”比取“低水平”要高，反之亦然。本例中，催化剂的系数−3.877为负数，代表响应变量的值在催化剂取“高水平”（2号）要比催化剂取“低水平”（1号）低3.877。

在进一步的分析中，发现本例中有两项交互作用项不显著，而且残差正常、不需要对y进行变换的情况，这时，在修改模型时只要去掉这两个不显著项就行了。经修改模型删除两项交互作用项后，最后可得结果如下：

常量		160.756	0.3991	402.78	0.000
Temp	9.189	4.594	0.4888	9.40	0.000
Time	8.818	4.409	0.4888	9.02	0.000
催化剂	-3.877	-1.939	0.3991	-4.86	0.002
Temp * Time	2.945	1.472	0.4888	3.01	0.020

因此，显著项为A（温度）、B（时间）、C（催化剂）及AB交互项，最终的回归方程为：

$$y=160.756+4.594\times\frac{温度-770}{10}+4.409\times\frac{时间-42}{2}$$
$$+1.472\times\frac{温度-770}{10}\times\frac{时间-42}{2}+\begin{cases}1.939 & （催化剂为1号）\\ -1.939 & （催化剂为2号）\end{cases} \qquad (13-18)$$

这就是说，如果温度和时间不变，只是催化剂变化时，它们的常数项要进行修改（即分别减或加某个常数，此常数即该项的“回归系数”）。这一点与回归分析是一样的，我们在9.4节Logistic回归中的例9-8中的回归方程（9-38）也列出了详细结果，不过那里已经直接给出了离散型自变量取不同值时的修改结果。

另外一点不同是在含离散型因子时，绘制残差图时也有不同。由于MINITAB软件的限制，当自变量为离散型因子时，在绘制对该变量的残差图时，计算机不能直接生成残差图。补救办法是：另加一列“连续型”的数字来代表这个离散型因子的取值就行了。本例中，新增加“CT”列，它取值（按连续型变量取值）为−1（催化剂为1号）及1（催化剂为2号）。从“统计>DOE>因子>分析因子设计（STAT>DOE>Factorial>Analyze Factorial Design）”窗口进入后，在关于“图形”的窗口（参看图13-15中左下）中，在“残差与变量”项下，需要填写的除了原来的“Temp”“Time”外，还要增加一个“CT”（参见图13-31中左侧）。其残差输出图（参见图13-31中右侧）也与连续型自变量的残差图略有不同（这里无中心点，因此只在“−1”“1”两处有残差）。

对于残差的分析等项工作，并未因是否为离散型因子而不同。主效应图及交互效应图分别如图13-32和图13-33所示。

从主效应看，三个因子效应都是显著的；除A（温度）与B（时间）之间交互作用显著外，其他各项交互作用都不太显著。

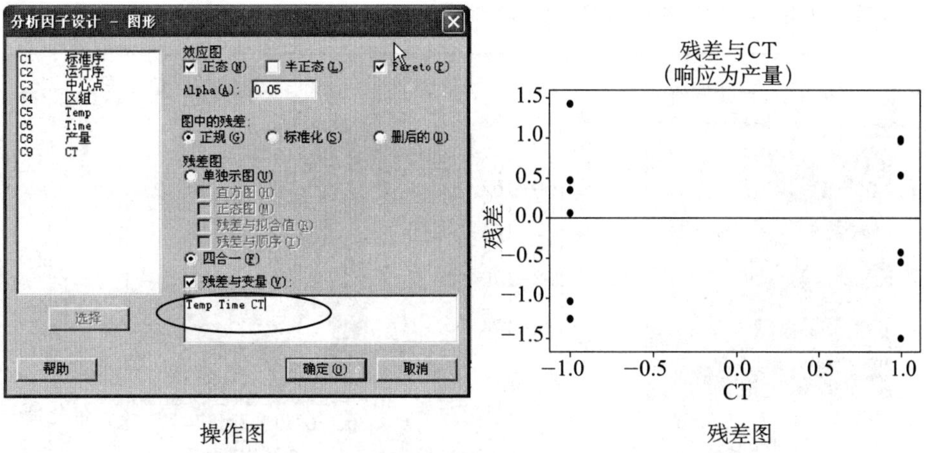

图 13-31　含离散型因子的残差分析操作图及残差图

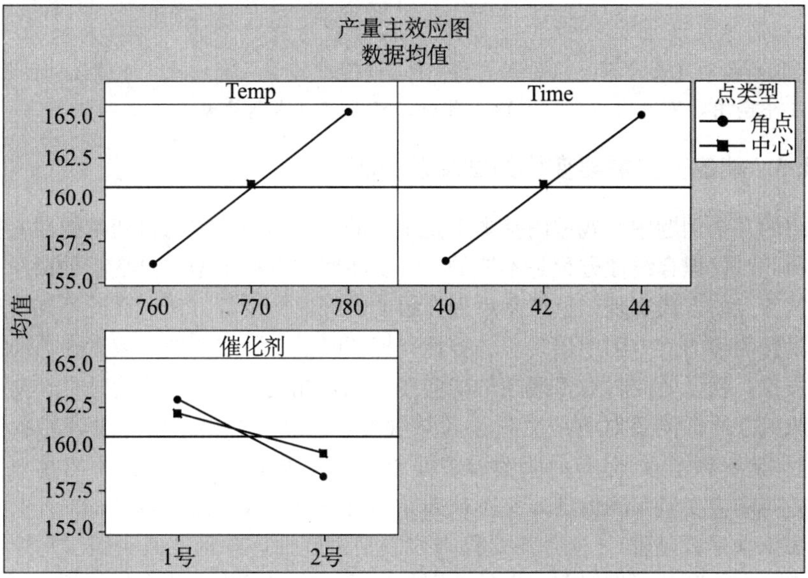

图 13-32　含离散型因子的主效应图

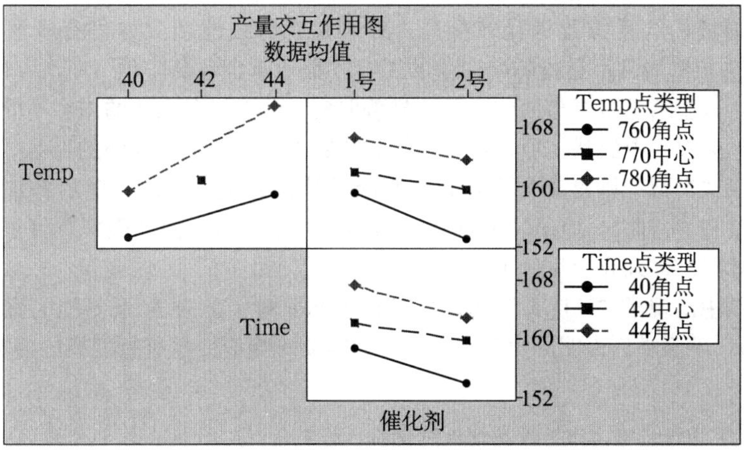

图 13-33　含离散型因子的交互效应图

等值线图（见图13-34）及曲面图（从略）进一步证实了上述分析。

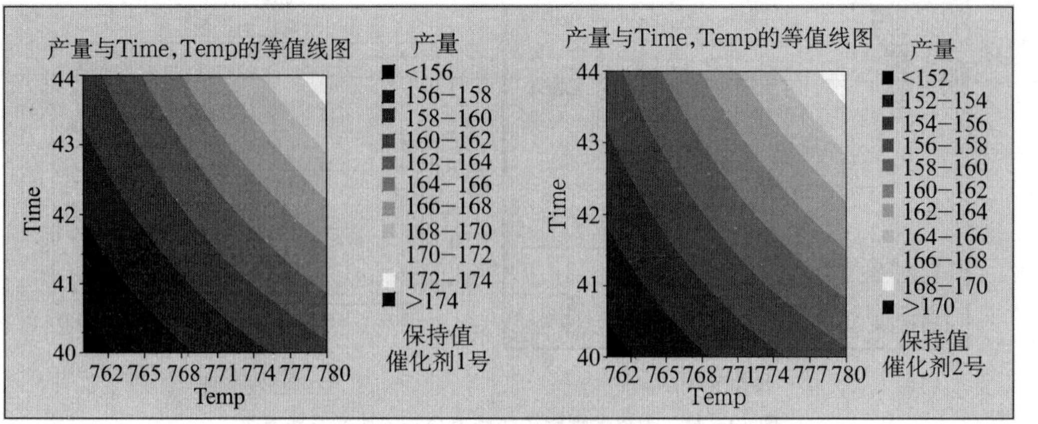

图13-34　合成氨产量的等值线图

总之，本例的结果为回归方程（13-18）。从方程中可以看出，当温度取高水平（高温：780℃）、时间取高水平（长时间：44分钟）（即等值线图中的右上角）时，等值线取得最大值；仔细比较图13-34中两图，可看出当催化剂取1号时，产量可以达到最大。

13.3.4.3　响应变量需要变换的试验及分析

前面介绍的几个例题中，残差图基本上是正常的。但如果残差与自变量的残差图中出现了弯曲，就说明此时仅拟合线性方程是不够的，需要在回归方程中增加自变量的高阶项，而这只能通过增加试验点的方式实现，这就是后面介绍的响应曲面设计方法，在此不加说明。如果残差与响应变量预测值的残差图中出现了非齐性（即“喇叭口”或弯曲）或者在ANOVA表中出现了严重的失拟，就说明此时对于现在的响应变量拟合此线性方程是不合适的。对于残差图中出现了“喇叭口”通常需要对响应变量进行某种变换，这点容易理解，也容易找到实际例题（这里不详细举例解释了），但有时明明看着残差图好像不正常，但又说不出哪里有问题。因此，凡是残差与响应变量预测值的残差图或残差与自变量的残差图出现弯曲（不用管ANOVA中弯曲项及失拟项是否显著），通常需要检查残差是否齐性，并确定是否需要对于响应变量进行变换。至于“弯曲”与“失拟”两者的差别与联系，我们只能简单介绍一下。一般，我们在DOE中说的“弯曲”通常都是指响应变量的回归方程中未含二次项时，以中心点的试验结果与试验点连线形成的线性方程为比较标准，查看是否与线性回归方程有显著偏离；我们在DOE中说的“失拟”通常都是指响应变量的回归方程中未含各高阶项（三次、四次等）、高阶交互作用项时，试验结果是否与回归方程有显著偏离。由于二者强调的内容不同，常常出现只有“弯曲”及“失拟”中的某一项，对于它们的解决方法当然也是不同的，对“弯曲”常增加二阶项即可；对“失拟”则复杂得多，先要判断是缺什么项造成的，然后补加该项即可。有时，看起来像是有“弯曲”，但ANOVA中“弯曲”并不显著，而“失拟”倒很显著，这就要更仔细地分析才行。详细介绍见例13-7。

对于残差图中出现了“喇叭口”的情况我们不再举例（在例9-5氨损失量的回归分析中有类似的状况），下面举例说明因出现“失拟”而需要对响应变量进行变换的情况。

例13-7

提高金属疲劳寿命试验。为了提高钢板的性能，特别是担心钢板在长期使用后由于疲劳而发生断裂的情况出现，要选择最佳的材料、热处理工艺条件等。现在普遍使用电渣重熔钢方法冶炼，这里含2个重要因子要考虑：A（铬含量）和B（锰含量）。在热处理过程中，一般处理方法是相同的，可变的只有因子C：热处理时间。对于这3个因子安排含3次中心点的2水平全因子试验。A（铬含量）高水平为1.46%，低水平为1.42%；B（锰含量）高水平为0.32%，低水平为0.28%；C（热处理时间）高水平为80分钟，低水平为60分钟。在疲劳寿命试验中在低温情况下用弯折机对钢板条进行反复弯折，以折断所需次数为响应变量寿命（单位：次数）。试验结果列在表13－11中（数据文件：DOE_疲劳寿命（变换）.MTW）。

表13－11　　金属疲劳寿命试验数据

标准序	运行序	中心点	区组	铬含量	锰含量	热处理时间	寿命	lnY
1	8	1	1	1.42	0.28	60	9 722	9.182 1
2	7	1	1	1.46	0.28	60	27 491	10.221 6
3	5	1	1	1.42	0.32	60	14 129	9.556 0
4	9	1	1	1.46	0.32	60	21 680	9.984 1
5	6	1	1	1.42	0.28	80	25 047	10.128 5
6	3	1	1	1.46	0.28	80	34 009	10.434 4
7	10	1	1	1.42	0.32	80	29 568	10.294 4
8	4	1	1	1.46	0.32	80	70 104	11.157 7
9	2	0	1	1.44	0.30	70	18 416	9.821 0
10	11	0	1	1.44	0.30	70	21 631	9.981 9
11	1	0	1	1.44	0.30	70	23 183	10.051 2

解　对于此数据的分析过程的操作与例13－4完全相同，但对于结果的分析则要仔细注意，特别要重视残差图与数值分析结果的对应解释。拟合模型的数值结果如下：

寿命 的估计效应和系数（已编码单位）

项	效应	系数	系数标准误	T	P
常量		26 816	2 884	9.30	0.001
铬含量	18 704	9 352	3 382	2.77	0.051
锰含量	9 803	4 901	3 382	1.45	0.221
热处理时间	21 427	10 713	3 382	3.17	0.034
铬含量*锰含量	5 339	2 669	3 382	0.79	0.474
铬含量*热处理时间	6 045	3 022	3 382	0.89	0.422
锰含量*热处理时间	10 505	5 252	3 382	1.55	0.195

S = 9 566.07　PRESS = 10 224 149 039
R-Sq = 85.51%　R-Sq（预测）= 0.00%　R-Sq（调整）= 63.79%

寿命的方差分析（已编码单位）

来源	自由度	Seq SS	Adj SS	Adj MS	F	P
主效应	3	1 810 104 063	1 810 104 063	603 368 021	6.59	0.050
铬含量	1	699 716 640	699 716 641	699 716 641	7.65	0.051
锰含量	1	192 197 618	192 197 618	192 197 618	2.10	0.221
热处理时间	1	918 189 805	918 189 805	918 189 805	10.03	0.034
2因子交互作用	3	350 791 853	350 791 853	116 930 618	1.28	0.395
铬含量*锰含量	1	57 009 842	57 009 842	57 009 842	0.62	0.474

铬含量＊热处理时间	1	73 071 961	73 071 961	73 071 961	0.80	0.422
锰含量＊热处理时间	1	220 710 050	220 710 050	220 710 050	2.41	0.195
残差误差	4	366 038 981	366 038 981	91 509 745		
弯曲	1	135 894 500	135 894 500	135 894 500	1.77	0.275
失拟	1	218 321 408	218 321 408	218 321 408	36.93	0.026
纯误差	2	11 823 073	11 823 073	5 911 536		
合计	10	2 526 934 897				

从上述结果可以看出，虽然模型总响应勉强是显著的，但这里出现了严重的失拟，可弯曲却又看不出问题。下面用残差图（见图13-35）来验证分析。

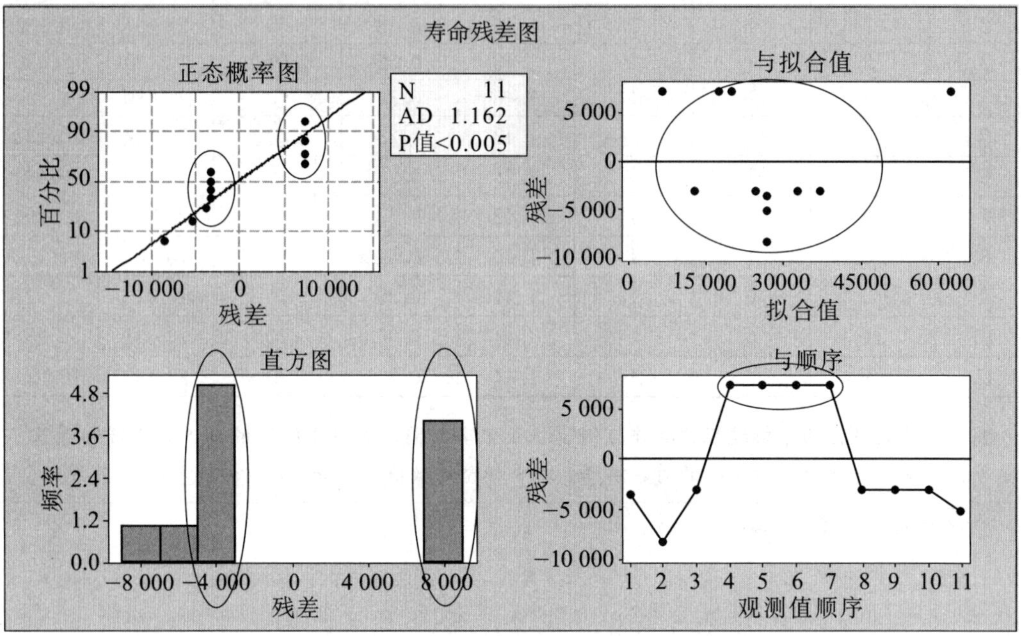

图13-35　提高金属疲劳寿命试验的四合一残差图

这个四合一残差图显得怪怪的，残差的数值好像集中在两处（见图13-35中左上及左下）。再从对3个自变量的残差图（见图13-36中左上、右上及左下）可以看出明显的弯曲，可数值结果却只认为有失拟，而不认为有弯曲，所以还不能仅使用“增加自变量高阶项”的办法来解决。

为了处理含有失拟的这种问题，通常应该对模型拟合方面是否有大的问题予以检查，这通常与“是否需要对响应变量进行变换”结合起来。

为此，我们调用宏指令来观察是否需要和怎样进行对响应变量的变换。调用方法与例13-4完全相同。本例响应变量值存在C8列，设计矩阵存在并命名为M1，选取变量共7个（3个自变量，3个交互作用项，1个常数项），故调用格式为：

```
%boxcoxdoe C8  M1  7  C21-C60
```

结果得到图形如图13-36中右下图所示。

从图13-36中右下图可以看出，当$\lambda=1$时，蓝线略微超过了红色的边界线，因而提示我们应该对响应变量进行变换。究竟λ选多少最合适？图中似乎认为$\lambda=-0.5$最好，但考虑到实际意义，取负次方幂较难解释，况且$\lambda=0$也是一个较好的选择，而$\lambda=0$意味着对响应变量取对数，而这是很常见的手法（以后在“可靠性统计分析”中可以知道，在寿命分布为Weibull分布等很多情况下都要取对数）。我们就在数据表中另行生成一列lnY列（见表13-11中第9列）。下面的工作就是对于lnY

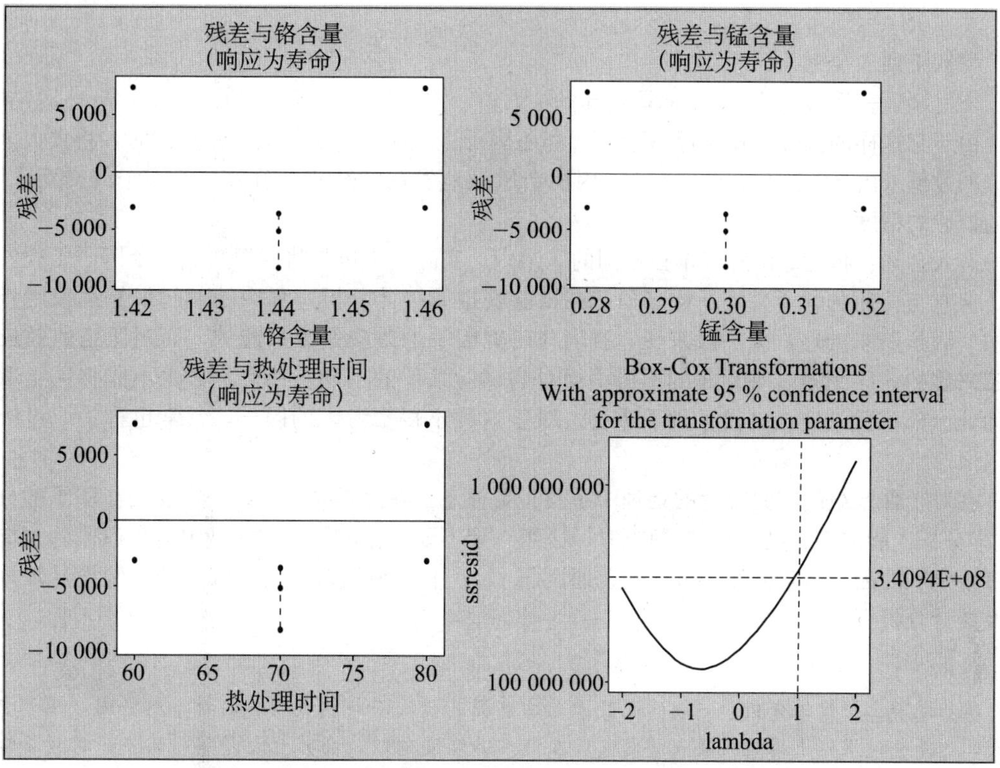

图 13-36 疲劳寿命试验各个自变量的残差图及宏指令结果

进行分析，分析结束后再将其数值取指数还原为寿命数据。

对于 ln$Y$ 进行分析的结果是一切正常。残差正常，显著自变量只有 A 及 C（即铬含量和热处理时间），当铬含量最高及热处理时间最长时，金属的疲劳寿命将达到最大。

13.3.4.4 带区组的试验设计及分析

我们在上面介绍的试验设计中，一般都暗含的假定是在试验的整个过程中，一切条件都是不变的，换言之，所有的试验都是在有计划的安排之下，试验中只受到完全随机的试验误差干扰，试验条件的变化是根据设定的因子的变化给定的，试验材料性能保持不变，人员保持不变等，我们概括地称之为试验条件是“齐性”的。但在实际工作中，时常会出现在随机干扰的同时还有系统的干扰，例如材料并非由单个供应商提供，材质可能有不全相同的情况，不同的试验人员和试验工具等，即称试验条件是“非齐性”的。如果不考虑这种非齐性的情况（例如材料在试验过程中有变化），则会使试验误差增大，在进行 ANOVA 分析及因子响应分析时，由于分母（误差项）变大，而常常不能敏锐地发现已经有显著效应的因子或交互作用。如果我们能事先明确造成非齐性的原因（例如试验中必须使用两批材料，将其作为区组），将这项原因分离出来，即有

$$SS_{误差}=SS_{区组}+SS_{剩余误差} \tag{13-19}$$

这里把误差项分为“区组”部分和“剩余误差”两部分后，当有“区组”效应出现时，“剩余误差”部分将远小于原来的全部“误差”项。这时，对于总离差平方和的分解式写出示意关系是这样的。

未将区组列入模型：

$$SS_T = SS_{\text{主效应项及交互效应项}} + SS_{\text{误差}} \tag{13-20}$$

将区组列入模型：

$$SS_T = SS_{\text{主效应项及交互效应项}} + SS_{\text{区组}} + SS_{\text{剩余误差}} \tag{13-21}$$

由于有这样的拆分，在进行ANOVA和各因子主效应（或交互效应）分析时，将大大减小分母的数值（由$SS_{\text{误差}}$换成$SS_{\text{剩余误差}}$），因而会敏锐地发现已经有显著效应的因子或交互作用，提高试验的精度。

有人会问：将全部试验安排在不同的区组内，实际上不也是将区组当成一个因子了吗？是的，但它与普通的因子并不一样。虽然在试验安排或统计分析过程中处理起来是都采用相同的按“因子”来处理，但一般来说，我们**对研究因子的效应是感兴趣的**，而**对区组的效应是不感兴趣的**。区组是客观存在的不得不面对的试验条件的不同，我们不必也不能将区组取消掉而让全部试验一定在齐性条件下进行。对于这种不得不考虑的因子，常常也称为“讨厌因子”。

在对于含区组的试验设计的处理中主要是要注意：在**分析**时，区组一定要当作因子的分析（这样分析才能准确、灵敏）；在**预报**时，区组一定不要当作因子，在模型中应予以删除（能加以“设定”的因子通常已经是可控的普通因子了）。下面举例来说明带区组的试验设计计划安排及统计分析方法。

例13-8

陶粒混凝土强度的分析。一般的混凝土是由水泥、砂及石料构成的，石料虽然坚固，但其自重过大，这是普通混凝土的最大缺点。发电厂在使用粉煤发电时，会产生大量的粉煤灰，存放粉煤灰既占空间又容易污染环境，将粉煤灰烧结后形成鸽蛋大小的球状物陶粒，不但能代替石料形成混凝土，而且将污染环境的粉煤灰清理干净，是一项有重大环保价值的举措。本试验设计为探索生产陶粒混凝土的工艺条件。为了提高陶粒混凝土构件板的强度，要选择最佳工艺条件，这里含4个重要因子：*A*（水泥量），*B*（砂比率），*C*（陶粒用量），*D*（搅拌时间）。全因子试验（含中心点）至少20次左右，而实际试验过程中，由于同炉生产的陶粒无法满足这样多试验的要求，只好使用由两个烧结炉烧结而成的共两批陶粒，同炉陶粒可以保证有较好的同质性，而两炉则不能保证它们的性能没有显著差别，考虑这样的安排就是把材料的不同来源当作区组，这就是含区组的试验设计。安排4因子的2水平全因子试验，分两个区组（甲、乙两炉陶粒），共含4次中心点。*A*（水泥量）高水平为220kg，低水平为200kg。*B*（砂比率）高水平为38%，低水平为36%。*C*（陶粒用量）高水平为280kg，低水平为260kg。*D*（搅拌时间）高水平为8分钟，低水平为6分钟。区组1、2分别为甲、乙两炉生产的陶粒。试验结果列在表13-12中（数据文件：DOE_陶粒强度（含区组）.MTW）。希望分析出显著因子及显著交互作用项，给出在现有条件下的最优设置条件，并预报出在最优设置条件下强度的预测值及相应置信区间。

表13-12　　陶粒混凝土强度试验数据表

标准序	运行序	中心点	区组	水泥量	砂比率	陶粒用量	搅拌时间	强度
1	8	1	1	220	36	260	6	498.6
2	5	1	1	200	38	260	6	469.8
3	3	1	1	200	36	280	6	415.3
4	9	1	1	220	38	280	6	513.3
5	1	1	1	200	36	260	8	451.9
6	7	1	1	220	38	260	8	538.3
7	10	1	1	220	36	280	8	470.8

续前表

标准序	运行序	中心点	区组	水泥量	砂比率	陶粒用量	搅拌时间	强度
8	2	1	1	200	38	280	8	465.9
9	4	0	1	210	37	270	7	489.2
10	6	0	1	210	37	270	7	467.5
11	11	1	2	200	36	260	6	446.2
12	18	1	2	220	38	260	6	543.8
13	15	1	2	220	36	280	6	474.8
14	12	1	2	200	38	280	6	462.9
15	17	1	2	220	36	260	8	510.8
16	13	1	2	200	38	260	8	483.7
17	16	1	2	200	36	280	8	428.4
18	20	1	2	220	38	280	8	548.6
19	14	0	2	210	37	270	7	491.2
20	19	0	2	210	37	270	7	479.7

解 在生成试验计划时，填写因子个数时仍应填“4”（区组因子个数不计算在内），在“设计”中，选“每个区组含中心点数”为“2”，“仿行数”保留为“1”不变，“区组数”填写为“2”；打开“因子”项后，按要求填写4个可控因子的名称及相应高低水平之值，就可以得到试验计划表了（见表13-12的前8列）。

按区组设计要求，两个区组各进行10次试验，养护28天后，将混凝土构件放在压力机上受压破碎，记录下其结果列在“强度”列中（见表13-12最后一列）。

在分析带区组的试验设计时要注意：分析时要将“区组”选为因子（因此因子个数要增加一个），中心点与原来一样仍然保留不选“在模型中包含中心点”项；在残差分析的图形中，对于“残差与变量”框，除了要填写各自变量外，要增加残差对“区组”的图形（操作图如图13-15中左下图所示，在最下方的“残差与变量”栏中，加选“区组”即可，此处界面从略）。

计算结果如下：

拟合因子：强度与区组，水泥量，砂比率，陶粒用量，搅拌时间

强度的估计效应和系数（已编码单位）

项	效应	系数	系数标准误	T	P
常量		482.53	1.763	273.67	0.000
区组		-4.47	1.763	-2.54	0.035
水泥量	59.36	29.68	1.971	15.06	0.000
砂比率	41.19	20.59	1.971	10.45	0.000
陶粒用量	-20.39	-10.19	1.971	-5.17	0.001
搅拌时间	9.21	4.61	1.971	2.34	0.048
水泥量 * 砂比率	6.06	3.03	1.971	1.54	0.163
水泥量 * 陶粒用量	-0.61	-0.31	1.971	-0.16	0.880
水泥量 * 搅拌时间	0.29	0.14	1.971	0.07	0.944
砂比率 * 陶粒用量	9.16	4.58	1.971	2.32	0.049
砂比率 * 搅拌时间	2.46	1.23	1.971	0.62	0.550
陶粒用量 * 搅拌时间	2.64	1.32	1.971	0.67	0.522

显著项

S = 7.885 21　　PRESS = 2 901.58

R-Sq = 97.95%　R-Sq（预测）= 88.07%　R-Sq（调整）= 95.14%

强度的方差分析（已编码单位）

来源	自由度	Seq SS	Adj SS	Adj MS	F	P
区组	1	400.5	400.5	400.5	6.44	0.035
主效应	4	22 883.3	22 883.3	5 720.8	92.01	0.000
水泥量	1	14 095.6	14 095.6	14 095.6	226.70	0.000
砂比率	1	6 785.6	6 785.6	6 785.6	109.14	0.000
陶粒用量	1	1 662.6	1 662.6	1 662.6	26.74	0.001
搅拌时间	1	339.5	339.5	339.5	5.46	0.048
2因子交互作用	6	536.7	536.7	89.5	1.44	0.309
水泥量 * 砂比率	1	147.0	147.0	147.0	2.36	0.163
水泥量 * 陶粒用量	1	1.5	1.5	1.5	0.02	0.880
水泥量 * 搅拌时间	1	0.3	0.3	0.3	0.01	0.944
砂比率 * 陶粒用量	1	335.8	335.8	335.8	5.40	0.049
砂比率 * 搅拌时间	1	24.3	24.3	24.3	0.39	0.550
陶粒用量 * 搅拌时间	1	27.8	27.8	27.8	0.45	0.522
残差误差	8	497.4	497.4	62.2		
弯曲	1	2.0	2.0	2.0	0.03	0.871
失拟	5	193.8	193.8	38.8	0.26	0.904
纯误差	2	301.6	301.6	150.8		
合计	19	24 318.0				

分析时，首先要看ANOVA中模型的总效果是否显著（本例的主效应项的p值为0.000，因此模型总效果显著），是否有“弯曲”或“失拟”（本例这两项p值分别为0.871和0.904，都不显著）。在此基础上，容易看出，区组效应项的p值为0.035，说明区组的效应还是显著的（即两炉生产的陶粒间确实有显著差异，我们原来的担心被证实了）。本例中，残差分析都正常（从略），显著项（以$\alpha=0.05$为显著水平）有全部4个主效应项及交互作用项“砂比率 * 陶粒用量”。

由于残差图都正常，修改模型只需删除不显著项，其结果如下：

拟合因子：强度与区组，水泥量，砂比率，陶粒用量，搅拌时间

强度的估计效应和系数（已编码单位）

项	效应	系数	系数标准误	T	P
常量		482.53	1.639	294.43	0.000
区组		-4.47	1.639	-2.73	0.017
水泥量	59.36	29.68	1.832	16.20	0.000
砂比率	41.19	20.59	1.832	11.24	0.000
陶粒用量	-20.39	-10.19	1.832	-5.56	0.000
搅拌时间	9.21	4.61	1.832	2.51	0.026
砂比率 * 陶粒用量	9.16	4.58	1.832	2.50	0.027

S = 7.329 29　　PRESS = 1 513.47

R-Sq = 97.13%　R-Sq（预测）= 93.78%　R-Sq（调整）= 95.80%

强度的方差分析（已编码单位）

来源	自由度	Seq SS	Adj SS	Adj MS	F	P
区组	1	400.5	400.5	400.5	7.46	0.017
主效应	4	22 883.3	22 883.3	5 720.8	106.50	0.000
水泥量	1	14 095.6	14 095.6	14 095.6	262.40	0.000
砂比率	1	6 785.6	6 785.6	6 785.6	126.32	0.000
陶粒用量	1	1 662.6	1 662.6	1 662.6	30.95	0.000
搅拌时间	1	339.5	339.5	339.5	6.32	0.026
2因子交互作用	1	335.8	335.8	335.8	6.25	0.027
砂比率 * 陶粒用量	1	335.8	335.8	335.8	6.25	0.027
残差误差	13	698.3	698.3	53.7		
弯曲	1	2.0	2.0	2.0	0.03	0.855
失拟	10	394.8	394.8	39.5	0.26	0.941
纯误差	2	301.6	301.6	150.8		
合计	19	24 318.0				

完整的回归方程为：

$$y=482.53+29.68\times 水泥量^{*}+20.59\times 砂比率^{*}-10.19\times 陶粒用量^{*}$$

$$+4.61\times 搅拌时间^{*}+4.58\times 砂比率^{*}*陶粒用量^{*}+\begin{cases}-4.47 & (区组1)\\ 4.47 & (区组2)\end{cases}$$

回归方程中各自变量上带有“*”是表示代码化的数据，回归方程对于区组是分叉给出的。

下面求出在现有条件下的最优设置条件，并求出在最优设置条件下强度的预测值及相应置信区间。

由上述回归系数的估计结果，加上因子效应图及等值线图等工具的使用，可以看出在现有条件下的最优设置条件是：水泥量、砂比率及搅拌时间取高水平（水泥量=220kg，砂比率= 38%，搅拌时间=8 分钟），陶粒用量取低水平（陶粒用量=260kg）将会使构件强度达到最大。由于我们对于最佳设置的选择应该与区组无关（因为预测时事先无法选择或指定某个区组），因此进行预测时必须按上述显著项对于不含区组的模型重新计算，然后才能代入求出预测值及相应置信区间。我们先对不含区组的模型进行计算，其结果为：

拟合因子：强度与水泥量，砂比率，陶粒用量，搅拌时间

强度的估计效应和系数（已编码单位）

项	效应	系数	系数标准误	T	P
常量		482.53	1.981	243.58	0.000
水泥量	59.36	29.68	2.215	13.40	0.000
砂比率	41.19	20.59	2.215	9.30	0.000
陶粒用量	-20.39	-10.19	2.215	-4.60	0.000
搅拌时间	9.21	4.61	2.215	2.08	0.056
砂比率*陶粒用量	9.16	4.58	2.215	2.07	0.058

显著项

S = 8.859 43　　PRESS = 2 225.57

R-Sq = 95.48%　R-Sq（预测） = 90.85%　R-Sq（调整） = 93.87%

强度的方差分析（已编码单位）

来源	自由度	Seq SS	Adj SS	Adj MS	F	P
主效应	4	22 883.3	22 883.3	5 720.8	72.89	0.000
水泥量	1	14 095.6	14 095.6	14 095.6	179.59	0.000
砂比率	1	6 785.6	6 785.6	6 785.6	86.45	0.000
陶粒用量	1	1 662.6	1 662.6	1 662.6	21.18	0.000
搅拌时间	1	339.5	339.5	339.5	4.33	0.056
2因子交互作用	1	335.8	335.8	335.8	4.28	0.058
砂比率*陶粒用量	1	335.8	335.8	335.8	4.28	0.058
残差误差	14	1 098.9	1 098.9	78.5		
弯曲	1	2.0	2.0	2.0	0.02	0.880
失拟	10	744.9	744.9	74.5	0.63	0.744
纯误差	3	352.0	352.0	117.3		
合计	19	24 318.0				

比较一下“将区组列入模型”和“未将区组列入模型”，可以看出它们的差别。两者的总离差平方和虽然都是 24 318，将区组列入模型时，分解式为：

$$SS_T=SS_{主效应项及交互效应项}+SS_{区组}+SS_{剩余误差}$$
$$=(22\ 883.3+335.8)+400.5+698.3$$

未将区组列入模型时，分解式为：

$$SS_T=SS_{主效应项及交互效应项}+SS_{误差}$$

=(22 883.3+335.8)+1 098.9

但正因为区组效应显著，原来分母误差项离差平方和中将分离出有很大的数值的区组离差平方和（总 $SS_{误差}$=1 098.9，扣除 $SS_{区组}$=400.5），剩余的参加效应分析的分母将变得小很多（本例中 $SS_{剩余误差}$=698.3），这使各个系数的显著性估计都更准确了。总之，将区组列入模型会把 $SS_{误差}$（1 098.9）换成 $SS_{剩余误差}$（698.3），确实会使各个因子效应项及回归系数的估计精度提高。

实际上也确实如此：将区组列入模型的分析中，4 个主因子及交互作用项“砂比率＊陶粒用量”都是显著的；但未将区组列入模型的分析中，因子 D（搅拌时间）及交互作用项“砂比率＊陶粒用量”都变成不显著的了。我们的分析结论必须以**将区组列入模型**的分析为准。但进行结果预测时，我们一定要用**未将区组列入模型**的回归结果来计算，但最佳设置一定要按将区组列入模型的回归结果来给出，在删除不显著的 5 个交互作用项后，再将 4 个自变量的设置都代入。事实上，将区组列入模型的分析中对于标准差的估计量是 $S=7.329\ 29$（这是 $MS_{剩余误差}$=53.7 的平方根），未将区组列入模型的分析中对于标准差的估计量是 $S=8.859\ 43$（这是 $MS_{剩余误差}$=78.5 的平方根），我们的预测必须以较大的标准差作为预测值波动的基础。本例得到的计算结果是：

点	拟合值	拟合值标准误	95% 置信区间	95% 预测区间
1	543.029	5.334	(531.588, 554.469)	(520.849, 565.209)

新观测值的自变量值

新观测值	水泥量	砂比率	陶粒用量	搅拌时间
1	220	38	260	8

我们得到的陶粒混凝土强度的预测值为 543.029，其多次试验的平均值的 95% 置信区间（95% CI）为（531.588，554.469），其单次试验的值的 95% 预测区间（95%PI）为（520.849，565.209）。

这里要说明的是，如果试验结果的分析中指明“区组效应显著”，应该引起警惕。为什么会出现这样的显著差异？要尽量分析出原因，以便对误差加以控制；实在找不出原因时，只能承认试验误差太大，要对预测结果可能存在的较大波动进行充分估计。

13.3.4.5 离散型响应变量的试验设计及分析

我们在上面介绍的所有试验设计中，全都假定响应变量是取连续型数值的。但在实际工作中常常会遇到离散型响应变量的情况，主要是收集到的数据是只有“是”与“否”、“合格”与“不合格”的计数型结果，计算出来只有合格品率、不良品率等类指标。这时一定不要勉强将合格品率、不良品率数据当作连续型变量来处理。有人认为，比率是带小数的，当作连续型变量来对待在表面上是看不出问题的。但实际上除非样本量很大（达到成千上万），否则都是有很大问题的。

回顾在 Logistic 回归中讨论的问题，那时就是要处理响应变量是离散型数值时的处理办法，现在的问题是相同的。仿照 Logistic 回归的办法，处理离散型响应变量的最好办法是对这些数据采用变换的方法，化成连续型变量来处理，最常用的变换是 Logistic 变换。关于 Logistic 变换的基本内容，我们已经在本书 9.4 节“离散型变量 Logistic 回归”中，做了介绍。在式（9－33）中，给出了下列公式（下面重新给出并给出新公式号），它可以将比率 p 变换成连续型数据 y：

$$y=\ln\frac{p}{1-p} \tag{13-22}$$

式中，p 是“成功”比率，$\frac{p}{1-p}$ 称为优势（odds），$\ln\frac{p}{1-p}$ 称为是比率的 Logistic 变换。在得到 y 值后，可以将式（13-22）反解求出 p，得到下式：

$$p=\frac{e^y}{1+e^y}=\frac{1}{1+e^{-y}} \tag{13-23}$$

现在再补充说明一些在试验设计中对于式（13-22）的应用方法。

通常，如果进行了 n 次试验，其中“成功”（注意，“成功”可能代表着“合格品”，也可能代表“不合格品”）为 x 次，一般都是用式（13-24）作为 p 的估计量：

$$\hat{p}=\frac{x}{n} \tag{13-24}$$

大家公认这样的估计是天经地义的，但如果用此值作为响应变量来进行试验结果的分析理论上是不妥的，估计出的结果也不准确。在一般情况下，当 x 不小于 5，n 不小于 100，这样估计是可行的。但在式（13-24）中，如果出现 $x=0$ 或 $x=n$ 的情况，p 将估计为 0 或 1，这时带入式（13-22）无法取对数，式（13-24）就有问题了。另外，用式（13-24）估计得出的 $\hat{p}=1$ 或 $\hat{p}=0$ 在解释上也不一定合理。例如，1976 年唐山大地震后，要对京津地区的**地震烈度**进行测定（注意，一个地震的**震级**只有一个，唐山地震的震级为 7.8，但各地区的烈度可以是不同的。例如，唐山市区的地震烈度为 11 度；天津烈度大部分是 8 度，局部地区为 9 度；北京则更小些）。调查烈度的粗略方法是将某指定地区划分为 0.5 千米见方的小方格，在每个小方格内，现场计数高度超过 8 米的烟囱总数及倒塌数，以倒塌比率来估计该小方格区域的地震烈度，这样的粗略估计是有效的。但是，如果一个小方格内有 3 个烟囱全部倒塌，另一个小方格有 100 个烟囱也全部倒塌，这两个小方格区域倒塌率估计值皆为 1，可是后者的烈度肯定会更强些，因此用式（13-24）作为 p 的估计量似乎不够合理。经过统计学家使用 Bayes 理论的分析，在假定 p 的先验分布在［0，1］上是均匀分布时，得到 p 的 Bayes 估计为：

$$\hat{p}=\frac{x+1}{n+2} \tag{13-25}$$

工程界结合理论分析及工程经验，将式（13-25）修正为式（13-26），这个公式已纳入多项国际标准及国家标准。

$$\hat{p}=\frac{x+0.5}{n+1} \tag{13-26}$$

我们也推荐这个公式。以此式为依据，则式（13-22）将写成：

$$y=\ln\frac{\hat{p}}{1-\hat{p}}=\ln\frac{x+0.5}{n-x+0.5} \tag{13-27}$$

总之，如果进行 n 次试验，其中“成功”次数为 x，将这两个数值代入式（13-27），得到 y 值，我们就可以将 y 值当成连续型响应变量进行各项统计分析了。下面举例给出详细的计算步骤并说明用 x/n 来估计不良率之缺点。

例 13-9

降低 TPU 单板不良率的试验分析。将合格的芯片颗粒进行封装并焊线、点胶后用模压将其成型，再用高温封装。初步分析认为，焊线时焊机使用时间、模压时的压力及最后高温封装时的温度是影响单板不良率的 3 个显著因子。为降低最后的不良率，进行了 3 因子各 2 水平加 4 个中心点的全因子试验。因子 A 为焊机使用时间，高水平为 80 毫秒，低水平为 60 毫秒；因子 B 为模压时的压力，高水平为 260 帕，低水平为 240 帕；因子 C 为高温封装时的温度，高水平为 160 ℃，低水平为

150 ℃。安排全因子试验设计，再安排4个中心点作为试验误差的估计。试验结果列在表13-13中（数据文件：DOE_单板不良率（离散响应）.MTW），其中记录了试验件数 n 和不良件数 x。希望分析出显著因子及显著交互作用项，给出在现有条件下的最优设置条件，并预测出在最优设置条件下不良率的预测值及相应置信区间。

表13-13　　　　TPU单板不良率的试验数据表

标准序	运行序	中心点	区组	时间	压力	温度	试验件数	不良件数	x/n	p	Odds	y=ln（Odds）
1	4	1	1	60	240	150	160	6	0.037 5	0.040 4	0.042 1	−3.168 39
2	8	1	1	80	240	150	200	6	0.030 0	0.032 3	0.033 4	−3.398 63
3	10	1	1	60	260	150	150	11	0.073 3	0.076 2	0.082 4	−2.495 72
4	11	1	1	80	260	150	150	8	0.053 3	0.056 3	0.059 6	−2.819 28
5	6	1	1	60	240	160	150	7	0.046 7	0.049 7	0.052 3	−2.951 43
6	12	1	1	80	240	160	178	7	0.039 3	0.041 9	0.043 7	−3.129 68
7	1	1	1	60	260	160	156	12	0.076 9	0.079 6	0.086 5	−2.447 55
8	7	1	1	80	260	160	190	8	0.042 1	0.044 5	0.046 6	−3.066 68
9	2	0	1	70	250	155	154	9	0.058 4	0.061 3	0.065 3	−2.728 88
10	5	0	1	70	250	155	150	8	0.053 3	0.056 3	0.059 6	−2.819 28
11	3	0	1	70	250	155	170	9	0.052 9	0.055 6	0.058 8	−2.833 21
12	9	0	1	70	250	155	164	7	0.042 7	0.045 5	0.047 6	−3.044 52

解　这是典型的离散型响应变量的例子。我们列出 x/n 的值（见表13-13的第10列），用式（13-26）来估计不良率 p 值（见表13-13的第11列 p），用式（13-26）来估计出优势（见表13-13的第12列Odds）及比率的Logistic变换值（见表13-13的第13列即最后一列 y）。下面的分析就以 y 为响应变量。所有操作与例13-4完全相同，我们只摘录一些重要结果，详细内容从略。

初步分析结果说明，模型的拟合效果是显著的，残差是正常的，显著因子只有 A（焊机使用时间）和 B（模压时的压力）。修改模型时，对于将比率经Logistic变换转为连续型变量者不能再次考虑是否要再进行Box-Cox变换，修改模型只需将不显著的各项删除就行了。现在将不显著的交互作用项删去，就可得到最终的模型。经分析，因子 A（焊机使用时间）取最大值（80毫秒）且因子 B（模压时的压力）取最小值（240帕）时不良率将达到最小。其预测结果如下：

```
根据该模型在新设计点处对 y = ln (Odds) 的预测响应
                  拟合值
点    拟合值     标准误          95% 置信区间                 95% 预测区间
1   -3.304 87  0.085 42  (-3.498 10, -3.111 63)  (-3.691 34, -2.918 39)
新观测值的自变量值
新观测值      时间        压力
   1          80          240
```

这是式（13-22）中 $y=\ln\frac{p}{1-p}$ 中的 y 值的计算结果，我们用其反变换式（13-23）得到不良率 p 的预测值及其CI见表13-14。

表 13-14　　单板不良率的预测结果表

	y 最佳值	p	用 x/n 计算 yy 最佳值	直接用 x/n 计算不良率最佳值
预测值	−3.304 87	0.035 404 5	−3.379 83	0.032 931 8
CI 下	−3.498 10	0.029 366 3	−3.581 64	0.027 076 5
CI 上	−3.111 63	0.042 630 1	−3.178 01	0.040 001 7
PI 下	−3.691 34	0.024 331 8	−3.783 46	0.022 238 1
PI 上	−2.918 39	0.051 251 9	−2.976 20	0.048 512 7

可以看出，最佳设置将使 TPU 单板不良率降为约 3.54%，95%的置信区间 CI 为（2.9%，4.2%），95%的预测区间 PI 为（2.4%，5.1%）。

表面上看，如果不考虑离散型数据的背景，直接以 x/n 计算 p，再求出 $yy=\ln\frac{x}{n-x}$，然后对 yy 进行分析是否可行呢？回答是否定的。从理论上讲，我们的试验设计的分析工作都是对结果进行回归分析得到的，而回归分析是需要很多条件的（3 条假定的详细内容请见第 9 章的 9.2.1 节），这里关键的是第 2 条“当自变量 x 取某特定值时，对应的 y 值服从正态分布，且这些正态分布对于不同的自变量 x 值是等方差的”，对于 p 的估计值 x/n 而言，显然不能满足这一条件，特别是当试验次数越少时或 p 越接近 0 或 1 时偏离正态就越严重，而且方差的波动越大。这样一来，回归分析不能使用，DOE 的分析结果当然也是不可信的了。

```
根据该模型在新设计点处对 yy = ln (x/(n - x)) 的预测响应

                拟合值
点   拟合值     标准误        95% 置信区间                  95% 预测区间
1  -3.379 83  0.089 21  (-3.581 64, -3.178 01)  (-3.783 46, -2.976 20)
```

在本例中，不良率大约 3%～8%，还不算非常小，用 x/n 勉强来计算，得到的不良率 p 的计算结果已经发现偏小了（相应计算结果列在表 13-14 中的最后一列供参考），当不良率 p 变得更小（或接近 1）或试验次数减少时，则预测值甚至可能差 10 倍以上，用 x/n 来计算是不可取的。

13.4　部分因子试验

因子试验中最有魅力的内容不是全因子试验，而是大大减少了试验次数的部分因子试验。如果在减少试验次数的条件下仍然能够获得足够的信息，这当然是求之不得的好方法。

13.4.1　部分因子试验概论

13.4.1.1　部分因子试验的必要性

大家都知道，进行 2 水平全因子试验设计时，全因子试验的总试验次数将随因子个数的增加而急剧增加。例如，4 个因子需要 16 次试验，6 个因子就需要 64 次试验。但仔细分析所获得的结果可以看出，建立的 6 因子回归方程包括哪些项呢？除常数项外，估计出来的主效应项有 6 项，2 阶交互项 15 项，3 阶交互项 20 项，…，6 阶交互项 1 项，详细结果列成表 13-15。

表 13-15　　全因子试验系数分布表（6因子）

项别	常数	1	2	3	4	5	6
项数	1	6	15	20	15	6	1

容易看出，回归方程中除了常数项、一阶主效应项及二阶交互效应项外，共有 42 项是 3 阶及 3 阶以上的交互作用项，而这些项实际上已无具体的物理意义了。这自然会提出一个问题：能不能少做些试验，但又照样能估计方程中的常数、1 阶及 2 阶项系数呢？如果能够这样，那就有很重要的应用价值了。部分因子试验就是使用这种方法，它可以用在因子个数较多（例如 5 个以上），但只需要分析各因子和 2 阶交互效应是否显著，并不需要考虑高阶交互效应时，这将使试验次数大大减少。

13.4.1.2　部分因子试验的实施原理

下面，用简单例子说明部分因子试验的实施原理。

例 13-10

有 A，B，C，D 共 4 个可控的试验因子，每个因子都为 2 水平。如何只进行 8 次试验，使分析效果达到最好？

解　方案 1：删节试验方法。我们设想，4 个试验因子，每个因子都为 2 水平，做全因子试验要 16 次。我们从这 16 次试验中选出 8 次来做，希望照样能分析主效应，是否可行？如何选？

先列出全因子设计的 16 次试验计划表（如表 13-16 所示）。

表 13-16　　4因子全因子试验计划表

	A	B	C	D	AB	AC	AD	BC	BD	CD	ABC	ABD	ACD	BCD	$ABCD$
1	−1	−1	−1	−1	1	1	1	1	1	1	−1	−1	−1	−1	1
2	1	−1	−1	−1	−1	−1	−1	1	1	1	1	1	1	−1	−1
3	−1	1	−1	−1	−1	1	1	−1	−1	1	1	1	−1	1	−1
4	1	1	−1	−1	1	−1	−1	−1	−1	1	−1	−1	1	1	1
5	−1	−1	1	−1	1	−1	1	−1	1	−1	1	−1	1	1	−1
6	1	−1	1	−1	−1	1	−1	−1	1	−1	−1	1	−1	1	1
7	−1	1	1	−1	−1	−1	1	1	−1	−1	−1	1	1	−1	1
8	1	1	1	−1	1	1	−1	1	−1	−1	1	−1	−1	−1	−1
9	−1	−1	−1	1	1	1	−1	1	−1	−1	−1	1	1	1	−1
10	1	−1	−1	1	−1	−1	1	1	−1	−1	1	−1	−1	1	1
11	−1	1	−1	1	−1	1	−1	−1	1	−1	1	−1	1	−1	1
12	1	1	−1	1	1	−1	1	−1	1	−1	−1	1	−1	−1	−1
13	−1	−1	1	1	1	−1	−1	−1	−1	1	1	1	−1	−1	1
14	1	−1	1	1	−1	1	1	−1	−1	1	−1	−1	1	−1	−1
15	−1	1	1	1	−1	−1	−1	1	1	1	−1	−1	−1	1	−1
16	1	1	1	1	1	1	1	1	1	1	1	1	1	1	1

按照表 13-16 的前 4 列安排试验，对于最终获得的数据结果可以分析出所有主效应，2 阶交互效应，也可以分析出 3 阶、4 阶交互效应。先想：从 16 次试验中随机挑 8 次，行吗？显然不行。因为很可能挑成这样：某些因子在 8 次试验中，取高水平及低水平次数并不恰好相等。这时，原来正交试验的“均衡分散，整齐可比”的优点不复存在，分析方法要另搞一套才行，这当然是我们不希望看到的。我们知道，在上述正交表中，任何一列都与另外一列“正交”，因此，固定将某列（比如

最后一列“ABCD”）取“1”的8行予以保留，而删去取“−1”的8行，这样可以保证在保留的8行表中，A，B，C，D这4列中皆有4行取“1”，4行取“−1”，且各列间仍然保持“均衡分散，整齐可比”，即可以保持正交性。设定取ABCD=1，结果见表13-17。

表13-17　　减半实施的4因子全因子试验计划表（ABCD=1）

	A	B	C	D	AB	AC	AD	BC	BD	CD	ABC	ABD	ACD	BCD	ABCD
1	−1	−1	−1	−1	1	1	1	1	1	1	−1	−1	−1	−1	1
4	1	1	−1	−1	1	−1	−1	−1	−1	1	−1	−1	1	1	1
6	1	−1	1	−1	−1	1	−1	−1	1	−1	−1	1	−1	1	1
7	−1	1	1	−1	−1	−1	1	1	−1	−1	−1	1	1	−1	1
10	1	−1	−1	1	−1	−1	1	1	−1	−1	1	−1	−1	1	1
11	−1	1	−1	1	−1	1	−1	−1	1	−1	1	−1	1	−1	1
13	−1	−1	1	1	1	−1	−1	−1	−1	1	1	1	−1	−1	1
16	1	1	1	1	1	1	1	1	1	1	1	1	1	1	1

仔细分析可以发现，原来16行的正交表13-16中，15列是完全不同的。但删去8行后（见表13-17），除去一列全为1外，另14列中每列都有与之成对的另一列是完全相同的。例如，ABCD=1的表中，D与ABC完全相同，记为D=ABC。完全相同的两列，在做分析时，计算出的效应或回归系数结果完全相同。这两列的效应就被称作**“混杂”**（confounded）。也可以换个说法：这时，**D与ABC互为别名**（D is the alias of ABC）。

是否可以选别的条件作为删去8行的标准呢？例如，选BCD=1也是可以的。这时，由于D=BC，显然不如D=ABC好。经比较后，可知ABCD=1这种安排方法是所有安排中效果最好的。

混杂总是坏事，能否不产生混杂呢？答案是：任何部分因子试验，混杂是不可避免的。我们只是希望混杂安排得更好些，尽量让我们感兴趣的因子或交互作用只与更高阶的交互作用相混杂，而在通常情况下，3阶或更高阶的交互作用项是可以忽略不计的，这时，我们感兴趣的因子或交互作用就都是可以估计的了。

方案2：增补因子方法。我们设想，总计8次试验，由于每个因子都为2水平，做全因子试验可以安排3个因子，假设A，B，C这3个因子已安排在前3列了，现在有4个因子要安排，如何安排这新的第4个因子呢？如何办才好？此问题的描述见表13-18。

表13-18　　3因子全因子试验计划表

	A	B	C	AB	AC	BC	ABC	D
1	−1	−1	−1	1	1	1	−1	?
2	1	−1	−1	−1	−1	1	1	?
3	−1	1	−1	−1	1	−1	1	?
4	1	1	−1	1	−1	−1	−1	?
5	−1	−1	1	1	−1	−1	1	?
6	1	−1	1	−1	1	−1	−1	?
7	−1	1	1	−1	−1	1	−1	?
8	1	1	1	1	1	1	1	?

原来的这个表的数据有8行7列，任意两列间是相互正交的。我们希望增加一列来安排因子D，而且希望此列仍然能与前面各列保持正交性。能否找出一个与前7列不同的列，且与前面各列保持正交呢？数学上可以证明，这是不可能的。换言之，D这列必然要与前面第4，5，6，7列中某列完全相同。权衡之下，我们认为，取D=ABC是最好的安排。将D取值设定与ABC列相同，并将其前移至第4列，可以得到表13-19。

表 13-19　　减半实施的 4 因子试验计划表

	A	*B*	*C*	*D*	*AB*	*AC*	*BC*	*D*=*ABC*
1	−1	−1	−1	−1	1	1	1	−1
2	1	−1	−1	1	−1	−1	1	1
3	−1	1	−1	1	−1	1	−1	1
4	1	1	−1	−1	1	−1	−1	−1
5	−1	−1	1	1	1	−1	−1	1
6	1	−1	1	−1	−1	1	−1	−1
7	−1	1	1	−1	−1	−1	1	−1
8	1	1	1	1	1	1	1	1

将 *ABCD*=1 的表 13-17 重新排序后，将与表 13-19 完全相同。

很明显，*ABCD*=1 这个约定非常重要。这将导致 *A*=*BCD*，*B*=*ACD*，*C*=*ABD*，*AB*=*CD*，*AC*=*BD* 及 *AD*=*BC*，即某些主效应将与 3 阶交互效应相混杂，某些 2 阶交互效应将与另一些 2 阶交互效应相混杂。从上述结果很容易发现混杂的规律。我们可以用下列法则来表述：对 *ABCD*=1 这个等式两边都乘以 *A*，由于 *AA*=1，因此就能得到 *BCD*=*A*。同样，也可以得到 *D*=*ABC* 及 *AB*=*CD* 等。这种运算规则简单易用，相当于**任何字母在等式两侧可以随意移动**，只要不“无中生有”就行。这个法则对 2 水平的部分因子试验设计总是成立的。

如果约定改为 *ABC*=1，这将导致 *A*=*BC*，*B*=*AC*，*C*=*AB*，某些主效应将与某些 2 阶交互效应相混杂，设计 *ABC*=1 将比设计 *ABCD*=1 的混杂情况要差很多。

在部分因子试验中，要想使混杂情况尽可能地好且照顾到自己的问题的实际需求，则要用到较多的试验设计知识和技巧。20 世纪 60 年代，日本的田口玄一博士提出用“点线图”的方法来计算交互作用法则，现在看来这种方法既烦琐又不够准确；中国的统计学家从 70 年代起提出了一整套“表头设计”法则，这套方法很有效，但需要有相当多的实践经验后才能熟练掌握。目前国内很多书籍仍然倡导用查“交互作用列表”的方法掌握表头设计，而且倡导大家仍然用手工计算的方法进行试验结果的分析。笔者认为，能够学会表头设计并会自己手工计算对结果的分析当然很好，但毕竟要花费太多的精力。计算机软件已经提供了更简单的设计及计算功能，不但不需要再学“点线图”，而且可以不再去进行大量的“表头设计”练习。对于部分因子试验设计的一般需求，计算机已经可以自动提供最佳的设计供人们使用；如果有更高或更灵活的要求，也只要学会下文介绍的简单易懂的“别名运算法则”，再加上计算机的辅助输出，就足以应付一切了。因此，一般使用试验设计的工程师们不必再花力气去掌握“点线图”和“表头设计”这些烦琐的内容。但这里要提醒大家的是：下面介绍的有关概念确实很重要，即使直接使用计算机也要理解好这些概念才行。

13.4.1.3　部分因子试验的关键概念——分辨度

下面通过例 13-11 介绍部分因子试验的几个关键概念。

在例 13-10 中，为了在 8 次试验中安排 *A*，*B*，*C*，*D* 共 4 个因子，在表 13-18 的 3 因子 8 次试验安排中，让 *D* 因子与 *ABC* 交互作用相混杂，则称 *D*=*ABC* 为**“生成元”**（generator）。经过仔细分析后发现，这样的安排其实等价于表 13-16 内 16 次试验中保留 *ABCD*=1 的那些试验。称 *ABCD*=1（或写为 *I*=*ABCD*）为**“定义关系”**（defining relation），简称**“字”**（word）。在新因子只有一个时，“生成元”与“定义关系”是同一件事的两种表达方式，但用“生成元”来考虑问题会简单些，因为此时是在较少的试验次数下安排更多因子的问题。当新因子个数增多时，“生成元”当然会增加，但“定义关系”的总个数会增加得更多。例 13－11 将介绍更多“生成元”的情况，并给出“生成元”与“定义关系”间的关系。

例 13－11

有 A，B，C，D，E，F 共 6 个可控的试验因子，每个因子都为 2 水平。如何能在 16 次试验中安排而获得最好的混杂结果？

解 考虑 16 次试验可以安排 4 个因子的全因子试验，这 4 个因子 A，B，C，D 称为“**基本因子**”。问题是如何安排另两个因子 E 和 F。比较下列两个方案。

方案 1：令“生成元”为：$E=BCD$，$F=ABCD$。这时立即可以看到的是定义关系 $I=BCDE$ 和 $I=ABCDF$，但注意这两个定义关系的乘积一定也是定义关系，所以有 $I=(BCDE)(ABCDF)=AEF$。通常将其写成一整串的形状：$I=BCDE=ABCDF=AEF$。考虑其混杂情况，我们发现 $I=AEF$ 意味着 $A=EF$，$E=AF$ 和 $F=AE$，即有些主效应与 2 阶交互效应相混杂了。

方案 2：令“生成元”为：$E=ABC$，$F=ABD$。这时立即可以看到的是定义关系 $I=ABCE$ 和 $I=ABDF$，且有 $I=CDEF$，即 $I=ABCE=ABDF=CDEF$。考虑其混杂情况，我们发现这时没有任何主效应与 2 阶交互作用相混杂的情况，只有某些 2 阶与 2 阶交互效应相混杂，例如 $AB=CE$ 等。

从上面两个方案的比较容易看出，方案 2 优于方案 1。我们要考虑到底应该用什么指标来作为部分因子试验优劣的评审标准。显然，造成方案 1 不好的关键是因为有个定义关系 $I=AEF$ 所含字母只有 3 个，它的“长度”太短了。为此，我们引入部分因子试验的最关键指标——**分辨度**。

我们称**所有的字中字长最短的那个字的长度为整个设计的分辨度**（resolution）。分辨度通常用罗马数字给出（前 6 个数字是Ⅰ，Ⅱ，Ⅲ，Ⅳ，Ⅴ，Ⅵ）。从分辨度定义可以看出，如果一个因子设计中因子的个数及试验次数给定时，能使分辨度达到最大的当然是最好的设计。

我们进行更一般的讨论，如果一共考虑 k 个因子，p 代表新安排的因子个数（当然这意味着有 $k-p$ 个因子是设计表中原有的“老因子”或基本因子），这样的试验记作 2^{k-p}（比如例 13－11 的设计就应记为 2^{6-2}）。对这个记号可以有两种解释方法：一是将 $k-p$ 当作一个数来看待，此数恰好是安排进行全因子试验的“老因子”或基本因子的个数，2^{k-p} 作为一个数字来看，它正好是试验进行的次数；二是也可以这样解释，比如例 13－11 的试验 2^{6-2}，可以将其写成 $2^{6-2}=\frac{2^6}{2^2}$，分子为因子个数是 6 时的全因子试验次数 64，分母是 2 的 2 次方，表示只实行了 1/4，或减半了两次。这两种理解都有意义。因此，2^{k-p} 是部分因子试验设计的很恰当的记号。

设计 2^{k-p} 一共有 p 个生成元（比如例 13－11 就有 2 个生成元），一共有 2^p-1 个定义关系（比如例 13－11 就有 3 个定义关系）。在方案 1 中，3 个定义关系中字长最短为 3，所以方案 1 的分辨度为Ⅲ。在方案 2 中，3 个定义关系中字长全是 4，所以方案 2 的分辨度为Ⅳ。又比如例 13－10，设计 2^{4-1} 的生成元是 $D=ABC$，定义关系为 $I=ABCD$，则这是分辨度为Ⅳ的设计。

如果将分辨度标注在因子设计记号的右下角，则我们把例 13－10 的设计记为 2_{IV}^{4-1}；例 13－11 的设计方案 2 记为 2_{IV}^{6-2}。一般地，分辨度为 R 的部分因子设计记为 2_R^{k-p}。

我们有必要再详细解释一下分辨度的含义。

分辨度为Ⅲ的设计：各主效应间没有混杂，但某些主效应可能与某些 2 阶交互效应相混杂。

分辨度为Ⅳ的设计：各主效应间没有混杂，主效应与 2 阶交互效应间也没有混杂，但主效应可能与某些 3 阶交互效应相混杂，某些 2 阶交互效应可能与其他 2 阶交互效应相混杂。

分辨度为Ⅴ的设计：某些主效应可能与某些4阶交互效应相混杂，但不会与3阶或更低阶交互效应混杂；某些2阶交互效应可能与3阶交互效应相混杂，但各2阶交互效应之间没有混杂。

以下依此类推。常用的设计达到分辨度为Ⅴ就可以了。

如果能够认为3阶及3阶以上的交互作用全都可以忽略不计，则与3阶及3阶以上的交互作用相混杂的因子效应或交互效应称为是**可估计的**（estimable）（也称是**纯净的**（clear））。由此可知，分辨度为Ⅳ的设计中各主效应都是可以估计的，所有相互间并未混杂的2阶交互效应也是可估计的；分辨度为Ⅴ的设计中，全部主效应及全部2阶交互效应都是可估计的。

13.4.1.4 部分因子试验的设定

怎样才能根据k和p的数值确定分辨度的数值呢？这是个很难给出一般结论的问题，也没有简单的公式可用。统计学家为方便大家使用，就编制了计算分辨度的表格（见表13－20），学会使用这个表非常重要。下面举例说明计算分辨度及安排试验的方法。

表13－20给出了在因子总数及试验总次数给定情况下所能达到的最大分辨度。表中，第一行代表试验的因子个数，第一列代表试验的总次数（不含中心点），表中所列出的数值就是最佳设计所具有的分辨度值。例如，第一行选因子个数为6，第一列选试验总次数16（安排全因子试验可以安排4个因子），这就是部分因子设计2^{6-2}。表中所对应的就是最佳设计所具有的分辨度值Ⅳ，也就是说我们可以使用设计2^{6-2}_{IV}。至于如何选定生成元，全部的定义关系（字）是什么，哪些效应间会产生混杂，这些都将由计算机自动给出，详细使用方法见13.4.2节。除非设计者有特别要求，由计算机所给定的设计通常是合用的、最好的。

表13－20　　部分因子试验分辨度表

	2	3	4	5	6	7	8	9	10	11	12	13	14	15
4	Full	Ⅲ												
8		Full	Ⅳ	Ⅲ	Ⅲ	Ⅲ								
16			Full	Ⅴ	Ⅳ	Ⅳ	Ⅳ	Ⅲ	Ⅲ	Ⅲ	Ⅲ	Ⅲ	Ⅲ	Ⅲ
32				Full	Ⅵ	Ⅳ	Ⅳ	Ⅳ	Ⅳ	Ⅳ	Ⅳ	Ⅳ	Ⅳ	Ⅳ
64					Full	Ⅶ	Ⅴ	Ⅳ	Ⅳ	Ⅳ	Ⅳ	Ⅳ	Ⅳ	Ⅳ
128						Full	Ⅷ	Ⅵ	Ⅴ	Ⅴ	Ⅳ	Ⅳ	Ⅳ	Ⅳ

表13－20还可以有更多的用途。例如，要考察8个因子，做多少次试验可以保证分辨度不低于Ⅳ？从表中对应因子数为8的那列可以看到，做16次或32次试验分辨度都是Ⅳ，做64次试验分辨度才能达到Ⅴ。这样一来，我们就可以确定，做16次试验就够了。再如，如果条件限定最多做16次试验，如果保证分辨度不低于Ⅳ，最多可以安排多少因子？从表中对应试验次数为16的那行可以看到，安排6，7，8个因子都可以使分辨度为Ⅳ，故最多可以安排8个因子。

13.4.2 部分因子试验的计划

如何安排部分因子试验是很重要也是很细致的工作。过去安排因子时主要是查有关的统计书籍或专门的正交表，有了计算机之后，特别是MINITAB等软件给出的方案比一般的资料上所介绍的正交表种类要更多、考虑得更全面，计算机提供了默认生成元的设计方法，使用这种方法比较简单。如果此种办法能够满足要求，当然是最省事的。如果此种办法不能满足要求，则要自己选择生成元，而且事先要计算好设计方案，这就比较麻烦。

13.4.2.1　默认生成元的部分因子试验计划

我们通过一个例题说明如何安排部分因子试验。

例 13-12

用自动刨床刨制工作台平面的工艺条件试验。在用刨床刨制工作台平面试验中，考察影响其工作台平面光洁度的因子，并求出使光洁度达到最高的工艺条件。

共考察 6 个因子：

因子 A（进刀速度），低水平 1.2，高水平 1.4（单位：mm/刀）

因子 B（切削角度），低水平 10，高水平 12（单位：度）

因子 C（吃刀深度），低水平 0.6，高水平 0.8（单位：mm）

因子 D（刀背后角），低水平 70，高水平 76（单位：度）

因子 E（刀前槽深度），低水平 1.4，高水平 1.6（单位：mm）

因子 F（润滑油进给量），低水平 6，高水平 8（单位：毫升/分钟）

要求：连中心点在内，不得超过 20 次试验，考察各因子主效应和 2 阶交互效应 AB，AC，CF，DE 是否显著。

解　由于试验次数的限制，我们在因子点上只能做试验 16 次，另 4 次取中心点，这就是 $2^{6-2}+4$ 试验。由表 13-20 可以查得，这时 $R=$Ⅳ，可达分辨度为Ⅳ的设计。各主效应间没有混杂，主效应与 2 阶交互效应间也没有混杂，但某些 2 阶交互效应可能与其他 2 阶交互效应相混杂，因此，只要保证所要考察的 2 阶交互效应 AB，AC，CF，DE 之间没有相互混杂就行了。

下面具体生成试验设计表。从“统计>DOE>因子>创建因子设计（Stat>DOE>Factorial>Create Factorial Design)”入口可得图 13-37 中左图所示界面。

单击“显示可用设计（Display Available Design)”就可以看到图 13-37 中右图的界面。从图中可以看出，这就是表 13-20 的内容，可以确认：用 16 次试验（不包含中心点）能够达到分辨度为Ⅳ的设计。

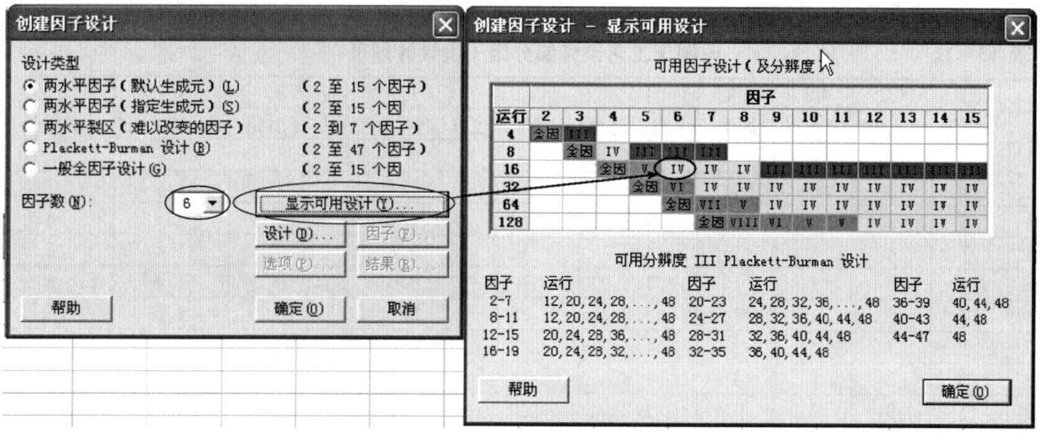

图 13-37　部分因子设计的创建设计操作 1

在图 13-37 中左侧，打开“设计（Design)”，可以得到图 13-38 中右侧所示界面。

选中试验次数为 16，再选中“中心点”为 4 个，点击“确定”，则可回到图 13-39 中左侧所示界面，这时各选项如“因子”“选项”“结果”等皆由灰色转为黑色（见图 13-39 中左侧）。

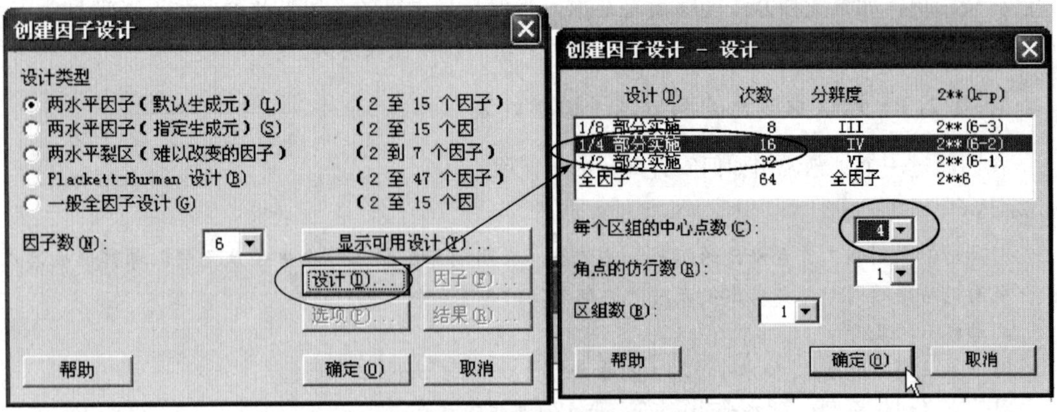

图 13-38　部分因子设计的创建设计操作 2

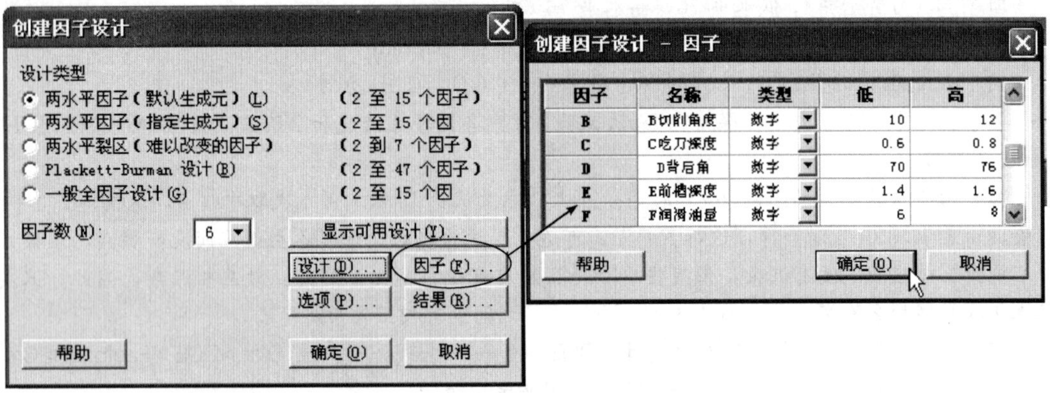

图 13-39　部分因子设计的创建设计操作 3

打开“因子（Factors）”，可以得到图 13-39 中右侧界面，设定各因子名称，并设定其“高”“低”水平值。点击“确定”后，回到图 13-39 中左侧界面，再点击“确定”便可完成设计，得到试验计划表（见表 13-21）。

表 13-21　　　　刨床工艺条件部分因子设计计划表

	C1	C2	C3	C4	C5	C6	C7	C8	C9	C10
	标准序	运行序	中心点	区组	*A* 进刀速度	*B* 切削角度	*C* 吃刀深度	*D* 背后角	*E* 前槽深度	*F* 润滑油量
1	16	1	1	1	1.4	12	0.8	76	1.6	8
2	18	2	0	1	1.3	11	0.7	73	1.5	7
3	3	3	1	1	1.2	12	0.6	70	1.6	8
4	7	4	1	1	1.2	12	0.8	70	1.4	6
5	4	5	1	1	1.4	12	0.6	70	1.4	8
6	11	6	1	1	1.2	12	0.6	76	1.6	6
7	2	7	1	1	1.4	10	0.6	70	1.6	6
8	20	8	0	1	1.3	11	0.7	73	1.5	7
9	13	9	1	1	1.2	10	0.8	76	1.6	6
10	12	10	1	1	1.4	12	0.6	76	1.4	6
11	14	11	1	1	1.4	10	0.8	76	1.4	6
12	10	12	1	1	1.4	10	0.6	76	1.6	8
13	8	13	1	1	1.4	12	0.8	70	1.6	6
14	9	14	1	1	1.2	10	0.6	76	1.4	8

续前表

	C1	C2	C3	C4	C5	C6	C7	C8	C9	C10
15	15	15	1	1	1.2	12	0.8	76	1.4	8
16	6	16	1	1	1.4	10	0.8	70	1.4	8
17	17	17	0	1	1.3	11	0.7	73	1.5	7
18	5	18	1	1	1.2	10	0.8	70	1.6	8
19	1	19	1	1	1.2	10	0.6	70	1.4	6
20	19	20	0	1	1.3	11	0.7	73	1.5	7

与全因子设计不同的是，我们不能肯定这个试验计划表一定能满足要求，因为部分因子试验中一定会出现混杂，这些混杂如果破坏了试验要求，则必须重新设计，而全因子设计则没有这个问题。从运行窗中可以看到下列结果：

设计生成元：E = ABC，F = BCD

别名结构

I + ABCE + ADEF + BCDF
A + BCE + DEF + ABCDF
B + ACE + CDF + ABDEF
C + ABE + BDF + ACDEF
D + AEF + BCF + ABCDE
E + ABC + ADF + BCDEF
F + ADE + BCD + ABCEF
AB + CE + ACDF + BDEF
AC + BE + ABDF + CDEF
AD + EF + ABCF + BCDE
AE + BC + DF + ABCDEF
AF + DE + ABCD + BCEF
BD + CF + ABEF + ACDE
BF + CD + ABDE + ACEF
ABD + ACF + BEF + CDE
ABF + ACD + BDE + CEF

此表告诉我们，计算机自己选择的生成元（Design Generators）是：$E=ABC$，$F=BCD$。后面的"别名结构（Alias Structure）"中列出了交互作用项的混杂状况，即每列中互为别名的因子有哪些。在此结构表中的每一行，实际在正交表中相当于每一列，例如因子 A 所在列，由于表中显示：$A+BCE+DEF+ABCDF$，这说明 A 所在的列，不仅 A 在起作用，同时起作用的还有 BCE，DEF 和 $ABCDF$。有时也可将此式写成 $A=BCE=DEF=ABCDF$，表明这些项是互为别名的，或说它们是相互混杂的。当然，在这项中，除了因子 A 外，其他 3 项都是 3 阶或更高阶的交互效应，都可以忽略不计。如果此项效应显著，则可以断定是因子 A 效应显著，因此本列的混杂对我们分析因子 A 效应不会产生任何实质性影响。对于分辨度为Ⅳ的设计，关键是要检查一下我们所感兴趣的 2 阶交互作用的混杂情况。将 3 阶以上交互作用忽略不计，这里混杂的有：$AB=CE$，$AC=BE$，$AD=EF$，$AF=DE$，$AE=BC=DF$，$BD=CF$，$BF=CD$。本问题所要求估计的 4 个 2 阶交互作用是 AB，AC，CF 和 DE，从别名结构表中可以看见这 4 项恰好没有重叠在同行。因此表 13 - 21 的试验计划是可行的。

万一出现"所要求的可以估计的 2 阶交互作用间在给定设计中出现混杂"，那该如何处理？有两种情况可能出现。一种是试验计划者可以自行解决的，其办法有两个：(1) 将因子名称相互交换就可以自动解决；(2) 自行选定设计生成元（这时就要改变计算机给出的缺省的生成元，自己另行指定）。还有一种可能，那就是该问题所要求的那么多 2 阶交互作用不能与别的项混杂是根本办不到的。如何区分这两种情况比较复杂，通常可能需要向统计学家咨询。但是，不管遇到哪种情况，只要增加试验次数总是可以解决的。

13.4.2.2 指定生成元的部分因子试验计划

例 13-13（续例 13-12）

用自动刨床刨制工作台平面的工艺条件试验，6 因子设定条件同上。要求是：连中心点在内，不得超过 20 次试验，考察各因子主效应和 2 阶交互效应 AB，AC，CE 及 DE 是否显著。

解 由于试验次数的限制，我们只能使用 $2^{6-2}+4$ 设计。但是从例 13-12 中的别名结构表中可以看出，AB 与 CE 是混杂的，因此用默认的生成元来构造如表 13-21 这样的部分因子设计不能满足例 13-13 的需求。

我们先介绍一个运算性质：在解代数方程时，可以对等式进行变形处理，能使用的是各种“移项法则”，例如“等式左右两侧可以同乘相同的常数”等。这些法则对于带“$\neq$”的式子同样成立。用这个法则实现生成元的设定是很有效的。

由要求条件可知，AB，AC，CE 及 DE 不混杂，这相当于 $AB\neq CE$，$AB\neq DE$，$AC\neq DE$。

变形后可知，此即 $E\neq ABC$，$E\neq ABD$，$E\neq ACD$。从例 13-11 的方案比较中我们发现，分辨度为Ⅳ的设计生成元中只能含 3 个字母（含 4 个字母就会像方案 1 那样变成分辨度为Ⅲ的设计）。而试验次数为 16 的各列中，字母个数为 3 的项只有 4 个：ABC，ABD，ACD 及 BCD。既然给定条件中有 3 个选择不可接受，那么，生成元只能选择 $E=BCD$。试验计划中对于 F 没有要求，因此 F 可以任选，我们取 $F=ABC$。

设定好了生成元，就可以使用自定义生成元形成试验计划表。其操作是：

从“统计>DOE>因子>创建因子设计（Stat>DOE>Factorial>Create Factorial Design)”入口（见图 13-40 中左上）。这时要选“两水平因子（指定生成元）”，因子的个数填写“4”（这是基本设计的因子数，而不是总因子数“6”）。点击“设计”，打开后（见图 13-40 中右上），选“全因子”；“生成元”项打开后（见图 13-40 中下方），填写生成元的设定：$E=BCD$ $F=ABC$。全部点“确定”后，就可以得到设计结果。

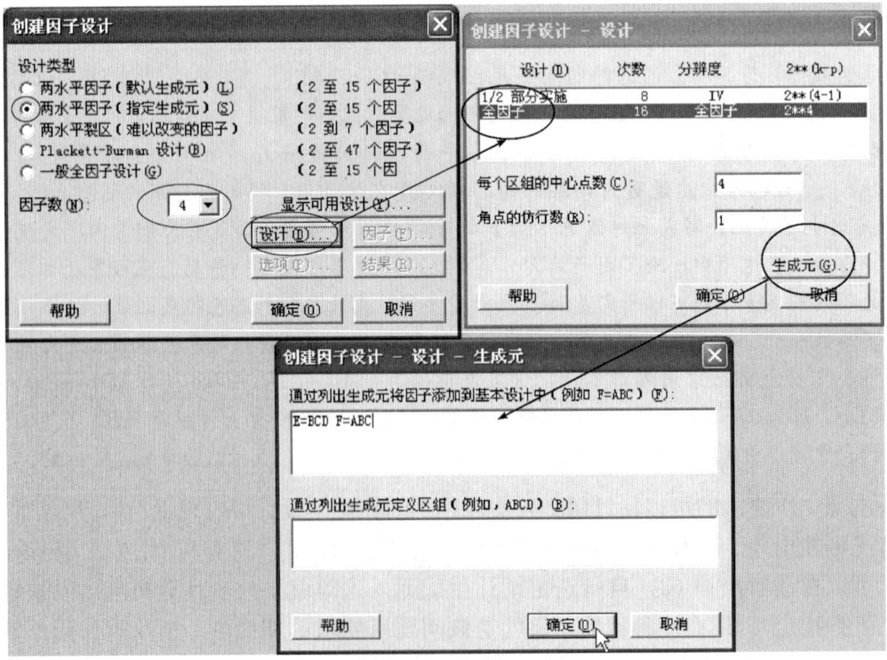

图 13-40 指定生成元的部分因子设计操作

设计结果中的别名结构表如下：

设计生成元：E = BCD，F = ABC
别名结构
I + ABCF + ADEF + BCDE
A + BCF + DEF
B + ACF + CDE
C + ABF + BDE
D + AEF + BCE
E + ADF + BCD
F + ABC + ADE
AB + CF + ACDE + BDEF
AC + BF + ABDE + CDEF
AD + EF + ABCE + BCDF
AE + DF + ABCD + BCEF
AF + BC + DE
BD + CE + ABEF + ACDF
BE + CD + ABDF + ACEF
ABD + ACE + BEF + CDF
ABE + ACD + BDF + CEF

可以看出，AB，AC，CE 及 DE 分别位于不同的列上，此设计满足了原定要求。总之，在计算机的帮助下，可以从别名结构表中验证选定的生成元是否能满足需求。

13.4.3 部分因子试验的实例分析

部分因子试验设计也是试验设计的一种，其分析方法当然应该与一般的试验设计的分析步骤相同，其流程图已列在 13.3.3 节。

由于部分因子试验分析方法与全因子试验分析方法基本相同，就不系统解释了。以下给出一个例子着重说明其与全因子设计的不同之处。

例 13 - 14

降低微型变压器耗电量问题。在微型变压器生产的六西格玛改进中，经过头脑风暴发现，影响变压器耗电量的原因有很多，至少有 4 个因子要考虑：绕线速度、矽钢厚度、漆包厚度和密封剂量。由于绕线速度与密封剂量毫无关系，因而可以认为绕线速度与密封剂量间无交互作用。由于试验成本很高，研究经费只够安排 12 次试验。试验安排如下：

因子 A（绕线速度），低水平取 2，高水平取 3（单位：圈/秒）

因子 B（矽钢厚度），低水平取 0.2，高水平取 0.3（单位：mm）

因子 C（漆包厚度），低水平取 0.6，高水平取 0.8（单位：mm）

因子 D（密封剂量），低水平取 25，高水平取 35（单位：mg）

试验安排及试验结果列在表 13 - 22 中，响应变量是耗电量（单位：毫瓦）（数据文件：DOE_变压器（部分）.MTW）。

解 由于试验次数的限制，本例只能采用 $2^{4-1}+4$ 设计。由部分因子试验分辨度表（见表 13 - 20）可以看出，8 次试验（不包含中心点）可以实现分辨度为Ⅳ的计划。这时候，计算机自动取生成元 $D=ABC$，同时可知：$AB=CD$，$AC=BD$，$AD=BC$，总计将有 3 对 2 阶因子效应相混杂。

表 13-22　　变压器耗电量试验数据表

C1	C2	C3	C4	C5	C6	C7	C8	C9
标准序	运行序	中心点	区组	绕线速度	矽钢厚度	漆包厚度	密封剂量	耗电量
11	1	0	1	2.5	0.25	0.7	30	247
6	2	1	1	3.0	0.20	0.8	25	238
7	3	1	1	2.0	0.30	0.8	25	242
12	4	0	1	2.5	0.25	0.7	30	253
3	5	1	1	2.0	0.30	0.6	35	299
1	6	1	1	2.0	0.20	0.6	25	224
2	7	1	1	3.0	0.20	0.6	35	209
9	8	0	1	2.5	0.25	0.7	30	251
5	9	1	1	2.0	0.20	0.8	35	217
8	10	1	1	3.0	0.30	0.8	35	222
4	11	1	1	3.0	0.30	0.6	25	321
10	12	0	1	2.5	0.25	0.7	30	239

对部分因子试验的数据进行分析，其方法与全因子试验设计的五步分析法完全相同。具体步骤及结果如下。

第一步：拟合选定模型

在MINITAB软件中，同样从“统计>DOE>因子>分析因子设计（Stat>DOE>Factorial>Analyze Factorial Design）”进入，点击“项（Terms）”后，界面如图13-41中右侧所示。

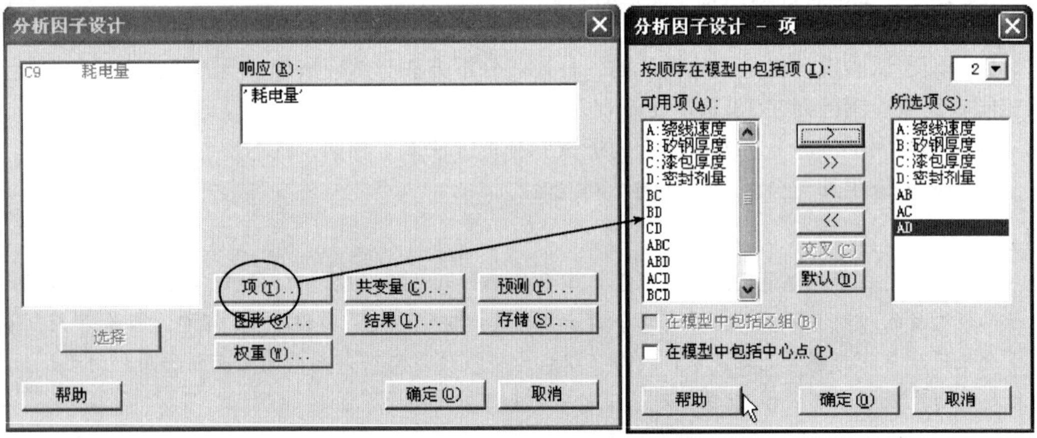

图 13-41　部分因子设计的分析操作

由于现在是部分因子试验，“全模型”已不是包含全部交互作用项了。

点击“图形（Graphs）”后，在“效应图（Effects Plots）”中选“正态（Normal）”和“Pareto”；在“图中的残差（Residual for Plots）”中选“正规（Regular）”；在“残差图”中选“四合一（Four in one）”，在“残差与变量（Residual versus variables）”中，填写全部4个自变量名称。

点击“存储（Storage）”，在“拟合值与残差（Fits and Residual）”中选定“拟合值（Fits）”、“残差（Residuals）”及“标准化残差（Standardized residuals）”；在“模型信息（Model Information）”中选定“设计矩阵（Design matrix）”。

运算之后，可得到如下计算结果：

结果：DOE _ 变压器（部分）. MTW

拟合因子：耗电量 与 绕线速度，矽钢厚度，漆包厚度，密封剂量

耗电量的效应和系数的估计（已编码单位）

项	效应	系数	系数标准误	T	P
常量		246.83	1.566	157.65	0.000
绕线速度	2.00	1.00	1.918	0.52	0.630
矽钢厚度	49.00	24.50	1.918	12.78	0.000
漆包厚度	-33.50	-16.75	1.918	-8.74	0.001
密封剂量	-19.50	-9.75	1.918	-5.08	0.007
绕线速度*矽钢厚度	-1.00	-0.50	1.918	-0.26	0.807
绕线速度*漆包厚度	-1.50	-0.75	1.918	-0.39	0.716
绕线速度*密封剂量	-44.50	-22.25	1.918	-11.60	0.000

S = 5.423 71　　PRESS = 650.975

R-Sq = 99.01%　　R-Sq（预测） = 94.53%　　R-Sq（调整） = 97.28%

耗电量的方差分析　（已编码单位）

来源	自由度	Seq SS	Adj SS	Adj MS	F	P
主效应	4	7 815.0	7 815.00	1 953.75	66.42	0.001
绕线速度	1	8.0	8.00	8.00	0.27	0.630
矽钢厚度	1	4 802.0	4 802.0	4 802.0	163.24	0.000
漆包厚度	1	2 244.5	2 244.50	2 244.50	76.30	0.001
密封剂量	1	760.5	760.50	760.50	25.85	0.007
2因子交互作用	3	3 967.0	3 967.00	1 322.33	44.95	0.002
绕线速度*矽钢厚度	1	2.0	2.00	2.00	0.07	0.807
绕线速度*漆包厚度	1	4.5	4.50	4.50	0.15	0.716
绕线速度*密封剂量	1	3 960.5	3 960.50	3 960.50	134.63	0.000
残差误差	4	117.7	117.67	29.42		
弯曲	1	2.7	2.67	2.67	0.07	0.809
纯误差	3	115.0	115.00	38.33		
合计	11	11 899.7				

从ANOVA表中可以看出：模型总效应是显著的（主效应项 p 值=0.001，2因子交互效应项 p 值=0.002）；数据无弯曲（p 值=0.809）。回归效果的度量也很好，R-Sq=99.01%，R-Sq（调整）=97.28%。

从单个因子效应的检验可以看出：主效应中，因子 A（绕线速度）效应不显著（p 值=0.630），因子 B（矽钢厚度）效应显著（p 值=0.000），因子 C（漆包厚度）效应显著（p 值=0.001），因子 D（密封剂量）效应显著（p 值=0.007）。

分析交互效应要特别小心，计算结果显示 A（绕线速度）与 D（密封剂量）的交互效应显著（p 值=0.000）。但由于这里是部分因子试验，此项交互作用是由 $AD=BC$ 得到的，实际上可能交互作用 AD 显著，但也可能交互作用 BC 显著。根据例题的背景说明，实际上 A 与 D 不可能有交互作用，因此这项应该是 BC 的交互作用。当然，如果这一项效应是不显著的，则可以断言这二者都没有显著作用。

MINITAB计算中输出了效应的Pareto图（见图13-42），从图形窗中还可得到其他效应图、残差图等，此处从略。

图形上同样显示是 B，C，D 及 AD 显著，但实际上应该是 B，C，D 及 BC 显著。部分因子试验的数据分析与全因子试验设计的数据分析相比较，其差别只在这里。即当数据分析结果中有**某些2**

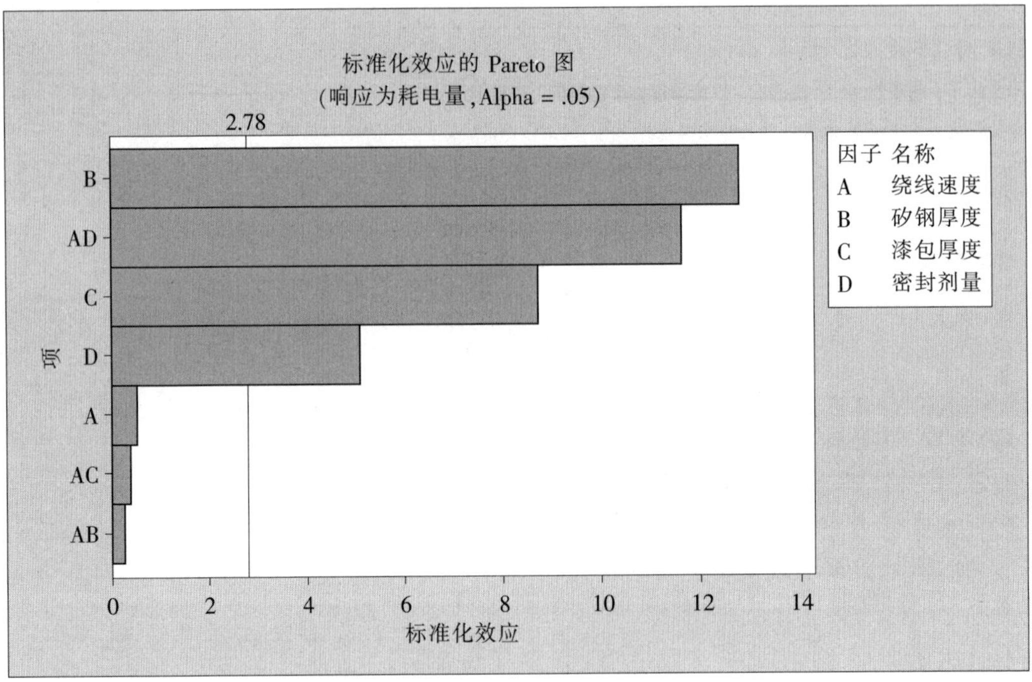

图 13-42　部分因子设计效应的 Pareto 图

阶交互作用效应显著时，不能仅从表面上的结果来决定取舍，要仔细分析混杂结构，查看在别名结构表中，此显著项是与哪个（或哪些）2 阶交互作用效应相混杂的，再根据背景材料予以判断，最终决定谁入选。如果没有相关背景材料提供，这时判断确实可能有困难，只好再做进一步的试验来区分这些混杂的交互作用。

第二步：进行残差诊断

残差诊断分析法与全因子试验设计完全相同。本例残差诊断中未发现任何问题，此处从略。

第三步：判断模型是否要改进

从残差诊断中看出，模型基本上是好的。从残差对响应变量预测值的图上也没看见非齐性状况，画出 Box-Cox 变换图也说明对 y 不用进行变换，也不需要增加 x 的高阶项。改进模型主要是删除不显著项。因此，实际上又要返回第一步。

新第一步：拟合选定模型

结果：DOE_变压器（部分）.MTW

拟合因子：耗电量 与 矽钢厚度，漆包厚度，密封剂量

耗电量的估计效应和系数（已编码单位）

项	效应	系数	系数标准误	T	P
常量		246.83	1.254	196.78	0.000
矽钢厚度	49.00	24.50	1.536	15.95	0.000
漆包厚度	-33.50	-16.75	1.536	-10.90	0.000
密封剂量	-19.50	-9.75	1.536	-6.35	0.000
矽钢厚度*漆包厚度	-44.50	-22.25	1.536	-14.48	0.000

S = 4.345 22　　PRESS = 227.615

R-Sq = 98.89%　　R-Sq（预测）= 98.09%　　R-Sq（调整）= 98.25%

耗电量的方差分析（已编码单位）

来源	自由度	Seq SS	Adj SS	Adj MS	F	P
主效应	3	7 807.0	7 807.00	2 602.33	137.83	0.000
矽钢厚度	1	4 802.0	4 802.00	4 802.00	254.33	0.000
漆包厚度	1	2 244.5	2 244.50	2 244.50	118.88	0.000
密封剂量	1	760.5	760.50	760.50	40.28	0.000
2因子交互作用	1	3 960.5	3 960.50	3 960.50	209.76	0.000
矽钢厚度*漆包厚度	1	3 960.5	3 960.50	3 960.50	209.76	0.000
残差误差	7	132.2	132.17	18.88		
弯曲	1	2.7	2.67	2.67	0.12	0.737
失拟	3	14.5	14.50	4.83	0.13	0.939
纯误差	3	115.0	115.00	38.33		
合计	11	11 899.7				

比较全模型与缩减模型的回归效果，各回归效果的度量见表13-23。

表13-23　部分因子试验模型拟合比较表

	全模型	变化	缩减模型
R-Sq	99.01%	↘	98.89%
R-Sq（调整）	97.28%	↗	98.25%
S	5.423 71	↘	4.345 22
PRESS	650.975	↘	227.615
R-Sq（预测）	94.53%	↗	98.09%

表13-23结果显示，删去不显著项后，模型确实得到了改进。

新第二步：进行残差诊断

从残差图上看，各残差图都正常，没有异常现象。

新第三步：判断模型是否要改进

已不需要改进了。

第四步：对选定模型进行分析解释

(1) 检查是否有异常点。我们仔细查看原模型标准化残差的输出值，未看到有绝对值超过2的。

(2) 输出各因子的主效应图和交互效应图。

从“统计>DOE>因子>因子图（Stat>DOE>Factorial>Factorial Plot）”进入，设置后即可得到主效应图和交互效应图。

主效应图见图13-43。

交互效应图见图13-44。

从图13-43主效应图中可以看出，因子B，C，D对于响应变量耗电量的影响确实是很显著的，而因子A的影响确实是不显著的。还可以看出，为使耗电量达到最小，应该让因子B尽可能小，因子C，D应尽可能大。

从图13-44中可以看出，因子B与因子C的交互作用对于响应变量耗电量的影响确实是很显著的（两条线非常不平行），而其他交互效应对于响应变量耗电量的影响确实是不显著的（两条线几乎平行）。由于因子B与因子C交互效应太大，因此要注意，单纯从主效应最优考虑的设置不一定是最好设置，还要从等值线图和曲面图来细致分析。

(3) 输出等值线图和响应曲面图。

从“统计>DOE>因子>等值线/曲面图（Stat>DOE>Factorial>Contour/Surface Plot）”进入，等值线设置时，应选定密封剂量为35，等值线水平中选定数目为11，计算后即可得到等值线图及曲面图。等值线图见图13-45，曲面图见图13-46。

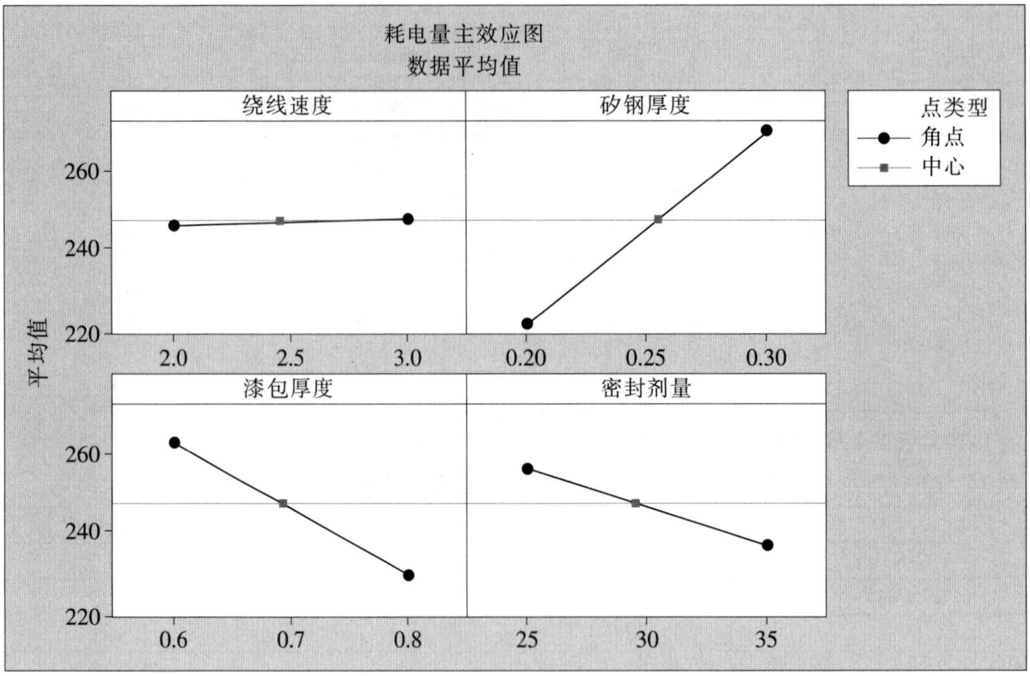

图 13-43　变压器耗电量主效应图

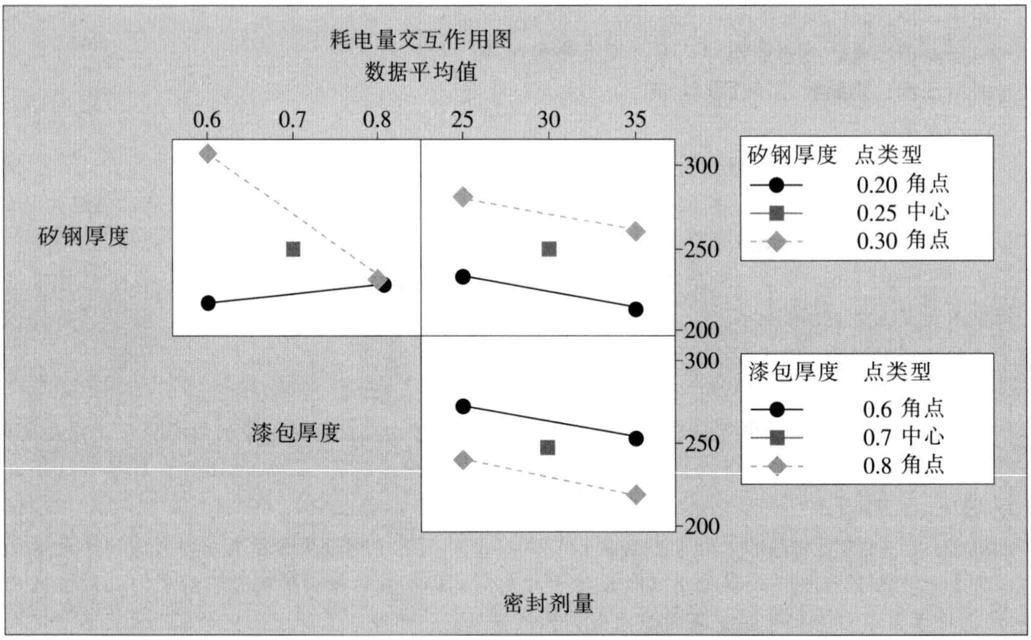

图 13-44　变压器耗电量交互效应图

从图 13-45 中可以看出，其左下角比右下角更低，即因子 B（矽钢厚度）应取最小值，因子 C（漆包厚度）也取最小值反而更好些。这说明，仅从主效应图就判断最优值在交互效应强烈时不一定能选对。下面再看曲面图（见图 13-46）。

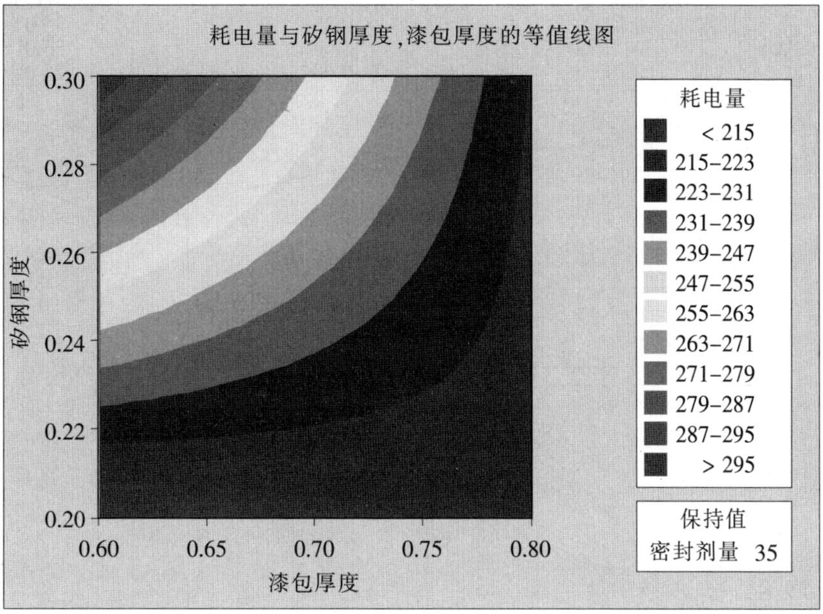

图 13-45　耗电量对于 *B*，*C* 二因子的等值线图

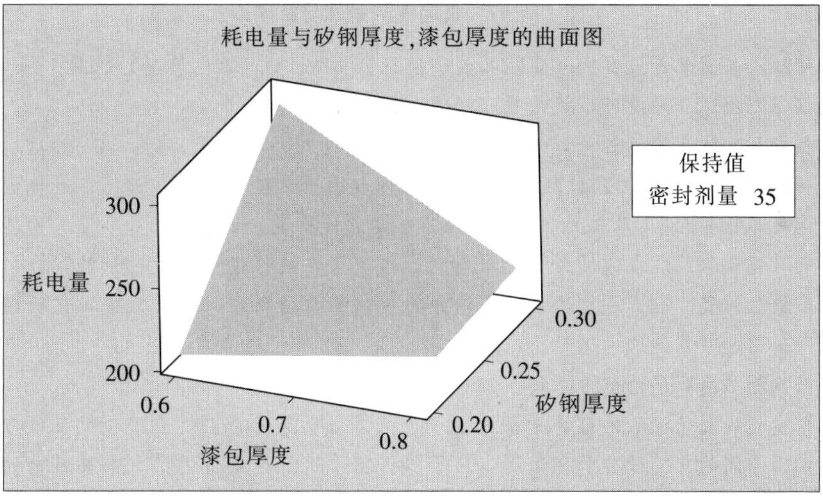

图 13-46　耗电量对于 *B*，*C* 二因子的曲面图

从图 13-46 中可以看出，交互效应 *BC* 对于响应变量耗电量影响确实是太显著了（等高线很弯曲，曲面扭曲严重），为使耗电量取值更小，应该让因子 *B* 和 *C* 都取最小，因子 *D* 应取最大。

(4) 实现最优化。

本具体问题是属于望小型的。从“统计>DOE>因子>响应优化器 (Stat>DOE>Factorial>Response Optimizer)”入口。这时，在对最优的“目标 (Goal)”选择上取“望小 (Minimize)”，在“设置 (Setup)”中只需填写“上限 (Upper)”及“望目 (Target)”两项，而“下限 (Lower)”留为空白即可。我们取“上限”为“250”(这个值是在做过的试验中已经实现了的)，取“望目”为“200”(这个值在做过的试验中未能达到，是较高理想)。计算机自动搜索后，得到最小值计算结果见图 13-47。

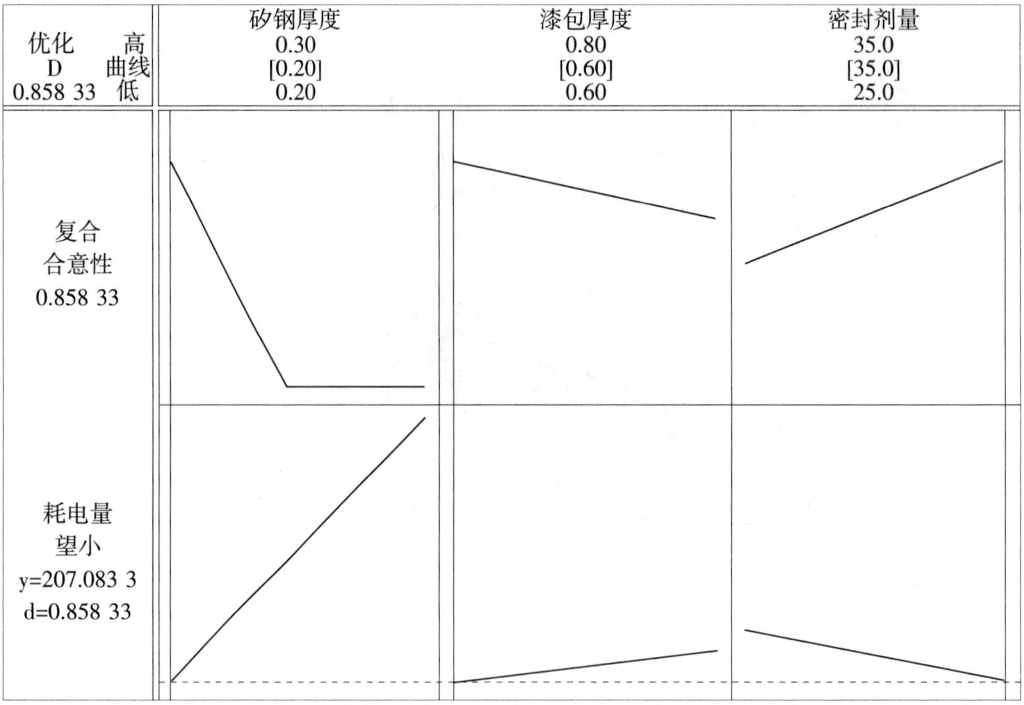

图 13-47　耗电量的最优化结果图

从图中可知，当因子 B（矽钢厚度）取最小值 0.2，因子 C（漆包厚度）取最小值 0.6，因子 D（密封剂量）取最大值 35 时最好，耗电量可以降至 207.083。

大家可以看到，在试验过程中，进行第 7 号试验（标准序为 2 号）时，在 $A=3$，$B=0.2$，$C=0.6$，$D=35$ 的条件下，曾经达到过耗电量 209。在部分因子试验中，能够正巧在最优设置做过一次试验的这种情况（A 不显著，取值无关大局）并不一定总能出现。由于是部分实施，有些试验条件的搭配组合并未做过试验。现在通过分析可以看到，即使未在最优设置处做过试验，我们的分析也可以预测到这个最佳设置。这正是试验设计统计分析方法的价值所在，如果只安排试验而不进行统计分析，是无论如何也做不到这一点的。

第五步：判断"目标是否已经达到"

本来部分实施的因子试验的目的是筛选因子，能够由各因子的主效应图和交互效应图分析出哪些因子或哪些因子间的交互效应是显著的，应予以保留，这就达到目的了。如果目前的结果仍不满足要求，通常是以这些结果为依据，选定因子并确定因子水平，进行下一轮试验。例如，因子 B（矽钢厚度）取比现最小值 0.2 更小些的值，因子 C（漆包厚度）取比现最小值 0.6 更小的值，因子 D（密封剂量）取比现最大值 35 更大的值来安排新一轮试验。如果目前的结果基本能满足要求，我们可以更充分地挖掘信息，进一步求出最佳值，甚至可以求出最佳值的预测值的置信区间。

从"统计>DOE>因子>分析因子设计（Stat>DOE>Factorial>Analyze Factorial Design）"入口，打开"预测（Prediction）"窗口，在因子设置数值中，依次输入"0.2""0.6""35"即可得到下列计算结果：

```
使用  耗电量  模型的新设计点数的预测响应
点    拟合值   拟合值标准误     95% 置信区间          95% 预测区间
1     207.083  3.319          (199.236, 214.931)   (194.154, 220.012)
```

如果需要进一步计算 m 次（例如 3 次）验证试验平均值的 95%置信区间，则与全因子试验设计的相应部分完全相同（参见 13.3.3.5 节），使用宏指令即可直接得到结果，此处从略。

13.4.4 Plackett-Burman 设计

前面介绍的各种部分因子设计在一般情况下已经足够使用了。它的一般理论也比较完整，易理解，易应用。但有时试验经费非常昂贵，节省每一次试验都是有价值的，这时就可以使用试验次数更少些的方法。Plackett-Burman 设计是最常见的一种试验次数最少的另一类筛选因子设计方法。

如前所述，部分因子设计的试验次数 n 都是 2 的整方幂：4，8，16，32，…。这些试验计划保证了试验安排的正交性，除中心点外，任一列中正负号出现次数各占一半，任两列中，++，+−，−+，−−四种搭配出现的次数都是相等的。这种正交性导致试验结果“均衡分散，整齐可比”。但是，保持正交性的设计其试验次数 n 是否非得是 2 的整方幂呢？数学上容易看出，n 确实不一定非得是 2 的整方幂，但它一定得是 4 的整倍数。Plackett-Burman 设计就是对所有恰为 4 的整倍数的 n 的这些情况给出了设计。若此时 n 又恰为 2 的整方幂时，其结果与前面介绍的部分因子设计完全一样，因此没有讨论的必要。总之，Plackett-Burman 设计最有用的是 $n=12$，20，24，…。我们常记 Ln 为试验次数为 n 的试验设计表，下面就是一个 L12 表（见表 13－24）。

表 13－24　　Plackett-Burman 设计表（$n=12$）

	A	B	C	D	E	F	G	H	J	K	L
1	1	−1	1	−1	−1	−1	1	1	1	−1	1
2	1	1	−1	1	−1	−1	−1	1	1	1	−1
3	−1	1	1	−1	1	−1	−1	−1	1	1	1
4	1	−1	1	1	−1	1	−1	−1	−1	1	1
5	1	1	−1	1	1	−1	1	−1	−1	−1	1
6	1	1	1	−1	1	1	−1	1	−1	−1	−1
7	−1	1	1	1	−1	1	1	−1	1	−1	−1
8	−1	−1	1	1	1	−1	1	1	−1	1	−1
9	−1	−1	−1	1	1	1	−1	1	1	−1	1
10	1	−1	−1	−1	1	1	1	−1	1	1	−1
11	−1	1	−1	−1	−1	1	1	1	−1	1	1
12	−1	−1	−1	−1	−1	−1	−1	−1	−1	−1	−1

用 Plackett-Burman 设计来安排试验的最大好处是节省试验次数。例如用 L12 时，12 次试验可以最多安排 11 个因子。当然，这种方法的分辨度只有Ⅲ，换言之，主效应将与 2 阶交互效应混杂。若任何一个 2 阶交互效应是显著的，则将导致不能准确分析主效应。这种设计不像一般的部分因子设计还可能提供别的更多信息，它只能用于筛选因子，因此也专称 Plackett-Burman 设计为“筛选试验设计”。它的适用范围和条件是：因子个数较多，试验费用昂贵，不必考虑任何交互作用。因此，不到万不得已，通常是不采用此方法的。

创建 Plackett-Burman 设计可以从“统计>DOE>因子>创建因子设计（Stat>DOE>Factorial>Create Factorial Design)”入口，选中第 3 行的“Plackett-Burman 设计”即可。分析方法与

前面介绍的部分实施因子设计完全相同，这里从略。

13.4.5 3水平部分因子试验的分析

对于全因子试验设计，本节前面只考虑了2水平试验的设计与分析。如果实际工作中确实需要考虑3水平或多水平时，可以自行定义一个全因子试验，计算机软件也有相应的设计与分析功能。由于它与2水平的情况相仿，故不再加以叙述。如果需要进行3水平的部分因子试验，就要自己动手安排和计算。

本来，高、中、低3水平的代码可以有多种选择方法，选1，2，3可以，选离散的A，B，C也行，但以连续型变量−1，0，1作为代码最好。这时，可以把对因子效应的方差分析和对自变量的回归结合起来进行。

下面举例说明。

例13-15

手机外壳注塑试验。为了提高注塑手机外壳的强度，研究影响强度的各因子的设置。为了考察如何能使其强度达到最大，要进行承载力试验，将外壳放入压力机中压碎，以其承载力（单位：kg）为指标 y，希望选定最优工艺条件使 y 达到最大。共有3个因子，选择水平如下：

因子 A（注射压力）（单位：帕），$A1=500$，$A2=520$，$A3=540$

因子 B（注射时间）（单位：秒），$B1=1.2$，$B2=1.5$，$B3=1.8$

因子 C（模具温度）（单位：摄氏度），$C1=70$，$C2=75$，$C3=80$

找出重要影响因子及最佳搭配，使承载力 y 达到最大。数据见表13-25（数据文件：DOE_手机壳（3水平）.MTW）。

表13-25　　手机壳承载力数据表

C1	C2	C3	C4	C5	C6	C7	C8
标准序	运行序	PtType	区组	注射压力	注射时间	模具温度	承载力
1	1	1	1	500	1.2	70	64.4
2	2	1	1	500	1.5	75	66.4
3	3	1	1	500	1.8	80	66.0
4	4	1	1	520	1.2	75	68.4
5	5	1	1	520	1.5	80	66.6
6	6	1	1	520	1.8	70	69.6
7	7	1	1	540	1.2	80	61.8
8	8	1	1	540	1.5	70	62.0
9	9	1	1	540	1.8	75	66.2

解　3水平设计与2水平设计有很大差别，下面以本例做代表来说明整个设计及分析的操作过程。

在计划阶段，从“统计>DOE>因子>创建因子设计（Stat>DOE>Factorial>Create Factorial Design）”入口，选用“一般全因子设计（General Full Factorial Design）”，并选定因子个数为2（因为只进行9次试验），在对话窗“设计（Design）”中，填写 A，B 二因子，且水平数皆为3。在对话窗“因子（Factor）”中，填写 A，B 二因子各自的实际水平。在对话窗“选项（Options）”中，选中“非随机化”。这样就可以得到含 A，B 两因子各3水平的正交表。自己在表中再补充一列 C，按部分因子3水平正交表的第3列填写，3水平仍取因子C的实际水平。随机化顺序后（本例题省略此步），就得到完整的试验计划表了（见表13-25前7列）。在实际试验后，将数据“承载力”填写在A，B，C因子列之后，就完成了数据的输入，结果见表13-25中第8列。

在分析时，不能使用“DOE”窗，而要从“统计>方差分析>一般线性模型（Stat>ANOVA>General Linear Model)”入口。这时，3个因子都应当作“固定效应”(因而不要填写入“随机效应(Random Effect)”窗内)，得到ANOVA结果如下：

结果：DOE _ 手机壳（3水平）.MTW

一般线性模型：承载力与注射压力，注射时间，模具温度

因子	类型	水平数	值
注射压力	固定	3	500，520，540
注射时间	固定	3	1.2，1.5，1.8
模具温度	固定	3	70，75，80

承载力的方差分析，在检验中使用调整的SS

来源	自由度	Seq SS	Adj SS	Adj MS	F	P
注射压力	2	35.582 2	35.582 2	17.791 1	108.19	0.009
注射时间	2	10.915 6	10.915 6	5.457 8	33.19	0.029
模具温度	2	7.902 2	7.902 2	3.951 1	24.03	0.040
误差	2	0.328 9	0.328 9	0.164 4		
合计	8	54.728 9				

S = 0.405 518　R-Sq = 99.40%　R-Sq（调整）= 97.60%

可以得知，3个因子的效应都是显著的（显著性水平取0.05)。为了得到回归方程，要先在数据表中加上3个因子的平方项A-2，B-2，C-2，然后再进行回归分析。这是因为，因子取3水平后，不单有主效应（Main Effect)，而且包含2阶效应，不加入2阶项所得到的因子效应是不完全、不准确的。从“统计>回归>回归（Stat>Regression>Regression)”入口，选入A，B，C及它们的平方项共6项，结果如下：

回归分析：承载力与注射压力，注射时间，模具温度，A-2，B-2，C-2

回归方程为

承载力 = -2 836 + 9.65 注射压力 - 31.6 注射时间 + 11.5 模具温度 - 0.009 33A-2 + 11.9B-2 - 0.077 3C-2

自变量	系数	系数标准误	T	P
常量	-2 835.8	204.2	-13.89	0.005
注射压力	9.650 0	0.745 6	12.94	0.006
注射时间	-31.556	9.574	-3.30	0.081
模具温度	11.547	1.721	6.71	0.021
A-2	-0.009 333 3	0.000 716 9	-13.02	0.006
B-2	11.852	3.186	3.72	0.065
C-2	-0.077 33	0.011 47	-6.74	0.021

S = 0.405 518　R-Sq = 99.4%　R-Sq（调整）= 97.6%

方差分析

来源	自由度	SS	MS	F	P
回归	6	54.400 0	9.066 7	55.14	0.018
残差误差	2	0.328 9	0.164 4		
合计	8	54.728 9			

来源	自由度	Seq SS
注射压力	1	7.706 7
注射时间	1	8.640 0
模具温度	1	0.426 7
A－2	1	27.875 6
B－2	1	2.275 6
C－2	1	7.475 6

取显著性水平为$\alpha=0.10$，则6项皆可以认为是显著的。

从“统计＞方差分析＞主效应图（Stat＞ANOVA＞Main Effect Plot）”入口，可以得到下列主效应图（见图13－48）。

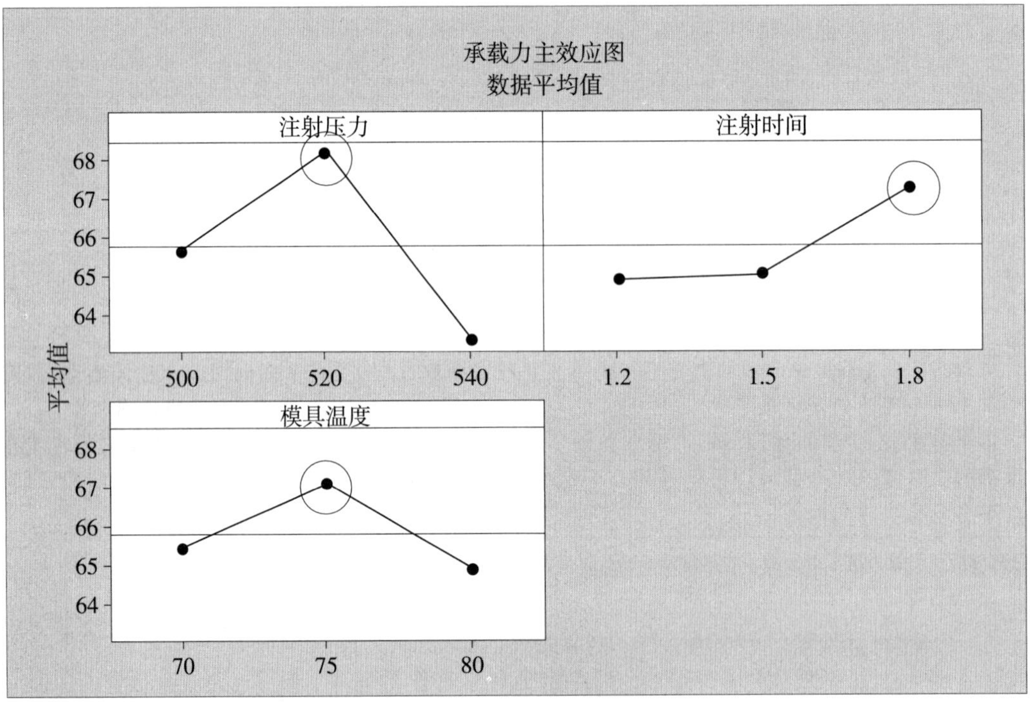

图13－48　承载力的主效应图

由图13－48可以断言，A取中水平520帕，B取高水平1.8秒，C取中水平75摄氏度，将使响应变量y取值最大。最后再从“统计＞回归＞回归（Stat＞Regression＞Regression）”入口，选定“注射压力”“注射时间”“模具温度”“A－2”“B－2”“C－2”共6项，以“520”“1.8”“75”“270400”“3.24”“5625”代入方程，得到最优值的预测结果如下：

新观测值的预测值

新观测值	拟合值	标准误	95％置信区间	95％预测区间
1	71.044	0.358	(69.506, 72.583)	(68.718, 73.371)

新观测值的自变量值

新观测值	注射压力	注射时间	模具温度	A－2	B－2	C－2
1	520	1.80	75.0	270 400	3.24	5 625

由上述结果可以看出，A取中水平520帕，B取高水平1.8秒，C取中水平75摄氏度，将使响应

应变量 y 取值达到最大值 71.044。这个搭配是我们在试验中并未进行的。从方差分析的结果看到，3 个因子中贡献最小的因子是 C（模具温度），取 A 为中水平 520 帕，取 B 为高水平 1.8 秒，C 只有取低水平 70 摄氏度的第 6 号试验，其结果为 69.6，这是试验中的最好结果了，但我们的预报结果要优于此结果。可见我们的试验不但比全部搭配所需要的次数要少，而且可以预报出从未得到的好结果，再次证明统计试验方法的巨大威力。当然预报的结果要经过验证试验的确认才能最后判定为最优结果。

13.5 响应曲面设计

13.5.1 响应曲面设计概论

在实际工作中，常常需要研究响应变量 Y 究竟如何依赖于自变量，进而能找到自变量的设置使得响应变量得到最佳值（望大、望小或望目）。如果自变量的个数较少（通常不超过 3 个），则**响应曲面方法**（response surface methodology，RSM）是最好的方法之一。本方法特别适合响应变量望大或望小的情形，如果问题是望目的情形，虽然用全部重复响应曲面试验的方法也能解决，但**稳健参数设计**（robust parameter design）方法更适合响应变量望目的情形。

通常的做法是：先用 2 水平的因子试验的数据拟合一个线性回归方程（可以含交叉乘积项），如果发现有弯曲的趋势，则希望拟合一个含二次项的回归方程。其一般模型是（以两个自变量为例）：

$$y = b_0 + b_1 x_1 + b_2 x_2 + b_{11} x_1^2 + b_{22} x_2^2 + b_{12} x_1 x_2 + \varepsilon \tag{13-28}$$

这些选项比因子设计的模型增加了各自变量的平方项。由于要估计这些项的回归系数，原来因子设计所安排的设计点就不够用了，要再增补一些试验点。这种先后分两阶段完成全部试验的策略就是“序贯试验”的策略。适用于这种策略的方法有很多，其中最常用的就是**中心复合设计**（central composite design，CCD）。

13.5.1.1 中心复合设计

图 13-49 就是三维空间（即 3 个因子）中的一个中心复合设计示意图。

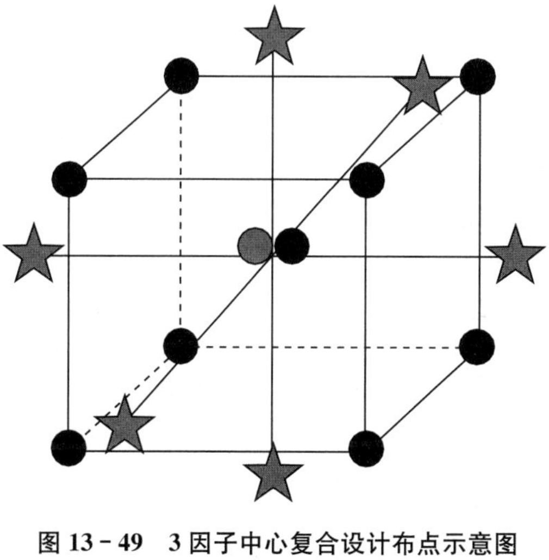

图 13-49　3 因子中心复合设计布点示意图

以下叙述中给出的坐标都假定各因子已代码化。

整个试验由下面三部分试验点构成：

（1）立方体点（cube point）（或角点（corner point）)，各点坐标皆为1或－1，这就是组成因子试验的部分。

（2）中心点（center point），各点之各维坐标皆为0。

（3）星号点（star point）（或轴点（axial point))。除一个自变量坐标为$\pm\alpha$外，其余自变量坐标皆为0。在k个因子情况下，共有$2k$个星号点。

上述立方体点和部分中心点构成本章13.3节中介绍过的普通的全因子设计，星号点和另一些中心点将其扩展为2阶设计。当然，如果可以肯定试验区域已接近最优区域，则不必经过序贯试验，可直接进行中心复合设计，3部分试验点同时进行。这里有三个问题需要仔细讨论：

（1）如何选择全因子设计部分。

（2）如何确定星号点的位置（即确定α的数值问题）。

（3）如何确定中心点的个数问题。

在因子设计部分，通常取全因子试验的安排方法，当因子个数大于5时才考虑部分因子设计，这时通常要求设计的分辨度在Ⅴ以上。

在α的选取上可以有多种出发点，**旋转性**（rotatability）是个很有意义的考虑。所谓旋转性指的是：**将来在某点处预测值的方差仅与该点到试验点中心的距离有关，而与其所在方位无关**，也即**响应变量的预测精度在以设计中心为球心的球面上是相同的**。可以证明，为了满足旋转性的要求，这时α值应取

$$\alpha = F^{\frac{1}{4}} \tag{13-29}$$

式中，F代表因子试验点的总数。当因子试验选择了对k个因子的全因子试验时，则有

$$\alpha = 2^{\frac{k}{4}} \tag{13-30}$$

（当$k=2, \alpha=1.414$；当$k=3, \alpha=1.682$；当$k=4, \alpha=2$；当$k=5, \alpha=2.378$）

对于α值的选取其实不必很精确，设计只要有**近似旋转性**（near rotatability）就够了。按上述公式选定的α值来安排CCD设计是最典型的情形，它既可以满足旋转性，也可以同时实现试验的序贯性，此种试验特称**中心复合序贯设计**（central composite circumscribed design, CCC)，它是CCD中最常用的一种。

如果要求进行CCD，但又希望试验水平安排不能超过立方体边界，可以将星号点设置为± 1，则计算机会自动将原CCD缩小到整个立方体内，这种设计也称为**中心复合有界设计**（central composite inscribed design，CCI)，但这种设计失去了序贯性，因为前一次在立方体点上已经做过的试验结果在后续的CCI设计中已经没有用了。

带区组的CCD中，对于α值的选取就要从另一个角度出发了。由于把区组也作为一个因子（它是可控的，但它又是“讨厌因子”）来安排，在最开始估计各项效应显著性时，要把“区组”作为一个因子放入回归方程以减小误差，从而增加参数估计及判定的精度；但后来在做预报时，又应将“区组”这个因子从回归方程中删除。此时首先考虑的是，希望在“保留”和“删除”区组因子这两种不同选择下，对其他因子效应的估计要保持不变，也就是说，要保持“区组”因子与其他因子间效应估计的独立性或这两部分因子间的**正交性**。为此，我们要调整α值的选取标准，这时顾及不到旋转性而只能顾及正交性的要求了。具体的计算公式这里不详细叙述，计算机会自动按正交性的要求对不同的因子个数计算出相应的α值。

对于 α 值的选取的另一个出发点也是有意义的，就是取 $\alpha=1$。这就意味着将星号点的位置向中心收缩而设在立方体的表面上，这样的设计称为**中心复合表面设计**（central composite face-centered design，CCF）。这样做的另一个好处是每个因子取值的水平数只有 3 个（-1，0，1）；而一般的 CCD，因子取值的水平数是 5 个（$-\alpha$，-1，0，1，α），这在更换因子水平较困难的情况下是有意义的。另一种情况下也将有用：如果希望试验设计有序贯性，即允许先进行因子设计，其结果在 2 阶回归中仍然要采用，做 CCF 就是有意义的，但 CCF 的代价是失去了旋转性。其示意图见图 13－50。

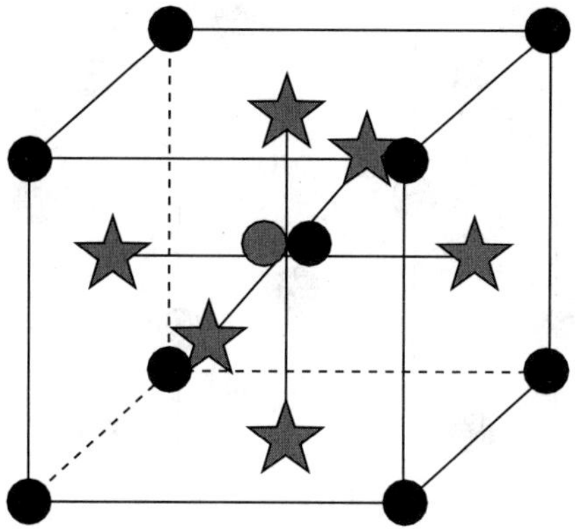

图 13－50　3 因子中心复合表面设计布点示意图

在中心点的个数（number of center，Nc）问题上，有很多细节要分析。在满足旋转性的前提下，如果再适当选择 Nc，则可以使在整个试验区域内的预测值都有**一致均匀精度**（uniform precision）。这当然是好事。特别是在试验前，我们无法预知最优点究竟位于何处，在整个试验区域内的预测值都有一致均匀精度很重要，如果中心点重复得过少，则在试验接近中心的区域内的预测精度反而较低。为此，中心点的试验要重复很多次，具体次数见表 13－26。但有时认为，这样做代价太大，Nc 其实取 2 以上就够了；如果安排中心点的目的主要是估计试验误差，则可能需要 Nc 取 4 以上。

下面是一致均匀精度的 CCD 在不同因子数的情况下，博克斯所建议的各类型试验点的个数表（见表 13－26）。

表 13－26　　CCD 设计试验点数表

因子数	立方体点	星号点	中心点	总计
2	4	4	5	13
3	8	6	6	20
4	16	8	6	30
5	32	10	10	52
5	16	10	7	33

在表 13－26 中前 3 行（因子个数不超过 4）的设计方案是唯一的；当因子个数为 5 时，有两种选择，前一种在因子点上进行的是全因子试验 2^5，而后一种进行的是部分因子试验 2^{5-1}，相应的中心点个数要求也不同。

总之，当时间和资源条件都容许时，进行 CCD 时尽量按照表 13－26 中所给出的试验计划去安排试验，可以达到一致均匀精度，设计结果和推测出的最佳点都比较可信。实在需要减少试验次数时，中心点至少也要2～5次。当因子水平更换有困难且试验水平安排不能超过立方体边界时可采用CCF。必须要保证一致均匀精度时，只能牺牲序贯性而保持旋转性，这时可以采用CCI。这些对于具体问题的处理原则将会在响应曲面设计的计划阶段体现出来。

13.5.1.2 Box-Behnken 设计

响应曲面设计的另一种方法就是Box-Behnken设计。这种设计安排是将因子各试验点取在立方体的棱的中点上。3因子的Box-Behnken设计取点示意图见图13-51。

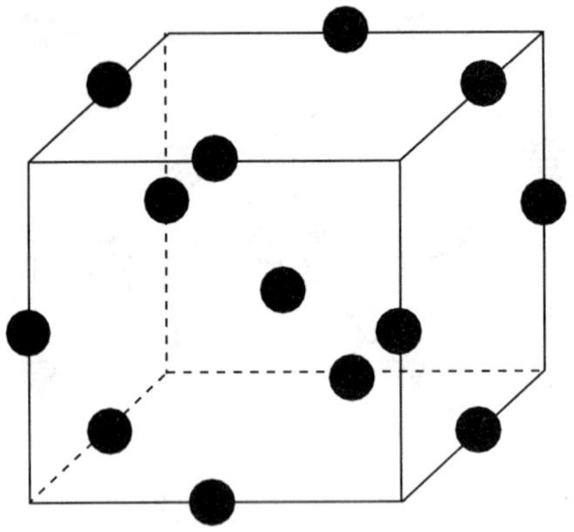

图13-51 3因子Box-Behnken设计取点示意图

这种设计所需点数比CCD要少，它也具有近似旋转性，它最适合的试验区域是球形域（而不是立方体域），它特别适合立方体顶点无法获得数据时使用。但其最大缺点是设计没有序贯性，上批进行过的试验结果数据对下批试验几乎没用，每批试验都要全部重新做。因子个数为3时，试验次数为12＋3＝15；因子个数为4时，试验次数为24＋3＝27。除非极端重视试验次数，否则通常不采用这种设计。

下面以3个因子为例，给出4种设计的计划表（见表13-27），其中前3种是CCD。第1种是普通的CCD（即CCC），第2种是CCI，第3种是CCF，第4种是Box-Behnken（BB）设计。前3种试验都要20次，Box-Behnken设计需要15次。这些设计都假定一开始就希望完成全部响应曲面设计，未作序贯设计的安排，而且表中所列数值假定已代码化。

表13-27　　3因子4种响应曲面设计试验点计划表

	CCC			CCI			CCF			BB		
	A	*B*	*C*	*A*	*B*	*C*	*A*	*B*	*C*	*A*	*B*	*C*
1	−1	−1	−1	−0.6	−0.6	−0.6	−1	−1	−1	−1	−1	0
2	1	−1	−1	0.6	−0.6	−0.6	1	−1	−1	1	−1	0
3	−1	1	−1	−0.6	0.6	−0.6	−1	1	−1	−1	1	0
4	1	1	−1	0.6	0.6	−0.6	1	1	−1	1	1	0
5	−1	−1	1	−0.6	−0.6	0.6	−1	−1	1	−1	0	−1
6	1	−1	1	0.6	−0.6	0.6	1	−1	1	1	0	−1
7	−1	1	1	−0.6	0.6	0.6	−1	1	1	−1	0	1
8	1	1	1	0.6	0.6	0.6	1	1	1	1	0	1
9	−1.68	0	0	−1	0	0	−1	0	0	0	−1	−1
10	1.68	0	0	1	0	0	1	0	0	0	1	−1

续前表

	CCC				CCI				CCF				BB		
	A	*B*	*C*		*A*	*B*	*C*		*A*	*B*	*C*		*A*	*B*	*C*
11	0	−1.68	0		0	−1	0		0	−1	0		0	−1	1
12	0	1.68	0		0	1	0		0	1	0		0	1	1
13	0	0	−1.68		0	0	−1		0	0	−1		0	0	0
14	0	0	1.68		0	0	1		0	0	1		0	0	0
15	0	0	0		0	0	0		0	0	0		0	0	0
16	0	0	0		0	0	0		0	0	0				
17	0	0	0		0	0	0		0	0	0				
18	0	0	0		0	0	0		0	0	0				
19	0	0	0		0	0	0		0	0	0				
20	0	0	0		0	0	0		0	0	0				

13.5.2 响应曲面设计的计划

一旦识别出来的因子个数较少，就可以准备进行响应曲面分析方法。整个响应曲面设计的计划应该包含两个阶段：求最优试验区域；安排试验计划。

第一阶段要先求出最优试验区域。这阶段要先识别目前试验区域的状况，究竟此区域已经接近或达到了能使响应变量达到最佳值的最优区域，还是仍然远离最优区域？我们以望大型问题（望小型完全相同）为例来讨论，望目型问题虽然可以通过多次重复试验方法然后再使用多响应曲面设计方法加以解决，但更常见的是使用本章13.6节介绍的稳健参数设计方法。由于通常响应变量的极大值是在有曲面的弯曲的“山顶”部分达到的，因此，我们首先要特别认真地分析数据是否显示了弯曲性，或在数据拟合线性回归方程时的ANOVA表中是否显示了失拟现象。如果可以断言弯曲或失拟并不严重，则说明目前试验区域的位置仍然远离最优区域。就像爬山时，如果脚下虽然倾斜但仍然是较为平坦的区域，则说明此时仍然仅在半山坡上，离山顶依然遥远。这时，首要任务是先沿最陡峭的方向爬上去，当可以肯定达到山顶区域了，再建立细致的曲面方程来描述其数学规律。因此，我们可以归结响应曲面试验的两个阶段如下：

第一阶段：用最速上升法（steepest ascent search）**寻找试验的最优区域**。由于这时的回归方程是线性的，其等值线是些近似的平行直线，选取与等值线垂直的方向作为**“最速前进方向”**（path of steepest ascent），边沿此方向前进边做试验（对每个选定的位置只做一次即可）。若响应变量数值持续增加，则继续前进，直到响应变量数值出现了下降的情况才停止。选定刚刚得到的最佳值之处作为新一批响应曲面设计的中心点，转入下面的第二阶段。

第二阶段：在已确认为最优区域的范围内，进行响应曲面试验。要根据实际条件来安排CCD或Box-Behnken设计，在CCD中又有CCC（中心复合序贯设计）、CCI（中心复合有界设计）和CCF（中心复合表面设计）三种选择可能。

下面先较详细地介绍**第一阶段**，即如何使用最速上升法来寻求试验的最优区域。其基本思想可以用下列等值线示意图（见图13－52）显示出来。图中只讨论了两个自变量的情形，最优值是最大值（即问题是望大特性的），其实这种思路不难推广到更多维的情况。

在图13－52中，整个区域是自变量所容许的范围，其中左下角的以*O*为中心的矩形区域是我们开始时进行因子试验的区域。容易看出，在分析响应变量的状况时，可以清楚地看出，在矩形区域内等值线的弯曲并不严重，响应变量与自变量间基本上还是线性关系。这时一方面可以用原来因子设计所使用的分析方法，另一方面说明这个区域离我们要寻求的整个区域上的最优值还很远。为了尽快找到最优值，应该沿着与等值线垂直的上升方向前进，这就是最速上升路径。当然前进时其步长不要太大，第一步常以刚好抵达因子试验的边界为最好（见图中点 A），这时可以保证第一步迈出后其响应变量值肯定是增加的。沿此方向继续前进，且每前进一步都进行一次试验（如 B 等），获得其响应变量的值。如果此值继续增大，则沿此方向再前进一步，再获得其响应变量的值；如果此值已经开始减小（如图中抵达点 L 后，则再出发前进将使响应变量值减小），则在此方向上获得了响应变量的最大值点（即图中的点 L）。当然一般点 L 不会正巧是响应曲面在整个范围内的最大值（例如本图中全部区域的真正最大值点位于点 M），但我们可以得到一个以点 L 为中心的区域，再在此区域上安排若干试验点，尽量拟合一个二次曲面方程。由点 A 出发找到点 B 直到点 L 的上述方法常被称为“最速上升法”。通常可以认为这样做就能找到最优区域了。当然这不一定准确，如果仍未抵达最优区域，则重复上述最速上升方向前进的办法，甚至重复若干次，最后总是能找到最优区域的。

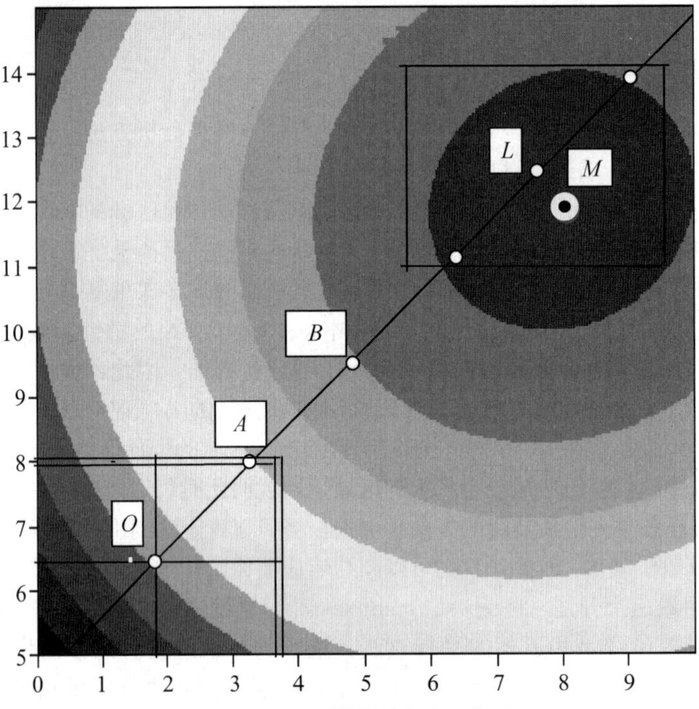

图 13-52　最速上升法示意图

下面我们介绍最速上升法的一般计算原理。为方便起见，以下用两个自变量的情况作为代表来说明含义，而且假定是有望大特性的指标，朝响应变量增长的方向前进。

大家知道，如果等值线图中各等值线基本上是平行直线（可能略有弯曲），则最速上升方向一定是与等值线垂直的方向。当弯曲很严重，或者根本没有“平行的趋势”，这主要是由于响应变量的回归方程中含有高次项或交叉项，这时，不存在固定的最速上升方向，想要尽快地寻求最大（小）值，只能在每个试验点上求此点处的最速上升方向，前进一步后对最速上升方向要另行计算。一般地，如果等值线方程为：

$$u=F(x, y)=C$$

则与等值线垂直的方向为 $(\frac{\partial F}{\partial x}, \frac{\partial F}{\partial y})$。一般地，当维数为 m 时，其公式与此相同。

设等值线方程为：

$$u=F(x_1, x_2, \cdots, x_m)=C \quad (13-31)$$

则与等值线垂直的方向为：

$$\vec{l}=(\frac{\partial F}{\partial x_1}, \frac{\partial F}{\partial x_2}, \cdots, \frac{\partial F}{\partial x_m}) \quad (13-32)$$

在实际工作中常见的是线性方程，而且不含交叉乘积项，这样一来，我们就可以得到较简单的公式。一般地，若回归方程为下列形式：

$$u=a+b_1x_1+b_2x_2+\cdots+b_mx_m \quad (13-33)$$

则由（13－32）可知其等值线的垂直方向为：

$$\vec{l}=(b_1, b_2, \cdots, b_m)$$

其单位向量（即长度为1的向量）为：

$$\vec{l}_0=(\frac{b_1}{\sqrt{b_1^2+b_2^2+\cdots+b_m^2}}, \frac{b_2}{\sqrt{b_1^2+b_2^2+\cdots+b_m^2}}, \cdots, \frac{b_m}{\sqrt{b_1^2+b_2^2+\cdots+b_m^2}}) \quad (13-34)$$

在实际问题中，前进的步长取长度为1并不总是合适的，太长了不一定能继续保持增长，太短了前进步伐太慢，一般认为最好的长度是前进一步后恰好抵达原来设计的边界。具体的寻求最速上升途径的过程，可以从更细致的图中看出。图13－53就是二维情况下寻求最大值的过程。图中，我们先在左下角以O为中心的矩形区域开始进行因子设计，获得的响应变量的等值线见该区域上的那组平行直线（假定没有失拟，弯曲也不严重），回归方程为$u=a+b_1x_1+b_2x_2$，b_1和b_2是回归系数，在以b_1和b_2为两直角边的直角三角形中，斜边长度为$\sqrt{b_1^2+b_2^2}$，而斜边所指

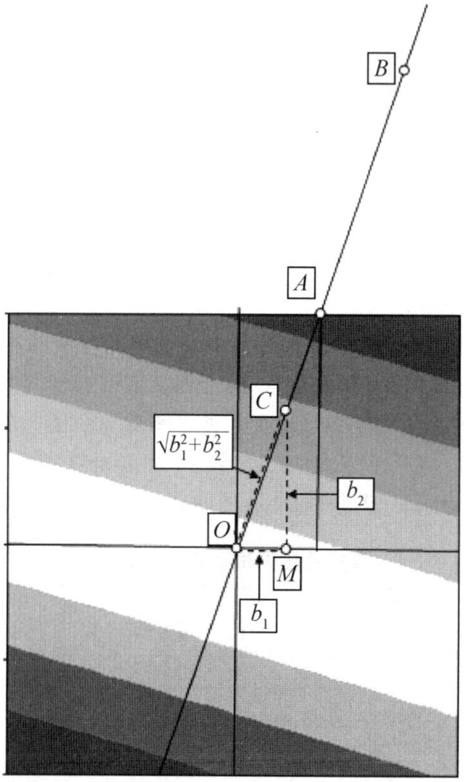

图13－53　最速上升方向计算示意图

示方向就是最速上升方向（图中的 OC 方向）。在此方向上截取一段，使之恰好达到原来试验区域的边界点（图中的 OA），则第一步前进到 A，第二步沿此方向继续前进到 B，以下依此类推，继续前进。这样求出最速上升方向不仅对两个自变量情况成立，一般到 m 个自变量依然成立。

需要注意的是，如果原来的自变量有范围的限制，一直沿最速上升途径前进并不一定是可行的，如果前进的途中已有某个自变量超出限制的情况，则应该令该自变量取相应边界上的值，其余自变量仍按原来的最速上升方向继续前进，直到响应变量的值出现下降为止。

在实际工作中，在求出 A，B，…最速上升方向上的坐标点后，要分别进行一次试验以获得响应变量的值。如果响应变量的值是比前一个点上升的，则继续前进至下一个点；如果到某个点后响应变量的值是比前一个点下降的，则证明在前一个点处已达到了此最速上升方向线上的最大值。再下一步应该是以这个最大值点为中心，安排新一轮因子试验，这时如果弯曲不显著，证明离山的顶峰还差得远，则应重复上述寻求新的最速上升路径，以寻求新的最大点；如果弯曲严重，则应该以此次因子试验的结果为基础，安排更多点进行试验以形成一个响应曲面设计。求出响应变量的二次回归方程后，可以通过方程解出在试验区域内的最大值。这就是由因子设计逐渐发展至响应曲面设计的一般途径。

上述计算还是比较复杂的，而且还要对于原始自变量数据给出调整，因为要不断判断所选定的点是否超出允许的边界范围。为了计算方便，我们提供了宏指令，由回归方程直接求出最速上升方向，给出前进 10 步的相应各自变量的取值，这里的处理办法是：如果超界则以后皆取边界点的值。当然，通常前进用不了 10 步，一般就会发现响应变量出现下降的情况，这时就不要再继续前进了。如果真的到了前进 10 步仍然一直上升的话，那也应该在最后一点处安排一次因子试验，以重新拟合线性方程，因为前进多步后，回归方程常常会出现变化，以新的数据来计算新的最速上升路径将会更准确些。

寻求最速上升方向并安排试验的方法称为“最速上升法”，这部分内容如我们刚才所介绍的，必须另行计算，因此一般都认为**最速上升法本身并不属于响应曲面设计的内容**。

下面我们举出实例，学会求出最速上升点坐标的方法，过程中还要学会调用宏指令的计算步骤。当然本宏指令仅限于交互作用项不显著时使用，如果交叉项显著，则要利用式（13-32）直接手工计算，这当然很麻烦，具体计算例题这里从略。

例 13-16

焊接优化试验。经过因子试验，发现影响焊接拉拔力的因子有两个，且各自有其可行域：因子 A 为温度（Temp）（450 摄氏度至 820 摄氏度），因子 B 为点焊时间（Time）（50 毫秒至 160 毫秒）。最后一次因子试验是这样进行的。因子 A（温度）低水平取 500 摄氏度，高水平取 560 摄氏度；因子 B（点焊时间）低水平取 60 毫秒，高水平取 90 毫秒。安排的是全因子试验加 3 次中心点，响应变量为拉拔力（单位：kg），其试验结果见数据文件“DOE_焊接（综）.MTW”，数据见表 13-28。

表 13-28　　焊接拉拔力试验结果数据表

标准序	运行序	中心点	区组	Temp	Time	Y
1	3	1	1	500	60	108.20
2	1	1	1	560	60	136.40
3	5	1	1	500	90	143.00
4	2	1	1	560	90	173.00
5	6	0	1	530	75	144.68
6	4	0	1	530	75	140.70
7	7	0	1	530	75	142.61

试分析此次试验结果，并寻求最优点或最速上升方向，求出前进途径上前 4 个点的坐标。

解 这是一个全因子设计，其分析方法已在例 13-4 中做了详细介绍，这里不重复详细步骤，只是摘录出主要的计算结果。

项	效应	系数	系数标准误	T	P
常量		141.227	0.945 0	149.45	0.000
Temp	29.100	14.550	1.250 1	11.64	0.001
Time	35.700	17.850	1.250 1	14.28	0.001
Temp * Time	0.900	0.450	1.250 1	0.36	0.743

回归方程为：

$$y=141.2+14.55\ \text{Temp}^{*}+17.85\ \text{Time}^{*}$$

这里自变量皆为代码化数据，且交叉项不显著。残差诊断中虽然显示有些弯曲迹象，但统计分析显示并无显著弯曲。

其等值线图见图 13-54。容易看出响应变量的最速上升方向，而且箭头的终点直达试验区域的边界。

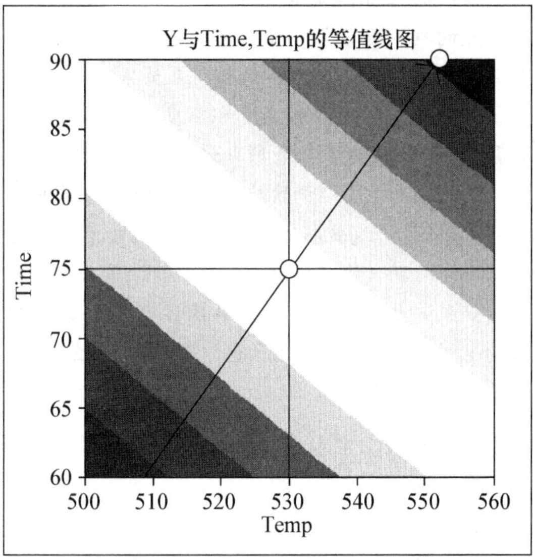

图 13-54 焊接拉拔力试验结果等值线图

下面给出计算最速上升方向上各试验点的坐标的方法。

现在 Temp 的系数为 14.55，Time 的系数为 17.85，长度为 1 的单位方向向量应该分别是 $\frac{14.55}{\sqrt{14.55^2+17.85^2}}=0.631\,818$，$\frac{17.85}{\sqrt{14.55^2+17.85^2}}=0.775\,117$。方向向量中第二项"Time"的系数最大，前进 1/0.775 117=1.290 128 倍单位向量就达到此次因子试验的边界了，这时步长向量中的 Time=1.290 128×0.775 117×15=15，Temp 前进增量为1.290 128×0.631 818×30=24.453 8，这就是第一步的结果。用人工计算比较麻烦，可以使用宏指令，不但可以直接得到多步（这里限定 10 步）试验点的计算结果，而且一旦某个自变量达到该变量的试验区域外边界，则将保留其边界值而沿边界前进。调用宏指令方法如下。

打开数据文件 DOE_POA.MTW，填写清楚有关信息（见表 13-29 的前 6 列）。

表 13-29　　求最速上升路径结果

C1—T	C2	C3	C4	C5	C6	C7	C8	C9	C10	C11	C12
因子	系数	低水平	高水平	最小下限值	最大上限值	中心点	步长向量	N1	N2	N3	N4
Temp	14.55	500	560	450	820	530	24.453 8	554.454	578.908	603.361	627.815
Time	17.85	60	90	60	160	75	15.000 0	90.000	105.000	120.000	135.000

这里第1列是回归变量名称（有几个自变量就填写几个，可以不止2个），第2列是回归方程中的系数，第3，4列填写本次试验时所取的因子高低水平值，第5，6列填写自变量所容许的最宽范围（如果无边界限制，则要填写随便选定的很小和很大的两个数，此两列不能空白）。以工作表文件DOE_POA.MTW为工作平台时，宏指令的调用非常简单，直接在“编辑>命令行编辑器”中填写：

%doepoa

则计算机就可以把结果全部算出，包括中心点坐标、每步各自变量的增加值，以及从第1步、第2步，…，直到第10步，每次试验点的坐标N1，N2，…，N10。我们摘出前4点列入表13-29中的C9～C12。

在实际工作中，后续的步骤是这样的：按列出的试验点坐标进行试验，再对试验结果数据进行分析判断，决定最佳点位置。本例的计算结果状况类似于图13-52，这里从略，读者可自行补出。原来的因子试验预测已知中心点的响应变量值y值（即焊接拉拔力）为141.227，我们在N1处进行试验（近似取温度554摄氏度，时间为90毫秒），试验结果为171.5（按原来算出的回归方程计算出的预测值为171.304）。同样，在N2处（近似取温度579度，时间为105毫秒）试验结果为203.2；在N3处（近似取温度603摄氏度，时间为120毫秒）试验结果为238.6；在N4处（近似取温度627摄氏度，时间为135毫秒）试验结果为210.4。显然，N3处响应变量的值最大，沿最速上升路径再前进到N4，响应变量的值反而下降了。这就提示我们，现在可能已经到了弯曲显著的区域，我们所能获得的最大值是在N3处出现的，下一步应该以N3为中心，再次安排因子试验。然后根据试验结果判断，究竟弯曲是否严重。如果弯曲不严重，则应再次按新拟合的回归方程求出新的最速上升路径，在此线上寻求更优值作为出发点；如果弯曲严重，则认为已经进入“最优区域”，应补充若干点，完成响应曲面设计，求出响应变量的二次回归方程，进而解出全区的最优点。

寻找试验的最优区域以后的步骤，主要是如何按响应曲面设计要求补充安排新试验点以及如何分析试验结果等，我们将在13.5.3节介绍。

下面介绍**第二阶段**，即进行响应曲面试验。这首先要创建响应曲面设计。

各计算机软件都能自动生成各种设计的表格，MINITAB软件操作的主要步骤是：

从“统计>DOE>响应曲面>创建响应曲面设计（Stat>DOE>Response Surface>Create Response Surface Design）”入口（见图13-55中左上），首先在对话框中可以选定中心复合设计（CCD）或Box-Behnken设计，并选定因子个数。在“显示可用设计（Display Available Design）”框中可以看到不同要求下所需要的试验次数（见图13-55中右上）。

在“设计（Design）”对话框中（见图13-55中左下）选定总试验次数、中心点试验次数及α值。计算机提供默认的试验次数选择，这都是最佳选择，除非资源限制使试验次数实在达不到这些要求可以自行选择，否则通常不要改变试验次数。在α值的选取上有三种选择：（1）默认，这时计算机会按因子个数、旋转性还有正交性要求自动求出最佳的α值；（2）选“表面中心（$\alpha=1$）”，即安排CCF（中心复合表面设计）；（3）自定义α值。

在“因子（Factor）”对话框（见图13-55中右下）中，除了要设定各因子的实际水平外，还要注意选取星号点的设置。当“水平定义（Levels Define）”栏中选定“立方体点（Cube

Points)”时，表示这时设定的水平作为立方体点，也就是说这时选择的是CCC（中心复合序贯设计），星号点将超出立方体。选定“轴点（Axial Points)”时，表示这时设定的水平作为轴上的星号点，即这时选择的是CCI（中心复合有界设计），星号点将达到立方体边界而不超出，立方体点将向内收缩。

在“选项（Options)”对话框（界面图从略）中，若选定“随机化运行顺序”，则计算机会自动将运行顺序随机化；如果不选，就可以看到标准化的安排方法。在标准化顺序安排中，开始部分是因子设计点（立方体点），中间部分是星号点部分，最后是中心点，将来真正进行试验时再将试验顺序随机化也行。这些与其他试验设计相同，不再赘述。

例13-17

提高密封胶条黏合力试验。影响黏合力的3个因子是：A——烘烤温度（220～240摄氏度），B——烘烤时间（6～10秒），C——黏合压力（100～140帕）。在因子设计时分别取下列条件，安排了全因子试验（2^3+3）：

因子A（烘烤温度），低水平220，高水平240（单位：摄氏度）

因子B（烘烤时间），低水平7，高水平9（单位：秒）

因子C（黏合压力），低水平110，高水平130（单位：帕）

试验后发现，数据呈现明显弯曲状况，希望进一步安排些试验以拟合响应曲面方程。

解 由于要进行序贯试验，最好选CCD。从“统计>DOE>响应曲面>创建响应曲面设计（Stat>DOE>Response Surface>Create Response Surface Design)”入口（见图13-55），在对话框中选定中心复合设计，并选定因子个数为“3”。在“显示可用设计（Display Available Design)”框中可以看到未划分区组时试验次数为“20”（见图13-55中右上）。

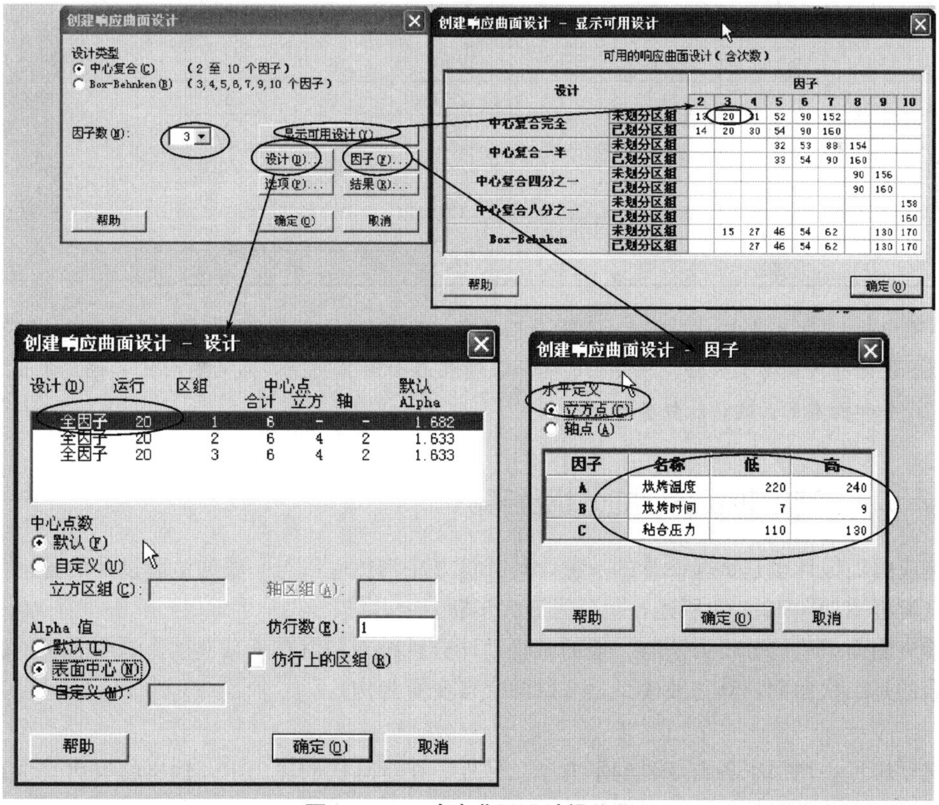

图13-55 响应曲面设计操作图

打开“设计（Design）”后，本例中试验需要20次，这是可行的，不必修改；中心点数也不用另设。但选哪种CCD，则要考虑更多条件。由于在烘烤温度上原来的试验温度条件已经取在边界上了，不允许再超界因而不能使用CCC，而为了保持序贯性，只能放弃有旋转性的CCI，故而应选用CCF，即在“设计（Design）”中选定“表面中心（Surface Center）”。

打开“因子（Factors）”后，要选“立方点（Cube Point）”，再填写各因子名称及水平。

打开“选项（Options）”后，为了看清结构，暂时先删除“随机化（Randomize）”，得到下列结果（见表13-30）。

表13-30　　3因子响应曲面CCF设计表

	C1	C2	C3	C4	C5	C6	C7	
	标准序	运行序	PtType	区组	烘烤温度	烘烤时间	黏合压力	
1	1	1	1	1	220	7	110	因子点
2	2	2	1	1	240	7	110	
3	3	3	1	1	220	9	110	
4	4	4	1	1	240	9	110	
5	5	5	1	1	220	7	130	
6	6	6	1	1	240	7	130	
7	7	7	1	1	220	9	130	
8	8	8	1	1	240	9	130	
9	9	9	−1	1	220	8	120	星号点
10	10	10	−1	1	240	8	120	
11	11	11	−1	1	230	7	120	
12	12	12	−1	1	230	9	120	
13	13	13	−1	1	230	8	110	
14	14	14	−1	1	230	8	130	
15	15	15	0	1	230	8	120	中心点
16	16	16	0	1	230	8	120	
17	17	17	0	1	230	8	120	
18	18	18	0	1	230	8	120	
19	19	19	0	1	230	8	120	
20	20	20	0	1	230	8	120	

在表中的20次试验中，第1号至第8号因子点以及第15号至第17号中心点（共11个点），已经在因子设计阶段获得了数据，只要将这些结果填在后面第8列上，然后再补充其他9个试验，就可以完成全部响应曲面的试验任务。

13.5.3　响应曲面设计的分析及实例

响应曲面设计也是试验设计的一种，其分析方法当然应该与一般的试验设计的分析步骤相同，其流程图如图13-14所述，也分为五大步骤。

响应曲面试验的分析方法与一般的试验设计分析的差别就在于其选项。响应曲面试验设计要拟合的是二次曲面，其一般模型是（以两个自变量为例）：

$$y = b_0 + b_1 x_1 + b_2 x_2 + b_{11} x_1^2 + b_{22} x_2^2 + b_{12} x_1 x_2 + \varepsilon$$

选项比过去增加了各自变量的平方项。另外，在计算机的输出中，输出的表达上也有些细微的差别，在此不多加叙述，详细比较可以从下面的例题中看出。

例 13 - 18

提高烧碱纯度问题。在烧碱生产中，经过因子的筛选，最后得知反应炉内压力及温度是两个关键因子。在改进阶段先进行了全因子试验，因子 A 压力的低水平及高水平取为 50 帕及 60 帕，因子 B 反应温度的低水平及高水平取为 260 摄氏度及 320 摄氏度。在中心点处也做了 3 次试验，试验结果如表 13 - 31 所示（数据文件：DOE _ 烧碱纯度（响应 1）. MTW)。

表 13 - 31　　烧碱纯度的全因子设计数据表

	标准序	运行序	中心点	区组	压力	温度	纯度
1	1	5	1	1	50	260	98.08
2	2	3	1	1	60	260	95.38
3	3	2	1	1	50	320	97.28
4	4	6	1	1	60	320	94.65
5	5	7	0	1	55	290	97.82
6	6	1	0	1	55	290	97.54
7	7	4	0	1	55	290	97.98

对于这批数据按全因子试验进行分析，其结果如下：

第一步：拟合选定模型。

首先将全部备选项列入模型，这里包含 A 压力，B 温度，及它们的交互作用项 AB（压力 * 温度），得出结果如下：

拟合因子：纯度与压力，温度

纯度的效应和系数的估计（已编码单位）

项	效应	系数	系数标准误	T	P
常量		96.961	0.415 0	233.63	0.000
压力	− 2.665	− 1.332	0.549 0	− 2.43	0.094
温度	− 0.765	− 0.382	0.549 0	− 0.70	0.536
压力 * 温度	0.035	0.018	0.549 0	0.03	0.977

S = 1.098 03　　PRESS = 134.203

R-Sq = 68.01 %　　R-Sq（预测） = 0.00 %　　R-Sq（调整） = 36.01 %

纯度的方差分析（已编码单位）

来源	自由度	Seq SS	Adj SS	Adj MS	F	P
主效应	2	7.687 4	7.687 45	3.843 72	3.19	0.181
压力	1	7.102 2	7.102 22	7.102 22	5.89	0.094
温度	1	0.585 2	0.585 22	0.585 22	0.49	0.536
2 因子交互作用	1	0.001 2	0.001 23	0.001 23	0.00	0.977
压力 * 温度	1	0.001 2	0.001 23	0.001 23	0.00	0.977
残差误差	3	3.617 0	3.617 01	1.205 67		
弯曲	1	3.517 8	3.517 81	3.517 81	70.92	0.014
纯误差	2	0.099 2	0.099 20	0.049 60		
合计	6	11.305 7				

从 ANOVA 表首先可以看到，模型的总效果（主效应及 2 因子交互效应项）不显著。另外可以清楚地看到，在弯曲一栏中，p 值只有 0.014，显示这里响应变量纯度有明显的弯曲趋势。另外，在残差分析中，由残差对各自变量的图（见图 13 - 56）中也验证了严重弯曲的存在。

这些结果说明：在本题中，试验数据有明显的弯曲，这也提示我们，现在进行的试验区域可能已达到响应变量的最佳区域了。这时对响应变量纯度单纯拟合一阶线性方程已经不够，要再补充些"星号点"，构成一个完整的响应曲面设计，拟合一个含二阶项的方程就可能解决问题。我们补做 4 次

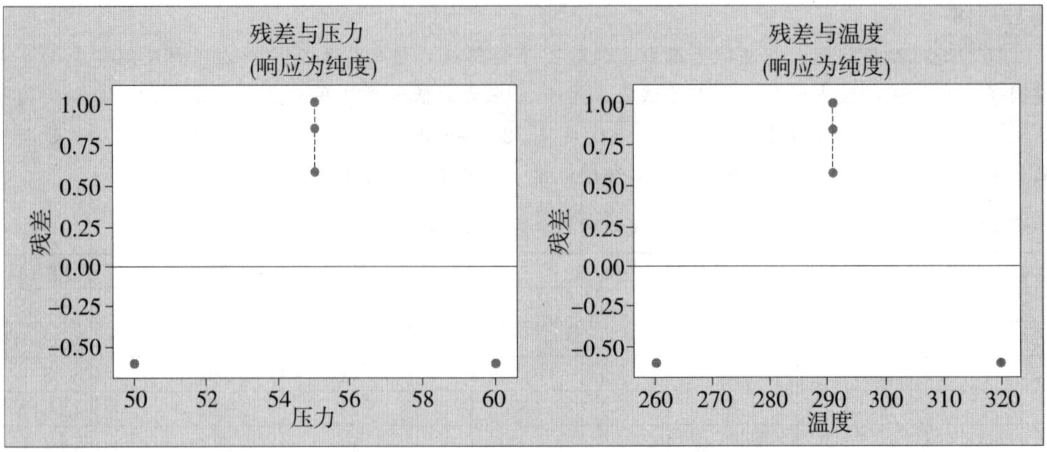

图 13-56　纯度残差对自变量"压力"及"温度"的散点图

星号点上的试验，而且由于我们确信这批新做的试验各方面条件都与上批相同，因此直接将它们并在一起分析。如果没有这种假定，两批试验应该当作两个"区组"来对待才能使分析更准确。补充的 4 个星号点试验结果见表 13-32（全部数据形成的文件：DOE _ 烧碱纯度（响应2）. MTW）。

表 13-32　　烧碱纯度优化问题第二批试验数据表

序号	标准序	运行序	区组	压力	温度	纯度
1	5	2	1	47.9	290.0	97.01
2	6	4	1	62.1	290.0	93.23
3	7	3	1	55.0	247.6	97.91
4	8	1	1	55.0	332.4	96.57

对全部 11 个点构成的 CCC（中心组合序贯）设计进行分析，拟合一个完整的响应曲面模型。分析结果如下：

第一步：拟合选定模型

从"统计>DOE>响应曲面>分析响应曲面设计（Stat>DOE>Response Surface>Analyze Response Surface Design）"窗口进入（见图 13-57），点击窗口"项（Terms）"后，界面如图 13-57 中右上所示。

首先将全部备选项列入模型。这里包含 A（压力），B（温度），及它们的平方项 AA，BB 以及它们的交互作用项 AB。获得的计算结果如下：

结果：DOE _ 烧碱纯度（响应 2）. MTW

响应曲面回归：纯度与压力，温度

分析是使用已编码单位进行的。

纯度的估计回归系数

项	系数	系数标准误	T	P
常量	97.780 4	0.105 02	931.066	0.000
压力	−1.331 7	0.064 18	−20.750	0.000
温度	−0.428 2	0.064 33	−6.657	0.001
压力 * 压力	−1.280 6	0.076 07	−16.835	0.000
温度 * 温度	−0.231 0	0.076 66	−3.014	0.030
压力 * 温度	0.017 5	0.090 95	0.192	0.855

S = 0.181 900　　PRESS = 0.693 667

R-Sq = 99.35 %　　R-Sq（预测） = 97.27 %　　R-Sq（调整） = 98.70 %

纯度的方差分析

来源	自由度	Seq SS	Adj SS	Adj MS	F	P
回归	5	25.231 0	25.231 0	5.046 2	152.51	0.000
线性	2	15.712 7	15.712 7	7.856 3	237.44	0.000
压力	1	14.246 4	14.246 4	14.246 4	430.57	0.000
温度	1	1.466 3	1.466 3	1.466 3	44.31	0.001
平方	2	9.517 1	9.517 1	4.758 5	143.82	0.000
压力 * 压力	1	9.216 6	9.377 2	9.377 2	283.40	0.000
温度 * 温度	1	0.300 5	0.300 5	0.300 5	9.08	0.030
交互作用	1	0.001 2	0.001 2	0.001 2	0.04	0.855
压力 * 温度	1	0.001 2	0.001 2	0.001 2	0.04	0.855
残差误差	5	0.165 4	0.165 4	0.033 1		
失拟	3	0.066 2	0.066 2	0.022 1	0.45	0.747
纯误差	2	0.099 2	0.099 2	0.049 6		
合计	10	25.396 4				

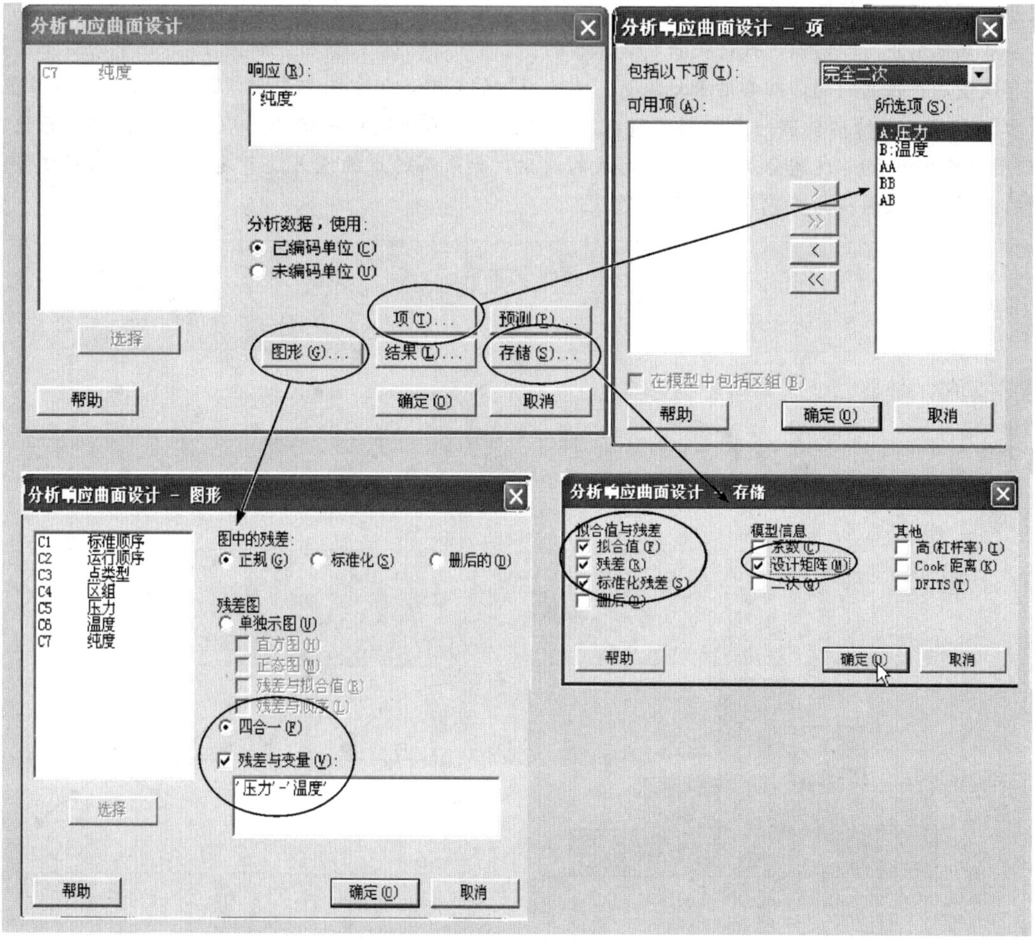

图 13－57　响应曲面设计的分析操作图

在第一步要注意观察下面几处要点：

（1）看 ANOVA 表中的总效果。在本例中，对应回归项（Regression）的 p 值为 0.000（即小于 0.001），表明应拒绝原假设，即可以判定本模型总的说来是有效的。

看 ANOVA 表中的失拟现象。在本例中，失拟项的 p 值为 0.747，其数值远比临界值 0.05 大，表明无法拒绝原假设，即可以判定本模型并没有失拟现象。

（2）看拟合的总效果多元全相关系数 R^2（即 R-Sq）及修正的多元全相关系数（即 R-Sq（调整））。本例中，R-Sq 为 99.35%，R-Sq（调整）为 98.70%，二者已经很接近了，如果将影响不显著的效应删去，二者会更接近。

S 值的分析。本例中，S=0.181 9。

R-Sq（预测）=97.27%，PRESS=0.693 667。

（3）各项效应的显著性。在计算结果的最开始参数估计中，列出了各项效应及检验结果。可以看出，压力、温度，及它们的平方项压力＊压力、温度＊温度都是高度显著的，而它们的交互作用项压力＊温度则不显著（p 值为 0.855），将来修改模型时应该将此交互作用项删除。总的来说，模型拟合效果是好的。

第二步：进行残差诊断

利用计算机自动输出的残差图（见图 13－58 和图 13－59）可以很容易地进行残差诊断。四合一残差诊断包括 4 项诊断（见图 13－58）。

从 6 张图中可以看出，残差的状况是正常的。我们解释一下，如何分析图 13－58 中的右上图是否有残差不齐性的问题，粗略看来好像有“喇叭口”的趋势，但在图中先要找到 3 个中心点的位置。由于 3 个中心点的拟合值一定相同，所以 3 个中心点在右上图中一定会出现 3 点竖直排列的状况（如图中虚线所示），这完全是试验误差形成的波动，如果别的点的残差没有超过这些中心点残差波动的范围，就应该视为正常，此图无问题。

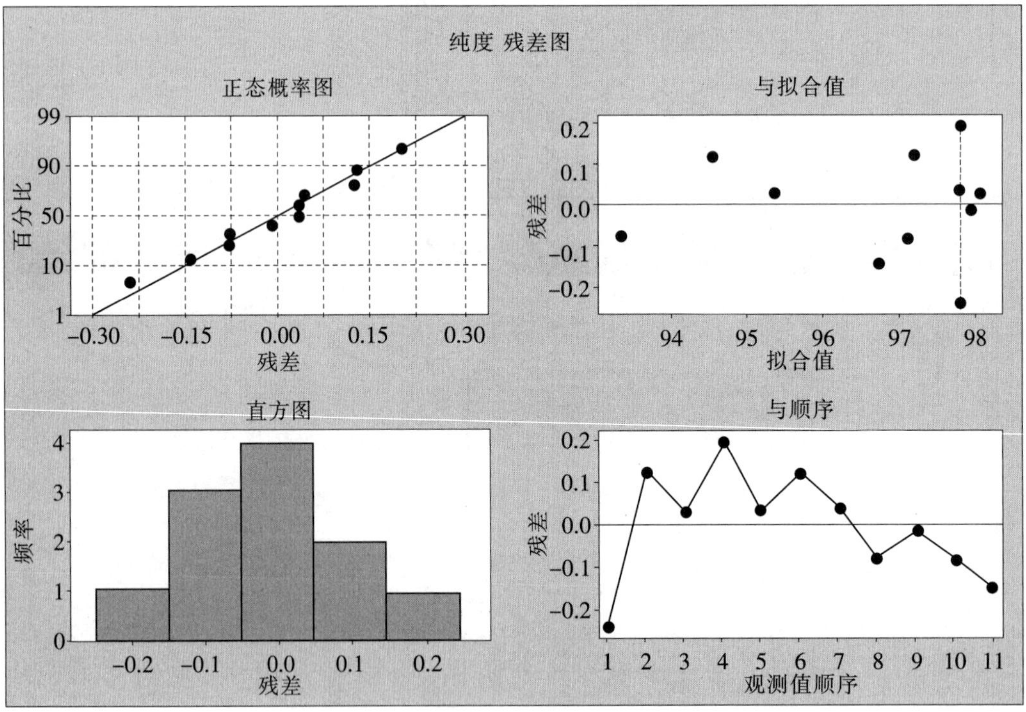

图 13－58　响应曲面设计的四合一残差分析图

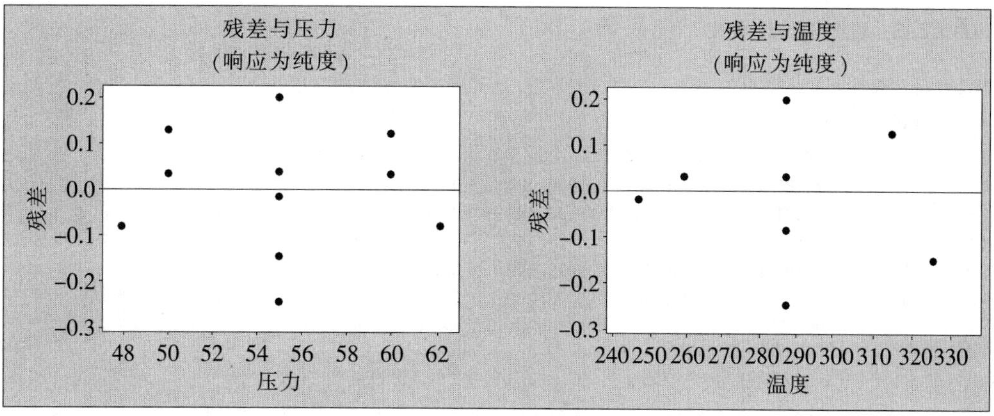

图 13-59　残差对于自变量的散点图

第三步：判断模型是否要改进

从残差诊断中看出，模型基本上是好的，没发现残差对自变量的S形或反S形弯曲，因此不需要增加 x 的高阶项。为了确认残差对于预测值是否没有非齐性，是否要对 y 进行变换，还可以使用宏指令来定量地分析（参见 13.3.3.2 节）。

调用宏指令，格式如下：

```
%boxcoxdoe  C7  M1  6  C21-C60
```

计算结果见图 13-60。

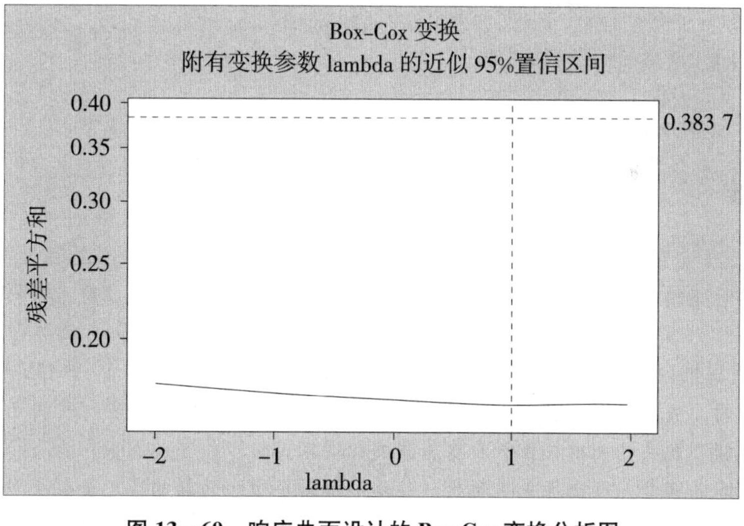

图 13-60　响应曲面设计的 Box-Cox 变换分析图

在 $\lambda=1$ 处，残差平方和曲线落在 95%置信曲线下方，因此说明此例中对于 y 不需要进行变换。

只是在检验各项效应中发现 2 个自变量间的交互效应项不显著，因而改进模型主要是删除此不显著项。因此，实际上又要返回第一步。

新第一步：拟合选定模型

本例中，在重新拟合模型的计算时要删去交互作用项“压力 * 温度”，保留其他项，再次计算所得的结果如下：

响应曲面回归：纯度与压力，温度

分析是使用已编码单位进行的

纯度的估计回归系数

项	系数	系数标准误	T	P
常量	97.780 4	0.096 22	1 016.177	0.000
压力	-1.331 7	0.058 80	-22.647	0.000
温度	-0.428 2	0.058 94	-7.265	0.000
压力*压力	-1.280 6	0.069 70	-18.373	0.000
温度*温度	-0.231 0	0.070 24	-3.289	0.017

S = 0.166 665　　PRESS = 0.546 550

R-Sq = 99.34%　　R-Sq（预测）= 97.85%　　R-Sq（调整）= 98.91%

纯度的方差分析

来源	自由度	Seq SS	Adj SS	Adj MS	F	P
回归	4	25.229 8	25.229 8	6.307 4	227.07	0.000
线性	2	15.712 7	15.712 7	7.856 3	282.83	0.000
压力	1	14.246 4	14.246 4	14.246 4	512.88	0.000
温度	1	1.466 3	1.466 3	1.466 3	52.79	0.000
平方	2	9.517 1	9.517 1	4.758 5	171.31	0.000
压力*压力	1	9.216 6	9.377 2	9.377 2	337.58	0.000
温度*温度	1	0.300 5	0.300 5	0.300 5	10.82	0.017
残差误差	6	0.166 7	0.166 7	0.027 8		
失拟	4	0.067 5	0.067 5	0.016 9	0.34	0.836
纯误差	2	0.099 2	0.099 2	0.049 6		
合计	10	25.396 4				

纯度的估计回归系数，使用未编码单位的数据

项	系数
常量	-59.973 1
压力	5.368 34
温度	0.134 611
压力*压力	-0.051 224 4
温度*温度	-2.567 00E-04

对于这次的计算结果，我们仍用前面介绍过的方法与步骤进行分析。此时观察到下面几处要点：

（1）先看ANOVA表中的总效果。在本例中，对应回归项（Regression）的p值为0.000（即小于0.001），表明应拒绝原假设，即可以判定本模型总的说来是有效的；看ANOVA表中的失拟现象，在本例中，对应失拟项的p值为0.836，其值远比临界值0.05大得多，表明无法拒绝原假设，即可以判定，本模型删去了一项，但并没有造成失拟现象。

（2）看删减后的模型是否比原来有所改进。我们把两个模型计算的多元全相关系数R-Sq和修正的多元全相关系数R-Sq（调整），标准差的估计量S，预测残差平方和（PRESS）及R-Sq（预测）各项值汇总成表13-33。

表13-33　　全模型与删减模型效果比较表

	全模型	变化	删减模型
R-Sq	99.35%	↘	99.34%
R-Sq（调整）	98.70%	↗	98.91%
S	0.181 900	↘	0.166 665
R-Sq（预测）	97.27%	↗	97.85%
PRESS	0.693 667	↘	0.546 550

可以看出，由于模型项数减少了一项，R-Sq 通常会有微小的降低，但关键是看 R-Sq（调整）是否有所提高（本例 R-Sq（调整）是有提高的），S 的值是否有所降低（本例 S 的值由 0.181 9 降为 0.166 7），预测残差平方和（PRESS）是否有所降低（本例由 0.693 667 降为 0.546 55），R-Sq（预测）是否有提高（本例由 97.27%提高到 97.85%）。本例结果证明删除了不显著的交互作用项后回归的效果更好了。

除上述常用结果外，为了获得更精密的数值结果，还可以输出更精确的对于原始数据的回归系数值。

项	系数
常量	−59.973 1
压力	5.368 34
温度	0.134 611
压力 * 压力	−0.051 224 4
温度 * 温度	−2.567 00E-04

由上述数值，可以写出最后确定了的回归方程：

$$y = -59.973\,1 + 5.368\,34\,压力 + 0.134\,611\,温度 - 0.051\,224\,4\,压力^2 - 0.000\,256\,7\,温度^2$$

新第二步：进行残差诊断

没有发现任何不正常情况（详细结果从略），可以确认上述模型为我们最终选定的模型，不用再进行第三步修改模型了。

第四步，对选定模型进行分析解释

本问题是希望纯度越高越好，这里两个平方项系数皆为负，又没有交叉项，可以肯定将可以从回归方程中（令两个偏导数为 0）求得最大值（但不能保证此最大值一定落在原来试验范围内）。在求解前，我们先看一下等值线图及曲面图（见图 13－61）。从图中可以清楚地看到，在原试验范围内确实有个最大值。

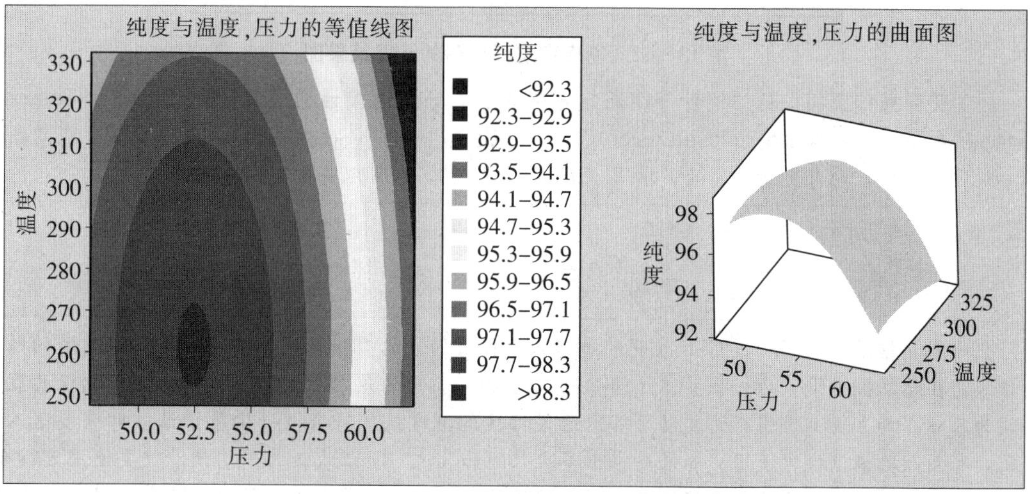

图 13－61　响应变量的等值线及曲面图

利用人工解方程的方法，由于两因子交叉项为 0，可以对两个变量分别求解最大值。由一元二次函数性质知，$y = ax^2 + bx + c$，当 $a < 0$ 时，y 的最大值将位于 $x = -\frac{b}{2a}$ 处，因此也可以得到最优解。当

压力＝5.368 34/(2×0.051 224 4)＝52.4(帕)

温度＝0.134 611/(2×0.000 256 7)＝262.2(摄氏度)

时，所获得的纯度最高。

计算机也提供了响应优化器，可直接获得最优解。从“统计＞DOE＞响应曲面＞响应优化器(Stat＞DOE＞Response Surface＞Response Surface Optimizer)”入口，选定“响应（Response)”为“纯度”，在“设置”中，选定“目标”是“望大”，“下限”填写为“80”，“望目”填写为“100”，则可以得到图13-62，这里为计算方便，对自变量只保留了一位小数。结果与手算结果相同，纯度将达到98.325。这个结果比我们已经做过的试验中最好的结果（98.08）还要好些。

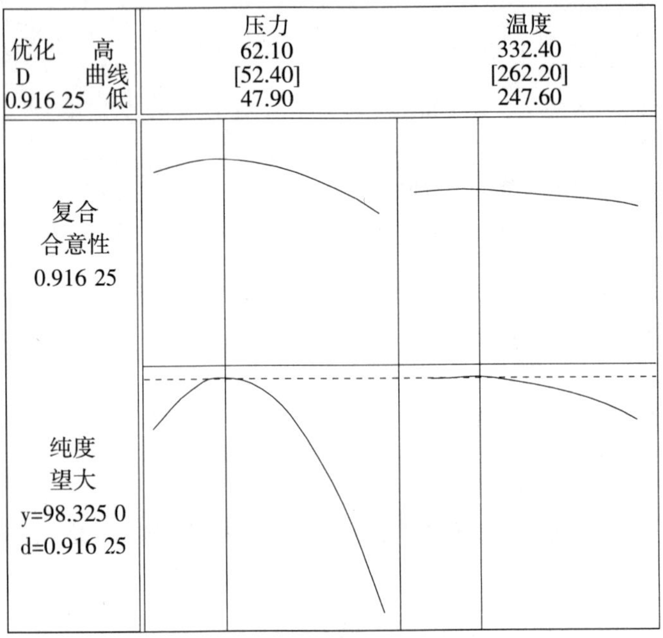

图13-62 响应变量优化器的计算结果图

为了获得置信区间，从“统计＞DOE＞响应曲面＞分析响应曲面设计（Stat＞DOE＞Response Surface＞Analyze Response Surface Design)”入口，选定“响应（Response)”为“纯度”，在“预测(Prediction)”中，在自变量设置处，填写“52.4，262.2”，则可以得到下列结果：

根据该模型在新设计点处对纯度的预测响应

点	拟合值	拟合值标准误	95% 置信区间	95% 预测区间
1	98.325 0	0.085 913 9	(98.114 8, 98.535 3)	(97.866 2, 98.783 9)

前一个置信区间（95.0% CI）表明的是回归方程上的点的置信区间，此值可以作为改进的结果的预报写在总结报告中。后一个置信区间（95.0% PI）表明的是以上述回归方程上的预测值的置信区间为基础，加上观测值固有的波动所给出的置信区间，这就是将来做一次验证试验时将要落入的范围，可供做验证试验时使用。如果要求出多次（例如3次）验证试验的平均值，就要使用宏指令，这里有件事情要注意，那就是要确认自己所存储的设计矩阵究竟是已编码数据还是未编码（即原始）数据。如果在进行分析时使用的是代码数据，存储的设计矩阵也是编码后的数据，最优设置值也应该是已编码的数据；如果求最优设置时对自变量常使用的是原始数据，则要对原始数据的设计矩阵再存一次才能使用。设M1，M2分别是全模型（6个自变量）及删减模型（5个自变量）的编码数据设计矩阵，M3是原始数据5个自变量的设计矩阵，则调用宏指令应该是：

%ypred C7 M3 5 3 C8

得到最终结果为：

```
m次验证试验均值的95%置信区间
m=3.0
模型的均方误 (MSE) =0.027 777
95%置信区间下界=98.009 4
95%置信区间上界=98.640 7
```

13.5.4 多响应曲面设计的最优分析

前面各节讨论响应曲面分析仅限于单个响应变量的问题。实际工作中常遇到要同时考虑多个响应变量的情况，例如希望断裂强度越大越好，同时希望厚度越小越好；希望质量水平越高越好，但同时希望成本越低越好；等等。如何同时考虑多项指标是个很复杂的课题。这里有两种思路：一种是设法将多个指标用某种方式结合成某个综合的单指标，仍将问题化为单指标来考虑；另一种思路则是设法直接处理多指标问题。本节将只讨论后一种思路。下面通过一个例题阐明解决这类问题的具体方法，结合 MINITAB 软件提供的两个窗口来具体实现最优化。我们先讨论一个实际问题。

例 13－19

验血校正试验。本问题是要求同时考虑 4 项响应指标：

(1) 吸收 (absorb)，要求：≤61.85，希望越小越好。

(2) 模糊 (blanking)，要求：≥300。

(3) 比率 (ratio)，要求：介于 0.4～0.5 之间。

(4) 分离 (separation)，要求：≥200。

影响这几项指标的自变量有 2 个：

A：抗体 (antibody)，取值要在 (10，40) 之内。

B：试剂 (reagent)，取值要在 (20，50) 之内。

由于自变量范围明确不能超越，因此安排了 CCI (中心复合有界设计)，试验费用昂贵，中心点只安排了 2 次，试验结果如下 (见表 13－34) (数据文件：DOE_验血 (多响应) .MTW)。

表 13－34　　验血校正试验数据表

标准序	运行序	区组	点类型	抗体	试剂	吸收	模糊	比率	分离
1	8	1	1	14.393 4	24.393 4	61.76	199	0.68	200
2	2	1	1	35.606 6	24.393 4	61.91	398	0.06	291
3	5	1	1	14.393 4	45.606 6	61.95	278	0.79	268
4	3	1	1	35.606 6	45.606 6	62.18	530	0.00	368
5	10	1	−1	10.000 0	35.000 0	61.78	85	0.89	80
6	6	1	−1	40.000 0	35.000 0	62.07	435	0.03	243
7	9	1	−1	25.000 0	20.000 0	61.78	310	0.24	291
8	7	1	−1	25.000 0	50.000 0	62.16	541	0.50	479
9	4	1	0	25.000 0	35.000 0	62.03	485	0.38	432
10	1	1	0	25.000 0	35.000 0	62.01	488	0.37	430

希望能找到满足所有要求条件且吸收越小越好的最佳因子设置。

解　先对这 4 个响应变量分别进行响应曲面设计分析，观察对于各响应变量有显著影响的自变量项 (当然它们不全相同)，取这些变量的全部：A，B，AA，BB，AB。

多响应变量的优化有两个工具可以使用：重叠等值线图及响应优化器。

重叠等值线图（Overlaid Contour Plot）就是对于选定的自变量区域，将多个响应变量的取值等值线画在同一张图内，这便于观察同时满足多项要求的状况。从“统计>DOE > 响应曲面 > 重叠等值线图（Stat > DOE >Response Surface > Overlaid Contour Plot)”入口（界面见图13-63中左图)，选定“响应（Response)”为全部4个响应变量；打开“等值线（Contour)”窗口（界面见图13-63中右图)，在各响应变量设置处，填写各自范围。对于只有“≤”者，将其上界值写入“高”，将自己任意选的低值写入“低”；对于只有“≥”者，将其下界值写入“低”，将自己任意选的高值写入“高”；对于同时有“≤”及“≥”者，将其下界值写入“低”，将其上界值写入“高”。这样就可以得到重叠等值线图结果（见图13-64）。

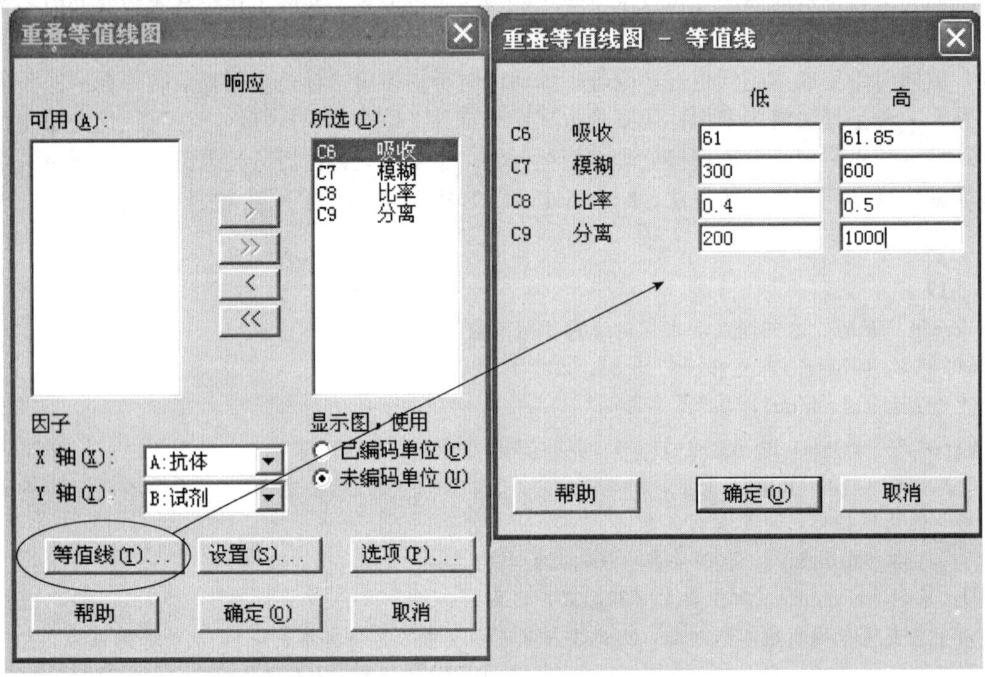

图 13-63　多响应变量重叠等值线图操作

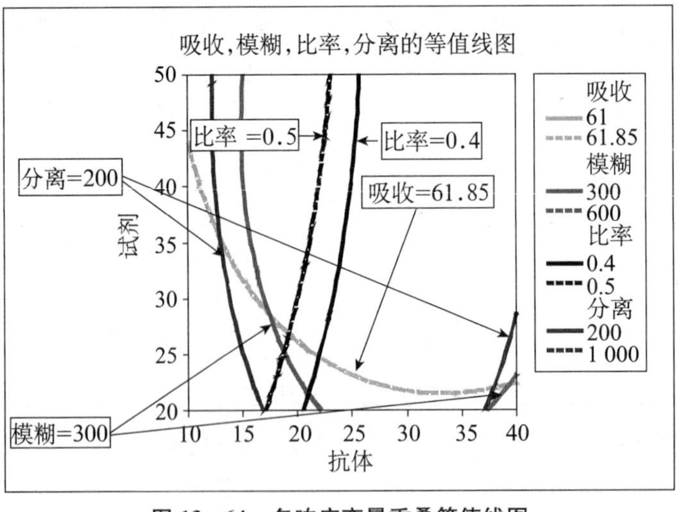

图 13-64　多响应变量重叠等值线图

在重叠等值线图中，所有带阴影的区域都是“不可行区域”，中间左下方有个白色“可行域”。如果输入“响应（Response）”时，逐个填写响应变量，则在打开“等值线（Contour）”窗口（界面见图 13－63 中右图）后，逐个填写各自范围，可以看到等值线的个数逐渐增多，填充导致可行域逐渐缩小的过程。

为了寻求最优设置，我们可以用工具“十字线”协助。对准图形点鼠标右键，找到“十字线”；或从工具栏中点击“十字线”，即可以产生能自由移动的十字线（见图 13－65）。在移动十字线时，计算机在界面左上角自动跳出“坐标窗”显示十字线位置及各响应变量的数值。从本例来看，希望吸收越小越好，则应该让“比率”尽可能接近下限 0.4，让“模糊”也尽可能接近下限 300，即应当将十字线尽可能靠近此二线的交点处（菱形的最下角）。这样，“吸收”就尽可能地小了，可以达到 61.789。

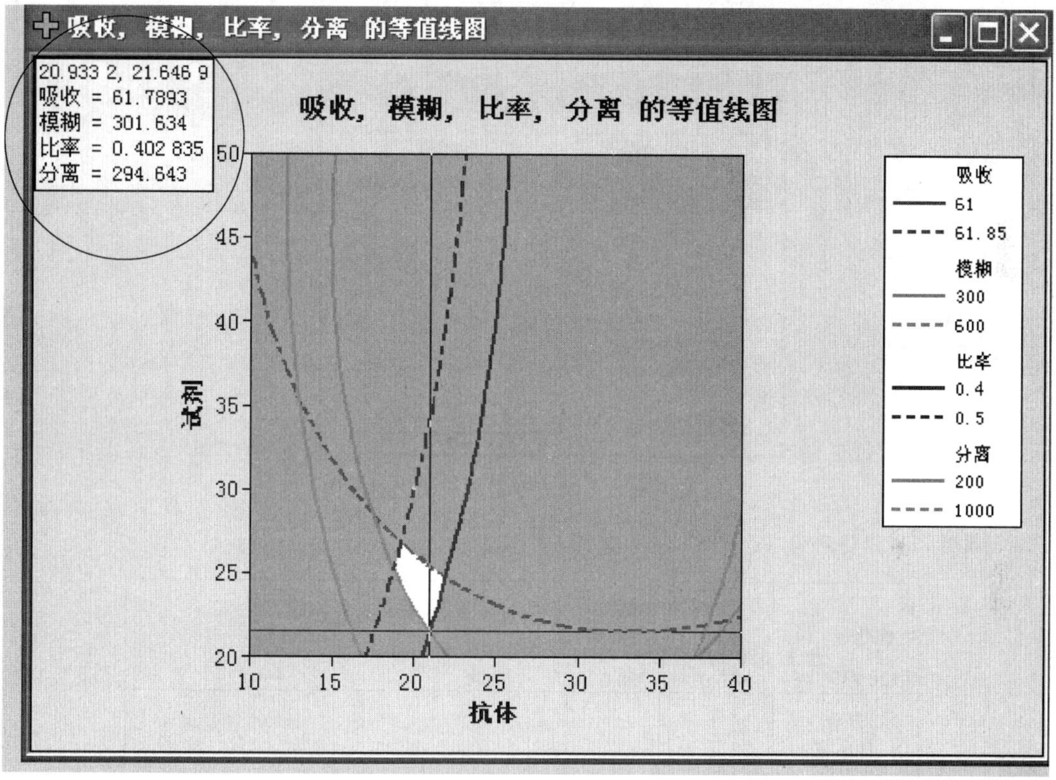

图 13－65　多响应变量重叠等值线中的十字线

多响应变量的优化还有一个工具可以使用：响应优化器（Response Optimizer）。

响应优化器可以同时处理多个响应变量的优化设置选择问题。从“统计 > DOE > 响应曲面 > 响应优化器（Stat > DOE > Response Surface > Response Optimizer）”入口（界面见图 13－66 中左上），选定“响应（Response）”为全部 4 个响应变量；打开“设置（Setup）”窗口（界面见图 13－66 中右上），在各响应变量设置处，填写各自优化目标。对于只有“≤”者，将其目标写为“望小”，上界值写入“上限”，将自己任意选的低值写入“望目”，“下限”空白；对于只有“≥”者，将其目标写为“望大”，下界值写入“下限”，将自己任意选的高值写入“望目”，“上限”空白。由于多个响应变量选优问题可能很复杂，计算机要先找到“初始值”作为出发点，如果搜索几次都不能满足所设要求时，计算机会“自动罢工”而无任何有意义的成果输出。为此，我们要打开“选项（Options）”，输入一个“可行点”（不一定很准确），然后计算机就可以开始正常的“选优”计算了。在本例中，我们将因子 A（抗体）设为 21，将因子 B（试剂）设为 21.5，就可以计算了。

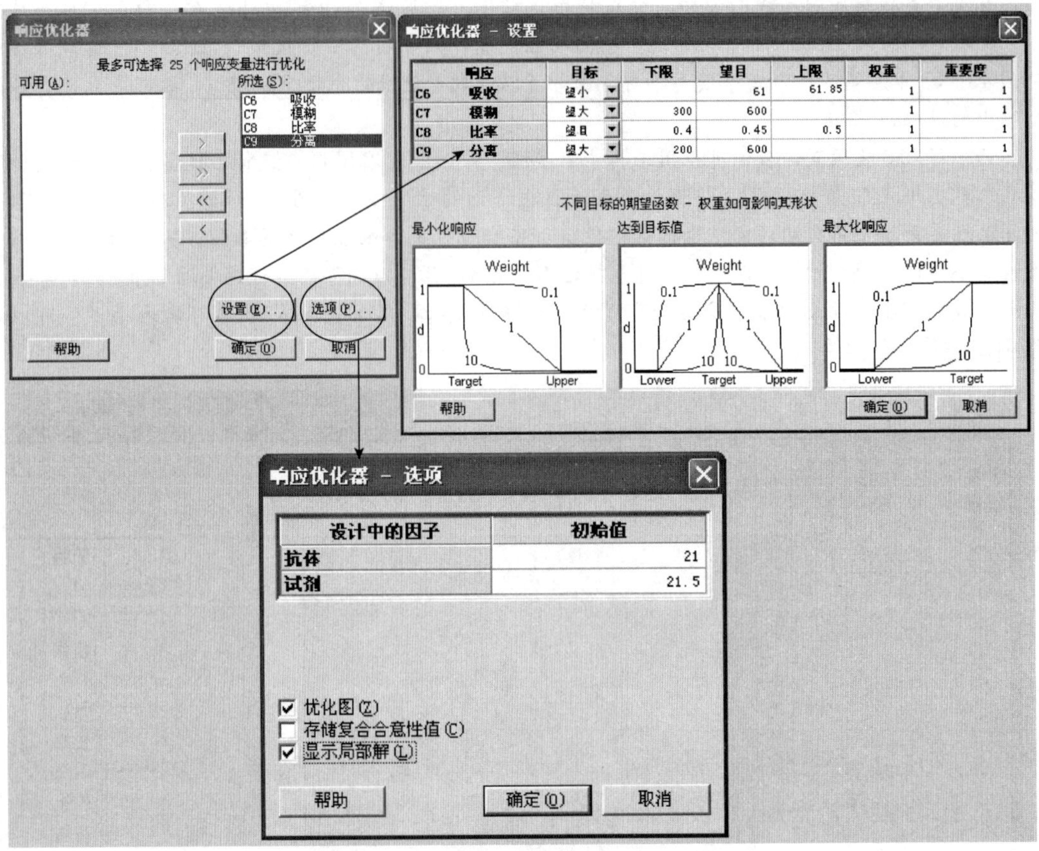

图 13-66　多响应变量响应优化器操作

计算后，可以得到响应最优化结果，见图 13-67。

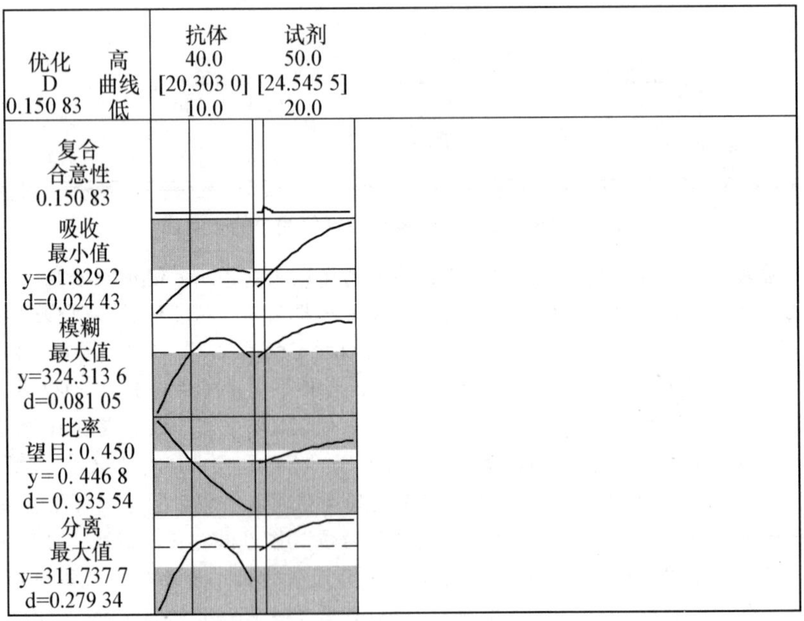

图 13-67　多响应变量响应优化结果

但是，上述结果很显然并不令人满意。如果调整“重要性”，将“吸收”的“重要性”提高到10，其余三项的“重要性”降为0.1，则结果能达到比重叠等值线更好（其实是更精确）的结果（见图13-68）。设置为：因子A（抗体）设为20.990 3，因子B（试剂）设为21.515 2，吸收可以降低到61.787 7。

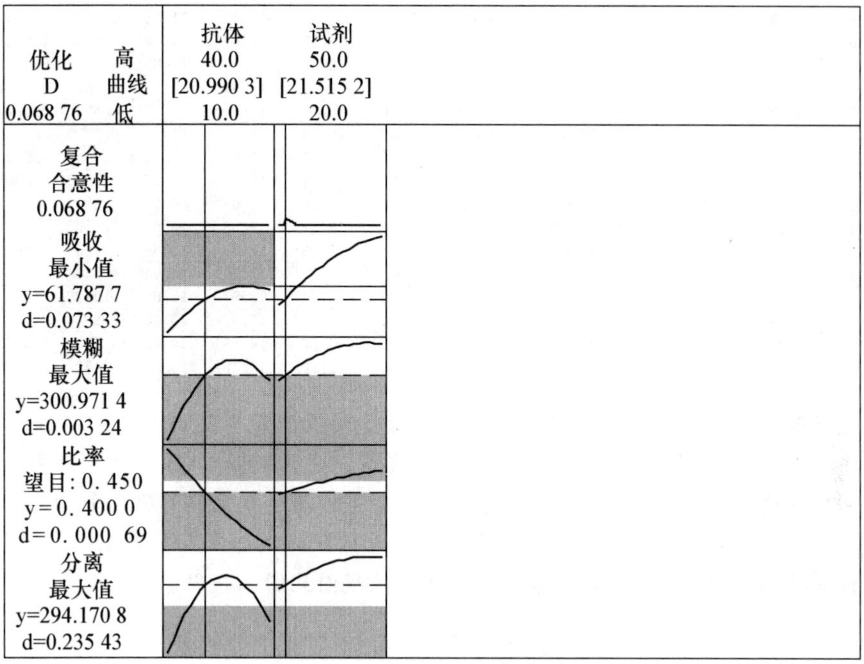

图13-68　多响应变量响应优化结果

我们在前面已经说过，在处理多响应变量的优化问题时有两个工具可以使用：重叠等值线图及响应优化器。从这个例子可以看出应用重叠等值线图显得直观、方便，但实际上，每张等值线图只是针对两个自变量时绘制的，多个自变量时必须要同时考虑多张重叠等值线图，这样一来，重叠等值线图实际上只在仅有两个自变量时才特别有效，变量一多，应用很不方便。下面我们就举例说明这种多自变量的情况，同时，此例也是对于解决望目特性问题的介绍。

例13-20

黏接膏体黏接力试验。不干胶黏接广泛应用于实际工作中。有时，对于黏接膏体黏接力并非希望一定最大，而是希望与某个理想值最接近（有一定的黏度又容易撕开，且不同的被包装物及不同的使用条件对理想值的要求也不相同）。本题是要求黏接力达到一个理想值，同时希望黏接力的波动最小。

影响黏接膏体黏接力的因子有三个。因子A为酚醛树脂含量；因子B为甲醛硝钠含量；因子C是反应温度。响应变量为黏接力，按每个搭配条件重复进行3次试验。试验是在最优区域内的CCI试验，因子A（酚醛树脂含量）取值为32%～36%；因子B（甲醛消钠含量）取值为1.6%～1.8%；因子C是反应温度（120摄氏度～160摄氏度）。由于自变量范围明确不能超越，因此安排了CCI（中心复合有界设计），按Box响应曲面设计的经典设计，中心点安排了6次，试验结果见表13-35（数据文件：DOE_黏合剂（多响应）.MTW）。

表 13-35　　　　黏合剂试验数据表

	标准序	运行序	PtType	区组	A	B	C	Y1	Y2	Y3	Ybar	S	R
1	1	19	1	1	32.8108	1.64054	128.108	12.28	11.20	10.30	11.2600	0.99136	1.98
2	2	9	1	1	35.1892	1.64054	128.108	12.08	13.24	12.24	12.5200	0.62865	1.16
3	3	8	1	1	32.8108	1.75946	128.108	9.70	10.42	12.22	10.7800	1.29800	2.52
4	4	6	1	1	35.1892	1.75946	128.108	7.54	8.62	7.90	8.0200	0.54991	1.08
5	5	3	1	1	32.8108	1.64054	151.892	10.52	11.62	11.48	11.2067	0.59878	1.10
6	6	10	1	1	35.1892	1.64054	151.892	12.32	11.96	14.34	12.8733	1.28286	2.38
7	7	13	1	1	32.8108	1.75946	151.892	12.12	12.56	13.02	12.5667	0.45004	0.90
8	8	11	1	1	35.1892	1.75946	151.892	10.64	11.50	12.08	11.4067	0.72452	1.44
9	9	18	-1	1	32.0000	1.70000	140.000	10.78	11.32	9.70	10.6000	0.82486	1.62
10	10	14	-1	1	36.0000	1.70000	140.000	10.94	9.82	11.44	10.7333	0.82954	1.62
11	11	5	-1	1	34.0000	1.60000	140.000	10.30	11.42	12.44	11.3867	1.07039	2.14
12	12	15	-1	1	34.0000	1.80000	140.000	9.64	10.42	9.16	9.7400	0.63592	1.26
13	13	2	-1	1	34.0000	1.70000	120.000	11.60	11.92	10.24	11.2533	0.89204	1.68
14	14	17	-1	1	34.0000	1.70000	160.000	12.72	12.88	11.64	12.4133	0.67449	1.24
15	15	1	0	1	34.0000	1.70000	140.000	13.36	14.28	13.66	13.7667	0.46918	0.92
16	16	16	0	1	34.0000	1.70000	140.000	13.76	14.74	14.54	14.3467	0.51782	0.98
17	17	4	0	1	34.0000	1.70000	140.000	14.34	13.96	13.64	13.9800	0.35043	0.70
18	18	7	0	1	34.0000	1.70000	140.000	13.02	13.74	13.80	13.5200	0.43405	0.78
19	19	20	0	1	34.0000	1.70000	140.000	14.08	14.68	14.22	14.3267	0.31390	0.60
20	20	12	0	1	34.0000	1.70000	140.000	12.86	12.40	13.08	12.7800	0.34699	0.68

希望能找到在平均黏合力为 13.5kg 时，波动最小的最佳因子设置。

解　先求出 3 次试验结果的均值 *Ybar* 和标准差 *S*。对于 *Ybar* 和 *S* 分别进行响应曲面设计的分析，发现这两个响应变量所含各个因子、它们的平方项、交互作用项几乎都是显著的（只有 *Ybar* 中的 *AC* 项不显著）。先对 *Ybar* 的取值状况进行分析，绘制其等值线图，发现在设计区域内在设计的中心点附近确实可以有最大值。其等值线图见图 13-69。

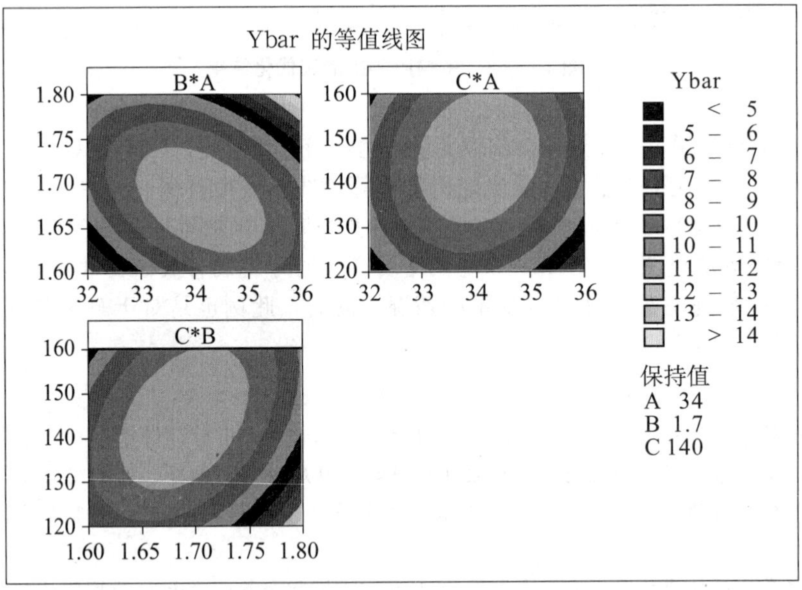

图 13-69　黏合剂试验的多响应变量等值线图

由于自变量有 3 个，分 3 组，每次只讨论 2 个自变量，如果要求最优值（特别是同时求出 2 个响应变量的最优值）是很麻烦的事，因为确实很难同时看到未选入的那个自变量变化后的状况。我们改为直接使用响应曲面的优化器，操作如图 13-70 所示。

其计算结果见图 13-71。

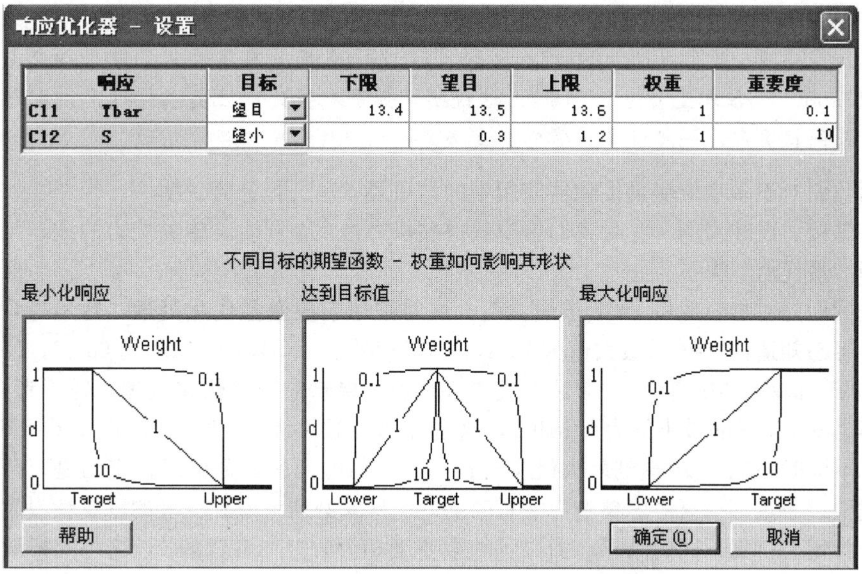

图 13-70　黏合剂试验的优化器使用图

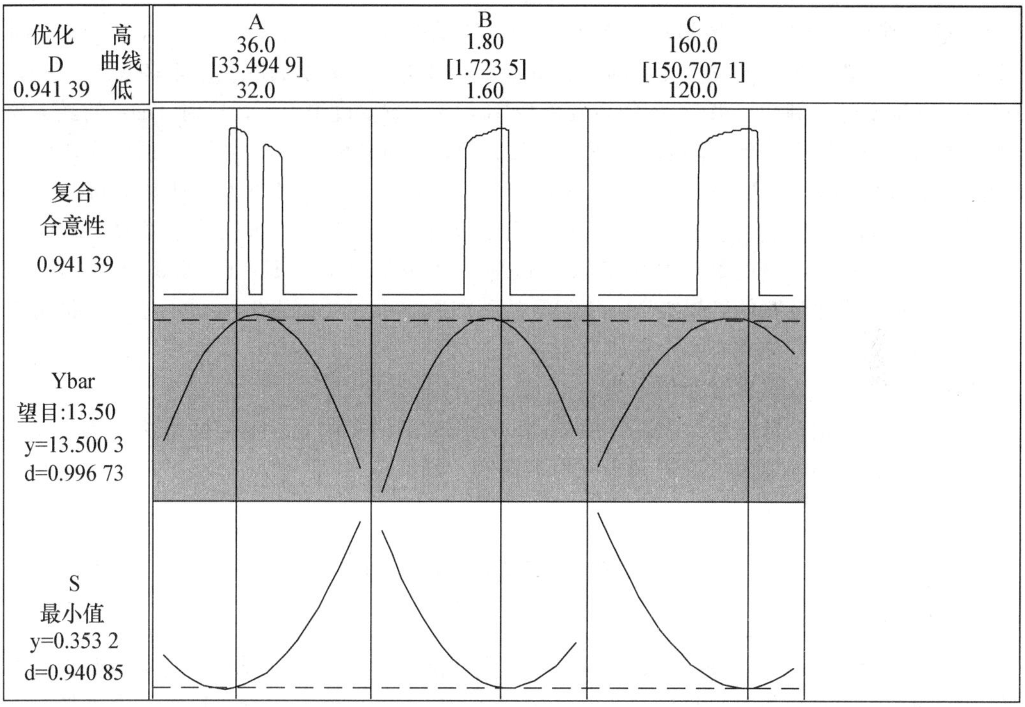

图 13-71　黏合剂试验的优化结果图

对于望目特性的响应变量选优的问题，可以将望目值设为目标，然后指定某种精度就可以计算了。我们先取的是 *Ybar* 的限制，为（13.4，13.6）。这时我们得到，在 $A=33.4949$，$B=1.7235$，$C=150.707$ 时，*Ybar* 可以达到 13.500 3，*S* 可以小至 0.353 2。但我们不要满足于这个结果。如果我们在使用响应曲面优化器时，将图 13-70 中响应变量的取值要求稍加改动，将 *Ybar* 的限制由（13.4，13.6）改为（13.49，13.51），则 *Ybar* 可以达到 13.502 6，*S* 可以更小至 0.352 7，这比上述结果更好。如此说来，是否对于望目特性的响应变量都可以用缩小其允许范围而得到改进呢？显然不是，如果我们在使用响应曲面优化器时，将 *Ybar* 的限制由（13.49，13.51）改为（13.499，13.501），则 *Ybar* 表面上有些改变，但 *S* 却变大了：这时 *Ybar* 为 13.500 0，*S* 却变大为 0.513 4。这说明，如果对望目特性要求得过严，则满足此条件的自变量范围将更窄，一般说来 *S* 常常会变差。

下面我们对于多响应变量优化器使用中的“重要度”进行补充说明。

仍以黏接力设计为例，有时我们希望获得黏接力最大，同时希望黏接力的波动最小，这时如何选择“最优值”呢？

首先我们先对响应变量 *Ybar* 求最大值。这时**按单响应变量优化处理**，暂不考虑标准差 *S* 的问题。容易知道，*Ybar* 的最大值为 13.930 2，这是在 $A=34.101$，$B=1.688\ 9$，$C=144.646\ 5$ 时得到的。如果对响应变量 *S* 求最小值，这时仍**按单响应变量优化处理**，暂不考虑 *Ybar* 的问题，容易知道，*S* 的最小值为 0.319 2，这是在 $A=32.444\ 4$，$B=1.731\ 3$，$C=160.0$ 时得到的。如果同时考虑 *Ybar* 达到最大值及 *S* 达到最小值的问题，则可以肯定的是，两者所能达到的最优值都一定不如只考虑单响应变量时的好。这时必须考虑到二者的重要性设置，对于不同的设置肯定会得到不同的结果。当二者的重要度相等时（二者皆取 1，这与同样取别的值结果是相同的），从图 13－69 我们可以知道，*Ybar* 可以取到 14 左右，那我们就把 *Ybar* 下限设为 13，目标设为 15 来求最大值，*S* 仍然上限设为 1.2，目标设为 0.3 来求最小值。这样可以得到 *Ybar* 的最大值为 13.913，*S* 的最小值为 0.414 4，这是在 $A=34.0$，$B=1.694\ 9$，$C=144.242\ 4$ 时得到的。当二者的重要度发生变化时（在 MINITAB 中，重要度的取值限定在 0.1～10），则最优值会发生变化。例如，当 *Ybar* 的重要度取 10，*S* 的重要度取 0.1，这时 *Ybar* 的最大值为 13.930 2，已经取到了按单响应变量考虑时的最大值，*S* 的最小值为 0.444 2，远高于单响应变量时的最小值 0.319 2，这是在 $A=34.101\ 0$，$B=1.688\ 9$，$C=144.646\ 5$ 时得到的；当 *Ybar* 的重要度取 0.1，*S* 的重要度取 10，这时 *Ybar* 的最大值为 13.313 8，*S* 的最小值为 0.345 0，比重要度取 0.1 时更接近 *S* 的最小值 0.319 2，这是在 $A=33.292\ 9$，$B=1.725\ 3$，$C=151.515\ 2$ 时得到的。本段优化计算的结果在 MINITAB 的不同版本中或初始设置有微小差异时都可能导致计算结果与书中所列结果有微小差别，但这无关大局，读者只需体会重要度在优化过程中所起的作用即可，不必太过在意数值本身。

总之，当自变量个数超过 2 时，等值线图的应用受到诸多限制，响应变量优化器则显示出很大的威力，按不同的要求可以得到不同标准下的“最优点”。

13.6 稳健参数设计

稳健参数设计（robust parameter design）（也称健壮设计、鲁棒设计，简称参数设计）是工程实际问题中很有价值的统计方法。它通过选择可控因子的水平组合来减少一个系统（或产品、过程）对噪声变化的敏感性，从而达到减少此系统性能波动的目的。大家知道，过程的输入变量（因子）有两类：**可控因子**（control factor）和**噪声因子**（noise factor）。可控因子是指其值一旦选定就保持不变的变量，它包括产品或生产过程设计中的设计参数，而噪声因子是在正常条件下难以控制的变量。我们在做参数设计时，就是把可控因子的设置当作研究的主要对象，与此同时让噪声因子**按照设定的计划从而系统地改变其水平**的方法来表示正常条件下的变化，最终按照我们预定的望大、望小或望目的目标选出最佳设置。从方法角度而言，稳健参数设计可以使用**乘积表**（cross array）（即内外表“相乘”）和**单一表**（single array）（两类因子排在同一张表内）两种方法。从建模策略而言，我们可以使用相应的**位置-散度分别建模**和**响应统一建模**两种建模策略。田口玄一博士在参数设计方法方面贡献突出，他在设计中引进SN比（信噪比）的概念，并以此作为评价参数组合优劣的一种测度，这是很有价值的，甚至很多文献和软件都把稳健参数设计方法称为田口设计（Taguchi design）。

上述讨论到的响应变量都只限于一个。在我们所研究的系统中，这个响应变量有特定的最佳值（望大、望小或望目），而且这个最佳值是不变的，这类响应称为**简单响应**（simple response），这类系统称为**简单响应系统**（simple response system）。在更复杂的系统中，响应变量显著地依赖于一个有效的信号因子，这个系统称为**信号-响应系统**（signal-response system）。例如，我们研究自动车床生产质量问题，其重要指标就是加工出的零件直径的波动性。如果限定此零件直径是50mm，则可以将其生产工艺条件设计看成是有望目特性的稳健参数设计问题，波动越小越好，这里把生产的零件直径看成是简单响应。但实际上，零件直径是由切削深度决定的，我们可以对切削深度加以控制，不同的切削深度会生产出不同直径的产品。我们希望的是各种直径零件的波动性都能很小。这里，切削深度就是个**信号因子**（signal factor），整个生产过程就是用切削深度与零件直径间的信号-响应关系来刻画的，仔细研究这种关系将比简单的望目特性研究要深入得多、复杂得多。在田口方法的术语中，简单响应关系被称为是**静态**（static）特性的，对应的参数设计问题被称为**静态参数设计**（static parameter design）。信号-响应关系被称为是有**动态**（dynamic）特性的，对应的参数设计问题被称为**动态参数设计**（dynamic parameter design）。本书将在13.6.1节讨论一般的稳健参数设计模型，在13.6.2节讨论不含信号因子的静态稳健参数设计的计划问题，在13.6.3节中通过一个具体例题介绍静态稳健参数设计的分析方法，在13.6.4节通过一个具体例题讨论含信号因子的动态稳健参数设计问题。

13.6.1 稳健参数设计的模型

产品性能指标除了受可控因子的影响，还受到噪声因子的影响。一般的试验设计对误差的分析比较笼统，全都归为随机误差或试验误差。但我们在稳健参数设计中，为了能达到产品或过程的稳健性，一定要细致地分析这些变差是如何形成的。首先要明确噪声因子的具体状况，对噪声因子的状况进行细致的分析，然后才能予以准确描述进而设法在试验中反映这些变差，最后讨论如何通过稳健参数设计实现我们相应地控制这些变差的目标。

13.6.1.1 噪声因子的进一步分析

噪声因子就是在正常生产过程或使用条件下难以控制的因子，我们在本章中将不区分“噪声”与“难以控制”。噪声因子可能有很多类型，下面是一些常见的类型。

（1）**参数的变化**。生产过程中的某些要素，由于在试验设计过程中并不发生设置的改变，我们并未将它们设定为可控因子。但在实际工作中，任何参数的控制都不可能完全准确，这就造成了误差。例如，反应罐中的温度很重要，如果要考虑它们变化产生的影响，则可将它处理为可控因子；否则可以设定为常量，但实际上它是有波动的，因此一般情况下要将温度这个参数的波动看成是噪声因子。

（2）**原材料参数的变化**。加工成产品的零部件有其名义值（nominal value），但是其实际值与名义值总会有偏离，这就造成了变异。由于原材料参数通常被我们选定作为可控因子，这类误差所形成的噪声因子也常被称为**“内噪声”**（internal noise）。

（3）**环境的变化**。环境条件对响应变量也会有直接的影响，而我们通常又未将它们放入可控因子范围内，例如手表走时快慢随温度的变化而波动，电视机的清晰度与输入电压的大小有密切关系，很多生产过程与室内条件有关，例如温度（或湿度、静电粒子数、输入电压）等，我们要在稳健参数设计中考虑如何使产品对这些环境的变化不敏感。称这种使用条件和环境条件的波动为外干扰，也称为**外噪声**（external noise）。

（4）**载荷因子**。载荷因子是指产品所承受的外部载荷。例如，洗衣机的设计中要考虑洗衣量的变化，汽车设计要考虑载重量的变化，冰箱设计要考虑开门次数的变化等。

（5）**单元间差异与空间差异**。原料的不同批次、操作工的不同安排、反应炉中的不同位置会有不同温度等，这些差异也造成响应变量的波动。

（6）**时间差异**。时间差异是指一段较短的时间区间内，上下午的差异、同一周内不同的几天产生的差异等。

（7）**耗损降级**（consume degradation）。在一个长时期内，各种条件的缓慢衰变、元器件老化磨损、生物活性降级、材料耗损导致性能的长期变异。要让系统对此类变异更加不敏感。

本章前几节的试验设计中，一般是靠在单元上或在时间上进行重复试验来估计试验误差的大小，试验的最终目的还是针对响应变量本身（例如望大或望小）。而稳健参数设计则把响应变量的**变差**作为研究对象，寻找并识别出直接影响性能变差的变量，这比原来的要求深入了一大步，功能也大为扩充。

13.6.1.2 试验与建模的策略

响应变量的变差如何才能减小呢？很自然的想法是，通过减小噪声的变差来实现减小响应变量的变差，但这通常要付出较高的经济代价。稳健参数设计则是更好的一种策略选择。这种策略是通过探索可控因子与噪声因子间的交互作用，从而用改变可控因子的水平组合的办法来减小响应变量的变差。因为可控因子通常易于改变，所以稳健参数设计比直接减小噪声变差更经济、更方便。

我们先举一个简单直观的例子。如果可控因子本身受到噪声的影响而有波动，响应变量与这个可控因子的关系是非线性的，则我们可以选择斜率较小的平坦区域从而使响应变量的变差减小。这样减小变差的方法比直接减小可控因子的噪声波动要便宜得多。其示意图参见图13-72。一般人们是在**系统设计**（system design）选择确定了系统的构造之后，把选择参数的最佳设置以求减小响应变量变差的方法称为**参数设计**（parameter design），再进一步把如何限定可控因子的噪声波动的方法称为**容差设计**（tolerance design）。

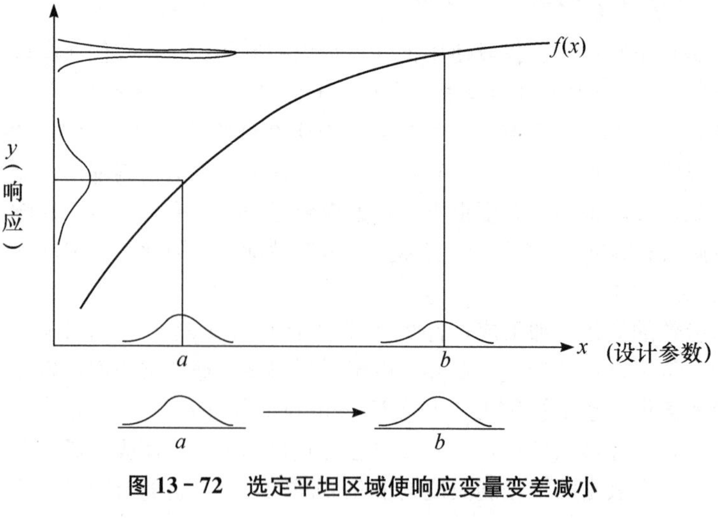

图13-72 选定平坦区域使响应变量变差减小

在稳健参数设计领域，现在公认较好的试验与建模方法有两种不同类型：一种是用乘积表进行位置-散度建模；另一种是用单一表进行响应建模。

用乘积表进行位置与散度建模：为了考察可控因子的不同水平搭配的效果，我们要在一张控制表（control array）中安排这些可控因子，通常用全因子设计或部分因子设计进行，此表也常称为**"内表"**（inter array）。为了考察噪声因子的效应，要对控制表中每个试验条件安排一个噪声表（noise array），此表常称为**"外表"**（outer array）。这样做就相当于控制表中的每个水平组合与噪声表中的所有组合相乘构成一个乘积表（或直积表）。乘积表的示意见表 13－36。记 n_1 和 n_2 分别为控制表及噪声表的试验次数，则乘积表的试验次数为 $n=n_1\times n_2$ 。表 13－36 中的 $n_1=9$，$n_2=8$，表中带"*"的地方表示一次试验，总计要进行 72 次试验。在田口设计术语中，常将乘积表称为内外表（inter-outer array）。

表 13－36　　　　稳健参数设计的乘积表

外表 \ 内表														
				d	−	+	+	−	+	−	−	+		
				c	−	−	−	−	+	+	+	+		
				b	−	−	+	+	−	−	+	+		
				a	−	+	−	+	−	+	−	+		
					1	2	3	4	5	6	7	8		
	A	B	C	D	y1	y2	y3	y4	y5	y6	y7	y8	SN	Ybar
1	1	1	1	1	*	*	*	*	*	*	*	*		
2	1	2	2	2	*	*	*	*	*	*	*	*		
3	1	3	3	3	*	*	*	*	*	*	*	*		
4	2	1	2	3	*	*	*	*	*	*	*	*		
5	2	2	3	1	*	*	*	*	*	*	*	*		
6	2	3	1	2	*	*	*	*	*	*	*	*		
7	3	1	3	2	*	*	*	*	*	*	*	*		
8	3	2	1	3	*	*	*	*	*	*	*	*		
9	3	3	2	1	*	*	*	*	*	*	*	*		

对乘积表试验的数据该怎样建模和分析呢？一个很自然的想法就是对位置和散度分别建模。

位置-散度建模法（location and dispersion modeling）就是分别建立位置和散度的度量值关于可控因子主效应和交互效应的模型。对每个控制水平的组合，用噪声重复试验的样本均值 $\bar{y}$ 作为位置的度量，用样本方差的对数 $\ln S^2$ 或样本方差 S^2 本身作为散度的度量。对这两种度量，分别找出对它们有显著影响的因子。

凡对位置度量有显著影响者，称为**位置因子**（location factor）。

凡对散度度量有显著影响者，称为**散度因子**（dispersion factor）。

是位置因子但又非散度因子者，称为**调节因子**（adjustment factor）。

这三者的关系可以参看示意图（见图 13－73）。

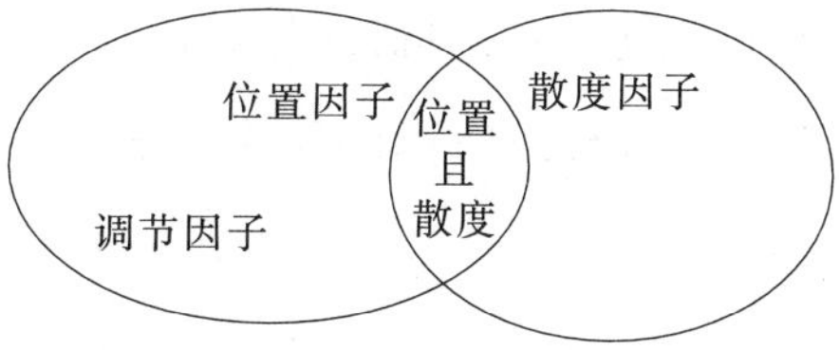

图 13－73　因子分类示意图

对于**望目型**问题，解决问题的两步程序是：

(1) 选择散度因子的水平使散度最小化。

(2) 选择调节因子的水平使位置达到目标值。

在第二步中，若只使用一个调节因子仍不足以使位置达到目标值，则可能使用两个或多个调节因子来达到目的。若没有调节因子存在，只能使用同时仍是散度因子的位置因子，这时候，有可能当位置调整到目标时散度却增大了，这就需要重新调整散度因子，并且要在上述两步间进行迭代。如果第二步总也不能使位置达到目标值而且偏差明显，第一步得到的结果可能要推翻重来。甚至仅用这两步法根本就找不到可控因子的最佳水平组合。

对于**望大**或**望小**型问题，解决问题的两步程序是：

(1) 选择位置因子的水平使位置达到最大（小）。

(2) 选择非位置因子的散度因子的水平使散度最小化。

之所以可以使用位置-散度建模法解决稳健参数设计问题，是因为在乘积表中，我们对于位置和散度的度量都是在相同的噪声表中进行的，位置（或散度）度量间的任何差异都可以归因于可控因子水平的组合。因此，乘积表的使用自然会导致使用位置-散度建模法来寻求最优解。

13.6.1.3 位置及散度的度量

取什么指标作为位置及散度的度量是最好的呢？前面所说的样本均值及样本方差是常见的选择，但响应变量优化的目标可能有望大、望小和望目三种形式，统一使用“信噪比”及“灵敏度”是田口玄一提出的建议之一。粗略说来，对于望大、望小和望目三种形式，用不同的公式来定义信噪比后，位置-散度建模法优化步骤的第一步都可以归结为信噪比极大化，第二步再根据不同的目标选不同的因子予以调节，不一定都选“灵敏度”做指标。下面给出不同特性情况下的**信噪比**（signal to noise ratio，SN ratio）定义。

1. 望目特性信噪比

望目特性的信噪比与变异系数有着密切的关系。

设望目特性随机变量为 y，它的期望值为 μ，方差为 σ^2，目标值为 m。对于望目特性 y 来说，我们希望：

(1) $\mu=m$。

(2) σ^2 越小越好。

在概率论中，常用变异系数 $\gamma=\frac{\sigma}{|\mu|}$ 作为随机变量的离散性指标，则变异系数 γ 越小说明随机变量（质量特性）可能值的密集程度越高。变异系数的优点是既考虑了标准差 σ 的影响，又考虑了期望值 μ 的影响。如果把标准差理解为绝对误差，则变异系数代表相对误差。

望目特性信噪比定义如下：

$$\eta=\frac{\mu^2}{\sigma^2} \tag{13-35}$$

可见，望目特性信噪比 η 等于信号 μ^2 与噪声 σ^2 之比，也就是变异系数平方的倒数。因此，η 是随机变量的一个关于变异性的优良指标，其值越大越好。

η 的分子 μ^2 的估计 $\hat{\mu}^2$ 由 $\hat{\mu}^2=\frac{1}{n}(S_m-V_e)$ 确定，分母 σ^2 由

$$V_e=\frac{1}{n-1}\sum_{i=1}^{n}(y_i-\bar{y})^2 \tag{13-36}$$

确定，因此有

$$\hat{\eta}=\frac{\hat{\mu}^2}{\hat{\sigma}^2}=\frac{\frac{1}{n}(S_m-V_e)}{V_e} \tag{13-37}$$

在实际计算时，通常将估计 $\hat{\eta}$ 取常用对数再乘以 10 化为分贝值。在不致引起混淆的情况下，仍记为 η，即

$$\eta=10\lg\frac{\frac{1}{n}(S_m-V_e)}{V_e}\quad(\mathrm{dB}) \tag{13-38}$$

式中

$$\bar{y}=\frac{1}{n}\sum_{i=1}^{n}y_i \tag{13-39}$$

$$V_e=\frac{1}{n-1}\sum_{i=1}^{n}(y_i-\bar{y})^2 \tag{13-40}$$

$$S_m=n\bar{y}^2 \tag{13-41}$$

有时更简化为：

$$\eta=10\lg\frac{\bar{y}^2}{V_e}\quad(\mathrm{dB}) \tag{13-42}$$

另一种信噪比 η 值的定义是只考虑样本的方差，定义为：

$$\eta=-10\lg V_e\quad(\mathrm{dB}) \tag{13-43}$$

2. 望小特性信噪比

当产品的质量特性 y 为望小特性时，一方面希望其数值越小越好，即等价于希望期望值 μ 的绝对值或 μ^2 越小越好；另一方面，希望 y 的波动越小越好，故相当于希望方差 σ^2 越小越好，也就是 $\mu^2+\sigma^2$ 越小越好，其倒数越大越好。因此，望小特性 y 的信噪比定义如下：

$$\eta=\frac{1}{\mu^2+\sigma^2} \tag{13-44}$$

注意，随机变量 y 的 2 阶原点矩 $E(Y^2)$ 为：

$$E(Y^2)=\mu^2+\sigma^2 \tag{13-45}$$

因此

$$\eta=\frac{1}{E(Y^2)} \tag{13-46}$$

这说明望小特性 y 的信噪比 η 应取 2 阶原点矩 $E(Y^2)$ 的倒数。

2 阶原点矩 $E(Y^2)$ 的无偏估计称为均方值 V_T：

$$V_T=\frac{1}{n}\sum_{i=1}^{n}y_i^2 \tag{13-47}$$

因此，η 的估计公式为：

$$\hat{\eta}=\frac{1}{V_T}=\frac{n}{\sum_{i=1}^{n}y_i^2} \tag{13-48}$$

取常用对数再乘以 10 化为分贝值，仍用 η 来表示，则得到望小特性信噪比的估计公式为：

$$\hat{\eta}=-10\lg\frac{1}{n}\sum_{i=1}^{n}y_i^2\quad(\mathrm{dB}) \tag{13-49}$$

3. 望大特性信噪比

设 y 为望大特性，则 $\frac{1}{y}$ 为望小特性。因此，将望小特性信噪比的估计公式（13-48）中

y_i 变换成 $\frac{1}{y_i}$，可分别得到望大特性信噪比的估计公式：

$$\hat{\eta}=\frac{n}{\sum_{i=1}^{n}\frac{1}{y_i^2}} \tag{13-50}$$

取常用对数再乘以10化为分贝值，仍用 η 来表示，则得到望大特性信噪比的估计公式为：

$$\hat{\eta}=-10\lg\frac{1}{n}\sum_{i=1}^{n}\frac{1}{y_i^2}\quad(\text{dB}) \tag{13-51}$$

以上介绍了用乘积表进行位置-散度建模的方法。这是目前最通用的做法，计算机软件也多按此思路编写程序。但是，位置-散度建模方法也有其缺点，这就是用可控因子建立的位置-散度模型可能会掩盖可控因子与噪声因子之间的某些重要关系，因为我们建立的各项效应分析都只考虑了可控因子本身，噪声因子并没有连同可控因子一起予以考虑，特别是未能考虑二者的交互作用。另外，散度还可能并不是可控因子的线性函数，更有可能是其非线性函数，这些使建立度量散度的模型更加困难。再一点就是，乘积表所用的试验次数实在太多了，因此提出一种全新的设想，即用单一表直接进行响应建模。

在这种**响应建模**（response modeling）方法中，不是计算噪声因子在重复试验上的方差，而是将响应变量 y 拟合为可控因子及噪声因子的函数，将这种拟合模型称为**响应模型**（response model）。安排试验时，也是将可控因子与噪声因子统一排在一张表中，这将大大减少试验次数。其设计及分析用到较多统计知识，本书从略。详细内容可以参看本书参考文献［19］：《试验设计与分析及参数优化》。

13.6.2 静态稳健参数设计的计划

对于实际应用问题，静态稳健参数设计的主要步骤如下。

1. 制定可控因子水平表

同前几节介绍的一般的试验设计一样，首先要确定本问题中的可控因子名单，并确定它们各取多少水平。如果确实需要考虑某些因子间的交互作用，则最好选定所有因子取相同水平的对称正交表（symmetrical orthogonal array），这时交互效应容易得到估计，但水平数受到限制。一般情况下，我们不应特别强调交互作用，可以选用混合水平的非对称正交表（asymmetrical orthogonal array），这使各因子水平数的选择有更多的考虑余地。

2. 制定控制表（或称内设计或内表）

一旦可控因子名单和它们的水平确定下来，就可以选定控制表。全部2水平或全部3水平的全因子试验或部分因子试验都可以使用。例如2水平的L4，L8，L16，L32；3水平的L9，L27等。如果有多种水平的混合，则可以选用L18，L36等设计表。在稳健参数设计时，很少使用全因子试验，而且多采用部分实施不考虑其交互作用，因为这可以在较少次数的试验下考察相当多的因子，这是很经济和有效的。

使用MINITAB软件可以自动形成内表。主要步骤是：从“统计>DOE>田口>创建田口设计（Stat>DOE>Taguchi>Create Taguchi Design）”入口（其界面见图13-74中左侧），根据自己选定的是对称型（各因子水平数相同）设计还是混合型设计，并考虑到可控因子个数，可以先从“显示可用设计（Display Available Design）”中观察和确认自己选定的试验次数是否可行，然后从对话窗“设计（Design）”中选定试验次数。注意这里的圈选框“为动态特性添加信号因子（Add a signal factor for dynamic characteristics）”是针对动态型稳健参数设计问题而给出的，我们在静态问题中先不要管它。在对话窗“因子（Factor）”中，选定因子名称及水平设置。如果有交互作用需要特别设定的话，注意在这里选择按键“交互作用（Interaction）”后，对要考虑的交互作用项名称予以设定，否则一律不考虑交互作用。全部操作完成后，即可输出设计表（即控制表或内表）。

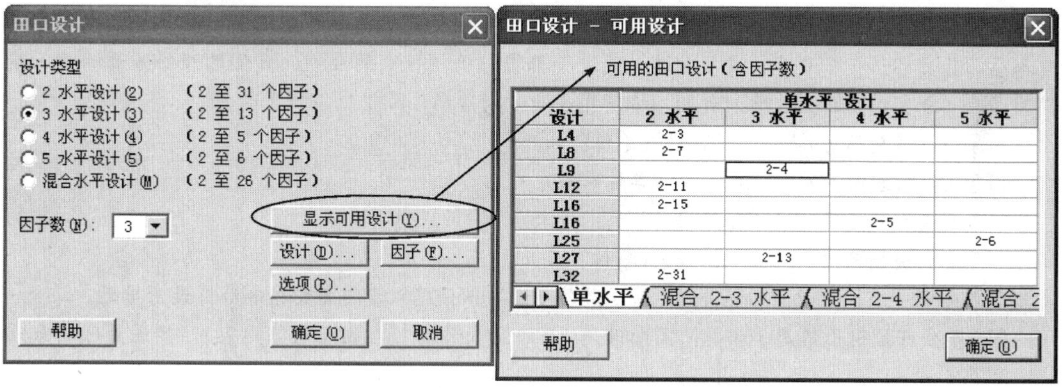

图 13-74　田口设计的可用设计表

3. 制定误差因子水平表

由于误差因子有很多种类型，要仔细分清每种误差的来源，并设定正确的计算公式。例如，可控因子的误差（用相对误差给出）也是应该作为误差因子来对待的，其取值的计算通常依赖于可控因子本身的数值，而环境误差等则常取固定的设定值作为“外噪声”。

4. 制定噪声表（或称外设计或外表）

当误差因子取定后，如何安排噪声表（或称外表）是件非常重要的事。一般情况下，噪声表也采用正交表，因为它可以保证布点“均衡分散”，具有较好的均匀性，这时实施一次噪声表试验相当于在噪声变差范围内实施一次全面模拟试验。而实际上，相当于对内表的每一个试验都要安排一个全面的噪声表。

为了实现对内表的每一个试验都安排一个全面的噪声表，要把内表（控制表）和外表（噪声表）“相乘”，相乘的方法如表 13-36 所示。此表的内表是用 L9 安排 4 个可控因子，每个因子皆取 3 水平。外表是用 L8 安排 4 个误差因子，其中每个因子为 2 水平，按 1/2 实施安排。这样一来，搭配在一起共要做 $9\times8=72$ 次试验。

在用 MINITAB 软件进行稳健参数设计时，并不真正列出乘积表，噪声表（外表）要自己另行安排，其试验结果按顺序填入响应变量的多个列中即可。

能够安排完成全面的乘积表试验当然会得到很好的结果，但噪声因子个数较多或噪声因子水平较多时，试验次数会很大，这时可以用较少次数的试验安排来代替。通常有两种方法可以解决此问题：第一种方法就是**综合误差法**，考虑在噪声表中选择少数几点（通常为 3 点或 4 点）能使误差达到最大的最具代表性的试验结果作为全部试验误差的代表，这就可以大大节省试验次数；第二种方法是第一种方法的特例，就是**最不利综合误差法**，在噪声表中只选 2 点最不利情况（一个是正偏最不利，另一个是负偏最不利）作为全部试验误差的代表，这就使试验总次数更少了。具体如何选择噪声表要根据实际情况慎重确定。

安排好噪声表后，经过试验，将所有试验结果作为响应变量的多个取值并列排在试验表最右侧，就完成了全部的试验实施及数据收集步骤。

13.6.3 静态稳健参数设计实例分析

下面通过例子说明望目类型问题的稳健参数设计的创建及分析方法。

例 13-21

喷塑制成机柜架工艺条件设计问题。喷塑过程的喷入量是喷塑机柜架的关键要求，响应变量是喷入量，其目标值是350克，喷入量过大或过小都将影响机柜架的成型。我们已经知道影响喷入量的因子有4个：喷射压力、喷射时间、喷嘴高度及喷射角度，希望能各取3水平。

因子 A（喷射压力）：12，15，18（单位：帕）

因子 B（喷射时间）：4，4.5，5（单位：秒）

因子 C（喷嘴高度）：1，1.5，2（单位：毫米）

因子 D（喷射角度）：20，22，24（单位：度）

要求分析4个因子效应的显著性，寻求最佳搭配，以使喷入量与目标值350克最为接近。

解 4个可控因子都是3水平，因此选用L9正交表作为可控因子表（内表），其设置代码如表13-37所示。

表 13-37　　3水平正交表 L9

	A	B	C	D
1	1	1	1	1
2	1	2	2	2
3	1	3	3	3
4	2	1	2	3
5	2	2	3	1
6	2	3	1	2
7	3	1	3	2
8	3	2	1	3
9	3	3	2	1

从“统计>DOE>田口>创建田口设计（Stat>DOE>Taguchi>Create Taguchi Design）”入口（其界面见图13-75中左侧）。从对话窗“设计（Design）”中，选定试验次数为“9”（此界面图形从略）。注意其中的圈选框“为动态特征添加信号因子（Add a signal factor for dynamic characteristics）”是针对动态型稳健参数设计问题给出的，在静态问题中先不要管它。在对话窗“因子（Factor）”中（见图13-75中右侧），选定因子名称及水平设置。全部操作完成后即可输出设计表，结果见表13-38。

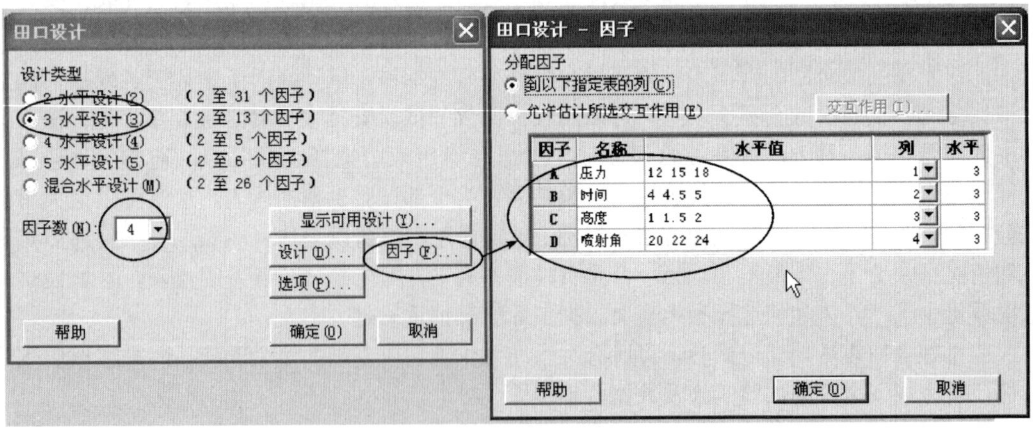

图 13-75　田口设计的创建设计操作

表 13 - 38　　安排各因子的控制表（内表）

	压力	时间	高度	喷射角
1	12	4.0	1.0	20
2	12	4.5	1.5	22
3	12	5.0	2.0	24
4	15	4.0	1.5	24
5	15	4.5	2.0	20
6	15	5.0	1.0	22
7	18	4.0	2.0	22
8	18	4.5	1.0	24
9	18	5.0	1.5	20

对于误差因子，选定压力（±5%）、时间（±5%）、高度（±10%）及喷射角（±10%）。

用综合误差法，对内表中的每行选取最不利状况（例如每个因子选取上下限的某个边界值）进行 2 次试验，其喷入量的较大值及较小值分别列在表 13 - 39 的 C5，C6 两列中（数据文件：DOE_喷入量（田口）.MTW）。表中最后两列是计算机自动算出的结果。

表 13 - 39　　喷塑试验结果数据表

DOE_喷入量(田口).MTW ***

↓	C1 压力	C2 时间	C3 高度	C4 喷射角	C5 喷入量1	C6 喷入量2	C7 信噪比1	C8 平均值1
1	12	4.0	1.0	20	344	314	23.8118	329.0
2	12	4.5	1.5	22	353	349	41.8752	351.0
3	12	5.0	2.0	24	347	339	35.6544	343.0
4	15	4.0	1.5	24	355	347	35.8546	351.0
5	15	4.5	2.0	20	362	339	26.6695	350.5
6	15	5.0	1.0	22	360	354	38.5006	357.0
7	18	4.0	2.0	22	353	329	26.0612	341.0
8	18	4.5	1.0	24	339	334	39.5706	336.5
9	18	5.0	1.5	20	328	314	30.2178	321.0

下面讨论如何使用 MINITAB 软件进行数据的分析。

计算机软件提供了全部原来要用手工计算的结果，包括信噪比、均值等。用 MINITAB 软件的操作如下：

从“统计>DOE>田口>分析田口设计（Stat>DOE>Taguchi>Analyze Taguchi Design)”入口（其界面见图 13 - 76 中左上）。将两列结果（如果有多列，计算方法也相同）都放入“响应数据位于（Response)”内。

从对话窗“分析（Analyze)”、“图形（Graphs)”和“存储（Storage)”中分别选定“信噪比（SN Ratio)”和“均值（Mean)”。在对话窗“项（Terms)”中要选定 4 个因子名称。

在对话窗“选项（Options)”中要选定信噪比计算公式。由于本例是望目特性，故选用简化信噪比公式（13 - 42）；也可以单纯考虑样本方差选用式（13 - 43），本例选定式（13 - 42）。也可以选用式（13 - 38），这时称作“调整后公式”，在图 13 - 76 中左下，加选“对于望目型使用调整后公式（Use adjusted formula for nominal is best)”项即可。

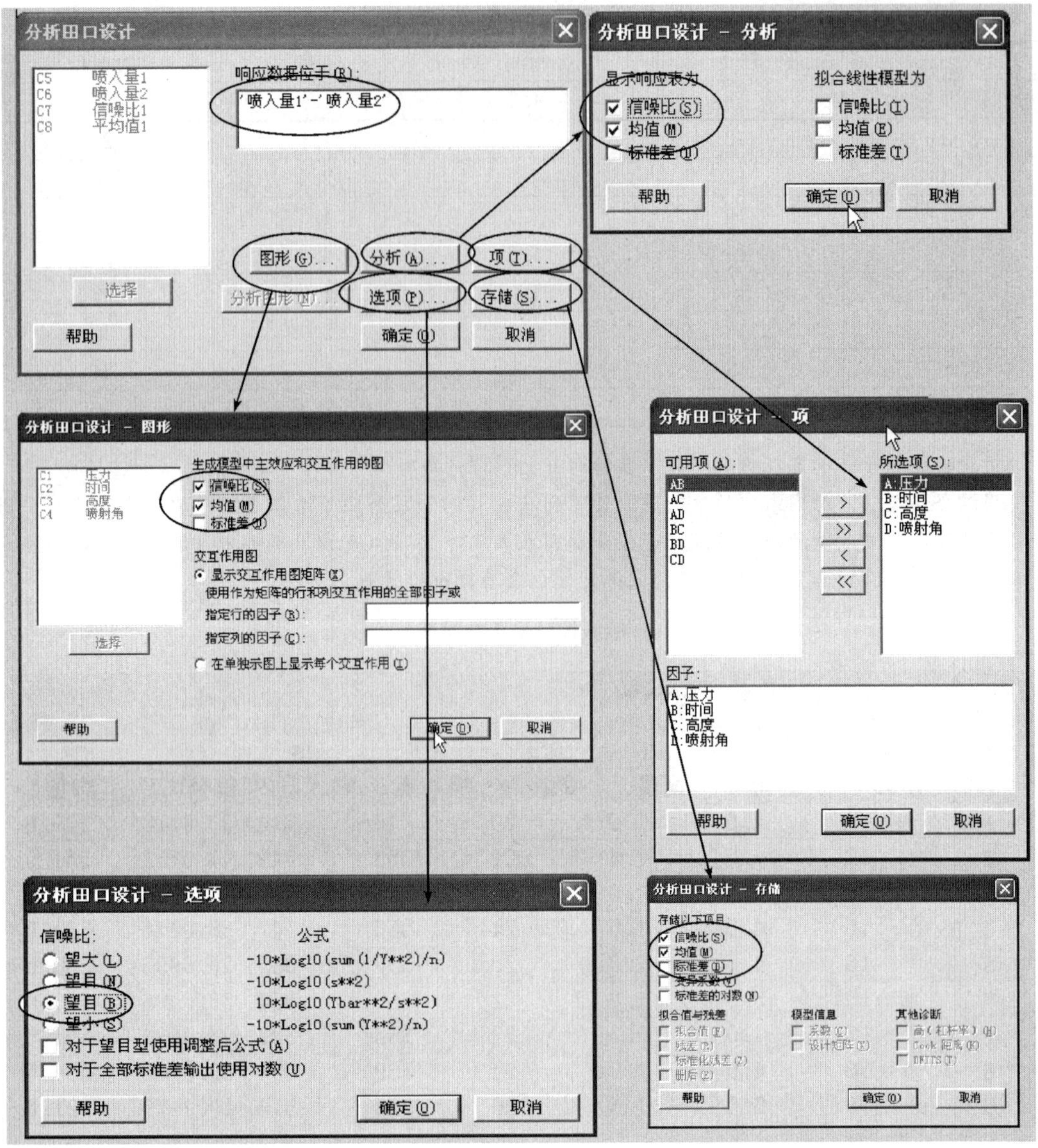

图 13-76　田口设计的分析操作

计算结果如下：

田口分析：喷入量1，喷入量2与压力，时间，高度，喷射角

信噪比响应表

望目（10 * Log10（Ybar * * 2/s * * 2））

水平	压力	时间	高度	喷射角
1	33.78	28.58	33.96	26.90
2	33.67	36.04	35.98	35.48
3	31.95	34.79	29.46	37.03
Delta	1.83	7.46	6.52	10.13
排秩	4	2	3	1

信噪比分析

均值响应表

水平	压力	时间	高度	喷射角
1	341.0	340.3	340.8	333.5
2	352.8	346.0	341.0	349.7
3	332.8	340.3	344.8	343.5
Delta	20.0	5.7	4.0	16.2
排秩	1	3	4	2

均值分析

在第一个信噪比响应表内，对于望目特性信噪比（10 * Log10（Ybar * * 2/s * * 2））结果的分析，可以看到每个因子的各水平的信噪比平均值和信噪比极差（Delta）。显然，信噪比极差越大代表此因子效应越显著。从极差的大小排秩（Rank）中，可以看出在各因子对于信噪比的影响中，以因子 D（喷射角）最为重要（排秩=1），因子 B（时间）次之（排秩=2），因子 C（高度）更次之（排秩=3），因子 A（压力）最小（排秩=4），几乎没有影响。

在第二个均值响应表内，从均值响应表（Response Table for Means）的分析中可以看到各因子的各水平均值的平均值和均值的极差（Delta）。从极差的大小排秩（Rank）中，可以看出在各因子对于均值的影响中，以因子 A（压力）最为重要（排秩=1），因子 D（喷射角）为次最重要（排秩=2），因子 B（时间）（排秩=3）和因子 C（高度）都很小（排秩=4），几乎没有影响。

将上述结果归纳一下，我们可以初步判定因子状况：因子 D，B，C 对望目特性信噪比影响最大，因而为散度因子；因子 A，D 对均值影响最大，因而都是位置因子；而且由于 A 是位置因子而又不是散度因子，可以认定因子 A 为调节因子；D 既是散度因子，又是位置因子；最后可以绘制出因子分类的示意图（见图 13-77）。

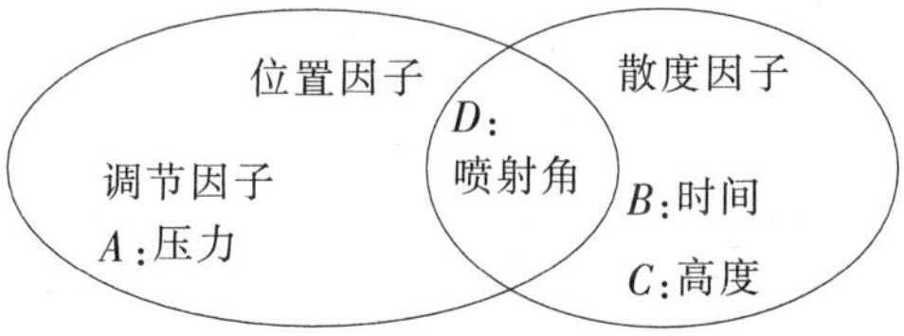

图 13-77　田口设计的因子分类表

按望目特性响应变量优化的基本方法，应先选出散度因子的最佳设置，使信噪比达到最大；然后再选调节因子的最佳设置，使均值达到目标。

再来看输出的有关信噪比及均值图形（见图 13-78 及图 13-79），一方面可以确认效应的显著性，另一方面也可以选择最佳设置，以便最后进行预测。

根据对于望目特性的解决问题程序，首先选择散度因子（B，C，D）的水平使信噪比最大化（或说散度最小化）。在本例中，最佳水平（见图 13-78）应确认为：因子 B（时间）取 2 水平（4.5 秒）、因子 C（高度）取 2 水平（1.5 毫米）、因子 D（喷射角）取 3 水平（24 度），这 3 个因子的最优设置在图 13-78 中都用圆圈标出。在这些因子已安排确定的条件下，用调节因子 A（压力）的水平进行调试，以使均值与目标最接近。由于 3 个散度因子的这种最佳搭配并未在试验中出现过，我们只能通过预测来选择。输出时要同时考虑均值及信噪比两项预测。

从“统计>DOE>田口>预测田口结果（Stat>DOE>Taguchi>Predicted Taguchi Result）”入口，其界面见图 13-80 中左侧。选定预测响应变量为“均值”和“信噪比”。打开“项（Terms）”后（见图 13-80 中右上），选定 4 个因子。打开“水平（Level）”后（见图 13-80 中

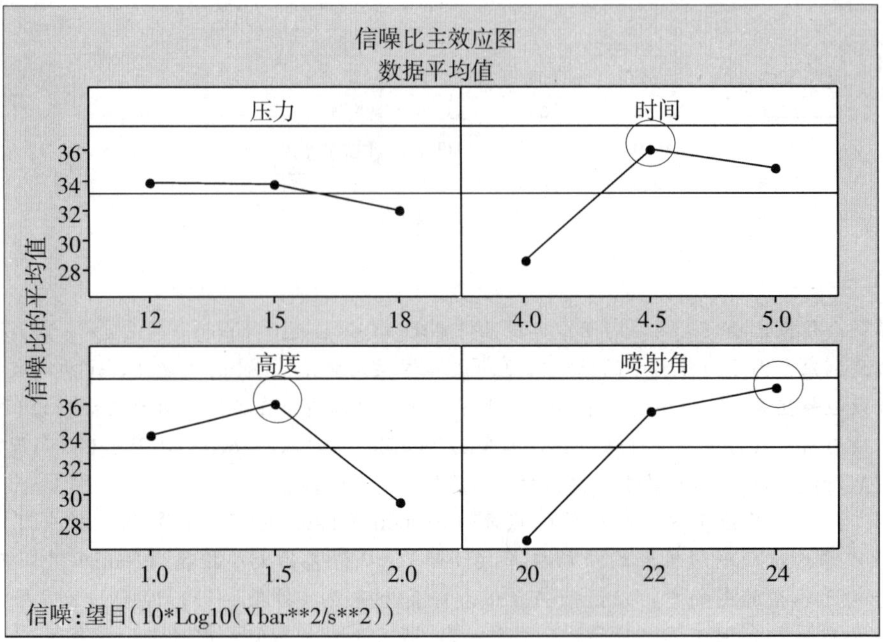

图13-78　田口设计信噪比主效应分析图

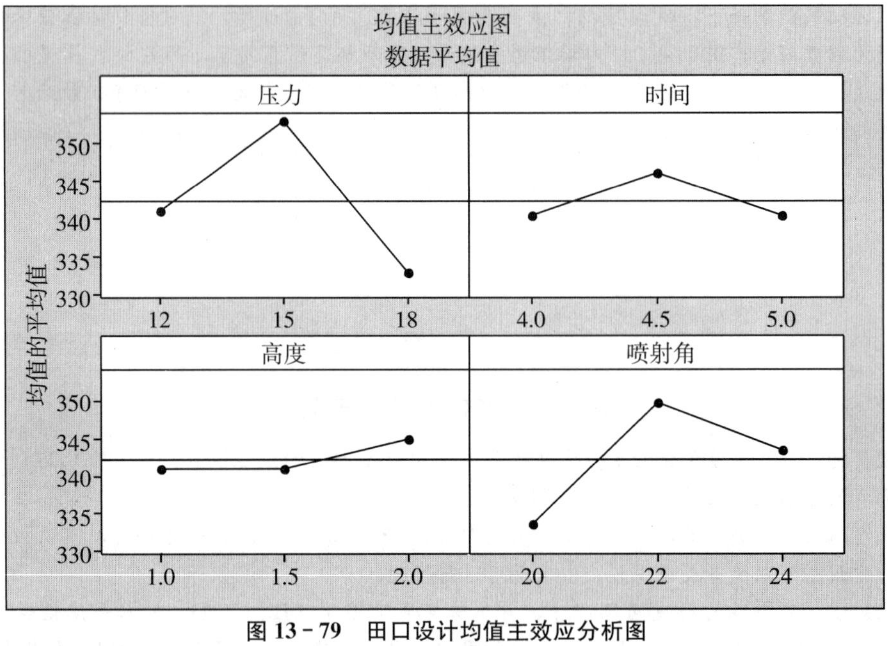

图13-79　田口设计均值主效应分析图

右下），选定“从列表中选择水平”后，在各指定因子右方，选择最佳设置，对于调节因子 A（压力），逐个选取各水平值（1水平为12帕，2水平为15帕，3水平为18帕），分别得到预测结果，汇总表见表13-40。

从表中可知，在压力取不同值时，信噪比都保持相当好的结果，压力为12帕及15帕时，平均值分别约为345克、357克，各自低于及高于目标（350克）。下次试验应取二者中点（13.5帕）附近，预计将会接近目标（350克）。

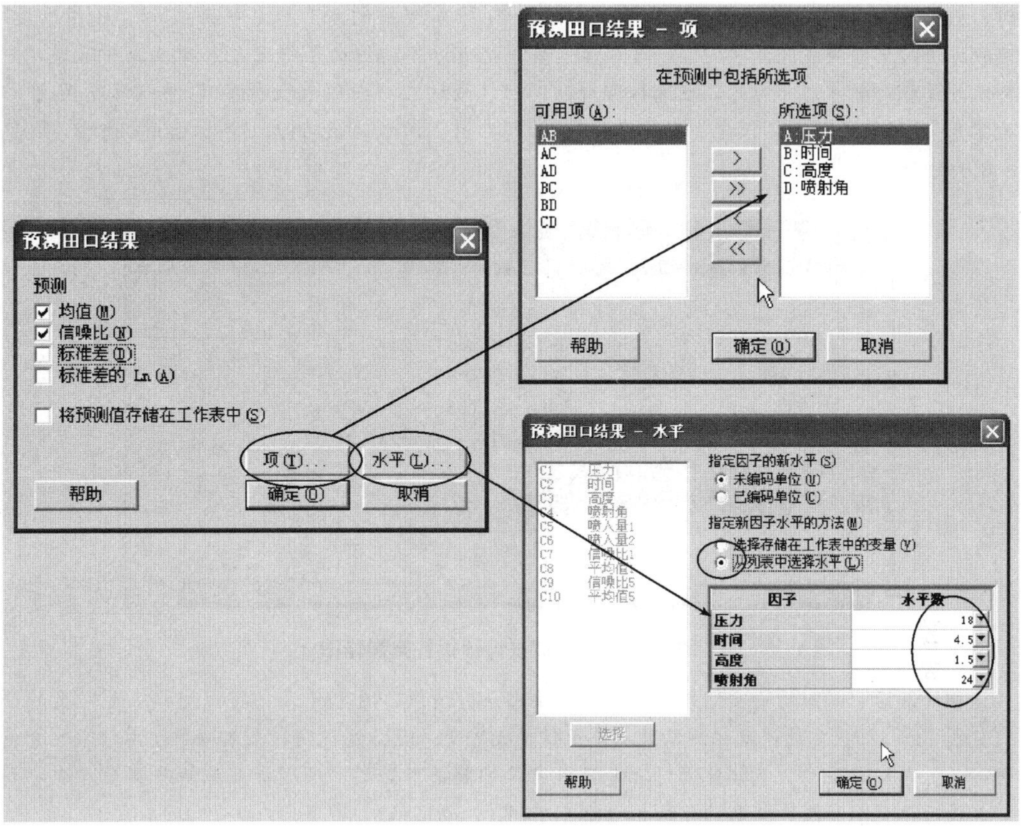

图 13-80　田口设计预测结果操作图

表 13-40　　田口设计预测结果表

A（压力）	B（时间）	C（高度）	D（喷射角）	信噪比	均值
12	4.5	1.5	24	43.422 8	344.833
15	4.5	1.5	24	43.317 2	356.667
18	4.5	1.5	24	41.592 2	336.667

上述介绍的对于田口试验设计的预测方法，全部是使用主效应迭加方法计算的（因为通常在田口设计中是不考虑交互作用的）。虽然这样预测的结果一般是可信的，但也有很多情况与实际试验结果产生较大偏离，一切都要以验证试验结果为准。为了更深入地了解试验观测值与预测结果可能发生偏离的问题以及解决方法，可以参看本书参考文献[11]列出的茆诗松、马逢时和吴建福（1990）的论文。

使用信噪比方法进行稳健参数设计是田口方法的关键环节。但这样做是否总是可行？多年来批评之声四起。吴建福教授在《试验设计与分析及参数优化》（本书参考文献[19]）的 10.10 节中对此进行了深入分析，并且断言："信噪比方法只在有限范围内有其合理性，而且常常很难用数据证实或者很难在客观背景下得到肯定。"他建议："在参数优化设计中不推荐使用信噪比方法。如果要将其用于数据分析，则应该补充使用位置-散度建模法及响应建模方法。然后对这三种方法的结果进行比较。如果存在明显不一致，那么信噪比分析的有效性就值得怀疑。"

我们也应该接受吴教授的建议，在使用信噪比方法的同时也按照位置和散度分别建模的方法重复同样的步骤，看看两种方法是否很接近。利用 MINITAB 软件这是很容易实现的。使用信噪比方法时，选择的指标是“信噪比”及“均值”（参见图13-76中的右上、左中及右下），使用位置-散度建模方法时只要换成选择“均值”与“标准差”就可以了。但由于标准差本身性能并不好，应该将样本方差取对数才好，为此，在选择指标的同时，应该在“选项（Options）”中（参见图13-76中左下），增加“对于全部标准差输出使用对数（Use ln（s）for all standard deviation output）”（见图13-81）才行。

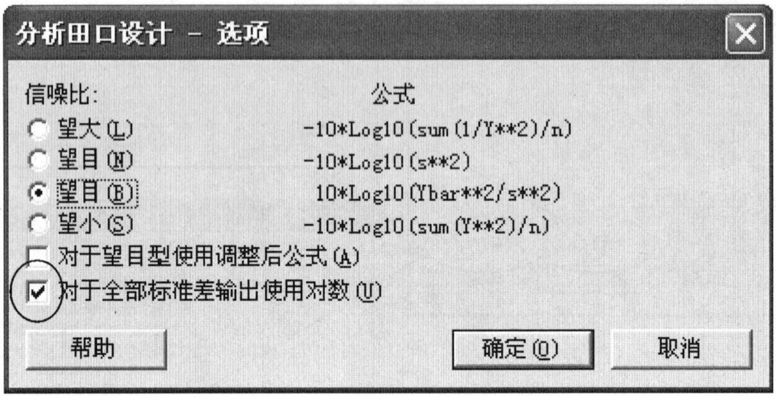

图13-81　田口设计分析补充操作图

这样计算后，本例的输出结果中，替代信噪比分析结果的图13-78，将得到标准差对数的分析图（见图13-82）。其结论及预测结果与使用信噪比完全一致。这说明，在本例中使用信噪比分析还是可行的。当然要注意，直接使用标准差而不用其对数是不好的，预测标准差结果甚至可能得到负值，其最后设置的结果也将与这里给出的略有不同（此处从略）。

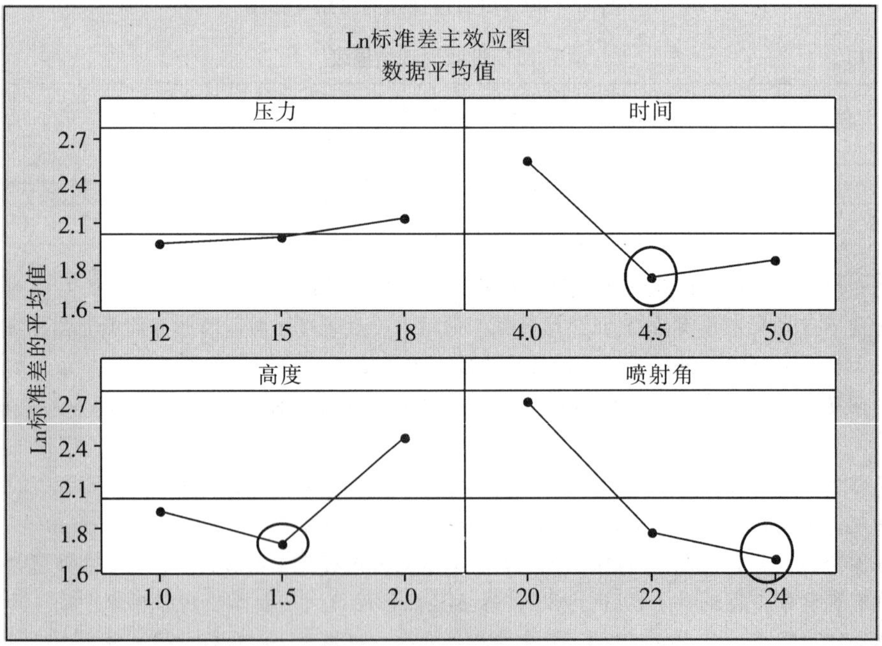

图13-82　田口设计标准差对数主效应分析图

13.6.4 动态稳健参数设计实例分析

13.6.4.1 动态稳健参数设计概念

在13.6.3节中介绍的参数设计所讨论的问题是，响应变量为望目特性，我们研究可控因子的设置，使得响应变量的取值与某个固定的目标尽可能接近。但实际工作中的问题常常会更复杂，目标值可以随人们的需求在不同的条件下取不同的值。称固定目标的稳健参数设计为**静态**（static）的，称可以改变目标值的稳健参数设计为**动态**(dynamic）的。下面举几个例子：

（1）车床加工问题。如果要求加工的轴棒直径目标为50mm，我们研究工艺条件设置，希望生产出的轴棒直径与50mm越接近越好，这就是简单的静态的望目特性的参数设计问题。事实上，生产过程不可能让轴棒直径目标总固定为50mm，目标可能有多种选择，只要采用不同的切削深度就会导致轴棒直径的变化。我们希望用不同的切削深度生产出来的轴棒直径都能与其相应的目标最接近，这就是动态稳健参数设计问题。把生产轴棒看作一个系统，切削深度为信号因子，轴棒直径是输出特性，我们要研究的问题就是轴棒直径是如何受信号因子切削深度变化的影响的，即研究输出特性如何依赖于信号因子的动态性质。

（2）汽车驾驶中的转向装置。汽车行驶中，常常要变换方向，而这是靠扭转方向盘实现的。方向盘转不同的角度，则车轮会转到不同的方向。我们希望转向系统的设计中，对于方向盘转不同的角度，车轮能有准确的转向。方向盘转动的角度就是信号因子，输出特性是车轮转动方向。

（3）测量系统的设计。在生产日益发展的今天，对测量系统也有越来越多、越来越高的要求，各种物理量都要有相应的测量仪器。我们以数字电子秤为例。将物品放在秤台上，则显示器会显示出物体的真实重量。所称量物体的重量当然是变化的，物体重量是信号因子，输出特性是显示器上的显示结果。

从上述几个简单例子中不难归纳出动态特性的一般性质与要求：在一个系统中，当人发出一个信号后，该系统会产生一个响应值。我们希望研究，该系统应如何设计，以使得响应值与信号间的关系更精确，这就是动态稳健参数设计所研究的问题。

具体来说，动态稳健参数设计问题是：一个系统会受到一些可控因子的影响，也会受到一些非可控因子（噪声、误差）的影响，当该系统接收到某个信号作为其输入特性时，其输出会显示出与之相应的动态特性。我们所要研究的就是，只考虑可控因子的设置，如何选择可控因子的最佳设置以使这种对应关系更准确。

动态稳健参数设计与静态稳健参数设计的差别，其实就是动态多了个信号因子，信号因子可以取不同的值。静态稳健参数设计中没有信号因子。也可以抽象地说，静态稳健参数设计其实就是这个信号因子只取一个固定值罢了，响应也就只有一个固定目标值了。

仔细分析起来，信号因子之中又有两类不同情况，主动型信号因子与被动型信号因子。如果人们能在一定范围内自由取值，则此信号因子为主动型信号因子。例如切削深度、方向盘转角等都是主动型信号因子。如果人们只能被动地取值，则此信号因子为被动型信号因子。例如被测物体的重量，它不是人们自己能控制的，它就是被动型信号因子。

下面我们仔细分析一下动态稳健参数设计将包含哪些内容。

记响应变量为y，可控因子为C，非可控因子为N，信号因子为M，基本模型是：

$$y = f(C,M) + \varepsilon \tag{13-52}$$

这里已把噪声因子的影响并入ε项中，ε的均值为0，其方差是固定常数σ^2。

动态稳健参数设计的要求就是选定可控因子C的一个最佳水平组合C_0，使得

（1）y的波动（用σ^2作代表）尽可能地小。

（2）记m_i为对应于信号因子M取值M_i时所对应的目标值。不论M取哪个值M_i，C_0都能使响应变量y与相应目标m_i的总波动达到最小。

在实际工作中，$f(C_0,M)$可能是M的各种函数，但非线性函数处理起来太复杂了（如果需要，可以参看《试验设计与分析及参数优化》，见本书参考文献［19］），我们通常只考虑线性函数，一般有下列两种选择：

一般线性关系：

$$f(C_0,M)=\alpha+\beta M \tag{13-53}$$

零点比例关系：

$$f(C_0,M)=\beta M \tag{13-54}$$

在实际工作中，对于模型（13-53），最常见的要求是希望β尽可能地大，也就是说当信号因子M作微小改变时，就能强烈地影响响应变量的值；有时也希望β与某个目标接近。对于模型（13-54），它常用于测量系统设计等领域，最常见的要求是希望β尽可能地接近1，也就是说当信号因子M改变时，响应变量值的改变尽可能与M相同。

13.6.4.2　动态稳健参数设计的计划

在MINITAB的帮助下，动态稳健参数设计的计划很容易实现。这里首先要明确我们所考虑的因子的不同性质：可控因子、信号因子及噪声因子。在考虑试验计划时，将这些因子的名称、水平数、水平值都设定明确。可控因子的水平尽量取相同数值，例如4个可控因子都取3水平就比较容易安排。信号因子取的水平数则与此无关，可以取任意数值。

安排试验计划的原则是：可控因子及信号因子都安排在内表中，噪声因子安排在外表中。安排可控因子及信号因子时也是分别安排的，如果信号因子取的水平数为k，则相当于将安排可控因子的内表“重复”k次。安排噪声因子的外表，通常不在试验计划中出现，也同静态稳健参数设计一样，可以只选择最不利情况，只进行2次或3次试验就行，数据记录表中也只是并列地给出试验结果就行了。

以下考虑一个实际问题。

例13-22

精密电子秤设计。数字式精密电子秤测量精度要求很高，它由传感器系统、显示系统、稳压系统及恒温系统4部分组成。根据原有经验，这4个部分都各有三种方案可以实施，但希望找到它们之间的最好搭配，以使整个电子秤性能最优。误差因子为环境噪声，包括环境温度（取18摄氏度、22摄氏度二极端水平）、相对湿度（取25%，70%二极端水平）、网络电压（取180伏、240伏二极端水平）和操作时间（取9时、15时二极端水平）。为了进行试验，现选择3个标准砝码：10克、50克及100克，试安排动态稳健参数设计的计划，以选定最佳设计方案。

解　由于这4个系统可以看作4个可控因子，各取3个水平，可以安排在内表L9中。信号因子共3水平，应一起安排在试验计划中。步骤如下：

从“统计>DOE>田口>创建田口设计（Stat>DOE>Taguchi>Create Taguchi Design）”入口（其界面见图13-83中左侧）。在对话窗“设计（Design）”中，选定试验次数为9（其界面见图13-83中右上）。注意要勾选“为动态特征添加信号因子（Add a signal factor for dynamic characteristics）”。在对话窗“因子（Factor）”中（见图13-83中右下），选定因子名称，输入各水平设置，特别注意要在“信号因子（Signal Factor）”内，将信号因子数据列入。全部操作完成后，即可输出设计表（即控制表，或称内表），结果见表13-41。

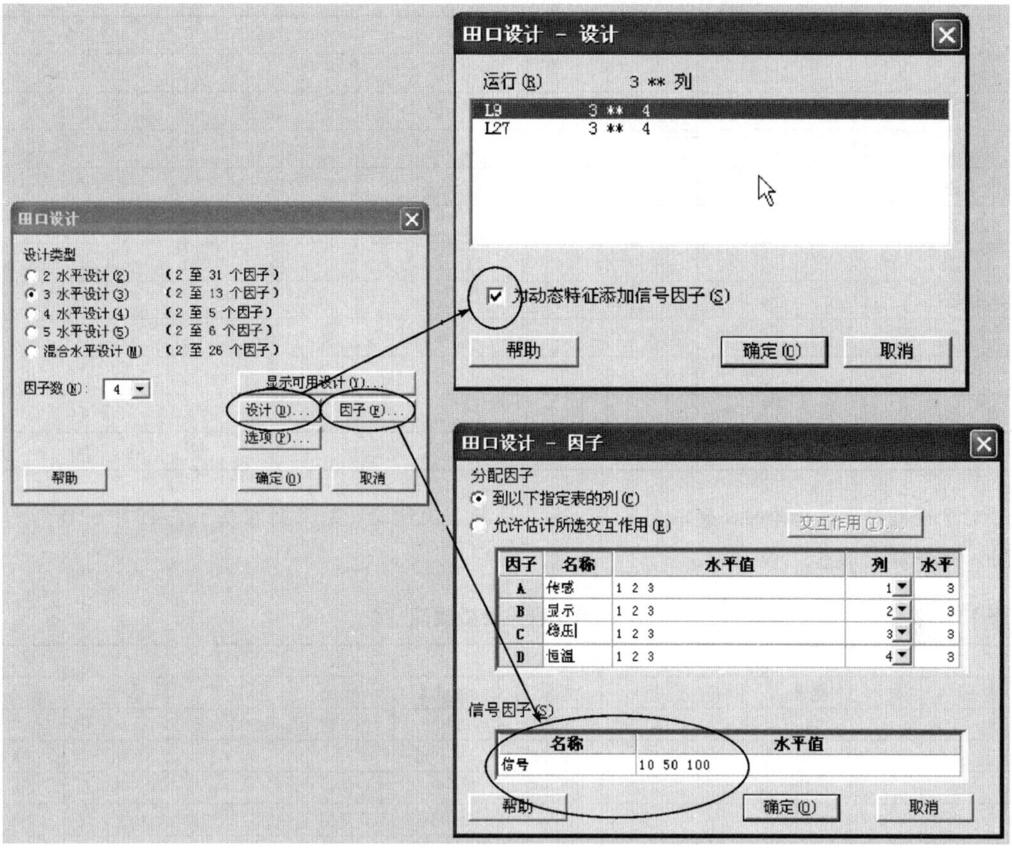

图 13-83　动态稳健参数设计计划操作图

表 13-41　　动态稳健参数设计计划表

	C1	C2	C3	C4	C5
1	1	1	1	1	10
2	1	1	1	1	50
3	1	1	1	1	100
4	1	2	2	2	10
5	1	2	2	2	50
6	1	2	2	2	100
7	1	3	3	3	10
8	1	3	3	3	50
9	1	3	3	3	100
10	2	1	2	3	10
11	2	1	2	3	50
12	2	1	2	3	100
13	2	2	3	1	10
14	2	2	3	1	50
15	2	2	3	1	100
16	2	3	1	2	10

续前表

	C1	C2	C3	C4	C5
17	2	3	1	2	50
18	2	3	1	2	100
19	3	1	3	2	10
20	3	1	3	2	50
21	3	1	3	2	100
22	3	2	1	3	10
23	3	2	1	3	50
24	3	2	1	3	100
25	3	3	2	1	10
26	3	3	2	1	50
27	3	3	2	1	100

对于误差因子，选择综合最不利条件，各自进行2次试验。结果列在表13－42中（数据文件：DOE_电子秤（动态）.MTW）。

表13－42　　电子秤设计数据表

	C1	C2	C3	C4	C5	C6	C7	C8	C9	C10	C11
	传感	显示	稳压	恒温	信号	测量1	测量2	信噪比1	标准差1	斜率1	截距1
1	1	1	1	1	10	9.989	9.995	44.948 5	0.005 656 2	0.999 88	0
2	1	1	1	1	50	49.988	49.996	*	*	*	*
3	1	1	1	1	100	99.990	99.991	*	*	*	*
4	1	2	2	2	10	9.975	9.984	37.723 1	0.012 993 4	0.999 71	0
5	1	2	2	2	50	49.974	49.986	*	*	*	*
6	1	2	2	2	100	99.975	99.977	*	*	*	*
7	1	3	3	3	10	9.960	9.977	33.872 5	0.020 238 6	0.999 55	0
8	1	3	3	3	50	49.960	49.976	*	*	*	*
9	1	3	3	3	100	99.959	99.966	*	*	*	*
10	2	1	2	3	10	10.014	10.021	38.728 4	0.011 579 4	1.000 24	0
11	2	1	2	3	50	50.015	50.022	*	*	*	*
12	2	1	2	3	100	100.015	100.024	*	*	*	*
13	2	2	3	1	10	10.000	10.008	47.128 8	0.004 401 2	1.000 03	0
14	2	2	3	1	50	49.998	50.001	*	*	*	*
15	2	2	3	1	100	100.000	100.007	*	*	*	*
16	2	3	1	2	10	9.985	9.993	39.316 4	0.010 817 9	0.999 91	0
17	2	3	1	2	50	49.982	50.001	*	*	*	*
18	2	3	1	2	100	99.987	100.002	*	*	*	*
19	3	1	3	2	10	10.040	10.055	30.627 3	0.029 437 6	1.000 62	0
20	3	1	3	2	50	50.040	50.049	*	*	*	*
21	3	1	3	2	100	100.042	100.060	*	*	*	*
22	3	2	1	3	10	10.025	10.042	33.554 5	0.021 010 6	1.000 38	0
23	3	2	1	3	50	50.024	50.030	*	*	*	*
24	3	2	1	3	100	100.026	100.035	*	*	*	*
25	3	3	2	1	10	10.010	10.018	41.046 4	0.008 866 6	1.000 17	0
26	3	3	2	1	50	50.010	50.014	*	*	*	*
27	3	3	2	1	100	100.012	100.016	*	*	*	*

注：此表C1～C7列为观测数据，C8～C11列为计算机计算得出的数据。

13.6.4.3 动态稳健参数设计的分析

由于考虑了三种不同性质的因子：可控因子、信号因子及噪声因子，在分析试验结果时应该遵照这样的思路来处理：

（1）分析各可控因子的效应，确定哪些因子对信噪比影响显著，选这些因子的最佳水平组合使信噪比达到最大（σ^2 达到最小）。

（2）确定哪些因子对斜率、截距影响显著而又对信噪比影响不显著（仍可以称调节因子），选这些因子的最佳水平使斜率、截距尽可能达到目标要求。

分析动态稳健参数设计的过程与分析静态稳健参数设计的过程类似，只是考虑的内容更多些。

下面仍以例 13－22 的精密电子秤为例，说明动态稳健参数设计的分析步骤。

从“统计＞DOE＞田口＞分析田口设计（Stat＞DOE＞Taguchi＞Analyze Taguchi Design)”入口（其界面见图 13－84 中左上），从对话窗“图形（Graph)”中，选定“信噪比”、“斜率”及“标准差”3 项（其界面见图 13－84 中右上）。在对话窗“分析（Analyze)”中（见图 13－84 中左

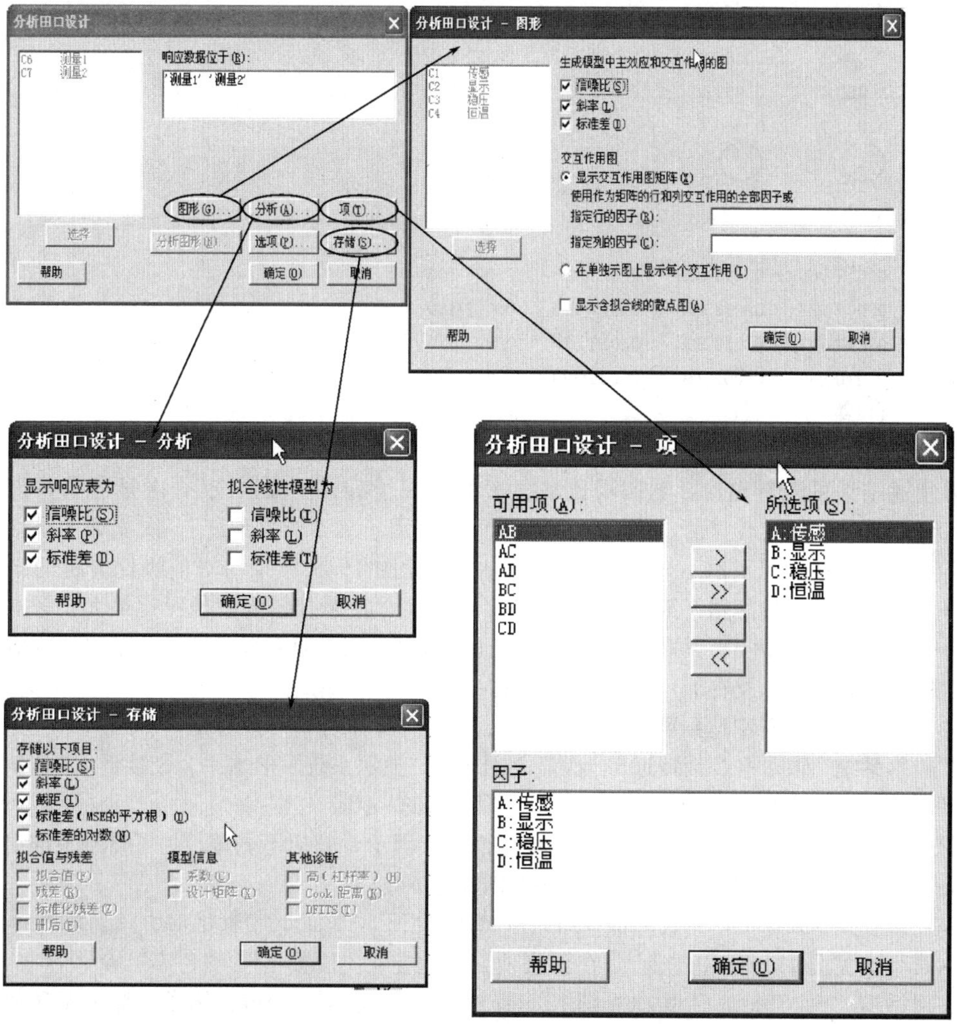

图 13－84 动态稳健参数设计分析操作图

中)，选定“信噪比”、“斜率”及“标准差”3项。在对话窗“存储（Storage)”中（见图13-84中左下)，选定“信噪比”、“斜率”、“截距”及“标准差”（或“标准差的对数”）4项。在对话窗“项（Terms)”中（见图13-84中右下)，选定4个可控因子。

上述全部操作完成后，即可输出计算结果如下：

田口分析：测量1，测量2与传感，显示，稳压，恒温

信噪比响应表

动态响应

水平	传感	显示	稳压	恒温
1	38.85	38.10	39.27	44.37
2	41.72	39.47	39.17	35.89
3	35.08	38.08	37.21	35.39
Delta	6.65	1.39	2.06	8.99
排秩	②	4	3	①

斜率响应表

水平	传感	显示	稳压	恒温
1	0.999 7	1.000 2	1.000 1	1.000 0
2	1.000 1	1.000 0	1.000 0	1.000 1
3	1.000 4	0.999 9	1.000 1	1.000 1
Delta	0.000 7	0.000 4	0.000 0	0.000 1
排秩	①	②	4	3

标准差响应表

水平	传感	显示	稳压	恒温
1	0.012 963	0.015 558	0.012 495	0.006 308
2	0.008 933	0.012 802	0.011 146	0.017 750
3	0.019 772	0.013 308	0.018 026	0.017 610
Delta	0.010 839	0.002 756	0.006 879	0.011 442
排秩	②	4	3	①

从上述结果可以看出，影响信噪比最显著的是因子*D*“恒温系统”，次显著的是因子*A*“传感系统”，二者都比较显著。影响斜率最显著的是因子*A*“传感系统”，次显著的是因子*B*“显示系统”，其他二因子都不显著。从标准差响应表中的分析结果与对信噪比分析的结果相同。按我们解决问题的思路，第一步先寻找*A*，*D*二因子的最佳搭配使信噪比最大。考虑上述输出中，*D*1（信噪比达44.37）与*A*2（信噪比达41.72）搭配是最佳设置。从信噪比主效应图（参见图13-85中左上及右下)，也可以证实这一点。

第二步是寻求使斜率达到要求的最佳设置。从数值结果分析可以看出，影响斜率最显著因子*A*“传感系统”取水平2最接近1，次显著因子*B*“显示系统”取水平2最接近1。从斜率主效应图（参见图13-86中左上及右上)，也可以证实这一点。

综合上述结果，可以看出*A*2*B*2*D*1是最佳搭配。因子*C*效应不显著。为了得到最佳结果的预测，可以利用MINITAB软件直接给出预测结果。

从“统计>DOE>田口>预测田口结果（Stat>DOE>Taguchi>Predicted Taguchi Results)”入口（其界面见图13-87中左上)，在预测项目上选定：“信噪比”、“斜率”及“标准差”3项；在对话窗“项（Terms)”中（见图13-87中右上)，选定3个可控因子（删去不显著的因子*C*)。在对话窗“水平（Level)”中（见图13-87中下侧)，选定各因子的最佳搭配。

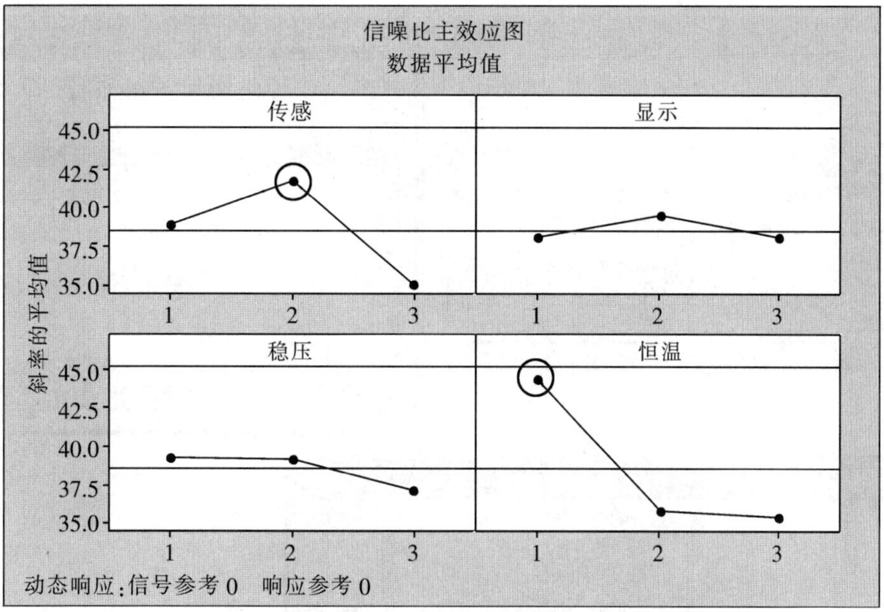

图 13－85　动态稳健参数设计信噪比主效应图

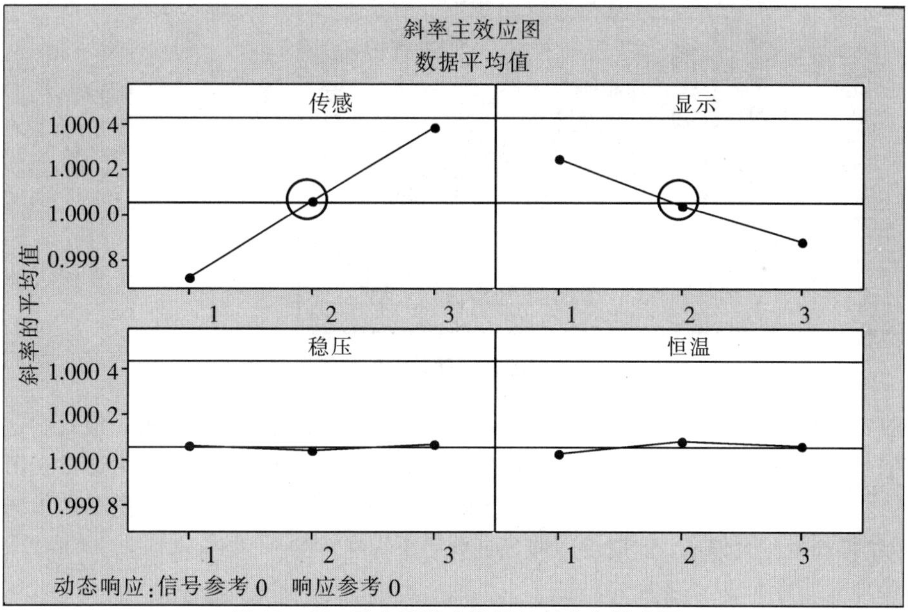

图 13－86　动态稳健参数设计斜率主效应图

计算后可以得到下列预测结果：

田口分析：测量 1，测量 2 与 传感，显示，稳压，恒温

预测值

信噪比	斜率	标准差
48.468 8	1.000 02	0.000 264 5

预测的因子水平

传感	显示	恒温
2	2	1

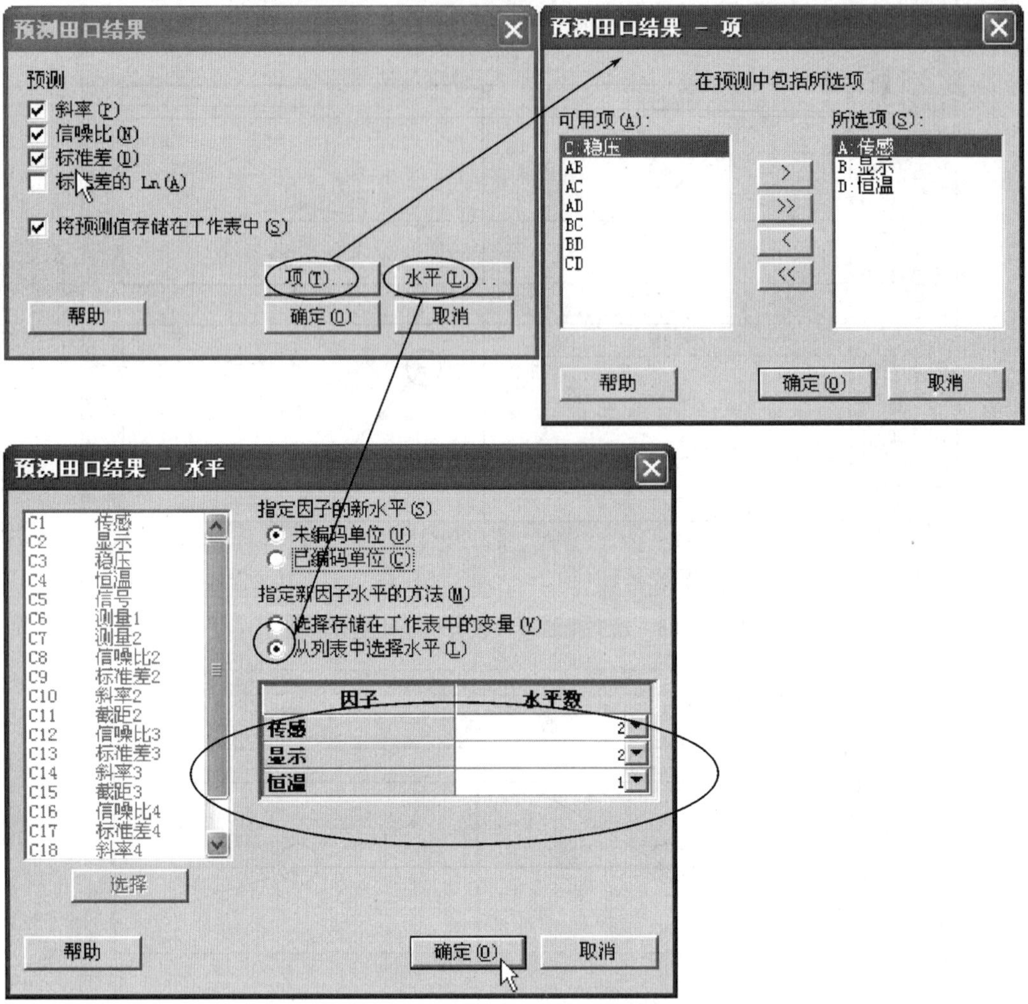

图 13-87　动态稳健参数设计预测操作图

由这些结果可以看出，预测结果相当好，信噪比很大，斜率与1很接近。但我们这里介绍的对于田口试验设计的预测方法，全部是使用主效应迭加方法来计算的（因为通常在田口设计中是不考虑交互作用的），虽然这样预测的结果一般是可信的，但也有很多情况是预测结果与实际试验结果产生较大偏离，这时要以验证试验结果为准。

13.7　混料设计

13.7.1　混料设计概论

在实际工作中，常常需要研究一些配方配比试验问题。这种问题常出现在橡胶、化工、制药、冶金等课题中。例如不锈钢由铁、镍、铜和铬4种元素组成；闪光剂由镁、硝酸钠、硝酸锶及固定剂组成；复合燃料、复合塑料、混纺纤维、混凝土、黏合剂、药品、饲料等都是由多种成分按相应比率制作而成的，统称为**混料**（mixture）。组成混料的各种成分称为**混料成分**或

分量，也就是混料试验中的**因子**（factor）。这里我们关心的是各种分量的比例而不是其绝对数值；而且显然所有分量之和总是为1。这里对分量的约束条件将使本节内容与以前所讨论的试验设计类型有所差别。对于这种分量之和总是为1的试验设计，称为**混料设计**（mixture design）。在本节中，混料的成分至少应有3种，其约束如图13－88所示。

为了更直观显示各分量的组成状况，我们引入**"三线坐标系"**，其原理是：平面几何的知识告诉我们，等边三角形内的任何一点到三边（垂线）距离的和等于该三角形的高。如果把三角形的高设为1，则任何一点都可以由其到三条边的三个距离给出三个坐标。当然，这三个坐标并不独立，三者之和恒为1。三线坐标系的示意见图13－89。

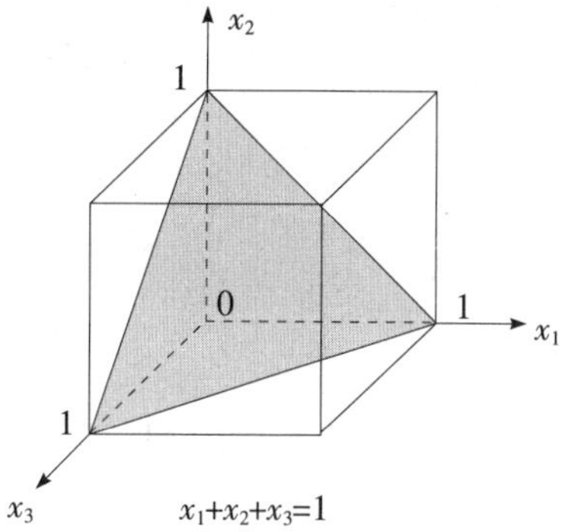

图13－88　混料设计的约束图

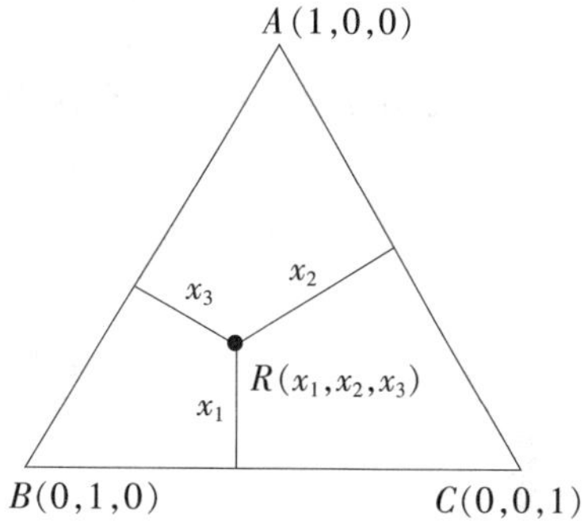

图13－89　三线坐标图

从图13－89中可以看出：三角形的三个顶点坐标分别为A（1，0，0），B（0，1，0）及C（0，0，1）。三角形内任意一点都有三个坐标，可以理解为每个点到三个顶点对边的"距离"。越靠近某个顶点，这项坐标越接近1，越远离某个顶点，这项坐标越接近0。如果点移到了三角形的边上（图中未显示），则表示三种成分中缺少一种（此缺少成分的名称，在此边所对的顶点处）。三角形的质心到三顶点距离相等，所以坐标为（1/3，1/3，1/3）。图13－89只是因子个数为3的示意图，4个因子将画为正四面体，5个以上则无直观图形了。以下将因子个数记为p(或称p维)，我们的设计及分析将针对一般的p维来讨论，但仍然以3因子的图作为示意。

当然，混料设计还可以有更细致的分类。第一种混料（mixture）型最简单，最终结果只与各分量的**比率**有关；第二种混料-总量（mixture-amounts）型，最终结果与各分量的**比率**及**混料总量**有关；第三种混料-过程变量（mixture-process variable）型，最终结果与各分量的**比率**及**某些过程变量**有关，而这些过程变量并不是混料的一部分，但可能影响混料的搅拌性质。本节只讨论第一种类型问题。

13.7.2　混料试验的计划

13.7.2.1　混料试验计划的基本概念

为了全面考察各分量对于响应变量的影响，我们要在整个试验区域内布置一些点做试验。点的选取方法有三种。

第一种：单纯形质心法（simplex centroid）

在p个因子的混料设计问题中，单纯形质心法的基本思想是：试验点由下列p批点组成。第一批是各顶点（共p个），第二批是上述顶点中每2个顶点的质心（共$p(p-1)/2$个），第三批是上述顶点中每3个顶点的质心（共 $p(p-1)(p-2)/3!$ 个），…。总之，p 批点总计有 2^p-1 个点。

3因子单纯形质心法设计示意图见图13-90（a）。这时，列出试验计划表中各试验点（总共7个）的坐标是：

顶点：(1，0，0)，(0，1，0)，(0，0，1)；

2个顶点的质心：(0.5，0.5，0)，(0.5，0，0.5)，(0，0.5，0.5)；

3个顶点的质心：(1/3，1/3，1/3)。

在这种类型试验结果下，将要拟合的是下列方程（以3因子为例）：

$$y=b_0+b_1x_1+b_2x_2+b_3x_3+b_{12}x_1x_2+b_{13}x_1x_3+b_{23}x_2x_3+b_{123}x_1x_2x_3 \tag{13-55}$$

图13-90是3维及4维单纯形质心法设计示意图。

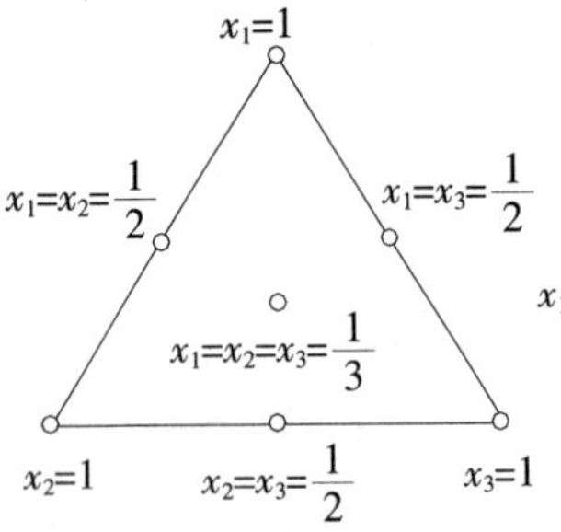

(a) $p=3$

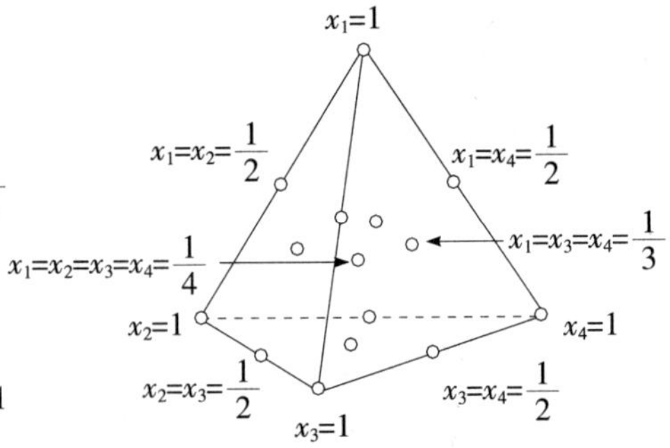

(b) $p=4$

图13-90　单纯形质心法设计示意图（3维及4维）

下面给出4因子单纯形质心法设计计划表（见表13-43）：

表13-43　　4因子单纯形质心法设计计划表

	x_1	x_2	x_3	x_4	
1	1	0	0	0	顶点
2	0	1	0	0	顶点
3	0	0	1	0	顶点
4	0	0	0	1	顶点
5	0.5	0.5	0	0	2个顶点质心
6	0.5	0	0.5	0	2个顶点质心
7	0.5	0	0	0.5	2个顶点质心
8	0	0.5	0.5	0	2个顶点质心
9	0	0.5	0	0.5	2个顶点质心
10	0	0	0.5	0.5	2个顶点质心
11	0.333	0.333	0.333	0	3个顶点质心
12	0.333	0.333	0	0.333	3个顶点质心
13	0.333	0	0.333	0.333	3个顶点质心
14	0	0.333	0.333	0.333	3个顶点质心
15	0.25	0.25	0.25	0.25	4个顶点质心

第二种：单纯形格点法（simplex lattice）

在 p 个因子（或称 p 维）的混料设计问题中，单纯形格点法的基本思想是将全部格子点集内每个点依次选中。在直角坐标系中，格子点的含义是很清楚的。以二维平面上的单位正方形为例，本来正方形有 4 个顶点；每边上增加一个中心点，则可以构成“田”字格，共有 9 个点；如果每边分 5 格，形成 36 个格点的图形（见图 13－91（a））；一般地，每边分成 n 格，则将形成一共有 $(n+1)^2$ 个格点的正方形图形。对于混料设计中的区域（等边三角形、正四面体等）也可以按照这种思路给出“单纯形格点”的概念。以平面上的三线坐标系来说，等边三角形的每边分为相等的 d 段（d 称为格度），过这些分点做平行于三角形底边的线，则可以形成三线坐标的格点网格。图 13－91（b）显示的就是一个包含 3 个变量的格度为 6 的格点网格。至于这些格点的坐标计算大家不用过问计算细节，计算机将列出全部格点坐标，例如 3 个变量的格度为 3 的格子点坐标值在表 13－44 中给出，其图形可以参看图 13－92 中的 D 图。

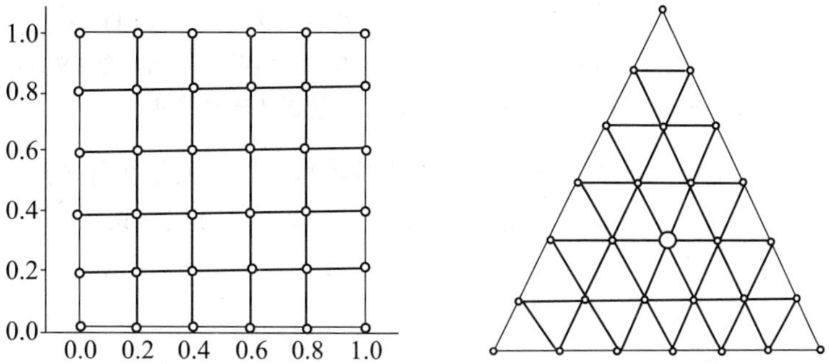

（a）直角坐标系的格子点　　（b）三线坐标系的格子点

图 13－91　格子点位置示意图

显然，格子点是由维数和格度（degree）这两个参数给定的，此格子点集记为 $\{p, d\}$。我们仍以 $p=3$ 为例。3 维格度 1 的格子点集合（记作 {3，1}）就是 3 个顶点全体（见图 13－92 B）。3 维格度 2 的格子点集合（记作 {3，2}）就是将 3 条边各二等分，由 3 个顶点及 3 边中点全体组成的集合（见图 13－92 C）。3 维格度 3 的格子点集合（记作 {3，3}）就是将 3 条边各三等分，过各分点画与另两边平行的直线，由平行线所交而形成的格点（共 10 个）组成的集合（见图 13－92 D）。依此类推，但阶数通常到 3 为止就够了。{3，3} 格子点坐标如表 13－44 所示。

表 13－44　　3 因子 3 阶单纯形格子点设计计划表

	x_1	x_2	x_3	
1	1	0	0	Vertex（顶点）
2	0	1	0	Vertex
3	0	0	1	Vertex
4	0.667	0.333	0	Double blend（双混）
5	0.333	0.667	0	Double blend
6	0.667	0	0.333	Double blend
7	0.333	0	0.667	Double blend
8	0	0.667	0.333	Double blend
9	0	0.333	0.667	Double blend
10	0.333	0.333	0.333	Center（中心）

一般来说，p 维格度 d 的格子点集｛p，d｝中，共包含 $\binom{p+d-1}{d}$ 个点。注意：这里的圆括号中含有上下两数，它表示“组合”，这是现在国际上更通行的组合记号，是从 $p+d-1$ 个元素中取 d 个元素的组合数。例如，$p=3$，$d=2$，$N=6$；$p=3$，$d=3$，$N=10$。

在这种类型试验结果下，要拟合的方程将与格度有关，细节就不在这里详细讨论了。

这些设计方法就是普通的未增强（unaugmented）的设点方法（见图 13－92）。

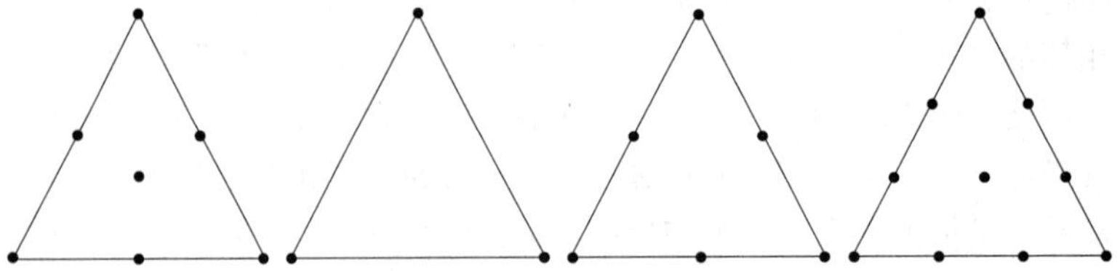

A 可拟合线性加交叉项方程　B（$d=1$）可拟合线性方程　C（$d=2$）可拟合二次方程　D（$d=3$）可拟合三次方程

图 13－92　单纯形质心及单纯形格点设计示意图（未增强情形）

如果有条件，可以加密些取点，从而拟合更高阶方程。增强就是在各顶点与中心点的连线中点再增加一次试验，其示意可以参看增强设计（augmented）方法（见图 13－93）。

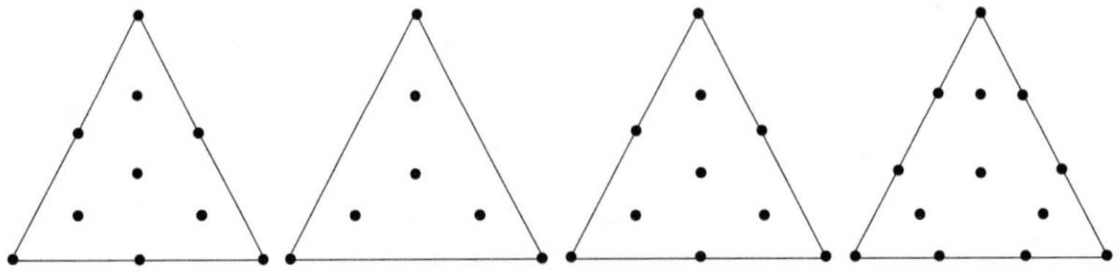

A 可拟合部分三次方程　B 可拟合线性加交叉项方程　C 可拟合部分三次方程　D 可拟合三次方程

图 13－93　单纯形质心及单纯形格点设计示意图（增强情形）

为了在单纯形格点设计法中比较不同的因子数（维数）和阶数的含义，特将 4 组单纯形格点设计法的图（见图 13－94）一起列出：

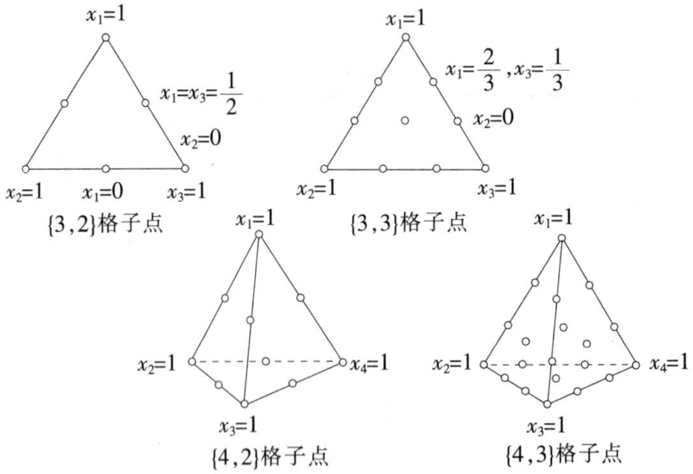

图 13－94　单纯形格点设计法示意图

第三种：极端顶点设计法（extreme vertices design）

在很多实际的混料设计问题中，各分量常要受到上下界的限制，各分量间还有些约束条件要满足，对这类问题有一种最简便的**极端顶点设计法**。各限制平面的交点处称为**极端顶点**。利用极端顶点集所构成的混料试验方案称为**极端顶点设计**。其示意图如图 13－95 所示：

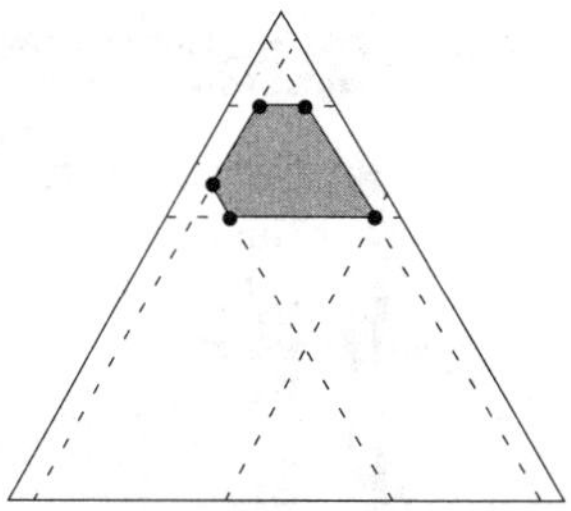

图 13－95　极端顶点设计法示意图

我们不准备讨论计算顶点的细节，因为在实际工作中，只要输入约束条件，计算机就可以自动形成全部顶点坐标。

13.7.2.2　混料试验计划的计算机实现

下面介绍用 MINITAB 软件对混料试验方案计划表的形成步骤。

从“统计>DOE>混料>创建混料设计（Stat>DOE>Mixture>Create Mixture Design）”入口（其界面见图 13－96）。从图形上可以看出这里有三种类型选择，单纯形质心、单纯形格点和极端顶点，下面分别举例说明。

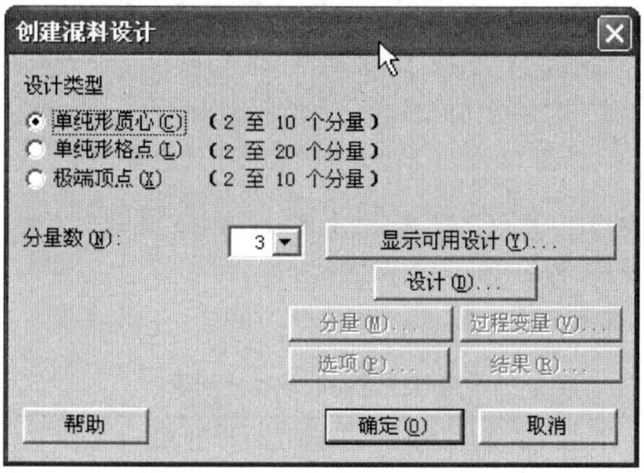

图 13－96　创建混料设计法操作图

1. 单纯形质心设计

例 13－23

空气过滤器设计。对于室内的空气不洁（主要是甲醛含量超标）常安装空气过滤器来实现空气的净化。通常所用的过滤材料由活性炭、碳酸钙及碱性液三种成分组成。为了探索三种成分的最佳组合，用混料设计方法进行试验。请安排试验计划。

解　我们可以用单纯形质心设计法来安排试验。从“统计>DOE>混料>创建混料设计（Stat>DOE>Mixture>Create Mixture Design）”入口后，选用“单纯形质心（Simplex Centroid）”（见图 13－97 中左上）。打开“显示可用设计（Display Available Design）”，可以看见，对于 3 因子的混料设计试验次数为7。如同图13－92中A图所显示，在未增强情形，单纯形质心法安排试验只在3个顶点、3条边上的中点及中心点（质心）。为了获得更好的结果，希望多进行些试验，我们希望如图13－93中A图所显示的那样，采用增强方案，即在所有顶点与中心点连线上再增加其中点（称为“轴点”，点类型用代码“－1”）做试验，总试验次数将达到10。

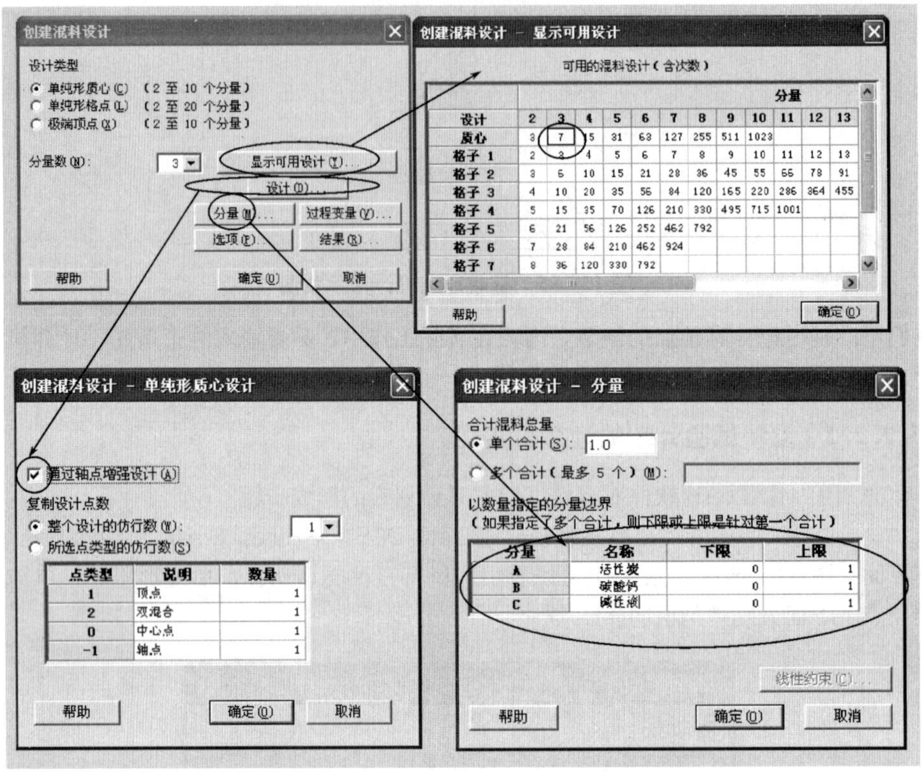

图13－97　创建单纯形质心设计的操作图

打开“设计（Design）”（见图13－97中左下），选中“通过轴点增强设计”。再打开“分量（Component）”（见图13－97中右下），填写所有因子名称。

完成这些操作后，即可输出设计表，结果见表13－45。

表13－45　　空气过滤器的设计计划表

C1	C2	C3	C4	C5	C6	C7
标准序	运行序	点类型	区组	活性炭	碳酸钙	碱性液
6	1	2	1	0.000 00	0.500 00	0.500 00
8	2	－1	1	0.666 67	0.166 67	0.166 67
5	3	2	1	0.500 00	0.000 00	0.500 00
2	4	1	1	0.000 00	1.000 00	0.000 00
3	5	1	1	0.000 00	0.000 00	1.000 00
10	6	－1	1	0.166 67	0.166 67	0.666 67
9	7	－1	1	0.166 67	0.666 67	0.166 67
7	8	0	1	0.333 33	0.333 33	0.333 33
4	9	2	1	0.500 00	0.500 00	0.000 00
1	10	1	1	1.000 00	0.000 00	0.000 00

设计的结果可以直观地显示出来。从"统计＞DOE＞混料＞单纯形设计图（Stat＞DOE＞Mixture＞Simplex Design Plot)"入口后（见图13－98），选中"点类型"作为点的标签。执行此操作后，可以得到单纯形质心设计的布点图（见图13－99）。

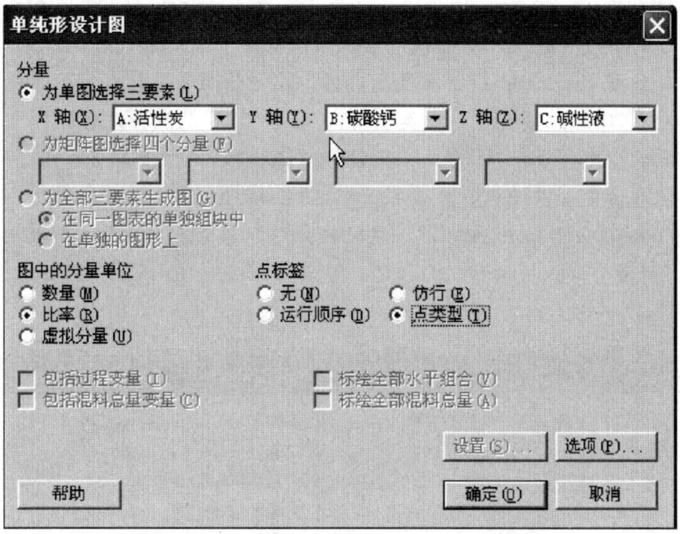

图13－98　显示单纯形质心设计的操作图

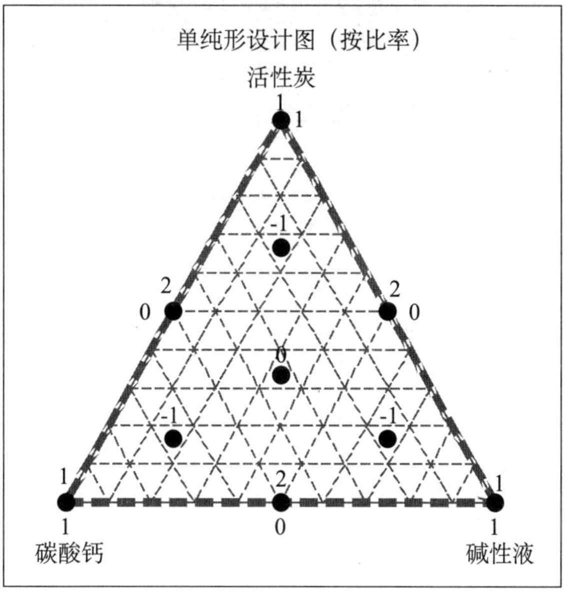

图13－99　单纯形质心设计的布点图

本例将在获得数据后进行分析，有关细节请参考13.7.3节混料试验设计结果的分析。

2. 单纯形格点设计

例13－24

糕点香料设计。糕点生产中需要在食物油中增加一些香料，香料由桂花、茉莉及混合香精调配而成。为精细地寻求最佳设计方案，使试验成本较低，在安排混料设计方法时，容许多进行些试验。请安排试验计划。

解　在例13-23中用单纯形质心设计法来安排，但单纯形质心设计法的安排点数受到限制（3因子可以试验7次或10次，而不能有更多次），单纯形格点设计则可以增加很多，点数由试验的“格度”来控制。从“统计>DOE>混料>创建混料设计（Stat>DOE>Mixture>Create Mixture Design）”入口后，选用“单纯形格点法（Simplex Lattice）”。打开“显示可用设计（Display Available Design）”，可以看见，对于3因子的格度3的设计未增强情形试验次数为10，如图13-92中D图所示。为了获得更好结果，我们希望如图13-93中D图所显示那样，应增强而多进行些试验，即在所有顶点与中心点连线上再增加其中点（称为“轴点”，点类型用代码“—1”）做试验，总试验次数将达到13。

选定单纯形格点后（见图13-100），在“设计（Design）”对话窗中，除了要将格度选为“3”外，要进一步加选“通过中心点增强设计（Augment the design with center point）”和“通过轴点增强设计（Augment the design with axial point）”，这时将会增加若干点。最后，所有这些点将按类型分为“顶点（Vertex）”、“双混合（Double Blend）”、“三混合（Triple Blend）”、“中心点（Center Point）”和“轴点（Axial Point）”。

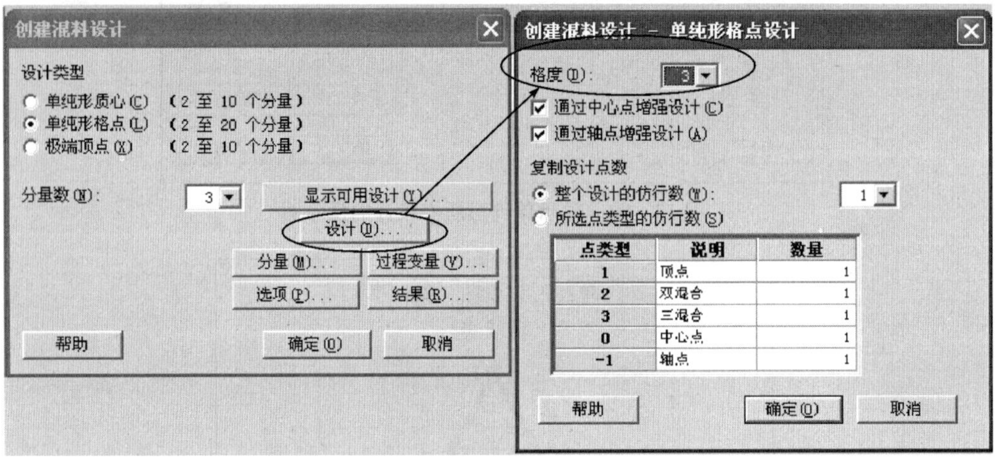

图13-100　单纯形格点法设计的操作图

最后形成的试验设计方案如表13-46所示。

表13-46　　单纯形格点法设计的计划表

	C1	C2	C3	C4	C5	C6	C7
	标准序	运行序	PtType	区组	桂花	茉莉	混合
1	5	1	0	1	0.333 33	0.333 33	0.333 33
2	11	2	−1	1	0.666 67	0.166 67	0.166 67
3	7	3	1	1	0.000 00	1.000 00	0.000 00
4	9	4	2	1	0.000 00	0.333 33	0.666 67
5	13	5	−1	1	0.166 67	0.166 67	0.666 67
6	1	6	1	1	1.000 00	0.000 00	0.000 00
7	2	7	2	1	0.666 67	0.333 33	0.000 00
8	10	8	1	1	0.000 00	0.000 00	1.000 00
9	3	9	2	1	0.666 67	0.000 00	0.333 33
10	6	10	2	1	0.333 33	0.000 00	0.666 67
11	12	11	−1	1	0.166 67	0.666 67	0.166 67
12	8	12	2	1	0.000 00	0.666 67	0.333 33
13	4	13	2	1	0.333 33	0.666 67	0.000 00

绘制布点图的操作与单纯形质心设计完全相同，从“统计>DOE>混料>单纯形设计图（Stat>DOE>Mixture>Simplex Design Plot）”入口后（见图 13－98），选中“点类型”作点的标签。执行完此操作后，可以得到单纯形格点设计的布点图（见图13－101）。

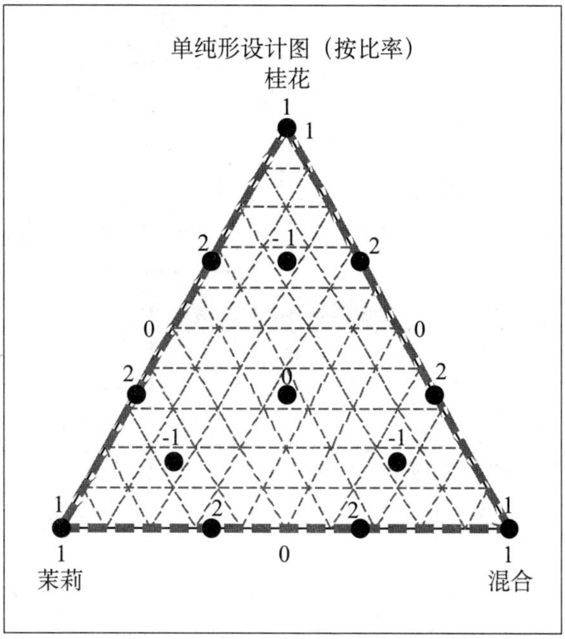

图 13－101　单纯形格点设计的布点图

3. 极端顶点设计

在混料设计的实际工作中，很多时候会出现更复杂的情况，例如对各分量的取值有范围上的限制，而且含有对于各分量间关系的限制，对此通常采用极端顶点设计的方法。下面举例说明。

例 13－25

闪光剂设计。闪光剂的化学原料为下列 4 种（见表 13－47），试安排设计方案。

表 13－47　　闪光剂配方条件表

镁	x_1	$0.4 \leqslant x_1 \leqslant 0.6$
硝酸钠	x_2	$0.1 \leqslant x_2 \leqslant 0.5$
硝酸锶	x_3	$0.1 \leqslant x_3 \leqslant 0.5$
固定剂	x_4	$0.03 \leqslant x_4 \leqslant 0.08$

解　对于这种有范围的分量，只能使用极端顶点设计方法。从“统计>DOE>混料>创建混料设计（Stat>DOE>Mixture>Create Mixture Design）”入口后，选用“极端顶点（Extreme Vertices）”，并选定因子个数为“4”（见图 13－102 中左上）。打开“设计（Design）”（见图 13－102 中右上），先选定非增强的普通型。再打开“分量”窗（见图 13－102 中下侧），填写 4 个因子的名称及设定范围，则可以得到设计计划表（从略），表中包含 8 次试验。

绘制布点图的操作与单纯形质心设计完全相同，从“统计>DOE>混料>单纯形设计图（Stat>DOE>Mixture>Simplex Design Plot）”入口后（见图 13－98），可以得到极端顶点设计的布点图（见图 13－103）。

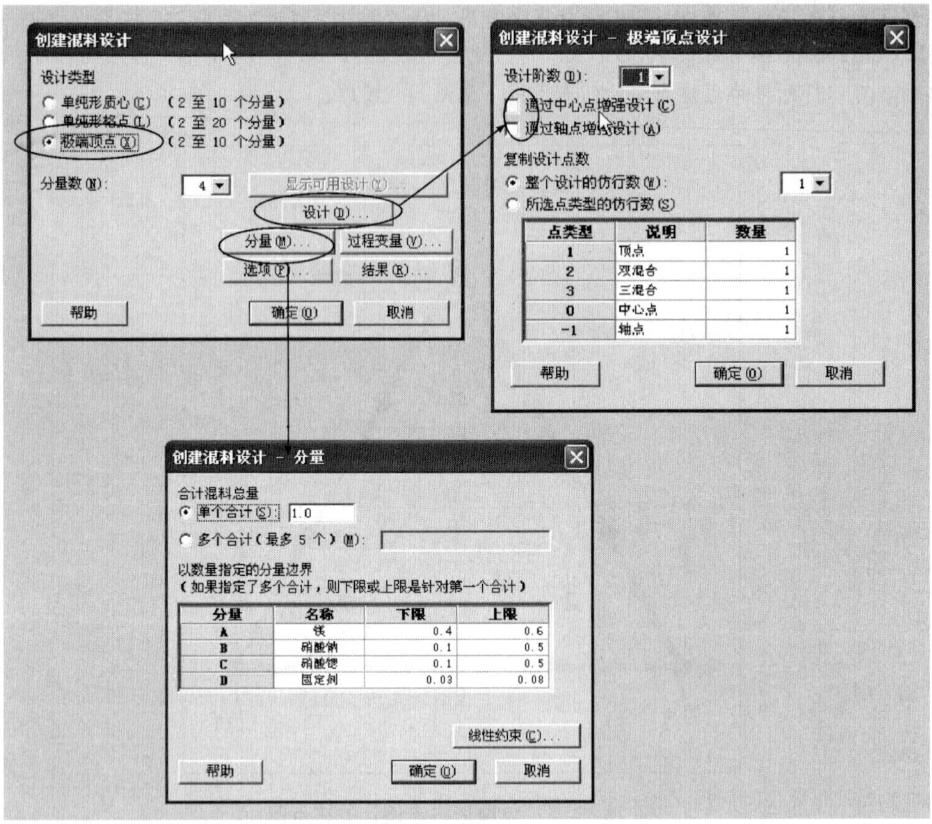

图 13-102　极端顶点设计的操作图

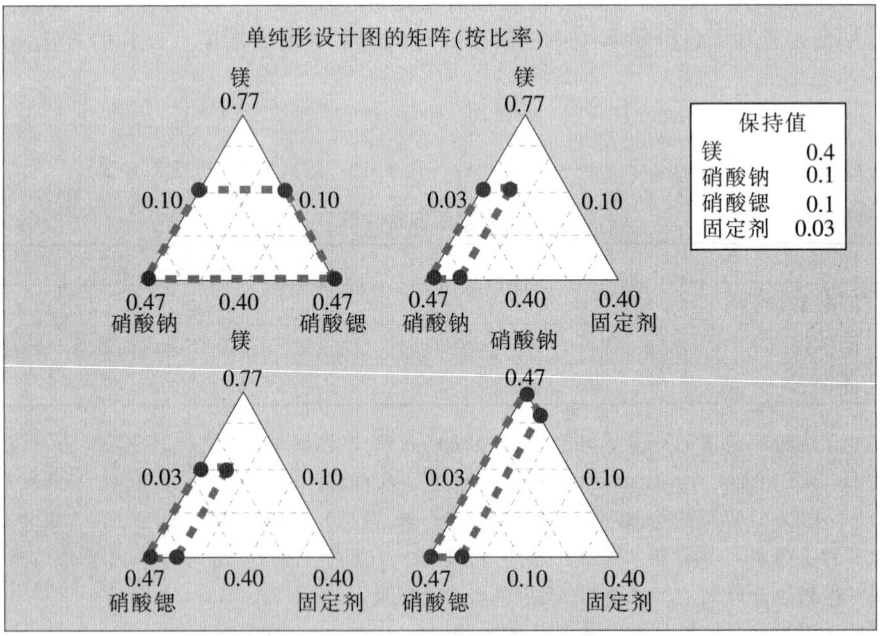

图 13-103　极端顶点设计的布点图

为了提高精度，我们希望多安排些试验点，在“设计（Design)”对话窗中（见图 13－102 中右上)，进一步加选“通过中心点增强设计（Augment the design with center point)”和“通过轴点增强设计（Augment the design with axial point)”，则可以得到 17 次试验的试验安排。其计划见表 13－48。

表 13－48　　极端顶点设计计划表

	C1	C2	C3	C4	C5	C6	C7	C8
	标准序	运行序	PtType	区组	镁	硝酸钠	硝酸锶	固定剂
1	16	1	−1	1	0.55	0.246 25	0.161 25	0.042 5
2	2	2	1	1	0.40	0.100 00	0.420 00	0.080 0
3	1	3	1	1	0.40	0.100 00	0.470 00	0.030 0
4	3	4	1	1	0.60	0.100 00	0.270 00	0.030 0
5	4	5	1	1	0.60	0.100 00	0.220 00	0.080 0
6	9	6	0	1	0.50	0.222 50	0.222 50	0.055 0
7	11	7	−1	1	0.45	0.161 25	0.321 25	0.067 5
8	13	8	−1	1	0.55	0.161 25	0.221 25	0.067 5
9	5	9	1	1	0.40	0.470 00	0.100 00	0.030 0
10	8	10	1	1	0.60	0.220 00	0.100 00	0.080 0
11	15	11	−1	1	0.45	0.321 25	0.161 25	0.067 5
12	7	12	1	1	0.60	0.270 00	0.100 00	0.030 0
13	6	13	1	1	0.40	0.420 00	0.100 00	0.080 0
14	10	14	−1	1	0.45	0.161 25	0.346 25	0.042 5
15	12	15	−1	1	0.55	0.161 25	0.246 25	0.042 5
16	14	16	−1	1	0.45	0.346 25	0.161 25	0.042 5
17	17	17	−1	1	0.55	0.221 25	0.161 25	0.067 5

例 13－26

烘烤蛋糕。有面粉（因子 A)、鸡蛋（因子 B）和油（因子 C）3 种主要原料，要求面粉（因子 A）介于 0.5～0.7 之间，鸡蛋（因子 B）介于 0.3～0.5 之间，油（因子 C）介于 0.05～0.15 之间，且鸡蛋（因子 A）与面粉（因子 B）总和介于 0.88～0.93 之间，试安排设计方案。

解　除了边界条件外，这里的约束条件是：$0.88 \leqslant A+B \leqslant 0.93$。

安排设计与前面几个例题相同，只是要增加约束条件。从“统计>DOE>混料>创建混料设计（Stat>DOE>Mixture>Create Mixture Design)”入口后，选用“极端顶点（Extreme Vertices)”，并选定因子个数为“3”（见图 13－102 中左上)。打开“设计（Design)”（见图 13－102 中右上)，先选定增强型。再打开“分量（Component)”窗（见图 13－104 中左侧)，填写 3 个因子的名称及设定范围，打开“线性约束（Linear Constrains)”（见图 13－104 中右侧)，将上下限及各分量的系数填写入表格内，则可以得到设计计划表（见表 13－49)，表中包含 9 次试验。本例是双侧约束，因此下限、上限都要填入数值；如果只有下限约束，则“上限(Upper)”留为空白；如果只有上限约束，则“下限(Lower)”留为空白。其布点图见图 13－105，其中点的标号是“运行序（Run Order)”。

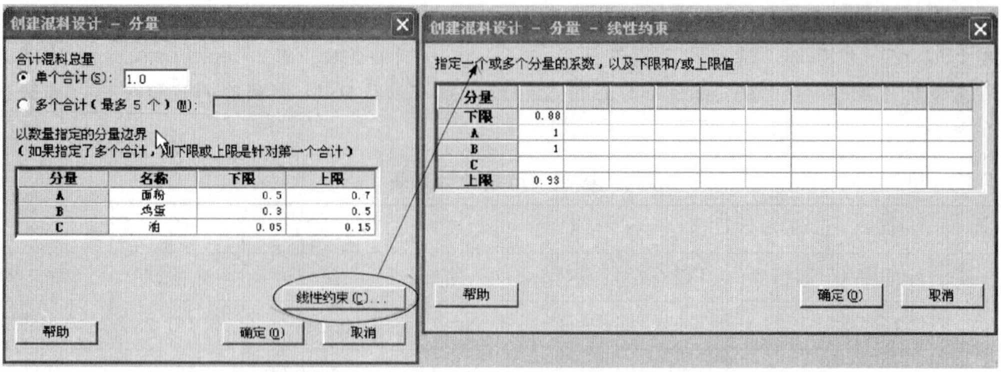

图 13 - 104　带约束的极端顶点设计的操作图

表 13 - 49　　带约束的极端顶点设计（蛋糕）计划表

	C1	C2	C3	C4	C5	C6	C7
	标准序	运行序	PtType	区组	面粉	鸡蛋	油
1	9	1	−1	1	0.526 25	0.391 25	0.082 5
2	4	2	1	1	0.500 00	0.430 00	0.070 0
3	2	3	1	1	0.580 00	0.300 00	0.120 0
4	5	4	0	1	0.552 50	0.352 50	0.095 0
5	8	5	−1	1	0.591 25	0.326 25	0.082 5
6	6	6	−1	1	0.526 25	0.366 25	0.107 5
7	3	7	1	1	0.630 00	0.300 00	0.070 0
8	7	8	−1	1	0.566 25	0.326 25	0.107 5
9	1	9	1	1	0.500 00	0.380 00	0.120 0

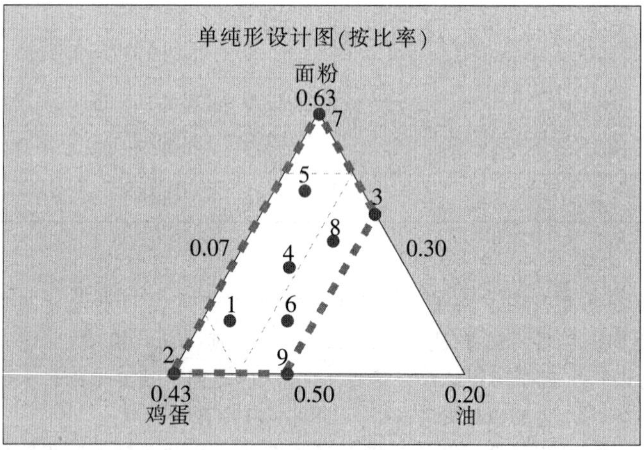

图 13 - 105　带约束的极端顶点设计（蛋糕）的布点图

13.7.3　混料试验设计结果的分析

下面举例说明混料设计的分析步骤。

例 13 - 27（续例 13 - 23）

空气过滤器设计。空气过滤器所用过滤材料主要由活性炭、碳酸钙及碱性液三种成分组成，其响应变量为吸附率。为了探索三种成分的最佳组成，用混料设计方法进行试验，其方案已在例 13-23 中给出。试验结果见表 13-50（数据文件：DOE _ 空气过滤器（混料）.MTW）。请分析结果，并给出最佳设置。

表 13-50　　空气过滤器设计数据表

	C1	C2	C3	C4	C5	C6	C7	C8
	标准序	运行序	点类型	区组	活性炭	碳酸钙	碱性液	吸附率
1	6	1	2	1	0.000 00	0.500 00	0.500 00	77.9
2	8	2	−1	1	0.666 67	0.166 67	0.166 67	78.6
3	5	3	2	1	0.500 00	0.000 00	0.500 00	89.4
4	2	4	1	1	0.000 00	1.000 00	0.000 00	80.0
5	3	5	1	1	0.000 00	0.000 00	1.000 00	81.3
6	10	6	−1	1	0.166 67	0.166 67	0.666 67	82.3
7	9	7	−1	1	0.166 67	0.666 67	0.166 667	78.6
8	7	8	0	1	0.333 33	0.333 33	0.333 33	81.5
9	4	9	2	1	0.500 00	0.500 00	0.000 00	79.2
10	1	10	1	1	1.000 00	0.000 00	0.000 00	65.3

解　从“统计＞DOE＞混料＞分析混料设计（Stat＞DOE＞Mixture＞Analyze Mixture Design)”入口后（见图 13-106），将响应变量“吸附率”填入后，打开“项（Terms)”（见图 13-106 中右上），选定分量项为“二次（Quadratic)”。再打开“图形（Graph)”窗（见图 13-106 中左下），对于残差分析选定“四合一（Four in one)”并填写 3 个因子名称。打开“存储（Storage)”（见图 13-106 中右下），选定“拟合值（Fits)”及“残差（Residual)”。

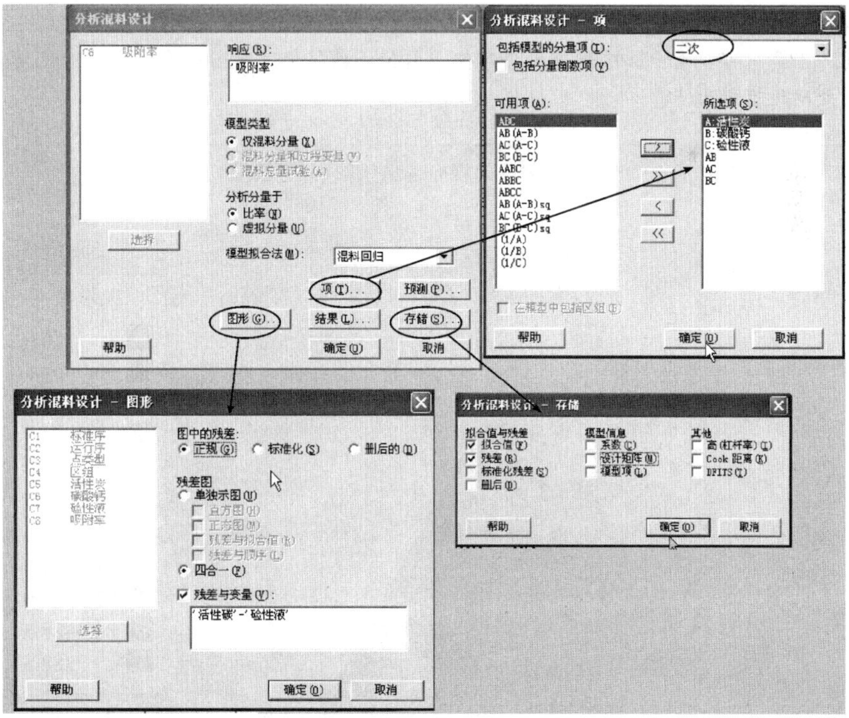

图 13-106　混料设计分析的操作图

我们选定全模型（A，B，C 及 3 项 2 阶交互项），得到以下结果：

混料回归：吸附率与活性炭，碳酸钙，碱性液

吸附率的估计回归系数（分量比率）

系数　方差

项	系数	标准误	T	P	膨胀因子
活性炭	65.62	1.539	*	*	1.964
碳酸钙	80.03	1.539	*	*	1.964
碱性液	81.29	1.539	*	*	1.964
活性炭*碳酸钙	20.45	7.093	2.88	0.045	1.982
活性炭*碱性液	58.58	7.093	8.26	0.001	1.982
碳酸钙*碱性液	-17.40	7.093	-2.45	0.070	1.982

S = 1.595 76　　PRESS = 111.751

R-Sq = 96.81%　　R-Sq（预测） = 64.99%　　R-Sq（调整） = 92.82%

对于吸附率的方差分析（分量比率）

来源	自由度	Seq SS	Adj SS	Adj MS	F	P
回归	5	308.983	308.983	61.796 7	24.27	0.004
线性	2	98.668	166.779	83.389 7	32.75	0.003
二次	3	210.315	210.315	70.105 2	27.53	0.004
残差误差	4	10.186	10.186	2.546 4		
合计	9	319.169				

从上述结果可以看出，3个主效应和3项2阶交互效应都是显著的（显著水平取0.1）。残差分析也都正常。

从“统计>DOE>混料>等值线/曲面图（Stat>DOE>Mixture>Contour/Surface）”入口，将等值线及曲面图分别加以设置，则可以得到下列等值线及曲面图（见图13-107及图13-108）。要注意的是，如果曲面图的显示不直观，可以从“工具>工具栏>3D图形工具（Tools>Toolbars>3D Graph Tools）”入口，选择适当的旋转轴，就可以把坐标轴旋转，直至得到理想的图形。

从图13-107中可以看出，碳酸钙的含量似乎取值小些将使总吸附效果更好，活性炭取0.4，碱性液取0.6处附近有最大点。

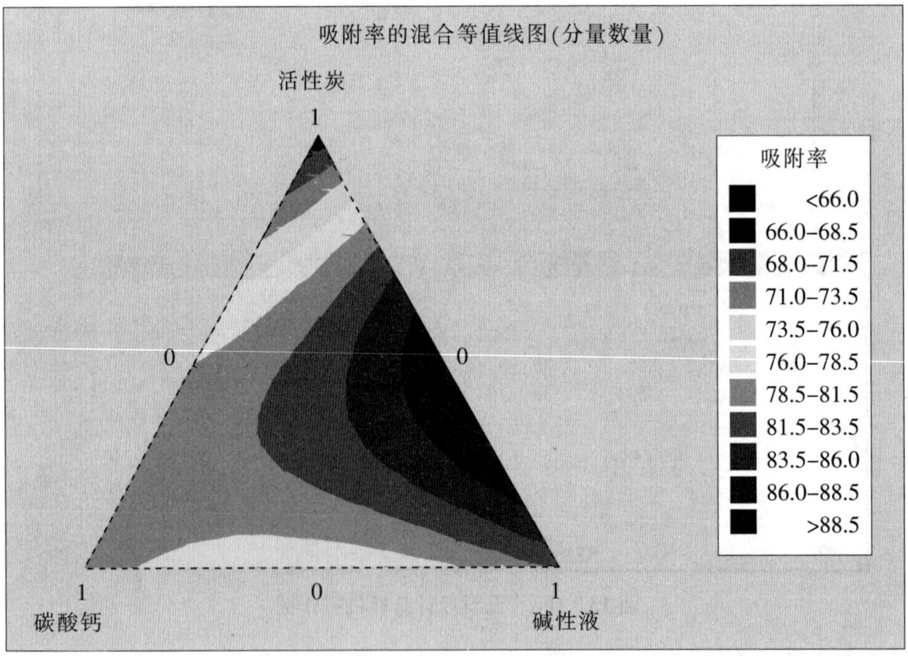

图13-107　空气过滤器的等值线图

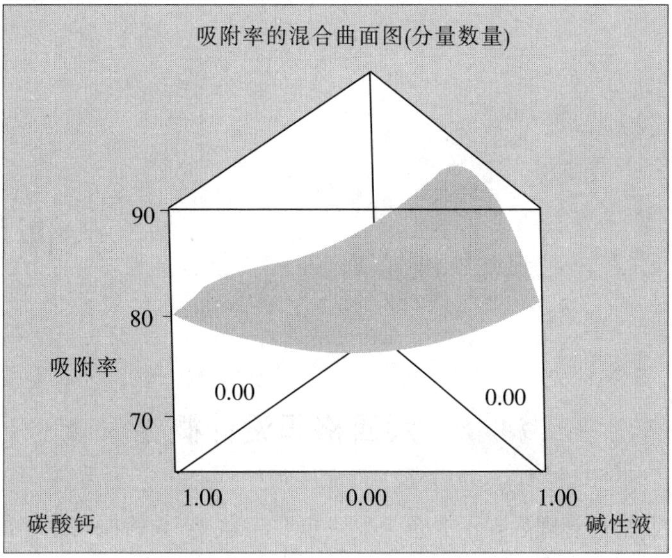

图 13－108　空气过滤器的曲面图

为了准确地求出能使吸附率最大的设置，我们使用响应变量优化器。从“统计>DOE>混料>响应优化器（Stat>DOE>Mixture>Response Optimizer)”入口。设定“目标（Goal)”为“望大（Maximize)”，取“下限（Lower)”值为已实现的“60”，取“目标（Target)”为“99”，“上限（Upper)”不填写，则可得到下列结果（见图 13－109）。

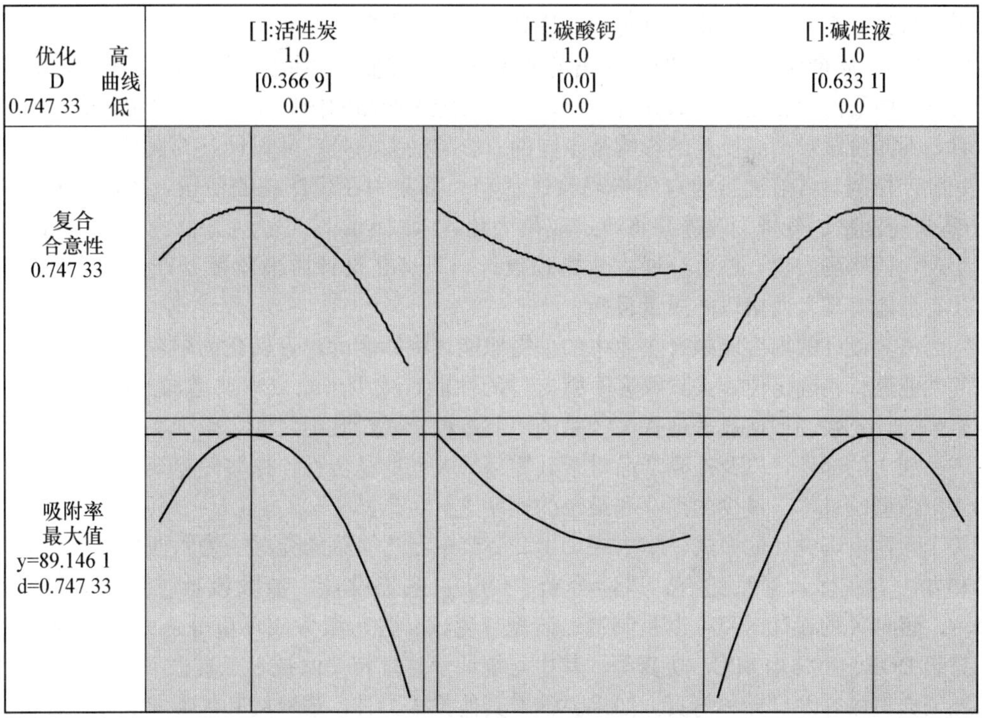

图 13－109　混料设计的响应变量优化图

最后可知，当 *B*（碳酸钙）取 0，*A*（活性炭）取 0.366 9，*C*（碱性液）取 0.633 1 时有最大点，可得最大吸附率 89.146 1。

第 14 章

六西格玛设计

14.1 六西格玛设计概论

在深入推行六西格玛管理后，不少企业发现想要超越 4～5 西格玛水平时，经常有一堵墙横在前面，或是因为无法实现改进工作，或是因为改进成本过高。也就是说，六西格玛管理所能产生的效益是有限的，一旦产品在初始设计上有缺陷，单单进行过程的改进不可能彻底解决问题，此时必须重新设计或修改部分设计才能突破。一旦六西格玛的思想能影响到公司中的研发设计部门，六西格玛会升华到一个崭新的阶段——六西格玛设计（Design For Six Sigma），这是六西格玛研究中的又一亮点。六西格玛设计是一个强有力的手段，它能够使产品设计从产品过程的最初阶段开始就保证生产出的产品符合六西格玛的质量，使问题在发生之前就得以解决，满足最终客户的期望，获得可观的经济效益。

质量策划/质量设计是朱兰博士提出的质量管理三部曲（质量策划/质量设计、质量控制、质量改进）中最前期和最重要的部分。设计质量决定了产品的固有质量，从产品研制的时间序列来看，不同阶段对产品质量的影响是不同的。影响最大的是产品设计，其次是工艺设计，再次才是生产控制。目前进行的六西格玛改进活动大都集中在生产控制阶段，也就是对现有产品/流程进行测量、分析、改进并将改进成果固化，以减少缺陷，达到产品的固有质量。为了真正实现六西格玛质量，必须开展六西格玛设计，只有在设计阶段就赋予产品很高的固有质量，才有可能实现六西格玛的质量目标。

六西格玛设计的内容能融合企业中的关键职能，将顾客的声音转化为顾客需求，并对顾客需求的性能进行精确定位，去除顾客不愿支付的性能，减少多余成本，增加产品价值。同时，六西格玛设计还强调如何显著地提高产品的可制造性，减少装配时间，减少零部件数量，重复利用产品族中的部件，以及提高产品对于其零部件波动的稳健性，这些使得企业在全球任何地方都能以最低的成本、最少的库存和最快的速度进行生产。

关于六西格玛设计的模式，本书在 1.1.2.2 节中已有简单的介绍。为六西格玛设计服务的工具和方法有很多，常见的有：风险分析、QFD、系统设计、**参数设计**、**容差设计**、设计 FMEA、面向 X 的设计（X 可以是制造、装配、测试、售后服务或环境等各方面）、**可靠性分析**、**高级 DOE**、**小样本 SPC**、**仿真**等。其中与统计学直接相关的技术工具也不少，本章将分别介绍比较典型的容差设计和仿真。如果要学习其他技术工具，请参阅其他参考文献。比如可靠性统计方面，可以参阅马逢时等主编的《基于 MINITAB 的现代实用统计》等。

与大家较熟悉的六西格玛改进相比，六西格玛设计在很多公司尚处于起步阶段，它的不断发展将是六西格玛管理的又一个里程碑。

14.2 容差设计

产品设计可以分为系统设计、参数设计和容差设计三个阶段，或称三次设计。系统设计主要是用专业技术研制产品（即样品）及其生产工艺；参数设计是确定产品零部件的结构参数和生产过程的工艺参数，选择最佳的参数组合；容差设计是对各种参数寻求最佳的容许误差，使得质量和成本综合起来达到最佳经济效益。

过去，企业偏重于系统设计，对参数设计和容差设计缺乏足够的重视。现在，国内外研究表明，这种观念在逐渐改变，常常通过试验设计等统计技术来实现参数设计和容差设计。系统设计与各行各业的专业知识相关，不在本书的研究范围之内，而参数设计的内容已涵盖在本书的第13章中，本节将主要介绍容差设计（tolerance design）。

容差设计在完成系统设计和由参数设计确定了可控因素的最佳水平组合后进行，此时一般来说各元件（参数）的质量等级较低，参数波动范围较宽。容差设计的目的是在参数设计阶段确定的最佳条件的基础上，确定各个参数合适的容差。容差设计的基本思想如下：根据各参数的波动对产品质量特性贡献（影响）的大小，从技术的可实现性和经济性角度考虑有无必要对影响大的参数给予较小的容差（例如用较高质量等级的元件替代较低质量等级的元件）。这样做，一方面减少质量特性的波动，提高产品的稳定性，降低质量损失；另一方面，由于提高了元件的质量等级，产品的成本有所提高。因此，容差设计阶段既要考虑进一步降低在参数设计后产品仍存在的质量损失，又要考虑缩小一些元件的容差将会增加的成本，权衡两者的利弊得失，采取最佳决策。

通过容差设计，确定各参数的最合理容差，使总损失（质量损失与材料成本之和）达到最佳（最小）。我们知道，使若干参数的容差减少需要增加成本，但由此会提高质量，减少功能波动的损失。因此，要寻找使总损失最小的容差设计方案。

容差设计常常与参数设计相辅相成。按照参数设计的原理，每一层次的产品（系统、子系统、设备、部件、零件），尤其是交付顾客的最终产品都应尽可能减少质量波动，应缩小容差，以提高产品质量，增强顾客满意度；但另一方面，每一层次产品均应具有很强的承受各种干扰（包括加工误差）影响的能力，即应容许其下属零部件有较大的容差范围。对于下属零部件通过容差设计确定科学合理的容差，作为生产制造阶段符合性控制的依据。虽然容差设计的实施一般晚于参数设计，但有时为了获取总体最佳，容差设计也会影响参数设计的再实施。

怎样才能有效地评估和优化产品的容差设计呢？具备六西格玛水准的容差设计是如何诞生的？下面将结合一个典型的机械系统设计案例，介绍容差设计的基本原理和 MINITAB 的实现方法。

例 14-1

在一个装配环中装入 3 个零件，如图 14-1 所示，技术要求间隙（Gap）的目标值 $T=0.015$，LSL=0.005，USL=0.025，也就是 Gap 的长度要求满足 0.015 ± 0.010。加工的零件 1，2，3 的平均值 $\mu_p=1.554$，标准差 $\sigma_p=0.001$，而装配环的平均值 $\mu_e=4.676$，标准差 $\sigma_e=0.002$。假设所有部件的参数均已实现六西格玛的目标，试问：该系统此容差设计的能力如何？如果未能达到六西格玛水平，应当如何改进？

解 容易看出，间隙 y 与装配环（x_1）和 3 个零件（x_{21}，x_{22}，x_{23}）的设计关系是

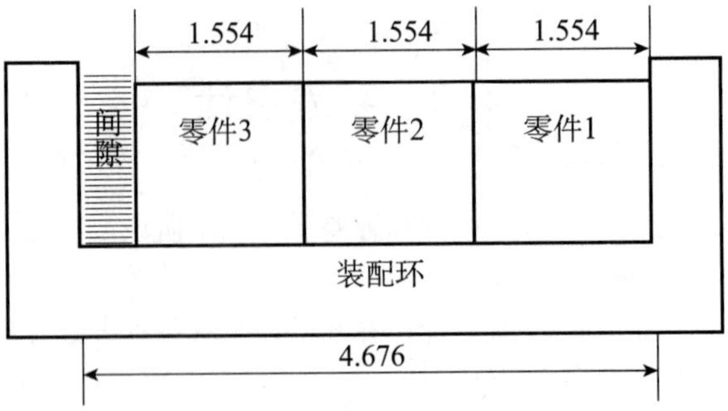

图 14-1　机械装配设计实例

$$y = x_1 - x_{21} - x_{22} - x_{23} \tag{14-1}$$

为了便于下文的分析说明，首先给定几个相关变量：

N_i——各部件数量；

V_i——各部件向量（取值为+1或−1）；

W_i——各部件优化的分配权重（通常对于容易优化、成本低廉的部件分配权重较高，对于不易优化、成本昂贵的部件分配权重较低，但总和恒定为1，本例中假定装配环的分配权重 $W_e=0.6$，加工零件的分配权重 $W_p=0.4$）。

系统的现状为：

$$\mu_y = \sum N_i V_i \mu_i = 4.676 - 3 \times 1.554 = 0.014 \tag{14-2}$$

$$\sigma_y = \sqrt{\sum N_i \sigma_i^2} = \sqrt{0.002^2 + 3 \times 0.001^2} = \sqrt{0.000\,007} = 0.002\,645\,8 \tag{14-3}$$

大于公差上限的不良率为：

$$1 - \Phi\left(\frac{\text{USL} - \mu_y}{\sigma_y}\right) = 1 - \Phi\left(\frac{0.025 - 0.014}{0.002\,645\,8}\right) = 1 - \Phi(4.157\,53)$$
$$= 1 - 0.999\,984 = 0.000\,016$$

小于公差下限的不良率为：

$$\Phi\left(\frac{\text{LSL} - \mu_y}{\sigma_y}\right) = 1 - \Phi\left(\frac{\mu_y - \text{LSL}}{\sigma_y}\right) = 1 - \Phi\left(\frac{0.014 - 0.005}{0.002\,645\,8}\right) = 1 - \Phi(3.401\,62)$$
$$= 1 - 0.999\,665 = 0.000\,335$$

（这里使用了标准正态分布的计算公式 $\Phi(-t) = 1 - \Phi(t)$，此公式以后还要用多次。）

总不良率为 0.000 016+0.000 335=0.000 351，即 351ppm。

相应 Z 值为：

$$Z_y = \Phi^{-1}\left(\Phi\left(\frac{\text{USL} - \mu_y}{\sigma_y}\right) + \Phi\left(\frac{\mu_y - \text{LSL}}{\sigma_y}\right) - 1\right) = \Phi^{-1}(0.999\,649)$$
$$= 3.388\,8$$

与 Z 目标值 $Z_{y0}=4.5$ 相比，该系统的容差设计能力仍然是不尽如人意的。

我们的设计尚未达到目标的原因有两方面：现在的均值 $\mu_y=0.014$ 稍偏离公差中心（$T=0.015$）；标准差太大。因此改进也有两种途径：调整均值或降低各部件的标准差。下面分别讨论。

1. 调整均值 μ_y。

从式（14-2）容易看到，要将 $\mu_y=0.014$ 增大到 $\mu_{y0}=0.015$，可以有两种途径：增加装配环的均值 0.001；减小三个零件的每个均值 0.001/3。容易看出，这两种增大 μ_y 达到目标 μ_{y0} 的措施其效果是完全相同的。若将 $\mu_y=0.014$ 增大到 $\mu_{y0}=0.015$（这时过程均值已与公差中心重合），其标准差仍需降低，但调整均值可以显著改善不良率，且使降低标准差的任务减轻，具体计算见下文。

2. 降低标准差σ_y。

如何根据不同的均值状况来确定各零部件的标准差以使不良率降低到3.4ppm是容差设计的关键环节。按照六西格玛初始的要求，应该将标准差σ_y降低到半公差限的1/6，即要求$\sigma_{y0}=0.01/6=0.001\,667$。但实际上不用这样苛刻。事实上，由于要求$\sigma_{y0}$满足下述方程

$$\Phi\left(\frac{\mathrm{USL}-\mu_{y0}}{\sigma_{y0}}\right)-\Phi\left(\frac{\mathrm{LSL}-\mu_{y0}}{\sigma_{y0}}\right)=0.999\,996\,6 \qquad (14-4)$$

经过变形处理（详细推导见本书参考文献[29]，徐凌、马逢时的论文《六西格玛设计中的标准差计算》），只需要σ_{y0}满足下列可直接计算的条件：

$$\sigma_{y0}=\frac{R}{L(K)} \qquad (14-5)$$

式中，R为半公差限（即$R=(\mathrm{USL}-\mathrm{LSL})/2$）；$K$是过程偏离指数（见本书12.6.1节，$K=1-\frac{C_{pk}}{C_p}=\frac{2|\mu_y-T|}{\mathrm{USL}-\mathrm{LSL}}$）；$L(K)$的值可以查六西格玛容差设计标准差系数表（见表14-1，表的全文见附表13。那里K间隔更小，且有5位小数），或用近似公式（14-6）计算。

表14-1　六西格玛标准差系数表

	0.00	0.01	0.02	0.03	0.04	0.05	0.06	0.07	0.08	0.09
0.0	4.645 2	4.650 2	4.664 8	4.688 4	4.719 6	4.757 0	4.799 6	4.846 1	4.895 6	4.947 5
0.1	5.001 3	5.056 9	5.114 0	5.172 6	5.232 6	5.294 2	5.357 2	5.421 7	5.487 8	5.555 6
0.2	5.625 0	5.696 2	5.769 2	5.844 2	5.921 1	6.000 0	6.081 1	6.164 4	6.250 0	6.338 0

$$L(x)=\begin{cases}\frac{4.5}{1-x}+\exp(172.686\,2x^3-179.304\,8x^2-30.854\,4x-1.929\,7), & 0\leqslant x<0.25\\ \frac{4.5}{1-x}, & 0.25\leqslant x<1\end{cases} \qquad (14-6)$$

（在式（14-6）中把K写成x）

在本例中，容易看出偏离指数为：

$$K=\frac{2|\mu_y-T|}{\mathrm{USL}-\mathrm{LSL}}=\frac{|0.014-0.015|}{0.01}=0.1$$

由$x=0.1$，查表14-1或用式（14-6），可知，$L=5.001\,3$，因此，$\sigma_{y0}=0.01/5.001\,3=0.001\,999\,5$。需减少的方差为：

$$\Delta^2=\sigma_y^2-\sigma_{y0}^2=0.000\,007-0.001\,999\,5^2=0.000\,003\,002$$

标准差$\Delta=0.001\,732\,9$

对于各部件，可用公式

$$\sigma_{i0}=\sqrt{\sigma_i^2-\frac{W_i}{N_i}\Delta^2} \qquad (14-7)$$

求出新的符合要求的标准差。例如

$$\sigma_{e0}=\sqrt{\sigma_e^2-\frac{W_e}{N_e}\Delta^2}=\sqrt{0.000\,004-0.6\times0.000\,003\,002}=\sqrt{0.000\,021\,98}$$
$$=0.001\,482\,6$$

$$\sigma_{p0}=\sqrt{\sigma_p^2-\frac{W_p}{N_p}\Delta^2}=\sqrt{0.000\,001-\frac{0.4}{3}\times0.000\,003\,002}=\sqrt{0.000\,005\,995\,73}$$
$$=0.000\,774\,3$$

上述计算太烦琐，我们编写的MINITAB宏指令可以很方便地完成上述计算。在调用宏指令前，

我们先要把原始资料存入六西格玛设计的平台文件（数据文件：SS_容差设计1.MTW），空白的平台文件见数据文件“SS_容差设计.MTW”。平台中的前5列是原始数据，C6～C8三列**是使用时要先填写提供的**；以后各列都是计算结果，在开始时皆为空白。使用时应先填写完成前5列（例14-1填写后的结果见数据文件“SS_容差设计1.MTW”），其前5列之界面见图14-2。这里，C1与C2两列构成设计目标变量（本例是“间隙”）的表达式（可以看出，本平台只限在目标变量是各零部件的线性函数情况下使用）。C3及C4是各零部件原来的均值和标准差，C5给出了目标变量（本例是“间隙”）的公差限。

C1-T	C2	C3	C4	C5
名称	系数	原定均值	原定标准差	公差限
装配环	1	4.676	0.002	0.005
零件	-3	1.554	0.001	0.025

图14-2　机械装配设计例初始数据显示图

下面给出宏指令的使用方法。

调用宏指令是从“编辑 > 命令行编辑器（Edit>Command Line Editor）”入口，在相应窗口中填写宏指令调用命令即可。本宏指令命令为：

%toldesign

本宏指令使用特别简单，输入上述名称后不用填写任何其他信息，单击“提交命令”就行了。计算后将给出C9～C17全部结果（见图14-3）。

C6	C7	C8	C9	C10-T	C11	C12	C13-T	C14
设定均值	设定标准差	设定方差调整权	公差中心		系统均值	系统标准差		现不良率
4.676	0.002	0	0.015	现状	0.014	0.0026458	<LSL	0.000335
1.554	0.001	0			*	*	>USL	0.000016
				理想	0.015	0.0019995	Total	0.000351
					*	*	Z	3.388840
				需调整量	0.001	0.0017327	K	0.100000
							L	5.001313

C15	C16	C17
均值调整建议（只调一个）	方差调整权建议	标准差调整建议
4.677000	0.571429	0.002
1.553667	0.428571	0.001

图14-3　六西格玛设计平台界面图

公差设计平台的功能将根据“方差调整权”是否设定而分为下列两类：

(1) 计算绩效功能。平台中的C6，C7是设定的各部件的均值及标准差，一旦C6，C7设定，再将设定方差调整权C8列全部设置为0，则可以根据给定的公差限，计算出目标变量低于下公差限的不良率、高于上公差限的不良率、总不良率及相应的Z值（C10～C14），相应的偏离系数K及标准差系数L。这时，计算机也将给出各部件的均值的调整建议（表达方式详细说明见后）及方差调整权建议（C15～C17）。

(2) 计算标准差功能。根据设定的各部件的均值及标准差（C6，C7），加上设定的方差调整权C8，则可以计算出各部件的标准差调整建议。

因此，一般的六西格玛容差设计的使用步骤如下：

(1) 研究各部件均值的调整。先将C6，C7设定为原始的各部件的均值及标准差（通常将C3，C4两列复制过来即可)，将设定方差调整权C8列全部设置为0。这时调用宏指令将计算出目前不良率状况，同时给出各部件的均值的调整建议。

(2) 计算出各部件方差调整权。根据（1）得到的均值调整建议，可以设定新的均值（填写入C6)，而设定标准差C7及方差调整权C8不变。这时调用宏指令将验算均值是否调整到位；计算出调整均值后的不良率及Z值；同时计算出各部件方差调整权的建议。

(3) 计算出各部件标准差应调整到的目标值。根据（2）计算出的各部件方差调整权建议，使用者可以根据各部件的性质、改进标准差需要的成本与难度，尝试给出可接受的各部件方差调整权，这时调用宏指令将根据设定方差调整权计算出各部件标准差调整建议。各部件方差调整权的设定可以逐步调整，不一定一次到位，也不一定要保证完全合适，更不一定满足成本最低原则。计算每次设置之值，计算机都会给出新的建议。

如果调整中出现问题（例如，按设定的方差调整权不可能找到标准差改进方案)，计算机会给出出错信息。

(4) 计算最终设计方案的效果。根据调整后的均值及标准差计算出最终的不良率及Z值。如果尚未达到满意水平，还可以继续调整均值、标准差，不断重新计算。

下面我们以机械零件装配间隙为例说明容差设计平台的使用方法。首先打开数据文件“SS_容差设计1.MTW”。

(1) 调整均值。以最初的设计方案参与计算：将C3及C4的值复制到C6及C7，将方差调整权C8全部设置为0。调用宏指令

```
%toldesign
```

这时可得计算结果如图14-3中C9～C17所示。在计算中首先得到了C11中的目前间隙的均值为0.014及C12列中的标准差0.002 645 8。以此为基础，容易计算出小于公差下界的不良率为0.000 335，大于公差上界的不良率为0.000 016，合计为0.000 351，大约351ppm的不良率，其Z值为3.388 8（注：当Z值达到4.5时就是达到6西格玛水平)。从C11列中看到，间隙的均值目前为0.014，而公差中心为0.015，未对准中心必然导致不良率较大，需要调整（增大）均值0.001才行。如何实现这一点？调整一项或多项变量几种方法都可以使目标变量对准中心。但容易理解，在正态分布的假定下，调整一项或同时调整多项变量以使目标变量对准中心，其结果其实是一样的。换言之，在众多项中究竟调整哪些项、不调整哪些项根本不用讨论，只要根据实际问题的状况来确定，任意选择某个（或某几个）变量调整就行。当然，一般来说，只调整一个变量最简单。我们在C15中给出了可能的选择，但要注意，调整时只能选择其中一个。例如我们选第一项装配环宽度，由4.676调整到4.677，其他项则要保持不动。

注意：如果只对某一项调整有困难，可以增加调整的项数。可先任意选择调整一项，不一定达到C15建议的值。这时可以先输入这一项调整结果，再次调用宏指令，计算机会自动计算出下一次需要调整的值（仍然是只能再调一项)，以此类推。六西格玛设计的一个最简易原理就是最好要使均值能完全达到目标。众所周知，降低标准差不容易实施，且要增加成本；调整均值则更容易实施且不需增加成本，这当然是最好的选择。

(2) 下面计算调整均值后的效果。将在C6列内的装配环长度，由4.676调整到4.677，其他项不动，标准差（C7）及方差调整权C8为0维持不变。再次调用宏指令（**注意：不改变宏指令内容而调用宏指令，可以使用快捷键Ctrl+L及Alt+S直接完成调用**)，得到下列结果（见图14-4)。

C6	C7	C8	C9	C10-T	C11	C12	C13-T	C14
设定均值	设定标准差	设定方差调整权	公差中心		系统均值	系统标准差		现不良率
4.677	0.002	0	0.015	现状	0.015	0.0026458	<LSL	0.0000785
1.554	0.001	0			*	*	>USL	0.0000785
				理想	0.015	0.0021528	Total	0.0001571
					*	*	Z	3.6033810
				需调整量	0.000	0.0015381	K	0.0000000
							L	4.6451917

图 14-4　六西格玛设计平台第二次计算结果界面图

可以看到，C11 中的间隙均值已经调整到位，不良率最终已达到 0.000 157 1，Z 值升至 3.603 381。下一步的任务应该是设法降低方差。C14 中的第 5 项 K 是过程能力指数中的偏离系数。C12 中列出了目标：现在标准差已达到 0.002 645 8，要达到六西格玛水平（即 Z 值为 4.5），标准差应降低到 0.002 152 8。C14 中的第 6 项 L 是计算此值的依据，它表示的是半公差限相当于新标准差的倍数（本例是满足关系 0.002 152 8＝0.010/4.645 191 7）。当然，要实现这样的任务通常不能靠降低一项变量的方差就能实现。为此，计算机给出了改进建议，即把降低方差的目标按各自原来的方差大小“分配任务”，方差越大、重复数越多者权重越大。这样的建议当然仅供参考，使用者要根据自己的实际情况来考虑，要注意到各变量的实际波动状况，包括降低方差的成本等需要统筹考虑来确定。我们可以不断调试以达到最终目标。例如现在对于这两个变量分别给出建议，现在的权重总和恰好为 1，调试中可以让权重取粗略些的值。如果取总和小于 1 的值，则通常达不到 Z 值为 4.5 的要求；如果总和大于 1（相当于对 Z 值要求超过 4.5），或某些项降低方差的任务过重，这将导致由于不能实现这样的高目标而由计算机给出“出错信息”。

（3）按调整权系数不断降低方差。降低方差的第一种方法是设定合适的调整方差权。宏指令给出了最初始的各项降低方差的权系数，即以各项的方差（含系数）在总方差中的比率为权。换言之，本项方差在总方差中占多大比率则本项方差在降方差中承担多大责任。具体写出就是：

$$W_i = \frac{N_i\sigma_i^2}{\sum N_i\sigma_i^2} \tag{14-8}$$

在本例中，由于总方差为：

$$\sigma_y^2 = \sum N_i\sigma_i^2 = \sigma_1^2 + 3\sigma_2^2 = 0.000\,004 + 3\times 0.000\,001 = 0.000\,007$$

所以
$$W_1 = \frac{N_1\sigma_1^2}{\sum N_i\sigma_i^2} = \frac{0.000\,004}{0.000\,007} = 0.571\,4$$

$$W_2 = \frac{N_2\sigma_2^2}{\sum N_i\sigma_i^2} = \frac{3\times 0.000\,001}{0.000\,007} = 0.428\,6$$

此权重建议列在图 14-3 中的 C16 中，二者分别为（0.57，0.43）。当然实际工作部门也可以根据该部件优化难易程度、改进成本等需求，给出生产部门方面的建议，例如本例简化为（0.6，0.4）。以此值（方案 1）输入，计算结果如下（见图 14-5）：

C6	C7	C8	C9	C10	C11	C12	C13-T	C14	C15	C16	C17
设定均值	设定标准差	设定方差调整权	公差中心		系统	系统标		现不良率	均值调整建议	方差调整权建议	标准差调整建议
4.677	0.002	0.6	0.015	现状	0.>>	0.00>>	<LSL	0.0000785	4.677	0.571429	0.0016064
1.554	0.001	0.4			*	*	>USL	0.0000785	1.554	0.428571	0.0008274
				理想	0.>>	0.00>>	Total	0.0001571			
					*	*	Z	3.6033810			
				需>>	0.>>	0.00>>	K	0.0000000			
							L	4.6451917			

图 14-5　机械零件装配间隙按权重方案 1 计算结果界面图

从图 14－5 看出，此权重方案可行，即各标准差可按 C17 所列各值予以改进。以 C17 列中各标准差的值回代入 C7 中，则可以得到最后结果（注意不要忘记将 C8 列全部设置改回为 0），该结果显示于图 14－6。

C6 设定均值	C7 设定标准差	C8 设定方差调整权	C9 公差中心	C10-T	C11 系统均值	C12 系统标准差	C13-T	C14 现不良率
4.677	0.0016064	0	0.015	现状	0.015	0.0021528	<LSL	0.0000017
1.554	0.0008274	0			*	*	>USL	0.0000017
				理想	0.015	0.0021528	Total	0.0000034
					*	*	Z	4.5000041
				需调整量	0.000	0.0000000	K	0.0000000
							L	4.6451917

图 14－6　机械零件装配间隙按方案 1 标准差值计算绩效结果图

可以看出，这时已经使 Z 值达到 4.5，实现了六西格玛设计的要求。

(4) 如果装配环均值调整有困难，是否可以只调整标准差而达到六西格玛水平？我们可以进行调试，这时假定方差的调整权仍为（0.6，0.4），其计算结果如图 14－7 所示。

C6 设定均值	C7 设定标准差	C8 设定方差调	C9 公差中	C10-T	C11 系统均值	C12 系统标准差	C13-T	C14 现不良率	C15 均值调整	C16 方差调整权建议	C17 标准差调整建议
4.676	0.002	0.6	0.015	现状	0.014	0.0026458	<LSL	0.0003349	4.67700	0.571429	0.0014828
1.554	0.001	0.4			*	*	>USL	0.0000161	1.55367	0.428571	0.0007744
				理想	0.015	0.0019995	Total	0.0003509			
					*	*	Z	3.3888402			
				需调整量	0.001	0.0017327	K	0.1000000			
							L	5.0013129			

图 14－7　机械零件装配间隙按原均值方案 2 计算标准差结果图

按图 14－7 中 C17 的建议，可以计算出其绩效结果，计算时不要忘记将设定方差调整权 C8 全部设置为 0，其结果见图 14－8。

C6 设定均值	C7 设定标准差	C8 设定方差调	C9 公差中	C10-T	C11 系统均值	C12 系统标准差	C13-T	C14 现不良率
4.676	0.0014828	0	0.015	现状	0.014	0.0019995	<LSL	0.0000034
1.554	0.0007744	0			*	*	>USL	0.0000000
				理想	0.015	0.0019995	Total	0.0000034
					*	*	Z	4.5000001
				需调整量	0.001	0.0000000	K	0.1000000
							L	5.0013129

图 14－8　机械零件装配间隙按原均值方案 2 标准差计算绩效结果图

可以看出，这时已经使 Z 值达到 4.5，实现了六西格玛设计的要求。但比较图 14－8（均值有偏）与图 14－6（均值无偏）可以看出，如果能将均值调整到位，则可以得到图 14－6 所显示的更经济的方案。例如，将装配环的均值由 4.676 增加到 4.677，则 $\mu_{y0}=0.015$，这时过程均值与公差中心重合。对于偏离指数为 0 的结果有 $L=4.645\ 191\ 7$，因此整个系统的标准差 $\sigma_{y0}=0.01/4.645\ 191\ 7=0.002\ 152\ 8$ 就行了。同样用宏指令可以得到两个部件的标准差（见图 14－5 中 C17），$\sigma_{e0}=0.001\ 606\ 4$ 及 $\sigma_{p0}=0.000\ 827\ 4$，显然比均值未与公差中心重合时（见图 14－7 中 C17）宽松些。

下面我们用一个更复杂的例子说明六西格玛设计中的容差设计过程。

例 14-2

气缸结构的六西格玛设计问题。某汽车发动机的气缸由缸体、缸盖、活塞、活塞轴承、连杆、杆轴承和机轴装配而成（如图 14-9 所示）。目前气缸总装车间遇到的问题是，虽然各个零部件的机械尺寸都达到研发部门设计的规格要求，但总装在一起后总会有相当比例的成品装配过松或过紧，一次性通过率远远低于当初预定的目标，而且由此产生的返工造成大量额外的劣质成本损失，还影响出货进度。希望计算出能使总装达到六西格玛水平的各部件之均值及标准差。

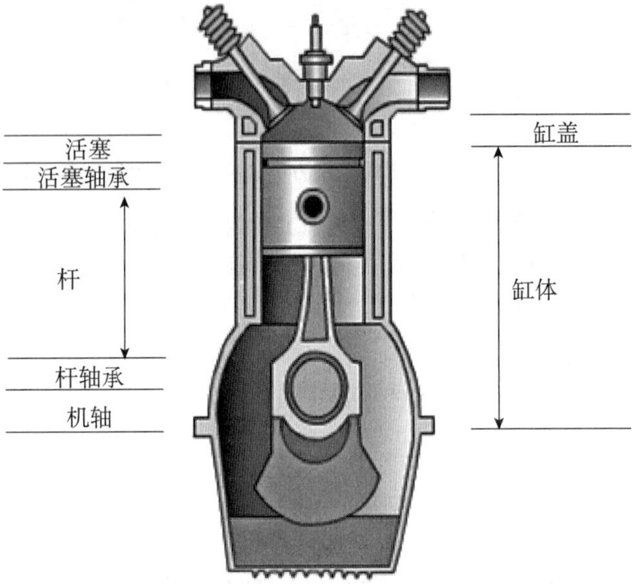

图 14-9　发动机气缸的结构简图

在气缸总装的流程中，产品的质量特性是装配间隙，它的实际值可以通过下列公式计算：

装配间隙＝缸体＋缸盖－活塞－活塞轴承－连杆－杆轴承－机轴

最终的装配结果不能太松或太紧，也就是说必须将装配间隙的公差规格界定在一定的范围，如[0.005，0.015]之间。各个零部件的公差规格是这样的：缸体为 8.499 50±0.004 68，缸盖为 0.710 00±0.002 19，活塞为 2.000 50±0.003 30，活塞轴承为 0.250 13±0.001 14，连杆为 5.000 50±0.003 27，杆轴承为 0.200 00±0.000 99，机轴为 1.750 25±0.002 49。

使用 MINITAB 宏指令，我们先填写完成前 5 列（例 14-2 填写后的结果见数据文件“SS_容差设计 2.MTW”）。其前 5 列之界面见图 14-10，其中标准差是按公差限等于±3σ而计算出来的。

C1-T	C2	C3	C4	C5
名称	系数	原定均值	原定标准差	公差限
缸体	1	8.49950	0.00156	0.005
缸盖	1	0.71000	0.00073	0.015
活塞	-1	2.00050	0.00110	
活塞轴承	-1	0.25013	0.00038	
连杆	-1	5.00050	0.00109	
杆轴承	-1	0.20000	0.00033	
机轴	-1	1.75025	0.00083	

图 14-10　气缸结构六西格玛设计平台界面图 1

将C3，C4复制到C6，C7，将C8全部设置为0，调用宏指令%toldesign后，可得计算结果如图14－11所示。

C6	C7	C8	C9	C10-T	C11	C12	C13-T	C14	C15
设定均值	设定标准差	设定方差调	公差中心		系统均值	系统标准差		现不良率	均值调整建议
8.49950	0.00156	0	0.01	现状	0.0081200	0.0025113	<LSL	0.107051	8.50138
0.71000	0.00073	0			*	*	>USL	0.003076	0.71188
2.00050	0.00110	0		理想	0.0100000	0.0006933	Total	0.110126	1.99862
0.25013	0.00038	0			*	*	Z	1.225856	0.24825
5.00050	0.00109	0		需调整量	0.0018800	0.0024137	K	0.376000	4.99862
0.20000	0.00033	0					L	7.211538	0.19812
1.75025	0.00083	0							1.74837

图14－11　气缸结构六西格玛设计平台界面图

间隙的均值为0.008 12，标准差为0.002 511 3。以此为基础，容易计算出小于公差下界的不良率为0.107 051，大于公差上界的不良率为0.003 076，合计为0.110 126，大约11%的不良率，其Z值只有1.225 856。改进的办法是：

(1) 调整均值。从图14－11的C11列中看到，间隙的均值目前为0.008 12，而公差中心为0.01，需要调整（增大）均值0.001 88才行。根据C15列的建议，我们可以选第一项缸体高度调整，由8.499 50增大到8.501 38，其他项不动。设定方差调整权C8维持为0不变。再次调用宏指令，得到下列结果（见图14－12）。

C6	C7	C8	C9	C10-T	C11	C12	C13-T	C14	C15	C16
设定均值	设定标准差	设定方差调整权	公差中心		系统均值	系统标		现不良率	均值调整建议	标准差调整权建议
8.50138	0.00156	0	0.01	现状	0.0100000	0.002>>	<LSL	0.023242	8.50138	0.385869
0.71000	0.00073	0			*	*	>USL	0.023242	0.71000	0.084496
2.00050	0.00110	0		理想	0.0100000	0.001>>	Total	0.046484	2.00050	0.191856
0.25013	0.00038	0			*	*	Z	1.679947	0.25013	0.022896
5.00050	0.00109	0		需调整量	-0.0000>>	0.002>>	K	0.000000	5.00050	0.188384
0.20000	0.00033	0					L	4.645192	0.20000	0.017267
1.75025	0.00083	0							1.75025	0.109231

图14－12　六西格玛设计平台第二次计算结果界面图

可以看到，C11中的间隙均值已经调整到位，不良率最终达到0.046 483 8，Z值升至1.679 947。下一步的任务应该是设法降低方差。C12中列出了目标：现在标准差已达到0.002 511 3，要达到六西格玛水平（即Z值为4.5），标准差应降低到0.001 076 4。C14中的第6项L是计算此值的依据，它表示的是半公差限相当于新标准差的倍数（本例是0.001 076 4＝0.005/4.645 192）。当然，要实现这样的任务通常不能靠降低一两项变量的方差就能实现。为此，计算机给出了改进建议，即把降低方差的目标按各自原来的方差大小"分配任务"，方差越大、重复数越多者权重越大。这样的建议当然仅供参考，使用者要根据自己的实际情况来考虑，要注意到各变量的实际波动状况，包括降低方差的成本等需要统筹考虑来确定。我们可以不断调试以达到最后目标。例如现在对于7个变量分别给出建议，现在的权重总和恰好为1，调试中可以让权重取粗略些的值，通常可以取总和小于1的值作为试验。如果总和严格等于1相当于一步达到六西格玛水平，我们可以逐步实现这样高的目标。

(2) 按调整权系数不断降低方差。降低方差的第一种方法是设定合适的方差调整权，计算出各变量应达到的降低标准差目标。如上面第二次计算结果显示权重大体是（0.4，0.1，0.2，0.0，0.2，0.0，0.1）。以此值（方案1）输入，计算结果见图14－13：

C6	C7	C8	C9	C10-	C11	C12	C13-T	C14	C15	C16	C17
设定均值	设定标准差	设定方差调	公差中心		系统均	系统标		现不良率	均值调整建议	方差调整权建	标准差调整建议
8.50138	0.00156	0.4	0.01	现状	0.010>>	0.0>>	<LSL	0.023242	8.50138	0.385869	0.0006118
0.71000	0.00073	0.1			*	*	>USL	0.023242	0.71000	0.084496	0.0001345
2.00050	0.00110	0.2		理想	0.010>>	0.0>>	Total	0.046484	2.00050	0.191856	0.0004247
0.25013	0.00038	0.0			*	*	Z	1.679947	0.25013	0.022896	0.0003800
5.00050	0.00109	0.2		需>>	-0.00>>	0.0>>	K	0.000000	5.00050	0.188384	0.0003981
0.20000	0.00033	0.0					L	4.645192	0.20000	0.017267	0.0003300
1.75025	0.00083	0.1							1.75025	0.109231	0.0004172

图 14-13　六西格玛设计平台按权重方案 1 计算结果界面图

从图 14-13 看出，此权重方案可行，且各标准差应按 C17 所列各值予以改进。以 C17 中各标准差的值再回代入 C7 中，则可以得到最后结果（注意不要忘记将 C8 全部设置改回为 0），该结果显示于图 14-14。

C6	C7	C8	C9	C10-T	C11	C12	C13-T	C14
设定均值	设定标准差	设定方差调	公差中心		系统均值	系统标准差		现不良率
8.50138	0.0006118	0	0.01	现状	0.0100000	0.0010764	<LSL	0.000002
0.71000	0.0001345	0			*	*	>USL	0.000002
2.00050	0.0004247	0		理想	0.0100000	0.0010764	Total	0.000003
0.25013	0.0003800	0			*	*	Z	4.500004
5.00050	0.0003981	0		需调整量	-0.0000000	0.0000000	K	0.000000
0.20000	0.0003300	0					L	4.645192

图 14-14　六西格玛设计平台按权重方案 2 计算结果界面图

可以看出，这时已经使 Z 值达到 4.5，实现了六西格玛设计的要求。

以下我们讨论在计算中可能出现的考虑以及按此计算的结果，供大家比较分析。

(1) 有人建议，由于缸体的标准差最大，能否将其降低方差的权重上调为 0.5，而且仅调整这一项（方案 3）呢？这就是说，权重改为（0.5，0，0，0，0，0，0）。计算结果见图 14-15。

C6	C7	C8	C9	C10-	C11	C12	C13-	C14	C15	C16	C17
设定均值	设定标准差	设定方差调	公差		系统均值	系统标		现不	均值调整建议	方差调整权建	标准差调整建议
8.50138	0.00156	0.5	0.01	现状	0.0100>>	0.0>>	<LSL	0.>>	8.50138	0.385869	-1.0000000
0.71000	0.00073	0.0			*	*	>USL	0.>>	0.71000	0.084496	0.0007300
2.00050	0.00110	0.0		理想	0.0100>>	0.0>>	To>>	0.>>	2.00050	0.191856	0.0011000
0.25013	0.00038	0.0			*	*	Z	1.>>	0.25013	0.022896	0.0003800
5.00050	0.00109	0.0		需>>	-0.000>>	0.0>>	K	0.>>	5.00050	0.188384	0.0010900
0.20000	0.00033	0.0					L	4.>>	0.20000	0.017267	0.0003300
1.75025	0.00083	0.0							1.75025	0.109231	0.0008300

图 14-15　六西格玛设计平台按权重方案 3 计算结果界面图

从图 14-15 中可以看出，C17 显示方案 3 是不可行的。单靠降低缸体的标准差承担降低总方差一半的办法不能实现，方差调整权是不能随意主观设置的。

(2) 有人建议，由于缸体的标准差最大，能否在均值调整到最佳值（缸体高度由 8.499 50 调整到 8.501 38）后，将其方差降低一半实现六西格玛标准呢？这就是说，将缸体的标准差由 0.001 56 降低为 0.000 78（方案 4）？我们可以试算，结果列在图14-16中。

从图 14-16 中可以看出，在 C14 中显示方案 4 的效果是有限的。单靠缸体的标准差降低一半只能使 Z 值由 1.68 提高到 2.09，此办法远不能实现达到六西格玛水平的目标。

(3) 既然单靠缸体的标准差降低一半不能实现六西格玛的目标，让所有变量的标准差都减半如何（方案 5）？

经计算后得到图 14-17，从中可以看出，标准差全部减半的方案 5 将使总不良率降低到 68ppm，Z 值达到 3.8，虽然尚未达到六西格玛的质量水平，但这样低的不良率仍然是令人鼓舞的好结果。

C6	C7	C8	C9	C10-T	C11	C12	C13-T	C14
设定均值	设定标准差	调整方差权	公差中心		系统均值	系统标准差		现不良率
8.50138	0.00078	0	0.01	现状	0.0100000	0.0021170	<LSL	0.009092
0.71000	0.00073	0			*	*	>USL	0.009092
2.00050	0.00110	0		理想	0.0100000	0.0010764	Total	0.018184
0.25013	0.00038	0			*	*	Z	2.092796
5.00050	0.00109	0		需调>>	-0.0000>>	0.0018229	K	0.000000
0.20000	0.00033	0					L	4.645192
1.75025	0.00083	0						

图 14-16　六西格玛设计平台按权重方案 4 计算结果界面图

C6	C7	C8	C9	C10-T	C11	C12	C13-T	C14
设定均值	设定标准差	设定方差调	公差		系统均值	系统标准差		现不良率
8.50138	0.000780	0	0.01	现状	0.0100000	0.0012557	<LSL	0.000034
0.71000	0.000365	0			*	*	>USL	0.000034
2.00050	0.000550	0		理想	0.0100000	0.0010764	Total	0.000068
0.25013	0.000190	0			*	*	Z	3.814053
5.00050	0.000545	0		需调整量	-0.0000000	0.0006466	K	0.000000
0.20000	0.000165	0					L	4.645192
1.75025	0.000415	0						

图 14-17　六西格玛设计平台按权重方案 5 计算结果界面图

(4) 由于调整均值可能很困难，有人建议缸体的均值只调整到 8.501（均值仍然与公差中心有小偏离），这时是否能达到六西格玛水平？经过计算，这是可以实现的（方案 6），但标准差要缩得更小（见图 14-18）。注意，均值与公差中心完全重合时，总标准差只需要降低到 0.001 076 4；现在均值与公差中心有偏离，总标准差要降低到 0.001 025 5 才行。

C6	C7	C8	C9	C10-T	C11	C12	C13-T	C14	C15	C16	C17
设定均值	设定标准差	设定方差调	公差		系统均值	系统标准差		现不良率	均值调整建议	方差	标准差调整建议
8.50100	0.00156	0.4	0.01	现状	0.0096200	0.0025113	<LSL	0.032909	8.50138	0.>>	0.0005758
0.71000	0.00073	0.1			*	*	>USL	0.016085	0.71038	0.>>	0.0000860
2.00050	0.00110	0.2		理想	0.0100000	0.0010255	Total	0.048994	2.00012	0.>>	0.0003987
0.25013	0.00038	0.0			*	*	Z	1.654684	0.24975	0.>>	0.0003800
5.00050	0.00109	0.2		需调整量	0.0003800	0.0022924	K	0.076000	5.00012	0.>>	0.0003703
0.20000	0.00033	0.0					L	4.875459	0.19962	0.>>	0.0003300
1.75025	0.00083	0.1							1.74987	0.>>	0.0004042

C6	C7	C8	C9	C10-T	C11	C12	C13-T	C14
设定均值	设定标准差	设定方差调整权	公差中心		系统均值	系统标准差		现不良率
8.50100	0.0005758	0	0.01	现状	0.0096200	0.0010255	<LSL	0.000003
0.71000	0.0000860	0			*	*	>USL	0.000000
2.00050	0.0003987	0		理想	0.0100000	0.0010255	Total	0.000003
0.25013	0.0003800	0			*	*	Z	4.500008
5.00050	0.0003703	0		需调整量	0.0003800	0.0000000	K	0.076000
0.20000	0.0003300	0					L	4.875459
1.75025	0.0004042	0						

图 14-18　六西格玛设计平台按权重方案 6 计算结果界面图

回顾一下我们对于公差设计平台的使用。平台使用的前提条件是：(1) 目标变量是所有单个变量的线性函数；(2) 每个单个变量都服从正态分布，且均值及标准差已经给定；(3) 目标变量的目标应恰好为上下公差限的中点。

公差设计平台的功能是两项：(1) 计算功能。根据设定的各部件的均值和标准差及给定的公差限，计算出目标变量低于公差下限的不良率、高于公差上限的不良率、总不良率及相应的西格玛水平。(2) 计算机将给出各部件的均值的调整建议及标准差调整权系数建议。反复使用，多次调整过程的均值及标准差参数，可以找到适合顾客需求及生产过程需求的最佳方案。

这里给出的宏指令功能是强大的，使用它可以代替原来的六西格玛设计软件，它可以一步到位地给出改进方案，也可以尽量多地考虑各方面情况，通过逐步调整实现改进计划。

总之，产品的容差设计中包含着这样的思想：从系统的最佳性能出发，确定部件的最优。用统计学的术语来说，就是首先考虑整体的最小方差，然后再考虑将每一部分的方差最小化。容差设计软件的普遍使用一定能够为企业的产品设计等工作带来巨大便利。

14.3 仿真

仿真（simulation），也称模拟，是建立系统或决策问题的数学模型或者逻辑模型，并以该模型进行试验，以获得对系统行为的认识或者帮助解决决策问题的过程。常用的仿真方法也称为蒙特卡罗方法，其起源最早可以追溯到 18 世纪下半期的蒲丰试验，20 世纪 80 年代电子计算机的应用使它得以广泛应用，操作也越来越简单。

建模的形式很多，可以根据已知的自然定理建立数学关系模型（如万有引力模型），可以根据历史数据建立回归模型，可以根据试验设计观察的结果建立对应模型，还可以根据常识建立商业流程及产品的模型，等等。

执行仿真方法，一般需要遵循下列四个基本步骤：

(1) 针对实际问题建立一个简单且便于实现的概率统计模型，使所得的结果恰好是所建模型的概率分布或某个数字特征。

(2) 对模型中的随机变量建立抽样方法，在计算机上进行仿真试验，抽取足够的随机数，并对有关的事件进行统计。

(3) 对模拟试验结果进行统计描述和分析，如平均值、标准差和拟合概率分布等。

(4) 必要时还应改进模型以降低估计方差和减少试验费用，提高模拟计算的效率。

采用仿真方法的优点有：

(1) 分析人员无须建立或实际完成拟议中的系统或决策就能够评价模型，或者在不干扰现有系统的情况下对模型进行试验。

(2) 一般比许多其他分析方法更容易理解。

(3) 为任意假设建立模型的能力显然使仿真不必顾及其他管理科学方法，当分析模型不合适或者不存在的时候，这一点尤为重要。

当然，目前的仿真技术还存在局限性：

(1) 必须获得输入的数据、开发仿真的模型和计算机程序，以及解释结果，有时为此需要花费大量时间。

(2) 没有精确的答案。

下面将结合一个典型的服务流程设计案例，介绍仿真的基本原理和 MINITAB 的实现方法。

例 14-3

某银行从“客户之声”的调查得知，95%以上的顾客代表希望完成整个贷款流程所需的时间能够控制在 136 个工作小时之内。一般而言，整个贷款流程可分为六大步骤（见图 14-19），总体周期时间等于六项步骤周期时间之和。研发部门根据此要求新近开发了一个房贷产品，以改进以往的工作方法。结合贷款工作的本身特征，设定新产品每个步骤的周期时间分别遵循不同的分布规律，如表 14-2 所示。试从总体周期时间的角度判断新产品的流程能力如何，能否满足顾客对及时性的要求。

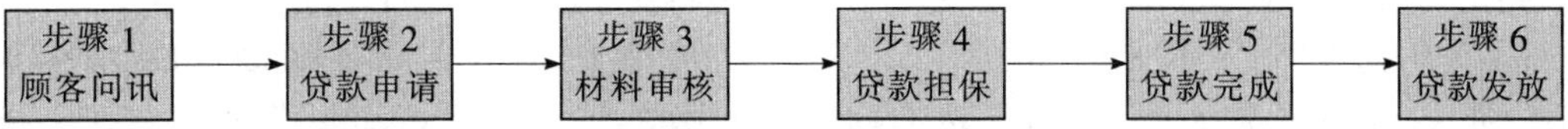

图 14-19　贷款流程

表 14-2　**周期时间的设定**

贷款流程	分布规律	假定参数
步骤 1	对数正态分布	Lognormal(1, 0.25, 0)
步骤 2	三角形分布	Triangular(8, 24, 40)
步骤 3	任意离散分布	Discrete(P(16)=0.3, P(24)=0.3, P(32)=0.2, P(40)=0.2)
步骤 4	均匀分布	Uniform(1, 8)
步骤 5	随机抽样分布	Random(20, 14, 12, 21, 18, 23, 15, 16, 10, 25)
步骤 6	正态分布	Normal(16, 4^2)

不言而喻，该案例很适合先用仿真产生数据源，再用过程能力指数的计算方法进行分析。下面介绍用 MINITAB 实现的具体方法。

（1）根据步骤 3 和步骤 5 的时间分布特点，制作一个备用数据表，形式如图 14-20 所示。

工作表 1 ***

↓	C1 审核时间	C2 概率	C3 完成时间
1	16	0.3	20
2	24	0.3	14
3	32	0.2	12
4	40	0.2	21
5			18
6			23
7			15
8			16
9			10
10			25

图 14-20　仿真分析备用数据表

（2）为仿真步骤 1 的周期时间，从"计算>随机数据>对数正态（Calc>Random data>Lognormal）"进入。指定"要生成的数据行数（Number of rows of data to generate）"为"1 000"，指定"存储于列（Store in column（s））"为"步骤 1"，指定"位置（Location）"为"1"，指定"尺度（Scale）"为"0.25"，指定"阈值（Threshold）"为"0"，运行命令后得到新的一列"步骤 1"。

（3）为仿真步骤 2 的周期时间，从"计算>随机数据>三角形（Calc>Random Data>Triangular）"进入。指定"要生成的数据行数（Number of rows of data to generate）"为"1 000"，指定"存储于列（Store in column（s））"为"步骤 2"，指定"下端点（Lower endpoint）"为"8"，指定"众数（Mode）"为"24"，指定"上端点（Upper endpoint）"为"40"，运行命令后得到新的一列"步骤 2"。

（4）为仿真步骤 3 的周期时间，从"计算>随机数据>任意离散（Calc>Random Data>Discrete）"进入。指定"要生成的数据行数（Number of rows of data to generate）"为"1 000"，

指定“存储于列（Store in column（s））”为“步骤3”，指定“值在（Values in）”为“审核时间”，指定“概率在（Probabilities in）”为“概率”，运行命令后得到新的一列“步骤3”。

（5）为仿真步骤4的周期时间，从“计算＞随机数据＞均匀（Calc＞Random Data＞Uniform）”进入。指定“要生成的数据行数（Number of rows of data to generate）”为“1 000”，指定“存储于列（Store in column（s））”为“步骤4”，指定“下端点（Lower endpoint）”为“1”，指定“上端点（Upper endpoint）”为“8”，运行命令后得到新的一列“步骤4”。

（6）为仿真步骤5的周期时间，从“计算＞随机数据＞来自列的样本（Calc＞Random Data＞Sample From Columns）”进入。指定“取样行号（Number of rows to sample）”为“1 000”，指定“来自列（From column）”为“完成时间”，指定“存储于列（Store in column（s））”为“步骤5”，选择“重置取样（Sample with replacement）”，运行命令后得到新的一列“步骤5”。

（7）为仿真步骤6的周期时间，从“计算＞随机数据＞正态（Calc＞Random Data＞Normal）”进入。指定“要生成的数据行数（Number of rows of data to generate）”为“1 000”，指定“存储于列（Store in column（s））”为“步骤6”，指定“均值（Mean）”为“16”，指定“标准差（Standard Deviation）”为“4”，运行命令后得到新的一列“步骤6”。

（8）为计算总体周期时间，从“计算＞计算器（Calc＞Calculator）”进入。指定“将结果存储在（Store result in variable）”为“总体周期时间”，在“表达式（Expression）”中输入“步骤1+步骤2+步骤3+步骤4+步骤5+步骤6”，选择“设置为公式（Set as formula）”，运行命令后得到新的一列“总体周期时间”。

至此，可以得到仿真并汇总后的数据表，摘选1 000行数据中的前10行，如图14-21所示。注意：这里的数据是随机产生的，读者产生的数据当然不一定如图14-21所示。另外，由于数据的随机性将导致仿真得到的结果具有不确定性，例如有时仿真模拟得到的数据不能认为是服从正态分布等。仿真也常常要进行多次，以增加其可信度。

C4	C5	C6	C7	C8	C9	C10
步骤1	步骤2	步骤3	步骤4	步骤5	步骤6	总体周期时间
1.64316	31.8871	32	2.94532	20	15.3607	103.836
2.02429	17.4649	24	7.57361	10	13.4621	74.525
3.22303	34.1288	32	6.48561	20	20.4269	116.264
2.17806	28.7782	16	6.12673	18	21.4138	92.497
3.46715	14.4713	32	7.55559	15	17.0262	89.520
2.73258	20.7211	16	6.97276	12	8.5052	66.932
3.22129	29.0639	24	4.37830	16	15.8740	92.537
3.41571	24.9813	16	5.84636	14	20.4203	84.664
3.12800	33.3624	40	6.88890	15	15.2639	113.643
2.29731	20.6425	24	7.68825	14	18.1664	86.794

图14-21　仿真并汇总后的数据表

（9）为检验数据的正态性，从“统计＞基本统计量＞正态性检验（Stat＞Basic Statistics＞Normality test）”进入。指定“变量（Variables）”为“总体周期时间”，运行命令后得到图14-22，由于 $p=0.112>0.05$，可以认为数据服从正态分布。

（10）为计算过程能力指数，从“统计＞质量工具＞能力分析＞正态（Stat＞Quality Tools＞Capability Analysis＞Normal）”进入。指定“单列（Single column）”为“总体周期时间”，指定

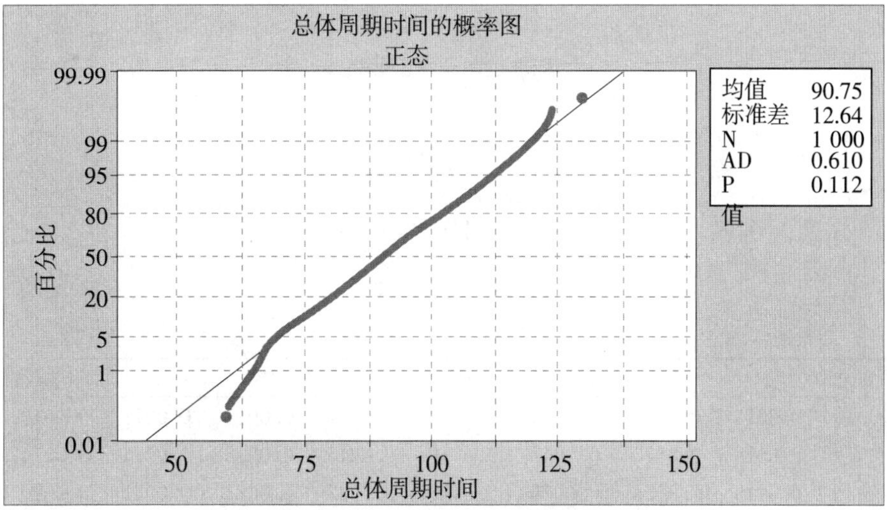

图 14－22 总体周期时间的正态性检验

“样本大小（Subgroup size）”为“1”，在“规格上限（Upper spec）”中输入“136”，运行命令后得到图 14－23。

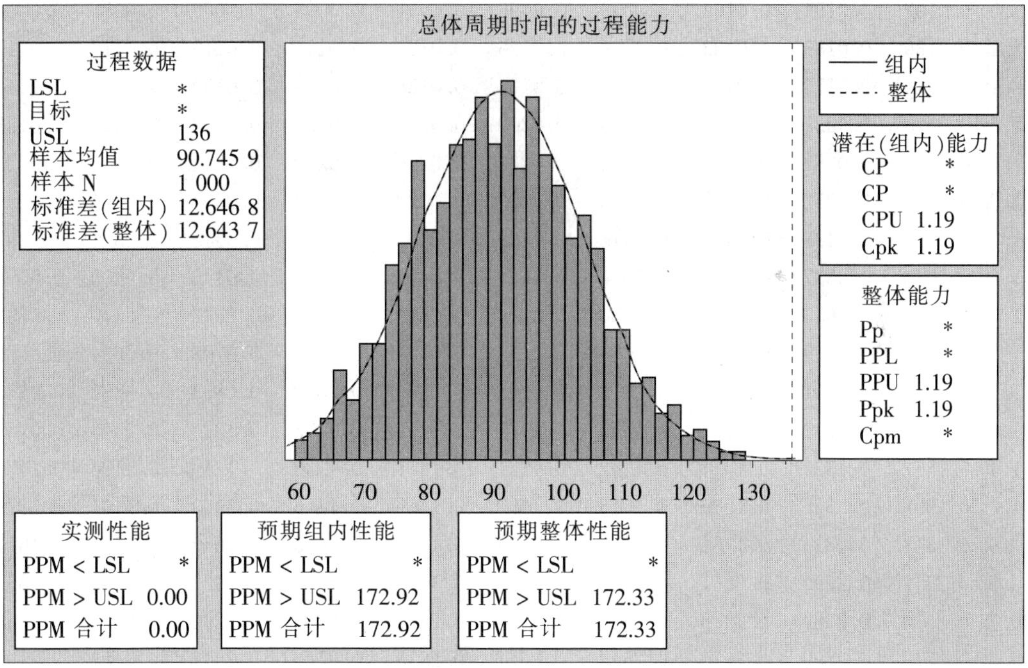

图 14－23 总体周期时间的过程能力分析

由图 14－23 可知，$C_{pk}=1.19>1$，说明过程能力较好，能够满足大部分顾客对总体周期时间的要求。当然，离六西格玛的目标还有一定的距离。这里要注意的是：由于仿真数据产生的随机特性，每次操作的计算结果都可能有一定差别，这是正常的波动。

越来越多的企业和研究单位认识到了商业仿真的重要性和实施商业仿真的迫切性。从长远看来，仿真必然会被越来越多的企业和单位所接受，成为决策者和研究者分析的利器。

附　表

附表 1　　　　**标准正态分布函数表**

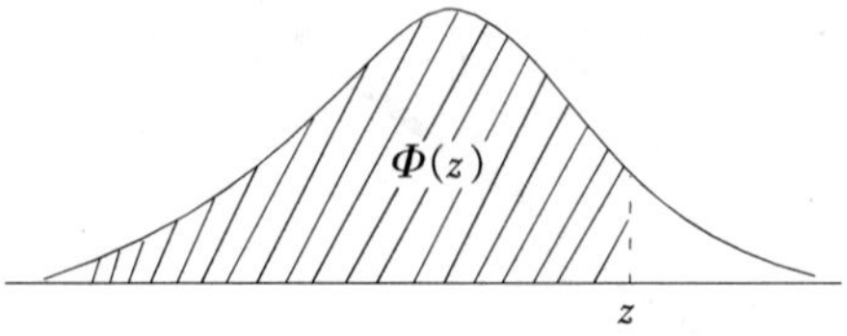

z	0	1	2	3	4	5	6	7	8	9
−3.0	0.0013	0.0013	0.0013	0.0012	0.0012	0.0011	0.0011	0.0011	0.0010	0.0010
−2.9	0.0019	0.0018	0.0017	0.0017	0.0016	0.0016	0.0015	0.0015	0.0014	0.0014
−2.8	0.0026	0.0025	0.0024	0.0023	0.0023	0.0022	0.0021	0.0021	0.0020	0.0019
−2.7	0.0035	0.0034	0.0033	0.0032	0.0031	0.0030	0.0029	0.0028	0.0027	0.0026
−2.6	0.0047	0.0045	0.0044	0.0043	0.0041	0.0040	0.0039	0.0038	0.0037	0.0036
−2.5	0.0062	0.0060	0.0059	0.0057	0.0055	0.0054	0.0052	0.0051	0.0049	0.0048
−2.4	0.0082	0.0080	0.0078	0.0075	0.0073	0.0071	0.0069	0.0068	0.0066	0.0064
−2.3	0.0107	0.0104	0.0102	0.0099	0.0096	0.0094	0.0091	0.0089	0.0087	0.0084
−2.2	0.0139	0.0136	0.0132	0.0129	0.0126	0.0122	0.0119	0.0116	0.0113	0.0110
−2.1	0.0179	0.0174	0.0170	0.0166	0.0162	0.0158	0.0154	0.0150	0.0146	0.0143
−2.0	0.0228	0.0222	0.0217	0.0212	0.0207	0.0202	0.0197	0.0192	0.0188	0.0183
−1.9	0.0287	0.0281	0.0274	0.0268	0.0262	0.0256	0.0250	0.0244	0.0238	0.0233
−1.8	0.0359	0.0352	0.0344	0.0336	0.0329	0.0322	0.0314	0.0307	0.0300	0.0294
−1.7	0.0446	0.0436	0.0427	0.0418	0.0409	0.0401	0.0392	0.0384	0.0375	0.0367
−1.6	0.0548	0.0537	0.0526	0.0516	0.0505	0.0495	0.0485	0.0475	0.0465	0.0455
−1.5	0.0668	0.0655	0.0643	0.0630	0.0618	0.0606	0.0594	0.0582	0.0570	0.0559
−1.4	0.0808	0.0793	0.0778	0.0764	0.0749	0.0735	0.0722	0.0708	0.0694	0.0681
−1.3	0.0968	0.0951	0.0934	0.0918	0.0901	0.0885	0.0869	0.0853	0.0838	0.0823
−1.2	0.1151	0.1131	0.1112	0.1093	0.1075	0.1056	0.1038	0.1020	0.1003	0.0985
−1.1	0.1357	0.1335	0.1314	0.1292	0.1271	0.1251	0.1230	0.1210	0.1190	0.1170
−1.0	0.1587	0.1562	0.1539	0.1515	0.1492	0.1469	0.1446	0.1423	0.1401	0.1379
−0.9	0.1841	0.1814	0.1788	0.1762	0.1736	0.1711	0.1685	0.1660	0.1635	0.1611
−0.8	0.2119	0.2090	0.2061	0.2033	0.2005	0.1977	0.1949	0.1922	0.1894	0.1867
−0.7	0.2420	0.2389	0.2358	0.2327	0.2297	0.2266	0.2236	0.2206	0.2177	0.2148
−0.6	0.2743	0.2709	0.2676	0.2643	0.2611	0.2578	0.2546	0.2514	0.2483	0.2451
−0.5	0.3085	0.3050	0.3015	0.2981	0.2946	0.2912	0.2877	0.2843	0.2810	0.2776
−0.4	0.3446	0.3409	0.3372	0.3336	0.3300	0.3264	0.3228	0.3192	0.3156	0.3121
−0.3	0.3821	0.3783	0.3745	0.3707	0.3669	0.3632	0.3594	0.3557	0.3520	0.3483
−0.2	0.4207	0.4168	0.4129	0.4090	0.4052	0.4013	0.3974	0.3936	0.3897	0.3859
−0.1	0.4602	0.4562	0.4522	0.4483	0.4443	0.4404	0.4364	0.4325	0.4286	0.4247
−0.0	0.5000	0.4960	0.4920	0.4880	0.4840	0.4801	0.4761	0.4721	0.4681	0.4641

续前表

z	0	1	2	3	4	5	6	7	8	9
0.0	0.5000	0.5040	0.5080	0.5120	0.5160	0.5199	0.5239	0.5279	0.5319	0.5359
0.1	0.5398	0.5438	0.5478	0.5517	0.5557	0.5596	0.5636	0.5675	0.5714	0.5753
0.2	0.5793	0.5832	0.5871	0.5910	0.5948	0.5987	0.6026	0.6064	0.6103	0.6141
0.3	0.6179	0.6217	0.6255	0.6293	0.6331	0.6368	0.6406	0.6443	0.6480	0.6517
0.4	0.6554	0.6591	0.6628	0.6664	0.6700	0.6736	0.6772	0.6808	0.6844	0.6879
0.5	0.6915	0.6950	0.6985	0.7019	0.7054	0.7088	0.7123	0.7157	0.7190	0.7224
0.6	0.7257	0.7291	0.7324	0.7357	0.7389	0.7422	0.7454	0.7486	0.7517	0.7549
0.7	0.7580	0.7611	0.7642	0.7673	0.7703	0.7734	0.7764	0.7794	0.7823	0.7852
0.8	0.7881	0.7910	0.7939	0.7967	0.7995	0.8023	0.8051	0.8078	0.8106	0.8133
0.9	0.8159	0.8186	0.8212	0.8238	0.8264	0.8289	0.8315	0.8340	0.8365	0.8389
1.0	0.8413	0.8438	0.8461	0.8485	0.8508	0.8531	0.8554	0.8577	0.8599	0.8621
1.1	0.8643	0.8665	0.8686	0.8708	0.8729	0.8749	0.8770	0.8790	0.8810	0.8830
1.2	0.8849	0.8869	0.8888	0.8907	0.8925	0.8944	0.8962	0.8980	0.8997	0.9015
1.3	0.9032	0.9049	0.9066	0.9082	0.9099	0.9115	0.9131	0.9147	0.9162	0.9177
1.4	0.9192	0.9207	0.9222	0.9236	0.9251	0.9265	0.9278	0.9292	0.9306	0.9319
1.5	0.9332	0.9345	0.9357	0.9370	0.9382	0.9394	0.9406	0.9418	0.9430	0.9441
1.6	0.9452	0.9463	0.9474	0.9484	0.9495	0.9505	0.9515	0.9525	0.9535	0.9545
1.7	0.9554	0.9564	0.9573	0.9582	0.9591	0.9599	0.9608	0.9616	0.9625	0.9633
1.8	0.9641	0.9648	0.9656	0.9664	0.9671	0.9678	0.9686	0.9693	0.9700	0.9706
1.9	0.9713	0.9719	0.9726	0.9732	0.9738	0.9744	0.9750	0.9756	0.9762	0.9767
2.0	0.9772	0.9778	0.9783	0.9788	0.9793	0.9798	0.9803	0.9808	0.9812	0.9817
2.1	0.9821	0.9826	0.9830	0.9834	0.9838	0.9842	0.9846	0.9850	0.9854	0.9857
2.2	0.9861	0.9864	0.9868	0.9871	0.9874	0.9878	0.9881	0.9884	0.9887	0.9890
2.3	0.9893	0.9896	0.9898	0.9901	0.9904	0.9906	0.9909	0.9911	0.9913	0.9916
2.4	0.9918	0.9920	0.9922	0.9925	0.9927	0.9929	0.9931	0.9932	0.9934	0.9936
2.5	0.9938	0.9940	0.9941	0.9943	0.9945	0.9946	0.9948	0.9949	0.9951	0.9952
2.6	0.9953	0.9955	0.9956	0.9957	0.9959	0.9960	0.9961	0.9962	0.9963	0.9964
2.7	0.9965	0.9966	0.9967	0.9968	0.9969	0.9970	0.9971	0.9972	0.9973	0.9974
2.8	0.9974	0.9975	0.9976	0.9977	0.9977	0.9978	0.9979	0.9979	0.9980	0.9981
2.9	0.9981	0.9982	0.9982	0.9983	0.9984	0.9984	0.9985	0.9985	0.9986	0.9986
3.0	0.9987	0.9987	0.9987	0.9988	0.9988	0.9989	0.9989	0.9989	0.9990	0.9990

附表 2

标准正态分布函数上侧概率表

z	0.00	0.01	0.02	0.03	0.04	0.05	0.06	0.07	0.08	0.09
0.0	0.50000	0.49601	0.49202	0.48803	0.48405	0.48006	0.47608	0.47210	0.46812	0.46414
0.1	0.46017	0.45620	0.45224	0.44828	0.44433	0.44038	0.43644	0.43251	0.42858	0.42465
0.2	0.42074	0.41683	0.41294	0.40905	0.40517	0.40129	0.39743	0.39358	0.38974	0.38591
0.3	0.38209	0.37828	0.37448	0.37070	0.36693	0.36317	0.35942	0.35569	0.35197	0.34827
0.4	0.34458	0.34090	0.33724	0.33360	0.32997	0.32636	0.32276	0.31918	0.31561	0.31207
0.5	0.30854	0.30503	0.30153	0.29806	0.29460	0.29116	0.28774	0.28434	0.28096	0.27760
0.6	0.27425	0.27093	0.26763	0.26435	0.26109	0.25785	0.25463	0.25143	0.24825	0.24510
0.7	0.24196	0.23885	0.23576	0.23270	0.22965	0.22663	0.22363	0.22065	0.21770	0.21476
0.8	0.21186	0.20897	0.20611	0.20327	0.20045	0.19766	0.19489	0.19215	0.18943	0.18673
0.9	0.18406	0.18141	0.17879	0.17619	0.17361	0.17106	0.16853	0.16602	0.16354	0.16109
1.0	0.15866	0.15625	0.15386	0.15151	0.14917	0.14686	0.14457	0.14231	0.14007	0.13786
1.1	0.13567	0.13350	0.13136	0.12924	0.12714	0.12507	0.12302	0.12100	0.11900	0.11702
1.2	0.11507	0.11314	0.11123	0.10935	0.10749	0.10565	0.10383	0.10204	0.10027	0.098525
1.3	0.096800	0.095098	0.093418	0.091759	0.090123	0.088508	0.086915	0.085343	0.083793	0.082264
1.4	0.080757	0.079270	0.077804	0.076359	0.074934	0.073529	0.072145	0.070781	0.069437	0.068112
1.5	0.066807	0.065522	0.064255	0.063008	0.061780	0.060571	0.059380	0.058208	0.057053	0.055917
1.6	0.054799	0.053699	0.052616	0.051551	0.050503	0.049471	0.048457	0.047460	0.046479	0.045514
1.7	0.044565	0.043633	0.042716	0.041815	0.040930	0.040059	0.039204	0.038364	0.037538	0.036727
1.8	0.035930	0.035148	0.034380	0.033625	0.032884	0.032157	0.031443	0.030742	0.030054	0.029379
1.9	0.028717	0.028067	0.027429	0.026803	0.026190	0.025588	0.024998	0.024419	0.023852	0.023295
2.0	0.022750	0.022216	0.021692	0.021178	0.020675	0.020182	0.019699	0.019226	0.018763	0.018309

续前表

z	0.00	0.01	0.02	0.03	0.04	0.05	0.06	0.07	0.08	0.09
2.1	0.017864	0.017429	0.017003	0.016586	0.016177	0.015778	0.015386	0.015003	0.014629	0.014262
2.2	0.013903	0.013553	0.013209	0.0128747	0.012545	0.012224	0.011911	0.011604	0.011304	0.011011
2.3	0.010724	0.010444	0.010170	$0.0^{2}99031$	$0.0^{2}96419$	$0.0^{2}93867$	$0.0^{2}91375$	$0.0^{2}88940$	$0.0^{2}86563$	$0.0^{2}84242$
2.4	$0.0^{2}81975$	$0.0^{2}79763$	$0.0^{2}77603$	$0.0^{2}75494$	$0.0^{2}73436$	$0.0^{2}71428$	$0.0^{2}69469$	$0.0^{2}67557$	$0.0^{2}65691$	$0.0^{2}63872$
2.5	$0.0^{2}62097$	$0.0^{2}60366$	$0.0^{2}58677$	$0.0^{2}57031$	$0.0^{2}55426$	$0.0^{2}53861$	$0.0^{2}52336$	$0.0^{2}50849$	$0.0^{2}49400$	$0.0^{2}47988$
2.6	$0.0^{2}46612$	$0.0^{2}45271$	$0.0^{2}43965$	$0.0^{2}42692$	$0.0^{2}41453$	$0.0^{2}40246$	$0.0^{2}39070$	$0.0^{2}37926$	$0.0^{2}36811$	$0.0^{2}35726$
2.7	$0.0^{2}34670$	$0.0^{2}33642$	$0.0^{2}32641$	$0.0^{2}31667$	$0.0^{2}30720$	$0.0^{2}29798$	$0.0^{2}28901$	$0.0^{2}28028$	$0.0^{2}27179$	$0.0^{2}26354$
2.8	$0.0^{2}25551$	$0.0^{2}24771$	$0.0^{2}24012$	$0.0^{2}23274$	$0.0^{2}22557$	$0.0^{2}21860$	$0.0^{2}21182$	$0.0^{2}20524$	$0.0^{2}19884$	$0.0^{2}19262$
2.9	$0.0^{2}18658$	$0.0^{2}18071$	$0.0^{2}17502$	$0.0^{2}16948$	$0.0^{2}16411$	$0.0^{2}15889$	$0.0^{2}15382$	$0.0^{2}14890$	$0.0^{2}14412$	$0.0^{2}13949$
3.0	$0.0^{2}13499$	$0.0^{2}13062$	$0.0^{2}12639$	$0.0^{2}12228$	$0.0^{2}11829$	$0.0^{2}11442$	$0.0^{2}11067$	$0.0^{2}10703$	$0.0^{2}10350$	$0.0^{2}10008$
3.1	$0.0^{3}96760$	$0.0^{3}93544$	$0.0^{3}90426$	$0.0^{3}87403$	$0.0^{3}84474$	$0.0^{3}81635$	$0.0^{3}78885$	$0.0^{3}76219$	$0.0^{3}76638$	$0.0^{3}71136$
3.2	$0.0^{3}68714$	$0.0^{3}66367$	$0.0^{3}64095$	$0.0^{3}61895$	$0.0^{3}59765$	$0.0^{3}57703$	$0.0^{3}55706$	$0.0^{3}53774$	$0.0^{3}51904$	$0.0^{3}50094$
3.3	$0.0^{3}48342$	$0.0^{3}46648$	$0.0^{3}45009$	$0.0^{3}43423$	$0.0^{3}41889$	$0.0^{3}40406$	$0.0^{3}38971$	$0.0^{3}37584$	$0.0^{3}36243$	$0.0^{3}34946$
3.4	$0.0^{3}33693$	$0.0^{3}32481$	$0.0^{3}31311$	$0.0^{3}30179$	$0.0^{3}29086$	$0.0^{3}28029$	$0.0^{3}27009$	$0.0^{3}26023$	$0.0^{3}25071$	$0.0^{3}24151$
3.5	$0.0^{3}23263$	$0.0^{3}22405$	$0.0^{3}21577$	$0.0^{3}20778$	$0.0^{3}20006$	$0.0^{3}19262$	$0.0^{3}18543$	$0.0^{3}17849$	$0.0^{3}17180$	$0.0^{3}16534$
3.6	$0.0^{3}15911$	$0.0^{3}15310$	$0.0^{3}14730$	$0.0^{3}14171$	$0.0^{3}13632$	$0.0^{3}13112$	$0.0^{3}12611$	$0.0^{3}12128$	$0.0^{3}11662$	$0.0^{3}11213$
3.7	$0.0^{3}10780$	$0.0^{3}10363$	$0.0^{4}99611$	$0.0^{4}95740$	$0.0^{4}92010$	$0.0^{4}88417$	$0.0^{4}84957$	$0.0^{4}81624$	$0.0^{4}78414$	$0.0^{4}75324$
3.8	$0.0^{4}72348$	$0.0^{4}69483$	$0.0^{4}66726$	$0.0^{4}64072$	$0.0^{4}61517$	$0.0^{4}59059$	$0.0^{4}56694$	$0.0^{4}54418$	$0.0^{4}52228$	$0.0^{4}50122$
3.9	$0.0^{4}48096$	$0.0^{4}46148$	$0.0^{4}44274$	$0.0^{4}42473$	$0.0^{4}40741$	$0.0^{4}39076$	$0.0^{4}37475$	$0.0^{4}35936$	$0.0^{4}34458$	$0.0^{4}33037$
4.0	$0.0^{4}31671$	$0.0^{4}30359$	$0.0^{4}29099$	$0.0^{4}27888$	$0.0^{4}26726$	$0.0^{4}25609$	$0.0^{4}24536$	$0.0^{4}23507$	$0.0^{4}22518$	$0.0^{4}21569$

续前表

z	0.00	0.01	0.02	0.03	0.04	0.05	0.06	0.07	0.08	0.09
4.1	$0.0^{4}20658$	$0.0^{4}19783$	$0.0^{4}18944$	$0.0^{4}18138$	$0.0^{4}17365$	$0.0^{4}16624$	$0.0^{4}15912$	$0.0^{4}15230$	$0.0^{4}14575$	$0.0^{4}13948$
4.2	$0.0^{4}13346$	$0.0^{4}12769$	$0.0^{4}12215$	$0.0^{4}11685$	$0.0^{4}11176$	$0.0^{4}10689$	$0.0^{4}10221$	$0.0^{5}97736$	$0.0^{5}93447$	$0.0^{5}89337$
4.3	$0.0^{5}85399$	$0.0^{5}81627$	$0.0^{5}78015$	$0.0^{5}74555$	$0.0^{5}71241$	$0.0^{5}68069$	$0.0^{5}65031$	$0.0^{5}62123$	$0.0^{5}59340$	$0.0^{5}56675$
4.4	$0.0^{5}54125$	$0.0^{5}51685$	$0.0^{5}49350$	$0.0^{5}47117$	$0.0^{5}44979$	$0.0^{5}42935$	$0.0^{5}40980$	$0.0^{5}39110$	$0.0^{5}37322$	$0.0^{5}35612$
4.5	$0.0^{5}33977$	$0.0^{5}32414$	$0.0^{5}30920$	$0.0^{5}29492$	$0.0^{5}28127$	$0.0^{5}26823$	$0.0^{5}25577$	$0.0^{5}24386$	$0.0^{5}23249$	$0.0^{5}22162$
4.6	$0.0^{5}21125$	$0.0^{5}20133$	$0.0^{5}19187$	$0.0^{5}18283$	$0.0^{5}17420$	$0.0^{5}16597$	$0.0^{5}15810$	$0.0^{5}15060$	$0.0^{5}14344$	$0.0^{5}13660$
4.7	$0.0^{5}13008$	$0.0^{5}12386$	$0.0^{5}11792$	$0.0^{5}11226$	$0.0^{5}10686$	$0.0^{5}10171$	$0.0^{6}96796$	$0.0^{6}92113$	$0.0^{6}87648$	$0.0^{6}83391$
4.8	$0.0^{6}79333$	$0.0^{6}75465$	$0.0^{6}71779$	$0.0^{6}68267$	$0.0^{6}64920$	$0.0^{6}61731$	$0.0^{6}58693$	$0.0^{6}55799$	$0.0^{6}53043$	$0.0^{6}50418$
4.9	$0.0^{6}47918$	$0.0^{6}45538$	$0.0^{6}43272$	$0.0^{6}41115$	$0.0^{6}39061$	$0.0^{6}37107$	$0.0^{6}35247$	$0.0^{6}33476$	$0.0^{6}31792$	$0.0^{6}30190$
5.0	$0.0^{6}287$	$0.0^{6}272$	$0.0^{6}258$	$0.0^{6}245$	$0.0^{6}233$	$0.0^{6}221$	$0.0^{6}210$	$0.0^{6}199$	$0.0^{6}189$	$0.0^{6}179$
5.1	$0.0^{6}170$	$0.0^{6}161$	$0.0^{6}153$	$0.0^{6}145$	$0.0^{6}137$	$0.0^{6}130$	$0.0^{6}123$	$0.0^{6}117$	$0.0^{6}111$	$0.0^{6}105$
5.2	$0.0^{7}996$	$0.0^{7}944$	$0.0^{7}895$	$0.0^{7}848$	$0.0^{7}803$	$0.0^{7}760$	$0.0^{7}720$	$0.0^{7}682$	$0.0^{7}646$	$0.0^{7}612$
5.3	$0.0^{7}579$	$0.0^{7}548$	$0.0^{7}519$	$0.0^{7}491$	$0.0^{7}465$	$0.0^{7}440$	$0.0^{7}416$	$0.0^{7}394$	$0.0^{7}372$	$0.0^{7}352$
5.4	$0.0^{7}333$	$0.0^{7}315$	$0.0^{7}298$	$0.0^{7}282$	$0.0^{7}266$	$0.0^{7}252$	$0.0^{7}238$	$0.0^{7}225$	$0.0^{7}213$	$0.0^{7}201$
5.5	$0.0^{7}190$	$0.0^{7}179$	$0.0^{7}169$	$0.0^{7}160$	$0.0^{7}151$	$0.0^{7}143$	$0.0^{7}135$	$0.0^{7}127$	$0.0^{7}120$	$0.0^{7}114$
5.6	$0.0^{7}107$	$0.0^{7}101$	$0.0^{8}955$	$0.0^{8}901$	$0.0^{8}850$	$0.0^{8}802$	$0.0^{8}757$	$0.0^{8}714$	$0.0^{8}673$	$0.0^{8}635$
5.7	$0.0^{8}599$	$0.0^{8}565$	$0.0^{8}533$	$0.0^{8}502$	$0.0^{8}473$	$0.0^{8}446$	$0.0^{8}421$	$0.0^{8}396$	$0.0^{8}374$	$0.0^{8}352$
5.8	$0.0^{8}332$	$0.0^{8}312$	$0.0^{8}294$	$0.0^{8}277$	$0.0^{8}261$	$0.0^{8}246$	$0.0^{8}231$	$0.0^{8}218$	$0.0^{8}205$	$0.0^{8}193$
5.9	$0.0^{8}182$	$0.0^{8}171$	$0.0^{8}161$	$0.0^{8}151$	$0.0^{8}143$	$0.0^{8}134$	$0.0^{8}126$	$0.0^{8}119$	$0.0^{8}112$	$0.0^{8}105$
6.0	$0.0^{9}987$	$0.0^{9}928$	$0.0^{9}872$	$0.0^{9}820$	$0.0^{9}771$	$0.0^{9}724$	$0.0^{9}681$	$0.0^{9}640$	$0.0^{9}601$	$0.0^{10}564$

注：本表给出标准正态分布的上侧概率。例如，超过 $Z=4.5$ 的概率为 $0.0^{5}33977=0.0000033977=3.3977$ppm。

附表 3

t 分布的 α 分位数表

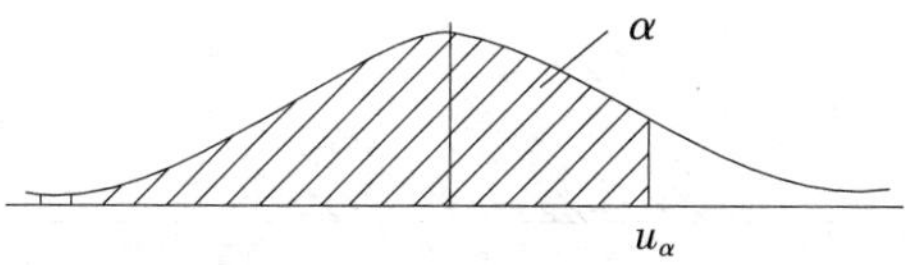

df	$t_{0.60}$	$t_{0.70}$	$t_{0.80}$	$t_{0.90}$	$t_{0.95}$	$t_{0.975}$	$t_{0.99}$	$t_{0.995}$
1	0.325	0.727	1.376	3.078	6.314	12.706	31.821	63.657
2	0.289	0.617	1.061	1.886	2.920	4.303	6.965	9.925
3	0.277	0.584	0.978	1.638	2.353	3.182	4.541	5.841
4	0.271	0.569	0.941	1.533	2.132	2.776	3.747	4.604
5	0.267	0.559	0.920	1.476	2.015	2.571	3.365	4.032
6	0.265	0.553	0.906	1.440	1.943	2.447	3.143	3.707
7	0.263	0.549	0.896	1.415	1.895	2.365	2.998	3.499
8	0.262	0.546	0.889	1.397	1.860	2.306	2.896	3.355
9	0.261	0.543	0.883	1.383	1.833	2.262	2.821	3.250
10	0.260	0.542	0.879	1.372	1.812	2.228	2.764	3.169
11	0.260	0.540	0.876	1.363	1.796	2.201	2.718	3.106
12	0.259	0.539	0.873	1.356	1.782	2.179	2.681	3.055
13	0.259	0.538	0.870	1.350	1.771	2.160	2.650	3.012
14	0.258	0.537	0.868	1.345	1.761	2.145	2.624	2.977
15	0.258	0.536	0.866	1.341	1.753	2.131	2.602	2.947
16	0.258	0.535	0.865	1.337	1.746	2.120	2.583	2.921
17	0.257	0.534	0.863	1.333	1.740	2.110	2.567	2.898
18	0.257	0.534	0.862	1.330	1.734	2.101	2.552	2.878
19	0.257	0.533	0.861	1.328	1.729	2.093	2.539	2.861
20	0.257	0.533	0.860	1.325	1.725	2.086	2.528	2.845
21	0.257	0.532	0.859	1.323	1.721	2.080	2.518	2.831
22	0.256	0.532	0.858	1.321	1.717	2.074	2.508	2.819
23	0.256	0.532	0.858	1.319	1.714	2.069	2.500	2.807
24	0.256	0.531	0.857	1.318	1.711	2.064	2.492	2.797
25	0.256	0.531	0.856	1.316	1.708	2.060	2.485	2.787
26	0.256	0.531	0.856	1.315	1.706	2.056	2.479	2.779
27	0.256	0.531	0.855	1.314	1.703	2.052	2.473	2.771
28	0.256	0.530	0.855	1.313	1.701	2.048	2.467	2.763
29	0.256	0.530	0.854	1.311	1.699	2.045	2.462	2.756
30	0.256	0.530	0.854	1.310	1.697	2.042	2.457	2.750
40	0.255	0.529	0.851	1.303	1.684	2.021	2.423	2.704
60	0.254	0.527	0.848	1.296	1.671	2.000	2.390	2.660
120	0.254	0.526	0.845	1.289	1.658	1.980	2.358	2.617
∞	0.253	0.524	0.842	1.282	1.645	1.960	2.326	2.576

附表 4　　　　χ^2 分布的 α 分位数表

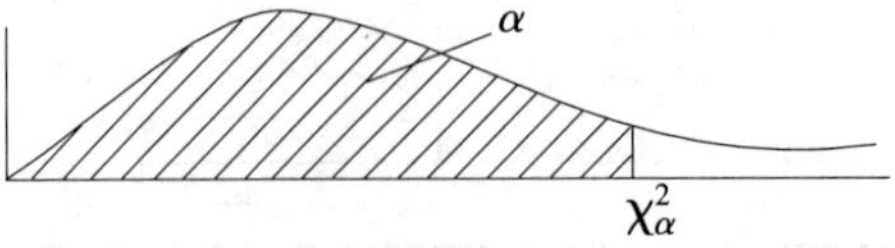

df	$\chi^2_{0.005}$	$\chi^2_{0.01}$	$\chi^2_{0.025}$	$\chi^2_{0.05}$	$\chi^2_{0.10}$	$\chi^2_{0.90}$	$\chi^2_{0.95}$	$\chi^2_{0.975}$	$\chi^2_{0.99}$	$\chi^2_{0.995}$
1	0.000039	0.00016	0.00098	0.0039	0.0158	2.71	3.84	5.02	6.63	7.88
2	0.0100	0.0201	0.0506	0.1026	0.2107	4.61	5.99	7.38	9.21	10.60
3	0.0717	0.115	0.216	0.352	0.584	6.25	7.81	9.35	11.34	12.84
4	0.207	0.297	0.484	0.711	1.064	7.78	9.49	11.14	13.28	14.86
5	0.412	0.554	0.831	1.15	1.61	9.24	11.07	12.83	15.09	16.75
6	0.676	0.872	1.24	1.64	2.20	10.64	12.59	14.45	16.81	18.55
7	0.989	1.24	1.69	2.17	2.83	12.02	14.07	16.01	18.48	20.28
8	1.34	1.65	2.18	2.73	3.49	13.36	15.51	17.53	20.09	21.96
9	1.73	2.09	2.70	3.33	4.17	14.68	16.92	19.02	21.67	23.59
10	2.16	2.56	3.25	3.94	4.87	15.99	18.31	20.48	23.21	25.19
11	2.60	3.05	3.82	4.57	5.58	17.28	19.68	21.92	24.73	26.76
12	3.07	3.57	4.40	5.23	6.30	18.55	21.03	23.34	26.22	28.30
13	3.57	4.11	5.01	5.89	7.04	19.81	22.36	24.74	27.69	29.82
14	4.07	4.66	5.63	6.57	7.79	21.06	23.68	26.12	29.14	31.32
15	4.60	5.23	6.26	7.26	8.55	22.31	25.00	27.49	30.58	32.80
16	5.14	5.81	6.91	7.96	9.31	23.54	26.30	28.85	32.00	34.27
18	6.26	7.01	8.23	9.39	10.86	25.99	28.87	31.53	34.81	37.16
20	7.43	8.26	9.59	10.85	12.44	28.41	31.41	34.17	37.57	40.00
24	9.89	10.86	12.40	13.85	15.66	33.20	36.42	39.36	42.98	45.56
30	13.79	14.95	16.79	18.49	20.60	40.26	43.77	46.98	50.89	53.67
40	20.71	22.16	24.43	26.51	29.05	51.81	55.76	59.34	63.69	66.77
60	35.53	37.48	40.48	43.19	46.46	74.40	79.08	83.30	88.38	91.95
120	83.85	86.92	91.57	95.70	100.62	140.23	146.57	152.21	158.95	163.64

附表 5　　**F 分布的 α 分位数表**

附表 5.1　　**F 分布的 0.90 分位数表**

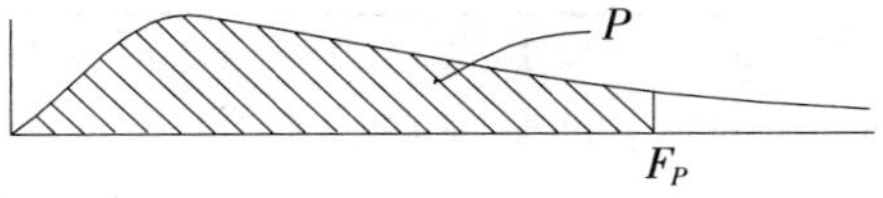

n_1＝分子的自由度，n_2＝分母的自由度

n_2 \ n_1	1	2	3	4	5	6	7	8	9	10	12	15	20	24	30	40	60	120	∞
1	39.86	49.50	53.59	55.83	57.24	58.20	58.91	59.44	59.86	60.19	60.71	61.22	61.74	62.00	62.26	62.53	62.70	63.06	63.33
2	8.53	9.00	9.16	9.24	9.29	9.33	9.35	9.37	9.38	9.39	9.41	9.42	9.44	9.45	9.46	9.47	9.47	9.48	9.49
3	5.54	5.46	5.39	5.34	5.31	5.28	5.27	5.25	5.24	5.23	5.22	5.20	5.18	5.18	5.17	5.16	5.15	5.14	5.13
4	4.54	4.32	4.19	4.11	4.05	4.01	3.98	3.95	3.94	3.92	3.90	3.87	3.84	3.83	3.82	3.80	3.79	3.78	3.76
5	4.06	3.78	3.62	3.52	3.45	3.40	3.37	3.34	3.32	3.30	3.27	3.24	3.21	3.19	3.17	3.16	3.14	3.12	3.10
6	3.78	3.46	3.29	3.18	3.11	3.05	3.01	2.98	2.96	2.94	2.90	2.87	2.84	2.82	2.80	2.78	2.76	2.74	2.72
7	3.59	3.26	3.07	2.96	2.88	2.83	2.78	2.75	2.72	2.70	2.67	2.63	2.59	2.58	2.56	2.54	2.51	2.49	2.47
8	3.46	3.11	2.92	2.81	2.73	2.67	2.62	2.59	2.56	2.50	2.50	2.46	2.42	2.40	2.38	2.36	2.34	2.32	2.29
9	3.36	3.01	2.81	2.69	2.61	2.55	2.51	2.47	2.44	2.42	2.38	2.34	2.30	2.28	2.25	2.23	2.21	2.18	2.16
10	3.29	2.92	2.73	2.61	2.52	2.46	2.41	2.38	2.35	2.32	2.28	2.24	2.20	2.18	2.16	2.13	2.11	2.08	2.06
11	3.23	2.86	2.66	2.54	2.45	2.39	2.34	2.30	2.27	2.25	2.21	2.17	2.12	2.10	2.08	2.05	2.03	2.00	1.97
12	3.18	2.81	2.61	2.48	2.39	2.33	2.28	2.24	2.21	2.19	2.15	2.10	2.06	2.04	2.01	1.99	1.96	1.93	1.90
13	3.14	2.76	2.56	2.43	2.35	2.28	2.23	2.20	2.16	2.14	2.10	2.05	2.01	1.98	1.96	1.93	1.90	1.88	1.85
14	3.10	2.73	2.52	2.39	2.31	2.24	2.19	2.15	2.12	2.10	2.05	2.01	1.96	1.94	1.91	1.89	1.86	1.83	1.80
15	3.07	2.70	2.49	2.36	2.27	2.21	2.16	2.12	2.09	2.06	2.02	1.97	1.92	1.90	1.87	1.85	1.82	1.79	1.76

续前表

n_2 \ n_1	1	2	3	4	5	6	7	8	9	10	12	15	20	24	30	40	60	120	∞
16	3.05	2.67	2.46	2.33	2.24	2.18	2.13	2.09	2.06	2.03	1.99	1.94	1.89	1.87	1.84	1.81	1.78	1.75	1.72
17	3.03	2.64	2.44	2.31	2.22	2.15	2.10	2.06	2.03	2.00	1.96	1.91	1.86	1.84	1.81	1.78	1.75	1.72	1.69
18	3.01	2.62	2.42	2.29	2.20	2.13	2.08	2.04	2.00	1.98	1.93	1.89	1.84	1.81	1.78	1.75	1.72	1.69	1.66
19	2.99	2.61	2.40	2.27	2.18	2.11	2.06	2.02	1.98	1.96	1.91	1.86	1.81	1.79	1.76	1.73	1.70	1.67	1.63
20	2.97	2.59	2.38	2.25	2.16	2.09	2.04	2.00	1.96	1.94	1.89	1.84	1.79	1.77	1.74	1.71	1.68	1.64	1.61
21	2.96	2.57	2.36	2.23	2.14	2.08	2.02	1.98	1.95	1.92	1.87	1.83	1.78	1.75	1.72	1.69	1.66	1.62	1.59
22	2.95	2.56	2.35	2.22	2.13	2.06	2.01	1.97	1.93	1.90	1.86	1.81	1.76	1.73	1.70	1.67	1.64	1.60	1.57
23	2.94	2.55	2.34	2.21	2.11	2.05	1.99	1.95	1.92	1.89	1.84	1.80	1.74	1.72	1.69	1.66	1.62	1.59	1.55
24	2.93	2.54	2.33	2.19	2.10	2.04	1.98	1.94	1.91	1.88	1.83	1.78	1.73	1.70	1.67	1.64	1.61	1.57	1.53
25	2.92	2.53	2.32	2.18	2.09	2.02	1.97	1.93	1.89	1.87	1.82	1.77	1.72	1.69	1.66	1.63	1.59	1.56	1.52
26	2.91	2.52	2.31	2.17	2.08	2.01	1.96	1.92	1.88	1.86	1.81	1.76	1.71	1.68	1.65	1.61	1.58	1.54	1.50
27	2.90	2.51	2.30	2.17	2.07	2.00	1.95	1.91	1.87	1.85	1.80	1.75	1.70	1.67	1.64	1.60	1.57	1.53	1.49
28	2.89	2.50	2.29	2.16	2.06	2.00	1.94	1.90	1.87	1.84	1.79	1.74	1.69	1.66	1.63	1.59	1.56	1.52	1.48
29	2.80	2.50	2.28	2.15	2.06	1.99	1.93	1.89	1.86	1.83	1.78	1.73	1.68	1.65	1.62	1.58	1.55	1.51	1.47
30	2.88	2.49	2.28	2.14	2.05	1.98	1.93	1.88	1.85	1.82	1.77	1.72	1.67	1.64	1.61	1.57	1.54	1.50	1.46
40	2.84	2.44	2.23	2.09	2.00	1.93	1.87	1.83	1.79	1.76	1.71	1.66	1.61	1.57	1.54	1.51	1.47	1.42	1.38
60	2.79	2.39	2.18	2.04	1.95	1.87	1.82	1.77	1.74	1.71	1.66	1.60	1.54	1.51	1.48	1.44	1.40	1.35	1.29
120	2.75	2.35	2.13	1.99	1.90	1.82	1.77	1.72	1.68	1.65	1.60	1.55	1.48	1.45	1.41	1.37	1.32	1.26	1.19
∞	2.71	2.30	2.08	1.94	1.85	1.77	1.72	1.67	1.63	1.60	1.55	1.49	1.42	1.38	1.34	1.30	1.24	1.17	1.00

附表 5.2

F 分布的 0.95 分位数表

n_1＝分子的自由度，n_2＝分母的自由度

n_2 \ n_1	1	2	3	4	5	6	7	8	9	10	12	15	20	24	30	40	60	120	∞
1	161.4	199.5	215.7	224.6	230.2	234.0	236.8	238.9	240.5	241.9	243.9	245.9	248.0	249.1	250.1	251.1	252.2	253.3	254.3
2	18.51	19.00	19.16	19.25	19.30	19.33	19.35	19.37	19.38	19.40	19.41	19.43	19.45	19.45	19.46	19.47	19.48	19.49	19.50
3	10.13	9.55	9.28	9.12	9.01	8.94	8.89	8.85	8.81	8.79	8.74	8.70	8.66	8.64	8.62	8.59	8.57	8.55	8.53
4	7.71	6.94	6.59	6.39	6.26	6.16	6.09	6.04	6.00	5.96	5.91	5.56	5.80	5.77	5.75	5.72	5.69	5.66	5.63
5	6.61	5.79	5.41	5.19	5.05	4.95	4.88	4.82	4.77	4.74	4.68	4.62	4.56	4.53	4.50	4.46	4.43	4.40	4.36
6	5.99	5.14	4.76	4.53	4.39	4.28	4.21	4.15	4.10	4.06	4.00	3.94	3.87	3.84	3.81	3.77	3.74	3.70	3.67
7	5.59	4.74	4.35	4.12	3.97	3.87	3.79	3.73	3.68	3.64	3.57	3.51	3.44	3.41	3.38	3.34	3.30	3.27	3.23
8	5.32	4.46	4.07	3.84	3.69	3.58	3.50	3.44	3.39	3.35	3.28	3.22	3.15	3.12	3.08	3.04	3.01	2.97	2.93
9	5.12	4.26	3.86	3.63	3.48	3.37	3.29	3.23	3.18	3.14	3.07	3.01	2.94	2.90	2.86	2.83	2.79	2.75	2.71
10	4.96	4.10	3.71	3.48	3.33	3.22	3.14	3.07	3.02	2.98	2.91	2.85	2.77	2.74	2.70	2.66	2.62	2.58	2.54
11	4.84	3.98	3.59	3.36	3.20	3.09	3.01	2.95	2.90	2.85	2.79	2.72	2.65	2.61	2.57	2.53	2.49	2.45	2.40
12	4.75	3.89	3.49	3.26	3.11	3.00	2.91	2.85	2.80	2.75	2.69	2.62	2.54	2.51	2.47	2.43	2.38	2.34	2.30
13	4.67	3.81	3.41	3.18	3.03	2.92	2.83	2.77	2.71	2.67	2.60	2.53	2.46	2.42	2.38	2.34	2.30	2.25	2.21
14	4.60	3.74	3.34	3.11	2.96	2.85	2.76	2.70	2.65	2.60	2.53	2.46	2.39	2.35	2.31	2.27	2.22	2.18	2.13
15	4.54	3.68	3.29	3.06	2.90	2.79	2.71	2.64	2.59	2.54	2.48	2.40	2.33	2.29	2.25	2.20	2.16	2.11	2.07
16	4.49	3.63	3.24	3.01	2.85	2.74	2.66	2.59	2.54	2.49	2.42	2.35	2.28	2.24	2.19	2.15	2.11	2.06	2.01
17	4.45	3.59	3.20	2.96	2.81	2.70	2.61	2.55	2.49	2.45	2.38	2.31	2.23	2.19	2.15	2.10	2.06	2.01	1.96
18	4.41	3.55	3.16	2.93	2.77	2.66	2.58	2.51	2.46	2.41	2.34	2.27	2.19	2.15	2.11	2.06	2.02	1.97	1.92
19	4.38	3.52	3.13	2.90	2.74	2.63	2.54	2.48	2.42	2.38	2.31	2.23	2.16	2.11	2.07	2.03	1.98	1.93	1.88
20	4.35	3.49	3.10	2.87	2.71	2.60	2.51	2.45	2.39	2.35	2.28	2.20	2.12	2.08	2.04	1.99	1.95	1.90	1.84
21	4.32	3.47	3.07	2.84	2.68	2.57	2.49	2.42	2.37	2.32	2.25	2.18	2.10	2.05	2.01	1.96	1.92	1.87	1.81
22	4.30	3.44	3.05	2.82	2.66	2.55	2.46	2.40	2.34	2.30	2.23	2.15	2.07	2.03	1.98	1.94	1.89	1.84	1.78
23	4.28	3.42	3.03	2.80	2.64	2.53	2.44	2.37	2.32	2.27	2.20	2.13	2.05	2.01	1.96	1.91	1.86	1.81	1.76

续前表

n_2 \ n_1	1	2	3	4	5	6	7	8	9	10	12	15	20	24	30	40	60	120	∞
24	4.26	3.40	3.01	2.78	2.62	2.51	2.42	2.36	2.30	2.25	2.18	2.11	2.03	1.98	1.94	1.89	1.84	1.79	1.73
25	4.24	3.39	2.99	2.76	2.60	2.49	2.40	2.34	2.28	2.24	2.16	2.09	2.01	1.96	1.92	1.87	1.82	1.77	1.71
26	4.23	3.37	2.98	2.74	2.59	2.47	2.39	2.32	2.27	2.22	2.15	2.07	1.99	1.95	1.90	1.85	1.80	1.75	1.69
27	4.21	3.35	2.96	2.73	2.57	2.46	2.37	2.31	2.25	2.20	2.13	2.06	1.97	1.93	1.88	1.84	1.79	1.73	1.67
28	4.20	3.34	2.95	2.71	2.56	2.45	2.36	2.29	2.24	2.19	2.12	2.04	1.96	1.91	1.87	1.82	1.77	1.71	1.65
29	4.18	3.33	2.93	2.70	2.55	2.43	2.35	2.28	2.22	2.18	2.10	2.03	1.94	1.90	1.85	1.81	1.75	1.70	1.64
30	4.17	3.32	2.92	2.69	2.53	2.42	2.33	2.27	2.21	2.16	2.09	2.01	1.93	1.89	1.84	1.79	1.74	1.68	1.62
40	4.08	3.23	2.84	2.61	2.45	2.34	2.25	2.18	2.12	2.08	2.00	1.92	1.84	1.79	1.74	1.69	1.64	1.58	1.51
60	4.00	3.15	2.76	2.53	2.37	2.25	2.17	2.10	2.04	1.99	1.92	1.84	1.75	1.70	1.65	1.59	1.53	1.47	1.39
120	3.92	3.07	2.68	2.45	2.29	2.17	2.09	2.02	1.96	1.91	1.83	1.75	1.66	1.61	1.55	1.50	1.43	1.35	1.25
∞	3.84	3.00	2.60	2.37	2.21	2.10	2.01	1.94	1.88	1.83	1.75	1.67	1.57	1.52	1.46	1.39	1.32	1.22	1.00

附表 5.3 **F 分布的 0.975 分位数表**

n_1=分子的自由度,n_2=分母的自由度

n_2 \ n_1	1	2	3	4	5	6	7	8	9	10	12	15	20	24	30	40	60	120	∞
1	647.8	799.5	864.2	899.6	921.8	937.1	948.2	956.7	963.3	968.6	976.7	984.9	993.1	997.2	1001	1006	1010	1014	1018
2	38.51	39.00	39.17	39.25	39.30	39.33	39.36	39.37	39.39	39.40	39.41	39.43	39.45	39.46	39.46	39.47	39.48	39.49	39.50
3	17.44	16.04	15.44	15.10	14.88	14.73	14.62	14.54	14.47	14.42	14.34	14.25	14.17	14.12	14.08	14.04	13.99	13.95	13.90
4	12.22	10.65	9.98	9.60	9.36	9.20	9.07	8.98	8.90	8.84	8.75	8.66	8.56	8.51	8.46	8.41	8.36	8.31	8.26
5	10.01	8.43	7.76	7.39	7.15	6.98	6.85	6.76	6.68	6.62	6.52	6.43	6.33	6.28	6.23	6.18	6.12	6.07	6.02
6	8.81	7.26	6.60	6.23	5.99	5.82	5.70	5.60	5.52	5.46	5.37	5.27	5.17	5.12	5.07	5.01	4.96	4.90	4.85
7	8.07	6.54	5.89	5.52	5.29	5.12	4.99	4.90	4.82	4.76	4.67	4.57	4.47	4.42	4.36	4.31	4.25	4.20	4.14
8	7.57	6.06	5.42	5.05	4.82	4.65	4.53	4.43	4.36	4.30	4.20	4.10	4.00	3.95	3.89	3.84	3.78	3.73	3.67
9	7.21	5.71	5.08	4.72	4.48	4.32	4.20	4.10	4.03	3.96	3.87	3.77	3.67	3.61	3.56	3.51	3.45	3.39	3.33
10	6.94	5.46	4.83	4.47	4.24	4.07	3.95	3.85	3.78	3.72	3.62	3.52	3.42	3.37	3.31	3.26	3.20	3.14	3.08
11	6.72	5.26	4.63	4.28	4.04	3.88	3.76	3.66	3.59	3.53	3.43	3.33	3.23	3.17	3.12	3.06	3.00	2.94	2.88
12	6.55	5.10	4.47	4.12	3.89	3.73	3.61	3.51	3.44	3.37	3.28	3.18	3.07	3.02	2.96	2.91	2.85	2.79	2.72
13	6.41	4.97	4.35	4.00	3.77	3.60	3.48	3.39	3.31	3.25	3.15	3.05	2.95	2.89	2.84	2.78	2.72	2.66	2.60
14	6.30	4.86	4.24	3.89	3.66	3.50	3.38	3.29	3.21	3.15	3.05	2.95	2.84	2.79	2.73	2.67	2.61	2.55	2.49
15	6.20	4.77	4.15	3.80	3.58	3.41	3.29	3.20	3.12	3.06	2.96	2.86	2.76	2.70	2.64	2.59	2.52	2.46	2.40
16	6.12	4.69	4.08	3.73	3.50	3.34	3.22	3.12	3.05	2.99	2.89	2.79	2.68	2.63	2.57	2.51	2.45	2.38	2.32
17	6.12	4.62	4.01	3.66	3.44	3.28	3.16	3.06	2.98	2.92	2.82	2.72	2.62	2.56	2.50	2.44	2.38	2.32	2.25
18	5.98	4.56	3.95	3.61	3.38	3.22	3.10	3.01	2.93	2.87	2.77	2.67	2.56	2.50	2.44	2.38	2.32	2.26	2.19
19	5.92	4.51	3.90	3.56	3.33	3.17	3.05	2.96	2.88	2.82	2.72	2.62	2.51	2.45	2.39	2.33	2.27	2.20	2.13
20	5.87	4.46	3.86	3.51	3.29	3.13	3.01	2.91	2.84	2.77	2.68	2.57	2.46	2.41	2.35	2.29	2.22	2.16	2.09
21	5.83	4.42	3.82	3.48	3.25	3.09	2.97	2.87	2.80	2.73	2.64	2.53	2.42	2.37	2.31	2.25	2.18	2.11	2.04
22	5.79	4.38	3.78	3.44	3.22	3.05	2.93	2.84	2.76	2.70	2.60	2.50	2.39	2.33	2.27	2.21	2.14	2.08	2.00
23	5.75	4.35	3.75	3.41	3.18	3.02	2.90	2.81	2.73	2.67	2.57	2.47	2.36	2.30	2.24	2.18	2.11	2.04	1.97

续前表

n_2 \ n_1	1	2	3	4	5	6	7	8	9	10	12	15	20	24	30	40	60	120	∞
24	5.72	4.32	3.72	3.38	3.15	2.99	2.87	2.78	2.70	2.64	2.54	2.44	2.33	2.27	2.21	2.15	2.08	2.01	1.94
25	5.69	4.29	3.69	3.35	3.13	2.97	2.85	2.75	2.68	2.61	2.51	2.41	2.30	2.24	2.18	2.12	2.05	1.98	1.91
26	5.66	4.27	3.67	3.33	3.10	2.94	2.82	2.73	2.65	2.59	2.49	2.39	2.28	2.22	2.16	2.09	2.03	1.95	1.88
27	5.63	4.24	3.65	3.31	3.08	2.92	2.80	2.71	2.63	2.57	2.47	2.36	2.25	2.19	2.13	2.07	2.00	1.93	1.85
28	5.61	4.22	3.63	3.29	3.06	2.90	2.78	2.69	2.61	2.55	2.45	2.34	2.23	2.17	2.11	2.05	1.98	1.91	1.83
29	5.59	4.20	3.61	3.27	3.04	2.88	2.76	2.67	2.59	2.53	2.43	2.32	2.21	2.15	2.09	2.03	1.96	1.89	1.81
30	5.57	4.18	3.59	3.25	3.03	2.87	2.75	2.65	2.57	2.51	2.41	2.31	2.20	2.14	2.07	2.01	1.94	1.87	1.79
40	5.42	4.05	3.46	3.13	2.90	2.74	2.62	2.53	2.45	2.39	2.29	2.18	2.07	2.01	1.94	1.88	1.80	1.72	1.64
60	5.29	3.93	3.34	3.01	2.79	2.63	2.51	2.41	2.33	2.27	2.17	2.06	1.94	1.88	1.82	1.74	1.67	1.58	1.48
120	5.15	3.80	3.23	2.89	2.67	2.52	2.39	2.30	2.22	2.16	2.05	1.94	1.82	1.76	1.69	1.61	1.53	1.43	1.31
∞	5.02	3.69	3.12	2.79	2.57	2.41	2.29	2.19	2.11	2.05	1.94	1.83	1.71	1.64	1.57	1.48	1.39	1.27	1.00

附表 5.4 **F 分布的 0.99 分位数表**

n_1＝分子的自由度，n_2＝分母的自由度

n_2 \ n_1	1	2	3	4	5	6	7	8	9	10	12	15	20	24	30	40	60	120	∞
1	4052	4999.5	5403	5625	5764	5859	5928	5982	6022	6056	6016	6157	6209	6235	6261	6287	6313	6339	6366
2	98.50	99.00	99.17	99.25	99.30	99.33	99.36	99.37	99.39	99.40	99.42	99.43	99.45	99.46	99.47	99.47	99.48	99.49	99.50
3	34.12	30.82	29.46	28.71	28.24	27.91	27.67	27.49	27.35	27.23	27.05	26.87	26.69	26.60	26.50	26.41	26.32	26.22	26.13
4	21.20	18.00	16.69	15.98	15.52	15.21	14.98	14.80	14.66	14.55	14.37	14.20	14.02	13.93	13.84	13.75	13.65	13.56	13.46
5	16.26	13.27	12.06	11.39	10.97	10.67	10.46	10.29	10.16	10.05	9.89	9.72	9.55	9.47	9.38	9.29	9.20	9.11	9.02
6	13.75	10.92	9.78	9.15	8.75	8.47	8.26	8.10	7.98	7.87	7.72	7.56	7.40	7.31	7.23	7.14	7.06	6.97	6.88
7	12.25	9.55	8.45	7.85	7.46	7.19	6.99	6.84	6.72	6.62	6.47	6.31	6.16	6.07	5.99	5.91	5.82	5.74	5.65
8	11.26	8.65	7.59	7.01	6.63	6.37	6.18	6.03	5.91	5.81	5.67	5.52	5.36	5.28	5.20	5.12	5.03	4.95	4.86
9	10.56	8.02	6.99	6.42	6.06	5.80	5.61	5.47	5.35	5.26	5.11	4.96	4.81	4.73	4.65	4.57	4.48	4.40	4.31
10	10.04	7.56	6.55	5.99	5.64	5.39	5.20	5.06	4.94	4.85	4.71	4.56	4.41	4.33	4.25	4.17	4.08	4.00	3.91
11	9.65	7.21	6.22	5.67	5.32	5.07	4.89	4.74	4.63	4.54	4.40	4.25	4.10	4.02	3.94	3.86	3.78	3.69	3.60
12	9.33	6.93	5.95	5.41	5.06	4.82	4.64	4.50	4.39	4.30	4.16	4.01	3.86	3.78	3.70	3.62	3.54	3.45	3.36
13	9.07	6.70	5.74	5.21	4.86	4.62	4.44	4.30	4.19	4.10	3.96	3.82	3.66	3.59	3.51	3.43	3.34	3.25	3.17
14	8.86	6.51	5.56	5.04	4.69	4.46	4.28	4.14	4.03	3.94	3.80	3.66	3.51	3.43	3.35	3.27	3.18	3.09	3.00
15	8.68	6.36	5.42	4.89	4.56	4.32	4.14	4.00	3.89	3.80	3.67	3.52	3.37	3.29	3.21	3.13	3.05	2.96	2.87
16	8.53	6.23	5.29	4.77	4.44	4.20	4.03	3.89	3.78	3.69	3.55	3.41	3.26	3.18	3.10	3.02	2.93	2.84	2.75
17	8.40	6.11	5.18	4.67	4.34	4.10	3.93	3.79	3.68	3.59	3.46	3.31	3.16	3.08	3.00	2.92	2.83	2.75	2.65
18	8.29	6.01	5.09	4.58	4.25	4.01	3.84	3.71	3.60	3.51	3.37	3.23	3.08	3.00	2.92	2.84	2.75	2.66	2.57
19	8.18	5.93	5.01	4.50	4.17	3.94	3.77	3.63	3.52	3.43	3.30	3.15	3.00	2.92	2.84	2.76	2.67	2.58	2.49
20	8.10	5.85	4.94	4.43	4.10	3.87	3.70	3.56	3.46	3.37	3.23	3.09	2.94	2.86	2.78	2.69	2.61	2.52	2.42
21	8.02	5.78	4.87	4.37	4.04	3.81	3.64	3.51	3.40	3.31	3.17	3.03	2.88	2.80	2.72	2.64	2.55	2.46	2.36
22	7.95	5.72	4.82	4.31	3.99	3.76	3.59	3.45	3.35	3.26	3.12	2.98	2.83	2.75	2.67	2.58	2.50	2.40	2.31
23	7.88	5.66	4.76	4.26	3.94	3.71	3.54	3.41	3.30	3.21	3.07	2.93	2.78	2.70	2.62	2.54	2.45	2.35	2.26

续前表

n_2 \ n_1	1	2	3	4	5	6	7	8	9	10	12	15	20	24	30	40	60	120	∞
24	7.82	5.61	4.72	4.22	3.90	3.67	3.50	3.36	3.26	3.17	3.03	2.89	2.74	2.66	2.58	2.49	2.40	2.31	2.21
25	7.77	5.57	4.68	4.18	3.85	3.63	3.46	3.32	3.22	3.13	2.99	2.85	2.70	2.62	2.54	2.45	2.36	2.27	2.17
26	7.72	5.53	4.64	4.14	3.82	3.59	3.42	3.29	3.18	3.09	2.96	2.81	2.66	2.58	2.50	2.42	2.33	2.23	2.13
27	7.68	5.49	4.60	4.11	3.78	3.56	3.39	3.26	3.15	3.06	2.93	2.78	2.63	2.55	2.47	2.38	2.29	2.20	2.10
28	7.64	5.45	4.57	4.07	3.75	3.53	3.36	3.23	3.12	3.03	2.90	2.75	2.60	2.52	2.44	2.35	2.26	2.17	2.06
29	7.60	5.42	4.54	4.04	3.73	3.50	3.33	3.20	3.09	3.00	2.87	2.73	2.57	2.49	2.41	2.33	2.23	2.14	2.03
30	7.56	5.39	4.51	4.02	3.70	3.47	3.30	3.17	3.07	2.98	2.84	2.70	2.55	2.47	2.39	2.30	2.21	2.11	2.01
40	7.31	5.18	4.31	3.83	3.51	3.29	3.12	2.99	2.89	2.80	2.66	2.52	2.37	2.29	2.20	2.11	2.02	1.92	1.80
60	7.08	4.98	4.13	3.65	3.34	3.12	2.95	2.82	2.72	2.63	2.50	2.35	2.20	2.12	2.03	1.94	1.84	1.73	1.60
120	6.85	4.79	3.95	3.48	3.17	2.96	2.79	2.66	2.56	2.47	2.34	2.19	2.03	1.95	1.86	1.76	1.66	1.53	1.38
∞	6.63	4.61	3.78	3.32	3.02	2.80	2.64	2.51	2.41	2.32	2.18	2.04	1.88	1.79	1.70	1.59	1.47	1.32	1.00

附表 6 **计量控制图计算控制限的系数表**

子组中观测值个数 n	控制限系数											中心线系数			
	A	A_2	A_3	B_3	B_4	B_5	B_6	D_1	D_2	D_3	D_4	c_4	$1/c_4$	d_2	$1/d_2$
2	2.121	1.880	2.659	0.000	3.267	0.000	2.606	0.000	3.686	0.000	3.267	0.7979	1.2533	1.128	0.8865
3	1.732	1.023	1.954	0.000	2.568	0.000	2.276	0.000	4.358	0.000	2.574	0.8862	1.1284	1.693	0.5907
4	1.500	0.729	1.628	0.000	2.266	0.000	2.088	0.000	4.698	0.000	2.282	0.9213	1.0854	2.059	0.4857
5	1.342	0.577	1.427	0.000	2.089	0.000	1.964	0.000	4.918	0.000	2.114	0.9400	1.0638	2.326	0.4299
6	1.225	0.483	1.287	0.030	1.970	0.029	1.874	0.000	5.078	0.000	2.004	0.9515	1.0510	2.534	0.3946
7	1.134	0.419	1.182	0.118	1.882	0.113	1.806	0.204	5.204	0.076	1.924	0.9594	1.0423	2.704	0.3698
8	1.061	0.373	1.099	0.185	1.815	0.179	1.751	0.388	5.306	0.136	1.864	0.9650	1.0363	2.847	0.3512
9	1.000	0.337	1.032	0.239	1.761	0.232	1.707	0.547	5.393	0.184	1.816	0.9693	1.0317	2.970	0.3367
10	0.949	0.308	0.975	0.284	1.716	0.276	1.669	0.687	5.469	0.223	1.777	0.9727	1.0281	3.078	0.3249
11	0.905	0.285	0.927	0.321	1.679	0.313	1.637	0.811	5.535	0.256	1.744	0.9754	1.0252	3.173	0.3152
12	0.866	0.266	0.886	0.354	1.646	0.346	1.610	0.922	5.594	0.283	1.717	0.9776	1.0229	3.258	0.3069
13	0.832	0.249	0.850	0.382	1.618	0.374	1.585	1.025	5.647	0.307	1.693	0.9794	1.0210	3.336	0.2998
14	0.802	0.235	0.817	0.406	1.594	0.399	1.563	1.118	5.696	0.328	1.672	0.9810	1.0194	3.407	0.2935
15	0.775	0.223	0.789	0.428	1.572	0.421	1.544	1.203	5.741	0.347	1.653	0.9823	1.0180	3.472	0.2880
16	0.750	0.212	0.763	0.448	1.552	0.440	1.526	1.282	5.782	0.363	1.637	0.9835	1.0168	3.532	0.2831
17	0.728	0.203	0.739	0.466	1.534	0.458	1.511	1.356	5.820	0.378	1.622	0.9845	1.0157	3.588	0.2787
18	0.707	0.194	0.718	0.482	1.518	0.475	1.496	1.424	5.856	0.391	1.608	0.9854	1.0148	3.640	0.2747
19	0.688	0.187	0.698	0.497	1.503	0.490	1.483	1.487	5.891	0.403	1.597	0.9862	1.0140	3.689	0.2711
20	0.671	0.180	0.680	0.510	1.490	0.504	1.470	1.549	5.921	0.415	1.585	0.9869	1.0133	3.735	0.2677
21	0.655	0.173	0.663	0.523	1.477	0.516	1.459	1.605	5.951	0.425	1.575	0.9876	1.0126	3.778	0.2647
22	0.640	0.167	0.647	0.534	1.466	0.528	1.448	1.659	5.979	0.434	1.566	0.9882	1.0119	3.819	0.2618
23	0.626	0.162	0.633	0.545	1.455	0.539	1.438	1.710	6.006	0.443	1.557	0.9887	1.0114	3.858	0.2592
24	0.612	0.157	0.619	0.555	1.445	0.549	1.429	1.759	6.031	0.451	1.548	0.9892	1.0109	3.895	0.2567
25	0.600	0.153	0.606	0.565	1.435	0.559	1.420	1.806	6.056	0.459	1.541	0.9896	1.0105	3.931	0.2544

附表 7 **西格玛水平换算表**

合格品率 (%)	每百万机会缺陷数 (DPMO)	西格玛水平 (σ)
6.68	933 200	0
8.455	915 450	0.125
10.56	894 400	0.25
13.03	869 700	0.375
15.87	841 300	0.5
19.08	809 200	0.625
22.66	773 400	0.75
26.595	734 050	0.875
30.85	**691 500**	**1**
33.99	6 660 82	1.1
35.435	645 650	1.125
37.86	621 378	1.2
40.13	598 700	1.25
41.81	581 814	1.3
45.025	549 750	1.375
45.83	541 693	1.4
49.86	501 349	1.5
53.88	461 139	1.6
54.975	450 250	1.625
57.85	421 427	1.7
59.87	401 300	1.75
61.74	382 572	1.8
64.565	354 350	1.875
65.50	344 915	1.9
69.15	**308 500**	**2**
70.88	291 160	2.05
72.55	274 112	2.1
74.22	257 846	2.15
75.79	242 071	2.2
73.405	265 950	2.215
77.34	226 600	2.25
78.80	211 927	2.3
80.24	197 663	2.35
80.92	190 800	2.375
81.58	184 108	2.4
83.89	171 056	2.45
84.13	158 700	2.5
85.31	146 859	2.55
86.43	135 686	2.6
86.97	130 300	2.625

续前表

合格品率（%）	每百万机会缺陷数（DPMO）	西格玛水平（σ）
87.49	125 072	2.65
88.49	115 083	2.7
89.44	105 600	2.75
90.31	96 809	2.8
91.545	84 550	2.875
91.92	80 762	2.9
93.32	**66 800**	**3**
93.94	60 571	3.05
94.51	54 801	3.1
94.79	52 100	3.125
95.54	44 566	3.2
95.99	40 100	3.25
96.40	35 931	3.3
96.96	30 400	3.375
97.12	28 716	3.4
97.45	25 588	3.45
97.73	22 700	3.5
97.98	20 182	3.55
98.21	17 864	3.6
98.32	16 800	3.625
98.60	13 903	3.7
98.78	12 200	3.75
98.92	10 724	3.8
99.12	8 800	3.875
99.18	8 197	3.9
99.28	7 143	3.95
99.38	**6 210**	**4**
99.46	5 386	4.05
99.53	4 661	4.1
99.565	4 350	4.125
99.60	4 024	4.15
99.65	3 467	4.2
99.7	3 000	4.25
99.74	2 555	4.3
99.795	2 050	4.375
99.81	1 865	4.4
99.84	1 589	4.45
99.87	1 300	4.5
99.88	1 144	4.55
99.90	967	4.6
99.91	900	4.625

续前表

合格品率 (%)	每百万机会缺陷数 (DPMO)	西格玛水平 (σ)
99.92	816	4.65
99.93	687	4.7
99.94	600	4.75
99.95	483	4.8
99.96	400	4.875
99.96	336	4.9
99.976 7	**233**	**5**
99.984	159	5.1
99.986 9	130	5.15
99.989 2	108	5.2
99.991 1	89	5.25
99.992 8	72	5.3
99.994 1	59	5.35
99.995 2	48	5.4
99.996 1	39	5.45
99.996 8	32	5.5
99.997 9	21	5.6
99.998 3	17	5.65
99.998 7	13	5.7
99.998 9	11	5.75
99.999 1	9	5.8
99.999 3	7	5.85
99.999 5	5	5.9
99.999 6	4	5.95
99.999 66	**3.4**	**6**

附表 8

符号检验表

（表中的 α 是双侧检验的 α）

n \ α	0.01	0.05	0.10	0.25	n \ α	0.01	0.05	0.10	0.25	n \ α	0.01	0.05	0.10	0.25	n \ α	0.01	0.05	0.10	0.25
1					24	5	6	7	8	47	14	16	17	19	70	23	26	27	29
2					25	5	7	7	9	48	14	16	17	19	71	24	26	28	30
3				0	26	6	7	8	9	49	15	17	18	19	72	24	27	28	30
4				0	27	6	7	8	10	50	15	17	18	20	73	25	27	28	31
5			0	0	28	6	8	9	10	51	15	18	19	20	74	25	28	29	31
6		0	0	1	29	7	8	9	10	52	16	18	19	21	75	25	28	29	32
7		0	0	1	30	7	9	10	11	53	16	18	20	21	76	26	28	30	32
8	0	0	1	1	31	7	9	10	11	54	17	19	20	22	77	26	29	30	32
9	0	1	1	2	32	8	9	10	12	55	17	19	20	22	78	27	29	31	33
10	0	1	1	2	33	8	10	11	12	56	17	20	21	23	79	27	30	31	33
11	0	1	2	3	34	9	10	11	13	57	18	20	21	23	80	28	30	32	34
12	1	2	2	3	35	9	11	12	13	58	18	21	22	24	81	28	31	32	34
13	1	2	3	3	36	9	11	12	14	59	19	21	22	24	82	28	31	33	35
14	1	2	3	4	37	10	12	13	14	60	19	21	23	25	83	29	32	33	35
15	2	3	3	4	38	10	12	13	14	61	20	22	23	25	84	29	32	33	36
16	2	3	4	5	39	11	12	13	15	62	20	22	24	25	85	30	32	34	36
17	2	4	4	5	40	11	13	14	15	63	20	23	24	26	86	30	33	34	37
18	3	4	5	6	41	11	13	14	16	64	21	23	24	26	87	31	33	35	37
19	3	4	5	6	42	12	14	15	16	65	21	24	25	27	88	31	34	35	38
20	3	5	5	6	43	12	14	15	17	66	22	24	25	27	89	31	34	36	38
21	4	5	6	7	44	13	15	16	17	67	22	25	26	28	90	32	35	36	39
22	4	5	6	7	45	13	15	16	18	68	22	25	26	28					
23	4	6	7	8	46	13	15	16	18	69	23	25	27	29					

附表 9 **秩和检验表**

$$P(T_1 < T < T_2) = 1 - 2\alpha$$

n_1	n_2	$\alpha=0.025$		$\alpha=0.05$		n_1	n_2	$\alpha=0.025$		$\alpha=0.05$	
		T_1	T_2	T_1	T_2			T_1	T_2	T_1	T_2
2	4			3	11	5	5	18	37	19	36
	5			3	13		6	19	41	20	40
	6	3	15	4	14		7	20	45	22	43
	7	3	17	4	16		8	21	49	23	47
	8	3	19	4	18		9	22	53	25	50
	9	3	21	4	20		10	24	56	26	54
	10	4	22	5	21						
						6	6	26	52	28	50
3	3			6	15		7	28	56	30	54
	4	6	18	7	17		8	29	61	32	58
	5	6	21	7	20		9	31	65	33	63
	6	7	23	8	22		10	33	69	35	67
	7	8	25	9	24						
	8	8	28	9	27	7	7	37	68	39	66
	9	9	30	10	29		8	39	73	41	71
	10	9	33	11	31		9	41	78	43	76
							10	43	83	46	80
4	4	11	25	12	24						
	5	12	28	13	27	8	8	49	87	52	84
	6	12	32	14	30		9	51	93	54	90
	7	13	35	15	33		10	54	98	57	95
	8	14	38	16	36						
	9	15	41	17	39	9	9	63	108	66	105
	10	16	44	18	42		10	66	114	69	111
						10	10	79	131	83	127

附表 10 **游程总数检验表**

$R_{1,\alpha}$ 表示满足 $P(R \leqslant R_1) \leqslant \alpha$ 的 R_1 中之最大整数

$R_{2,\alpha}$ 表示满足 $P(R \geqslant R_2) \leqslant \alpha$ 的 R_2 中之最小整数

$R_{1,0.025}$

n_2 \ n_1	2	3	4	5	6	7	8	9	10	11	12	13	14	15	16	17	18	19	20
2																			
3																			
4																			
5			2	2															
6		2	2	3	3														
7		2	2	3	3	3													
8		2	3	3	3	4	4												
9		2	3	3	4	4	5	5											
10		2	3	3	4	5	5	5	6										
11		2	3	4	4	5	5	6	6	7									
12	2	2	3	4	4	5	6	6	7	7	7								
13	2	2	3	4	5	5	6	6	7	7	8	8							
14	2	2	3	4	5	5	6	7	7	8	8	9	9						
15	2	3	3	4	5	6	6	7	7	8	8	9	9	10					
16	2	3	4	4	5	6	6	7	8	8	9	9	10	10	11				
17	2	3	4	4	5	6	7	7	8	9	9	10	10	11	11	11			
18	2	3	4	5	5	6	7	8	8	9	9	10	10	11	11	12	12		
19	2	3	4	5	6	6	7	8	8	9	10	10	11	11	12	12	13	13	
20	2	3	4	5	6	6	7	8	9	9	10	10	11	12	12	13	13	13	14

$R_{2,0.025}$

n_2 \ n_1	2	3	4	5	6	7	8	9	10	11	12	13	14	15	16	17	18	19	20
2																			
3																			
4																			
5			9	10															
6			9	10	11														
7				11	12	13													
8				11	12	13	14												
9					13	14	14	15											
10					13	14	15	16	16										
11					13	14	15	16	17	17									
12					13	14	16	16	17	18	19								
13						15	16	17	18	19	19	20							
14						15	16	17	18	19	20	20	21						
15						15	16	18	18	19	20	21	22	22					
16							17	18	19	20	21	21	22	23	23				
17							17	18	19	20	21	22	23	23	24	25			
18							17	18	19	20	21	22	23	24	25	25	26		
19							17	18	20	21	22	23	23	24	25	26	26	27	
20							17	18	20	21	22	23	24	25	26	26	27	27	28

$R_{1,0.05}$

n_2 \ n_1	2	3	4	5	6	7	8	9	10	11	12	13	14	15	16	17	18	19	20
2																			
3																			
4			2																
5		2	2	3															
6		2	3	3	3														
7		2	3	3	4	4													
8	2	2	3	3	4	4	5												
9	2	2	3	4	4	5	5	6											
10	2	3	3	4	5	5	6	6	6										
11	2	3	3	4	5	5	6	6	7	7									
12	2	3	4	4	5	6	6	7	7	8	8								
13	2	3	4	4	5	6	6	7	8	8	9	9							
14	2	3	4	5	5	6	7	7	8	8	9	9	10						
15	2	3	4	5	6	6	7	8	8	9	9	10	10	11					
16	2	3	4	5	6	6	7	8	8	9	10	10	11	11	11				
17	2	3	4	5	6	7	7	8	9	9	10	10	11	11	12	12			
18	2	3	4	5	6	7	8	8	9	10	10	11	11	12	12	13	13		
19	2	3	4	5	6	7	8	8	9	10	10	11	12	12	13	13	14	14	
20	2	3	4	5	6	7	8	9	9	10	11	11	12	12	13	13	14	14	15

$R_{2,0.05}$

n_2 \ n_1	2	3	4	5	6	7	8	9	10	11	12	13	14	15	16	17	18	19	20
2																			
3																			
4		7	8																
5			9	9															
6			9	10	11														
7			9	10	11	12													
8				11	12	13	13												
9				11	12	13	14	14											
10				11	12	13	14	15	16										
11					13	14	15	15	16	17									
12					13	14	15	16	17	17	18								
13					13	14	15	16	17	18	18	19							
14					13	14	16	17	17	18	19	20	20						
15						15	16	17	18	19	19	20	21	21					
16						15	16	17	18	19	20	21	21	22	23				
17						15	16	17	18	19	20	21	22	22	23	24			
18						15	16	18	19	20	21	21	22	23	24	24	25		
19						15	16	18	19	20	21	22	23	23	24	25	25	26	
20						15	17	18	19	20	21	22	23	24	25	25	26	27	27

附表11 **游程最大长度检验表**

$(P\{L \geqslant L\alpha\} \leqslant \alpha)$

$\alpha=0.01$

n_1 \ n_2	2	3	4	5	6	7	8	9	10	11	12	13	14	15	16	17	18	19	20	21	22	23	24	25
7				7	7	7																		
8				8	8	8	8																	
9			9	9	8	8	8	8																
10			10	10	9	9	8	8	8															
11			11	10	10	9	9	9	9	9														
12		12	12	11	11	10	10	9	9	9	9													
13		13	13	12	11	11	10	10	9	9	9	9												
14		14	13	13	12	11	11	10	10	10	9	9	9											
15		15	14	13	13	12	11	11	11	10	10	10	10	10										
16		16	15	14	13	13	12	11	11	11	10	10	10	10	10									
17		17	16	15	14	13	13	12	12	11	11	10	10	10	10	10								
18		18	17	15	15	14	13	13	12	12	11	11	11	10	10	10	10							
19		19	17	16	15	14	14	13	13	12	12	11	11	11	10	10	10	10						
20		19	18	17	16	15	14	14	13	13	12	12	11	11	11	11	10	10	10					
21		20	19	16	17	16	15	14	14	13	13	12	12	11	11	11	11	11	10	10				
22		21	20	18	17	16	15	15	14	14	13	13	12	12	12	11	11	11	11	11	11			
23	23	22	20	19	18	17	16	15	15	14	14	13	13	12	12	12	11	11	11	11	11	11		
24	24	23	21	20	19	18	17	16	15	15	14	13	13	13	12	12	12	11	11	11	11	11	11	
25	25	24	22	21	19	18	17	16	16	15	14	14	13	13	13	12	12	12	11	11	11	11	11	11

$\alpha=0.05$

n_1 \ n_2	2	3	4	5	6	7	8	9	10	11	12	13	14	15	16	17	18	19	20	21	22	23	24	25
5			5	5																				
6		6	6	6	6																			
7		7	7	6	6	6																		
8		8	8	7	7	7	7																	
9		9	8	8	7	7	7	7																
10	10	10	9	8	8	7	7	7	7															
11	11	10	10	9	8	8	8	7	7	7														
12	12	11	10	10	9	9	8	8	8	8	8													
13	13	12	11	10	10	9	9	8	8	8	8	8												
14	14	13	12	11	10	10	9	9	8	8	8	8	8											
15	15	13	12	11	11	10	10	9	9	9	8	8	8	8										
16	16	14	13	12	11	11	10	10	9	9	9	8	8	8	8									
17	17	15	14	13	12	11	11	10	10	9	9	9	9	8	8	8								
18	17	16	14	13	12	12	11	11	10	10	9	9	9	9	9	9	9							
19	18	17	15	14	13	12	12	11	11	10	10	9	9	9	9	9	9	9						
20	19	17	16	15	14	13	12	11	11	10	10	10	9	9	9	9	9	9	9					
21	20	18	16	15	14	13	13	12	11	11	10	10	10	10	9	9	9	9	9	9				
22	21	19	17	16	15	14	13	12	12	11	11	10	10	10	10	9	9	9	9	9	9			
23	22	20	18	16	15	14	13	13	12	12	11	10	10	10	10	10	9	9	9	9	9	9		
24	23	20	19	17	16	15	14	14	13	12	12	11	11	10	10	10	10	9	9	9	9	9	9	
25	24	21	19	17	17	15	14	14	13	12	12	12	11	11	10	10	10	10	9	9	9	9	9	9

附表 12 **相关系数检验表**

$P(|r|>r_\alpha)=\alpha$

$n-2$ \ α	0.10	0.05	0.02	0.01	0.001	α / $n-2$
1	0.98769	0.99692	0.999507	0.999877	0.9999988	1
2	0.90000	0.95000	0.98000	0.99000	0.99900	2
3	0.8054	0.8783	0.93433	0.95873	0.99116	3
4	0.7293	0.8114	0.8822	0.91720	0.97406	4
5	0.6694	0.7545	0.8329	0.8745	0.95074	5
6	0.6215	0.7067	0.7887	0.8343	0.92493	6
7	0.5822	0.6664	0.7498	0.7977	0.8982	7
8	0.5494	0.6319	0.7155	0.7646	0.8721	8
9	0.5214	0.6021	0.6851	0.7348	0.8471	9
10	0.4973	0.5760	0.6581	0.7079	0.8233	10
11	0.4762	0.5529	0.6339	0.6835	0.8010	11
12	0.4575	0.5324	0.6120	0.6614	0.7800	12
13	0.4409	0.5139	0.5923	0.6411	0.7603	13
14	0.4259	0.4973	0.5742	0.6226	0.7420	14
15	0.4124	0.4821	0.5577	0.6055	0.7246	15
16	0.4000	0.4683	0.5425	0.5897	0.7084	16
17	0.3887	0.4555	0.5285	0.5751	0.6932	17
18	0.3783	0.4438	0.5155	0.5614	0.6787	18
19	0.3687	0.4329	0.5034	0.5487	0.6652	19
20	0.3598	0.4227	0.4921	0.5368	0.6524	20
25	0.3233	0.3809	0.4451	0.4869	0.5974	25
30	0.2960	0.3494	0.4993	0.4487	0.5541	30
35	0.2746	0.3246	0.3810	0.4182	0.5189	35
40	0.2573	0.3044	0.3573	0.4032	0.4896	40
45	0.2428	0.2875	0.3384	0.3721	0.4648	45
50	0.2306	0.2732	0.3218	0.3541	0.4433	50
60	0.2108	0.2500	0.2948	0.3248	0.4078	60
70	0.1954	0.2319	0.2737	0.3017	0.3799	70
80	0.1829	0.2172	0.2565	0.2830	0.3568	80
90	0.1726	0.2050	0.2422	0.2673	0.3375	90
100	0.1638	0.1946	0.2331	0.2540	0.3211	100

附表 13 六西格玛容差设计标准差系数表

	0.000	0.001	0.002	0.003	0.004	0.005	0.006	0.007	0.008	0.009
0.00	4.645 19	4.645 24	4.645 39	4.645 64	4.645 99	4.646 44	4.646 99	4.647 64	4.648 38	4.649 23
0.01	4.650 17	4.651 22	4.652 35	4.653 59	4.654 91	4.656 34	4.657 85	4.659 46	4.661 17	4.662 96
0.02	4.664 84	4.666 81	4.668 87	4.671 02	4.673 25	4.675 56	4.677 96	4.680 44	4.683 00	4.685 64
0.03	4.688 36	4.691 16	4.694 03	4.696 98	4.699 99	4.703 08	4.706 24	4.709 47	4.712 77	4.716 13
0.04	4.719 56	4.723 04	4.726 60	4.730 21	4.733 88	4.737 61	4.741 39	4.745 23	4.749 13	4.753 08
0.05	4.757 07	4.761 12	4.765 22	4.769 37	4.773 56	4.777 79	4.782 08	4.786 40	4.790 77	4.795 17
0.06	4.799 62	4.804 11	4.808 63	4.813 19	4.817 79	4.822 42	4.827 09	4.831 79	4.836 52	4.841 28
0.07	4.846 08	4.850 90	4.855 75	4.860 64	4.865 55	4.870 49	4.875 45	4.880 44	4.885 46	4.890 50
0.08	4.895 56	4.900 65	4.905 77	4.910 90	4.916 06	4.921 24	4.926 44	4.931 66	4.936 91	4.942 17
0.09	4.947 45	4.952 76	4.958 08	4.963 42	4.968 78	4.974 16	4.979 55	4.984 97	4.990 40	4.995 85
0.10	5.001 31	5.006 80	5.012 30	5.017 81	5.023 35	5.028 89	5.034 46	5.040 04	5.045 64	5.051 25
0.11	5.056 88	5.062 52	5.068 18	5.073 86	5.079 55	5.085 25	5.090 97	5.096 71	5.102 45	5.108 22
0.12	5.114 00	5.119 79	5.125 60	5.131 42	5.137 26	5.143 11	5.148 98	5.154 86	5.160 76	5.166 67
0.13	5.172 60	5.178 54	5.184 49	5.190 46	5.196 44	5.202 44	5.208 45	5.214 48	5.220 52	5.226 58
0.14	5.232 65	5.238 73	5.244 83	5.250 95	5.257 08	5.263 22	5.269 38	5.275 55	5.281 74	5.287 94
0.15	5.294 16	5.300 39	5.306 64	5.312 90	5.319 18	5.325 47	5.331 78	5.338 10	5.344 44	5.350 79
0.16	5.357 16	5.363 55	5.369 94	5.376 36	5.382 79	5.389 23	5.395 70	5.402 17	5.408 66	5.415 17
0.17	5.421 70	5.428 23	5.434 79	5.441 36	5.447 95	5.454 55	5.461 17	5.467 81	5.474 46	5.481 12
0.18	5.487 81	5.494 51	5.501 23	5.507 96	5.514 71	5.521 47	5.528 26	5.535 06	5.541 87	5.548 71
0.19	5.555 56	5.562 42	5.569 31	5.576 21	5.583 13	5.590 06	5.597 02	5.603 99	5.610 97	5.617 98
0.20	5.625 00	5.632 04	5.639 10	5.646 17	5.653 27	5.660 38	5.667 51	5.674 65	5.681 82	5.689 00
0.21	5.696 20	5.703 42	5.710 66	5.717 92	5.725 19	5.732 48	5.739 80	5.747 13	5.754 48	5.761 84
0.22	5.769 23	5.776 64	5.784 06	5.791 51	5.798 97	5.806 45	5.813 95	5.821 47	5.829 02	5.836 58
0.23	5.844 16	5.851 76	5.859 38	5.867 01	5.874 67	5.882 35	5.890 05	5.897 77	5.905 51	5.913 27
0.24	5.921 05	5.928 85	5.936 68	5.944 52	5.952 38	5.960 26	5.968 17	5.976 10	5.984 04	5.992 01
0.25	6.000 00	6.008 01	6.016 04	6.024 10	6.032 17	6.040 27	6.048 39	6.056 53	6.064 69	6.072 87

注：本表使用方法请参看 14.2 节容差设计。

附表 14 **Grubbs 检验临界值表**

n	0.90	0.95	0.975	0.99	0.995	n	0.90	0.95	0.975	0.99	0.995
						51	2.775	2.964	3.136	3.345	3.491
						52	2.783	2.971	3.143	3.353	3.500
3	1.148	1.153	1.155	1.155	1.155	53	2.790	2.978	3.151	3.361	3.507
4	1.425	1.463	1.481	1.492	1.496	54	2.798	2.986	3.158	3.368	3.516
5	1.602	1.672	1.715	1.749	1.764	55	2.804	2.992	3.166	3.376	3.524
6	1.729	1.822	1.887	1.944	1.973	56	2.811	3.000	3.172	3.838	3.531
7	1.828	1.938	2.020	2.097	2.139	57	2.818	3.006	3.180	3.391	3.539
8	1.909	2.032	2.126	2.221	2.274	58	2.824	3.013	3.186	3.397	3.546
9	1.977	2.110	2.215	2.323	2.387	59	2.831	3.019	3.193	3.405	3.533
10	2.036	2.176	2.290	2.410	2.482	60	2.837	3.025	3.199	3.411	3.560
11	2.088	2.234	2.355	2.485	2.564	61	2.842	3.032	3.205	3.418	3.566
12	2.134	2.285	2.412	2.550	2.636	62	2.849	3.037	3.212	3.424	3.573
13	2.175	2.331	2.462	2.607	2.699	63	2.854	3.044	3.218	3.430	3.579
14	2.213	2.371	2.507	2.659	2.755	64	2.860	3.049	3.224	3.437	3.586
15	2.247	2.409	2.549	2.705	2.806	65	2.866	3.055	3.230	3.442	3.592
16	2.279	2.443	2.585	2.747	2.852	66	2.871	3.061	3.235	3.449	3.598
17	2.309	2.475	2.620	2.785	2.894	67	2.877	3.066	3.241	3.454	3.605
18	2.335	2.504	2.651	2.821	2.932	68	2.883	3.071	3.246	3.460	3.610
19	2.361	2.532	2.681	2.854	2.968	69	2.888	3.076	3.252	3.466	3.617
20	2.385	2.557	2.709	2.884	3.001	70	2.893	3.082	3.257	3.471	3.622
21	2.408	2.580	2.733	2.912	3.031	71	2.897	3.087	3.262	3.476	3.627
22	2.429	2.603	2.758	2.939	3.060	72	2.903	3.092	3.267	3.482	3.633
23	2.448	2.624	2.781	2.963	3.087	73	2.908	3.098	3.272	3.478	3.683
24	2.467	2.644	2.802	2.987	3.112	74	2.912	3.102	3.278	3.492	3.643
25	2.486	2.663	2.822	3.009	3.135	75	2.917	3.107	3.282	3.496	3.648
26	2.502	2.681	2.841	3.029	3.157	76	2.922	3.111	3.287	3.502	3.654
27	2.519	2.698	2.859	3.049	3.178	77	2.927	3.117	3.291	3.507	3.658
28	2.534	2.714	2.876	3.068	3.199	78	2.931	3.121	3.297	3.511	3.663
29	2.549	2.730	2.893	3.085	3.218	79	2.935	3.125	3.301	3.516	3.669
30	2.563	2.745	2.908	3.103	3.236	80	2.940	3.130	3.305	3.521	3.673
31	2.577	2.759	2.924	3.119	3.253	81	2.945	3.134	3.309	3.525	3.677
32	2.591	2.773	2.938	3.135	3.270	82	2.949	3.139	3.315	3.529	3.682
33	2.604	2.786	2.952	3.150	3.286	83	2.953	3.143	3.319	3.534	3.687
34	2.616	2.799	2.965	3.164	3.301	84	2.957	3.147	3.323	3.539	3.691
35	2.628	2.811	2.979	3.178	3.316	85	2.961	3.151	3.327	3.543	3.695
36	2.639	2.823	2.991	3.191	3.330	86	2.966	3.155	3.331	3.547	3.699
37	2.650	2.835	3.003	3.204	3.343	87	2.970	3.160	3.335	3.551	3.704
38	2.661	2.846	3.014	3.216	3.356	88	2.973	3.163	3.339	3.555	3.708
39	2.671	2.857	3.025	3.228	3.369	89	2.977	3.167	3.343	3.559	3.712
40	2.682	2.866	3.036	3.240	3.381	90	2.981	3.171	3.347	3.563	3.716
41	2.692	2.877	3.046	3.251	3.393	91	2.984	3.174	3.350	3.567	3.720
42	2.700	2.887	3.057	3.261	3.404	92	2.989	3.179	3.355	3.570	3.725
43	2.710	2.896	3.067	3.271	3.415	93	2.993	3.182	3.358	3.575	3.728
44	2.719	2.905	3.075	3.282	3.425	94	2.996	3.186	3.362	3.579	3.732
45	2.727	2.914	3.085	3.292	3.435	95	3.000	3.189	3.365	3.582	3.736
46	2.736	2.923	3.094	3.302	3.445	96	3.003	3.193	3.369	3.586	3.739
47	2.744	2.931	3.103	3.310	3.455	97	3.006	3.196	3.372	3.598	3.744
48	2.753	2.940	3.111	3.319	3.464	98	3.011	3.201	3.377	3.593	3.747
49	2.760	2.948	3.120	3.329	3.474	99	3.104	3.204	3.380	3.597	3.750
50	2.768	2.956	3.128	3.336	3.483	100	3.017	3.207	3.383	3.600	3.754

附表 15　　单侧 Dixon 检验临界值表

n	统计量	0.90	0.95	0.99	0.995
3	$D_n=r_{10}=\frac{x_{(n)}-x_{(n-1)}}{x_{(n)}-x_{(1)}}$ 或 $D'_n=r'_{10}=\frac{x_{(2)}-x_{(1)}}{x_{(n)}-x_{(1)}}$	0.885	0.941	0.988	0.994
4		0.679	0.765	0.889	0.920
5		0.557	0.642	0.782	0.823
6		0.484	0.562	0.698	0.744
7		0.434	0.507	0.637	0.680
8	$D_n=r_{11}=\frac{x_{(n)}-x_{(n-1)}}{x_{(n)}-x_{(2)}}$ 或 $D'_n=r'_{11}=\frac{x_{(2)}-x_{(1)}}{x_{(n-1)}-x_{(1)}}$	0.479	0.554	0.681	0.723
9		0.441	0.512	0.635	0.676
10		0.410	0.477	0.597	0.638
11	$D_n=r_{21}=\frac{x_{(n)}-x_{(n-2)}}{x_{(n)}-x_{(2)}}$ 或 $D'_n=r'_{21}=\frac{x_{(3)}-x_{(1)}}{x_{(n-1)}-x_{(1)}}$	0.517	0.575	0.674	0.707
12		0.490	0.546	0.642	0.675
13		0.467	0.521	0.617	0.649
14	$D_n=r_{22}=\frac{x_{(n)}-x_{(n-2)}}{x_{(n)}-x_{(3)}}$ 或 $D'_n=r'_{22}=\frac{x_{(3)}-x_{(1)}}{x_{(n-2)}-x_{(1)}}$	0.491	0.546	0.640	0.672
15		0.470	0.524	0.618	0.649
16		0.453	0.505	0.597	0.629
17		0.437	0.489	0.580	0.611
18		0.424	0.475	0.564	0.595
19		0.412	0.462	0.550	0.580
20		0.401	0.450	0.538	0.568
21		0.391	0.440	0.526	0.556
22		0.382	0.431	0.516	0.545
23		0.374	0.422	0.507	0.536
24		0.367	0.413	0.497	0.526
25		0.360	0.406	0.489	0.519
26		0.353	0.399	0.482	0.510
27		0.347	0.393	0.474	0.503
28		0.341	0.387	0.468	0.496
29		0.337	0.381	0.462	0.489
30		0.332	0.376	0.456	0.484

附表 16 双侧 Dixon 检验临界值表

n	统计量	0.95	0.99
3	$D_n=r_{10}=\frac{x_{(n)}-x_{(n-1)}}{x_{(n)}-x_{(1)}}$ $D'_n=r'_{10}=\frac{x_{(2)}-x_{(1)}}{x_{(n)}-x_{(1)}}$中较大者	0.970	0.994
4		0.829	0.926
5		0.710	0.821
6		0.628	0.740
7		0.569	0.680
8	$D_n=r_{11}=\frac{x_{(n)}-x_{(n-1)}}{x_{(n)}-x_{(2)}}$ $D'_n=r'_{11}=\frac{x_{(2)}-x_{(1)}}{x_{(n-1)}-x_{(1)}}$中较大者	0.608	0.717
9		0.564	0.672
10		0.530	0.635
11	$D_n=r_{21}=\frac{x_{(n)}-x_{(n-2)}}{x_{(n)}-x_{(2)}}$ $D'_n=r'_{21}=\frac{x_{(3)}-x_{(1)}}{x_{(n-1)}-x_{(1)}}$中较大者	0.619	0.709
12		0.583	0.660
13		0.557	0.638
14	$D_n=r_{22}=\frac{x_{(n)}-x_{(n-2)}}{x_{(n)}-x_{(3)}}$ $D'_n=r'_{22}=\frac{x_{(3)}-x_{(1)}}{x_{(n-2)}-x_{(1)}}$中较大者	0.587	0.669
15		0.565	0.646
16		0.547	0.629
17		0.527	0.614
18		0.513	0.602
19		0.500	0.582
20		0.488	0.570
21		0.479	0.560
22		0.469	0.548
23		0.460	0.537
24		0.449	0.522
25		0.441	0.518
26		0.436	0.509
27		0.427	0.504
28		0.420	0.497
29		0.415	0.489
30		0.409	0.480

参考文献

［1］何桢．六西格玛管理．3 版．北京：中国人民大学出版社，2014.

［2］上海质量管理科学研究院．六西格玛核心教程：黑带读本．修订版．北京：中国标准出版社，2006.

［3］茆诗松．统计手册．北京：科学出版社，2003.

［4］谢衷洁．普通统计学．北京：北京大学出版社，2004.

［5］陈希孺．数理统计学简史．长沙：湖南教育出版社，2002.

［6］马逢时，等．应用概率统计．北京：高等教育出版社，1989.

［7］浙江大学．概率论与数理统计．北京：高等教育出版社，1989.

［8］刘则毅．科学计算技术与 Matlab．北京：科学出版社，2001.

［9］吴喜之．非参数统计．2 版．北京：中国统计出版社，2006.

［10］王星．非参数统计．北京：中国人民大学出版社，2005.

［11］茆诗松，马逢时，吴建福．序贯淘汰水平法——一种利用正交表的搜索方法．应用概率统计，1990（2）：185-204.

［12］任露泉．试验优化设计与分析．长春：吉林科学技术出版社，2001.

［13］茆诗松，周纪芗，陈颖．试验设计．北京：中国统计出版社，2004.

［14］孙静．最新国家标准 GB/T4091—2001《常规控制图》理解与实施．北京：中国标准出版社，2002.

［15］道格拉斯·C. 蒙哥马利．实验设计与分析．北京：中国统计出版社，1998.

［16］S. 韦斯伯格．应用线性回归．北京：中国统计出版社，1998.

［17］C. 霍格林，等．探索性数据分析．北京：中国统计出版社，1998.

［18］罗扎·塞克斯，等．应用统计手册．天津：天津科技翻译出版公司，1988.

［19］Wu C F J，Hamada M. 试验设计与分析及参数优化．北京：中国统计出版社，2003.

［20］约瑟夫· M. 朱兰，布兰顿·戈弗雷．朱兰质量手册：第 5 版．北京：中国人民大学出版社，2003.

［21］马逢时，吴诚鸥，蔡霞．基于 MINITAB 的现代实用统计．2 版．北京：中国人民大学出版社，2013.

［22］Box G E P，Hunter J S，and Hunter W J. *Statistics for Experiments*，John Wiley，New York，2005.

［23］Box G E P and Draper N R. *Empirical Model Building and Response Surfaces*，John Wiley，New York，1987.

［24］Automotive Industry Action Group（AIAG）. *Measurement Systems Analysis Reference Manual*，4th edition，Chrysler Group LLC，Ford Motor Company，General Motors Corporation，2010.

［25］MINITAB User's Guide. Data Analysis and Quality Tools，Release 15 for Windows，2007.

［26］ Nelson L S. Interpreting Shewhart Control Chart, *Journal of Quality Technology*, 17, No. 2, April 1985: pp. 114-116.

［27］ Chou Y, Polansky A M, and Mason R L. Transforming nonnormal Data to Normality in Statistical Process Control, *Journal of Quality Technology*, 30, April 1988: pp. 133-141.

［28］ 吴令云，吴家祺，吴诚鸥，等．MINITAB 软件入门：最易学实用的统计分析教程．北京：高等教育出版社，2012.

［29］ 徐凌，马逢时．六西格玛设计中的标准差计算．统计与决策，2014（22）：86-89.

［30］ 陈家鼎，等．数理统计学讲义．2 版．北京：高等教育出版社，2010.

［31］ Wheeler and Lyday. *Evaluating the Measurement Process* (2nd Edition). SPC Press, 1989.

［32］ MINITAB. Knowledgebase ID 270, Technical Support Document' Derivation of the Number of Distinct Categories Formula, 2007.

［33］ Blackwelder W C. '*Equivalence Trials*' *in Encyclopedia of Biostatistics*, John Wiley and Sons, 1998.

［34］ Chow S C, Shao J, and Wang H. *Sample Size Calculations in Clinical Research*. Marcel Dekker. New York, 2003.

图书在版编目（CIP）数据

六西格玛管理统计指南：MINITAB 使用指导/马逢时等编著．—3 版．—北京：中国人民大学出版社，2018.5
中国质量协会六西格玛黑带注册考试参考用书
ISBN 978-7-300-25664-1

Ⅰ.①六… Ⅱ.①马… Ⅲ.①企业管理-质量管理-统计分析-软件包-资格考试-指南 Ⅳ.①C819-62 ②F273.2-62

中国版本图书馆 CIP 数据核字（2018）第 061829 号

中国质量协会六西格玛黑带注册考试参考用书
六西格玛管理统计指南
——MINITAB 使用指导（第 3 版）
马逢时　周　暐　刘传冰　编著
Liuxigema Guanli Tongji Zhinan：MINITAB Shiyong Zhidao

出版发行	中国人民大学出版社		
社　　址	北京中关村大街 31 号	**邮政编码**	100080
电　　话	010－62511242（总编室）		010－62511770（质管部）
	010－82501766（邮购部）		010－62514148（门市部）
	010－62515195（发行公司）		010－62515275（盗版举报）
网　　址	http://www.crup.com.cn		
经　　销	新华书店		
印　　刷	北京溢漾印刷有限公司	**版　　次**	2007 年 10 月第 1 版
开　　本	787 mm×1092 mm　1/16		2018 年 5 月第 3 版
印　　张	44 插页 2	**印　　次**	2025 年 3 月第 14 次印刷
字　　数	1 172 000	**定　　价**	89.00 元

中国人民大学出版社　理工出版分社

教师教学服务说明

中国人民大学出版社理工出版分社以出版经典、高品质的统计学、数学、心理学、物理学、化学、计算机、电子信息、人工智能、环境科学与工程、生物工程、智能制造等领域的各层次教材为宗旨。

为了更好地为一线教师服务，理工出版分社着力建设了一批数字化、立体化的网络教学资源。教师可以通过以下方式获得免费下载教学资源的权限：

★ 在中国人民大学出版社网站 www.crup.com.cn 进行注册，注册后进入“会员中心”，在左侧点击“我的教师认证”，填写相关信息，提交后等待审核。我们将在一个工作日内为您开通相关资源的下载权限。

★ 如您急需教学资源或需要其他帮助，请加入教师 QQ 群或在工作时间与我们联络。

中国人民大学出版社　理工出版分社

教师 QQ 群： 229223561(统计2组) 982483700(数据科学) 361267775(统计1组)
教师群仅限教师加入，入群请备注(学校+姓名)

联系电话： 010-62511967，62511076

电子邮箱： lgcbfs@crup.com.cn

通讯地址： 北京市海淀区中关村大街 31 号中国人民大学出版社 507 室（100080）